Monika Deutz-Schroeder · Klaus Schroeder

Soziales Paradies oder Stasi-Staat?
Das DDR-Bild von Schülern – ein Ost-West-Vergleich

Berlin & München
Studien zu Politik und Geschichte

Herausgeber
Peter März
Klaus Schroeder

Band 6

Monika Deutz-Schroeder · Klaus Schroeder

Soziales Paradies oder Stasi-Staat?
Das DDR-Bild von Schülern – ein Ost-West-Vergleich

Verlag Ernst Vögel, Stamsried

Monika Deutz-Schroeder · Klaus Schroeder

Soziales Paradies oder Stasi-Staat?

Das DDR-Bild von Schülern – ein Ost-West-Vergleich

München 2008 – 1. Auflage

Verlag Ernst Vögel, Stamsried

Das Bild auf dem Umschlag dokumentiert Ausschnitte aus der Wandmalerei von Arno Mohr „Wendepunkt Deutschlands". Foto: Tobias Voigt.

ISBN 978-3-89650-276-6

Kalvarienbergstr. 22 · D-93491 Stamsried
voegel@voegel.com · www.verlag-voegel.de

Redaktion:
Peter März
Klaus Schroeder

Gesamtherstellung:
Druck+Verlag Ernst Vögel, Stamsried

Für Tim und Laura,
auf die wir mächtig stolz sind

Inhaltsverzeichnis

Vorwort der Herausgeber

In den turbulenten Monaten des Protestes der ostdeutschen Bevölkerung gegen die SED-Diktatur war eine breite Mehrheit von der Unerträglichkeit der Verhältnisse in der DDR überzeugt und wollte sie umfassend verändern. Während die Systemträger eine reformierte DDR anstrebten und die kleine Minderheit der Bürgerbewegten von einem demokratischen Sozialismus à la Prager Frühling träumten, stimmte die Mehrheit bei den Wahlen im März 1990 indirekt für den schnellen Beitritt der DDR zur Bundesrepublik.

Schon kurz nach der Wiedervereinigung änderte sich das Bild der DDR bei vielen Ostdeutschen. Nun wurden die Schwierigkeiten des Transformationsprozesses, vor allem die hohe Arbeitslosigkeit, sichtbar und die DDR wurde wieder positiver gesehen. Dieser rückblickende Perspektivwechsel setzte sich nach der Jahrtausendwende verstärkt fort. Heute verklären viele Ostdeutsche den SED-Staat als soziales Paradies und blenden gleichzeitig seine dunklen Seiten aus. Vor Augen haben sie eine idealisierte DDR, die mit der früheren Realität wenig zu tun hat. Wirklich zurück in die reale DDR möchte jedoch nur eine kleine Minderheit von etwa jedem zehnten Ostdeutschen.

Die Charakterisierung der DDR als Diktatur – in der seriösen Forschung selbstverständlich – wird von vielen Bürgern aus den neuen Ländern nicht geteilt. Sie verweisen auf „normale Alltagsbedingungen", die sich von denen anderer Länder kaum unterschieden hätten. Indem sie den Alltag in den Vordergrund rücken, werden die diktatorischen Verhältnisse gleichsam an den Rand gedrängt.

In vielen DDR-Familien vermitteln die älteren den jüngeren Generationen, die die DDR nicht mehr selbst erlebt haben, ein Bild von diesem Staat, das von individuellen Erfahrungen und Erlebnissen geprägt ist und kein negatives Gesamturteil zulässt. Die individuelle Lebenswelt wird mit der systemischen Realität kurzgeschlossen. Hiervon profitieren im Nachhinein der SED-Staat und die ihn tragenden Kräfte.

Auch in vielen ostdeutschen Schulen wird die DDR noch immer verharmlost. Nur eine Minderheit der bereits zu DDR-Zeiten aktiven Lehrer ist beispielsweise bereit, die Rolle der Schule in der Diktatur (und ihren eigenen Anteil daran) offen zu reflektieren.

Die „Aufarbeitung der Aufarbeitung" darf sich insofern nicht auf die Betrachtung der wissenschaftlichen und öffentlichen Diskurse beschränken, sondern muss im Besonderen auch die Kommunikation in Familien und Schulen mitberücksichtigen.

Das vorliegende Buch fasst die wesentlichen Ergebnisse einer breit angelegten Befragung von Schülern aus vier Ländern – Bayern, Berlin, Brandenburg, Nordrhein-Westfalen – zusammen. Dabei wird deutlich, dass das Geschichtsbewusstsein bezogen auf das geteilte Deutschland in der jüngeren Generation nicht nur, aber vor allem durch einen spezifischen Ost- bzw. Westblick geprägt ist.

Wir hoffen, dass die Ergebnisse dieser Studie dazu anregen, in einen intensiveren öffentlichen Diskurs darüber zu treten, was Aufarbeitung der Vergangenheit bedeuten kann und sollte, und wo die Defizite der bisherigen Beschäftigung mit dem geteilten Deutschland liegen.

Berlin und München im Juni 2008

Klaus Schroeder *Peter März*

Vorbemerkung

Zwischen Herbst 2005 und Frühjahr 2007 haben wir in vier Ländern – Bayern, Berlin, Brandenburg und Nordrhein-Westfalen – insgesamt über fünftausend Schüler zu ihrem Urteil und Wissen über die DDR befragt sowie Einzel- und Gruppengespräche mit Lehrern und einigen hundert Schülern durchgeführt. Inzwischen sind die Einzelergebnisse aus den Ländern als Arbeitspapiere veröffentlicht worden. Mit diesem Buch präsentieren wir nicht nur einen Vergleich der Ergebnisse, sondern betten diese auch in einen größeren Zusammenhang ein. Das Bild der DDR von Schülern aus Ost- und Westdeutschland kann unserer Meinung nach nur angemessen eingeordnet werden, wenn Darstellung und Beurteilung des SED-Staates in der Bevölkerung, aber auch in Lehrplänen, Schulbüchern und in der Wissenschaft mitreflektiert werden. So werden Zusammenhänge erkennbar, die sich auf den ersten Blick nicht erschließen.

Das Buch versteht sich aber auch als kleines Kompendium zu abgefragten Aspekten der Geschichte und Strukturen der DDR und liefert zu den einzelnen Dimensionen kurze inhaltliche Erläuterungen. Leser, die sich für das Thema interessieren, sollen hierdurch angeregt werden, sich mit der jüngsten deutsch-deutschen Geschichte intensiver zu beschäftigen. Hierfür bietet das Buch hinreichend Material.

Das Projekt wurde überwiegend aus Mitteln des Forschungsverbundes SED-Staat finanziert. Einen wesentlichen Teil der Finanzierung der Länderstudien in Bayern und Nordrhein-Westfalen übernahmen die jeweiligen Landeszentralen für politische Bildungsarbeit. Hierfür danken wir dem Leiter der bayerischen, Herrn Dr. Peter März, der den Ost-West-Vergleich über Berlin hinaus anregte, und der Leiterin der nordrhein-westfälischen Landeszentrale, Frau Springenberg-Eich. Ein besonderer Dank gilt der Staatssekretärin im Ministerium für Generationen, Familie, Frauen und Integration des Landes Nordrhein-Westfalen, Frau Dr. Marion Gierden-Jülich, die auf unbürokratische Weise die finanzielle Unterstützung in die Wege leitete.

Ganz herzlich bedanken wir uns bei allen Schülerinnen und Schülern und Lehrerinnen und Lehrern, die sich an der Umfrage und den Gesprächen beteiligten, sowie den Schulleitungen, die die Befragungen an ihren Schulen genehmigten. Abgesehen von wenigen unrühmlichen Ausnahmen sind wir überall freundlich aufgenommen worden und es bestand nahezu durchweg ein großes Interesse, über die deutsche Teilungsgeschichte und die DDR zu diskutieren. Gleichzeitig stellten wir fest, dass viele junge Menschen wissbegieriger und an Geschichte interessierter sind, als ihnen gemeinhin unterstellt wird.

Ohne die Unterstützung vieler Mitarbeiter wäre die Durchführung des Projektes nicht möglich gewesen. Wir bedanken uns bei Uwe Hillmer, der an den Befragungen und Gesprächen vor Ort in Bayern, Berlin und Brandenburg beteiligt war, bei Katharina Schmid, die uns in Nordrhein-Westfalen, Berlin und Brandenburg tatkräftig zur Seite stand, sowie bei Nadine Buske, die in Berlin und Brandenburg mithalf.

Die Aufbereitung der Rohdaten und die rechnerische Auswertung erfolgte wie schon bei unserem Projekt zum Rechtsextremismus durch Frau Heidemarie Hecht, der wir hierfür Dank schulden. Auf Grundlage ihrer Daten haben Marko Fuhrmann und Nadine Buske in mühevoller zeitintensiver Kleinarbeit dankenswerterweise eine Vielzahl von Schaubildern erstellt, die die Ergebnisse illustrieren sollen.

Frau Rita Quasten stellte die Daten zu den in den Vergleich einbezogenen staatlichen und gesellschaftlichen Feldern in der Bundesrepublik und der DDR zusammen, wofür wir uns herzlich bedanken. Das Rohmanuskript wurde zum Teil oder in Gänze von Steffen Alisch und Dagmar Schulze Heuling in gewohnter Gründlichkeit Korrektur gelesen. Frau Schulze Heuling hat in der ihr eigenen präzisen Art ebenso wie Steffen Alisch wertvolle Anregungen gegeben, die zum größten Teil in die Argumentation miteinflossen. Beiden möchten wir an dieser Stelle einen besonderen Dank aussprechen. Frau Monika Franz von der bayerischen Landeszentrale für politische Bildungsarbeit verdanken wir ebenfalls kritische Anmerkungen. Auch ihr gebührt hierfür Dank.

Last but not least gilt unser nachhaltiger Dank Frau Cornelia Bronder, die die Vorarbeiten, das Rohmanuskript und die verschiedenen Fassungen mit gewohnter Sorgfalt, außerordentlicher Geschwindigkeit und noch mehr Geduld technisch in ein druckfähiges Manuskript verwandelt hat. Schließlich bedanken wir uns bei dem Verleger Ernst Vögel und seinen Mitarbeiterinnen, die das von Frau Bronder erstellte Manuskript schnell und präzise in Buchform gebracht haben.

Berlin, im Juni 2008

Monika Deutz-Schroeder *Klaus Schroeder*

I. Einleitung

Seit Mitte der neunziger Jahre wird in vielen Umfragen und öffentlichen Debatten deutlich, dass große Teile der ostdeutschen Bevölkerung die Verhältnisse in der DDR im Rückblick wieder positiver bewerten als unmittelbar nach dem Fall der Mauer und der Vereinigung 1989/90. Nach der Jahrtausendwende schließlich attestierte eine Mehrheit der Bevölkerung in den neuen Ländern dem SED-Staat sogar mehr gute als schlechte Seiten. Parallel dazu sahen viele Ostdeutsche den Vereinigungsprozess und die nachfolgende Transformation zunehmend negativer als zehn Jahre zuvor.[1])

Mit einer eigenen Schülerbefragung[2]) in vier ausgewählten Ländern – Bayern, Berlin, Brandenburg und Nordrhein-Westfalen – gehen wir der Frage nach, ob sich deren Urteile und Kenntnisse über die DDR und das geteilte Deutschland von denen älterer Generationen unterscheiden und ob sich bei jüngeren Menschen das Geschichtsbild über diese Zeit in den neuen und den alten Ländern angeglichen hat.[3]) Es soll die Frage beantwortet werden, welche Faktoren das DDR-Bild von Schülern beeinflussen und wie sich die Ergebnisse unserer Befragung in die allgemeinen Auseinandersetzungen um das Bild der DDR in Wissenschaft, Politik und Medien einordnen, wobei nicht nur lineare, sondern auch vermittelte Zusammenhänge herauskristallisiert werden sollen.

Das Projekt befasst sich mit der „Aufarbeitung der DDR-Aufarbeitung" und ihren Ergebnissen. Dieses Forschungsfeld steckt erst in den Anfängen, so dass es wenig Anknüpfungspunkte für die eigene Studie gab. Mehrere Aufsätze und Bücher beschäftigen sich in unterschiedlicher Breite mit der Analyse der DDR im Schulunterricht und an den Universitäten sowie ihrem „Weiterleben" in den Köpfen von Schülern oder im Alltagsverständnis. Detailliert wird durch Umfragen und die Auswertung von Statistiken herausgearbeitet, dass sich die Beschäftigung mit der DDR in engen Grenzen hält. Nach Meinung vieler Autoren lässt zudem das Interesse an der DDR in Schulen und vor allem Hochschulen in den letzten Jahren deutlich nach. Sie ist vielerorts kaum mehr als eine Fußnote in der zeitgeschichtlichen Betrachtung. Führt ein unzureichendes Wissen über die Realität dieses deutschen Teilstaates zu seiner nostalgischen Verklärung? Werden vorhandene Vorurteile, gleich welcher Art,

---

[1]) Vgl. die diversen Umfragen in: Schroeder 2006 und Kapitel IV.

[2]) Aus Gründen der Vereinfachung und besseren Lesbarkeit werden die befragten Schüler und Schülerinnen im Folgenden geschlechtsübergreifend als Schüler bezeichnet und nur die jeweilige Teilgruppe als Schülerinnen/Mädchen bzw. männliche Schüler/Jungen. Die Abkürzung der Bundesrepublik mit BRD und Nordrhein-Westfalen mit NRW erfolgt in Tabellen und Schaubildern ebenfalls aus pragmatischen Gründen.

[3]) Zusätzlich wurden gleichsam als Kontrollgruppe Studenten und Studentinnen aus zwei Proseminaren des Otto-Suhr-Instituts der FU Berlin befragt. Auch sie bezeichnen wir der Einfachheit halber als Studenten oder Studierende. Von den Ergebnissen erhofften wir uns Hinweise, ob sich herkunftsspezifische Bewertungsdifferenzen mit steigendem Alter und Bildungsgrad auflösen oder von anderen Faktoren überlagert werden.

zementiert? Welche Faktoren wirken in besonderer Weise auf das Geschichtsbild und -bewusstsein junger Menschen ein? Diese zentralen Fragen sollen in dem vorliegenden Buch beantwortet werden.

Resonanz auf die Länderstudien

Die Veröffentlichungen unserer Befragungsergebnisse aus den einzelnen Ländern[4]) haben nicht nur deutschlandweit, sondern auch im Ausland eine überraschend große Resonanz gefunden. Vor allem die nostalgische Verklärung der DDR durch ostdeutsche Schüler und die Bewertungsdifferenz zwischen ost- und westdeutschen Jugendlichen wurden thematisiert und kommentiert. Die Studie gab zudem für Presse, Hörfunk und Fernsehen den Anstoß, sich mit dem Geschichtsbild von Jugendlichen intensiver auseinanderzusetzen. Gleichzeitig erhielten wir eine Vielzahl von Briefen und E-Mails, die die Ergebnisse der Befragung, aber auch unsere Analyse hierzu zum Gegenstand hatten.[5])

Die Verfasser einiger weniger Schreiben äußerten ihr Entsetzen über das positive DDR-Bild vieler ostdeutscher Jugendlicher und die damit einhergehende Verklärung des SED-Staates als soziales Paradies. Insbesondere ehemalige DDR-Bewohner, die politisch verfolgt wurden oder das Land vor 1989 verließen, fragten, wie der Schulunterricht verbessert werden könnte und boten sich als Zeitzeugen an. Diesen Personenkreis verwiesen wir an die jeweiligen Landeszentralen für politische Bildung und die Stiftung Aufarbeitung.

Weitere Zuschriften merkten an, dass die nostalgische Verklärung der DDR generell typisch für die ostdeutsche Bevölkerung sei. In einem solchen Schreiben heißt es: *„Unabhängig davon traf ich am Badesee auch Urlauber aus dem Osten, mit denen man ins Gespräch kam oder die lautstark früher und heute verglichen haben. Ganz gleich, ob es sich um Kollegen oder um Badegäste gehandelt hat und egal, wie alt die waren. Fast jedes Mal hörte man zum Teil wahre Jubelorgien auf die DDR. Mein Vorgesetzter (hat sich nach vielen Gesprächen als ehemaliger Mitarbeiter des Amtes für internationale Seeschifffahrt in Rostock geoutet) sprach oft davon, dass ‚aufrechte DDR-Bürger immer überall hinreisen konnten‘ und ‚nur der Pöbel, die Schande der DDR, daheim bleiben musste‘. […] Oder ein anderer Kollege meinte, man hätte gewusst, wer bei der Stasi war. Teilweise wäre es so gewesen, dass die Beobachteten den Stasi-Leuten heißen Tee ins Auto gebracht hätten oder gesagt hätten, wohin sie wann gehen würden […].“*

In der weit überwiegenden Mehrzahl der E-Mails und Briefe wird indes das in der Befragung sichtbar werdende DDR-Bild der ostdeutschen Schüler verteidigt. Sowohl

---

[4]) Vgl. Deutz-Schroeder/Schroeder 2007a, 2007b und 2007c sowie 2008.

[5]) Die nachfolgend zitierten E-Mails und Briefe können bei Interesse beim Forschungsverbund SED-Staat eingesehen oder angefordert werden. Sie werden anonymisiert zur Verfügung gestellt. Einen typischen Brief haben wir ungekürzt im Anhang abgedruckt.

unsere Analysen als auch die Kommentare von Politikern und Journalisten werden scharf kritisiert. In einer für diese Meinungsäußerung typischen Mail schreibt ein ostdeutscher Vater: *„Im Kommentar zu Ihrer Studie sprechen Sie vom ‚menschenverachtenden Diktaturcharakter des SED-Staates', weisen aber gleichzeitig auf die ‚DDR-Systemverhaftung vieler Elternmilieus und die DDR-freundliche Orientierung vieler ehemaliger DDR-Lehrer' hin. Haben Sie schon mal darüber nachgedacht, WARUM all diese Leute immer noch so DDR-freundlich eingestellt sind? Ich bin geborener DDR-Bürger, heute 38 Jahre alt und habe – Gott sei Dank – die DDR noch einige Zeit erleben dürfen. Und diese Zeit war ganz sicher nicht von Repressalien und Angst geprägt, sondern von einer Kindheit und Jugend in sozialer Sicherheit und Geborgenheit. Existenzangst, Zittern um den Job, Bettler und Obdachlose habe ich erst nach der Wende kennengelernt. Ich werde alles daran setzen, meiner Tochter ein wahres Bild über die DDR zu vermitteln, eben aus Sicht eines DDR-Bürgers.*

Erschreckend finde ich nicht das Ergebnis Ihrer Studie, sondern Ihre Äußerungen dazu. Deshalb mein Tipp für Sie: Wenn man keine Ahnung hat, sollte man den Mund halten – erst recht in der Öffentlichkeit."

Diese ausschließlich ostdeutschen Briefschreiber verknüpfen nahezu alle eine radikale Kritik des Vereinigungsprozesses mit einer Überbewertung des Sozialen im SED-Staat. So wird behauptet, in der DDR seien alle Menschen sozial integriert gewesen, im vereinten Deutschland dagegen alle von Arbeitslosigkeit bedroht. Selbst die Verbrechen des MfS werden relativiert, wenn etwa das geplante Vorhaben einer *„totalen Internet- und Handyüberwachung"* des Bundesinnenministeriums für schwerwiegender als die von der Stasi praktizierte Überwachung gehalten wird.

Die nicht immer anonymen Schreiber heben allesamt hervor, sie seien keine SED-Mitglieder gewesen, die für das MfS gearbeitet hätten, sondern ganz normale DDR-Bürger, die mit vielen Hoffnungen im Herbst/Winter 1989 demonstriert hätten. Eine *„aus dem demokratischen Wissenschaftsbetrieb demokratisch entfernte Person"* hält sich für besonders witzig und kommentiert das in der Studie festgestellte *„weitgehende Nichtwissen über die DDR"* mit folgenden Sätzen: *„Ich finde die Empfehlungen der Forscher, den jungen Leuten mehr Bildung über die DDR angedeihen zu lassen, außerordentlich fahrlässig. Gesetzt den Fall, man würde das Funktionieren der Gesellschaft, die Außenpolitik der DDR und das Bildungswesen erklären, über die Rechte der DDR-Bürger und das Alltagsleben in der DDR objektiv berichten, so würde die heutige BRD den jungen Leuten als eine ganz üble Geschichte erscheinen. Eigentlich sollten die Forscher und ihre Finanziers froh sein, dass die jungen Leute weder die DDR noch die BRD identifizieren können. Wer das nämlich nicht kann, der kann auch nicht politisch scharf nachfragen und sich politisch organisieren. Historische Unwissenheit gehört zu den konstituierenden Momenten der scheinbaren Spaß- und Konsumgesellschaft."*

Mit Genugtuung stellt der abgewickelte Wissenschaftler fest, *„[...] dass die Arbeit des Forschungsverbundes SED-Staat an der politischen Wirklichkeit in diesem Land vorbei geht. Die Delegitimierung der DDR ist wissenschaftlich schon lange geschei-*

tert. Jede ernsthafte Erforschung der DDR wäre Kritik an der BRD und ihren Eliten. Das darf nicht sein. Je mehr durch den neoliberalen Umbau der Bundesrepublik Deutschland menschen- und bürgerfeindliche Verhältnisse erzeugt werden, wirkt eine fortwährende Delegitimierung der DDR einfach komisch. Man erhöht die Legitimität der BRD nicht durch Delegitimierung der DDR."

Einige Kritiker der DDR-Studie nutzen ihre Äußerungen, um die Arroganz ihrer westdeutschen Kollegen anzuklagen. *„Überhaupt habe ich den Eindruck, dass viele Westkollegen nicht gerade offen für Kritik von Ossis sind. Oft schlug mir Arroganz und Ignoranz entgegen. Am Ende half ihnen oft nur noch eine Waffe, wenn ihnen die Argumente ausgegangen sind: das Mitarbeiter-Vorgesetzten-Gespräch."* Dieser nach Selbstauskunft als Beamter Tätige hält die Verhältnisse im öffentlichen Dienst des vereinten Deutschlands für durchgängig ungerecht, da auch hier Wessis immer Ossis vorgezogen würden. Ein Ossi als Vorgesetzter dürfe nicht sein. Um dieses Vorgehen zu rechtfertigen, werde *„[...] seit 17 Jahren kontinuierlich daran gearbeitet, alles platt zu machen, was irgendwie an die DDR erinnert. Dazu gehört es offensichtlich auch, Erfahrungen, DDR-Identitäten regelrecht tot zu machen. Nichts darf mehr ‚DDR-geprägt' sein. Wenn man das kritisiert, wird er als jemand tituliert, der die DDR ‚verklären' will."*

In anderen Zuschriften werden die Wissenschaftler des Forschungsverbundes in einem Atemzug mit Hubertus Knabe, Marianne Birthler u. a. als *„Geschichtsfälscher"* bezeichnet, die die angebliche Demokratie der BRD verherrlichten und die DDR als Diktatur verunglimpften. Das MfS wird mit dem Argument verteidigt, es habe die DDR gegen *„Diversions- und Sabotageangriffe aus dem Westen"* schützen müssen. *„Und da wundern Sie sich, dass die DDR-BürgerInnen langsam die Schnauze von den LÜGEN voll haben! (der STASI-Aufarbeiter und ihre ostdeutschen Nachbeter)."* Nicht die DDR, sondern die BRD sei ein UNRECHTSSTAAT gewesen. Wer hiermit nicht übereinstimme, solle *„beweiskräftige Gegenargumente"* liefern. *„Wenn nicht, akzeptieren Sie meine Beweisführung."*

Selbstverständlich sind Kritiker der diktatorischen Verhältnisse in der DDR *„gottverdammte arrogante Besser-Wisser-Wessis"*, die nur von den Schweinereien in der BRD und dem vereinten Deutschland ablenken wollen. So würde behauptet, die DDR sei verantwortlich für den Mauerbau, tatsächlich sei dieser aber eine Folge des Konfrontationskurses der NATO und der Aggressionspläne der Bundesregierung unter dem katholischen Christen Adenauer gewesen. Die Ostdeutschen seien nach dem Ende der DDR *„in der modernen Sklaverei angekommen"*.

In einer anderen, zwölf Seiten langen und handschriftlich verfassten Zuschrift heißt es: *„Ständig wird kübelweise Schmutz über die Ex-DDR ausgeschüttet – hat man sich einmal die Frage nach den Ursachen dieser Entwicklung gestellt? Hat nicht der westdeutsche Teil von Anbeginn alles unternommen, um eine gesunde Entwicklung der DDR zu verhindern? [...] Wann hören Sie und Ihre Mitstreiter endlich auf, die Ex-DDR-Bürger sowie deren Leistungen nur von der negativen Seite zu sehen und alle positiven Dinge zu ignorieren?"*

Der gleiche Autor lehnt es wie viele andere Kritiker und Kommentatoren der Studie ab, dass Westdeutsche Ostdeutschen die DDR erklären. Dies ginge nicht, da Westdeutsche keinen klaren unvoreingenommenen Blick für Realitäten und Zusammenhänge hätten. Problematisch sei nicht das geringe Wissen der Schüler über die DDR, sondern ihr nicht vorhandenes über die Missstände in der BRD, die nach 1945 massenhaft Lehrer aus der Nazi-Zeit übernommen, Frauen diskriminiert, einen Geheimdienst mit ehemaligen Nazis aufgebaut hätte usw. usf. Als ein Argument, warum die DDR besser als die BRD gewesen sei, führt ein Berliner Briefschreiber an, *„Wo gingen die ‚68er' zur Aufbrechung verkrusteter gesellschaftlicher Strukturen auf die Straße?"* In der DDR gab es seiner Meinung nach 1968 keinen Anlass zu protestieren. Selbstverständlich kannten die ehemaligen DDR-Bürger Skinheads und Neonazis nur aus dem Fernsehen. In ihrer Heimat gab es so etwas nicht.

In nahezu allen Zuschriften wird angeführt, der nostalgische Blick auf die DDR verdanke sich den heutigen Zuständen. So heißt es zum Beispiel: *„Was ist heute Praxis? Wasser predigen – Wein saufen! Die Verlogenheit und Ungerechtigkeit besitzt heute für jeden existenzielle Bedeutung. Schauen Sie in die Betriebe – mehr Anpasser, Schleimer und Duckmäuser habe ich in meinen Arbeitsstellen in Bayern und Sachsen nie zuvor erlebt. Ständiger Existenzdruck – die Krankenzahlen werden sicher nie bekannt. Was wird in diesem Staat vorgelebt: Korruption, Raffgier und Ellbogenmentalität. Schlimmer, weil raffinierter, als in jeder Bananenrepublik. [...] Schmiergelder, Bestechungen und Amigos gehören zum guten Ton. [...] Solche Fakten ließen sich ohne Ende weiter anführen. Das soll reichen. Doch noch so viel – in der DDR undenkbar!"*

Einige Kommentatoren der Studie verwechseln die Vermittlung von Tatsachen mit deren Bewertung, verwehren sich dagegen, dass Forscher angeblich Schülern die Bewertung von Fakten vorschreiben und führen das unter Ostdeutschen beliebte Argument an, in der DDR sei es genauso gewesen: *„Auch in der DDR wurde vorgeschrieben, wie gewisse historische Fakten zu bewerten sind. Herr Professor Schroeder, Sie versuchen es ebenso. Die Auslöser mögen unterschiedlich sein, aber faktisch handelt es sich um exakt denselben Vorgang. ‚Meinungspluralität' lässt sich auch PR-technisch prima zügeln, da braucht man noch nicht mal eine ‚Diktatur'."* Darüber hinaus weist die Autorin darauf hin, dass sie die DDR nicht zurückhaben will und nicht denkt, dass dort alles gut war. Dennoch sei in diesem Staat selbstverständlich ein glückliches Leben möglich gewesen, zwar nicht für alle, aber für die meisten, und das sei im heutigen Staat auch nicht anders. Ihren Blick auf die DDR fasst sie kurz und knapp zusammen: *„Der Kern meines Bekanntenkreises, ca. zehn Leute, Zonenkinder, mit Hochschulabschluss, ca. Jahrgang 1978, sehen die DDR alle positiv."*

Kritik an der Studie kam jedoch auch aus der eigenen Hochschule. Die Mitarbeiterin eines Sonderforschungsbereichs der FU reagierte auf eine von der Pressestelle verfasste Mitteilung zur Studie: *„Die vorhin versandte Pressemitteilung ist reiner Ausdruck von propagandistischem Bemühen. Erstaunlich genug, dass die DDR* *nicht in Anführungszeichen gesetzt wurde. Lohnenswert wäre es doch auch einmal, eine ähnliche Zusammenstellung über die BRD zu verfassen."*

In den uns bekannten Leserbriefen an diverse Zeitungen und Illustrierte finden sich die vorab zitierten Argumentationen sinngemäß wieder. Die Mehrzahl der Leserbriefschreiber lobt die DDR, erwähnt zwar einige negative Seiten, erklärt sie aber zu einem sozialen Staat. Empört weist eine Leserbriefverfasserin jede Kritik an einem nostalgischen Blick auf den SED-Staat zurück: *„Nachdem Sie, die ‚Demokraten aus dem Westen', nach der ‚Wende' handstreichartig die Wirtschaft der DDR, ihre Kultur und die Biographien ihrer Bürger siegreich bewältigt hatten, jammern Sie nun jetzt, dass unsere Kinder in Ostdeutschland, geboren in der ‚neuen Zeit', größtenteils die DDR-Verhältnisse verklären. Es sei ein Problem der Bildung, sagt Schroeder, Knabe und andere, dafür seien die Eltern und die Lehrer verantwortlich. Sie unterstellen, dass unser Nachwuchs nicht denken kann und besondere Bildungsmaßnahmen nötig wären."*

Die Bewertung der DDR nimmt vor allem in der Illustrierten SUPERillu eine besondere Rolle ein.[6]) Der Grundton ist der gleiche wie in den zitierten Zuschriften. Viele Ostdeutsche lehnen eine Kennzeichnung der DDR als Diktatur ab, wollen zwar den SED-Staat zumeist nicht wiederhaben, wünschen sich aber heute eine gerechtere Gesellschaft. Die DDR dürfe nicht auf die Stasi reduziert werden, denn das bedeute eine Entwertung der Lebensleistung ihrer Bewohner. Auf der Homepage der Illustrierten finden sich aber auch kritische Anmerkungen zum untergegangenen Staat: *„Ach ja, wie schön war doch die DDR und wie sicher vor allem. So schön sicher, ringsum mit Mauer und Stacheldraht umfriedet. Wenn man schön artig war, und auch immer schön im Gleichschritt marschierte und Fähnchen schwenkte, konnte man schon ein recht beschauliches Leben führen. Bekam auch fast regelmäßig drei- bis viermal ein Pfund Bananen im Jahr, nach dreizehn Jahren seinen Trabbi und alle fünf bis sechs Jahre mal einen Ostsee-Ferienscheck."*

Auf die Aussage des ehemaligen DDR-Schauspielers Herbert Köfer *„Ich war gerne DDR-Bürger"* erhielt SUPERillu hunderte Leserbriefe, in denen sein Bekenntnis von vielen unterstützt, von anderen aber auch zurückgewiesen wird. Viele Leser fühlten sich in der DDR nicht unfrei und reglementiert, halten die DDR noch immer für einen Rechtsstaat. Einige andere aber wollen das viele Unrecht nicht vergessen. Die Gegensätzlichkeit der Auffassungen soll nachfolgend durch zwei Zitate dokumentiert werden. Heinz R. schreibt an SUPERillu: *„Ich kann Herrn Köfer nur zustimmen, aber warum ist sein Bekenntnis provozierend? Darf man heute so nicht denken? Seit vielen Jahren wird über die Medien der BRD den Leuten eingeredet, dass die DDR ganz schlecht war und die DDR-Bürger fürchterlich gelitten haben. Viele glauben das heute sogar entgegen ihrer eigenen Erfahrungen. Ein Zehn-Geschosser im Osten ist ein hässlicher Plattenbau, im Westen wäre das ein respektables Hoch-*

---

[6]) Vgl. die zahlreichen Stellungnahmen zur Auseinandersetzung um die Bewertung der DDR auf der Homepage der Illustrierten SUPERillu: http://super-illu.de.

haus. Am besten wissen aber gerade die, wie schlimm es in der DDR war, die nie dort gelebt haben oder die DDR nicht einmal besucht haben."

Dagegen steht die Einschätzung von Waltraud W., die mit der DDR nichts mehr zu tun haben möchte: *„Ja, die DDR war ein Unrechtsstaat. Ein Land, das seine Bürger einmauert, auf Flüchtlinge schießen lässt und sie brutal ins Gefängnis sperrt kann ja wohl nicht als Rechtsstaat bezeichnet werden. Daran ändern die so genannten Errungenschaften – die ja letztlich zum Untergang der DDR geführt haben – auch nichts! (...) heute bin ich sehr dankbar, meinen Lebensabend in der freiheitlichen Bundesrepublik verbringen zu dürfen."*

Die zahlreichen Reaktionen auf eine kritische Betrachtung der DDR, wie sie auch in unserer Studie zum Ausdruck kommt, deuten darauf hin, dass viele Ostdeutsche jede Kritik an den Verhältnissen in der DDR als Angriff auf ihre individuelle Lebensleistung verstehen. Sichtbar werden jedoch auch die von vielen noch nicht verarbeiteten Folgen des abrupten Systemwechsels. Bildete während der deutschen Teilung für viele Ostdeutsche die (idealisierte und medial vermittelte) Bundesrepublik die Vergleichsfolie zu ihrem Alltagsleben, ist es heute die idealisierte DDR. Solcherlei Klischees helfen allerdings wenig bei der persönlichen Integration in eine reale Gesellschaft.

Der begrenzte Wille zur rückblickenden Kritik an einem Gemeinwesen, zu dem man selbst gehörte, ist freilich kein ostdeutsches Phänomen, wie die aktuellen kontroversen Diskussionen um die 68er-Bewegung in der Bundesrepublik zeigen. Es scheint, als ob Menschen, die einen Großteil ihrer Identifikation mit vergangenen Lebensabschnitten verknüpfen, reflexartig zu einer nostalgischen Verklärung der Vergangenheit neigen, auch wenn deren dunkle Seiten nicht zu übersehen sind.

Aufbau und Ziel des Buches und der eigenen Studie

Unser Vorhaben, das DDR-Bild von Schülern mittels einer standardisierten Befragung zu ermitteln, erwies sich als wesentlich schwieriger durchführbar als ursprünglich angenommen, da es keine Studie bzw. Befragung gibt, an die wir anknüpfen konnten. Selbstverständlich kann darüber gestritten werden, was einen Staat und eine Gesellschaft auszeichnet, aber im Kern dürften die von uns gewählten gesellschaftlichen und politischen Dimensionen plausibel sein. Die Untersuchung eines Geschichtsbildes, die über eine pauschale Einschätzung hinaus gehen will, um zu einem differenzierten Urteil zu gelangen, erfordert einen umfangreichen Kenntnisstand über Literatur und aktuelle Forschung zur DDR. Hier konnten wir auf Arbeiten im Forschungsverbund SED-Staat zurückgreifen.

Im Mittelpunkt unserer Studie zum DDR-Bild steht eine Befragung von über 5.000 Schülern in vier ausgewählten Ländern mittels eines Fragebogens, die um Einzel- und Gruppengespräche mit mehr als hundert Schülern und einigen Lehrern ergänzt wurde. Die Inhalte der Gespräche wurden protokolliert und flossen als Aussagen zum Teil in die Auswertung mit ein.

Aufgrund begrenzter Ressourcen, aber auch aus Gründen der besseren Lesbarkeit für ein breites Publikum von Schülern, Studenten und Lehrern, wurde auf eine tiefer gehende methodisch-statistische Auswertung verzichtet. Für unsere Absicht, das Geschichtsbild von Jugendlichen im Ost-West-Vergleich zu ermitteln und verschiedene Einflussfaktoren zu gewichten, ist es hinreichend, die zentralen Ergebnisse in Schaubildern und Tabellen übersichtlich und verständlich zu präsentieren.

Die Auswertung der quantitativen und qualitativen Befragung erlaubt eine Einschätzung, worauf sich das Urteil von Schülern gründet und welchen Einfluss das Wissen über die DDR auf ihre Bewertung hat. Der Vergleich der Ergebnisse in den vier Ländern leidet unter der Unterschiedlichkeit der Schulsysteme. Gleichwohl lassen sich Trendaussagen plausibel herleiten. Die Studie stellt keine repräsentative Befragung von Schülern dar, ist aber durch die hohe Zahl der Befragten und den Einbezug verschiedener Schularten typisch. Andere kleinere und größere Befragungen bestätigen unsere Ergebnisse weitgehend – zumindest bezogen auf den Wissensstand.

Verständlich werden die Ergebnisse unserer Umfrage erst vor dem Hintergrund allgemeiner Ausführungen zu Geschichtsbildern und Geschichtspolitik sowie zu Geschichtskenntnissen in der Bevölkerung generell. In den Kapiteln II bis IV werden diese Aspekte in der gebotenen Kürze dargestellt. In den beiden nachfolgenden Kapiteln V und VI geht es um das Bild der DDR in der Wissenschaft und die Darstellung der DDR in Lehrplänen und ausgewählten Schulbüchern. Obschon nicht bekannt ist, wie die verschiedenen Bilder der DDR in der Wissenschaft auf populäre Darstellungen dieses Staates in Medien, Schulbüchern, Zeitung etc. ausstrahlen, kann ein gewisser Einfluss angenommen werden. Zumindest in der Lehrerausbildung spiegelt sich das DDR-Bild in der Wissenschaft – wahrscheinlich unterschiedlich in den vier Ländern – wider.

Forschungsstand

Neben einigen Befragungen zum allgemeinen Geschichtsbild der deutschen Bevölkerung und zu einzelnen Abschnitten und Dimensionen der deutschen Teilungsgeschichte gibt es nur wenige umfangreiche Studien, die das DDR-Bild der Deutschen in umfassender Weise analysiert haben.

Nachfolgend sollen exemplarisch drei Umfragen, die das DDR-Bild von Schülern bzw. jungen Menschen näher und umfassender beleuchten, kurz vorgestellt werden. Neben deren inhaltlichem und methodischem Aufbau wollen wir insbesondere die Unterschiede zu unserem eigenen Ansatz analysieren.

Eine im Auftrag der Stiftung zur Aufarbeitung der SED-Diktatur – die gleichzeitig Finanzier war – und des Verbandes der Geschichtslehrer Deutschlands in der zweiten Jahreshälfte 2005 durchgeführte Umfrage bezog insgesamt 5.616 Schüler in 16 Bundesländern mit ein. Die Untersuchung hatte zum Ziel, „*Erkenntnisse zum realen Wissensstand der Schüler über die DDR-Geschichte zu gewinnen und anhand ausgewählter Fragestellungen Haltungen zur SED-Diktatur zu ermitteln*".[7])

Die Befragung wurde von den Initiatoren nicht selber vor Ort durchgeführt, sondern von den jeweiligen Lehrern der ausgewählten Schulen bzw. Klassen. Sie bekamen die Fragebögen zugeschickt, begleitet von einem komplementären Fragebogen für Lehrer und mit einem frankierten Rückumschlag versehen. Dieses Verfahren ist aus unserer Sicht mehr als bedenklich, da nicht gewährleistet ist, dass die Schüler die Bögen alleine ausfüllten. Insbesondere in den neuen Bundesländern und Ost-Berlin neigen Lehrer dazu, gerade bei Wissensfragen unterstützend einzugreifen, damit ihre Klasse nicht allzu schlecht „abschneidet". Da als Ergebnis der Studie u. a. explizit auf den höheren Wissensstand der Schüler in den neuen Ländern hingewiesen wird, ist der Verdacht der „unterstützenden Hilfeleistung" durch die Lehrerschaft nicht ohne Weiteres von der Hand zu weisen.

Die Autoren beanspruchen, eine repräsentative Befragung durchgeführt zu haben. Dies muss zumindest in der Aussagekraft für die einzelnen Länder in Zweifel gezogen werden, da dort zumeist nur zwei bis fünf Schulen und 119 bis 500 Schüler einbezogen waren. Darüber hinaus wurden nur Gymnasiasten befragt. Knapp zwei Drittel von ihnen besuchten zum Zeitpunkt der Befragung die 11. Klasse. Bezogen auf die DDR-Geschichte werden 41 Fragen, darunter 7 Wissensfragen, gestellt. Weitere 34 Fragen mit rd. 170 Unterfragen zielen auf die Bewertung der DDR. Die Fragen wurden unter Berücksichtigung der Lehrpläne und deren gemeinsamer Schnittmenge konzipiert, d. h. die Thematik hätte – jedenfalls theoretisch – im Unterricht behandelt worden sein müssen.

Die unmittelbar auf die DDR-Geschichte bezogenen Themenkomplexe umfassen den politischen Neubeginn, das Machtsystem, die Gesellschaftsgeschichte, Widerstand und Opposition sowie die friedliche Revolution. Ohne dass die Autoren es explizieren, ging selbstverständlich ihr eigenes Geschichtsbild in die Fragestellungen und vor allem in die Auswertung der Antworten mit ein. In dem von Peter Lautzas, dem Vorsitzenden des Verbandes der Geschichtslehrer Deutschlands, verfassten Vorwort wird die deutsche Geschichte nach 1945 als im „doppelten Sinne geteilte deutsche Vergangenheit" betrachtet. Hiernach sei es möglich, „die genannte Epoche unter dem übergeordneten Aspekt als einen Teilabschnitt deutscher Vergangenheit in die Geschichte insgesamt einzuordnen, sie in ihren ursprünglichen ideellen Ansätzen gleichermaßen und gleichgewichtig zu würdigen und damit im Geschichtsbewusstsein den Weg für eine gemeinsame Zukunft freizumachen. Daran zu arbeiten ist heute eine vordringlich politische und zugleich auch pädagogische Aufgabe."[8])
Seiner Meinung nach müsse die deutsche Teilungsgeschichte auch im Schulunter-

[7]) Arnswald 2006, S. 108

[8]) Arnswald u. a. 2006, S. 9.

richt als eine „asymmetrisch verflochtene Parallelgeschichte der beiden deutschen Staaten“ behandelt werden.

In diesem Ansatz schimmert das Verständnis vom demokratisch-antifaschistischen Neubeginn in der SBZ/DDR durch, das seinerzeit von der SED und heute von „Freunden der DDR“ propagiert wird. Den führenden SED-Kadern um Walter Ulbricht „ideelle Ansätze“ zu attestieren, die „gleichgewichtig“ zu den demokratischen Vorstellungen in den Westzonen zu bewerten seien, erscheint uns mehr als fragwürdig. Die zeithistorische Forschung hat inzwischen sehr detailliert herausgearbeitet, vor welchem Hintergrund und mit welchen Zielen die KPdSU und die von ihr gelenkte SED die Umgestaltung im von der Sowjetunion besetzten Teil Deutschlands betrieben.[9]) Der fundamentale Gegensatz zwischen Demokratie und Diktatur, wie er in den Vorstellungen der politischen Akteure der Nachkriegszeit zu finden ist, prägte schon unmittelbar nach dem 8. Mai 1945 die Entwicklung in den jeweiligen Besatzungszonen. Dahinter verblassen die zweifelsohne vorhandenen ideellen Ansätze aufrechter Antifaschisten und Sozialisten, die freilich in der SBZ/DDR zu keiner Zeit maßgeblichen Einfluss hatten.

Ein Großteil der in der Studie gestellten Fragen hat sehr allgemeinen Charakter und die Antworten bleiben zum Teil ohne Aussagekraft, da die Möglichkeit der Mehrfachantwort mitunter keine Interpretation zulässt.[10]) So bewertet zum Beispiel eine absolute Mehrheit der befragten Schüler das Ende des Zweiten Weltkriegs sowohl als Kapitulation, Befreiung, Chance für einen friedlichen Neuanfang als auch als Beginn von Besatzung und Spaltung.

Unserer Erfahrung nach wissen Schüler, dass die beste Strategie häufig darin besteht, alle vorgegebenen Antworten anzukreuzen. Das bedeutet aber nicht, dass sie wissen, was mit den einzelnen Aussagen gemeint ist. Deutlich wird dies insbesondere bei der Frage nach den Hauptproblemen beim Neubeginn im Nachkriegsdeutschland. Erneut erreichen die vorgegebenen sieben Antwortmöglichkeiten eine mitunter sehr breite Zustimmung. Nur bei der Frage nach einem möglichen moralischen Werteverlust waren die Schüler gespalten und offensichtlich unsicher. So stehen sich zwei in etwa gleich große Lager gegenüber, von denen die einen den Werteverlust erkennen, die anderen nicht, was der Autor mit den Worten kommentiert: *„Der moralische Werteverlust ist offensichtlich ein Bereich, der in seiner Bedeutung weniger erfasst wird.“*[11])

Die zum Teil mangelhaften Kenntnisse der Schüler kommen u. a. darin zum Ausdruck, dass nicht einmal die Hälfte das Datum des Kriegsendes oder die Gründungsparteien der SED benennen kann. Dies liegt sicherlich am „kurzen Gedächtnis“ von Schülern. Wenn aber nur eine kleine Minderheit weiß, dass in den sowjetischen Speziallagern der SBZ auch Sozialdemokraten und einfache Bürger inhaftiert waren,

[9]) Vgl. zum Beispiel Erler/Laude/Wilke 1994, Ihme-Tuchel 2002 sowie Wettig 1999 und 2007.
[10]) Vgl. ebenfalls kritisch hierzu: Bongertmann 2006, S. 1058.
[11]) Arnswald 2006, S. 145.

oder wer die Weisung gab, „Es muss demokratisch aussehen, aber wir müssen alles in der Hand haben …", dürfte das eher auf mangelnde Kenntnisse der Lehrer und fehlende Informationen in Schulbüchern zurückzuführen sein.

Einige Statements zum „Machtsystem" sind in ihren Antwortmöglichkeiten ebenso beliebig wie die zum politischen Neubeginn. Andere erfordern aber auch eine Bewertung durch die Schüler. Die Behauptung, die Jugendlichen in der DDR seien zu einem Feindbilddenken gegenüber der Bundesrepublik erzogen worden, wird von 68% der Schüler geteilt.

Der Fragekomplex zur Gesellschaftsgeschichte zeigt, dass nur wenige Schüler prominente Personen aus der DDR richtig zuordnen können. So wissen lediglich knapp 14%, dass Wilhelm Pieck der erste und einzige Präsident der DDR war, nur gut 28% kennen Wolf Biermann als oppositionellen Liedermacher und nur 30% Walter Ulbricht als langjährigen SED-Chef. Bei der Frage nach den Motiven der DDR für ihr Streben nach internationaler Anerkennung überrascht, dass lediglich eine Minderheit von 46% dies als „Zementierung der Spaltung" interpretiert, aber mehr Schüler (62,6%) die „Verbesserung der internationalen Wirtschaftskontakte" für maßgeblich halten.[12]) Die Antwortmöglichkeiten auf die Freizeitgestaltung in Ost und West sind aufgrund ihrer Beliebigkeit kaum auswertbar.

Der Fragenkomplex zu „Widerstand und Opposition" offenbart deutliche Wissenslücken der Schüler. So stimmen nur 36% der These zu, es habe Repressionen gegen Andersdenkende von Anbeginn an in der DDR gegeben, weitere 46% vermuten dies. Die Zuordnung von Jahreszahlen zu Protestbewegungen im Ostblock fallen erschreckend aus. Während noch knapp 41% das Jahr 1953 der DDR zuordnen, gelingt dies nur gut 31% für Ungarn und das Jahr 1956, aber lediglich gut 27% bezogen auf die CSSR und das Jahr 1968, und sogar nur etwa 22% verbinden das Jahr 1980 mit Polen.

Die Fragen zur Herausbildung der Opposition und zum Einwirken der Staatsmacht auf die oppositionellen Kräfte enthalten wieder verschiedene Antworten, die alle zumindest zum Teil zutreffen und entsprechend annähernd gleich hohe Anteile erreichen. Der 17. Juni 1953 wird von einer Mehrheit der Schüler als Arbeiteraufstand deklariert (69,1%), etwa 10 Prozentpunkte weniger halten ihn für einen breiten Volksaufstand, und etwa jeder dritte sogar für einen „anti-sozialistischen Putschversuch". Die Frage nach der Opposition innerhalb der SED lässt offen, ob Gruppen oder Personen gemeint sind, und ob diese Opposition nennenswerten Einfluss hatte. Vorsichtshalber wertet der Autor die Antworten nicht aus, aber immerhin 34,7% stimmen mehr oder weniger der Meinung zu, es habe eine Opposition gegeben.

Im Fragenkomplex „Friedliche Revolution" ordnen knapp 58% das Datum 9. November 1989 richtig dem Fall der Berliner Mauer zu. Andere Daten in der Endphase der DDR, so zum Beispiel die erste und einzige freie Wahl zur Volkskammer, werden

[12]) Ebd., S. 126.

nur von einer Minderheit (28%) richtig eingeschätzt. Den Beitritt der DDR zur Bundesrepublik legen immerhin 52,2% richtig auf den 3. Oktober 1990. Unter den Antwortmöglichkeiten für die Ursachen der friedlichen Revolution in der DDR werden erstaunlicherweise Diktatur oder Unfreiheit überhaupt nicht als Antwortmöglichkeit vorgegeben. So vermuten die Schüler, es seien vor allem die wirtschaftlichen Krisenerscheinungen, der Ausreisewunsch und die Politik des Westens gewesen, die die Proteste hervorgebracht hätten.

Eine Mehrheit der Befragten favorisiert als Kennzeichnung für das Ende der DDR den Begriff „Wende" (knapp 78%), für „friedliche Revolution" votieren dagegen nur knapp 56%. Die Möglichkeit, es könne sich um einen „Zusammenbruch" gehandelt haben, wird nicht aufgelistet.[13]) Als Hauptprobleme des Zusammenwachsens nennen die meisten Schüler vor allem die hohe Arbeitslosigkeit (etwa 79%) sowie das noch bestehende Wohlstandsgefälle (knapp 74%), Unterschiede in der Mentalität sehen immerhin noch 57%.

Eine breite Mehrheit der Schüler (gut 78%) plädiert dafür, mehr Unterrichtszeit für die deutsche Geschichte ab 1945 aufzuwenden. Die meisten würden gern Näheres über die Alltags- und Sozialgeschichte und die friedliche Revolution erfahren. Die Ausprägung des Machtsystems interessiert dagegen nur knapp jeden Zweiten.[14]) Die meisten Schüler (knapp 75%) möchten die DDR-Vergangenheit als Teil einer gesamtdeutschen Geschichte im Unterricht vermittelt bekommen und viele der Befragten (knapp 65%) meinen, Wissen über die Vergangenheit sei wichtig zum Verständnis der Gegenwart.[15]) Nur eine Minderheit von knapp jedem Dritten spricht häufig mit Eltern und Bekannten über die DDR-Geschichte und nicht einmal jedem Zweiten hilft ein Schulbuch im Fach Geschichte bei der Vorbereitung auf den Unterricht.[16])

In der länderspezifischen Auswertung werden die alten und neuen Länder gesondert aufgeführt, Berlin aber zusammengefasst. Die auffälligen Unterschiede zwischen Ost- und West-Berlin verschwinden damit. Da zudem die Berliner Ergebnisse dichter an denen der neuen als an denen der alten Länder liegen, steht zu vermuten, dass hauptsächlich Schulen im Ostteil der Stadt in die Untersuchung einbezogen wurden.

Bei den Wissensfragen erzielen die Berliner vor den Schülern aus den neuen Ländern die besten Werte. Erstaunlicherweise konnten aber mehr Schüler aus den westdeutschen Ländern den ungarischen Volksaufstand und den Prager Frühling datumsmäßig richtig zuordnen.

Die Auswertung der Meinungsfragen zeigt fast durchgängig, dass mehr west- als ostdeutsche Schüler Charakteristika des Machtsystems erkennen. Ostdeutsche betonen dagegen stärker als Westdeutsche die soziale Dimension des Sozialismus. So

---

[13]) Ebd., S. 135.
[14]) Ebd., S. 139.
[15]) Ebd., S. 140.
[16]) Ebd., S. 141.

stimmen 78% der west-, aber nur knapp 61% der ostdeutschen Schüler Klaus Kinkel zu, der die DDR als unmenschlichen Staat kennzeichnet, der in weiten Bereichen Ähnlichkeit mit dem Nationalsozialismus gehabt hätte. In Berlin bejahen etwa gleich viele wie in den neuen Ländern diese Äußerung. Der Annahme, die DDR hätte ihre Existenz vor allem durch die Vollbeschäftigung und das Sozialsystem garantiert, stimmen dagegen im Osten deutlich mehr Schüler (knapp 69%) zu als im Westen (52%).

Westdeutsche Schüler äußern sich erheblich vereinigungskritischer als ostdeutsche. Für den Wiederaufbau der Mauer, weil dies gut für die Entwicklung in Deutschland sei, plädieren zum Beispiel 27,5% der Schüler aus den alten Ländern, aber nur knapp 10% aus den neuen und 11% aus Berlin.[17)]

Obschon bei den tiefergehenden Fragen deutliche Bewertungsunterschiede zwischen Ost und West sichtbar werden, schlussfolgert der Autor, dass sich „eine grundsätzliche Tendenz der Annäherung von Meinung und Überzeugung der Schüler aus Ost und West" zeige.[18)] Dies verdankt sich aber im Wesentlichen der Beliebigkeit der Antwortmöglichkeiten und den zum Teil eher randständigen Themenkomplexen für die Einordnung eines Systems bzw. einer Gesellschaft.

Als zentrale Ergebnisse hebt Arnswald hervor:

- Knapp ein Drittel der Schüler hat in der 10. Klasse nichts über die DDR-Geschichte gelernt, obwohl dies in den Lehrplänen aller Bundesländer vorgesehen ist.
- Bei den 21 Wissensfragen zeigen sich erhebliche Lücken der Schüler. So weiß nicht einmal jeder Zweite, wann der Zweite Weltkrieg endete.
- Schüler aus Berlin und den neuen Ländern haben einen etwas höheren Wissensstand als Schüler aus den alten Ländern. Letztere sehen dagegen die DDR kritischer.
- Es besteht eine grundsätzliche Tendenz der Annäherung von Meinungen und Überzeugungen der Schüler aus Ost und West.
- In den Klassen 12 und 13 lernen die Schüler nicht mehr viel über die DDR-Geschichte hinzu.
- Die meisten Schüler möchten gerne mehr über die DDR in der Schule erfahren.

Die Studie von Arnswald weist inhaltliche und methodische Mängel auf. Gleichwohl verdeutlicht sie das geringe Wissen der Schüler über die DDR und die deutsche Teilungsgeschichte sowie die Ost-West-Unterschiede in der Bewertung.

Eine Arbeitsgruppe unter Leitung von Bodo von Borries untersuchte 1992 Geschichtsbild und Geschichtsbewusstsein ost- und westdeutscher Jugendlicher. Be-

---

17) Ebd., S. 161.
18) Ebd., S. 166.

fragt wurden knapp 6.500 Jugendliche und ihr Lehrpersonal.[19]) Nach eigenen Angaben ist die Stichprobe für die gewählten Befragungsgebiete (Ostdeutschland, Nordrhein-Westfalen, Süddeutschland) „repräsentativ“. Es handele sich „nach Aufwand und Ertrag [...] um die bisher größte empirische Studie der Geschichtsdidaktik in Deutschland seit dem Zweiten Weltkrieg“.[20]) Allerdings besuchten von den befragten Schülern 2.100 erst die 6. Klasse, so dass die Ergebnisse nur bedingt mit denen von Arnswald vergleichbar sind.

Der Fragebogen umfasst Statements bzw. Vorgaben aus der Geschichte von der Antike bis zur deutschen Teilung, die von den Schülern bewertet werden sollten. Darüber hinaus werden einige Wissensfragen zu historischen Ereignissen und Personen gestellt und Neigungen der Jugendlichen erfragt. Zudem sollen die Schüler einige persönliche Angaben machen.

Das Bild der Schüler über die DDR und die Bundesrepublik wird durch die Bewertung von fünf gesellschaftlichen und politischen Dimensionen ermittelt. Die Schüler sollen in einer Bandbreite von „sehr gut“, „eher gut“, „mittelmäßig“, „eher schlecht“ bis „sehr schlecht“ angeben, wie sie die Verwirklichung dieser Aspekte in den beiden deutschen Teilstaaten einschätzen. Dabei geht es um:

- Vermeidung von Arbeitslosigkeit
- Gleichberechtigung der Frau
- Menschliche Wärme im Umgang mit Freunden und Bekannten
- Konsequenter Bruch mit dem Nationalsozialismus/Faschismus
- Mitbestimmung der Bürger im Staat

Die politische Dimension von Demokratie und Diktatur wird nur indirekt über die Frage nach der Verwirklichung von Mitbestimmung der Bürger im Staat analysiert.

In der Auswertung zeigt sich eine Präferenz der ostdeutschen Schüler für die DDR und der westdeutschen für die Bundesrepublik. „Die selbstverständliche Identifikation mit der eigenen Seite schlägt für scheinbar ‚unpolitische‘ und relativ ‚systemneutrale‘ Themen wie Alltag, NS-Bearbeitung und Gleichberechtigung voll durch. Dabei betonen zweitens die ostdeutschen Jugendlichen die Überlegenheit ihrer Heimat viel krasser als die westdeutschen [...].“[21])

Bezüglich der Mitbestimmung wird die DDR auch im Osten schlechter und die Bundesrepublik entsprechend besser beurteilt. Allerdings fallen der Zuspruch für die Bundesrepublik und die Kritik an den Mitbestimmungsmöglichkeiten in der DDR im Osten deutlich geringer aus als in Nordrhein-Westfalen und Süddeutschland.

In Bezug auf die „Vermeidung von Arbeitslosigkeit“ werden DDR und Bundesrepublik von den westdeutschen Schülern in etwa gleich beurteilt, während die ostdeut-

[19]) Vgl. Borries 1995.
[20]) Ebd., S. 13.
[21]) Ebd., S. 81.

schen „ihre Republik“ – so die Formulierung von Borries‘ – deutlich im Vorteil sehen. Die Auswertung zeigt für den Autor „spezifische Überlegenheiten und Unterlegenheiten – wie das Demokratie-Defizit der DDR und ein Vollbeschäftigungs-Defizit der BRD […].“[22]) Den grundlegenden Unterschied zwischen Demokratie und Diktatur reduziert der Autor also auf ein „Demokratie-Defizit“ der DDR, dem zudem gleichwertig ein „Vollbeschäftigungs-Defizit“ der Bundesrepublik gegenübersteht.[23])

Borries äußert sein Verständnis für die nostalgische Betrachtung der DDR – die vielleicht sogar eine realistische sei – durch die ostdeutschen Jugendlichen. Insgesamt werde bei den Antworten „[…] ein wichtiges Stück nachwirkender DDR- und BRD-Identität sichtbar. Das Verhältnis ist – begreiflicherweise – psychologisch so wenig symmetrisch wie politisch oder wirtschaftlich; das erklärt die erwähnte Tatsache, dass die Unterschiede der DDR-Einschätzung viel größer ausfallen als die des Urteils über die alte BRD. Gerade wer gezwungen ist, sich vorwiegend am anderen zu orientieren und an ihn anzupassen, muss auch das eigene Selbstwertgefühl hochhalten. Die östlichen Jugendlichen erscheinen mithin ‚gebrochen‘ zwischen BRD-Anpassung und DDR-Anhänglichkeit, die westlichen Jugendlichen – bei aller Distanz und Selbstkritik – ‚ungebrochen‘.“[24])

Neben den fünf Aspekten, mit denen das Urteil über die beiden deutschen Teilstaaten operationalisiert wird, wurden die Schüler nach der Bedeutung der Geschichte des geteilten Deutschlands für Schule und Wissenschaft gefragt. Die Jugendlichen entscheiden sich mehrheitlich für eine differenzierte Aufarbeitung auch der DDR-Geschichte und favorisieren die Forderung, „[…] dass jede Seite die Entstehung und Entwicklung des anderen deutschen Teilstaates gründlich kennenlernt“.[25]) Eine Mehrheit der Schüler lehnt in allen Regionen eine Beschränkung auf die Geschichte der Bundesrepublik ab.[26])

Im Ergebnis konstatiert Borries, dass die ostdeutschen Schüler keineswegs „einen Leistungsvorsprung der Alt-BRD“ anerkennen. „Diese Einschätzung färbt sogar auf die Beurteilung der Partizipationsmöglichkeiten von Bürgern in beiden Landesteilen ab. Ostdeutsche Befragte schätzen – im Vergleich zum Durchschnitt der Befragten – die Mitbestimmungschancen 1949 bis 1989 in der BRD relativ als schlechter

[22]) Ebd., S. 81.

[23]) Es ist bezeichnend, dass ein Autor mit diesem Ansatz vom rot-roten Berliner Senat bzw. dem Senator für Bildung, Wissenschaft und Forschung um ein Gutachten über die Studie von Arnswald und über unsere Studie gebeten wurde, wobei die Ansatzpunkte seiner methodischen und inhaltlichen Kritik aus der – bezogen auf das Bild der DDR und der Bundesrepublik – eher kümmerlichen eigenen Operationalisierung entwickelt wurden. Vgl. Borries 2008.

[24]) Borries 1995, S. 85.

[25]) Vgl. ebd., S. 87 und 475. Offensichtlich vermutet der Autor, dass die Schüler die Geschichte des eigenen Herkunftsstaates besonders gut kennen.

[26]) In einem Item wird unterstellt, nur die Bundesrepublik habe einen „Alleinvertretungsanspruch“ bis Anfang der siebziger Jahre erhoben. Belegt wird dies durch einen Hinweis auf die „Hallstein-Doktrin“. Dass auch die DDR sich bis in die sechziger Jahre hinein als eigentlicher deutscher Kernstaat verstand und mittels der „Ulbricht-Doktrin“ auf die Hallstein-Doktrin antwortete, scheint dem Autor nicht bekannt zu sein.

(r = -.14), die in der DDR als besser (r = .15) ein; der Vorsprung des Westens in diesem Punkt wird daher rückblickend im Osten eingeschränkt (r = -2.0).“[27])

Obschon bewusst nicht nach Kernpunkten der SED-Ideologie gefragt wurde, behauptet der Autor, „[...] die SED-Geschichtsversion ist bei den Jugendlichen – jedenfalls im Bereich des Plakativen – weitgehend verschwunden. Eine höhere Anfälligkeit des Ostens für Neonazismus hat sich nicht bestätigt, doch ist mit der mentalen und ökonomischen Krisensituation in den ‚neuen‘ Bundesländern ernsthaft zu rechnen: Auch über etwas skurrile Ausdrucksformen dieser Krise (zum Beispiel in Geschichtsvorstellungen) darf man sich nicht wundern.“[28]) Wenn wir den Satz richtig interpretieren, resultiert der Rechtsextremismus in den neuen Ländern laut Borries aus den Folgen des Vereinigungsprozesses und nicht aus den Nachwirkungen der Sozialisation in der DDR. Diese Auffassung wird allerdings durch die vor der Wiedervereinigung bei Befragungen ersichtlich werdenden höheren Anteile fremdenfeindlicher Einstellungen von DDR-Jugendlichen gegenüber Altersgenossen in der Bundesrepublik widerlegt.[29])

Die unterschiedliche Bewertung einiger weniger gesellschaftlicher und politischer Aspekte der alten Bundesrepublik und der DDR durch ost- und westdeutsche Schüler wird in dieser Studie insbesondere auf sozialpsychologische Faktoren zurückgeführt. Ein Bezug zum Wissensstand wird nicht hergestellt, da keine entsprechenden Fragen gestellt wurden. Es bleibt also offen, inwieweit Kenntnisse das Urteil über die beiden deutschen Teilstaaten beeinflussen. Insgesamt bot die methodische und insbesondere die inhaltliche Anlage der Befragung keine Anknüpfungspunkte für die Entwicklung unseres Fragebogens. Ohne dass Borries dies expliziert, ist sein Blick auf die beiden deutschen Teilstaaten von einer äquidistanten Sicht geprägt. Dies resultiert in erster Linie aus dem Verzicht auf eigene normative Bewertungskriterien. Die beiden gesellschaftspolitischen Systeme und damit auch die politischen Ordnungen werden auf gleiche Augenhöhe gestellt und nach ihren Vor- und Nachteilen befragt. Dadurch schmilzt der prinzipielle Unterschied zwischen Demokratie und Diktatur zu einem Mehr oder Weniger an Mitbestimmung und Defiziten in bestimmten Bereichen zusammen.

Mehrere Shell-Jugendstudien griffen in ihren Befragungen ebenfalls die Themenbereiche DDR, Bundesrepublik und vereintes Deutschland auf. Zwar wurde das DDR-Bild Jugendlicher nicht systematisch ermittelt, gleichwohl zielten einige Statements auf eine Bewertung der beiden deutschen Staaten. Dabei wurden deutliche Ost-

---

[27]) Ebd., S. 404.

[28]) Ebd., S. 404/405. Darüber hinaus wird behauptet, dass gewalttätige Übergriffe von rechtsextremen Jugendlichen im Westen ebenso häufig seien wie im Osten. Tatsächlich aber registrieren wir seit der Wiedervereinigung ein deutlich höheres Ausmaß an rechtsextremen und fremdenfeindlichen Gewalttaten in den neuen als in den alten Ländern. Offensichtlich ist dem Autor auch die Entstehung und Ausbreitung ausländerfeindlichen und rechtsextremen Verhaltens in der DDR der achtziger Jahre nicht bekannt. Vgl. zu den beiden Aspekten Schroeder 2004, S. 76 ff. bzw. 46 ff.

[29]) Vgl. z. B. Heinemann/Schubarth 1992 und Schubarth 1991.

West-Differenzen im Geschichtsbild, bezogen auf die Zeit der Teilung und die Beurteilung der Vereinigung, sichtbar. Zum Beispiel wurden die Schüler in der Erhebung vom Sommer 1991 nach den wichtigsten Veränderungen seit 1989 gefragt.[30]) Dabei fällt die unterschiedliche Bewertung der Veränderungen durch die Jugendlichen aus den ehemals getrennten Landesteilen auf. Ostdeutsche Jugendliche heben insbesondere die Reise- und die Konsumfreiheit, aber auch soziale Unsicherheit und Kurzarbeit hervor und gewichten politische Veränderungen deutlich niedriger. Erstaunlicherweise zählt nicht einmal jeder Zehnte „Freiheit, Wende und Befreiung der DDR“ zu den wichtigsten Veränderungen seit dem Zusammenbruch der DDR und der nachfolgenden Vereinigung. Den Fall der Mauer hält gar nur jeder Zwanzigste für eine wichtige Veränderung.

Aus Sicht der westdeutschen Jugendlichen sind die politischen Aspekte bedeutsamer. Dies mag auch daraus resultieren, dass sie und ihre Familien von den sozialen und ökonomischen Umbrüchen dieser Zeit kaum betroffen sind. Insgesamt wird jedoch ein kritischerer Blick westdeutscher Jugendlicher auf die DDR erkennbar.

Nachfolgendes Schaubild verdeutlicht, wie bereits kurze Zeit nach der Vereinigung die wichtigsten Veränderungen seit 1989 von befragten Jugendlichen herkunftsspezifisch unterschiedlich beurteilt werden.

*Schaubild 1: Persönliche Auffassungen von den wichtigsten Veränderungen seit 1989**

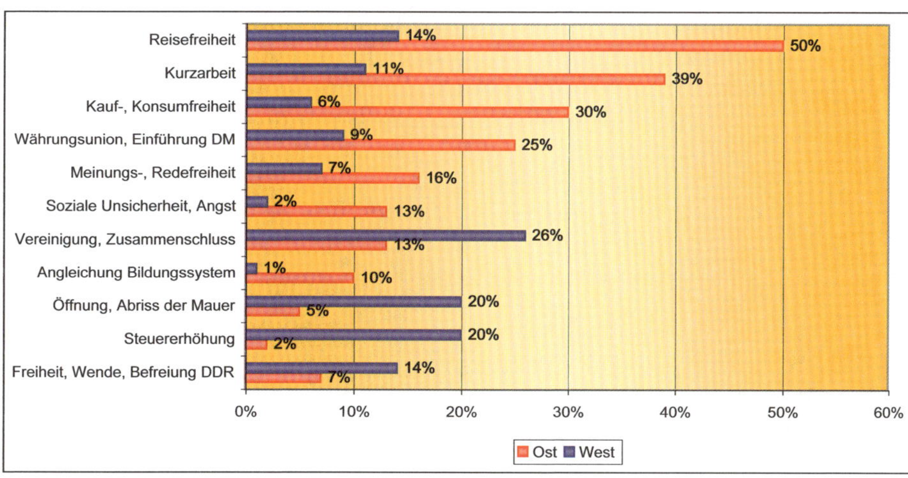

** Basis: Alle Befragten mit freien Erinnerungen (Mehrfachnennungen).*
Quelle: Jugend 1992, S. 17

Der gespaltene Blick auf das geteilte und vereinte Deutschland zeigt sich auch bei der Frage nach dem Urteil über die Vereinigung. Hier sind die westdeutschen Jugendlichen zurückhaltender als die ostdeutschen. Während 62% der Schüler aus

[30]) Vgl. Jugend 92.

den neuen Ländern positiv zur Vereinigung stehen, sind es in den alten nur 54%.[31]) Noch deutlicher wird die unterschiedliche Sicht auf die beiden deutschen Staaten bei der Frage, ob sich die Jugendlichen vorstellen könnten, für längere Zeit im anderen Teil Deutschlands zu leben. Dies bejahten 72% der ostdeutschen, aber nur 29% der westdeutschen Schüler. Die Vorbehalte der westdeutschen Jugendlichen gegenüber Ostdeutschland – und vielleicht auch den Ostdeutschen – bestätigt sich ebenfalls in dem hohen Anteil derjenigen, die bis zum Sommer 1991 den anderen Landesteil noch nicht besucht hatten (66%). Dagegen waren nur 5% der ostdeutschen Jugendlichen noch nie im Westen.

Die Autoren führen diese Ergebnisse auf die unterschiedliche Betroffenheit durch die vereinigungsbedingten Veränderungen zurück und konstatieren: „Zumindest bis Anfang 1992 könnte so Grund zu der Annahme bestehen, dass sich im vereinten Deutschland eine Jugend entwickelt, die zwar gemeinsam an einem historischen Gesamtprozess Teil hat, diesen aber nicht in gleicher Weise wahrnimmt und verarbeitet. So entsteht die Frage, ob diese Generation überhaupt noch in einem Generationszusammenhang steht oder sich zwei Jugendgenerationen entwickeln: die Beobachtenden und die persönlich Betroffenen."[32])

Eine gewisse Unkenntnis der politischen Verhältnisse in der DDR schimmert bei den Jugendforschern durch, wenn sie auf altersbezogene Unterschiede der Politisierung hinweisen. 42% der ostdeutschen, in der DDR aufgewachsenen geben gegenüber 15% der westdeutschen Jugendlichen an, sich schon im Alter von 15 Jahren über politische Themen unterhalten zu haben. Nach Meinung der Verfasser der Jugendstudie deutet dies darauf hin, *„[...] dass die politische Kultur der DDR eine Reihe von Impulsen aussandte, offiziell geförderte wie inoffizielle, alltagsbezogene, die eine frühe politische Bewusstheit bei den Jüngeren beförderten".*[33]) Angesichts der frühen Politisierung von Kindern und Jugendlichen, die der politischen Indoktrination und nicht der Entwicklung eines unabhängigen politischen Bewusstseins diente, lässt sich bezweifeln, ob DDR-Jugendliche tatsächlich in früherem Alter als westdeutsche ein politisches Bewusstsein hatten oder ob sie nur politische Vorgaben nacherzählten.

Befragt darüber, was sie mit der DDR assoziieren, gaben die ostdeutschen Jugendlichen im Verhältnis von 60% zu 40% mehr positive als negative Antworten. Positive Erinnerungen haben sie an das Gefühl des zu-Hause-Seins ebenso wie an das der allgemeinen und sozialen Sicherheit oder unbestimmte positive Empfindungen. Als negative Seite werden von etwa jedem Dritten Zwang und Repression genannt. Allerdings haben nur knapp 10% der ostdeutschen Jugendlichen generell negative Empfindungen gegenüber dem SED-Staat.[34])

[31]) Vgl. Jugend 92, Band 4, S. 123.
[32]) Jugend 92, Band 2, S. 20.
[33]) Jugend 92, Band 1, S. 223.
[34]) Vgl. ebd, S. 230 f.

In den nachfolgenden Shell-Jugendstudien werden keine Urteile über die DDR und das wiedervereinte Deutschland ausgewertet, obwohl weiterhin auf unterschiedlichen Sozialisationen und Erfahrungen basierende Auffassungen von den Eltern an die junge Generation weitergegeben werden. Darauf weisen einige Angaben der befragten Jugendlichen hin, zum Beispiel bezüglich der Konfessionszugehörigkeit und der Religiosität. Ostdeutsche Jugendliche gehören deutlich seltener einer Konfession an und glauben weniger an eine überirdische Macht als westdeutsche.[35]) Gleichzeitig ermittelten die Jugendforscher ein unterschiedliches Institutionenvertrauen: Ostdeutsche Jugendliche haben gegenüber allen abgefragten Institutionen weniger Vertrauen als westdeutsche.[36]) Dementsprechend liegt der Anteil der an Politik desinteressierten Jugendlichen mit 36% in den neuen Ländern höher als in den alten (30%). Die Anteile für „mitwirkungsbezogene Jugendliche", d. h. von Jugendlichen, die aktiv am politischen Geschehen teilhaben, betragen 23% (West) bzw. 18% (Ost).[37])

Da die in der gebotenen Kürze beschriebenen Jugendstudien für unsere Befragung keine nennenswerten Anknüpfungspunkte bieten, sei es, weil sie das Geschichtsbild insgesamt und damit die deutsche Teilungsgeschichte und die DDR nur am Rande untersuchen, sei es, weil sie nur Eindrücke abfragen, haben wir mittels eines umfangreichen Fragebogens versucht, das Bild der DDR zu operationalisieren. Die Auswertung der Antworten steht jedoch nicht für sich, sondern soll im Fazit in die allgemeine öffentliche und wissenschaftliche Diskussion um die DDR und ihre Darstellung in verschiedenen Medien eingeordnet werden. So lässt sich beurteilen, ob die Schüler nur wiedergeben, was ihnen im unmittelbaren familiären und persönlichen Umfeld mehr oder weniger zufällig vermittelt wird und welche Bedeutung dem Schulunterricht zukommt. Abschließend folgen einige Überlegungen, wie die DDR und die deutsche Teilungsgeschichte in der Schule und in der politischen Bildung thematisiert werden sollten.

[35]) Vgl. Jugend 2006, S. 203 ff.
[36]) Vgl. Jugend 2002, S. 105 f.
[37]) Vgl. ebd., S. 114.

II. Geschichtsbilder und Geschichtspolitik

Im Folgenden soll in einem kurzen Abriss dargelegt werden, wie sich Geschichtsbilder konstituieren, die einer Gesellschaft Stabilität verleihen (können) und gleichzeitig einem ständigen Wandel ausgesetzt sind. Da in einer freiheitlich-pluralistischen Gesellschaft unterschiedliche Deutungen von Geschichte existieren und diese selbstredend auch in tagespolitischen Auseinandersetzungen Eingang finden, werden die verschiedenen Dimensionen von Geschichtspolitik ebenfalls beleuchtet. Daran anschließend wird das Bild der DDR in der Bevölkerung, der Wissenschaft, in Schulbüchern und Lehrplänen analysiert und, wo es möglich ist, miteinander verknüpft. Gleichzeitig geht es um die Darstellung des Bildes der DDR im geschichtspolitischen Diskurs, d. h. um den Streit, welchen Platz die DDR in der Darstellung der deutschen Geschichte und im gemeinsamen Geschichtsgedächtnis einnehmen soll. Hierdurch wird sichtbar, inwieweit und in welcher Weise „offizielle" Geschichtsdeutungen Eingang in die Geschichtsbilder der verschiedenen Bevölkerungsteile gefunden haben.

In jeder Gesellschaft existieren Vorstellungen darüber, was sie prägt und zusammenhält, gründet sich das Zusammengehörigkeitsgefühl der Menschen auf verschiedene Faktoren wie gemeinsame Geschichte, Sprache, Kultur, Leistung etc. Nur wenn es einen mehrheitlichen Fundus an Gemeinsamkeiten in den verschiedenen Dimensionen gibt und – so lässt sich mit Renan ergänzen – wenn sich eine breite Mehrheit der Bevölkerung als „Willensgemeinschaft" versteht, kann die Gesellschaft eine Stabilität entwickeln, die sie krisenfest macht. Leben Gruppen verschiedener ethnischer Herkunft, mit unterschiedlicher Kultur und Geschichte gemeinsam in einem Staat, ist es für die Bevölkerung schwierig, jenes Zusammengehörigkeitsgefühl zu entwickeln, das den kulturellen Kitt einer Gesellschaft darstellt.

Geschichtsbilder entstehen als Konstrukte eigenen Erlebens, übermittelter Erfahrungen und tradierter Überlieferungen sowie durch volkspädagogische und mediale Aufbereitung von Geschichte. „Geschichtsbilder sind zu verstehen als die vergangenheitsorientierte Dimension übergreifender Weltbilder, verfestigter Vorstellungen und Deutungsmuster mit tieferem Zeithorizont. [...] Geschichtsbilder entstehen in konstruktiven gesellschaftlichen Prozessen, sind also prinzipiell kontextgebunden und in modernen Gesellschaften gruppenbezogen, oft umstritten und grundsätzlich partikularen Horizonts."[38)]

Solche Deutungsmuster sind nicht statisch und können sich im Laufe der Zeit verändern, sei es aufgrund von Erfahrungen, die bisherige Interpretationen in ein anderes Licht stellen, oder dadurch, dass neue Maßstäbe zur Betrachtung der Vergangenheit angelegt werden. Große gesellschaftliche Umbrüche – wie das Kriegsende oder die deutsche Wiedervereinigung – bringen Bewegung in Geschichtsbilder vor allem für

38) Schmid 2005, S. 292/293.

diejenigen, die einen Systemwechsel erlebten wie alle Deutschen nach 1945 und die Ostdeutschen nach 1989/90.

In beiden deutschen Teilstaaten wurden nach 1945 unterschiedliche offizielle bzw. offiziöse Geschichtsbilder vermittelt. Während in der DDR die SED ihr Verständnis und ihre Interpretation von Geschichte ubiquitär und unwidersprochen – weil mit Zwang – durchsetzen konnte, gab es in der Bundesrepublik in Wissenschaft und Öffentlichkeit über das Bild der Vergangenheit einen pluralistischen Meinungsstreit. Die geschichtspolitischen Aktivitäten der verschiedenen Akteure fanden dabei vor dem Hintergrund traumatischer Erfahrungen durch den Nationalsozialismus und seine Verbrechen sowie durch Krieg und unmittelbare Nachkriegszeit statt. Die übermächtige Erinnerung an diese Ereignisse wie aber auch die Verdrängungsprozesse jener, die daran Anteil hatten, prägten nicht nur die Geschichtsbilder damaliger Zeitgenossen, sondern sind bis heute wirksam.

In der Bundesrepublik und der DDR war man sich bewusst, dass dominierende Geschichtsbilder nicht ohne Bedeutung für die Gestaltung von Gegenwart und die Erwartungen an die Zukunft sind. „Alle Geschichte ist eine Geschichte von Kämpfen um die Deutung von Geschichte: So könnte man frei nach Marx und Engels sagen. Wer über historische Deutungsmacht verfügt, übt mittelbar auch politischen Einfluss aus. Je stärker eine Richtung ihre Sicht von Geschichte durchsetzt, desto näher kommt sie dem Zustand der kulturellen Hegemonie. Dahin zu gelangen ist ein Ziel *aller* politischen Richtungen."[39])

Geschichtspolitik bezeichnet insofern das Verhältnis von Geschichte und Politik und kann verstanden werden als ein „Ineinander von Vergangenheitsdeutung, Gegenwartsverständnis und Zukunftserwartung".[40]) Geschichtspolitik versucht in der Bevölkerung oder in einer bestimmten Klientel ein Geschichtsbewusstsein zu verankern, das mit den eigenen politischen Vorstellungen und Geschichtsdeutungen korrespondiert. Sie knüpft an Erkenntnissen oder Überlegungen von bestimmten Richtungen der Geschichtswissenschaft an, bleibt aber „eine spezifische Form des außerwissenschaftlichen Umgangs mit Geschichte in der Öffentlichkeit."[41])

In der DDR verordnete die SED im Geschichtsunterricht ein exakt konturiertes, angeblich „wissenschaftliches" Bild der Vergangenheit. In der Bundesrepublik dagegen konnte und kann ein bestimmtes Geschichtsbewusstsein nicht „von oben" oder per Auftrag verankert werden. Es ergibt sich vielmehr aus dem öffentlichen Diskurs, wobei eine vorherrschende Deutung von Geschichte nicht von vornherein gegeben ist. Diese hängt von verschiedenen Faktoren ab, die für den Adressaten prägend sind, wie zum Beispiel Geschlecht, beruflicher Hintergrund, Generation, Konfession, regionale Zugehörigkeit, und ermöglicht die Entwicklung von Geschichtskultur. Geschichtskultur – so Edgar Wolfrum unter Bezug auf Jörn Rüsen – ist eine Fun-

[39]) Winkler 2004, S. 7.
[40]) Baumgärtner 2002, S. 187.
[41]) Vgl. ebd., S. 188.

damentalkategorie des historischen Denkens. „Rüsen sieht in der Geschichtskultur die praktische Artikulation von Geschichtsbewusstsein im Leben einer Gesellschaft bzw. den Gesamtbereich von Erinnerungsarbeit einer Gesellschaft.“[42]) Dabei bedient sich Geschichtspolitik verschiedener Instrumente und Medien, vermittelt sich über politische Reden, Rituale, Geschichtsbücher und -unterricht, Filme, Museen, Denkmäler usw.[43])

Das jeweils andere Verständnis von Geschichtspolitik und die unterschiedliche Geschichtsdeutung wurden schon drei Jahre nach Kriegsende anlässlich der hundertsten Wiederkehr der Revolution von 1848 sichtbar. Für die in den Westzonen lebenden Politiker und Publizisten war es vor allem das freiheitliche Erbe der 48er, für die Akteure in der sowjetischen Besatzungszone das nationale Streben, das dieses gescheiterte, gleichwohl ins kollektive Gedächtnis von Deutschen eingebrannte historische Ereignis charakterisierte. „Der Freiheitsgedanke verband die Westdeutschen mit den Westmächten. Der nationale Gedanke, wie die SED ihn propagierte, eignete sich hingegen 1948 vorzüglich dazu, westdeutschen Parteiführern von Konrad Adenauer bis Kurt Schumacher eine antinationale, gegen die Interessen des deutschen Volkes gerichtete Politik vorzuwerfen. Die Teilung Deutschlands ging einher mit der Herausbildung von zwei Gedenkkulturen. 1848 war für beide, die westliche wie die östliche, wichtig – im Dienst höchst unterschiedlicher Zielsetzung.“[44])

Zur Selbstvergewisserung ihrer Identität und ihres historischen Erbes kämpften die geschichtspolitischen Akteure der Bundesrepublik und der DDR – erstere in mitunter heftigen Kontroversen, letztere in zentralistisch verordneter Weise – um die Interpretationshoheit über die Geschichte der Deutschen und damit „um die ‚Seele‘ der Nation“.[45])

Einer von der SED gelenkten Historiografie im ostdeutschen Teilstaat stand eine pluralistische geschichtspolitische Debatte in Westdeutschland gegenüber. In beiden deutschen Teilstaaten bedeutete Geschichtspolitik „die Inanspruchnahme von Geschichte für Gegenwartszwecke“.[46]) Das Ergebnis geschichtspolitischer Interventionen lässt sich freilich nicht vorhersagen, weder in totalitär noch in demokratisch verfassten Staaten. In totalitären Diktaturen können sich die Machthaber nicht gewiss sein, dass ihre Geschichtsbilder von relevanten Teilen der Bevölkerung akzeptiert oder übernommen werden, in freiheitlich-demokratisch verfassten Gesellschaften kann die Konkurrenz unterschiedlicher Geschichtsbilder zu einem erbitterten Meinungsstreit und zu einem fortgesetzten Dissens bei Akteuren und Adressaten führen. Fraglich ist aber, wie viel Dissens eine Gesellschaft bei der Beurteilung zentraler historischer Ereignisse aushält, denn – so Heinrich August Winkler

[42]) Wolfrum 1999, S. 21.
[43]) Vgl. Baumgärtner 2002.
[44]) Winkler 2004, S. 9/10.
[45]) Mertes 2000, S. 6.
[46]) Winkler 2004, S. 11.

– „ohne einen Minimalkonsens in Sachen der eigenen Geschichte könnte ein demokratisches Gemeinwesen gar nicht dauerhaft bestehen".[47]

Die DDR betrieb aufgrund ihres deterministischen, pseudowissenschaftlichen Geschichtsbildes und ihrer bewussten Abkehr von bestimmten historischen Traditionen früher und intensiver als die Bundesrepublik eine offensive Geschichtspolitik. Die Bevölkerung sollte auch auf diesem Feld „umerzogen" werden. Schon 1952 eröffnete die SED das Museum für Deutsche Geschichte in Ost-Berlin. „Modernste Museumspädagogik und -technik dienten dazu, die gewünschten Identitätsvorstellungen in das Bewusstsein der Besucher zu tragen. Die Vergangenheit war ein Erlebnis, war greifbar und erfahrbar und handelte von lebendigen Menschen, sie kam nicht blutleer daher, weckte Sehnsüchte und transportierte die gewünschten Ideen. Das Regime etablierte so einen Ort sozialistischen und historischen Lernens. Dem Betrachter wurde ein dichotomisches Geschichtsbild vor Augen geführt, das einerseits den Stolz auf die großen historischen Leistungen des deutschen Volkes hervorrief und andererseits die Feindbilder in Gestalt der Ausbeuterklasse, des deutschen Imperialismus und Militarismus aufbaute."[48]

Der Begriff „Frieden" wurde zum wichtigsten ideologischen Leitbegriff für die SED-Geschichtspolitik. Hiernach wurden in der Geschichte „Schlachten um den Frieden" geschlagen, die Berliner Mauer sicherte den Frieden und die SED-Führung sorgte sich fortwährend um den Weltfrieden; selbst ehemalige Stasi-Kader deklarieren dies im Nachhinein als eigentliche Intention ihres kriminellen Wirkens. In der Bundesrepublik dagegen bildete „Freiheit" die Zentralkategorie im geschichtspolitischen Diskurs. „‚Freiheit' und ‚Frieden' standen sich als Gegensatzpaar, das Werteorientierungen und Verhaltensmuster in den Gesellschaften beeinflussten, gegenüber. Die ‚Freiheit des Westens' war die wichtigste aktive Legitimationsressource im Systemkonflikt mit dem kommunistischen Osten."[49]

Beide Teilstaaten wähnten sich nicht nur als der deutsche Kernstaat, sondern behaupteten gleichzeitig, nur sie hätten die „richtigen Lehren" aus der Vergangenheit gezogen. Der jeweils andere hätte nichts aus der Geschichte gelernt, würde im Gegenteil einen fatalen „nachfaschistischen" bzw. „totalitären Kurs" fortführen. In den innerdeutschen geschichtspolitischen Debatten wurde Geschichte und ihre Deutung zu einer Waffe im Systemkonflikt und diente, vor allem in der DDR, auch zur Legitimation des eigenen Gesellschaftsmodells.

Einige Autoren unterscheiden zwischen Primärerfahrung, Erinnerungskultur und Geschichtswissenschaft, wobei Primärerfahrung das eigene Erleben meint, Erinnerungskultur den nichtwissenschaftlichen Umgang einer Gesellschaft mit Geschichte und Geschichtswissenschaft die wissenschaftliche Analyse von Geschichte ist. Zur Illustration des nicht widerspruchsfreien Zusammenspiels der drei Dimensionen

---

47) Ebd.
48) Wolfrum 2002, S. 140.
49) Ebd., S. 144.

verweist Hockerts auf den 8. Mai 1945. Heute wird dieser Tag in der öffentlichen Erinnerungskultur als Tag der Befreiung angesehen, in der Primärerfahrung vieler deutscher Betroffener war es jedoch ein Tag der Niederlage, der Katastrophe und für nicht wenige ging es um eine Gemengelage: Ende der bedrohlichen Kampfhandlungen und Niederlage. Auch die Alliierten – die Sowjetunion ebenso wie die USA – betrachteten das Ende des Nationalsozialismus keineswegs als Befreiung der Deutschen, sondern als Sieg über einen Feindstaat.[50])

Widersprüche zwischen der Primärerfahrung – der persönlichen Erinnerung – und der Erinnerungskultur – dem, was „offiziell" in das „kollektive Gedächtnis" eingegangen sein sollte – sind gleichsam vorprogrammiert. Wer zum Beispiel die Zeit im Nationalsozialismus oder in der DDR nicht als bedrückend oder unangenehm empfunden hat, wird pejorative Beschreibungen des Lebens in der entsprechenden Diktatur zurückweisen. Insofern gibt es immer vielerlei Erinnerungswelten. Hinzu kommt, dass sich die Sicht vieler Zeitzeugen auf das selbst Erlebte um so mehr verklärt, je länger diese Ereignisse zurückliegen, nicht zuletzt, weil sich ihre Bewertungsmaßstäbe aufgrund neuer Erfahrungen verändert haben. Die Beurteilung der Vergangenheit unterliegt also einem ständigen Wandel. Hockerts plädiert für eine Verknüpfung von Struktur- und Erfahrungsgeschichte, da – zumindest bezogen auf die DDR – entweder die harten Kerne der Diktatur unterschätzt und verharmlost werden oder aber viele ehemalige DDR-Bewohner sich in den Erkenntnissen der Geschichtswissenschaft nicht hinreichend wiedererkennen. Ob und wie dies möglich ist, bleibt nicht nur bei Hockerts und nicht nur bezogen auf die DDR offen. Für demokratische Geschichtspolitik ist gleichwohl konstitutiv, dass sie unterschiedliche Deutungen der Vergangenheit neben- und gegeneinander gelten lässt. „Sofern Geschichtspolitik heutzutage und hierzulande im Dienst des Nationalbewusstseins, des Patriotismus oder der Identitätspflege von Bundesländern steht, ist sie dreifach relativiert: an die demokratische Ordnung gebunden, in die europäische Mitgliedschaft gefügt und für Erinnerungsvielfalt geöffnet."[51])

Da es in gesellschaftlichen Umbrüchen zumeist Verlierer und Sieger gibt, konkurrieren diese, wie das jüngste Beispiel in Deutschland nach der Wiedervereinigung nahezu täglich offenbart, vehement um die Geschichtsdeutung. Vor allem die Verlierer wollen ihre Niederlage erklären und dem Sieger das Recht auf eine dominante Geschichtsschreibung absprechen. Für Reinhart Koselleck sind Verlierer bessere Historiker als Sieger. Ihre Geschichtsschreibung sei komplexer und instruktiver. Geschichte machten zwar die Sieger, historische Erkenntnisgewinne stammten langfristig gesehen aber eher von den Besiegten.[52]) Ob diese Annahme, die für die Interpretation des Nationalsozialismus in Deutschland nach 1945 nicht zutrifft, bei der Interpretation und historischen Einordnung der DDR Bestand haben wird, ist mehr als fraglich, selbst wenn die „Verlierer" mit einer geradezu verbissenen Emsigkeit

[50]) Hockerts 2001, S. 17.
[51]) Ebd., S. 22.
[52]) Assmann 2006, S. 69.

ihr Geschichtsbild in die Öffentlichkeit zu tragen versuchen. Ehemalige prominente Führungskader der realsozialistischen Diktatur können zumindest in vielen Medien bis hin zum öffentlich-rechtlichen Fernsehen ihre Sicht auf das geteilte Deutschland einem für nostalgische Verklärung offenen Publikum darbieten.

Auch wenn – zumindest auf einer allgemeinen, gleichwohl unverbindlichen Ebene – fortgesetzt betont wird, es gäbe eine Erinnerungsvielfalt, die jenseits offensichtlicher Verdrehung und Verleugnung von Fakten liegende Minderheitenpositionen respektiert, bleibt es schwierig, eigene Erinnerungen zu äußern, die dem öffentlichen Geschichtsbild widersprechen.

Geschichtspolitik kann nur wirken, wenn es ein Bewusstsein für Vergangenheit und deren Folgen für die Gegenwart gibt. Historische Forschung bildet insofern eine notwendige, aber keine hinreichende Voraussetzung für eine erfolgreiche Geschichtspolitik, die möglichst viele potenzielle Adressaten ansprechen und in deren individuellen Gedächtnissen Spuren hinterlassen bzw. Geschichtsbilder und Geschichtsbewusstsein formen muss. Dabei bedient sie sich auch emotionaler, mitunter irrationaler Mittel, um entsprechend Gehör finden zu können.

Die zeitgeschichtliche Forschung steht in einem engen Wechselverhältnis zur Politik. Ihre Ergebnisse gehen in geschichtspolitische Konzepte ein oder werden dafür instrumentalisiert. Darüber hinaus ist sie allein schon deshalb politisch brisant, weil sie nicht nur eine nachträgliche Machtkontrolle betreibt, sondern durch die Auswahl des Untersuchungsgegenstandes und des methodischen Zugangs Themenfelder besetzen kann, die aktuellen politischen Handlungsdruck erzeugen oder verstärken können. Dies gilt umso mehr in politischen und gesellschaftlichen Umbruchphasen, die mit einer gewissen Orientierungslosigkeit der Politik einhergehen. Darüber hinaus berührt die Zeitgeschichte politische Interessenlagen auch insofern, als ein bestimmtes Geschichtsbild bzw. eine vorläufige Deutung gerade der jüngsten Vergangenheit in aktuelle Politik transformiert werden kann. So spielte die Forschung zur politischen Verfolgung und Unterdrückung und speziell zur alltäglichen beruflichen Situation von Opfergruppen bei gleichzeitiger Privilegierung bestimmter Systemträger der DDR vermutlich eine gewisse Rolle bei der Entscheidung der Bundesregierung, Opfern eine Sonderrente zu zahlen. Die rot-grüne Vorgängerregierung hatte eine solche Rente noch abgelehnt. Ob Höhe und Restriktionen der Bezugsberechtigung angemessen sind, sei hier dahingestellt. Die auch von Betroffenen geleistete Aufklärung über Details der Verfolgung, über Haftbedingungen und berufliche Diskriminierungen dürfte die Gedenkstättenpolitik des Bundes mitbeeinflusst haben. Gleiches gilt für die Erforschung der NS-Zeit, die – wenngleich mit zeitlicher Verzögerung – in der alten Bundesrepublik für eine Sensibilisierung der Politik gegenüber Opfergruppen gesorgt hat.

Zeitgeschichtliche Forschung und Geschichtspolitik hängen ebenfalls eng miteinander zusammen, nicht zuletzt deshalb, weil die Zeitgeschichte, verstanden als „Geschichte der Mitlebenden", unmittelbar auf die Akteure in Wissenschaft und Politik einwirkt. Mit ihren Forschungsergebnissen stellt sie u. a. die Leistungen und

Versäumnisse von Politikern sowie zeitgenössische wissenschaftliche Erkenntnisse und Beurteilungen zur Diskussion. Besondere Brisanz erhält dieser Prozess durch die Systemwechsel und die veränderten politischen, sozialen und wissenschaftlichen Bedingungen nach 1945 und 1989, da der unmittelbare Zugang zu vorher verschlossenen Quellen wie auch die veränderten politischen und gesellschaftlichen Rahmenbedingungen neue Forschungsperspektiven und zumeist auch abweichende Ergebnisse zeitigen. Akteure, die gleichermaßen vor wie nach derartigen Umbrüchen politisch und publizistisch aktiv sind, sind zur Legitimierung der eigenen Vergangenheit nicht selten eher an Geschichtsverdrängung oder gar -verdunkelung als an Fortschritten im Erkenntnisprozess interessiert, so dass ihre Aussagen als „Zeitzeugen" mit Vorsicht zu genießen sind. Zeitgeschichtliche Forschung kann sich grundsätzlich nur dann der geschichtspolitischen Instrumentalisierung widersetzen, wenn sie ihre Methoden und die zugrunde gelegten Bewertungskriterien offen legt. Erschwerend kommt hinzu, dass historische Thesen oder Erkenntnisse oftmals nur in gebrochener Form Eingang in geschichtspolitische Debatten finden.

Geschichte dient vielfach als Legitimation, um bestimmte politische Optionen, Richtungen und Vorgehensweisen zu begründen. Die Formeln „Nie wieder Auschwitz" und „Nie wieder Krieg" dienten Befürwortern und Gegnern des menschenrechtlich motivierten militärischen Einsatzes der NATO unter Beteiligung der Bundeswehr 1999 in Jugoslawien zur Begründung ihrer entgegengesetzten Haltungen. Funktional analoge Muster gelten für die Kennzeichnung bestimmter politischer Vorstellungen oder Handlungen als Rückschritt in DDR-Verhältnisse. Anhänger und Gegner bestimmter Maßnahmen, wie zum Beispiel die Einführung von Ganztagsbetreuung oder von mehr Kinderkrippenplätzen, verweisen mit lobender oder warnender Stimme auf die Erfahrungen in der DDR. Zumeist werden dabei die Verhältnisse in der DDR nicht in Gänze betrachtet, sondern einzelne Aspekte herausgehoben. Wer die Kinderbetreuung in der DDR als Vorbild preist, vergisst oftmals die durchaus nicht nachrangige Absicht der SED, Kinder schon frühzeitig dem elterlichen Einfluss weitgehend zu entziehen, während umgekehrt Gegner dieses Betreuungssystems die Entlastung von berufstätigen Vätern und Müttern relativieren. Es ist daher eine vordringliche Aufgabe zeitgeschichtlicher Forschung, geschichtspolitischen Instrumentalisierungen entgegen zu treten.

Offizielle Geschichtspolitik bedient sich verschiedener Rituale und Symbole, um bestimmte Bilder der Vergangenheit zu verankern oder entstehen zu lassen. In der Bundesrepublik, in der sich die Politik erst nach mühsamen Kontroversen auf Nationalflagge und -hymne, aber nicht auf einen Nationalfeiertag verständigen konnte, wollte man den eigenen Staat u. a. in die Tradition des Hambacher Festes von 1832 und der gescheiterten Revolution von 1848 stellen – verknüpft mit der geschichtspolitischen Konzentration auf den gescheiterten Volksaufstand der DDR vom 17. Juni 1953 und das gescheiterte Attentat auf Hitler vom 20. Juli 1944. Das Streben nach Errichtung einer bürgerlichen, d. h. freiheitlichen und rechtsstaatlichen Gesellschaft sollte zudem als mühsamer, aber letztlich erfolgreicher Lernprozess vermittelt werden.[53])

Seit den sechziger Jahren rückte der Nationalsozialismus stärker in den Fokus der westdeutschen Geschichtspolitik und überstrahlte bald die vorherrschende Sicht auf die verschiedenen Traditionsstränge deutscher Geschichte. Damit einher ging die von intellektuellen Meinungsträgern transportierte Betrachtung der Deutschen vornehmlich als Täter und nicht mehr als Opfer, wie sich Bevölkerungsmehrheiten noch in den fünfziger und frühen sechziger Jahren gesehen hatten. Die NS-Zeit, zugespitzt auf den „Topos Auschwitz", wurde in diesem Kontext zum (negativen) Gründungsmythos der Bundesrepublik erklärt.

Die SED strebte anfangs einen einheitlichen sozialistischen deutschen Staat an, stellte sich ebenfalls in eine nationale Tradition und entschied sich bei der Wahl der Nationalflagge für die Farben der bürgerlich-liberalen und demokratischen Bewegung, um der Bundesrepublik nicht ein historisch legitimiertes nationales Alleinvertretungsrecht zu überlassen. Die Verzierung der Flagge 1959 durch Hammer und Zirkel im Ährenkranz sollte die sozialistische Dimension des neuen Staates sowie die Verbindung von Arbeitern, Bauern und Intelligenz symbolisieren. In der Frage der Nationalhymne entschied sich die SED für einen von Johannes R. Becher geschriebenen Text, der mit einer Melodie Hans Eislers unterlegt wurde. Sie geriet in doppelten Verruf: Im Westen galt sie als „Spalter-Hymne", im Osten durfte der Text wegen der Zeile „Deutschland einig Vaterland" ab 1971 nicht mehr gesungen werden.[54])

Im Kontext ihrer im Laufe der Jahrzehnte um weitere Aspekte ergänzten historischen Tradition verordnete die SED der DDR einen Festtagskalender: Arbeitsfreie staatliche Feiertage wurden oder blieben der 1. Mai („Kampftag der Arbeiterklasse") sowie der 7. Oktober als Tag der Republik (Gründung der DDR). Weitere, allerdings nicht arbeitsfreie Gedenktage waren der 15. Januar in Erinnerung an die Ermordung von Karl Liebknecht und Rosa Luxemburg, der 8. März (internationaler Frauentag), der 8. Mai (Tag der Befreiung) sowie der 7. und der 9. November als Jahrestage der russischen bzw. deutschen Revolution. Den zweiten Sonntag im September beging die SED als Tag für die Opfer des Faschismus. Darüber hinaus gab es weitere Tage, die bestimmten Bevölkerungsgruppen gewidmet waren.

Im Gegensatz zur Bundesrepublik, die sich auch als Rechtsnachfolgerin des Deutschen Reiches bewusst in die Tradition der gesamten deutschen Geschichte stellte, stand die SED vor der Schwierigkeit, nur bestimmte, als positiv angesehene und mit dem Sozialismus kompatible Aspekte der Vergangenheit in ihr Geschichtsbild übernehmen und an diese erinnern zu wollen. Ziel der SED war die Konstruktion einer geteilten deutschen Geschichte, wobei selbstredend alle negativen Traditionsstränge der Bundesrepublik, alle positiven „ihrem" Staat zugeschrieben wurden.

---

[53]) Vgl. Wolfrum 2004.

[54]) Ebd., S. 237.

Die Historiker der DDR besaßen weder in der Wahl des Forschungsgegenstandes noch in der Interpretation von Geschichte Freiräume. Die Partei sorgte über verschiedene Instanzen und Mechanismen dafür, dass nur genehme „Forschungsergebnisse" erschienen. Gab es einen politischen Kurswechsel, zum Beispiel in der Beurteilung der SPD oder bestimmter Politiker wie Bismarck, wurden Historiker angewiesen, die neue politisch verordnete Sicht „wissenschaftlich" zu untermauern.[55] Die politisch vorgegebenen historischen Interpretationen von Geschichte sollten über verschiedene Kommunikationsträger wie Medien, Museen oder Schulen an die Bevölkerung vermittelt werden. Ziel war die Herausbildung eines lebendigen Geschichtsbewusstseins, was für die SED-Führung nur ein sozialistisches Bewusstsein von und über Geschichte sein durfte.

Ob die Anstrengungen der SED das Geschichtsbild und -bewusstsein der Ostdeutschen jenseits der parteiloyalen Intelligenz prägen konnten, lässt sich im Nachhinein nicht genau bestimmen. Unabhängige Befragungen waren erst nach dem Fall der Mauer möglich, als über Nacht die gewohnten Geschichtsbilder in Frage gestellt wurden. Für die SED fungierte Geschichtspolitik hauptsächlich als Selbstvergewisserung und Abgrenzung, wie Edgar Wolfrum herausstellt: „Feiern wie Ehrungen in der DDR waren nicht innovativ, sie stützten sich auf die geläufigen Elemente derartiger Symbole, von Fackelzügen über Gelöbnisse bis zu Fahneneiden, und sie dienten gleichermaßen der gesellschaftlichen Integration, daneben wie im Westen der Abgrenzung vom anderen deutschen Staat. Spezifisch sozialistisch waren sie nicht, eher durch die Theatralisierung des Alltags und die Veralltäglichung des Festes typisch für totalitäre politische Religionen."[56]

Einen speziellen Stellenwert nahm in der DDR die alltägliche Beschwörung der deutsch-sowjetischen Freundschaft ein. Überall hingen Transparente „Von der Sowjetunion lernen heißt siegen lernen". Besondere Lobpreisungen erfuhr Josef Stalin, der in offiziellen Darstellungen als gottgleiche Gestalt daherkam. So feierte die SED zum Beispiel den siebzigsten Geburtstag des Diktators mit einer viermonatigen Kampagne. Am Tag der Beisetzung Stalins, am 9. März 1953, organisierte sie in allen Bezirks- und Kreisstädten sowie in weiteren größeren Orten Trauerzüge, an denen mehrere Millionen Menschen teilnahmen. Vereinzelt mussten Partei und MfS hierbei jedoch auch Missfallensäußerungen zur Kenntnis nehmen.[57] Die Verehrung Stalins in der DDR überdauerte seinen Tod und selbst noch seine Entmystifizierung durch Chruschtschow 1956. Die in anderen ostmitteleuropäischen Ländern des sowjetischen Imperiums einsetzende Entstalinisierung gerann in der DDR nur zu einem Lippenbekenntnis, und der Abbau von Denkmälern des nun in der Sowjetunion als großen Schlächter enttarnten Diktators sowie die Umbenennung von Straßen und Städten, die seinen Namen trugen, verliefen eher schleppend. Erst

[55] Vgl. als einer der wenigen selbstkritischen Erinnerungen eines DDR-Historikers: Petzold 2000 sowie dazu die Rezension in der FAZ vom 21. Mai 2001.

[56] Wolfrum 2004, S. 238.

[57] Vgl. Schmidt 1994.

1961 wurden die Ost-Berliner Stalinallee in Frankfurter Allee/Karl-Marx-Allee und Stalinstadt in Eisenhüttenstadt umbenannt. Auf einer ZK-Tagung im gleichen Jahr verurteilte der SED-Generalsekretär Ulbricht den Stalinschen Personenkult und die „unter Führung Stalins begangenen Fehler und Verbrechen". Eine weitergehende Auseinandersetzung mit dem „Stalinismus" fand jedoch in der DDR nicht statt.[58])

Neben Rosa Luxemburg und Karl Liebknecht stilisierte die SED insbesondere den von den Nationalsozialisten inhaftierten und ermordeten Ernst Thälmann zum Märtyrer und pries ihn als Vorbild für junge Kommunisten. Die nach diesen drei Kommunisten benannten Plätze und Straßen Ostdeutschland blieben auch nach der Wiedervereinigung zumeist erhalten. Rosa Luxemburg wird bis zum heutigen Tage unter Ausblendung ihrer wenig demokratischen Haltungen auch von bürgerlichen Publizisten und Wissenschaftlern positiv gewürdigt.[59])

Derzeit gibt es in Ostdeutschland immer noch 613 Straßen, die den Namen des ehemaligen KPD-Vorsitzenden Ernst Thälmann tragen, und sogar 285 Plätze, die „Platz der Einheit" heißen und an die auch mit Zwang durchgeführte Verschmelzung von KPD und SPD erinnern sollen. Selbst die „Straßen der Freundschaft", die an die Waffenbrüderschaft mit der Sowjetunion und den subalternen Charakter der DDR als Satellitenstaat denken lassen, finden sich noch an 220 Orten in Ostdeutschland.[60])

Mit anderen Aspekten der deutschen Geschichte tat sich die SED schwerer: Einerseits beseitigte sie zahlreiche Kulturdenkmäler wie Schlösser und Kirchen, sei es durch Sprengung oder durch Verwahrlosung, und versuchte, die preußische Vergangenheit durch Umbenennung von Straßennamen zu tilgen. Andererseits nahm sie schon frühzeitig Personen und Helden aus der deutschen Geschichte wie Scharnhorst, Gneisenau oder Ernst Moritz Arndt in ihre Traditionsbestände auf. Als sich die SED-Führung des Fortbestandes ihres Staates sicher war und ihn als sozialistische Nation verstand, modifizierte und ergänzte sie ihr Preußenbild und bezog nun auch Personen wie Friedrich II., Bismarck und Luther zumindest teilweise positiv in ihr Geschichtsbild ein. Klassiker wie Goethe, Schiller, Heine, Beethoven oder Bach etc. hatte die SED schon seit den fünfziger Jahren gelobt und in eine nationale, humanistische Tradition gestellt, die sie für sich beanspruchte. Damit sollte die DDR als Land der Hochkultur profiliert werden – als Abgrenzung gegen die amerikanisierte Bundesrepublik.[61])

Nach der Vereinigung setzte ein Streit über die Gestaltung einer einheitlichen Gedenk- und Erinnerungskultur ein, der, wie die Debatten um die Gedenkstättenkonzeptionen von Sachsen und aktuell des Bundes zeigen, bis zum heutigen Tage nichts an Heftigkeit verloren hat. Im Mittelpunkt der Kontroverse steht dabei die

[58]) Vgl. Schroeder 1998, S. 131 ff.
[59]) Vgl. kritisch hierzu: Scharrer 2002.
[60]) Vgl. Wolfram Weinert: Sicherheits-Sozialismus, in: Cicero Nr. 12/2007.
[61]) Wolfrum 2004, S. 241.

Frage, in welcher Weise und mit welcher Differenzierung mit der nationalsozialistischen und der SED-Diktatur umgegangen werden soll. Während die einen eine Relativierung der NS-Diktatur durch eine zu umfangreiche Darstellung der SED-Diktatur fürchten, vermuten andere eine Banalisierung dieser Diktatur durch den Verweis auf das Ausmaß der nationalsozialistischen Verbrechen, das alle anderen geradezu marginal erscheinen lasse.[62)]

Die heftigsten Kontroversen lösen dabei immer noch Gedenkstätten wie das Konzentrationslager Buchenwald aus, weil an dieser Stelle der Opfer zweier Diktaturen gedacht werden muss. Unmittelbar nach 1945 diente das ehemalige Konzentrationslager der sowjetischen Besatzungsmacht als Speziallager, in dem keineswegs nur Nationalsozialisten inhaftiert wurden und vielfach zu Tode kamen. Häufig traf es auch demokratische Gegner der Besatzungsmacht. Gelänge es, beiden Opfergruppen und ihrer Erinnerung gerecht zu werden, könnten Orte wie Buchenwald zu Gedenkstätten werden, die die Widersprüchlichkeit der deutschen Geschichte im letzten Jahrhundert spiegeln. Gleichzeitig würden sie dazu beitragen, die in bestimmten Bevölkerungsgruppen immer noch gespaltene Erinnerungskultur zusammenzuführen.[63)]

Abgesehen von den Kontroversen über die Bewertung der DDR und ihre Einordnung in den Zusammenhang der deutschen Geschichte im Allgemeinen, der NS-Diktatur als amoralischer Höhepunkt im Besonderen, haben sich Ostdeutsche an den großen Debatten der letzten achtzehn Jahre eher zurückhaltend beteiligt und kaum neue angestoßen. Dabei lassen sich durchaus Themen benennen, die in Westdeutschland von interessierter Seite tabuisiert oder dethematisiert werden und die aufgrund eines distanzierteren Blicks von Ostdeutschen schärfer konturiert werden könnten. Zu nennen wären etwa die Schattenseiten der Achtundsechziger-Revolte, ihr Zusammenhang mit dem Terrorismus und ihr Zusammenspiel mit der SED, die freiwillige Preisgabe der deutschen Einheit durch westdeutsche Eliten, der Niedergang zwischenmenschlicher Umgangsformen, die Verwahrlosung öffentlicher Räume und Institutionen sowie die prinzipielle Diskreditierung von Sekundärtugenden.

Geschichtspolitik und Erinnerungskultur müssen – und das dürfte unter ernst zu nehmenden Wissenschaftlern, Publizisten und Politikern nicht kontrovers sein – die Unterschiede zwischen der nationalsozialistischen Terrorherrschaft, die mit der Entfesselung eines Weltkrieges und der Vernichtungspolitik gegenüber den europäischen Juden einen beispiellosen Zivilisationsbruch beging, und dem SED-Staat, der als Teil des sowjetischen Imperiums über einen längeren Zeitraum systematisch Menschenrechte verletzte, Andersdenkende verfolgte und die Menschen in eine real-

---

62) Vgl. die fortgeschriebene Gedenkstättenkonzeption des Bundes vom Jahre 2007 sowie die Stellungnahmen von Sachverständigen im Kulturausschuss des Deutschen Bundestages: Deutscher Bundestag, Ausschuss für Kultur und Medien, Stellungnahmen zur öffentlichen Anhörung am 7. November 2007, http://www.bundestag.de/ausschuesse/a22/anhoerungen/Gedenkstaettenkonzept/Stellungnahmen/index.html (11. Dezember 2007) sowie Eckert 2008.

63) Vgl. zu dieser Problematik die Beiträge in Boll 1997.

sozialistische Gesellschaftsordnung presste, durchgängig berücksichtigen. Dies bedeutet weder eine Bagatellisierung des im SED-Staat verübten Unrechts noch eine Relativierung der nationalsozialistischen Verbrechen.

III. Geschichtskenntnisse und Geschichtsbilder in der Bevölkerung

Der Modus der deutschen Wiedervereinigung – Beitritt der aus dem Untergang der DDR hervorgegangenen, rekonstruierten neuen Länder zur Bundesrepublik und Implementierung der westdeutschen Institutionen – fand auch eine Entsprechung im Umgang mit der Vergangenheit. „Die politische Kultur und die Geschichtskultur des vereinten Deutschlands insgesamt werden in großem Maße geprägt durch das Geschichtsbewusstsein der Westdeutschen. Die Gründe dafür liegen in den politischen Machtverhältnissen und der Verteilung der Deutungsmacht begründet. Die Geschichtspolitik und die Geschichtskultur des vereinten Deutschlands werden sich zukünftig hinsichtlich der drei Vergangenheiten (Nationalsozialismus, DDR und alte Bundesrepublik) und vor allem der friedlichen Revolution in der DDR mit der Wiedervereinigung an den bestehenden und dominanten Deutungsmustern von Geschichte orientieren."[64])

Diese Rahmenbedingungen bedeuten freilich nicht, dass Ostdeutsche bruchlos das westdeutsche „Geschichtsbewusstsein" und die westdeutsche Erinnerungskultur übernehmen, zumal sich an der DDR orientierte Gegenkräfte in die Debatte einmischen – nicht ohne Erfahrungen und Erinnerungen vieler Ostdeutscher für ihre Zwecke zu instrumentalisieren.

Bei ersten gesamtdeutschen Befragungen zum „Geschichtsbewusstsein" bzw. zur Interpretation und Gewichtung bestimmter historischer Ereignisse fielen die unterschiedlichen Prägungen der Bevölkerung der beiden früheren Teilstaaten stärker als in den Jahren danach ins Gewicht. Während sich die meisten Westdeutschen durch die Wiedervereinigung in ihrer Identifikation mit der alten Bundesrepublik und in ihrem Bild von der deutschen Vergangenheit bestätigt fühlten, distanzierten sich viele Ostdeutsche von Teilen ihrer staatlich verordneten Geschichtsbilder und begaben sich auf die Suche nach neuen Sichtweisen. Vielen war es wichtig, positive Bezugspunkte aus der DDR-Vergangenheit zu behalten, um sich nicht gänzlich von den eigenen Erfahrungen trennen zu müssen. Festgehalten wurde am „Antifaschismus" und vor allem an der „Idee des Sozialismus". Der Nationalsozialismus und speziell der Holocaust spielten in der DDR-Geschichtsbetrachtung nicht annähernd die gleiche Rolle wie im Westen und hatten als Referenzpunkte zur Gegenwart nur eine geringe Bedeutung. Der „Antifaschismus" als Gründungsmythos der DDR blieb insbesondere in den ersten Jahren nach der Wiedervereinigung bei vielen – gleichsam unhistorisch – präsent, ohne dass seine Instrumentalisierung durch die SED, die eine weitergehende und letztlich persönliche Auseinandersetzung mit dieser Zeit verhinderte, thematisiert wurde. Viele ältere Ostdeutsche verwiesen auf die schwierige Situation der DDR vor allem in den durch Reparationen, Demontagen und Be-

[64]) Lutz 2002, S. 54.

satzungswillkür geprägten Anfangsjahren und kennzeichneten die Bundesrepublik als von den Westalliierten aufgebaut und subventioniert. Sich selbst schätzten sie als „verlorene Generation" ein.[65])

Viele der im SED-Staat Geborenen – die Angehörigen der so genannten „DDR-Generation" – betrachten die DDR-Zeit ambivalent: Einerseits durchliefen sie alle Stationen kollektiver Sozialisation und wurden „richtige" DDRler, andererseits spürten sie gerade auch im Kontrast zur medialen Darstellung der Bundesrepublik die Zwänge des Systems. Die junge, d. h. die in den siebziger und achtziger Jahren geborene ostdeutsche Generation fühlte sich von allen verraten: von den Eltern, den Lehrern, dem System schlechthin. Viele betrachteten sich als Kinder von Verlierern. Die Vereinigung erlebten sie anfangs als Befreiung und Aufbruch, später als (schwierige) Normalität, manche von ihnen aber auch unter dem Blickwinkel einer Hypothek der eigenen ostdeutschen Herkunft. Das bei vielen Umfragen seit der Vereinigung konstatierte gute Verhältnis der meisten Kinder zu ihren Eltern dürfte angesichts des Zusammenbruchs der DDR und des Scheiterns des Sozialismus nicht zuletzt von einer politisch-moralischen Dimension des Mitleids und/oder Schuldgefühls der Nachgeborenen geprägt sein.

Aus den unterschiedlichen Geschichtsbildern, die über Schulen und Medien transportiert wurden, sowie dem anderen Umgang mit persönlicher NS-Verstrickung in den Familien resultiert auch ein unterschiedlicher Blick von Ost und West auf die deutsche Geschichte des 20. Jahrhunderts. Auf die von Allensbach Ende der achtziger/Anfang der neunziger Jahre gestellte Frage, was die deutsche Geschichte von der anderer Länder vor allem unterscheide, erwähnen 52% der Westdeutschen, aber nur 4% der Ostdeutschen den Nationalsozialismus und Hitler. Ostdeutsche halten dagegen die Berliner Mauer und die deutsche Teilung (36%) für relevanter. Dieser Meinung schließt sich nur jeder zehnte Westdeutsche an. Vor allem die Verbrechen der NS-Diktatur sehen 13% der Westdeutschen, aber nur 1% der Ostdeutschen für etwas die deutsche Geschichte besonders Prägendes. Ostdeutsche nehmen dagegen in wesentlich stärkerem Maße auf den deutschen Militarismus Bezug: Etwa 36% verweisen auf die vielen Kriege in der Geschichte Deutschlands (West: 23%); 17% von ihnen betonen, dass die Kriege von Deutschland ausgingen.[66])

65) Ebd., S. 91.
66) Noelle-Neumann 1991, S. 203.

Tabelle 1: Besonderes an der deutschen Geschichte

	Westdeutschland		Ostdeutschland	
	1989	2000	1990	2000
Das „Dritte Reich", der Nationalsozialismus, Hitler	52	47	4	23
Darunter: Ausdrücklicher Hinweis auf Verbrechen der Nationalsozialisten, Vernichtung der Juden	13	20	1	8
Viele Kriege in der Geschichte Deutschlands, Zweiter Weltkrieg	23	29	36	44
Darunter: Die Deutschen haben Kriege begonnen	6	5	17	15
Die Deutschen haben Kriege verloren	3	3	2	1
Geteiltes Land, Berliner Mauer, Wiedervereinigung	11	20	36	31
Besondere Leistungen (Dichter, Denker, Forscher, Erfindungen usw.)	4	5	3	7
Charaktereigenschaften wie Fleiß, Ordnungsliebe usw.	5	4	13	4
Der Wiederaufbau nach dem Krieg	6	8	1	2
Namen berühmter Persönlichkeiten genannt	2	2	X	2
Hinweis auf deutsche Geschichte vor der Weimarer Republik	7	6	1	6
Anderes	4	4	12	5
Weiß nicht, keine Angaben	4	6	5	6

Antworten auf das Statement: „Frage an Personen, die glauben, es gibt etwas Besonderes in der deutschen Geschichte: ‚Was ist das Besondere an unserer Geschichte, was unterscheidet unsere Geschichte von der Geschichte anderer Länder?'" (Zahlen in Prozent; Mehrfachnennungen möglich)

Datenbasis: Institut für Demoskopie Allensbach

Inzwischen lässt sich ein gewisser Angleichungsprozess im Blick auf die NS-Geschichte konstatieren. Im Jahre 2000 erwähnen nur noch 47% der Westdeutschen, aber 23% der Ostdeutschen als Besonderheit an der deutschen Geschichte den Nationalsozialismus und Hitler. Jeder Fünfte im Westen und knapp jeder Zehnte im Osten verbindet diese Auffassung mit dem ausdrücklichen Hinweis auf die NS-Verbrechen und die Ermordung der Juden sowie auf den Vernichtungskrieg im Osten. Die Differenz in der Erinnerung und Bewertung des NS-Regimes hat sich also im Laufe des Vereinigungsprozesses etwas verringert, ist aber noch signifikant vorhanden. Angesichts des „antifaschistischen" Selbstbildes der DDR und der nahezu permanenten Instrumentalisierung des „Antifaschismus" zur Legitimation des eigenen Staates und der Diffamierung der alten Bundesrepublik überrascht dieses Ergebnis zumindest diejenigen, die annahmen, der „Antifaschismus" der SED hätte tiefer gehende Spuren hinterlassen. Vor allem die „Entschuldung" weiter Bevölkerungskreise in der DDR dürfte dazu geführt haben, dass viele Ostdeutsche den Nationalsozialismus nur als Problem der Westdeutschen ansahen. Viele Westdeutsche setzten sich dagegen in extensiver Weise mit dieser Vergangenheit auseinander und verinnerlichten ein entsprechendes Geschichtsbild. Dass die gespaltene Sicht auf den NS-Staat und seine Verbrechen auch die höhere Empfänglichkeit Ostdeutscher für rechtsextremistische Propaganda erklärt, kann hier nur vermutet, aber nicht weiter belegt werden.

Westdeutsche der Vorkriegsgeneration sahen die Zeit des Nationalsozialismus, zumindest bestimmte Aspekte, negativ, betrachteten die Nachkriegsperiode mit Zufriedenheit und verwiesen auf das Wirtschaftswunder. Ihre Identifikation mit dem politischen und gesellschaftlichen System der Bundesrepublik beruhte auf dem Stolz auf die eigene Teilhabe an dieser Aufbauleistung.[67]) Die Nachkriegsgenerationen entwickelten und kultivierten anders als ihre Eltern, die noch bewusst die NS- und Kriegszeit miterlebt hatten, eine striktere Abgrenzungsidentität zum NS-System. Gleichzeitig gingen sie auf Distanz zur Aufbauleistung nach 1945 und betrachteten die (westliche) Gesellschaftsordnung wesentlich kritischer als ihre Eltern. Die auf die Achtundsechziger folgenden jüngeren Generationen bezogen die NS-Zeit in ihre Geschichtsbilder negativ mit ein, lehnten aber persönliche Schuldzuweisungen ab und äußerten sogar einen gewissen Überdruss am Thema Nationalsozialismus. Der Zusammenbruch der DDR und die Wiedervereinigung stärkten ihr Selbstbewusstsein.

Wie ihre westlichen Altersgenossen betrachteten ältere Ostdeutsche die eigene Aufbauleistung mit einem gewissen Stolz; auch unter ihnen war eine Art Wirtschafts- und vor allem Sportpatriotismus zu verzeichnen. Die späteren DDR-Jahre werteten sie indes eher negativ. In allen Generationen wird die erste Phase der SED-Herrschaft positiver gesehen, weil hier noch Hoffnung auf eine bessere Gesellschaft bestand, während die Honecker-Ära, die in den Niedergang und zum Zusammenbruch führte, trotz des gestiegenen Wohlstands schlechter abschneidet.[68])

Das unterschiedliche Geschichtsbild in den ersten Jahren der Vereinigung offenbart sich auch in gegensätzlichen Assoziationen. So wird Konrad Adenauer im Westen als Synonym für Wiederaufbau, Westbindung und Wirtschaftswunder gesehen, im Osten von vielen Menschen jedoch als Separatist, der die Einheit dem Kapitalismus geopfert habe.[69]) In einer Allensbach-Umfrage vom Mai 2005 verbinden jeweils 63% der Befragten in Ost und West das Ende des Zweiten Weltkrieges mit der Befreiung der Konzentrationslager. Unterschiede bestanden bei der Assoziation der bedingungslosen Kapitulation des nationalsozialistischen Deutschlands mit Befreiung (61% im Westen und 54% im Osten). Dagegen verknüpfen 58% der neuen Bundesbürger, aber nur 47% der Westdeutschen mit dem Kriegsende den Beginn der Teilung. Erstaunlicherweise fühlt sich nicht einmal jeder vierte Ostdeutsche an den Beginn einer neuen Diktatur in Ostdeutschland erinnert (West: knapp jeder Dritte).

---

[67]) Lutz 2000, S. 94.
[68]) Ebd., S. 100.
[69]) Ebd., S. 349.

Dieses Ergebnis deutet darauf hin, dass viele Ostdeutsche den Zeitpunkt der Errichtung der DDR-Diktatur nicht auf die Periode unmittelbar nach Kriegsende verlegen. Knapp zwei Drittel der Westdeutschen sehen dagegen einen Zusammenhang zwischen Kriegsende und Aufbau der Demokratie in Westdeutschland (Ost: 20%).

Jenseits der unterschiedlichen Einordnung und Bewertung der NS-Zeit und ihrer Nachwirkungen sowie der Beurteilung der DDR dürften die im Zusammenhang mit dem Kriegsende in Ost und West auftretenden Assoziationen die größte Differenz im Geschichtsverständnis der Deutschen bilden.

Eine weitere systemspezifische Differenz ergibt sich aus dem Umgang mit Flucht und Vertreibung nach 1944/45. Die lang andauernde öffentliche Tabuisierung des Themas führte dazu, dass nur etwa jeder Zehnte die Größenordnung der Vertreibung (12–14 Millionen Menschen) richtig angeben konnte; 60% der Befragten unterschätzten sie deutlich. Die Vertreibung wird von vielen offensichtlich vor allem als politisch und auch moralisch gerechtfertigte Folge der NS-Verbrechen gewertet. Sie befürchten, die Darstellung der Deutschen als Opfer – sei es der Vertreibung oder der alliierten Bombenangriffe auf zivile Ziele – könne die nationalsozialistischen Verbrechen relativieren. Vor diesem Hintergrund verwundert nicht, dass nur ein Drittel das geplante „Zentrum gegen Vertreibung" im Jahr 2005 für eine gute Idee hielt; knapp jeder zweite Befragte lehnte dagegen diese Initiative des Bundes der Vertriebenen ab.[70])

Laut Helga Hirsch war die Diskussion um die Vertreibung als eine Dimension der Erinnerungspolitik jedoch immer eingebunden in die Debatten um die deutsche Schuld und die Bewertung der NS-Verbrechen. Wurde bis in die sechziger Jahre zumindest noch auf der individuellen und familiären Ebene von deutschen Opfern geredet, war dies in der Logik der Achtundsechziger moralisch verwerflich. „Die Deutschen wurden nur noch verächtlich als Tätervolk wahrgenommen. Es galt als politisch unkorrekt, über Deutsche als Opfer zu sprechen, wenn es als korrekt galt, den Verlust der Ostgebiete als gerechte Strafe für die NS-Verbrechen zu akzeptieren. Viele sahen bereits im Erinnern an Vertreibung einen potenziell revanchistischen Akt, der einer Aussöhnung mit den Nachbarn entgegenstehe."[71]) Nach der Wiedervereinigung erwies sich die Erinnerung an deutsches Kriegs- und Nachkriegselend und die Wahrnehmung auch der Deutschen als Opfer als eine verbindende Klammer in der Erinnerung der Menschen in Ost und West. Dabei bewahrheitete sich die Befürchtung, dies würde die Täterdimension des Nationalsozialismus relativieren, weitgehend nicht. Vielmehr lässt sich konstatieren, dass ein apologetisches Bilanzieren zwar an den politischen Rändern praktiziert wird, in der Mehrheit der deutschen Gesellschaft aber sehr wohl Sensibilität für und Kenntnisse von Ursache und Wirkung der Geschehnisse von 1945 bis 1947/48 verankert sind.

---

[70]) Die Welt vom 11. November 2005.

[71]) Hirsch 2003, S. 25.

Tabelle 2: Richtige Entscheidungen

	Westdeutschland	Ostdeutschland
	Das waren richtige Entscheidungen	Das waren richtige Entscheidungen
Gründung der Bundesrepublik Deutschland	92	52
Öffnung der deutsch-deutschen Grenze, Fall der Mauer	85	88
Wiedervereinigung	82	86
Währungsreform 1948	77	48
Einführung der sozialen Marktwirtschaft	76	64
Gründung der Europäischen Wirtschaftsgemeinschaft (EWG), Beitritt der BRD	76	54
Festhalten am Gedanken der deutschen Einheit, Wiedervereinigung in Präambel des Grundgesetzes	73	73
Nato-Beitritt der BRD	72	36
Währungsunion, Einführung der DM in der DDR	68	78
Vertrag von Maastricht, die Europäische Union (EU)	66	44
DDR-Bürger bleiben während der Teilung Deutschlands deutsche Staatsbürger	65	65
Grundlagenvertrag zwischen BRD und DDR	61	69
Wiederbewaffnung der BRD, Gründung der Bundeswehr	61	33
Einrichtung der zentralen Erfassungsstelle Salzgitter für Unrecht in der DDR	52	38
Ostpolitik der Regierung Brandt	51	56
Anerkennung der Oder-Neiße-Linie	31	56
Aufgabe sozialer Errungenschaften der ehemaligen DDR wie Recht auf Arbeit, Recht auf Kindergartenplatz	28	26
Ablehnung von Stalins Vorschlag, ein vereintes neutrales Deutschland zu bilden, feste Bindung der BRD an den Westen	28	12
Warschauer Pakt-Beitritt der DDR	12	26
Enteignung der Großgrundbesitzer, Bodenreform in der DDR zwischen 1946 und 1949	11	40
Gründung der DDR	11	31
Schaffung der LPG, der Landwirtschaftlichen Produktionsgenossenschaften in der DDR	10	43
Wiederbewaffnung der DDR, Gründung der Volksarmee	10	25
Verstaatlichung der Betriebe in der DDR	7	24
Mauerbau	7	10

Antworten auf das Statement: „Hier auf diesen Karten stehen einige politische Entscheidungen der letzten 50 Jahre deutsch-deutscher Geschichte. Wie bewerten Sie diese Entscheidungen im Rückblick, was sind für Sie aus heutiger Sicht richtige Entscheidungen gewesen und was sind falsche Entscheidungen gewesen? Verteilen Sie die Karten entsprechend auf dieses Blatt hier". (September 2001; Zahlen in Prozent)

Datenbasis: Institut für Demoskopie Allensbach

In der unterschiedlichen Beantwortung der Fragen nach der Richtigkeit bestimmter Entscheidungen zu Zeiten der Teilung und am Vorabend der Vereinigung werden die unterschiedlichen Prägungen und Sichtweisen der 45 Jahre in getrennten Systemen lebenden Deutschen ebenfalls deutlich. Dies betrifft vor allem Entscheidungen, die im jeweils anderen Teil getroffen wurden, sei es die Gründung der Bundesrepublik oder der DDR, die Schaffung von LPG und die Bodenreform oder die Wiederbewaffnung der Bundesrepublik und ihren Beitritt zur NATO. Bei Aspekten, die die Wiedervereinigung betreffen, liegen indes die Einschätzungen dicht beisammen, so beim Fall der Mauer, der Wiedervereinigung oder der Einführung der D-Mark in der DDR. Widersprüchlich fallen die Meinungen darüber aus, ob die Nichtanerkennung der DDR-Staatsbürgerschaft durch die Bundesrepublik richtig war. Dem stimmen 41% der Westdeutschen und nur 17% der Ostdeutschen zu. Gleichzeitig begrüßen aber jeweils 65% die fortbestehende (west-)deutsche Staatsbürgerschaft der DDR-Bevölkerung. Letztere wäre aber nicht möglich gewesen, hätte die Bundesrepublik die DDR-Staatsbürgerschaft anerkannt. Dies hätte die endgültige Anerkennung der DDR – wie sie die SED-Führung immer angestrebt hat – und ein Abrücken von den besonderen Beziehungen der beiden deutschen Staaten in einer Nation bedeutet.

Viele Ostdeutsche halten einige mit der Entstehung und Aufrechterhaltung der SED-Diktatur einhergehende Entscheidungen ausdrücklich für richtig. So begrüßen nur 38% der Ostdeutschen die Einrichtung der für DDR-Unrecht zuständigen Zentralen Erfassungsstelle Salzgitter, 31% gehen konform mit der Gründung der DDR, 25% mit der Gründung der NVA und annähernd gleich viele mit der Verstaatlichung der Betriebe in der DDR. Den Mauerbau bezeichnet dagegen nur jeder zehnte Ostdeutsche als richtig.

Danach gefragt, welche Zeit ihnen im Rückblick als die glücklichste für Deutschland erscheint, stimmt eine relative Mehrheit der Befragten in Ost und West (30% und 36%) darin überein, dass dies die Periode nach dem Fall der Mauer und der Wiedervereinigung war. Ansonsten bewerten deutlich mehr Westdeutsche die einzelnen Jahrzehnte positiver als Ostdeutsche. Die sechziger Jahre zum Beispiel stuften 17% der Westdeutschen, aber nur 7% der ehemaligen DDR-Bewohner als ihre glücklichste Zeit ein. Die „Befreiung vom Nationalsozialismus" halten 15% der Westdeutschen, aber nur 12% der Ostdeutschen für eine glückliche Fügung.[72)]

In der Beurteilung wichtiger Ereignisse der deutschen Geschichte sind sich die Deutschen, jedenfalls wenn beide Bevölkerungsteile betroffen sind, wie bei der Wiedervereinigung, dem Kriegsende, dem Bau der Berliner Mauer etc. weitgehend einig. Unterschiede lassen sich dagegen in der persönlichen Anteilnahme konstatieren. So fühlen sich Mitte der neunziger Jahre knapp 60% der Westdeutschen, aber 70% der Ostdeutschen von der Wiedervereinigung persönlich betroffen. Jeder Zweite im Westen, aber nur knapp jeder Vierte im Osten verknüpft den Reaktorunfall von Tschernobyl 1986 mit der eigenen Erfahrung – was wohl auf die unterschiedliche

72) Vgl. die Tabelle in: Schroeder 2006, S. 710.

Informationspolitik in Ost und West zurückzuführen ist. Den Volksaufstand am 17. Juni 1953 halten nur 35% (West) bzw. 39% (Ost) für ein wichtiges Ereignis in der deutschen Geschichte und gar nur etwa jeder Zehnte sah seine eigene Person hiervon berührt. Bei in etwa gleich vielen (etwa jedem Fünften) hinterließ die Zerschlagung des Prager Frühlings 1968 Spuren.[73])

Diese Befragung offenbart eine nur geringe Wertschätzung der ehemaligen DDR-Dissidenten sowie der 1990 etablierten Demokratie durch die Ostdeutschen. So stufen nur 14% die Bewegung „Schwerter zu Pflugscharen" als wichtig ein, lediglich 6% zeigen sich persönlich beeindruckt. Die ersten freien Volkskammerwahlen 1990 erreichen ebenfalls nur Werte von 28% bzw. 16%. Selbst die Montagsdemonstrationen werden von nur 41% für wichtig gehalten, davon beeindruckt ist nicht einmal jeder Dritte (29%). Diese Geringschätzung des Kampfes um den Sturz der SED-Diktatur und die Einführung von Freiheit und Demokratie dürfte ein Indiz für die ambivalente Haltung vieler Ostdeutscher gegenüber dem revolutionären Umbruch 1989/90 sein.

Unterschiedliche Ost-West-Präferenzen werden ebenfalls bei der Beurteilung der Lebensleistung „großer Deutscher" sichtbar. Als leistungsstärkste Deutsche stufen die Westdeutschen im Jahre 2000 Adenauer (28%), Kohl (19%) sowie Brandt (12%) ein; im Osten führt Kohl, obwohl er bei den Wahlen zwei Jahre zuvor in Ostdeutschland erhebliche Stimmenverluste zu beklagen hatte, die Rangliste mit 23% an, gefolgt von Goethe und Bismarck. Für Brandt und Adenauer votieren nur jeweils 7%. Bei allen Umfragen sticht hervor, dass die DDR im positiven wie im negativen Sinn wenig Spuren in der Erinnerung der Deutschen hinterlassen hat[74]) und die Bewertungsdifferenzen zwischen Ost und West bezogen auf die DDR-Vergangenheit größer als bei der bundesrepublikanischen Geschichte sind.

So kann zum Beispiel knapp jeder vierte Ostdeutsche keinen (west)deutschen Bundespräsidenten nennen, im Westen offenbaren nur 17% eine solche Wissenslücke. Mehr West- als Ostdeutsche (16,3% zu 7,8%) bringen den 9. November 1989 nicht mit dem Mauerfall in Verbindung, was aber eine sehr breite Mehrheit richtig assoziiert. Deutlich weniger, vor allem im Westen (39,8% gegenüber 64,9% im Osten), ordnen den 17. Juni 1953 richtig zu. Insbesondere jüngere Männer mit Haupt- und Realschulabschluss und jüngere Frauen können mit diesem Datum nichts anfangen. Immerhin knapp jeder Zehnte vermutet die Errichtung der Mauer an diesem Tag (unter ihnen erstaunlicherweise 11,4% der bis 34-Jährigen mit Hochschulreife).

Den ersten Bundeskanzler kennen im Westen knapp drei Viertel, im Osten immerhin zwei Drittel der Befragten. Erstaunlich viele wissen – in Ost und West gleichermaßen –, dass die älteste heute noch im Bundestag vertretene Partei Deutschlands die SPD ist (West: 64,2% und Ost: 66,4%). Den Begriff Holocaust ordnen etwa 80% richtig zu, mehr im Westen als im Osten, wohingegen mehr Ostdeutsche den ge-

---

[73]) Vgl. ebd., S. 711 ff.
[74]) Schmid 2005, S. 296.

scheiterten Hitler-Attentäter Stauffenberg kennen (52,5% zu 40,6%). Einen entsprechenden Bekanntheitsgrad ermittelte auch das Institut für Demoskopie Allensbach, wobei im Jahre 2004 knapp jeder Zweite – gleichermaßen in Ost und West – die Ansicht vertritt, der Attentatsversuch solle in Ehren gehalten werden. Nur knapp jeder Dritte im Westen und knapp jeder Vierte im Osten hält dies nicht für angebracht.[75])

Bessere Geschichtskenntnisse beweisen die Ostdeutschen auch bei der Frage, welches Land vom nationalsozialistischen Deutschland im Zweiten Weltkrieg zuerst überfallen wurde (71,9% zu 62,6%) sowie bei der Zuordnung des 30. Januar 1933 zur NS-Machtergreifung (51,0% gegenüber 47,7%) und der richtigen Einordnung der Zwischenkriegszeit als Weimarer Republik (59,0% gegenüber 50,3%). Der letzte deutsche Kaiser ist dagegen etwas mehr West- als Ostdeutschen (51,4% gegenüber 46,7%) bekannt. Für eine breitere Faktenvermittlung in den Schulen der DDR spricht auch der deutlich höhere Anteil (77,6% gegenüber 66,4%) derjenigen in den neuen Ländern, die den Autor des „Faust“ kennen. Mehr Ost- als Westdeutsche wissen über den Zeitpunkt der Beendigung des dreißigjährigen Krieges und den Begründer der Reformation Bescheid. Nur Karl den Großen nennen als ersten großen Kaiser des Mittelalters geringfügig mehr Westdeutsche.[76])

Die erste deutsch-deutsche Schülerbefragung unter 15–16jährigen Großstadtschülern aus dem Jahr 1990 zeigt Gemeinsamkeiten und Unterschiede in den Einstellungen zum Nationalsozialismus, zur deutschen Rolle in der Welt und zu Ausländern.

Trotz der Sozialisation in unterschiedlichen Systemen und zum Teil konträrer Wissensvermittlung in der Schule äußern sich die Schüler in Ost und West nahezu übereinstimmend zur Rolle der NS-Zeit, aber auch zur Frage nach einem „starken

*Tabelle 3: Historisch-politische Einstellungen von Schülern der DDR und der Bundesrepublik im Jahre 1990**

	eher zustimmend		eher ablehnend	
	DDR	Bundesrepublik	DDR	Bundesrepublik
Ich habe Angst, dass sich der deutsche Faschismus wiederholen könnte	49	52	30	26
Der deutsche Faschismus war im Grunde eine gute Sache, die nur schlecht ausgeführt wurde	11	13	79	72
Wir sollten wieder einen Führer haben, der Deutschland zum Wohle aller mit starker Hand regiert	39	37	38	40
Die Deutschen waren schon immer die Größten in der Geschichte	24	13	51	49
Mich stören die vielen Ausländer bei uns	42	26	29	56

**Angaben in Prozent*
Quelle: Schubarth 1991, S. 135

75) Vgl. Schroeder 2006, S. 714.
76) Forschungsgruppe Wahlen 2005.

Führer". Unterschiedlich beurteilt werden dagegen die Statements zur Größe der Deutschen in der Geschichte und zu „Ausländern als Störfaktor". Hier liegt der Anteil befürwortender Stimmen bei DDR-Schülern deutlich höher als bei westdeutschen. Während die Einschätzung der Größe der Deutschen in der Geschichte aus der bevorstehenden Vereinigung resultieren dürfte, erstaunt angesichts der wenigen in der DDR lebenden Ausländer der hohe Anteil ausländerablehnender Einstellungen bei einer Befragung noch vor der Wiedervereinigung.[77)]

Eine ambivalente und sogar ignorante Haltung gegenüber dem Nationalsozialismus bei vielen ostdeutschen Jugendlichen wurde schon zu Endzeiten der DDR sichtbar. In einer 1988 vom Zentralinstitut für Jugendforschung Leipzig durchgeführten Befragung von ca. 2.000 Jugendlichen erklärte etwa jeder vierte Befragte, er wolle vom Faschismus nichts mehr hören, und sogar knapp 30% sagte diese Zeit nichts mehr; nur etwa 40% fühlten sich betroffen, wenn sie daran denken.[78)]

In Anbetracht der Einschränkungen für Umfragen in der DDR überrascht dieses Ergebnis, zeigt es doch die begrenzte Reichweite der „antifaschistischen" Erziehung in der DDR. Berücksichtigt man einen gewissen Prozentsatz, der sich scheute, seine wirkliche Meinung zu diesem Thema zu äußern, dürfte dieses Ergebnis sogar noch untertrieben gewesen sein. Nach dem Fall der Mauer im Dezember 1989 meinten folgerichtig nur noch 37% der befragten Schüler, in der DDR seien die „antifaschistischen" Ziele und Ideale verwirklicht worden. Im Oktober 1989 waren es noch 43%. Dagegen verdoppelte sich nahezu der Anteil derjenigen, die dem Faschismus auch gute Seiten zubilligen, von 8% auf 15%.[79)]

Leider gibt es keine unmittelbar nach dem Fall der Mauer durchgeführte Befragung von ostdeutschen Schülern zur Beurteilung und Einordnung der DDR. Ob sie – wie im nachfolgenden Kapitel beschrieben – die DDR ähnlich wie der Bevölkerungsdurchschnitt sahen oder abweichende Meinungen vertraten, bleibt offen, obschon eine altersübergreifend mehr oder weniger einheitliche Sicht der ostdeutschen Bevölkerung vermutet werden kann.

---

77) Vgl. hierzu Schroeder 2004, S. 66 ff.
78) Vgl. Heinemann/Schubarth 1992.
79) Vgl. Schubarth 1991, S. 13.

IV. Das Bild der DDR in der ost- und westdeutschen Bevölkerung

Unabhängig von ihrem generellen Geschichtsbild sehen mehr oder weniger große ost- und westdeutsche Bevölkerungsmehrheiten die DDR naturgemäß aus einer anderen, eher entgegengesetzten Perspektive. Während für die Ostdeutschen die Beschäftigung mit der DDR immer auch eine Selbstbefragung oder Selbstvergewisserung darstellt und sie entsprechend sensibel auf bestimmte Abwertungen dieser Diktatur bzw. dieses Staates reagieren, betrachten Westdeutsche den SED-Staat vornehmlich als Negativfolie und als „Verlierer im Systemwettbewerb". Ungeachtet möglicher Übereinstimmungen bei der Beurteilung bestimmter Verhältnisse oder Phasen von Geschichte und Gesellschaft der DDR bleibt die grundsätzliche Differenz in der Gesamtbewertung bestehen. Nur eine kleine Minderheit westdeutscher und eine deutlich größere ostdeutscher Personen schließt sich dem geschichtspolitischen Blick der jeweils „anderen Seite" an. Dies ist bei der ostdeutschen Minderheit zumeist eine Folge der aktiven oder passiven Gegnerschaft gegenüber dem realen Sozialismus sowie den daraus resultierenden Repressionserfahrungen. Für die kleine westdeutsche Minderheit ist es eine Art Kritik an den hiesigen Verhältnissen, die sie schon vor 1989/90 bekämpft hat. Der Untergang der DDR war für große Teile der westdeutschen Linken ebenso eine Niederlage wie für die Systemträger der SED-Diktatur. Für alle jedoch bedeutet die Beurteilung der DDR als das der Bundesrepublik diametral entgegengesetztes Gesellschaftssystem automatisch immer auch eine mehr oder weniger explizite Bewertung der Bundesrepublik.

Die Deutschen in Ost und West sind sich am Vorabend der Vereinigung in der Verurteilung und Einschätzung der SED-Diktatur weitgehend einig. In beiden Teilstaaten hält eine Mehrheit die DDR-Verhältnisse für unerträglich, ist sich zudem bewusst, dass die SED „ihren" Staat ruiniert hatte und dort Unfreiheit und rechtliche Willkür herrschten. Diese Verurteilung der DDR – auch seitens einer Mehrheit der ostdeutschen Bevölkerung – resultiert indes zu einem Großteil aus der Euphorie des Herbstes 1989, als die Diktatur der Monopolpartei erst wankte und dann friedlich gestürzt wurde. Doch schon bald ändert sich das Bild: Eine Mehrheit der Ostdeutschen sieht die damaligen Verhältnisse in immer milderem Licht, nur noch eine Minderheit beharrt bei der Beschreibung der DDR auf der Dominanz des Unrechtscharakters, während die Westdeutschen an ihrer negativen Bewertung im Großen und Ganzen festhalten. In dem Maße, wie die Unzufriedenheit über die individuelle oder allgemeine Lebenssituation nach der Wiedervereinigung wächst, verklärt sich bei vielen Ostdeutschen das Bild der DDR, werden positive Seiten herausgestellt und negative verschwiegen oder ignoriert.

Im Vereinigungsjahr halten noch knapp drei Viertel der Ostdeutschen die Verhältnisse in der DDR für unerträglich und schließen sich der Meinung an, es müsse sich unbedingt vieles ändern; nur jeder Fünfte deklariert das Leben in der DDR als ganz

*Schaubild 2: Unerträgliche Verhältnisse in der DDR**

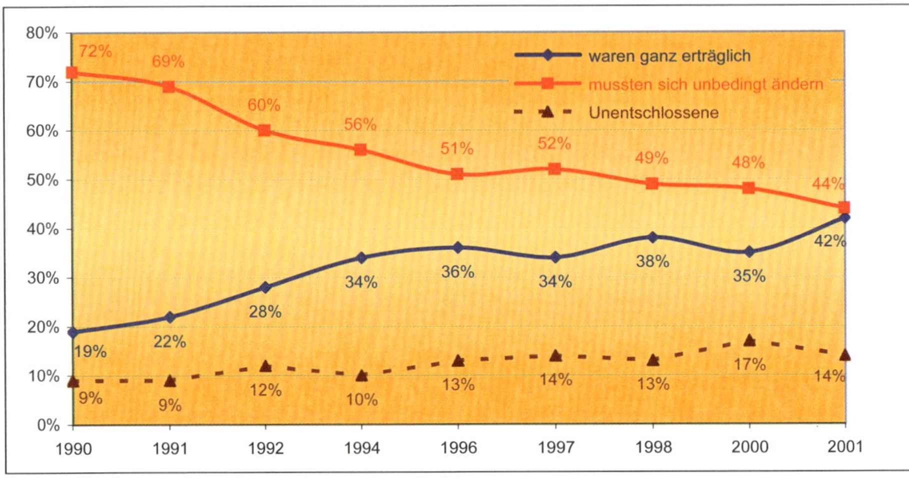

** Antworten von Ostdeutschen auf die Frage: „Wenn Sie jetzt einmal zurückblicken auf die letzten Jahre vor der Wende in der DDR – waren die Verhältnisse eigentlich ganz erträglich, oder würden Sie sagen, es musste sich unbedingt vieles ändern?"*
Datenbasis: Institut für Demoskopie Allensbach

erträglich. Nach der Jahrtausendwende hat sich die Gruppe der Kritiker des SED-Staates nahezu halbiert und die Gruppe der mehr oder weniger mit dem damaligen Leben Zufriedenen verdoppelt, so dass sich jetzt jeweils etwa 40% in der gegensätzlichen Beurteilung der DDR gegenüberstehen.

Mehr als jeder Zweite (54%) bejaht im Jahr 2004 sogar das Statement „Wir waren alle gleich und wir hatten Arbeit. Darum war es eine schöne Zeit in der DDR". Und was noch schwerer wiegt – nicht einmal jeder Fünfte (18%) verneint dies.

*Tabelle 4: DDR-Nostalgie**

	Würde zustimmen	Würde nicht zustimmen	Unent-schieden	Summe
Ostdeutschland				
1994	48	26	26	100
1995	43	31	26	100
1996	48	26	26	100
2000	44	31	25	100
2004	54	18	28	100
2006	47	23	30	100

** Antworten auf das Statement: „Frage an Ostdeutsche: Wenn jemand über die DDR sagt: ‚Wir waren alle gleich und wir hatten Arbeit. Darum war es eine schöne Zeit', würden Sie dem zustimmen oder nicht zustimmen?" (Zahlen in Prozent)*
Datenbasis: Institut für Demoskopie Allensbach

Zwei Jahre später ebbt die nostalgische Betrachtung der DDR etwas ab. Nun stimmen dem Statement nur noch 47% der Ostdeutschen zu, aber nur knapp jeder Vierte verneint es, was umgekehrt bedeutet – bezieht man die 30% Unentschiedenen mit ein –, dass gut drei Viertel der Ostdeutschen ein mehr oder weniger entschiedenes Votum für mehr Gleichheit und das Recht auf Arbeit abgeben. Ob sie freilich das Leben in der DDR aufgrund dessen schon generell als „schöne Zeit“ einstufen, lässt sich aus dieser etwas zu suggestiv formulierten Frage nicht zweifelsfrei ableiten.

Die sich im Laufe des Vereinigungsprozesses zugunsten der DDR verschiebende Stimmungslage manifestiert sich insbesondere in der veränderten Beurteilung der dunklen Seiten des SED-Staates.

*Tabelle 5: Rückblick auf die DDR**

	Ostdeutschland		
	1992	2001	2004
Wie sehr die DDR wirklich heruntergewirtschaftet war, haben viele nicht gewusst	83	66	67
Viele, die anfangs für den Sozialismus waren, wollten etwas Gutes, wollten sich für Ideale einsetzen	74	60	65
Niemand hat es für möglich gehalten, zu welchen Taten Stasi und SED fähig waren	78	51	51
Man hatte anfangs auf den Sozialismus so große Hoffnungen gesetzt, dass dadurch alles wieder aufwärts gehen würde	62	50	51
In dieser Zeit hat man oft das Gefühl gehabt, einer großen Gemeinschaft anzugehören, das war sehr schön	42	50	58
Die Bevölkerung fühlte eine richtige Befreiung, als das SED-Regime gestürzt war	60	40	43
Die SED hat uns alle betrogen	70	40	39
Viele haben der SED vertraut, dass sie das Beste für das Land wollte	57	30	44
Man fühlte sich in der DDR unfrei und gefangen	54	36	36
Viele wurden von den Idealen des Sozialismus angezogen	45	35	36
Man hat in dieser Zeit überhaupt nicht die Wahl gehabt, für oder gegen die SED zu sein	52	35	48
Nach dem Zusammenbruch der DDR war man völlig verunsichert, alle Ideale waren einem genommen	39	34	39
Mit dem Ende der DDR ist alles kaputt gegangen, woran man geglaubt hatte	44	32	35
Am Anfang hat die SED so viele schwierige Probleme bewältigt, dass man ihr danach zunächst vertraut hat	44	31	28
Man hat sich bespitzelt gefühlt, konnte kaum jemandem trauen	43	29	25
Es war quälend, so viel Unrecht mitansehen und geschehen lassen zu müssen, ohne etwas tun zu können	34	18	18

** Antworten auf das Statement: „Frage an Ostdeutsche: ‚Hier auf diesen Karten steht einiges, was uns Leute über die frühere DDR erzählt haben. Bei was davon würden Sie sagen, das stimmt, genau so war es?‘“ (Zahlen in Prozent)*
Datenbasis: Institut für Demoskopie Allensbach

Das Gefühl allgegenwärtiger Bespitzelung und mangelnden Vertrauens sowie der Hilflosigkeit gegenüber dem SED-Unrecht, an das sich Anfang der neunziger Jahre noch 43% bzw. 34% erinnern, werden 2004 nur noch von jedem Vierten bzw. nicht einmal jedem Fünften artikuliert. Statt 70%, die sich Anfang der neunziger Jahre betrogen fühlen, sind es 2004 nur noch knapp 40%; dass man sich in der DDR unfrei und gefangen fühlte, meinen im selben Jahr nur noch 36% statt 54% zwölf Jahre zuvor. Der Anfang der neunziger Jahre den Menschen unterstellte Idealismus bröckelt allerdings ebenfalls, wie ein Vergleich der Befragungen 1992 und 2004 zeigt. Nur noch 65% statt 74% vertreten die Meinung, dass viele, die anfangs für den Sozialismus waren, etwas Gutes wollten, und auch der Anteil derjenigen, die meinen, mit dem Ende der DDR sei alles kaputt gegangen, woran man geglaubt habe, schmilzt von 44% auf 35%. Gleiches gilt für die Befürwortung des Statements, als Bürger der DDR habe man in ihren Gründungsjahren wieder an Ansehen gewinnen können (von 35% auf 27%).

Während sich Anfang der neunziger Jahre eine breite Mehrheit von 70% von der SED – auf welche Art und in welcher Hinsicht auch immer – betrogen fühlt, sinkt der Anteil nach der Jahrtausendwende auf etwa 40%. Offensichtlich hat sich im Zuge des Vereinigungsprozesses bei vielen Ostdeutschen auch die Beurteilung der SED-Politik verändert. Man taucht nun die für die Diktatur verantwortliche Partei ebenso in ein milderes Licht wie das eigene Verhalten, zumal der Anteil derjenigen, die meinen, man habe zu DDR-Zeiten überhaupt nicht die Wahl gehabt, für oder gegen die SED zu sein, wieder auf knapp 50% steigt. Diese Umfrageergebnisse sprechen dafür, dass viele Ostdeutsche in der Rechtfertigung und Verteidigung ihres eigenen Lebens gegenüber Kritik die SED und die DDR-Verhältnisse mit in Schutz nehmen. Die Strategie der PDS, jede Kritik an den diktatorischen Verhältnissen und den hierfür Verantwortlichen als einen pauschalen Angriff auf alle Ostdeutschen umzuinterpretieren, scheint bei einem beträchtlichen Teil der DDR-Bevölkerung erfolgreich zu sein.

Mit dem vergleichsweise milden Blick auf die dunklen Seiten der DDR korrespondiert bei vielen Ostdeutschen eine noch stärkere Betonung ihrer vermeintlich positiven Aspekte. Schon unmittelbar nach der Wiedervereinigung signalisieren Umfragen, dass eine breite Mehrheit die DDR als einen gescheiterten Versuch einer gerechten Gesellschaft ansah. Die Zahl der Befürworter dieser Annahme steigt in den neunziger Jahren des letzten Jahrhunderts auf knapp 73%; nur gut 7% lehnen sie entschieden ab. Diesem Ergebnis entspricht der in etwa gleich hohe Anteil, der der DDR positive und negative Seiten, wie sie in allen Staaten anzutreffen sind, zuspricht.

*Tabelle 6: Bewertung der DDR**

Antworten auf die Frage: Wie bewerten Sie heute die DDR?	Jahr	Ja	Teilweise	Nein
Sie war der Versuch, eine gerechtere Gesellschaft zu erreichten, der gescheitert ist	1990	63,4	19,3	12,2
	1992	59,5	27,5	9,0
	1993	65,3	18,5	9,4
	1995	74,8	14,9	6,6
	1999	72,9	17,3	7,1
Sie hatte, wie alle Staaten, positive und negative Seiten	1993	78,0	15,2	3,1
	1995	78,7	15,4	2,2
	1999	71,6	22,4	2,8

** Angaben in Prozent; Datenbasis: Ident;*
Quelle: Hofmann 2001, S. 435

Das positive Gesamtbild geht Mitte der neunziger Jahre einher mit der Betonung der hohen sozialen Sicherheit, der Kinderfreundlichkeit, dem Zusammenhalt der Arbeitskollektive und der Relativierung von Überwachung, Gängelei und Gleichmacherei.

*Tabelle 7: Rechtssicherheit im geteilten und vereinten Deutschland**

	Deutschland				Westdeutschland				Ostdeutschland			
	1994	1997	1998	2001	1994	1997	1998	2001	1994	1997	1998	2001
Früher in der DDR	8	12	12	13	3	7	5	8	27	35	35	31
Heute in Deutschland	67	66	63	56	77	75	74	65	26	28	22	24
Unentschieden, weiß nicht	25	22	25	31	20	18	21	21	47	37	37	45
Summe	100	100	100	100	100	100	100	100	100	100	100	100

** Antworten auf das Statement: „Wenn man von Rechtssicherheit spricht, dann meint man ja, dass man sich darauf verlassen kann, dass Gesetze für alle gelten, und dass die Rechtsprechung fair ist. Wenn Sie da einmal die frühere DDR und das heutige Deutschland miteinander vergleichen. Wo gab es bzw. gibt es mehr Rechtssicherheit, früher in der DDR oder heute in Deutschland?" (Zahlen in Prozent)*
Datenbasis: Institut für Demoskopie Allensbach

Erstaunlicherweise liegt sogar der Anteil derjenigen, die von einer größeren Rechtssicherheit in der DDR sprechen, immer über dem Anteil derjenigen, die das Rechtssystem des vereinten Deutschlands präferieren. Auch in diesem Punkt stimmen die Westdeutschen mit ihren ostdeutschen Landsleuten nicht überein. Im Jahre 2001 hält knapp jeder dritte Ostdeutsche die Rechtssicherheit in der DDR für höher, aber nur jeder vierte die im wiedervereinten Deutschland. Eine relative Mehrheit von 45% kann oder will sich nicht festlegen. Unter den Westdeutschen gibt es zu diesem Zeitpunkt eine zwar seit Mitte der neunziger Jahre abnehmende, aber immer noch sehr breite Zweidrittelmehrheit, die dem wiedervereinten Deutschland mehr Rechtssicherheit zuspricht. Für die DDR entscheidet sich nur eine kleine Minderheit von 8%. Worauf sich das Misstrauen vieler Ostdeutscher gegenüber dem heutigen Rechtssystem gründet, kann nur vermutet werden. Wahrscheinlich sind einigen die Grundsätze eines Rechtsstaates nicht bekannt, andere haben vielleicht das Zivilrecht vor Augen, das in der DDR einfacher strukturiert war, wieder andere denken möglicherweise an Scheidungsverfahren, die in der DDR ebenfalls leichter möglich und im Ergebnis vorhersehbarer waren.

Befragt nach der Charakterisierung der DDR-Gesellschaft nennen – mit steigendem Anteil zwischen 1990 und 1995 – jeweils mehr als 70% der Ostdeutschen den Zusammenhalt der Arbeitskollektive, den Verfall der Altbauten, die Sportnation, die Kinderfreundlichkeit und die soziale Sicherheit – mithin, abgesehen von den maroden Altbauten, nur positive Dimensionen der DDR. Negative Aspekte wie wirtschaftliche Stagnation, totale Überwachung, Gängelei und Bevormundung oder Gleichmacherei heben nur – und dies mit abnehmender Tendenz im genannten Zeitraum – zwischen knapp 31% und knapp 47% hervor. Das Rollback in der Beurteilung der DDR setzt also bereits in der ersten Wiedervereinigungsphase ein, in der die meisten Ostdeutschen einen rasanten materiellen Zugewinn verbuchen können und der Angleichungsprozess gegenüber dem durchschnittlichen Wohlstand im Westen real etwa 80% bis 90% erreicht.[80])

*Tabelle 8: Charakterisierung der DDR-Gesellschaft**

Frage: Was war Ihrer Meinung nach typisch für die DDR? Antwortvorgaben: (Auswahl)	Dezember 1990			November 1995		
	Ja	Teilw.	Nein	Ja	Teilw.	Nein
Soziale Sicherheit	61,9	30,2	3,6	87,9	9,1	0,6
Kinderfreundlichkeit				88,5	7,9	0,8
Sportnation	74,4	19,0	2,2	83,5	11,3	1,6
Verfall der Altbauten	81,6	12,6	1,9	74,6	16,8	2,7
Zusammenhalt der Arbeitskollektive				73,2	20,8	1,9
Wohnungsbau	24,0	55,1	16,3	46,7	40,8	8,4
Wirtschaftliche Stagnation	61,6	31,0	2,0	46,6	39,9	6,5
Totale Überwachung	72,6	19,4	5,0	42,0	36,2	17,3
Gängelei und Bevormundung	73,4	20,5	3,4	40,4	42,9	12,5
Gleichmacherei	44,8	32,7	7,3	30,8	43,8	18,1
Resignation	46,7	40,5	7,3	18,4	50,7	24,4

** Angaben in Prozent; Datenbasis Ident;*
Quelle: Hofmann 2001, S. 436

Eine verklärende Sicht der Vergangenheit haben überraschenderweise nicht nur ältere ehemalige DDR-Bewohner verinnerlicht, sondern auch viele Jüngere schließen sich dieser Auffassung an. Die im privaten Umfeld überlieferten Erinnerungen an das Leben in der DDR prägen somit bis zu einem gewissen Grad die Geschichts-

[80]) Vgl. Schroeder 2006, S. 264 ff.

bilder derjenigen, die die DDR nur als Kinder oder gar nicht mehr erlebt haben. Ende 1990 vertritt etwa jeder zweite Ostdeutsche die Auffassung, der vorherrschende Umgang mit der DDR-Vergangenheit spiegele deren Wirklichkeit nicht angemessen wider und decke sich nicht mit ihrer Erinnerungswelt. Mehr als jeder Vierte empfindet den Umgang mit der DDR-Geschichte sogar als verletzend, jeder Zweite als teilweise verletzend. Das öffentlich angebotene Bild über den SED-Staat werten knapp 40% der Ostdeutschen als einseitig und zu negativ, ebenfalls knapp 40% als teilweise zu negativ. Dieses Unbehagen einer Mehrheit der ostdeutschen Bevölkerung am westlichen DDR-Bild setzt Mitte der neunziger Jahre ein, mithin genau zu dem Zeitpunkt, als der schnelle materielle Angleichungsprozess ins Stocken kommt. Über 55% der Befragten geben Ende des letzten Jahrhunderts an, die ständige Abwertung der DDR durch Medien und Politik erschwere das Zusammenwachsen von Ost und West; noch einmal knapp 30% stimmen dieser Aussage teilweise zu. Viele Ostdeutsche bedauern zu diesem Zeitpunkt weniger die unzulängliche Verfolgung von SED-Unrecht als die Verurteilung von DDR-Funktionsträgern.[81])

Dieser Trend einer vergleichsweise moderaten Beurteilung der dunklen Seiten der DDR und die Hervorhebung ihrer (vermeintlich) positiven sozialen bestätigt sich auch in qualitativen Interviews mit Bürgern aus den neuen Ländern. Zwar freut sich eine Minderheit von Ostdeutschen, die die DDR vor allem als repressiven Staat erlebt hat, über ihr Verschwinden, aber einige von ihnen – und vor allem Vertreter der „Normalbevölkerung" – beklagen schmerzliche Verluste. „An erster Stelle geht es ihnen dabei um soziale Sicherheit und soziale Fürsorge: Sicherheit des Arbeitsplatzes, Krippen, Kindergärten, Berufstätigkeit der Frau, billige Mieten. Sie bedauern den Verlust eines berechenbaren, ruhigen Lebens, sie bedauern auch die geschwundene Gemeinsamkeit und Solidarität untereinander, jeder sei jetzt mehr und mehr ‚für sich' und müsse sich um die eigenen Interessen kümmern."[82])

Viele Befragte äußern in Interviews zudem Verständnis für den Bau der Mauer als ökonomische Notwendigkeit des Überlebens der DDR und zeigen wenig Mitleid mit Flüchtlingen, die an der Grenze festgenommen, verletzt oder getötet wurden, denn diese hätten ja gewusst, welches Risiko sie eingingen. Für einige Befragte mutieren die Opfer sogar zu Tätern, denn sie hätten die potenziellen Mauerschützen gezwungen zu schießen. Insgesamt – so das Fazit von Annette Leo – „ist zu konstatieren, dass die repressive Seite des Systems nur von einem Teil der Befragten thematisiert worden ist und umgekehrt einige diese verharmlosen oder gar verteidigen".[83])

Die meisten befragten Ostdeutschen haben immer noch keinen Bezug zu Freiheit und Demokratie; diese Grundwerte sind für sie kein Thema im Kontext ihrer Erinnerungen. Dies korrespondiert mit der zum Teil empörten Zurückweisung der Bezeichnung „Diktatur" für die DDR. Einige Befragte geben sogar an, sie hätten sich

[81]) Hofmann 2001, S. 439.
[82]) Leo 2000, S. 269.
[83]) Ebd., S. 272.

früher freier gefühlt als heute. „Das Aufgehobensein im Kreis einer Gemeinschaft als Moment von Freiheit weist auf einen ganz anderen Freiheitsbegriff hin als den, der in den westlichen Demokratien vorherrscht.“[84])

In der DDR wurde den Kindern von klein auf geradezu eingeimpft, Freiheit sei die Einsicht in die Notwendigkeit, wobei die Interpretation dessen, was notwendig ist, von der Partei diktiert wurde. Dem Individuum wurden von der SED zwar Rechte und Pflichten zugeordnet, jedoch keine individuellen Rechte, die jenseits des Erwartungshorizonts der Partei standen, und überhaupt keine, die die Rechte der Einzelnen gegenüber staatlichen Zumutungen geschützt hätten.

Über das Thema „Wahlen“ wird von den wenigsten Ostdeutschen von sich aus gesprochen. Wenn darüber diskutiert wird, dann bei einigen etwa in dem Sinne, man habe damals wie heute sein Kreuzchen irgendwo gemacht, denn Einfluss habe man weder damals noch heute ausüben können. Einige halten das DDR-Wahlsystem sogar für „überlegen“, weil es „übersichtlicher“ war und feierlicher begangen wurde. Eine demokratische Wahl als Wert an sich wird von den meisten zumindest explizit nicht gesehen. Durchgängig unterscheiden die Befragten implizit zwischen politischem System und Lebenswelt, stellen Letztere in den Vordergrund und relativieren oder ignorieren Ersteres. „Wenn unsere Interviewpartner die DDR-Vergangenheit gegen pauschale Abwertung meinen verteidigen zu müssen, sprechen sie meist über ihre Lebenswelt und nicht über das politische System, mit dem sich nur eine Minderheit identifiziert und auseinandergesetzt hat, und das vielen ziemlich gleichgültig war. Da ihnen diese Unterscheidung jedoch selten bewusst ist, vermengen sie die Ebenen miteinander, so dass – im Extremfall – der Wahlfarce aufgrund ihres höheren Erlebniswertes nachgetrauert wird.“[85])

Nahezu alle in die Interviews einbezogenen Gesprächspartner stimmen darin überein, den Sozialismus für eine gute Idee zu halten, die in der DDR nur schlecht verwirklicht wurde. Immerhin sei die DDR gerechter gewesen, weil mehr Gleichheit bestanden habe. Sie solle nicht in einem Atemzug mit dem Nationalsozialismus genannt werden, selbst wenn die beiden Systeme differenziert dargestellt würden.

In der westdeutschen „Normalbevölkerung“ hat sich – wie sich 1989/90 herausstellen sollte – über die Jahrzehnte hinweg ein negatives DDR-Bild gehalten. Obschon viele Politiker, Publizisten und Wissenschaftler den SED-Staat seit den sechziger Jahren vor allem als eine Industriegesellschaft mit sozialem Anstrich und weniger als menschenfeindliches Herrschaftssystem ansahen, sich sogar kaum noch trauten, von ihr als Diktatur zu sprechen, hielt die Bevölkerungsmehrheit an ihrem distanzierten Blick fest. „Als die DDR zusammenbrach, änderte sich schlagartig das westdeutsche Bild von ihr oder jedenfalls das, das durch die Medien vermittelt wurde. In der Bevölkerung selber dürfte sich [...] immer ein zutreffendes, wenn auch kaum noch laut artikuliertes Bild erhalten haben, das durch die vielen Besucher

[84]) Ebd.
[85]) Ebd., S. 276.

hüben und drüben neue Nahrung erhalten hatte."[86]) Die Medien – so der Eindruck von Wolfgang Schuller –, die vor 1989 eher ein „gemäßigt-positiv-positivistisches Bild" von der DDR vermittelt hatten, produzierten nach dem Zusammenbruch der Diktatur nun Sendungen, „die die DDR nur noch als Schreckensort darstellten, was sie ja nun auch nicht war".[87])

Während viele Personen, die ehedem der DDR freundlich bis sympathisierend oder jedenfalls nicht ablehnend gegenüberstanden, ihre Meinung nach der Offenlegung der dunklen Seiten des SED-Staates änderten, beharrten andere „Freunde der DDR" auf ihrem positiven Bild. Wolfgang Schuller erwähnt Peter Rühmkorf, einen im linken bis liberalen Milieu durchaus angesehenen Schriftsteller, der in einem Tagebuch[88]) seine fortgesetzte Sympathie für den diktatorischen deutschen Teilstaat unmissverständlich zu Papier brachte. Er scheut sich sogar nicht zu bedauern, dass die Verantwortungsträger in der Partei und der Staatssicherheit „in der Stunde der Entscheidung" keinen Gebrauch vom Schwert machten, was Wolfgang Schuller als markig-martialisch empfindet: „Eisern gehütet! Hand am Schwert! Stunde der Entscheidung! Hätte sich der DDR-Sozialismus im Rühmkorfschen Sinne verhalten, nämlich weder verwurmt noch schwammig noch flackerig, der 9. Oktober 1989 in Leipzig wäre anders ausgegangen."[89]) Rühmkorf schreckt selbst vor Beschimpfungen und Herabwürdigungen gegenüber DDR-Bürgerrechtlern nicht zurück. So bezeichnet er die Arbeiten von Biermann als „literarische Falschmünzerei und ewige DDR-Rabatte" und nennt den aus der DDR vertriebenen und auch noch in der Bundesrepublik von inoffiziellen Mitarbeitern des MfS überwachten und malträtierten Jürgen Fuchs „Honorar-Dissident". Gleichzeitig leert er – so Wolfgang Schuller – geradezu Hasskübel über den Wert „Freiheit" aus. In solch ideologischer Weise äußerten sich freilich offiziell nur wenige ehemalige DDR-Sympathisanten, wenngleich zu vermuten steht, dass eine ganze Reihe von ihnen gleich oder ähnlich denkt.

Verglichen mit den Positionen ehemaliger Verantwortungsträger der SED-Diktatur und ihrer Sympathisanten im Westen fallen die Bewertungen der DDR in der ostdeutschen „Normalbevölkerung" moderater aus, auch wenn viele von ihnen die frühere Staatspartei in Schutz nehmen und nicht gerade Sympathien für Bürgerrechtler hegen. Nun sind rückblickend positive Bewertungen des eigenen Lebens und seines Umfeldes nichts Außergewöhnliches und beileibe kein nur auf Ostdeutsche bezogenes Phänomen. Generell neigen die meisten Menschen mit zunehmendem Alter dazu, im Rückblick auf die Vergangenheit eher die positiven als die negativen Aspekte zu betonen – zumindest, wenn sie nicht durchweg oder nachhaltig negative Erfahrungen gemacht haben. Was auf der individuellen Ebene hinnehmbar ist, erweist sich jedoch als problematisch, wenn die positive Beurteilung des eigenen Lebens mit einem schöngefärbten Bild der Gesellschaft einhergeht. Die Differen-

[86]) Schuller 2003, S. 189.
[87]) Ebd.
[88]) Rühmkorf 1997.
[89]) Schuller 2003, S. 192.

zierung zwischen Lebenswelt und Systemgeschichte fällt gerade den Menschen, die in einer von totalitären Ansprüchen geprägten und geformten Gesellschaft gelebt haben, schwerer als denen, die in einer offenen und pluralistischen Umwelt sozialisiert wurden.

Verschiedene Umfrageergebnisse verdeutlichen, dass sich in den letzten Jahren bei einer breiten Mehrheit der Ostdeutschen der positive Blick auf die DDR erneut verstärkt hat. Parallel hierzu beginnen die Westdeutschen, ihr Leben vor der Wiedervereinigung deutlicher zu loben. Vor allem spürt eine absolute Mehrheit im Westen die jahrelange Stagnation ihres Wohlstandes und ihre Reallohnverluste aufgrund der hohen Vereinigungskosten.

Die im Zeitverlauf positivere Betrachtung der DDR findet auch Niederschlag in einer besseren Gesamtbeurteilung: 40% der Ostdeutschen attestieren ihrem ehemaligen Staat im Jahre 2004, mehr gute als schlechte Seiten gehabt zu haben. Mit diesem Urteil stimmen indes nur 6% der Westdeutschen überein. Ein großer Anteil der Ostdeutschen kreuzt bei dieser Umfrage „teils/teils" an, schreibt der DDR also sowohl gute als auch schlechte Seiten zu. Insgesamt liegt der Anteil derer, die mehr schlechte als gute Seiten sehen, deutlich unter dem, der das gegenteilige Urteil abgibt.[90])

*Schaubild 3: DDR hatte mehr gute als schlechte Seiten**

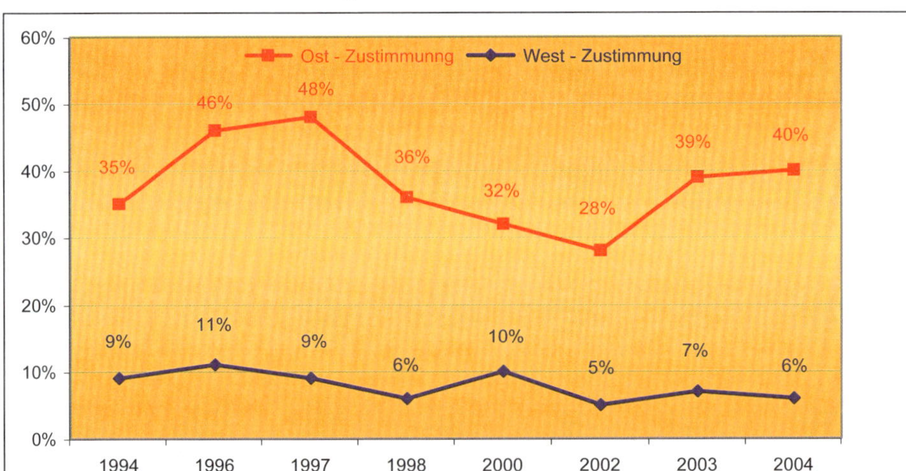

** Antworten „stimme (eher) zu" und „stimme voll und ganz zu" auf die Aussage „Die DDR hatte mehr gute als schlechte Seiten".*
Datenbasis: Trafo-Querschnitt-Datensatz, EMNID-Zusatzbefragung 2000, Konrad-Adenauer-Stiftung Herbststudien 1996 und 1997, Deutsche Teilstudien des European Social Survey 2003 und 2004
Quelle: Neller 2005, S. 352

In regionalen Befragungen bestätigt sich die oben beschriebene Tendenz. In Thüringen zum Beispiel sieht eine absolute Mehrheit von 56% in der DDR mehr gute

[90]) Vgl. Neller 2006, S. 187 f.

als schlechte Seiten und sogar jeder Vierte bejaht die Forderung, „Wir sollten zur sozialistischen Ordnung zurückkehren".[91]) Eine besondere DDR-Affinität zeigen in dieser Umfrage mit 56% Zustimmung Anhänger der Linkspartei (SPD: 21%; CDU: 14%). Der Anteil derjenigen, die die DDR nicht für einen Unrechtsstaat halten, ist bei den Sympathisanten aller drei Parteien noch deutlich höher. Diese Auffassung teilen 37% der CDU-, 40% der SPD- und 72% der Linkspartei-Anhänger. Unter den Befragten, die keine Parteineigung angaben, sind es 53%.[92])

Erschreckend hoch ist in Thüringen die Zahl derjenigen, die meinen, „mehr als 15 Jahre nach dem Ende der DDR sollte die Beschäftigung mit der Stasi-Vergangenheit aufhören". Diese Forderung bejahen 90% der Personen mit DDR-Affinität und selbst 66% derjenigen, die eine generelle Distanz zur DDR aufweisen. Als dominant für die Neigung zur nostalgischen Verklärung der DDR erweist sich nach Meinung der Autoren des Thüringen-Monitors die Weltanschauung. Befragte, die eine generelle Sympathie für den Sozialismus hegen und eine Verstaatlichung der Wirtschaft befürworten, neigen am ehesten zur Verklärung der DDR. Weitere Bestimmungsfaktoren sind das Gefühl, als Ostdeutsche diskriminiert zu werden, Arbeitslosigkeit und eine niedrige politische Eigenkompetenz.[93])

Erstaunlicherweise findet sich bei jüngeren Ostdeutschen in Thüringen eine nahezu ähnliche Quote von DDR-Nostalgikern, obschon sie den SED-Staat aus eigenem Erleben überhaupt nicht kennen. Das positive DDR-Bild speist sich vor allem aus der Beeinflussung durch das Elternhaus (71%) sowie der Schule (40%). Die Medien und das eigene Erleben spielen dagegen mit 35% und 30% eine untergeordnete Rolle. Die Autoren ziehen ein ernüchterndes Fazit ihrer Befragung: „Mithin wird den jungen Thüringern insbesondere im Elternhaus ein tendenziell positives DDR-Bild vermittelt, das dann in der peergroup, also im Freundeskreis, noch einmal wechselseitig bekräftigt wird. In der Schule wird dieses Bild nicht etwa in Frage gestellt, sondern tendenziell bestätigt, allerdings hat die Schule weit geringeren Einfluss auf die Bewertung der DDR durch die Heranwachsenden. In dieser Weise wird man sich die Genese einer DDR-Nostalgie auch unter denjenigen vorstellen müssen, die den untergegangenen Staat aus eigener Erfahrung kaum kennen."[94])

Auch im Sachsen-Anhalt-Monitor 2007 findet sich das positive DDR-Bild der Befragten in Thüringen. Im Vergleich der Systeme – DDR und Bundesrepublik – wird von der heutigen Bevölkerung der SED-Staat als eindeutig sozialer gegenüber der heutigen Bundesrepublik bewertet. Obschon die Vorzüge des vereinten Deutschlands – etwa der Zugewinn an persönlicher Freiheit und die Anhebung des Lebensstandards – durchaus positiv gewürdigt werden, gibt eine Mehrheit der DDR – bezogen auf das alltägliche Leben – bessere Noten. So befürworten 90% die

---

[91]) Thüringen-Monitor 2006, S. 58.
[92]) Ebd., S. 59.
[93]) Vgl. ebd., S. 64.
[94]) Ebd., S. 67.

Behauptung, „Trotz aller Einschränkungen konnte man in der DDR alles in allem ganz gut leben“, 96% sogar die These „Es war nicht alles schlecht in der DDR“. Auf der anderen Seite lassen 82% keinen Zweifel daran, dass sie das politische System der DDR für eine Diktatur halten. Allerdings fällt unter den jüngeren Generationen (18–24-Jährige) die Zustimmung mit nur 61% deutlich geringer aus. Die Autoren des Monitors ziehen folgendes Fazit: „Im Blick zurück nimmt die DDR für die meisten ihrer ehemaligen Bürger – und teilweise für deren Nachgeborene – bezogen auf den damaligen Alltag ersichtliche Züge eines großen Volksfreundes an, der eine soziale Rundumversorgung für alle vorhielt und solidarische Lebensformen in Gesellschaft und privater Gemeinschaft ermöglichte. Wohl sehnt sich kaum jemand nach dem politischen System namens DDR zurück, das für die allermeisten Sachsen-Anhalter durch persönliche Unfreiheit und ökonomische Rückständigkeit gekennzeichnet gewesen ist. Aber der diktatorische Kern des Systems und dessen undemokratische Funktionslogik werden abgeschwächt, indem in der Rückschau nach ‚guten‘ und ‚schlechten‘ Systemteilen sortiert wird. Dank dieser ‚Aschenputtelmethode‘ werden retrospektiv die privaten Lebenswelten verklärt und in der Tendenz auch die DDR als Ganze weichgezeichnet.“[95])

Wie bei der Befragung in Thüringen konstruieren die jüngeren Generationen ihr DDR-Bild durch Erzählungen in der Familie (27%) und in abgeschwächter Form durch Schule bzw. Lehrer (9%). Die Älteren indes gewinnen ihr DDR-Bild vor allem durch eigenes Erleben (54%). In den Familien wird insofern die rückwirkende Interpretation der persönlichen Erfahrungen an die Kinder weitergegeben, wenngleich sich das positive Urteil – so die Autoren des Sachsen-Anhalt-Monitors 2007 – in der jüngeren Generation etwas abschwächt. Leider wird in beiden Umfragen nicht ermittelt, ob und inwieweit sich Teile der älteren DDR-Bevölkerung für das Unrecht gegenüber Hunderttausenden mitverantwortlich fühlen.

In der gleichen Umfrage wünscht sich gut jeder Fünfte in Sachsen-Anhalt die sozialistische Ordnung der DDR zurück und 15%, vornehmlich Ältere, plädieren für die Einführung einer Diktatur, wenn es Not tut. Die Verstaatlichung der wichtigsten Wirtschaftsunternehmen begrüßen knapp 40%, von den über 16-Jährigen sogar knapp jeder Zweite.[96])

In diversen Befragungen des DJI-Jugendsurveys lässt sich ebenfalls ein unterschiedlicher Blick auf die DDR in Ost und West feststellen. Ostdeutsche Jugendliche sehen die DDR wesentlich positiver als westdeutsche. Auch fühlen sich mit 69% deutlich mehr ostdeutsche 16- bis 29-Jährige den neuen Ländern zugehörig als westdeutsche Befragte den alten (50%). Letztere sehen sich in höherem Maße Deutschland als Ganzem verbunden. Die Verbundenheit mit dem „eigenen Teil Deutschlands“ nimmt sowohl in Ost als in West mit dem Alter und mit dem Bildungsgrad stark zu. Im Jahre 2003 vertreten 55% der westdeutschen und 70% der ostdeutschen Be-

95) Sachsen-Anhalt-Monitor 2007, S. 61.

96) Ebd., S. 19 ff.

fragten die Auffassung, Ost- und Westdeutsche seien sich trotz der Einheit bis heute einander fremd geblieben.[97])

Eine Ost-West-Differenz unter jüngeren Menschen sehen wir auch bei der Zustimmung zur Idee der Demokratie und des Sozialismus. 84% der westdeutschen und 72% der ostdeutschen Befragten sprechen sich entschieden oder ziemlich entschieden für die Idee der Demokratie aus, 22% im Westen und 29% im Osten entsprechend für die Idee des Sozialismus. Größer werden die Unterschiede bei der Frage nach der Realität der Demokratie in der Bundesrepublik. Mit dieser zeigen sich im Jahre 2003 nur 36% im Westen und sogar nur 19% im Osten zufrieden. Bei beiden Gruppen hat indes die Zustimmungsrate zwischen 1992 und 2003 deutlich abgenommen. Die Autoren des Jugendsurveys resümieren ihre Befragungen mit dem Hinweis, dass sich „auch fast 15 Jahre nach der deutschen Einheit für die Erwartung, dass mit den nachwachsenden jungen Generationen in beiden Landesteilen Gefühle der gegenseitigen Fremdheit und Differenzen in den politischen Kulturen Ost- und Westdeutschlands verschwinden würden, nur wenige empirische Hinweise finden. Die jüngste Befragtengruppe im Jugendsurvey, die 16- bis 19-Jährigen, die seit Beginn ihrer Schulzeit in einem gesamtdeutschen Institutionengefüge aufgewachsen sind, unterscheidet sich in ihren affektiven Bindungen an politische Gemeinschaften, in ihrer Wahrnehmung der Bürger des jeweils anderen Teils Deutschlands sowie ihren Haltungen zu politischen Ordnungsmodellen kaum von den 27- bis 29-Jährigen, deren Kindheit und Jugend bis zum Alter von 13 bzw. 15 Jahren durch die damalige DDR-Gesellschaft bzw. die Bundesrepublik von 1989 geprägt wurde." Die Autoren halten es für fraglich, ob in nächster Zeit eine Annäherung in den abgefragten Einstellungen zu erwarten ist. „Dass West-Ost-Unterschiede dieser Art bald ein Thema für die Vergangenheit sein werden, diese Annahme scheint somit verfrüht zu sein."[98])

Eine positive Bewertung der DDR oder der Bundesrepublik seitens ihrer ehemaligen Bewohner hat jedoch nur dann negative Auswirkungen auf den Vereinigungsprozess und das Zusammenwachsen, wenn sie einhergeht mit einer Ablehnung des vereinten Deutschlands bzw. einer größeren Verbundenheit mit dem alten als mit dem neuen System.

Wie nachfolgendes Schaubild unschwer erkennen lässt, zeigen die Westdeutschen auf gleichermaßen hohem Niveau eine Verbundenheit mit der alten Bundesrepublik und dem vereinten Deutschland, allerdings mit leicht fallendem Trend gegenüber beiden. Wankelmütiger äußern sich die Ostdeutschen: Überwiegt anfangs die Verbundenheit mit der vereinten Republik, nehmen schon drei Jahre nach der Vereinigung Pro-DDR-Gefühle überhand, die sich im Laufe der nächsten zehn Jahre jedoch wieder reduzieren. Im letzten Beobachtungsjahr – 2004 – fühlen sich zwar mehr Befragte dem neuen deutschen Gemeinwesen als der DDR verbunden, allerdings in

[97]) Sardei-Biermann 2005, S. 986.
[98]) Ebd., S. 990.

beiden Dimensionen auf deutlich niedrigerem Niveau als vor 14 Jahren, was darauf hindeutet, dass ein wachsender Anteil der Ostdeutschen sich weder dem einen noch dem anderen Staat verbunden fühlt, also politisch heimatlos ist.

Schaubild 4: Verbundenheit der Deutschen mit der alten Bundesrepublik, der DDR und dem vereinten Deutschland

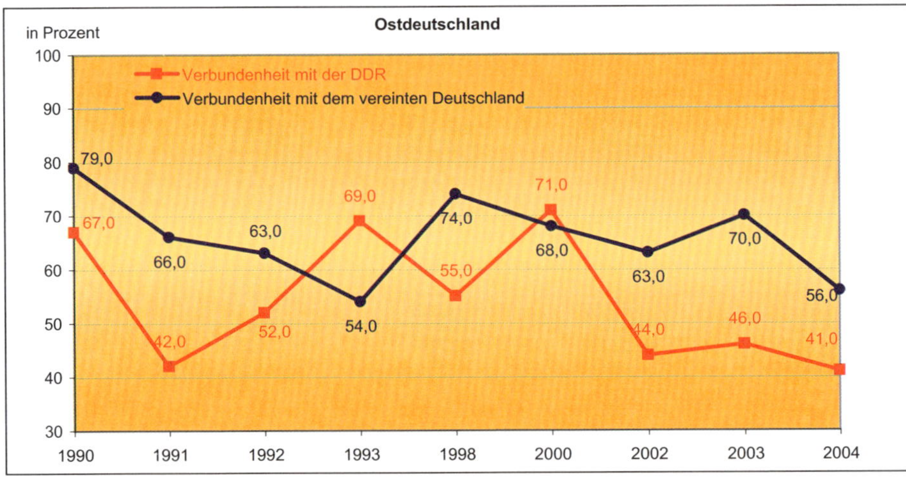

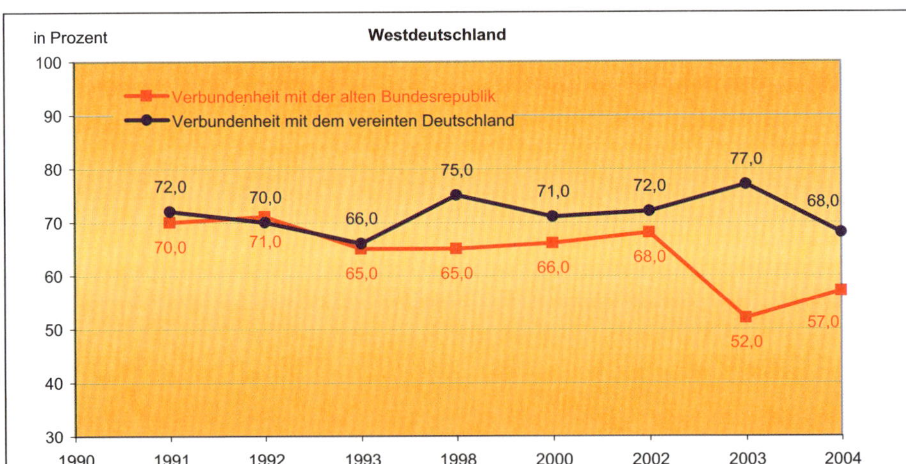

Quelle: Neller 2005, S. 353/354

Die Auswertungen der Einstellungen auf der Individualebene im zeitlichen Verlauf lassen erhebliche Meinungsschwankungen erkennen. Im Zeitraum zwischen 1994 und 2002 stimmt zum Beispiel nur knapp jeder zehnte Ostdeutsche immer der Auffassung zu, die DDR hätte mehr gute als schlechte Seiten gehabt (West: 0%). Hinzu kommen 8%, die immer gute und zugleich schlechte Seiten sehen; 9% assoziieren die DDR immer mit schlechten Seiten. Drei Viertel der Befragten verändern ihre

Meinung in die eine oder andere Richtung. Sehr viel stabiler fallen die Beurteilungen der Westdeutschen aus, wo etwa jeder Zweite seine Bewertung im Zeitverlauf nicht ändert.[99])

Mittels einer differenzierten Betrachtung der „Ostalgiker", d. h. derjenigen, die der DDR überwiegend gute Seiten zuschreiben und die negativen Aspekte ausblenden, konstruiert Katja Neller vier unterschiedliche Typen:

- unideologische Nichtnostalgiker, die weder überwiegend positive Seiten der DDR sehen noch etwas von der Idee des Sozialismus halten;
- unideologische Nostalgiker, die vor allem positive Seiten in der DDR erblicken, aber dem Sozialismus fern stehen;
- ideologische Nichtnostalgiker, die positiv zum Sozialismus, aber nicht zur DDR stehen;
- ideologische Nostalgiker als Anhänger der DDR und der sozialistischen Ideologie.

Die ideologischen Nostalgiker stellen zu allen Erhebungszeitpunkten den weitaus größten Teil der ostdeutschen Bevölkerung. Ihr Anteil ist in den letzten Jahren sogar auf einen neuen Höchststand gestiegen. Knapp 70% verknüpfen die überwiegend guten Seiten der DDR mit Sympathie für den Sozialismus. Rückläufig entwickelt sich dagegen der Anteil von Nostalgikern, die die Demokratie generell ablehnen, und zwar von 10% (1994) auf 6% (2002). Werden jedoch die Befragten gezählt, die eine teilweise Zustimmung zur Diktatur als besserer Staatsform äußern, können ein Viertel (1994) bzw. ein knappes Drittel (2002) als nichtdemokratische Nostalgiker eingestuft werden.[100])

Als besonderes Problem für die Vereinigung erweist sich indes die Zunahme der Nostalgiker, die sich mit dem vereinten Deutschland wenig oder überhaupt nicht verbunden fühlen. Ihr Anteil liegt im Jahre 2004 bei 38% und hat sich damit seit 1998 mehr als verdoppelt. Dieser Trend bestätigt sich auch in der steigenden Quote derjenigen, die sich nur mit der DDR und nicht mit der neuen Bundesrepublik verbunden fühlen (1998: 14%; 2004: 22%). Da sich gleichzeitig im Osten auch der Anteil derjenigen erhöht, die sich wenig/nicht mit dem vereinten Deutschland und auch nicht mit der DDR verbunden fühlen, wächst die Gruppe der Deutschland-Skeptiker von insgesamt 25% auf 43%.[101]) Für Katja Neller lässt sich unter Berücksichtigung verschiedener Faktoren und Erklärungsansätze die DDR-Nostalgie und ihre Zunahme „eindeutig (aus) ideologischen Orientierungen und damit Determinanten (erklären), die den sozialisationstheoretischen Erklärungsmodellen zugerechnet werden können".[102])

[99]) Neller 2005, S. 359.
[100]) Ebd., S. 371/372.
[101]) Ebd., S. 372.
[102]) Ebd., S. 376.

Schon vor der Jahrtausendwende nehmen freilich auch in Westdeutschland nostalgische Gefühle zu, wie die Zustimmung zum Allensbach-Statement „Vor der deutschen Einheit ging es uns gut. Es ging immer aufwärts, es gab immer mehr Freiheit und die Stimmung war im Allgemeinen gut. Man sehnt sich richtig ein bisschen zurück" von fast jedem Zweiten signalisiert. Gegenteiliger Meinung sind nur 36%.[103])

Schaubild 5: Subjektive Systemzuordnung älterer Bürger 2005

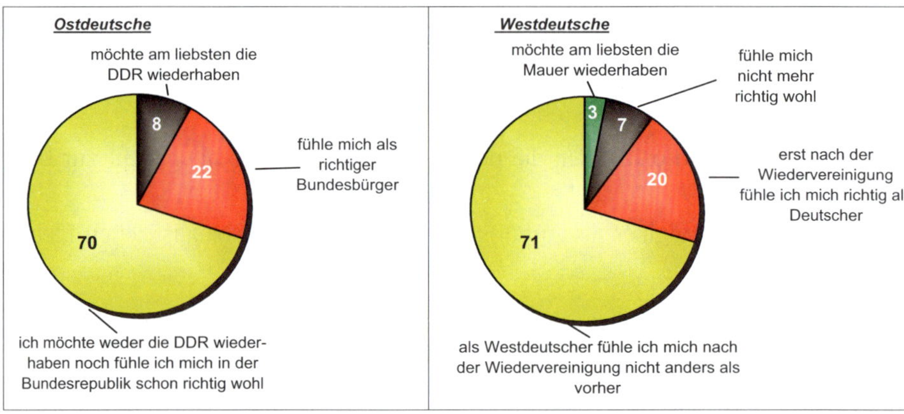

Datenbasis: sfz/leben 2005

Die Weichzeichnung der DDR geht allerdings selbst bei älteren Ostdeutschen nicht soweit, dass sie die DDR am liebsten wiederauferstehen lassen möchten. Nicht einmal jeder Zehnte schließt sich 2005 dieser Meinung an. Eine breite Mehrheit will zwar nicht in die DDR zurück, fühlt sich aber im vereinten Deutschland nicht heimisch. Die Empfindungen der Westdeutschen bleiben vor und nach der Vereinigung trotz Wohlstandseinbußen in etwa gleich, da sich für sie institutionell wenig änderte. Jeder Fünfte fühlt sich allerdings erst nach der Vereinigung als „richtiger Deutscher".

Der von einer Mehrheit der Ostdeutschen – und inzwischen auch der Westdeutschen – gewünschte Schlussstrich unter die Betrachtung der dunklen Seiten der DDR-Vergangenheit bestätigt sich in der wachsenden Zustimmung zum Statement „Man sollte endlich aufhören danach zu fragen, ob jemand während des alten DDR-Regimes für die Stasi gearbeitet hat oder nicht."

Der Anteil derjenigen, die in Ostdeutschland die Stasi-Vergangenheit ruhen lassen wollen, steigt von gut 36% im Jahre 1991 auf knapp 65% im Jahre 2000 (West: von 30% auf gut 58%). Wie aus Schaubild 6 ersichtlich wird, plädiert bereits zwei Jahre nach der Vereinigung eine absolute Mehrheit der ostdeutschen Befragten für einen entsprechenden Schlussstrich. Zwei Jahre später schließt sich auch eine Mehrheit der Westdeutschen dieser Auffassung an.

[103]) Vgl. Schroeder 2006, S. 715.

Schaubild 6: Nicht nach Stasi-Vergangenheit fragen?

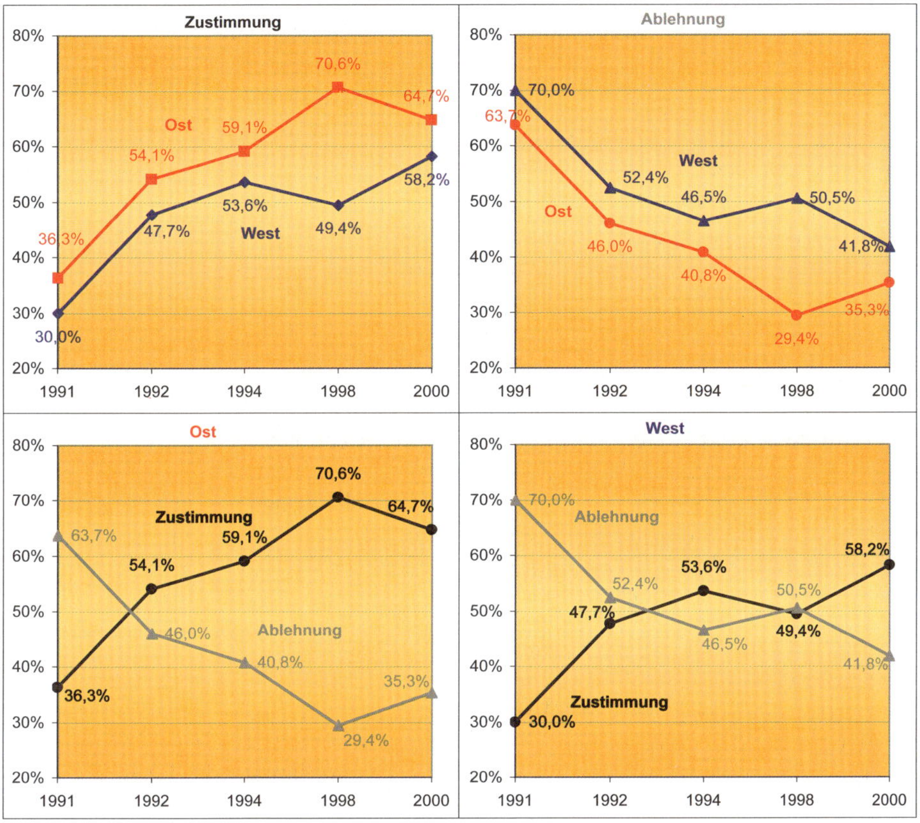

Aussage: „Man sollte endlich aufhören danach zu fragen, ob jemand während des alten DDR-Regimes für die Stasi gearbeitet hat." – Zustimmung: „Stimme voll zu" und „Stimme eher zu"; Ablehnung: „Stimme eher nicht zu" und „Stimme überhaupt nicht zu".
Quelle: Kumulierter Allbus 1980–2004

Deutliche Differenzen in der Beurteilung zwischen Ost und West zeigen sich bereits Mitte der neunziger Jahre bei der Allensbach-Frage, ob die Kindergärten in der DDR gebraucht wurden, um die Kinder zu indoktrinieren und sie politisch massiv zu beeinflussen. Dem stimmen knapp zwei Drittel im Westen, aber nur 16% im Osten zu. Obschon unstrittig sein dürfte, dass die Kinder in der DDR von klein auf politisch und ideologisch beeinflusst bzw. nach entsprechenden Vorgaben erzogen werden sollten, und nur offen bleibt, inwieweit mit welchen Wirkungen dies umgesetzt wurde, gesteht dies nur eine kleine Minderheit der Ostdeutschen zu. Eine breite Mehrheit möchte offensichtlich keinen Schatten auf die „soziale Errungenschaft" der flächendeckenden Kinderbetreuung in der DDR fallen lassen. Gleichzeitig würde bei einer Bejahung ihr eigenes Verhalten in Misskredit geraten, obschon sie keine wirkliche Alternative zur angebotenen staatlichen Kinderbetreuung hatte. Hier wird die Schnittmenge von System und Lebenswelt sichtbar, die es vielen Ostdeutschen erschwert, ein generell ablehnendes Urteil über die DDR zu treffen. Schließlich habe man für sich und seine Familie ja immer nur das Beste gewollt.

Eine annähernd gleich hohe Differenz ergibt sich bei dieser Umfrage hinsichtlich der Bewertung des Statements „Der SED-Staat war ein Unrechtsstaat". Knapp drei Viertel der Westdeutschen, aber nur ein Drittel der Ostdeutschen bejahen dies. Erneut gelingt vielen Ostdeutschen vermutlich nicht die Unterscheidung zwischen System und eigenen Erlebnissen. Viele, die sich mit dem diktatorischen System arrangiert und keine negativen Erfahrungen mit dem Rechtssystem der DDR gemacht haben, schließen von ihren eigenen Erfahrungen auf das System des Rechtswesens an sich. Die Minderheit von Ostdeutschen, die aus politischen Gründen das von der SED diktierte und gelenkte Recht kennen lernen durfte, und diejenigen, die über ihre eigene Erfahrung hinaus urteilen, gelangen sicherlich zum entgegengesetzten Ergebnis.[104])

Die Beurteilung der DDR – und der alten Bundesrepublik – hat unmittelbare Bedeutung für die Zufriedenheit mit dem politischen und gesellschaftlichen System des wiedervereinigten Deutschlands, da sich Vergleichsfolien entwickelt haben, die weniger realen als vielmehr fiktiven Bezug haben. Es besteht durchaus die Gefahr, dass viele, die der DDR nachtrauern oder sie nostalgisch verklärt einordnen, an das heutige System nicht erfüllbare Ansprüche stellen bzw. nicht den Zusammenhang verschiedener Dimensionen einer Gesellschaft erkennen.

Selbst wenn viele Ostdeutsche weniger der realen denn einer idealisierten DDR nachtrauern, zeigen sie sich skeptisch gegenüber dem politischen System und der Gesellschaftsordnung des vereinten Deutschland, an dem sie „ihre DDR" messen. Das gegenüber den Westdeutschen deutlich positivere Bild der DDR geht bei vielen Ostdeutschen, mitunter sogar bei einer Mehrheit von ihnen, mit einem skeptischen Blick auf das vereinte Deutschland einher.

Westdeutsche setzen mehrheitlich spätestens seit Ende der fünfziger Jahre großes Vertrauen in ihr Gesellschaftssystem, wobei Demokratie und Marktwirtschaft gleichermaßen hohe Zustimmungswerte verbuchen konnten. Nachdem auch die Generation der 68er von ihrer linksradikalen Kritik abrückte und einige von ihnen sogar Regierungsverantwortung auf Bundesebene übernahmen, verharrt die generelle Zustimmung zum System auf hohem Niveau, mit allerdings seit der Vereinigung abnehmender Quote.

Viele Ostdeutsche sind nach wie vor ungeübt im Mit- und Gegeneinander einer freiheitlich-pluralistischen Gesellschaft, was angesichts eines mehr als fünf Jahrzehnte währenden Lebens in Diktaturen nicht verwundern kann. Der Wettbewerb von Ideen, politischen Richtungen, sozialen Interessen etc. erscheint ihnen als zerstörerisches Element in einer unübersichtlichen Gesellschaft. Sie haben den Wunsch nach einem starken Staat, nach einer Instanz, die Oben und Unten, Richtig und Falsch, Gut und

[104]) Vgl. ebd., S. 715.

Böse vorgibt. Die Vorstellung, eine „autoritäre Staatsform mit einem starken Mann an der Spitze wäre besser für Deutschland", war 2002 insbesondere bei Anhängern der PDS ausgeprägt. Etwa jeder Zweite (insgesamt in Ostdeutschland etwa jeder Fünfte) von ihnen würde eine solche Abkehr von der parlamentarischen Demokratie begrüßen. Auch wenn die ideologisch und politisch determinierte und letztlich mit Gewalt bzw. Gewaltandrohung durchgesetzte Ordnung der DDR keineswegs auf die Zustimmung der Mehrheit stieß, hat ihr Verschwinden doch ein Vakuum hinterlassen, das bisher nur unzureichend gefüllt werden konnte.

*Schaubild 7: Demokratiezufriedenheit**

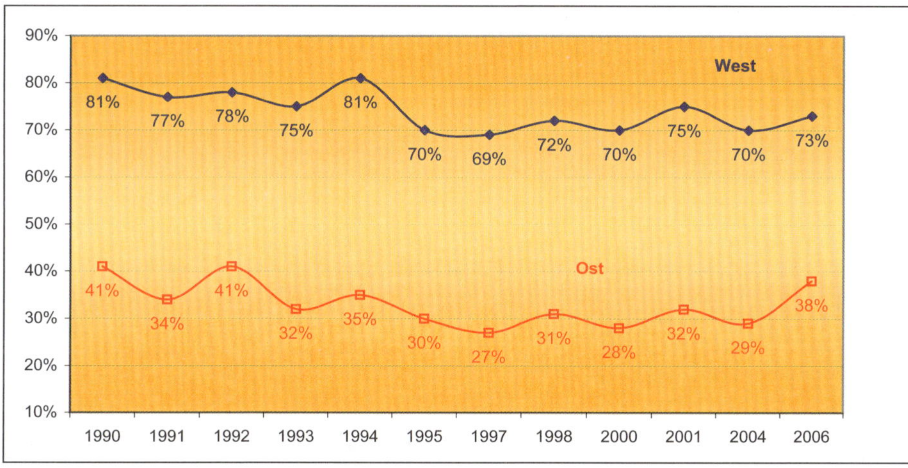

** Positive Antworten auf die Frage „Glauben Sie, die Demokratie, die wir in der Bundesrepublik haben, ist die beste Staatsform, oder gibt es eine andere Staatsform, die besser ist?"*
Datenbasis: Institut für Demoskopie Allensbach.

Vor diesem Hintergrund kann die in Ostdeutschland seit der Vereinigung stark abnehmende Zustimmung zum politischen und sozialen System der Bundesrepublik nicht überraschen. Die praktizierte Demokratie wurde schon zum Zeitpunkt der Vereinigung nur von einer Minderheit der Ostdeutschen (etwa 40%) für die beste Staatsform gehalten. In den letzten 19 Jahren ist die Quote unter Schwankungen weiter zurückgegangen und liegt nach Befragungen des Allensbacher Institutes inzwischen bei nur knapp 40%. Eine abnehmende Tendenz zeigt sich allerdings auch in den alten Ländern, wo dennoch mehr als 70% der Befragten die praktizierte Demokratie befürworten. Die im Westen fast doppelt so hohe Zustimmung zum politischen System signalisiert ein sehr unterschiedliches Verständnis von Staat und Demokratie.

Während die abnehmende Zustimmung in Westdeutschland wahrscheinlich auf die realen Wohlstandsverluste seit der Vereinigung zurückzuführen ist, hätte eine Mehrheit der Ostdeutschen offensichtlich mit der Wiedervereinigung, die sie gegenüber dem Status quo deutlich favorisierte, lieber eine Neuorganisation Gesamtdeutschlands verbunden gesehen.

Schon im Vereinigungsjahr wünschen sich nahezu ebenso viele Ostdeutsche, die zufrieden sind, dass sich das bundesrepublikanische Modell durchgesetzt hat, eine neue Staatsform, in der Marktwirtschaft, Menschlichkeit und Sozialismus miteinander verbunden werden. Diese Idee eines demokratischen Sozialismus favorisierte 1997 sogar eine absolute Mehrheit. Inzwischen liegt der Anteil nach einem vorübergehenden Anstieg im Jahr 2004 wieder auf dem Niveau des Vereinigungsjahres. Einige Prozentpunkte weniger sind in den neuen Ländern zufrieden, dass sich die Bundesrepublik durchgesetzt hat. In Westdeutschland oszilliert die Quote derjeni-

Schaubild 8: Neue Staatsform?

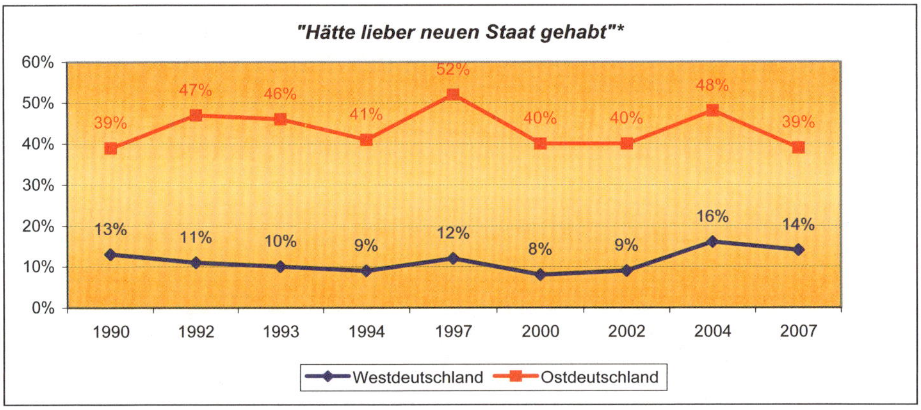

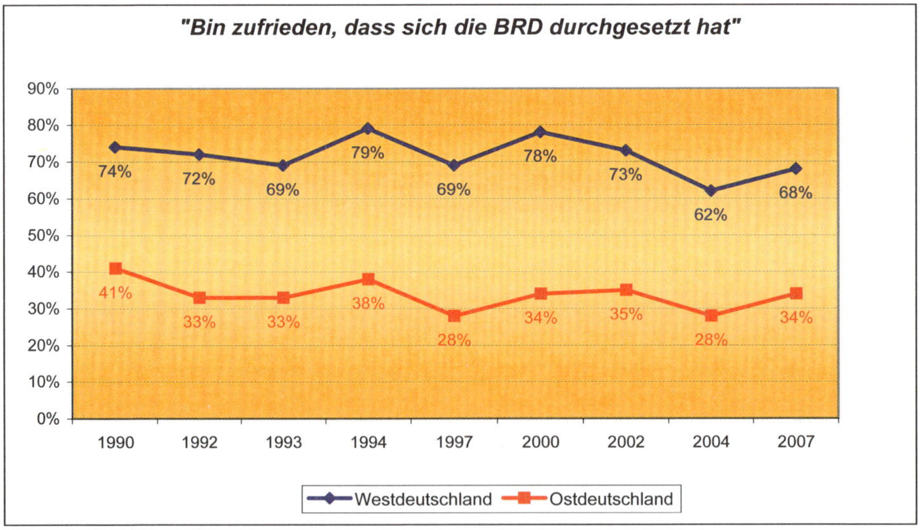

Antworten auf das Statement: „Kürzlich sagte uns jemand: ‚Bei der Wiedervereinigung wurde wirklich die Chance vergeben, eine neue Staatsform zu schaffen, in der Marktwirtschaft, Menschlichkeit und Sozialismus miteinander verbunden werden.' Hätten Sie auch lieber einen neuen Staat gehabt, oder sind Sie zufrieden, dass sich die Staatsform der Bundesrepublik durchgesetzt hat?"
Datenbasis: Institut für Demoskopie Allensbach

gen, die lieber einen neuen Staat gehabt hätten, um die 10 Prozentmarke. Gefallen ist der Anteil für die Bundesrepublik, wenngleich zwischen 2004 und 2007 der Zuspruch hierfür wieder größer wurde. Im Ergebnis steht eine relative Mehrheit der Ostdeutschen, die sich einen neuen Staat wünschen, einer breiten absoluten westdeutschen Mehrheit gegenüber, die immer noch mit dem politischen und gesellschaftlichen System der Bundesrepublik zufrieden ist.

Schaubild 9: Demokratie als Problemlöser?

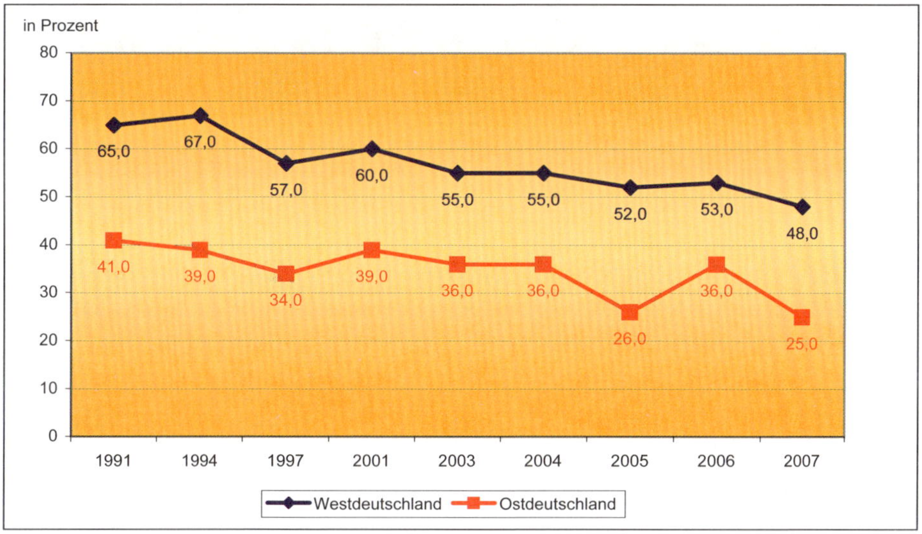

Bejahende Antworten auf das Statement: „Wenn jemand sagt: ‚Mit der Demokratie können wir die Probleme lösen, die wir in der Bundesrepublik haben.' – Würden Sie dem zustimmen?"
Datenbasis: Institut für Demoskopie Allensbach

Ein generelles Misstrauen gegenüber der praktizierten Demokratie sehen wir inzwischen, wenn auch auf unterschiedlichem Niveau, in beiden Landesteilen. In Westdeutschland fällt die Quote, die der Demokratie eine Kompetenz in der Problemlösung zuschreibt, von 65% auf 48%, in Ostdeutschland von 41% auf 25%. Ob sich hierin eine tiefer sitzende Verdrossenheit gegenüber dem politischen System oder nur gegenüber den derzeit Regierenden ausdrückt, kann nicht beantwortet werden. Der mehr oder weniger stabile abwärts gerichtete Trend spricht jedoch zumindest für eine tiefergehende Verunsicherung der Bevölkerungsmehrheit gegenüber der praktizierten Demokratie. Diese Entwicklung muss als Warnsignal verstanden werden, da sich ein Vakuum ergeben kann, in dem extremistische Politiker und Parteien auf Stimmenfang gehen können.

Die in Ostdeutschland nur schwach ausfallende Wertschätzung für die parlamentarische Demokratie zieht sich durch alle auf die Demokratie und ihre Institutionen bezogenen Befragungen. Aus überwiegend negativen Einstellungen zur demokratischen Wirklichkeit resultiert, wie Allensbach-Umfragen zeigen, eine weniger stark entwickelte Bereitschaft, für die gegenwärtige Gesellschaftsordnung einzutreten.[105] Den Ostdeutschen war es auch weniger als den Westdeutschen wichtig, in einer demokratischen Gesellschaft zu leben. Folgerichtig erwarten nur wenige eine Verbesserung der demokratischen Entwicklung.[106]

Schaubild 10: Sozialismus – eine gute Idee?

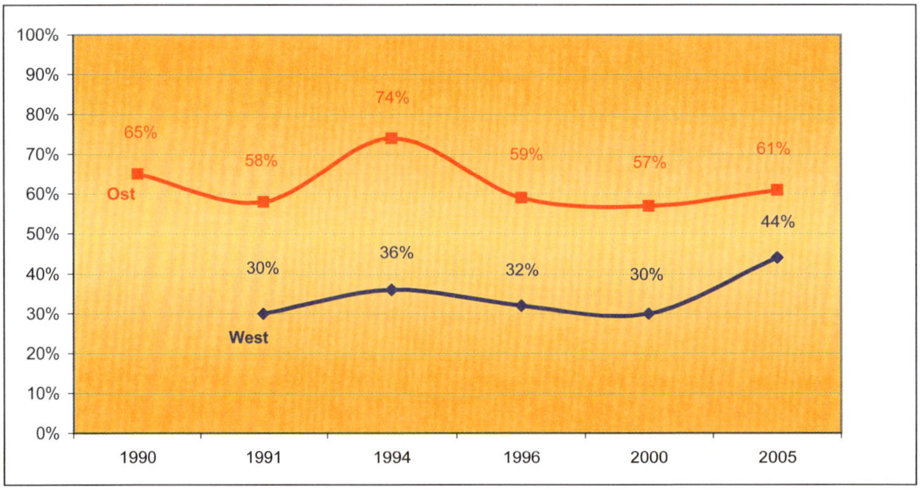

Bejahende Antworten auf das Statement: „Halten Sie den Sozialismus für eine gute Idee, die schlecht ausgeführt wurde?"
Datenbasis: Institut für Demoskopie Allensbach

Ein ähnlicher Trend zeigt sich bei einer Repräsentativbefragung zur Idee des Sozialismus: Der befürwortende Anteil der Ostdeutschen verharrt auf relativ hohem Niveau, während der Anteil der Westdeutschen seit der Wiedervereinigung erheblich angestiegen ist. Von dieser Grundannahme eines guten Sozialismus, der nur schlecht ausgeführt wurde, profitiert sicherlich die DDR im Nachhinein – im Osten stärker als im Westen. Dieser Trend „pro Idee des Sozialismus" wird auch in dem niedrigen Anteil derjenigen, die explizit dies Statement ablehnen, sichtbar. In Westdeutschland ist die Quote von 45% auf 27% gefallen, in Ostdeutschland von 27% auf 19%. Der Rest kann oder will sich nicht festlegen. Vor diesem Hintergrund verwundert nicht, dass im Juli 2007 22% der Parole von Oskar Lafontaine „Freiheit durch Sozialismus" zustimmen, 26% sich unentschieden äußern und nur 42% widersprechen. Knapp jeder zweite Ostdeutsche gibt bei der gleichen Umfrage an, es könne auch im Sozialismus Demokratie geben.[107]

[105] Vgl. Schroeder 2006, S. 496.
[106] Sozialreport 2004, S. 300 ff.
[107] Vgl. FAZ vom 18. Juli 2007.

*Tabelle 9: Demokratie oder autoritäre Staatsform**

	Westdeutschland					Ostdeutschland			
	1975	1994	2000	2002	2005	1994	2000	2002	2005
Demokratie hat sich bewährt	78	79	83	82	79	49	61	50	47
Autoritäre Staatsform wäre besser	9	10	7	7	10	20	8	20	23
Unentschieden, keine Meinung	13	11	10	11	11	31	31	30	30
Summe	100	100	100	100	100	100	100	100	100

**Antworten auf das Statement: „Würden Sie sagen, die Demokratie hat sich bei uns im Großen und Ganzen bewährt, oder meinen Sie, eine autoritäre Staatsform mit einem starken Mann an der Spitze wäre besser für Deutschland?" (Zahlen in Prozent)*
Datenbasis: Institut für Demoskopie Allensbach

Die indifferente Haltung der neuen Bundesbürger zur Demokratie zeigt sich auch bei der Frage nach der für Deutschland angemessenen Staatsform. Ebenfalls nur knapp jeder Zweite – gegenüber knapp 80% im Westen – spricht sich eindeutig für die Demokratie aus, etwa jeder Vierte präferiert dagegen eine autoritäre Staatsform und knapp jeder Dritte kann sich nicht entscheiden. Aus der Gruppe, die eine autoritäre Staatsform für besser hält, rekrutieren höchstwahrscheinlich die Linke und die rechtsextremen Parteien ihre Anhänger und Wähler.

Mehrere Studien belegen einen mehr oder weniger direkten Zusammenhang zwischen einem skeptischen Blick auf das vereinte Deutschland und einer nostalgischen Verklärung der DDR. In der Auswertung verschiedener Umfragen zu demokratischen Orientierungen kommt Oskar Gabriel zu dem Ergebnis, dass der Anteil der Bevölkerung in den neuen Ländern, der stabile demokratische Grundüberzeugungen aufweist, nur bei knapp 50% gegenüber etwa zwei Dritteln im Westen liegt. Nach den Daten Gabriels schwächen fortbestehende DDR-Bindungen das Bekenntnis zur Demokratie als Ordnungsmodell stärker als alle anderen Einstellungsvariablen. „Wie schon in den Querschnittsanalysen deutlich geworden, hemmt die Überzeugung eines Teils der ostdeutschen Bevölkerung, die DDR habe mehr gute als schlechte Seiten gehabt, das kulturelle Zusammenwachsen der beiden Teile Deutschlands, und zwar deutlich stärker, als dies eine positive Bewertung der Idee des Sozialismus tut."[108])

Die Auswirkungen der DDR-Sozialisation, die zudem durch nostalgische Diskurse fortwährend bekräftigt werden, auf die mentale Verfasstheit vieler Ostdeutscher belasten jedoch nicht nur die Einstellungen zur Demokratie und generell zur Wirtschafts- und Gesellschaftsordnung, sondern bestimmen nach Meinung einiger Autoren auch das ökonomische Handeln.

---

108) Gabriel 2005, S. 418.
109) Lehmann-Waffenschmidt/Böhmer 2003.

Unter Bezugnahme auf Thorstein Veblen (Regime of Status) und Max Weber (Geist des Kapitalismus) gehen Marko Lehmann-Waffenschmidt und Robert Böhmer[109]) davon aus, dass die Politik zwar die institutionellen Voraussetzungen für die Marktwirtschaft schaffen könne, diese ihre produktive Kraft aber nur dann entfalte, wenn das ökonomische Handeln von einer entsprechenden mentalen Verfasstheit geprägt sei. Dies war jedoch in Ostdeutschland nach 1990 nicht der Fall und scheint – nach Meinung der Autoren – bis heute noch nicht erreicht. Die Institutionen der Marktwirtschaft liegen gleichsam gefesselt am Boden. Wie Umfragen zu Wertemustern und persönlicher Situation, zur Bewertung der DDR usw. belegen, wirkten die in der DDR erworbenen mentalen Prägungen weiter und würden in den verschiedenen Milieus auch an jüngere Generationen weitervermittelt.

Sich auf den ostdeutschen Psychoanalytiker Maaz berufend behaupten beide Autoren zudem, die Konfrontation mit der Leistungsethik der Marktwirtschaft könne bei vielen ehemaligen DDR-Bewohnern psychische Deformationen zur Folge haben, denn Verhaltensweisen wie Anpassung, Hemmung und Zwang, die in der sozialistischen Planwirtschaft Erfolg hatten, würden im System der Marktwirtschaft letztlich zu Abstieg und Ausgrenzung führen. Laut Maaz seien viele Ostdeutsche unfähig zur Selbstständigkeit und entwickelten keine Bereitschaft zu beständiger Anstrengung und Leistung.[110])

Die für den eingeschlagenen Wiedervereinigungspfad verantwortlichen Akteure glaubten, mit der schnellen Implantierung neuer Institutionen auch die inneren Institutionen der Bevölkerung verändern bzw. einen Anpassungsprozess in Gang setzen zu können. Durch die gleichzeitige großzügige finanzielle Abfederung bei der Einführung der Ordnungsprinzipien der Marktwirtschaft bestand jedoch für die Individuen im Unterschied zu den Bevölkerungen anderer ostmitteleuropäischer postsozialistischer Staaten kein ökonomischer Anpassungsdruck. Die inneren Institutionen, d. h. die Prägungen und Erfahrungen vieler Ostdeutscher, widersetzten und widersetzen sich daher zum Teil nach wie vor den Erfordernissen der neuen Rahmen- und Handlungsbedingungen. „Die Sozialisation hatte sich vor allem im mentalen bzw. inneren, lebensweltlichen Bereich ausgewirkt, also genau in dem Bereich, der die subjektive Konstruktion der individuellen Realität durch die Betroffenen prägt. Jahrzehntelange breit angelegte politisch-ideologische Indoktrination in der DDR hatte zur Folge, dass nicht nur eine Schicht staatskonform eingestellter Personen von der autoritär-repressiven Struktur des Lebens in der DDR geprägt war und ist, sondern weite Kreise der ehemaligen DDR-Bevölkerung, und zwar unabhängig davon, ob es sich um zuvor oppositionell, opportunistisch oder staatskonform orientierte Menschen handelte."[111])

Ein großes Problem besteht darin, dass viele Ostdeutsche nicht mehr wahrnehmen, wie stark sich ihre Lebenssituation in unerhört kurzer Zeit verbessert hat. Stattdes-

[110]) Ebd., S. 17.
[111]) Ebd., S. 18.

sen beobachten sie mit Argusaugen, ob es den Westdeutschen nicht noch besser geht. Aus dieser Perspektive führt dieses permanente Streben nach Statusnachahmung – Emulation – gleichsam zu einem Hase-Igel-Wettlauf. Da nach Veblen Menschen, die sich als nachrangig einschätzen, nicht etwa leistungsbereiter werden, sondern nur mehr Umverteilung zu ihren Gunsten fordern, würden die sozialen Beziehungen und das Verhältnis zur Bevölkerung der anderen Teilgesellschaft negativ beeinflusst.[112])

Als Fazit der Auswertung von Befragungen zur Bewertung der DDR kann ein widersprüchliches Bild in Ost und West konstatiert werden. Es gibt weder ein Einvernehmen zwischen den ehemaligen Bewohnern der beiden Teilstaaten noch unter den Ostdeutschen selber. Dabei steht eine breite Mehrheit der Westdeutschen, die die DDR als Diktatur grundsätzlich ablehnen und überwiegend negative Seiten sehen, einer Mehrheit der Ostdeutschen gegenüber, die ihre individuelle Erinnerungswelt in den Vordergrund rückt, die negativen Seiten der DDR weitgehend ausblendet und die positiven, vornehmlich die so genannten sozialen Errungenschaften unkritisch hervorhebt. Da die nostalgische Verklärung der DDR bei einer beträchtlichen Minderheit mit einer Nicht-Verbundenheit mit dem vereinten Deutschland korrespondiert, erweist sich seit geraumer Zeit die „Ostalgie" als eines der zentralen Hindernisse für das Zusammenwachsen der Deutschen. Abgesehen von einigen Übereinstimmungen – etwa der positiven Bewertung des 9. November 1989 als Tag des Mauerfalls und als Tag der spontanen Freude – existieren offensichtlich als Folge unterschiedlicher Erfahrungen in Deutschland zwei „Diskurskulturen", wie Joachim Gauck in einem Vortrag über „Gemeinsamkeiten der Erinnerung im vereinten Deutschland" konstatiert.[113])

Die SED definierte Nostalgie im Übrigen wie folgt: „Vom Unbehagen an der Gegenwart bestimmte Hinwendung zur Vergangenheit, die vergangene gesellschaftliche Verhältnisse meist reaktionär und in manipulierender Weise verklärt."[114])

---

112) Böhmer 2005, S. 161 ff.
113) Vgl. Beckmann 2005, S. 1087.
114) Handwörterbuch der deutschen Gegenwartssprache.

V. Das Bild der DDR in der Wissenschaft

Geschichtsbilder werden in vielfach und unterschiedlich vermittelter Weise durch wissenschaftlich geleitete Darstellungen beeinflusst. Einerseits werden Multiplikatoren (Lehrer, Weiterbildner etc.) während ihrer Aus- und Weiterbildung mit entsprechenden wissenschaftlichen Erkenntnissen konfrontiert, andererseits finden die Ergebnisse der zeithistorischen Forschung Eingang in Schulbücher, populäre Broschüren und Medien. Da das wissenschaftliche Bild einer Gesellschaft oder eines Staates in freiheitlich-pluralistischen Gesellschaften zumeist kontrovers ausfällt, lässt sich keine lineare Entsprechung von wissenschaftlichen und populären Geschichtsbildern ableiten. Je nach Standort und Zweck finden diese oder jene Geschichtsbilder Eingang in verschiedene Medien. Das Bild der DDR fiel in der westdeutschen, aber auch in der gesamtdeutschen zeithistorischen Forschung immer kontrovers aus. Allerdings dominierte – in der Plausibilität ebenso wie im Verbreitungsgrad – keineswegs durchgängig eine bestimmte Forschungsrichtung, sondern je nach politischem und wissenschaftlichem Zeitgeist wechselte die Dominanz. In nachfolgendem Kapitel werden die verschiedenen wissenschaftlichen Strömungen und Ansätze und ihre Bedeutung kurz skizziert.

Das wissenschaftliche Urteil über die DDR vor 1989

Die politikwissenschaftliche Beschreibung der SBZ/DDR bediente sich in der Bundesrepublik anfangs der normativen und methodischen Prämissen und Perspektiven der Totalitarismustheorie. Die Kennzeichnung des SED-Staates als totalitäres Regime bildete dabei die Negativfolie zur Bewertung der Westzonen bzw. Bundesrepublik als – entstehendes und realisiertes – demokratisches und pluralistisches System.[115]) Der Totalitarismusbegriff entstand aus der Beschreibung und Analyse nationalsozialistischer und faschistischer wie kommunistischer Systeme und ihnen zugeschriebener Analogien im Zuge der politischen Auseinandersetzungen zwischen diesen und liberal-demokratischen Systemen.[116]) Viele Protagonisten des Totalitarismuskonzeptes hatten Ideologie und Terror gerade des linken Totalitarismus am eigenen Geist und Leib erfahren. Diese Dissidenten entwickelten eine besondere Sensibilität für die Differenz zwischen utopischem Anspruch und politischer Praxis totalitärer Systeme, Parteien oder Bewegungen.[117]) Die spätere Überleitung des Totalitarismusbegriffs in eine Theorie bzw. verschiedene Theorien, Modelle oder Konzepte erfolgte zumeist im Rahmen der Erweiterung bzw. Differenzierung politischer Herrschaftssysteme in den totalitären Herrschaftstypus. Die Totalitarismustheorie erlebte in den Hochzeiten des Kalten Krieges, insbesondere in den späten vierziger

[115]) Vgl. Buchstein 1994.
[116]) Vgl. Kailitz 1997.
[117]) Vgl. verschiedene Beiträge in: Seidel/Jenkner 1968, Jesse 1996 und Maier 1996.

und den fünfziger Jahren, in den westlichen Staaten eine von der Politik unterstützte und bisweilen nachhaltig geförderte Konjunktur.[118])

Das vor allem von Hannah Arendt[119]) und Carl Joachim Friedrich/Zbigniew Brzezinski[120]) in den fünfziger Jahren geprägte Totalitarismusmodell wurde – entgegen der Annahme zeitgenössischer Kritiker – seit den sechziger Jahren gerade in der Bundesrepublik unter Berücksichtigung der Veränderungen im sowjetischen Machtbereich weiterentwickelt.[121]) Das Ziel totalitärer Regime – die vollkommene monopolistische Steuerung der Gesellschaft bis hin zum sozialen Verhalten – erfordert nicht nur Kontrolle, sondern auch die Fähigkeit zu motivieren. Ideologie und Partei sind daher nach Kielmannsegg bei der Totalitarismusanalyse als entscheidende Faktoren zu benennen.[122]) Der totalitäre Anspruch bleibt in poststalinistischen Regimen – wenn auch in leicht modifizierter Form – erhalten. Mit der Relativierung der Bedeutung des Terrors geht gleichzeitig eine Modifikation der Ideologie einher. Die Verbürokratisierung des Totalitarismus führt freilich nicht zu einer prinzipiellen Veränderung der Herrschaftsform, im Gegenteil: Das postrevolutionäre totalitäre Regime schafft sich eine doppelte Herrschaftsstruktur, das spezifische Geflecht von Staats- und Parteibürokratie, um die revolutionäre Dynamik fortzusetzen und den ideologischen Charakter der Herrschaft zu bewahren.

Obschon die Übergänge zwischen autoritärem und totalitärem Regime fließend sind, lässt sich nach Juan Linz[123]) eine statische (oder beliebige) Klassifizierung vermeiden, indem je nach Grad von Pluralismus, ideologischer Ausrichtung, Mobilisierung und anderer Faktoren unterschieden und gemessen wird. Linz kennzeichnet ein System als „totalitär", wenn folgende drei Faktoren gleichermaßen zutreffen: 1. Das System verfügt über eine Ideologie. 2. Es weist eine Einheitspartei mit Massencharakter und andere gelenkte Massenorganisationen auf. 3. Die Macht ist in der Hand einer Person oder einer kleinen Gruppe konzentriert. Diese ist keiner größeren Wählerschaft verantwortlich und kann nicht mit institutionalisierten friedlichen Mitteln von der Macht entfernt werden. Die Ideologie als Quelle für Legitimität bildet gleichzeitig eine Begründung für die Berufung der Herrschenden.[124]) Gleichzeitig streben totalitäre Regime nach einer ostentativen Akklamation der Massen. Nicht zuletzt dadurch kann nach außen der Eindruck einer partizipativen Demokratie entstehen.

In der westlichen, vor allem der westdeutschen, politikwissenschaftlichen DDR-Forschung wurden die am Totalitarismuskonzept orientierten Forschungsrichtungen seit den sechziger Jahren zurückgedrängt[125]) und fristeten bis in die achtziger Jahre

[118]) Vgl. Schroeder 1994.
[119]) Vgl. Arendt 1962.
[120]) Vgl. Friedrich/Brzezinski 1957.
[121]) Vgl. Schroeder 1994, S. 10 ff. sowie Kailitz 1997, S. 231 ff.
[122]) Vgl. Kielmannsegg 1978.
[123]) Vgl. Linz 1996.
[124]) Vgl. Linz 2000, S. 35.
[125]) Vgl. Schroeder/Staadt 1993 und Picaper 1982.

hinein ein wissenschaftliches Schattendasein. Erst dann kam es zu einer Revitalisierung des Totalitarismusmodells, nicht zuletzt aufgrund veränderter politischer Rahmenbedingungen und wissenschaftlicher Debatten um die Charakterisierung des Kommunismus in anderen westlichen Ländern (zum Beispiel in Frankreich).

Diente die wissenschaftliche und politische Bewertung der SBZ/DDR aus totalitarismustheoretischer Sicht der Legitimation des eingeschlagenen westdeutschen Weges zu Demokratie und sozialer Marktwirtschaft und der damit einhergehenden Abgrenzung zu Diktatur und Zentralplanwirtschaft, so bereitete die wissenschaftliche Ablösung des Totalitarismusparadigmas einen politischen Perspektivwechsel vor. Schon Anfang der sechziger Jahre äußerten DDR-Forscher wie Peter-Christian Ludz und Hartmut Zimmermann erste Zweifel an der weiteren Brauchbarkeit des Totalitarismusbegriffs bei der Analyse der DDR.[126]) Nicht zuletzt mit Blick auf den vermeintlich seit dem XX. Parteitag der KPdSU im Jahre 1956 eingetretenen politischen und sozialen Wandel in sozialistischen/kommunistischen Staaten und unter strikter Ablehnung einer Analogie zwischen Faschismus/Nationalsozialismus und Kommunismus plädierten diese beiden Politikwissenschaftler für eine methodische Herangehensweise bei der Analyse kommunistischer Systeme von „innen heraus". Die sich herausbildende „neue Gesellschaft" hätte neue Strukturen entwickelt, die sich von denen der vorangegangenen Gesellschaft fundamental unterscheiden würden. Der in diesen Systemen eingetretene politische und soziale Wandel konnte ihrer Meinung nach mit den normativen Prämissen westlicher Gesellschaften nicht mehr erfasst werden.[127]) Hartmut Zimmermann forderte ausdrücklich, Bewertungsparameter müssten beim Systemvergleich so gefasst sein, „dass sie nicht von vorne herein die eine oder andere Seite bevorzugen oder benachteiligen".[128])

Die DDR-Forscher behaupteten, ihr Untersuchungsgegenstand habe sich von einem totalitären Ein-Parteien-Staat zu einem auf Funktionstüchtigkeit angelegten Industriestaat konsultativ-autoritativen Gepräges entwickelt.[129]) Die DDR galt fortan bei vielen Sozial- und Politikwissenschaftlern als moderne Industriegesellschaft, die zwar konträr und alternativ zu den westlichen demokratischen Industriegesellschaften stand, aber diesen prinzipiell ebenbürtig war. Die repressive Seite des Realsozialismus wurde weitgehend ausgeblendet. Man verzichtete auf normativ begründete und bewährte Untersuchungskriterien und konnte so dem östlichen deutschen Teilstaat Stabilität und Erfolg attestieren.

Der politische Zeitgeist der späten sechziger Jahre verführte einige Politikwissenschaftler zu der Annahme, die DDR wie andere sowjetisch dominierte Staaten stellten trotz aller zu kritisierenden Details und ihrer demokratischen Defizite eine fortgeschrittenere bzw. „fortschrittlichere" Gesellschaftsformation dar. Der Politik-

[126]) Vgl. Schroeder 1998, S. 621 ff.
[127]) Vgl. Schroeder/Staadt 1993, S. 27 ff.
[128]) Vgl. Fenner 1991, S. 41.
[129]) Ludz 1968.

wissenschaftler Klaus von Beyme zum Beispiel sah 1975 den Realsozialismus in vielen Ländern „heute hinreichend legitimiert durch die Zustimmung der Mehrheit und durch objektive Erfolge" und erklärte ihn sogar zum Vorbild für westliche Gesellschaften: „So lässt sich nicht leugnen, dass sozialistische Systeme auch nach bürokratischen Degenerationserscheinungen immer wieder Perspektiven für die Innovation und Fortentwicklung des Systems entwickelten. Gewiss, auch bürgerliche Demokratien wiesen gelegentlich Innovationskräfte auf, die ihnen viele nicht mehr zutrauten, aber um den Preis der geistigen Anleihen beim Sozialismus (Sozialstaatlichkeit, Basisdemokratisierung, Systemplanung usw.)."[130])

Christoph Kleßmann sprach 1988 von einem „Wirtschaftswunder DDR" und behauptete, „Modernisierung" sei in der DDR seit den sechziger Jahren „nicht nur Programm, sondern bestimmte auch die politische und soziale Realität".[131]) Ähnlich argumentierte Gerd-Joachim Glaeßner, der 1989 kurz vor dem Zusammenbruch der DDR befand, die SED-Führung habe „nicht zu Unrecht eine selbstbewusste Bilanz der Ära Honecker aufmachen" können.[132]) Ein Jahr zuvor stellte dieser Autor der systemimmanenten DDR-Forschung ein bezeichnendes Zeugnis aus: „Der DDR-Forschung ist es in den letzten beiden Jahrzehnten gelungen, durch eine weitgehend vorurteilsfreie Beschreibung und Interpretation der politischen, sozialen und kulturellen Entwicklung im anderen deutschen Staat dazu beizutragen, das in der DDR errichtete Gesellschaftssystem zu ‚entdämonisieren'."[133]) Die von Glaeßner angesprochene „Entdämonisierung" sollte darauf hinweisen, dass die DDR ihren repressiven Charakter weitgehend verloren habe und ein modernes soziales System geworden sei, was die systemimmanente Forschung zutreffend herausgestellt habe.

Selbst der ehemalige Nestor der westdeutschen DDR-Forschung, Hermann Weber, der nach seiner Abkehr vom Stalinismus in den fünfziger Jahren zumeist unbeirrt von den politischen Konjunkturen der DDR-Forschung den diktatorischen Charakter der SED-Herrschaft in das Zentrum seiner Arbeiten gestellt hatte, bezeichnete in seiner Mitte der achtziger Jahre erschienenen „Geschichte der DDR" das DDR-Wirtschaftssystem als „ein effizientes und relativ erfolgreiches".[134]) Trotz aller Mängel und ihres „keinesfalls widerspruchsfreien Systems" beurteilte er die DDR nicht rundum negativ: „Die historische Wirklichkeit ist banaler und tatsächlich ist etwas anderes positiv zu vermerken, nämlich, dass die DDR einer der historisch stabilsten Staaten der neueren deutschen Geschichte ist."[135]) Ein Jahr vor dem Untergang der DDR sah der Sozialdemokrat Weber vor dem Hintergrund der Annäherung von SPD und SED „grundsätzliche Wandlungen im Selbstverständnis der Hegemonialpartei der DDR aufscheinen".

---

[130]) von Beyme 1975, S. 320 und S. 348.
[131]) Kleßmann 1988, S. 11/12.
[132]) Vgl. Glaeßner 1989, S. 73.
[133]) Vgl. Glaeßner 1988, S. 118.
[134]) Weber 1985, S. 16.
[135]) Ebd., S. 7.

Die systemimmanenten DDR-Forscher transportierten ihre Forschungsergebnisse über verschiedene Institutionen der politischen Bildung und Weiterbildung auch in den Bereich der politischen Primärsozialisation. Die für diesen Zweck verfassten Darstellungen vermittelten noch stärker als die wissenschaftlichen Schriften ein weitgehend der SED-Selbstdarstellung folgendes Bild der DDR unter Verzicht auf normativ begründete und bewährte Untersuchungskriterien. Ausgangspunkt war auch hier die Annahme, dass die DDR vor allem als „moderne Industriegesellschaft“ wie andere auch zu charakterisieren sei.[136]) Die in einem verbreiteten Sammelband für die politische Bildung erfolgte Beschreibung des politischen, ökonomischen und sozialen Systems der DDR erfolgte weitgehend unkritisch und beschränkte sich auf die Darstellung der institutionellen Voraussetzungen des DDR-Systems. Eine Kennzeichnung des politischen Systems der DDR als „Diktatur“ erfolgte explizit nicht.[137])

Der Kurswechsel in der DDR-Forschung, der letztlich zu einer gänzlich anderen Sicht dieses deutschen Teilstaates in vielen Medien, Schulen und Hochschulen, aber auch in der Politik führte,[138]) sollte nach Meinung einiger Wissenschaftler nicht nur die Entspannungspolitik und vor allem die Akzeptanz und Fortschreibung deutscher Zweistaatlichkeit legitimieren, sondern auch den Boden für einen politischen und sozialen Kurswechsel in der Bundesrepublik selbst begründen. Wolfgang Mommsen stellte 1979 rückblickend einen direkten, nicht nur geschichtspolitisch motivierten Bezug zwischen der erfolgten Ablösung der Totalitarismustheorie und den von linken und linksliberalen Sozialwissenschaftlern angestrebten und unterstützten innenpolitischen Veränderungen her: „Indirekt erwuchs damit die Chance einer Revitalisierung sozialistischer Ideen, unabhängig von und bisweilen im Gegensatz zum orthodoxen Marxismus-Leninismus jenseits des ‚Eisernen Vorhangs‘. Vor allem aber bahnte dies Wege für die Entfaltung der Idee eines konsequent reformorientierten Interventionsstaates demokratischer Observanz, der sich nicht länger scheute, in die gesellschaftlichen Prozesse steuernd und – wo es sein musste – maßgeblich einzugreifen.“[139])

Die systemimmanente DDR-Forschung profitierte seinerzeit sowohl vom linken politischen Zeitgeist als auch von der sozialliberalen (Entspannungs-)Politik. Aus beiden Perspektiven sollte die DDR „wertfrei“ und „vorurteilsfrei“ analysiert und gleichzeitig sozialistische Vorstellungen auch für die Bundesrepublik politisch salonfähig gemacht werden. Den Protagonisten der systemimmanenten Forschungsrichtung ging es mithin in der Mehrzahl sicherlich nicht um eine kritiklose Verteidigung der DDR, sondern (in der politischen Perspektive) eher um einen „dritten Weg“ oder einen „demokratischen Sozialismus“. Dies bedeutete jedoch gleichzeitig eine Verschiebung des Bewertungsmaßstabes für die Beurteilung sozialistischer Gesellschaften; zuweilen war man gar – wie Gert Joachim Glaeßner – der Meinung, Abschied nehmen zu

[136]) Vgl. die Beiträge in: Erbe 1979.
[137]) Vgl. ebd., S. 5 ff.
[138]) Vgl. Hacker/Kepplinger/Czaplicki 1994.
[139]) Mommsen 1979, S. 203.

müssen von einer politischen Wissenschaft als „Demokratiewissenschaft", „die sich eine demokratische Gesellschaft nur als bürgerlich-parlamentarische Gesellschaft vorstellen kann".[140])

Neben der dominierenden systemimmanenten Richtung der DDR-Forschung gab es in den siebziger und zunehmend in den achtziger Jahren andere wissenschaftliche bzw. ideologische Strömungen, die zu teilweise ähnlichen, aber auch zu entgegengesetzten Einschätzungen der DDR gelangten. Dogmatische Marxisten stellten die DDR als reale und erstrebenswerte Alternative zur Bundesrepublik dar.[141]) Während sie die Totalitarismustheorie als politisch motivierten und wissenschaftlich nicht begründeten Antikommunismus charakterisierten,[142]) warfen sie der systemimmanenten Forschung vor, ein verzerrtes Bild vom Sozialismus zu zeichnen und ihn auf seine industriegesellschaftliche Basis reduzieren zu wollen. Olaf Cless klagte die systemimmanente Forschungsrichtung an, letztlich die alte Totalitarismusfraktion gestärkt zu haben, weil sich ihre Prognosen nicht erfüllt hätten.[143]) Das von orthodoxen Marxisten vornehmlich aus dem Umfeld der so genannten Marburger Schule gezeichnete Bild des SED-Staates deckte sich weitgehend mit dessen ideologisch vermittelter Selbstbeschreibung. Jenseits des akademischen Milieus der westdeutschen SED-Ableger DKP und SEW und ihrer Hochschulgruppen und Massenorganisationen erhielt jedoch dieses affirmative DDR-Bild im Gegensatz zur systemimmanenten Forschungsrichtung kaum Resonanz.

Nach dem Sturz der SED-Diktatur und der Öffnung der Archive traten die Fehleinschätzungen der systemimmanenten DDR-Forschung zutage. Gleichzeitig wurde deutlich, dass totalitarismusorientierte Analysen ein realistisches Bild der ökonomischen, sozialen und politischen Verhältnisse in kommunistischen bzw. realsozialistischen Gesellschaften gezeichnet hatten. Die vom Sowjetkommunismus dominierten Staaten brachen zusammen, weil sie sich aufgrund des nie aufgegebenen totalitären Macht- und Gestaltungsanspruchs der sie regierenden kommunistischen Parteien als innovations- und reformunfähig erwiesen. Gerade diesen Zusammenhang hatten Totalitarismusmodelle immer wieder hervorgehoben.[144])

Dagegen konnte die systemimmanente DDR-Forschung weder die Gründe für den Zusammenbruch noch den inneren Zustand dieser Gesellschaften aufzeigen. Die beiden zentralen Dogmata der ehedem dominierenden DDR-Forschung – die Anerkennung der Legitimation und Existenzberechtigung der DDR sowie ihre primäre Einordnung als sozialistische Industriegesellschaft – verstellten den Blick auf das Wesentliche: die Strukturen und Wirkungsmechanismen eines diktatorischen Systems mit totalitärem Macht- und Gestaltungsanspruch. Als zentrale Fehler dieser Forschungsrichtung erwiesen sich die weitgehend unkritische Übernahme der

---

140) Glaeßner 1982, S. 240.
141) Vgl. z. B. Brokmeier 1978, Jesse 1992.
142) Vgl. z. B. Kühnl 1972, 7 ff. und – grundsätzlicher – Akademie 1985.
143) Cless 1978, S. 13.
144) Schroeder 2003.

SED-Sicht, die Vernachlässigung bestimmter Themen (MfS, Grenzregime etc.), die das Ansehen der DDR hätten beeinträchtigen können, aber vor allem der Verzicht auf zentrale, auch normativ begründete Untersuchungskategorien und das Fehlen eigener Bewertungsmaßstäbe.[145])

Ihre Fehlwahrnehmungen entschuldigten systemimmanente Forscher oftmals mit dem Hinweis auf den engen Zusammenhang von Politik und Zeitgeschichte. So begründeten die Zeithistoriker Christoph Kleßmann und Martin Sabrow den seinerzeitigen Verzicht auf den Diktaturbegriff als Schlüsselkategorie mit den – für seriöse Wissenschaftler kaum fassbaren – Worten: „Zwar konnte auch jeder zeitgenössische Beobachter oder Besucher der DDR wissen, dass er es mit einer Parteidiktatur zu tun hatte, aber man sagte das zumindest nicht laut, weil es die zarte Pflanze der angestrebten Normalisierung im Verhältnis beider deutscher Staaten zu knicken drohte."[146])

Der Streit um die Einordnung der DDR nach 1990

Seit dem Ende des SED-Staats erlebt die DDR-Forschung einen „zweiten Frühling". Die DDR kann nun als abgeschlossene historische Periode untersucht werden; die inzwischen zugänglichen Daten und Akten ermöglichen darüber hinaus eine realitätsnahe Beschreibung des SED-Staates. Die Auseinandersetzung um seine theoretische Einordnung und Kennzeichnung setzt sich dennoch fort, wenn auch auf einer anderen Ebene. Unterschiedliche methodische Zugänge und Blickwinkel führen weiterhin zu einer kontroversen Einschätzung. Allerdings müssen sich jetzt begriffliche Zuordnungen auch an einer empirisch rekonstruierbaren Wirklichkeit messen lassen.

Während ungeschminkte Daten etwa zur Wirtschafts- und Umweltentwicklung oder zur Sozialpolitik gewissermaßen für sich selbst sprechen, entbrannte unter Zeithistorikern und Politologen ein Streit über Stellenwert und Aussagekraft der archivalischen Hinterlassenschaften des SED-Staates, die eine detaillierte Beschreibung und Ausleuchtung des Macht- und Herrschaftsapparates ermöglichen. Dieser resultierte nicht zuletzt daraus, dass „Mitlebende", d. h. Personen, die schon vor 1989 auf zwischenstaatlichem Gelände agierten, sich in diesen schriftlichen Hinterlassenschaften wiederfinden, aber heute nicht unbedingt ihre damaligen Äußerungen oder Handlungen im Raum stehen lassen wollen und deshalb den Quellenwert der einschlägigen Unterlagen in Zweifel ziehen.

Die sich in der Bevölkerung ausbreitende Stimmung, den diktatorischen Charakter der DDR auszublenden und durch die Konzentration auf das Alltagsleben einen positiven Bezug zur Vergangenheit herzustellen, findet in der wissenschaftlichen Debatte eine Entsprechung. Historiker und Politikwissenschaftler, die zum Teil schon

145) Vgl. Fenner 1991, Schwarz 1993, Hacker 1992 und Schroeder/Staadt 1993.

146) Kleßmann/Sabrow 1996, S. 11.

vor 1989 am diktatorischen Kern des ostdeutschen Teilstaates vorbeiforschten, aktivieren nun eine Geschichtspolitik, die an offizielle Sichtweisen zur NS-Vergangenheit in der Bundesrepublik der frühen fünfziger Jahre erinnert: Es wird versucht, Täter und Mitläufer durch die Betonung des Alltags, der individuellen Lebensleistung etc. von ihrer Verantwortung frei zu sprechen. Darüber hinaus wird behauptet, viele Bürger in den neuen Ländern seien „resistent gegen demokratische Belehrungen und Vergangenheitskritik aus dem Westen". Der Vorsitzende der Historischen Kommission der SPD, Bernd Faulenbach, ein Westdeutscher, meint zudem, es dürfe nicht sein, „dass Westdeutsche mit ungeeigneten Maßstäben die DDR-Realität und das Verhalten der Menschen beurteilen". Ostdeutsche Kritiker der sozialistischen Diktatur hält der Parteihistoriker Faulenbach offensichtlich für nicht einmal erwähnenswert.

Die neu entflammte Kontroverse, ob die DDR-Geschichte vornehmlich als Politik- oder Sozialgeschichte zu untersuchen sei,[147]) wird dem Untersuchungsgegenstand kaum gerecht. Weitgehend unbestritten dürfte sein, dass die DDR zu allererst eine „politische Gesellschaft"[148]) war, in der die Monopolpartei SED mit ihrem totalitären Anspruch auf umfassende Gestaltung, Beherrschung und Kontrolle von Staat und Gesellschaft dominierte. Im Vordergrund sollten daher auch bei der gesellschaftsgeschichtlichen Beschreibung der DDR die Analyse der Umsetzung und Realisierung des totalitären Herrschaftsanspruchs stehen. Hier miteinbezogen werden müssen neben den politischen auch wirtschaftliche, soziale und kulturelle Strukturen und Handlungen, die jedoch in hohem Maße Folgeerscheinungen der Politik waren. Denn anders als bei westlichen Gesellschaften kann im Realsozialismus nicht von einer Interdependenz zwischen den verschiedenen Sphären gesprochen werden; vielmehr handelt es sich um ein hierarchisches Verhältnis.

Die Ausblendung der Herrschaftsgeschichte und Konzentration auf Gesellschaftsgeschichte[149]) wird von vielen der DDR immer noch verbundenen Autoren nicht weiter erklärt. Andere versuchen, dies nicht etwa methodologisch oder wissenschaftstheoretisch, sondern mit dem Hinweis auf die Alltagserfahrungen von Menschen zu begründen. „Die DDR, [...] die in ihrem Diktaturcharakter nicht aufging, und das Leben in ihr bewegte sich nicht nur zwischen den Polen von Anpassung und Widerstand. Auch nach über zehn Jahren teils erbitterter, teils einfühlender Auseinandersetzung bleibt die Frage offen, inwieweit die Verdammung des Systems auch die Biographien seiner Bürger entwertet oder nicht und dass es also ein richtiges Leben im falschen geben konnte oder nicht. Sie zwingt zu ambivalenten Antworten, die beides berücksichtigen: Auf der einen Seite der Zwang zur Anpassung im ‚Ansteckungsstaat', der man nicht entgehen konnte, und auf der anderen Seite die Forderung nach dem aufrechten Gang auch in gedrückten Verhältnissen."[150]) Dieser Ansatz kann weder dem Anspruch auf eine angemessene Gesellschaftsanalyse

147) Vgl. z. B. Erker 1993, Kocka 1994 und Jessen 1995.
148) Vgl. Heller 1983 und Schroeder 1998.
149) Vgl. zum Beispiel Engler 1999.
150) Sabrow 2004, S. 170.

noch der Beschreibung der Herrschaftsstrukturen in einem linkstotalitär verfassten Staat gerecht werden.

Die von der SED-Politik betriebene Entdifferenzierung der Gesellschaft erschwert eine analytische Trennung von „System" und „Lebenswelt" und führt eine gesonderte Betrachtung der DDR in Form einer Gesellschaftsgeschichte ad absurdum. Es wäre geradezu fatal, die Gesellschaft der DDR als „eigenständige und nicht ableitbare Größe"[151]) zu bestimmen. Umgekehrt vernachlässigt eine Kennzeichnung der DDR als „stillgelegte Gesellschaft"[152]) das informelle Eigenleben von Teilen des Gemeinwesens. Die Entwicklung der Gesellschaft stand immer unter dem Primat der Politik, die versuchte, sich den jeweiligen Erfordernissen gesellschaftlicher Teilbereiche anzupassen bzw. diese nach ihren Vorgaben zu steuern. Da die DDR jedoch keine autarke Insel und somit Einflüssen von außerhalb ausgesetzt war, führte die zentralistische Politik teilweise zu einer Blockade funktional notwendiger Prozesse. Vor allem der Weltmarkt und die innerdeutsche Systemkonkurrenz erzwangen schließlich eine (politisch gesteuerte) Veränderung, die den Konflikt zwischen externen und internen Vorgaben konstitutiv in sich trug. Im Ergebnis kam es zu einer verzögerten gesellschaftlichen Entwicklung, die aber zumindest im Bereich der Wirtschaft weitgehend dem Entwicklungsmuster westlicher Industrialisierung folgte.

Obwohl die DDR – wie andere realsozialistische Staaten – gemäß ihres marxistisch-leninistischen Grundverständnisses auf eine technologisch induzierte Entwicklung der Produktivkräfte und damit die Weiterentwicklung der industriellen Basis setzte, vergrößerte sich gerade auf diesem Feld trotz aller Anstrengungen der Abstand zu den westlichen Ländern. Die „nachhaltige Verlangsamung des Modernisierungsprozesses"[153]) resultierte aus dem instrumentellen bzw. technizistischen Verständnis der Produktivkraftentwicklung des Marxismus. Die politisch verordnete sozialstrukturelle und kulturelle Nivellierung und die damit einhergehende Verhinderung oder zumindest weitgehende Einschränkung eigenständigen Denkens und Handelns blockierten die Innovationskräfte, die über die technologische Entwicklung hinaus für den gesellschaftlichen Modernisierungsprozess bestimmend sind. Obwohl die SED eine Überlegenheit des Realsozialismus im Bereich von Technik und Wissenschaft proklamierte, hinkte die DDR dem technischen Fortschritt hinterher und konnte im Wettbewerb nicht bestehen.[154])

Gesellschaftsgeschichte kann ihren Gegenstand nur dann adäquat erfassen, wenn sie den Stellenwert von Herrschaft beschreibt, die diese prägt und dominiert. Selbstredend konnte dieser Anspruch nicht ohne den totalitären Gestaltungs- und Machtanspruch der SED in die Wirklichkeit umgesetzt werden. Hier zeigen sich die Grenzen der Diktatur. Kritiker eines modifizierten totalitarismustheoretischen Ansatzes zur Beschreibung und Erklärung der DDR behaupten, „totalitarismusthe-

151) Jessen 1995.
152) Meuschel 1993.
153) Sruba 1991.
154) Radkau 1990.

oretische Spielarten" hätten „analytische Defizite in der Einzelforschung" und seien deshalb methodisch unbrauchbar.[155]) Darüber hinaus unterstellen sie, die DDR sei nicht in den beiden Polen Anpassung und Widerspruch aufgegangen. So betrieben totalitarismustheoretische Ansätze, die Anspruch und Verwirklichung unter der Hand in eins setzen, eine Einengung, die dem Untersuchungsgegenstand nicht gerecht würde.[156]) Einer „Politik-reduktionistischen Sichtweise" (Lindenberger) setzen sozial- bzw. gesellschaftsgeschichtlich orientierte Zeithistoriker die Erkenntnis entgegen, angesichts der Komplexität des Systems müssten sich Wissenschaftler damit abfinden, „dass die DDR nicht auf einen einheitlichen Begriff zu bringen ist".[157])

Die neuerdings viel beschworenen „Bindungskräfte" des SED-Staates entpuppen sich bei näherem Hinsehen als Folge einer ideologisch gescheiterten Politik und einer restriktiven Vertreibungspolitik alter Eliten nach 1945. Das Arrangement der Menschen in einer totalitären Diktatur, die vermeintlich, da geschützt durch die sowjetische Besatzungsmacht, eine Bestandsgarantie hatte, als „Bindungskraft" zu bezeichnen, erfordert schon sehr viel Phantasie. „Man darf Bindungskräfte grundsätzlich nicht isoliert, nicht ohne ihren Bedingungsrahmen darstellen. Denn für eine eingemauerte, unter permanenter polizeistaatlicher Repressionsdrohung stehende Gesellschaft bedeutet ‚Bindung' etwas grundlegend anderes als für eine demokratische, pluralistische Gesellschaft."[158])

Sozialgeschichtliche ebenso wie kulturwissenschaftliche Ansätze stehen bei der Beschreibung und Bewertung der DDR in der Gefahr, in ihrer Rede oder Annahme von der „sozialen DDR" die partielle Nivellierung nach unten mit einer sozial gerechten Gesellschaft gleich zu setzen, insbesondere, da zumeist die privilegierten Schichten in der Darstellung außen vor bleiben. Selbstredend produzierten die von der SED gesetzten Rahmenbedingungen eine gewisse Gleichförmigkeit der Lebensverläufe und eine vergleichsweise sozial homogene Gesellschaft, ohne dass diese jedoch als egalitär oder sozial gerecht zu bezeichnen wäre. Stattdessen kam es in der DDR zu sozialen Differenzierungen und zu beträchtlichen materiellen Ungleichheiten. Entscheidender Faktor war dabei immer die Nähe zur Macht oder die Gewährung von Freiräumen durch die Macht.[159])

Weitgehend unbestritten ist nach dem Ende der DDR unter ernst zu nehmenden Sozialwissenschaftlern die Kennzeichnung der DDR als „sozialistische Diktatur", die weder Gewaltenteilung noch – vor allem im politischen Strafrecht – Rechtsstaatlichkeit kannte, Menschen- und Bürgerrechte systematisch verletzte und deren Herrschaft nicht durch freie Wahlen legitimiert war. Es handelte sich im engeren Sinn um eine „Parteidiktatur" – und nicht etwa um eine „Diktatur des Proletariats" –, denn die Macht lag in den Händen der SED bzw. ihrer Führung. Das Attribut

[155]) Sabrow 2001a, S. 25.
[156]) Vgl. ebd. und Lindenberger 2003.
[157]) Sabrow 2001a, S. 35.
[158]) Schwartz/Wentker 2006, S. 1080.
[159]) Vgl. Schroeder 1998, S. 531 ff.

„sozialistisch" kennzeichnet dabei die Selbstbeschreibung der DDR durch die SED und nicht etwa die Realität oder die Auffassung der Bevölkerungsmehrheit.

Scheint über diese Charakteristika unter den Wissenschaftlern weitgehend Einigkeit zu bestehen, entbrannte jedoch eine bis zum heutigen Tage andauernde Neuauflage des Streits um die Frage, ob die DDR darüber hinaus als ein totalitäres System einzuordnen ist.[160]) In der wissenschaftlichen Diskussion seit der Wiedervereinigung geht es um die „Grenzen der Diktatur",[161]) das informelle Eigenleben in der Bevölkerung[162]) oder – gewissermaßen entgegengesetzt – um die Prägung der Gesellschaft durch den Herrschaftsapparat[163]) sowie die Dimension von Terror und Ideologie bei der Aufrechterhaltung der SED-Diktatur.[164])

Die Bezeichnung der DDR als „durchherrschte Gesellschaft" erfreut sich besonders bei einigen Sozialhistorikern großer Beliebtheit und wird häufig ohne weitergehende Begründung übernommen.[165]) Sie findet sich auch an zentraler Stelle in den Empfehlungen einer noch von der rot-grünen Regierungskoalition eingesetzten Kommission (so genannte Sabrow-Kommission) zur Neuordnung der Aufarbeitung der DDR.[166]) Allerdings liegt bisher keine empirisch begründete oder gar theoretisch abgeleitete Bestimmung dieses Begriffs vor. Die Autoren begnügen sich zumeist mit dem Verweis, dass „ubiquitäre politische Herrschaft jene Gesellschaft bis in ihre feinsten Verästelungen hinein" prägte.[167]) Gleichzeitig wird jedoch betont, dass es „faktische Grenzen der Durchherrschung im Alltag" gab und es „falsch wäre ... anzunehmen, dass die Herrschaft von Partei und Staat die Gesellschaft total prägte und determinierte".[168]) Dies hat freilich auch niemand behauptet.

Es bleibt offen, ob die vorab erwähnten Autoren den von Max Weber geprägten Begriff von Herrschaft als „Chance, für einen Befehl bestimmten Inhalts bei angebbaren Personen Gehorsam zu finden,"[169]) bei ihrer Analyse zugrunde legen, oder der Herrschaftsbegriff eine gesellschaftliche Ordnung im Ganzen bezeichnen soll.[170]) Außerdem sind nach beiden Definitionen selbstverständlich auch demokratische Gesellschaften „durchherrschte Gesellschaften", die sich von diktatorischen Systemen allenfalls durch den Grad der „Durchherrschung" unterscheiden. Die indirekte Gleichsetzung – oder zumindest Analogie – suggeriert zudem eine Legitimation

[160]) Vgl. die aktuelle Diskussion um den Gedenkstättenentwurf des Bundesbeauftragten für Kultur und Medien.
[161]) Bessel/Jessen 1996.
[162]) Engler 1995 und Pollack 1994.
[163]) Brie 1996 und Adler 1992.
[164]) Marquardt 1991, Hornung 1993, Timmermann 1996.
[165]) Kaelble/Kocka/Zwahr 1994.
[166]) Vgl. zur Kritik Schroeder in: Tagespiegel vom 18. Mai 2006, Staadt in: FAZ vom 13. Mai 2006 und März 2007 sowie generell zur Diskussion um die Vorschläge Sabrow 2007a.
[167]) Kocka 1994.
[168]) Ebd. 1994, S 550 ff.
[169]) Weber 1972, S. 28.
[170]) Schiller 1991.

beider Herrschaftssysteme. Der entscheidende Unterschied zwischen der durch die Zustimmung einer Mehrheit legitimierten Herrschaft und einer auf Gewalt oder ideologischen Ansprüchen beruhenden Herrschaft kann dabei leicht verloren gehen.

Auf Grundlage der von Max Weber verwendeten Begrifflichkeiten wäre es angemessener, von einer „vermachteten Gesellschaft" zu sprechen. Macht bedeutet dabei „jede Chance, innerhalb einer sozialen Beziehung den eigenen Willen auch gegen Widerstreben durchzusetzen, gleichviel worauf diese Chance beruht".[171]) Der Machtbegriff verweist stärker auf einen jederzeit möglichen Gewalteinsatz zur Durchsetzung von Interessen der Führungsschicht. Im Unterschied zu demokratischen Systemen existierte in realsozialistischen keine Kontrolle über diejenigen, die Macht und Herrschaft ausüben, im Gegenteil: Das Führungszentrum verfügte über eine allumfassende und unbegrenzte, d. h. totale Machtbefugnis. Nach Michael Greven hängt „die Fähigkeit des Staates, ‚Gewalt' bzw. seine physischen Zwangsmittel einzusetzen, von der Intaktheit seiner ‚Machtstruktur'" ab.[172]) Es stellt sich jedoch die Frage, ob eine begriffliche Unterscheidung zwischen Macht und Herrschaft in diktatorischen Systemen, die weder Pluralismus noch Kontrolle der Macht kennen, überhaupt angebracht ist. Sabrow lehnt die normativen Kategorien einer freiheitlich-demokratischen Ordnung zur Beurteilung der DDR deshalb ab, „weil sie das innere Band der außerhalb des eigenen Wertehorizonts liegenden Gesellschaftsverfassung nur sehr eingeschränkt zu fassen vermögen und auf deren tatsächliche Binnenplausibilität keinen systematischen Zugriff haben".[173]) Damit ist Sabrow wieder beim Ansatz der systemimmanten Forschung angelangt.

Diese Forschungsrichtung, die mit dem Untergang der DDR für einige Jahre an den Rand gedrängt war, erfährt inzwischen wieder ein ausdrückliches Lob. Der bei der Bundesstiftung zur Aufarbeitung der SED-Diktatur für das Projektbüro „Zwanzig Jahre friedliche Revolution" zuständige Jens Hüttmann weist die Kritik an ihr zurück und sieht im „[...] Blick auf die bundesdeutsche DDR-Forschung also deutliche Kontinuitäten in den Fragestellungen, Wahrnehmungen und Bewertungen von DDR-Geschichte [...]".[174]) Dabei verweist er auf deutliche Parallelen zwischen den Ansätzen von Sabrow u. a. und der alten DDR-Forschung. „Die Geschichte der DDR-Forschung zeigt, dass der Umstand, dass bestimmte Forschungsperspektiven nicht mehr zitiert werden, nicht bedeuten muss, dass diese widerlegt oder auf andere Weise obsolet geworden sind. Vielmehr sind wertvolle Ansätze und Einsichten vergangener Forschergenerationen vergessen, nicht weiter aufgegriffen oder einseitig weiterentwickelt worden."[175]) Die grundsätzliche Kritik an der systemimmanenten DDR-Forschung hält er für nicht produktiv, ja, sie habe in eine Sachgasse geführt und repräsentiert wissenschaftliche Stagnation.

[171]) Weber 1972, S. 28.
[172]) Greven 1991.
[173]) Sabrow 2006, S. 61.
[174]) Hüttmann 2007, S. 680.
[175]) Ebd., S. 680 f.

Dem Lob auf die westdeutsche DDR-Forschung vor 1989 und damit vielen Beiträgen der systemimmanenten DDR-Forscher schließen sich auch der Leiter des Arbeitsbereichs Wissenschaft bei der Bundesstiftung zur Aufarbeitung der SED-Diktatur, Ulrich Mählert, und der Soziologe Manfred Wilke an: „Inzwischen herrscht weitgehendes Einvernehmen, dass die westdeutsche DDR-Forschung vor 1989 gleichsam in Stellvertreterfunktion die wesentlichen Aspekte der DDR-Entwicklung zutreffend beschrieben hatte. Die gesamtdeutsche DDR-Forschung konnte somit auf einen beachtlichen Forschungsstand zurückgreifen, der in den vergangenen fünfzehn Jahren auf beispiellose Weise erweitert worden ist."[176])

Diese Ehrenrettung geht jedoch am Gegenstand vorbei und unterstellt systemimmanenten DDR-Forschern Einsichten, die diese zumindest nicht aufgeschrieben haben. Weder wurden die dem spättotalitären Sozialismus immanenten Erosionsprozesse erkannt noch die Unfähigkeit zur wirtschaftlichen und gesellschaftlichen Modernisierung. Letztlich geht es bei der Kritik an den Kritikern und dem Anknüpfen an zentrale methodische Prämissen der systemimmanenten Forschungsrichtung um die erneute Abkehr von einem aus westlichen Wertvorstellungen beruhenden Kategoriensystem, das die Unterschiede zwischen Demokratie und Diktatur reflektiert.[177])

Der Streit um die allgemeine begriffliche Charakterisierung der DDR scheint angesichts der weitgehenden Übereinstimmung in zentralen Definitionsmerkmalen etwa im Konzept der „durchherrschten Gesellschaft,[178]) der stalinistischen Gesellschaft",[179]) des „bürokratischen Totalitarismus"[180]) sowie des „(spät-)totalitären Versorgungs- und Überwachungsstaates"[181]) weitgehend überflüssig bzw. aufgesetzt und vor allem geschichtspolitisch aufgeladen zu sein. Die Ablehnung der Kennzeichnung als „totalitäres Regime" resultiert weniger aus einer wissenschaftlich begründeten Analyse, sondern vor allem aus Unkenntnis der Genese und Weiterentwicklung des Begriffs,[182]) dem Bestreben, das SED-Regime vom Nationalsozialismus auch begrifflich stärker abzusetzen oder einer politisch motivierten Rücksichtnahme auf aktuelle politische Kontroversen bzw. auf Teile der ehemaligen DDR-Bevölkerung.[183]) Auch die Identifizierung von „totalitär" mit „total" und hieran anknüpfende Kritiken werden dem Gegenstand nicht gerecht;[184]) denn „totalitäre Herrschaft [ist] im Gegensatz zur totalen jene, in der sich die monopolisierte Anspruchsgewalt noch nicht erfüllt hat. Hier ist die Herrschaftsidee noch nicht geronnen: Total steht noch zu sich selbst dialektisch, d. h. unvollendet in actu".[185]) Gleichzeitig wiesen Vertreter

[176]) Mählert/Wilke 2004, S. 467 f.
[177]) Vgl. zur Kritik an Hüttmann Schroeder/Staadt 2007 und Schroeder/Staadt 2007a.
[178]) Kocka 1994; Suckut/Süß 1997, Timmermann 1996.
[179]) Weber 1993, Hurwitz 1997.
[180]) Friedrich 1994.
[181]) Schroeder 1998.
[182]) Fulbrook 1996.
[183]) Kleßmann/Sabrow 1996.
[184]) Fulbrook 1996.
[185]) Funke 1988, S. 46.

des Totalitarismuskonzeptes wie Hans Buchheim schon frühzeitig darauf hin, dass gerade in diesem Widerspruch die letzte Grenze derartiger Systeme besteht: „Der totalitäre Machtanspruch ist unerfüllbar und trägt deswegen die Grenzen seiner Verwirklichung gewissermaßen in sich selbst“.[186])

Gegenüber dem Konzept der „stalinistischen Gesellschaft“ – wie es zum Beispiel Hermann Weber vertritt – hat das Totalitarismuskonzept den entscheidenden Vorteil, die Reformunfähigkeit eines geschlossenen gesellschaftlichen Systems hervorzuheben. Dagegen suggeriert die Kennzeichnung realsozialistischer Systeme wie der DDR als „Stalinismus“ eine Fehlentwicklung kommunistischer Systeme, die nicht zwingend ist, sondern systemimmanent korrigiert werden kann. Offensichtlich soll hiermit zumindest begrifflich und theoretisch die Option eines „demokratischen Sozialismus oder Kommunismus“ aufrecht erhalten werden. Die Geschichte hat freilich diese Annahme nicht bestätigt.

Die Scheu vieler Wissenschaftler vor dem methodisch angemessenen Gebrauch eines modifizierten totalitarismustheoretischen Ansatzes zur Analyse von Geschichte und Gesellschaft der DDR ist auch deshalb unverständlich, weil nach der Aufhebung der Teilung und des Systemgegensatzes in Politik und Wissenschaft ein antitotalitärer (oder zumindest antidiktatorischer) Konsens gebildet werden könnte, „der diesen Namen verdient, weil er nicht länger selektiv ist. Jedenfalls können liberale Haltung und demokratische Gesinnung der Geburtshilfe durch Antikommunismus oder Antifaschismus erst dann entbehren, wenn sich die politische Sozialisation der Nachwachsenden nicht mehr unter dem polarisierenden Generalverdacht gegen innere Feinde vollzieht.“[187]) Heute kann der Totalitarismusbegriff jenseits politischer Instrumentalisierung auf seinen wissenschaftlichen Kernbestand begrenzt bleiben, wobei selbstverständlich jeder Zentralbegriff in der Politischen Wissenschaft und der Zeitgeschichte einen politischen Bezug hat und tagespolitisch genutzt werden kann. Dies ändert jedoch nichts an dessen Tragfähigkeit, wenn er wissenschaftlich begründet und plausibel ist.[188])

Auch der Historiker Hans-Ulrich Wehler, der Nestor der bundesdeutschen Sozialgeschichte, plädiert für die Einbeziehung einer Totalitarismustheorie bei der Analyse kommunistischer und/oder faschistischer bzw. nationalsozialistischer Systeme: „Aber die Regimephase kann sehr wohl mit Hilfe einer undogmatischen, historisch flexiblen Totalitarismustheorie angegangen werden. Berührungsängste sind hier ganz unangebracht, und die Versicherung, dass man noch nach den Charakteristika ‚moderner Diktaturen‘ suche, verhindert allzu leicht die nüchterne Prüfung von Kategorien und Denkfiguren, die mit den totalitarismustheoretischen Überlegungen bereits zur Verfügung stehen.“[189])

[186]) Buchheim 1962, S. 127.
[187]) Habermas 1995.
[188]) Elias 1983.
[189]) Wehler 2000, S. 115.

Da für Wehler „die wichtigsten Diktaturen des 20. Jahrhunderts in ihrem Kern totalitär und auch deshalb alimine vergleichbar sind" und die politische Instrumentalisierung der Totalitarismustheorie nach dem Ende des Kalten Krieges nicht mehr gegeben sei, stehe einer vergleichenden Analyse der nationalsozialistischen und der kommunistischen Diktatur nichts mehr im Wege. Darüber hinaus hält Wehler, im Gegensatz zur wieder aufgeflammten systemimmanenten DDR-Forschung, den Bezug auf die „Menschen- und Grundrechte des westlichen Verfassungs- und Rechtsstaats [...] als Vergleichsmaßstab" für unabdingbar.[190])

Totalitarismustheoretischen Ansätzen wird von Kritikern häufig unterstellt, sie würden die NS- und die SED-Diktatur gleichsetzen oder zumindest begrifflich nicht hinreichend differenzieren. Dieser Vorwurf ist zwar aus der Luft gegriffen und lässt sich nicht belegen, vergiftet jedoch die geschichtspolitische Debatte, zum Beispiel anlässlich der Vorlage des Gedenkstättenentwurfes des Bundesbeauftragten für Kultur und Medien. Die meisten Historiker und Politologen, die einen Totalitarismus-Ansatz favorisieren, betonen nachdrücklich die ideologischen, inhaltlich-perspektivischen und vor allem mörderisch-terroristischen Unterschiede zwischen diesen beiden Diktaturen.[191]) Werden Verbrechen totalitär verfasster Systeme verglichen, dürften das nationalsozialistische Deutschland, die stalinistische Sowjetunion und das maoistische China vergleichbare Resultate aufweisen, während die DDR im Gegensatz hierzu eine vergleichsweise kleine, „moderate" totalitäre Diktatur war, die gleichwohl Menschen getötet, drangsaliert, vertrieben und ihrer Lebenschancen beraubt hat.

Völlig unverständlich bleibt, warum Historiker wie Christoph Kleßmann und Martin Sabrow den Begriff „totalitäre Diktatur" mit dem Argument ablehnen, er produziere „verbreitet eher Blockade oder Ablehnung als Einsicht und Zustimmung".[192]) Sie beurteilen die Brauchbarkeit wissenschaftlicher Begriffe nicht nach wissenschaftlichen Kriterien, sondern nach dem Grad ihrer Zustimmung oder Ablehnung in der Bevölkerung. Hier wird ein opportunistisches und politisch motiviertes Verständnis von Wissenschaft und ihren Ergebnissen sichtbar. Christoph Kleßmann ergänzt seine Kritik an den Totalitarismuskonzepten mit dem Hinweis, „sie vermögen jedoch komplexe moderne Staatengebilde kaum angemessen auf den Begriff zu bringen". Eine Begründung für dieses Urteil gibt er nicht.[193]) Ohnehin bliebe zu klären, ob der SED-Staat tatsächlich „ein komplexes modernes Staatsgebilde" war.

Die von Kleßmann und Sabrow angebotenen Alternativen „Fürsorgediktatur"[194]) oder „Konsensdiktatur"[195]) sind keineswegs überzeugender. Fürsorge wird mit Versorgung gleichgesetzt bzw. verwechselt und suggeriert, in der DDR hätte der Mensch

190) Ebd., S. 117.
191) Vgl. Lammers 1999, S. 5.
192) Kleßmann/Sabrow 1996.
193) Kleßmann 2001, S. 5.
194) Jarausch 1998.
195) Sabrow 1999.

an sich im Mittelpunkt gestanden.[196]) Eine konstruierte bzw. von den Herrschenden erzwungene Gemeinsamkeit, mit der sich die Beherrschten arrangieren mussten, als „Konsens" zu beschreiben, ist nachgerade zynisch. Zur Erklärung der DDR-Geschichte und vor allem des schnellen Zusammenbruchs des Systems tragen diese beiden Konzepte ebenso wenig bei wie zu einer besseren Verständigung der Sozial- und Gesellschaftsgeschichte. Stattdessen führen sie bei Lesern und Autoren eher zu begrifflicher Verwirrung. Der gleiche Autor, der die Charakterisierung der DDR als „Konsensdiktatur" in die Debatte einbrachte, hatte einige Jahre zuvor festgestellt, dass die DDR „anders als der NS-Staat keine ‚Konsensdiktatur'" gewesen sei.[197]) Angesichts dessen bleibt offen, ob der von den Herrschenden immer wieder geforderte und von den Beherrschten mittels Akklamation und Demonstration dargebrachte „Konsens" sich dem latenten Zwangs- und Gewaltcharakter des Systems oder einer ideologischen Formel verdankt. Sabrows These, die jahrzehntelange Stabilität der SED-Diktatur resultiere auch aus „der Geltungskraft einer politisch erzeugten, nach innen homogenisierten und nach außen abgeschlossenen, auf Abgrenzung beruhenden Denkwelt",[198]) dürfte insofern schwerlich zu belegen sein.

Obschon die systemimmanente DDR-Forschung von „linken" und „linksliberalen" Zeithistorikern und Politikwissenschaftlern nach dem Sturz der SED-Diktatur vorschnell begraben wurde – „Mit der DDR fiel die in der Bundesrepublik vorherrschende systemimmanente, auf Normalisierung und Annäherung durch Wandel setzende Forschung wie ein Kartenhaus zusammen"[199]) –, unterliegt gerade die sozialgeschichtliche Forschungsrichtung der Gefahr, den alten systemimmanenten Ansatz, der die Modernisierungs- und Wandlungsfähigkeit der DDR in den Vordergrund rückte, zu reproduzieren. Darüber können andere Begrifflichkeiten und Untersuchungsgegenstände nicht hinwegtäuschen. So behauptet zum Beispiel Martin Sabrow, die DDR hätte „ein Gesellschaftsprojekt der radikalen Moderne" verfolgt; sie sei geprägt gewesen durch „die spannungsgeladene Widersprüchlichkeit einer Diktatur des 20. Jahrhunderts, die Modernität mit Unterdrückung verknüpfte und deren Platz im historischen Gedächtnis unserer Zeit bis heute umstritten bleibt".[200]) In dieser Argumentation wird übersehen, dass das Modernitätsverständnis einer marxistisch-leninistischen Ideologie technizistischen Charakter hat und sich fundamental vom Projekt der Moderne, wie es westliche Gesellschaften charakterisiert, unterscheidet. „Heute wissen wir zwar genauer als zuvor, wie und warum die beiden deutschen Gesellschaften zwischen 1945 und 1990 einen getrennten Weg gegangen sind. Die Mehrheit derjenigen, die vor dem großen Umbruch 1990 die DDR als einen zweiten Modernisierungspfad begriffen haben, sind durch diese Forschungen eines Besseren belehrt worden. Die Skepsis derer, die schon zuvor die Auffassung vertra-

[196]) Schuller 1998.
[197]) Sabrow 1997.
[198]) Sabrow 2001b.
[199]) So Thomas Lindenberger und Martin Sabrow in einem Beitrag für die Frankfurter Rundschau vom 12. November 2003.
[200]) Sabrow 2007b, S. 22.

ten, das sozio-ökonomische System der DDR werde in einer Modernisierungs-Sackgasse enden, hat sich bestätigt. Aber das lähmende Bewusstsein schicksalhafter Andersartigkeit wurde durch die Forschung eher prolongiert als abgeschwächt."[201])

Die entscheidende Schwäche des systemimmanenten und mitunter auch des sozialgeschichtlichen Ansatzes bei der Analyse der DDR war und ist die Annahme, die SED hätte wie andere kommunistische Parteien erkannt, dass die bestehenden politischen, ökonomischen und sozialen Strukturen dem sozialen und gesellschaftlichen Wandel angepasst werden müssten, um eine sogar über die Ökonomie hinausgehende Modernisierung des Systems zu erreichen.[202]) Der Vordenker der systemimmanenten DDR-Forschung Ludz prognostizierte auf der letzten Plenarsitzung des Forschungsbeirates für Fragen der Wiedervereinigung Deutschlands die Entwicklung der DDR wie folgt: „Die Eigendynamik der DDR-Gesellschaft ist heute nicht mehr zu übersehen. [...] Diese Eigendynamik dürfte auch von den Versuchen der SED-Führung, erneut eine stärkere politisch-ideologische Kontrolle auszuüben, nicht ernsthaft gefährdet sein. Zu genau weiß die Parteispitze, dass sie die Leistungsmotivation des Einzelnen, die unter Honecker erkennbar zugenommen hat, durch zu starke ideologische Repression nicht wieder gefährden darf; zu genau erkennt sie auch den Legitimationszuwachs, der [...] in den Möglichkeiten selbstständiger und spontaner Lebensbewältigung liegt. [...] Ohne irgendeine Form von Legitimation kommt heute keiner Führungsgruppe in einer hoch entwickelten Gesellschaft aus. [...] Die Bedingungen von Koexistenz und Kooperation machen auch vor den dogmatischen Sätzen des Marxismus-Leninismus nicht halt. Auch die Parteidoktrin wird modernisiert werden müssen, um die Menschen zu erreichen und nicht in esoterischer Semantik wie die Kaste der Herrschenden zu erstarren."[203])

Dieses Modernisierungsparadigma wurde schon seinerzeit von Anhängern eines Ordnungsparadigmas kritisiert, die von einem grundsätzlich instabilen Wirtschafts- und Gesellschaftssystem der DDR mit einem in seiner Reformfähigkeit begrenzten politischen System ausgingen.[204])

Sozial- und gesellschaftsgeschichtliche Ansätze sollten bei der Erforschung der DDR die Argumentation der systemimmanenten Forscher mit der nun empirisch rekonstruierbaren Realität vergleichen, um nicht der Versuchung zu erliegen, aus vornehmlich geschichtspolitischer Motivation heraus diesem Staat mittels „Bindungskräften" oder metaphysisch konstruiertem „Konsens" zwischen Herrschern und Beherrschten eine Stabilität zuzuschreiben, die er nie hatte. Ohne Gewalt bzw. Gewaltandrohung hätte die DDR nicht vier Jahrzehnte überleben können.

Neben den beiden die Debatte um das Bild der DDR dominierenden Forschungsrichtungen, die sich zwar im methodischen Vorgehen und der Gewichtung von Herr-

---

[201]) Schwarz 2006, S. 8.
[202]) Vgl. Glaeßner 1989, S. 20/21.
[203]) Zitiert nach Klinger 1992, S. 110/111.
[204]) Vgl. ebd.

schaft bzw. Politik und Gesellschaft bzw. Alltag unterscheiden, aber dennoch die DDR als Diktatur klassifizieren, existiert eine dritte, nicht einheitliche Forschungs- bzw. Deutungsrichtung. Diese wird zumeist von ehemaligen SED-Wissenschaftlern oder westdeutschen „Freunden der DDR" getragen, die die historische Legitimität der DDR und ihre soziale Überlegenheit gegenüber der Bundesrepublik hervorheben und eine mehr oder weniger modifizierte sozialistische Alternative à la DDR auch heute noch für erstrebenswert halten.

Es handelt sich zum einen um vornehmlich ältere und ehedem systemtragende Wissenschaftler, die im Umfeld der PDS und dieser nahe stehenden Bildungseinrichtungen wirken. In einer Vielzahl von Publikationen und Vorträgen zeichnen sie ein Bild der DDR mit „demokratischen Defiziten", das aber keinen Zweifel an der historischen Legitimation dieses deutschen Teilstaates lässt.[205]) Sie begreifen die DDR als notwendigen antifaschistischen Kontrapunkt gegen die Bundesrepublik, die erst im Sog des Kalten Krieges ihre negativen Seiten gewissermaßen als Abwehr gegen westliche Monopolansprüche herausbilden musste. Darüber hinaus verweisen sie in zahlreichen Teilstudien auf die „sozialistischen Errungenschaften der DDR", die „Friedenspolitik der SED" sowie deren hehre sozialistischen Ziele. Ihre wissenschaftliche und politische Auseinandersetzung mit der DDR-Geschichte bleibt über weite Strecken geprägt von den eigenen Erfahrungen in diesem System. Allein aus Gründen der Selbstrechtfertigung unterbleibt damit eine auch für den wissenschaftlichen Diskurs notwendige radikale Kritik. Dennoch sollten diese Arbeiten nicht – wie derzeit im „normalen" Wissenschaftsbetrieb weitgehend üblich – ignoriert werden, ha-

[205]) Vgl. insbesondere die Beiträge in den von der PDS herausgegebenen Bänden „Ansichten zur Geschichte der DDR", von denen zwischen 1993 und 1996 sechs Bände erschienen sind. Beispielhaft verwiesen sei auf: Stefan Doernberg: Zur Legitimität der beiden deutschen Wege nach 1945, in: Ansichten zur Geschichte der DDR, Bd. IV, S. 123 ff.; Rolf Badstübner: DDR – zeitgeschichtlich erforschen und „aufarbeiten"? In: Ansichten zur Geschichte der DDR, Bd. IV, S. 87 ff.; Günter Benser: Möglichkeiten und Grenzen einer antifaschistisch-demokratischen Erneuerung in Deutschland nach dem Zweiten Weltkrieg, in: Ansichten zur Geschichte der DDR, Bd. IV, S. 137 ff.; Max Schmidt: Die Zweistaatlichkeit in Deutschland – ein historischer Abschnitt der Einhegung der äußeren Aspekte der deutschen Frage, in: Ansichten zur Geschichte der DDR, Bd. 2, S. 75 ff.; Wilfriede Otto: Widerspruch und Widerstand in der SED, in: Ansichten zur Geschichte der DDR, Bd. 1, S. 129 ff.; Andreas Malycha: Was war die SED? Zum Wesen und Charakter der SED, in: Ansichten zur Geschichte der DDR, Bd. IV, S. 201 ff. sowie Gerhard Lozek: Zum Diktaturvergleich von NS-Regime und SED-Staat. Zum Wesen der DDR im Spannungsfeld von autoritären und totalitären, aber auch demokratischen Strukturen und Praktiken, in: Ansichten zur Geschichte der DDR, Bd. IV, S. 109 ff.
Darüber hinaus findet eine gewissermaßen PDS-interne Diskussion um die DDR- und deutsche Teilungsgeschichte in den „Heften zur DDR-Geschichte" der PDS-nahen Institution „Helle Panke" statt. Vgl. z. B. Harald Neubert: Zum gemeinsamen Ideologiepapier von SED und SPD aus dem Jahre 1987, Hefte zur DDR-Geschichte Nr. 18, Berlin 1994; Jörg Roesler: Inszenierung oder Selbstgestaltungswille? Zur Geschichte der Brigadebewegung der DDR während der 50er Jahre, Hefte zur DDR-Geschichte Nr. 15, Berlin 1994; Stefan Bollinger: Die DDR kann nicht über Stalins Schatten springen. Reformen im Kalten Krieg. SED zwischen NS und Prager Frühling, Hefte zur DDR-Geschichte Nr. 5, Berlin 1993; Gerhard Lozek: Stalinismus – Ideologie, Gesellschaftskonzept oder was? In: Klartext Nr. 4, Berlin 1993.
Gleiches gilt für die von höherrangigen SED-Funktionären und -Wissenschaftlern verfassten Beiträge in: Fischer 1999.

ben sie doch – wie die Umfragen zum DDR-Bild belegen, einen nicht unerheblichen Einfluss auf die Meinungsbildung in Ostdeutschland, nicht zuletzt an den Schulen. Die von ihnen darüber hinaus verbreiteten „Verschwörungstheorien“, mit denen sie selbst den Zusammenbruch der DDR und die nachfolgende Vereinigung erklären, finden ebenfalls Gehör in Teilen der ostdeutschen Bevölkerung.

Die pseudowissenschaftlichen Lobpreisungen des SED-Staates (zum Beispiel in der Heftreihe „Ansichten zur DDR“) gehen zumeist einher mit einer vernichtenden Kritik an der Vereinigungspolitik und bitterbösen Vorwürfen gegen das westdeutsche System, das ihnen nicht nur Arbeit und Status genommen, sondern auch die Anerkennung ihrer Lebensleistung verweigert habe. Ihrer Meinung nach hätten westdeutsche Wissenschaftler, Publizisten und Politiker ihre Feindbilder nicht überwunden und würden alles Negative in Ostdeutschland auf die Zeit der SED-Herrschaft zurückführen. Anfangs hätten viele Ostdeutsche die negative Beurteilung der DDR als Unrechtsstaat oder als totalitäre Diktatur geteilt, nun aber habe sich das Blatt gewendet, wie der langjährige Vorsitzende des Rats der Kollegien der Rechtsanwälte in der DDR, Friedrich Wolff, mit Genugtuung feststellt: „Jetzt haben sich viele Ossis korrigiert. Man hört: Es war ja alles richtig, was wir im Parteilehrjahr lernen sollten. Wessis dagegen werden weiter belehrt, dass die DDR dem Nazi-Reich vergleichbar war, sie glauben vielfach, die Ossis seien vom Sozialismus deformiert. Die Ergebnisse der juristischen Aufarbeitung der DDR-Vergangenheit werden verschwiegen. Die Kinkel-Parole gilt weiter: ‚Es muss gelingen, das SED-System zu delegitimieren …‘. Eigentlich stimmt es optimistisch, dass das Establishment so viel Wert auf diese Delegitimierung legt. Es zeigt, der Sozialismus ist selbst in den Augen seiner erbittertsten Feinde nicht tot.“[206])

In dem von Gerhard Fischer u. a. herausgegebenen Buch „Gegen den Zeitgeist. Zwei deutsche Staaten in der Geschichte“ heißt es im Geleitwort von Ernst Engelberg, einem der prominentesten Historiker der DDR, der Untergang der DDR und die nach westlichem Muster erfolgte Wiedervereinigung seien noch nicht das letzte Wort der Geschichte: „Mit schlechteren Startbedingungen und unter vielfachen Zwängen und Unzulänglichkeiten neue Wege suchend, die DDR. Es wird nicht angehen, dem ökonomisch effektiveren Staat einfach das Prädikat richtig anzuheften wie den wirtschaftlich gescheiterten Versuch mit dem Verdikt falsch zu versehen. So einfach verläuft die Geschichte nicht.“[207]) Auch nach der Vereinigung gehe es seiner Meinung nach um das Verhältnis bzw. den Kampf zwischen Kapital und Arbeit. In der „Spätphase des Kapitalismus“ steht für alle, die sich nicht mit dem Status quo abfinden wollen, selbstverständlich der Klassenkampf auf der Tagesordnung.

Der SED-Historiker Stefan Doernberg betrachtet im gleichen Buch die deutsche Zonenzeit von 1945 bis 1949 und behauptet: „Beide Staatsgründungen waren legitim, wobei die Legitimität unterschiedlich determiniert war. Das erste Parlament

[206]) Wolff 2006.
[207]) Engelberg 1999, S. 11.

der BRD entstand aus allgemeinen Wahlen. Der deutsche Volksrat wurde in Absprache zwischen den Parteien von den Delegierten des dritten Volkskongresses gebildet, die ihrerseits aber aus allgemeinen Wahlen hervorgingen. Dagegen wurde wiederum das Grundgesetz der BRD nur von den Mitgliedern des ernannten parlamentarischen Rates bestätigt und nicht den Wählern zur Diskussion unterbreitet. Die Verfassung der DDR war in ihrem Entwurf Gegenstand einer breiten Diskussion. Über 500 Änderungsvorschläge wurden bei der Endfassung berücksichtigt."[208]) Für Doernberg, der zu DDR-Zeiten ebenfalls zur ersten Riege der Parteihistoriker zählte, waren die zwei deutschen Staaten also nicht nur legitimiert, sondern werden auch als demokratisch klassifiziert, allerdings auf unterschiedliche Weise. „Beide deutsche Staaten unterschieden sich sehr stark in ihrem Demokratieverständnis und Verhältnis zu den Menschenrechten. Die DDR gab den sozialen Inhalten und Aspekten den Vorrang, die BRD den politisch gestalteten Bürgerrechten wie insgesamt individuellen Freiheiten. Demokratie als Volksherrschaft wurde ganz unterschiedlich dekliniert."[209])

Der ehemalige SED-Historiker lässt keinen Zweifel, welchen der beiden Teilstaaten er für das bessere Deutschland hält. Die antifaschistisch-demokratische Umwälzung in der SBZ/DDR sei als eines der „bemerkenswertesten Kapitel in die deutsche Geschichte eingegangen" und: „Einen solchen vorwärtsweisenden, den Interessen der überwiegenden Mehrheit des Volkes dienenden Schub hatte es bis dahin nicht gegeben. Dies stand im Einklang mit den ursprünglichen Lebensbedürfnissen fast aller Schichten."[210])

Die nahezu vollständige Verstaatlichung auch kleiner und mittlerer Betriebe, die im Jahre 1972 abgeschlossen wurde und von der DDR-Volkswirtschaft schwer zu verkraften war, wird von einem anderen Autor damit begründet, dass ansonsten das Verfassungsrecht auf Arbeit nicht zu verwirklichen gewesen wäre.[211]) Auf der Grundlage der verstaatlichten Wirtschaft und der antifaschistisch-demokratischen Umwälzung in den ersten Nachkriegsjahren habe sich in der DDR ein basisdemokratisch strukturiertes politisches System herausgebildet: „Wohl noch nie in der deutschen Geschichte haben so viele Bürger an den öffentlichen Angelegenheiten aktiv teilgenommen wie in der DDR. Losungen wie ‚Plane mit, arbeite mit, regiere mit!' oder ‚Jeder trägt Verantwortung für das Ganze' blieben beileibe keine bloßen Parolen."[212]) Als weitere Belege für die demokratische Verfasstheit der DDR erwähnt der Autor die hohe Zahl von Freiwilligen, die in den verschiedenen politischen Institutionen und Organisationen mitgearbeitet hätten, die ehrenamtlich Tätigen und die vielen Aussprachen über wichtige Gesetzesentwürfe.

---

[208]) Doernberg 1999, S. 88.
[209]) Ebd. S. 89.
[210]) Ebd., S. 89 f.
[211]) Naumann 1999, S. 145.
[212]) Fischer 1999, S. 179.

Mit Genugtuung nehmen die ehemaligen SED-„Wissenschaftler" zur Kenntnis, dass breite Bevölkerungskreise in den neuen Ländern die DDR immer positiver sehen und die „offizielle Bewältigung der DDR-Vergangenheit" „im Osten zu einer wachsenden Entfremdung zwischen öffentlicher Geschichtsdebatte und individueller Erinnerung und Erfahrung der Epoche" geführt habe.[213]) Die ostdeutsche Bevölkerung, die die Verantwortungsträger des SED-Staates 1989/90 mit ihrem Ruf „Wir sind ein Volk" und ihrem Wunsch nach schneller Vereinigung bitter enttäuscht haben, seien nun wieder auf den rechten Pfad der Erkenntnis zurückgekehrt. Dies sei keineswegs eine „Verklärung" der DDR, sondern von einer „zunehmenden Klarheit der Sicht auf Dinge" geprägt, die von einer „größeren Urteilsfähigkeit in einem reiferen Urteil getragen wird".[214])

Das Loblied auf die DDR korrespondiert bei ehemaligen Verantwortungsträgern des diktatorischen SED-Staates mit einer fundamentalen Kritik am Vereinigungsprozess. „Die entscheidende Veränderung der sozialpolitischen Situation der Menschen, die die kapitalistische Restauration in Ostdeutschland mit sich gebracht hat, besteht vor allem im Verlust fundamentaler Menschenrechte wie des gleichen Rechts aller auf Arbeit, Wohnung, Gesundheitsfürsorge, Bildung und Kultur, in der wachsenden Entfremdung der Menschen untereinander und ihrer Selbstentfremdung, in der sozialen Ausgrenzung der Schwächeren, in der zunehmenden inhumanen Entwertung des Menschen, seiner Reduktion zum bloßen Instrument und Kostenfaktor der Kapitalverwertung, deren Maß der shareholdervalue, die Profitrate, ist. Insofern ist die Angleichung der Lebensverhältnisse im Osten Deutschlands an diejenigen Westdeutschlands weitgehend vollzogen."[215])

Etwas moderater im Ton, aber ähnlich in der Sache, argumentieren die meisten Autoren in einem von der PDS-nahen Rosa-Luxemburg-Stiftung initiierten und herausgegebenen Buch zur deutschen Zeitgeschichte von 1945 bis 2000. Hier wird dem Leser in extenso eine in etwa gleichrangige Beurteilung der beiden deutschen Teilstaaten angeboten. Die dunklen Seiten der DDR, etwa die detaillierte Schilderung der Errichtung und Ausgestaltung des mörderischen Grenzregimes, die hohe Armutsquote, die deutlich niedrigere Lebenserwartung und die hohe Selbstmordrate oder die Berufsverbote für Ausreiseantragsteller werden ausgeblendet, während Schwächen der Bundesrepublik wie etwa die personelle Kontinuität von Funktionseliten des Nationalsozialismus, die Massenarbeitslosigkeit seit Mitte der siebziger Jahre und die vermeintlich negativen Folgen der Wiedervereinigung überbetont werden.

Da die meisten Autoren Unterschiede zwischen Demokratie und Diktatur mit ihren jeweiligen Folgen für die Entwicklung von Politik und Gesellschaft anscheinend für unerheblich halten, werden substanzielle Differenzen zu parallelen, lediglich ande-

213) Karl 1999, S. 311.
214) Ebd., S. 312.
215) Kallabis 1999, S. 386.

ren Entwicklungslinien. So erscheint die DDR als Diktatur im Sinne einer Volksdemokratie oder sie wird in vielen Beiträgen als Staat mit „Demokratiedefiziten" charakterisiert.[216]) Bei Wilfriede Otto etwa, die die politischen Systeme beider deutscher Staaten vergleicht, wird mit dialektischer Raffinesse der Diktaturcharakter der DDR weichgespült. „Die DDR, als Arbeiter- und Bauernstaat charakterisiert, entwickelte sich als Gesellschaft mit einer formal parlamentarischen Demokratie mit antikapitalistisch-staatssozialistischer Wirtschafts- und Sozialpolitik. [...] Defizite blieben und führten letztlich zu ernsten gesellschaftlichen Widersprüchen. Wichtige Grundrechte, die freie Meinungsäußerung, das Versammlungs- und Vereinigungsrecht, waren an die Grundsätze und Ziele der Verfassung gebunden, d. h. an die Grundorientierung der Staatspartei."[217]) Der Leser erfährt freilich nicht, wie die politischen Systeme tatsächlich funktionierten. Weder wird das Zusammenspiel verschiedener politischer und sozialer Akteure in der Bundesrepublik geschildert noch die personelle und inhaltliche Lenkung des Staatsapparates, der Massenorganisationen und Blockparteien durch die SED im Detail dargestellt. So bleibt es bei einer knappen historischen Skizze und einer im besten Funktionärsdeutsch vorgetragenen Skepsis gegenüber der westlichen Demokratie. „Geschichtliche Erfahrungen drängen Überlegungen auf, den in Gang gekommenen Modernisierungsschub durch soziale und politische Bewegungen, der über herrschende Parteien hinaus greift, als Bedürfnis eines öffentlichen Disputs über die gesellschaftlichen Verhältnisse zu verstehen; den im Grundgesetz ausdrücklich paraphierten Schutz der Grundrechte (Art. 1, Abs. 3; Art. 19, Abs. 2) zu verteidigen – die repräsentative parlamentarische Demokratie gegen einen schleichenden Autoritarismus zu stärken (Ralf Dahrendorf) und Herrschaftspragmatik und programmatische Ziele der etablierten Parteien zu hinterfragen."[218])

Selbstverständlich wird auch in diesem Sammelband die DDR-Sozialpolitik gelobt, die Bundesrepublik mehr oder weniger implizit als kapitalistische Ellbogengesellschaft beschrieben und sowohl die historisch beispiellose Wohlstandsexplosion als auch der Gewinn von Freiheit und Demokratie für Ostdeutsche nach der Vereinigung klein geredet. Die Lektüre dieses Handbuches, das auf die „Information" von Multiplikatoren der politischen Bildung und Lehrer zielt, hinterlässt den Eindruck, der Kalte Krieg der Systeme habe sich nun in einen der Geschichtsdeutungen transformiert. Dem Leser soll suggeriert werden, erst die nachträgliche Beurteilung der DDR-Verhältnisse rücke diese in ein schiefes Licht, während die tatsächlichen Zustände wesentlich entspannter gewesen seien.

Auch wenn der Verbreitungsgrad der Schriften ehemaliger SED-Funktionäre und -Wissenschaftler im vereinten Deutschland begrenzt sein mag, beeinflussen sie doch bis zu einem gewissen Grad vornehmlich Ostdeutsche, die im Bereich der politischen Bildung, der Universitäten oder der Schulen tätig sind. Vor allem in Berlin und Bran-

---

[216]) Diese Charakterisierung findet sich auch bei Borries 1995, S. 81.

[217]) Otto 2006, S. 293.

[218]) Ebd., S. 326.

denburg entfalten die „Ehemaligen“ eine nicht zu übersehende Aktivität, die zudem ergänzt wird durch Schriften und Veranstaltungen ehemaliger MfS-Führungskader. Mögen sich die Positionen im Detail auch etwas unterscheiden, bleibt allen Aktivisten gemeinsam, dass sie das Bild der DDR in der deutschen Geschichte in ihrem Sinne interpretieren möchten. Eine noch ausstehende tiefergehende Analyse von Internetbeiträgen würde wahrscheinlich diese Aktivität eindrucksvoll belegen.

Schützenhilfe erhielten die alten Systemträger im letzten Jahrzehnt von etwas jüngeren ostdeutschen Wissenschaftlern, die gegen die angebliche westdeutsche Dominanz in der DDR-Interpretation zu Felde ziehen und ähnlich wie ihre Altvorderen argumentieren. In der ostdeutschen Intelligenz und unter Studierenden aus beiden Landesteilen erzielen diese Autoren, die aufgrund ihres Jahrgangs zu DDR-Zeiten wissenschaftliche Nachwuchshoffnungen waren, nach der Vereinigung einen Karriereknick erlebten und nun in geschickterer und reflektierterer Weise an einem positiven DDR-Bild basteln, mehr Wirkung und Resonanz. An vorderster Front steht dabei der Ost-Berliner Soziologe Wolfgang Engler. Dieser hat zwar keinen Karriereknick hinnehmen müssen – inzwischen ist er nach einer Satzungsänderung durch den früheren Berliner PDS-Wissenschaftssenator Flierl vom Dozenten zum Rektor der Schauspielschule „Ernst Busch“ aufgestiegen – gleichwohl stimmt er in den Chor der DDR-Verklärung und Vereinigungskritik ein, spielt gleichsam im ostdeutschen Ensemble derzeit die erste Geige.

Nachdem er in seinen beiden ersten Büchern nach der Wiedervereinigung[219]) noch eine „zivilisatorische Lücke“ zwischen Staatssozialismus und westlicher Gesellschaft sah, spricht er in seinem populär geschriebenen Werk „Die Ostdeutschen. Kunde von einem verlorenen Land“[220]) von einem ostdeutschen Eigensinn verbunden mit einem Aufbruch in die Moderne – der Vorbildcharakter für den Westen haben könnte.

Ohne weitere Begründung lehnt Engler herrschaftsgeschichtliche Analysen ab, die die DDR mit Begriffen wie Diktatur, Unrechtsstaat, Totalitarismus, Kommandowirtschaft oder Gewaltherrschaft kennzeichnen, da diese den Erfahrungen der Ostdeutschen nicht gerecht würden. Maßstäbe und Urteile müssten – so Engler in unbewusster oder jedenfalls nicht ausdrücklich erwähnter Anlehnung an die alte „systemimmanente“ DDR-Forschungsrichtung – von innen und nicht von außen kommen. Da Wissenschaftler gemeinhin implizite und explizite Bewertungsmaßstäbe benötigen und Engler nicht in der gleichen affirmativen Weise wie seine älteren ideologisch mit der DDR verbundenen Landsleute vorgeht, bezieht er sich positiv auf kommunistische Intellektuelle wie Harich, Janka und andere, die von der SED-Führung verfolgt und inhaftiert wurden. Zwar erwähnt er weder deren Kotau vor Stalin noch die Selbstkritik Harichs bei seiner Verurteilung; ihre Vorstellungen von einer Reform des Kommunismus scheint er jedoch zu teilen.

---

[219]) Engler 1992 und 1995.
[220]) Engler 1999.

Die ersten Jahrzehnte der DDR, vor allem die Zeit unmittelbar nach dem Mauerbau, sieht Engler kritisch-sympathisierend und äußert sogar Verständnis für die SED und ihre Ideologen, die ein prinzipielles Misstrauen gegen das Volk hegten, das doch den Nationalsozialismus an die Macht gebracht hatte. So blieb – laut Engler – die Solidarität der Intelligenz selbst mit einer irrenden Führung immer höher als mit einem Volk, das sich zum Beispiel am 17. Juni 1953 auflehnte.[221]) Den Volksaufstand bezeichnet er – unter Missachtung neuerer Forschungsergebnisse – als Arbeiteraufstand. Diese eklatante Fehldeutung ist Grundlage seiner zentralen These, die SED hätte auf die Unruhen mit weitreichenden sozialen Zugeständnissen reagiert und damit die passive Stärke der Arbeiterschaft herbeigeführt. Im Laufe der Zeit habe sich die DDR zu einer „arbeiterlichen Gesellschaft" entwickelt, geprägt von einer „Dominanz der Gleichheit". Die Arbeiter hätten zwar nicht die politische Herrschaft inne gehabt, aber zumindest die kulturelle Dominanz. „Anschauung, Meinung, Konvention, Kleidungs- und Konsumgewohnheiten und nicht zuletzt die Alltagssitten richteten sich nach den Normen und Idealen der arbeitenden Klasse."[222]) In den nachfolgenden Jahrzehnten hätten die Arbeiter ein „grenzenloses Selbstbewusstsein" herausgebildet, was u. a. zur gesamtgesellschaftlichen Akzeptanz des proletarischen Bierbauchs oder des offenen Zurschaustellens sexueller Potenz beitrug.

Unter strikter Nichtbeachtung restriktiver und repressiver Rahmenbedingungen auch für das Alltagsleben in der DDR[223]) zeichnet Engler das Bild einer mit sich selbst zufriedenen, ja glücklichen Gesellschaft. Anders als im Nationalsozialismus hätte das private Glück in der DDR keinen schamlosen Charakter gehabt, „da sich niemand taub stellen musste, um die Schreie von Verschleppten, Ermordeten und Gefolterten nicht zu hören". So wichtig und richtig der Hinweis auf die unterschiedlichen Verbrechen der beiden totalitären Staaten auch sein mag, mutet es doch merkwürdig an, dass der ostdeutsche Soziologe die Opfer und Ausgegrenzten des SED-Staates nicht einmal erwähnt, ja sogar leugnet!

Dem Lob auf das Kollektiv, das dem Einzelnen soziale Sicherheit und Geborgenheit vermittelte, folgt bei Engler ein gewisses Verständnis für die Ausgrenzung von Außenseitern durch Partei und Bevölkerung, denn in einer egalitären Gesellschaft müssten schließlich alle gleich sein und sich gleich verhalten.[224]) Seine Lobrede auf die DDR und die ostdeutsche Gesellschaft schließt er mit einem besonderen Prädikat für angebliche SED-Reformer, die in der Endphase der DDR leider nicht mit Bürgerrechtlern zusammengefunden hätten, so dass das dumme Volk den Weg in die Einheit vorskandierte. SED-Reformer wie Bürgerrechtler hätten die nationale Frage ignoriert, „Deutschland kam in ihren politischen Phantasien nur als Albtraum vor".[225])

---

221) Engler 1999, S. 85.
222) Ebd., S. 200.
223) Vgl. Wolle 1999 und 2006.
224) Engler 1999, S. 300/301.
225) Ebd., S. 339.

Verdienen Englers Ausführungen zum DDR-Alltag und zum umfassenden privaten Glück der arbeiterlichen Menschen allenfalls ein ironisches Lächeln, sind Charakterisierungen, so zum Beispiel die von einem „ausgeprägten Sinn für Echtheit", mehr als ärgerlich. Ein anderer Ostdeutscher – der Politologe Steffen Alisch – hat gerade an diesem Punkt Engler zu Recht kritisiert. „Wie man etwa angesichts der die DDR-Gesellschaft wie ein Krebsgeschwür durchwuchernden Heuchelei und der von Engler selbst erwähnten Hypertrophierung des Überwachungsstaates noch von einem unter Ostdeutschen besonders verbreiteten ‚ausgeprägten Sinn für Echtheit' und ihrem Bedürfnis, ‚die Grenzen zwischen Mensch und Mensch so weit wie möglich abzubauen', fabulieren kann, hat sich dem Rezensenten – nicht zuletzt mit Blick auf die eigenen Lebenserfahrungen – nicht erschlossen."[226])

Bei Engler wie bei anderen Autoren verwischen die Grenzen zwischen Demokratie und Diktatur. So behauptet die ostdeutsche Schriftstellerin Daniela Dahn in ihrem Buch „Vom Unbehagen in der Einheit", weder sei die BRD mit dem schmückenden Wort Demokratie noch die DDR mit dem Stigma der Diktatur hinreichend beschrieben: „Mit Blick auf die von mir erwähnte poststalinistische DDR und die finanzstalinistische BRD scheint mir: Die Summe der Repression ist immer gleich."[227])

Die polarisierende Bewertung der beiden deutschen Teilstaaten als Demokratie bzw. Diktatur wird mehr oder weniger explizit von weiteren ostdeutschen Wissenschaftlern abgelehnt, da diese für die Mehrheit ihrer „Landsleute" unannehmbar sei.[228]) Auch dürfe die pluralisierte und individualisierte westdeutsche Gesellschaft nicht als Maßstab für die ostdeutsche genommen werden. Vielmehr solle der „Eigenwert" der ostdeutschen Gesellschaft und ihre kulturelle Ausprägung gleichsam als Sonderweg in das vereinte Deutschland transportiert werden. In diesem Punkt stimmen die Autoren mit Kleßmann, Sabrow und anderen überein, die ebenfalls normativ begründete Bewertungsmaßstäbe ablehnen.

Wie etwa das Recht auf Leben geschützt werden kann, wenn nicht durch den Schutz des lebendigen Menschen, verrät Engler indes nicht. Werden DDR und Bundesrepublik auf „gleicher Augenhöhe" betrachtet, stehen sich aus dieser Perspektive individuelle und soziale Menschenrechte gleichberechtigt gegenüber, wobei die individuellen eine „unendlich verdünnte, triviale und primitive Form der Menschenrechte" (Wolfgang Engler) darstellen. Damit sind diese „Gesellschaftswissenschaftler" mit ihrer Kritik an der westlichen Gesellschaft wieder dort angelangt, wo der SED-Staat aufhörte. Daniela Dahn behauptet darüber hinaus allen Ernstes, es sei eine offene Frage, ob die Verletzung der freiheitlichen Menschenrechte durch die Kommunisten oder die Missachtung der sozialen Menschenrechte durch die Sozialdemokraten mehr Opfer gefordert hätten. Die ostdeutsche Sozialdemokratie habe mit der Zustimmung zum Einigungsvertrag „endgültig ihre Unschuld" verloren.

---

226) Alisch 1999, S. 124.
227) Zur Position von Daniela Dahn vgl. Schroeder 2006, S. 551 ff.
228) Vgl. beispielhaft Mühlberg 1999.

Dahn lobt darüber hinaus die DDR-Wirtschaft, in der zum ersten Mal in Deutschland die Macht des Kapitals gebrochen worden sei. Die Arbeiter seien deshalb nicht erpressbar gewesen und hätten ein Selbstbewusstsein herausgebildet, das sich Westdeutsche nicht einmal annähernd vorstellen könnten. Damals hieß es: Ich bin Arbeiter – wer ist mehr? Heute dagegen: Wer ist Arbeiter, wer ist weniger? Mit ihre Schilderung der „Auflockerung der Arbeitswelt" durch lange Pausen, sportliche Betätigung und Feiern zu allen möglichen Anlässen belegt sie die These, in der DDR sei auch bei der Arbeit das Leben nicht zu kurz gekommen,[229]) und bestätigt damit eindrucksvoll die (Vor)Urteile vieler Westdeutscher, in der DDR sei nicht richtig gearbeitet worden.[230])

Gegen die vorgenannten, sei es aus ideologischer Überzeugung oder mit Rücksicht auf die Empfindlichkeit der ostdeutschen Bevölkerung, konstruierten Kennzeichnungen ist es analytisch sinnvoll, die DDR als einen (spät)totalitären, sowjetisierten deutschen Teilstaat zu kennzeichnen.[231]) Diese Charakterisierung wird den entscheidenden Prägungen von Geschichte und Gesellschaft der DDR auf mehreren, sich wechselseitig bedingenden und ergänzenden Ebenen gerecht. Totalitär – bzw. in der Endphase spättotalitär – war die DDR aufgrund des umfassenden Gestaltungs- und Machtanspruchs der führenden Partei, sowjetisiert wegen der Implantierung der Institutionenordnung und Gesellschaftsordnung durch die sowjetische Besatzungsmacht. Gleichzeitig blieben SED-Führung wie Bevölkerung auf die westdeutsche Gesellschaft als Vergleichsfolie fixiert. Mit diesen drei Charakterisierungen der DDR lassen sich Geschichte und Strukturen der DDR angemessen rekonstruieren, ohne dass ihr „Eigenwert" oder ihre „Bindungskräfte" in der Analyse verloren gehen.

Die DDR konnte sich von ihrer Genese, ein deutscher Teilstaat zu sein, nie lösen und trotz aller politisch-ideologischer und wissenschaftlicher Bemühungen keine eigenständige nationale Identität herausbilden. Die deutsch-deutsche Systemkonkurrenz, die fortbestehenden verwandtschaftlichen und freundschaftlichen Beziehungen begründeten ebenso wie gemeinsame Traditionsbezüge und Wirtschaftsbeziehungen eine ostdeutsche Sonderentwicklung im Rahmen des sowjetischen Imperiums. Errichtung, Entwicklung und Ende der DDR verliefen insofern im Spannungsfeld von kommunistischem Gestaltungs- und Machtanspruch, sowjetischem Großmachtinteresse und westdeutscher Ost- bzw. Deutschlandpolitik.

Mit der Kennzeichnung der DDR als totalitär verfasste Gesellschaft lassen sich außerdem plausibler die Nachwirkungen der Sozialisation erklären, die das Verhalten vieler Ostdeutscher – nicht nur ihrer Apologeten – in gewisser Weise bis zum heutigen Tage prägen.

Anstatt DDR-Geschichte weich zu zeichnen oder gar als Steinbruch zu charakterisieren, aus dem Konturen der Zukunft der Gesellschaft erwachsen könnten – so

[229]) Vgl. Dahn 2005.
[230]) Vgl. hierzu beispielhaft Roethe 1999 und Mindt 2003.
[231]) Schroeder 1998, S. 643.

Wolfgang Engler –, scheint es sinnvoller, die aktive und passive Auflehnung der Bevölkerung gegen die Diktatur sowie ihre Selbstbefreiung und den instrumentellen und begrenzten Charakter der Wirtschafts- und Sozialpolitik sowie die ungleiche Verteilung von Ressourcen stärker in den Fokus der Analyse zu stellen. Dies böte die Möglichkeit einer Identifikation mit Werten wie Freiheit und Demokratie, die in großen Teilen der ostdeutschen Bevölkerung immer noch unterentwickelt sind. Die Verklärung des Sozialen behindert zudem den endgültigen Abschied von der Unmündigkeit, die in der DDR mit dem sozialen Versorgungssystem verknüpft war und Loyalität erzeugen sollte. Die Verflechtung von individueller Erinnerungswelt, die ohnehin im Nachhinein nur schwer zu beeinflussen ist, und Systemgeschichte wertet letztere in einer nicht gerechtfertigten Weise auf. Denn wie immer man es drehen und wenden mag, die Geschichte der DDR war ein Misserfolg, die der Bundesrepublik ein Erfolg. Freilich lässt sich beides nicht auf die individuelle Ebene herunterbrechen.

Die Kennzeichnung der DDR als totalitäre Diktatur und politisches Unrechtssystem ist selbstverständlich nicht mit der Abwertung der Lebensgeschichte aller ehemaligen DDR-Bewohner verbunden. Im Gegenteil: Sie zielt auf abgestufte Verantwortlichkeiten und vermeidet Pauschalisierungen. Die differenzierte Betrachtung von DDR-Biografien muss zwar den systemischen Hintergrund miteinbeziehen, darf aber nicht alle Lebensverläufe auf die gleiche Stufe stellen, da nur eine Minderheit Verantwortung getragen oder für die Staatssicherheit geschnüffelt und dafür erhebliche Privilegien genossen hat. Einige Wissenschaftler und die PDS/Die Linke versuchen indes bewusst und gezielt, ehemalige DDR-Bewohner pauschal mit in Haftung zu nehmen, wenn einschlägig belastete Personen aus ihrem Umfeld kritisiert oder nicht in Ämter gewählt werden. Keineswegs werden, wie Gregor Gysi erklärte, Millionen Ostdeutsche wegen ihrer Lebensgeschichte ausgegrenzt, wenn der PDS-Parteivorsitzende Lothar Bisky nicht zum Vizepräsidenten des deutschen Bundestages gewählt wird. Millionen Ostdeutscher hatten nicht annähernd eine ähnliche Biografie wie Lothar Bisky, der in der DDR verantwortliche Positionen einnahm und auf vielfältige Weise die Parteidiktatur stützte. Eine pauschale Anerkennung von Lebensleistungen ehemaliger DDR-Bewohner verbietet sich allein schon aus Respekt vor denen, die der Diktatur widerstanden und hierfür zum Teil andauernde Benachteiligungen oder langjährige Haftstrafen in Kauf genommen haben. Das schließt die Anerkennung individueller Lebensleistungen – nach demokratischen und humanistischen Maßstäben – selbstverständlich mit ein, wie umgekehrt eine pauschale Aufwertung westdeutscher Lebensbiografien allein aufgrund des Erfolgs ihres Gesellschaftssystems ausgeschlossen werden muss. Ohne einen kritischen und differenzierten Umgang mit der jeweiligen Geschichte und die Trennung von System- und Lebensgeschichte – soweit dies möglich ist – wird das wechselseitige Verständnis der Deutschen nicht verbessert und das weitere Zusammenwachsen nicht gelingen können.

Das Bild der DDR in der Wissenschaft ist, wie hier dargestellt wurde, auch knapp achtzehn Jahre nach der Vereinigung äußerst umstritten. Tendenzen zur Weichzeichnung zeigen sich nicht nur bei DDR-Apologeten, zumeist ehemaligen SED-Funktionären und -Wissenschaftlern, sondern auch bei (ost- und westdeutschen) Sozialwissenschaftlern und Zeithistorikern, die, mehr oder weniger bewusst anknüpfend an die alte systemimmanente DDR-Forschungsrichtung, die Gesellschaft und den Alltag der DDR in den Vordergrund rücken und dabei Gefahr laufen, die diktatorischen Verhältnisse auf Rahmenbedingungen zu reduzieren. In vielen Beiträgen wird zumeist so pauschal und pauschalisierend von den Ostdeutschen geredet, als seien Lebensläufe und die Stellung zum System mehr oder weniger identisch gewesen. Dies wird den realen Verhältnissen vieler in der DDR Gebliebener und auch den in den Westen Geflohenen oder Übergesiedelten nicht gerecht. Vor allem diejenigen, die sich mehr oder weniger deutlich den Anmaßungen der SED-Diktatur widersetzt haben und hierfür erhebliche Nachteile in Kauf nehmen mussten, sind – zu Recht – gekränkt, wenn in der Auseinandersetzung um das DDR-Bild immer nur von ost- und westdeutscher Sicht gesprochen und nicht die jeweilige Binnendifferenzierung beachtet wird.

Der Umgang mit zwei Diktaturen

Obschon Zeithistoriker, Politiker oder Publizisten, die die NS-Diktatur ebenso wie die SED-Diktatur für totalitär halten, immer wieder auf die fundamentalen Unterschiede hinweisen, haben viele Ostdeutsche bereits Probleme mit dem Terminus „zwei deutsche Diktaturen im 20. Jahrhundert“, weil sie hierdurch die DDR auf eine Stufe mit dem Nationalsozialismus gesetzt sehen. Kritiker dieser angeblichen Gleichsetzung von NS- und SED-Staat haben jedoch keine Probleme, die DDR als Republik zu bezeichnen, auch wenn diese nur eine selbsternannte war.

In der Zurückweisung dieser Begrifflichkeit von Teilen der ostdeutschen Öffentlichkeit nehmen sie über die Maßen Partei für die DDR, rücken sie in ein besseres Licht, um sie von der NS-Diktatur abzusetzen. Eine derartige Reaktion auf den Begriff „zwei Diktaturen“ oder „doppelte Diktaturerfahrung“ wie generell die Scheu, Diktaturen, gleich welcher Ausrichtung, von Demokratien zu unterscheiden, dürfte in erster Linie Resultat fehlender normativer Bewertungsmaßstäbe sein. Aus der Sicht einer freiheitlich-demokratischen Gesellschaft und ihrer Werteordnung sind alle Diktaturen negative Gegenentwürfe, wenn auch unterschiedlicher Gestalt.

Ost und West trennt mehrheitlich nicht nur die unterschiedliche Gewichtung der SED-Verbrechen, sondern – was schwerer wiegt – das Fehlen eines gemeinsamen normativen Bezugspunktes für deren Einordnung. Ohne einen solchen lassen sich die beiden Diktaturen schwerlich charakterisieren und abgrenzen.

Für die meisten Westdeutschen ist dieser Bezugspunkt eine freiheitlich-demokratische, zivile Gesellschaft und ihre Werteordnung, wie sie sich im Laufe der Jahrzehnte in der Bundesrepublik herausgebildet und gefestigt hat. Eine Mehrheit der ostdeutschen Bevölkerung dagegen, die sich mit der Akzeptanz der Gesellschaftsordnung des vereinten Deutschlands schwer tut, greift bei der Bewertung oftmals auf alte, aus DDR-Zeiten vertraute Muster zurück. Auch fällt es ihr ungleich schwerer, die zweifellos vorhandenen Gemeinsamkeiten der beiden totalitären Regime, besser erkennbar zwischen der kommunistischen (stalinistischen) Sowjetunion und dem „Dritten Reich", als zwischen der DDR und dem Nationalsozialismus zu benennen.

Da die Verständigung über ein gemeinsames Geschichtsbild – zumindest innerhalb gewisser Interpretationsspielräume – für die politische Kultur und das Zusammengehörigkeitsgefühl einer Gesellschaft mitprägend ist, kann und darf diese Differenz nicht verdrängt werden.

Für den angemessenen Umgang mit den beiden Diktaturen im Sinne einer „doppelten Vergangenheitsaufarbeitung" sollte zumindest bei der Mehrheit der Bevölkerung sowie öffentlichen Meinungsträgern und Multiplikatoren Übereinstimmung hinsichtlich grundlegender historischer Tatsachen bestehen:

- Ohne die erste von Deutschen errichtete und betriebene verbrecherische Diktatur, die für den Zivilisationsbruch der Shoa verantwortlich war und Deutschland in einen mörderischen Krieg, einen Zivilisationsbruch und schließlich in die bedingungslose militärische und moralische Niederlage stürzte, hätte es weder die zweite Diktatur noch die Teilung gegeben. Die Nationalsozialisten erhielten zudem die Macht formal korrekt übertragen, errichteten erst dann ihre Diktatur, erfreuten sich aber zumindest bis zur militärischen Wende im Krieg der Sympathie und Unterstützung einer Bevölkerungsmehrheit.
- Die DDR war im Kern ein sowjetisches Protektorat mit wenig Spielraum für eigenständige Politik. Die zu keiner Zeit demokratisch legitimierte Herrschaft lag in den Händen deutscher Kommunisten, die sich bedingungslos dem sowjetischen Führungsanspruch unterwarfen bzw. gleichgerichtete Vorstellungen hatten.
- Gegenüber den Verbrechen der Nationalsozialisten erscheinen die im SED-Staat verübten marginal: Die DDR hat weder einen Krieg mit Millionen Opfern verursacht noch einen Massenmord wie den an den europäischen Juden verübt. Gleichwohl sind die Opfer der SED-Diktatur keine „Opfer zweiter Klasse" und haben – ähnliche Ausgrenzungen und Verfolgungen vorausgesetzt – das gleiche Recht auf Anerkennung und Würde.
- Beide Diktaturen waren totalitär strukturiert – die unbeschränkte Macht lag in den Händen einer Monopolpartei und ihrer Führung bzw. ihres Führers konzentriert. Auch in dem Bestreben, eine „neue – einmal rassistisch, einmal sozialistisch begründete – Gesellschaft mit neuen Menschen" schaffen zu wollen, gab es Analogien.
- Beide Diktaturen verstanden sich als antibürgerlich, zerstörten bürgerliche Strukturen und deklassierten bürgerliche Schichten. Dagegen unterschieden sich die beiden Gesellschaften in ihrem jeweiligen Zugriff auf die Wirtschaft, selbst wenn planwirtschaftliche Elemente auch im Nationalsozialismus eingeführt wurden.

Doch das Privateigentum blieb dort im Gegensatz zur DDR für die nicht vom Regime verfolgten Bürger weitgehend unangetastet.

- So unterschiedlich die Ideologien und politischen Ziele auch waren, zeigen die Formen der Uniformierung, Militarisierung und Gleichschaltung der Gesellschaft ähnliche Züge. Untertanengeist wurde hier wie da kultiviert.
- Die Diktaturerfahrung prägte die jeweiligen Bevölkerungen allein schon aufgrund der unterschiedlichen Dauer – 12 Jahre gegenüber 45 Jahren – unterschiedlich stark. Der totalitäre Zugriff der SED auf die Gesellschaft und die Beeinflussung der Bevölkerung fiel auch aus diesem Grund nachhaltiger aus. Bestimmte Verhaltensweisen und kulturelle Codes lebten über lange Zeiträume fort. Die zum Teil jahrzehntelangen Erfahrungen in einem System hinterlassen selbst bei denen, die der Diktatur mehr oder weniger ablehnend gegenüberstanden, Spuren, nicht zuletzt im Welt- und Menschenbild.
- Der neben dem unterschiedlichen Ausmaß der Verbrechen wichtigste Unterschied liegt in der Beendigung der jeweiligen Diktatur. Die DDR-Bevölkerung löste sich, als die europäischen Rahmenbedingungen dies gestatteten, aus eigener Kraft und ohne Gewalt aus den diktatorischen Zwängen und brachte die Diktatur zu Fall. Im NS-Staat regte sich auch im Angesicht der drohenden militärischen Niederlage kein Widerstand in der gesellschaftlichen Breite, so dass das Ende des Nationalsozialismus, das anfangs von einer breiten Mehrheit als demoralisierende Niederlage und erst Jahrzehnte später als Befreiung empfunden wurde, durch Truppen der Alliierten erkämpft wurde. Bei dieser Differenzierung muss zugleich berücksichtigt werden, dass Widerstand in der späteren DDR-Zeit mit vielerlei Diskriminierungen und Sanktionen bedroht war, Widerstand während des Krieges in aller Regel mit der Todesstrafe.

Wird unter vorgenannten Prämissen von den beiden deutschen Diktaturen gesprochen, ist eine differenzierte Betrachtung, die in der Erinnerungskultur und dem Profil der Gedenkstätten Ausdruck finden sollte, sowie eine Nicht-Diskreditierung Ostdeutscher möglich. Das gilt selbstverständlich auch für solche Opfer des SED-Regimes, die von einigen pauschal in die Nähe von Nationalsozialisten gerückt werden, wie die Auseinandersetzungen um die sowjetischen Speziallager leider oftmals gezeigt haben. Hier wird aus sehr vordergründigen Motiven generalisiert.

Eine differenzierte Sicht auf die beiden Diktaturen, die ihren Gemeinsamkeiten, aber auch den jeweiligen Besonderheiten Rechnung trägt, findet freilich nicht nur Fürsprecher, weil hiermit zwei Bedingungen verknüpft sind: die freiheitlich-demokratische Werteordnung als Beurteilungsmaßstab sowie die Verurteilung von Verbrechen unabhängig von Ideologie und politischer Ausrichtung der Täter. Schließlich muss – positiv – stets der Anspruch jedes Menschen auf Leben, Unversehrtheit und Würde gewahrt werden. Damit kann verhindert werden, dass in der Erinnerungskultur die kommunistischen Verbrechen „übersehen" oder menschenrechtlich anders gewichtet werden als die nationalsozialistischen. Schon zu Lebzeiten Lenins und Stalins zeigten sich westliche Linksintellektuelle fasziniert vom Aufbau des Sozialismus bzw. Kommunismus in der Sowjetunion und überboten sich geradezu in Lobpreisungen auf die Diktatoren, deren Terror viele Millionen Menschen zum Opfer fielen. Pablo Picasso ebenso wie Heinrich Mann oder Stefan Hermlin feierten Stalin an seinem siebzigsten Geburtstag im Dezember 1949 als „Weltfriedensfürsten". Gewiss, die stalinistische Sowjetunion hatte mit dem Preis unzähliger Menschenopfer das nationalsozialistische Deutschland gemeinsam mit den Westalliierten militärisch niedergerungen und den Antifaschismus auf ihr Legitimationsschild gehoben, aber die Blutspur des Terrors im kommunistischen Mutterland war schon damals nicht zu übersehen. Dennoch konnte gerade der stalinistisch geprägte Kommunismus eine gewaltige Anziehungskraft entwickeln und Millionen Menschen in seinen Bann ziehen.[232])

Bereits unter Lenin errichteten die Bolschewisten in Russland eine Herrschaft, die von Beginn an den Terror zum wichtigsten politischen Machtinstrument erhob. Ihr Ziel war weit gefasst und einzigartig: Es ging ihnen um die Schaffung eines „neuen Menschen", der die Keimzelle für eine neue Gesellschaft darstellen sollte.[233]) Der totalitäre Kern der kommunistischen Politik bestand darin, die Menschen mit allen zur Verfügung stehenden Mitteln der ideologischen Vorstellung anzupassen bzw. sie nach diesem fiktiven Vorbild umzuformen. Dies erforderte die vollständige Zerstörung der alten Gesellschaft im Inneren und gleichzeitig die Übertragung der neuen Prinzipien auf die übrige Welt. Mit dem ideologischen Anspruch war der machtpolitische auf ein Imperium eng verbunden. Nach dem militärischen Sieg wurden Ost- und Mitteleuropa einschließlich eines Teils Deutschlands in den kommunistischen Machtbereich einbezogen.

Den nicht nur für die Sowjetunion, sondern ebenso für das kommunistische China und Kambodscha charakteristischen Vernichtungsambitionen gegenüber bestimmten sozialen Gruppen fielen zwischen 1918 und 1990 Abermillionen Menschen zum Opfer. Während der Kommunismus vor allem im Inneren wütete, richtete der Nationalsozialismus seine rassistisch und imperial motivierten Aggressionen auch nach außen, beging durch die Ermordung des europäischen Judentums einen singulären Zivilisationsbruch und war weiterhin bestrebt, sich den osteuropäischen Raum durch brutale Mord- und Hungeraktionen gegen Soldaten wie Zivilisten anzueignen. Bei der Beurteilung dieser nach der Dimension der Opferzahlen vergleichbaren Vorgänge verbietet sich freilich jede wechselseitige Instrumentalisierung oder Relativierung, ganz zu schweigen von einer Aufrechnung der Opferzahlen in apologetischer Absicht. Zudem war Deutschland stets auf eine tief verwurzelte Rechts- und Kulturtradition stolz gewesen. Umso schwerer wiegt sein Fall in die Barbarei der NS-Diktatur. Der Begriff „zweierlei Singularität" (Gerd Koenen) erscheint vor dem Hintergrund der je gegebenen Kontexte für die Beurteilung der beiden größten Verbrechenszusammenhänge durchaus tauglich.

---

232) Vgl. Koenen 1998.
233) Vgl. hierzu auch Lepp u. a. 1999.

Diese Schlussfolgerung findet jedoch gerade bei Linksintellektuellen, ohne dass sie es in den meisten Fällen explizieren, Widerspruch, weil durch sie (angeblich) die unterschiedlichen Motive – „böse rassistische Ziele" auf der einen, „ideale, die Gleichheit der Menschen anstrebende Ziele" auf der anderen Seite – nicht berücksichtigt würden. Barbara Spinelli beklagt das „selektive Gedächtnis der westlichen Führungselite". Dieses „[...] funktioniert sehr zuverlässig, so lange es darum geht, an Nationalismus und Faschismus zu erinnern; oberflächlich und lückenhaft wird es dagegen, wenn es um den Kommunismus geht. [...] Die kommunistische Diktatur dagegen wurde nicht durch eine bewaffnete Intervention niedergeworfen. Jahrzehntelang stand sie wegen des Kalten Krieges unter Beobachtung und genoss während der Entspannungsphase wohlwollende Nachsicht. Das Scheitern des Systems führte nicht zu einem vergleichbaren Sühneprozess, zur juristischen Abrechnung, zur schrittweisen Selbsterkenntnis und zum Erschrecken über sich selbst. [...] Bis heute tut sich der Westen schwer, das Ausmaß der menschlichen, sozialen und ökologischen Katastrophe zu ermessen, die der Kommunismus hinterlassen hat."[234])

Entgegen der „von linker Seite" immer wieder vorgebrachten Behauptung, die Aufarbeitung der SED-Diktatur solle die Verbrechen des NS-Staates relativieren und verharmlosen, geht es bei der wissenschaftlichen Debatte wie in den Auseinandersetzungen um Erinnerungskultur und Gedenkstättenkonzeptionen häufig um die zentrale Frage der Gewichtung der beiden Diktaturen und mitunter eher um die Relativierung der SED-Diktatur angesichts der NS-Verbrechen. Indem bei der Betrachtung der beiden Diktaturen nur die Verbrechen gesehen werden, geraten die anderen Merkmale einer „links- oder rechtsgestrickten" totalitären Diktatur aus dem Blick.

Die angemessene Bewertung und Einordnung der DDR in die deutsche und europäische Geschichte darf sich nicht auf die Darstellung ihrer immanenten Entwicklung beschränken. Selbstverständlich müssen hierbei die fehlende demokratische Legitimation des SED-Staates erwähnt, seine Verbrechen und Menschenrechtsverletzungen verurteilt und die Faszination Linksintellektueller von totalitären Ideologien erklärt werden. Gerade diejenigen, die vor 1989 immer die unzureichende Aufarbeitung des NS-Regimes und die schnelle Integration von Verantwortungsträgern beklagt haben, müssen der Versuchung widerstehen, die Verbrechen des Kommunismus mit seinen vermeintlich hehren Motiven zu entschuldigen. Eine Möglichkeit hierfür bestünde in der vergleichenden Betrachtung von Nationalsozialismus, DDR und Bundesrepublik, wie sie beispielhaft für die Sozialpolitik schon durchgeführt wurde – allerdings ohne den Mut zur abschließenden vergleichenden Bewertung.[235])

---

[234]) Spinelli 2002, S. 14/15.

[235]) Vgl. Hockerts 1998.

Die DDR in der universitären Lehre und der Fortbildung

Das hier skizzierte vielfältige Bild der DDR in der Wissenschaft sagt freilich noch nichts über Verbreitung und Qualität der verschiedenen Ansätze aus. Darüber hinaus mangelt es an produktiven Auseinandersetzungen zwischen den verschiedenen Ansätzen anhand konkreter Untersuchungsfelder. Während sich totalitarismustheoretisch inspirierte Forscher mit anderen Ansätzen ernsthaft auseinandersetzen, mangelt es bei Wissenschaftlern, die einen sozialgeschichtlichen Zugang favorisieren, an einer tiefergehenden Kritik verschiedener Totalitarismusmodelle, die für die Analyse und Einordnung der DDR Anwendung finden. Zumeist wird nur – ohne Beleg – behauptet, diese Ansätze hätten sich als unbrauchbar erwiesen, spielten in der zeitgeschichtlichen Forschung keine Rolle mehr, seien antiquierte Modelle, oder sie werden in eine geschichtspolitische Ecke gerückt, womit ihnen implizit der wissenschaftliche Charakter abgesprochen werden soll.[236])

In einer Studie des Instituts für Hochschulforschung Hof-Wittenberg wurden Akteure des DDR-bezogenen Lehr- und Forschungsbetriebs mittels einer standardisierten Befragung und zusätzlichen Interviews mit einigen Professoren ermittelt. An der Befragung beteiligten sich insgesamt 167 Wissenschaftler.[237]) Auf die Frage, welches Thema sie besonders interessiere, antworteten die Befragten zu 28% mit SBZ und zu 25% mit deutsch-deutsche Beziehungen. Erst auf dem dritten Platz folgt die Transformationsphase ab 1989. Die politischen Institutionen kommen nur auf 21%, darunter die SED mit 14% und das MfS mit 13%. Das Themenfeld „Opposition/Widerstand, non-konformes Verhalten" erreicht bei den Nennungen 20%, obschon kaum Lehrveranstaltungen hierzu angeboten wurden. Gleiches gilt für den Diktaturvergleich. Interesse hieran äußert knapp jeder fünfte Befragte, aber nicht einmal 2% der Lehrveranstaltungen widmeten sich diesem Thema. Dieses Ergebnis deutet darauf hin, dass es unterschiedliche Themenfelder in Forschung und Lehre gibt, d. h. die eher traditionellen Themen dürfen an einer Universität gelehrt und erforscht werden, die bisher eher randständigen, wobei hierzu vor allem der Bereich Widerstand, Opposition und Repression gehört, außerhalb.

Für wenig erforscht halten die befragten Wissenschaftler Alltagsgeschichte, Blockparteien, Medienpolitik und Massenorganisationen (genannt von jeweils knapp 25% bis gut 28%), für gut erforscht werden Transformationsphase, Opposition, SBZ, Staatssicherheit und Religion/Kirchen gehalten (Nennungen zwischen knapp 67% und gut 54%).[238]) Als wichtigste Publikation zur DDR-Geschichte werten die DDR-Forscher die von Kaelble u. a. herausgegebene „Sozialgeschichte der DDR", die Materialien der Enquête-Kommission sowie die Monographien von Sigrid Meuschel und Klaus Schroeder.

---

[236]) Vgl. hierzu insbesondere diverse Beiträge von Mitarbeitern des Potsdamer Instituts für zeitgeschichtliche Forschung.

[237]) Vgl. Hüttmann 2004a und 2004b

[238]) Vgl. Hüttmann 2004a, S. 23/33.

Ein für die Autoren überraschendes Ergebnis brachten die Antworten auf die Frage, welche Begrifflichkeiten zur Einordnung der DDR am treffendsten sind und sich im bisherigen Deutungskampf behaupten konnten.

Schaubild 11: Begriffliche Einordnung der DDR

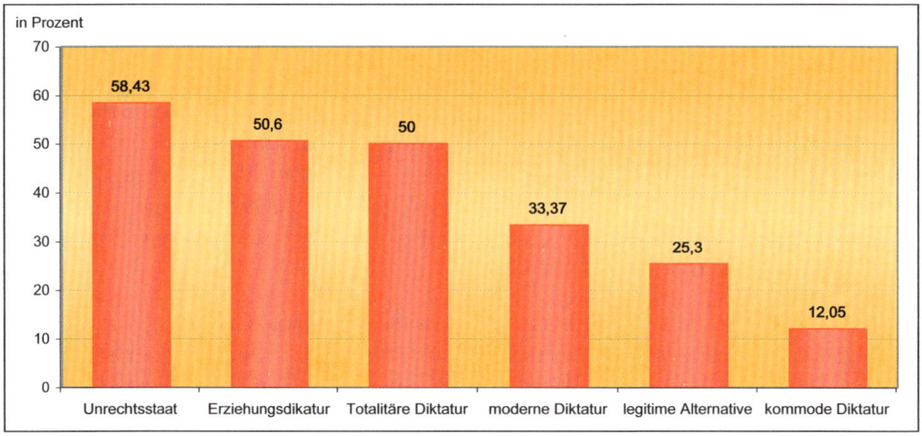

Quelle: Hüttmann 2004a, S. 37

Mit deutlichem Abstand favorisieren die befragten DDR-Forscher die Begriffe Unrechtsstaat, Erziehungsdiktatur und totalitäre Diktatur. Alle drei Begriffe erhalten einen deutlich höheren Anteil an Zustimmung gegenüber Ablehnung. Während der schwammige Begriff „moderne Diktatur" von gut jedem Dritten befürwortet und von 30% abgelehnt wird, erhalten die Zuschreibung „legitime Alternative" und „kommode Diktatur" deutlich mehr Nein- als Ja-Stimmen. Der Autor der Studie versucht, dieses Ergebnis zu relativieren, indem er behauptet, „die klaren Begriffsbildungen (sind) so eindeutig gar nicht und (müssen) in ihrer Rigidität relativiert werden".[239]) Dass die favorisierten Begrifflichkeiten Resultat von Forschungen sein könnten, wird von Hüttmann überhaupt nicht erwogen. Er „rettet sich" mit einem Zitat von Jürgen Kocka, dem „Gründungsvater" des Potsdamer Instituts zur Erforschung der DDR: „Die DDR war Diktatur, zweifellos, und in gewisser Hinsicht war sie totalitär. Aber sie war immer auch anderes und mehr, was in den Erinnerungen vieler damals Lebender weiter bzw. wieder präsent ist."[240]) Für Kocka stellt diese Argumentation trotz ihrer Unbestimmtheit immerhin einen Fortschritt dar, denn Jahre zuvor kennzeichnete er die DDR nur als „moderne Diktatur", ohne das Adjektiv „totalitär" zu erwähnen.

Obschon die befragten DDR-Forscher mit absoluter Mehrheit als von ihnen favorisierte theoretisch-methodische Ansätze die Politik- und Institutionengeschichte (zu

[239]) Hüttmann 2004b, S. 196.
[240]) Zitiert nach: Hüttmann 2004a, S. 39.

knapp 63%) und die Totalitarismustheorie (mit knapp 59%) erwähnen und damit das Ergebnis der favorisierten Kennzeichnungen bestätigen, versucht der Autor der Studie, die Ergebnisse umzuinterpretieren, indem er behauptet, „dass die Mehrheit des Historikerfeldes weiterhin ‚scharfe', eindeutige Begrifflichkeiten zur Kennzeichnung der DDR bevorzugt. [...] Deutlich wird aber auch, dass sich offenbar bei der konkreten Durchführung diese Begrifflichkeiten nicht vollständig durchhalten lassen bzw. relativiert werden müssen. Auch ein Befund wie ‚totalitäre Diktatur' erfordert von den Akteuren eine flexible Verwendung."[241])

Die Untersuchung der akademischen Lehre über das Thema DDR – ebenfalls durchgeführt vom Institut für Hochschulforschung Hof-Wittenberg – brachte weitere überraschende Ergebnisse. Im Jahre 2001 stellte die erste Studie fest, dass die „Intensität der Behandlung von DDR-Geschichte und aktuellen ostdeutschen Entwicklungen in der akademischen Lehre kontinuierlich abnimmt. In den Jahren 2000/2001 hatten 54 von insgesamt 88 deutschen Universitäten, d. h. 62%, keine explizit auf Ostdeutschland bezogene Lehrveranstaltung mehr im Programm. Für 12 exemplarische Universitäten wurden die DDR-bezogenen Lehrveranstaltungen zwischen 1990 und 2001 gesichtet, für die Jahre 2000/2001 wurde eine Totalerhebung an allen deutschen Universitäten durchgeführt."[242]) Danach wuchs von Anfang bis Mitte der neunziger Jahre die Zahl der DDR-bezogenen Lehrveranstaltungen deutlich an, fiel aber anschließend genauso deutlich wieder ab. Während 1994/95 203 entsprechende Lehrveranstaltungen ermittelt wurden, waren es 2000/2001 nur noch 79.[243])

In vier Ländern wurden in den Jahren 2000/2001 keine Lehrveranstaltungen zur SBZ, DDR oder Ostdeutschland durchgeführt: Brandenburg,[244]) Bremen, Saarland und Schleswig-Holstein. Darüber hinaus konstatiert der Autor der Erhebung für Süddeutschland eine nur geringe Aufmerksamkeit für DDR-Geschichte und aktuelle ostdeutsche Entwicklungen, in Nordwestdeutschland eine ausgewogene Beschäftigung, in Ostdeutschland (ohne Berlin) ein adäquates Lehrangebot und in Berlin ein überdurchschnittliches. An den drei Berliner Universitäten fanden 2000/2001 ein Viertel aller DDR-/Ostdeutschland-spezifischen Lehrveranstaltungen statt. Zusammen mit den fünf ostdeutschen Ländern konzentriert sich insofern etwa die Hälfte aller deutschen Universitätsseminare auf diesen Raum – bei einem Anteil von 21% an der gesamtdeutschen Bevölkerung und 19% an allen Universitätsstudierenden.

Die in die Untersuchung einbezogenen Lehrveranstaltungen beschäftigten sich zu zwei Dritteln mit der Geschichte der DDR und zu einem Drittel mit dem Verei-

---

241) Vgl. ebd., S. 40/41.

242) Pasternack 2001, S. 7.

243) Vgl. Pasternack 2004, S. 169.

244) Warum auch in Brandenburg in diesem Zeitraum keine DDR-bezogenen Lehrveranstaltungen durchgeführt wurden, überrascht doch einigermaßen, da es hier das vom Land mitfinanzierte Potsdamer Institut für zeitgeschichtliche Forschung gibt, das seine Forschungsergebnisse in die akademische Lehre vermitteln könnte.

nigungs- und Transformationsprozess. Bezogen auf die Phasen der ostdeutschen Nachkriegsgeschichte liegt die Transformationsphase seit 1989 in ihrem Anteil an der Lehre vor der Beschäftigung mit den Jahren 1945 bis 1949, gefolgt von den fünfziger Jahren. Erst danach kommen die sechziger und die achtziger Jahre, während die siebziger Jahre am wenigsten thematisiert werden. Angesichts der nach dem Machtwechsel von Ulbricht zu Honecker erfolgten Weichenstellungen, die die DDR bis zu ihrem Untergang prägten, fällt dieses Ergebnis überraschend aus.

Entgegen der von interessierter Seite in den letzten Jahren mehrfach erhobenen Forderung, die Alltagsgeschichte der DDR stärker in den Fokus der Betrachtung zu nehmen und die vermeintlich überforschten Bereiche von politischen Institutionen und Repression etwas in den Hintergrund zu rücken, werden in der akademischen Lehre am häufigsten Veranstaltungen zum ostdeutschen Kulturleben und zur DDR-Kulturpolitik (24%) sowie zu Themen des politischen Systems/Verwaltung (22%) angeboten, wobei sich nur 1,5% aller Lehrveranstaltungen explizit mit der SED beschäftigen. Sozialgeschichtliche und Alltagsthemen kommen auf 15%, das Bildungssystem auf 10%, das Wirtschaftssystem und die Wirtschaftspolitik der Transformationsjahre werden dagegen nur in 6% der Lehrveranstaltungen thematisiert. Wenig Beachtung finden in der akademischen Lehre Themen zu Opposition, Widerstand und Repression, Religion und Kirchen, „Antifaschismus“, Ideologie, Sozial- und Gesundheitspolitik sowie zum ländlichen Leben und zur Ökologie/Umweltpolitik.[245])

Die Befürchtung, die DDR werde in einem Atemzug mit dem NS-Staat behandelt, trifft auf universitäre Veranstaltungen nicht zu. Während die DDR in nur wenigen (1,7%) Lehrveranstaltungen zusammen mit dem Nationalsozialismus thematisiert wird, werden DDR und Bundesrepublik bzw. ost- und westdeutsche Länder deutlich häufiger (12,5%) gemeinsam behandelt. Meistens wird die DDR-Geschichte jedoch in die gesamtdeutsche Nachkriegsentwicklung eingeordnet (43%). Aufgrund dieses Ergebnisses konstatiert der Autor der Studie: „Die DDR wird weithin als Bestandteil der deutschen Geschichte akzeptiert. Sie wird nicht als zu separierender Sonderfall an den Rand deutscher Nachkriegsgeschichte gedrängt.“[246])

Die SBZ/DDR/Ostdeutschland werden vor allem in der Politikwissenschaft und Soziologie (zusammen 30%), in der Geschichtswissenschaft (25%), der Germanistik (19%) und in der Erziehungswissenschaft (10%) in die Lehre einbezogen, während sich Wirtschafts- und Rechtswissenschaften mit diesen Themen kaum beschäftigen.

Die Diskussion um die Beurteilung und Einordnung der DDR verläuft freilich aus verschiedenen Motiven und mit unterschiedlichen Zielen. Während die einen die Legitimation der DDR aus historischen und sozialen Gründen hervorheben wollen, intendieren andere die Delegitimation der DDR als Diktatur und wieder andere gehen von einer grundsätzlichen Kontingenz aus und wollen analysieren, warum die

[245]) Ebd., S. 171.
[246]) Ebd., S. 174.

Entwicklung so und nicht anders verlief. Pasternacks Bewertung – er spricht allen drei Diskursen eine soziale Berechtigung zu: „Abhängig von individuellen und kollektiven Erkenntnisinteressen, Verarbeitungsbedürfnissen sowie kognitiven, sächlichen und zeitlichen Kapazitäten gibt es für jede der drei Dimensionen akzeptable Gründe, sie als Hauptentfaltungsort des Nachlebens der DDR zu wählen.“ – ist allerdings nicht zuzustimmen.[247])

Angesichts der Nachwirkungen der DDR-Sozialisation und der Instrumentalisierung der DDR-Geschichte für aktuelle Ereignisse und Entwicklungen scheint die Forderung nach angemessener Beschäftigung mit dem SED-Staat an Universitäten, Weiterbildungseinrichtungen und Schulen mehr als geboten. Vor allem in der Lehrerausbildung sollten die DDR und die deutsche Teilungsgeschichte in stärkerem Maße Gegenstand von Lehrveranstaltungen sein, um Lehrer zu befähigen, auch jenseits ihres Milieus und der im Privaten weitergetragenen Erinnerungen das Thema umfassend und realitätsnah behandeln zu können.

In der politischen Erwachsenenbildung ist das Thema DDR ebenfalls nicht sehr weit verbreitet, wie eine Studie feststellt.[248]) Knapp 1.200 Angebote von politischen und kirchlichen Akademien, freien, christlichen und gewerkschaftlichen Bildungswerken, Volkshochschulen und Parteistiftungen, die sich mit der DDR beschäftigen, wurden detailliert ausgewertet und darüber hinaus Multiplikatoren der politischen Bildung befragt. Die Autoren gehen nach der Lektüre des Weiterbildungsangebots davon aus, dass ein großer Teil der Westdeutschen nur geringfügige Kenntnisse und Orientierungen über die DDR-Geschichte hat, was die Bildungsangebote zu kompensieren versuchen. Dabei enthielten viele Veranstaltungsankündigungen bereits Wertungen seitens der Dozenten, wozu vor allem Lehrkräfte neigen, die eine gewisse Sympathie für die DDR empfinden.[249]) Die Studie kommt nach Sichtung des Veranstaltungsangebots zum Resümee, die kommunistische Herrschaft in Deutschland habe noch keinen klaren Platz in der Erinnerungskultur Deutschlands gefunden. Es herrsche ein unsicherer Umgang in Bezug auf ihre politisch-moralische Bewertung vor. Viele Veranstalter befürchten offensichtlich bei einer zu starken Thematisierung des DDR-Unrechts, einer Relativierung der NS-Verbrechen Vorschub zu leisten. „Dass die kommunistische Gewaltherrschaft einen definierten Platz in der Erinnerungskultur der Bundesrepublik noch nicht gefunden hat, dass die moralisch-politische Bewertung des SED-Unrechts unsicher bleibt und sogar eine nachträgliche Zustimmung zu Elementen der Diktatur wahrzunehmen ist, stellt nach der Auseinandersetzung mit dem Nationalsozialismus vielleicht die größte Herausforderung für die politische Bildung dar.“[250])

Die Schwierigkeiten der Beschäftigung mit der DDR gerade in den neuen Ländern werden exemplarisch an einem Beitrag der Leiterin der brandenburgischen

[247]) Pasternack 2001, S. 11.
[248]) Vgl. Behrens 2006a.
[249]) Ebd., S. 1067.
[250]) Ebd., S. 1068.

Landeszentrale für politische Bildung, Martina Weyrauch, deutlich. Sie möchte in den Veranstaltungen „bewusst auf Komplexität der vergangenen Wirklichkeit beharren, Meinungsvielfalt anbieten". Zwar dürfe beurteilt und gewertet werden, denn „kritische Historisierung bleibt eine ebenso notwendige wie schwierige Aufgabe, insbesondere bei der Beschäftigung mit Diktaturgeschichte", aber es solle „bei der Beurteilung der DDR kein monolithisches Bild gezeichnet werden, das die alte Agitation und Propaganda nur ablöst."[251]) In den Veranstaltungen sollen keine Belehrungen erfolgen, angestrebt werden „authentische politische Begegnungen und Auseinandersetzungen, dialogische Veranstaltungen, wenn das Thema die Interessen trifft". Die Leiterin weist vehement die Kritik Joachim Gaucks an großen Teilen der ostdeutschen Bevölkerung, im Schlechten nur an das Gute zu erinnern, zurück und plädiert „für mehr Zurückhaltung bei der Beurteilung und im christlichen Sinne für mehr Demut, weil wir alle, egal in welcher Rolle und mit welchem Auftrag, Suchende, Lernende sind. Ich weiß aus unserer Arbeit, dass viel nachgedacht wird, dass die Vergangenheit in uns allen rumort."[252])

Die positive Bewertung der DDR durch viele Ostdeutsche, die sich in der „Ostalgie-Welle" ausdrückt, ist ihrer Meinung nach Ausdruck der schwierigen sozialen Situation, vor allem der hohen Arbeitslosigkeit, in Ostdeutschland. Sollte diese These zutreffen, müsste dort, wo in Ostdeutschland die soziale Situation besser als in Westdeutschland ist, die nostalgische Verklärung der DDR geringer ausfallen als in sozial schwierigen Regionen. Ob die Zurückhaltung bei der Bewertung letztlich nicht doch die von Gauck angesprochene Sichtweise unterstützt, scheint jedenfalls noch nicht geklärt.

Während Weyrauch die soziale Situation im wiedervereinten Deutschland als Begründung für die soziale Verklärung der DDR mehr oder weniger explizit in den Vordergrund rückt, behauptet der ehemalige Direktor des Potsdamer ZZF, Jarausch, die „massive Verdammung des SED-Regimes durch die Westmedien (hat) eine Art von nostalgischer Trotzreaktion hervorgerufen".[253]) Die Ostalgiewelle verdankt sich nach dieser Interpretation der Charakterisierung der DDR als Diktatur und der Hervorhebung ihres Gewalt- und Unrechtcharakters. Eine dominante Verdammungsgeschichte sieht Jarausch auch in der Darstellung der DDR durch das Haus der Geschichte der Bundesrepublik Deutschland in Bonn gegeben, die die DDR nur als Negativfolie für die Bundesrepublik präsentiere. Eine gleichzeitige Ablehnung von NS- und SED-Diktatur, wie sie in Totalitarismustheorien praktiziert wird, hält er offenbar für ungeeignet, da hierdurch die NS- und SED-Diktatur in wesentlichen Aspekten nicht nur verglichen, „sondern als Feinde der Demokratie auch normativ gleichgesetzt" würden.[254])

[251]) Weyrauch 2004, S. 305.
[252]) Ebd., S. 306/307.
[253]) Jarausch 2004, S. 85.
[254]) Ebd., S. 86.

Anstelle einer Bewertung von Diktaturen auf Basis freiheitlich-demokratischer Werte plädiert Jarausch für eine „differenzierte Betrachtung der ostdeutschen Vergangenheit, welche die Repression ebenso wie das tägliche Leben einbezieht". Dabei müssten vor allem Fragen nach den „Grenzen der Diktatur" und eine „Rekonstruktion des Alltags der ostdeutschen Bevölkerung, die sich mit dem Eigen-Sinn, dem Anspruch der ‚Durchherrschung' entzog, um ein selbstbestimmtes Leben zu führen,"[255]) in den Vordergrund gestellt werden. Erst durch den Gebrauch von Begriffskonstruktionen wie „Fürsorgediktatur" oder „Konsensdiktatur", wie sie an seinem Institut vorherrschten, könne man der Komplexität der DDR gerecht werden.

Ein differenziertes Geschichtsbild der DDR solle – so Jarausch – über Fachkonferenzen und Veranstaltungen der Bundes- und Landeszentralen für politische Bildung sowie über Fortbildung für Pädagogen erreicht werden. Seiner Meinung nach hätten westdeutsche Pädagogen kein entsprechendes Grundwissen über die DDR und ostdeutsche Lehrer sollten „verständliche Hemmschwellen bei der Behandlung ihrer eigenen Vergangenheit" abbauen.[256]) Warum Lehrer Hemmungen haben, die DDR im Unterricht zu behandeln, wenn sie doch als Teil der ostdeutschen Bevölkerung auch gegen die diktatorischen Anmaßungen ein selbstbestimmtes Leben führen konnten, erschließt sich dem geneigten Leser nicht auf den ersten Blick. Es scheint eher so, als ob der Verzicht auf eindeutige Werturteile und einen positiven Bezug auf die Werteordnung einer freiheitlich demokratischen Gesellschaft nostalgischen Verklärungen der DDR in den neuen Ländern Vorschub geleistet hat. Welche Rolle hierbei Bildungs- und Forschungseinrichtungen gespielt haben, wäre eine tiefergehende Untersuchung wert. Auf jeden Fall greift die Argumentation, der Westen habe mit seiner Vereinigungspolitik oder seiner Klassifizierung der DDR als Diktatur oder Unrechtsstaat die Nostalgie hervorgerufen, eindeutig zu kurz.

---

[255]) Ebd., S. 86/87.
[256]) Ebd., S. 98.

VI. Die Darstellung der DDR in Lehrplänen und ausgewählten Schulbüchern

Nach dem Sturz der SED-Diktatur und der darauf folgenden Wiedervereinigung mussten die Rahmenrichtlinien/Lehrpläne und Schulbücher grundlegend überarbeitet werden. Die Behandlung der DDR erfolgte nun als ein abgeschlossenes Kapitel der deutschen Geschichte. Gleichzeitig veränderte sich aufgrund der Aufnahme neuer Forschungsergebnisse nach Öffnung der DDR-Archive die Charakterisierung des SED-Staates in einigen Ländern mitunter drastisch.[257])

Der Einfluss von Lehrplänen und Schulbüchern in den jeweiligen Ländern ist unterschiedlich groß: In einigen sind die Vorgaben der Pläne detaillierter als in anderen[258]), und es gibt Unterschiede, wie eng sich Lehrende daran halten. Nachfolgend werden die wichtigsten Bestimmungen der Rahmenrichtlinien/Lehrpläne und die Behandlung der DDR in Schulbüchern in der gebotenen Kürze dargestellt und bewertet.

1. Die DDR in Lehrplänen

Gegenwärtig unterscheiden sich der Stellenwert und die Charakterisierung der DDR-Geschichte in den schulischen Lehrplänen der Länder deutlich von einander. Während in einigen die DDR mit den wichtigsten Eckdaten ihrer Entwicklung nur oberflächlich behandelt wird, sehen andere eine umfangreichere Beschäftigung mit ihr vor. Auffälliger und wichtiger als diese quantitativen Differenzen sind jedoch die Unterschiede hinsichtlich der Auswahl des DDR-spezifischen Stoffs. Auch in der Art der Darstellung und der Bewertung der DDR sind Differenzen feststellbar. Grundsätzlich lässt sich dabei festhalten, dass eine angemessene Berücksichtigung der DDR in den Lehrplänen sowohl in quantitativer als auch in qualitativer Hinsicht die Ausnahme ist.

So konstatiert Arnswald in seiner ausführlichen Untersuchung der einschlägigen Lehrpläne, dass zwar der politische Neubeginn nach 1945 ausführlich und ausgewogen in den Geschichtslehrplänen berücksichtigt, aber die Herausbildung unterschiedlicher Systeme und Gesellschaftsordnungen in West- und Ostdeutschland nur angedeutet werde.[259])

Dementsprechend komme eine Behandlung und Bewertung der Lebenswirklichkeit in der DDR oft zu kurz. Nur wenige Lehrpläne charakterisierten das Gesellschafts-

[257]) Vgl. hierzu die verschiedenen Beiträge in: Buchstab 1999.

[258]) „Die curricularen nordrhein-westfälischen Richtlinien mit ihrer starken Betonung von Qualifikationen lassen die inhaltliche Gestaltung der Themen weitgehend offen, sie bergen gleichwohl die Gefahr in sich, dass in den Fällen, in denen beispielhaft Fachinhalte entfaltet werden, wesentliche Aspekte eines Gegenstandes vernachlässigt werden". Gauger/Margedant 1999, S. 63.

[259]) Vgl. Arnswald 2004a, S. 3.

und Machtsystem der DDR als SED-Diktatur. Der Begriff „Repression“ werde ebenfalls in nur wenigen Lehrplänen verwendet und die Problematik von Unterdrückung und Verfolgung selten angemessen behandelt. „Die Analyse zeigt, dass die Frage der politischen Gewalt in der DDR nur sehr marginal in den Lehrplänen vertreten ist. Damit werden Chancen vergeben, das politische System besser zu beleuchten.“[260]) Laut Buchstab lässt sich im Vergleich zu Lehrplänen und Schulbüchern von vor 1989/90 jedoch als Tendenz festhalten, dass inzwischen die DDR als Diktatur schärfer akzentuiert wird und die vormals feststellbare Tendenz zur Äquidistanz gegenüber den beiden Systemen nicht mehr in gleicher Weise vorkommt.[261])

Ebenso wie das Ausmaß von politischer Gewalt und Unterdrückung werden Rolle und Einfluss der SED nicht realistisch dargestellt. So wird in den meisten Lehrplänen und Schulbüchern weder deutlich, in welchem Maße die SED Staat, Wirtschaft und Gesellschaft lenkte und kontrollierte, noch, auf welcher politisch-ideologischen Grundlage die Staatspartei agierte.

Ereignisse wie der Volksaufstand vom 17. Juni 1953 oder der Mauerbau werden kaum sinnvoll kontextualisiert (und bisweilen gänzlich außer Acht gelassen). Ähnlich verhält es sich mit den Themen Opposition und Widerstand und der „friedlichen Revolution“: Sie werden zwar in den meisten Lehrplänen berücksichtigt, aber nur unsystematisch entfaltet. Vor allem fehlt hier der Bezug zur ost-mitteleuropäischen Entwicklung.

Verallgemeinernd lässt sich sagen, dass überwiegend die Zeitspanne von 1945 bis 1949 sowie die Endphase der DDR 1989/1990 behandelt, die dazwischen liegenden Jahrzehnte und Ereignisse dagegen zumeist nur kursorisch berücksichtigt werden. Es liegt auf der Hand, dass die Konzentration auf „Anfang und Ende“ eine differenzierte Betrachtung des „real existierenden Sozialismus“ in der DDR deutlich erschwert.

In einer für die Länder bzw. die Schulen nicht verbindlichen „Handreichung des Schulausschusses der Kultusministerkonferenz Darstellung Deutschlands im Unterricht“ von 1995 heißt es: „Die unserer Verfassung zugrunde liegenden Prinzipien und Wertvorstellungen bilden einen wichtigen Maßstab für die Bewertung der historischen Entwicklung in Deutschland nach dem Zusammenbruch des Nationalsozialismus ... Die erfahrbare Anerkennung und Wirkung des Grundgesetzes als normativer Orientierungsrahmen entzieht einer nachträglichen Idealisierung der Verhältnisse der ehemaligen DDR den Boden. Allerdings können unterschiedliche Erfahrungen und ideologische Prägungen, die das politische und gesellschaftliche Leben im Osten und Westen Deutschlands in der zurückliegenden Zeit gekennzeichnet haben, nicht unberücksichtigt bleiben. Dazu gehört, dass für die Menschen im Osten Deutschlands die Unterbrechung demokratischer Traditionen durch Will-

---

260) Ebd., S. 5.

261) Vgl. Buchstab 1999, S. 240.

kürherrschaft, politische Entmündigung und weltanschaulichen Dogmatismus länger gedauert hat als für die Menschen im Westen."[262])

Diese Vorgaben werden von den Ländern in ihren Lehrplänen unterschiedlich berücksichtigt. So heißt es zum Beispiel in dem Rundschreiben 3/02 des Brandenburger Ministeriums für Bildung, Jugend und Sport: „Die Auseinandersetzung mit der Geschichte der DDR ist auch für das Verständnis der Werte und Normen des Grundgesetzes und eine demokratische Erziehung notwendig. Geschichtliche Betrachtungen setzen Anteilnahme und Distanz voraus."[263])

Um dem Leser zu erlauben, sich ein eigenes Bild von der Umsetzung dieser Forderungen zur Darstellung der DDR zu machen, werden nachfolgend die Geschichtslehrpläne der in die Studie einbezogenen vier Länder kurz skizziert. Besonderes Augenmerk liegt dabei auf den Maßstäben, die implizit oder explizit zur Bewertung der DDR herangezogen oder vermittelt werden.[264])

a) Bayern

Hauptschule

Für die bayerischen Hauptschüler gehören laut dem seit Juli 2004 gültigen Lehrplan zum Grundwissen Kenntnisse darüber,

- dass Deutschland nach 1945 in zwei Staaten mit gegensätzlichen politischen Ordnungssystemen geteilt wurde, in denen sich unterschiedliche gesellschaftliche Zustände und Mentalitäten ausprägten;
- dass durch eine friedliche Revolution (1989) und eine veränderte weltpolitische Lage Deutschland am 3. Oktober 1990 wiedervereinigt wurde.

Im neunten Schuljahr sind drei Themenblöcke vorgesehen, zwei davon (9.1 „Deutschland und die Welt nach 1945" und 9.3 „Der weltpolitische Wandel") berühren auch die DDR. Dabei ist der Lehrplan überraschend umfangreich.[265]) Sein Schwerpunkt liegt eindeutig auf der Vermittlung von „Großereignissen" und Grundlinien von Entwicklungen bzw. weltpolitischen Strömungen.

---

[262]) Zitiert nach: Arnswald 2004b, S. 55/56.

[263]) Zitiert nach: Ebd., S. 58.

[264]) Zitate sind, sofern nicht anders gekennzeichnet, den jeweiligen Lehrplänen entnommen.

[265]) Im Einzelnen werden erwähnt: die doppelte Staatsgründung in Deutschland, Ostintegration der DDR: Aufbau des Sozialismus, Planwirtschaft, 17. Juni 1953, Mauerbau 13. August 1961, Alltag in Ost und West, Glasnost und Perestroika in der Sowjetunion, Auflösung des Ostblocks, Zusammenbruch der DDR, Wiedervereinigung Deutschlands, 3. Oktober 1990. Im Abschnitt „Wiederholen, Üben, Anwenden, Vertiefen" der Themenblöcke stehen als zu behandelnde Themen die Entwicklung des Ost- West- Konflikts und die Teilung Deutschlands, der 17. Juni 1953 und der 13. August 1961 bzw. die Überwindung des Ost-West-Konflikts und die Wiedervereinigung Deutschlands am 3. Oktober 1990.

Realschule

Der Stoff der Klasse 9 umfasst zeitlich die unmittelbaren Kriegsfolgen. In der zehnten Klasse beginnt der Unterricht mit der Entwicklung der deutschen, europäischen und weltweiten Spaltung aus dem weltanschaulichen Ost-West-Gegensatz. Hier wird u. a. die Gründung zweier deutscher Staaten behandelt. An einen Abschnitt zur Weltpolitik im Zeitalter der Bipolarität schließt sich ein Themenblock zur unterschiedlichen Entwicklung im geteilten Deutschland an. Innen- und Außenpolitik sowie Alltag in der DDR sind hier Pflichtstoff. Das Ende der DDR und die Wiedervereinigung Deutschlands werden im Zusammenhang mit Entwicklungen in der UdSSR und in (Süd-) Osteuropa behandelt.

Gymnasium

Ähnlich wie in der Realschule beginnt für das Gymnasium G 9 (Lehrplan gültig seit dem 01. August 1992) der Geschichtsunterricht in der zehnten Klasse mit der Zeit nach dem Kriegsende. In den ersten beiden Themenblöcken „Deutschland als Problem der europäischen und internationalen Politik 1945–1949“ und „Der Wandel des Ost-West-Verhältnisses“ werden deutschlandpolitische Entwicklungen, die Entstehung zweier deutscher Staaten und weltpolitische Strömungen besprochen. Dabei werden auch Aufstandsbewegungen gegen die sowjetische Hegemonie und Gewaltherrschaft im Ostblock erwähnt.

Im dritten Themenblock „Entwicklung der beiden Staaten in Deutschland und die Deutsche Frage seit 1949“ rückt die DDR „vor dem Hintergrund der bipolar angelegten Europa- und Weltpolitik“ stärker in den Fokus. Im Vordergrund stehen nicht einzelne Ereignisse, sondern Entwicklungen wie der „Zwangsumbau von Staat und Gesellschaft“, der „Zuwachs an außenpolitischer Bedeutung und Überwindung der Isolierung im Westen“ oder die „verdeckte Krise und zunehmende innere Erstarrung des Systems“. Faktenwissen ist in diesem Lehrplan kein Selbstzweck, sondern Voraussetzung für das Verständnis solcher Entwicklungen.

Arnswald stellt in seiner Studie[266]) einen Lehrplan für das neunjährige bayerische Gymnasium aus dem Jahr 2003 vor, der hinsichtlich der Bewertung der DDR wesentlich zurückhaltender ist. Einen Ausdruck wie „Durchsetzung einer kommunistischen Parteidiktatur“ sucht man hier vergebens. Daher soll an dieser Stelle darauf hingewiesen werden, dass es sich bei diesem Lehrplan um einen Entwurf handelt, der nicht in Kraft getreten ist.

Der Lehrplan für das achtjährige Gymnasium (G 8) muss auf Grund der kürzeren Schulzeit den Stoff anders aufteilen. Da an der Studie keine Schüler des achtjährigen Gymnasiums teilgenommen haben, wird hier auf eine genaue Darstellung

[266]) Arnswald 2004b.

verzichtet. Die grundsätzliche Wertung entspricht der des Lehrplans für das neunjährige Gymnasium.

Bewertungsmaßstäbe

Generell sehen die Lehrpläne für alle drei Schularten in Bayern eine umfassende Behandlung der DDR vor und fordern mehr oder weniger ausdrücklich deren Betrachtung aus dem Blickwinkel einer freiheitlich-demokratischen Werteordnung.

In der Hauptschule erfolgt die Beurteilung der DDR nicht anhand abstrakter Maßstäbe, sondern implizit bei der Gegenüberstellung der unterschiedlichen Entwicklungen in Ost und West. In der Realschule hingegen erscheinen sehr eindeutige explizite Wertungen. Ihre Grundlage sind die Bejahung eines freiheitlich-demokratischen Systems und die Achtung der Menschenrechte. Bereits in der neunten Jahrgangsstufe befasst sich der Geschichtsunterricht an der Realschule mit dem Thema Totalitarismus. Allerdings wird hier nicht die DDR behandelt, sondern Stalinismus und Nationalsozialismus. Der Lehrplan führt jedoch eine Wertorientierung ein, die sich auch für eine spätere Beschäftigung mit der DDR nutzen lässt. So soll die Beschäftigung mit dem Totalitarismus vor dem „Hintergrund heutiger individueller Freiheiten“ erfolgen und das Problem individueller Verantwortung einschließen.

Der Geschichtsunterricht der zehnten Jahrgangsstufe der Realschule soll den Schülerinnen und Schülern die „Bedeutung der freiheitlichen demokratischen Grundordnung bewusst“ machen. Diese abstrakte Forderung wird verschiedentlich konkretisiert, etwa wenn als Grundeinstellung von den Schülern die Bereitschaft, „zum Erhalt der Freiheiten in der Demokratie“ beizutragen, gefordert wird oder sie in der Abgrenzung der DDR gegenüber der Bundesrepublik im „SED- Regime [...] die repressiven und gewaltsamen Grundzüge einer ideologisch geprägten politischen Ordnung“ erkennen sollen.

Im Lehrplan für das Gymnasium sind ebenfalls explizite und implizite Wertungen zu finden. So ist hier von der Bedeutung der freiheitlich-demokratischen Grundordnung für das Leben der Menschen die Rede, aber auch Wortwahl (kommunistische Parteidiktatur, Zwangsumbau) oder bestimmte Akzentuierungen (Opfer von Mauer und Grenze) sind normativ geprägt.

b) Berlin

Im Land Berlin gilt der gleiche Lehrplan für alle Schularten. Schulartabhängig sollen unterschiedliche, aufeinander aufbauende Standards (einfacher, mittlerer und erweiterter Standard) angestrebt werden. Während der einfache Standard v. a. grobes Faktenwissen umfasst, verlangt der mittlere Standard das Erkennenkönnen von Perspektivität und die Strukturierung von Wissen. Ein eigenständiges Urteil wird erst für den erweiterten Standard verlangt.

Der seit dem Schuljahr 1995/96 gültige Rahmenplan für Unterricht und Erziehung in der Berliner Schule, Sekundarstufe I, sieht das Schwerpunktthema „Zeitgeschichte seit 1945" für die 10. Klasse vor. Es ist in vier Abschnitte gegliedert: „Kalter Krieg", „Internationale Problemfelder", „Entspannung und Kooperation" sowie „Zusammenleben der Menschen in Deutschland". Der erste Abschnitt behandelt die Teilung Deutschlands, die zu erlernenden Begriffe und Daten beinhalten DDR-Spezifisches wie den Mauerbau, RGW, „demokratischer Zentralismus", Zentralverwaltungswirtschaft. Grundsätzlich sollen aber nur Kenntnisse über die gravierendsten Auswirkungen des Kalten Krieges auf Deutschland erworben werden. Lediglich für das Gymnasium ist ein ergänzender Lerninhalt zum Berlin-Problem vorgesehen. Ebenfalls nur für das Gymnasium hält der zweite Abschnitt einen DDR-Bezug bereit. Im Unterabschnitt „Emanzipationsversuche im Ostblock" soll u. a. der 17. Juni 1953 behandelt werden.

Im dritten Abschnitt ist das Thema „deutsche Zweistaatlichkeit und Wiedervereinigung Deutschlands" für alle Schularten verbindlich. Angesichts des knappen Zeitbudgets ist es aber wenig wahrscheinlich, dass „Mauerfall" und „erste freie Volkskammerwahlen" eine intensivere Beschäftigung mit der DDR vor ihrem Zusammenbruch implizieren. Der vierte Abschnitt bezieht sich auf die Zeit nach der Wiedervereinigung. Das Lernziel lautet, „Verständnis für die Einstellungen der Menschen im Prozess des Zusammenwachsens" aufzubringen. Ob oder inwiefern dafür ein Eingehen auf die DDR erforderlich ist, lässt der Lehrplan gänzlich offen.

Für die Sekundarstufe I gilt ab dem Schuljahr 2006/2007 ein neuer Rahmenlehrplan. Hier werden in der Doppeljahrgangsstufe 9/10 u. a. die Halbjahresthemen „Demokratie und Diktatur" und „Konfrontation der Blöcke und die deutsche Frage" behandelt. Der Komplex „Demokratie und Diktatur" scheint sich jedoch vorwiegend auf den ersten Weltkrieg und die Zwischenkriegszeit zu beziehen. Nationalsozialismus und Stalinismus sind verpflichtend zu behandeln, italienischer oder spanischer Faschismus und der Zweite Weltkrieg mögliche Wahlthemen. Auch im Stoff des darauf folgenden Halbjahres wird die DDR nicht explizit benannt. Pflichtthemen sind Ost-West-Gegensatz, Kalter Krieg, Überwindung der Blockkonfrontation und Leben in Deutschland sowie Aspekte der Alltagsgeschichte. Außerdem sollen die Schüler etwas über die friedliche Revolution von 1989 und ihre Folgen erfahren. Wie diese Themen ohne Grundkenntnisse der DDR-Geschichte sinnvoll besprochen werden können, lässt sich dem Lehrplan nicht entnehmen.

Von den 25 vorgeschlagenen Längsschnitten, von denen je nach Schultyp ein oder zwei behandelt werden müssen, befasst sich einer mit der deutschen Geschichte des 20. und 21. Jahrhunderts. Hier könnte die DDR Eingang finden.

Der neue Rahmenlehrplan für die gymnasiale Oberstufe, der sich als länderübergreifendes Projekt mit Brandenburg versteht, gilt ebenfalls ab dem Schuljahr 2006/2007. Er ordnet den vier Kurshalbjahren verschiedene Themenfelder zu. „Die bipolare Welt nach 1945" wird im vierten Kurshalbjahr behandelt. Es fällt auf, dass nur sehr neutral von der „doppelten deutschen Geschichte" die Rede ist, die unter ausgewählten Aspekten verglichen werden soll (Teilung, Systemintegration, Opposition, Internationale Rahmenbedingungen, Verfassungsordnung, Menschenrechte, Alltag, Auflösung der Blockbildung). Keiner der ergänzenden Wahlbereiche beschäftigt sich mit dem Thema DDR.

Bewertungsmaßstäbe

Grundsätzlich steht für alle Schulformen die Vermittlung von Kenntnissen zu den gelehrten Themenfeldern im Vordergrund, themenspezifisch wird ein inhaltlicher Überblick oder die Einsicht in Geschehens- oder Wirkungszusammenhänge angestrebt. Abstrakte Wertmaßstäbe werden nicht eingeführt. Während aber im Hinblick auf die NS-Zeit die Ausdrücke „Ideologie" und „Terrorherrschaft" und als Lernziele „Einsicht in den menschenverachtenden, destruktiven Charakter und in die wissenschaftliche Unhaltbarkeit dieser ‚Weltanschauung'" und „Einsicht in die Unmenschlichkeit des nationalsozialistischen Verfolgungs- und Vernichtungssystems und in die Notwendigkeit der Bekämpfung antidemokratischer Tendenzen" verwendet werden, fehlt jedwede grundsätzliche Formulierung hinsichtlich der DDR, die eine inhaltliche Bewertung des Lernstoffes erkennen ließe.

Für die gymnasiale Oberstufe sehen die Berliner curricularen Vorgaben im Fach Geschichte als zu erreichende Deutungs- und Analysekompetenz die Bewertung von Merkmalen „demokratisch legitimierter Herrschaft, antidemokratischer und diktatorischer Bewegungen und Regime" sowie die wertorientierte Stellungnahme zu Imperialismus, Sozialismus, Marxismus (-Leninismus) und Stalinismus vor. Weiter wird von den Schülern erwartet, dass sie die „parlamentarische Demokratie der Bundesrepublik und die sozialistische Diktatur der DDR anhand ausgewählter Merkmale sachgerecht und kriteriengestützt" analysieren und beurteilen können. Darüber hinaus sollen Schüler verschiedene Quellen und Deutungen der Vergangenheit eigenständig vergleichen und beurteilen können (Themen: Verfassungsordnung, Menschenrechte und Opposition in parlamentarischer Demokratie und sozialistischer Diktatur). Als Grundlage einer wertenden Stellungnahme wird jenseits des Begriffs „sozialistische Diktatur" lediglich sehr allgemein auf die Menschenrechte verwiesen.

Offenbar als Reaktion auf die unzureichende Behandlung der DDR in den Berliner Schulen verpflichtete der Berliner Schulsenator alle Schulen am 26. Oktober 2004, sich anlässlich des 15. Jahrestages des Mauerfalls mit der DDR-Geschichte zu beschäftigen. Dabei wurde auch der Besuch eines außerschulischen Lernortes, zum Beispiel einer Gedenkstätte, verbindlich vorgeschrieben. Obschon der Anlass des Rundschreibens ausdrücklich der Fall der Mauer war, wird offen gelassen, ob die Verantwortung für die Toten an der Mauer behandelt werden soll.[267)]

[267)] Vgl. Abgeordnetenhaus Berlin: Drucksache 15/13635.

Zwar soll der Geschichtsunterricht zum „selbständigen historischen Denken und Urteilen" befähigen, der Lehrplan selbst hält sich mit Urteilen über die DDR jedoch auffallend zurück. Während etwa die Wortwahl im Zusammenhang mit dem Nationalsozialismus diesen eindeutig bewertet, drückt er sich bei DDR-bezogenen Inhalten bemüht neutral aus.

c) Brandenburg

Die Rahmenlehrpläne Geschichte und politische Bildung für die Sekundarstufe I in Brandenburg wurden zum August 2002 erneuert und zum August 2005 verändert. Hinsichtlich der DDR-Geschichte ist darüber hinaus das Rundschreiben 3/02 vom 14. Januar 2002 relevant. Hierin legte das Bildungsministerium fest, dass die ‚Geschichte der Deutschen Demokratischen Republik' Kernbestandteil des Curriculums in den Fächern Geschichte und Politische Bildung ist."[268]) Seit 2002/2003 soll nach den neuen Rahmenlehrplänen für die Sekundarstufe I die DDR-Geschichte vorrangig in Geschichte und darüber hinaus – anders als in Bayern und Berlin[269]) – explizit in der Politischen Bildung vermittelt werden.

Von sechs Pflichtthemenfeldern der Jahrgangsstufen 9 und 10 sind einschlägig: „Die Einflüsse der USA und der UdSSR im 20. Jahrhundert", „Liberale Demokratien und Diktaturen im 20. Jahrhundert" und „Deutschland in der geteilten Welt – die beiden deutschen Staaten als Teil des Ost-West-Konfliktes". Das erste Themenfeld soll einerseits die „machtpolitische Rivalität der beiden Supermächte", andererseits den „Kulturtransfer" behandeln. Im zweiten Themenfeld werden Weimarer Republik, das nationalsozialistische Deutschland und die Sowjetunion sowie Merkmale totalitärer Diktaturen bzw. liberaler Demokratien behandelt. Die DDR findet keine Erwähnung.

Im dritten Themenfeld sollen die Punkte „Deutschland nach dem Krieg" und „Die Entstehung zweier deutscher Staaten" behandelt werden. Hinzu kommen ausgewählte Aspekte des Lebens im geteilten Deutschland (das Niveau des Alltagslebens, zweierlei Jugendkulturen, Feindbilder in Ost und West) sowie die Verschärfung des Ost-West-Konfliktes, der Mauerbau und der Ausbau der Staatssicherheit als Unterdrückungsorgan.

Die Auseinandersetzung mit der DDR-Geschichte erfolgt als historische Tatsache innerhalb der genannten Themenfelder. Darüber hinaus kann die Problematik unter dem geschichtstheoretischen Aspekt „Geschichte als Handlungsfeld" im Rahmen des Themenfeldes „Zeitgenossen im 20. Jahrhundert" behandelt werden. Die Problematik unter dem geschichtstheoretischen Aspekt des Transfers berührt im

[268]) Rundschreiben 3/02 vom 14. Januar 2002: Curriculare Vorgaben – Geschichte der Deutschen Demokratischen Republik, http://www.landesrecht.brandenburg.de/sixcms/detail.php? gsid=land_bb_bravors_01.c.7407.de, abgerufen am 12. Februar 2008, 13.40 Uhr.

[269]) Vgl. Arnswald 2004b (Anhang), S. 3 ff.

Zusammenhang mit anderen Themenfeldern vor allem soziologische Fragen, die auf Mechanismen gesellschaftlicher Systeme gerichtet sind. Weder das Pflichtthema „Zeitgenossen“ noch die Wahlthemen weisen im Lehrplan einen expliziten DDR-Bezug auf.

Im Rahmenlehrplan „Politische Bildung Sekundarstufe I“, der ebenfalls am 1. August 2002 in Kraft trat, sind für die Jahrgangsstufen 9 und 10 fünf Themenfelder vorgesehen, innerhalb derer eine Beschäftigung mit der DDR-Vergangenheit und anderen diktatorischen Herrschaftsformen sowie eine Beschäftigung mit den Grund- und Menschenrechten verbindlich vorgesehen sind. Als Lernziel ist formuliert: „Sie (die Schülerinnen und Schüler) kennen wesentliche Unterschiede zwischen Demokratie und Diktatur. Sie setzen sich mit der DDR auseinander und können Unterschiede zum politischen System der BRD erläutern.“

Gymnasiale Oberstufe

Der Rahmenlehrplan von 1992 legt Rahmenthemen fest, deren Abfolge und Inhalte von den Verbindlichen curricularen Vorgaben (VcV) für den Unterricht in der Qualifikationsphase der gymnasialen Oberstufe (2003) definitiv festgelegt werden. Das Rahmenthema des dritten Schulhalbjahrs der Qualifikationsphase lautet „Deutschland im 19. und 20. Jahrhundert: Herrschaftssystem und Politik, Gesellschaft, Wirtschaft, Kultur“, das des vierten „Weltprobleme und -konflikte des 19. und 20. Jahrhunderts“.

War die „Teilung Deutschlands und die Geschichte der beiden deutschen Staaten bis zur Wiederherstellung der deutschen Einheit (1943/45–1990)“ im vorläufigen Rahmenplan noch ein mögliches Kursthema, schränken die VcV den Gegenstand dieses Halbjahres auf „Deutschland von 1871 bis 1945“ ein. Die DDR-Geschichte fällt heraus. Das verbindliche Kursthema des folgenden Halbjahres lautet: „Die Geschichte der bipolaren Welt von 1945 bis 1989“. Jedoch soll hier insbesondere der „Ost-West-Konflikt am Beispiel des Verhältnisses zwischen USA und UdSSR“ behandelt werden. Bei diesem Themenfeld ist nur sehr neutral von der „doppelten deutschen Geschichte“ die Rede, die unter ausgewählten Aspekten verglichen werden soll (Teilung, Systemintegration, Opposition, internationale Rahmenbedingungen, Verfassungsordnung/Menschenrechte/Alltag, Auflösung der Blockbildung).

Bewertungsmaßstäbe

Der Rahmenlehrplan Geschichte für die Sekundarstufe I verzichtet auf die Einführung einer grundsätzlichen Wertorientierung. Allerdings werden themenspezifisch durchaus Bewertungen des historischen Geschehens vorgenommen, zum Beispiel hinsichtlich der Verbrechen der NS-Zeit: „Einzigartig in ihrer Menschenverachtung sind Politik und Praxis der planmäßigen Verfolgung und Vernichtung der europäischen Juden.“

In der konkreten Formulierung verbindlicher Lerninhalte zum Thema DDR kommt durch die Wortwahl auch eine Bewertung des Geschehens im SED-Staat zum Ausdruck: „verschärfte Repressionen, Ausbau der Staatssicherheit als Unterdrückungsorgan". Allerdings wird in der einleitenden Kurzbeschreibung des Themenfeldes „Deutschland in der geteilten Welt – die beiden deutschen Staaten als Teil des Ost-West-Konflikts" auf eine Bewertung verzichtet bzw. eine verharmlosende Formulierung für die Systemunterschiede und die damit verbundenen Konfliktlinien gewählt, wenn es heißt: „Die Demokratievorstellungen des Westens und der Sowjetunion weichen voneinander ab." Auch die Beschreibung einer „allgemeinen Systemkrise in der DDR" für die Phase kurz vor deren Zusammenbruch verzichtet auf klare Bewertungsmaßstäbe.

Die verbindlichen curricularen Vorgaben legen zu behandelnde Rahmenthemen fest. Diese „spiegeln gesellschaftlich relevante Themen wider", die die Schüler verstehen sollen. Seltener soll eine eigene Bewertung abgegeben werden, meist nur ansatzweise oder auf der Grundlage unterschiedlicher Theorieansätze. Normative Maßstäbe für die Bewertung nennen die VcV nicht. Auch in den thematischen Hinführungen zu „wesentlichen Ideologien des 19. und 20. Jahrhunderts", „Totalitarismustheorien" sowie der „Geschichte der bipolaren Welt von 1945 bis 1989" ist keine Bewertung der Inhalte erkennbar.

d) Nordrhein-Westfalen

Der Geschichtsunterricht in der Haupt- und Realschule in NRW ist in so genannte „thematische Einheiten" gegliedert, die durch unterschiedliche Zugangsweisen erschlossen werden sollen. Dabei ist zwar eine grobe Chronologie zu erkennen, die jedoch lückenhaft ist und zudem durch viele Längsschnittbetrachtungen und Epochenvergleiche aufgebrochen wird.

Hauptschule

Der für die Hauptschule gültige Lehrplan vom 1. August 1989 sieht die Behandlung von 23 „thematischen Einheiten" im Geschichtsunterricht vor, von denen zwei das Thema DDR berühren: „Leben in der Demokratie (I)" (Verfassung und Verfassungswirklichkeit in der Bundesrepublik Deutschland und in der Deutschen Demokratischen Republik, historische Wurzeln von Grundgesetz und DDR-Verfassung) und „Ost-West-Gegensatz" (Gesellschafts- und Wirtschaftssysteme der USA und der UdSSR und ihre Geschichte, von Alliierten zu Feinden, die Teilung Deutschlands).

Zusätzlich zum Lehrplan gibt es Empfehlungen für den Unterricht, in denen für die 9. Klasse zum Beispiel die Themen „Entwicklung unterschiedlicher Gesellschaftssysteme in beiden Teilen Deutschlands" sowie „Entwicklung und Zukunft des deutsch-deutschen Verhältnisses" vorgesehen sind. Es wird die Frage gestellt: „Was ist in der DDR eigentlich anders als bei uns? Und: Ist die Wiederherstellung der nationalstaatlichen Einheit noch möglich?" In der 10. Klasse soll u. a. die Frage beantwortet werden, ob der demokratische Sozialismus eine demokratische Alternative ist, wie die DDR entstand und welche Postulate die DDR-Verfassung prägen. Darüber hinaus sollen historisch bedeutsame politische Konflikte wie der Mauerbau und die innerstaatliche Opposition behandelt werden. Da der Lehrplan aber schon recht alt ist und noch von der Teilung als Faktum („Wozu Wiedervereinigung?") ausgeht, bleibt offen, inwiefern er bezüglich des Themas DDR als Unterrichtsvorlage dient.

Realschule

Für die Realschulen trat 1994 eine Rahmenrichtlinie in Kraft, die 19 Themenfelder umfasst, von denen sich nur zwei eher am Rande mit der DDR befassen. Es handelt sich um den Gegenstandsbereich „Sozialismus", in dem die Entstehung und Entwicklung des Sozialismus als theoretische und historisch-praktische Alternative zu den sich entwickelnden kapitalistisch-marktwirtschaftlichen Gesellschaftssystemen behandelt werden sollen. Die DDR wird hier als eine Variante des „sozialistischen Lösungsversuchs" erwähnt. Im Themenfeld „Deutsche Staatsgeschichte" soll die Bedeutung der „Wende" 1989/90 erörtert werden. In anderen Bereichen spielt die DDR keine Rolle.

Gymnasium

Die Rahmenrichtlinien für das Gymnasium Sekundarstufe I sehen für die zehnte Jahrgangsstufe folgende Fachinhalte vor:

- 10.1: Demokratie und kommunistische Diktatur; Versuche der Zukunftsgestaltung in Russland und Deutschland nach dem Ersten Weltkrieg;
- 10.2: Nationalsozialistische Herrschaft;
- 10.3: Der Ost-West-Konflikt; antagonistische Systemkonkurrenz im Schatten der Atombombe und ihre Auswirkungen auf Deutschland und Europa;
- 10.4: Friedenssicherung.

Die DDR wird unter 10.3 behandelt, allerdings gleichsam nur „von außen" (Systemkonkurrenz, Blockbildung, doppelte Staatsgründung und Einbindung in Blöcke, Rolle der DDR im Ostblock, Vereinigung vor dem Hintergrund der Auflösung des Ostblocks). Lediglich beim Unterpunkt Vereinigung werden unter „Problemorientierung" die Fragen nach der Reformierbarkeit der DDR sowie nach geschichtlichen Erblasten aufgeworfen. Das politische System oder die Alltagsgeschichte der DDR sind nicht Gegenstand des Fachinhalts.

Für die Sekundarstufe II, d. h. die Klassenstufen 11 bis 13, wurden neue Richtlinien für das Gymnasium/Gesamtschule im Jahr 1999 verabschiedet, die sehr allgemein gehalten sind. Für unverzichtbare Gegenstandsbereiche werden die deutsche Frage und die Überwindung der deutschen Teilung gehalten. Als Beispiel für eine totalitäre

Diktatur wird der Nationalsozialismus genannt, für das geteilte Deutschland sollen die „jahrzehntelangen getrennten politischen und ideologischen Entwicklungen" behandelt werden.

Die Geschichte des geteilten Deutschlands wird in eine größere Dimension deutscher Geschichte eingebettet. Die DDR wird explizit nicht charakterisiert oder eingeordnet. Es ist zumeist die Rede von den beiden deutschen Staaten im Kalten Krieg, vom Freund-Feind-Denken, von der Blockdisziplin, von Strukturen und Mentalitäten etc. Ohne speziell auf die DDR einzugehen, wird gefordert, die „sozialistischen und kommunistischen Gegenentwürfe zu den liberalen Grundprinzipien" mit zu behandeln. Als schriftliche Aufgabe für die Abiturprüfung wird u. a. vorgeschlagen, anhand einer Erklärung des letzten SED-Ministerpräsidenten der DDR, Hans Modrow, vom 1. Februar 1990 das Thema „Ein Denkmodell zur Überwindung der deutschen Teilung" zu behandeln.

Bewertungsmaßstäbe

Die Richtlinien und Lehrpläne für die Sekundarstufe I der Hauptschulen in Nordrhein-Westfalen betrachten als „grundlegende Determinanten für die Ziele und Inhalte von Geschichtspolitik ... die Normen und Werte einer demokratisch verfassten Gesellschaft, die gesellschaftlichen Interessen der Schülerinnen und Schüler sowie die Wahrheits- und Gültigkeitskriterien der Wissenschaft". Obschon der Geschichtsunterricht demnach die Lernenden befähigen soll, gesellschaftliche Prozesse „auf ihren Sinn, ihre Zwecke und Notwendigkeiten hin zu befragen und die ihnen zugrunde liegenden Interessen, Normen und Wertvorstellungen kritisch zu prüfen", werden keinerlei konkrete Normen und/oder Wertvorstellungen artikuliert, die hierbei richtungsweisend sein könnten. Zudem ist die vorgenommene Annahme eines Sinns und/oder Zwecks gesellschaftlicher Prozesse selbst schon ideologisch gefärbt. Bei den konkreten thematischen Einheiten, auch denjenigen, die das Thema DDR beinhalten, wird kein Bewertungsmaßstab erkennbar. Die grundlegende Struktur jeder thematischen Einheit kennt zwar die Aspekte der persönlichen Betroffenheit und des Interesses, allerdings wird nicht ersichtlich, inwiefern eine mögliche Werteorientierung vorgegeben bzw. vermittelt werden soll, da keine konkreten Werte benannt werden.

Der Geschichtsunterricht in der Realschule wird „als wissenschaftsorientiertes Fach und zentraler Ort gezielten und inhaltlich reflektierten geschichtlichen Lernens und Lehrens" verstanden. Dabei geben die thematischen Bereiche keine allgemeine Wertorientierung. Auch die Einheiten, in denen die DDR thematisiert wird, lassen keinerlei inhaltliche Bewertung des Gegenstandes erkennen. Allein die Formulierungen „Gewährleistung und Wahrnehmung der Menschenrechte" und „Demokratie als menschenwürdige Gesellschaftsform" bieten die Möglichkeit einer sehr groben Orientierung.

Entsprechend der Richtlinien und Lehrpläne für die Sekundarstufe I der Gymnasien in Nordrhein-Westfalen sollen die Schüler vermittels des Geschichtsunterrichts ein selbstständiges historisches Urteilsvermögen und ein überprüfbares, korrigierbares und entwicklungsfähiges Geschichtsbewusstsein entwickeln.

In 16 obligatorischen Fachinhalten wird lediglich in der Jahrgangsstufe 10 die DDR thematisiert. Dabei beschränkt man sich auf äußere Aspekte, wobei die Entfaltung der Fachinhalte stark beschreibend, nicht bewertend, vorgenommen wird. Allgemein werden in den didaktischen Perspektiven und Kommentaren zu den Fachinhalten keine klaren Werte und Normen für den Unterricht formuliert, sondern unbestimmt bis schwammig von „Geschichtsbewusstsein“ gesprochen.

e) Fazit

Die DDR wird in den vier von uns in die Studie einbezogenen Ländern nicht nur unterschiedlich knapp oder ausführlich behandelt. Auch die wertende Einordnung unterscheidet sich von Land zu Land erheblich. So kommt der Geschichtsunterricht in Berlin und Nordrhein-Westfalen ohne vorgegebene explizite Wertmaßstäbe aus. In den Brandenburger Rahmenrichtlinien/Lehrplänen werden zumindest implizit für einige Dimensionen der DDR-Geschichte Wertungen angeführt, die DDR als Ganzes wird jedoch nicht normativ betrachtet. Nur Bayern gibt ausdrücklich die Werte einer freiheitlich-demokratischen Gesellschaft auch zur Beurteilung der DDR vor. Eindeutiger als in den anderen drei Ländern werden hier zudem die repressiven Dimensionen der DDR erwähnt und in den Unterricht einbezogen.

2. Die Darstellung der DDR in ausgewählten Schulbüchern

Nachfolgend werden die Ergebnisse einiger umfassender Studien zur Behandlung der DDR in Schulbüchern vorgestellt, um anschließend am Beispiel von vier ausgewählten und in den für uns relevanten Ländern zugelassenen Büchern ergänzt zu werden.

a) Verschiedene Studien zu Schulbüchern

Ulrich Arnswald analysierte auf Anregung und mit Unterstützung der Stiftung zur Aufarbeitung der SED-Diktatur Geschichtsbücher allgemeinbildender Schulen in den deutschen Ländern zum Thema DDR-Geschichte. In die Studie wurden 64 Geschichtsbücher aus zehn deutschen Schulbuchverlagen einbezogen. Anhand von sechs Themenfeldern (politischer Neubeginn, das Machtsystem, Gesellschaftsgeschichte, Widerstand und Opposition, Außenpolitik der DDR und deutsch-deutsche Beziehungen sowie friedliche Revolution in der DDR) untersuchte Arnswald die Einbeziehung der DDR und die Art ihrer Darstellung. In seiner Bilanz kommt der Autor zu dem Ergebnis, dass die „Geschichte der DDR in fast allen Schulbüchern einen nachgeordneten Platz einnimmt. Sowohl vom Umfang als auch von der Anordnung der DDR-Geschichte in den jeweiligen Schulbüchern her spielt die DDR-Geschichte größtenteils eine Nebenrolle."[270])

In den meisten Schulbüchern werde nach einer kurzen Schilderung der Besatzungszeit und der Gründung der beiden deutschen Staaten eine Parallelgeschichte entwickelt oder dargestellt, wobei der politische Neubeginn nach 1945 im Vergleich zu den anderen Themenbereichen noch recht ausführlich zur Sprache kommt. Leider würden – so Arnswald – kaum aktuelle Forschungsergebnisse in die Darstellung miteinbezogen. So werde für die erste Phase zwar die Entnazifizierung in der SBZ erwähnt, aber nicht die Nutzung ehemaliger Konzentrationslager für die Inhaftierung von NS-Tätern und demokratischen Gegnern der SED und der Sowjetunion. So genannte Speziallager würden verschwiegen. Die Übertragung des sowjetischen Modells auf die SBZ sei ebenfalls eher unzureichend beschrieben und nur an einigen Beispielen wie Enteignung und Wirtschaftslenkung, nicht jedoch am inneren Kern der sozialen und politischen Umstrukturierung der Gesellschaft nachvollzogen.

Die meisten Schulbücher – so Arnswald – stellen die tatsächliche Durchdringung des politischen Systems durch die SED und ihre Organe nicht differenziert dar. Selbst das MfS werde nur unzureichend beschrieben. Die weiteren Sicherheitsorgane blieben in allen Büchern unberücksichtigt. Ähnliches gelte für die Blockparteien, die nur am Rande erwähnt würden. Die ungeachtet ihres unterschiedlichen Ausmaßes in den verschiedenen Phasen der DDR bestehende Kontinuität von

270) Arnswald 2006, S. 77.

Überwachung und Unterdrückung bleibe unterbelichtet. Ausführlicher werden nur Einzelereignisse wie der 17. Juni behandelt. Aber auch hier werde durch eine isolierte Darstellungsweise die Chance vergeben, (tiefer gehende) Einblicke in die Machtmechanismen des SED-Staates zu vermitteln.

Die Beschreibung der Gesellschaftsgeschichte bleibt laut Arnswald in den meisten Büchern ebenfalls oberflächlich. Die Darstellung des Alltags leide unter Stereotypen wie „Datsche" und „Trabant", die ideologische Durchdringung der Gesellschaft werde kaum thematisiert. Entsprechend mangelt es an Beispielen, wie der totalitäre Herrschaftsanspruch der SED in der Praxis durchgesetzt wurde und an welche Grenzen er stieß. Die Vermittlung adäquaten DDR-bezogenen Wissens ist also nicht möglich: „Die ideologische Indoktrination aller gesellschaftlichen Bereiche wird in den Schulbüchern nur selten so verdeutlicht, dass sie Schülerinnen und Schülern verständlich werden könnte. Die umfassende Rolle der Ideologie in der sozialistischen Gesellschaft und die Herausbildung eines eigenen DDR-Bewusstseins wird durch die Behandlung der Geschichtsfragen in den Schulbüchern nur zum Teil widergespiegelt. Auf diese Weise erschließt sich für Schülerinnen und Schüler zu wenig der Zusammenhang zwischen ideologischer Indoktrination und Machtausübung durch die SED."[271])

Einige Schulbücher thematisieren zwar ausführlicher die Rolle von Widerstand und Opposition in verschiedenen Zeiträumen, verzichten jedoch weitgehend auf eine übergreifende und systematische Gesamtsicht. Warum es schließlich zur „friedlichen Revolution" kommt, kann sich so den Schülern nicht erschließen.

Für unterrepräsentiert in den Schulbüchern hält Arnswald u. a. die Außenpolitik der DDR, die Rolle des Sports und die Berücksichtigung der Landwirtschaft. Zwar würden Mauerfall und Sturz der SED-Diktatur detailreich behandelt, ohne jedoch analytisch in die Tiefe zu gehen. „Der Widerspruch zwischen demonstrierter Stärke und tatsächlicher Schwäche wird kaum ermittelt. Auch der genaue Ablauf des Sturzes, die Implosion der Parteistrukturen und die Ohnmacht des Staatsapparates kommen in den Schulbuchtexten zu kurz. Es wird ebenfalls nicht klar, welche Ergebnisse ausschlaggebend für den Rückzug der SED von ihren Machtpositionen waren und worin das eigentliche Wesen und die Bedeutung der friedlichen Revolution bestehen."[272])

Als Ergebnis seiner Untersuchung empfiehlt Arnswald eine Überarbeitung von Schulbüchern und eine Verklammerung von west- und ostdeutscher Geschichte, was freilich noch keine angemessene Darstellung der DDR bedeute. Sie könne nur durch einen expliziten Bezug auf Bewertungskriterien gewährleistet werden.

Einige Lehrer stellen die Aussagekraft der Studie in Frage, weil sie an den Unterrichtsrealitäten vorbeigehe. Die Forderung nach Vollständigkeit, Komplexität und

---

[271]) Ebd., S. 82.
[272]) Ebd., S. 89.

tiefgründiger Reflexion lasse sich im Schulunterricht der 10. Klasse nicht erreichen. Da im Unterricht Inhalte nicht nur vom Lehrer vorgetragen, sondern auch von den Schülern erarbeitet werden sollen, könne die DDR wie andere Themen nur exemplarisch behandelt werden. Dies müsse jedoch keinen Qualitätsverlust bedeuten.[273)]

Zu zum Teil ähnlichen Ergebnissen wie Arnswald kommen mehrere Ende der neunziger Jahre verfasste Studien zum Thema DDR in Schulbüchern. Zwar gebe es Fortschritte im Vergleich mit älteren Büchern, dennoch beschränkten sich viele Bücher darauf „Phänomene zu beschreiben, ohne diese in einen größeren Zusammenhang einzuordnen".[274)] Viele Schwächen der Bücher seien damit zu erklären, dass es sich um Fortschreibungen alter Texte handele und nicht um neu entwickelte.[275)]

Generell offenbaren Schulbücher bei der Behandlung von Zeitgeschichte laut Buchstab eine gewisse Unsicherheit nicht nur bei der Auswahl der Schwerpunkte, sondern vor allem bei der Formulierung von Bewertungen.[276)] Es mangele bezogen auf die DDR insbesondere an der Beschäftigung mit der „ideologischen Begründung des Führungsanspruchs der SED (Erkenntnismonopol) und des marxistisch-leninistischen Verständnisses des Staates als Machtinstrument der herrschenden Klasse (auch im entwickelten sozialistischen Staat)".[277)] Die Behandlung von Alltag und Gesellschaft der DDR beschränke sich in vielen Büchern auf die „Nischengesellschaft", die als Rückzugsort vor den Anmaßungen der Herrschenden beschrieben werde. Hierdurch drohe jedoch der subtiler werdende „unsichtbare, lautlose Terror" (Karl-Dietmar Henke) ausgeblendet zu werden. Generell mangele es an plastischen Beispielen, wie der totalitäre Herrschaftsanspruch der SED in der Praxis durchgesetzt wurde und an welche Grenzen er mit welchen Folgen stieß.

In einem Gutachten für die Enquête-Kommission „Überwindung der Folgen der SED-Diktatur im Prozess der deutschen Einheit" untersuchte Wolfgang Jacobmeyer in allen für die Länder der Bundesrepublik Deutschland als Unterrichtsmittel zugelassenen Geschichtsbüchern, inwieweit die DDR thematisiert und als Diktatur charakterisiert wird. Auch er konstatiert einen Wandel der Darstellung der DDR und der deutschen Teilung nach 1990. So erwähnen zum Beispiel ältere Lehrwerke das MfS kaum, während es in den nach der Wiedervereinigung erschienenen Schulbüchern größeren Raum einnehme. Jacobmeyer attestiert den neueren Büchern sowohl einen hohen Grad an sachlicher Richtigkeit als auch eine je nach Schultyp angemessene Darstellung der Daten und eine entsprechende Urteilsbildung. Während die Hauptschullehrbücher vor allem die SBZ-Phase und einen kurzen Überblick über verschiedene Zäsuren der DDR-Geschichte enthielten, würden sich Realschullehrbücher demgegenüber durch eine „überlegene Sachdarstellung und Urteilsbildung" abheben. Lehrbücher für die Sekundarstufe I böten ein noch „reichhaltigeres In-

273) Vgl. Bongertmann 2006, S. 1056.
274) Maser 1999, S. 153.
275) Ebd., S. 155.
276) Buchstab 1999a, S. 240.
277) Vgl. ebd., S. 241.

haltsangebot, nuancierte Urteilsbildung, dichtere Informationen und größere historische Tiefenperspektive".[278])

Als Systemmerkmale der DDR würden in den Lehrbüchern schulformübergreifend der besondere Charakter der SED-Diktatur, die Treue gegenüber dem sowjetischen Modell und der repressive Charakter des politischen Systems genannt, über Analogien zum Nationalsozialismus würde nicht nachgedacht. „Kein einziges Lehrbuch allerdings bietet einen methodisch abgesicherten Vergleich zwischen beiden Herrschaftsformen an. Aus Merkmalen der Darstellungstypik dagegen lässt sich ermitteln, dass der Nationalsozialismus den Lehrbüchern als eine Epoche vor Augen steht, die DDR als eine partiale Staatsgeschichte."[279])

b) Die Untersuchung von Schulbüchern durch Mätzing

Zu deutlich anderen Beobachtungen bezüglich der Darstellung des MfS in Schulbüchern als Jacobmeyer gelangt Heike-Christina Mätzing in einer Studie für das brandenburgische Ministerium für Bildung, Jugend und Sport. In einer Durchsicht bundesweit zugelassener Geschichts- und Politikbücher kommt sie zu dem erstaunlichen Befund: „Mehr als die Hälfte aller Bücher behandeln den Staatssicherheitsdienst überhaupt nicht, in fünf Büchern erscheint nicht einmal die DDR! Dies findet seine Entsprechung in den den Büchern ‚vorgelagerten' Lehrplänen: So geben zwar alle ostdeutschen, aber nur sehr wenige westdeutsche Bundesländer die Behandlung des Themas verbindlich für den Unterricht vor."[280]) Die breit gefächerten Aufgaben des MfS, seine Befugnis, strafrechtliche Ermittlungsverfahren einzuleiten, Festnahmen, Durchsuchungen, Beschlagnahmen und Vernehmungen durchzuführen, würden ebenso selten erwähnt wie die Bandbreite seines Vorgehens, operative Vorgänge, Zersetzungsmaßnahmen etc. Wenn überhaupt, werde die Tätigkeit des MfS oft nur kurz dargestellt, ohne seine besondere Bedeutung für die Machtsicherung der SED auszuführen. So erfahre der Leser nichts über die direkte Anbindung des Mielke-Ministeriums an die Parteiführung oder das Fehlen von Rechtsstaatlichkeit. Die Opfer des MfS kämen nicht zu Wort. Mit einer Ausnahme verwende kein Buch das Wort „Menschenrechtsverletzung" im Zusammenhang mit dem Wirken der Stasi. Nur aus einem Buch könnten Schüler erfahren, dass auch im Westen Deutschlands Inoffizielle Mitarbeiter des MfS tätig waren. Die Unterstützung der RAF und die Ausbildung von potenziellen Terroristen seien ebenfalls nur wenigen Schulbüchern eine Notiz wert.

In den von Mätzing untersuchten fünfzig Geschichtsbüchern wird das MfS in sieben Büchern überhaupt nicht erwähnt, in 27 Büchern betrage der Umfang maximal eine Seite und in acht Büchern drei oder mehr Seiten. Nur 12 von 31 Politik- und Sozial-

---

278) Jacobmeyer 1998, S. 843.
279) Ebd., S. 844.
280) Mätzing 2007a, S. 54.

kundebüchern beschäftigen sich mit der Stasi, darunter zwei, die ihr immerhin drei bzw. dreieinhalb Seiten widmen. In ihrem Fazit hebt die Autorin hervor: „Insgesamt ist festzustellen, dass das Gros der aktuellen Geschichts- und Politikschulbücher das MfS in einem weit geringerem Maß thematisiert, als dies vor dem Hintergrund der zu Beginn der neunziger Jahre geführten öffentlichen Diskussion zu vermuten war. Zugleich lässt sich in den Lehrplänen für die ostdeutschen Bundesländer seit etwa 2000 die Tendenz feststellen, dass dem Thema ein höherer Stellenwert zugemessen wird.“[281])

Die Durchsicht der Geschichts- und Politikschulbücher offenbare aber auch eine im Vergleich zur Darstellung der Bundesrepublik stark unterproportionale Behandlung der DDR. Bei Büchern mit einem Umfang von etwa 300 Seiten werden 250 der Bundesrepublik, 50 der DDR und zwei dem MfS gewidmet. In einem anderen Buch betrage das Verhältnis sogar 275 : 33 : 0,2. In nordrhein-westfälischen Schulbüchern ließen sich bei einem Gesamtumfang von 304 Seiten oft nur 35 Seiten zur DDR und drei Sätze zum MfS finden. Bei Büchern aus dem Verlag Volk und Wissen[282]), die zumeist für ostdeutsche Länder geschrieben werden, nehme die DDR einen etwas höheren Seitenanteil ein, die Stasi bleibe jedoch immer unter drei Seiten. Die quantitativ unzureichende Darstellung des MfS korrespondiere zudem mit zum Teil mangelhafter Qualität. So werde den Schülern nicht vermittelt, wen die Stasi für einen „Staatsfeind“ hielt; die Grund- und Menschenrechtsverletzungen würden nicht konkret benannt. Warum das MfS so wenig Aufmerksamkeit in Schulbüchern findet, kann sich die Autorin der Studie nicht recht erklären. Sie vermutet, westdeutsche Schulbuchautoren würden seine Bedeutung unterschätzen und gleichzeitig die Phase der Zweistaatlichkeit Deutschlands noch nicht als gemeinsames Erbe begreifen.[283])

Einige Jahre zuvor hatte die gleiche Autorin allerdings beklagt, die Geschichte der DDR würde zu sehr unter der Perspektive ihres autoritären Charakters oder ihrer politischen Durchherrschung betrachtet. Deshalb könnten die Schulbücher dem DDR-Alltag nicht gerecht werden. „Die Menschen, die ihre Identität unter dem Sozialismus ausbildeten und heute als Erwachsene in einem davon gänzlich verschiedenen Gesellschaftssystem leben, erfuhren, wie Menschen in anderen Systemen auch, die Sinndeutung ihres Daseins zunächst und vor allem durch die Rahmenbedingung menschlicher Existenz“.[284]) Ihrer Meinung nach dominierten Themen, die sich mit den Herrschaftsstrukturen der DDR beschäftigen, wozu in erster Linie die Tätigkeit des Ministeriums für Staatssicherheit gehört. Die Stasi sei für manche schon zum Synonym für DDR geworden.[285])

[281]) Mätzing 2007b, S. 32.

[282]) Der Verlag Volk und Wissen verlegte bis zum Zusammenbruch der DDR nahezu alle Schulbücher der DDR und wurde im Frühjahr 1991 von der Cornelsen Verlagsgruppe übernommen. In den neuen Ländern ist er mit seinen Schulbüchern inzwischen wieder Marktführer.

[283]) So Heike-Christina Mätzing in einem Interview mit Welt-online vom 28. März 2007.

[284]) Mätzing 1999, S. 44.

[285]) Ebd., S. 45.

Der Alltag in der DDR würde in Schulbüchern unzureichend behandelt und zumeist in Bezug zum politischen Herrschaftssystem gesetzt. Sinnvoll wäre es nach Meinung der Autorin, den Alltag in der DDR separat darzustellen, denn die Schüler hätten „ein Recht darauf zu entdecken, dass das Leben ihrer Eltern und Großeltern trotz allem auch Sinn erfahren hat".[286)]

In einer Studie aus dem Jahr 2005 konstatierte sie, die DDR werde in Schulbüchern der frühen 1990er-Jahre zweigeteilt dargestellt: Diese hätten zunächst am Beispiel des 17. Juni 1953 und des Mauerbaus am 13. August 1961 allein den Repressionsapparat beschrieben. „Der ausschließlichen Unterdrückung folgt hier der große Jubel über die Befreiung und die Wiedervereinigung. Über die Geschichte der DDR selbst scheint es wenig zu geben, was des Berichtens würdig ist."[287)]

Inzwischen seien derartige Darstellungen jedoch eher die Ausnahme. Gegenwärtig werde die deutsche Zweistaatlichkeit im direkten Ost-West-Vergleich behandelt, wobei in dieser Parallelgeschichte die DDR zumeist als Negativfolie der Bundesrepublik erscheine, so zum Beispiel bei der Wirtschaftsordnung. Die Autorin hält es „mit Blick auf die innere Einheit sicherlich zu den größten (westdeutschen) Entgleisungen, dass ostdeutsche Biografien anhand wirtschaftlicher Kriterien ‚in Wert gesetzt' wurden".[288)] Mätzing bedauert zudem, dass die Stasi zu großen Raum einnähme: „Wie in den Lehrmaterialien so dominierten auch in der Forschung lange Zeit eher spektakuläre Themen, an erster Stelle die Arbeit des Ministeriums für Staatssicherheit."[289)] In den – zumeist von westdeutschen Autoren geschriebenen – Schulbüchern werde zudem unzureichend auf historische Wurzeln, die vor der deutschen Teilung liegen, hingewiesen. So wäre es zum Beispiel angemessen, die Datschen in den Kontext der Schrebergartenkultur im 19. Jahrhundert zu stellen.

Die Autorin lobt das Schulbuch „Expedition Geschichte", das von zwei Ostdeutschen herausgegeben wurde, da es die Leistungen der DDR herausstelle, auf Widersprüche verweise und der Stasi lediglich zwei Sätze widme.[290)] „Doch damit stellt dieser Titel inzwischen keine Ausnahme mehr dar. Insgesamt nimmt die Staatssicherheit im Vergleich zu den früheren Büchern aktuell deutlich weniger Raum ein, in manchen Büchern wird sie gar nicht mehr thematisiert."[291)]

Nach Meinung Mätzings sei in jüngster Zeit das noch vom Kalten Krieg bestimmte Bild der DDR durch eine Sicht abgelöst worden, „die einerseits verstärkt die Alltagsgeschichte mitberücksichtigt, und andererseits unter Verzicht auf Schönfärberei dennoch versucht, die Lebensleistung der DDR-Bevölkerung stärker zu würdigen.

286) Ebd., S. 49.
287) Mätzing 2005, S. 240.
288) Ebd., S. 241.
289) Ebd.
290) Dabei wird dort die Zahl der Inoffiziellen Mitarbeiter noch falsch angegeben.
291) Ebd., S. 246.

Zugleich gehe das Bemühen der Autoren dahin, weniger eine ‚Geschichte des Sozialismus' als vielmehr eine deutsch-deutsche Geschichte zu schreiben."[292]

In einem weiteren Beitrag aus dem Jahr 2007 beklagt die gleiche Autorin wiederum die Gefahr einer verharmlosenden Darstellung der DDR in neueren Schulbüchern. Im Kontext mit der bundesrepublikanischen Nachkriegsgeschichte bringe das die Gefahr einer Nivellierung bestehender Systemunterschiede mit sich. „Deutlich spiegelt sich das Bemühen, mit Hilfe eines alltags- und sozialgeschichtlichen Ansatzes ein gesamtdeutsches (Geschichts-)Bewusstsein zu erzeugen. Die Geschichte der DDR wird als Teil der gesamtdeutschen Vergangenheit betrachtet und möglichst häufig mit der westdeutschen Geschichte in Beziehung gebracht. Dieses Konzept einer Beziehungsgeschichte ist letztlich zu begrüßen, birgt indes, wenn es überdehnt wird, auch Probleme. Vor allem besteht die Gefahr, dass ein solches integratives Konzept die bestehenden Systemunterschiede nivelliert und in der Folge die totalitären Strukturen des SED-Regimes verharmlost sowie Menschenrechtsverletzungen bagatellisiert."[293] Mätzing befürchtet sogar, dass die Menschenrechtsverletzungen und die Gewaltherrschaft in der DDR angesichts der NS-Verbrechen überhaupt keinen Platz im nationalen Geschichtsbild erhalten würden.

Die zum Teil widersprüchlichen, ja sogar entgegengesetzten Einschätzungen Mätzings demonstrieren ein zentrales Problem bei der Analyse von Schulbüchern. Es kommt sehr darauf an, welche Bücher bis zu welchem Zeitraum in die Untersuchung einbezogen und unter welchem Blickwinkel sie betrachtet werden. Gleichwohl sind wissenschaftliche Gründe für einen solch fundamentalen Wandel der Einschätzung binnen weniger Jahre kaum vorstellbar. Unter Berücksichtigung der anderen Schulbuchstudien scheint die aus dem Jahre 2007 stammende Feststellung der Autorin, das MfS würde kaum oder nicht angemessen in Schulbüchern berücksichtigt, richtig zu sein. Ihre zwei Jahre zuvor gegebene Einschätzung, die Stasi nehme zu großen Raum ein, ist damit obsolet geworden. Unabhängig davon geht es bei der Betrachtung der Darstellung der DDR in Schulbüchern letztlich nicht um die Alternativen „mehr Alltag" oder „mehr Diktatur bzw. MfS", sondern um die Einordnung auch des Alltags in die Rahmenbedingungen einer Diktatur, also um „Alltag in einer Diktatur".

c) Der Blick ehemaliger SED-Ideologen auf Schulbücher

Erhard Neuner, der ehemalige Präsident der Akademie der pädagogischen Wissenschaften der DDR, teilt weitgehend die frühere Bewertung Mätzings. In einer Studie aus dem Jahr 2000 unterscheidet er drei Kategorien von Geschichtslehrbüchern: 1. unmittelbar nach der Vereinigung erschienene eindimensional-parteiliche, die die DDR im Geiste des Kalten Krieges aus Westsicht verurteilen, 2. die DDR margina-

[292]) Ebd., S. 248.
[293]) Mätzing 2007, S. 194/195.

lisierende, sie als Fußnote der Geschichte diffamierende, und 3. neuere Bände, die sich um Objektivität oder zumindest Ausgewogenheit bemühen. Viele Geschichtsbücher würden nur Stereotypen zur DDR auftischen und gleichzeitig ihre Unkenntnis des deutschen Ostens zur Schau stellen.[294])

Selbst Bücher, die das (vermeintlich) Positive der DDR hervorhöben, aber gleichzeitig auf Negatives verwiesen, werden seiner Meinung nach der Realität nicht umfassend gerecht. Als Beispiel nennt er die Darstellung, dass Mädchen formal gleiche Chancen wie Jungen hatten, aber dennoch nicht wirklich gleichberechtigt waren und seltener in höhere Positionen aufsteigen konnten.[295])

Neuner kritisiert eine von der Konrad-Adenauer-Stiftung herausgegebene Studie,[296]) weil sie die DDR als totalitär abqualifiziere und den Westen in den Vordergrund schiebe. Daher kann er sich das Lieblingsargument ehemaliger SED-Ideologen nicht verkneifen, darauf hinzuweisen, dass er sich beim Lesen dieser Studie an DDR-Bücher erinnert fühle.[297]) Offensichtlich setzt er den Bezug auf die Werteordnung einer freiheitlich-demokratischen Gesellschaft gleich mit den totalitären Vorgaben einer sozialistischen Diktatur.

Das Leben in der DDR sei laut Neuner viel normaler gewesen, als manche Lehrbuchautoren aus dem Westen es sich vorstellen könnten. „Die dortigen Lebensrealitäten ausschließlich auf Herrschaftsstrukturen, Ideologie und die alles wissende und alles sehende Stasi zurückzuführen, trifft die Erfahrungen einer übergroßen Mehrheit der Menschen im Osten nicht. Die dort sich herausbildende ‚arbeiterliche Gesellschaft', wie sie rückschauend benannt wird, brachte Lebensformen und Mentalitäten hervor, darunter bei Frauen, deren Schicksal in manchen Schulbüchern mitfühlend beschrieben wird. In vielerlei Hinsicht entsprachen sie mitnichten den Intentionen der Herrschenden. Die tatsächlich erreichte größere Gleichheit, keineswegs die vollständige, die in manchen Büchern geistert – es gab das Leistungsprinzip, das freilich auf verschiedenen Wegen unterlaufen wurde – bestätigte sich vielfach als Maulwurf."[298])

In den Geschichtsbüchern sei inzwischen zwar einiges besser geworden, aber es würde wohl noch einige Zeit ins Land gehen, „bis die wirkliche Geschichte des anderen deutschen Staates geschrieben werden kann, frei von allen Legenden und unabhängig davon, ob deren Urheber linken oder rechten Ideologien anhängen. Das Bemühen um größere Sachlichkeit werden junge Menschen, die mitten im Leben stehen, sicher honorieren."[299])

---

[294]) Neuner 2000a, S. 83.
[295]) Ebd., S. 74.
[296]) Vgl. Buchstab 1999.
[297]) Neuner 2000a, S. 79.
[298]) Neuner 2000b, S. 446.
[299]) Vgl. ebd.

Vermutlich hält es Neuner auch für ein Stereotyp, wenn seine in der DDR publizierte Definition des „neuen“ Menschen heute noch angeführt wird. Damals war seiner Meinung nach das „Wesen einer sozialistischen Persönlichkeit durch die fundierte ‚sozialistische Weltanschauung‘, die ‚ideologische Bewusstheit‘ und die ‚sozialistische Moral‘ bestimmt“.[300]) Seriöse Studien zu Schulbüchern, die anders als Neuner und ehemalige SED-Ideologen bei ihrer Analyse vor dem Hintergrund der Werteordnung einer freiheitlich-demokratischen Gesellschaft urteilen, kommen zu gänzlich anderen Ergebnissen.

d) Schulbuchanalyse zu speziellen Themen

Eine spezielle Untersuchung, ob und inwieweit in Schulbüchern die „friedliche Revolution“ dargestellt wird, kommt zu einem ernüchternden Fazit.[301]) In den Schulbüchern für die Sekundarstufe I würden zumeist die Begriffe „Wende“ und „friedliche Revolution“ verwendet, in keinem Fall aber die Ereignisse differenziert und analytisch dargestellt. In Schulbüchern für die Sekundarstufe II gehe es analytischer zu: Auch wenn der Begriff „friedliche Revolution“ als solcher nicht benutzt werde, werde doch auf seinen Ursprung verwiesen bzw. die Gründe für den Sturz der SED-Diktatur erläutert. Andere Bücher benutzten den Begriff „friedliche Revolution“, ohne ihn jedoch näher zu erläutern. Von „Wende“ ist in diesen Büchern seltener die Rede.

Die Ereignisse in der DDR 1989/90 würden nur in wenigen Schulbüchern in einen Zusammenhang mit Vorgängen in anderen ost-mitteleuropäischen Ländern gestellt. In den Büchern für die Sekundarstufe I spielten die Akteure der Revolution zumeist keine Rolle. Nur ein Geschichtsbuch beschreibe die Bürgerrechtler als „Auslöser der friedlichen Revolution“. In vielen Büchern für die Sekundarstufe II werde die Bürgerrechtsszene ausdrücklich hervorgehoben und auch einzelne Personen genannt; andere erwähnten dagegen nur den Gründungsaufruf des Neuen Forums oder Ähnliches.

Im Fazit hebt der Autor der Studie hervor, die Herausbildung von Widerstand und Opposition in der DDR werde im Unterricht und den Schulbüchern nur unsystematisch behandelt, insbesondere in der Sekundarstufe I die „friedliche Revolution“ nur sehr oberflächlich analysiert. Die Schulbücher für die Sekundarstufe II seien dagegen qualitativ homogener und besser. In mehreren in der Studie besonders hervorgehobenen Titeln würden verschiedene Facetten der „friedlichen Revolution“ angemessen dargestellt.

Die Stiftung Warentest gab in ihrem Heft 10/2007 einigen Geschichtsbüchern für die Klasse 10 schlechte Noten bei der Darstellung gegenwartsnaher Themen wie zum Beispiel dem Alltagsleben in der DDR. Viele Darstellungen seien veraltet und zum Teil fehlerhaft. „Fehler und Verzerrungen treten gehäuft in den Kapiteln zur

---

[300]) Zitiert nach: Biskupek 2002, S. 11

[301]) Vgl. Schröder 2004, S. 3.

Geschichte der DDR auf. So wird die Lebenssituation in vielen Büchern vereinfacht dargestellt, die Rolle der Frau auf das sozialistische Ideal beschränkt, die Entwicklung der Planwirtschaft unvollständig beschrieben."[302]) Vor allem aus didaktischer Sicht seien viele Bücher nicht gut gelungen. Stiftung Warentest moniert aber auch, dass manchmal den Schülern Wertungen zu stark vorgegeben würden, leider ohne dies genauer zu spezifizieren. Zudem erscheinen die durch die Stiftung bei der Bewertung der Darstellung der DDR in den Schulbüchern verwendeten Kriterien äußerst fragwürdig. So lassen sich ihr Urteil und die Einordnung der verschiedenen Bücher nicht nachvollziehen.[303])

e) Analyse ausgewählter Schulbücher

Nachfolgend wird am Beispiel von *vier ausgewählten Schulbüchern*, die sich alle in besonderer Weise und ausführlich mit der DDR beschäftigen, kurz beleuchtet, inwieweit sie dem Thema gerecht werden.

Das im Verlag Oldenbourg herausgegebene Geschichtsbuch *Begegnungen 9. Geschichte-Sozialkunde-Erdkunde* ist für Bayern zugelassen und wird dort nach Auskunft von Lehrern und der Bayerischen Landeszentrale für politische Bildungsarbeit relativ häufig im Unterricht eingesetzt. Das Buch behandelt die DDR auf den ersten 43 Seiten zusammen mit der Geschichte der Bundesrepublik. Dabei werden viele verschiedene Aspekte/Themenbereiche der DDR-Geschichte erwähnt, einige auch nur am Rande gestreift wie zum Beispiel die Sportförderung. Eindeutige Wertungen – so die Kennzeichnung der DDR als Diktatur – wechseln mit eher neutralen Erläuterungen – die mit Zwang durchgeführte Verschmelzung von SPD und KPD zur SED wird nur als „Vereinigung" bezeichnet. Gründung, Entwicklung und Lenkung der Blockparteien werden lediglich am Rande erwähnt. Das politische System der DDR dagegen wird in der gebotenen Klarheit charakterisiert: „Die DDR war in Wirklichkeit ein von der SED beherrschter Staat, dessen Vorbild die von Stalin geführte Sowjetunion war."[304])

Den Dimensionen der Repression – am Beispiel der Niederschlagung des Volksaufstandes am 17. Juni 1953 – werden vor allem die sozialen Leistungen der DDR und die Gleichstellung der Frau als Positiva gegenübergestellt.[305]) Die Verantwortung der SED-Führung für die Errichtung der Mauer wird ausdrücklich genannt; bei der Betrachtung der Zeit nach 1961 geht es vorrangig um die Entwicklung in der Bundesrepublik, die DDR erhält deutlich weniger Raum. Das MfS wird nur mit drei Sätzen erwähnt. Auf zwei Seiten werden deutsch-deutsche Gemeinsamkeiten hervorgehoben.

---

302) Test Nr. 10/2007, S. 77/78.

303) Ein Schulbuch wird u. a. dann als gut bewertet, wenn es einen „großen Alltagsbezug" hat – siehe ebd., S. 78.

304) Schulbuch Begegnungen 9, S. 32.

305) Vgl. ebd., S. 34.

Der Abschnitt über die Demonstrationen in der DDR 1989 und die Wiedervereinigung diskutiert ausführlich die Gründe für diese Entwicklungen. Ergänzend zu verschiedenen Daten äußern Zeitzeugen ihre Unzufriedenheit über die Zustände in der DDR. Die Bürgerrechtsbewegung kommt authentisch zu Wort, die Flucht zehntausender DDR-Bürger in den Westen wird anschaulich geschildert. Die Veränderungen in der DDR werden „Wende“ und nicht „friedliche Revolution“ genannt. Die Entwicklung in der DDR wird als Bestandteil der Entwicklung in anderen mittelosteuropäischen Staaten, die in den sowjetischen Machtbereich eingegliedert waren, charakterisiert, die Rolle Gorbatschows hervorgehoben.

Das Buch sticht in fachlicher Hinsicht positiv hervor, weil es wichtige Stationen der deutschen Teilungsgeschichte angemessen darstellt und nur wenige Fehler enthält (falsches Datum der Anerkennung der DDR durch die Sowjetunion, unbelegter Hinweis auf den Tod sowjetischer Soldaten am 17. Juni 1953 und Verwechslung von Punks mit Skinheads). Die Darstellung der DDR wie der Bundesrepublik beschränkt sich im Wesentlichen auf das politische System. Wirtschaftliche und soziale Aspekte bleiben unterbelichtet. Viele, auch gegensätzliche, Stellungnahmen werden abgedruckt, gleichwohl wird nicht auf eindeutige Wertungen verzichtet. Die Allmacht der SED wird angesprochen, aber nicht plastisch dargestellt.

Das Unterrichtswerk überzeugt auch in methodisch-didaktischer Hinsicht, wenngleich einiges kritisch angemerkt werden muss. Positiv hervorzuheben ist, dass die Verwendung vielfältigen Quellenmaterials Möglichkeiten eröffnet, die Ereignisse aus verschiedenen Perspektiven zu betrachten. Leider sind nicht immer alle Quellenangaben vollständig, so dass die Schüler hier nicht erkennen können, dass Meinungen und Bewertungen historischer Ereignisse personen- und perspektivgebunden sind. Arbeitsaufträge fordern die Schüler nur selten, sich ein eigenes Urteil über den Sachverhalt zu bilden, meist geht es um die Interpretation von Aussagen, Texten oder ähnlichem. Es fehlen Informationen zur Todesstrafe, zur Lebenserwartung oder zur Umweltverschmutzung, ebenso zur Einkommens- und Vermögensverteilung und zu Arbeitslagern. Der Alltag in der DDR und der Bundesrepublik bleibt weitgehend außen vor.

Das im Verlag Volk und Wissen erschienene Schulbuch *Geschichte Plus. Ausgabe Berlin,* das für die 10. Klasse allgemeinbildender Schulen konzipiert ist, beschäftigt sich ausführlich mit der deutschen Teilungsgeschichte und dem Wiedervereinigungsprozess. Es enthält insgesamt eine in fachlicher wie auch in methodisch-didaktischer Hinsicht überzeugende Darstellung der DDR. Eine umfang- und variationsreiche Quellensammlung ergänzt jeweils einen thematischen Block. Relevante Bereiche der DDR-Geschichte werden in ihren Grundzügen erläutert – so die teils gemeinsame, teils unterschiedliche Entnazifizierung im geteilten Deutschland, der politische Neubeginn nach 1945 unter Einschluss der relevanten Politiker, die unterschiedlichen Wirtschaftsordnungen sowie die Einbindung in unterschiedliche Machtblöcke. Die Gründung der SED, ihr politisch-ideologisch begründeter Führungsanspruch und auch die Blockparteien werden zutreffend dargestellt. Die tatsächlichen Machtverhältnisse in der DDR werden ebenso ausdrücklich erwähnt wie die fehlende Gewaltenteilung und das Prinzip der Einheitsliste bei Wahlen mit vorher festgelegter Mandatsverteilung.

In mehreren ausführlichen Kapiteln wird die Entwicklung der DDR von 1949 bis 1969 angemessen dargestellt. So gut wie alle relevanten Bereiche finden hinreichende Erwähnung. Sowohl das Staats- als auch das Wirtschaftssystem werden erläutert und zugleich kritisch interpretiert sowie alltagsrelevante Entwicklungen und Zusammenhänge (Jugend in der DDR etc.) verständlich dargestellt. Etwas unterbelichtet bleiben das Gesundheits- und Sozialsystem. Die Herrschaftssicherung der SED, auch die durch das MfS, wird angemessen berücksichtigt und es gibt Hinweise, wie hierdurch der Alltag von Menschen berührt wurde.[306] In verschiedenen Kapiteln bemüht sich das Buch, dem Alltagsleben der Menschen in der DDR gerecht zu werden, indem es versucht, System und Lebenswelt zusammenzubringen. „Doch Wirtschaftskraft und privater Lebensstandard der DDR blieben trotz hoher Arbeitsleistung der Menschen deutlich hinter der Bundesrepublik zurück“[307] oder: „Es war der SED trotz nahezu allgegenwärtiger Präsenz nicht möglich, die Bevölkerung total zu dirigieren. Zum Teil bewusst, vielfach auch unbewusst, zogen sich viele Menschen aus dem politisierten Alltag zurück und schufen sich ihre ‚private Nische‘“.[308] In der wissenschaftlichen Diskussion ist allerdings umstritten, ob es die erwähnten Nischen tatsächlich gab. Gleiches gilt für die unterstellten hohen Arbeitsleistungen, die an keinem Indikator gemessen, also nur behauptet werden.

Das Schulbuch beschreibt nicht nur den Bau der Mauer und die Verantwortung der SED hierfür, sondern auch das Grenzregime mit den entsprechenden Folgen für Personen, die die DDR verlassen wollten; erwähnt wird der 1964 beginnende Häftlingsfreikauf, durch den insgesamt über 30.000 Personen für etwa 3,5 Mrd. DM aus der Haft entlassen wurden und in die Bundesrepublik ausreisen durften. In den Abschnitten „Jugend in der DDR“ und „Darstellende Kunst und Literatur in der DDR“ werden positive und negative Aspekte gleichermaßen berücksichtigt. So wird erwähnt, dass es Kinder aus christlichen oder regimekritischen Elternhäusern schwer hatten, trotz guter Noten zur Erweiterten Oberschule und zum Studium zu kommen, oder dass trotz häufiger Gängelung der Schriftsteller durch die SED in der DDR international beachtete literarische Werke entstanden.[309]

Die Darstellung der deutsch-deutschen Annäherung in den siebziger und achtziger Jahren berücksichtigt die Interessen und Perspektiven der Bundesrepublik und der DDR. Das Schulbuch geht sowohl auf die Ausgestaltung der Sozialpolitik in der Honecker-Ära als auch auf die darauf folgenden wirtschaftlichen Konsequenzen ein. Zu Recht wird darauf verwiesen, dass die DDR über ihre Verhältnisse lebte.[310]

---

306) Schulbuch Geschichte Plus, S. 67.
307) Ebd., S. 71.
308) Ebd., S. 74.
309) Ebd., S. 77 bzw. 78.
310) Ebd., S. 91.

In einem Zeitstrahl werden in einer Übersicht die wichtigsten Ereignisse im geteilten Deutschland stichwortartig zusammengefasst. Die Situation der Frauen in beiden Teilen Deutschlands wird von verschiedenen Seiten beleuchtet und die Bundesrepublik als vergleichsweise rückständig dargestellt. Die sportlichen Erfolge der DDR werden nicht auf das Doping reduziert, sondern um Hinweise auf die systematische Sichtung und Förderung von Talenten ergänzt.

Gleichzeitig rekonstruieren die Autoren dieses Schulbuchs die Herausbildung der DDR-Opposition in den achtziger Jahren und die „friedliche Revolution" in der DDR. Der Erfolg der Opposition am 9. Oktober 1989 in Leipzig – gewaltfrei ohne staatliche Genehmigung demonstrieren zu können – wird angemessen gewürdigt. Das MfS wird in einem kleinen Extrakapitel dargestellt.

Geschichte Plus überzeugt auch in methodisch-didaktischer Hinsicht. Zu Beginn einer neuen thematischen Einheit wird jeweils eine Leitfrage aus kurzen einführenden Sätzen entwickelt, die dann die weitere Darstellung lenkt. So können Schüler lernen, Fragen an geschichtliche Ereignisse und Prozesse zu stellen und die Darstellung historischer Ereignisse zu kontextualisieren. Die Arbeitsaufträge halten die Schüler dazu an, zu den gegebenen Informationen Stellung zu beziehen und auch kontrastierende Überlegungen anzustellen. So sollen sie beispielsweise den Staatsaufbau von DDR und Bundesrepublik erläutern und Unterschiede in Bezug auf Gewaltenteilung, demokratische Gesetzgebung etc. herausarbeiten. Ausdrücklich werden die Schüler aufgefordert, ein eigenes Urteil zu fällen und nicht nur darzustellen oder zu erläutern. Das Buch enthält nur wenige missverständliche Formulierungen. So wird zum Beispiel davon gesprochen, die DDR hätte die staatliche Souveränität erhalten, ohne darauf hinzuweisen, dass diese nur formal gegeben war. Die DDR blieb bis zu ihrem Ende in einem umfassenden Sinn von der Sowjetunion abhängig und konnte ohne deren Einverständnis keine weitreichenden innen- oder außenpolitischen Entscheidungen treffen.

Das im Ernst-Klett-Schulbuchverlag Leipzig im Jahre 2005 erschienene Schulbuch *Geschichte und Geschehen* behandelt die Zeit von 1917/18 bis zur deutschen Wiedervereinigung.[311]) In mehreren Kapiteln, die gut 90 der 311 thematischen Seiten des Schulbuches füllen, werden Geschichte und Entwicklung der Bundesrepublik und der DDR dargestellt. Die Stiftung Warentest wirft den Autoren „einzelne verkürzende Deutungen und nicht mehr ganz aktuelle Angaben" vor und bewertet das Buch vergleichsweise negativ, was seiner Qualität jedoch nicht gerecht wird. Es enthält die wesentlichen zur Charakterisierung der DDR notwendigen Informationen, stellt Zusammenhänge her und beschreibt Bundesrepublik und DDR im Kontext einzelner Themengebiete, wenngleich nicht immer in zu wünschender Ausführlichkeit. Inhaltlich zu kritisieren ist einzig die Darstellung der „Frauen in der DDR", die zu sehr an die Sichtweise der SED angelehnt ist.[312])

[311]) Schulbuch Geschichte und Geschehen (Ausgabe Nordrhein-Westfalen und Mecklenburg-Vorpommern).

[312]) Ebd., S. 243.

Insgesamt ist die Darstellung aber vor allem deshalb gelungen, weil das Verstehen durch Vergleichen angeregt wird. Die Gegenüberstellung der Wirtschaftsordnungen und der jeweiligen Probleme – Massenarbeitslosigkeit seit Mitte der siebziger Jahre auf der einen, nachlassende Produktivität auf der anderen Seite – kontrastiert die Situation in den beiden Teilen Deutschlands angemessen. Als gelungen kann auch die Darstellung des zum Teil ähnlichen, zum Teil unterschiedlichen Umgangs mit der nationalsozialistischen Vergangenheit angesehen werden.

Gleichzeitig werden einige Bereiche/Zusammenhänge erwähnt, die sonst in Schulbüchern eher selten zu finden sind, beispielsweise das Verhältnis von Ökologie und Ökonomie und die verheerenden Folgen für die Umwelt oder das vergleichsweise kärgliche Rentenniveau in der DDR. Selbst wenn einiges (wie die Sportförderung) gänzlich fehlt, wird die Darstellung im Großen und Ganzen beiden deutschen Staaten gerecht. Wie bei den anderen Schulbüchern haben sich auch hier einige kleinere Fehler eingeschlichen. So wird die Todesstrafe, die in der DDR bis 1987 existierte, nur auf die ersten Jahre der DDR bezogen und die Parole, die DDR wollte die Bundesrepublik „überholen ohne sie einzuholen", nicht Walter Ulbricht, sondern Erich Honecker zugeschrieben.

Das Kapitel über den Weg zur Wiedervereinigung erwähnt Demonstrationen, Massenflucht und die hilflosen Reformversuche der SED-Führung. Warum die DDR letztlich untergegangen ist, wird nicht direkt thematisiert. Gleichwohl wird mit diesem Schulbuch die Geschichte des geteilten Deutschlands und der DDR so behandelt, dass die Schüler in der Lage sein sollten, die Wissensfragen unseres Fragebogens korrekt zu beantworten. Lediglich die Arbeitslager werden nicht erwähnt.

Die Darstellung erfolgt auf einem relativ hohen sprachlichen und inhaltlichen Niveau, das die Schüler vielleicht etwas überfordert. Auch könnten sie sich erschlagen fühlen durch den von Darstellung und Fotos wenig unterbrochenen Text, wenngleich das Layout insgesamt sehr ansprechend ist. Als methodisch-didaktische Schwäche erweisen sich die Arbeitsaufträge, die unter der Überschrift „Fragen und Anregungen" zu wenig darauf abzielen, Schüler zu einem eigenen Urteil zu ermutigen.

Im für die Sekundarstufe I an Gymnasien in Nordrhein-Westfalen und einigen anderen Ländern zugelassenen Schulbuch *Zeiten und Menschen, Band 4,* wird die Geschichte der DDR in einer kurzen Chronologie dargestellt, die deutliche Wertungen enthält wie zum Beispiel „Es gab keine freien Wahlen" oder „Die Bürger der DDR waren jetzt praktisch in ihrem eigenen Staat eingesperrt ...".[313])

Durch unterschiedliche Äußerungen von Zeitzeugen sollen die Schüler das Leben in der DDR rekonstruieren, damit deutlich wird, dass es unterschiedliche Erfahrungen und Sichtweisen auf die DDR gibt. Die Machtverhältnisse werden korrekt beschrieben, die Schwächen der Planwirtschaft veranschaulicht. Das Grenzregime wird ebenso behandelt wie verschiedene Aspekte des alltäglichen Lebens. Die Darstellung der

[313]) Schulbuch Zeiten und Menschen, S. 246/247.

sozialen Dimension der DDR erfolgt weitgehend unkritisch, die Auseinandersetzung mit dem Ministerium für Staatssicherheit ist dagegen angemessen. Durch den Abdruck von Dokumenten wird den Schülern die Arbeit der Stasi veranschaulicht. Die Opposition der achtziger Jahre wird ebenfalls umfassend beschrieben. Lobenswert ist die Vorgabe an die Schüler, anhand verschiedener Stellungnahmen die Fragen beantworten zu lassen, warum die SED-Herrschaft sich so lange hielt, woran sie letztlich scheiterte und welche Bedeutung die friedliche Revolution des Jahres 1989 hatte. Hierdurch kann die gesamte Thematik noch einmal in die Argumentation eingebracht werden.

Problematisch ist der im Unterkapitel „Die ‚entwickelte sozialistische Gesellschaft': nur ein leeres Versprechen?" enthaltene Abschnitt zu „Kindheit und Jugend – Ideal ...",[314]) da hier durch die Darstellung ein zu positives DDR-Bild evoziert wird. Die staatliche Einbindung der Jugendlichen und deren politische Indoktrination wird zwar sachlich korrekt dargestellt und durch kritische Zeitzeugenäußerungen (Quelle: Ein Jugendlicher erinnert sich) begleitet, doch werden diese Aussagen durch den im Folgenden zitierten Arbeitsauftrag relativiert: „Wahrscheinlich wird kein Staat auf Erziehungsziele verzichten können. Denn Schule und Erziehung bedeuten immer auch, dass bestimmte Werte und Ideale vermittelt werden: Welche Werte und Ideale sollten in der Schule vermittelt werden, welche nicht? Formuliert Thesen, begründet sie und stellt sie in der Klasse zur Diskussion."[315]) Mit dem ersten Satz wird der Eindruck erweckt, es sei verständlich und normal – sprich wie in jedem anderen auch demokratischen Staat – gewesen, wie in der DDR politische Werte und Ideale an die Jugendlichen vermittelt wurden. Als weitaus gelungener können die beiden anderen Abschnitte dieses Unterkapitels „Frauenbild und Frauenrealität in der DDR" und „Reformen für die Bevölkerung?" bewertet werden. Bei beiden Aspekten wird das Spannungsverhältnis von dem durch die SED propagierten Ideal und der Realität deutlich herausgearbeitet.

Insgesamt betrachtet ergibt sich bezüglich der fachlichen-inhaltlichen Qualität von „Zeiten und Menschen" ein divergentes Bild: Auf der einen Seite finden sich gelungene Abschnitte, die klar, kritisch und analytisch Geschichte und Strukturen der DDR beleuchten, auf der anderen Seite enthält das Schulbuch jedoch auch Passagen, insbesondere bezogen auf die Alltagsgeschichte, die ein unkritisches und positives DDR-Bild vermitteln. Warum gerade dieses Schulbuch bei Stiftung Warentest die besten Noten bezüglich Fehlerfreiheit u n d fachlicher Eignung erhielt, ist jedenfalls – auch und gerade im Vergleich zu den drei anderen hier vorgestellten Büchern – nicht verständlich. Offensichtlich favorisieren die Autoren der Stiftung Warentest ein weitgehend auf den Alltag bezogenes DDR-Bild.

Überzeugend ist „Zeiten und Menschen" allerdings in didaktischer und methodischer Hinsicht: Nicht nur, dass zentrale Prinzipien der modernen Geschichtsdidaktik be-

---

[314]) Ebd., S. 261.

[315]) Ebd.

achtet werden, auch die Arbeitsaufträge und die Aufbereitung erscheinen insgesamt betrachtet gelungen. So werden die Schüler mittels zahlreicher Arbeitsaufträge dazu aufgefordert, Urteile zu fällen: „Waren die Verantwortlichen und diejenigen, die als Grenzsoldaten die Mauer bewachten, Helden oder Verbrecher?“[316]) Auch werden zentrale Techniken des Lernens an geeigneter Stelle aufgegriffen und mit zu erwerbenden Kenntnissen verbunden. Einzig das Layout wirkt etwas antiquiert und merkwürdig bunt.

Schüler, die ihr Wissen über die DDR nur aus diesem Schulbuch ziehen, können die meisten von uns im Wissensteil abgefragten Aspekte wie Todesstrafe, Situation der Umwelt, Arbeitslager etc. nicht beantworten. Gleichzeitig werden sie animiert, die soziale Dimension der DDR unkritisch überzubetonen.

Als *Fazit* der kurzen Charakterisierung von vier Schulbüchern kann festgehalten werden, dass – ungeachtet der unterschiedlichen Gestaltung und inhaltlichen Qualität – alle ein Grundwissen über die DDR vermitteln. Am ausführlichsten und gehaltvollsten erweist sich dabei das Schulbuch Geschichte Plus aus dem Verlag Volk und Wissen. Hier werden in besonders prägnanter Weise Fakten und Zusammenhänge dargestellt, ohne dass auf Werturteile verzichtet wird. Gleichzeitig erhalten die Schüler hinreichend Raum zur Bildung einer eigenen Meinung. Die anderen drei Schulbücher fallen, obschon auch sie nicht gänzlich ungeeignet sind, gegenüber diesem Schulbuch substanziell ab.

f) Der Unterrichtsalltag aus der Sicht DDR-kritischer Lehrer

In der Schulrealität scheint die Stoffvermittlung über Lehrbücher unabhängig davon, wie gehaltvoll diese sind, an enge Grenzen zu stoßen: Einerseits werden bestimmte Materialien und Schulbücher von den Lehrern nicht im notwendigen Maße eingesetzt und andererseits glauben viele Schüler – vor allem in Ostdeutschland – lieber ihren Eltern als den Büchern. Die nachfolgenden Schilderungen einiger Lehrer verdeutlichen dies.

Christiane Schulze, eine Referendarin in einer Ost-Berliner Schule, schildert die Erfahrungen mit der Vermittlung von DDR-Geschichte am Beispiel der FDJ.[317]) Sie wollte durch die Auswertung von DDR-Dokumenten den offiziellen Anspruch der FDJ mit den Erfahrungen der Eltern konfrontieren. „Bei der von ihnen sehr emotional geführten Diskussion erhoben die Schüler mir gegenüber schwere Vorwürfe: Die ihnen zur Verfügung gestellten Materialien und Dokumente seien weder repräsentativ noch glaubhaft, denn sie entsprächen nicht den Erfahrungen der Eltern. Diese würden verunglimpft und ad absurdum geführt. Die elterlichen Erfahrungen hatten einen zentralen Platz im Unterrichtsgeschehen erhalten, waren fixiert und vor allem zur Kenntnis genommen, waren weder kommentiert noch in irgendeiner

[316]) Ebd., S. 256.
[317]) Schulze 2005.

Weise kritisiert worden. Die Schüler konnten die anderen negativen Erfahrungen der Zeitzeugen mit der FDJ nicht nachvollziehen. Ihre Vorwürfe manifestierten sich in der Annahme, dass die Erfahrungen der Eltern die einzigen wahren seien, alles andere seien Urteile aus der alten Bundesrepublik und damit aus der Perspektive der ‚Sieger'."[318])

Selbst als die Referendarin ihre eigenen nicht gerade erfreulichen Erlebnisse in der FDJ erzählte, blieb die Polarisierung erhalten. Die Schüler unterstellten ihr, individuelle positive Einschätzungen der DDR dürften nicht geäußert werden, sondern sie sollten stattdessen ein einseitiges, von der Lehrerin verordnetes Resultat erbringen. Die Schüler waren nicht in der Lage, eine intersubjektive, unterschiedliche Perspektiven einbeziehende Haltung einzunehmen. „Für sie gab es nur eine historische Wahrheit, und die bestand in der elterlichen Auffassung."[319])

Einige Jahre später wiederholte die Autorin ihr Vorgehen und behandelte im Rahmen des Themas „Bundesrepublik und DDR" konkrete DDR-Erfahrungen. Das DDR-Bild der an dieser Unterrichtseinheit teilnehmenden Schüler war ebenfalls stark von Meinungen der Eltern und Verwandten geprägt, „was sich teilweise in starren, eindimensionalen Auffassungen (beispielsweise grenzenlose Hilfsbereitschaft, umfassende Arbeitsplatzgarantie und soziale Sicherheit, Self-Made- und Datschen-Idyll) über die DDR mitteilte. Mitunter wurde die DDR als absurd-schräges Kabarett beschrieben. Diese Vorstellungen decken sich mit einem Teil des DDR-Bildes in den ‚bunten' Medien."[320])

Anders als zuvor beauftragte die Lehrerin in einem späteren Unterrichtskonzept die Schüler, mit ihnen fremden Zeitzeugen über die DDR zu sprechen. Das Ergebnis unterschied sich vollständig von dem aus den Gesprächen mit den Eltern. Nun wurde vielen Schülern deutlich, dass es verschiedene Sichtweisen auf die DDR gibt, die zum Teil entgegengesetzten Charakter haben. „Die Erkenntnis der Vielfältigkeit von Einstellungen und ihrer Hintergründe ermöglichte den Schülern die grundsätzliche Einsicht, dass von einem breiten Spektrum von Einstellungen zu einem politischen System ausgegangen werden muss."[321])

Uwe Brandt, ein Lehrer in Leipzig, berichtet ebenfalls über die Schwierigkeiten, im Unterricht den Schülern die DDR näher zu bringen. Durch Eltern, Verwandte und Bekannte hätten viele Schüler ein positives Bild der DDR. Sie betonten die guten sozialen Beziehungen und das soziale Netz – vor allem das Recht auf Arbeit. Würden sie mit negativen Fakten der DDR-Geschichte konfrontiert (Repression, Häftlingsfreikauf, Mauertote etc.), seien sie kurzzeitig sprachlos, wiesen dann aber diese Dimensionen mit dem Hinweis zurück, schließlich müsse man sich überall an die Spielregeln der Gesellschaft halten.[322]) Nach seinen Erfahrungen gebe es

---

[318]) Ebd., S. 20.
[319]) Ebd., S. 21.
[320]) Ebd.
[321]) Ebd., S. 22.
[322]) Brandt 2005, S. 26.

drei Gruppen von Schülern: diejenigen, die der DDR nahezu unerschütterlich positiv gegenüberstehen, diejenigen, die die DDR zwar kritisieren, aber angesichts der negativen Vereinigungsfolgen keine Abrechnung wollen, sowie Schüler, die auf der Basis des Grundgesetzes argumentierten und die DDR kritisch oder zumindest nüchtern-sachlich betrachteten. Letztgenannte kommen zum Teil aus den alten Ländern oder ihre ostdeutschen Eltern fühlen sich in das bundesdeutsche Gesellschaftssystem inzwischen voll integriert.

g) Quellen des Wissens über die DDR von Schülern

Das Wissen von Schülern über die DDR-Geschichte ist nach Meinung verschiedener Autoren gering und/oder ambivalent. Jugendliche, die nach der 9. oder 10. Klasse die Schule verlassen, wissen wenig über die DDR, ältere deutlich mehr. Daneben gibt es sowohl in West- als auch in Ostdeutschland verschiedene Diskurse zur DDR-Geschichte. Während wissenschaftliche Diskussionen, Gedenkstätten und Aufarbeitungsinitiativen vor allem auf den repressiven Charakter der DDR hinweisen und daneben Widerstand und Opposition sowie die deutsche Teilung und das Grenzregime hervorheben, transportieren die Medien ein vielfältigeres Bild. Dieses reicht von der Skandalisierung von Unrecht, inoffizieller Mitarbeit bei der Stasi etc. bis zur Verharmlosung durch ostalgische Verklärung; Filme unterschiedlichster Qualität erreichen ein Millionenpublikum. Die dritte Quelle sind Gespräche mit Großeltern und Eltern, die vor allem im Osten die jugendliche Sicht auf die DDR bestimmen.[323]) Widersprüche zwischen historischer Forschung auf der einen und familiärer Erinnerung auf der anderen Seite sind eher die Regel denn die Ausnahme. Bezogen auf die NS-Zeit ist dieses Phänomen bereits intensiv untersucht worden. Derzeit geht oftmals – so die Beobachtung der Autorin – eine positive Sicht auf die DDR mit einer Fundamentalkritik am westlichen Gesellschaftssystem einher.

Sabine Moller relativiert die These vom geringen Wissensniveau von Schülern über die DDR-Geschichte, indem sie auf ein allgemeines Phänomen verweist, demzufolge Jugendliche auch in anderen Ländern über wenig Geschichtsbewusstsein verfügen: „Schüler haben keine Ahnung von Geschichte."[324]) Die Autorin wirft die Frage auf, was eigentlich hängenbleibe, wenn Schüler etwas über die DDR-Geschichte erführen. Sie differenziert zwischen dem so genannten „schulischen Wissenskanon", auf den sich verschiedene Studien beziehen, und dem alltäglichen Aneignungsprozess von Vergangenheit, der jenseits der Schule bei Kindern und Jugendlichen Bilder und Vorstellungen über die Geschichte entstehen lässt. In ihrem eigenen Forschungsprojekt über „Zeitgeschichte und Geschichtsbewusstsein" will sie untersuchen, „wie, wann und in welcher Weise Schülerinnen und Schüler in ihrem Alltag mit der Geschichte der DDR in Berührung kommen und welche Vorstellungen von der DDR sich dabei herausbilden".[325])

[323]) Engelhardt 2006, S. 56.
[324]) Moller 2006, S. 51.
[325]) Ebd., S. 52.

Da sich das Projekt erst in der Erhebungsphase befindet, sind nur erste Eindrücke verfügbar. Grundschüler verbinden lediglich kurze Assoziationen – „das war früher" – mit dem Thema, älteren Schülern fallen mehr „Geschichten" ein, allerdings verwechseln sie gelegentlich den NS- mit dem SED-Staat. Die Erfahrungen aus einem Gruppengespräch von Schülern im Alter von 12–13 Jahren weisen auf Assoziationen hin, die a) die Vorgeschichte – NS und Krieg – und b) das Einschneidende – die Mauer – hervorheben, ohne dass genaueres Wissen vorhanden ist. Sobald das Gespräch auf unmittelbare Erlebnisse aus der Familie kommt, wird die Diskussion lebhafter, so zum Beispiel beim Thema Flucht oder Grenzkontrollen. Die Schüler haben also ein alltägliches Geschichtsverständnis, das nicht dem entspricht, was wir als „Sachkompetenz" definieren. „Die Darstellung der Vielschichtigkeit des Alltags in der DDR erscheint problematisch, weil sie das erwartete ‚Werturteil' vermeintlich verhindert."[326]) Viele Schüler haben laut Moller ein mehr oder weniger detailliertes Alltagsverständnis von der DDR, das aus Familiengesprächen, Kino und Fernsehen, Internet, Büchern etc. herrührt. Für westdeutsche Schüler bedeutet dies vor allem Mauer und Grenze, Überwachung und Verfolgung, Versorgungsmängel etc.; sie verbinden mit der DDR in erster Linie Unfreiheit und Repression, während viele ostdeutsche Schüler stärker den Alltag und die positiven sozialen Seiten hervorheben.

[326]) Ebd., S. 55.

VII. Die DDR im Urteil von Schülern

1. Aufbau und Selbstverständnis der empirischen Studie

a) Auswahl der Länder

Ausgangspunkt für die vorliegende Vergleichsstudie war ein Forschungsvorhaben zum DDR-Bild Berliner Schüler. Anträge zur Finanzierung an die Stiftung Deutsche Klassenlotterie Berlin, in deren Entscheidungsgremium Vertreter der rot-roten Berliner Regierungskoalition die Mehrheit stellen, wurden zweimal ohne Begründung abschlägig beschieden. Trotz der Unterstützung durch den damaligen Berliner Senator für Bildung, Jugend und Sport, Böger, und seiner Verwaltung und der von uns beabsichtigten hälftigen Übernahme der Projektkosten waren die rot-roten Vertreter in der Lotto-Stiftung nicht bereit, das Vorhaben zu unterstützen. Offensichtlich besteht seitens der Berliner Regierungskoalition kein Interesse an einer derartigen Untersuchung. Die Finanzierung des Berliner Projektanteils übernahm daher vollständig der Forschungsverbund SED-Staat.

Während der Planungsphase wurde die bayerische Landeszentrale für politische Bildungsarbeit auf das Projekt aufmerksam. Das Vorhaben stieß auf großes Interesse, sodass wir uns entschlossen, die Studie auf Bayern auszuweiten, da die Landeszentrale bereit war, die Finanzierung zu übernehmen. Um ein aussagekräftiges Ost-West-Ergebnis zu erhalten, war es erforderlich, andere Länder in die Befragung miteinzubeziehen. Als weiteres westliches Bundesland wählten wir Nordrhein-Westfalen aus, das zwar über eine anders zusammengesetzte politische Landschaft verfügt, aber wie Bayern regional unterschiedliche Strukturen aufweist. Auch die nordrhein-westfälische Landeszentrale für politische Bildung war unserem Forschungsvorhaben gegenüber aufgeschlossen und beteiligte sich an dessen Finanzierung.

Um den Ost-West-Vergleich über die Berliner Stadtgrenzen zu erweitern, wurde mit Brandenburg ein weiteres östliches Land mit in die Untersuchung einbezogen. Da seitens Brandenburger Institutionen keine Bereitschaft zur Finanzierung des Projektes bestand bzw. keine hierfür einzusetzenden Mittel vorhanden waren, übernahm der Forschungsverbund SED-Staat für Brandenburg ebenfalls die Kosten. Durch den vorgegebenen engen Finanzrahmen konnten jedoch weniger Schüler als ursprünglich geplant in die Befragung einbezogen werden; auch eine Einschränkung der Gespräche mit Schülern und Lehrern und eine begrenzte statistische Auswertung waren die Folge.

Die Befragung hat einen mehrfachen Reiz: Es konnte ermittelt werden, ob sich die Urteile über die DDR und die Bundesrepublik zwischen Schülern aus dem ehemals geteilten Berlin angeglichen haben, aber auch, inwiefern sich die Sicht der Ost- und West-Berliner Schüler von der in West- bzw. Ost-Ländern unterscheidet. Drittens war es möglich, Werturteile der Schüler der jeweiligen unterschiedlichen Ost- bzw. West-Länder miteinander zu vergleichen und viertens schließlich ergab sich ein Vergleich der Generationen und ihrem DDR-Bild durch den Einbezug von repräsentativen Befragungen zu diesem Thema.

Die vorliegenden Ergebnisse sind nicht repräsentativ für das DDR-Bild von Schülerinnen und Schülern aller westlichen und östlichen Länder der Bundesrepublik, dürften aber typische Einstellungen widerspiegeln.

Bayern

In Bayern beteiligten sich 1.231 Schüler in 11 Schulen an der Befragung. Es wurden Orte in zwei Regionen ausgewählt, die vereinfacht mit Nord- bzw. Südbayern bezeichnet werden. Nordbayern umfasst Städte in Unter- und Oberfranken, die in räumlicher Nähe zur ehemaligen innerdeutschen Grenze liegen. Die Wahl fiel hier auf Hof, Coburg und Bad Neustadt a. d. Saale, sowie auf Bamberg und Neumarkt i. d. Oberpfalz. In Südbayern wurden München sowie Murnau ausgewählt. Beide liegen weit entfernt von der ehemaligen deutsch-deutschen Grenze und zeichnen sich durch ein überdurchschnittliches Wohlstandniveau aus. Sie wurden in die Befragung einbezogen, um herauszufinden, ob die räumliche Distanz zur ehemaligen innerdeutschen Grenze Auswirkungen auf die Bewertung der DDR hat.

Bad Neustadt a. d. Saale ist Klinik- und Industriestandort. Die regionale Infrastruktur verbesserte sich deutlich durch den Bau der Autobahn, die nach Schließung der letzten „Lücke" in Thüringen den Raum Schweinfurt und Würzburg mit der thüringischen Landeshauptstadt Erfurt verbindet. Die Stadt ist nur gut 20 km von der ehemaligen innerdeutschen Grenze und ca. 70 Autobahnkilometer von der ehemaligen DDR-Bezirkshauptstadt Suhl entfernt.[327)]

Die kreisfreie Stadt Hof im bayerischen Regierungsbezirk Oberfranken liegt in unmittelbarer Nähe zur ehemaligen deutsch-deutschen Grenze. Neumarkt i. d. Oberpfalz trennen ca. 160 km vom früheren „Eisernen Vorhang". Etwa 2.800 Gewerbebetriebe mit ungefähr 16.500 Arbeitsplätzen machen die Stadt zum wirtschaftlichen Zentrum des Regierungsbezirkes Oberpfalz. Neumarkt wurde – als eine von drei Städten in Deutschland – von der UNESCO als „Stadt der Weltdekade" für die Verankerung der „Bildung für nachhaltige Entwicklung" im Stadtleitbild ausgezeichnet. Zur Umsetzung des Leitbilds gehört auch die Arbeit mit Schulklassen.[328)]

Unmittelbar im ehemaligen innerdeutschen Grenzgebiet, knapp 20 km entfernt von der heutigen Landesgrenze zu Thüringen, liegt die Stadt Coburg, die seit der deutschen Vereinigung ein wichtiges Bindeglied zwischen dem bayerischen Oberfranken und Thüringen darstellt. Sie hat ihren Einzugsbereich auf etwa 300.000 Einwohner vergrößern können. Mit seinen vielfältigen Einkaufsmöglichkeiten ist Coburg das

[327)] Quelle: www.badneustadt.rhoen-saale.net; Stand: November 2007.
[328)] Quelle: www.hof.de; Stand: November 2007.

entscheidende Versorgungszentrum in der Region Nordwest-Oberfranken und profitiert zusätzlich von zahlreichen Touristen, die die Stadt besuchen.[329])

Von der kreisfreien Stadt Bamberg sind es ca. 70 km bis zur Landesgrenze Thüringens. Die historische, im Krieg unzerstört gebliebene Altstadt ist überregional bekannt und wurde 1993 in die UNESCO-Liste als Weltkulturerbe eingetragen. Daher ist der Tourismus ein bedeutender Wirtschaftsfaktor für die Stadt. Bamberg ist Universitäts-, Schul- und Verwaltungsstadt sowie Sitz eines Erzbistums. Die Mehrheit der Industriebeschäftigten arbeitet in der KfZ-Zulieferindustrie.[330])

Zu den südbayerischen Orten zählt Murnau, in Oberbayern am Alpenrand etwa 70 km entfernt von der Landeshauptstadt gelegen. Bis zur österreichischen Grenze sind es nur gut 40 km, dagegen bis zur ehemaligen innerdeutschen Grenze ungefähr 360 km. Überregional ist Murnau als Künstlerort bekannt. Die Wirtschaftsstruktur wird von mittelständischen Betrieben, vorwiegend Handel und Gewerbe, bestimmt. Der Tourismus ist ebenfalls ein bedeutender Wirtschaftsfaktor.[331])

Die bayerische Landeshauptstadt München ist mit 1,3 Millionen Einwohnern die drittgrößte Stadt Deutschlands und eine der bedeutendsten Wirtschafts- und Kulturregionen in der Bundesrepublik. Von der ehemaligen Grenze zur DDR liegt die Stadt ca. 290 km entfernt. Hier wurden Schüler in zwei unterschiedlichen Bezirken in die Befragung einbezogen. Der Bezirk Allach/Untermenzing am nordwestlichen Stadtrand liegt recht weit entfernt von der Innenstadt. Das vorortspezifische Mischgebiet grenzt in Richtung des nördlichen Stadtrandes an den Allacher Forst, an den sich ein großer Industriekomplex anschließt. In diesem Stadtbezirk befindet sich das größte Industrie- und Gewerbeflächengebiet Münchens, geprägt von Werks- und Einfamilienhaussiedlungen. Die Gartenstadt Untermenzing ist das Wohngebiet mit der zweitgeringsten Bevölkerungsdichte Münchens. Mit ca. 19% liegt der Ausländeranteil unter dem städtischen Durchschnitt von ca. 23%.

Der Bezirk Feldmoching/Hasenbergl befindet sich nordwestlich des Olympiazentrums und des ehemaligen olympischen Dorfes am nördlichen Stadtrand. Diese Vorortlage mit wenig verdichteter Bebauung bildet zusammen mit dem Anfang der 1950er-Jahre entstandenen Hasenbergl den in der Fläche zweitgrößten Stadtbezirk Münchens mit heute knapp 124.000 Einwohnern und einem überdurchschnittlichen Ausländeranteil von ca. 39%. Anfang der 1960er-Jahre entstanden große Sozialwohnungskomplexe. Bis in die 1970er-Jahre galt der Stadtteil als „Arme-Leute-Viertel", dem es an wichtigen Infrastruktureinrichtungen mangelte. 1999 wurde das Hasenbergl in das Bund-Länder-Programm „Stadt- und Ortsteile mit besonderem Entwicklungsbedarf" aufgenommen, um für dieses Quartier weitere Verbesserungen zu erreichen.[332])

---

[329]) Quelle: www.stadt.coburg.de; Stand: November 2007.
[330]) Quelle: www.stadt.bamberg.de; Stand: November 2007.
[331]) Quelle: www.murnau.de; Stand: November 2007.
[332]) Quelle: www.muenchen.de; Stand: November 2007.

Berlin

In Berlin beteiligten sich insgesamt 2.356 Schüler in 22 Schulen aus den ehemaligen West- bzw. Ostbezirken sowie aus den gemischten Ost/West-Bezirken[333]) an der Befragung. Bei den ehemaligen West-Berliner Bezirken fiel die Wahl auf Steglitz-Zehlendorf und Neukölln, um die charakteristische Heterogenität Berlins bezüglich der Wirtschafts- und Sozialstruktur zu berücksichtigen.

Steglitz-Zehlendorf ist der wohlhabendste Bezirk Berlins: Die Arbeitslosenquote ist die niedrigste der Stadt,[334]) das durchschnittliche Pro-Kopf- (etwa 1.000 Euro) und das mittlere Haushaltseinkommen (30% verfügen über 2.600 Euro und mehr) sind dagegen das jeweils höchste in ganz Berlin.[335])

Mit Neukölln wurde einer der heterogensten West-Berliner Bezirke ausgewählt. Die Zusammensetzung der Einwohner ist in diesem Bezirk, in dem Menschen aus 150 Nationen wohnen, je nach Ortsteil sehr unterschiedlich. Im Ortsteil Neukölln (knapp 150.000 Einwohner) beträgt der Ausländeranteil etwas mehr als ein Drittel, im Ortsteil Rudow nur etwa ein Zwölftel, in Gropiusstadt etwa ein Siebtel. Die Arbeitslosenquote liegt weit über dem bundesdeutschen Durchschnitt.[336]) Bezogen auf die in Neukölln lebenden Ausländer beträgt die Arbeitslosenquote sogar über 30%. In die bundesweiten Schlagzeilen geriet Neukölln in jüngerer Zeit vor allem durch den Hilferuf des Lehrerkollegiums der Rütli-Hauptschule im Jahr 2006, in dem sich verzweifelte Lehrer an die Öffentlichkeit wandten, um auf die katastrophale Situation in ihrer Schule aufmerksam zu machen.[337])

Auch bei der Auswahl der Ost-Berliner Bezirke wurden die innerbezirklichen Unterschiede berücksichtigt.[338]) Mit Marzahn-Hellersdorf wurde, bezogen auf den Statusindex, der ungünstigste Ost-Berliner Bezirk, mit Pankow der für die Ost-Berliner Bezirke günstigste ausgewählt.[339]) Als Ergänzung und Pendant zu Steglitz-Zehlendorf fiel die Wahl zusätzlich auf Treptow-Köpenick. Dieser Bezirk belegt hinter Steglitz-Zehlendorf bezogen auf den Sozialindex den zweiten Rang der Berliner Bezirke.

---

333) In Berlin wurde 2001 eine Gebietsreform durchgeführt, bei der aus den im Zuge der deutschen Einheit entstandenen 23 Bezirken Berlins zwölf wurden. Neben reinen Westbezirken (Neukölln,Tempelhof-Schöneberg, Charlottenburg-Wilmersdorf, Steglitz-Zehlendorf, Spandau, Reinickendorf) und reinen Ostbezirken (Pankow, Marzahn-Hellersdorf, Lichtenberg, Treptow-Köpenick) entstanden auch zwei gemischte Bezirke (Friedrichshain-Kreuzberg und Mitte).

334) Quelle: Statistisches Landesamt Berlin, Regionaldirektion Berlin-Brandenburg der Bundesagentur für Arbeit – 542 Statistik.

335) Bezirksamt Steglitz-Zehlendorf, Abteilung Soziales 2005.

336) Vgl. Bundesagentur für Arbeit: http://statistik.arbeitsamt.de/statistik/index.php, 19. Juli 2007.

337) Vgl. z. B. Tagesspiegel (http://www.tagesspiegel.de/berlin/Berlin;art114,1863361, 19. Juli 2007).

338) Da die Befragung in einigen Ost-Berliner Bezirken und Schulen auf entschiedene Ablehnung seitens der Schulleitungen stieß, so dass sie an einigen ursprünglich vorgesehenen Ost-Berliner Schulen nicht durchgeführt werden konnte, musste die Anzahl der teilnehmenden Ost-Berliner Bezirke erhöht werden.

339) Vgl. Senatsverwaltung für Gesundheit, Soziales und Verbraucherschutz (Hg.): Sozialstrukturatlas, Berlin 2004, S. 29.

Der Bezirk Marzahn-Hellersdorf, in dem knapp 8% der Berliner Bevölkerung leben, ist der fünftgrößte Bezirk der Stadt.[340]) Drei Viertel der Menschen wohnen in so genannten Großsiedlungsgebieten (vor allem in Marzahn und Hellersdorf), das restliche Viertel auf zwei Dritteln der Fläche des Bezirks in Kleinsiedlungen. Bezogen auf den Statusindex (-0,92359) liegt der Bezirk auf dem drittletzten Platz.[341]) Die Arbeitslosigkeit betrug im Jahresdurchschnitt 2006 20,5% und lag damit leicht über dem Wert für ganz Berlin (20,1%).[342])

In den 13 Ortsteilen Pankows leben auf 10.307 Hektar knapp 350.000 Menschen[343]) – so viele wie in keinem anderen Berliner Bezirk. Der Ausländeranteil beträgt 6,9% und setzt sich aus 160 Nationen zusammen, vorwiegend aus Polen, Italienern, Franzosen, US-Amerikanern und Vietnamesen.[344]) Die Arbeitslosigkeit betrug im Jahresdurchschnitt 2006 16,3%, was deutlich unter dem Berliner Durchschnitt liegt.[345])

Mit Treptow-Köpenick wurde als dritter Ost-Berliner Bezirk gleichzeitig der wegen seines Umstrukturierungsprozesses von einem ehemaligen Industriestandort zu einem Standort für Wissenschaft und Dienstleistung (Technologiezentrum Adlershof) ökonomisch erfolgreichste unter ihnen ausgewählt. Der Bezirk hat eine relativ niedrige Arbeitslosenquote[346]) und einen günstigen Sozialindex von 1,19821 (Rang zwei im Berliner Vergleich). Der Ausländeranteil beträgt 3,44%.

Durch die 2001 in Kraft getretene Berliner Gebietsreform kam es zu einer in Deutschland einmaligen Zusammenlegung von Ost- und West-Bezirken. Die Bezirke Mitte und Friedrichshain-Kreuzberg sind auf diesem Wege entstanden, was sie für unsere Befragung zum DDR-Bild von Schülern besonders interessant machte.

Im Bezirk Mitte – Produkt der Fusionierung der ehemaligen Stadtteile Mitte (Ost), Tiergarten und Wedding (beide West) – wohnen 318.275 Personen,[347]) wobei Mitte und Gesundbrunnen mit fast 80.000 Einwohnern die größte Bevölkerungsdichte des Bezirks aufweisen. 8.165 Menschen teilen sich in Mitte einen Quadratkilometer, in ganz Berlin sind es im Vergleich dazu nur 3.806.[348])

---

340) Ebd., S. 29.

341) Vgl. hierzu: Senatsverwaltung für Gesundheit, Soziales und Verbraucherschutz (Hg.): Sozialstrukturatlas, Berlin 2004, S. 29.

342) Quelle: Statistisches Landesamt Berlin, Regionaldirektion der Bundesagentur für Arbeit – 542 Statistik. Die Zahlen geben den Jahresdurchschnitt des Jahres 2006 wieder.

343) Quelle: www.berlin.de, 26. Juli 2007.

344) Vgl. hierzu die Angaben der offiziellen Hompage des Bezirks Pankow: http://www.berlin.de/ba-pankow/derbezirk/statistik/index.html, 26. Juli 2007.

345) Quelle: Statistisches Landesamt Berlin, Regionaldirektion der Bundesagentur für Arbeit – 542 Statistik.

346) Statistisches Landesamt Berlin, Regionaldirektion der Bundesagentur für Arbeit – 542 Statistik.

347) Quelle: www.berlin.de, 30. Juli 2007.

348) Quelle: http://www.berlin.de/ba-mitte/bezirk/daten/flaechennutzung.html, 30. Juli 2007, Stand: September 2005.

Mitte hat die höchste Arbeitslosenquote (26,2%),[349]) den größten Ausländeranteil (28,44%)[350]) und das zweitniedrigste mittlere monatliche Haushaltsnettoeinkommen (1.275 Euro).[351]) Ähnlich wie die anderen vorgestellten Berliner Bezirke ist Mitte geprägt von Heterogenität und Vielfalt. Neben Regierungs- und Botschaftsvierteln finden sich hier ausgesprochen strukturschwache Gebiete mit hohem baulichem und sozialstrukturellem Entwicklungsbedarf.

Der Bezirk Friedrichshain-Kreuzberg ist aus den beiden ehemaligen Bezirken Friedrichshain (Ost) und Kreuzberg (West) hervorgegangen, die heute als die einzigen beiden Ortsteile differenziert werden. Flächenmäßig stellt Friedrichshain-Kreuzberg den kleinsten und gleichzeitig den am dichtesten besiedelten Bezirk Berlins dar. Er weist den ungünstigsten Sozialindex (-1,83596)[352]) Berlins auf, hat mit 24,7% die dritthöchste Arbeitslosenquote[353]) und mit 23,2% den zweithöchsten Ausländeranteil.[354]) Dieser muss jedoch für die beiden durch die Spree getrennten Ortsteile Friedrichshain[355]) und Kreuzberg differenziert betrachtet werden, da in Kreuzberg fast viermal so viele Ausländer leben wie in Friedrichshain. Das mittlere monatliche Haushaltsnettoeinkommen dieses Bezirks ist mit 1.200 Euro das niedrigste in ganz Berlin.[356])

Um sowohl die angedeuteten Unterschiede zwischen den beiden Ortsteilen Kreuzberg und Friedrichshain als auch ihre Geschichte zu berücksichtigen, sollten Schulen aus dem ehemaligen Ost- und dem Westteil befragt werden. Leider konnte dieses Vorhaben nicht umgesetzt werden, da sich die vier der von uns in Friedrichshain ausgesuchten Schulen weigerten, an der Umfrage teilzunehmen. Hierfür wurden entweder keine Gründe angegeben oder schulinterne vorgeschoben. Eine Schule gab offen zu, dass das Lehrerkollegium sich weigere, eine Umfrage zu diesem Thema zuzulassen.

Auf einer Schulleiterkonferenz, auf der wir die Studie vorstellten, kritisierten einige anwesende Rektoren den Fragebogen als „tendenziös“. Offenbar solle die DDR grundsätzlich angegriffen, sowie mit Hilfe des Kalten-Kriegs-Vokabulars („Ost-Ber-

---

349) Quelle: Statistisches Landesamt Berlin, Regionaldirektion der Bundesagentur für Arbeit – 542 Statistik. Die Zahlen geben den Jahresdurchschnitt des Jahres 2006 wieder.

350) Quelle: http://www.berlin.de/ba-mitte/bezirk/daten/bevoelkerung.html, 31. Juli 2007, Stand: 2005, vgl. hierzu auch: Bezirksamt Friedrichshain-Kreuzberg, Abteilung Stadtentwicklung und Bauen (Hg.): Bereichsentwicklungsplanung im Bezirk Friedrichshain-Kreuzberg, Abschlussbericht Mai 2006, S. 37.

351) Quelle: Statistisches Landesamt Berlin, Stand März 2004 (http://www.statistik-berlin.de/framesets/berl.htm, 31. Juli 2007).

352) Vgl. hierzu: Senatsverwaltung für Gesundheit, Soziales und Verbraucherschutz (Hg.): Sozialstrukturatlas, Berlin 2004, S. 29.

353) Quelle: Statistisches Landesamt Berlin, Regionaldirektion der Bundesagentur für Arbeit – 542 Statistik. Die Zahlen geben den Jahresdurchschnitt des Jahres 2006 wieder.

354) Bezirksamt Friedrichshain-Kreuzberg, Abteilung Stadtentwicklung und Bauen (Hg.): Bereichsentwicklungsplanung im Bezirk Friedrichshain-Kreuzberg, Abschlussbericht Mai 2006, S. 37.

355) Ebd., S. 38.

356) Quelle: Statistisches Landesamt Berlin, Stand März 2004 (http://www.statistik-berlin.de/framesets/berl.htm, 31. Juli 2007).

lin", „West-Berlin") bereits überwundene Konfrontationen erneut aufgebaut werden. Dagegen würde an ihren Schulen versucht, Berlin als Einheit und nicht mehr als geteilte Stadt zu präsentieren. Diese Bemühungen würden durch unsere Ost-West-Fragen zunichte gemacht, vor allem dann, wenn die Schüler nach Freunden in Ost- oder West-Berlin und unter Ausländern gefragt würden. Außerdem tauchte die Vermutung auf, wir wollten in Wirklichkeit herausfinden, was die Eltern der Schüler dächten. Im Ergebnis war keiner dieser Schulleiter bereit, die Schülerbefragung an seiner Schule zu genehmigen.[357])

Brandenburg

In Brandenburg wurden insgesamt 737 Schüler in acht Schulen befragt. Um eine möglichst typische Auswahl von Schülern zu erhalten, wurden Schulen in drei Städten – Neuruppin, Frankfurt/Oder, Potsdam – ausgewählt, die sich von der wirtschaftlichen und sozialen Lage zum Teil deutlich unterscheiden.

Mit Neuruppin, ca. 80 km westlich von Berlin gelegen, fiel die Wahl auf eine Kreisstadt, die nicht mehr im engeren Umfeld von Berlin liegt, aber dennoch über eine gute Verkehrsanbindung dorthin verfügt. Insgesamt leben in Neuruppin – bei einer in den letzten Jahren sehr stabilen Bevölkerungsentwicklung[358]) – etwa 33.000 Einwohner.[359]) Neuruppin ist eine der flächengrößten Städte in Deutschland.[360]) Die Gesamtbevölkerung verteilt sich zur Hälfte auf eine Neubauwohnsiedlung aus der DDR-Zeit und auf das alte Stadtgebiet, dessen am Reißbrett geplante Struktur einer preußischen Garnisonsstadt noch heute gut zu erkennen ist.[361]) Der Ausländeranteil liegt zwischen 0,9% und 3,3% und beträgt bezogen auf die gesamte Einwohnerschaft 1,7%.[362])

---

[357]) Auch wenn der Berliner Schulsenator und die Schulaufsichtsbehörde unsere Umfrage gegenüber den Schulleitern unterstützte, haben die Schulleiter das „Hausrecht" über ihre jeweilige Schule und sind letztendlich entscheidungsbefugt.

[358]) Vgl. hierzu den ausführlichen Bericht 2003–2004 ISEK-Prozess der Stadt Neuruppin, bes. S. 5 ff., der im Auftrag und unter Mitwirkung der Stadt Neuruppin von Diplom-Ingenieuren der Stadt- und Regionalentwicklung erarbeitet wurde.

[359]) Vgl. hierzu die offizielle Homepage der Stadt Neuruppin www.neuruppin.de, 19. November 2007. Allerdings wird die Stadt Neuruppin in der Zukunft dennoch mit strukturellen Problemen in der Bevölkerungsentwicklung zu kämpfen haben. Beispiel hierfür ist die „Überalterung" Neuruppins; 2003 (Stichtag 31. Dezember 2003) lag der Altersdurchschnitt schon bei 42,2 Jahren. Vgl. hierzu die detaillierten Ausführungen des Berichts 2003–2004 ISEK-Prozess der Stadt Neuruppin, S. 9 ff.

[360]) Die Bundesagentur für Arbeit weist für die Region Neuruppin eine Arbeitslosenquote von 14,0% für den Oktober 2007 aus, die im Vergleichsmonat des Vorjahres noch 15,7% betrug. Quelle: Bundesagentur für Arbeit (http://statistik.arbeitsamt.de/statistik/index.php?id=038&dbtyp=4&typ=LAA, 19. November 2007).

[361]) Vgl. zur genauen Verteilung der Bevölkerung auf die einzelnen Stadtteile sowohl www.neuruppin.de, 19. November 2007 als auch den Bericht 2003–2004 ISEK-Prozess der Stadt Neuruppin, S. 24.

[362]) Vgl. hierzu ebd., bes. S. 31.

Frankfurt/Oder, etwa 80 km von Berlin entfernt an der Grenze zu Polen, ist seit 1990 Oberzentrum des Landes Brandenburg[363]) und heute dabei, sich zu einem Kongress- und Tagungsstandort mit Osteuropakompetenz zu entwickeln („Europa-Universität Viadrina Frankfurt (Oder)"; „Technologiepark Ostbrandenburg").[364]) Von dieser Entwicklung hofft die Stadt profitieren zu können, da sie zwischen 1990 und 2003 ca. 19.000 Einwohner verloren hat und in der Prognose bis 2020 von einem weiteren Bevölkerungsrückgang von ca. 13.000 Menschen ausgeht.[365]) Heute wohnen knapp 62.000 Menschen in Frankfurt,[366]) was einer Bevölkerungsdichte von 419 Einwohner/qkm entspricht.[367]) Zu den dringlichsten Problemen in der Stadt zählt daher der hohe Wohnungsleerstand. Ähnlich wie im nordrhein-westfälischen Aachen verfügen die Einwohner Frankfurts über vielfältige Grenzerfahrungen. In Polen einzukaufen, dort zu tanken oder Dienstleistungen in Anspruch zu nehmen, ist Normalität. Bemerkenswert ist die hohe Zahl ausländischer Studierender an der „Europa-Universität Viadrina Frankfurt (Oder)".[368]) Folgerichtig liegt auch der Anteil der Ausländer in Frankfurt mit ca. 5,2% über dem brandenburgischen Landesdurchschnitt von 2,6%.[369]) Die Arbeitslosenquote betrug im Oktober 2007 14,3%.[370])

Die Landeshauptstadt Potsdam, unmittelbar vor den Toren Berlins in der europäischen Metropolenregion Berlin/Brandenburg gelegen, ist die größte Stadt Brandenburgs. Hier leben über 147.000 Menschen, davon sind 4,6% Ausländer. Mit einer hohen Geburtenrate und anhaltendem Zuzug ist Potsdam gegen den ostdeutschen Trend eine wachsende Stadt und mit einem Durchschnittsalter von 41,4 Jahren sogar eine der jüngsten Landeshauptstädte Deutschlands.[371]) Die Arbeitslosenquote liegt bei 11,6%.[372])

Potsdam ist Verwaltungs- und Dienstleistungszentrum; die Unternehmensstruktur wird vorwiegend von Kleinunternehmen bestimmt. Der traditionsreiche Medienstandort Potsdam-Babelsberg steht für eine der innovativsten Wachstumsbranchen der Stadt.[373]) Drei Hochschulen und über 30 außeruniversitäre Forschungseinrich-

---

363) Vgl. hierzu die Darstellung der Stadtgeschichte Frankfurts auf der offiziellen Homepage der Stadt: www.frankfurt-oder.de, 28. November 2007.

364) Vgl. hierzu ebd.

365) Vgl. hierzu Stadt Frankfurt (Oder), der Oberbürgermeister (Hg.): Bevölkerungsprognose (Kleinräumige Entwicklung). Studie 4/06 der Kommunalen Statistikstelle der Stadt Frankfurt (Oder), Frankfurt 2006, S. 5 ff.

366) Stand 31. Dezember 2006; www.frankfurt-oder.de, 28. November 2007.

367) Stand 31. Dezember 2006; Stadt Frankfurt (Oder), der Oberbürgermeister (Hg.): Zahlenspiegel 1/2007. Kommunalen Statistikstelle der Stadt Frankfurt (Oder) mit den Daten der Jahre 2005 und 2006, Frankfurt 2006, S. 24.

368) Stadt Frankfurt (Oder), der Oberbürgermeister (Hg.): Zahlenspiegel 1/2007, S. 16.

369) Stand 31. Dezember 2004: Vgl. zu den Zahlen ebd., S. 8 und www.masgf.brandenburg.de/media/1339/sis05_auslaenderanteil.pdf, 28. November 2007.

370) Quelle: Bundesagentur für Arbeit.

371) Vgl. hierzu zum Beispiel: www.statistik-berlin.de/bbb/2006/home.htm, 28. Novemer 2007 und: www.potsdam.de/cms/beitrag/10022722/316527/, 28. November 2007.

372) Jahresmittelwert 2006; vgl. ebd., S. 2.

373) Vgl. hierzu ebd., S. 3.

tungen mit über 5.000 Beschäftigten und 21.000 Studierenden haben die Stadt zu einem bedeutenden Wissenschaftsstandort werden lassen.[374]) Die Wirtschaft profitiert von den Besuchern der zahlreichen Sehenswürdigkeiten der Weltkulturerbestadt. Potsdam hat seit 1990 zudem eine Infrastruktur für Tagungs- und Kongresstourismus geschaffen.

Nordrhein-Westfalen

An der Befragung in Nordrhein-Westfalen nahmen 881 Schüler an 10 Schulen teil. Aufgrund der Größe und der damit zusammenhängenden regionalen Vielfalt Nordrhein-Westfalens entschieden wir uns dafür, die Umfrage in zwei Städten aus unterschiedlichen Regionen durchzuführen.[375]) Mit Aachen fiel die Wahl auf die linksrheinisch gelegene westlichste Großstadt Deutschlands, während Bochum als typische Ruhrgebietsstadt etwa im Zentrum des Landes liegt. Aachen hat 252.512 Einwohner und eine Bevölkerungsdichte von 1.570 Einwohnern/qkm, Bochum 375.563 Einwohner und eine Bevölkerungsdichte von 2.583 Einwohnern/qkm. Beide Städte weisen eine ähnliche Arbeitslosenquote – Aachen 13,5% und Bochum 13,3% – auf.[376]) Der Ausländeranteil liegt in Aachen bei 14,1%, in Bochum bei 8,8%.[377])

Die Aachener Bevölkerung verfügt aufgrund der Lage im so genannten Dreiländereck – Deutschland, Niederlande, Belgien – über vielfältige Erfahrungen mit dem Leben in einer Grenzregion. Das Alltagsleben ist bis zum heutigen Tag hiervon geprägt. Heute gehört Aachen zur so genannten „Euregio Maas-Rhein"-Region, die im Dreiländereck die Region Aachen, einen Teil der niederländischen Provinz Limburg, die beiden belgischen Provinzen Limburg und Lüttich sowie die deutschsprachige Gemeinschaft Belgiens miteinander vereint.[378])

Die „Euregio Maas-Rhein" nimmt an der Schnittstelle der großen wirtschaftlichen und industriellen Zentren im Nordwesten Europas eine äußerst günstige geografische Lage ein. Durch den Ausbau und die Förderung neuer Technologien soll ein nachhaltiger wirtschaftlicher Aufschwung in die Wege geleitet und vor allem die überdurchschnittlich hohe Arbeitslosenquote von 11% in der Region und 13,5% in der Stadt[379]) überwunden werden. Dabei kommt der Rheinisch-Westfälischen Tech-

[374]) Vgl. hierzu zum Beispiel: www.potsdam.de, 28. November 2007.

[375]) NRW hat mit knapp 18 Millionen Einwohnern fast fünf Millionen Einwohner mehr als die neuen Länder zusammen (ohne Berlin). Die Bevölkerungsprognose für das Jahr 2007 beträgt für NRW 17,9 Millionen, für die neuen Länder 13,1 Millionen und für Berlin (Gesamt) 3,4 Millionen Einwohner, davon ca. 1,5 Millionen im ehemaligen Ostteil der Stadt. Vgl. die zunehmende Kluft in der Bevölkerungsentwicklung zwischen den neuen und alten Ländern; Statistisches Bundesamt; Pressemitteilung vom 22. Mai 2007, http://www.destatis.de/presse/deutsch/pm2007/p2100022.htm.

[376]) Stand: 2006. Quelle: www.aachen.de, www.bochum.de, 14. November 2007.

[377]) Quelle: Stadt Aachen (www.aachen.de), Stand: 31. Dezember 2006; Quelle: Stadt Bochum (www.bochum.de), Stand: 31. Dezember 2006.

[378]) Vgl. die offizielle Homepage der Stadt Aachen (www.aachen.de).

[379]) Zum Vergleich: NRW 10,9%; Gesamtdeutschland: 10,1%. Stand: September 2006. Quelle: www.aachen.de, 14. November 07.

nischen Hochschule Aachen (RWTH) mit 260 Instituten und ca. 30.000 Studierenden in über 75 Studiengängen eine besondere Bedeutung zu. Die RWTH – seit Oktober 2007 Elite-Universität – ist eine der größten Technischen Hochschulen Deutschlands und Zentrum für Maschinenbau, Automation, Laser- und Umwelttechnologie.

Wohnen, Arbeiten, Studieren und Einkaufen in drei verschiedenen Staaten sind in und um Aachen selbstverständlich. Das europäische Miteinander der Menschen führt zu Gemeinsamkeiten, die in anderen Regionen selten sein dürften. Hier aber haben sie die Bewohner nachhaltig geprägt.

Bochum, sowohl im Zentrum des Ruhrgebiets als auch in der Mitte Nordrhein-Westfalens gelegen, ist eines der vier Oberzentren des Ruhrgebiets und gehört als sechstgrößte Stadt Nordrhein-Westfalens zu den zwanzig größten Städten der Bundesrepublik. Fünf Millionen Menschen leben im Ruhrgebiet, einem der größten Ballungsräume Europas. 1965 wurde in Bochum die erste Nachkriegsuniversität gegründet. Seit 1973 gibt es in Bochum keine Zeche mehr und die Stahlerzeugung hat an Bedeutung verloren; inzwischen sind Firmen wie Opel, BP und (noch) Nokia in Bochum ansässig. Allerdings gilt das Ruhrgebiet nach wie vor als strukturschwache Region. Die Gesamtarbeitslosenquote ist mit 14,3%[380]) die höchste unter den regionalen Großräumen Westdeutschlands. Eine führende wirtschaftliche Rolle hat der Dienstleistungssektor übernommen. In Bochum befinden sich sechs Hochschulen, darunter die Ruhr-Universität, die mit über 30.000 Studierenden zu den größten Universitäten Deutschlands gehört. Inzwischen zählen die Hochschulen und die in ihrer Nähe angesiedelten Technologie-Zentren mit etwa 6.000 Beschäftigten zu den größten Arbeitgebern Bochums.

b) Das atmosphärische Klima in den Schulen

Bayern

Die bayerischen Schulen zeigten sich der Umfrage gegenüber sehr aufgeschlossen. In Nordbayern fragten viele Schüler nach dem Zweck der Fragebogenaktion. Für das Alltagsleben der Schüler spielen die DDR bzw. die neuen Länder keine besondere Rolle, aber die Nähe zu Thüringen ist allen bewusst und es wurde häufig bei Aussagen zwischen West- und Ostdeutschland differenziert. Manche Schüler unterschieden zwischen „Ossis“ und „Einheimischen“, wobei sie Letztere aber nicht als „Wessis“, sondern als Deutsche oder Bayern bezeichneten. Einige Schüler äußerten sich unzufrieden darüber, dass „an den Osten“ zu viel gezahlt würde. Deutlich sichtbar wurde darüber hinaus die Zukunftsangst vieler Hauptschüler, die befürchten, keine angemessene Lehrstelle zu erhalten.

---

380) Stand: August 2006; Quelle: www.rvr-online.de, 14. November 07.

In Südbayern ist die DDR, wenn sie nicht gerade im Unterricht behandelt wird, für die Schüler genauso wenig von Interesse wie die neuen Länder. Sie sehen zumeist keinen Grund, nach Ost und West zu differenzieren, verstehen sich als Deutsche, oder vor allem, wie verschiedentlich betont wurde, als Bayern. Berlin ist einigen Schülern von Klassenfahrten bekannt; die neuen Länder sind dagegen für die meisten „terra incognita".

Berlin

Beim Vergleich der während der Befragung gemachten Beobachtungen aus Ost-Berliner, West-Berliner und Ost-West-Bezirken, fielen Gemeinsamkeiten, aber auch gravierende Unterschiede auf. In allen drei Bezirkstypen war das Interesse der Schüler an der Thematik DDR nicht homogen. Während einige Schüler ihre Neugierde bekundeten, Diskussionsbereitschaft zeigten und sich reflektiert äußerten, war für andere Schüler im gleichen Bezirk, oft sogar an derselben Schule, manchmal in der gleichen Klasse, die DDR-Geschichte überhaupt nicht von Bedeutung oder Interesse. Allerdings vermittelten die Schüler aus den Ost-Berliner Schulen den Eindruck, dass im ehemaligen Ostteil Berlins das Thema DDR in den Familien und damit auch in der Lebensbiografie der Schüler präsenter als im Westteil ist.

Stärker als in den West-Berliner Bezirken wurden die Reaktionen und Äußerungen der Schüler zu unserer Umfrage in den Ostbezirken von der Schul- und Klassenatmosphäre sowie von der Lehrer-Schüler-Interaktion beeinflusst. So hielten sich einige Lehrer (wie fast alle Lehrer in den Westbezirken) diskret im Hintergrund oder ließen uns die Umfrage alleine durchführen, um die Ergebnisse nicht zu verfälschen. Ebenso wie im Westen war die Situation in diesen Fällen von einer relativ lockeren Klassenatmosphäre und einem respektvollen Schüler-Lehrer-Verhältnis geprägt. Daneben gab es in den Ostbezirken jedoch auch zahlreiche Lehrer, die versuchten, das Verhalten ihrer Schüler und deren Antworten zu kontrollieren oder in eine bestimmte Richtung zu lenken. Auffällig war hierbei, dass dies meist einherging mit einer harschen, offen geäußerten Kritik an der Konzeption der Umfrage und an den im Gespräch mit den Schülern erläuterten Antworten auf die Wissensfragen im letzten Teil des Fragebogens. Beispielsweise stellten diese Lehrer die niedrigere Lebenserwartung und die Todesstrafe in der DDR in Frage. Relikte des DDR-Schulsystems haben sich offenbar an einigen Ost-Berliner Schulen bis heute erhalten. Dabei darf nicht vergessen werden, dass die erwähnten Schulen immerhin bereit waren, die Umfrage zuzulassen

Anders als erwartet, zeichnete sich das Verhalten der Schüler in den gemischten Ost-West-Bezirken nicht durch einen höheren Reflexionsgrad über die DDR-Thematik aus. Wie in den anderen beiden „Bezirkstypen" gab es auch hier kritischere und besser informierte Schüler als auch desinteressierte und unwissende.

Brandenburg

Alle beteiligten Schulen standen der Umfrage sehr aufgeschlossen gegenüber, wenngleich es Bedenken von Schülern (und Lehrern) gab, eventuell den Anforderungen nicht gerecht werden zu können, da das Thema DDR im Unterricht zumeist nicht oder wenig behandelt worden war. Das Interesse der Schüler am Thema DDR fiel unterschiedlich groß aus, war aber vergleichbar mit dem der Ost-Berliner Schüler. Bei fast allen Brandenburger Schülern gehört das Gespräch über die DDR – vermittelt über die Familienbiografien – zum alltäglichen Leben.

Vor allem die Potsdamer Schüler besuchen Berlin recht häufig – dort aber eher den Ostteil der Stadt. Den Westteil empfinden viele als langweilig und uninteressant oder aber auch als genauso „fremd" wie die alten Länder, die weit entfernt sind und zu denen insbesondere die Frankfurter Schüler keine Bezüge haben. Als Reiseziele sind sie kaum von Interesse. Für den Alltag der Frankfurter ist die Grenzlage der Stadt von großer Bedeutung Der Bezug zu Polen – insbesondere die Angst vor der „Billigkonkurrenz" – war bei Diskussionen über wirtschaftliche Probleme der Region, Zukunftsperspektiven oder gar Zukunftsängste der Schüler bestimmend.

Nordrhein-Westfalen

Zwischen Aachen als westlichster Großstadt Deutschlands und Berlin liegen knapp 700 km. Einem Großteil der von uns befragten Schüler ist Berlin zwar als deutsche Hauptstadt ein Begriff, aber aus persönlicher Erfahrung kennen viele in Deutschland nur Nordrhein-Westfalen und waren noch nie in Berlin und/oder in den neuen Ländern. Auch in Bochum haben die wenigsten Schüler einen Bezug zu Berlin und den neuen Ländern, sondern betrachten Nordrhein-Westfalen und Westdeutschland als ihre engere Heimat. Da es für die Beschäftigung mit der DDR und dem geteilten Deutschland nur wenige Anknüpfungspunkte im Alltagsleben der nordrhein-westfälischen Schüler gibt, stieß die Umfrage auf unterschiedlich großes Interesse.

Sowohl die telefonische Kontaktaufnahme als auch der persönliche Empfang an allen befragten Schulen waren freundlich. Jenseits enger schulischer Zeitdeputate zeigten sich Schulleiter und Lehrer am Thema und an einer Kooperation interessiert und waren weitaus flexibler und kooperativer als viele ihrer Kollegen in (Ost-)Berlin und Brandenburg.

In nahezu allen Klassen waren die meisten Schüler zwar neugierig auf die Befragung, gaben aber an, nur geringe Kenntnisse über die DDR zu haben. Besonders in Aachen charakterisierten mehrere Lehrer die Schüler als stark „westorientiert" mit großem Interesse an westlichen Ländern und Hauptstädten und nur geringem an Berlin und Ostdeutschland. Dementsprechend konnten viele Schüler nichts mit dem Begriff „neue Länder" anfangen und wussten – wenn sie schon einmal in Berlin waren – nicht, ob sie sich in Ost- oder West-Berlin aufgehalten hatten. Bochumer Schüler äußerten mehrfach Vorbehalte gegenüber den ostdeutschen Ländern, die ihrer

Meinung nach von der Politik finanziell bevorzugt würden. Auch von ihnen kannten nur sehr wenige Berlin und/oder die neuen Länder aus eigener Anschauung.

Eines der ausgewählten Gymnasien in Aachen ist eine reine Mädchenschule. Das Gymnasium fördert Berlin-Reisen, bei denen u. a. auch Informationsveranstaltungen der ASTAK[381]) auf der Tagesordnung stehen. Dabei bleiben aber offensichtlich nur wenige Informationen bei den Schülerinnen hängen; fast alle – auch die älteren Schülerinnen – glaubten, recht wenig über die DDR zu wissen. Auf großes Interesse stießen Diskussionsveranstaltungen mit der DDR-Oppositionellen Freya Klier, die mehrfach an der Schule stattfanden.

Dagegen war die Partnerschaft des Mädchengymnasiums mit einem Gymnasium in Neuruppin nicht von langer Dauer, da die Neuruppiner Lehrer den Aachener Schülerinnen kein Besichtigungsprogramm von Gedenkstätten oder sehenswerten Örtlichkeiten angeboten hätten. In den Köpfen vieler Schülerinnen prägte sich nach dem Besuch in dem aufwendig restaurierten Städtchen Neuruppin „das Bild von sauberen, neuen Dörfern in der DDR" ein.

c) Einzel- und Gruppengespräche mit Schülern

Zusätzlich zur standardisierten Befragung führten wir in allen Ländern Einzel- und Gruppengespräche mit Schülern, um Genaueres über deren Beurteilung und Bewertung der DDR und des geeinten Deutschlands zu erfahren und um Defizite einer standardisierten Befragung zu kompensieren. Außerdem konnten wir etwas über die Motivation der Schüler bei der Beantwortung der Fragen erfahren. Es wurden einige Einzel-, meistens aber Gruppengespräche (in der Regel mit drei bis fünf Schülern) geführt. Die meisten und längsten Gespräche wurden mit Schülerinnen und Schülern in Berlin geführt, da hier Schüler eher als in den andern befragten Ländern bereit waren, ihre Freizeit für diese Gespräche zur Verfügung zu stellen.[382])

Bayern

Die meisten bayerischen Schüler kennen die DDR aus Filmen und beziehen aus diesen auch ihre Kenntnisse. In Nordbayern sind sich die Schüler der Nähe zur

[381]) Die ASTAK e.V. („Antistalinistische Aktion"; die Namensgebung geht zurück auf einen Vorschlag des Zentralen Runden Tisches, in Berlin im Amtssitz von Erich Mielke, einen antistalinistischen Gedenkort zu errichten) hat ihren Sitz in Berlin-Lichtenberg in der ehemaligen Zentrale des Ministeriums für Staatssicherheit. Die Forschungs- und Gedenkstätte Normannenstraße ASTAK e.V. zeigt u. a. auf einer Etage die weitgehend original erhaltenen Diensträume des am längsten amtierenden Ministers für Staatssicherheit Erich Mielke. Zum Selbstverständnis des Vereins gehört, einen authentischen Ort der Täter, hier das wichtigste Repressionsorgan der SED, mit den Mitteln der politischen Bildung zu einem Lernort der Demokratie werden zu lassen.

[382]) Die Gespräche haben auf freiwilliger Basis außerhalb des Schulunterrichts stattgefunden. Bei der Fragebogenerhebung wurden die Schüler gebeten, sich zu einem Gespräch bereit zu erklären und in eine entsprechende Liste einzutragen. Diese Bitte ist auf unterschiedliches Interesse gestoßen. Auch wenn während des Klassengesprächs positive Resonanzen erfolgten, waren bei den Terminabsprachen nur besonders motivierte Schüler tatsächlich gesprächsbereit.

ehemaligen innerdeutschen Grenze durchweg bewusst; offensichtlich spielen das Thema Grenzöffnung und die damit verbundenen Veränderungen in der Region in den meisten Familien immer wieder eine Rolle. Wie in Nordrhein-Westfalen kritisierten Schüler die Höhe der Summen für den Aufbau Ost. Dabei wurde von einigen angemerkt, dass die Transfers einseitig nur in die neuen Länder gingen und die westlichen Länder keine finanzielle Unterstützung erhielten. Coburger Schüler übten wenig Kritik an der DDR. In den Gesprächen klang durch, dass die positiven Veränderungen in der Region und in der Stadt seit der deutschen Vereinigung allgegenwärtig sind und auch immer wieder in ihren Familien thematisiert werden.

Die meisten Schüler finden es selbstverständlich, dass die DDR als Teil der deutschen Geschichte im Unterricht behandelt wird, aber ihrer Meinung nach gibt es keinen Anlass, sich ausführlicher mit der Thematik zu beschäftigen. Ohnehin glauben viele, sie wüssten genug über die DDR. Erwähnt werden von einigen Schülern positive Seiten, wie die vermutete größere Gleichberechtigung von Frauen, eine weitreichende Kinderbetreuung sowie die im Vergleich zur Bundesrepublik sauberere Umwelt in der DDR. Diese Annahmen zu bewerten, gleichsam den Preis dessen zu nennen, was in der DDR „Errungenschaften" hieß, gelingt den Schülern allerdings nicht. Hierfür fehlen Kenntnisse, um die Lebensbedingungen in einer Diktatur und die Unterschiede zu einer freiheitlich-demokratischen Gesellschaft einordnen zu können. Beispielsweise können viele Schüler keine strukturellen Differenzen etwa zwischen BND und Staatssicherheit ausmachen. Mit einer spürbaren Faszination wird von einigen Jungen die vermutete Leistung des MfS gesehen, jeden und alles jederzeit ausspionieren und überwachen zu können. Bei konkreten Beispielen wie der kollektiven Freizeitgestaltung äußern sich die Schüler dagegen kritischer.

Südbayerische Schüler haben so gut wie keine Bezüge zur DDR oder den neuen Ländern und auch in den Familien scheint das Thema kaum Gesprächsanlass zu bieten. Unabhängig von ihrem Wissensgrad sind den meisten Jugendlichen verschiedene Aspekte der DDR-Wirklichkeit bekannt. So glaubt zum Beispiel kein an den Gesprächen beteiligter Schüler, in der DDR habe es Meinungsfreiheit oder freie Wahlen gegeben. Unsicherer sind einige bei der Antwort auf die Frage, ob die DDR eine „Diktatur" oder „eine Art Demokratie" gewesen sei.

Weitere positive Bewertungen wurden zu Ausbildung und Schule in der DDR abgegeben. Diese Einschätzungen beruhen aber nicht auf konkretem Wissen, sondern geben eher die subjektiv empfundene Unsicherheit über die eigene Zukunft wieder. Vor diesem Hintergrund sehen einige Schüler die DDR in einem eher rosigen Licht, ohne jedoch die Diktatur in Gänze zu begrüßen. Sie hätten gerne die Arbeitsplatzsicherheit der DDR und die Freiheit und den Wohlstand des Westens.

Die meisten südbayerischen Schüler sehen keinen Grund, zwischen Ost und West zu differenzieren, sie verstehen sich als Deutsche, oder vor allem, wie verschiedentlich betont wurde, als Bayern.

Berlin

Insgesamt waren die Gespräche mit den Berliner Schülern von deren sehr großer Zurückhaltung geprägt, eigene Einstellungen und Meinungen zur DDR zu äußern. Dennoch ließen kurze Zwischenbemerkungen erkennen, dass durchaus eigene Positionen und auch Vorurteile vorhanden sind, die dann im Laufe der Treffen präzisiert wurden.

An den Gesprächen nahmen Schüler aus allen an der Umfrage beteiligten Bezirken teil. Ost-West-übergreifend war auffällig, dass in das subjektive DDR-Bild der Schüler kaum politische Werte wie mangelnde Meinungs- oder Pressefreiheit mit eingehen. Dominante negative Faktoren sind für sie vielmehr fehlende Reisemöglichkeiten und ein mangelhaftes Warenangebot; positive Faktoren vor allem die flächendeckende Kinderbetreuung und die Arbeitsplatzgarantie.

Besonders der letzte Aspekt wirkt sich vor dem Hintergrund der aktuell als schwierig empfundenen Arbeitsmarktsituation prägend auf die Bewertung der DDR als Staat bzw. das Bild der Jugendlichen von der DDR aus. Weder bei bayerischen noch bei nordrhein-westfälischen Jugendlichen nimmt dieser Aspekt einen so großen Stellenwert im Denken ein wie in Berlin. Anscheinend haben die hohen Arbeitslosenzahlen in Berlin eine tiefgehende Verunsicherung bei den Schülern bezüglich ihrer Zukunftsaussichten bewirkt. Für eine Arbeitsplatzgarantie sind viele, vor allem Ost-Berliner Schüler, durchaus bereit, auf einige demokratische Grundrechte zu verzichten. Diese Jugendlichen haben insofern ein positiv(er)es DDR-Bild, weil sie in der DDR eine soziale und ökonomische Sicherheit vermuten. Prinzipiell teilen die Schüler aus dem ehemaligen Westteil der Stadt diese positive Bewertung der Arbeitsplatzgarantie. Dennoch würden sie dafür nicht auf ihre demokratischen Rechte verzichten.

Insgesamt zeigten die Gespräche in beiden Stadthälften, dass die Jugendlichen die vermeintlichen sozialen bzw. sozialistischen Errungenschaften der DDR wie zum Beispiel die Kinderbetreuung positiv hervorheben und diese abgekoppelt vom ihnen zumeist unbekannten politischen und gesellschaftlichen System der DDR beurteilen. Hierdurch ergibt sich ein selektives DDR-Bild, das die scheinbar positiven Seiten betont und die negativen ausspart sowie die einzelnen gesellschaftlichen Bereiche nicht zueinander in Beziehung setzt. Bedenklich erscheint hierbei besonders, dass auf diese Weise schönfärberische Stereotype, die zum Teil schon von der SED verbreitet wurden, gegenüber reflektierten und differenzierten Beurteilungen überwiegen.

Deutlich wird dies zum Beispiel an der Einschätzung des DDR-Schulsystems. Immer wieder wurde – besonders von Schülern aus dem ehemaligen Ostteil – hervorgehoben, dass das Schulsystem mit seiner Chancengleichheit und Leistungsfähigkeit vorbildlich gewesen sei. Konfrontierte man sie jedoch beispielsweise mit der Tatsache, dass nicht jeder Abitur machen oder studieren konnte, sondern auch nach politischen und sozialen Kriterien ausgewählt wurde oder mit dem vergleichsweise geringen Anteil von Abiturienten und Studenten – waren sie meist erschrocken.

Der überwiegende Teil der Jugendlichen aus dem ehemaligen Ostteil der Stadt hat ein positiveres DDR-Bild als die West-Berliner Schüler. Als dominierend erwies sich in den Gesprächen die Vorstellung, dass die DDR prinzipiell eine gute Idee war, die nur schlecht umgesetzt worden ist.

Durchbrochen wird die Prägung durch den Wohnort, manchmal durch die Familienbiografie oder das gesellschaftliche Engagement der Schüler. Wenn enge Familienmitglieder in der DDR Repressionen erlitten haben, haben Ost-Berliner Schüler ein besonders kritisches und negatives DDR-Bild, das sich von dem – ebenfalls eher negativen Gesamtbild – der West-Berliner Schüler durch breitere und fundiertere Kenntnisse unterscheidet. Gesellschaftlich besonders engagierte Schüler (meist West-Berliner) äußerten sich am kritischsten und hatten ein differenziertes, vergleichsweise negatives DDR-Bild.

Darüber hinaus wurde in den Gesprächen aber auch deutlich, dass dem Schulunterricht eine prägende Funktion zukommt. Jugendliche mit breiteren und reflektierteren Kenntnissen berichteten oft davon, die DDR schon einmal im Geschichts-/ Sozialkundeunterricht behandelt zu haben.

Zwar betonten nahezu alle Jugendlichen, Ost-West-Gegensätze würden keine Rolle mehr in ihrer Generation spielen; bei genaueren Nachfragen fielen ihnen aber sehr wohl Ost-West-Unterschiede und sogar Gegensätze ein (Kleidung, Architektur etc.).

Auch wurde in den Gesprächen deutlich, dass ihr DDR-Bild mit dem Bild von der heutigen Situation im vereinigten Deutschland eng verknüpft ist. Schüler, die die DDR vor allem wegen ihrer „sozialen Errungenschaften" (Kinderbetreuung, Arbeitsplatzgarantie) positiv(er) bewerten, stehen dem heutigen Staat skeptischer gegenüber als andere, die die DDR negativer und die Vereinigung positiver sehen, was allerdings nicht mit der Ablehnung der Wiedervereinigung verbunden ist. Umgekehrt: Schüler, die Angst vor ihrer aktuellen oder/und zukünftigen (Arbeitsmarkt-) Situation haben, haben ein positiveres DDR-Bild als die, die sich sozial und materiell abgesichert fühlen; letztere bewerten die DDR kritischer und sind weniger bereit, demokratische Rechte für soziale Sicherheit aufzugeben.

Brandenburg

Bei Brandenburger Schülern fiel besonders auf, dass es für ihre Selbsteinschätzung eine große Rolle spielt, in den neuen Ländern zu leben. „Westdeutschland" wurde wiederholt als „etwas Anderes", aber auch „Fremdes" benannt. Die Schüler artikulierten deutlich ihre negativen Vorurteile gegenüber Westdeutschen und Westdeutschland. So schätzen sie Westdeutsche als konsumorientierter, egoistischer und arroganter als Ostdeutsche ein. Auch seien einige von ihnen in westdeutschen Großstädten bei einem Schüleraustausch von ihren Gastgebern wegen ihrer ostdeutschen Herkunft gehänselt worden. Einen Umzug in den Westen Deutschlands können sich die wenigsten Schüler vorstellen.

Vor allem für die Frankfurter Schüler sind die alten Länder eine fremde Welt; ihr Lebenshorizont ist eher durch die Grenzregion mit Polen geprägt. In vielen Familien hat sich ein großer Teil der alltäglichen Lebensführung, etwa Einkäufe oder die Inanspruchnahme von Dienstleistungen, nach Polen verlagert. Unterschiede zwischen polnischen und deutschen Schülern in der Bewertung der DDR waren in den Gesprächen kaum wahrzunehmen. Einige polnische Schülerinnen, die sich als religiös bezeichneten, übten allerdings starke Kritik an der DDR und deren antichristlichen Einstellungen. Sie lehnen die Jugendweihe und den Kommunismus als falsches Heilversprechen ab. Ihre Kenntnisse resultieren aus vielen Gesprächen mit den Eltern; insofern glauben sie, besser als ihre Mitschüler über die DDR informiert zu sein.

Nicht zuletzt wegen der guten Verkehrsanbindung aller drei Städte an Berlin ist die Hauptstadt für die Schüler von großem Interesse. Eine differenzierte Wahrnehmung der ehemals getrennten Stadtteile haben sie jedoch nicht. Keiner der Schüler war auch nur annähernd in der Lage, den früheren Verlauf der Mauer zu skizzieren. Nur punktuell wurden Orte benannt, wie zum Beispiel Checkpoint Charly oder das Brandenburger Tor, die den Grenzverlauf markierten.

In einer elften Jahrgangsstufe waren Schüler besonders interessiert am Thema DDR und äußerten den Wunsch, einen geplanten Berlin-Besuch zu nutzen, um die Thematik intensiver zu behandeln. Das Thema „Stasi“ stand dabei im Mittelpunkt des Interesses, offensichtlich geweckt von dem Film „Das Leben der Anderen“, den viele Schüler gesehen hatten. Ferner wollten die Schüler erfahren, wie die Mitschüler an der eigenen und den anderen Schulen der Stadt zu diesem Thema stehen. Als wir wissen wollten, wie wichtig es für sie sei, ob ihre Freunde aus dem Osten oder Westen kämen, antworteten sie eher ausweichend. Sie waren aber sehr neugierig zu erfahren, ob andere Schüler ihre Freunde nach Ost und West differenzieren.

In Potsdam überwog an allen Schulen – mit Ausnahme des Gymnasiums in freier Trägerschaft – der Eindruck, dass die DDR als Thema für die Schüler keinen großen Stellenwert hat. Allerdings, vermutlich bedingt durch die räumliche Nähe zum ehemaligen Westteil Berlins, differenzieren die Schüler häufig in den Gesprächen sehr genau zwischen Ost und West. Gleichzeitig sahen sie aber auch oft „Berlin“ und „die Berliner“ als Einheit und als Konkurrenz, die – wie schon zu DDR-Zeiten – bevorzugt würden.

Einige Potsdamer Schüler versuchten zu provozieren, indem sie behaupteten, mit der Befragung solle die DDR nur diffamiert werden, damals könne doch nicht alles schlecht gewesen sein. Diese Meinung spitzte ein Schüler zu, indem er unsere Kenntnisse über die DDR anzweifelte, da wir dort nicht gelebt hätten. Im weiteren Verlauf des Gesprächs zeigte sich aber, dass dieser Schüler weder über Kenntnisse der DDR-Geschichte verfügte noch über die Wirtschaftskraft oder die Rentenhöhe informiert war. Hinweise, dass viele Daten in der DDR geheim waren und nicht veröffentlicht wurden, nahm er ungläubig zur Kenntnis.

Stärker als an den anderen Schulen betonten Schüler an den Gymnasien in freier Trägerschaft in Neuruppin und in Potsdam den Repressionscharakter der DDR.

Dabei haben diese Schüler keine größeren Kenntnisse als ihre „Kollegen", jedoch verallgemeinernde Einschätzungen wie „Da gab es keine Freiheit" parat. Weitergehende oder konkretere Begründungen für die negative Einschätzung der DDR gelangen den Schülern zumeist nicht. Die Lebensbedingungen in der SED-Diktatur lagen außerhalb ihrer Vorstellungswelt. So war beispielsweise die Verunsicherung bei der Frage nach „wirklichen Wahlen" groß. Einige Schüler vermuteten, diese habe es in der DDR gegeben, da es mehrere Parteien gab.

Angesprochen auf den Begriff „Freiheit", erwähnten die meisten die fehlende Reisefreiheit, meinten aber, nicht beurteilen zu können, ob es zum Beispiel Meinungsfreiheit gab. Dagegen vermuteten sie pauschal eine totale Kontrolle und Bespitzelung durch die Stasi. Einige Schüler erwähnten, ihre Kenntnisse rührten aus Gesprächen in der Familie her, sie würden sich aber auch gerne in der Schule häufiger mit dem Thema DDR beschäftigen.[383])

Insgesamt gewannen wir den Eindruck, dass die DDR häufig Gesprächsthema in den Familien ist. Viele Schüler wissen oder ahnen instinktiv, dass die Biografie ihrer Eltern und Großeltern stark durch deren DDR-Erfahrungen geprägt ist. Allerdings haben nur einige ein kritisches oder negatives Bild von der DDR. Die wenigsten verfügen über Kenntnisse der unterschiedlichen gesellschaftlichen und institutionellen Strukturen von Bundesrepublik und DDR; viele können keine grundlegenden Unterschiede zwischen Demokratie und Diktatur benennen.

Wie bei Ost-Berliner Schülern hängt ihr DDR-Bild vielfach von ihrer Einschätzung der heutigen Situation im vereinigten Deutschland ab. Wer die DDR wegen sozialer Errungenschaften wie Kinderbetreuung und Arbeitsplatzgarantie positiv(er) bewertet, steht dem vereinten Deutschland kritischer gegenüber als Schüler, die die DDR negativer und die Vereinigung positiver sehen. Insbesondere die Arbeitsplatzgarantie der DDR spielt in den Argumentationen der Jugendlichen eine große Rolle. Die meisten Schüler, vor allem in Neuruppin und Frankfurt, äußerten starke Ängste vor einer unsicheren beruflichen Zukunft. Für eine Arbeitsplatzgarantie wären viele bereit, eine Einschränkung persönlicher Freiheiten hinzunehmen. Das Thema Arbeitslosigkeit nimmt auch in den Familien einen dominanten Platz ein. Die meisten Schüler waren der Meinung, der Staat müsse stärker in die Wirtschaft eingreifen, um Arbeitsplätze zu schaffen bzw. zu erhalten.

Potsdamer Schüler, die in dieser Hinsicht sorgenfreier sind und sich sozial und materiell sicherer fühlen, bewerteten dennoch die DDR nur zum Teil kritischer, was auch Ausdruck ihrer politischen Affinität zum linken Spektrum sein dürfte. Die politische Nähe einiger – vor allem männlicher – Schüler in Neuruppin zur NPD erklärt deren ausländerablehnende Einstellungen, die sie in den Gesprächen durchklingen ließen.

---

[383]) Dieses Interesse führte dazu, dass die Schüler für einen bevorstehenden Projekttag mit uns einen Berlin-Besuch organisierten, bei dem wir Gelegenheit hatten, im ehemaligen Sitz des Ministeriums für Staatssicherheit mit den Schülern eine politische Bildungsveranstaltung durchzuführen und vertiefend über das Innenleben des SED-Staates zu diskutieren.

Wie in Berlin wird das subjektive DDR-Bild vieler Brandenburger Jugendlicher kaum durch politische Werte wie fehlende Meinungs- oder Pressefreiheit bestimmt. Entscheidende negative Faktoren sind auch für Brandenburger Schüler vielmehr fehlende Reisemöglichkeiten und ein mangelhaftes Warenangebot; positive Faktoren vor allem die Arbeitsplatzgarantie sowie das vermeintlich bessere Ausbildungs- und Kinderbetreuungssystem der DDR.

Nordrhein-Westfalen

Vor allem in Aachen wurde deutlich, dass das Thema DDR im „tiefen Westen" Deutschlands kaum auf Resonanz stößt und im Alltagsleben wenig bis gar nicht präsent ist. Offensichtlich hat hier auch die Teilung Deutschlands nur geringe Spuren hinterlassen, jedenfalls keine, die die Schüler aus Gesprächen in der Familie oder gar mit ihren Freunden in Erinnerung haben. Kenntnisse jenseits des Geschichtsunterrichts haben sie – wenn überhaupt – über den Zweiten Weltkrieg und den Nationalsozialismus. Diese Themen sind offensichtlich über Urgroßeltern und Großeltern Teil der Familiengeschichte geworden. Freiheit, Demokratie und Wohlstand in Deutschland werden als gegeben hingenommen, der Entwicklungsprozess seit Kriegsende nicht reflektiert. Auch hatten viele Schüler kaum eine Vorstellung darüber, was Unfreiheit und Diktatur bedeuten. Interesse bestand vor allem an Informationen zum Alltagsleben in der DDR, aber auch an der Beseitigung vieler Informationsdefizite, zum Beispiel, warum überhaupt die Mauer gebaut worden sei.

Die Schüler, die sich die Zeit nahmen, mit uns ein intensiveres Gespräch zu führen, wirkten lebensfroher und aufgeschlossener als Berliner und Brandenburger Schüler. Sie gaben an, über die DDR kaum etwas zu wissen, da in der Schule die Zeit nach dem Zweiten Weltkrieg nur wenig und die DDR fast überhaupt nicht behandelt würde. Vom (Alltags)Leben in der SED-Diktatur hatten sie nur vage Vorstellungen, gleichwohl äußerten sie sehr pointiert ihre Meinung zu den Informationen, die sie im Gespräch erhielten.

Trotz vieler Wissenslücken verfügen die Schüler nach unserem Eindruck über Grundkenntnisse: etwa darüber, dass es in der DDR keine Meinungsfreiheit gab, keine freien Wahlen etc. Sie bemühten sich, einen konkreten Bezug zur Wirklichkeit der Bundesrepublik herzustellen und betonten die Bedeutung von individueller und politischer Freiheit. Dies gelingt ihnen vielleicht auch deshalb leichter als den Berliner und Brandenburger Schülern, weil sie aufgrund größerer Distanz ein unverkrampfteres Verhältnis zum Thema haben. Sehr stark plädieren sie für ein individuelles Engagement und vor allem für Bezahlung nach Leistung und dadurch bestimmte unterschiedliche Einkommen. Eigeninitiative sei schließlich entscheidend fürs Leben.

Kollektive Freizeitgestaltung sowie staatliche Eingriffe in (private) Entscheidungen lehnen sie kategorisch ab. Eigene Leistung sowohl in der Schule als auch in Ausbildung und Beruf zu erbringen, erscheint ihnen sehr wichtig; staatliche und wirtschaftliche Vorgaben kritisieren sie und betonen die Bedeutung individueller Anstrengungen. Insofern sprechen sie sich vehement gegen staatliche Fürsorge „von der Wiege bis zur Bahre" aus. Freiheit – sowohl individuelle als auch politische – ist ihnen wichtiger als ein Versorgungsanspruch durch den Staat. Eine staatliche Arbeitsmarktpolitik mit einer Arbeitsplatzgarantie für alle kommt für sie nicht in Frage.

Auch wenn die meisten Schüler nur wenig über die DDR wussten, hatten einige von der – vermeintlich – besseren Kinderbetreuung und den größeren Emanzipationschancen für Frauen in der DDR gehört. Auch der – angeblich – bessere Familienzusammenhalt wurde erwähnt. Diese Einschätzungen basieren jedoch nicht – wie unsere Rückfragen ergaben – auf konkreten Erfahrungen oder Beispielen, sondern auf nicht weiter begründeten Annahmen. Gleichzeitig betonen viele Schüler aber, dass Familien selbst entscheiden müssten, was für sie – bezogen auf Kinderbetreuung und geschlechtsspezifische Arbeitsteilung – richtig sei.

Zwar begrüßen die Schüler die (Wieder-)Vereinigung, sehen aber das vereinte Deutschland nicht nur positiv. In diesem Zusammenhang berichteten einige von Diskussionen in ihren Familien. Sie erwähnten die hohen Transferkosten nach Ostdeutschland, die zu Lasten der Wirtschaftsentwicklung in Westdeutschland gehen. Während in Ostdeutschland der Straßen- und Städtebau gefördert würde, würden in ihrer Heimat viele Häuser und Straßen vernachlässigt. Die besonderen Probleme des Ruhrgebietes, vor allem auch die hohe Arbeitslosigkeit, würden zu wenig beachtet. Die Städte des Ruhrgebiets müssten für Ostdeutschland zahlen und würden dadurch große finanzielle Nachteile haben. Warum alle Regionen in Ostdeutschland, nicht aber wenigstens die schwachen in Westdeutschland finanziell unterstützt würden, verstünden sie nicht.

Insgesamt vermittelten die Schüler den Eindruck, dass sie sich als Gesamt-Deutsche fühlen und sich mit dem neuen deutschen Staat identifizieren. Die Zugehörigkeit der ostdeutschen Länder ist dabei aus ihrem Blickwinkel von gleicher Bedeutung wie die Zugehörigkeit eines beliebigen anderen Landes. Die Bezugspunkte zu Ostdeutschland und den Ostdeutschen sind nur gering. Die Schüler fühlen sich dagegen stark den westlichen Nachbarstaaten verbunden. Auch wenn sie durchaus ihr Interesse an Berlin als Hauptstadt bekundeten, liegt ihr Lebensmittelpunkt in Nordrhein-Westfalen.

In den Gesprächen mit den Bochumer Schülern wurde – stärker noch als in Aachen – eine abgestufte Identität sichtbar: Im Vordergrund steht die eigene Stadt, gefolgt von der Region und dem Land, verbunden mit einem allgemeinen Bezug zu Deutschland.

d) Gespräche mit Lehrern

Jenseits von Meinungsunterschieden über die DDR und das geteilte Deutschland besteht bei allen Lehrern der vier befragten Länder Einigkeit darin, dass die Behandlung der deutschen Teilungsgeschichte und auch explizit der Geschichte der

DDR einen festen Platz im schulischen Curriculum haben sollte. Die Mehrheit der Lehrer bedauert die zeitlich eng begrenzten Möglichkeiten, diesen Themenkomplex im Unterricht zu vertiefen.

Besonders die Lehrer in Nordrhein-Westfalen und Bayern beklagten, zur Behandlung der DDR und der deutschen Teilungsgeschichte würde häufig zu wenig Zeit zur Verfügung stehen. Bei den Schülern – selbst wenn sie geschichtlich interessiert seien – bestünde wenig Interesse an der DDR, wenn sie keine privaten oder verwandtschaftlichen Bezüge in die DDR oder in die neuen Länder hätten. Besonders in NRW und in Südbayern bezweifelten viele Lehrer, dass sich ihre Schüler schon einmal mit dem Thema DDR befasst hätten. An ihren Schulen stünden andere Themen wie zum Beispiel die Beschäftigung mit dem Nationalsozialismus und dem Rechtsextremismus im Vordergrund.

Einige Lehrer sehen sich außerstande, die SED-Diktatur in wirklich konzentrierter Form zu behandeln. Ihnen fehlen Kenntnisse über das Innenleben der DDR und häufig bleibe es bei einer negativ gezeichneten Beschreibung verschiedener Institutionen im so genannten „real existierenden Sozialismus". Die Beschreibung von Institutionen im Systemvergleich und die Beschäftigung mit der sozialistischen Ideologie reichten jedoch – wie einige Lehrer selbstkritisch anmerkten – nicht aus, das Leben in der SED-Diktatur angemessen darzustellen.

Grundsätzlich sei es schwierig, den Schülern die Rahmenbedingungen des Lebens in einer Diktatur zu vermitteln. Man könne den Alltag weder begreiflich noch sinnlich erfahrbar machen. Für die Schüler sind demokratische Freiheiten selbstverständlich und sie verstehen ihr Fehlen zumeist nur im Sinne nicht vorhandener Reise- und Einkaufsmöglichkeiten.

Als sinnvolle Möglichkeit, sich mit dem Thema auseinander zu setzen, wurden Erfahrungen und Eindrücke gesehen, die die Schüler durch Gespräche mit Zeitzeugen oder Experten der DDR-Geschichte während der Klassenfahrten zu Gedenkstätten in Berlin oder zu Begegnungsstätten an der ehemaligen innerdeutschen Grenze sammeln können.

Der Vergleich der Lehrergespräche in Berlin und Brandenburg mit denen in den beiden anderen Ländern verdeutlicht, wie stark die Teilung Deutschlands bei Lehrern mit unterschiedlicher Herkunft nachwirkt.

Gespräche mit Lehrern in Berlin und Brandenburg erbrachten widersprüchliche, zum Teil sogar gegensätzliche Ergebnisse. Einige Lehrer mit DDR-Sozialisation relativieren zumeist die negativen Seiten der DDR, indem sie nur über die ihrer Meinung nach positiven Aspekte dieses Staates reden. Für sie birgt die Behandlung des Themas „DDR" im Schulunterricht die Gefahr, dass die DDR nur als Diktatur und nicht als eine „normale" Gesellschaft abgehandelt würde. Auf keinen Fall würden sie den Schülern gegenüber Rechenschaft über ihr Verhalten in der DDR ablegen. Aus diesen Äußerungen lässt sich erkennen, warum das Thema im Unterricht, vor allem in Ost-Berliner und Brandenburger Schulen, so wenig behandelt wird.

Lehrer aus dem Berliner Bezirk Marzahn-Hellersdorf wiesen deutlich, schon fast aggressiv darauf hin, es käme im Unterricht darauf an, sich nicht an dem üblichen Schlechtreden der DDR zu beteiligen. Schüler sollten zum Beispiel erfahren dürfen, dass ihre Eltern oder Großeltern in der DDR ein „normales" Leben führen konnten – in diesem Zusammenhang sei unbedingt eine differenzierte Darstellung unter Vermeidung von Pauschalurteilen vonnöten. Leider werde Gutes aus der DDR, auch aus dem Volksbildungssystem, zu wenig bewahrt. Die Qualität des DDR-Schulsystems sei u. a. mit der PISA-Studie zu belegen, in der Finnland sehr gut abschneide, weil es das Schulmodell aus der DDR übernommen habe. Wichtiger als die ausführliche Behandlung der DDR sei dagegen, die Auseinandersetzung mit dem Nationalsozialismus fortzusetzen und mit einem von den Schülern selbst organisierten „Antifa-Projekt" zusammenzuarbeiten. Eine Lehrerin behauptete sogar, die Lebenserwartung in der DDR sei nicht niedriger als in der Bundesrepublik gewesen und Stasi-Mitarbeiter hätten kein höheres Einkommen als die übrige Bevölkerung gehabt. Auch die Existenz und die Ausübung der Todesstrafe in der DDR seien nicht erwiesen.

Bei der Beschäftigung mit der DDR im Unterricht müsse auf jeden Fall die stärker gelebte Emanzipation von Frauen und Männern, für die die Integration von Familie und Berufsleben eine Selbstverständlichkeit gewesen sei, herausgestellt werden. Zu diesem Thema gehöre auch die flächendeckende Versorgung mit ganztägigen Kinderbetreuungsmöglichkeiten. Damit habe die DDR einen Status gehabt, der im vereinten Deutschland erst noch zu erreichen sei.

Im Bildungssystem könne man das Beispiel der so genannten „außerunterrichtlichen Tätigkeit" in der DDR anführen, das bei aller berechtigten Kritik am Kontrollaspekt dieser Form von Kollektiverziehung im Gegensatz zu heute dazu geführt habe, dass die Jugendlichen eine sinnvolle Beschäftigung hatten und nicht „irgendwie und irgendwo nur herumlungerten". Generell habe man in der DDR bewusster und vor allem zielgerichteter gelebt und sich nicht, wie beispielsweise heute die Studenten, denen es wahrscheinlich an klaren Vorgaben fehle, in der Arbeit verzettelt.

Einige Brandenburger Lehrer gaben ihre Unkenntnis bei bestimmten Themen offen zu. Wie selbstverständlich gingen aber die Schüler davon aus, dass jemand, der in der DDR gelebt habe, alles über die DDR wissen müsse. Dass vieles – so zum Beispiel die Zahl der Mauertoten, Suizide oder die Umweltverschmutzung – geheim blieb, war ihnen nicht bekannt.

West-Berliner Lehrer neigten dagegen eher zur Relativierung der Bedeutung der DDR für die deutsche Geschichte und für die heutige Schülergeneration. Nicht zuletzt mit Blick auf die vielen Kinder mit Migrationshintergrund sei eine ausgiebige Beschäftigung mit der DDR in der Schule nicht möglich und notwendig. Andere West-Berliner Lehrer beklagten die unzureichende und auch beschönigende Darstellung der DDR vor allem durch diejenigen Kollegen, die schon in der DDR Lehrer gewesen seien. Ihrer Meinung nach müssen die diktatorischen Dimensionen der DDR stärker hervorgehoben werden. Die menschenverachtende Politik von SED und MfS sollte den Schülern anschaulich vermittelt werden, nicht zuletzt durch den Besuch von entsprechenden Gedenkstätten.

Einige West-Berliner Lehrer, die an Ost-Berliner Schulen gearbeitet hatten, stellten resignierend fest, dass ihre Ost-Kollegen kein Interesse an einer Aufarbeitung der DDR als Diktatur hätten und alles täten, um die negativen Seiten der DDR zu verdecken. Nach ihren Erfahrungen und den Erzählungen von Kollegen, die ebenfalls im Ostteil der Stadt gearbeitet hätten, werden West-Berliner Lehrer an den meisten Ost-Berliner Schulen gemobbt, wenn sie sich kritisch zur DDR äußerten. An vielen Ost-Berliner Schulen würde die DDR weiterleben, sowohl in Bezug auf den Schulunterricht als auch auf die Arbeitsatmosphäre und das Verhältnis unter den Kollegen.

Mit diesen Vorwürfen konfrontiert, berichteten einige in der DDR sozialisierte Lehrer, ihnen falle die Arbeit an West-Berliner Schulen auch nicht immer leicht. Nicht wenige West-Kollegen seien nicht gerade engagiert bei der Arbeit, würden „große Reden“ halten, aber fachlich zum Teil wenig kompetent sein. Ein mitunter spannungsgeladenes Verhältnis zwischen Ost- und West-Lehrern sahen sie ebenso wie die West-Berliner Lehrer, die die Zustände im Osten kritisierten.

Einige wenige Lehrer – aus Ost und West – schlugen vor, auch siebzehn Jahre nach dem Verschwinden der DDR sollten Ost- und West-Berliner Schüler viel mehr miteinander reden, um sich und ihren familiären Hintergrund besser kennenzulernen. Schließlich würden die unterschiedlichen Milieus in Ost und West durch die Gespräche im Freundeskreis und den Familien weiterwirken. Bei diesen Ost-West-Schülergesprächen sollten sowohl die DDR als auch die Bundesrepublik und das jeweilige Verständnis der beiden deutschen Teilstaaten miteinbezogen werden.

e) Methodisches Verständnis der standardisierten Befragung

Für die standardisierte Befragung wurde eine Skala „Bild der DDR“ konstruiert, die aus sieben Unterskalen mit jeweils drei bis vier Items besteht. Da bisher kein entsprechendes Instrumentarium zur Ermittlung von Geschichtsbildern existiert, betreten wir mit der Operationalisierung eines Bildes von der DDR wissenschaftliches Neuland.[384])

Ausgehend von diversen Umfragen zur Beurteilung und Einordnung der DDR,[385]) die Hinweise geben, welche gesellschaftlichen und staatlichen Dimensionen bei der Beurteilung dieses deutschen Teilstaates bedeutsam sind, und unter Berücksichti-

[384]) Die bei Borries (vgl. Borries 1995) entwickelten Skala zur Bewertung von DDR und Bundesrepublik hat einen eher schlichten Zuschnitt, vernebelt zudem die Trennlinien zwischen Demokratie und Diktatur und wird darüber hinaus den politischen und gesellschaftlichen Realitäten in der DDR (und der Bundesrepublik) in keiner Weise gerecht.

[385]) Vgl. Schroeder 2006, S. 315 ff., Neller 2006, Sozialreport 1990 ff. und Datenreport 1992 ff. sowie Kap. IV.

gung von Aspekten, die einen Staat und eine Gesellschaft prägen, haben wir so genannte Teilskalen zur Sozialpolitik, Wirtschaftspolitik, Jugend und Familie, Schule und Alltag, Außenpolitik, Dimensionen der Diktatur sowie Dimensionen der Repression konstruiert. So wird es den Befragten ermöglicht, ein differenziertes Urteil über die DDR abzugeben, beispielsweise die Sozialpolitik oder den Alltag der DDR eher positiv, den Repressionsapparat eher negativ zu bewerten. Gleichzeitig wird deutlich, in welcher durchgängigen oder abgestuften Weise sich das DDR-Bild bei den befragten Schülern konstituiert. Das Gesamtbild stellt eine gleichrangige Addition der Teilskalen und ihrer Items dar.

Das Skalenverfahren hat den Vorteil, dass durch die Vielzahl der Statements mehrerer Unterskalen das Gewicht der Einzelaussagen reduziert und damit das Risiko gravierender Fehlspezifikationen vermindert wird. Je mehr Items zur Messung verwendet werden, umso geringer ist die Gefahr, dass einzelne Fragen oder Formulierungen das Gesamterhebungsinstrument unbrauchbar machen. Die Items sind mehr oder weniger „weich" oder „hart" formuliert, um vorschnelle Bewertungen auszugleichen.[386)]

*Tabelle 10: Determinanten der Skala zum „DDR-Bild"**

1	**Sozialpolitik**
	Ich finde es gut, dass in der DDR jeder einen Arbeitsplatz hatte, auch wenn der Staat die Löhne bestimmte und der Wohlstand gering war.
	Ich finde es gut, dass in der DDR sich der Staat um alle Bürger kümmerte, auch wenn dadurch der Einzelne weniger Freiheit hatte.
	Auch weil die Sozialpolitik zu viel Geld kostete, ist die DDR untergegangen.
	Solidarität und Nachbarschaftshilfe in der DDR waren vor allem Folge von Mangel und Not.
2	**Wirtschaftspolitik**
	Die DDR war wirtschaftlich am Ende und ist auch deshalb zusammengebrochen.
	In der DDR sicherte die staatlich gelenkte Wirtschaft den Wohlstand für alle.
	Die Wirtschaft kann nur gut funktionieren, wenn der Staat alles plant und lenkt.
3	**Jugend und Familie**
	Eine organisierte Freiheit wie in der DDR wäre eine gute Sache und ich würde da gerne mitmachen.
	Sich einer Gemeinschaft oder Gruppe unterzuordnen wie in der DDR, ist für mich grundsätzlich wichtiger, als meine eigene Persönlichkeit zu entwickeln.
	Die vormilitärische Erziehung im Schulunterricht der DDR war für die Stärkung des Sozialismus notwendig.
4	**Schule und Alltag**
	In der DDR war der Alltag für viele durch Diktatur und Überwachung geprägt.
	Mit entsprechenden schulischen Leistungen konnte jeder in der DDR Abitur machen und anschließend studieren.
	Nur wer sich in der Schule oder Ausbildung politisch anpasste, konnte in der DDR weiterkommen.

386) Vgl. allgemein zu den Methoden empirischer Sozialforschung: Diekmann 1995.

5	Außenpolitik
	Die Selbstbezeichnung der DDR als „Friedensstaat" war lediglich Propaganda.
	Die antifaschistische Politik der DDR hat das Ansehen der Deutschen im Ausland verbessert.
	Die DDR war ein souveräner Staat wie andere Staaten (souverän = unabhängig, selbstständig).
6	Dimensionen der Diktatur
	Ich finde es gut, dass die SED (Sozialistische Einheitspartei Deutschlands) die führende Rolle in der DDR inne hatte.
	In der DDR konnte jeder schreiben und sagen, was er wollte.
	Die Regierung der DDR war durch demokratische Wahlen legitimiert (von [lat.] lex = das Gesetz; legitim = gesetzlich, rechtmäßig).
	Die DDR war keine Diktatur – die Menschen mussten sich nur wie überall anpassen.
7	Dimensionen der Repression
	In der DDR wurde man politisch überwacht und konnte ohne Grund verhaftet werden.
	Die Stasi (Ministerium für Staatssicherheit der DDR) war ein Geheimdienst, wie ihn jeder Staat hat.
	Es ist ein Verbrechen, dass an der Grenze der DDR Menschen getötet, verletzt oder eingesperrt wurden.
	Wer die DDR verlassen wollte, hatte selbst Schuld, wenn an der Grenze auf ihn geschossen wurde.

** Die umgekehrt zu polenden Items sind fett gedruckt.*

Jede Aussage konnte in einer Bandbreite von 1 bis 5, d. h. von „stimme voll zu" bis „stimme überhaupt nicht zu" beurteilt werden. Nach diesem Verfahren bedeutet 2 „stimme eher zu", 3, dass der Interviewte sich nicht entscheiden kann oder will, und 4 „stimme eher nicht zu". Eine fünfstufige Antwortskala hat gegenüber einer dreistufigen den Vorteil, dass die Schüler nicht vorschnell die mittlere und damit neutrale Antwortmöglichkeit ankreuzen, sondern sich auch Gedanken machen, ob sie das Statement eher bejahen oder verneinen. Indem bei der Auswertung die Antwortmöglichkeiten 1 und 2 bzw. 4 und 5 aus Gründen einer vereinfachten Darstellung wieder zusammengefasst werden, gleichen sich die beiden Vorgehensweisen.

Einige Items gingen umgepolt in die Auswertung ein, d. h. wer einer bestimmten Aussage, zum Beispiel „Die DDR war wirtschaftlich am Ende und ist auch deshalb zusammengebrochen", überhaupt nicht zustimmt, hat ein positives Bild von der DDR-Wirtschaft und geht insofern mit 1 und nicht mit 5 in die Auswertung ein. Bei diesen Items wird also aus 5 eine 1, aus 4 eine 2 und umgekehrt, während 3 unverändert bleibt. Das Vorgehen und die Antwortmöglichkeiten wurden den Schülern von den Mitarbeitern des Projektes, die die standardisierte Befragung vor Ort durchführten, vor dem Ausfüllen des Fragebogens ausführlich erläutert.

Mittels einer Faktorenanalyse wurden die erhobenen Informationen auf ihre Konsistenz überprüft und die Skalen ermittelt. Cronbach's Alpha lag bei den endgültig definierten Skalen über dem Wert 0.7. Dabei geht es um die Feststellung, ob die in Unter- und Gesamtskalen zusammengefassten Items tatsächlich das Gleiche messen. Für jede Skala wurde aus den entsprechenden Items ein Durchschnittsindex ermittelt. D. h. die Antworten (1, 2, 3, 4 oder 5) werden zusammengezählt und dann durch die Anzahl der Items geteilt. So wird für jeden Befragten ein Skalenindex gebildet. Sämtliche Items werden dabei gleichgewichtet; auf eine – theoretisch mögliche – Hierarchisierung einzelner Items bzw. Komponenten wird verzichtet. Dieses Verfahren scheint sinnvoll, da es in der Wissenschaft bisher kein Einvernehmen darüber gibt, was ein Bild der DDR bzw. eines anderen Staates im Detail, aber vor allem in der Gesamtbetrachtung ausmacht. Die Gleichgewichtigkeit der Items minimiert aber auch Verzerrungen des inhaltlichen Profils durch einzelne schlecht oder falsch formulierte bzw. missverstandene Statements. Der wichtigste Test auf die Verlässlichkeit der Skala besteht jedoch in der beschriebenen statistischen Prüfung. Der hierdurch gewonnene Skalenindex kann in der Auswertung wie eine normale Variable behandelt werden; insbesondere lassen sich – nachdem eine Klassierung erfolgte – die Häufigkeitsverteilung analysieren und Zusammenhänge zu anderen Variablen herstellen.

Die wichtigste und gleichzeitig umstrittenste Entscheidung fällt bei der Frage, ab wann beispielsweise die Sozialpolitik der DDR oder die DDR insgesamt positiv, neutral oder negativ gesehen wird; ab welchem Skalenwert also Personen ein entsprechendes Urteil zugeordnet werden kann. Wir haben uns dafür entschieden, Befragte mit einem Durchschnittsindex von 1,0–2,5 als der DDR bzw. ihren einzelnen Dimensionen gegenüber positiv eingestellt einzuschätzen. Diese Personen haben dementsprechend nicht alle, aber wesentliche Aspekte eines positiven DDR-Bildes insgesamt oder bezogen auf einzelne Dimensionen verinnerlicht. Spiegelbildlich ergibt sich die Gruppe der negativ Eingestellten zwischen 3,5 und 5,0. Dieser Personenkreis hat ein überwiegend oder durchgängig negatives DDR-Bild, unabhängig davon, wie abgestuft er die einzelnen Dimensionen beurteilt, was nach der gleichen Methode ermittelt wird. Der Rest der Befragten wird in den neutralen Bereich eingeordnet (2,51–3,49), d. h. diese Schüler verfügen über kein geschlossen positives oder negatives Bild der DDR, sehen manche Aspekte positiv, andere negativ oder wollen sich nicht festlegen. Generell gilt, je dichter die Gesamtzahl der Antworten an 1 liegt, desto positiver, je dichter an 5, desto negativer werden die DDR und ihre abgefragten Dimensionen gesehen.

Solche Zuweisungen sind allerdings nicht unproblematisch, unterstellen sie doch eine gleichsam objektive Festlegung. Das Skalenverfahren erlaubt aber streng genommen nur relative Aussagen vom Typ Person/Gruppe A ist der DDR eher positiver/negativer/neutral gegenüber eingestellt als Person/Gruppe B etc. Insofern sind die erwähnten Einstufungen relativ willkürliche subjektive Entscheidungen von Wissenschaftlern. Die von uns zur besseren Veranschaulichung dennoch vorgenommene Aufteilung der Befragten in drei Gruppen, die die DDR unterschiedlich sehen bzw. bewerten, stellt insofern nur eine Annäherung dar.

Mit dem Levenes T-Test für unabhängige Stichproben wurden die Mittelwerte der Gruppen auf Varianzgleichheit getestet. Der Signifikanzwert des Gesamtindex für die Gruppen Ost/West liegt unter 0,05 (Konfidenzintervall von 95%).

Bei der Faktorenanalyse sind einzelne – in Tabelle 10 nicht aufgeführte – Statements herausgefallen, weil sie keinen entsprechenden Bezug zu den anderen Items aufwiesen. Dies betraf zum Beispiel die beiden Items „Nur die Politik Gorbatschows hat die deutsche Vereinigung möglich gemacht" oder „Ich finde es gut, dass die DDR durch eine friedliche Revolution ihr Ende fand".

Zusätzlich zur Gesamtskala „Bild der DDR" mit ihren sieben Unterskalen wurde eine eigene Skala für „Äquidistanz" (Gleichbewertung von DDR und Bundesrepublik) gebildet, die aus sechs Items besteht.

*Tabelle 11: Äquidistanz (Gleichbewertung der Systeme)**

Nr.	Aussage
1	Die „Volksdemokratie" in der DDR und die parlamentarische Demokratie in der Bundesrepublik Deutschland vor 1989 unterschieden sich kaum.
2	Die DDR war genauso abhängig von der Sowjetunion wie die Bundesrepublik von den USA.
3	Die Bundesrepublik vor 1989 war zwar anders, aber auch nicht besser als die DDR.
4	Die Planwirtschaft in der DDR war nicht besser oder schlechter als die Marktwirtschaft in der Bundesrepublik, nur anders.
5	In der DDR konnten die Menschen im Alltag genauso leben wie in der Bundesrepublik Deutschland vor 1989.
6	Wie in der Bundesrepublik Deutschland wurde auch in der DDR niemand willkürlich eingesperrt.

** Je dichter die Gesamtzahl der Antworten gewichtet an 1 liegt, je mehr werden DDR und BRD als zwar anders, aber nicht qualitativ unterschiedlich gesehen, d. h. gleich bewertet. Hier sind alle Items „normal" gepolt.*

Auch für die Auswertung dieser Skala, die nicht in die Gesamtskala eingeht, gilt: Je dichter die Befragten an 1 kommen, umso mehr setzen sie die beiden Systeme gleich, je näher sie bei 5 liegen, umso unterschiedlicher betrachten sie die Bundesrepublik und die DDR.

Darüber hinaus enthält der Fragebogen weitere Items/Statements, die die Bewertung der Vereinigung, des Sozialismus als Idee etc. betreffen. Einige dieser Statements sind nach der Überprüfung aus den Skalen herausgefallen, andere wurden ausdrücklich von vornherein in den Fragebogen mitaufgenommen, um einzelne Aspekte abzufragen, die sich nicht in das gewählte Skalenschema einfügen ließen, aber Auskunft über bestimmte Facetten der Bewertung der DDR und der Vereinigung liefern, wobei speziell die Gemeinsamkeiten und Unterschiede in den Antworten von ost- und westdeutschen Schülern interessieren.

Tabelle 12: Weitere Aspekte zur DDR und zur Vereinigung

Nr.	Aussage
1	An der DDR war gut, dass es nicht so viele Ausländer gab.
2	Über die DDR wird nur schlecht geredet, um Ostdeutsche schlecht zu machen.
3	Nur eine einzige starke Partei wie die SED in der DDR kann die Interessen aller Gruppen unseres Volkes vertreten.
4	Der Sozialismus in der DDR war eine gute Idee, die nur schlecht ausgeführt wurde.
5	Weil die DDR so heruntergewirtschaftet war, sind extrem hohe Summen für den „Aufbau Ost" notwendig.
6	Auch wenn der Aufbau Ost viel Geld kostet, bin ich froh, dass Deutschland wieder vereint ist.
7	Die Ostdeutschen sollten gegenüber den Westdeutschen dankbarer sein, da sie viel Geld vom Westen bekommen.
8	Es wäre gut, wenn heute in der Bundesrepublik genauso wenige Ausländer leben würden wie früher in der DDR.
9	Es ist besser, in Freiheit zu leben als – wie in der DDR – vom Staat rundum versorgt zu werden.

Diese Items gehen nicht in die Skalen ein.

Da viele Schüler, wie sich in den Pretests bestätigte, die DDR stärker im Vergleich zur Bundesrepublik als zum nationalsozialistischen Deutschland oder zu den ehemaligen realsozialistischen „Bruderländern" beurteilen, enthält der Fragebogen einen Komplex, in dem die Befragten ankreuzen sollen, ob bestimmte Aspekte in der DDR oder in der Bundesrepublik besser oder in beiden Staaten gleich waren. Die Schüler wurden ausdrücklich gebeten, diese Fragen zu beantworten, unabhängig davon, ob sie über ein entsprechendes Wissen verfügen. Wir wollten hierdurch herausfinden, welche positiven Elemente die Schüler mit der DDR und der Bundesrepublik assoziieren. Die Bewertungsfragen erstrecken sich von der ärztlichen Versorgung, der Schulausbildung über die Gleichberechtigung von Frauen und Männern und die Renten bis hin zu Ausbildungsplätzen, sozialer Gerechtigkeit und dem politischen System (vgl. Anlage „Fragebogen").

Um eingrenzen zu können, worauf die jeweilige Meinung zur DDR und ihrer politischen und gesellschaftlichen Dimensionen beruht, wurden die Schüler um persönliche Angaben gebeten, die Alter, Geschlecht, Staatsangehörigkeit, politische Einstellung und die Behandlung der DDR in Schule und Familie, aber auch im Freundeskreis betreffen. Darüber hinaus haben wir nach dem allgemeinen Interesse an der DDR und der Haltung gegenüber Menschen aus dem jeweils anderen Landesteil gefragt (vgl. Anlage „Fragebogen").

Da die subjektive Einschätzung, ob der Befragte viel oder wenig über die DDR weiß, wenig oder nichts über das tatsächliche Wissen aussagt, enthält der Fragebogen explizite Wissensfragen zu bestimmten Fakten und relevanten politischen Akteuren. Hierunter finden sich zum Beispiel Fragen zur innerdeutschen Grenze und zum Volksaufstand vom Juni 1953, zur Todesstrafe oder zur Umwelt. Bei den Politikern, die die Schüler zuordnen sollten, handelt es sich um Bundeskanzler der Bundesrepublik bzw. Generalsekretäre der DDR (vgl. Anlage „Fragebogen").

Der relativ umfassende Fragebogen besteht also neben den persönlichen Angaben aus drei Teilen:

- Erstens einem Vergleich: Die Schüler sollen – mehr oder weniger assoziativ – ausgewählte Aspekte von Staat und Gesellschaft der DDR und der Bundesrepublik vergleichend beurteilen.
- Zweitens einer Befragung nach Skalen: Die Auswertung ausgewählter Items zu verschiedenen Aspekten der DDR erlaubt eine nach dem Skalenverfahren ermittelte Aufteilung der Befragten hinsichtlich eines positiven, neutralen oder negativen Bildes der DDR.
- Drittens einer Abfrage von Kenntnissen: Hiermit soll das Wissen über die DDR – und zum Teil auch über die Bundesrepublik – ermittelt werden.

Zur Überprüfung und Präzisierung der Items wurden im Herbst 2005 an zwei Berliner Schulen ein Pretest mit dem standardisierten Fragebogen sowie daran anschließend Interviews mit einigen Schülern durchgeführt. Dadurch konnte der Fragebogen verständlicher gestaltet werden. Aus Kostengründen war ein Pretest in den anderen Ländern nicht möglich. Im Nachhinein können wir aber festhalten, dass dieser zu ähnlichen Ergebnissen geführt hätte, da die Urteile einschließlich der Vorbehalte der Schüler gegen einzelne Items durchgängig vorhanden waren. Die standardisierte Befragung von Schülern und die nachfolgenden Einzel- und Gruppengespräche von Schülern und Lehrern wurden zwischen Ende 2005 und Anfang 2007, überwiegend aber 2006, durchgeführt.

f) Zusammensetzung der Stichprobe

Die standardisierte Befragung in den vier ausgewählten Ländern Bayern, Berlin, Brandenburg und Nordrhein-Westfalen umfasst 5.219 Schüler, von denen knapp zwei Drittel auf dem Gebiet der alten Bundesrepublik und gut ein Drittel auf dem Gebiet der früheren DDR geboren wurden. Der Anteil der ausländischen Schüler liegt bei knapp 9%, von denen der überwiegende Anteil in den alten Ländern lebt. Die Gymnasiasten stellen mit gut 70% die größte Gruppe der Befragten, knapp jeder Vierte besucht eine Gesamtschule und nur ein kleiner Teil jeweils die Real- oder Hauptschule; die Hauptschüler leben alle in Bayern. Ihre Einbeziehung schien uns sinnvoll, da gerade in Bayern der Hauptschule ein anderer Stellenwert als in anderen Ländern zukommt. Der jeweilige Anteil der Gymnasiasten schwankt zwischen knapp 65% in Berlin und 78% in Nordrhein-Westfalen. Unter den Gesamtschülern befinden sich sowohl Jugendliche, die nach der 10. Klasse abgehen, als auch ein gewisser Prozentsatz, der die Oberstufe noch besuchen wird. Die höhere Anzahl von Schülerinnen in dieser Befragung resultiert aus ihrem überdurchschnittlichen Anteil in verschiedenen Gymnasialklassen. Knapp jeder fünfte Schüler war zum

Zeitpunkt der Befragung jünger als 16 Jahre, jeweils etwa gut 40% 16 bzw. 17 Jahre und älter. Insgesamt wurden Schüler aus 224 Klassen bzw. Kursen in 50 Schulen befragt. Die 9. Klasse besuchten 6,1%, die 10. Klasse 54%, die 11. Klasse 38,7% und die 12. Klasse 1,2% der Schüler.

In Berlin wurden in etwa gleich viele Schüler aus dem ehemaligen Ost- und Westteil in die Befragung einbezogen; in den anderen drei Ländern wurden Städte/Regionen ausgewählt, die in etwa in ihrer regionalen Unterschiedlichkeit typisch sind. In Bayern handelt es sich um die Städte München, Murnau, Hof, Coburg, Bamberg, Neumarkt i. d. Oberpfalz und Bad Neustadt a. d. Saale, die nach Süd und Nord und damit auch in ihrer unterschiedlichen Nähe zur ehemaligen innerdeutschen Grenze aufgeteilt wurden, in Nordrhein-Westfalen um Aachen und Bochum, die eine unterschiedliche soziale Struktur haben und andererseits beide weit im Westen liegen, und in Brandenburg um die drei Städte Potsdam, Neuruppin und Frankfurt/Oder, die durch ihre Nähe/Ferne zu Berlin und zur polnischen Grenze charakterisiert sind. Neben der Unterteilung in Deutsche und Ausländer wurden die befragten Schüler jeweils nach ihrem Geburtsort in West und Ost differenziert, wobei Letztere in sehr hohem Maße in Brandenburg und Ost-Berlin zur Schule gehen. In Brandenburg und vor allem in Berlin – so die Ergebnisse der gesonderten Auswertung[387]) – gehen zwar in einigen Schulen Schüler mit Ost- oder West-Herkunft in die gleiche Schule, aber unabhängig vom Schulort können wir erhebliche Einstellungsunterschiede zwischen Ost und West feststellen, d. h. die Herkunft und das jeweilige Milieu sind für die Antworten von höherem Einfluss als der Schulort.

[387]) Vgl. Deutz-Schroeder/Schroeder 2007 a und 2007 c.

*Tabelle 13: Allgemeine Daten zur Stichprobe**

Merkmal		Personen	
Insgesamt		**5.219**	**100%**
Geschlecht			
männlich		**2.320**	**44,8%**
weiblich		**2.858**	**55,2%**
Länder			
Bayern		**1.231**	**23,6%**
	Süd	361	6,9%
	Nord	870	16,7%
Berlin		**2.368**	**45,4%**
	West	1.081	20,7%
	Ost	1.000	19,2%
Brandenburg		**737**	**14,1%**
	Frankfurt/Oder	167	3,2%
	Neuruppin	238	4,6%
	Potsdam	332	6,4%
Nordrhein-Westfalen		**883**	**16,9%**
	Aachen	497	9,5%
	Bochum	386	7,4%
West		**3.195**	**64,8%**
Ost		**1.737**	**35,2%**
Herkunft			
Deutschland		**4.753**	**91,3%**
Ausland		**452**	**8,7%**
Alter			
unter 16 Jahre		**941**	**18,1%**
16 Jahre		**2.153**	**41,5%**
17 Jahre und älter		**2.096**	**40,4%**
Schultyp			
Gymnasium		**3.673**	**70,4%**
Gesamtschule		**1.201**	**23,0%**
Realschule		**201**	**3,8%**
Hauptschule		**144**	**2,8%**

** Fehlende Personen in bestimmten Kategorien sind auf die Nichtbeantwortung einzelner Fragen zum persönlichen Hintergrund zurückzuführen.*

2. Persönliche Angaben

a) Politische Einstellung

Die politischen Positionen der Befragten liegen naturgemäß auseinander, wobei sich die weit überwiegende Zahl der Schüler in allen Ländern mehr oder weniger deutlich in der „Mitte" oder „eher links" und nur eine Minderheit als mehr oder weniger „rechts" einordnet. Knapp jeder Zehnte bezeichnet sich als eindeutig „links".

*Schaubild 12: Politische Einstellungen in den Ländern/Regionen**

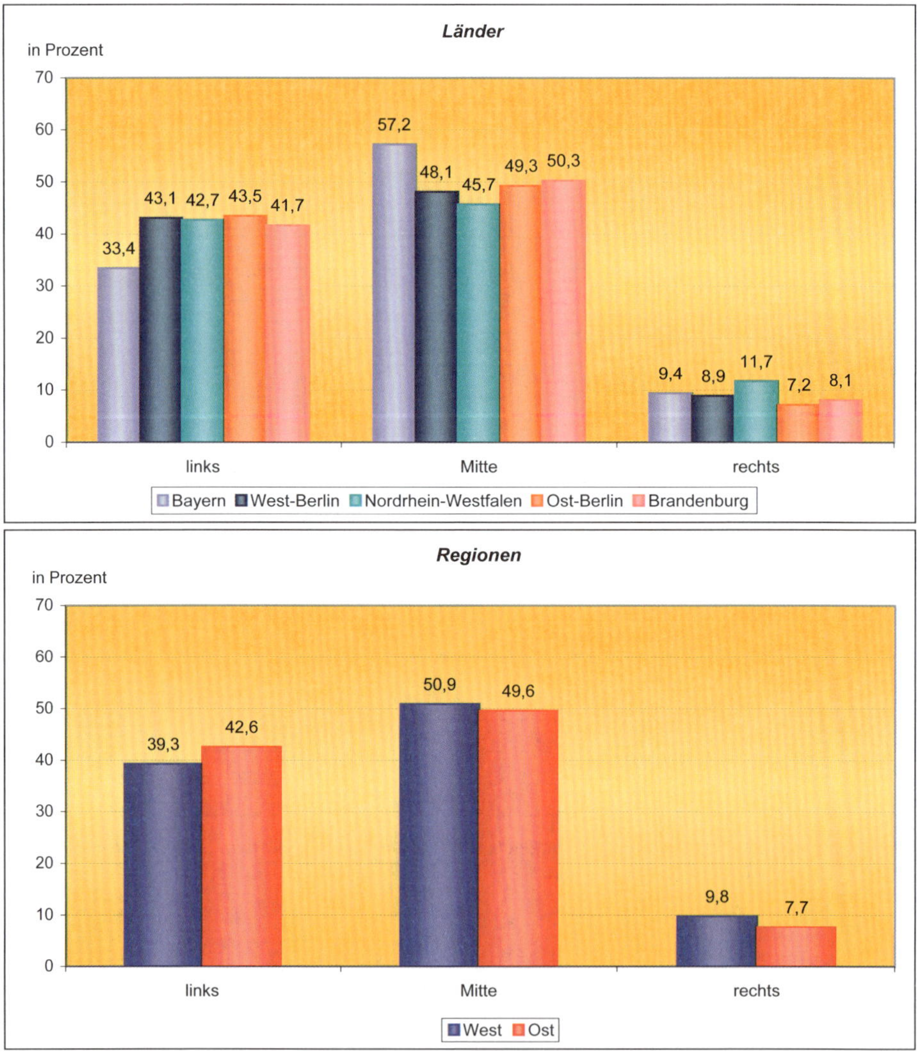

* *Antworten auf die Frage: „Meine politische Einstellung liegt . . .".*

Während bei der politischen Selbsteinstufung die Ost-West- und die altersspezifischen Unterschiede eher gering ausfallen, sehen wir deutliche regionale und schulspezifische Differenzen. In Bayern erreicht die politische Mitte den weitaus höchsten Anteil, „linke" Schüler sind unterrepräsentiert, „rechte" durchschnittlich vorhanden. Nordrhein-westfälische Schüler tendieren leicht überdurchschnittlich nach „links" und „rechts" und entsprechend weniger zur politischen Mitte. Brandenburger und sowohl Ost- als auch West-Berliner Befragte unterscheiden sich in den jeweiligen politischen Selbsteinstufungen nur geringfügig. Hier wie im gesamten Durchschnitt beschreibt sich etwa jeder Zweite als der politischen Mitte zugehörig, knapp jeder Dritte bezeichnet sich als „eher links" und rund jeder Zehnte als „links". Die „eher rechts" oder „rechts" eingestellten Schüler bilden mit etwa 7% bzw. 1% nur eine kleine Minderheit.

Mädchen fühlen sich stärker als Jungen der Mitte und dem eher linken Lager und kaum dem rechten zugehörig. Die größte Differenz beobachten wir zwischen Gymnasiasten und Hauptschülern in ihrem jeweiligen Anteil an der politischen Mitte. Nicht einmal jeder zweite Gymnasiast sieht hier seine politische Heimat, dagegen fast zwei von drei Hauptschülern.

Teilen wir die Schüler in nur drei Lager auf – links, Mitte, rechts –, so stellen Gymnasiasten knapp vor den nordrhein-westfälischen Schülern im linken Lager das stärkste Kontingent, Hauptschüler in der politischen Mitte und Realschüler im rechten Lager.

b) Wahlabsichten

Könnten die von uns befragten Schüler an Wahlen teilnehmen, hätte sich die SPD des Zuspruchs von knapp jedem Dritten erfreuen können. Bündnis-Grüne und Union lägen mit gut bzw. knapp 17% nahezu gleich auf, gefolgt von den Nichtwählern, die einen Anteil von 16% erreichen. Während die Linkspartei/PDS – wie diese Partei zum Zeitpunkt unserer Befragung hieß – knapp 8% der Stimmen hätte auf sich vereinigen können, wäre die FDP an der 5%-Hürde gescheitert. Die drei rechtsextremistischen Parteien wären auf etwas über 2%, sonstige auf 3,5% der Stimmen gekommen.

Die Präferenz von Schülern für die SPD fällt in Nordrhein-Westfalen am stärksten und in Bayern am geringsten aus. Hier erhielte die SPD nur etwa halb so viele Stimmen wie im bevölkerungsreichsten Land. Bei der Union fällt das Ergebnis bezogen auf diese beiden Ländern nachgerade spiegelverkehrt aus: In Bayern wird die Union mit Abstand stärkste Partei, in Nordrhein-Westfalen liegt sie sogar noch deutlich hinter den Bündnis-Grünen. Während die SPD auf nahezu gleiche Stimmenanteile in Ost und West kommt, erzielt die Union mehr als doppelt so viele Stimmen im Westen wie im Osten. Ein ähnliches Bild ergibt sich bei den Grünen, die sich ebenfalls im Westen deutlich höherer Beliebtheit als im Osten erfreuen. Die Linkspartei/PDS

*Schaubild 13: Wahlabsichten nach Regionen**

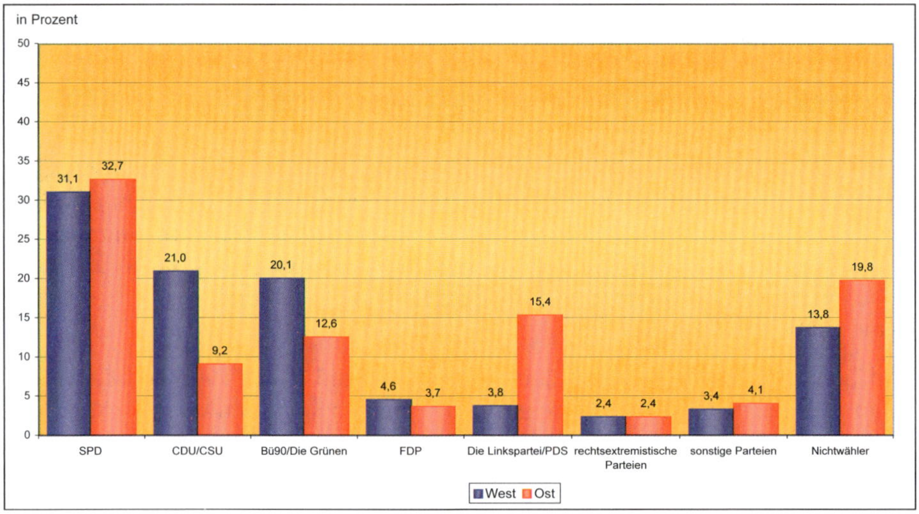

** Antworten auf die Frage: „Wenn morgen Bundestagswahl wäre und Sie wählen könnten, was würden Sie wählen?"*

punktet erwartungsgemäß vor allem im Osten, wo sie bei gut 50% liegt, während sie im Westen an der 5%-Hürde scheitern würde, was sie insbesondere ihrem schwachen Ergebnis in Bayern verdankt.

Geschlechts- und altersspezifische Unterschiede fallen in den Wahlabsichten eher gering aus, allenfalls der höhere Anteil der FDP bei den Jungen und der Bündnis-Grünen bei den Mädchen ist auffällig. Mädchen neigen auch unterdurchschnittlich zur Wahl einer rechtsextremistischen Partei und leicht überdurchschnittlich zur Nichtteilnahme an Wahlen.

Die ausländischen Schüler favorisieren stärker als alle anderen Teilgruppen die SPD und gemeinsam mit den Hauptschülern am wenigsten die Bündnis-Grünen. Gymnasiasten unterscheiden sich in ihrem Wahlverhalten deutlich von allen anderen Schülergruppen: Sie neigen überdurchschnittlich häufig zur Wahl der Bündnis-Grünen, favorisieren leicht überdurchschnittlich die Union, leicht unterdurchschnittlich die SPD und stellen die geringste Quote unter den Nichtwählern. Gesamtschüler würden in hohem Maße die SPD, Real- und Hauptschüler die Union wählen. Die NPD erzielt unter Realschülern sogar ein Ergebnis von knapp über 5%. Besorgniserregend fallen darüber hinaus die mit knapp 26% und gut 31% hohen Anteile der Nichtwähler bei Real- und Hauptschülern aus.

Der Vergleich der Wahlabsichten der von uns befragten Schüler mit den Ergebnissen der Bundestagswahl 2005[388]) zeigt ein deutlich besseres Ergebnis für die Bündnis-Grünen und ein deutlich schwächeres für die Union und die FDP unter

[388]) Vgl. Tabelle A3 im Anhang.

den von uns befragten Schülern, wobei die unterschiedliche Berücksichtigung der Nichtwähler miteinbezogen werden muss. SPD, Linkspartei/PDS und die rechtsextremen Parteien kommen in etwa auf ein ähnliches Niveau. Werden nur die 18–25-Jährigen betrachtet, verkürzt sich bei der Union, aber auch bei den Bündnis-Grünen, die Differenz, während sie sich bei der FDP und der SPD vergrößert. Der Anteil der Nichtwähler unter den 18–25-Jährigen bei der letzten Bundestagswahl ist etwas geringer als bei unserer Befragung. Bezogen auf die einzelnen Länder fällt der Vergleich indes differenzierter aus. So erreichte die SPD in Nordrhein-Westfalen bei den 18–25-Jährigen deutlich mehr Stimmen als in unserer Befragung, während die Bündnis-Grünen dort erheblich schwächer abschneiden als in unserer Umfrage (21,2%).[389])

Die CSU erzielte bei den 18–25-Jährigen bei der letzten Bundestagswahl 2005 in Bayern etwa 10 Prozentpunkte und die SPD gut 6 Prozentpunkte mehr als die jeweiligen Parteien in unserer Umfrage. Die Bündnis-Grünen erreichten dagegen knapp 8 Prozentpunkte weniger, die FDP bekam knapp doppelt so viele Stimmen. Die Linkspartei/PDS erhielt in der genannten Altersgruppe einen etwa doppelt so hohen Stimmenanteil, lag dort aber auch deutlich unter 5%.[390])

Bei der letzten Bundestagswahl schnitten in Berlin die Sozialdemokraten mit 44,4% bei den 18–25-Jährigen deutlich höher ab als bei unserer Befragung (37,1%). Die meisten anderen Parteien erzielten in etwa ähnliche Ergebnisse bei allerdings deutlich höherer Wahlbeteiligung. Die NPD hatte bei der Bundestagswahl in Ost- und West-Berlin etwas mehr Stimmen. Gemeinsam mit den Republikanern erreichte sie zum Beispiel in Ost-Berlin unter den 18–25-Jährigen einen Stimmenanteil von knapp 5%, in unserer Umfrage dagegen einen von nur 2,3%.[391])

Der Vergleich in Brandenburg zeigt gegenüber den Ergebnissen der Bundestagswahl vor allem eine potenziell höhere Wahlbeteiligung, obschon diese mit knapp 75% im Vergleich zu den Schülern aus den anderen Ländern außerordentlich niedrig ausfällt. Gemessen an den Ergebnissen der 18–25-Jährigen (22%) erzielt bei unseren Schülern die Linkspartei/PDS nur 11,8%, die Bündnis-Grünen erhalten erheblich höhere Stimmenanteile (13,2%; 18–25-Jährige: 6,6%). Die NPD, die 2005 in Brandenburg 8,0% der Stimmen bei den 18–25-Jährigen erreichte, käme bei den befragten Schülern nur auf 2,0%. Der deutliche Abstand zwischen Union und SPD bliebe bestehen, die FDP dagegen erhielte nicht einmal halb so viele Stimmen.[392])

Vergleicht man die politische Selbsteinschätzung der Schüler mit ihren Wahlabsichten, lässt sich eine große Übereinstimmung erkennen. Die SPD zieht insbesondere Schüler an, die sich politisch als „links", „eher links" oder in der Mitte einordnen, die Union findet Zuspruch vor allem bei „eher rechten" und zur Mitte tendierenden

[389]) Vgl. Deutz-Schroeder/Schroeder 2007 b, S. 24 ff.
[390]) Vgl. Deutz-Schroeder/Schroeder 2008, S. 26 f.
[391]) Vgl. Deutz-Schroeder/Schroeder 2007 a, S. 49 ff.
[392]) Vgl. Deutz-Schroeder/Schroeder 2007 c, S. 22 ff.

Schülern. Jugendliche, die sich eindeutig dem linken Spektrum zuordnen, wählen darüber hinaus überdurchschnittlich häufig die Linkspartei/PDS und die Bündnis-Grünen, die sich eindeutig „rechts“ fühlenden zu gleichen Teilen SPD und Union und vor allem – mit gut 43% – die NPD. Während Union und FDP bei den „eher rechts“ Eingestellten die höchsten Quoten erhalten, gelingt dies der SPD bei der politischen Mitte, den Bündnis-Grünen bei den gemäßigten Linken, der Linkspartei bei den eindeutig Linken und der NPD bei den eindeutig Rechten. Der Anteil der Nichtwähler ist in der politischen Mitte am höchsten, bei den eher Linken am niedrigsten. Unter Letzteren würde nur knapp jeder Zehnte, aus der politischen Mitte dagegen knapp jeder Fünfte nicht wählen gehen.

Die politische Selbsteinschätzung nach Wahlabsicht führt zu einem analogen Ergebnis: SPD-Wähler verorten sich vor allem in der politischen Mitte und auf dem gemäßigt linken Flügel, potenzielle Unionswähler in noch stärkerem Maße in der Mitte und zudem in etwa gleichen Teilen sowohl gemäßigt rechts als auch gemäßigt links. Von den Sympathisanten der Bündnis-Grünen stuft sich mehr als jeder Zehnte eindeutig links, knapp jeder Zweite eher links und gut jeder Dritte in der Mitte ein. Potenzielle FDP-Wähler sehen sich zu knapp zwei Dritteln in der Mitte, gut jeder Fünfte bei den gemäßigten Linken und gut jeder Zehnte bei den eher Rechten. Die Anhänger der drei rechtsextremistischen Parteien finden wir vor allem bei den gemäßigt und den eindeutig rechts Eingestellten, wobei die Republikaner etwas von den DVU- und NPD-Sympathisanten abweichen – sie rechnen sich mit deutlich höherem Anteil auch der politischen Mitte zu. Schüler, die nicht zur Wahl gehen würden, kommen vor allem aus der politischen Mitte, seltener aus dem gemäßigten linken und zu einem noch geringeren Teil aus dem gemäßigten rechten Spektrum. Die potenziellen Wähler von SPD, Union und FDP fühlen sich mit mehr oder minder ausgeprägter absoluter Mehrheit in der politischen Mitte am wohlsten, die der Bündnis-Grünen im gemäßigten linken Lager und die der Linkspartei/PDS im linken Lager. Nur geringen Zuspruch erhält die politische Mitte bei den Anhängern von Linkspartei/PDS und NPD.

Generell lassen sich zwischen jüngeren und älteren Schülern weder bei der politischen Selbsteinschätzung noch bei den Wahlabsichten größere Differenzen feststellen. Allerdings stellte sich bei vielen Klassengesprächen insbesondere bei den jüngeren Schülern oftmals heraus, dass sie die Differenzierung zwischen „linken“ und „rechten“ Parteien nicht genau kannten. Der hohe Anteil für die politische Mitte könnte insofern auch Ausdruck von Nichtwissen sein. Dennoch: Politische Selbsteinstufung und Wahlabsicht korrespondieren stärker, als wir zuvor vermutet hatten.

c) Die DDR im Schulunterricht

Die Auswertung der Frage nach der Behandlung der DDR in der Schule bestätigt die Aussagen der Schüler in den Interviews: Die DDR ist nach subjektiver Einschätzung der Schüler zu wenig oder überhaupt nicht Gegenstand im Unterricht.

Nahezu die Hälfte der Schüler gibt an, die DDR würde im Schulunterricht zu wenig behandelt. Addiert man dazu die Schüler, die „überhaupt nicht“ angekreuzt haben, so kommt man auf fast 67% Schüler, die angeben, sich in der Schule zu wenig oder gar nicht mit der DDR befasst zu haben. Ihnen steht jeder dritte Schüler gegenüber, für den die DDR im Unterricht gerade richtig oder sogar zu viel behandelt wurde. In der subjektiven Wahrnehmung der Schüler schneidet Nordrhein-Westfalen am schlechtesten, Bayern am besten ab. Dort hat gut jeder Zehnte in der Schule noch nichts über die DDR gehört, in Nordrhein-Westfalen fast jeder Dritte. Im Ost-West-Vergleich stehen gut 64% gut 71% der befragten Schüler gegenüber, die zu wenig oder überhaupt nichts über die DDR in der Schule erfahren haben. Zwischen älteren und jüngeren Schülern existiert eine enorme Differenz, obschon laut Lehrplan alle Schüler zumindest Grundkenntnisse über die DDR haben müssten. Fast 35% der unter 16-Jährigen Schüler, ein gutes Fünftel der 16-Jährigen und sogar gut 15% der Älteren haben in der Schule noch gar nichts über die DDR erfahren. Da die Quoten derjenigen, die zu wenig über die DDR erfahren, mit dem Alter steigen, lässt sich die unzureichende Befassung mit diesem zeitgeschichtlichen Stoff nicht mit der Klassenstufe erklären.

*Schaubild 14: Behandlung der DDR in der Schule nach Ländern/Regionen**

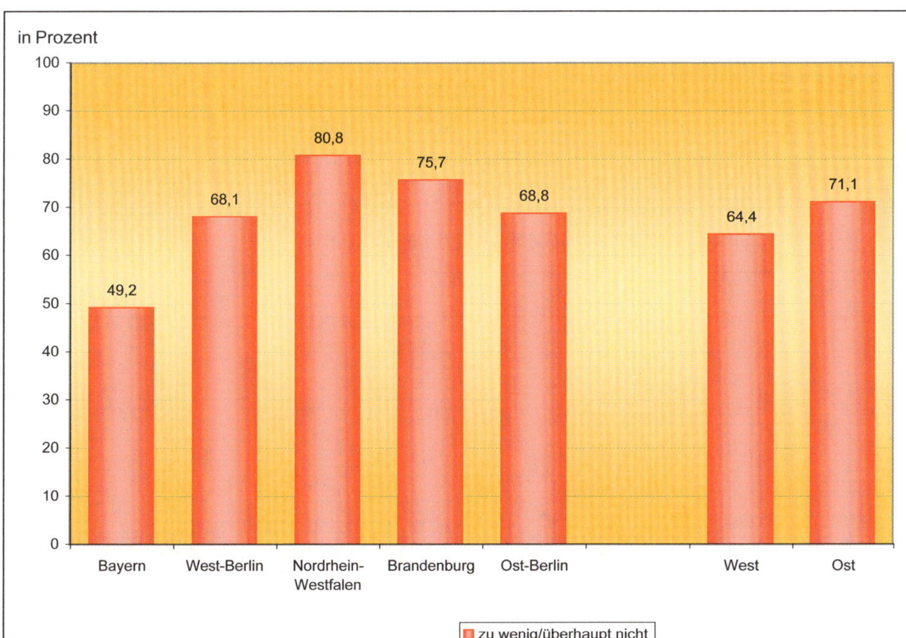

* *Antworten auf die Frage: „In der Schule wurde die DDR behandelt …“*

An der Spitze derjenigen, die sich nach eigenen Angaben hinreichend oder zu viel mit der DDR beschäftigen mussten, liegen die Hauptschüler, während gut zwei von drei Gymnasiasten ihrer Schule Defizite bei der Vermittlung konkreten Wissens über diesen deutschen Teilstaat attestieren.

Die Antworten auf diese Frage lassen jedoch keinen Schluss auf den wirklichen Umfang der Behandlung der DDR als Stoff im Schulunterricht zu, sondern geben die subjektive Sicht der Schüler zu diesem Thema wieder. Wer sich zum Beispiel eine intensivere Behandlung der DDR in der Schule wünscht, kann selbst bei einer angemessenen Berücksichtigung „zu wenig" ankreuzen, während umgekehrt derjenige, den die DDR nicht interessiert, schon ihre beiläufige Erwähnung als „gerade richtig" empfindet. Selbst wenn der Wissensdurst von Schülern regional unterschiedlich ausfallen mag, gilt dies gleichermaßen im Trend für alle befragten Schüler, so dass Bayern in der Behandlung der DDR im Schulunterricht positiv aus dem Rahmen fällt, wenngleich selbst hier nach eigenen Angaben knapp jeder zweite befragte Schüler unzureichend über die DDR informiert wird.

d) Wissen über die DDR

Die Frage nach dem „Wissen über die DDR" zielte nicht nur auf eine allgemeine Überprüfung des Kenntnisstandes der Schüler, sondern soll auch ihre subjektiven Einschätzungen mit abbilden. Dabei können die Kriterien, die bestimmten Antworten zugrunde liegen, nur schwer überprüft werden. Allerdings stellte sich in den später geführten Gesprächen heraus, dass viele Schüler die Einordnung ihrer Kenntnisse über die DDR an dem Wissen über Deutschland insgesamt bzw. über die Geschichte der alten Bundesrepublik messen. Der Fragebogen behandelt freilich das Wissen über die alte Bundesrepublik nicht gesondert, sondern nur indirekt in den Teilen B und D des Fragebogens.

*Schaubild 15: Wissen über die DDR nach Ländern/Regionen**

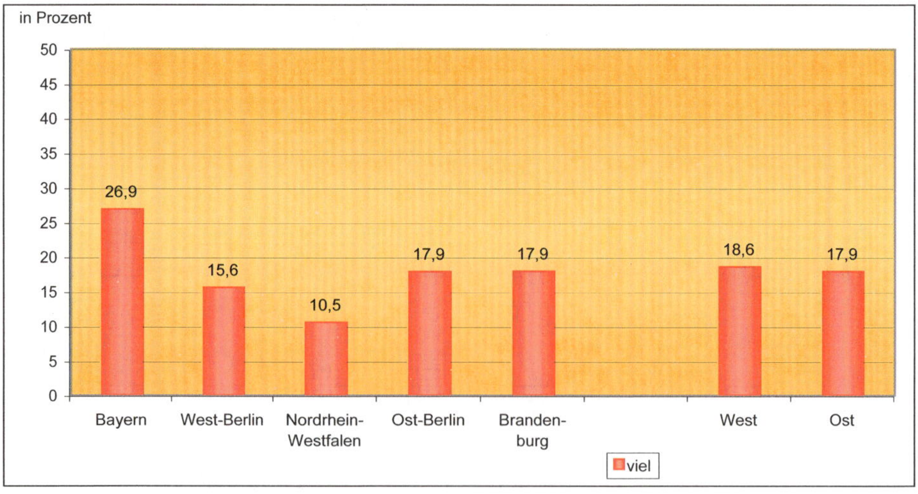

** Bejahende Antworten auf die Aussage: „Über die DDR weiß ich viel."*

Über 80% aller Schüler geben an, über die DDR wenig oder sogar überhaupt nichts zu wissen. Zwischen den einzelnen Schülergruppen bestehen allerdings beträchtliche Unterschiede. So meinen fast 40% der bayerischen Hauptschüler, aber nur gut 10% der Schüler in NRW, sie wüssten viel über die DDR. In Bayern liegt die Quote der sich wissend Fühlenden mit knapp 27% am höchsten. Jungen schätzen sich kenntnisreicher als Mädchen ein, während sich Deutsche und Ausländer, aber auch die verschiedenen Altersgruppen, in etwa gleich einstufen. Die Ost-West-Differenz fällt hier ebenfalls eher gering aus, wobei allerdings im Westen der Binnenunterschied zwischen Bayern und Nordrhein-Westfalen zu beachten ist. Immerhin etwa 80% der Gymnasiasten und Gesamtschüler vermuten bei sich nur wenig Wissen über die DDR. Wie die Auswertung des konkreten Kenntnisstandes zeigen wird, liegen die meisten Schüler mit dieser Selbsteinschätzung richtig.

e) Mehr erfahren über die DDR

Aus der Selbsteinschätzung, wenig oder nichts über die DDR zu wissen, resultiert bei einer absoluten Mehrheit der Schüler der Wunsch nach mehr Informationen, allerdings schließt sich knapp jeder Fünfte nicht dieser Forderung an und knapp jeder Vierte hat keine Meinung hierzu. Neben denjenigen, die nach eigenem Ermessen „viel" über die DDR wissen, dürften sich in den beiden letztgenannten Gruppen auch diejenigen finden lassen, die an der DDR generell desinteressiert sind.

Vor allem Schüler aus den neuen Ländern möchten mehr über die DDR erfahren, aber auch unter Gymnasiasten und Gesamtschülern finden wir überdurchschnittlich viele, die das wünschen. Altersspezifische Unterschiede fallen eher gering aus, geschlechtsspezifische dagegen sehr deutlich. Insbesondere Mädchen wünschen sich überdurchschnittlich häufig mehr Kenntnisse über den kleineren deutschen Teilstaat. In Bayern liegen die Zahlen dagegen unter dem Durchschnitt, da offenbar zahlreiche Befragte, unter ihnen viele Hauptschüler, schon in der Schule ausreichend Wissen vermittelt bekommen haben. Für etwa jeden Vierten bis Fünften, und zwar in allen Gruppen, ist offen, ob sie tatsächlich mehr erfahren möchten, d. h. bei ihnen wird in der Schule nur ein entsprechendes Interesse zu wecken sein, wenn die Unterrichtsgestaltung anregend ist.

Gleichwohl: Außer bei den Haupt- und Realschülern sehen wir in allen Gruppen eine große relative oder sogar absolute Mehrheit, die ihren Wissenshorizont erweitern will.

f) Interesse an der DDR

Bei der Vorstellung des Fragebogens wurde den Schülern der Unterschied zwischen dem Bedürfnis, mehr über das Leben in der DDR erfahren zu wollen, und einem generellen Interesse an der DDR, ihrer Geschichte und ihren Strukturen erläutert.

Geht es beim erstgenannten Statement vor allem um das Alltagsleben und die Schicksale von Menschen, zielt das zweite auf die DDR als Staat und Gesellschaft. Sicherlich spielt bei der Antwort einiger Schüler – zumindest unterschwellig – die Überlegung mit, ob die DDR als Teil der eigenen Geschichte bzw. der Geschichte des jetzt vereinten Deutschlands gesehen wird. Dieser Auffassung widersprechen, wie wir in einigen Gesprächen erfuhren, insbesondere ausländische, aber auch nordrhein-westfälische und West-Berliner Schüler.

*Schaubild 16: Interesse an der DDR nach Schultypen und Regionen**

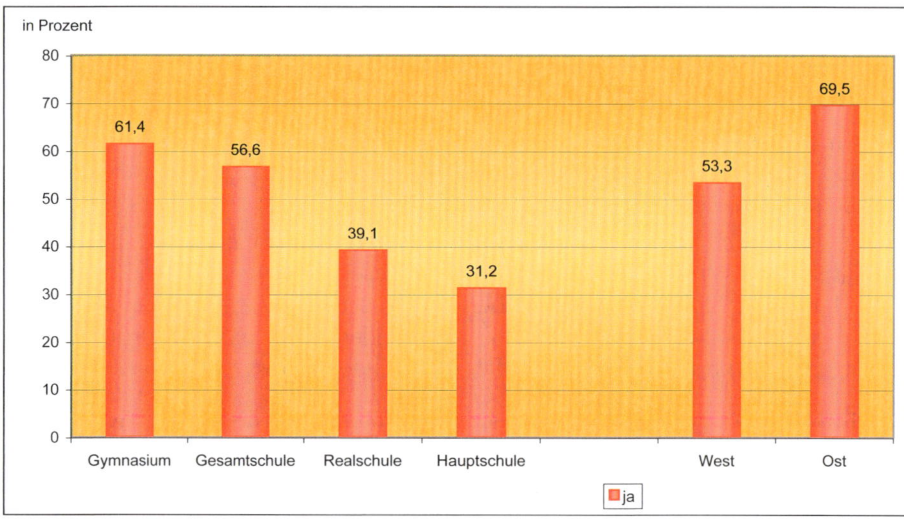

** Bejahende Antworten auf die Aussage: „Die DDR interessiert mich!"*

Der bei einer Mehrheit ausgeprägte Wunsch, mehr über das (alltägliche) Leben in der DDR erfahren zu wollen, korrespondiert mit einem in etwa gleich starken generellen Interesse an der DDR.

Auch wenn eine absolute Mehrheit in allen Ländern ihr Interesse an der DDR bekundet, gibt es hervorstechende Unterschiede vor allem im West-Ost-Vergleich: Gut 16 Prozentpunkte mehr Schüler aus dem Osten als aus dem Westen Deutschlands sind am Thema DDR interessiert. Mädchen sind weitaus wissensdurstiger, während Jungen – vor allem aus den alten Ländern sowie männliche ausländische und deutschstämmige Schüler in Berlin dezidierter ein Interesse verneinen oder keinen Standpunkt einnehmen. Wie bei dem vorangegangenen Statement äußern Gymnasiasten ein stärkeres Bedürfnis, sich mit der DDR auseinanderzusetzen, als Haupt- und Realschüler, von denen mehr als jeder Dritte desinteressiert ist.[393])

[393]) Vgl. Tabelle A7 im Anhang.

Erstaunlicherweise bekunden West-Berliner weniger Interesse an der DDR als bayerische und nordrhein-westfälische Schüler. Hier fällt auch der Anteil derjenigen, die keine Meinung äußern, am höchsten aus. Erneut sind sich die Altersgruppen in ihrem Urteil weitgehend einig, während ausländische Schüler erwartungsgemäß an dem Thema nicht so interessiert sind wie ihre deutschen Kollegen. Die hohen Anteile für Brandenburg und Ost-Berlin deuten zum einen auf eine stärkere Identifizierung mit der untergangenen DDR bei diesen Schülern hin, können andererseits aber auch ein Indiz für die unzureichende Behandlung des Themas in der Schule sein. Nur gut jeder Zehnte in den neuen gegenüber gut jedem Fünften in den alten Ländern verneint explizit ein Interesse an der DDR.

g) Gespräche in der Familie und im Freundeskreis über die DDR

Wie zu erwarten war, spielt das Thema „DDR" in Bayern und Nordrhein-Westfalen, aber auch in West-Berlin, eine weniger starke Rolle als in den beiden einbezogenen ostdeutschen Regionen. Jenseits der Kategorie, es werde „überhaupt nicht" über die DDR gesprochen, lassen die anderen drei Antwortmöglichkeiten offen, welche Quantität und Qualität die Gespräche haben. Vor allem bei der knappen Hälfte, die „gerade richtig" angekreuzt hat, finden sich wahrscheinlich Befragte, die ausbleibende oder periphere Gespräche über die DDR für angemessen halten, aber auch Schüler, die, vermittelt über Ost-West-Lebensschicksale in der Familie, ausführlicher darüber sprechen.

Ein Übermaß an Gesprächen über den kleineren deutschen Teilstaat äußert in allen Teilgruppen nur eine sehr kleine Minderheit, die im Osten stärker als im Westen ausfällt. Unter den Schülern, in deren Familien nur nachrangig oder überhaupt nicht über dieses Thema gesprochen wird, beobachten wir überdurchschnittlich viele nordrhein-westfälische – und in etwas abgeschwächter Weise – auch bayerische Schüler. Aber auch zwischen West- und Ost-Berlin/Brandenburg existiert ein Gesprächsgefälle. In deutlich mehr als einem Drittel der Familien im Westteil Berlins wird nicht über die DDR gesprochen, im Ostteil sind dies nur 10%. Knapp zwei Drittel der Schüler sind dort zufrieden mit dem Anteil, den die DDR in Familiengesprächen einnimmt; in West-Berlin sind es 20 Prozentpunkte weniger.

In der kleinen Gruppe Ost-Berliner Schüler, die Unmut an zu vielen Gesprächen verlauten lässt, finden wir, wie Gespräche nach der Befragung verdeutlicht haben, vor allem Schüler, deren Eltern die DDR zu positiv sehen und diejenigen, in deren Umfeld ältere Personen leben, die vor 1989 höhere Positionen in der SED, dem MfS oder staatlichen und gesellschaftlichen Institutionen und Organisationen einnahmen. Schüler, die aus DDR-kritischen Ost-Berliner oder Brandenburger Familien stammen, gehören – soweit wir das überblicken können – nicht zu dieser Gruppe, im Gegenteil: Sie sind überdurchschnittlich zufrieden über Ausmaß und Richtung der familiären Kommunikation über den SED-Staat. Dies ergab die Auswertung der qualitativen Befragung.

*Schaubild 17: Gespräche in der Familie über die DDR nach Ländern**

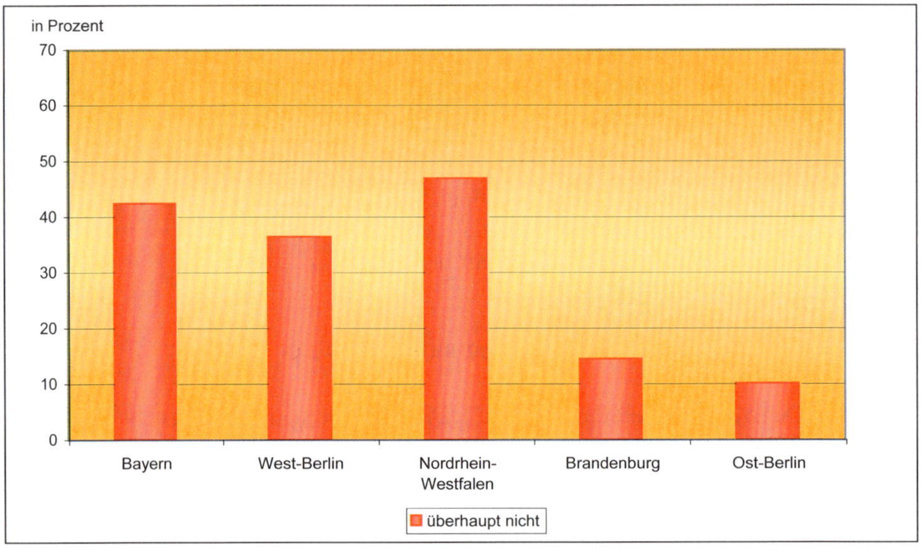

* *Verneinende Antworten auf die Frage nach Gesprächen über die DDR in der Familie.*

Im Freundeskreis spielt das Thema DDR – selbst bei Schülern aus den neuen Ländern – keine besonders große Rolle.[394]) Aber immerhin spricht zumindest mehr als jeder Dritte, im Osten jeder Zweite, gelegentlich mit seinen Freunden über die DDR. Für die andere Hälfte ist ebenso wie für zwei Drittel der westdeutschen Schüler der SED-Staat kein Thema, über das man sich im Freundeskreis unterhalten würde. Dies ist besonders ausgeprägt in Nordrhein-Westfalen, während Ost-Berliner Schüler am häufigsten über die DDR sprechen. Wie uns berichtet wurde, nehmen dabei das Alltagsleben und die soziale Situation – vor allem das Recht auf Arbeit – eine besondere Rolle ein, aber auch ostdeutsche Sänger, Bands oder Sportler kommen in den Unterhaltungen vor. Selten thematisieren Schüler das politische System oder das Grenzregime der DDR.

Unter denen, die sich nicht an Gespräche über die DDR erinnern, befinden sich überdurchschnittlich viele Schülerinnen, Jüngere und vor allem Ausländer und Hauptschüler. Ob diese Interesselosigkeit nur Ausdruck allgemeinen Desinteresses an Geschichte ist oder ob sich hier ein Trend des Verschwindens der DDR aus dem kollektiven Gedächtnis andeutet, kann schwer abgeschätzt werden. Hierüber könnte nur eine vergleichende Befragung über verschiedene Phasen deutscher Geschichte, unter Einbezug des Nationalsozialismus und der alten Bundesrepublik, Auskunft geben.

[394]) Vgl. Tabelle A9 im Anhang.

h) Kenntnis von Filmen

Sehr viele Schüler kennen Filme über die DDR, im Osten und unter Mädchen etwas mehr als im Westen bzw. unter Jungen. Spielfilme sind bekannter als Dokumentarfilme, besonders bei den Mädchen und den älteren Schülern. Erstaunlicherweise erinnern sich mehr ausländische als deutsche Schüler an Dokumentarfilme, wobei viele von ihnen – wie wir in Gesprächen erfahren haben – auch kurze Ausschnitte in der Tagesschau, so zum Beispiel zum 17. Juni 1953 und zum Mauerbau, hinzuzählen. Dagegen haben deutlich weniger von ihnen Spielfilme, die sich mit der DDR beschäftigen oder in der DDR spielen, gesehen.

In allen Teilgruppen haben zumindest mehr als knapp drei Viertel schon Filme verschiedenster Machart über die DDR gesehen, wobei der Ost-West-Unterschied zwar vorhanden, aber erstaunlicherweise nur gering ausgeprägt ist (Ost: 89,3%; West: 85,9%).

Der hohe Anteil derjenigen, die Filme über die DDR kennen, deutet darauf hin, dass die Schüler vermutlich – mehr unbewusst als bewusst – vage Informationen über die DDR aus diesen Filmen aufnehmen. Bei unseren Gesprächen mit den Schülern spielten – in Ost und West – Filme allerdings keine besondere Rolle. So wurde zum Beispiel „Sonnenallee“ nicht als besonderer Spielfilm über die DDR, sondern als Komödie gekennzeichnet. Angesprochen auf Dokumentarfilme erwähnten die Schüler vor allem solche über den Bau und den Fall der Mauer.

i) Gespräche über das geteilte Deutschland

Nach Angaben der Schüler wird – im Osten deutlich stärker als im Westen – in den meisten Familien zumindest gelegentlich über die Situation im geteilten Deutschland geredet. Je weiter entfernt die Schüler von der ehemaligen innerdeutschen Grenze wohnen, desto seltener wird hierüber gesprochen. So verwundert nicht, dass im Westen der Anteil derjenigen, die sich nicht an entsprechende Familiengespräche erinnern können, am höchsten ist.[395])

Knapp die Hälfte der Schüler findet den Umfang der Gespräche angemessen und nur ein gutes Fünftel gibt an, dass zu wenig über die Zeit der Teilung nach 1945 gesprochen wird, wobei dieses Empfinden nichts über das tatsächliche Ausmaß und die Intensität von Gesprächen aussagt. Feststellbar ist nur eine Tendenz, inwieweit die jüngste Geschichte Gesprächsstoff innerhalb der Familien bietet. Da der Umbruch nach der Wiedervereinigung in Ostdeutschland geradezu revolutionäre Ausmaße annahm und im Westen – zumindest vordergründig – alles oder vieles beim Alten blieb, wird naturgemäß in den neuen Ländern häufiger von der Situation vor 1989/90 erzählt. Zeitgeschichte ist aber auch in Familien, deren Kinder das Gymnasium besuchen, eher ein Thema als in Familien, in denen der Nachwuchs in der Regel

[395]) Vgl. Tabelle A11 im Anhang.

keinen höheren Schulabschluss erwirbt. Die altersspezifischen Unterschiede fallen dagegen nur gering aus, d. h. in den Familien, in denen über geschichtliche Themen gesprochen wird, ist dies auch schon der Fall, wenn die Kinder unter 16 Jahre sind.

In den Gesprächen teilten uns Schüler aus allen Regionen, am häufigsten aber die Ost-Berliner, mit, sie seien es manchmal leid, von ihren Eltern zu hören, dass es früher – also in der Bundesrepublik oder der DDR – besser gewesen sei. Die schon zu Zeiten der Teilung zumindest im Westen zu beobachtende Tendenz, im Rückblick alles besser zu finden, scheint sich insofern auch in der Sicht auf das geteilte Deutschland niederzuschlagen.

j) Mobilität

Die innerstädtische Mobilität ist in Berlin unter den von uns befragten Jugendlichen erstaunlich gering ausgeprägt. So gibt jeder zehnte West-Berliner Schüler an, noch nie im Ostteil der Stadt gewesen zu sein, und nur gut jeder fünfte hält sich dort häufig auf. Ost-Berliner Schüler waren etwas häufiger in West-Berlin und nur sehr wenige noch nie dort. In beiden Teilen der Stadt sind Mädchen mobiler als Jungen. Eine breite Mehrheit von etwa zwei Dritteln ist nur „selten" im anderen Stadtteil. Diese Angaben sind allerdings mit einiger Vorsicht zu bewerten, da viele Schüler den genauen Grenzverlauf vor der Wiedervereinigung nicht kennen und Schwierigkeiten haben, Stadtteile richtig zuzuordnen.

Angesichts der geringen Entfernungen der drei Brandenburger Städte von Berlin und der Anziehungskraft der Hauptstadt ist es nicht überraschend, dass etwa 80% der Brandenburger Schüler häufig nach Berlin fahren und gut 20% gelegentlich. Nur wenige Schüler waren noch nie in Berlin. Brandenburger Schüler haben gleichermaßen Ost- und West-Berlin besucht, nur gut jeder Sechste war sich nicht bewusst, in welchem Teil der ehemals geteilten Stadt er sich aufhielt. Ob diese Angaben tatsächlich stimmen, sei hier dahingestellt. In den Gesprächen stellte sich heraus, dass die meisten Brandenburger Schüler den Westen mit der Gegend um den Kurfürstendamm und Kreuzberg identifizieren und den Osten mit dem Alexanderplatz und dem Gendarmenmarkt. Wo die Mauer genau verlief, wusste ebenso wie in Berlin keiner der Schüler. Nahezu alle Schüler in Berlin und Brandenburg geben an, schon einmal in den alten bzw. neuen Ländern gewesen zu sein

Die Schüler aus Nordrhein-Westfalen und Bayern haben sich dagegen nicht in gleichem Maße in den neuen Ländern oder in Berlin aufgehalten. So waren knapp 42% der von uns befragten nordrhein-westfälischen Schüler noch nie in Berlin. Häufiger in Berlin war nur eine Minderheit von knapp 13%, knapp jeder Dritte hat die neuen Länder noch nie besucht. Die restlichen gut 70% waren schon einmal dort, die allermeisten jedoch nur selten (gut 59%). Eine kleine Minderheit von etwa jedem Zehnten fährt häufiger in die neuen Länder, darunter weitaus mehr Gymnasiasten als Gesamtschüler. Doch dürfte ein nennenswerter Teil dieser Besuche sich ausschließlich auf den vormaligen Ostteil Berlins beziehen. Erstaunlicherweise reisten ältere Schüler weniger häufig in die neuen Länder als jüngere (gut 31% gegenüber gut 25%).

Im Kontrast zu den nordrhein-westfälischen haben die meisten der von uns befragten bayerischen Schüler schon eine Reise in die neuen Länder unternommen. Knapp 30% hielten sich sogar häufiger dort auf. Nur 16% geben an, dort noch nie gewesen zu sein. Allerdings sehen wir in Bayern große Unterschiede zwischen Gymnasiasten und Hauptschülern, von denen knapp 40% noch nie in Ostdeutschland waren (Gymnasiasten: 13,5%). Deutlich weniger Schüler haben bereits Berlin besucht. Vor allem Schüler aus dem Süden Bayerns kennen Berlin offenbar nur vom Hörensagen. Von ihnen sind gut 58% noch nie in der Hauptstadt gewesen (Hauptschüler: knapp 75%). Nur eine kleine Minderheit von 7,5% reist häufiger nach Berlin.

k) Freundeskreis

Die Frage nach dem Freundeskreis[396]) wurde von den Schülern unterschiedlich aufgefasst. Einige zählten nur enge Freunde dazu, andere auch Bekannte, die sie selten treffen.

Knapp jeder fünfte Schüler weiß nicht, ob seine Freunde „Wessi“ oder „Ossi“ sind, am wenigsten können dies die ausländischen und die Hauptschüler angeben. Immerhin gut jeder zweite Ostdeutsche – Brandenburger erstaunlicherweise häufiger als Ost-Berliner – zählt westdeutsche bzw. West-Berliner Jugendliche zu seinem Freundeskreis. Im Westen fällt der Anteil derjenigen, die Ostdeutsche/Ost-Berliner näher kennen und schätzen, mit gut 40% dagegen etwas niedriger aus. Am geringsten ist der Anteil in Nordrhein-Westfalen, wo die Entfernung zu den neuen Ländern am größten ist, während in Bayern ebenso viele Schüler wie in West-Berlin einem Ost-West-Freundeskreis angehören. In Berlin haben Schüler aus dem Ostteil der Stadt häufiger Freunde aus dem Westteil als umgekehrt, was auch daran liegen mag, dass nach der Wiedervereinigung der Stadt mehr Westdeutsche in den ehemaligen Ostteil gezogen sind als Ostdeutsche in das alte West-Berlin.

Unter den ausländischen und vor allem den Hauptschülern bezeichnen nur vergleichsweise wenige einen Schüler aus dem Osten als Freund, wobei wir den Gesprächen entnahmen, dass gerade in diesen Gruppen generell wenig Kontakt zu Ostdeutschen besteht. Ost- und westdeutsche Schüler unterscheiden sich deutlich hinsichtlich ihrer Freundschaften mit ausländischen Jugendlichen. Während im Westen – besonders ausgeprägt in Nordrhein-Westfalen – mehr als zwei Drittel der Schüler ausländische Freunde haben, trifft dies in Ost-Berlin und Brandenburg auf nicht einmal jeden zweiten Befragten zu. Ausländer wiederum zählen zu 60% „Wessis“ und zu knapp 40% „Ossis“ zu ihrem Freundeskreis.

[396]) Vgl. Tabelle A12 im Anhang.

l) Befindlichkeit

Wie mehrere Allensbach-Umfragen nahe legen, haben sich im Laufe des Wiedervereinigungsprozesses wechselseitige Vorurteile eher verstärkt als reduziert. Wir wollten von den Schülern wissen, ob ihre Vorurteile so weit gehen, dass sie generell keinen Kontakt mit Menschen aus dem jeweils anderen Stadtteil bzw. aus den alten oder neuen Ländern wünschen.

*Schaubild 18: Animositäten zwischen west- und ostdeutschen Jugendlichen nach Ländern/Regionen**

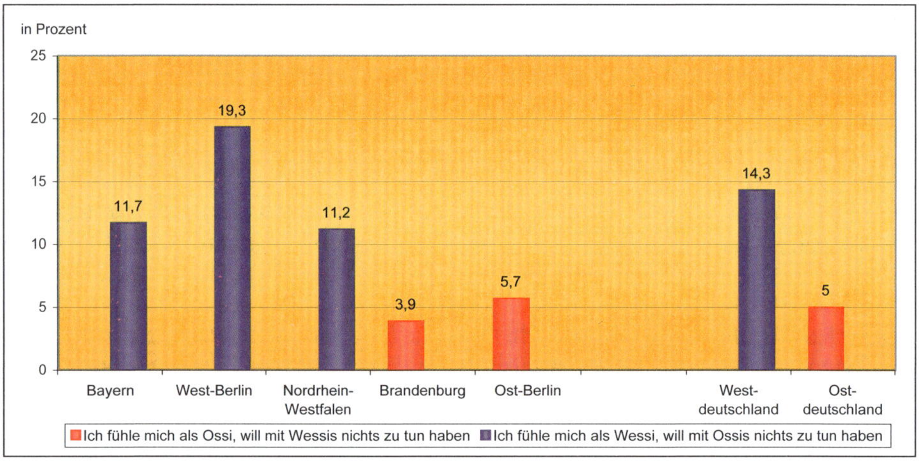

** Bejahende Antworten auf das Statement: „Ich fühle mich als Ostdeutsche/r und will mit Westdeutschen nichts zu tun haben" und „Ich fühle mich als Westdeutsche/r und will mit Ostdeutschen nichts zu tun haben".*

Erfreulicherweise hegen nur wenige Schüler Vorurteile gegenüber Personen aus dem ehemals anderen Teil Deutschlands. Im Westen teilt knapp jeder Zehnte mit, er fühle sich als Westdeutscher und wolle mit Ostdeutschen nichts zu tun haben. Von den Ostdeutschen verbitten sich nur sehr wenige (2,5%) jeglichen Kontakt mit Westdeutschen. Werden diejenigen herausgerechnet, die ursprünglich aus dem jeweils anderen Teil Deutschlands stammen, erhöhen sich die Quoten im Westen auf gut 14% und im Osten auf 5%, was immer noch gering ist. Unter Haupt- und Realschülern liegt im Westen die Quote mit gut 20% allerdings deutlich höher. Während altersspezifische Unterschiede nicht erkennbar sind, stechen geschlechts- und schulspezifische geradezu ins Auge. Knapp viermal mehr Jungen als Mädchen haben als „Wessis" ausgeprägte Animositäten gegenüber „Ossis". Auf niedrigerem Niveau zeigt sich dieser geschlechtsspezifische Unterschied auch unter „Ossis" (1,3% bzw. 4%). Die entsprechenden Anteile vorurteilsbeladener Schüler fallen zwischen den einzelnen Schultypen etwas geringer aus. Dennoch äußern deutlich mehr Real- bzw. Gesamtschüler als Gymnasiasten ihre jeweilige Ablehnung – „Wessis" erneut auf deutlich höherem Niveau als „Ossis".

In Berlin beobachten wir eine Sondersituation: Hier erreichen insbesondere unter Jungen (knapp 30%) die Animositäten deutlich höhere Quoten als in den anderen befragten Ländern (Bayern: 21,3%; Nordrhein-Westfalen: 18,7%; Brandenburg: 7,7%). Im Westteil Berlins geben 231 Schüler an, sie fühlten sich als „Wessis" und wollten mit „Ossis" nichts zu tun haben. In Ost-Berlin sind es dagegen nur 66 Schüler, die entsprechend denken und auf Kontakte mit „Wessis" keinen Wert legen.

*Tabelle 14: Wechselseitige Ablehnungen in Berlin**

Fühle mich als Ostdeutsche/r und will mit den Westdeutschen nichts zu tun haben		
insgesamt Ost		**5,7**
	männlich	9,6
	weiblich	2,6
Fühle mich als Westdeutsche/r und will mit den Ostdeutschen nichts zu tun haben		
insgesamt West		**19,3**
	männlich	29,7
	weiblich	8,5

** Angaben in Prozent*

Von den in Berlin insgesamt befragten Schülern fühlt sich etwa jeder Fünfte als Westdeutscher und lehnt jeden Kontakt mit Ostdeutschen ab. Unter den Jungen ist es sogar knapp jeder Dritte. Westdeutsche Mädchen haben dagegen deutlich weniger Vorurteile, nicht einmal jede Zehnte teilt diese Haltung. Unter den knapp 6% Ostdeutschen, die Westdeutsche generell ablehnen, finden sich ebenfalls deutlich mehr Jungen als Mädchen. Warum gerade Jungen sich dieser Auffassung anschließen, konnte von uns nicht ermittelt werden. Unter unseren Gesprächspartnern befanden sich keine Schüler, die so dachten.

m) Persönliche Angaben der studentischen „Kontrollgruppe"

Ergänzend zur Schülerbefragung wurden knapp 100 Studenten der Politikwissenschaft aus zwei Proseminaren[397]) als Kontrollgruppe in die Untersuchung miteinbezogen. Die Studierenden füllten ebenso wie die Schüler nach einer kurzen Erläuterung innerhalb von 30 bis 45 Minuten den Fragebogen aus. Nachfolgend werden einige persönliche Angaben im Vergleich zu den Ergebnissen der Schülerbefragung kurz skizziert.

Politisch schätzen sich die Studenten erheblich häufiger als Schüler „gemäßigt oder eindeutig links" ein, entsprechend seltener verorten sie sich in der politischen Mitte. Während die regionale Herkunft bei den Schülern wenig Einfluss auf die politische Selbsteinstufung hat, ist dies bei den Studenten vor allem auf der linken Seite des politischen Spektrums in eklatanter Weise der Fall. So bezeichnen sich knapp 30%

397) Das eine Proseminar behandelte die Geschichte der DDR, das andere den deutschen Sozialstaat.

der Studenten, die aus Ostdeutschland stammen, als „eindeutig links", aber nur gut jeder Zehnte aus dem Westen. Die Anteile auf dem rechten Flügel der Studenten ungefähr denen der Schüler.

Der Vergleich der Wahlabsichten bietet in etwa das gleiche Bild: Die Studierenden wählen „linker" als die Schüler und die Ost-West-Differenz ist bei ihnen noch größer. Vor allem die Bündnis-Grünen erfreuen sich höherer Sympathie – sie liegen insgesamt mit 28% nur gut 1 Prozentpunkt hinter der führenden SPD, die im Westen auf über 35%, im Osten dagegen nur auf 20% käme. Die Linkspartei/PDS ist erwartungsgemäß bei Studenten mit ostdeutscher Herkunft dreimal so beliebt wie bei den Studierenden aus dem Westen. Sie liegt hier gemeinsam mit den Bündnis-Grünen mit 23,3% an der Spitze. Die CDU käme ebenso wie die FDP auf knapp 7%. Rechtsextreme Parteien spielen überhaupt keine Rolle; als Nichtwähler bezeichnen sich gut 13% aus dem Osten und gut 4% aus dem Westen. Müssten auf der Basis dieser Wahlabsichten Regierungskoalitionen gebildet werden, wäre eine Zweierkoalition nur zwischen Sozialdemokraten und Bündnis-Grünen möglich. SPD und Linkspartei/PDS erreichen in etwa gleiche Stimmenanteile wie eine potenzielle Jamaika-Koalition.

Im Rückblick auf die Schule sagen über 80% der befragten Studenten und damit erheblich mehr als bei den Schülern, die DDR sei in der Schule zu wenig oder überhaupt nicht behandelt worden. Dieses Ergebnis mag auch davon beeinflusst sein, dass Studierende nach Aufnahme des Studiums der Politikwissenschaft oder der Geschichte erkennen, wie wenig sie wissen. Der übergroßen Mehrheit von Studierenden, die über eine unzureichende Behandlung der DDR in der Schule berichten, stehen knapp 13% Ostdeutsche gegenüber, die ein Zuviel an DDR im Unterricht beklagen. Von den Westdeutschen behauptet dies keiner.

Nach ihrer Selbstbefragung gehen 40% der Studenten – gut 37% im Westen und gut 45% im Osten – davon aus, dass sie viel über die DDR wissen. Damit liegt der Anteil etwa doppelt so hoch wie bei den Schülern. Aber auch hier glaubt eine absolute Mehrheit, sie wisse wenig über die DDR. Für völlig unwissend hält sich kein Student.

Deutlich mehr Studenten als Schüler möchten mehr über das alltägliche Leben in der DDR und ihre Geschichte und Strukturen erfahren. Erwartungsgemäß sagen das alle im Proseminar über die DDR, aber auch bei den Studenten der anderen Lehrveranstaltung beträgt der Anteil fast 90%. Nur eine Handvoll Studierende – etwas mehr West- als Ostdeutsche – möchte nichts Weiteres erfahren oder äußert ein generelles Desinteresse.

Die meisten Studenten sprechen in ihrer Familie in angemessenem Umfang über die DDR. Auf der Westseite gibt es jedoch knapp 40% Studierende, die sich nicht daran erinnern können, jemals in ihrer Familie über diesen deutschen Teilstaat gesprochen zu haben. Erstaunlicherweise reden deutlich mehr west- als ostdeutsche Studierende mit Freunden viel über die DDR. Dies dürfte vor allem Studenten betreffen, die aus Westdeutschland zum Studium nach Berlin gekommen sind und hier auf Berliner Kommilitonen treffen, mit denen sie über die geteilte Stadt und die DDR reden. Während unter den von uns befragten Schülern zwei Drittel im Westen und knapp 50% im Osten nie im Freundeskreis über die DDR sprechen, klammert nur knapp jeder siebte Student das Thema aus oder interessiert sich nicht dafür.

Filme über die DDR hat fast jeder Student schon gesehen, wobei Spielfilme etwas stärker als Dokumentarfilme bekannt sind. Eine kleine Minderheit von nicht einmal jedem Zwanzigsten aus dem Westen und gut jedem Zehnten aus dem Osten verneint diese Frage.

Fast alle Studenten – etwas mehr Ost- als Westdeutsche – zählen Personen aus dem ehedem jeweils anderen Deutschland zu ihren Freunden. Und: Anders als unter Schülern sagen nur einige wenige (Ost: 3,2%; West: 2,2%), sie wollten mit Landsleuten aus dem jeweils anderen Teil nichts zu tun haben.

Im Vergleich zu den von uns befragten Schülern – so das Fazit – erweisen sich die als Kontrollgruppe in die Untersuchung einbezogenen Studenten als deutlich weiter „links“ eingestellt und haben subjektiv höhere Kenntnisse über die Geschichte der DDR und des geteilten Deutschlands, was aus häufigeren Gesprächen in Familie und Freundeskreis resultieren könnte. Der Schule stellen sie jedoch ein ähnlich schlechtes Zeugnis wie die Schüler aus, da die DDR als Thema nicht ausreichend behandelt wurde. Wechselseitige Animositäten bilden bei den Studenten die Ausnahme.

3. Der bewertende Blick auf das geteilte Deutschland

In diesem Teil des Fragebogens wollten wir von den Schülern wissen, wie sie einzelne Aspekte von Staat und Gesellschaft im Vergleich von Bundesrepublik und DDR beurteilen, unabhängig davon, ob sie über hinreichende Informationen verfügen. Den Schülern wurde vor dem Ausfüllen des Fragebogens ausdrücklich mitgeteilt, dass es nicht um das Abfragen eines gesicherten Wissens geht, sondern um eine vergleichende Bewertung bzw. ihre persönlichen Assoziationen.

Das zentrale Ergebnis der vergleichenden Bewertung lässt sich wie folgt zusammenfassen: Schüler aus den alten bzw. neuen Ländern unterscheiden sich grundsätzlich in ihrer Einschätzung in nahezu allen Themenbereichen voneinander. Die jeweilige Herkunft verbunden mit dem unterschiedlichen familiären, aber auch schulischen Hintergrund prägt offensichtlich in entscheidender Weise die Entscheidung für oder gegen Einzelaspekte der beiden Teilstaaten Bundesrepublik und DDR. Gleichzeitig sehen wir aber auch Unterschiede innerhalb der drei einbezogenen westlichen Regionen, dagegen nur geringe zwischen Ost-Berlin und Brandenburg. Viele Schüler mit ausländischer Herkunft scheinen negative Berichte oder Erfahrungen mit ausländerfeindlichen Einstellungen und Übergriffen in Ostdeutschland auf die DDR zu übertragen und votieren in fast allen Fragen für die Bundesrepublik; bei einigen Fragestellungen sind sie unsicherer als deutsche Schüler und kreuzen daher – ebenso wie vergleichsweise mehr Mädchen als Jungen – häufiger „in beiden gleich" an. Altersspezifische Unterschiede fallen eher gering, schulspezifische dagegen bei vielen Aspekten stärker aus.

Vor der Präsentation der Ergebnisse im Detail werden die jeweiligen politischen, gesellschaftlichen oder alltäglichen Dimensionen bezogen auf die beiden deutschen Teilstaaten kurz skizziert, wobei wir, da es sich um eine Studie zum DDR-Bild von Schülern handelt, die Verhältnisse in diesem Teilstaat etwas ausführlicher beschreiben. Selbstverständlich können auf knappen Raum nicht alle Aspekte und auch Widersprüche ausführlich dargestellt werden, so dass wir uns auf die unserer Meinung nach wichtigsten Punkte konzentriert haben. Lehrer und Schüler, die dieses Buch lesen, wollen wir zudem anregen, sich intensiver mit Geschichte und Strukturen der DDR und der alten Bundesrepublik zu befassen.

Ärztliche Versorgung

Die ärztliche Versorgung hat mehrere Facetten. Unabhängig von systembedingten Unterschieden gab es in beiden Staaten innerhalb der Bevölkerung Unterschiede in der medizinischen Versorgung, die in der DDR durch exklusive Krankenhäuser für bestimmte privilegierte Bevölkerungsgruppen und in der Bundesrepublik durch bessere Leistungen für Privatversicherte zum Ausdruck kamen.

Das Gesundheitswesen der DDR war nahezu vollständig verstaatlicht und zentralisiert, was mit der Verdrängung der niedergelassenen praktischen Ärzte einherging. 1987 waren etwa 3% aller Ärzte „im nichtstaatlichen Bereich" tätig, 1989 sogar nur noch 1%.[398]) Im Zeitraum von 1970 bis 1989 stieg die Zahl der Ärzte in der DDR um 47%, wodurch sich die Ärztedichte erhöhte. Hatte 1970 jeder Arzt noch 626 Einwohner zu betreuen, entfielen 1989 auf einen Arzt nur noch 409 Einwohner, allerdings waren viele Ärzte in der Verwaltung und in der Planungsbürokratie tätig.

Anstelle eines Krankenversicherungssystems regelte das Organisationsprinzip des betrieblichen Gesundheitswesens die medizinische Versorgung der Bevölkerung. Die ambulante ärztliche Behandlung erfolgte unentgeltlich durch ein flächendeckendes Netz allgemein zugänglicher Polikliniken, in denen verschiedene Fachärzte in einer Art Gemeinschaftspraxis zusammengefasst waren. 58% aller Ärzte übten ihre Tätigkeit in solchen Polikliniken aus, für die es in der Bundesrepublik keine Entsprechung gab. Zur stationären Behandlung gab es 1988 zusätzlich 543 staatliche Krankenhäuser.

Die Erhaltung und/oder Wiedergewinnung der Arbeitskraft hatte Priorität in der Gesundheitspolitik,[399]) was zur Unterordnung und Vernachlässigung von Einrichtungen führte, die diesem Ziel nicht dienlich waren wie z. B. Altenheime, Psychiatrien, Einrichtungen für behinderte Menschen u. ä. Entgegen der Doktrin von der Gleichbehandlung aller Werktätigen hatten die Funktionäre und Mitarbeiter des Ministeriums für Staatssicherheit, der SED sowie der NVA eigene Einrichtungen wie das Regierungskrankenhaus oder Sonderbereiche in Bezirkskrankenhäusern.[400]) Dort genossen leitende Partei- und Staatskader eine privilegierte medizinische Versorgung.

1989 gab es in der DDR 1.850 Fachabteilungen in Krankenhäusern mit insgesamt 163.305 Betten (Bevölkerung am Jahresende: 16.433.800), die zu 75,6% ausgelastet waren, wobei die durchschnittliche Verweildauer der Patienten 17,7 Tage betrug.[401]) Neben den staatlichen Krankenhäusern gab es Ende 1989 zudem 75 konfessionelle Krankenhäuser mit etwa 11.000 Betten. Sie erfreuten sich in Teilen der Bevölkerung eines positiven Rufes aufgrund der guten Betreuung und Medizintechnik.[402])

Das Gesundheitssystem der Bundesrepublik war im Wesentlichen halbstaatlich organisiert. Die ambulante ärztliche Versorgung wurde grundsätzlich durch in freier Praxis selbstständige niedergelassene Ärzte geleistet (ca. 40%). Zur spezifischen stationären Behandlung existierten 1989 3.046 Krankenhäuser in staatlicher, kirchlicher und privater Trägerschaft sowie Spezialkliniken.[403]) In den Krankenhäusern

---

[398]) Vgl. Sozialreport 1990, S. 204 und Datenreport 1992, S. 204.
[399]) Vgl. Schmidt 1999, S. 31.
[400]) Schroeder 1998, S. 524.
[401]) Vgl. Statistisches Jahrbuch 1991, S. 54 und S. 454 f.
[402]) Geisler 1996, S. 256/257.
[403]) Vgl. Datenreport 1992, S. 208.

gab es insgesamt 666.923 Betten, die zu 86,5% ausgelastet waren (Bevölkerung am Jahresende: 61.715.100). Die durchschnittliche Verweildauer der Patienten belief sich auf 16,6 Tage.[404]) Im Zeitraum von 1970 bis 1989 betrug der Zuwachs an Ärzten in Westdeutschland 89%, wodurch sich die Zahlen von 615 Einwohnern, die ein Arzt im Jahr 1970 zu betreuen hatte, auf 333 Einwohner je Arzt im Jahr 1989 verringerten.[405]) Für die gesamte bundesdeutsche Bevölkerung bestand Krankenversicherungspflicht mit freier Arztwahl.

Insgesamt muss dem Gesundheitswesen der DDR im Vergleich zu dem der Bundesrepublik eine schlechtere Qualität bescheinigt werden, was sich nicht nur in einer deutlich höheren Mortalitäts- und Morbiditätsrate bei einigen Krankheiten[406]) ausdrückte, sondern sich auch in der deutlich geringeren Lebenserwartung der DDR-Bevölkerung im Vergleich mit der der Bundesrepublik zeigte. In der DDR betrug die Lebenserwartung weiblicher Neugeborener in den Jahren 1986–1987 75,74 Jahre (BRD: 78,68), diejenige männlicher Neugeborener 69,73 Jahre (BRD: 72,21).[407])

Das Gesundheitssystem der DDR verschlechterte sich – zumindest für die „Normalbevölkerung" – seit den siebziger Jahren im Vergleich zur Bundesrepublik nicht zuletzt deshalb, weil die technische Ausstattung und die medikamentöse Versorgung mit der bundesrepublikanischen nicht standhalten konnten. So kam in der DDR ein Röntgen-Computertomograph auf 600.000 Einwohner, im Vergleich zum EG-Bereich, wo pro 100.000 Einwohner einer vorhanden war und ein Ultraschall-B-Gerät auf 32.000 Einwohner gegenüber 2.500 Einwohnern im EG-Bereich. Deutliche Defizite gegenüber der Bundesrepublik gab es auch in der Ausstattung mit Dialysegeräten und bei den Möglichkeiten von Nierentransplantationen.[408]) Die geringere Lebenserwartung resultierte aber auch aus der schlechteren Ernährung und geringeren körperlichen Bewegung in der Freizeit. Darüber hinaus dürfte der hohe Alkohol-Pro-Kopf-Verbrauch eine negative Rolle gespielt haben. In der „Vernichtung von Alkohol" belegte die DDR im Weltmaßstab seit 1982 immer einen der drei vordersten Plätze.[409])

Aus Sicht vieler Ostdeutscher waren die Polikliniken und die betriebliche ärztliche Versorgung von Vorteil, weil sie lange Wege verhinderten und eine zwischenärztliche Kommunikation ermöglichten, andererseits schränkten sie die freie Arztwahl ein. Diese war in der Bundesrepublik gegeben, was dem Patienten zumindest das Gefühl gab, nicht einem bestimmten Arzt ausgeliefert zu sein.

Gäbe es bei den befragten Schülern ein entsprechendes Hintergrundwissen, ginge es letztlich um die Bewertung von Staatsmedizin im Vergleich mit dem Dualis-

[404]) Vgl. Statistisches Jahrbuch 1990, S. 43 und S. 408 f.
[405]) Ebd., S. 203.
[406]) Vgl. Schroeder 1998, S. 524.
[407]) Vgl. Statistisches Jahrbuch 1990, S. 82–84.
[408]) Vgl. Geisler 1996, S. 257.
[409]) Vgl. ebd., S. 262.

*Schaubild 19: Ärztliche Versorgung nach Ländern/Regionen**

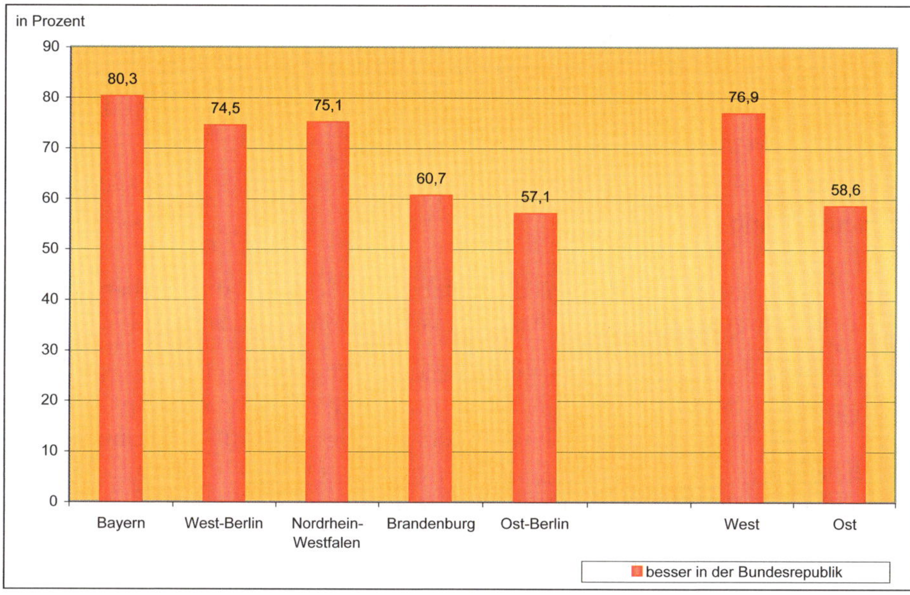

* *Antworten auf die Frage: „Deutschland vor 1989: Was glauben Sie war besser oder gleich in der DDR oder der Bundesrepublik Deutschland?"*

mus von privater und gesetzlich organisierter kassenärztlicher Medizin. Da nahezu alle Schüler jedoch keine Vorstellung von der konkreten Ausgestaltung der medizinischen Versorgung in beiden Systemen, vor allem in der DDR, haben, basiert ihre Antwort wahrscheinlich auf Vermutungen bzw. allgemeinen Assoziationen mit den Systemen.

Von mehr als zwei Dritteln aller Schüler wird die ärztliche Versorgung in der Bundesrepublik für besser befunden; ein gutes Fünftel der Schüler – im Osten knapp 30%, im Westen immerhin knapp 19% – glaubt an eine gleich gute Versorgung. Etwa jeder 13. Schüler vermutet eine bessere Versorgung in der DDR – nur gut 4% im Westen, aber knapp 14% im Osten. Die Ergebnisse der ausländischen Schüler entsprechen in etwa denen der Schüler aus den alten Ländern, wobei sie allerdings in geringerem Maße eine gleich gute Situation annehmen.

Die regionalen Unterschiede fallen deutlich aus: Während in Bayern gut 80% der Schüler die Bundesrepublik bevorzugen, sind es in Ost-Berlin und Brandenburg nur 57% bzw. 61%, die ebenso denken. Die West-Berliner und nordrhein-westfälischen Schüler präferieren ebenfalls mit sehr breiter Mehrheit die Bundesrepublik, allerdings in etwas geringerem Maße als ihre bayerischen Mitschüler. Den höchsten Zuspruch erfährt die Bundesrepublik von den Haupt- und Realschülern. Die ärztliche Versorgung wird in allen Teilgruppen überwiegend in der Bundesrepublik für besser gehalten, obschon die Mehrheiten unter den befragten Schülern aus dem Osten und den Gymnasiasten deutlich geringer ausfallen.

In den Gesprächen, die wir mit den Schülern führten, wurde vor allem in Berlin häufiger als bei der standardisierten Befragung der DDR eine bessere, weil für alle gleiche, Versorgung attestiert. Die Privilegien auf diesem Sektor für bestimmte Gruppen – zum Beispiel Parteifunktionäre und MfS-Angehörige – waren in Ost und West keinem Jugendlichen bekannt. Sie konnten sich nicht vorstellen, dass es so etwas in der „sozialistischen“ DDR gegeben hat.

Schulausbildung

Die beiden Schulsysteme unterschieden sich beträchtlich – im Aufbau ebenso wie in der inhaltlichen Ausgestaltung und den pädagogischen Methoden und Zielen.

In der DDR bestand seit 1959 eine allgemeine zehnjährige Schulpflicht im „einheitlichen sozialistischen Bildungssystem“. Doch war auch ein früherer Übergang in die Berufsausbildung möglich. Die Schulausbildung erfolgte an den allgemeinbildenden polytechnischen Oberschulen (POS), bei denen es sich um Einheitsschulen handelte. Nach Ablauf der zehn Pflichtschuljahre konnten die Schüler eine Berufsausbildung absolvieren. Gemäß der Verfassung der DDR, nach der jeder Jugendliche das Recht und die Pflicht hatte, einen Beruf zu erlernen, schlugen nach Beendigung der POS etwa 85% eines Jahrgangs diesen Weg ein. Die zumeist zweijährige Berufsausbildung erfolgte auf der Grundlage eines „dualen Systems“, indem die Betriebe die praktische und die Berufsschulen die theoretische Ausbildung vornahmen. Die meisten Lehrlinge besuchten eine Betriebsberufsschule, so dass eine enge Verbindung zwischen Theorie und Praxis gewahrt blieb. Etwa 10% eines Jahrgangs erreichten keinen Facharbeiterabschluss und mussten als Un- oder Angelernte ins Erwerbsleben eintreten. Daneben erhielten etwa 11–13% eines Jahrgangs die Zulassung zum Besuch der erweiterten Oberschule (EOS), um dort innerhalb von zwei Jahren die Hochschulreife zu erlangen. Zusätzlich gab es den kombinierten Weg aus Berufsausbildung und Abitur, den ca. 4% einschlugen. In den achtziger Jahren gelangten etwa 13% eines Jahrgangs zum Abitur, die Mehrzahl von ihnen über die EOS.[410])

Aber nicht jeder konnte in der DDR das Abitur ablegen, im Anschluss daran studieren und dazu das Studienfach frei wählen. Das Abitur allein berechtigte noch nicht zum Studium. Ebenso wie schon beim Wechsel von der POS zur EOS wurden Studienbewerber neben fachlichen auch nach politischen Kriterien ausgewählt und von der Partei bzw. einer Zulassungskommission zum Studium (wie auch zum Besuch der EOS) „delegiert“. In den Richtlinien zur Zulassung wird zusätzlich zur Hochschulreife eine „aktive Mitwirkung an der Gestaltung der sozialistischen Gesellschaft und die Bereitschaft zur aktiven Verteidigung des Sozialismus“ gefordert.[411]) Die strenge Regulierung und Reglementierung des Zugangs zur EOS und zu den Universitäten benachteiligte Jugendliche, die aus bürgerlichen oder christlichen Elternhäusern ka-

[410]) Vgl. Anweiler 1988, S. 378 und Fischer 1992, S. 65.
[411]) Fischer 1992, S. 73.

men oder die sich nonkonformistisch verhielten, etwa durch die Meldung zu den „Bausoldaten". Schon seit den frühen fünfziger Jahren war der Schulunterricht auf Druck der SED stark ideologisiert, in den siebziger Jahren kam „die Wehrerziehung" hinzu, die den Schülern das „Freund-Feind-Denken" auch konkret vermitteln sollte. In den turbulenten Monaten 1989/90 gehörten viele Lehrer, Hochschullehrer und Studierende zu den wenigen verbliebenen Stützen der SED-Diktatur.

Im Schuljahr 1988/1989 schlossen 19.852 Schüler (etwa 9% des Jahrgangs) die EOS mit dem Abitur ab.[412]) Im gleichen Jahr gab es 26.094 Neuzulassungen zum Direktstudium.[413])

In der Bundesrepublik bestand vom 6. bis zum 18. Lebensjahr eine gesetzliche Schulpflicht. Die Schulausbildung erfolgte in einem dreigliedrigen System mit einheitlicher, meist vierjähriger Grundschulzeit. Alle drei Schultypen (Hauptschule, Realschule, Gymnasium) ermöglichten leistungs- und neigungsabhängig den (gestuften) Übergang zur dreijährigen gymnasialen Oberstufe, nach deren erfolgreicher Beendigung die Schüler das Abitur ablegten. In vielen Ländern wurde allerdings versucht, durch Gesamtschulen die dreigliedrige Struktur mit einer Alternative zu konfrontieren. Das Abitur garantierte die allgemeine Hochschulzugangsberechtigung; je nach Studienfach konnte lediglich der Numerus Clausus als Hindernis der Aufnahme des gewählten Studienfachs entgegenstehen.

1990 schlossen knapp 34% der Schüler ihre Schulzeit mit der Hochschul- oder Fachhochschulreife ab, 35% mit einem Realschulabschluss, etwa 25% mit einem Hauptschulabschluss und knapp 7% ohne jeglichen Abschluss.[414]) Insgesamt gab es 1990 im ehemaligen Bundesgebiet 812.000 Schulabgänger.[415]) 246.018 Schüler legten das Abitur ab, 67% hiervon mit Studienabsicht.[416]) Im Wintersemester 1990/1991 nahmen 272.349 Studienanfänger ihr Studium auf, davon hatten knapp 15% ihr Abitur in der DDR abgelegt.[417])

Wer nicht bis zum 18. Lebensjahr die Schule besuchen wollte, musste, um der Schulpflicht Genüge zu tun, ein Berufsvorbereitungsjahr oder eine Berufsausbildung absolvieren. Die Berufsausbildung in der Bundesrepublik erfolgte in einem dualen System, das je nach Berufszweig eine zwei- bis dreijährige Lehrzeit mit fachspezifischer Schulausbildung an den Berufsschulen und praktischer Ausbildung in den Lehrbetrieben beinhaltete.

Über die Qualität von Bildung und Ausbildung in den Schulen lässt sich ein generelles Urteil sicherlich nicht leicht fällen; die enormen Differenzen im Ausmaß der politischen Indoktrination und der unterschiedlichen Selektion sind jedoch nicht

---

[412]) Statistisches Jahrbuch 1991, S. 389
[413]) Ebd., S. 400.
[414]) Datenreport 1992, S. 66.
[415]) Datenreport 1992, S. 66.
[416]) Vgl. Statistisches Jahrbuch 1991, S. 388.
[417]) Vgl. Statistisches Jahrbuch 1991, S. 393.

zu übersehen. Hinzu kommt, dass wegen des föderalen Aufbaus der Bundesrepublik die Schulausbildung von Land zu Land anders ausfallen konnte, während in der DDR zentralistische Strukturen auch auf diesem Feld gegeben waren. Darüber hinaus muss mit einer Legende aufgeräumt werden: In den achtziger Jahren war der Anteil der Arbeiterkinder an den Studenten in der Bundesrepublik etwa um die Hälfte größer als in der DDR.[418]) In den offiziellen DDR-Statistiken kam dies freilich nicht zum Ausdruck, da die „Arbeiterklasse" politisch und nicht soziologisch definiert wurde, so dass auch die Kinder zum Beispiel von SED-Funktionären und von NVA-Angehörigen als Arbeiterkinder gezählt wurden.

*Schaubild 20: Schulausbildung nach Regionen**

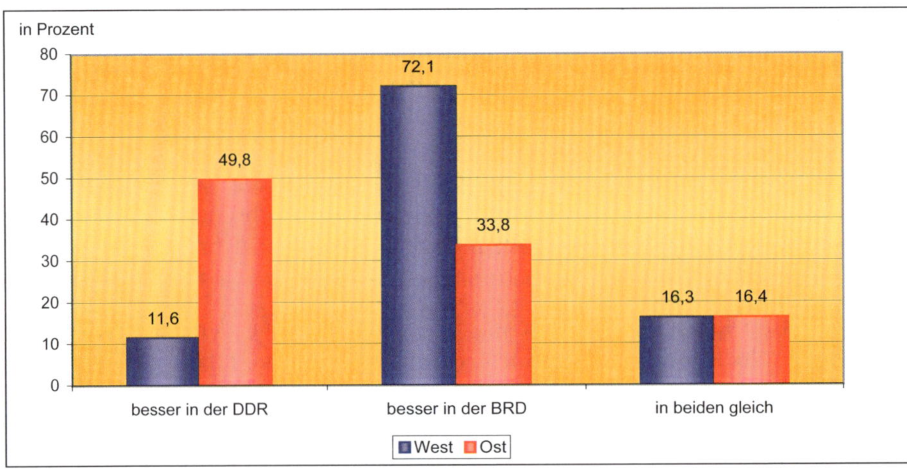

** Antworten auf die Frage: „Deutschland vor 1989: Was glauben Sie war besser oder gleich in der DDR oder in der Bundesrepublik Deutschland?"*

Wie bei kaum einer anderen Frage treten hier die unterschiedlichen Positionen zwischen Schülern aus den alten und den neuen Ländern zutage. Einer sehr breiten Mehrheit westdeutscher und West-Berliner Schüler, die die Schulausbildung in der alten Bundesrepublik favorisiert, steht eine sehr knappe bzw. gute Hälfte Brandenburger und Ost-Berliner Schüler gegenüber, die Vorteile für die DDR sieht. Das bundesrepublikanische Modell halten nicht einmal 30% aus dem ehemaligen Ostteil Berlins für besser.

Das DDR-Schulsystem erhält von älteren Schülern größeren Zuspruch als von jüngeren, von Gymnasiasten und Gesamtschülern mehr als von Real- und Hauptschülern. Letztgenannte sehen mit einem überdurchschnittlich hohen Anteil die Bundesrepublik im Vorteil.

Besonders gegensätzlich fällt das Urteil der Schüler aus Ost- und West-Berlin aus: Mehr als zwei Drittel der West-Berliner präferieren die Bundesrepublik, mehr als

418) Vgl. Geißler 1992, S. 72.

jeder zweite Ost-Berliner dagegen die DDR. Selbst in nach West- bzw. Ost-Herkunft gemischten Klassen erhalten wir das gleiche gespaltene Bild.

Die Ergebnisse entsprechen denen unserer Gespräche, vor allem – aber nicht nur – in Berlin. Wertung und Begründung waren überall sehr stark von der östlichen bzw. westlichen Herkunft geprägt. Insbesondere Schüler aus den Ostregionen glauben, in der DDR seien die Ganztagsschulen besser und das Engagement der Lehrer größer gewesen. Bei fast allen ist die Vorstellung verbreitet, dass in der DDR mindestens genauso viele, wenn nicht mehr Schüler als heute und in der Bundesrepublik Abitur machen und studieren konnten. Eine Studienplatzgarantie wird dabei – wie das Recht auf Arbeit – als gegeben angesehen. Die Existenz von Zulassungskommissionen und deren Vorgaben war keinem Schüler bekannt. Gleiches gilt für die starke Ideologisierung und Militarisierung der Schulausbildung, über die auch die Schüler in den neuen Ländern nichts wussten.

West-Berliner, aber auch einige nordrhein-westfälische und bayerische Schüler, die zumeist geringe Detailkenntnisse über das Schulsystem der DDR hatten, erklärten uns in den Gesprächen, sie hätten sich für die Bundesrepublik und gegen die DDR ausgesprochen, weil sie politische Indoktrination und insbesondere autoritären Drill, die sie der Schule in der DDR zusprachen, ablehnen. Einige wollten auch nicht das Gymnasium abgeschafft sehen und sprachen sich vehement gegen die DDR-Einheitsschule aus.

Betreuung in Kindergarten und Schule

In West- wie Ostdeutschland stieg die Kindergartenbetreuung von 1960 bis Ende der achtziger Jahre massiv an. In Ostdeutschland lag die Versorgungsrate 1960 mit 45% deutlich höher als in der Bundesrepublik mit 30%. Sie betrug 1989 kurz vor dem Ende der DDR sogar über 95%, während sie im Westen nur bei etwas über 80% (1986) lag.[419)]

In der DDR besuchten Ende der achtziger Jahre etwa 80% der jeweiligen Jahrgänge die Kinderkrippen (für Kinder bis drei Jahren mit einer durchschnittlichen Gruppenstärke von 18 Kindern) und über 95% die Kindergärten mit teilweise sehr hohen Gruppenstärken. Nahezu sämtliche Einrichtungen wurden vom Staat betrieben. Im Jahr 1987 wurden insgesamt 770.336 Kinder durch 71.403 Erzieherinnen im Rahmen von 13.334 Einrichtungen der Vorschulerziehung (Kindergärten und Kinderwochenheime) betreut, davon etwa 35% in Gruppen mit über 19 Kindern.[420)] Während der ersten vier Schuljahre konnten die Kinder nach dem Unterricht in Schulhorten betreut werden. 1987 besuchten knapp 800.000 Kinder – etwa 82% – verteilt auf 35.623 Hortgruppen mit 37.753 HorterzieherInnen einen solchen Hort.[421)] Im selben

---

[419)] Datenreport 1992, S. 62.

[420)] Vgl. Statistisches Jahrbuch der DDR 1988, S. 302 f.

[421)] Gruppengröße: 21,5 Kinder; Betreuungsschlüssel: 1 Erzieherin : 20,2 Kinder; vgl. Statistisches Jahrbuch der DDR 1988, S. 303.

Jahr nahmen 85% der Schüler die Möglichkeit zur Teilnahme am Schulessen wahr und 75% die Versorgung mit Trinkmilch.[422])

Die niedrige Produktivität der DDR erforderte den vermehrten Einbezug von Frauen in die Produktion. Sie sollten möglichst bald nach der Geburt von Kindern wieder an ihren Arbeitsplatz zurückkehren. So kam schon jedes zehnte Kind im Alter zwischen sechs und neun Monaten in die Kinderkrippe, zwei Drittel im Alter zwischen neun und neunzehn Monaten. Die Öffnungszeiten der Einrichtungen von 6.00 Uhr bis 18.00 Uhr entsprachen den Bedürfnissen berufstätiger Eltern. Die durchschnittliche tägliche Anwesenheitsdauer der Kinder in den Krippen betrug mehr als acht Stunden, wobei jedes dritte Kind täglich sogar mehr als neun Stunden in der Krippe verbrachte. Dies setzte sich mit noch steigender Anwesenheitsdauer in den Kindergärten fort. Insofern sahen DDR-Kleinkinder ihre Eltern in der Regel deutlich weniger als westdeutsche. Kindheit in der DDR bedeutete nicht nur kollektive Umsorgung und Behütung, sondern auch Gängelung, Lenkung und Verplanung. Die oberste Erzieherin der DDR, Margot Honecker, formulierte die Leitidee, an der sich die Erzieherinnen orientieren sollten: „Wir wollen einen Menschen erziehen, der ein Kollektivmensch unserer Zeit ist, der weit mehr für das gesellschaftliche Leben als für seine persönlichen Interessen lebt.“[423])

Die Einführung der Ganztagsbetreuung in der DDR – anfänglich unter dem Namen „Tagesschule“ – hatte nicht nur ökonomische Gründe. Die SED verstand die frühe, möglichst ganztätige Betreuung von Kindern auch als einen Schritt in Richtung einer neuen kommunistischen Schule, die Kindern frühzeitig das kommunistische Bewusstsein vermitteln sollte.[424]) Ob und inwieweit dieses politisch-ideologisch motivierte Ziel der SED-Führung umgesetzt wurde, lässt sich pauschal nicht beantworten, sondern hängt sicherlich vom Einzelfall ab. Aus Sicht der Eltern, die seinerzeit ihre Kinder sehr frühzeitig in staatliche Betreuung gaben, wird dieser Aspekt in der rückblickenden Betrachtung weitgehend ausgeblendet und den Kindern und Enkelkindern selten erzählt. Jeder Hinweis auf den rigiden und autoritären Umgang mit Kindern und dessen mögliche negative Folgen für die Betroffenen wird von Eltern und Erziehern zumeist empört zurückgewiesen, wie der „Fall Pfeifer“ eindrucksvoll demonstrierte.[425])

In der Bundesrepublik besuchten im Jahr 1986 etwa 1,5 Millionen Kinder die nahezu 26.000 Kindergärten und kindergartenähnlichen Einrichtungen. Neben den staatlichen gab es verschiedene von freien Trägern betriebene Kinderbetreuungs-

---

422) Vgl. ebd.

423) Schroeder 2000, S. 79.

424) Vgl. Gebhardt 1994, S. 113 ff.

425) Der Leiter des kriminologischen Instituts Niedersachsen, Christian Pfeifer, hatte zur Erklärung rechtsextremistischer Gewalttaten von ostdeutschen Jugendlichen, die zumeist aus der Gruppe heraus begangen werden, auf die Erfahrungen in DDR-Kindergärten hingewiesen, wo die Kinder zu bestimmten Zeiten kollektiv auf den Topf gesetzt wurden. Unabhängig davon, ob die Überlegungen und Vermutungen Pfeifers zutreffend sind, wurde der nahezu kollektive Empörungsaufschrei ostdeutscher Eltern der Sache jedenfalls nicht gerecht.

einrichtungen sowie von Eltern selbstorganisierte Kinderläden. Der durchschnittliche Betreuungsschlüssel in Tageseinrichtungen der Kinderbetreuung lag 1990 bei 1:9,5, in Krippen bei 1:4,1 und in Horten bei 1:7,8. In speziellen Einrichtungen wie Kinderheimen und Stätten für behinderte Kinder war die personelle Ausstattung noch besser. Der Betreuungsschlüssel lag hier zwischen 1,2 bis 2,7 Kindern pro Betreuungsperson.[426]) 1990 lebten im früheren Bundesgebiet 2.144.232 Kinder im Alter unter 3 Jahren; für diese standen 38.153 Krippenplätze, inklusive altersgemischte Gruppen, zur Verfügung, was einer Platz-Kind-Relation von 18 Plätzen je 1.000 Kindern entsprach. Im selben Jahr gab es für die 1.981.115 Kinder zwischen drei und sechs Jahren 1.583.622 Kindergartenplätze (80 Plätze je 100 Kinder).

Für 2.565.876 Grundschulkinder existierten zu diesem Zeitpunkt 128.789 Hortplätze, hier betrug die Platz-Kind-Relation 50 Plätze je 1.000 Kinder.[427]) Der Betreuungsschlüssel lag hier im Jahr 1990 bei 1:7,8.

Wie bei dem Votum für die bessere Schulausbildung ist auch bei dieser Frage die Ost-West-Differenz eklatant groß: Knapp 63% der Schüler aus den neuen Ländern, aber nur gut 35% aus den alten entscheiden sich für die DDR; nur gut 18% aus Ost-Berlin und Brandenburg und gut 40% der Schüler aus dem Westen stimmen für die Bundesrepublik. Von allen befragten Schülern legt sich ein knappes Viertel nicht fest, aber eine deutliche relative Mehrheit glaubt, die Betreuung sei in der DDR besser gewesen und nur etwa jeder Dritte vermutet, die Kinder seien in bundesrepublikanischen Kindergärten und Schulen besser betreut worden.

*Schaubild 21: Betreuung in Kindergarten und Schule nach Regionen**

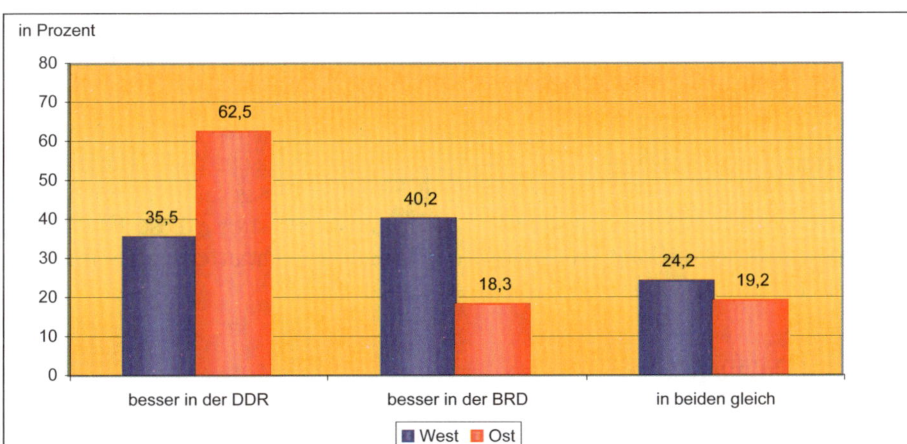

** Antworten auf die Frage: „Deutschland vor 1989: Was glauben Sie war besser oder gleich in der DDR oder in der Bundesrepublik Deutschland . . .?"*

---

[426]) Vgl. Statistisches Bundesamt: Statistik der Jugendhilfe, Teil III Einrichtungen und tätige Personen in der Jugendhilfe am 31. Dezember 1990, Früheres Bundesgebiet, S. 16.

[427]) Vgl. Statistisches Bundesamt IX E – 1.

Größere regionale Unterschiede sehen wir weder im Westen noch im Osten, alters- und geschlechtsspezifische fallen dagegen ins Auge. Mädchen präferieren in höherem Maße die DDR. Da sie auch häufiger gleiche Verhältnisse annehmen, fällt ihr Votum für die Bundesrepublik mit nicht einmal 39% gering aus. Selbst in Bayern favorisieren Mädchen, anders als Jungen, mit relativer Mehrheit die DDR (40,5% gegenüber 30,8%). Entsprechend niedrig ist bei ihnen das Votum für die Bundesrepublik (33,2%; Jungen: 50,5%). Ein ähnliches Ergebnis sehen wir in Nordrhein-Westfalen, wo die Mädchen ebenfalls mit einer deutlichen relativen Mehrheit von gut 39% den SED-Staat im Vorteil sehen, während die Jungen ebenso wie die bayerischen die bundesrepublikanische Kinderbetreuung bevorzugen (48,6%).

Im Gegensatz zum vorangegangenen Item fallen hier die altersspezifischen Unterschiede deutlicher aus: Je älter die Schüler sind, um so häufiger trauen sie der Kinderbetreuung der DDR mehr und der der Bundesrepublik weniger zu. Besonders gegensätzliche Voten sehen wir bei Hauptschülern und Gymnasiasten. Unter Letzteren präferiert fast jeder Zweite den SED-Staat, von den Hauptschülern dagegen nur gut jeder Siebte. Zwei Drittel von ihnen, aber nicht einmal jeder dritte Gymnasiast, glauben an eine bessere Kinderbetreuung in der Bundesrepublik. Die Quote der Unentschiedenen liegt in nahezu allen Teilgruppen zwischen 20% und 25%. Die ausländischen Schüler widersprechen in dieser Frage gleichsam spiegelverkehrt ihren deutschen Altersgenossen, und zwar für die Bundesrepublik und gegen die DDR.

In unseren Gesprächen schnitt die DDR noch weitaus besser ab als im Fragebogen. Die Schüler aus Ostdeutschland beriefen sich vor allem auf familiäre Erzählungen. Nahezu alle Jugendlichen verwiesen auf die staatlich garantierten Kindergartenplätze in der DDR, ohne allerdings konkrete Vorstellungen von den Inhalten der Kindererziehung zu haben. Selbst die meisten West-Berliner und viele bayerische und nordrhein-westfälische Schüler erwähnten zumindest die quantitativen Vorteile in der DDR und deutlich seltener als bei dem vorangegangenen Item die Nachteile einer Sozialisation in kollektiven Institutionen. Eine politische Indoktrination im Kindergarten konnten sich die meisten nicht vorstellen. Insgesamt verstanden die Schüler – nahezu alle ostdeutschen und viele westdeutsche – diese Frage eher dahingehend, ob es die Möglichkeit zur Betreuung in Kindergarten und Schule gab und weniger dahingehend, wie diese Betreuung aussah.

Recht und Ordnung

In der DDR existierte keine Gewaltenteilung und damit keine Trennung zwischen Exekutive und Judikative. Vielmehr galt die Maxime: Recht und Justiz sind Instrumente im Klassenkampf. MfS, Polizei und Justiz dienten alle demselben Ziel: der Sicherung der SED- Herrschaft, nicht der Sicherung verfassungsmäßiger Rechte oder bürgerlicher Grundrechte und Freiheiten.[428]) Insofern muss von einer poli-

---

[428]) Vgl. Werkentin 1998, S. 99.

tischen Justiz ohne Grundrechte in der Praxis gesprochen werden; z. B. konnten Verteidiger oftmals keine oder nur in geringem zeitlichen Rahmen Einsicht in die Anklageschrift oder andere wichtige Akten nehmen. Da alle in der DDR-Verfassung verbürgten Grundrechte, die das Individuum schützen sollten, nur insoweit galten, als sie den politischen Interessen der Partei nicht widersprachen, gleichzeitig die Justiz vollständig von der SED gesteuert und alle bedeutsamen Rechts- und Verfassungsinstitutionen nur Fassade waren, kann die DDR als ‚Nicht-Rechtsstaat' und im Bereich des politischen Strafrechts als ‚Unrechtsstaat' charakterisiert werden.

Die Bundesrepublik ist als freiheitlich demokratischer Rechtsstaat verfasst und folgt rechtsstaatlichen Prinzipien. Neben Freiheits- und Gleichheitsgrundrechten existieren daher so genannte Justizgrundrechte (Rechtsschutzgarantie, Recht auf gesetzlichen Richter, Recht auf rechtliches Gehör, Verbot der Doppelbestrafung, Verbot der ‚Strafe ohne Gesetz'). Zusammen mit der auch tatsächlich gegebenen Gewaltenteilung und der Unabhängigkeit der Richter garantieren diese Justizgrundrechte die Gesetzmäßigkeit der Verwaltung, d. h. einen rechtsstaatlichen Verfahrensverlauf und die Durchsetzbarkeit von Rechten. Das schließt die Inanspruchnahme der Grundrechte gegenüber dem Staat ein.[429])

Unter dem Begriff „Recht und Ordnung" verstehen die Schüler – wie die Gespräche gezeigt haben – allerdings weniger die Frage, ob die Bundesrepublik oder die DDR rechtsstaatlich organisiert sind, sondern vielmehr ein bestimmtes Maß an staatlich durchgesetzter Disziplin. Daneben wissen viele Schüler auch zu unterscheiden zwischen willkürlichen staatlichen Maßnahmen, die auf Unterdrückung hinauslaufen und der Aufrechterhaltung von „Recht und Ordnung" in einer zivilen Gesellschaft.

Erneut zeigen die Antworten auf dieses Statement[430]) ein gespaltenes Ost-West-Verhältnis: Eine gute absolute Mehrheit von über 60% der westdeutschen Schüler – und dabei deutlich mehr Jungen als Mädchen – ordnet Recht und Ordnung in der Bundesrepublik gegenüber der DDR als besser gewährleistet ein. Nur gut jeder Fünfte – Jungen und Mädchen gleichermaßen – sieht die DDR im Vorteil. Die ostdeutschen Schüler votieren dagegen mit einer relativen Mehrheit von knapp 40% für den SED-Staat, nur gut jeder dritte entscheidet sich für die Bundesrepublik. Sie legen sich auch deutlich häufiger als ihre Landsleute aus dem Westen nicht auf einen der beiden Staaten fest. Das Ergebnis der ausländischen Schüler deckt sich in etwa mit dem der Schüler aus dem Westen. Ihr bestes Ergebnis erzielen die DDR bzw. die Bundesrepublik bei den Brandenburger bzw. den bayerischen Schülern.

In den Gesprächen zeigte sich, dass viele, vor allem Ost-Berliner Schüler, mit dem Statement weniger Rechtsstaatsprinzipien assoziierten als Recht und Ordnung – und damit Sicherheit – im Alltag (zum Beispiel im Straßenverkehr oder im Umgang mit Ordnungswidrigkeiten etwa bei Jugendlichen). Einige bayerische und West-Berliner Gymnasiasten stuften „Recht und Ordnung" dagegen als negatives Charakte-

[429]) Vgl. Schmidt 2007.

[430]) Vgl. Tabelle A17 im Anhang.

ristikum der DDR wie auch des nationalsozialistischen Deutschlands ein. Sie favorisierten deshalb die Bundesrepublik, die liberaler sei. Rechtsstaatliche Prinzipien stellten sie über ihrer Meinung nach ausufernde Sicherheitsbedürfnisse. Einige Schüler verwiesen auf Debatten um Präventionsmaßnahmen vor Terroranschlägen und plädierten für ein ausgewogenes Verhältnis von liberaler Rechtsstaatlichkeit und Sicherheit. Die meisten Schüler verstanden jedoch die Frage nicht als eine nach gesellschaftlichen Prinzipien, sondern nach alltäglichen Verhältnissen. Diese wollten wir hingegen mit dem Item „Sicherheit im Alltag" abfragen. Offensichtlich ist es uns in diesem Fall nicht gelungen, unsere unterschiedlichen Intentionen hinreichend präzise zu vermitteln.

Leistungen der Wirtschaft

Der Wettbewerb zwischen den beiden deutschen Staaten 7wurde vor allem auf wirtschaftlichem Feld entschieden. Die deutlich höhere Wirtschaftskraft der Bundesrepublik, die ein im zeitlichen Verlauf nahezu kontinuierlich ansteigendes Wohlstandsniveau erlaubte, begründete die besondere Attraktivität dieses Staates auch für eine breite Mehrheit der DDR-Bevölkerung. Obschon die Erwerbstätigenquote und die formale Jahresarbeitszeit in der DDR der achtziger Jahre deutlich höher waren als in der Bundesrepublik, erreichte die Wirtschaftskraft pro Kopf nicht einmal die Hälfte der westdeutschen.

Das Wirtschaftsystem der DDR wurde entsprechend sozialistisch-kommunistischer Vorstellung durch den Staat gestaltet, was die Alleinverantwortlichkeit der SED und streng zentralistische und planwirtschaftliche Organisation bedeutete. Nicht das Zusammenspiel von Angebot und Nachfrage bestimmte das Wirtschaftsgeschehen, sondern der Plan. In ihm wurde für fünf Jahre im Voraus festgelegt, was produziert werden sollte. Dieser Plan hätte in Bezug auf wirtschaftliche Entwicklungen und menschliche Bedürfnisse allwissend sein müssen, was er aber naturgemäß nicht sein konnte. Daher kam es zu massivem Mangel in Produktion und Versorgung.

Das Planungssystem oblag – wie grundsätzlich auch alle anderen wirtschaftlichen Entscheidungen – der politischen Führung. Aus dem uneingeschränkten Primat der Politik in der sozialistischen Ökonomie „ergab sich die Möglichkeit, auch in diesem Bereich aus rein politischen und ideologischen Motiven weitreichende Entscheidungen zu treffen und mit allen Mitteln durchzusetzen."[431]) Diese Entscheidungen umfassten nicht nur die Kollektivierung der Landwirtschaft, sondern auch die Entprivatisierung und Verstaatlichung der Betriebe, was einen aufgeblähten zentralen Verwaltungsapparat mit der Zuständigkeit für sämtliche Wirtschaftsentscheidungen der neu entstandenen „Volkseigenen Betriebe" erforderte. Zentralisierung, Kontrolle, staatliche Lenkung und Planung der Wirtschaft führten gleichsam zwangsläufig zur Bildung von Großbetrieben, die sich leichter verwalten ließen und von denen Effizi-

[431]) Wolle 1998, S. 190

enzvorteile erwartet wurden. Doch wurden hierbei weder die hohen Kosten noch die Inflexibilität planwirtschaftlichen Handelns bedacht, die durch den „Bürokratismus der Planungsprozedur“ erzeugt wurden.[432])

Darüber hinaus wurden auch der Preisbildungsprozess in Form von Preisfestsetzungen und die Kontrolle ihrer Durchsetzung staatlich gesteuert, wobei die Notwendigkeit von Konkurrenzmärkten für die Preisbildung unberücksichtigt blieb. Die festgesetzten Einzelhandelsverkaufspreise (EVP) von auszeichnungspflichtigen Einzelhandelswaren verlangten nicht selten eine staatliche Subventionierung, da die Herstellungskosten über dem EVP lagen. Faktisch führte die sozialistische Zentralverwaltungswirtschaft die DDR in eine ökonomische Katastrophe: Mangelwirtschaft und Verschwendung waren ihre beiden Antipoden. Diesem Teufelskreis aus Mangelwirtschaft und Verschwendung war auch durch kurzfristige bürokratische Maßnahmen von Seiten der Parteiorgane nicht zu entkommen. Stattdessen führte das Versagen der Politik nicht nur zu dessen Beschleunigung, sondern zur Entstehung grauer Märkte, Formen von Tauschwirtschaft und zur Einführung von Devisen als faktischer Zweitwährung. Da die Produzenten für ihr Einkommen keine angemessenen Gegenwerte erhielten, verringerte sich ihre Leistungsbereitschaft mit entsprechenden Folgen für die Produktivität der DDR-Wirtschaft. Die Arbeitsproduktivität war ungeheuer gering: 1989 betrug das BIP je Einwohner gerade einmal 33% des in Westdeutschland erreichten Wertes, das BIP je Erwerbstätigem sogar nur etwa 27%[433]) und die Stunden-Produktivität nur etwa 20% bis 25%.[434]) 1988 verschlangen allein die Preissubventionen zur Sicherstellung der Festpreise knapp 50 Milliarden DDR-Mark.

Zwar hatte die ostdeutsche Wirtschaft aufgrund der im Vergleich mit der Bundesrepublik hohen Reparationszahlungen und Demontagen durch die Sowjetunion einen Wettbewerbsnachteil, aber ab Mitte der sechziger Jahre vergrößerte sich der Produktivitätsrückstand noch einmal zusätzlich durch eine mangelnde Innovationsfähigkeit. Die DDR-Wirtschaft hatte zudem nicht nur die hohen Kosten für die Sozialpolitik zu tragen, sondern auch im internationalen Vergleich sehr hohe Mittel für den Auf- und Ausbau der Repressionsorgane bereitzustellen.

Darüber hinaus wurden Lebensmittel und Industriewaren des täglichen Gebrauchs gesondert staatlich subventioniert. Diese allein in den letzten achtzehn Jahren um das Vierfache gestiegenen Subventionen umfassten im Jahre 1989 etwa 23% des Nettogeldeinkommens und führten nicht nur zu wirtschaftlich unsinnigen Verwerfungen, indem sie unrentable Produktionen und überholte Kaufkraftstrukturen erhielten, sondern trugen wesentlich zur sozialen Nivellierung des Alltagslebens bei. Vor allem aber belasteten sie den Staatshaushalt und beschleunigten den finanzi-

[432]) Schroeder 1998, S. 496.
[433]) Vgl. Schroeder 2006, S. 118 f.
[434]) Vgl. Schwarzer 1999, S. 166.

ellen Niedergang der DDR-Wirtschaft, denn das Ausmaß der Sozialleistungen wuchs nicht nur immer weiter an, es stieg insbesondere stärker als die Wirtschaft.[435])

Trotz dieser ausgeprägten Subventionierungspolitik erreichte der Lebensstandard der DDR-Bürger nicht annähernd das westliche Niveau. Die Ausstattung privater Haushalte mit langlebigen Gebrauchsgütern blieb quantitativ und qualitativ hinter dem der Bundesrepublik zurück. Zwar hatten 1989 von 100 Haushalten 99 sowohl Waschmaschine als auch Kühlschränke und Radiogeräte, aber nur 54,3% einen PKW und 57,2% einen Farbfernseher und 1988 besaßen gerade einmal 29,5% ein Telefon, 5,9% einen Heimcomputer und 3,3% einen Videorekorder.[436])

Verstaatlichung und planwirtschaftliche Lenkung, Steuerung und Kontrolle der Wirtschaft, geringe Arbeitsproduktivität und breitgestreute Subventionen führten zwangsläufig zur immer größer werdenden Verschuldung des Staatshaushalts. Als Folge dieses unrentablen planwirtschaftlichen Systems betrug der Schuldenstand der DDR gegenüber dem nichtsozialistischen Ausland, insbesondere der Bundesrepublik, im Jahr 1989 fast 21 Milliarden Dollar.[437])

Unmittelbar vor dem Fall der Mauer sah das Politbüro daher als einzigen „Ausweg" aus der Misere die Aufnahme weiterer Kredite in Höhe von zwei bis drei Milliarden DM (Valuta-Mark). Nach Einschätzung von Wirtschaftsfachleuten der DDR wären mindestens 500 Milliarden Mark erforderlich gewesen, um die industrielle Produktivität westlicher Industrienationen zu erreichen, was dem Umfang zweier DDR-Jahresnationaleinkommen entsprochen hätte. Der wahre Zustand der Wirtschaftssituation der DDR wurde aber erst nach dem Rücktritt Erich Honeckers sichtbar und galt für alle Bereiche von Wirtschaft und Industrie. Konkret bedeutete dies einen Verschleißgrad in sensiblen Bereichen der Industrie von über 50% (bei landwirtschaftlichen Anlagen von 65%), total veraltete Kraftwerksanlagen sowie technologisch zurückgebliebene und mit unvertretbar hohen Kosten verbundene Produktion mikroelektronischer Speichermedien.[438])

Die Bundesrepublik verfügt seit 1949 über eine Wirtschafts- und Sozialordnung, die Soziale Marktwirtschaft, die eine Synthese zwischen rechtsstaatlich gesicherter Freiheit, wirtschaftlicher Freiheit und sozialstaatlichen Prinzipien wie sozialer Sicherheit und sozialer Gerechtigkeit anstrebt. „Diese Zielkombination von Freiheit und Gerechtigkeit gibt der Begriff soziale Marktwirtschaft wieder: Marktwirtschaft steht für wirtschaftliche Freiheit."[439]) Das Wirtschaftssystem der BRD ist kapitalistisch verfasst, dezentral und arbeitsteilig organisiert. Es beinhaltet Gewerbefreiheit, Produktionsfreiheit und freien Wettbewerb, wobei es eine Anzahl wettbewerbsord-

[435]) Schroeder 1998, S. 526 f.
[436]) Vgl. ebd., S. 577 und Sozialreport 1990, S. 268.
[437]) Vgl. Schroeder 1998, S. 511.
[438]) Vgl. ebd., S. 308.
[439]) Lampert 1997, S. 108.

nender Gesetze gibt. Das Privateigentum an Grund und Boden und an Produktionsmitteln ist hier wesentlich.[440])

Schaubild 22: Wirtschaftskraft und Produktivität im DDR-BRD-Vergleich

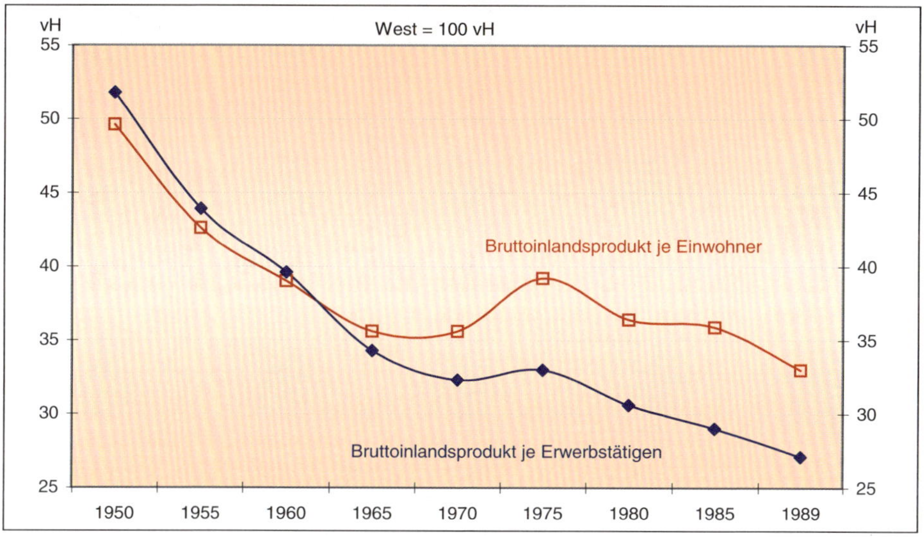

Quelle: Merkel/Wahl 1991. In Preisen von 1989 auf DM-Basis.

Die Staatsschulden der Bundesrepublik betrugen im Jahr 1987 836,5 Mrd. DM, wobei in den achtziger Jahren – nach dem Regierungswechsel 1982 – die jährliche Nettoneuverschuldung reduziert worden war. Während 1987 die Nettoneuverschuldung 49 Mrd. DM betrug, lag der Betrag 1990 bei 129,7 Mrd. DM, da die Kosten der Wiedervereinigung – beginnend mit diesem Jahr – von der Bundesrepublik finanziert werden mussten.[441]) Ein direkter Vergleich zwischen DDR und Bundesrepublik hinsichtlich ihrer Wirtschaftskraft bezeugt die katastrophalen Wirtschaftssituation der DDR, verdeutlicht aber auch die Leistungsfähigkeit der bundesrepublikanischen Wirtschaft: Gemessen am materiellen Wohlstandsindikator ‚reales Bruttoinlandsprodukt pro Kopf' erreichte die DDR im Jahre 1989 gerade einmal ein Drittel des westdeutschen Niveaus. Dieser Wert entsprach dem Mitte der fünfziger Jahre in der Bundesrepublik erreichten Stand. Dass die Wirtschaftskraft der Bundesrepublik ausreichte, um die enormen Kosten der Wiedervereinigung (bis 2007 insgesamt etwa 1,8 Billionen Euro brutto bzw. 1,5 Billionen netto) schultern zu können, kann zudem als Indiz für die beträchtliche Leistungsfähigkeit der Wirtschaft gewertet werden.

[440]) Vgl. Keim/Steffens 2000.
[441]) Vgl. Datenreport 1992, S. 257.

*Schaubild 23: Leistungen der Wirtschaft nach Ländern/Regionen**

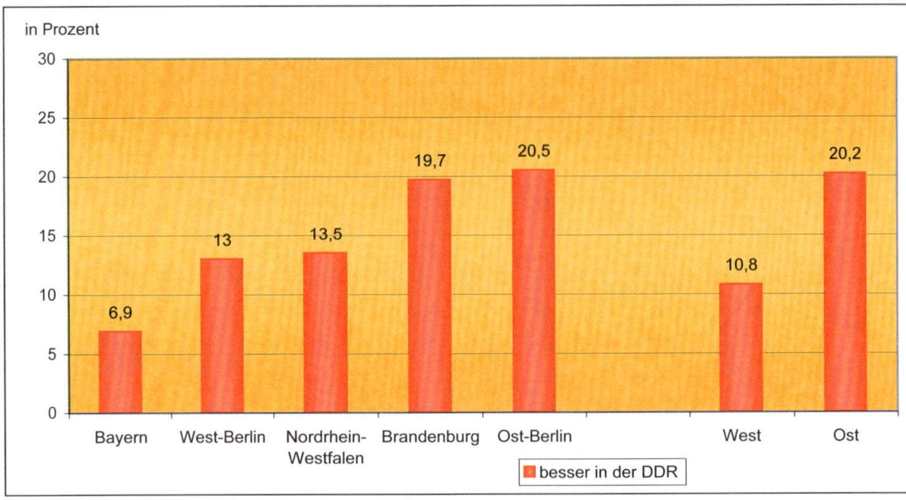

** Antworten auf die Frage: „Deutschland vor 1989: Was glauben Sie war besser oder gleich in der DDR oder der Bundesrepublik Deutschland ...?“*

Hier entscheidet sich erwartungsgemäß mit knapp drei von vier Befragten eine große Mehrheit für die Bundesrepublik. Dennoch hält kurioserweise gut jeder fünfte ostdeutsche Schüler die DDR-Wirtschaft für besser (im Westteil immerhin gut jeder zehnte). In allen Gruppen erreicht die Bundesrepublik eine mehr oder weniger stark ausgeprägte absolute Mehrheit. Sie reicht von knapp 63% bei den brandenburgischen Schülern bis zu knapp 85% bei den bayerischen. Von Letzteren stimmt nur eine Minderheit von etwa 7% für die DDR; weit unterdurchschnittlich viele votieren für gleiche Verhältnisse.

Wie bei vorangegangenen Items auch stimmen von allen Altersgruppen die 16-Jährigen am häufigsten für die Bundesrepublik, allerdings fallen die alters- im Gegensatz zu den schulspezifischen Differenzen eher gering aus. Gymnasiasten, denen wir höhere Kenntnisse als Real- und Hauptschülern unterstellten, zeigen erneut ihre stärkere Affinität zur DDR. Dem schließen sich ebenfalls Mädchen an, die zudem leicht überdurchschnittlich gleiche Verhältnisse ankreuzen.

Zwar optiert in allen Teilgruppen eine mehr oder weniger breite Mehrheit für die bundesdeutsche Wirtschaft, aber eine doch beträchtliche Minderheit von bis zu etwa 35% sieht die DDR im Vorteil oder entscheidet sich für „gleiche“ Wirtschaftsverhältnisse in beiden Staaten. Angesichts dessen drängt sich dem kritischen Beobachter der Eindruck auf, in vielen, vornehmlich ostdeutschen, Schulen werde den Schülern nicht nur wenig Zeitgeschichte, sondern auch kaum etwas über Wirtschaft vermittelt.[442])

[442]) Laut einer neuen Studie wird in manchen Schulbüchern die Marktwirtschaft geradezu verteufelt. Vgl. Merrett 2008.

In den Gesprächen spielte dieses Thema in allen Regionen eine nur marginale Rolle. Vor allem Mädchen zeigten sich desinteressiert und wussten keine Einzelheiten über die unterschiedliche Wirtschaftskraft, geschweige denn über die gegensätzlichen Wirtschaftssysteme. Was immerhin gut jeden fünften ostdeutschen Schüler veranlasst hat, sich für die DDR zu entscheiden, konnten wir nicht herausfinden und blieb sein Geheimnis. Einige Schüler vermuteten, dieses Urteil sei weniger auf die Wirtschaftskraft als auf die Arbeitsplatzsicherheit gemünzt gewesen. Für uns verdeutlichten die Gespräche an diesem Punkt, wie wenig Schüler – selbst Gymnasiasten – über Wirtschaft wissen. Weder ist ihnen bekannt, wie eine zentralistische Planwirtschaft noch wie eine Marktwirtschaft konkret funktionieren. Die Frage, welche Faktoren auf die Produktivität einer Wirtschaft einwirken, konnte keiner angemessen beantworten. Einige bayerische Schüler verwiesen immerhin auf eklatante Versorgungsmängel in der DDR und schlussfolgerten hieraus eine vergleichsweise deutlich geringere Wirtschaftskraft. Mit einigem Stolz erzählten sie von der Attraktivität der bayerischen Wirtschaft, die viele junge Leute gerade aus den neuen Ländern anlocken würde.

Sicherheit im Alltag

Wenn „Sicherheit im Alltag" soziale Absicherung meint, dann gewährte die DDR ihrer Bevölkerung eine sehr hohe Sicherheit auf allerdings zum Teil sehr niedrigem Niveau. Bekanntlich ist die (soziale) Sicherheit im Gefängnis am höchsten; sie geht freilich einher mit einer nahezu vollständigen Entmündigung des Individuums.

Betrachtet man hingegen die Kriminalitäts- und Aufklärungsrate sowie die Verbrechensarten, denen Menschen zum Opfer fielen, bedarf es eines differenzierteren Blicks, denn die von der DDR selbst herausgegebenen Kriminalstatistiken lassen sich nicht mit den in der Bundesrepublik und anderen westlichen Industrieländern üblichen Erhebungsmethoden der Polizeilichen Kriminalstatistik (PKS) vergleichen. 1989 zum Beispiel erfasste die DDR 99.971 bekannt gewordene Straftaten, was eine Häufigkeitszahl (HZ) von 601 ergab. Die Aufklärungsquote lag nach DDR-Erfassungsmodus bei 82,8%.[443])

Wenn allein die erhobenen absoluten Zahlen einander gegenübergestellt werden, betrug die Kriminalitätsrate der DDR gerade einmal 10% derjenigen der Bundesrepublik. Obschon es zutreffend ist, dass die Kriminalitätsbelastung der DDR niedriger und die Aufklärungsquote höher war, so kommt ein Großteil der Unterschiede auch durch verschiedene Zählweisen und Berechnungsgrundlagen zustande. Realistischere Berechnungen nach dem Zusammenbruch der DDR ergaben für die Kriminalstatistik von 1988 eine Zahl von 393.940 angezeigter Straftaten, was einer HZ von 2.364 entspricht, anstelle der von der DDR ermittelten HZ von 715. Hinsichtlich der Aufklärungsquote ergab sich im Jahr 1985 ein Wert von 55,2% gegenüber den laut DDR-Statistik erreichten 84,5%.[444]) Zugleich waren die staatlichen Über-

443) Vgl. Sozialreport 1990, S. 321.
444) Vgl. Behnen 2002, S. 374.

wachungssysteme, die zur Verhinderung und Aufklärung von Delikten beitragen können, für viele selbst ein Quell der Unsicherheit.

Im Übrigen stellt sich die Frage, wie Menschen mit der permanenten Bedrohung ihrer Sicherheit durch das von der SED installierte Spitzelsystem der Staatssicherheit umgehen konnten. Obschon es sich bei dieser Form der Unsicherheit um keine statistisch zu erfassende Größe handelt, ist ihr Potenzial hinsichtlich der Verunsicherung (und Lenkung) der Bürger doch enorm.

In der Bundesrepublik gab es – im Gegensatz zur DDR – kein Recht auf Arbeit. Das Niveau der Sozialleistungen (Renten, Arbeitslosengeld, Sozialhilfe usw.) ermöglichte vielfach aber einen höheren Lebensstandard als die Arbeitslöhne in der DDR. Wenn Sicherheit im Alltag als soziale Absicherung verstanden wird, wurde diese in der Bundesrepublik also umfassend gewährt.

Wenn es aber um Sicherheit vor Kriminalität geht, bedarf es auch hier eines Blicks auf die Kriminalstatistiken. 1989 betrug die Zahl bekannt gewordener Straftaten insgesamt 4.358.573 (ohne Straßenverkehrsdelikte). Das entspricht einer HZ von 7.031, wobei die meisten Straftaten von Männern begangen wurden. Dementsprechend waren nur 3,9% der Strafgefangenen im Jahr 1989 weiblichen Geschlechts. Die Aufklärungsquote aller Verbrechen lag zu diesem Zeitpunkt bei 47,2%.[445])

Unter „Sicherheit im Alltag" verstanden viele Schüler sowohl die Sicherheit vor Kriminalität, d. h. vor Gewalttaten, Einbruch oder Diebstahl, aber auch die Verkehrssi-

*Schaubild 24: Sicherheit im Alltag nach Regionen**

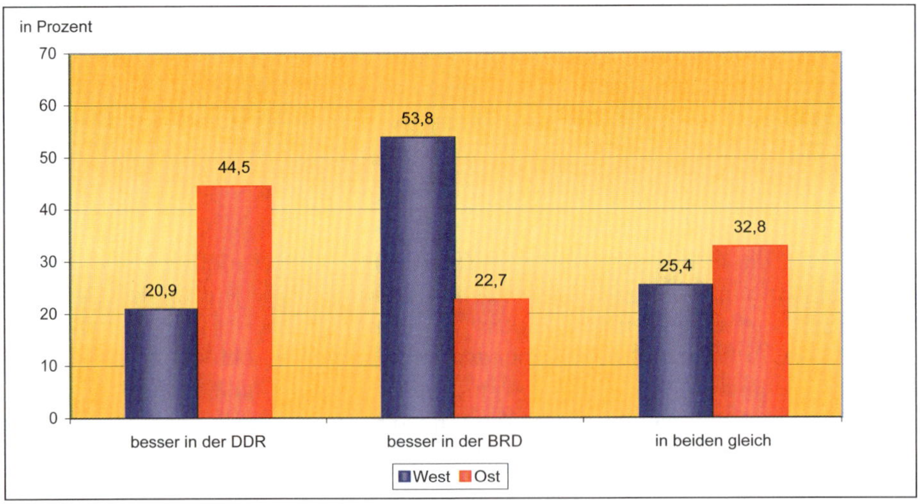

** Antworten auf die Frage: „Deutschland vor 1989: Was glauben Sie war besser oder gleich in der DDR oder in der Bundesrepublik Deutschland . . .?"*

[445]) Vgl. Datenreport 1992, S. 242 und und Polizeiliche Kriminalstatistik (PKS).

cherheit und generell die Unbefangenheit, sich in öffentlichen Räumen zu bewegen, kaum jedoch die soziale Sicherheit. In den Gesprächen kristallisierte sich heraus, dass manche Schüler glaubten, das höhere Maß an staatlicher Kontrolle in der DDR habe zu mehr allgemeiner Sicherheit beigetragen.

Diese Frage zielte weniger auf objektive Tatbestände (Zahl der Verbrechen, Aufklärungsquote, Verkehrsunfälle o. ä.), sondern auf ein individuelles Gefühl von Sicherheit oder Unsicherheit im Alltag. Eine relative Mehrheit – knapp 43% – der Schüler votiert für die BRD, jeweils etwas über 30% für die DDR bzw. für gleich sichere Verhältnisse in beiden Staaten. In den drei westdeutschen Regionen entscheidet sich allerdings eine knappe bis absolute Mehrheit für die Bundesrepublik im Gegensatz zu den ostdeutschen Schülern, die mit knapp 45% die DDR favorisieren. Die Ergebnisse für den jeweils anderen Staat fallen in etwa gleich aus und liegen bei etwas über 20%. Erneut stimmen bayerische Schüler am häufigsten für die Bundesrepublik und am wenigsten für die DDR. Mädchen – vor allem aus dem Osten und Ausländerinnen – sind deutlich unentschiedener als Jungen. Jüngere Schüler sprechen sich häufiger als ältere für die Bundesrepublik aus, was Gymnasiasten und vor allem Haupt- und Realschüler ebenfalls tun.

Die starke Zerrissenheit unter den Schülern wird daran deutlich, dass die Zustimmungsraten für die DDR bei dieser Frage zwischen 8,6% (Hauptschüler) und 46,9% (Brandenburger Schüler) und die für die Bundesrepublik zwischen 22,4% (Ost-Berliner Schüler) und 71,2% (Hauptschüler) variieren. Der gespaltene Blick resultiert vor allem aus der regionalen Herkunft und dem besuchten Schultyp.

Interessanterweise sind die ausländischen Schüler in ihrer Entscheidung eindeutiger als die deutschen: Eine absolute Mehrheit votiert für die Bundesrepublik. Die deutschstämmigen Schüler, die wir in der Berliner Umfrage gesondert erfasst haben, sind dagegen recht unsicher in ihrer Entscheidung; knapp 40% von ihnen legen sich nicht auf einen der beiden Staaten fest. Lassen sich die Ost-West-Unterschiede wie bei nahezu allen Statements mit unterschiedlichen Milieus und unterschiedlichen Erlebnissen erklären, lässt das überdurchschnittliche Plädoyer der ausländischen Schüler für die Bundesrepublik auch eine Gleichsetzung von DDR und dem heutigen Ostdeutschland vermuten, in dem sich ausländische Schüler weniger sicher als in Westdeutschland bzw. West-Berlin fühlen.

Das Ergebnis ist nicht zuletzt der – für viele Schüler – vagen Formulierung der Frage geschuldet, wie dem hierbei regelmäßig auftretenden „Klassengemurmel" zu entnehmen war. Viele Schüler assoziierten „Verkehrssicherheit" o. ä., andere thematisierten „Lebenssicherheit" und „Rundumversorgung". Schüler aus Ostdeutschland präferierten diese eher als Schüler aus dem Westen. Nahezu alle Schüler betonten, das Leben in der DDR sei abgesicherter gewesen als in der heutigen Bundesrepublik, insbesondere wegen der Arbeitsplatzgarantie. Auf Nachfrage können sich einige sogar vorstellen, bestimmte Entscheidungsfreiheiten zugunsten einer staatlichen Arbeitsmarktpolitik mit entsprechenden Regulierungsmechanismen aufzugeben. Hier unterscheiden sich allerdings Schüler aus den verschiedenen Regionen: Schüler aus den alten Ländern, vor allem aus Bayern, halten letztlich doch an den Prinzipien individueller Entscheidungsfreiheiten fest.

Nur eine Minderheit – vor allem diejenigen, die die DDR favorisierten – verstand die Frage in unserem Sinne und meinte, es habe in der DDR nicht so viele kleine Diebstähle, Schlägereien o. ä. gegeben, so dass die Menschen weniger Angst vor Verbrechen haben mussten. Nahezu alle Schüler waren sich in den Gesprächen aber darüber einig, dass diese Sicherheit heutzutage verbesserungsbedürftig ist. Allerdings lehnten sie überwiegend einen umfassenden Überwachungsstaat und geschlossene Grenzen à la DDR ab. Selbst die meisten ostdeutschen Schüler schlossen sich dieser Auffassung an.

Freizeitangebote für Jugendliche

Die Gestaltung der Freizeit nahm und nimmt bei Jugendlichen in Ost und West einen hohen Stellenwert ein. Die systembedingten Unterschiede sind offenkundig: Während in der DDR die SED danach strebte, Kinder und Jugendliche möglichst in einem kollektiven Rahmen nach ihren ideologischen und ethischen Vorgaben zu sozialisieren, entwickelte sich in der Bundesrepublik im Zuge der Modernisierungswellen seit den fünfziger Jahren eine stärker individualistische und pluralistische Freizeitwelt.

In der DDR sollte die Jugend für den Aufbau des Sozialismus gewonnen und aktiviert werden. Folgerichtig ging das Bemühen der SED dahin, die Jugend einer umfassenden ideologischen Prägung zu unterziehen, nach dem Motto: „Wer die Jugend gewinnt, dem gehört die Zukunft". Dementsprechend war das Freizeitangebot für Jugendliche Teil der nahezu vollständigen staatlichen „Rund-um-die-Uhr-Betreuung". Dabei fungierte der Staat nicht nur als Finanzier, sondern hatte nahezu eine Monopolstellung inne.

Zentralorgane zur Erziehung und Prägung der Jugend in der DDR waren seit 1946 die Freie Deutsche Jugend (FDJ) und seit 1948 die von der FDJ gegründete Pionierorganisation ‚Ernst Thälmann' als Staatsjugendorganisationen, an denen fast kein Jugendlicher vorbeikam, da gleichsam automatisch mit der Einschulung der Beitritt zu den Jungen Pionieren erfolgte. 1987 betrug die Zahl der Mitglieder der FDJ 2,3 Millionen; im gleichen Jahr waren über 1,44 Millionen Kinder Mitglieder der Pionierorganisation.[446]) Der „reguläre" Weg sah die Mitgliedschaft der Jugendlichen in der FDJ bis zum Ende ihrer Ausbildung vor, wobei FDJ-Funktionäre bei jeder biografischen Station ihrer Mitglieder Einfluss auszuüben suchten. Überall entschied die „gesellschaftliche Aktivität" genauso wie die fachliche Leistung und die politische Stellung der Eltern über das persönliche Fortkommen.[447]) Insofern lernten die Kin-

[446]) Vgl. Behnen 2002, S. 144.
[447]) Vgl. Wolle 1998, S. 114.

der von frühester Jugend an, dass vor allem politische Opportunität, also die richtige Haltung und ein mit der Obrigkeit konformes Verhalten, karriereförderlich war. Auf der anderen Seite herrschte gerade unter Jugendlichen oftmals ein hohes Maß an Unzufriedenheit mit dem einseitigen, staatlich vorgegebenen Freizeitangebot. Vor allem in den siebziger und achtziger Jahren versuchten nicht wenige Jugendliche, aus diesem engen Korsett auszubrechen und sich kleinere Spielräume zu erkämpfen. Die Obrigkeit tolerierte dies jedoch nur in einem geringen Maße, wie das Verbot bestimmter Musikgruppen und die Verfolgung von Punks etc. demonstrieren.

Im Zuge einer von oben verordneten gewissen „Aufbruchstimmung" nach dem Bau der Mauer veröffentlichte die SED ein Jugendkommuniqué. In diesem Papier wurde vorgeschlagen, die Jugend nicht nur ideologisch auf den Sozialismus auszurichten, sondern ihr auch einige altersspezifische Freiheiten zu gewähren. Erste Auswirkungen hiervon wurden nach Meinung von Beobachtern auf dem Deutschlandtreffen im Mai 1964 durch längere Haare und andere Musik in Ansätzen sichtbar. Die eigens für das Treffen eingerichtete Rundfunkwelle „DT-64" stieß bei den Jugendlichen auf positive Resonanz und wurde anschließend fortgesetzt.[448]) Die Lockerung hielt indes nicht lange an, schon zwei Jahre später fuhr die Parteiführung wieder einen restriktiven Kurs, nahm Kulturschaffende erneut an die kurze Leine und polemisierte gegen westliche Einflüsse. Vor allem Erich Honecker und sein politischer Ziehvater Walter Ulbricht führten einen Generalangriff gegen „schädliche Tendenzen" in Filmen, Theaterstücken, literarischen Arbeiten sowie in Fernsehsendungen. Ulbricht, der die Beat-Musik als „geistestötend und lächerlich" bezeichnete, verwahrte sich strikt gegen westliche Einflüsse, die er wie folgt charakterisierte: „Einige Kulturschaffende haben die große schöpferische Freiheit, die in unserer Gesellschaftsordnung für die Schriftsteller und Künstler besteht, so verstanden, dass die Organe der Gesellschaft auf jede Leitungstätigkeit verzichten und Freiheit für Nihilismus, Halbanarchismus, Pornographie oder andere Methoden der amerikanischen Lebensweise gewähren."[449]) Die FDJ musste als Folge dieses ZK-Plenums sich wieder stärker auf die marxistisch-leninistische Schulung von Jugendlichen konzentrieren.

Nicht nur der außerschulische Alltag wurde durch die Aktivitäten der FDJ und der Pioniere gelenkt, auch die Organisation der Ferienzeit war durch sie bestimmt. In den Sommerferien 1987 zum Beispiel wurden in 48 zentralen Pionierlagern mit 36.537 Plätzen insgesamt 110.721 Kinder betreut.[450]) Im gleichen Jahr gab es 269 Jugenderholungseinrichtungen mit 24.717 Übernachtungsplätzen, die von ca. 53,4% der Jugendlichen genutzt wurden, wobei auch diese Übernachtungsplätze seit 1981 im Wesentlichen durch das Reisebüro der FDJ („Jugendtourist") zentral vermittelt wurden. Zum Freizeitangebot gehörten zudem die vom Reisebüro der FDJ vermittelten Reisen. 1987 wurden von etwa 45% der Jugendlichen für durchschnittlich 3,3

448) Vgl. Wolle 2004, S. 54 ff.

449) Zitiert nach: Jäger 1994, S. 120.

450) Vgl. Statistisches Jahrbuch DDR 1988, S. 335.

Tage Inlandsreisen unternommen und von ca. 9,5% Jugendlichen Auslandsreisen in sozialistische Länder, die durchschnittlich 8 Tage dauerten.[451])

Neben den durch die FDJ organisierten Freizeitangeboten gab es den Deutschen Turn- und Sportbund (DTSB), in dem 1989 etwa 27% aller Kinder als Mitglieder verzeichnet waren.[452]) Obwohl die SED seit den siebziger Jahren die Entwicklung einer eigenen Jugendkultur – in Grenzen – zuließ, konnte sie nicht verhindern, dass sich große Teile der DDR-Jugendlichen zunehmend an westlichen Lebensstilen orientierten, wobei der Beat-Musik eine besondere Rolle zukam.

In der Bundesrepublik wurden Freizeitangebote für Jugendliche von sehr heterogenen Anbietern unterbreitet und finanziert: freie Träger, öffentliche und private Einrichtungen, wobei regional zum Teil sehr unterschiedliche Jugendorganisationen aktiv waren. Beispielsweise waren die ehemals populären Pfadfinderorganisationen Ende der achtziger Jahre vor allem noch in Süddeutschland verbreitet; im gesamten Bundesgebiet gab es konfessionell gebundene Angebote für Jugendliche von den beiden großen Kirchen. Nahezu alle gesellschaftlichen Gruppen unterhielten eine spezielle Jugendarbeit, eigene Jugendabteilungen oder Jugendorganisationen (Kirchen, Parteien, Wohlfahrtsverbände, Gewerkschaften, Naturschutzorganisationen etc.). Daneben existierten in fast jedem Dorf Sportvereine, die ein eigenes Angebot für jugendliche Mitglieder bereitstellten. 1990 gab es in Westdeutschland 11.046 Freizeiteinrichtungen.[453]) Im gleichen Jahr wurden hier 8.110 Plätze in Kur-, Genesungs- und Erholungsheimen für Kinder und Jugendliche sowie 84.903 Plätze in Jugendherbergen, Jugendgästehäusern und Jugendübernachtungshäusern bereitgestellt.[454]) Auf Grund der pluralen Trägerstruktur und der Vielzahl privater und gemeinnütziger Anbieter ist es nicht möglich, einen Überblick über sämtliche Freizeitangebote für Jugendliche in der Bundesrepublik zu geben.

Darüber hinaus gestalteten in der Bundesrepublik viele Jugendliche ihre Freizeit und auch ihre Ferien gemeinsam mit Gleichaltrigen oder ihren Familien. Nur eine Minderheit nahm Angebote seitens staatlicher Einrichtungen oder verschiedener Organisationen zu Ferienreisen wahr. Die Vielfalt des Freizeitangebots führte bei nicht wenigen Jugendlichen zu einer überwiegend passiven Freizeitgestaltung, vor allem bedingt durch das Fernsehen; die aktive Freizeitgestaltung nahm infolgedessen ab.

Den Gesprächen mit Schülern haben wir entnommen, dass ein Teil der Schüler unter „Freizeitangebote“ nur die öffentlichen verstand, andere wiederum alle Freizeitangebote. So dürfte das jeweilige Votum mitunter auf unterschiedlichen Annahmen basieren.

---

[451]) Vgl. ebd., S. 334.

[452]) Vgl. Sozialreport '90, S. 14.

[453]) Statistisches Bundesamt: Statistik der Jugendhilfe Teil III, Einrichtungen und tätige Personen in der Jugendhilfe am 31. Dezember 1990, früheres Bundesgebiet, S. 4.

[454]) Ebd., S. 16.

*Schaubild 25: Freizeitangebot für Jugendliche nach Regionen**

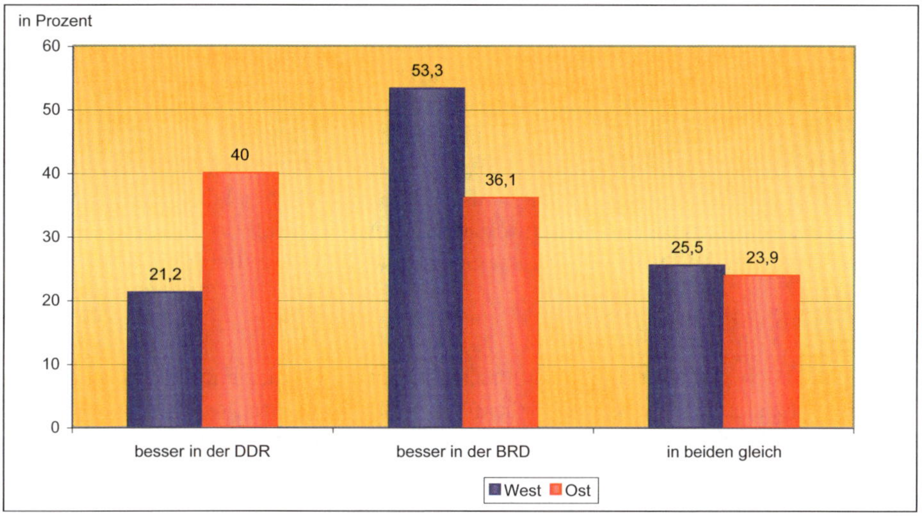

** Antworten auf die Frage: „Deutschland vor 1989: Was glauben Sie war besser oder gleich in der DDR oder in der Bundesrepublik Deutschland . . .?"*

Auch hier kann sich ein knappes Viertel aller Schüler nicht entscheiden. Den knapp 28% derjenigen, die bessere Freizeitangebote im realen Sozialismus erblicken, stehen knapp 48% gegenüber, die den kapitalistischen Westen Deutschlands im Vorteil sehen. Wie bei den meisten vorangegangenen Statements ist das Ergebnis in Ost und West konträr: Eine absolute Mehrheit in den alten Ländern favorisiert die Bundesrepublik, eine relative Mehrheit in den neuen die DDR. Erneut fallen die Voten aus Brandenburg und Ost-Berlin nahezu identisch aus, und auch die Schüler aus dem Westen sind sich diesmal in ihrem Urteil weitgehend einig. Den höchsten Zuspruch erfährt die alte Bundesrepublik zum wiederholten Male von den ausländischen Schülern. Alter und die Art der besuchten Schule beeinflussen bei dieser Frage die Antworten stärker als bei anderen. Das Votum fällt mit dem Alter und dem Besuch eines höheren Schultyps zunehmend für die DDR und gegen die Bundesrepublik aus.

In den Gesprächen kamen die unterschiedlichen Auffassungen der Schüler ebenfalls zum Vorschein. Diejenigen, die Sympathien für DDR-Freizeitangebote bekundeten, lobten die Fürsorge des realsozialistischen Staates, der Jugendclubs finanzierte, Reiseangebote unterbreitete etc. Dies hätte verhindert, dass Kinder und Jugendliche herumstreunten oder verwahrlosten. Angesichts dieser Vorteile könne man das eingeschränkte Freizeitangebot durchaus akzeptieren. Gerade das jedoch wollten die Befürworter des bundesrepublikanischen Angebots nicht hinnehmen. Sie lehnten vehement eine staatlich vorgegebene kollektive Betreuung der Freizeit und auch der Ferien ab. Die meisten westdeutschen, einige ostdeutsche, aber vor allem ausländische Schüler wollen auf die Vielfalt des Freizeitangebots, wie sie es für die Bundesrepublik analog zu heute vermuteten, nicht verzichten. Ihr Urteil – so unser

Gesprächsergebnis – gründet sich auf die Vielfalt des Angebots und die individuellen Entscheidungsmöglichkeiten. Sie äußern sich zwar nicht generell gegen kollektive Freizeitangebote, möchten aber nicht darauf beschränkt sein. Einige Schüler, vor allem Gymnasiasten, führten zudem an, dass sie für sich persönlich zwar das mehr oder weniger für alle verpflichtende DDR-Freizeitangebot ablehnen, es aber für Kinder und Jugendliche aus bestimmten sozialen Schichten sinnvoll fänden. Unabhängig von der bei diesem Statement gewünschten Bewertung plädierten ostdeutsche Schüler stärker für Gruppenaktivitäten als westdeutsche, die bei den Gesprächen der Individualität einen höheren Stellenwert beimaßen. Vor allem in Berlin prallten die unterschiedlichen Auffassungen in den Gesprächen mitunter heftig aufeinander.

Zusammenhalt in der Familie

Die beiden nachfolgenden Fragen zum Zusammenhalt in der Familie und zur Hilfsbereitschaft zielen noch weniger als die anderen auf ein Hintergrundwissen, sondern wollen eine allgemeine, assoziativ vorhandene Einschätzung erkunden. Selbstredend existieren für familiären Zusammenhalt und Hilfsbereitschaft keine direkten statistischen Kennziffern. Ihre objektive Erhebung ist kaum durchführbar und im Nachhinein ohnehin unmöglich. Es bedürfte der Bezugnahme auf alternative Indikatoren, die das Ausmaß von Hilfsbereitschaft und familiärem Zusammenhalt illustrieren könnten. Daher lassen sich nur ganz allgemeine Faktoren, wie die Zahl der Eheschließungen und -scheidungen, die Zahl der Kinder sowie der Anzahl der Mehrgenerationenhaushalte betrachten, um von da aus Rückschlüsse auf den formalen Zusammenhalt in den Familien zu ziehen. Doch selbst diese müssen kritisch beleuchtet werden: Was drückt die Anzahl der Eheschließungen und -scheidungen, der Mehrgenerationen-Haushalte und der zu Hause gepflegten Angehörigen über Zusammenhalt und Hilfsbereitschaft aus und was sagt sie über ökonomische und institutionelle Rahmenbedingungen?

Beide Items dienen dazu, der „gefühlten DDR“ Raum zu geben. Entscheidend ist weniger, ob die gegenseitige Unterstützung der DDR-Bevölkerung im alltäglichen Kampf gegen den Mangel oder die regelmäßigen Paketsendungen von West nach Ost (im Wert von ca. 500–600 Mio. D-Mark jährlich), ob „sozialistische Wartegemeinschaften“ oder ihre Kinder zu Hause betreuende Mütter der größere Ausweis von Hilfsbereitschaft oder Zusammenhalt sind, sondern wie dies von den Befragten bewertet wird.

1989 betrug die Zahl der Eheschließungen in der DDR 130.989, demgegenüber wurden 50.063 Ehen geschieden, was einem Verhältnis von 3.520 geschiedenen Ehen je 10.000 geschlossenen Ehen entsprach; der Anteil verheirateter Personen lag bei über 70%. Das durchschnittliche Erstheiratsalter stieg bei Männern von 23,4 Jahren (1980) auf 25,3 Jahre im letzten vollständigen Jahr der DDR. Im gleichen Zeitraum erhöhte sich das durchschnittliche Alter lediger Frauen bei der Heirat von 21,3 auf 23,2 Jahre.[455])

455) Vgl. Statistisches Jahrbuch 1991, S. 75 ff.

Die sehr hohe Wertschätzung der Familie resultierte nicht zuletzt daraus, dass sie eines der wenigen verbliebenen Rückzugsfelder war, um sich dem Zugriff des Staates zu entziehen. Das Bedürfnis zur Flucht in die Privatsphäre war offensichtlich in allen gesellschaftlichen Gruppen weit verbreitet, wodurch sich auch die nur geringen Unterschiede zwischen den einzelnen Bildungsgruppen hinsichtlich der Bewertung von Familie bei Umfragen unmittelbar nach dem Zusammenbruch der DDR erklären lassen.[456]) Im Übrigen war es faktisch nur verheirateten Personen möglich, eine Wohnung außerhalb des elterlichen Hauses zu bekommen, was sicher auch ein Motiv für die (typischerweise sehr frühe) Heirat in der DDR war.

Der politischen Leitlinie der SED gemäß stellte die Einwirkung auf familiäre Beziehungen ein notwendiges Mittel bei der Herausbildung des sozialistischen Menschen dar. Insofern bemühte sich die Politik um ein hohes Maß an Einflussnahme auf die persönlichen Beziehungen. Ein glückliches Familienleben gehörte in der DDR zu den wichtigsten Lebenswerten. Der Alltag einer typischen DDR-Familie blieb allerdings in starkem Maße von den gesellschaftlichen Rahmenbedingungen geprägt, da die Partei den Alltag, und die biografischen Stationen „von der Wiege bis zur Bahre" bestimmte. Beide Ehegatten arbeiteten 43,75 Wochenstunden und lebten in der ihnen zugewiesenen Einheitswohnung; Kinder wurden in den staatlichen Kinderbetreuungseinrichtungen versorgt und alljährlich in Pionier- oder Betriebsferienlager geschickt; Mittagsmahlzeiten gab es für alle in den betreffenden Einrichtungen. Nichtsdestotrotz bot die Familie einen Zufluchtsort vor den Ansprüchen und Zumutungen der von der SED eingeengten Lebenswirklichkeit.

Dementsprechend hohe Wertschätzung brachten die DDR-Bürger den Aspekten von Partnerschaft und Familienleben entgegen, die nicht von der Partei dominiert und kontrolliert, sondern höchstens bespitzelt wurden. Doch der Rückzug ins Private war zum Teil Illusion, da der Einzelne zu weitgehender Anpassung gezwungen war, die die Grenze zwischen selbstbestimmter und fremdbestimmter Biografie verschwimmen ließ.[457]) Insofern mag ein Teil der Wertschätzung gegenüber traditionellen Lebensformen auch der Tatsache geschuldet gewesen sein, dass in der DDR kaum Alternativen denk- und lebbar waren, da sie der Ideologie der offiziellen Politik entgegenstanden.

Daher verwundert es nicht, dass die Zahl der Eheschließungen unmittelbar nach der Wende rapide sank. Dieser massive Rückgang dürfte einerseits mit dem hohen Maß an (persönlicher) Verunsicherung hinsichtlich der eigenen Zukunft durch den Zusammenbruch der DDR und die Wiedervereinigung zusammenhängen. Andererseits wollten neugewonnene Freiheiten wohl auch in den privatesten Sphären gelebt werden, weshalb der Weg der traditionellen Lebensform nicht mehr selbstverständlich war.

---

456) Datenreport 1992, S. 596.
457) Vgl. Schroeder 1998, S. 586.

1989 wurden 198.922 Kinder geboren, während 205.711 Personen verstarben, womit in der DDR ein Gestorbenenüberschuss von 6.789 Personen herrschte. In den Jahren zuvor hatte es noch einen kleinen Geborenenüberschuss gegeben, der allerdings die per Antrag oder Flucht aus der DDR Entkommenen nicht kompensieren konnte. Die Geburtenhäufigkeit betrug je Frau durchschnittlich 1,6 Kinder gegenüber 1,4 im früheren Bundesgebiet. Damit wurde in beiden Teilen Deutschlands die für den Erhalt des Bevölkerungsbestandes auf längere Sicht erforderliche Rate von etwa 2,1 Kindern nicht erreicht.[458]) Obschon die DDR mit 57 eine etwas höhere Fruchtbarkeitsziffer als die Bundesrepublik (52) hatte, lebten in den Familien nicht ungewöhnlich viele Kinder.[459])

Indikatoren wie gegenseitige Unterstützung beim Bauen, Renovieren, Reparieren usw. lassen sich nicht in Zahlen ausdrücken, müssten vielmehr über Befragungen erhoben werden, die zudem nur mit großer Vorsicht interpretiert werden können, weil generell, je länger die Zeit zurückliegt, Befragte zu einer verklärenden Sicht neigen. Daher gibt es hierfür auch keine Vergleichswerte.

Grundsätzlich darf jedoch im Hinblick auf das Familienbild nicht vergessen werden, dass bis zum Untergang der DDR Familien durch Mauerbau und rigide Grenzkontrollen getrennt wurden. Außerdem konnten durch die Beschränkungen bei der Einreise in die DDR, aber insbesondere bei der Ausreise von DDR-Bürgern in den Westen Familienbeziehungen nicht ungehindert gepflegt werden. Angaben über die Anzahl von Mehrgenerationen-Haushalten in der DDR konnten ebenso wenig ermittelt werden wie Zahlen zur häuslichen Pflege von Familienangehörigen.

Auch für Westdeutschland ist es schwierig, zuverlässige Indikatoren und Kennzahlen zur Beurteilung des Zusammenhalts in den Familien zu finden. Betrachtet man die Eheschließungs- und Scheidungsraten des Jahres 1989, zeigt sich, dass 398.608 Ehen geschlossen (6,4 Eheschließungen pro 1.000 Einwohner) und 126.628 geschieden wurden, (3.011 Scheidungen je 10.000 geschlossener Ehen). Im gleichen Jahr wurden 681.537 Kinder lebend geboren und 697.730 Menschen starben, was einen negativen Bevölkerungssaldo von 16.193 Personen ergab. Ebenso wie in der DDR stieg das durchschnittliche Erstheiratsalter in den achtziger Jahren an, und zwar bei Frauen von 23,4 auf 25,7 und bei Männern von 26,1 auf 28,2 Jahre.[460]) Insgesamt wurden in der Bundesrepublik und in der DDR – gemessen an ihren Bevölkerungszahlen – vergleichbar viele Ehen geschlossen, doch lag die Wiederverheiratungsrate in der DDR deutlich höher. Letztere dürfte auch Resultat unterschiedlicher Sozialleistungen sein, vor allem im Rentenrecht.

Betrachtet man die Zahl der von Bundesbürgern monatlich in die DDR verschickten Pakete zeigt sich, dass die materielle (und emotionale) Unterstützung der Ostverwandtschaft durch die West-Bürger die Regel war. Seit den sechziger Jahren wurden

[458]) Vgl. Statistisches Jahrbuch 1991, S. 75 und Datenreport 1992, S. 48.
[459]) Vgl. Datenreport 1992, S. 48.
[460]) Statistisches Jahrbuch1991, S. 74 ff.

monatlich 1,5 Millionen Pakete aus der Bundesrepublik in die DDR verschickt, im Dezember sogar über 3 Millionen, was einem jährlichen Transfer von ca. 500–600 Millionen DM entsprach.[461]) Die Westpakete erleichterten vielen Familien ihren Konsumentenalltag. Vor allem Kaffee, Süßigkeiten, aber auch bestimmte Kleidungsstücke kompensierten bis zu einem gewissen Maß Mangel und schlechte Qualität vergleichbarer Produkte in der DDR. Die Gegenpakete enthielten oft Gegenstände, die bei vielen Westverwandten nicht auf ungeteilte Freude trafen. Sie konnten mit den Holzfiguren aus dem Erzgebirge, mit Gesticktem und anderen DDR-Produkten wenig anfangen und betrachteten die Ostpakete mit einer gewissen Herablassung. Die gönnerhafte Geste mancher Westverwandten dürfte bis zum heutigen Tage die negative Beurteilung westdeutscher Eigenschaften durch eine Mehrheit der Ostdeutschen prägen.

Die Antwort auf die Frage nach dem besseren Familienzusammenhalt sagt wahrscheinlich bei den meisten Schülern mehr über die Einschätzung der eigenen Situation aus als auf einer verallgemeinerten Ebene über den Zusammenhalt von Familien in den beiden Systemen. Für die DDR wird von vielen Befragten angenommen – so lassen sich einige Gesprächsaussagen von Schülern deuten –, dass die Familie stärker zusammenhielt, weil der Druck von außen größer war. Nur wenige westdeutsche Schüler haben indes Kenntnisse von Freunden, Bekannten oder Verwandten, die erzählt haben könnten, wie sich das Leben in der DDR im Alltag bzw. in der Familie abspielte. Einige Schüler wollten wegen der Privatsphäre der Familie die Frage nicht beantworten. Andere betonten, gehört zu haben, es habe in DDR-Familien einen größeren Zusammenhang gegeben.

*Schaubild 26: Zusammenhalt in der Familie nach Regionen**

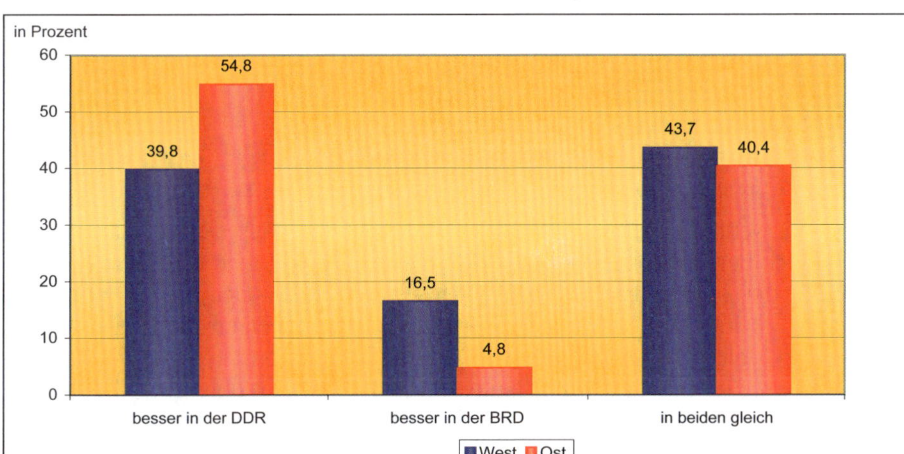

** Antworten auf die Frage: „Deutschland vor 1989: Was glauben Sie war besser oder gleich in der DDR oder in der Bundesrepublik Deutschland . . .?"*

[461]) Vgl. Schroeder 1998, S. 576 f.

Eine zumeist deutliche relative Mehrheit der Schüler – im Osten sogar eine absolute – glaubt an einen besseren familiären Zusammenhalt in der DDR. Da zudem fast genauso viele Schüler annähernd gleiche Familienverhältnisse vermuten, entfällt auf die Bundesrepublik ein nur geringer Anteil von gut 12%. Nur etwa jeder sechste Schüler im Westen und nicht einmal jeder zwanzigste im Osten vermutet einen besseren Familienzusammenhalt in der Bundesrepublik. Selbst die bayerischen Schüler halten den Familienzusammenhalt in hohem Maße für entweder gleich oder in der DDR für besser. Nur die West-Berliner Schüler sind deutlich skeptischer, obschon auch sie der DDR-Familie vergleichsweise gute Noten geben. Die bundesrepublikanische Familie bekommt das höchste Lob von den Haupt-, das geringste von Ost-Berliner Schülern, während die ostdeutsche Familie ihren Spitzenwert bei den Brandenburger Schülern und ihren niedrigsten bei Hauptschülern erreicht. Die Voten der befragten Schüler liegen bei dieser Frage dichter zusammen als bei den meisten anderen.

In den Gesprächen dominierte ebenfalls ein positives Bild vom Zusammenhalt in DDR-Familien; Schüler aus den alten Ländern waren eher unsicher bzw. wagten kein Urteil. Sie betonten aber, ihr Urteil bedeute nicht, dass der Familienzusammenhalt in der Bundesrepublik schlecht gewesen sei. Einige werteten die DDR-Familie als einen Rückzugsort in der Diktatur. Wieder andere – gleichermaßen aus Ost und West – beklagten heute einen fehlenden Familienzusammenhalt, den sie auch für die alte Bundesrepublik vermuteten. Jeder habe seine eigenen Interessen und nehme auch in der Familie nicht hinreichend Rücksicht auf andere. Bei allen Gesprächen wurde – unabhängig von Wohnort oder Herkunft – die große Bedeutung von Familie für die Schüler sichtbar.

Hilfsbereitschaft

Zur Bereitschaft der DDR-Bevölkerung, ihren Mitmenschen Hilfestellung zu geben, lässt sich nur wenig Konkretes sagen. Indes gilt ganz allgemein, dass bestimmte Verhältnisse auch bestimmtes soziales Verhalten erfordern. Insofern ist es zum Beispiel irreführend, die „sozialistische Wartegemeinschaft“ als Beispiel praktizierter Hilfsbereitschaft zu interpretieren. Da die Grundversorgung bezüglich vielerlei Waren nicht sichergestellt war, bestand der DDR-Alltag für die Menschen vor allem in der Kompensation von Mangel. Diese gelang natürlich am besten über Zweckbündnisse: Stellt sich Person A für Bananen in einem Geschäft an und Person B für Orangen in einem anderen und die beiden haben zuvor vereinbart, sich gegenseitig das betreffende Produkt mitzubringen, so ist dieses Verhalten überaus rational und effizient im Hinblick auf die Zielerreichung, nämlich den Erwerb von Bananen und Orangen, doch ist das zugrundeliegende Prinzip das einer Tauschbeziehung und kein Beispiel für Hilfsbereitschaft im Sinne besonderer emotionaler Zuwendung.

Die SED erwartete von der Bevölkerung die Bereitschaft zu gesellschaftlicher Arbeit, sei es in der Partei, den Massenorganisationen oder zum Beispiel in der Schule oder im Wohngebiet. Eine statistische Aufschlüsselung, wie viel Zeit der Einzelne durchschnittlich dafür aufbrachte, liegt nicht vor. Ob alle damaligen „Aktivisten" dieses Engagement auch ohne den „sanften Druck" der Partei-Funktionäre praktiziert hätten, sei hier dahingestellt. Für das Jahr 1990 jedenfalls ermittelten verschiedene Befragungen einen Anteil ehrenamtlich Engagierter in der DDR/den neuen Ländern von etwa 17%.[462])

Auch über die Hilfsbereitschaft der bundesdeutschen Bürger lässt sich wenig Grundsätzliches sagen. Aufschlussreich sind die statistischen Informationen hinsichtlich des sogenannten Ehrenamtes. Diese geben Auskunft darüber, wie viele Menschen sich durch ehrenamtliche Arbeit gesellschaftlich engagieren. 1990 waren das etwa 16% aller Bundesbürger, wobei Frauen den Löwenanteil nichtbezahlter regelmäßiger ehrenamtlicher Arbeit leisteten.[463]) In der Bundesrepublik kommt Hilfsbereitschaft bzw. ehrenamtliches Engagement vor allem in den Bereichen eine zentrale Bedeutung zu, wo der Staat keine materielle Hilfe leistet bzw. es den Betroffenen an Geld mangelt. Vergleichbare Zweckbündnisse hinsichtlich der Erlangung von Konsumgütern oder des Ausgleichs nichtvorhandenen Materials, wie sie in der DDR notwendig und üblich waren, gab es in Westdeutschland nicht. Lediglich eine geringe Zahl von Personen praktizierte Tauschbörsen, in denen alle Teilnehmer ihre Fähigkeiten handwerklicher oder technischer Art oder ihre Freizeit zum Tausch anboten – für solche Dinge, die sie (sich) selbst nicht leisten konnten. Doch verdienen derartige Formen institutionalisierter Zweckbündnisse nicht den Namen Hilfsbereitschaft. Die oben bereits genannte Zahl von an DDR-Bürger verschickten Paketen kann aber als Beleg für eine außergewöhnlich ausgeprägte Bereitschaft zur Hilfeleistung zumindest gegenüber Verwandten und Bekannten gewertet werden. Darüber hinaus war und ist die Spendenbereitschaft im westlichen Teil der Bundesrepublik vergleichsweise hoch ausgeprägt.

Bei unserer Befragung gilt für diesen Aspekt Ähnliches wie für den vorangegangenen: Das Votum der Schüler ist in erster Linie eines für oder gegen aktuelle Verhältnisse, wobei für einige sicherlich auch die ansatzweise bekannten Versorgungsmängel in der DDR bei der Entscheidungsfindung eine Rolle gespielt haben dürften.

462) Vgl. Schroeder 2006, S. 756.
463) Vgl. ebd.

*Schaubild 27: Hilfsbereitschaft nach Regionen**

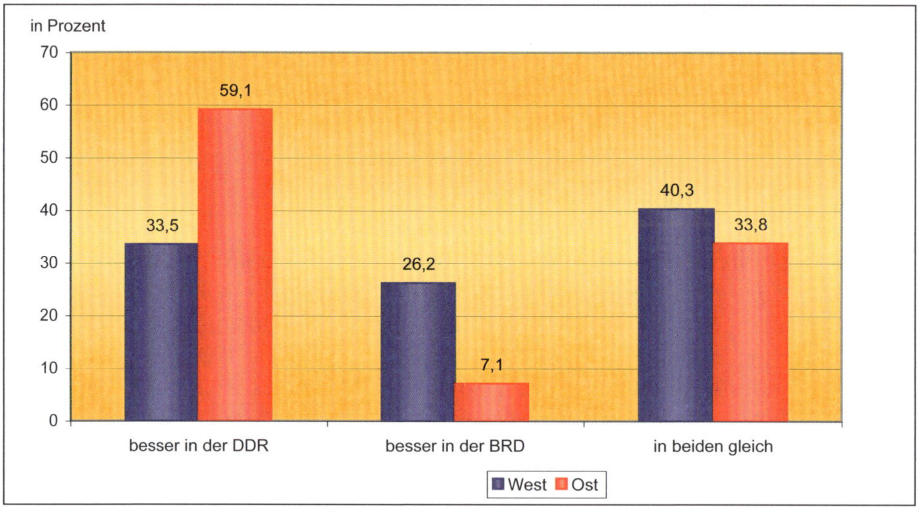

** Antworten auf die Frage: „Deutschland vor 1989: Was glauben Sie war besser oder gleich in der DDR oder in der Bundesrepublik Deutschland . . .?"*

Etwas niedriger als bei der vorangegangenen Frage liegt bei der „Hilfsbereitschaft" das Votum für die DDR: Eine relative Mehrheit der Schüler entscheidet sich für sie, knapp 60% im Osten und ein gutes Drittel im Westen. Erneut fallen die Einschätzungen in Berlin zwischen Ost und West am stärksten gegensätzlich aus. Am häufigsten präferieren Ost-Berliner Jungen den Staat ihrer Eltern, am wenigsten West-Berliner Mädchen. Die Bundesrepublik erreicht nur bei den West-Berliner Jungen einen Wert von über 30%, wobei auch unter ihnen eine relative Mehrheit die Hilfsbereitschaft in der DDR-Gesellschaft im Vorteil sieht.[464]) Nur etwa jeder zwanzigste Ost-Berliner Schüler hält die bundesdeutsche Gesellschaft für hilfsbereiter als die realsozialistische. Selbst die bayerischen und noch häufiger die nordrhein-westfälischen Schüler stimmen eher für die DDR als für die Bundesrepublik, selbst wenn bei ihnen wie bei den West-Berlinern eine relative Mehrheit ein gleiches Ausmaß an Hilfsbereitschaft vermutet. Die alte bundesdeutsche Gesellschaft erreicht nur bei den Hauptschülern eine (absolute) Mehrheit, in allen anderen Teilgruppen schneidet sie – abgesehen von den Realschülern – schlechter als die DDR ab. Selbst die ausländischen Schüler, die ansonsten eher skeptisch gegenüber der DDR sind, schließen sich diesem Trend an. Anders als bei der Frage nach den „Freizeitangeboten" steigen bzw. fallen die Anteile für die DDR bzw. die Bundesrepublik mit steigendem Alter und höherem Schultyp.

In den Gesprächen zeigten sich die Schüler aus dem Westteil Berlins am ehesten kritisch gegenüber der Einschätzung einer höheren Hilfsbereitschaft in der DDR.

[464]) Vgl. Deutz-Schroeder/Schroeder 2007 a, S. 101 f.

Sie haben allerdings generell eine pragmatischere Sichtweise und schreiben die vermeintlich größere Solidarität eher der Mangelgesellschaft zu, während die Schüler aus den ehemaligen Ostbezirken Berlins die Hilfsbereitschaft der DDR-Bevölkerung als Wert an sich erkennen. Zudem kam ihrer Meinung nach Werten insgesamt in der DDR eine größere Bedeutung zu. Einige berichteten von Erzählungen ihrer Eltern, nach denen Kinder schon in frühem Alter zur Hilfsbereitschaft gegenüber Älteren und Schwächeren erzogen wurden. Die meisten Schüler beklagten einen Mangel an Hilfsbereitschaft in der heutigen Zeit.

Umgang mit Ausländern

Erst nach der Öffnung der DDR-Archive Anfang der neunziger Jahre wurde deutlich, wie weit verbreitet ausländerfeindliche Einstellungen in der DDR waren und in welchem Ausmaß gewalttätige Auseinandersetzungen zwischen Einheimischen und Ausländern offiziell registriert wurden.[465]) Anfang der fünfziger Jahre hatte die SED-Führung verkündet, mit der gesellschaftlichen Umgestaltung sei der Faschismus an seinen Wurzeln ausgerottet. Diese falsche Annahme führte in den achtziger Jahren nicht zuletzt zur Verdrängung und Verharmlosung eines sich massiv ausbreitenden gewaltbereiten, rechtsextremistischen Potenzials innerhalb der Jugend.[466])

In der DDR gab es weder ein Recht auf Asyl noch auf Einwanderung, dementsprechend gering war mit ca. 1,2% im Jahr 1989 der Bevölkerungsanteil von Personen mit ausländischer Staatsangehörigkeit, die sich zumeist befristet in der DDR aufhielten. Die Zahl ausländischer Personen mit ständigem Wohnsitz in der DDR, aber ohne DDR-Staatsbürgerschaft, lag bei etwa 0,25%. Diese waren zumeist mit DDR-Staatsangehörigen verheiratet. Die meisten anderen ohne DDR-Staatsbürgerschaft waren für vier bis fünf Jahre als Vertragsarbeiter in die DDR gekommen zur Kompensation des Arbeitskräftemangels, insbesondere für Arbeiten, die keine Einheimischen auszuführen bereit waren. Ihre Lebenssituation wurde streng reglementiert und kontrolliert. Isoliert von der übrigen Bevölkerung lebten sie in betriebseigenen Wohnheimen auf etwa 5 qm Wohnfläche, Besucher mussten sich am Eingang ausweisen. Es war ihnen weder erlaubt, weibliche Besucher zu empfangen noch ihre Familien mit in die DDR zu bringen; Privatkontakte waren ein „Sorgenkind“ der Behörden. Vertragsarbeiterinnen, die schwanger wurden, mussten abtreiben oder wurden in ihre Heimatländer zurückgeschickt.[467])

Betrachtet man neben der offiziellen Linie der Partei zum Umgang mit Ausländern Haltung und Handlungen der DDR-Bevölkerung gegenüber ihren ausländischen Mitbürgern, ergibt sich ein gänzlich anderes Bild als das von der Partei propagierte. So verhielten sich die meisten Menschen weitgehend passiv, wenn sie Zeugen von

465) Vgl. Schroeder 2006, S. 455 ff.
466) Vgl. Schroeder 2004, S. 31.
467) Vgl. Schroeder 2006, S. 455.

gewalttätigen Übergriffen gegenüber Ausländern wurden; auch ausländerfeindliche Sprüche wurden von einem großen Bevölkerungsteil stillschweigend (und von vielen zustimmend) akzeptiert.[468]) Eine wesentliche Ursache für eine fremdenfeindliche Haltung unter der DDR-Bevölkerung lag in der Ausländerpolitik der SED, die auf Isolation und nicht auf Integration zielte. Ressentiments gegen bestimmte Ausländer – zum Beispiel gegenüber Polen – wurden zusätzlich gefördert. Andere Kulturen blieben der DDR-Bevölkerung nicht zuletzt deshalb fremd, weil sie nur begrenzt ins Ausland reisen konnte.

Die manifesten Formen von Ausländerfeindlichkeit, die sich in Gewalttaten gegen Menschen anderer Hautfarbe ausdrückten, existierten ebenso wie latente Formen von Rassismus, wie antizivile, antisemitische und allgemein fremdenfeindliche Haltungen in der Bevölkerung. Für die weit verbreitete Ablehnung von Ausländern gaben DDR-Bürger unterschiedliche Gründe an, wobei sie den Ausländern selbst die vermeintliche Schuld an der Ablehnung zuschoben. Aus ihrer Sicht existierten verschiedene Konfliktfelder im Verhältnis zu Ausländern, die zu dieser ablehnenden oder sogar feindseligen Haltung führten. Erstens beobachteten DDR-Arbeitnehmer argwöhnisch die Übererfüllung der Norm durch Ausländer – für die die DDR-Mark eine harte Währung darstellte –, da sie eine allgemeine Normerhöhung befürchteten und ihren oftmals „gemütlichen" Arbeitsrhythmus gefährdet sahen. Zweitens verschlechterte das organisierte „Abkaufen" von Mangelwaren durch Vertragsarbeiter die Versorgungssituation. Drittens verdienten sich insbesondere Vietnamesen durch Näharbeiten oder den Handel mit Elektrogeräten und vor allem Studenten, die in den Westen reisen durften, mit dem Verkauf bestimmter, in der DDR nicht erhältlicher Waren auf dem Schwarzmarkt zusätzlich Geld, was in der Bevölkerung als „Spekulantentum" gewertet wurde. Viertens schließlich waren bestimmte Ausländer wie Studenten oder politische Flüchtlinge gegenüber der einheimischen Bevölkerung privilegiert. In Ost-Berlin dürften zusätzlich Besuche von Ausländern aus West-Berlin eine die feindselige Haltung bestärkende Rolle gespielt haben. Mit schwarz umgetauschtem Geld verfügten diese (ebenso wie West-Berliner und Westdeutsche) über eine Kaufkraft, die den Neid der einheimischen Bevölkerung erregte.[469])

Die ZK-Abteilung für Sicherheitsfragen und das MfS protokollierten immer wieder Straftaten mit rechtsextremen Hintergrund: Verherrlichung des Faschismus unter Jugendlichen, rechtsextremistische Gesinnung unter Soldaten und in der Schule, „Rowdytum" und „asoziales Verhalten" unter Jugendlichen, wie die SED-Führung Gewaltbereitschaft und Gewalttätigkeit, unter die auch ausländerfeindliche Straftaten fielen, verschleiernd verklausulierte. Dennoch versicherte das Parteiorgan der SED noch im März 1989, es gäbe in der DDR weder Ausländerfeindlichkeit noch Rechtsextremismus.[470])

---

[468]) Vgl. Wagner 1998.
[469]) Wagner 1998, S. 30 ff.
[470]) Vgl. zu diesem Abschnitt Schroeder 2004, S. 46 ff. und Schroeder 2006, S. 443 ff.

In der Bundesrepublik hat sich über die Jahrzehnte ihres Bestehens der Umgang mit Ausländern mehrfach verändert. Im Jahr 1989 lag die Zahl der hier lebenden Menschen nichtdeutscher Herkunft bei etwa 7,7% der Gesamtbevölkerung.[471])

In den sechziger Jahren wurden zur Kompensation des Arbeitskräftemangels infolge des Wirtschaftswunders sogenannte Gastarbeiter ins Land geholt. Obschon ursprünglich vorgesehen war, dass diese Menschen nach einigen Jahren wieder in ihre Heimatländer zurückkehren würden, ließen sich viele von ihnen dauerhaft in Deutschland nieder und holten ihre Familien nach. Gesetzliche Regelungen hierzu bzw. gezielte Maßnahmen zur Integration unterblieben. Die Immigration von Menschen in die Bundesrepublik wurde problematisch, als schließlich ein Überangebot an Arbeitskräften für den Arbeitsmarkt bereitstand. Seit den siebziger Jahren wurde gesellschaftlich und politisch ernsthaft über die (langfristigen) Probleme von Einwanderung, Integration und Begrenzung von Einwanderung diskutiert, ohne dass sich jedoch grundsätzlich etwas änderte.

Zusätzlich zu den Arbeitsimmigranten kamen Hunderttausende Asylbewerber in das Land, von denen nur eine sehr geringe Zahl nach zum Teil langjährigen Verfahren ein Recht auf Asyl erhielt. Das Recht auf politisches Asyl war aufgrund der leidvollen Erfahrungen im nationalsozialistischen Deutschland im Grundgesetz zu einer Zeit verankert worden, als andere als politische Gründe für die Beantragung von Asyl noch nicht absehbar waren. Artikel 16a des Grundgesetzes gewährt(e) politisch Verfolgten Asylrecht. 1989 stellten 121.318 Personen einen Asylantrag. Insgesamt kamen 1989 gut 1,1 Mio. und 1990 knapp 1,3 Mio. Personen mit ausländischer Herkunft in die Bundesrepublik. Im gleichen Zeitraum verließen knapp 440.000 bzw. 465.000 Ausländer das Land.

Seit den sechziger Jahren gründeten sich drei ernstzunehmende rechtsextreme bzw. rechtsradikale Parteien: im Jahr 1964 die Nationaldemokratische Partei Deutschlands (NPD), Anfang der siebziger Jahre die Deutsche Volksunion (DVU) und Anfang der achtziger Jahre die Republikaner.[472]) Alle drei verband eine geschichtsrevisionistische, deutschnationale und fremdenfeindliche Haltung, wobei die Republikaner sich um ein moderateres Auftreten als ihre beiden Konkurrenten bemühten. Die Mitgliederzahlen aller rechtsextremen Parteien schwankten seit den sechziger Jahren zwischen 20.000 und 40.000. Keiner dieser Parteien gelang es, für die breite Mitte der Bevölkerung politisch richtungsweisend oder meinungsbildend zu werden. Betrachtet man die verschiedenen Bundes- und Landtagswahlen zwischen 1949 und 1989, betrug die Zustimmung zu allen rechtsextremen und rechtskonservativen Parteien gemessen an ihren Wahlergebnissen zusammengenommen nie über 11%. Eine ernsthafte Gefahr für Freiheit und Demokratie stellte der Rechtsextremismus in der Bundesrepublik nicht dar. Ebenso wenig war eine militant fremdenfeindliche

[471]) Vgl. Statistisches Jahrbuch1991, S. 72.

[472]) Vgl. für die NPD Bergsdorf 2007, S. 27 ff. und generell zur Geschichte rechtsextremistischer Parteien Pfahl-Traughber 1998.

Grundhaltung konsensfähig oder gar Allgemeingut. Allerdings war eine antisemitische Grundhaltung gepaart mit einem mangelnden Bewusstsein hinsichtlich der Bewertung des NS-Staats als Unrechtsstaat bei vielen Menschen in Westdeutschland bis Anfang der sechziger Jahre vorherrschend. Erst mit steigendem Wohlstand und nachdem die demokratischen Institutionen und Werte nicht nur hingenommen, sondern auch akzeptiert wurden, hielt nur noch eine kleine Minderheit an einer positiven Sicht auf den Nationalsozialismus fest.[473])

1989 registrierten die zuständigen Behörden 103 Gewaltstraftaten mit rechtsextremistischem Hintergrund. Im gleichen Jahr verübten Linksextremisten 680 Gewaltstraftaten. Ausländerfeindliche Gewaltdelikte mit rechtsextremistischem Hintergrund wurden in etwa 60 Fällen bekannt.[474]) Als Täter wurden vor allem junge Männer aus dem Umfeld neonazistischer Gruppen identifiziert. Insofern blieb der organisierte und militante Rechtsextremismus in der Bundesrepublik isoliert und auf mehrere Tausend Aktivisten und Sympathisanten beschränkt. Im Vergleich zum Linksextremismus und der linksterroristischen Szenerie erreichte der Rechtsextremismus in seinen verschiedenen Facetten in den achtziger Jahren weder quantitativ noch qualitativ das Niveau seines extremistischen Gegenübers. Auch im Vergleich mit dem europäischen Ausland, wo rechtsextremistische Parteien und Organisationen höhere Resonanz und Wahlergebnisse erreichten und sich auf der politischen Ebene dauerhaft konsolidieren konnten (zum Beispiel in Italien und Frankreich), blieb der Rechtsextremismus in der Bundesrepublik auf eine randständige Position beschränkt.

Erstaunlicherweise gab es zum Zeitpunkt der Wiedervereinigung unter Berücksichtigung der unterschiedlichen Bevölkerungszahl in der DDR mehr gewaltbereite Skinheads als in der Bundesrepublik. Auch zeigten erste Umfragen nach dem Fall der Mauer dort eine deutlich höhere Quote von fremdenfeindlich eingestellten Personen.[475])

Unsere Fragestellung stieß anfangs auf Befremden bei vielen, insbesondere ausländischen Schülern. Nach einer kurzen Erläuterung, dass es nicht um die Zementierung von Vorurteilen, sondern um eine Bewertung und die eigene Meinung gehe, antworteten die meisten Schüler, wobei sie wahrscheinlich eher die derzeitige Situation in Ost- und Westdeutschland im Hinterkopf hatten als die damalige. Ihre Kenntnisse über das Leben von Ausländern in der DDR sind nahezu gleich Null. Weder wussten sie, wie viele Ausländer in der DDR lebten, geschweige denn, unter welchen Verhältnissen diese arbeiteten und ihr Alltagsleben gestalten mussten.

Das Votum der meisten Schüler fällt eindeutig aus: Eine absolute Mehrheit entscheidet sich für die Bundesrepublik, nur etwa jeder Siebte für die DDR, aber immerhin

---

[473]) Vgl. Schroeder 2004, S. 43.
[474]) Vgl. ebd., S. 40.
[475]) Vgl. ebd., S. 62.

*Schaubild 28: Umgang mit Ausländern nach Regionen**

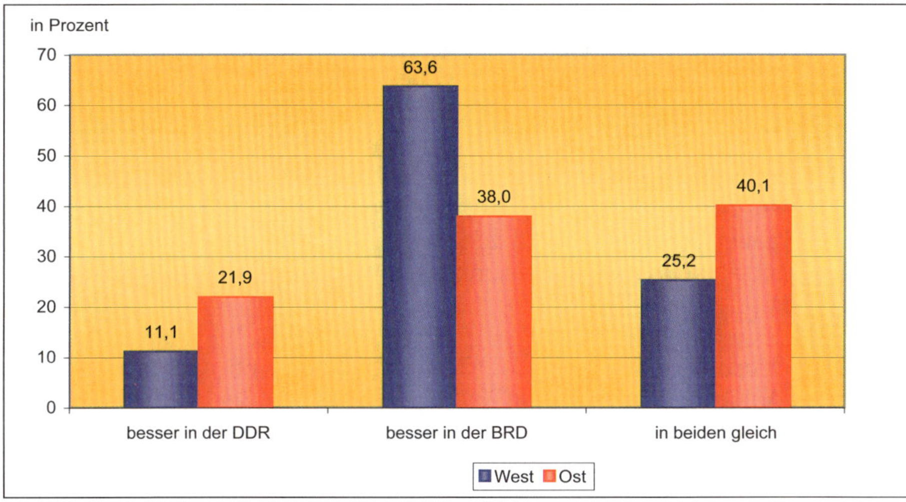

** Antworten auf die Frage: „Deutschland vor 1989: Was glauben Sie war besser oder gleich in der DDR oder in der Bundesrepublik Deutschland . . .?"*

fast jeder Dritte glaubt an einen gleichen Umgang mit Ausländern in beiden Staaten, von den Schülern aus dem Osten sogar gut 40%. Selbst unter Brandenburger und Ost-Berliner Schülern hält nur etwa jeder Fünfte den Umgang mit Ausländern in der DDR für besser. Viele von ihnen haben aber auch gegenüber der Bundesrepublik eine gewisse Skepsis und votieren deshalb mehrheitlich für „gleiche Verhältnisse". In allen anderen Teilgruppen entscheidet sich eine zum Teil breite Mehrheit – in West-Berlin sogar knapp 70% – für die alte Bundesrepublik. Der Besuch einer bestimmten Schulart fällt bei dieser Frage nicht so ins Gewicht wie bei den meisten anderen: Gymnasiasten und Hauptschüler votieren zwar in den konkreten Anteilen etwas anders – erstaunlicherweise die Hauptschüler anteilig stärker für die DDR –, aber mit gleicher Tendenz. Dabei ist nicht auszuschließen, dass einige Hauptschüler den restriktiven Umgang mit Ausländern in der DDR für „besser" halten.

In allen Gesprächen dominierte eine ausgeprägte Unwissenheit über das Leben von Ausländern in der DDR. Weder war den meisten Schülern deren geringer Bevölkerungsanteil in der DDR bekannt, noch waren sie informiert über die Arbeits- und Lebensverhältnisse der so genannten Vertragsarbeiter. Aber auch die Kenntnisse über die Geschichte der Einwanderung ausländischer Arbeitskräfte in die Bundesrepublik als so genannte Gastarbeiter in den sechziger Jahren hielten sich bei den meisten Schülern in engen Grenzen. Erstaunlicherweise kannten viele nicht einmal die Dimension des Anteils von Personen mit Immigrationshintergrund an der heutigen Gesamtbevölkerung.

Zustand der Straßen

Der allgemein schlechte Zustand der Straßen in der DDR (Betonplatten und Kopfsteinpflaster, Schlaglöcher) war hinlänglich bekannt und beschäftigte regelmäßig die Partei. Auch die Transitstrecken glänzten nicht gerade durch eine hohe Güteklasse, obschon sie – finanziert vom Westen – häufiger ausgebessert wurden. Nach dem Zusammenbruch der DDR konnten noch immer einige Autobahnauffahrten aus der Zeit des Nationalsozialismus bestaunt werden. Die DDR verfügte 1989 über 47.201 km Straßen des überörtlichen Verkehrs, darunter 1.850 km Autobahn.[476]) Im Jahr 1989 kam es zu 33.762 Verkehrsunfällen mit 1.784 Verkehrstoten und 41.037 Verletzten.[477])

In der Bundesrepublik gab es 1989 173.652 km Straßen des überörtlichen Verkehrs, davon 8.721 Autobahnkilometer.[478]) In Ausbau und Unterhalt der Bundesfernstraßen wurden 1989 6,29 Mrd. DM investiert. Im selben Jahr geschahen 343.604 Unfälle mit Personenschaden, dabei gab es 7.995 Verkehrstote und 449.397 Verletzte.[479])

Der bessere Zustand der Straßen in der Bundesrepublik gegenüber der DDR wird ernsthaft nicht einmal von DDR-Apologeten bestritten. Selbst für die vergleichsweise geringe Ausstattung der Haushalte mit PKW war das DDR-Straßennetz unterentwickelt. Seit der deutschen Vereinigung hat sich der Aus- und Neubau von Straßen und Autobahnen stark nach Ostdeutschland verschoben. Im Westen Deutschlands wird heute vielfach über marode Straßen und Autobahnen geklagt.

Bei dieser Frage besteht in und zwischen allen Teilgruppen, selbst zwischen Ost- und West-Berliner Schülern, die ansonsten weit auseinander liegen, ein weitgehender Konsens.[480]) Über 70% der Schüler präferieren die Bundesrepublik; nicht festgelegt ist immerhin aber noch etwa jeder Sechste – mehr als jeder Vierte im Ostteil Berlins und sogar knapp jeder Fünfte in Nordrhein-Westfalen. Nur etwa jeder zehnte Schüler bewertet die Straßenverhältnisse in der DDR als besser. Offensichtlich verwechseln diese den aktuellen Straßenzustand mit dem der Vergangenheit. Am wenigsten Zutrauen in die ehemaligen ostdeutschen Straßenverhältnisse haben bayerische Schüler, am meisten Gesamt- und Realschüler, aber auch überdurchschnittlich häufig nordrhein-westfälische Schüler, die vielleicht aus Unwissenheit geraten haben. Jungen präferieren gegenüber Mädchen die Bundesrepublik, was Haupt- und Realschüler gegenüber Gymnasiasten und Gesamtschülern ebenfalls tun. Gleichwohl: Eine breite Mehrheit in allen Teilgruppen stimmt in ihrem Urteil für die Bundesrepublik überein.

---

[476]) Statistisches Jahrbuch 1991, S. 316.
[477]) Ebd., S. 338.
[478]) Ebd., S. 316.
[479]) Ebd., S. 338.
[480]) Vgl. Tabelle A24 im Anhang.

In den Gesprächen stellte sich zum Teil heraus, dass einigen Schülern unklar war, ob mit „Straßenzustand" eventuell die Sauberkeit der Straßen oder ein niedrigeres Verkehrsaufkommen gemeint sei. Einige West-Berliner Schüler berichteten, ihre Eltern hätten erzählt, dass auf den Transitautobahnen viele Autofahrer auf der linken Spur gefahren seien, da die rechte zumeist in einem katastrophalen Zustand war. Diese Bemerkung kommentierte ein Schüler mit dem Hinweis, viele Ostdeutsche würden heute noch zumeist auf der linken Spur fahren.

Reiseangebot und Reisemöglichkeiten

In der DDR war die Reisefreiheit so stark eingeschränkt, dass die Verwendung des Ausdrucks Freiheit fehl am Platze ist. Für die DDR-Bevölkerung gab es keine Freizügigkeit, stattdessen war die DDR von Sperrzonen durchzogen, deren Betreten unter Strafe stand. Anstelle individueller Reisefreiheit gab es einen staatlich organisierten Tourismus, der Reisen in die sozialistischen Bruderländer des Ostblocks erlaubte, wobei eine Zuteilung der Ziele durch die politische Führung erfolgte. Die Möglichkeit selbstorganisierten Reisens, vor allem ins Ausland, war nur eingeschränkt vorhanden: Lediglich Rentnerinnen und Rentner genossen, bezogen auf Westreisen, relative Reisefreiheit.

In der Bundesrepublik herrschte grundsätzlich Reise- und Ausreisefreiheit; der Staat konnte weder Einschränkungen hinsichtlich der zu bereisenden Länder machen, noch jemanden daran hindern, aus Deutschland zu emigrieren. Die Fortbewegungsfreiheit und die Freizügigkeit (d. h. das Recht, an jedem Ort in der Bundesrepublik Deutschland Aufenthalt und Wohnsitz zu nehmen und die Fortbewegung innerhalb des Bundesgebietes) sind ebenfalls grundgesetzlich geschützt (Art. 2 und 11), genauso wie die freie Fortbewegung innerhalb der EU (Römischer Vertrag von 1957) gewährleistet ist. Die Reise in ein nicht EU-Land war also lediglich durch eventuelle Einreisebestimmungen o. ä. von Seiten des jeweiligen Landes begrenzt.

Wenn auch viele der von uns Befragten kaum etwas über die DDR wussten, war nahezu allen jedoch klar, dass die vollständige Abriegelung der Grenze gegenüber dem Westen die Reisemöglichkeiten einschränkte.

Die Schüler zeigen sich in ihren Antworten auf diese Frage so einig wie bei keiner anderen[481]): Nur eine Handvoll Schüler, überdurchschnittlich häufig deutschstämmige Jungen in Berlin, vermutet bessere Reisemöglichkeiten in der DDR. Mit zum Teil weit über 90% votieren bis auf Haupt- und Realschüler alle Gruppen für die Bundesrepublik. Warum mehr Schüler im Westen (Nordrhein-Westfalen und West-Berlin) die DDR favorisieren, erschließt sich uns weder aus der Umfrage noch aus den Gesprächen.

---

[481]) Vgl. Tabelle A25 im Anhang.

Provokativ eingeworfenen Bemerkungen unsererseits, ob man nicht genauso gut am Goldstrand Bulgariens Urlaub machen könne wie in Spanien, verneinten Schüler aus allen Regionen gleichermaßen. Eine Schülerin aus Ost-Berlin verwies auf ihre unabdingbar notwendige jährliche Reise nach Griechenland, um dem hiesigen Herbst zu entfliehen, und konnte sich wie nahezu alle anderen ostdeutschen Schüler auch ein Leben ohne unbegrenzte Reisemöglichkeiten nicht mehr vorstellen. Einige bayerische und West-Berliner Schüler vermuteten, die Aussicht auf Reisefreiheit sei der entscheidende Grund für viele Ostdeutsche gewesen, die SED-Diktatur zu stürzen und die schnelle Wiedervereinigung anzustreben. Dies wollten auch einige Ost-Berliner Schüler nicht ausschließen, allerdings widersprachen andere vehement, indem sie auf den Wunsch nach (politischer) Freiheit und Demokratie bei vielen Ostdeutschen hinwiesen.

Gleichberechtigung

Die Gleichberechtigung von Mann und Frau war eines der erklärten Ziele des Sozialismus und noch heute attestieren viele Sozialwissenschaftler und Politiker der DDR hier einen „Modernisierungsvorsprung". Dabei werden oftmals die wahren Gründe, aus denen das SED-Regime das Ziel der „Gleichberechtigung" verfolgte, vernachlässigt. Ein Blick auf verschiedene Indikatoren bietet eine Möglichkeit, die Realität besser zu beurteilen.

Während der Anteil weiblicher Studierender (48,6%) sowie der hohe Berufstätigkeitsanteil unter den Frauen (91,2%) für eine nahezu gleichberechtigte Gesellschaftsordnung sprechen, vermittelt ein differenzierterer Blick auf die Lebens- und Arbeitssituation von Frauen ein anderes Bild. Die Zuständigkeit für den privaten Haushalt und insbesondere für die Kindererziehung lag fast vollständig bei den Frauen, unabhängig von der Anzahl ihrer Kinder.[482]) Hinzu kam die von der politischen Führung erwartete „freiwillige" gesellschaftliche Arbeit, die von Frauen zu bewältigen war. Um der Vielzahl ihrer Verpflichtungen nachkommen zu können, mussten Frauen während der Arbeitszeit Einkäufe, Behördengänge und andere zur Alltagsbewältigung erforderlichen Aufgaben erledigen. Infolgedessen war der Krankenstand weiblicher Arbeitskräfte stets überdurchschnittlich hoch.

In den männerbündisch geprägten Zirkeln von MfS, von Schutz-, Transport- und Bereitschaftspolizei sowie in der SED hatten Frauen bestenfalls untergeordnete Stellungen. Frauen in Führungspositionen waren absolute Ausnahmeerscheinungen; die Bezahlung weiblicher Arbeitskräfte lag Ende der achtziger Jahre noch weit unter dem durchschnittlichen Verdienst männlicher Personen mit der gleichen Tätigkeit. In den letzten Jahren der DDR verdienten Frauen nach umfassenden Lohndaten-

[482]) Angaben 1972: 54% Alleinzuständigkeit der Frauen für Haushaltsführung und 43,3% für Kindererziehung und 34,5% überwiegende Zuständigkeit der Frauen für die Haushaltsführung und 41,8% für Kindererziehung – vgl. Wolle 1998, S. 176.

erhebungen im Durchschnitt 16% weniger als Männer. Wie in der Bundesrepublik waren sie überdurchschnittlich häufig in Berufen tätig, die eine vergleichsweise geringe Qualifikation erforderten. Zu DDR-Zeiten wurde dieses Problem öffentlich nicht angesprochen.[483])

Für die SED bestand die „Lösung der Frauenfrage" in der Überwindung der kapitalistischen Produktionsweise und der Integration der Frauen in die Arbeitswelt. Hierdurch betrachtete die Partei die bisherige gesellschaftliche Benachteiligung von Frauen als aufgehoben. Fragen des Geschlechterverhältnisses oder der Arbeitsteilung zwischen den Geschlechtern thematisierte die SED nicht. Für sie zielte Frauen- und Familienpolitik vor allem auf den Arbeitsmarkt und die demografische Entwicklung. Insofern waren es besonders wirtschaftliche und politisch-ideologische, aber nicht emanzipatorische Motive, die die SED-Frauenpolitik bestimmten.[484])

Trotz der Bewältigung des Spagats zwischen Beruf und Haushaltsführung gab es keine gesellschaftliche Aufwertung des weiblichen Geschlechts: „Soziologische Untersuchungen der Nachwende-Zeit weisen aus, dass die allgemeinen Anschauungen über Rolle und Funktion der Frau in der Gesellschaft in der DDR noch konservativer und paternalistischer waren als in der damaligen Bundesrepublik."[485]) Dennoch brachte die hohe Erwerbsbeteiligung und die flächendeckende Möglichkeit der Kinderbetreuung den Frauen eine gewisse Unabhängigkeit von ihren Männern bzw. den Vätern ihrer Kinder, was sich nicht zuletzt in höheren Scheidungsraten niederschlug. „Frauenpolitik und Frauenemanzipation in der DDR lassen sich folglich nicht in starre Alternativen nach dem Muster ‚Emanzipation oder Zwang?' pressen. Vielmehr eröffnen sie Einblicke in die grundlegende, über die Frauenproblematik weit hinaus greifende Dialektik jedweder Emanzipation zwischen Selbstbestimmung und Zwang zugleich. Dieser Prozess erscheint bislang als Stufenfolge von starren zu subtileren ‚Gehäusen der Hörigkeit' (Michel Foucault)."[486])

Auch in der Verfassung der Bundesrepublik ist die Gleichstellung von Frau und Mann gesetzlich verankert. Aber wie in der DDR waren in der Bundesrepublik ebenso typischerweise die Frauen für Haushaltsführung und Kindererziehung verantwortlich. Rein rechtlich konnten Frauen fast jeden Beruf ergreifen, nur nicht den der Soldatin. Faktisch entschieden sie sich aber häufig für klassische Frauenberufe. Diese Tätigkeiten wurden schlechter entlohnt als solche, die überwiegend von Männern ausgeübt wurden. Die geschlechterrollenspezifische Struktur der Berufswahl erklärt einen Teil der Verdienstdifferenz zwischen Frauen und Männern: 1990 betrug diese 29,8% bei den Arbeitern und 35,2% bei den Angestellten. Doch auch bei gleicher Arbeit betrug 1990 der Verdienstabstand 24,4% bei den Arbeitern und 20,6% bei den Angestellten.[487]) Außerdem waren Frauen häufiger gar nicht oder nur

---

483) Vgl. Lubk 1999, S. 286.
484) Vgl. Wolle 1998, S. 174.
485) Wolle 1998, S. 175 f.
486) Schwartz 2005, S. 87.
487) Statistisches Bundesamt 1991, S. 558 ff.

in Teilzeit erwerbstätig. Im Vergleich mit Männern und anders als in der DDR war in der alten Bundesrepublik die Frauenerwerbsquote niedriger und die Quote der Teilzeitbeschäftigung höher. Ebenso wie in der DDR gelang nur wenigen Frauen der Aufstieg zu Spitzenpositionen in Politik und Wirtschaft. Die Ende der sechziger Jahre entstehende neue Frauenbewegung thematisierte das Geschlechterverhältnis grundsätzlich und ging in ihren Forderungen weit über eine gleichrangige Beschäftigung und Entlohnung hinaus.

Die Meinung darüber, was unter „Gleichberechtigung" zu verstehen ist, war unter den Schülern nicht eindeutig. In Gesprächen wurden die rechtliche Gleichstellung, die Möglichkeit, berufstätig zu sein, aber auch eine paritätische Arbeitsteilung zwischen den Geschlechtern in Haushalt und Erziehung genannt. Angesichts dessen dürfte das Urteil auf unterschiedlichen Grundlagen gefällt worden sein.

*Schaubild 29: Gleichberechtigung von Frauen und Männern nach Ländern**

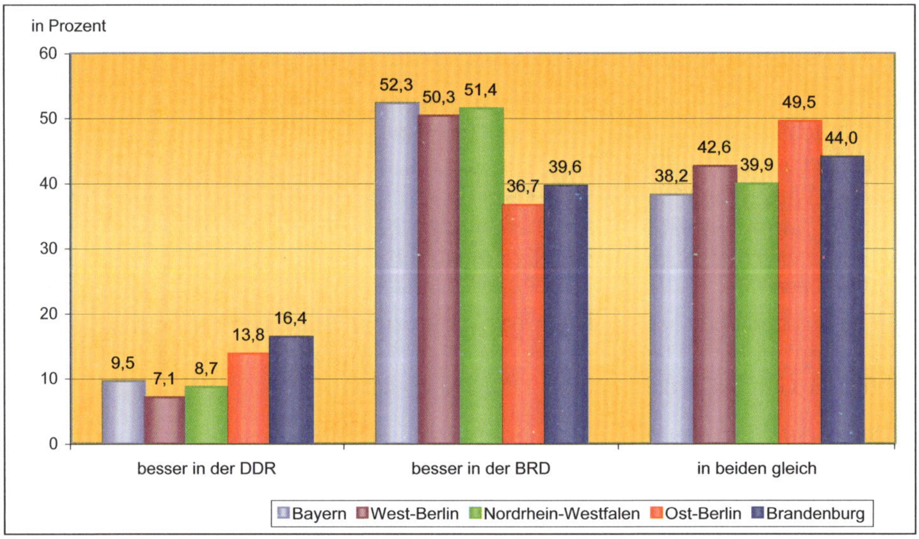

** Antworten auf die Frage: „Deutschland vor 1989: Was glauben Sie war besser oder gleich in der DDR oder in der Bundesrepublik Deutschland . . .?"*

Die Auswertung dieser Frage brachte ein für uns überraschendes Ergebnis: Die DDR, der von vielen Wissenschaftlern, Politikern und älteren Ostdeutschen bei der Gleichberechtigung der Geschlechter ein „Modernisierungsvorsprung" gegenüber der Bundesrepublik attestiert wird, schneidet bei den von uns befragten Schülern erstaunlich schlecht, die Bundesrepublik überraschend gut ab. Eine relative Mehrheit von knapp 47% hält den Stand der Gleichberechtigung der Geschlechter in der Bundesrepublik für besser, ein etwas geringerer Anteil bewertet die Gleichberechtigung in beiden deutschen Teilstaaten für gleich gut. Nur gut jeder Zehnte gibt ein ausdrückliches Votum für die DDR ab. Selbst in Ostdeutschland wird diese von nicht einmal 15% favorisiert. Den höchsten Zuspruch erhält die Bundesrepublik von bayerischen und nordrhein-westfälischen Schülern und vor allem von ausländischen und Hauptschülern. Unter der kleinen Minderheit, die ein überdurchschnittliches Votum für die DDR abgibt, finden wir neben Ostdeutschen viele Jungen, Ältere und Hauptschüler. Von den Jüngsten vermuten überdurchschnittlich viele, die Gleichberechtigung sei in der alten Bundesrepublik besser gewesen. Während im Osten eine relative Mehrheit für eine „gleiche" Umsetzung der Gleichberechtigung in beiden Staaten votiert, erhält die Bundesrepublik im Westen und auch in allen Teilgruppen eine zumindest relative Mehrheit.

Die Gespräche drehten sich bei dieser Frage weniger um die Berufstätigkeit von Männern und Frauen, die alle für selbstverständlich hielten, sondern um die Arbeitsteilung im Haushalt und bei der Kindererziehung sowie um die Möglichkeiten, beruflich Karriere zu machen. Vor allem die Mädchen hielten die Gleichberechtigung keineswegs für schon erreicht – weder in der DDR, noch in der alten Bundesrepublik, noch heute. Dem widersprachen allerdings einige Jungen, die auf die Verfassung hinwiesen, in der die Gleichberechtigung festgeschrieben sei. Diese Feststellung konterten einige Mädchen mit dem Hinweis auf die immer noch unterschiedliche Bezahlung von Männern und Frauen.

Pressefreiheit

Die Pressefreiheit im SED-Staat war in zweifacher Weise korrumpiert: einerseits durch das Instrument der Zensur aller nichtparteieigenen oder -konformen Veröffentlichungen, andererseits durch die Vielzahl der parteieigenen Veröffentlichungen, also die Verwendung der Medien als Mittel der politischen Propaganda. Grundsätzlich kontrollierte die SED nahezu sämtliche Medien der DDR. Die Zeitungslandschaft beherrschte sie schon allein durch die Vielzahl ihrer eigenen Zeitungen und Zeitschriften. Unter den Tageszeitungen betrug der Anteil der SED-Parteizeitungen ca. 70% der Gesamtauflage.[488]) Funk- und Printmedien galten als Herrschaftsinstrumente zur Unterstützung der politisch-ideologischen Massenarbeit. „Die Informationspolitik war eine wichtige, in gewissen Zeiten die wichtigste Stütze der Führung und des Apparats der SED. Dieses Monopol funktionierte kurz gesagt so: Es gab eine Wirklichkeit und eine über sie verbreitete Wahrheit der Partei."[489])

Obwohl Artikel 27 der Verfassung der DDR die „Freiheit der Presse, des Rundfunks und des Fernsehens [...] gewährleistet"[490]), war der Alltag in der DDR von der Zensur durch die SED bestimmt. Diese Zensur betraf nicht nur die sogenannte „Giftschrankliteratur", also die von der politischen Führung nicht erwünschte und daher gesperrte Literatur, sondern jedes zur Veröffentlichung bestimmte Schrifterzeugnis.[491]) Für alle zur Veröffentlichung vorgesehenen Zeitschriften wie für sämtliche

[488]) Schroeder 1998, S. 568.
[489]) Klein 1993, S. 84.
[490]) Verfassung der DDR vom 06. April 1968 in der Fassung vom 07. Oktober 1974.
[491]) Vgl. Wolle 1998, S. 142.

Druckerzeugnisse bedurfte es seit 1960 einer staatlichen Genehmigung, die vom Presseamt durch das Ministerium für Kultur erteilt wurde; dieses entschied darüber hinaus auch über die Auflagenstärke. Neben der Limitierung von Kopiergeräten ermöglichten Lizenzvergaben, Druckgenehmigungen und die Papierkontingentierung eine nahezu vollständige Kontrolle über Vervielfältigung und Veröffentlichung alles Gedruckten. Außerdem gab es nach dem Beschluss des ZK zur Umwandlung von halbstaatlichen Betrieben in Volkseigentum 1972 im Prinzip keine privaten Verlage, Buchhandlungen und Antiquariate mehr. 1989 erschienen in der DDR 543 Zeitschriften in 5.379 Ausgaben mit einer Jahresauflage von 288,95 Millionen.[492])

Journalisten, die sich den Anweisungen und „Argumentationshilfen" der Partei widersetzten, mussten mit Sanktionen bis hin zum Berufsverbot rechnen. Die Anwendung härterer Sanktionsmittel war zumindest nach 1961 nicht mehr in bedeutendem Maße notwendig. Die meisten Journalisten und Redakteure, die zudem in speziellen Institutionen aus- und weitergebildet wurden und sich durch eine besondere Parteinähe auszeichneten, beugten sich den Anweisungen und wählten, soweit sie nicht ohnehin mit den Vorgaben übereinstimmten, die „Schere im Kopf" zu ihrem wichtigsten Arbeitsinstrument.

Das Grundgesetz der Bundesrepublik schützt in seinem Artikel 5 die Pressefreiheit, neben der Meinungs- und Informationsfreiheit sowie der Freiheit von Kunst und Wissenschaft. Von diesem Recht wurde ungehindert Gebrauch gemacht, wovon die zahlreichen Presseerzeugnisse der verschiedensten Verlage, Einzelpersonen oder Gruppen zeugen. So wurden 1987 insgesamt 354 Zeitungen und 7.642 Zeitschriften von 2.992 verschiedenen Unternehmen verlegt.[493]) Grundsätzlich ist die Presse privatwirtschaftlich organisiert und unterliegt jenseits von Parteizeitungen keiner politischen Richtungsvorgabe durch die Parteien. Dies schließt allerdings eine Tendenzvorgabe durch die Eigentümer der jeweiligen Presseorgane nicht aus, was zumindest bei einer hohen Konzentration in bestimmten Segmenten als Gefahr gesehen werden kann.

Auch in dieser Frage zeigen sich die Schüler weitgehend einig: Mehr als 80% entscheiden sich für die Bundesrepublik.[494]) Unter denen, die die Freiheit der Presse in der DDR besser aufgehoben sehen, finden wir überdurchschnittlich viele deutschstämmige und Ost-Berliner Schüler. Die erschreckend hohen Voten für gleiche Verhältnisse unter den deutschstämmigen sowie den Real- und Gesamtschülern dürften (hoffentlich) eher Unwissenheit als einer realistischen Einschätzung der damaligen Situation der Presse geschuldet sein.

In den Gesprächen bestätigte sich der Eindruck geringen Wissens über die Presse in der DDR. Zwar gingen nahezu alle Schüler von einer Zensur aus, wie sie in den meisten Diktaturen üblich ist, wussten aber nicht, wie diese im Detail funktionierte. Eini-

[492]) Vgl. Statistisches Jahrbuch 1991, S. 416.
[493]) Vgl. Statistisches Jahrbuch1990, S. 385.
[494]) Vgl. Tabelle A27 im Anhang.

ge glaubten auch nicht an eine Pressefreiheit im Westen – damals wie heute – und sahen überall das Kapital bzw. die Wirtschaft als „Strippenzieher". Zwar gäbe es keine Pressezensur im Westen, aber ökonomisches Kalkül würde die Pressefreiheit indirekt einschränken. Dennoch: Alle Schüler, die an den Gesprächen teilnahmen, sahen im direkten Vergleich der beiden deutschen Teilstaaten die Pressefreiheit besser in der Bundesrepublik verwirklicht.

Renten/Versorgung im Alter

Während sich die Situation älterer Menschen in der Bundesrepublik, nicht zuletzt durch die Dynamisierung der Renten im Jahre 1957, bis 1989 nahezu kontinuierlich verbesserte und für die meisten eine Art Besitzstandswahrung brachte, hatten es viele ältere Menschen ebenso wie Behinderte, chronisch Kranke und andere, die nicht mehr dem Arbeitsprozess zur Verfügung standen, zumindest hinsichtlich ihrer materiellen Absicherung in der DDR bis 1989 schwerer. Die Wohlstandslücke zwischen den durchschnittlichen Renten in Ost und West fiel noch deutlicher aus als zwischen Arbeitnehmern und Werktätigen.

In der DDR bestand die Altersabsicherung aus drei Säulen: aus den Pflichtleistungen der Sozialversicherung, der – 1971 eingeführten – freiwilligen Zusatzversicherung, die ca. 80% der Erwerbstätigen nutzten, und aus Zusatz- und Sonderversorgungssystemen. Träger der Sozialversicherung waren zum einen der Freie Deutsche Gewerkschaftsbund (FDGB), bei dem Arbeiter und Angestellte sozialversichert waren, zum anderen die Staatliche Versicherung für Mitglieder der Produktionsgenossenschaften, Gewerbetreibende, Freiberufler und Selbständige.[495]) Dabei setzte sich der Sozialversicherungsbeitrag aus einer Mischfinanzierung zusammen, wonach – bis zu einer Beitragsbemessungsgrenze in Höhe von 600 Mark – 10% auf die Erwerbstätigen entfielen und 12% auf die Unternehmen. Wegen der geringen Beiträge zur Sozialversicherung wurde eine Bezuschussung durch den Staat benötigt, die 1988 36,3 Mrd. Mark der DDR betrug.[496]) In die freiwillige Zusatzrentenversicherung konnten die Arbeitnehmer unabhängig von einer Beitragsbemessungsgrenze für Einkommen über 600 Mark ebenfalls 10% einzahlen.

Im Dezember 1987 erhielten 1.837.799 Personen ihre Bezüge aus der Sozialversicherung der Arbeiter und Angestellten, während an 331.764 Personen Altersrenten aus der Sozialversicherung der Staatlichen Versicherung der DDR gezahlt wurden. Die restlichen Rentner – insgesamt lebten 1989 ca. 2,8 Mio. Rentner in der DDR – bezogen ihre Rente aus Zusatz- und Versorgungssystemen oder erhielten Witwen- und Invalidenrenten.[497]) Das Renteneintrittsalter lag bei 65 Jahren.

[495]) Vgl. Datenreport 1992, S. 228.
[496]) Vgl. Schroeder 1998, S. 525.
[497]) Vgl. Statistisches Jahrbuch der DDR 1988, S. 351.

Die durch die Renten gewährten verschiedenen Leistungen umfassten die Vollrente, die Rente aus der freiwilligen Zusatzrentenversicherung als lohnabhängige Ergänzung zur Pflichtrente, die sogenannte ‚zweite Leistung' (zumeist Hinterbliebenenrente), besondere Zuschläge und Leistungen aus anderen staatlichen Versorgungssystemen (z. B. Unfallversicherung).[498]

Altersarmut war in der DDR die Regel und durchaus politisch gewollt: Nichtarbeit sollte keinesfalls belohnt werden, selbst wenn eine mehr als 45-jährige Berufsbiografie vorausgegangen war. Insofern waren die „normalen" Rentner die sozial am stärksten benachteiligte Gruppe in der DDR. Die Rentenhöhe wurde in Abhängigkeit von der Dauer der beruflichen Tätigkeit bemessen und lag 1989 durchschnittlich bei etwa 450 Mark, die Mindestrente bei 300 Mark. Die durchschnittliche Rente aus der Freiwilligen Zusatzrente lag kurz vor dem Ende der DDR im Juli 1990 bei etwa 80 Mark.

Die durchschnittliche Altersrente erreichte im Jahr 1988 nur knapp 30% des Durchschnittsbruttoeinkommens, die entsprechenden Haushaltseinkommen der Rentner etwa 37%. Nach der in der Bundesrepublik damals üblichen Berechnungsmethode von Armut (unter 50% des durchschnittlichen Einkommens) wären damit viele Rentnerhaushalte unter die Armutsgrenze gefallen. Aber selbst eine Berechnung nach ‚Bedürfnissen', die die spezielle Situation in der DDR (niedrige Mieten, subventionierte Waren etc.) berücksichtigt, kommt für 1988 auf eine Armutsrate von 45% der Rentnerhaushalte.[499] Die überwiegende Zahl der Renterinnen und Rentner gehörte dementsprechend zur unteren sozialen Schicht der DDR. Die privilegierten Gruppen – u. a. SED-Funktionäre, MfS- und NVA-Angehörige – erhielten deutlich höhere Rentenbezüge aus den verschiedenen Zusatz- und Sonderversorgungssystemen.

Einziges Privileg für Rentnerinnen und Rentner war deren relative Reisefreiheit bis hin zur dauerhaften Ausreise in den Westen. Allerdings wurde dieses Privileg keinesfalls aus selbstlosen Motiven gewährt. Vielmehr bedeutete die Übersiedlung Rentenberechtigter in den kapitalistischen Nachbarstaat, dass diese fortan von ihr – ohne dort Beiträge eingezahlt zu haben – und nicht mehr von der DDR versorgt werden mussten. Durch die Rentenerhöhung vom 1. Dezember 1989 – also nach dem Fall der Mauer –, von der 88,2% aller Rentenempfänger betroffen waren, stieg die durchschnittliche Altersrente (ohne Freiwillige Zusatzrente) von 380,17 Mark um 63,36 Mark auf 443,53 Mark.[500]

Das Renteneintrittsalter in der Bundesrepublik lag im Jahr 1989 ebenfalls bei 65 Jahren, wobei es die Möglichkeit gab, bereits zu früheren Zeitpunkten das Berufsleben zu verlassen, allerdings unter Inkaufnahme von Einbußen bezüglich der Rentenhöhe in Adaption zum jeweiligen Renteneintrittsalter. Das durchschnittliche Renteneintrittsalter der Frauen lag zu diesem Zeitpunkt bei 61,7 Jahren, ihre Rentenbe-

---

498) Vgl. Datenreport 1992, S. 228.
499) Vgl. Schroeder 1998, S. 541 und Manz 1992, S. 88.
500) Sozialreport '90, S. 227.

zugsdauer betrug durchschnittlich 16,9 Jahre, während die Männer im Durchschnitt mit 59,3 Jahren in Rente gingen und für 13,6 Jahre Rente bezogen.[501])

Die gesetzliche Rentenversicherung in Westdeutschland war der wichtigste Teil der sogenannten Alters- und Hinterbliebenensicherung, die zusätzlich von sechs weiteren Institutionen getragen wurde: den Pensionen (Beamte, Richter, Berufssoldaten) sowie den Zusatzversicherungen im öffentlichen Dienst, der Altershilfe für Landwirte, den Versorgungswerken (zum Beispiel für Landwirte), den Zusatzversicherungen für einzelne Berufe und durch vertragliche und freiwillige Arbeitgeberleistungen (zum Beispiel Betriebsrenten). Die Leistungen aus der Rentenversicherung umfassten 1990 216 Milliarden DM, was etwa 9% des Bruttosozialprodukts dieses Jahres entspricht.[502]) Die durchschnittliche Versichertenrente betrug 1990 für Arbeiter 949 DM und für Angestellte 1.343 DM. Viele Rentner stockten darüber hinaus ihre gesetzliche Rente durch eine Betriebsrente und private zusätzliche Absicherungen auf, vor allem in Form von Lebensversicherungen. Die durchschnittlichen Einkommen der Rentnerhaushalte lagen deshalb deutlich höher als die durchschnittliche gesetzliche Rente.

Obwohl das Thema „Rente" in den letzten Jahren nahezu täglich in allen Medien behandelt wird, interessiert es die wenigsten Schüler, da das Rentenalter in ihrer Lebensbiografie noch weit entfernt ist. Weder das Rentensystem als solches noch die durchschnittliche Höhe der Renten geschweige denn ihre rechtliche Absicherung und Verteilung sind den meisten Schülern bekannt. Vor allem über die Renten in der DDR weiß, wie unsere Gespräche gezeigt haben, kaum ein Schüler Bescheid.

*Schaubild 30: Renten nach Regionen**

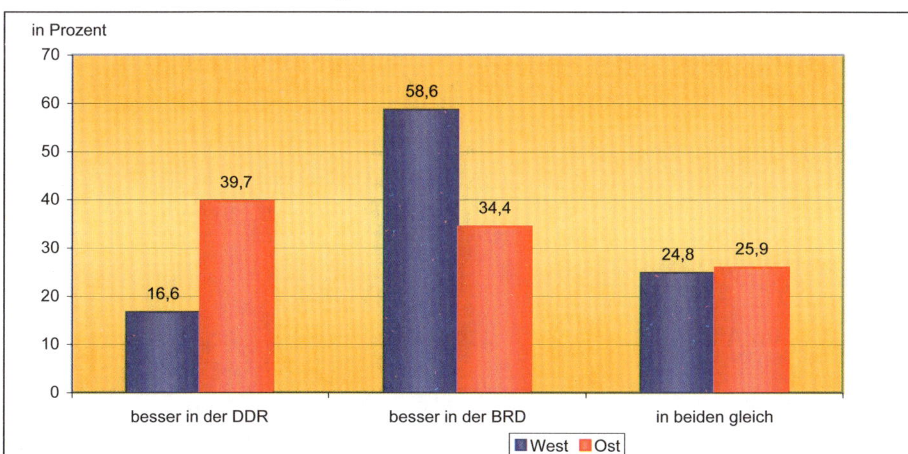

** Antworten auf die Frage: „Deutschland vor 1989: Was glauben Sie war besser oder gleich in der DDR oder in der Bundesrepublik Deutschland . . .?"*

---

501) Quelle: http://www.bpb.de/wissen/LFGLQI,0,Rentenbezugsdauer_und_ Renteneintrittsalter.html

502) Vgl. Datenreport 1992, S. 225.

Bei den Antworten der Schüler wird deutlich, wie stark das eigene Umfeld, aber auch öffentliche Debatten die Meinung zu bestimmten Fragen beeinflussen. Da die DDR vielerorts als „sozial" bewertet wird, vermuten viele Schüler, die sozialen Leistungen seien dort generell und in allen Bereichen besser als im anderen deutschen Teilstaat gewesen.

So verwundert es nicht, dass nur knapp jeder Zweite für die Bundesrepublik votiert, etwa jeweils jeder Vierte für die DDR oder für gleiche Verhältnisse. Betrachten wir die regionale Verteilung, so sehen wir, dass sich im Westen eine absolute Mehrheit von über 58% für die Bundesrepublik entscheidet, während knapp 40% der ostdeutschen Schüler für die DDR votieren und noch einmal knapp 26% gleiche Verhältnisse sehen. In allen Gruppen glauben mehr Mädchen als Jungen an gleiche Verhältnisse und bevorzugen die DDR stärker als Letztere. Vor allem die bayerischen Schüler sehen die bundesrepublikanischen Rentner im Vorteil, obschon auch unter ihnen knapp jeder Vierte auf gleiche Verhältnisse tippt. Haupt- und Realschüler dürften deshalb überdurchschnittlich häufig für die Bundesrepublik optiert haben, weil sie von einer generellen wirtschaftlichen Schlechterstellung der DDR ausgehen und diese auf die Situation der Rentner übertragen. Wie sehr ostdeutsche Schüler offensichtlich von familiären Gesprächen, in denen eine soziale DDR in den Vordergrund gerückt wird, beeinflusst sind, zeigt der hohe Anteil derjenigen, der von ihnen für die DDR stimmt. Nur etwas mehr als jeder Dritte hält die westdeutsche Rente für besser als die ostdeutsche. Neben den geschlechtsspezifischen Unterschieden erkennen wir alters- und schulspezifische: Mit dem Alter steigt der Anteil pro DDR, bei den Gymnasiasten ist er niedriger als bei den Gesamtschülern, aber deutlich höher als bei den Haupt- und Realschülern, von denen nicht einmal jeder Zehnte den SED-Staat im Vorteil sieht.

In den Gesprächen zeigte sich, dass viele Schüler mit der Themenformulierung Schwierigkeiten hatten, weil sie nicht wussten, ob Rentenhöhe, -sicherheit o. ä. gefragt war. Keiner der Schüler wusste über die Höhe der Rente der eigenen Großeltern Bescheid. Dies sei kein Gesprächsthema in der Familie. Einige ostdeutsche Schüler erwähnten das damalige Privileg von DDR-Rentnern, in den Westen reisen zu dürfen.

Versorgung im Alter

In der DDR war die finanzielle Versorgung im Alter durch die Rente kaum gesichert, Altersarmut und miserable Lebensqualität waren die Regel. Im Jahr 1987 gab es in der DDR für pflegebedürftige Menschen 1.006 staatliche Pflege- und Feierabendheime mit 139.228 Plätzen und 467 staatliche Wohnheime für ältere Bürger mit 37.116 Plätzen,[503]) die finanziell, medizinisch und auch personell sehr schlecht

[503]) Statistisches Jahrbuch der DDR 1988, S. 171.

ausgestattet waren und sich keiner großen Beliebtheit erfreuten. Die schlechte Situation in Alters- und Pflegeheimen wurde zwar von der SED öffentlich eingestanden, ohne dass sich jedoch bis 1989 grundsätzlich etwas änderte. „In den politischen Orientierungen zur Formung der Gesellschaft der DDR hatten Krankheit, Behinderung, Pflegebedürftigkeit und Sterben keinen Platz. So weit wie möglich wurden diese Themen aus dem öffentlichen Erscheinungsbild verdrängt bzw. mit allgemeinen Erklärungen überdeckt."[504])

Nichtstaatliche Sozialverbände betrieben zusätzlich 366 Pflegeeinrichtungen mit 18.146 Plätzen und 20 Altenwohnheime mit 784 Plätzen.[505]) Insbesondere die von der Kirche, dem Diakonischen Werk der evangelischen Kirche und der Sozialorganisation Caritas der katholischen Kirche geführten Einrichtungen sorgten für eine angemessene Pflege und Versorgung alter, kranker und behinderter Menschen.

Neben den stationären Versorgungsstätten bot das staatliche Gesundheitswesen der DDR auch die Möglichkeit der häuslichen Krankenpflege. So gab es ab den frühen fünfziger Jahren in Landgemeinden unter 2.000 Einwohnern Gemeindeschwestern, die „in entlegenen Gebieten dazu beitrugen, die Patientenversorgung sicherzustellen. Sie arbeiteten weitgehend selbstständig, waren aber an Landambulatorien und staatliche Praxen angebunden und der Sozialverwaltung unterstellt. Anders als die Polikliniken, die nach der Wende als alternative ambulante Versorgungsform in den neuen Ländern weitergeführt werden durften, wurde das Gemeindeschwesternwesen abgeschafft."[506]) Zudem wurde nach seiner Auflösung 1946 das Deutsche Rote Kreuz 1952 neu gegründet, das einen eigenen Pflege- und Sozialdienst zur Betreuung von alten, kranken und behinderten Menschen neben den kirchlichen Einrichtungen und den Gemeindeschwestern des staatlichen Gesundheitswesens unterhielt. Diese nichtstaatlichen Pflegeeinrichtungen verbesserten die Pflegesituation in der DDR erheblich.

Neben den Pflegeeinrichtungen widmete sich die Volkssolidarität der Versorgung bedürftiger, vor allem alter Menschen. Sie versorgte auf Unterstützung Angewiesene mit einer warmen Mahlzeit, die in Kantinen oder Begegnungsstätten eingenommen werden konnte oder nach Hause gebracht wurde. Darüber hinaus unterstützten mehrere zehntausend staatlich finanzierte Hauswirtschaftspflegerinnen der Volkssolidarität unentgeltlich knapp 87.000 Personen in ihrem häuslichen Umfeld bei Alltagsverrichtungen und Haushaltsführung. Trotz aller Bemühungen blieb die Versorgung älterer Menschen, vor allem, wenn sie Behinderungen hatten oder pflegebedürftig wurden, in der DDR ein ungelöstes Problem. „Die Aufrechterhaltung der Fiktion sozialer Geborgenheit im Alter und bei Behinderung blieb aber Bestandteil der Politik. Die Wirklichkeit war ein in jeder Hinsicht mangelhaftes System der medi-

[504]) Kohnert 1999, S. 1731.
[505]) Statistisches Jahrbuch der DDR 1988, S. 347.
[506]) Korzilius/Rabbata 2006, S. A-2926/B-2547/C-2450.

zinischen, pflegerischen und sozialen Betreuung mit ambulanten Diensten, Heimen, staatlichen Verwaltungen des Gesundheits- und Sozialwesens, gesellschaftlichen Organisationen und ehrenamtlichen Helfern. Vor allem Bauten, technische Ausrüstung und Fahrzeuge genügten nicht den qualitativ und quantitativ notwendigen Anforderungen, so dass viele Pflegebedürftige und Behinderte nur unzureichende oder keine Hilfe erhielten."[507]) Besonders katastrophal war die Situation in Pflegeheimen, wo ältere und jüngere Behinderte in Mehrbettzimmern (4–10 Personen) zum Teil gemeinsam untergebracht wurden. Der Anteil des Personals pro Pflegebedürftigem entsprach nicht dem internationalen Standard. Vielerorts war aus Mangel an Fachpersonal weder eine allgemeinmedizinische Betreuung noch eine Rehabilitation möglich.[508])

In der Bundesrepublik war die finanzielle Altersversorgung weitestgehend durch Renten und Pensionen gesichert. Für alleinstehende Menschen, die sich nicht mehr selbst versorgen konnten, standen in hoher Anzahl Altenpflegeeinrichtungen in unterschiedlicher Trägerschaft zur Verfügung. Die Kosten hierfür wurden, soweit vorhanden, durch Eigenmittel getragen, ansonsten übernahmen der Staat bzw. die Angehörigen die Betreuungskosten. Für Menschen, die sich in ihrem häuslichen Umfeld nur noch teilweise selbst versorgen konnten, existierten mobile Pflegedienste, die für Körperhygiene, medizinische Betreuung und z. T. Essensversorgung sorgten. Darüber hinaus gab es den Service „Essen auf Rädern", der Mittagsmahlzeiten in die Privatwohnungen lieferte. Über die Leistungen wurden keine Daten erhoben.

Neben diesen außerfamiliären Versorgungs- und Betreuungsmöglichkeiten wurde eine Vielzahl alter und pflegebedürftiger Menschen von ihren Familienangehörigen versorgt, mit zum Teil flankierenden Unterstützungsmaßnahmen durch mobile Pflegedienste. Selbst verhältnismäßig Arme unter den westdeutschen Rentnern (und erst recht kranke Pflegebedürftige) genossen einen höheren Lebensstandard bzw. eine bessere Versorgung als die bessergestellten Älteren in der DDR. Dieser Umstand erklärt, warum eine Ausreise in die Bundesrepublik trotz des Zurücklassenmüssens von Familie und Heimat für die Rentner so attraktiv war.

Dass die Frage nach der Versorgung im Alter neben der Rente auch die Frage von Alters- und Pflegeheimen, die medizinische Betreuung und den Zusammenhalt in der Familie umfasst, wurde den Schülern auf Nachfrage beim Ausfüllen des Fragebogens kurz erklärt. Details über die Situation in der DDR waren den meisten Schülern freilich nicht bekannt, so dass ihr vergleichendes Urteil zumeist den persönlichen Erfahrungshintergrund widerspiegelte.

Für diesen Themenbereich gilt das gleiche wie beim Thema Rente: Viele Schüler konnten sich wenig vorstellen, was gemeint war, bzw. besaßen überhaupt keine

---

[507]) Kohnert 1999, S. 1779.
[508]) Vgl. Geisler 1996, S. 258.

*Schaubild 31: Versorgung im Alter nach Regionen**

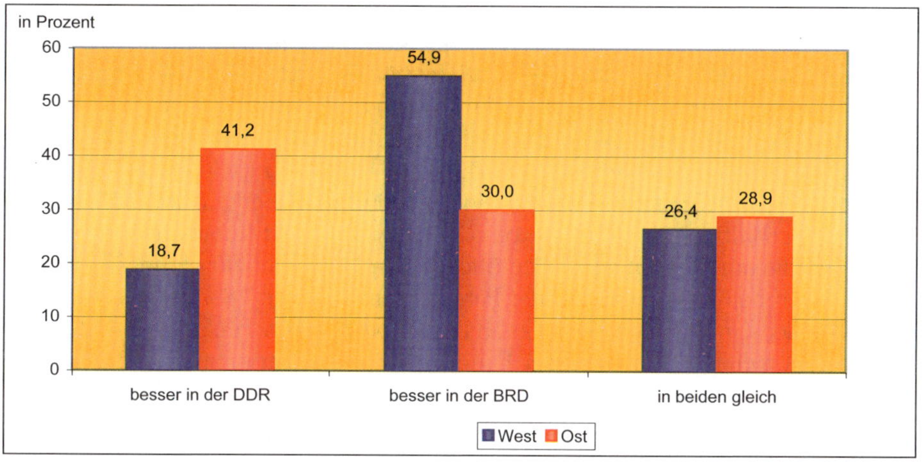

* *Antworten auf die Frage: „Deutschland vor 1989: Was glauben Sie war besser oder gleich in der DDR oder in der Bundesrepublik Deutschland . . .?"*

Kenntnisse hierüber. Insofern ähneln sich die Ergebnisse, wenngleich hier noch mehr Schüler – gut 27% – für eine gleiche Versorgung im Alter votieren. Im Westen entscheidet sich etwas mehr als jeder zweite Schüler für die Bundesrepublik und nicht einmal jeder Fünfte für die DDR, im Osten erhält die Bundesrepublik dagegen knapp 25 Prozentpunkte weniger; gut 41% der Schüler – und damit die relative Mehrheit – präferieren dort die DDR. Ausländische Schüler bevorzugen wie bei fast allen Fragen überdurchschnittlich das bundesrepublikanische System.

Für die DDR votieren mehr Mädchen als Jungen und mehr ältere als jüngere Schüler. Während Gymnasiasten überdurchschnittlich häufig „gleiche Verhältnisse" bei der Altersversorgung in den beiden Staaten sehen, tippt knapp ein Drittel der Gesamtschüler auf die DDR, die ihren Spitzenwert mit gut 43% bei den Ost-Berliner Schülerinnen erzielt. Unter dem Strich bleibt – wie bei den meisten Aspekten im direkten Vergleich der beiden Gesellschaftssysteme – eine gespaltene, ja sogar gegensätzliche Bewertung aus Ost und West, wobei auch eine beträchtliche Minderheit westdeutscher Schüler die DDR in diesem Bereich für zumindest nicht unsozialer als die Bundesrepublik hält und sogar fast jeder Fünfte ebenso wie die Mehrheit der ostdeutschen Schüler dem SED-Staat den Vorzug gibt.

Die Gespräche zu diesem Thema verliefen ähnlich wie die vorab geschilderten über die Rente. Einen weitergehenden Begriff von Altersversorgung, etwa die Unterbringung in Alters- und Pflegeheimen oder medizinische Versorgung einbeziehend, hatten die Schüler nicht. Selbst Alterseinkommen jenseits der gesetzlichen Rente wurden nicht thematisiert und sind den meisten ohnehin nicht bekannt.

Öffentliche Verkehrsmittel

Durch den erheblich geringeren individuellen Motorisierungsgrad hatten die öffentlichen Verkehrsmittel in der DDR eine relativ höhere Bedeutung. Es standen Straßenbahnen, Omnibusse und in Ost-Berlin S-Bahn und U-Bahn zur Verfügung. 1989 wurden mit den öffentlichen Verkehrsmitteln 3,43 Milliarden Personen auf 29,14 Milliarden Personenkilometern befördert.[509]) Im Durchschnitt fuhr jeder DDR-Bewohner ungefähr 158-mal im Jahr in einem öffentlichen Verkehrsmittel und legte dabei durchschnittlich eine Strecke von 5,37 km zurück.[510]) Straßenbahn und Omnibus waren die am meisten genutzten öffentlichen Personenbeförderungsmittel: Die Straßenbahn beförderte gut 54% der Personen und leistete 48% der Personenkilometer, auf den Omnibus entfielen fast 34% der beförderten Personen und 29% der Personenkilometer.[511]) Ein einfacher Fahrschein für Straßenbahn und Bus kostete 10 Pfennig, für Ostberliner U- und S-Bahn, Bus und Straßenbahn 20 Pfennig; der Preis für Tagesfahrkarten betrug 2 Mark, der für die Monatskarten der verschiedenen öffentlichen Verkehrsmittel 5 Mark.

Allerdings waren sowohl die Wagen als auch das Bahnschienennetz mit alten, zum Teil verschlissenen Gleisen in einem äußerst schlechten Zustand. Von Seiten des Staates wurde zu wenig in den Erhalt und Ausbau des Schienennetzes investiert, ebenso wie der Fahrzeugbestand nur unzureichend aufgestockt und technisch gewartet wurde. Zudem hatten die Fahrzeuge einen ungemein hohen Schadstoffausstoß. Die Taktfrequenz der öffentlichen Verkehrsmittel war sehr gering, was lange Wartezeiten verursachte.

Für die Reichsbahn galten ähnliche Verhältnisse, erschwerend hinzu kam der Vorrang des Güterverkehrs gegenüber dem Personenverkehr. Nur etwa ein Fünftel des Streckennetzes war zwei- oder mehrgleisig ausgebaut. Knapp 20% des Schienennetzes wurden von der DDR selbst als kaum noch befahrbar eingeordnet, weniger als die Hälfte als uneingeschränkt befahrbar bezeichnet. Die gegenüber dem Westen unterschiedliche Qualität von Bussen und vor allem Zügen konnten auch Transitreisende riechen und sehen.

In den großen Städten der Bundesrepublik, insbesondere in den Ballungsräumen, existierte seit den siebziger Jahren ein ausgebautes Verkehrssystem mit S- und U-Bahnen, wenngleich Kritiker den Vorrang des Individualverkehrs monierten.

1989 wurden im allgemeinen Linienverkehr 5,294 Mrd. Beförderungsfälle und 36,46 Milliarden Personenkilometer registriert,[512]) wobei ca. 7,61 Milliarden DM eingenommen wurden.[513]) Die Preise für den öffentlichen Personennahverkehr gestalteten die

[509]) Statistisches Jahrbuch 1991, S. 311.
[510]) Vgl. Statistisches Jahrbuch der DDR 1988, S. 220.
[511]) Vgl. ebd., S. 221.
[512]) Statistisches Jahrbuch 1991, S. 311.
[513]) Ebd., S. 320.

verschiedenen Verkehrsverbünde individuell. In den meisten Räumen der Bundesrepublik gab es zu diesem Zeitpunkt noch keine einheitliche Tarifgestaltung für das gesamte Streckennetz. Insofern lässt sich keine Preisangabe zu den Fahrkarten der verschiedenen öffentlichen Verkehrsmittel machen. Obschon zumeist auch staatlich subventioniert, lagen sie dennoch in der Regel weit über dem Preisniveau in der DDR.

Erstaunlicherweise entscheiden sich knapp zwei Drittel aller Schüler für die Bundesrepublik – im Westen fast 70% und im Osten immerhin knapp 60%. Selbst in Ostdeutschland erhalten die Verkehrsmittel in der DDR nur von gut 13% bessere Noten als die in der Bundesrepublik. Jungen legen sich in allen Gruppen eindeutiger fest als Mädchen. Die Ost-West-Unterschiede fallen vergleichsweise gering aus, sind aber auch bei dieser Frage deutlich sichtbar. Die ausländischen Schüler liegen mit ihrem Votum erneut dichter an den Westdeutschen, die deutschstämmigen in Berlin dichter an den Ostdeutschen. Im Vergleich der Länder sehen wir überall eine absolute Mehrheit, die für Westdeutschland optiert. Sie fällt im Osten Berlins am geringsten, im westlichen Stadtteil dagegen am höchsten aus. Nennenswerte alters- und schulspezifische Differenzen sehen wir insbesondere in dem unterschiedlich hohen Votum für die Bundesrepublik. Die Jüngsten und die Hauptschüler favorisieren diese stärker als die anderen Teilgruppen.

Die Schülergespräche ergaben bei diesem Punkt keine Ergebnisse, da niemand Genaueres über die Verkehrsmittel in der DDR wusste. Erwähnt wurde von einigen Ost-Berliner Schülern nur, dass die Preise für Busse und U-Bahnen deutlich niedriger als heute lagen.

Einkaufsmöglichkeiten

Neben der Reisefreiheit gehören die Einkaufsmöglichkeiten zu den Aspekten, die eine sehr breite Mehrheit aller Ostdeutschen auch fast zwei Jahrzehnte nach dem Verschwinden ihres Staates zu den Vorzügen des heutigen Systems zählt. Die häufig zu beobachtende nostalgische Verklärung der DDR hat bisher diese beiden Punkte nicht erfasst.

Die Einkaufsmöglichkeiten in der DDR waren über die gesamte Zeit hinweg aufgrund von zum Teil mangelhafter Ausstattung sowohl mit Lebensmitteln und Waren zur Grundversorgung und -pflege sowie mit langlebigen Konsumgütern deutlich unbefriedigend. Auch wenn sich die Versorgungslage im Laufe der Jahrzehnte verbesserte, riefen Versorgungsengpässe sowie Waren von schlechter Qualität Ärger bei den Konsumenten hervor, wie hunderttausende an die Parteiführung oder staatliche Stellen gerichtete Eingaben belegen.[514]) Oft fehlten banale Alltagsgüter wie Fahrradventile, Autoreifen oder Kinderbekleidung, während Waren, die niemand

[514]) Vgl. zum Beispiel Mühlberg 2004 und – deutlich kritischer – Staadt 1996 und Elsner 2000.

nachfragte, die Lager und Schaufenster füllten.[515]) Zum Mangel im Warensortiment kam die Knappheit des Warenangebots erschwerend hinzu, was die Einkaufstätigkeit selbst zu einer zeitlich ausufernden Angelegenheit werden ließ, da für sämtliche nichtalltägliche und daher attraktive Güter in langen Schlangen angestanden werden musste: Wer an begehrte Waren nicht durch das SKET-Prinzip („Sehen-Kaufen-Einlagern-Tauschen") gelangte, hatte vielleicht das Glück, spendable Westverwandtschaft zu besitzen, die Pakete sandte.

Die Einkaufsmöglichkeiten in Westdeutschland wurden grundsätzlich durch keinerlei politische Maßnahmen beschränkt. Das Angebot an Waren war vielfältig, ebenso die Verkaufsstätten – Angebot und Nachfrage bedingten einander weitgehend. Jede Person konnte entsprechend ihrer finanziellen Möglichkeiten und individuellen Vorlieben ihre Bedürfnisse befriedigen.

Vielen Schülern waren durch Gespräche in der Familie oder durch Filme die Versorgungsmängel in der DDR bekannt, vor allem die unzureichende Versorgung mit Südfrüchten und das Fehlen von Luxusgütern. Einige kannten auch DDR-Witze, die die fehlende Auswahl und mangelnde Qualität in den einschlägigen Verkaufsstellen zum Inhalt hatten. So erzählte ein Schüler folgenden Witz: Warum lag in den Lebensmittelläden zumindest eine Wurst oder etwas anderes im Schaufenster? Antwort: Damit die Leute nicht annahmen, dass hier Kacheln verkauft werden.

Mit knapp 86% entscheidet sich erwartungsgemäß eine überwältigende Mehrheit aller Schüler für die Bundesrepublik, in den neuen Ländern sogar mehr als in den alten, wo knapp 14% gleich gute Einkaufsmöglichkeiten ankreuzen.[516]) Ob es sich hier um einen Ausdruck von Konsumkritik oder um Unwissenheit handelt, erschloss sich uns nicht.

Analog zur Diskussion um die Reisemöglichkeiten wiesen einige Schüler darauf hin, dass auch dieser Aspekt eine besondere Rolle beim Sturz der SED-Diktatur gespielt habe. Die Ostdeutschen wollten mit breiter Mehrheit ebenso gut leben wie die Menschen in der Bundesrepublik und zählten hierzu insbesondere die besseren Einkaufsmöglichkeiten und das breitere Warenangebot.

Sportförderung

In keinem anderen Bereich verzeichnete die vergleichsweise kleine DDR so große Erfolge wie im Sport. Ihre Sportler gehörten in vielen Disziplinen zur Weltspitze. Diese Erfolge verdankten sich nicht nur – wie Kritiker häufig unterstellen – dem staatlich sanktionierten und gelenkten Doping in vielen Sportarten, sondern vor allem dem schon in frühem Kindesalter einsetzenden republikweiten Sichtungs- und Selektionsprinzip und methodisch ausgefeilten Trainingsformen.

[515]) Vgl. Schroeder 1998, S. 576.
[516]) Vgl. Tabelle A31 im Anhang.

Wie nahezu jeder Lebensbereich, so unterlag auch der Sport der Kontrolle der SED. Die staatlichen Sportangebote waren alternativlos, die Sportanlagen gehörten dem Staat bzw. seinen Massenorganisationen oder Sportclubs. Neben der Kontrolle der Freizeit diente der Sport zwei weiteren Zielen: Der Breitensport förderte die Volksgesundheit - „Jeder Mann an jedem Ort – einmal (später: zweimal) in der Woche Sport!“ (Walter Ulbricht) – und die Erfolge im Leistungssport sollten internationales Ansehen bringen. Ferner ging es auch um körperliche Fitness als Voraussetzung militärischer Verwendbarkeit. Um diese Ziele zu erreichen, war jedes Mittel recht. Doping war im Leistungssport die Regel, seitdem in den siebziger Jahren ein zentral organisiertes System des Zwangsdopings entwickelt worden war.[517]) Dopingmittel wurden schon bei Kindern und Jugendlichen angewandt. Wer die verbotenen Mittel trotz mehr oder weniger sanften Drucks nicht nehmen wollte, bekam sie nicht selten unwissentlich von Trainern und/oder Betreuern verabreicht. Risiken und gesundheitliche Folgen des Dopings kümmerten das SED-Regime nicht. Spitzensportler waren in vielen Sportarten faktisch Profis, obwohl sie offiziell berufstätig waren. So spielte zum Beispiel die Fußballnationalmannschaft der DDR bei den Olympiaden gegen Amateurauswahlmannschaften westlicher Länder und konnte so mitunter ihre Überlegenheit demonstrieren.

In der Bundesrepublik war die Organisation sportlicher Aktivitäten Privatsache. 1990 gab es zwischen 68.000 und 70.000 Sportvereine mit rund 19 Millionen Mitgliedern. Diese Vereine waren im Breiten- wie im Leistungssport aktiv. Neben der Finanzierung durch Mitgliedsbeiträge und Sponsoring durch Wirtschaftsunternehmen wurden Leistungs- und Breitensport mit öffentlichen Mitteln gefördert. 1989 betrugen die öffentlichen Ausgaben für die Förderung des Sports umgerechnet 559 Millionen Euro, für Sportstätten einschließlich Badeanstalten 2,2 Milliarden Euro. Die öffentlichen Sportstätten wurden den Vereinen zumeist sehr günstig oder sogar kostenlos zur Verfügung gestellt. Daneben kamen dem Sport weitere Vergünstigungen zugute, wie die steuerliche Absetzbarkeit von Spenden oder die steuerfreie Übungsleiterpauschale. Für Leistungssportler bestand die Möglichkeit, sich als Sportsoldaten bei der Bundeswehr zu verpflichten. Zwar gab es auch in der Bundesrepublik ein Auslese- und Fördersystem im Leistungssport. Dieses setzte jedoch erst bei den bereits erfolgreichen Aktiven ein; eine systematische Sichtung aller Kinder und Jugendlichen fand nicht statt.

Bei diesem Thema sind die Berliner Schüler ähnlich in ihrem Urteil gespalten wie generell die Schüler in West- und in Ostdeutschland: Eine relative Mehrheit von knapp 45% votiert für die DDR, ein gutes Viertel für die Bundesrepublik und knapp 30% glauben an eine gleich gute Sportförderung.[518]) Brandenburger und Ost-Berliner Befragte geben mit absoluter Mehrheit ein Votum für die DDR ab und nicht einmal jeder Fünfte plädiert für die Bundesrepublik. Abgesehen von den auslän-

[517]) Spitzer 2000, S. 1 + 7.

[518]) Vgl. Tabelle A32 im Anhang.

dischen und den Hauptschülern erzielt die DDR in allen Teilgruppen eine mitunter deutliche Mehrheit.

Jungen vermuten häufiger eine bessere Förderung in der DDR, Mädchen sind eher unentschieden. Ältere Schüler wiederum bevorzugen sehr viel deutlicher die DDR als die Jüngsten, die zahlreicher die Bundesrepublik im Vorteil sehen. Interessanterweise geben Gymnasiasten und Hauptschüler sowie Gesamt- und Realschüler ein jeweils konträres Urteil ab: Während etwa jeder zweite Gymnasiast für die DDR stimmt, votiert mehr als die Hälfte der Hauptschüler für die Bundesrepublik und nur etwa jeder siebte von Letzteren für die DDR. Gut jeder dritte Gesamtschüler präferiert die BRD, etwas mehr die DDR; dagegen entscheidet sich nur ein gutes Drittel der Realschüler für die DDR, etwas mehr für die Bundesrepublik.

In den Gesprächen ergab sich, dass sich viele Schüler unter dem Thema nur wenig Konkretes vorstellen konnten; ein Zusammenhang mit Doping wurde erstaunlicherweise selten hergestellt. Die Dimensionen der finanziellen Förderung oder der Sichtung und Selektion in beiden Staaten waren keinem Schüler bekannt.

Zustand der Wohnungen

Der vergleichende Blick auf den tatsächlichen Zustand der Wohnungen fällt bei allen Indikatoren, wie nachfolgend kurz beschrieben wird, zugunsten der bundesrepublikanischen Seite aus, so dass kein Zweifel darüber bestehen kann, wo sich – jedenfalls im Durchschnitt – die Wohnungen in einem besseren Zustand befanden: in der Bundesrepublik.

1989 existierten in der DDR sieben Millionen Wohnungen mit einer durchschnittlichen Wohnfläche von 65 m^2, so dass jedem Einwohner 27,6 m^2 Wohnraum zur Verfügung standen; der Anteil der Wohnungseigentümer lag 1990 bei knapp 30%. Die Anmietung einer Wohnung geschah nicht auf einem freien Wohnungsmarkt, sondern erfolgte durch eine staatliche Zuteilung der Wohnungen an Interessenten. Im Normalfall dauerte die Wartezeit bei einer kommunalen Wohnraumversorgung ca. sechs bis sieben Jahre. Wer in eine Arbeiterwohnungsbaugenossenschaft (AWG) eintrat, konnte schon nach ca. drei Jahren eine Wohnung beziehen, allerdings hatten diese Personen eine manuelle Eigenleistung (bevorzugt bei der Wohnungsvergabe wurden kinderreiche Familien, Drei-Schicht- und Mehr-Schicht-Arbeiter oder Bürger mit Behinderungen) oder eine finanzielle Abgeltung zu leisten. Singles oder unverheiratete Paare hatten keine oder eine nur sehr geringe Chance, eine angemessene Wohnung zu bekommen.[519])

Lediglich 47% der Wohnungen wurden nach dem Zweiten Weltkrieg gebaut. Das Wohnungsbauprogramm sah in Größe und Raumaufteilung einheitlich gestaltete Plattenbauten vor. Doch wurden statt der 2,8 Millionen geplanten Wohnungen zwischen 1975 und 1989 nur etwa 1,7 Millionen Wohnungen gebaut oder modernisiert.

---

519) Kube 1999, S. 294/295.

Um die Wohnungssituation günstiger zu gestalten, war der Bau von Einfamilienhäusern ab den siebziger Jahren vor allem denjenigen wieder gestattet, die sich politisch opportun und obrigkeitskonform verhielten oder die über entsprechende Beziehungen verfügten. Für viele „Normalbürger" blieb die Wohnungssituation unbefriedigend, so dass der Einschätzung Stefan Wolles zugestimmt werden kann: „Trotz der schlechten Ausgangslage ist festzustellen, dass der Wohnungsmangel in der DDR zum Teil künstlich erzeugt war. Hier wirkte die gleiche Kausalkette von sozial motivierten Billigpreisen, Verschwendung, Mangel, Bürokratie, Missbrauch und Anarchie wie in anderen Sektoren der Volkswirtschaft."[520)]

Die vorhandenen Wohnungen waren oftmals in einem sehr schlechten Zustand: Nicht selten fehlte es an Materialien zur Sanierung, Instandsetzung oder nur Renovierung. Auch die Ausstattung war im Vergleich zum Standard westlicher Industrienationen schlecht: 1989 hatten nur 47% der Wohnungen eine moderne Heizung, 46% wurden dezentral und mit Kohle beheizt; elektrische Heizkörper waren in der DDR kaum zu erwerben, sowjetische Ölradiatoren wurden daher zu einer beliebten Form der Beheizung.[521)] 82% der Wohnungen hatten Bad bzw. Dusche und Warmwasser, über eine Innentoilette verfügten 76%, in nur 16% lag ein eigener Telefonanschluss.[522)] Dieser zum Ende der DDR erreichte Ausstattungsstand ist vor allem das Ergebnis einer konsequenten Abriss- und Neubaupolitik, insbesondere in Gestalt der Plattenbauten. Bis zum Ende der DDR blieb der Wohnungsmangel ein großes Problem.

Manfred Schmidt fällt ein vernichtendes Urteil über die SED-Wohnungsbaupolitik: „Die Wohnungsbaupolitik hatte trotz großer Anstrengungen vor allem seit den siebziger Jahren die Wohnungsfrage nicht bewältigt. Das ehrgeizige Wohnungsbauprogramm war weithin in purer Tonnenideologie stecken geblieben. Selbst die rein quantitativen Planungsziele waren [...] nicht erreicht worden."[523)] Die Konzentration auf die Errichtung von Plattenbauten führte zur Verwahrlosung und Verrottung des Altbestandes, was sich im Bild der Altstadt vieler Städte niederschlug. Im Volksmund kursierten Sprüche wie „Zerstörung deutscher Städte ohne Krieg" oder „Ruinen schaffen ohne Waffen".

In Westdeutschland gab es 1989 Wohnungen in privater (Einzelpersonen, Genossenschaften, Unternehmen) und öffentlicher Hand, wobei der Anteil der ihre Wohnungen bewohnenden Privateigentümer 1990 bei 47,03% lag. Jeder Person standen zu dieser Zeit durchschnittlich 38,22 m² Wohnfläche zur Verfügung.[524)] Die Vermietung von Wohnungen war seit den sechziger Jahren grundsätzlich marktförmig organisiert, aber sehr stark reguliert und unterlag den Vorschriften des Mietrechts. Für genossenschaftlich vermietete Wohnungen und ebenso für Sozialwohnungen gab es eigene Kriterien, die die Interessenten akzeptieren und erfüllen mussten.

---

520) Wolle 1998, S. 184.
521) Vgl. Wolle 1998, S. 184.
522) Vgl. Schroeder 1998, S. 526.
523) Schmidt 1999, S. 31.
524) Vgl. Schroeder 2006, S. 739.

58,3% der Wohngebäude wurden 1989 mit Gas beheizt, 36,3% mit Heizöl, 2,8% mit Strom, 0,6% mit Koks oder Kohle und 2,1% mit sonstigen Energieträgern. Von 25.317.544 Wohnungen waren fast 96% mit Bad und WC ausgestattet, weitere 3% nur mit Innentoilette, aber ohne Bad, 0,6% mit Bad, aber ohne Innentoilette und 0,8% ohne Innentoilette und ohne Bad.[525]) Für die Instandsetzung von Wohnräumen waren grundsätzlich die Eigentümer bzw. Vermieter zuständig.

Obschon auch bei diesem Thema der unterschiedliche Ost-West-Blick erkennbar ist, fällt er doch geringer aus als bei anderen Aspekten.[526]) Knapp 80% der Schüler, in Bayern sogar fast 90%, halten die Wohnungen in der Bundesrepublik für qualitativ besser. Diese hohe Zustimmung zieht sich durch alle Teilgruppen, wenngleich sie in Ost-Berlin und Brandenburg etwas geringer ausfällt als in den anderen Regionen. Selbst Gymnasiasten und Hauptschüler sind sich in ihrem Urteil weitgehend einig. Etwas aus dem Rahmen fallen in Berlin nur die deutschstämmigen Schüler, die in höherem Maße die DDR-Wohnungen favorisieren, ohne jedoch Näheres zu wissen. Hier zeigt sich bei ihnen erneut, wie bei vielen anderen Fragen auch, eine grundsätzlich positive Sicht auf den realen Sozialismus, zumindest bezogen auf den sozialen Bereich.[527])

Weder ost- noch westdeutsche Schüler kannten den konkreten Zustand vieler DDR-Wohnungen. Die meisten assoziierten hiermit nur Plattenbauten. Der katastrophale Zustand älterer Häuser sowie fehlende Innentoiletten und Bäder waren kaum jemandem bekannt. Nach übereinstimmenden Angaben der Schüler würden solche Details im Unterricht nicht erwähnt.

Politisches System

In keinem anderen Bereich sind die Gegensätze der beiden deutschen Staaten so offensichtlich wie im politischen System. Eine freiheitlich-demokratische und pluralistisch verfasste Bundesrepublik stand einer von der SED diktatorisch regierten und verwalteten DDR gegenüber. Jenseits fehlender Kenntnisse institutioneller Strukturen war vielen, aber lange nicht allen Schülern diese Differenz zwischen Demokratie und Diktatur geläufig.

Das politische System der DDR wurde – auf Anweisung und mit Unterstützung der sowjetischen Besatzungsmacht – von der Sozialistischen Einheitspartei Deutschlands (SED) geschaffen und beherrscht, war diese doch nach ihrem Selbstverständnis die führende Kraft der sozialistischen Gesellschaft, aller Organisationen der Arbeiterklasse und der Werktätigen, der staatlichen und gesellschaftlichen Organisationen. Obschon personell und strukturell eng verflochten, lag die Macht nicht in den Händen der Staatsorgane, sondern bei der SED. Die Existenz der anderen Parteien

[525]) Vgl. Statistisches Bundesamt, S. 241 und 248.
[526]) Vgl. Tabelle A33 im Anhang.
[527]) Vgl. Deutz-Schroeder/Schroeder 2007 a.

diente allein dazu, einen äußeren Anschein von Demokratie zu wahren. Als der Führungsanspruch der SED 1968 in Artikel 1 der Verfassung der DDR verankert wurde, hatte dies rein deklamatorischen Charakter. Die realen Machtverhältnisse entsprachen dem längst. Die SED betrachtete die DDR als ihren Staat. Folglich war die DDR eine zentralistisch organisierte, streng hierarchische Parteidiktatur.[528])

Alle Macht konzentrierte sich im obersten Führungszirkel der SED, dem Politbüro, in dem der Generalsekretär (bzw. Erste Sekretär) eine dominante Rolle einnahm. Formal existierten ein Parlament (die Volkskammer), eine Regierung (der Ministerrat) und ein Staatsoberhaupt (Präsident bzw. später der Staatsratsvorsitzende). Diese konnten aber ebenso wenig frei gewählt werden wie die Parteien. „Wahl" bedeutete in der DDR, die Zustimmung zu einer vorher festgelegten Machtverteilung – der so genannten „Einheitsliste" – zu geben. Dennoch legte die SED großen Wert auf eine hohe Wahlbeteiligung und ein überwältigendes Votum. So erreichte die „Einheitsliste" in der Regel zwischen 98% und 99% positive Voten, wobei auch Wahlfälschungen von Beginn an praktiziert wurden. Die überwältigende Mehrzahl jedoch warf freiwillig oder unter sanftem Druck den zu faltenden Wahlzettel in die Urne. „Wer die Wahlkabinen benutzte, wurde von Staatspartei und -polizei als kleine ‚Abweichler' identifiziert. Zwar konnten die Ostdeutschen den Wahlvorschlag ablehnen oder nicht zur Wahl gehen, sie mussten dann aber erheblichem psychischem Druck standhalten und mit politischen Repressionen rechnen."[529]) Ab 1971 gab es alle fünf Jahre Volkskammerwahlen.[530])

Daneben existierten weitere Mechanismen zur Sicherung und Durchsetzung der Macht der Partei. Parlament und Regierung brauchten das Plazet der Parteiführung für ihre Beschlüsse oder sie verabschiedeten gleich deren Vorlagen. In einem Politbürobeschluss vom Juli 1960 legte die Parteiführung fest, dass „alle Beschlüsse des Zentralkomitees bzw. des Politbüros des ZK der SED, die die staatliche Tätigkeit betreffen, als Vorlage unverändert dem Ministerrat bzw. seinem Präsidium zu unterbreiten" seien.[531]) Diesem Beschluss folgten entsprechende „Ordnungen" staatlicher Instanzen, die proklamierten, dass in der DDR die Arbeiterklasse „unter Führung der Sozialistischen Einheitspartei Deutschlands" die politische Macht ausübe und den Sozialismus aufbaue.

Auch die strukturelle Parallelität der zentralistischen und hierarchischen Partei- und Staatsorganisation sowie häufige personelle Identität waren kein Zufall, sondern bewusst genutztes Herrschaftsinstrument. Die Gewaltenteilung war in der DDR zugunsten der unumschränkten Parteiherrschaft aufgehoben. Das Recht wurde als Instrument im Klassenkampf betrachtet, d. h. nach Zweckmäßigkeitsgesichtspunkten gestaltet. Insofern entschied die Partei, die immer Recht hatte, was Recht werden sollte und wie Recht gesprochen wurde.

528) Vgl. Schroeder 1998, S. 387 ff.
529) Eckert 2007, S. 20/21.
530) Vgl. allgemein zu Wahlen in der DDR Kloth 2000.
531) Zitiert nach: Prieß 1995, S. 2490.

Schaubild 32: Partei und Staat in der DDR

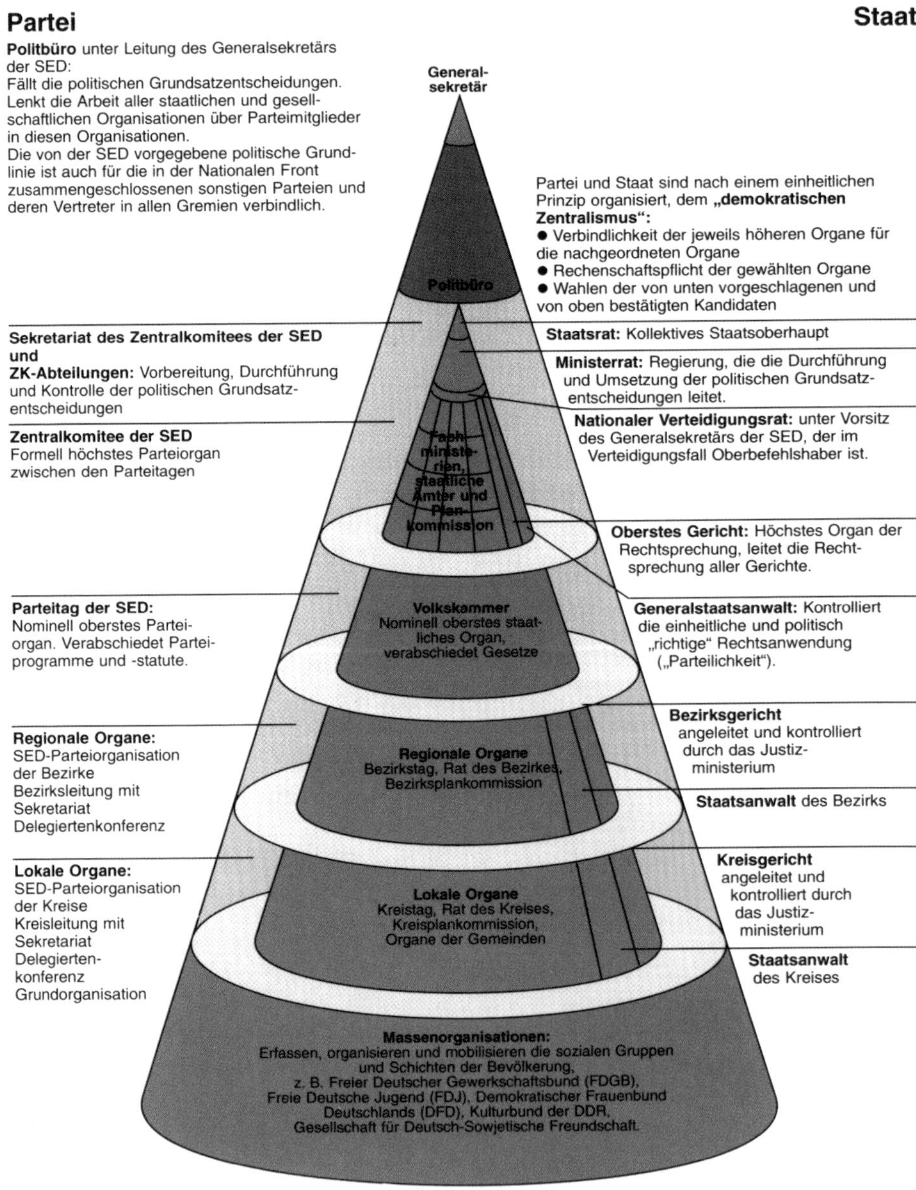

Quelle: Zahlenspiegel 1988, S. 17.

Die Bundesrepublik ist seit Inkrafttreten des Grundgesetzes 1949 ein demokratisch-parlamentarischer Bundesstaat und war bis zur Wiedervereinigung in 10 Länder (plus West-Berlin) gegliedert.

Das Parlament der Bundesrepublik besteht aus zwei Kammern: Bundestag und Bundesrat. Die Mitglieder des Bundestages werden alle vier Jahre neu gewählt. Die Mitglieder des Bundesrates werden von den Landesregierungen gestellt. Nahezu alle Parlaments- und Regierungsmitglieder sind Mitglied in einer Partei. Die Parteien, die gem. Art. 21 GG an der Willensbildung des Volkes mitwirken, stehen zueinander in einem Konkurrenzverhältnis. Sowohl auf Bundes- als auch auf Landesebene ist ein Machtwechsel möglich und nicht unüblich. Die Verbände als Ausdruck einer pluralistischen Gesellschaft werden in den politischen Willensbildungsprozess miteinbezogen.

Staatsoberhaupt der Bundesrepublik ist der für fünf Jahre von der Bundesversammlung gewählte Bundespräsident, dem vorwiegend repräsentative Aufgaben obliegen. Der Regierung steht der für vier Jahre vom Bundestag gewählte Bundeskanzler vor, der die „Richtlinien der Politik" bestimmt.

Das Grundgesetz ist bindend, seine grundlegenden Prinzipien wie Bundes- und Rechtsstaatlichkeit oder die Unverletzlichkeit der Menschenwürde können auch auf dem Weg der Verfassungsänderung nicht zur Disposition stehen. Verwaltung und Rechtsprechung sind an Recht und Gesetz gebunden. So wird Willkür weitestgehend verhindert und ein hohes Maß an Privatautonomie gewährleistet.

*Schaubild 33: Politisches System nach Regionen**

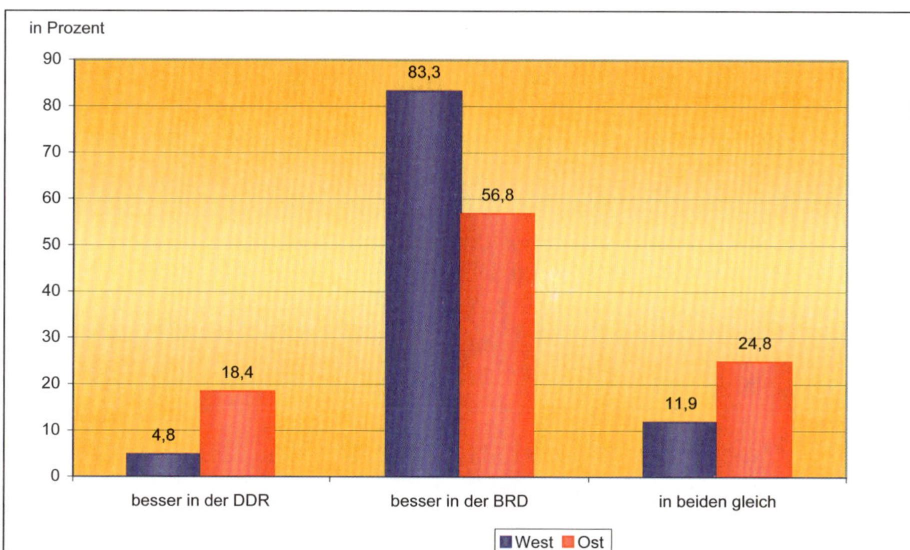

** Antworten auf die Frage: „Deutschland vor 1989: Was glauben Sie war besser oder gleich in der DDR oder in der Bundesrepublik Deutschland ...?"*

Die konträre Ost-West-Sicht beim Vergleich der beiden deutschen Teilstaaten wird auch bei der Frage nach dem politischen System offenkundig. Zwar hält eine absolute Mehrheit der ostdeutschen Schüler – in Brandenburg (61,6%) deutlich mehr als in Ost-Berlin (53,3%) – das bundesrepublikanische politische System für besser, aber etwa jeder Vierte von ihnen sieht keinen Unterschied, und sogar knapp jeder Fünfte präferiert die DDR. Schüler aus dem Westen Berlins votieren dagegen mit einer breiten Mehrheit von gut 83% für die Bundesrepublik. Von ihnen hält nur etwa jeder Zwanzigste die SED-Diktatur für das bessere politische System, aber immerhin knapp 12% kreuzen „in beiden gleich" an. Den höchsten Zuspruch erhält das politische System der Bundesrepublik Deutschland mit knapp 87% von den bayerischen Schülern.

In allen Teilgruppen sympathisieren Mädchen etwas häufiger mit dem DDR-System und bevorzugen deutlich weniger das der Bundesrepublik. In Ost-Berlin erzielt die Bundesrepublik bei den Schülerinnen nicht einmal eine absolute Mehrheit. Die ausländischen Schüler stimmen zu über 70%, die deutschstämmigen in Berlin aber nur zu gut 50% für die Bundesrepublik. Altersspezifische Unterschiede fallen eher gering aus. Auffällig ist dagegen das deutlich unterschiedliche Urteil von Gymnasiasten und Gesamtschülern, wobei letztere häufiger für die DDR und eine Gleichwertigkeit optieren und entsprechend weniger für die Bundesrepublik. Haupt- und Realschüler dagegen sehen ähnlich wie Gymnasiasten das bessere politische System in der Bundesrepublik.

Die große Diskrepanz zwischen Schülern aus dem Westen und dem Osten ist in den Gesprächen nicht aufgefallen – vermutlich deshalb nicht, weil sich die „DDR-Befürworter" nicht zu einem Gespräch bereit gefunden haben. Grundsätzlich hatten wir sowohl bei den Klassen- als auch bei den gesonderten Schülergesprächen den Eindruck, dass nur wenige Schüler etwas mit dem Begriff „politisches System" verbinden, geschweige denn mit ihm differenziert umgehen können. Auf Fragen nach Freiheiten in Demokratien und Unterschieden zwischen Demokratie und Diktatur fielen den meisten zwar Meinungsfreiheit und freie Wahlen ein, aber die wenigsten hatten konkrete Vorstellungen über die tatsächlichen staatlichen und gesellschaftlichen Strukturen der DDR. Viele ostdeutsche und einige westdeutsche Schüler waren sich nicht einmal sicher, ob die DDR eine Diktatur oder eine Art von Demokratie war.

Ausbildungsplätze

Menschliche Arbeit und folglich auch das Thema „Berufsausbildung" waren in der DDR politisch besetzt, da Leitlinien und Erfolg des sozialistischen Systems hiervon abhingen. Die Formung des Menschen im Sinne des Kommunismus erstreckte sich über alle Lebensbereiche und somit auch auf den Alltag und die konkrete Berufstätigkeit. In ihrer Verfassung garantierte die DDR der Bevölkerung das Recht auf Arbeit, legte ihr aber zugleich auch die Pflicht zur Arbeit auf. Dies implizierte die

Notwendigkeit, einen Beruf zu erlernen, was die meisten DDR-Bürger auch taten. Lediglich Personen, die die Schulversetzung wiederholt nicht erreichten, bildeten eine Ausnahme. Sie wurden für eine bestimmte Teiltätigkeit eines Berufs angelernt, ohne eine Berufsschule besuchen zu müssen.[532)]

Den Regelfall der Berufsausbildung stellte eine zweijährige Lehrzeit als Facharbeiter im Handwerk oder eine Ausbildung zum Facharbeiter in der Verwaltung oder Wirtschaft dar. Daneben existierte die zweijährige Teilfacharbeiterlehre. Ausbildungsberufe im medizinischen und technischen Bereich wurden an speziellen Fachschulen absolviert. Eine Besonderheit im Ausbildungssystem der DDR war die Möglichkeit zur Kombination von Schulabschluss mit Hochschulreife und vollständiger Berufsausbildung, Berufsausbildung mit Abitur (BMA) genannt, was – wie das Abitur auf der EOS – drei Jahre in Anspruch nahm. Auch für diesen Weg konnten sich die Interessenten nicht selbstständig entscheiden, sondern wurden entsprechend der politischen Interessenlage nach bestimmten Kriterien ausgewählt und delegiert.[533)]

In der Bundesrepublik gab es weder das Recht auf Arbeit noch die Pflicht, ein Arbeitsverhältnis aufzunehmen. Gleiches galt auch für die Berufsausbildung, für die jeder selbst verantwortlich war. Der Staat vermittelte lediglich über die Arbeitsämter Ausbildungsplatzsuchende. Die Bürger waren in ihrer Berufswahl ebenso wie in ihrer Entscheidung, eine Berufsausbildung zu absolvieren, frei. Eine finanzielle Grundversorgung aus den steuerfinanzierten Sozialkassen erhielten alle nichtberufstätigen bedürftigen Personen, unabhängig davon, ob sie jemals einen Ausbildungs- oder Arbeitsplatz hatten.[534)]

Die Lehrzeit dauerte in den meisten handwerklichen, technischen und sozialen Berufen drei Jahre und war dual organisiert: Sie beinhaltete eine berufsspezifische theoretische Ausbildung an den Berufsschulen und eine praktische Ausbildung in den ausbildenden Betrieben. In einigen Berufen des sozialen Bereichs musste nach der dann meist zweijährigen dualen Ausbildungsphase ein praktisches Anerkennungsjahr in einer entsprechenden Einrichtung absolviert werden. 1989 wurden nach Angaben der Bundesanstalt für Arbeit rund 584.000 neue Ausbildungsverträge abgeschlossen, 18.278 Jugendliche fanden keine Lehrstelle.

Die inzwischen schon seit Mitte der siebziger Jahre nahezu jährlich wiederkehrende Diskussion um den Lehrstellenmangel in der Bundesrepublik ist den Schülern sehr wohl geläufig, auch haben die meisten schon von dem Recht auf Arbeit und der nicht vorhandenen Arbeitslosigkeit in der DDR gehört. Gleichzeitig sehen sie aber die Qualität der Ausbildungsplätze, die viele von ihnen in der Bundesrepublik für höherwertiger halten. In den Gesprächen wiesen einige Schüler auch auf die eingeschränkte individuelle Auswahlmöglichkeit und die staatliche Lenkung in der DDR hin.

---

532) Vgl. Butzmann 1986, S. 94.
533) Vgl. Schroeder 1998, S. 562.
534) Vgl. Bäcker u. a. 2000, S. 203 ff. und 304 ff.

Die Schüler sollten sowohl die Qualität als auch die Quantität des Ausbildungsangebots bewerten.

*Schaubild 34: Ausbildungsplätze nach Regionen**

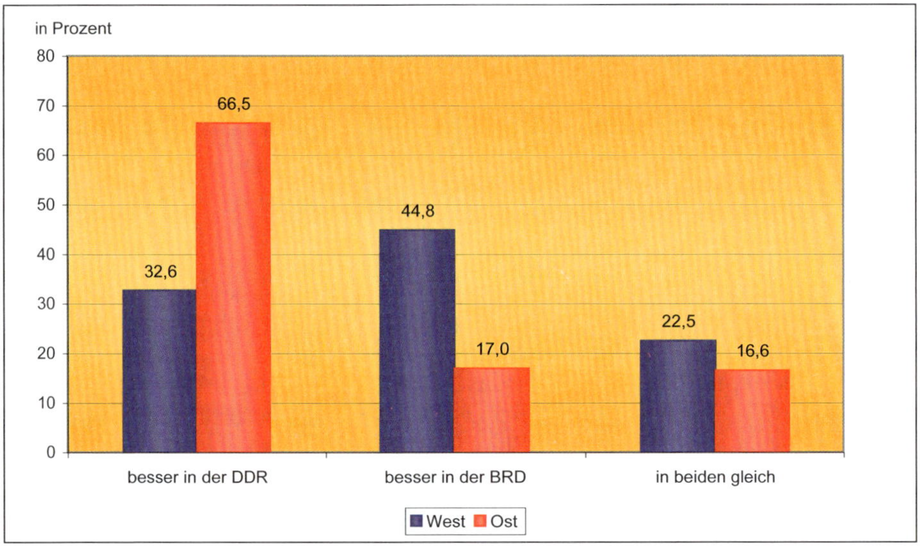

** Antworten auf die Frage: „Deutschland vor 1989: Was glauben Sie war besser oder gleich in der DDR oder in der Bundesrepublik Deutschland ...?"*

Wie bei anderen Fragen zum sozialen Bereich wird der DDR auch bei den Ausbildungsplätzen eine hohe Kompetenz zugesprochen. Fast jeder zweite Schüler glaubt an bessere Ausbildungsplätze in der DDR, etwa ein Fünftel kann sich nicht entscheiden und nur gut jeder Dritte votiert für die Bundesrepublik. Im Osten sieht eine Zweidrittelmehrheit die DDR im Vorteil, im Westen teilt immerhin noch ein Drittel diese Position. Selbst 35% der West-Berliner Schüler, die mit relativer Mehrheit bessere Bedingungen in der Bundesrepublik sehen, votieren für die DDR. Ost-Berliner Schüler attestieren sogar zu fast 70% dem SED-Staat bessere Ausbildungsplätze. In allen Altersgruppen entscheidet sich eine Mehrheit der Schüler für die DDR. Besonders schlecht schneidet die Bundesrepublik bei den ostdeutschen Schülern, den Gesamtschülern und auch bei den Mädchen ab, während sich ausländische Schüler mit relativer sowie Real- und Hauptschüler mit absoluter Mehrheit für die Bundesrepublik aussprechen.

In den Gesprächen dominierte vor allem in Ost-Berlin und Brandenburg sowie bei den deutschstämmigen Schülern in Berlin die Auffassung, in der DDR habe es „bessere" Ausbildungsplätze gegeben, weil Sicherheitsgarantien für Ausbildung und Beruf existierten. Eine Arbeitsplatzgarantie wurde von den meisten Schülern als positiv eingeschätzt. Nur einige wenige West-Berliner und bayerische Schüler wiesen auf die mangelnde Freiheit hin, sich selbst einen Ausbildungsplatz suchen zu können. Wie im Einzelnen die Verteilung der Ausbildungsplätze in der DDR ablief, war keinem Schüler bekannt.

Soziale Gerechtigkeit

Die Forderung nach „sozialer Gerechtigkeit" hat seit einigen Jahren unter Politikern aus nahezu allen Parteien wieder Konjunktur. Die Bandbreite des Verständnisses geht dabei von der Gleichsetzung von „Gerechtigkeit" mit Gleichheit bis zur Leistungsgerechtigkeit. Vor allem Gerechtigkeit durch Gleichheit vermuten viele, nicht nur Jüngere, stärker ausgeprägt in der DDR. Bewertung und Urteil der Schüler resultierten insofern wahrscheinlich aus unterschiedlichen Grundannahmen. Generell fraglich ist, was unter sozialer Gerechtigkeit zu verstehen ist. Ist dies die weitestgehende Gleichheit von Einkommen und Vermögen oder die Möglichkeit, unabhängig vom Elternhaus die individuell bestmögliche Bildung zu bekommen? Betrifft soziale Gerechtigkeit Höhe und Umfang von Sozialleistungen und den Grad staatlicher Umverteilung oder ist sie an individuelle Leistung gebunden? Je nach Schwerpunktsetzung ergibt sich ein unterschiedliches Bild bzw. Urteil.

In der DDR waren die Einkommen der gewöhnlichen, in gängigen Arbeitsverhältnissen stehenden Bevölkerung relativ homogen, während NVA-, MfS- und Parteibedienstete, aber auch Angehörige der Wirtschaftselite bedeutend mehr verdienten. Nur ein ausgewählter Personenkreis hatte auch Zugang zu speziellen Versorgungseinrichtungen wie etwa gut ausgestatteten Krankenhäusern oder opulenten Zusatzrenten. Insgesamt war die Einkommensungleichheit in der DDR größer, als allgemein vermutet wird.

Das untere Einkommensfünftel verfügte in der DDR über knapp 13% der Einkommen, das oberste dagegen über knapp 31%. Noch deutlicher wird die Einkommensungleichheit, wenn man das untere Zehntel mit einem Anteil von 4,1% und das obere Zehntel mit einem von 17,6% gegenüberstellt. Der Gini-Index, eine Maßzahl für die Gleichheit der Verteilung, lag bei 0,18. Auch die Verteilung des Vermögens war erstaunlich ungleich: Die reichsten 2% der Bevölkerung besaßen 1989 ungefähr 20% der Spareinlagen, über den gleichen Anteil verfügten auch die unteren 80% der Sparkonten.[535]) Dabei muss stets bedacht werden, dass es in der DDR weniger die finanzielle Ausstattung als die politisch privilegierte Stellung war, die über Konsummöglichkeiten, Lebensgestaltung und individuelles Fortkommen entschied. Westwaren, Urlaubsreisen, Abitur bekam man in der DDR nicht zuletzt durch Beziehungen. So fiel zum Beispiel der Anteil der Arbeiterkinder unter den Studierenden stetig, bis er zuletzt bei unter 10% lag. Analog stieg der Anteil von Kindern der neuen sozialistischen Eliten, denn die Leistungen der Eltern beim Aufbau des Sozialismus waren bei der Zulassung zur EOS zu berücksichtigen.[536])

[535]) Vgl. hierzu Schroeder 1998, S. 540 ff. und Schroeder 2006, S. 71 ff. sowie Datenreport 1992, S. 473 ff. und Sozialreport 1992, S. 122.

[536]) Vgl. Geisler 1996, S. 265.

Die Systeme der sozialen Sicherung von DDR und Bundesrepublik lassen sich nur bedingt vergleichen. Die sozialen Leistungen waren in der DDR sehr niedrig. Da der Staat jedoch für fast alle einen Arbeitsplatz und somit ein zumindest „künstliches" Arbeitseinkommen bereitstellte, mussten diese Systeme vor dem Eintritt ins Rentenalter nur von sehr wenigen in Anspruch genommen werden.

Die Einkommensungleichheit in Westdeutschland war etwas größer als die der DDR (Gini-Index: 0,24), die Vermögensverteilung – auf allerdings deutlich höherem Niveau – strukturell ähnlich.[537]) Der Zugang zu Abitur und Studium war leistungsabhängig. Zwar konnte die Schule die Bildungsferne von Kindern bestimmter Schichten nicht grundsätzlich beheben, dennoch war Ende der achtziger Jahre der Anteil der Arbeiterkinder unter den Studierenden etwa eineinhalbmal so groß wie in der DDR (15%).[538])

Das Netz der sozialen Sicherung war in der Bundesrepublik dicht geknüpft. Es gab eine Vielzahl spezieller Versorgungssysteme. Wer daraus nicht leistungsberechtigt war, bekam „Hilfe zum Lebensunterhalt", die allen bedürftigen Personen gewährt wurde. Die „Sozialhilfe" sollte nicht nur das physische, sondern auch das soziokulturelle Existenzminimum abdecken, was sich etwa, spitz formuliert, in einem „Recht auf einen Fernseher" niederschlug.[539])

*Schaubild 35: Soziale Gerechtigkeit nach Regionen**

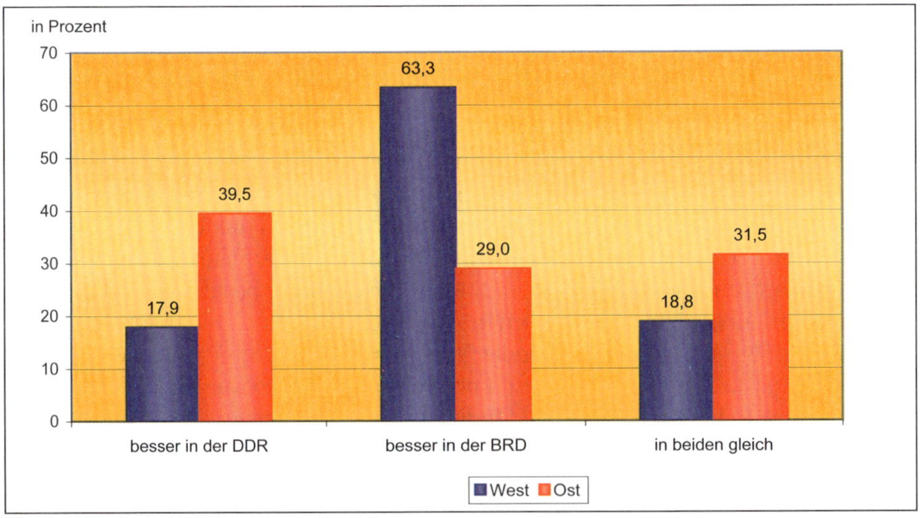

** Antworten auf die Frage: „Deutschland vor 1989: Was glauben Sie war besser oder gleich in der DDR oder in der Bundesrepublik Deutschland ...?"*

537) Vgl. Schroeder 2006, S. 283.
538) Vgl. Geisler 1996, S. 265.
539) Vgl. Sozialrecht 2005, S. 613 ff.

Der nahezu gegensätzliche Blick der Schüler aus den neuen und alten Ländern auf die beiden deutschen Teilstaaten wird bei der Frage nach der sozialen Gerechtigkeit abermals deutlich: Die westdeutschen Schüler stimmen mit breiter absoluter Mehrheit für die Bundesrepublik, die ostdeutschen mit deutlicher relativer Mehrheit für die DDR. Insgesamt votiert bei dieser Frage eine knappe absolute Mehrheit für die Bundesrepublik, die restlichen Schüler sind gespalten: Ein sehr gutes Viertel entscheidet sich für die DDR, ein knappes für gleiche Verhältnisse in beiden Staaten. Mädchen vermuten stärker gleiche Verhältnisse als Jungen, die dafür in höherem Maße die DDR favorisieren. Das deutlichste Votum für die Bundesrepublik geben erneut die bayerischen Schüler ab. Ihnen stehen im regionalen Vergleich mit dem höchsten Votum für die DDR und dem niedrigsten für die Bundesrepublik die Ost-Berliner Schüler gegenüber.

Weit mehr als die Hälfte der ausländischen Schüler – Ausländerinnen sogar mit über 60% – halten die soziale Gerechtigkeit eher in der Bundesrepublik für umgesetzt, was wahrscheinlich auch ihren persönlichen Erfahrungen geschuldet sein mag, während sich die deutschstämmigen Schüler – vorwiegend die männlichen – etwas stärker an der DDR orientieren. Die alters- und schulspezifischen Unterschiede fallen erneut deutlicher aus. Mit steigendem Alter und höherer Schulart entscheiden sich anteilig mehr Schüler für die DDR.

In den Gesprächen tauchten ähnliche Argumente auf wie beim Thema Ausbildungsplätze: In der DDR hätte es Sicherheitsgarantien („von der Wiege bis zur Bahre…") gegeben und das hätte zu mehr Gerechtigkeit geführt. Auf die Frage, ob es nicht den meisten Menschen heute ökonomisch weitaus besser gehe als früher, reagierten viele Schüler vor allem in Ost-Berlin und Brandenburg recht erstaunt, da unter ihnen vor allem die Vorstellung von generell deutlich geringeren Einkommen in den neuen Ländern gegenüber dem Westen verbreitet ist. Eine derartige Diskrepanz empfanden insbesondere Ost-Berliner Schüler als Ungerechtigkeit. Der Wohlstandssprung nach 1989 und die gegenüber den DDR-Verhältnissen deutlich höhere Wohlstandsposition der meisten Menschen sowie die weitgehende Einkommensanpassung in Berlin seit Mitte der neunziger Jahre ist ihnen nicht geläufig. Generell wurde in den Gesprächen aber auch deutlich, dass die Schüler unterschiedliche Maßstäbe bei der Bewertung von „sozialer Gerechtigkeit" anlegen. Die westdeutschen Schüler, insbesondere die bayerischen, neigten eher dazu, unterschiedliche Leistung als Maßstab für Ansprüche in den Vordergrund zu rücken, ostdeutsche dagegen präferierten möglichst gleiche Einkommens- und Vermögensverhältnisse unabhängig von der individuellen Leistung.

Gut leben/sich etwas gönnen

Dieses Statement zielte auf die materielle Dimension von „gut leben", was in dem Zusatz „sich etwas gönnen" zum Ausdruck kommt. Selbstverständlich ist ein „gutes Leben" auch jenseits eines hohen materiellen Wohlfahrtsniveaus möglich. In den

Gesprächen wurde jedoch deutlich, dass die Schüler – wie von uns intendiert – den materiellen Aspekt in den Vordergrund rückten.

Es ist schwierig, die in der DDR vorhandenen Möglichkeiten, gut leben bzw. sich etwas gönnen zu können, zu beurteilen. Zum einen war das alltägliche Leben stark von Warenmangel und den notwendigen Maßnahmen zu seiner Kompensation bestimmt; zum anderen waren für den „Normalbürger" ein freier Meinungsaustausch, Konsum- und Reisemöglichkeiten sehr begrenzt und eingeschränkt. Für die Lebensbedingungen innerhalb dieser Grenzen lassen sich natürlich Möglichkeiten des Genusses und die eines guten Lebens benennen. Hierzu gehörte vor allem die Gestaltung der Freizeit. So verfügten 1988 26,5% der DDR-Bevölkerung zusätzlich zu ihrer Wohnung über ein Wochenendgrundstück (Datsche);[540]) zahlreiche Kulturangebote wurden preiswert angeboten und nichtzensierte bzw. zugelassene Bücher waren sehr günstig zu erwerben. Aber auch einige kurzlebige Konsumgüter waren in der DDR in großer Auswahl und ausreichender Menge vorhanden, so zum Beispiel Zigaretten und hochprozentige alkoholische Getränke. Beim Alkoholkonsum erreichte die DDR mit Platz 3 in der Welt seit 1982 ein sehr hohes Niveau.[541])

Allerdings hatten 1988 lediglich 53% der Haushalte einen Farbfernseher, 52,8% eine Hi-Fi-Anlange, 90,5% einen Tonträger, gerade einmal 5,9% einen Heimcomputer und 3,3% einen Videorekorder.[542]) So stand in der DDR bis zuletzt dem Überangebot an oft wenig attraktiven Waren eine Warenknappheit bei mehr oder weniger notwendigen Konsum- und bei „Luxusgütern" gegenüber.

Grundsätzlich war die Möglichkeit zu Konsum und Luxus extrem begrenzt und vor allem von zwei Aspekten abhängig: Einkommen und Beziehungen. Die Einkommensschere, obwohl stärker als vermutet, klaffte in der DDR nicht so weit auseinander wie in westlichen Ländern. Dennoch gab es eine Gruppe von Personen, die über ein erhebliches Geldvermögen verfügte. Allerdings stellte ausreichende Kaufkraft allein keinesfalls eine hinreichende Bedingung für die Befriedigung materieller Bedürfnisse dar. Wer nicht den Partei-, Staats- oder Wirtschaftseliten angehörte und damit Zugang zu deren abgestuften besonderen Versorgungssystemen hatte, konnte sich knappe Güter häufig nur über Westverwandtschaft, persönliche Netzwerke oder Deviseneinsatz verschaffen. Waren des „gehobenen Bedarfs" gab es in Exquisit- und Delikat-Läden zu hohen Preisen. Ab 1974 durften DDR-Bewohner auch, wenn sie D-Mark oder andere Westdevisen besaßen, in den sogenannten Intershop-Läden einkaufen. Diese dienten der DDR zum Erwirtschaften von Devisen durch den Einkauf der Transitreisenden und Besucher aus dem westlichen Ausland. „Sowohl ‚Intershops' als auch der ‚Genex-Geschenkdienst' trieben eine Einteilung der Ostdeutschen in solche voran, die Westgeld besaßen, und solche, die keines hatten. Dazu kam die Geschäftskette ‚Versena', in deren Läden u. a. ausländische

---

[540]) Vgl. Sozialreport 1990, S. 268.
[541]) Vgl. Schroeder 1998, S. 578.
[542]) Vgl. Sozialreport 1990, S. 268.

Diplomaten und die höchsten Nomenklaturkader einkaufen konnten. Dies förderte die Tauschmentalität von begehrten (Handwerker-)Leistungen und Mangelwaren gegen D-Mark und erregte Neid und Unwillen bei denjenigen, die nicht über Devisen verfügten oder als Nomenklaturkader und Angehörige bewaffneter Organe keine ‚Westkontakte' pflegen durften. Die Spezialgeschäfte brachten zwar der DDR die begehrten Devisen, sie unterminierten jedoch die Gleichheitsideologie der herrschenden Kommunisten und trugen durch die Spaltung der Gesellschaft in Menschen mit und ohne DM zum Ende der zweiten deutschen Diktatur bei."[543])

Die materielle Situation in der Bundesrepublik unterschied sich nicht nur in der Spitze, sondern auch im Durchschnitt deutlich von der der DDR. So gab es hinreichend, aber sozial abgestuft, vielfältige Möglichkeiten, „sich etwas zu gönnen". Stellt man auf die Ausstattung mit Grundrechten und die Gewährleistung von Freiheitsrechten ab, so konnte die gesamte westdeutsche Bevölkerung sehr gut leben. Betrachtet man die rein materiellen Möglichkeiten der Menschen, sich etwas leisten zu können, so zeigt sich ein differenziertes, aber insgesamt positives Bild.

In Abhängigkeit vom Einkommen ergaben sich für die Menschen sehr unterschiedliche Versorgungssituationen. Grundsätzlich waren Ende der achtziger Jahre Lebensmittel für den alltäglichen Bedarf ebenso wie eine riesige Zahl von Haushaltswaren und Konsumgütern, aber vor allem auch langlebige elektrische Haushaltsgeräte für die breite Masse erschwinglich. Der Kauf von Luxusgütern, wie Edelklassewagen, Schmuckstücke u. a., stand grundsätzlich allen Menschen offen, obschon sich nur ein Teil der Bevölkerung den Erwerb solcher Güter leisten konnte. Durch die staatliche Unterstützung von Museen, Schauspiel- und Opernhäusern war es grundsätzlich den meisten Menschen finanziell möglich, Ausstellungen und Aufführungen dieser Einrichtungen zu besuchen.

Darüber hinaus hielt die Bundesrepublik ein dichtes Netz an Sozialleistungen für Menschen bereit, die arbeits- oder erwerbslos waren, mit dessen Hilfe auch die Empfänger staatlicher Mittel zur Finanzierung ihres täglichen Lebens nicht gänzlich von der Versorgung mit Konsum- und einigen Luxusgütern ausgeschlossen waren. Der materielle Lebensstandard einer Familie im Westen, die Sozial- oder Arbeitslosenhilfe bezog, entsprach in etwa der einer durchschnittlichen Werktätigenfamilie in der DDR, wobei erstere in höherem Maße über einen PKW und einen Telefonanschluss verfügten.

Ähnlich wie bei den Fragen nach den Reise- und Einkaufsmöglichkeiten zeigen die Ergebnisse einen weitgehenden Konsens aller Befragten.[544]) Nahezu allen ist bewusst, dass die DDR-Bevölkerung materiell im Durchschnitt ärmer als die bundesdeutsche war. Insofern überrascht es nicht, dass sich eine breite Mehrheit von über 80% für die Bundesrepublik entscheidet. Dennoch differieren die Zahlen zwischen Schülern aus dem Westen und dem Osten – so insbesondere zwischen Bayern und

543) Eckert 2007, S. 61 f.
544) Vgl. Tabelle A37 im Anhang.

Ost-Berlin – um etwa 16 Prozentpunkte. Obschon 17% der Ost-Berliner Schüler zu „gleichen Verhältnissen" tendieren, votiert immer noch eine Drei-Viertel-Mehrheit selbst von ihnen für die Bundesrepublik, die ihren Spitzenwert von gut 91% von den bayerischen Befragten erhält. Die DDR kommt nur zweimal, und zwar bei den deutschstämmigen Jungen und den Gesamtschülern in Berlin, auf über 10%.

Nur wenige Schüler – sowohl aus dem Osten als auch aus dem Westen – erklärten bei den Gesprächen, „gut leben/sich etwas gönnen" müsse ja nicht immer mit einem hohen materiellen Wohlstand verbunden sein. Dem widersprach eine breite Mehrheit, die die Fragestellung vor allem im Hinblick darauf verstanden hatte. Das tatsächliche Ausmaß des durchschnittlichen Wohlstandsunterschiedes zwischen der DDR und der Bundesrepublik und wie er sich konkret darstellte, war jedoch kaum einem Schüler geläufig.

Theater und Kino

Während es in beiden Staaten vergleichsweise viele Theater gab, war die Zahl der Kinos in der Bundesrepublik deutlich höher. Ein wichtiger Unterschied bestand darin, was gespielt und gezeigt werden durfte. In der Bundesrepublik gab es keine staatliche Kontrolle über Theater und Kinos, in der DDR bestimmten Funktionäre, was aufgeführt und gezeigt wurde. Sollten dennoch unliebsame Produktionen zur Aufführung gelangt sein, wurden sie auch noch im Nachhinein verboten. Spielfilme aus dem westlichen Ausland wurden in den DDR-Kinos nur im Ausnahmefall gezeigt, wobei die Zahl in den achtziger Jahren zunahm. In der Bundesrepublik dominierten Hollywood-Produktionen die Kino-Charts.

In der DDR bedurfte es für Aufführungen aller Art einer staatlichen Lizenz. Für die Theateraufführungen der staatlichen Schauspielhäuser gab es Kartenkontingente, die durch Zuweisung an Betriebe und Einzelpersonen verteilt wurden, also nicht unbedingt in den freien Kartenverkauf gelangten. Auf diese Weise sollte die Auslastung der Vorstellungen sichergestellt werden, tatsächlich aber blieben viele Plätze unbesetzt, obschon die Veranstaltung eigentlich ausverkauft war. Eine Karte kostete Ende der achtziger Jahre 3,10 Mark und 4,15 Mark mit Kulturbeitrag.

Offiziell gab es keine freien Theatergruppen; die Mitglieder aller dennoch bestehenden Gruppen waren offiziell Mitglieder der Kirchen, die von der SED relative Freiräume zugestanden bekamen. Daher waren von den Kirchengemeinden durchgeführte Veranstaltungen legal. Insofern boten die Kirchen vielen (oppositionellen) Gruppen (Bands, Theatergruppen u. a.), die an einem Engagement außerhalb der offiziellen Parteilinie interessiert waren, ein Schlupfloch im System der DDR.

In der Bundesrepublik gab es von der öffentlichen Hand subventionierte Schauspielhäuser mit eigenem Ensemble in vielen Städten. Daneben existierten freie Theatergruppen, die nicht subventioniert wurden, sondern sich durch Sponsorengelder u. ä. finanzierten. Die Eintrittspreise der verschiedenen Häuser und Inszenierungen wurden durch die Betreiber frei bestimmt. Die Wahl ihrer Theaterstücke und die Entscheidungen hinsichtlich ihrer Inszenierung oblag den jeweiligen Verantwortlichen der Ensembles oder der Theatergruppen. Kinos gab es bis in die siebziger Jahre in nahezu jeder Kleinstadt; danach setzte eine Ausdünnung ein. Sie wurden von privaten Betreibern geführt und bezogen ihr Angebot – neben Eigeninitiative – von Verleihern.

Da die meisten Schüler nichts über Theater und Kino in der DDR wissen, fällt ihr intuitives Urteil deutlich zugunsten der Bundesrepublik aus.[545]) Eine Mehrheit von fast drei Viertel sieht die Bundesrepublik im Vorteil, aber gut jeder Fünfte – mehr Mädchen als Jungen – plädiert für gleich gute Verhältnisse. Einmal mehr bewerten Schüler aus dem Westen und dem Osten die Situation unterschiedlich. Während die Bundesrepublik bei ersteren gut 78% erhält, erreicht sie in den neuen Ländern nur gut 67%. Dort kreuzt eine nennenswerte Minderheit von knapp 26% „gleiche Verhältnisse“ an. Wie bei den meisten anderen Fragen stimmen die ausländischen ähnlich wie die westdeutschen Schüler, die deutschstämmigen in Berlin eher wie die Ost-Berliner Schüler. Die alters- und schulspezifischen Bewertungsdifferenzen fallen vergleichsweise gering aus.

Das Interesse der meisten Schüler am Theater war – wie die Gespräche zeigten – gering, das Kino, vor allem das Filmangebot, wurde aus heutiger Sicht beurteilt. Daher fiel das Votum für die Bundesrepublik auch in den Gesprächen eindeutig aus. Nur einige wenige Schüler wiesen auf die Qualität als Bewertungsmaßstab hin, konnten aber zur Situation in der alten Bundesrepublik im Vergleich zur DDR nichts sagen. Vereinzelt erwähnten ostdeutsche Schüler, ihre Eltern würden die DDR als „Lese- und Kulturland“ bezeichnen.

Discos

Die Entstehung von Diskotheken als Folge der Verbreitung von Rock- und Popmusik seit den sechziger Jahren in der Bundesrepublik und den Siebzigern in der DDR erfolgte nicht ohne Widerstände, da diese Musik in beiden Ländern auf Ablehnung durch die herrschenden bzw. kulturell dominierenden Schichten stieß. In der Bundesrepublik blieb es bei kulturellem Unbehagen, in der DDR mussten Verbote überwunden werden.

Obschon selbst der oberste Kulturwächter der DDR, SED-Generalsekretär Walter Ulbricht, seine Ignoranz gegenüber der Beat-Musik in einem kabarettreifen Auftritt – „Ich bin der Meinung, Genossen, mit der Monotonie des ‚jä, jä, jä‘ und wie das alles heißt, sollte man doch Schluss machen […] Ist es denn wirklich so, dass wir jeden Dreck, der vom Westen kommt, kopieren müssen?“ – öffentlich kundtat, setzte sich in den siebziger Jahren allmählich auch in der DDR die westliche Popmusik durch.

[545]) Vgl. Tabelle A38 im Anhang.

Damit einherging die Entstehung und Entwicklung von Diskotheken. „Seit den siebziger Jahren wurden als neu entstehende Freizeitmöglichkeiten für Jugendliche insbesondere Jugendklubs und Discos staatlich gefördert. Hier konnten sich junge Leute unter Einhaltung bestimmter Regeln, die die Interessen der offiziellen Politik formell berücksichtigten, in zunehmendem Maße ihre eigene Welt gestalten."[546]) Doch bedurfte es immer noch einer offiziellen staatlichen Genehmigung, um eine „Diskothek" zu betreiben, ebenso für die Gründung einer Band – und Diskotheken im westlichen Sinne gab es nicht. Kneipen konnten jedoch eine Lizenz erhalten und den Discobetrieb aufnehmen. Daneben wurden in den FDJ-Clubhäusern eigene Diskotheken betrieben. Allerdings mussten die „Schallplattenunterhalter" (SPU) – in der Funktionärssprache als antiamerikanische Bezeichnung für die sonst gebräuchliche Bezeichnung Diskjockey verwendet – eine Ausbildung absolvieren, benötigten zur Ausübung ihres Berufs ebenfalls eine vom Staat ausgestellte Lizenz und mussten (sollten) gemäß politischer Vorgabe zu 60% Lieder aus sozialistischer Produktion abspielen. Genaue Angaben zur Anzahl der als Diskothek genutzten Räume existieren nicht.

In der Bundesrepublik war das Betreiben einer Disco an eine Konzession gebunden. Diese setzte den Nachweis einer lebensmittelrechtlichen Unterrichtung sowie der persönlichen Zuverlässigkeit durch ein polizeiliches Führungszeugnis voraus. Darüber hinaus musste der Betreiber eine Auskunft aus dem Gewerbezentralregister gewähren. Eine konkrete Anzahl hinsichtlich der in der Bundesrepublik 1989 betriebenen Diskotheken lässt sich ebenfalls nicht angeben.

Für viele Schüler sind Diskotheken unverzichtbarer Teil ihres Lebens. Ob es in der DDR überhaupt Discos gab und wie sie ausgestaltet und organisiert wurden, war nahezu allen Schülern – wie wir in Gesprächen erfuhren – nicht bekannt, sodass ihr Urteil stärker noch als bei anderen Sachverhalten eine Spekulation war.

Auch wenn eine Mehrheit von gut 70% aller Schüler bessere Discos in der Bundesrepublik vermutet, unterstellt ein knappes Drittel der Ost-Berliner und Brandenburger, aber nicht einmal jeder fünfte westdeutsche Schüler gleich gute Diskotheken in beiden Staaten.[547]) Für die DDR optiert selbst im Osten nicht einmal jeder Zehnte. Aus diesem Ergebnis und den nachfolgenden Gesprächen kann gefolgert werden, dass viele Schüler manches an der DDR gut finden, aber keineswegs auf westliche Discos verzichten möchten.

Mietpreise

Da die meisten Schüler noch bei ihren Eltern leben, sind Mietpreise für sie eher abstrakter Natur. Ihre Bewertung resultierte daher aus allgemeinen Annahmen. Den

[546]) Judt 1998, S. 179 f.
[547]) Vgl. Tabelle A39 im Anhang.

Gesprächen entnahmen wir, dass sie den Gegensatz von verstaatlichten und privaten Wohnungen kannten und daraus Schlussfolgerungen zogen.

Nahezu alle Mietpreise waren in der DDR staatlich festgesetzt, auch die in Häusern von Privatbesitzern. Die niedrigen, nicht kostendeckenden Mieten verhinderten auf dem begrenzten Altbaumarkt eine dringend notwendige Sanierung von Häusern und Wohnungen. Die Wohnungsbaupolitik hatte Erich Honecker zur Chefsache erklärt und wollte die Wohnungsfrage – vor allem durch die flächendeckende Errichtung von Plattenbauten – bis zum Jahre 1990 gelöst haben. In Anbetracht der nach der Wiedervereinigung transferierten Milliardensummen für die Sanierung von Wohnungen und Häusern, die für viele ostdeutsche Altstädte die Rettung in letzter Sekunde bedeutete, kann unschwer geschlossen werden, dass die Lösung der Wohnungsfrage erst dem „Klassenfeind" gelang.

1989 betrug der Bestand an Wohnungen in der DDR 7.002.539, bei knapp 1,2% handelte es sich um Neubauten desselben Jahres.[548]) Etwa 4,75 Millionen Wohnungen (68 Prozent) befanden sich in Mehrfamilienhäusern, ca. 2,28 Millionen (32%) in Ein- und Zweifamilienhäusern. 41% aller Wohnungen lagen in Privatbesitz,[549]) wobei aufgrund der hohen Zahl der aus der DDR in die Bundesrepublik Geflohenen nicht wenige davon Bürgern der Bundesrepublik gehörten. Die zulässigen Mietpreise waren für alle Eigentumsformen staatlich festgelegt. Da die Mieteinnahmen keineswegs für die Instandhaltungskosten ausreichten, musste der Staat hohe Mittel investieren. 1988 betrug die Summe der Zuwendungen für das Wohnungswesen aus Mitteln des Staatshaushaltes 16.026 Mio. Mark.

Die Höhe der festgelegten Miete war vor allem von der Größe und dem Ausstattungsniveau der Wohnung sowie den mitvermieteten Nebenräumen abhängig.[550]) Die Mietpreise betrugen in Abhängigkeit vom Ausstattungsgrad der Wohnungen je Quadratmeter Wohnfläche zwischen 0,80 und 1,25 Mark pro Monat. Im Durchschnitt machte 1989 der Anteil der Miete am Haushaltseinkommen 2,4% gegenüber 4,1% – bei wesentlich niedrigerem Lohnniveau – im Jahre 1960 aus. Zusätzlich zur Miete mussten die Bürger noch etwa 1,2% ihres Haushaltsnettoeinkommens für die Versorgung mit Gas und Strom aufwenden.[551])

In der Bundesrepublik wurde zu allen Zeiten nebeneinander privater, genossenschaftlicher und öffentlicher Wohnungsbau betrieben. Der Anteil privater Wohnbauaktivitäten war politisch gewünscht und wurde seit 1949 steuerlich gefördert. So betrug der Anteil des privaten Wohnungseigentums über 38%. 1989 lag der Bestand an Wohnungen bei 26.598.269 mit einer Wohnfläche von insgesamt 2.298.058.000 m^2.

---

[548]) Vgl. Statistisches Jahrbuch 1991, S. 248.
[549]) Vgl. Wolle 1998, S. 185.
[550]) Vgl. Sozialreport 90, S. 170.
[551]) Vgl. ebd.

Im selben Jahr wurden 136.255 Baugenehmigungen im Wohnbau erteilt für insgesamt 245.642 Wohnungen mit einer Wohnfläche von 24,22 Millionen m^2, darunter befanden sich 52.589 Eigentumswohnungen (gut 21,4%) mit 3,82 Millionen m^2 Wohnfläche.[552]) Gleichzeitig wurden 214.438 neu errichtete Wohnungen fertiggestellt, darunter 41.211 Eigentumswohnungen (19,2%).[553])

Neben den Vorgaben des Mietrechts (insbesondere die Festschreibung einer ortsüblichen Vergleichsmiete, des sogenannten Mietspiegels) richteten sich die Mietpreise in der Bundesrepublik hauptsächlich nach Größe, Lage und Ausstattung des Objekts. Die durchschnittliche Miete für einen Quadratmeter Wohnfläche betrug im Jahr 1987 6,87 DM. Die Mietaufwendungen lagen Ende der achtziger Jahre bei ca. 20% des Haushaltseinkommens.

Die eindeutig gestellte Frage erhält ein ebenso eindeutiges Ergebnis.[554]) Eine sehr breite Mehrheit von fast 70% votiert für die DDR, die Schüler aus dem Osten (knapp 80%) noch deutlicher als die aus dem Westen (knapp 63%). Je älter die Schüler sind, umso eher entscheiden sie sich für die DDR, was auch mehr Gymnasiasten als Schüler der anderen Schulformen tun. Die Bundesrepublik sieht nur eine Minderheit von knapp 17% im Vorteil, unter ihnen aber überdurchschnittlich viele ausländische (knapp 29%) und sogar deutschstämmige Schüler in Berlin (gut 21%), die ansonsten überdurchschnittlich häufig für die DDR stimmen. Letztgenannte Gruppen haben vermutlich weniger Kenntnisse über die Mietpreise als die deutschen Schüler, was vielleicht auch auf Haupt- und Realschüler zutrifft, die weit überdurchschnittlich häufig (mit 29,9% bzw. 43,8%) für die Bundesrepublik votieren.

Schon bei der Befragung vor Ort, aber auch bei den nachfolgenden Gesprächen, monierten einige Schüler, dass die Mietpreise auch im Preis-Leistungs-Verhältnis bewertet werden müssten. Diese Aussagen erfolgten weniger im Hinblick auf den maroden Zustand vieler Altbauten in der DDR, der den Schülern nicht bekannt war, sondern eher im Blick auf Plattenbauten. Dort wollten vor allem West-Berliner Schüler nicht wohnen, auch nicht zu niedrigen Mietpreisen. Einige Ost-Berliner Schüler entgegneten, die Plattenbauten seien nicht so schlecht wie ihr Ruf gewesen. Ihre Eltern hätten erzählt, sie seien froh gewesen, als sie eine Wohnung in einem Plattenbau zugewiesen bekamen. Schließlich gab es dort Zentralheizung, Innentoilette und Bad, was in vielen Altbauten nicht der Fall war. In Bayern und Nordrhein-Westfalen konnte sich kein Schüler für den DDR-Plattenbau erwärmen.

Preiswerte Bücher und Schallplatten

Während in einer freiheitlich-demokratisch verfassten Gesellschaft die Verbreitung von Büchern und Schallplatten nur wenigen Beschränkungen wie Jugendschutz

[552]) Vgl. Statistisches Jahrbuch 1991, S. 242.
[553]) Vgl. ebd., S. 243.
[554]) Vgl. Tabelle A40 im Anhang.

oder Urheberrecht unterliegt, fürchteten die Diktatoren in der DDR das freie und unabhängige geschriebene oder gesungene Wort. Die Ausschaltung von Öffentlichkeit war eine der Hauptaufgaben der SED-Politik.

Vor allem das gedruckte Wort betrachtete die Partei als Gefahr und unterzog den Literaturbetrieb einer strengen Zensur, wobei sich die Verbote offiziell „gegen kriegshetzerische, rassistische und konterrevolutionäre Literatur" im Sinne der Partei richteten.[555]) Als „konterrevolutionär" konnte bereits eine bestimmte Erzählweise, etwa Montagetechnik und Rückblenden, gelten. Nichtsdestotrotz nannte sich die DDR stolz „ein ‚Leseland' und führte zum Beweis gerne die hohen Auflagen ‚guter Literatur' sowie die statistisch festgestellte Leselust der Bürger an."[556]) 1989 erschienen in der DDR 5.224 Bücher mit einer Auflage von 105.069.000.[557]) Doch können diese Zahlen, ebenso wenig wie die sehr geringen Preise, die aufgrund der staatlichen Subventionierung für die in der DDR gedruckten Bücher bezahlt werden mussten, nicht darüber hinwegtäuschen, dass der gesamte Literaturbetrieb einer politischen Ideologie unterworfen war. Obendrein musste nicht selten Geschichte umgeschrieben werden – entsprechend der jeweils aktuellen politischen Marschroute. Für Literaturschaffende wie für die Angestellten im Literaturbetrieb verlangte dies die Internalisierung der Zensur, die sogenannte „Schere im Kopf", bei der Ausübung ihrer Tätigkeit.[558])

Was für Bücher galt, traf auch auf Schallplatten zu: Zensur der Kunstform Musik. Dies betraf sowohl die in der DDR produzierten Lieder, die erst nach Genehmigung durch die Parteizuständigen veröffentlicht werden durften, als auch musikalische Importprodukte. Der Schallplattenpreis wurde subventioniert und so künstlich stabil gehalten. Grundsätzlich gab es drei verschiedene Schallplattenlabel für die verschiedenen Musikrichtungen zu unterschiedlichen, staatlich festgelegten Preisen: Eine Platte mit klassischer Musik aus der Reihe Eterna (später Nova) kostete 10 Mark, Schallplatten mit literarischen und politischen Beiträgen erschienen in der Litera-Reihe für 12 Mark, Rock- und Popplatten aus der Amiga-Reihe kosteten 16 Mark. Auch bei den Schallplattenpreisen wurden 10 Pfennig aufgeschlagen als Kulturabgabe zur Förderung des sozialistischen Kulturlebens.

Originalschallplatten aus dem Ausland waren fast nicht erhältlich. Insofern bezogen die Fans westlicher Musik ihre Lieder vor allen Dingen durch Westradio-Mitschnitte. DDR-Sender hingegen hatten selbstverständlich das 60:40-Liederverhältnis einzuhalten. Politisch konforme Bands wurden von der SED lanciert und erhielten einen Teil ihrer Gage in Westmark; die Erlöse ihrer Westkonzerte durften sie zur Anschaffung musikalischen Equipments aus dem Westen verwenden. Als systemfeindliche Musik wurden Heavy Metal und Punk bewertet, aber auch deutschsprachige

555) Wolle 1998, S. 141.
556) Ebd., S. 142.
557) Vgl. Statistisches Jahrbuch 1991, S. 414.
558) Vgl. Wolle 1998, S. 145.

Musiker wie die „Renft-Combo“ eckten wegen ihrer sperrigen Texte an, sodass sie verboten wurden.

In der Bundesrepublik Deutschland gelten die sogenannten Kommunikationsgrundrechte nach Artikel 5 des Grundgesetzes. Diese beinhalten Meinungsfreiheit, Informationsfreiheit, Pressefreiheit, Rundfunkfreiheit und Filmfreiheit (für die Literaturschaffenden wie für die Konsumenten): „Eine Zensur findet nicht statt.“ (Art. 5, Abs. 1, Satz 3 GG) Im Gegensatz zur Lebenswirklichkeit in der DDR wurden in der Bundesrepublik die verfassungsmäßigen Rechte auch tatsächlich gewährt. Diese Freiheiten wurden nur in einem sehr geringen Maße, etwa durch Jugendschutzgesetze, eingeschränkt.

Ein Vergleich von Bucherscheinungszahlen und Auflagenstärken in beiden deutschen Staaten macht zudem deutlich, dass fast zehnmal so viele Bücher in der Bundesrepublik wie in der DDR produziert wurden. 1989 erschienen insgesamt 65.980 Titel (48.370 Erstauflagen, 17.610 Neuauflagen)[559]), ohne dass zugleich eine Zensur über die Erscheinungsfrage entscheiden konnte, was eine viel größere Vielfalt der Inhalte erlaubte. Über genaue Auflagenstärken können keine Angaben gemacht werden. In der Bundesrepublik existierte die damals noch privatrechtlich vereinbarte Buchpreisbindung, die besagte, dass der Verkaufspreis für alle Verkaufsstellen verbindlich durch den Verlag festgesetzt wurde. 1989 lag der Durchschnittspreis eines neu auf den Markt gekommenen belletristischen Titels bei 12,07 DM.[560])

Eine Schallplatte (LP) kostete Ende der achtziger Jahre in der BRD zwischen 17 und 20 DM, Singles 6 DM; allerdings hatten zu dieser Zeit CDs (30 bis 35 DM) hier bereits ihren Siegeszug über die Schallplatten angetreten.

Unsere Frage war für viele Schüler schwer zu beantworten, da sie wenig über die Preisgestaltung von Büchern und Schallplatten vor 1989 wussten. Obwohl etwa jeder fünfte Schüler eine Festlegung meidet, glaubt eine relative Mehrheit, in der DDR habe es preiswertere Bücher und Schallplatten gegeben – mehr Schüler aus den neuen (knapp 48%) als aus den alten (gut 36%) Ländern. Letztere entscheiden sich mehrheitlich für die Bundesrepublik.[561])

Westdeutsche Schüler beharrten bei den Gesprächen darauf, dass selbstverständlich bei der Beantwortung auch die Qualität von Büchern und Schallplatten mitberücksichtigt werden müsse. Erneut zeigte sich die Schwierigkeit eines Systemvergleichs, denn Fragen nach preiswerten Büchern, Schallplatten, Mieten, Autos u. ä. würden generell die unterschiedliche Qualität und das unterschiedliche Angebot nicht berücksichtigen. Selbstkritisch müssen wir einräumen, dass wir diese Fragen anders hätten stellen sollen.

559) Vgl. Statistisches Jahrbuch 1991, S. 414.
560) Quelle: Börsenverein des deutschen Buchhandels.
561) Vgl. Tabelle A41 im Anhang.

Die beiden deutschen Staaten im Vergleich

Wie bereits einleitend angemerkt, sollten die Schüler in diesem Fragebogenteil verschiedene Teilaspekte zu Staat und Gesellschaft der Bundesrepublik und der DDR vergleichend bewerten. Obwohl wir immer wieder nachdrücklich darauf hinwiesen, dass es nicht in unserer Absicht liege, Wissen und Kenntnisse zu überprüfen oder abzufragen, sondern uns Bilder, Vorstellungen und Assoziationen der Schüler zu einzelnen Themen interessierten, äußerten manche Schüler ihre Schwierigkeiten mit der Aufgabe. Viele – im Osten stärker als im Westen – sind es offensichtlich nicht gewohnt, ihre Meinung ohne unmittelbaren Wissenshintergrund schriftlich zu äußern.

Insofern überrascht es nicht, dass sich ein Teil der Schüler bei Fragen, bei denen sie sich nicht ausreichend informiert fühlten, nicht auf ein Gesellschaftssystem festlegte, sondern einer konkreten Antwort eher entziehen wollte und für „gleich" votierte. Außerdem entschieden sich viele Schüler für eine „gleiche" Bewertung, weil es ihnen offenbar an Vorstellungen über bestimmte Verhältnisse in dem einen wie dem anderen Staat mangelte. So kennen – beispielsweise im Verkehrswesen – die meisten Schüler die Qualität der öffentlichen Verkehrsmittel und der Straßen der DDR sowie der Transitwege höchstens vom Hörensagen und die wenigsten haben eine klare Vorstellung von deren tatsächlichem maroden bis katastrophalen Zustand. Außerdem vermuten einige, das heutige Verkehrswesen Ostdeutschlands, das mancherorts geradezu vorbildlich ist, sei bereits in der DDR so entwickelt gewesen. Insofern hat sich ein kleiner Teil der Schüler für eine gleichwertige Verkehrsstruktur und einen gleichwertigen Zustand der öffentlichen Verkehrsmittel entschieden. Die Mehrzahl der Befragten aber legte sich bei dieser wie bei anderen Fragen eindeutig fest.

In der Gesamtschau haben die Schüler ein positiveres Bild von der Bundesrepublik als von der DDR. Vor allem die ausländischen Schüler verbinden bei vielen Fragen negative Assoziationen mit der DDR, weil sie diesen Staat, wie sich in Gesprächen nach Abgabe der Fragebögen mehrmals ergab, oftmals mit dem heutigen Ost-Berlin und Ostdeutschland gleichsetzen. Vielfach resultieren ihre Urteile aus Ängsten vor ausländerfeindlichen Einstellungen und Gewalt in Ostdeutschland und Ost-Berlin. Gerade Jungen aus West-Berlin berichteten von derartigen Erlebnissen in Zusammenhang mit sportlichen Aktivitäten oder bei abendlichen Discobesuchen in Ost-Berlin.

Naturgemäß fließen bei den Schülern eigene Erfahrungen und Bedürfnisse in die Antworten mit ein, zumindest bei den Statements, die einen direkten Bezug zum eigenen Leben haben. Dennoch tut sich die Masse der ostdeutschen Schüler schwerer mit einer positiven Bewertung der Bundesrepublik als die bayerischen und die nordrhein-westfälischen Schüler. Auch wenn sie sich in Einzelbereichen mehrheitlich für die Bundesrepublik entscheiden, so ist diese Mehrheit oftmals nur eine relative. Beispiel hierfür ist die Bewertung von Recht und Ordnung in beiden Gesellschaftssystemen. Erst der genauere Blick auf die einzelnen Teilgruppen offenbart die enormen Unterschiede zwischen west- und ostdeutschen Schülern von über 27 Prozentpunkten in der positiven Einschätzung der Bundesrepublik. Die Schüler in Brandenburg und Ost-Berlin halten zudem mit relativer Mehrheit Recht und Ordnung für in der DDR besser gewährleistet. Vor allem in Berlin zeigt sich eine nahezu spiegelverkehrte Einschätzung zwischen den Schülern aus den beiden ehemalig getrennten Stadthälften: Über 60% der West-Berliner stehen in dieser Frage auf der Seite der Bundesrepublik, knapp 40% der Ost-Berliner auf der der DDR. Wie bei den meisten anderen Fragen auch erhält die alte Bundesrepublik von den bayerischen Schülern die größte Zustimmung.

Beim Thema Sicherheit im Alltag fallen die konträren West-Ost-Einschätzungen noch stärker ins Auge: Etwas mehr als jeder zweite westdeutsche, aber weniger als jeder vierte ostdeutsche Schüler votiert für eine größere Alltagssicherheit in der Bundesrepublik. Ein gutes Fünftel der Westdeutschen und doppelt so viele Ostdeutsche entscheiden sich für die DDR. In noch höherem Maße als die westdeutschen sehen ausländische Schüler in der Bundesrepublik die Sicherheit im Alltag besser gewährleistet; diese Auffassung teilen die deutschstämmigen Schüler in Berlin nur zu einem guten Drittel. Ihre grundsätzliche Sympathie für die DDR schlägt auch bei diesem Punkt durch.

Die Fragen zur Familie haben die meisten Schüler vermutlich vor ihrem eigenen persönlichen Hintergrund beantwortet. Gesprächsweise gaben einige an, die Themen „familiärer Zusammenhalt“ und „Hilfsbereitschaft in der Familie“ könnten nicht verallgemeinert beurteilt werden. Insofern dürften die hohen Werte für „gleich“ nicht nur einer Gleichsetzung der Systeme, sondern auch der Entscheidungsunsicherheit vieler Schüler geschuldet sein. Bei der Frage nach der Hilfsbereitschaft erklärte ein Teil der Schüler aus den alten Ländern ihr Votum für die DDR mit dem Hinweis, die Menschen in der DDR hätten sich „notgedrungen“ gegenseitig mehr helfen müssen als in der Bundesrepublik; andere beharrten darauf, dass das Thema zu privat sei und nicht beurteilt werden könne. Bei beiden Fragen fällt die sehr schlechte Bewertung der Bundesrepublik durch die Schüler aus den neuen Ländern auf: Nur etwa 7% attestieren den Bürgern der Bundesrepublik mehr Hilfsbereitschaft und weniger als 5% einen besseren Zusammenhalt in der Familie, wobei die Ost-Berliner Schüler noch skeptischer gegenüber den bundesrepublikanischen Verhältnissen sind als die Brandenburger.

Die „Gleichberechtigung“ bewerten über 40% der Schüler – vor allem Ost-Berliner Schülerinnen – in beiden Systemen gleich. Eine Mehrheit der Westdeutschen und vor allem ausländische Schülerinnen entscheiden sich für mehr Gleichberechtigung in der Bundesrepublik. Selbst die Brandenburger und Ost-Berliner Schüler sehen erstaunlicherweise die Bundesrepublik gegenüber der DDR in dieser Frage im Vorteil; mit relativer Mehrheit kreuzen sie allerdings „in beiden gleich“ an.

Etwa ein Sechstel bis ein Viertel der Schüler hält die Betreuungsplätze für Kinder, die Schul- und Ausbildungssituation, sowie die Freizeitangebote für Jugendliche in beiden Gesellschaftssystemen für gleich gut. Die Entscheidung fast der Hälfte der Schüler für die bessere Kinderbetreuung in der DDR ist im Wesentlichen eine Entscheidung für die Quantität der Betreuung, wie sich in den Gesprächen herausstellte. Hierauf legen gerade in Berlin fast 30 Prozentpunkte mehr Ost-Berliner als West-Berliner Mädchen besonderen Wert. West-Berliner Schülerinnen betonten das Recht auf eine individuelle Entscheidung und votierten deshalb stärker für die Bundesrepublik. Die meisten Schülerinnen, aber auch Schüler, waren über die flächendeckende Betreuung von Kindern in der DDR informiert, wenige wussten aber um die Qualität der Betreuung. Diese – in der Mehrheit westdeutsche – Schüler wiederum bemängelten die unpräzise Fragestellung. Es sei nicht klar gewesen, ob wir nach Qualität oder Quantität der Betreuung gefragt hätten. Die Art der Betreuung sei in der Bundesrepublik besser, aber das Angebot an Plätzen in der DDR zahlreicher gewesen. Deshalb hätten sie im Fragebogen „gleich“ angekreuzt.

Zwar hält fast jeder zweite Schüler die westdeutsche Schulausbildung für besser als die in der DDR, aber wiederum votieren fast 40 Prozentpunkte mehr west- als ostdeutsche Schüler für die BRD und umgekehrt beinahe ebenso viele ostdeutsche häufiger als westdeutsche für die DDR. Gesamtschüler stimmen etwas mehr als Gymnasiasten für die Annahme, Ausbildungsplätze seien in der DDR besser gewesen, offensichtlich sorgen Letztere sich eher um Studienplätze. Das Votum der meisten Haupt- und Realschüler, die sich eher Sorge um einen Ausbildungsplatz machen müssten, für die Bundesrepublik lässt vermuten, dass sie Wert auf einen selbst ausgewählten und nicht auf einen zugewiesenen Ausbildungsplatz legen oder keine Vorstellung von den Verhältnissen in der DDR haben.

Aber es gibt auch „gleiche Sichtweisen“: Unstrittig zwischen ost- und westdeutschen Schülern sind die besseren Einkaufsmöglichkeiten, Reiseangebote, der bessere Straßen- und Wohnungszustand, Discos, Theater/Kinos, ärztliche Versorgung, höhere Leistung der Wirtschaft, sowie ein besseres Leben in der Bundesrepublik, wenngleich bei einzelnen Items größere Bewertungsdivergenzen zu sehen sind. So schätzt erstaunlicherweise immerhin mehr als jeder fünfte Ost-Berliner Schüler die Wirtschaftsleistungen der DDR höher ein als die der Bundesrepublik; umgekehrt tun dies aber nur 13% der West-Berliner und nicht einmal 7% der bayerischen Schüler. Die DDR kann mit günstigeren Mietpreisen, Büchern/Schallplatten und der leistungsfähigeren Sportförderung bei nahezu allen Schülern – sogar bei den bayerischen – punkten. Aber bei der Sportförderung, bei der die DDR von einer relativen Mehrheit aller Schüler den Zuschlag erhält, unterscheidet sich die positive Bewertung des SED-Staates zwischen Ost und West um mehr als 12 Prozentpunkte.

Die Einschätzung der Rentensituation und der Altersversorgung fällt zwischen Ost und West entgegengesetzt aus: Ostdeutsche Schüler favorisieren mehrheitlich die DDR, westdeutsche die Bundesrepublik. Vor allem die Jugendlichen aus den neuen Ländern fällen ihr Urteil allerdings ohne konkretes Wissen über die tatsächliche Situation der Rentner im SED-Staat. Auch über den Umgang mit Ausländern äußern sich die Schüler höchst unterschiedlich. Während etwa 40% der ostdeutschen Schüler an einen „gleichen“ Umgang mit Ausländern glauben und fast genauso viele an einen besseren in der Bundesrepublik, sind dies in Westdeutschland über 25 Prozentpunkte mehr, die für die Bundesrepublik votieren. Ähnlich kontrovers sind die Resultate bei der „sozialen Gerechtigkeit“. Fast ein Drittel der ostdeutschen Schüler vermutet gleiche Verhältnisse für Ost und West, knapp 40% präferieren die DDR. Im Westen entscheiden sich mehr als 10 Prozentpunkte weniger Schüler für „gleich“ und gut 63% für mehr soziale Gerechtigkeit in der Bundesrepublik im Gegensatz zu 29% im Osten. Die hohe Bewertungsdifferenz wird in der Gegenüberstellung von Bayern und Ost-Berlin sichtbar: Für die Bundesrepublik entscheiden sich 66,6% gegenüber 26,7% und für die DDR 17,7% gegenüber 40,5%.

Auch wenn viele Schüler nicht über detaillierte Kenntnisse der unterschiedlichen gesellschaftlichen und institutionellen Strukturen von Bundesrepublik und DDR verfügen, kann doch eine Mehrheit einige Unterschiede zwischen Demokratie und Diktatur benennen. Hierzu zählt die Pressefreiheit, deren Gewährleistung eine sehr große Mehrheit (mit Ausnahme der deutschstämmigen Schüler in Berlin) nur in der Bundesrepublik sieht. Nicht ganz so positiv bewerten die Schüler das politische System. Während nicht einmal jeder Zwanzigste westdeutsche Schüler für die DDR optiert, tut dies im Osten knapp jeder Fünfte; knapp jeder Vierte im Osten sieht zudem keinen Unterschied zwischen Bundesrepublik und DDR. Insofern geben nur etwas mehr als die Hälfte der Ost-Berliner und knapp 62% der Brandenburger Schüler ein klares Votum für das Politische System der BRD ab, während dies im Westen mit Bayern an der Spitze (knapp 87%) insgesamt gut 80% tun.

Welche Lebensbereiche in der DDR bzw. der Bundesrepublik schneiden aus der Sicht der Schüler am besten bzw. am schlechtesten ab?

*Tabelle 15: Positiv-/Negativliste der Gesamtbefragung**

DDR			
Positivliste		**Negativliste**	
1. Mietpreise	68,3	1. Reisemöglichkeiten	1,4
2. Familienzusammenhalt	45,1	2. Einkaufsmöglichkeiten	2,6
3.a. Sportförderung	44,9	3. Pressefreiheit	2,8
3.b. Ausbildungsplätze	44,9		
BRD			
Positivliste		**Negativliste**	
1. Reisemöglichkeiten	93,7	1. Familienzusammenhalt	12,7
2. Einkaufsmöglichkeiten	85,7	2. Mietpreise	16,7
3. Gut leben/sich etwas gönnen	83,8	3. Hilfsbereitschaft	19,5
Gleich gut in DDR und BRD			
1. Gleichberechtigung	42,7		
2. Familienzusammenhalt	42,4		
3. Hilfsbereitschaft	37,9		

** Angaben in Prozent*

Die DDR erhält von den Schülern aus allen vier bzw. fünf Regionen nur einmal einen Anteil von über 50% zugesprochen, und zwar mit gut 68% bei den Mietpreisen, die nach Auffassung der Schüler besser als in der Bundesrepublik waren. In den anderen ihr positiv zugesprochenen Dimensionen liegt sie jeweils einige Prozentpunkte unter 50%. Auf der Negativseite stehen erwartungsgemäß die Reise- und Einkaufsmöglichkeiten, die nur eine Handvoll Schüler in der DDR für lobenswert hält oder vielleicht „aus Jux“ angekreuzt hat. Hier finden wir zumindest mit der Pressefreiheit, die in der DDR nicht gegeben war, einen politischen Aspekt.

Für die Bundesrepublik werden mit überwältigender Mehrheit zwischen knapp 84% und knapp 94% drei auf den erreichten Wohlstand bezogene Aspekte – Reise-, Einkaufsmöglichkeiten, Lebensstandard – positiv beurteilt. Auf der negativen Seite, wo die Bundesrepublik nur von kleinen Minderheiten als der DDR überlegen angesehen wird, stehen neben den zu erwartenden Mietpreisen der Familienzusammenhalt und die Hilfsbereitschaft. Zwar finden sich beide auch in der Gleichwertigkeitsrangliste ganz oben, aber der geringe positive Anteil auf diesen beiden Feldern gibt doch zu denken, da er einen Hinweis auf den Blick vieler Schüler auf die privaten Verhältnisse der alten (und wahrscheinlich auch der heutigen) Bundesrepublik liefert. Überraschenderweise steht an der Spitze der beide Staaten verbindenden Aspekte die Gleichberechtigung der Geschlechter. Hiermit ist freilich noch nichts darüber gesagt, ob die Schüler die Gleichberechtigung für erreicht halten, sondern nur, dass sie in beiden Staaten in gleicher Weise vorhanden war.

Zusammenfassend lässt sich konstatieren, dass – bezogen auf die Gesamtheit der Befragten – zwar die meisten Schüler in der vergleichenden Bewertung eine kritische Einschätzung der DDR haben. In der Detailbetrachtung der Schülergruppen in beiden ehemaligen Teilen Deutschlands und in den vier bzw. fünf Regionen sind jedoch ernorme Differenzen festzuhalten, insbesondere bei der Beurteilung vermeintlicher Qualitäten der DDR und der demokratischen Strukturen der Bundesrepublik. Die Bundesrepublik wird von einem großen Teil der Schüler – vornehmlich der westdeutschen und erstaunlicherweise gerade auch der ausländischen – als das rechtsstaatlichere System gesehen, dessen Vorteil die Gewährung individueller Freiheiten war und das ein individuell gestaltetes Leben in hohem Wohlstand erlaubte. Dieser Auffassung schließt sich zwar auch eine Mehrheit in Ost-Berlin und Brandenburg an, aber viele der dortigen Schüler identifizieren sich nicht mit dem politischen und gesellschaftlichen System der alten – und der neuen – Bundesrepublik und bewerten die DDR im Rückblick positiver als die Bundesrepublik oder zumindest als gleich gut.

Der unterschiedliche Blick auf die beiden deutschen Teilstaaten insbesondere von Ost- und West-Berliner Schülern wird noch deutlicher sichtbar, wenn man die jeweiligen Mehrheiten für die DDR oder die Bundesrepublik bei den verschiedenen Aspekten addiert. So sehen zum Beispiel West-Berliner Schüler mehrheitlich auf 24 Feldern die Bundesrepublik und nur auf vier die DDR vorne. Berücksichtigen wir ebenfalls die beiden Dimensionen, wo eine relative Mehrheit im Westteil der Stadt für „gleiche Verhältnisse" („Zusammenhalt in der Familie" und „Hilfsbereitschaft") votiert hat, verbleiben aus Westsicht zwei Pluspunkte für die DDR – die Sportförderung und die Mietpreise, wobei nur Letztere eine absolute Mehrheit erreichen.

Ost-Berliner Schüler beurteilen dagegen die beiden deutschen Staaten im direkten Vergleich signifikant anders. Sie attestieren beiden auf jeweils 14 Feldern „bessere Verhältnisse". Zieht man die Themen „Umgang mit Ausländern" und „Gleichberechtigung von Frauen und Männern", bei denen eine relative Mehrheit im Ostteil für „gleiche Verhältnisse" gestimmt hat, von den bundesdeutschen Pluspunkten ab, beträgt die Relation 14:12 zugunsten der DDR.

Im vergleichenden Ergebnis sehen wir ein doppelt gespaltenes Bild der beiden deutschen Staaten in Berlin. West-Berliner Schüler favorisieren auf nahezu allen Feldern die alte Bundesrepublik, die Ost-Berliner sehen mehrheitlich die DDR im Vorteil, trennen jedoch zwischen eher allgemeinpolitischen Dimensionen, wo sie die Bundesrepublik präferieren, und eher sozialpolitischen und alltäglichen, wo sie der DDR den Vorzug geben.

Eindeutig fällt das Ergebnis in Bayern und Nordrhein-Westfalen aus, wo ähnlich wie in West-Berlin die allermeisten Aspekte der Bundesrepublik positiver gesehen werden und die DDR nur in vier bzw. fünf Bereichen punktet. Das Urteil der Brandenburger Schüler stimmt mit dem der Ost-Berliner überein.

In der Auswertung aller vier bzw. fünf Regionen bestätigt sich das gespaltene Ost-West-Bild bei der Betrachtung der beiden deutschen Teilstaaten, wo zumindest im Geschichtsbild nicht zusammengewachsen ist, was zusammengehören soll. Die West-Berliner Sicht entspricht in etwa der der Schüler in Nordrhein-Westfalen und Bayern, die Ost-Berliner dagegen der der Schüler in Brandenburg. Während sich die westdeutschen und West-Berliner Schüler mit breiter Mehrheit hinter das politische und gesellschaftliche System der (alten) Bundesrepublik stellen, ist dies bei einer starken Minderheit der ostdeutschen und der Ost-Berliner Schüler weiterhin nicht der Fall.

*Tabelle 16: Bessere Verhältnisse in der DDR oder der BRD**

	Gesamt			Berlin									Brandenburg			Bayern			NRW		
				Insgesamt-Berlin			Ost-Berlin			West-Berlin											
	BRD	DDR	gleich	BRD	DDR	gleich	BRD	DDR	gleich	BRD	DDR	gleich	BRD	DDR	gleich	BRD	DDR	gleich	BRD	DDR	gleich
Ärztliche Versorgung	X			X			X			X			X			X			X		
Schulausbildung	X			x				X		X				x		X			X		
Betreuung in Kindergarten/Schule		x			x			X		x				X		x			x		
Recht und Ordnung	X			x				x		X				x		X			X		
Leistungen der Wirtschaft	X			X			X			X			X			X			X		
Sicherheit im Alltag	x			x				x		x				x		X			X		
Freizeitangebot für Jugendliche	x			x				x		X				x		X			X		
Zusammenhalt in der Familie		x			x			X			x	(x)		X			x	(x)		x	
Hilfsbereitschaft		x			x			X			x	(x)		X			x	(x)		x	(x)
Umgang mit Ausländern	X			X			x		(x)	X			x		(x)	X			X		
Zustand der Straßen	X			X			X			X			X			X			X		
Reiseangebot und -möglichkeiten	X			X			X			X			X			X			X		
Gleichb. von Frauen und Männern	x			x		(x)	x		(x)	X			x		(x)	X			X		
Pressefreiheit	X			X			X			X			X			X			X		
Renten	x			x				x		X				x		X			X		
Versorgung im Alter	x			x				x		X				x		X			X		
Öffentliche Verkehrsmittel	X			X			X			X			X			X			X		
Einkaufsmöglichkeiten	X			X			X			X			X			X			X		
Sportförderung		x			x			X			x			X			x			x	
Zustand der Wohnungen	X			X			X			X			X			X			X		
Politisches System	X			X			X			X			X			X			X		
Ausbildungsplätze		x			X			X		x				X		x			x		
Soziale Gerechtigkeit	X			x				x		X				x		X			X		
Gut leben / sich etwas gönnen	X			X			X			X			X			X			X		
Theater und Kino	X			X			X			X			X			X			X		
Discos	X			X			X			X			X			X			X		
Mietpreise		X			X			X			X			X			X			x	
Preiswerte Bücher/Schallplatten		x			x			x		x	x			x		X				x	
Summe	21	7		21	7	(1)	14	14	(2)	23	4	(2)	14	14	(2)	24	4	(2)	23	5	(1)

** X = absolute Mehrheit, x = relative Mehrheit, (x) = in beiden Ländern gleich*

Der bewertende Blick von Studierenden auf das geteilte Deutschland

Die Auswertung der Befragung der studentischen Kontrollgruppe zeigt auf manchen Feldern ein ähnliches Ergebnis wie bei der Schülerbefragung, d. h. die Herkunft beeinflusst das Urteil. In der Bewertung spezieller Aspekte stimmen die Studenten, sei es im Votum für die DDR oder für die Bundesrepublik, stärker überein als die Schüler. So liegen sie zum Beispiel bei dem Urteil über die Schulausbildung ähnlich weit auseinander wie ihre jüngeren Landsleute – die Studierenden mit westlicher Herkunft votieren mit absoluter Mehrheit für die Bundesrepublik, die aus dem Osten für die DDR. Ein ähnliches Bild zeigt sich bei den Dimensionen „Sicherheit im Alltag“, „Renten“ und „öffentliche Verkehrsmittel“.

In Fragen, die auf einen Vergleich des sozialen Sektors zielen, sehen wir dagegen eine weitgehende Übereinstimmung zugunsten der DDR. So halten über 90% der Studenten aus beiden ehemaligen Landeshälften die Betreuung in Kindergarten und Schule, das Freizeitangebot für Jugendliche und die Gleichberechtigung von Frauen und Männern in der DDR für besser. Bei der Gleichberechtigung sprechen sich sogar mehr Ostdeutsche (mit 22% gegenüber gut 14%) für die Bundesrepublik aus als ihre westlichen Studienkollegen. Den Zusammenhalt in der Familie und die Hilfsbereitschaft sehen Studenten in Ost und West ebenso wie die Schüler – in sogar noch höherem Maße – in der DDR als besser an. Bei beiden Aspekten erhält der SED-Staat von den westdeutschen Studierenden etwas mehr Zustimmung als von den ostdeutschen.

In der Frage nach dem Umgang mit Ausländern stimmt zwar auch eine relative Mehrheit von knapp 44% ostdeutscher Studierender für die Bundesrepublik, aber knapp jeder Fünfte plädiert hier erstaunlicherweise für die DDR und gut jeder Dritte sieht eine Gleichrangigkeit. Ihre westdeutschen Studienkollegen sprechen sich dagegen mit knapper Zweidrittelmehrheit für die Bundesrepublik aus und nur jeder Zehnte für den SED-Staat.

Ein etwas anderes Bild sehen wir bei den Aspekten „Renten“ und „Versorgung im Alter“. Während die ostdeutschen Studenten die DDR in beiden Fällen als besser einstufen, tun dies die westdeutschen zwar auch bei der Versorgung im Alter, aber nicht bei den Renten. Wie Nachfragen ergaben, vermuteten viele von ihnen eine bessere Betreuung Älterer und Pflegebedürftiger in den Familien und auch in den Heimen. Kaum ein Student kannte die tatsächlichen Verhältnisse.

Dem politischen System der alten (und neuen) Bundesrepublik geben eine breite Mehrheit der Studenten mit ostdeutscher (gut 73%) und nahezu alle mit westdeutscher Herkunft (knapp 96%) eine bessere Note als dem der DDR, das aber immerhin von jedem zehnten ostdeutschen Studierenden präferiert und von gut jedem sechsten als ebenbürtig gegenüber dem der Bundesrepublik gehalten wird.

Durch den Einbezug von Qualität fällt das Votum bei den Aspekten „preiswerte Bücher und Schallplatten“, „Theater und Kino“, aber zum Teil auch bei den „Mietpreisen" zwischen Ost und West unterschiedlich aus. Zwar optieren viele westdeutsche Studenten bei diesen Dimensionen für die DDR, eine beträchtliche Minderheit und bei den Büchern und Schallplatten sogar eine absolute Mehrheit sieht aber die Bundesrepublik aufgrund der Vielfalt und der Qualität und der damit gerechtfertigten höheren Preise im Vorteil.

In einem wesentlichen Punkt geben die Studenten aus Ost und West ein anderes Urteil als die Schüler ab: Sie stehen anders als vor allem die ostdeutschen Schüler mit großer Mehrheit hinter dem politischen und gesellschaftlichen System der Bundesrepublik oder halten es zumindest für besser als das der DDR. Bezogen auf soziale Dimensionen sehen sie zwar auch – Ostdeutsche deutlich häufiger als Westdeutsche – die DDR im Vorteil, verfügen aber ebenso wie viele Schüler über wenige Kenntnisse, d. h. ihr Urteil gründet sich eher auf Assoziationen als auf Wissen.

Gleichrangigkeit der beiden deutschen Teilstaaten?

Die Frage nach der Gleichwertigkeit von Bundesrepublik und DDR ergibt sich auch bei der Auswertung der Skala „Äquidistanz". Wie bereits näher erläutert, haben wir zur Einordnung des DDR-Bildes eine Skala aus mehreren sogenannten Teilskalen mit jeweils drei bis vier Items entwickelt. Zusätzlich wurde eine Skala für Äquidistanz konzipiert, die erfragen will, ob die DDR und die Bundesrepublik als entgegengesetzte und auch unterschiedlich zu bewertende Systeme betrachtet oder ob sie als zwar anders, aber letztlich gleichwertig gesehen werden. Diese Skala, die nicht in die Gesamtskala eingeht, besteht aus sechs Items, die verschiedene Dimensionen der Systeme abbilden und diese als zwar verschieden, aber grundsätzlich gleichrangig darstellen.

Das erste Item bezieht sich auf das Verhältnis der DDR und der Bundesrepublik zu ihrer Führungsmacht im jeweiligen Staatenblock. Beide Staaten waren sicherlich in prinzipiellen Entscheidungen von ihrer Führungsmacht abhängig und besaßen eine nur eingeschränkte Souveränität. Die Bundesrepublik aber konnte in viel stärkerem Maße auch selbstständig agieren, während alle grundlegenden innen- und vor allem außenpolitischen Entscheidungen der SED-Führung, einschließlich des Machtwechsels an der Spitze, mit der sowjetischen Führungsmacht abgesprochen werden mussten.

Die Kennzeichnung der DDR als „Homunculus sovieticus" durch den langjährigen sowjetischen Botschafter in der DDR, Pjotr Abrassimow, trifft sicherlich den Kern – Entstehung, Niedergang und Ende des SED-Staates resultierten aus den jeweiligen Kalkülen sowjetischer Politik. Abgesehen von den letzten Jahren, in denen die DDR sich schwer tat, der Politik von Gorbatschow zu folgen, propagierte die SED immer den Slogan „Von der Sowjetunion lernen, heißt siegen lernen" und stellte niemals die sowjetische Führungsrolle in Frage. So bewahrheitete sich im Nachhinein die Mahnung des sowjetischen Generalsekretärs Breschnew gegenüber Honecker kurz vor dessen Inthronisierung im Sommer 1970: „Erich, ich sage dir offen, vergiss das nie: Die DDR kann ohne uns, ohne die SU, ihre Macht und Stärke, nicht existieren. Ohne uns gibt es keine DDR."[562]) Die DDR blieb Zeit ihrer Existenz faktisch eine sowjetische Besatzungszone.

Die Schüler sind in dieser Frage gespalten: Eine relative Mehrheit von knapp 38% stimmt der Aussage zu, ein Drittel lehnt sie ab, fast 30% – weitaus mehr Mädchen als Jungen – sind unentschieden. Mehr ältere als jüngere Schüler bejahen die Behauptung sowie leicht überdurchschnittlich viele ausländische und vor allem deutschstämmige Schüler. Nur in Nordrhein-Westfalen sehen wir mehr ablehnende als zustimmende, aber dafür auch mehr neutrale Voten, ansonsten gibt es zwischen den einzelnen Teilgruppen keine bemerkenswerten Auffälligkeiten. Die zuvor beobachteten nahezu durchgängig vorhandenen Ost-West-Unterschiede sind hier nicht zu finden, selbst Ost- und West-Berliner Schüler entscheiden sich fast gleich. Die Bewertungsunterschiede verlaufen bei diesem Statement weniger zwischen Ost und West als innerhalb der einzelnen Regionen. So votieren die bayerischen und brandenburgischen Schüler in etwa gleich und unterscheiden sich dadurch von ihren Ost- und West-Berlinern Schülerkollegen.

*Schaubild 36: Gleiche Abhängigkeit von Führungsmacht nach Ländern/Regionen**

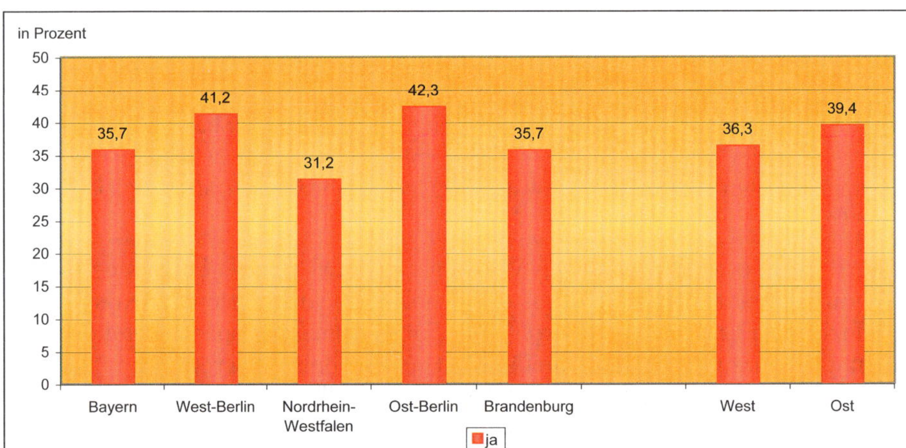

** Zustimmende Antworten auf die Aussage: „Die DDR war genauso abhängig von der Sowjetunion wie die Bundesrepublik von den USA."*

Selbst unter den Gymnasiasten findet sich keine Mehrheit, die zwischen der direkten Lenkung der DDR durch die Sowjetunion und der selbstgewählten Anbindung der Bundesrepublik an den Westen und dessen Führungsmacht, die USA, unterscheidet. Dieses Ergebnis deutet darauf hin, dass der Frage im Schulunterricht keine große Bedeutung zukommt oder der Sachverhalt bei der Behandlung des „Kalten Krieges" so dargestellt wird, dass den Schülern keine Unterschiede zwischen den

[562]) Zitiert nach: Schroeder 1998, S. 209.

USA und der Sowjetunion deutlich werden. Im Freundeskreis und in der Familie dürfte diese Frage kein Gesprächsthema sein. Dass die DDR keine weitreichende Entscheidung in innen- und außenpolitischen Fragen ohne die Zustimmung der Sowjetunion treffen konnte, wussten nur einige Schüler – wie wir aus Gesprächen erfuhren. Gleiches gilt für die eingeschränkte Souveränität der Bundesrepublik, die aber bei ihren Entscheidungen deutlich größere Spielräume als die DDR hatte. So gab es zum Beispiel anlässlich der Frage der Nachrüstung durch die NATO eine hitzige öffentliche innenpolitische Debatte bis in Regierungskreise hinein, was in der DDR undenkbar gewesen wäre.

Anhand eines anderen Items sollten die Schüler beide Staaten und Gesellschaftssysteme grundsätzlich bewerten, unabhängig von den ansonsten abgefragten Aspekten.

*Schaubild 37: Vor 1989: BRD besser als DDR nach Regionen**

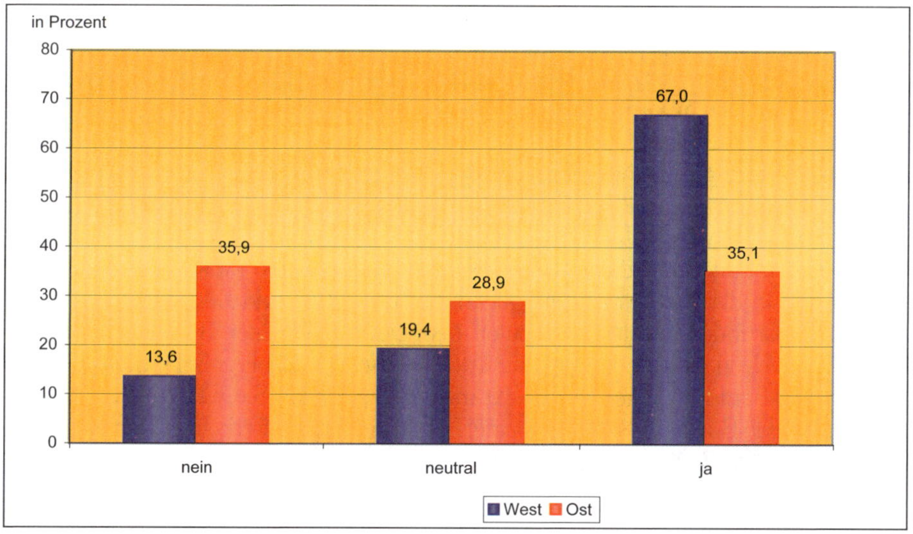

** Stellungnahmen zu der Aussage: „Die Bundesrepublik vor 1989 war zwar anders, aber auch nicht besser als die DDR." Im Schaubild wurden die Antworten umgepolt.*

Bei diesem grundsätzlichen Statement liegen die Auffassungen der Schüler, vor allem im Ost-West-Vergleich, weit auseinander. Gut jeder zweite Schüler lehnt die Aussage ab, ein gutes Fünftel bzw. ein knappes Viertel äußert sich zustimmend bzw. will sich nicht festlegen. Eine breite Mehrheit der westdeutschen Schüler stimmt der Aussage nicht zu und hält insofern die BRD für „besser" – knapp 70% der bayerischen Schüler. Im Osten favorisiert eine knappe Mehrheit eine generelle Gleichrangigkeit der beiden deutschen Teilstaaten, darunter in Brandenburg mit knapp 39% die meisten Befragten aus allen Teilgruppen. Ein eindeutiges Votum für die Bundesrepublik geben jenseits des regionalen Vergleichs vor allem Jungen, Gymnasiasten und Realschüler ab, ein überdurchschnittliches für Gleichrangigkeit ausländische und vor allem Gesamtschüler. Ältere Schüler widersprechen der Behauptung zahlreicher als jüngere, ebenso Gymnasiasten mit knapp 60%. Beide Teilgruppen halten überdurchschnittlich häufig die Bundesrepublik für das bessere System. Anders als bei den meisten anderen Fragen/Statements äußern sich Haupt- und Realschüler hier unterschiedlich. Hauptschüler sind überdurchschnittlich neutral, Realschüler befürworten das Statement unterdurchschnittlich häufig. Letztere betrachten stärker als die anderen Schüler die Bundesrepublik als das bessere System.

Die enorme Bandbreite des unterschiedlichen Urteils wird deutlich, wenn wir die bayerischen und brandenburgischen Schüler vergleichen: Deutlich über zwei Drittel der Bayern halten die Bundesrepublik nicht nur für anders, sondern auch für besser als die DDR. Mit dieser Auffassung stimmt nicht einmal jeder dritte Brandenburger Schüler überein. Entsprechend fällt das Votum für die Gleichrangigkeit aus. Knapp 40% Brandenburger Schülern stehen nur 12% bayerische gegenüber. Als Ergebnis bleibt festzuhalten, dass nur gut jeder zweite – im Osten gut jeder dritte – befragte Schüler eine gleichrangige Einordnung ablehnt und entsprechend das bundesdeutsche Gesellschaftsmodell für besser hält.

In den Gesprächen argumentierten einige Schüler, die der Behauptung zugestimmt oder sich nicht festgelegt hatten, ihr Urteil bedeute nicht, sie würden zwischen den beiden Systemen keine Unterschiede sehen. Aber für sie seien die Gegensätze zwischen Demokratie und Diktatur oder Kapitalismus und Sozialismus keine von „besser“ oder „schlechter“. Andere, vor allem bayerische und West-Berliner Schüler, beharrten dagegen auf dem fundamentalen Unterschied zwischen Freiheit und Demokratie in der Bundesrepublik gegenüber Unfreiheit und Diktatur in der DDR. In Gesprächsrunden, an denen Schüler aus beiden Stadtteilen Berlins teilnahmen, wurde deutlich, dass eine Festlegung auf die Bundesrepublik als besseres System bei den Ost-Berlinern eine gewisse Kränkung hervorrief. Sie werteten die Höherbewertung der Bundesrepublik als eine Kritik an ihren Eltern bzw. der gesamten ehemaligen DDR-Bevölkerung.

Volksdemokratie versus parlamentarische Demokratie

Das dritte Item dieser Skala zielt auf die vergleichende Bewertung des politischen Systems. Die SED nannte ihre Diktatur „Volksdemokratie“, in der sie gemeinsam mit den von ihr gelenkten Blockparteien und Massenorganisationen das politische System der DDR inszenierte. Die sogenannte Volkskammer und die Regierung waren dabei nur Institutionen, die Anweisungen des SED-Politbüros zu befolgen und ohne Änderungen durchzusetzen hatten. Die tatsächliche Macht in der DDR hatte – nur begrenzt von der Sowjetunion – die SED in Gestalt ihres Politbüros, personifiziert im Generalsekretär, inne. In der DDR gab es weder eine Gewaltenteilung noch besaßen die Menschen politische und bürgerliche Freiheitsrechte. Den meisten Bürgern war klar, dass sie nur als Statisten bei einer gigantischen Inszenierung namens

„sozialistische Demokratie“ mitspielen durften, und auch Gegenstimmen an den politischen Machtverhältnissen nichts ändern würden. So folgten die Wahlberechtigten den Anordnungen und unterwarfen sich der geforderten offenen Stimmabgabe („Zettelfalten“) als einem notwendigen Übel. Aus Sicht rationaler Güterabwägung war dies eine durchaus sinnvolle Entscheidung, überwogen doch die befürchteten persönlichen Konsequenzen die möglichen Effekte eines durch Nein-Stimmen oder sogar Teilnahmeverweigerung artikulierten Protestes bei Weitem. Erst im März 1990 kam es zur ersten und einzigen freien Wahl der Volkskammer.

Generell steht der Gewalteneinheit bzw. -konzentration in der DDR die horizontale (Parlament, Regierung, Rechtsprechung) und vertikale (Bund, Länder) Gewaltenteilung im politischen System der Bundesrepublik gegenüber. In der parlamentarischen Demokratie im pluralistischen System der Bundesrepublik besitzen die Regierenden die politische Macht nur auf Zeit. Verschiedene Parteien konkurrieren um Wählerstimmen und versuchen, als Ergebnis freier und geheimer Wahlen mit möglichst breiter Mehrheit alleine oder in Koalitionen mit anderen Parteien eine Regierung zu bilden. Zum ersten einschneidenden politischen Machtwechsel kam es indes erst 1969, als erstmals mit einer Koalition von SPD und FDP eine Regierung ohne Beteiligung der Union gebildet wurde.

Die Fokussierung auf den direkten Vergleich der politischen Systeme zeigt ein vom vorangegangenen Item deutlich verschiedenes Ergebnis. Den meisten Schülern scheint zumindestens intuitiv der grundsätzliche Unterschied in der Verfasstheit beider Staaten bewusst zu sein. Eine breite Mehrheit von über 70% lehnt das Statement ab, im Westen knapp 11 Prozentpunkte mehr als im Osten (77,5% gegenüber 66,8%). Dort ist mehr als ein Viertel aller Schüler unentschieden – im Westen dagegen nicht einmal jeder Fünfte. Abgesehen von den deutschstämmigen Schülerinnen in Berlin und gut der Hälfte der Hauptschüler, nimmt jedoch eine deutliche absolute Mehrheit keine Gleichsetzung von „Volksdemokratie“ und parlamentarischer Demokratie vor. Die Quoten reichen von gut 47% bei den aus dem Rahmen fallenden Gruppen bis zu knapp 80% unter den bayerischen Schülern. Mädchen sind in allen Teilgruppen wieder bis zu über 10 Prozentpunkte entscheidungsunsicherer als Jungen. Eine Gleichsetzung nehmen in nennenswertem Umfang, d. h. mit knapp 17%, nur die deutschstämmigen und mit knapp 13% die Hauptschüler vor, ansonsten liegt der Anteil in allen Gruppen nur bei gut 4% bis 9,5%. Unter den Gymnasiasten und den Realschülern finden wir, bezogen auf die Schulart, die kleinste Gruppe, die beide politischen Systeme gleichsetzt. Gesamtschüler widersprechen zwar mit einer deutlichen Mehrheit von über 60% auch einer Gleichsetzung, aber immerhin knapp 40% enthalten sich oder sehen keinen Unterschied zwischen den politischen Systemen.

Unter den Schülern, die sich zu einem Gespräch bereitfanden, gab es in allen Schulen keinen, der eine direkte Gleichsetzung vornahm, nur einige in Ost-Berlin, die deutlich die parlamentarische Demokratie kritisierten, sie dennoch von der „Volksdemokratie“ unterschieden.

*Schaubild 38: Ähnliche Staatsformen nach Schultypen**

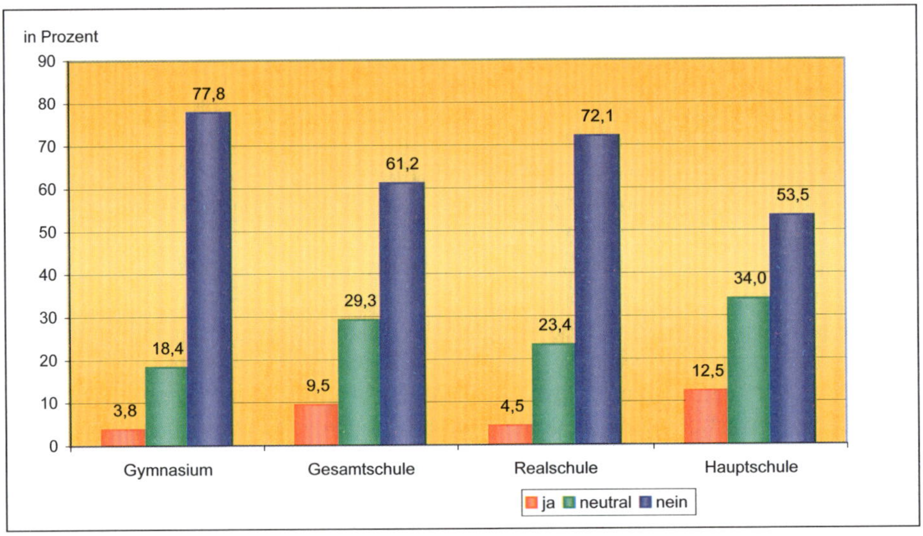

* *Stellungnahmen zu der Aussage: „Die ‚Volksdemokratie' in der DDR und die parlamentarische Demokratie in der Bundesrepublik Deutschland vor 1989 unterschieden sich kaum" in Prozent.*

Das nächste Item dieser Skala zielt auf die Beurteilung von Plan- und Marktwirtschaft. Die unterschiedlichen Wirtschaftssysteme waren den Schülern – so äußerten sich jedenfalls die von uns Befragten – nur im Groben bzw. verzerrt bekannt. Sie charakterisierten sie etwa folgendermaßen: In dem einen System bestimmte der Staat alles, in dem anderen die großen Unternehmen. Die unterschiedlichen Strukturprinzipien und Funktionsweisen zwischen einer zentralistischen Planwirtschaft und einer sozialen Marktwirtschaft waren vielen Schülern im Detail nicht geläufig. Vor allem konnten sie nicht begründen, warum mit Blick auf die beiden deutschen Teilstaaten eine Marktwirtschaft einer Planwirtschaft überlegen war. Generell schimmerte bei den Gesprächen unabhängig von der Beurteilung der Planwirtschaft eine Skepsis gegenüber der Marktwirtschaft durch. Neben normativen Aspekten flossen sicherlich auch Kenntnisse oder Vermutungen über die unterschiedliche Wirtschaftsleistung in das jeweilige Votum ein.

Anders als bei der Beurteilung des politischen Systems fällt hier das Urteil weniger eindeutig und gruppenspezifischer aus. Nur knapp jeder Zweite lehnt die Gleichsetzung von Markt- und Planwirtschaft ab, ein sehr knappes Fünftel sieht Unterschiede, hält aber kein System für besser, und knapp jeder Dritte will oder kann sich nicht für ein Wirtschaftssystem entscheiden. Eine Ost-West-Bewertungsdifferenz ist deutlich sichtbar. Im Westen votieren rund 57% der Schüler gegen eine Gleichsetzung, im Osten dagegen nur knapp 38%. Dafür bejahen hier mit knapp 26% fast doppelt so viele Schüler wie im Westen die Aussage.

*Schaubild 39: Planwirtschaft gleich Marktwirtschaft nach Regionen**

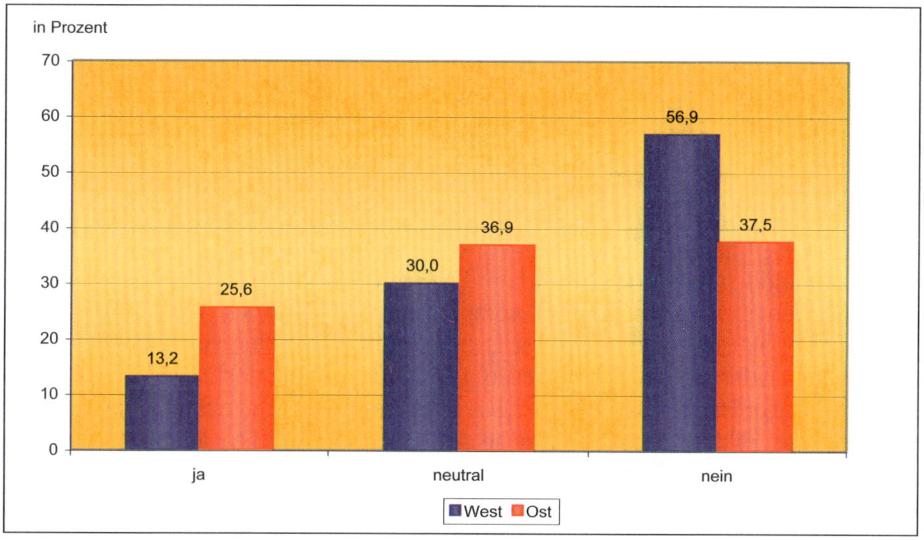

** Stellungnahmen zu der Aussage: „Die Planwirtschaft in der DDR war nicht besser oder schlechter als die Marktwirtschaft in der BRD, nur anders."*

Insbesondere vor dem Hintergrund der schlechten Bewertung der Einkaufsmöglichkeiten (Warenangebot, Konsummöglichkeiten) durch die ostdeutschen Schüler verblüfft ihre planwirtschaftsfreundliche und marktwirtschaftsfeindliche Einstellung, die derjenigen der ostdeutschen Bevölkerung entspricht. Entweder sind die Schüler außerstande, den einfachen Zusammenhang von konkreten Ausprägungen gesellschaftlichen Wohlstandes im Alltag und Wirtschaftssystem herzustellen, oder sie haben ein diffuses, überfrachtetes Bild von Wirtschaft. Beides spricht nicht gerade für die Qualität des Schulunterrichts. Aber auch in den alten Ländern ist die Ablehnung des Statements und damit, wie unterstellt werden darf, die Bevorzugung der Marktwirtschaft weniger ausgeprägt als beim vorherigen Item. Während in Bayern gut 64% eine Gleichsetzung ablehnen, sind es in Nordrhein-Westfalen und West-Berlin nur jeweils knapp 53% bzw. 51,5%.

Unsere Einschätzung bestätigte sich in den Gesprächen. Es gibt zwar nur eine kleine Gruppe von – vor allem Ost-Berliner – Schülern, die die Planwirtschaft grundsätzlich gegenüber der Marktwirtschaft für überlegen hält, ein größerer Teil, nicht nur, aber vor allem aus dem Osten, wünscht sich jedoch einen deutlich stärkeren Einfluss des Staates auf die Wirtschaft, kritisiert Plan- und Marktwirtschaft gleichermaßen und favorisiert eine Mischform. Viele von ihnen haben deshalb die Gleichrangigkeit angekreuzt. West-Berliner und insbesondere bayerische Schüler widersprachen dem vehement und hoben die Vorteile der Marktwirtschaft gegenüber der Planwirtschaft hervor, ohne jedoch auf Kritik an der Marktwirtschaft im Detail zu verzichten. Die prinzipielle Überlegenheit eines marktwirtschaftlichen Systems strichen sie aber deutlich heraus.

Anders als bei den drei vorangegangenen Items geht es beim vierten Item um die Bewertung des alltäglichen Lebens, d. h. neben Politik, Wirtschaft, sozialen Problemen etc. wird abgefragt, in welchem Staat sich das alltägliche Leben angenehmer gestaltete. Viele Schüler verstanden die Frage indirekt dahingehend, dass sie antworten sollten, in welchem System sie lieber leben wollten.

Selbstverständlich gab es für viele in der DDR ein „normales" Alltagsleben in einem ganz banalen und mitunter auch komplizierten Sinne, aber die Rahmenbedingungen der politischen und der Gesellschaftsordnung prägten vieles, ohne dass es den meisten jederzeit bewusst gewesen wäre – und heute noch bewusst ist. Nach Meinung einiger Beobachter bot die DDR in den siebziger und achtziger Jahren „ein fast idyllisches Bild" und „in der Sprache des Alltags lautete die Kleinbürgerweisheit: ‚Das Beste daraus machen.' Die Diktatur verlor in der zweiten Hälfte der achtziger Jahre allmählich ihren Schrecken und präsentierte sich merkwürdig müde und resignierend [...] In den späten achtziger Jahren konnte man bis zu einem gewissen Grad der Obrigkeit widersprechen, ohne dafür Gefängnis fürchten zu müssen."[563]) Dennoch: „Aus den neuen Möglichkeiten entstand kein Gefühl der Befreiung oder gar der gesellschaftlichen Dynamik. [...] Ein diffuses Dämmerlicht lag über dem sterbenden Staatswesen."[564]) Die meisten Menschen in der DDR hatten sich an die diktatorischen Rahmenbedingungen gewöhnt und „lebten ihr Leben", spürten aber immer wieder die Grenzen, wenn sie ihre geheimen Wünsche nach Reise- und Einkaufsmöglichkeiten befragten. Nicht vergessen werden sollten diejenigen, die – offenbar sind es nicht so viele wie 1989/90 angenommen – die prinzipielle Unfreiheit als Restriktion empfunden haben.

In der Bundesrepublik bildete sich im Zuge des Wertewandels in den sechziger und siebziger Jahren eine sozial differenzierte, von unterschiedlichen Lebensstilen geprägte individualisierte Gesellschaft heraus, in der postmaterialistisch Eingestellte zunehmend zahlreicher wurden und traditionsorientierten Schichten gegenüber standen. Der bis zu einem gewissen Grad durch die Rahmenbedingungen vorgegebenen gleichförmigen Lebensweise in der DDR stand eine in der privaten Lebensführung vielfältig ausdifferenzierte westdeutsche Gesellschaft gegenüber, deren Alltag nicht nur durch den unterschiedlichen materiellen Hintergrund, sondern auch die jeweilige Werteorientierung geprägt war.[565]) Selbstverständlich spielte auch das unterschiedliche Wohlstandsniveau von DDR und Bundesrepublik eine Rolle bei der Gestaltung des Alltags.

---

563) Wolle 2004, S. 115/116.
564) Ebd.
565) Vgl. Schroeder 2006, S. 58 ff.

*Schaubild 40: Gleiches Alltagsleben in den beiden deutschen Teilstaaten nach Regionen**

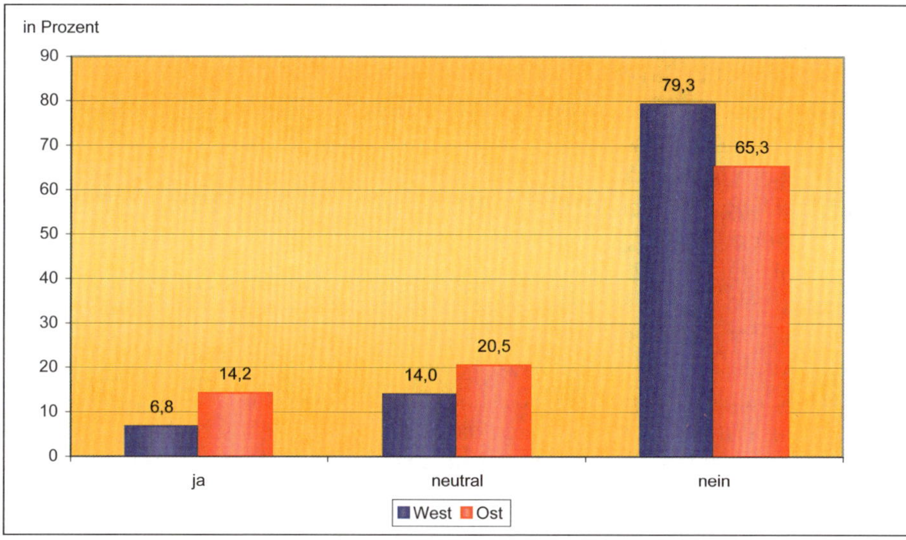

** Stellungnahmen zu der Aussage: „In der DDR konnten die Menschen im Alltag genauso leben wie in der Bundesrepublik Deutschland vor 1989" in Prozent.*

Generell stießen Themen, die das eigene Leben betreffen, bei den Schülern auf mehr Resonanz als solche, die auf abstraktere Gegenstände wie das politische oder wirtschaftliche System zielen. Da viele Schüler hierbei die Sichtweise ihres Umfeldes übernehmen, erwarteten wir eine weitgehend äquidistante Sicht auf das Alltagsleben in der DDR und der Bundesrepublik, vor allem von ostdeutschen Jugendlichen. So verhielt es sich aber nicht, denn eine breite Mehrheit in allen Regionen nimmt nicht an, dass das alltägliche Leben in den beiden deutschen Teilstaaten ähnlich oder gleich verlief. Ostdeutsche Schüler äußern sich in höherem Maße neutral als westdeutsche. Gleiche Verhältnisse vermuten selbst unter ihnen nur etwa 15%, insgesamt tut dies knapp jeder Zehnte. Ältere Schüler und Gymnasiasten votieren stärker gegen eine Gleichsetzung als Jüngere und Hauptschüler. Insgesamt sehen in allen Teilgruppen mehr als 60% ein unterschiedliches Alltagsleben in der DDR und der Bundesrepublik als gegeben an.

Den Gesprächen entnahmen wir, dass die Schüler, gleich ob sie aus dem Osten oder dem Westen stammen, viel Gemeinsames im alltäglichen Leben von DDR und Bundesrepublik sehen; dennoch verwiesen sie auf die entscheidenden Unterschiede, nämlich die politischen und – zum Teil stärker noch – wirtschaftlichen Rahmenbedingungen. Den meisten war der unterschiedliche Spielraum für die Gestaltung des Alltagslebens durchaus bewusst, ohne dass sie diesen differenziert bewerten wollten. Daher erklärt sich die breite Mehrheit gegen eine Gleichsetzung des Alltags auch aus durchaus unterschiedlichen Motiven. Einige Ost-Berliner Schüler beurteilten den Alltag in der DDR als angenehmer, weil er nicht so hektisch und nicht von Konsumdenken bestimmt gewesen sei. Für sie war der Alltag in der Bundesrepublik nicht besser, sondern nur anders. Das sahen freilich fast alle westdeutschen und insbesondere West-Berliner Schüler genau umgekehrt.

Im letzten Item der Skala „Äquidistanz“ geht es um Willkürmaßnahmen. Den befragten Schülern ist zumindest in einem verallgemeinerten Sinn durchaus bekannt, dass in der DDR Personen für Verhaltensweisen und Handlungen verhaftet und verurteilt werden konnten, die in der Bundesrepublik erlaubt waren. Die nicht gegebene Rechtsstaatlichkeit, vor allem bei politischen Verfahren, ist ihnen im Detail jedoch nicht geläufig. Auch über das Ausmaß der Verhaftungen aus politischen Gründen sind nur wenige Schüler informiert. Die Praxis des Häftlingsfreikaufs durch die Bundesrepublik war nahezu keinem Schüler geläufig. In der Schule sei dies nicht thematisiert worden – so der fast einhellige Tenor in den Gesprächen. Die Instrumentalisierung des Rechts durch die SED und die politisch-ideologische Verfolgung, Inhaftierung und Verurteilung von Personen, die sich nicht systemkonform verhielten, waren ebenfalls kein Thema im Schulunterricht. Allerdings bezeichneten einige Schüler, vor allem aus West-Berlin und Bayern, die DDR als „Unrechtsstaat“, ohne dies jedoch detailliert begründen zu können.

Für aufmerksame Beobachter besteht indes kein Zweifel an der fehlenden Rechtsstaatlichkeit der DDR: „Es fehlte in der Verfassungswirklichkeit der DDR an garantierten und einklagbaren Grundrechten des Bürgers. Die Grundrechte wurden nach Bedarf und nach Gutdünken der allmächtigen Partei gewährt oder verweigert. Die DDR war der institutionalisierte Verfassungsbruch ... Die Freiheiten und Grundrechte der Bürger sind in internationalen Dokumenten wie der Charta der UNO kodifiziert. Sie wurden von der DDR unterschrieben, aber nicht in geltendes Recht umgesetzt. Insofern unterliegt der grundsätzliche Unrechtscharakter der DDR keinem Zweifel. Die Menschen- und Bürgerrechte sind längst international garantiertes Recht, das nicht mit dem Hinweis auf die völkerrechtliche Souveränität gebrochen werden darf.“[566)]

Die Frage nach Willkürmaßnahmen zielte auf die Einschätzung des rechtsstaatlichen Charakters in beiden Staaten und nicht darauf, dass es in einzelnen Fällen auch in einem Rechtsstaat Willkür geben kann. Vor diesem Hintergrund mutet das Ergebnis zumindest im Osten zu dieser Frage einigermaßen erschreckend an: Nur etwas mehr als 60% der Schüler lehnen dort die Aussage ab, ein gutes Fünftel enthält sich einer Entscheidung und fast jeder sechste Schüler stimmt sogar zu. Einmal mehr sind bei dieser Thematik die Schüler stark zwischen Ost und West gespalten. Während über 80% der bayerischen Schüler vergleichbare Willkürmaßnahmen in

---

566) Wolle 2004, S. 117.

*Schaubild 41: Gleiche Willkürmaßnahmen in den beiden deutschen Teilstaaten nach Regionen**

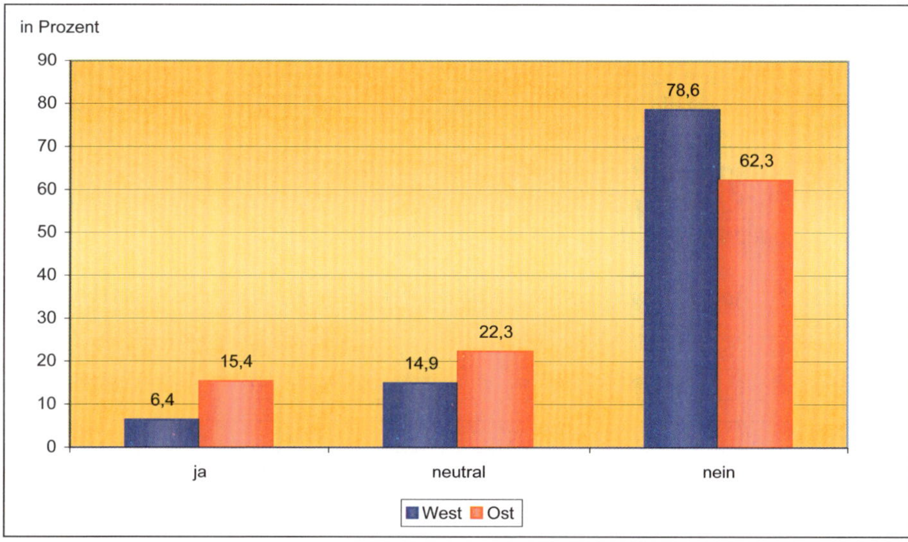

* *Stellungnahmen zu der Aussage: „Wie in der Bundesrepublik Deutschland wurde auch in der DDR niemand willkürlich eingesperrt."*

beiden Staaten nicht annehmen, sind dies in Ost-Berlin und Brandenburg nur etwa 62%. Dagegen vermuten knapp 17% Ost-Berliner und etwa 14% Brandenburger Schüler (gegenüber nur gut 6% im Westen) keinerlei Willkürmaßnahmen in der DDR und der Bundesrepublik oder gleichermaßen welche; etwa jeder Vierte bis Fünfte will sich nicht eindeutig festlegen.

Weniger Jungen als Mädchen, weniger Jüngere als Ältere und insbesondere weniger Gesamt- und Hauptschüler als Gymnasiasten differenzieren nicht zwischen dem rechtsstaatlichen Charakter der Bundesrepublik und den Willkürmaßnahmen in der DDR. Deutschstämmige und Gesamtschüler sehen unterdurchschnittlich keine Unterschiede. Gleichwohl lässt sich das Gesamtergebnis auch positiv interpretieren: In allen Gruppen kann eine mehr oder weniger starke absolute Mehrheit (zwischen 58,4% und 81,1%) zwischen Rechts- und politischem Unrechtsstaat differenzieren.

Im Schulunterricht wird dem Thema offenbar kein Gewicht beigemessen. Einem erschreckend großen Teil der Jugendlichen ist offensichtlich nicht einmal der Unterschied zwischen rechtsstaatlichen Prinzipien einer unabhängigen und der Willkür einer von der Politik gelenkten Justiz bekannt. In den Gesprächen zeigte sich jedoch, dass den allermeisten Gymnasiasten aus beiden Berliner Stadtteilen und vor allem aus Bayern dieser fundamentale Gegensatz bewusst war.

Die Auswertung der in die Skala Äquidistanz eingehenden Items deutet auf ein gespaltenes Urteil der befragten Schüler bezogen auf eine prinzipielle Gleichwertigkeit der beiden deutschen Teilstaaten hin. Nur eine Handvoll Schüler stimmt allen Items, die eine Gleichrangigkeit oder Gleichbewertung der beiden Staaten unterstellen, eher oder ganz zu, aber auch nur sehr wenige, unter 10%, lehnen alle Items mehr oder weniger ab. Die breite Masse stimmt einigen Items zu, lehnt andere ab. Am deutlichsten negieren mit weit über 10% männliche Schüler aus dem Westteil Berlins und aus Bayern alle Items, während alle deutschstämmigen Schüler sich nicht festlegen. Gymnasiasten und bayerische Schüler neigen deutlich häufiger zur durchgängigen Ablehnung einer gleichrangigen Bewertung von DDR und Bundesrepublik als Gesamtschüler oder Ost-Berliner. Erstere lehnen mehr als doppelt so häufig alle Items mehr oder weniger ab als die anderen beiden Gruppen.

*Tabelle 17: Äquidistanz aus Sicht der Befragten**

		zustimmend	teils/teils	ablehnend
insgesamt		**4,6**	**28,6**	**66,7**
Geschlecht				
	männlich	5,4	24,7	70,0
	weiblich	4,1	31,7	64,2
Länder				
	Bayern	2,7	16,7	80,6
	Berlin	5,7	34,0	60,3
	West-Berlin	2,6	25,3	72,1
	Ost-Berlin	9,1	41,8	49,1
	Brandenburg	7,5	42,0	50,5
	Nordrhein-Westfalen	2,0	19,7	78,3
Region				
	West	2,5	20,4	77,1
	Ost	8,4	41,9	49,7
Herkunft				
	Deutsche	4,7	28,1	67,3
	Ausländer	4,7	34,5	60,9
Alter				
	unter 16 Jahre	5,5	31,4	63,0
	16 Jahre	4,5	27,8	67,7
	17 Jahre und älter	4,4	28,0	67,7
Schulart				
	Gymnasium	3,5	24,4	72,1
	Gesamtschule	7,8	40,9	51,3
	Realschule	5,0	26,9	68,2
	Hauptschule	7,7	36,6	55,6

** Angaben in Prozent.*

Nach der von uns für alle Skalen errechneten Aufteilung der Befragten nach genereller Zustimmung, Neutralität oder Ablehnung votieren nur wenige Schüler (knapp jeder Zwanzigste) für eine durchgängig gleichwertige Sicht auf die beiden Staaten, aber fast 30% wollen sich nicht auf die Bundesrepublik festlegen. Dies tut allerdings eine Mehrheit von etwa zwei Dritteln. Zwischen Ost und West sehen wir eine deutliche Differenz: Eine überwältigende Mehrheit lehnt in den drei westlichen Regionen eine gleichrangige Bewertung der beiden deutschen Teilstaaten ab, in den beiden ostdeutschen Regionen ist es nur knapp jeder Zweite. Hier legen sich knapp 42% (West: 20,4%) nicht fest, sehen also zum Teil eine Gleichrangigkeit in einzelnen abgefragten Aspekten, in anderen wiederum nicht. Eine generelle Gleichwertigkeit nimmt dort jeder Zehnte gegenüber jedem Vierzigsten im Westen an.

Am wenigsten neigen nordrhein-westfälische und West-Berliner Schüler zu einer äquidistanten Bewertung der verschiedenen abgefragten Politikbereiche, am stärksten Ost-Berliner und Gesamtschüler. Noch deutlicher werden die Differenzen bei der Ablehnung einer gleichrangigen Sichtweise: Hier stehen den etwa 80% der bayerischen nur 49% der Ost-Berliner Schüler gegenüber. Letztere äußern sich entsprechend in einem viel stärkeren Maße zustimmend bzw. neutral. Das Votum von Ost-Berliner und deutschstämmigen Schülern fällt erneut ähnlich aus. Stärkere Bewertungsunterschiede gibt es auch bezogen auf die Schulform – Gymnasiasten und etwas abgeschwächt Realschüler neigen häufiger zur Ablehnung der Äquidistanz, Gesamtschüler und auch Hauptschüler nehmen dagegen zahlreicher eine neutrale Position ein. Mit dem Alter steigt auch die Ablehnung der Äquidistanz, die jüngsten Schüler votieren stärker neutral.

Informationsgrad und Interesse haben nur bedingt Einfluss auf die vergleichende Bewertung. Gleiches gilt für die Behandlung des Themas im Schulunterricht. Einzig diejenigen, die meinen, sie wüssten nichts über die DDR, bewerten beide Systeme etwas ähnlicher als andere Schüler (3,45 zu 3,81). Die Kenntnis bzw. Nichtkenntnis von Filmen über die DDR spielt hierbei eine erstaunliche Rolle: Die wenigen Schüler, die weder Spiel- noch Dokumentarfilme über die DDR kennen, befürworten mit 3,25 deutlich stärker eine Gleichrangigkeit als andere Schüler (3,82).

Die Betrachtung der durchschnittlichen Skalenwerte der Teilgruppen ergibt nennenswerte Unterschiede zwischen den Werten der Gesamtschüler (3,44) und der Gymnasiasten (3,77), zwischen bayerischen (3,92) und Ost-Berliner Schülern (3,40) sowie nur sehr geringe zwischen männlichen (3,75) und weiblichen (3,64) Schülern, wobei sich alle Durchschnittswerte auf einem mittleren, die Äquidistanz eher ablehnenden Niveau befinden.

Das Urteil über die Äquidistanz der beiden deutschen Staaten hängt nur bedingt von der politischen Einstellung ab. Während sich selbst als „links“ einordnende Schüler auf einen Mittelwert von 3,56 kommen und damit etwas häufiger als die anderen eine Äquidistanz zu den beiden Staaten haben, erreichen Schüler der Selbsteinstufung „eher rechts“ mit 3,84 den höchsten Wert und sehen etwas weniger als die anderen eine Gleichwertigkeit der beiden Systeme. Die sich als „rechts“ verstehenden Schüler haben dagegen mit 3,74 einen niedrigeren Durchschnittswert; er liegt unwesentlich höher als bei den „eher linken“ (3,72) Schülern. Sich als „eher links“

oder als „rechts" fühlende Schüler weisen insofern einen im Ergebnis ähnlichen vergleichenden Blick auf die beiden deutschen Teilstaaten auf.

Die Ermittlung der durchschnittlichen Werte nach Parteipräferenz bringt ein insofern überraschendes Ergebnis, als die Anhänger der verschiedenen Parteien recht weit auseinander liegen. Die geringsten Unterschiede sehen mit 3,38 Anhänger der Linkspartei/PDS, gefolgt von denen der NPD (3,60) und auffälligerweise der SPD (3,66). Potenzielle Wähler der Bündnis-Grünen, der FDP und der Union lehnen mit Werten um 3,85 eine Äquidistanz deutlicher ab.

Bezogen auf die einzelnen Items dieser Skala findet das Statement der gleichen Abhängigkeit von der jeweiligen Führungsmacht mit einem Durchschnittswert von 2,92 die höchste, die gleichsetzende Beurteilung von „Volksdemokratie" und parlamentarischer Demokratie mit 4,13 die niedrigste Zustimmung. Das Statement „Die Bundesrepublik vor 1989 war zwar anders, aber auch nicht besser als die DDR" erhält mit 3,53 ebenso wie die Beurteilung der Wirtschaftsordnungen mit 3,51 einen Wert in der Mitte. Die höheren Mittelwerte bei der vergleichenden Beurteilung des Alltagslebens (4,05) und der Willkürmaßnahmen (4,02) verweisen auf eine differenzierende Sicht der beiden Gesellschaftssysteme aus durchschnittlicher Schülersicht.

Selbst linke Schüler lehnen einen äquidistanten Blick auf die beiden deutschen Teilstaaten, bezogen auf die politischen Verhältnisse, die Repression und den Alltag, nahezu durchweg ab. In der Frage der Abhängigkeit von den Führungsmächten, bei der Gesamtbeurteilung und bezogen auf die Wirtschaftsordnung schließen sich viele von ihnen aber einer eher von Äquidistanz geprägten Sichtweise an. Die sich als „eher rechts" bezeichnenden Schüler verneinen dagegen in der Gesamtbeurteilung und bezogen auf die politischen, ökonomischen und rechtlichen Dimensionen deutlicher als andere die Gleichwertigkeit. In der aggregierten Zusammenfassung der beiden Teilgruppen unterscheiden sich die Sympathisanten verschiedener Parteien nicht in dem Maße wie Teile von ihnen bei einer differenzierten Auswertung. Dieses Ergebnis deutet darauf hin, dass die politische Einstellung der Schüler zwar bei der Gesamtbewertung eine gewisse Rolle spielt, bei den einzelnen Items aber nicht bestimmten Determinanten folgt.

Als Fazit der Auswertung lässt sich festhalten, dass die Skala Äquidistanz sehr hohe durchschnittlichen Werte für eine neutrale Position, d. h. für die Vermischung von zustimmenden und ablehnenden Voten bei den einzelnen Items aufweist – mithin die DDR eine leicht positive Benotung durch die Schüler erfährt. Allerdings gibt es erhebliche Bewertungsunterschiede abhängig von der Herkunft und der besuchten Schulform. Ostdeutsche sowie Gesamt- und Hauptschüler neigen in weit größerem Maße als die anderen Teilgruppen zu einer Gleichbewertung oder einer neutralen Haltung als Westdeutsche und Gymnasiasten. Im Ergebnis stehen vor allem drei Dinge: Zwar bewertet nur eine Minderheit von knapp 5% der Befragten Bundesrepublik und DDR in wichtigen Bereichen als gleich; sie halten die DDR für anders, aber nicht für schlechter als die Bundesrepublik. Knapp 30% legen sich jedoch nicht fest, bleiben in ihrem Urteil offen oder unentschieden. Eine Mehrheit von zwei Dritteln lehnt ausdrücklich eine gleich gewichtete Beurteilung der beiden deutschen Teilstaaten ab. Für sie verfügt die Bundesrepublik eindeutig über das attraktivere Gesellschaftssystem.

Es zeigt sich eine deutliche Differenz zwischen Schülern aus dem Osten und dem Westen mit den beiden Polen Bayern und Ost-Berlin. In Berlin selber sehen wir in leicht abgeschwächter Form ebenfalls ein Ost-West-Gefälle. So neigt fast jeder zehnte Ost-Berliner, aber nur eine Minderheit von unter 3% der West-Berliner Schüler zu einer Gleichbewertung beider Systeme; knapp 42% der Ost-Berliner, aber nur ein gutes Viertel der West-Berliner Schüler legt sich in der Entscheidung nicht fest und weniger als die Hälfte, aber gut 72% der West-Berliner Schüler stimmen gegen eine Gleichbewertung der Systeme. Damit votieren zugunsten der Bundesrepublik knapp drei Viertel der Schüler aus dem Westteil der Stadt, aber nur knapp jeder Zweite aus dem Ostteil. Viele „Neutrale“ unter Letzteren möchten mit ihrer Haltung ausdrücken – was sich in den Gesprächen durchweg bestätigte –, dass sie zwar Unterschiede zwischen den beiden Systemen sehen und der DDR etwas kritischer als der Bundesrepublik gegenüber eingestellt sind, aber dennoch ein eindeutiges Votum für die Bundesrepublik und gegen die DDR ablehnen. Andere besitzen schlichtweg kein Wissen, um eine Bewertung vornehmen zu können und kreuzen deshalb „neutral“ an. Während Ost-Berliner und Brandenburger Befragte nahezu gleich votieren, sehen wir zwischen Nordrhein-Westfalen und Bayern auf der einen und West-Berlin auf der anderen Seite eine stärkere Differenz. Von den drei westlichen Untersuchungsgebieten verneinen die West-Berliner weniger eine Gleichrangigkeit und legen sich dafür häufiger nicht fest.

4. Die soziale und ökonomische Dimension der DDR

Das von Erich Honecker propagierte Modell der Einheit von Wirtschafts- und Sozialpolitik bestimmte als politisch-ideologische Leitlinie die SED-Politik in den letzten beiden Jahrzehnten des Bestehens der DDR. Entgegen den Warnungen selbst aus den eigenen Reihen wurde die Priorität auf Sozialpolitik gelegt. Mit insgesamt sieben Statements bzw. Items haben wir erforscht, wie die befragten Schüler die ökonomische und soziale Realität in der DDR bewerten.

a) Die soziale Dimension

In der Erinnerung vieler älterer Ostdeutscher werden bezogen auf die DDR besonders ihre tatsächlichen oder vermeintlichen sogenannten „sozialen bzw. sozialistischen Errungenschaften" hervorgehoben. Diese beziehen sich vor allem auf das „Recht auf Arbeit", das freilich auch eine „Pflicht zur Arbeit" war, was zumeist in diesem Kontext nicht erwähnt wird. Darüber hinaus gab es eine Vielzahl von sozialen Leistungen, die absolute Notsituationen verhinderten, aber im Vergleich zur Bundesrepublik gering ausfielen.

Das „Recht auf Arbeit" bedeutete jedoch nicht – wie viele Jugendliche annehmen – eine freie Arbeitsplatzwahl, sondern stand im Zusammenhang mit einer flächendeckenden Arbeitskräftelenkung. Die Löhne wurden zudem staatlich festgelegt. Die Sozialpolitik in der DDR, die den Menschen von der „Wiege bis zur Bahre" begleitete, implizierte Entmündigung und Einschränkung individueller Freiheiten. Im internationalen Vergleich steht die Sozialpolitik der DDR eher bescheiden da, und zwar nicht nur wegen der geringen Höhe sozialer Leistungen, sondern auch aufgrund fehlender Verwaltungsgerichtsbarkeit, die individuelle soziale Rechte einklagbar gemacht hätte. „Die DDR hatte sich einen weit ausgebauten Wohlfahrtsstaat geleistet. Im Vergleich zur nur mäßigen Höhe ihrer Wirtschaftskraft war dieser Wohlfahrtsstaat sogar übermäßig groß. Und so wie die gesamte Wirtschaftspolitik der DDR in der Planwirtschaft ihr Heil gesucht hatte und von ‚Plan zu Plan' weiter geeilt war, so lag ein besonders wichtiger Daseinszweck ihrer Sozialpolitik darin, die Arbeitskraft von Personen im erwerbsfähigen Alter zu mobilisieren und zu schützen. [...] Die vorrangige Ausrichtung der Sozialpolitik auf produktions- und bevölkerungspolitisch wichtige Lebenslagen und Risiken legen es nahe, die Sozialpolitik der DDR als das Exempel eines Wohlfahrtsstaates einzuordnen, dem eine Doppelstruktur eigen war. Er war – erstens – ein umfassender Wohlfahrtsstaat der autoritär-paternalistischen Variante. Dieser gewährleistete Schutz gegen Marktkräfte und bürgte für die Grundversorgung nahezu aller Staatsbürger. Er sah aber auch Protektion für besonders Umworbene vor. Und er tat all dies hierarchisch, autoritär und stand dabei im Zeichen des Primats der Politik. Zweitens war der Wohlfahrtsstaat der DDR auf umfassende Mobilisierung des Arbeitsvermögens angelegt [...] sowie auf sozialistisch-planwirtschaftliche Arbeitsplatzsicherheit, selbst unter Inkaufnahme schwerster wirtschaftlicher Effizienzmängel."[567])

Die Sozialleistungsquote, d. h. der Anteil der Sozialausgaben am Bruttosozialprodukt bzw. am Nationaleinkommen im Fall der DDR, lag in einem engeren Sinne zwischen 12% und 16% und unter Einbezug von Preissubventionen, Sonderversorgungssystemen und Ähnlichem etwa zwischen 24% und 32%.[568]) Die Sozialleistungsquote der Bundesrepublik oszillierte seit den siebziger Jahren um etwa 30%.[569])

Die Bewertung der Sozialpolitik ist zwischen älteren Ostdeutschen, die diese noch am eigenen Leibe erlebt haben, höchst umstritten. So behauptet Ralph Hartmann, der in der ZK-Abteilung „Internationale Verbindungen" den Sektor „sozialistische Länder" leitete, die DDR, vor allem ihre soziale Seite, würde nur schlecht geredet, um das kapitalistische System zu legitimieren. Deshalb gäbe es in Bezug auf die DDR eine „Flut von Verfälschungen, Halbwahrheiten und vollgefressenen Lügen".[570]) Der Sozialpolitik seiner Partei attestiert er einen vergleichsweise hohen Rang: „Hinsichtlich verwirklichter sozialer Grundrechte, des Rechts auf Arbeit und soziale Sicherheit, Bildung und berufliche Ausbildung, Wohnraum und Gesundheitsfürsorge, Gleichberechtigung der Frau, des Rechtes auf ein Leben in Frieden und Sicherheit, nahm sie im Vergleich zu allen anderen Staaten der Erde einen vorderen Platz ein."[571])

Zu einem anderen, geradezu entgegengesetzten Urteil kommt die ehemalige Bürgerrechtlerin Ulrike Poppe, die auf die Schattenseiten der Sozialpolitik hinweist. Sie erwähnt die in vielen Fällen mangelhafte Qualität der zugewiesenen Wohnungen, „auch die verhältnismäßig geringen Mieten entschädigten nicht für die schlechte Wohnqualität. Sie kam allerdings denen zugute, die das Glück oder das Privileg hatten, in intakten Häusern zu wohnen. Auch hier, wie in allen anderen Bereichen, gab es ein differenziertes Privilegiensystem. Durch gezielte Vergabe von Mangelwaren, so auch von Wohnungen, wurden Menschen genötigt, sich systemloyal zu verhalten. Not und Begehrlichkeiten konnten zu Anpassung zwingen oder verleiten. Die kommunistischen Machthaber setzten dieses Mittel gezielt ein."[572])

Die Arbeitsplatzgarantie gab es ebenfalls nur für systemloyale oder zumindest nicht systemfeindliche Personen. Diese konnten jederzeit gekündigt und auf einen anderen Arbeitsplatz versetzt werden. Aufmüpfige Akademiker durften sich „in der Pro-

[567]) Schmidt 2004, S. 146; hier findet sich auch eine Synopse, die den Sozialstaat der DDR mit dem der Bundesrepublik und anderen Haupttypen vergleicht (S. 147–149).
[568]) Vgl. Schmidt 1999, S. 40/41.
[569]) Vgl. Schroeder 1996.
[570]) Hartmann 2007, S. 12.
[571]) Ebd., S. 11.
[572]) Poppe 2007, S. 147.

duktion bewähren. Insgesamt kann die Sozialpolitik in der DDR nicht losgelöst von der Politik betrachtet werden. Wie in allen Bereichen war das Recht, auch das Recht auf soziale Leistungen, der Politik untergeordnet. [...] Zwar waren die Sozialleistungen als Rechte proklamiert, wurden aber wegen des grundsätzlichen Vorrangs der Politik, der fehlenden gerichtlichen Einklagbarkeit und ihres Einsatzes als politische Druckmittel wie Almosen vergeben."[573])

Die Skala Sozialpolitik besteht aus vier Items, die die sozialpolitischen Maßnahmen des DDR-Systems mit ihren Auswirkungen auf das (Alltags-)Leben der Menschen beschreiben.

Arbeitsplatzgarantie und staatliche Lohnpolitik

Das erste Item bezieht sich auf die Arbeitsplatzgarantie in der DDR, die an staatlich festgesetzte Löhne gekoppelt war und – im Vergleich mit der Bundesrepublik – lediglich bescheidenen Wohlstand ermöglichte. Nur wenigen Schülern war bekannt, dass in der DDR nicht nur das Recht auf Arbeit, sondern auch eine Pflicht zur Arbeit bestand, der man sich, ohne eine Strafe zu riskieren, nicht entziehen konnte. Es gab sogar Arbeitslager bzw. Arbeitserziehungslager, wie sie später hießen, in die Personen eingewiesen wurden, die sich einer regelmäßigen Arbeit entziehen wollten.

Durch das „Recht auf Arbeit" kam es zu einer erheblichen Verschwendung menschlicher Arbeitskraft. „Diese Verschwendung trat allerdings nicht offen zutage, sondern wurde verdeckt. Die ökonomischen Spielregeln des Wirtschaftssystems einer sozialistischen Planwirtschaft, die staatliche Betriebe zu einer Arbeitskräftehortung zwang, waren für die Unterauslastung des Faktors Arbeit verantwortlich."[574]) Durch diese immanente Logik entstand eine stille Arbeitskräftereserve, die letztlich als verdeckte Arbeitslosigkeit charakterisiert werden kann. Laut diverser Umfragen und Schätzungen dürfte diese Ende der achtziger Jahre etwa bei 1,4 Millionen Personen bzw. 15% der Beschäftigten gelegen haben.[575]) Begünstigt wurde die Aufrechterhaltung der Vollbeschäftigungsillusion darüber hinaus durch mehrere hunderttausend Arbeitsplätze bei den „Sicherheitsorganen" sowie in den diversen Parteiapparaten und Massenorganisationen.

Mit diesem Statement sollten die Schüler nicht nur ihr Votum für eine Arbeitsplatzgarantie abgeben, sondern gleichzeitig berücksichtigen, welche Folgen diese hat. Insofern hat uns das Ergebnis einigermaßen überrascht, denn eine absolute Mehrheit von über 55% der Schüler votiert für eine Arbeitsplatz- und Lohnpolitik wie in der DDR, ein sehr gutes Viertel ist unentschieden und nur etwa jeder

[573]) Ebd., S. 151.
[574]) Vollmer 1999, S. 278.
[575]) Vgl. ebd., S. 279.

*Schaubild 42: Positive Einschätzung der Arbeitsplatzsituation in der DDR nach Ländern/Regionen**

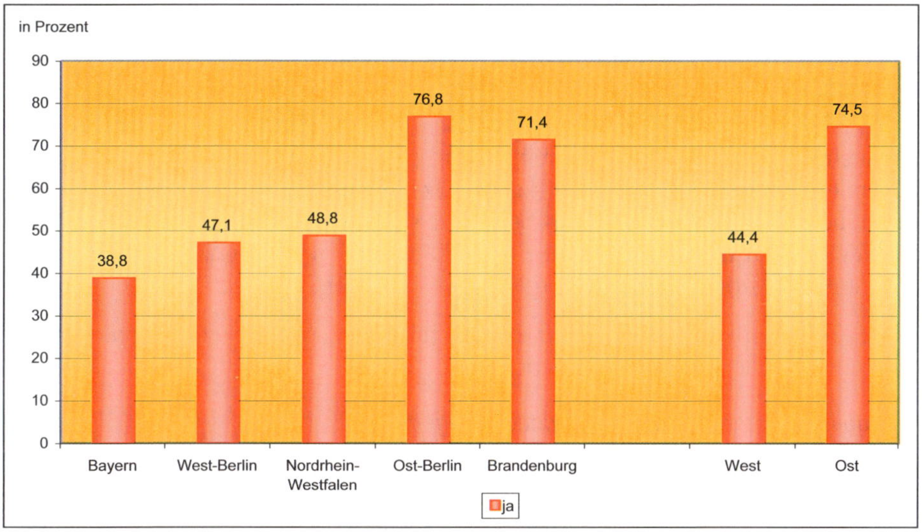

** Bejahende Stellungnahmen zu der Aussage: „Ich finde es gut, dass in der DDR jeder einen Arbeitsplatz hatte, auch wenn der Staat die Löhne bestimmte und der Wohlstand gering war."*

sechste Schüler spricht sich gegen die Aussage aus. Im Osten präferieren sogar knapp drei Viertel der Befragten eine derartige Politik. Im Westen sind es immerhin gut 44%, hinzu kommt bei ihnen jeder Dritte, der sich nicht entscheiden kann oder will. Gut jeder fünfte Schüler widerspricht einer dirigistischen Arbeitskräftelenkung, im Osten sogar nur etwa jeder Sechzehnte. Selbst in Nordrhein-Westfalen und West-Berlin bejaht knapp jeder Zweite eine über staatliche Lohnlenkung garantierte Arbeitsplatzsicherheit. In Bayern fällt die Zustimmung mit knapp 39% deutlich geringer aus, aber auch hier befürwortet eine relative Mehrheit diese Arbeitsmarktpolitik. Ausländische Schüler stehen einer Arbeitsplatzgarantie deutlich unter-, deutschstämmige Schüler jedoch überdurchschnittlich positiv gegenüber. Mädchen äußern sich häufiger zustimmend, aber auch – vor allem die ausländischen und deutschstämmigen unter ihnen – neutraler als Jungen. Etwas mehr als zwei Drittel der Gesamtschüler wünschen sich DDR-Verhältnisse auf dem Arbeitsmarkt und selbst unter Gymnasiasten spricht sich hierfür eine absolute Mehrheit aus. Die stärkste Unterstützung findet das Votum bei Ost-Berliner Schülerinnen und bei deutschstämmigen Jungen. Die altersspezifischen Unterschiede fallen dagegen eher gering aus. Erstaunlicherweise sprechen sich Real- und vor allem Hauptschüler mit deutlich geringeren Anteilen als Gymnasiasten für die Arbeitsplatzgarantie aus, obschon sie – zumindest theoretisch – hiervon stärker betroffen wären.

Die Gespräche drehten sich alle um die unsicheren beruflichen Perspektiven der Schüler. Die meisten haben aus dieser Warte die Frage beantwortet. Nur wenige Schüler, insbesondere aus dem Westteil Berlins und aus Bayern, lehnten die mit einer Arbeitsplatzgarantie einhergehenden Einschränkungen in der Lohnhöhe und die Zuweisung eines nicht gewünschten Arbeitsplatzes ab.

Einschränkung der Freiheit durch staatliche Politik

In dem Maße, in dem der Staat in alle Lebensbereiche eingreift und sie zu regulieren sucht, wird die individuelle Freiheit eingeschränkt. Dies gilt auch für eine umfassende Versorgungspolitik. Sie trägt nivellierenden Charakter und Elemente von Entmündigung in sich. Gleichzeitig bedeutete sie für den Einzelnen in der DDR aber auch eine grundlegende Sicherheit – die bekanntlich im Gefängnis am größten ist –, allerdings auf geringem materiellen Niveau.

Dieses Statement forderte die befragten Schüler auf, sich für mehr Staat oder für mehr individuelle Freiheit zu entscheiden.

*Schaubild 43: Pro Freiheit nach Ländern/Regionen**

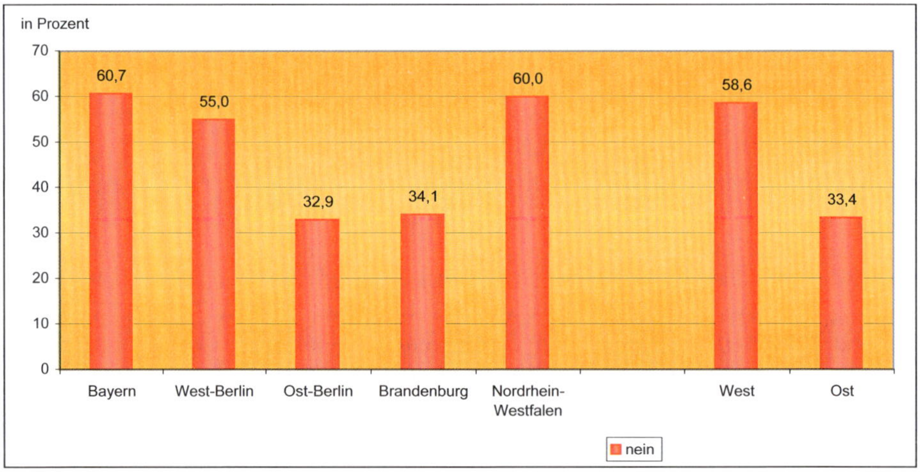

** Verneinende Stellungnahmen zu der Aussage: „Ich finde es gut, dass sich in der DDR der Staat um alle Bürger kümmerte, auch wenn dadurch der Einzelne weniger Freiheit hatte."*

Nur etwa jeder zweite Schüler lehnt diese Aussage und damit die staatliche Rundumversorgung zulasten der individuellen Freiheit ab, fast 27% können oder wollen sich nicht entscheiden und ein knappes Viertel stimmt zu, im Osten mit über 34% mehr als doppelt so viele Schüler wie im Westen. Dort möchte eine absolute Mehrheit von über 58% und damit deutlich mehr als in Brandenburg und Ost-Berlin keine Einschränkung individueller Freiheiten hinnehmen. Vor allem West-Berliner Schülerinnen wehren sich neben Bayern und Nordrhein-Westfalen gegen Freiheitsbeschneidungen, während sich die Jungen zumindest in Berlin deutlich zustimmender äußern. Bei dieser zentralen Frage werden die auch in der Gesamtbevölkerung vorherrschenden unterschiedlichen Auffassungen deutlich. In den Voten für mehr individuelle Freiheit liegen zwischen Bayern und Ost-Berlin mit fast 30 Prozentpunkten Welten. Die Voten der ostdeutschen Schüler verteilen sich auf drei starke Blöcke, wobei eine relative Mehrheit sich staatliche Regulierungen auch auf Kosten der Freiheit wünscht.

Ältere Schüler sind entscheidungsfreudiger als jüngere und geben häufiger ein Votum gegen eine Freiheitsbeschränkung ab. Die Jüngsten erreichen dagegen bei den Anteilen für eine neutrale Position mit knapp 31% den höchsten Wert und stimmen auch etwas häufiger zu. Die schulspezifischen Unterschiede zeigen sich in einem deutlich höheren Anteil der Gesamt- und Hauptschüler bei den Befürwortern der Staatsregulierung und einem entsprechend niedrigeren bei denen, die sich für individuelle Freiheit aussprechen.

Viele Schüler neigen – wie Gespräche verdeutlicht haben – zu einer Haltung, die sich als „mehr Staat und weniger Markt" zusammenfassen lässt, weil sie bei einer Dominanz der Wirtschaft bzw. der Unternehmen soziale Unsicherheit, vor allem Arbeitslosigkeit, befürchten. Die vergleichsweise hohe neutrale Rate steht für die Skepsis vieler, wie weit Staatseingriffe gehen sollen. Westdeutsche Schüler betonten jedoch, sie seien nicht bereit, eine Einschränkung individueller Freiheitsrechte zugunsten von Staatseingriffen hinzunehmen, und bezogen dies nicht nur auf die Wirtschaft, vor allem West-Berliner erwähnten auch Debatten um Sicherheit vor Terrorismus.

Kosten der Sozialpolitik

Unmittelbar nach dem Sturz Erich Honeckers ließ die neue SED-Führung im Oktober 1989 von der Führung der Zentralen Planungskommission und der MfS-Abteilung Volkswirtschaft jeweils eine Studie zur Wirtschafts- und Sozialpolitik der DDR erstellen. In beiden Gutachten wird hervorgehoben, dass die von Erich Honecker propagierte „Einheit von Wirtschafts- und Sozialpolitik", die de facto eine Unterordnung der Wirtschafts- unter die Sozialpolitik war, zu einer Kostenexplosion und einer Überforderung der DDR-Wirtschaft führte. Eine Konsolidierung der DDR-Wirtschaft, um auch unter Weltmarktbedingungen weiter existieren zu können, schien selbst diesen Ökonomen nur durch einen weitgehenden Abbau von Sozialleistungen möglich.[576)]

Eine Folge der sozialpolitischen Wohltaten der SED war die in den achtziger Jahren ansteigende Verschuldung im westlichen Ausland. Die hohen Kosten der Sozialpolitik waren sicherlich nicht allein ausschlaggebend für den Untergang der DDR, aber einer von mehreren „Sargnägeln", wie es Manfred Schmidt zutreffend beschrieben hat: „Der SED-Staat hat in der Sozialpolitik etwas geschaffen, was zuvor kein Regime in Deutschlands Geschichte bewerkstelligt hatte: er legte die Erblast der älteren Sozialpolitik weitgehend ab, sprengte ihre Pfadabhängigkeit weitgehend, schlug einen

576) Vgl. Schroeder 1998, S. 716 ff. und Schürer 1989.

Weg zur Sozialpolitik ein und befestigte diesen durch pronatalistische Familienpolitik, Arbeitsplatzgarantie und umfangreiche Preissubventionen. Allerdings stand am Ende dieses Weges kein lebensfähiges System der sozialen Sicherheit, sondern ein umfassender Wohlfahrtsstaat auf Pump, zulasten der Wirtschaftskraft und der Zukunft."[577])

Mit dem Item „Auch weil die Sozialpolitik zu viel Geld kostete, ist die DDR untergegangen" wollten wir ergründen, wie die Befragten mögliche negative Folgen von Sozialpolitik einschätzen. Nach nahezu übereinstimmender Auffassung vieler Wissenschaftler, selbst von ehemaligen für die Wirtschafts- und Sozialpolitik Verantwortlichen, überstiegen die Kosten der SED-Sozialpolitik die ökonomischen Ressourcen des Landes. Diese Tatsache war nahezu keinem Schüler bekannt.

Der Aussage des Items, das umgepolt in die Skala „Sozialpolitik" einging, haben knapp 30% zugestimmt, darunter weitaus mehr Jungen als Mädchen.[578]) Ein sehr gutes Viertel lehnt den Zusammenhang ab und eine relative Mehrheit von gut 43% – weitaus mehr Mädchen als Jungen – will oder kann sich nicht festlegen. Zwischen Ost und West sind die Differenzen bei dieser Frage nicht so groß wie bei anderen Aussagen. Doch zeigt sich auch hier in abgeschwächter Form das bereits bekannte spiegelverkehrte Antwortmuster: Während die westdeutschen Schüler stärker zustimmen und weniger ablehnen, verhalten sich die ostdeutschen weniger zustimmend und stärker ablehnend. In beiden Gruppen legt sich eine breite relative Mehrheit nicht fest. Selbst die bayerischen Schüler, die sonst überdurchschnittlich DDR-kritisch sind, halten sich bei dieser Aussage weitgehend zurück und unterscheiden sich in ihrem Abstimmungsverhalten nur unwesentlich von dem anderer Schüler. Die alters- und schulspezifischen Differenzen fallen geringer aus als bei den anderen Items; Gymnasiasten verneinen allerdings häufiger als andere Schüler den dargestellten Zusammenhang.

Das Ergebnis ist, unabhängig von der Zustimmung vieler Experten, auch politischer Natur. So dürfte bei der Beantwortung des Statements die generelle Bedeutung, die die Schüler der Sozialpolitik zumessen, eine Rolle gespielt haben. Auch im vereinten Deutschland wird kontinuierlich um die Frage gestritten, ob die Sozialpolitik die Wirtschaft überfordert. Die hohe Zahl der Unentschlossenen – die relative Mehrheit der Befragten –, deutet auf die Ambivalenz von mehr gewünschtem Sozialstaat und befürchteter ökonomischer Überforderung hin, die anscheinend viele Schüler intuitiv empfinden.

Solidarität aus Not

Die DDR blieb zeitlebens eine Mangelgesellschaft. Trotz der wirtschaftlichen Konsolidierung seit Ende der 60er Jahre mussten ihre Bewohner im Alltag immer wieder mit Versorgungsmängeln kämpfen. Es entstand ein informelles Netzwerk, in

[577]) Schmidt 1999, S. 43.
[578]) Vgl. Tabelle A50 im Anhang.

dem begehrte Waren oder Dienstleistungen getauscht oder unter der Hand bezahlt wurden. Dieser Ergänzung der zentralistischen Planwirtschaft bedienten sich auch Betriebe, etwa wenn sie die Produktion wegen fehlender Materialien nicht länger unterbrechen wollten. Darüber hinaus war „Solidarität" staatlich gewünscht, der Einzelne sollte sich in Kollektive oder Brigaden einfügen und individuelle Egoismen zurückstellen.

Viele Ostdeutsche beklagen seit der Wiedervereinigung, die in der DDR gewohnte „Solidarität und Nachbarschaftshilfe" sei auf der Strecke geblieben. Alles sei anonymer, distanzierter und egoistischer geworden. Demgegenüber stehen DDR-kritische Stimmen, die die damalige „Solidarität" vor allem als Folge der Mangelgesellschaft werten.

*Schaubild 44: Solidarität in der DDR als Folge von Mangel und Not nach Ländern/Regionen**

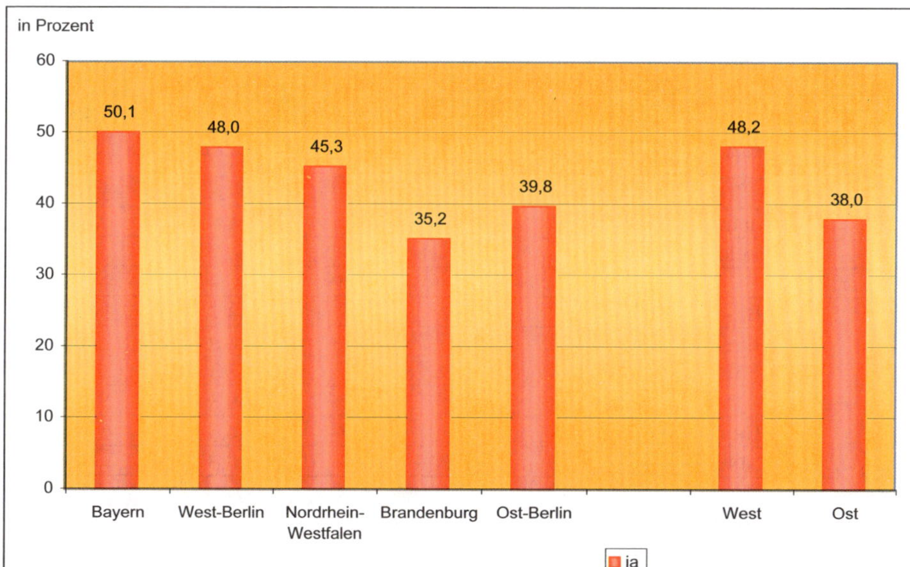

** Zustimmende Antworten auf die Aussage: „Solidarität und Nachbarschaftshilfe in der DDR waren vor allem Folge von Mangel und Not."*

Eine relative Mehrheit von knapp 44% der Schüler bejaht dieses ebenfalls umgepolt in die Skala eingehende Statement, ein Drittel ist unentschieden und ein knappes Viertel lehnt die Behauptung ab. Wiederum differiert die Ost-West-Sicht beträchtlich: Knapp die Hälfte der westdeutschen Schüler teilt die im Item zum Ausdruck kommende Position, aber nur 38% der ostdeutschen, die sie zu etwa 30% verneinen bzw. sich anteilig etwas mehr enthalten. Im Westen dagegen vermuten gut 18% eine Solidarität jenseits von Mangel und Not.

Die Gespräche zu diesem Thema, vor allem jene mit gemischten Gruppen in Berlin, verliefen recht hitzig. Während Ost-Berliner Schüler die Solidarität als Wert an sich in der DDR hervorhoben, konterten West-Berliner mit dem Verweis auf die Notwendigkeit von Solidarität für eine bessere Lebensgestaltung. Einig waren sich alle jedoch darin, dass ein pauschales Urteil dem Einzelnen nicht gerecht wird. Die sich zumeist anschließende Diskussion, warum heute Solidarität auch und gerade in Ostdeutschland unterentwickelt ist, führte zu keinem Konsens. Einige machten den Kapitalismus hierfür verantwortlich, andere den Hedonismus vieler Menschen oder das allgemein hohe Wohlstandsniveau.

Auswertung der Skala „Sozialpolitik"

Selbst bei dieser im Durchschnitt für die DDR günstigen Bewertung stimmt – unter Berücksichtigung der Umpolung – lediglich eine kleine Gruppe (1,9%) – allen vier Items der Skala „Sozialpolitik" zu. Doch lehnt auch nur eine ebenfalls kleine Gruppe (2,2%) alle Items mehr oder weniger ab. Regional betrachtet, bejahen mit nicht einmal 1% bayerische, West-Berliner und ausländische Schüler am wenigsten und

*Tabelle 18: Sozialpolitik aus Sicht der Befragten**

		positiv	neutral	negativ
insgesamt		23,6	46,6	29,8
Geschlecht				
	männlich	21,4	44,8	33,8
	weiblich	25,3	48,2	26,5
Länder				
	Bayern	14,2	44,7	41,2
	Berlin	26,9	46,9	26,2
	West-Berlin	14,9	48,5	36,6
	Ost-Berlin	39,6	45,8	14,6
	Brandenburg	38,5	46,3	15,2
	Nordrhein-Westfalen	15,6	48,8	35,6
Region				
	West	14,8	47,1	38,1
	Ost	39,1	46,0	14,9
Herkunft				
	Deutsche	23,7	46,7	29,6
	Ausländer	22,5	46,5	31,0
Alter				
	unter 16 Jahre	24,4	48,8	26,8
	16 Jahre	22,1	47,4	30,5
	17 Jahre und älter	24,8	44,9	30,3
Schulart				
	Gymnasium	21,8	45,6	32,5
	Gesamtschule	29,4	49,4	21,3
	Realschule	20,4	49,3	30,3
	Hauptschule	25,7	45,8	28,5

** Angaben in Prozent.*

mit etwa 4,0% Schüler aus Brandenburg und Ost-Berlin am häufigsten alle Items; am wenigsten – nach den Berliner Mädchen (0,6%) – lehnen Brandenburger Schüler (0,7%), am häufigsten bayerische Schüler (4,1%) alle Items ab. Eine große Mehrheit von knapp 95% verhält sich ambivalent, befürwortet einige Items, verneint aber auch andere.

Nach der für alle Skalen mit gleicher Methode vorgenommenen Aufteilung der Befragten kann oder will sich eine relative Mehrheit von knapp 47% nicht festlegen; knapp 24% befürworten und etwa 30% lehnen die Sozialpolitik der DDR in ihren verschiedenen Facetten durchgängig ab. Betrachten wir die beiden Herkunftsregionen, so sehen wir ein annähernd spiegelverkehrtes Bild: Knapp 15% der westdeutschen Schüler bejahen die Sozialpolitik, eine ebenso große Gruppe der ostdeutschen lehnt sie ab. Gut 39% der Schüler im Osten sprechen sich für die Sozialpolitik der DDR aus, im Westen fast ebenso viele dagegen. Dieses Ergebnis könnte ein Hinweis darauf sein, dass die Sicht auf die Sozialpolitik abhängig ist von der Herkunft und (vielleicht) der sozialen Zugehörigkeit.

Mädchen sind wie zumeist unentschiedener als Jungen und präferieren stärker als diese die DDR-Sozialpolitik, gleiches gilt abgeschwächt für ältere im Gegensatz zu jüngeren Schülern. Zwischen Gymnasiasten und Gesamtschülern bestehen ebenfalls Auffassungsunterschiede: Erstere befürworten die DDR-Sozialpolitik unterdurchschnittlich und lehnen sie überdurchschnittlich ab. Letztere entscheiden sich in der Tendenz für eine gegenteilige Sicht. In allen Gruppen jedoch kommt eine breite relative Mehrheit zu einem neutralen Urteil.

Erneut liegen Welten zwischen den Extrema beim Urteil über die Sozialpolitik: Während nur gut 14% der bayerischen Schüler eine durchgängig positive Sicht auf diese Dimension haben, sind es in Ost-Berlin knapp 40%; entsprechend unterschiedlich fallen mit gut 41% bzw. knapp 15% die negativen Bewertungen durch diese beiden Gruppen aus.

Die Betrachtung der durchschnittlichen Gruppenergebnisse ergibt etwas größere Unterschiede vor allem zwischen den Werten im Osten und im Westen. Gesamtschüler haben mehr Sympathien für die DDR-Sozialpolitik als Gymnasiasten. Wie bei der vorgenannten Skala gleichen sich die Unterschiede innerhalb einer Gruppe in der durchschnittlichen Auswertung weitgehend an.

Die Beurteilung der Sozialpolitik der DDR lässt sich auch unter dem Aspekt der politischen Einstellung der Schüler betrachten. Schüler, die sich als mehr oder weniger „links“ einschätzen, sehen die Sozialpolitik des SED-Staates am positivsten; sich als „rechts“ einordnende Schüler zeigen sich hier am skeptischsten. Die Differenzen fallen jedoch erheblich geringer als bei den anderen Skalen aus, d. h. die DDR als Sozialstaat wird ungeachtet der jeweiligen politischen Einstellung ähnlich gesehen. Das gilt auch für die Mittelwerte dieser Skala und ihrer Items.

Bezogen auf die Parteipräferenz lehnen die Anhänger der Union und der FDP die DDR-Sozialpolitik am stärksten ab. Auf der anderen Seite stehen die Sympathisanten der Linkspartei/PDS, die sich deutlich befürwortend aussprechen, in etwas abgeschwächter Form tun dies auch die Sympathisanten der NPD. Die Anhänger der anderen Parteien und die Nichtwähler liegen zwischen diesen beiden Polen.

Wer die DDR „zu viel" im Unterricht behandelt hat und subjektiv „viel" weiß, beurteilt die Sozialpolitik etwas kritischer als Uninformiertere, während die Wünsche und das Interesse, mehr über die DDR zu erfahren, keine große Rolle für die Beurteilung spielen. Die jeweiligen Skalenmittelwerte liegen bei denjenigen, die kein Interesse zeigen, wenige oder gar keine Gespräche in der Familie und mit Freunden führen und keine Filme kennen, sogar höher als bei den Interessierten und Informierten; d. h. weniger Kenntnisse und weniger Interesse führen bei dieser Skala zu einer kritischeren Sicht der DDR.

Ostdeutsche (2,93) und deutschstämmige Schüler sehen die SED-Sozialpolitik weitaus weniger skeptisch als westdeutsche (3,21) und ausländische Schüler, aber auch hier halten sich die Differenzen in engem Rahmen.

Fazit zur sozialen Dimension

Bei den Aussagen zur Sozialpolitik zeigen sich alle Schüler weitaus unentschiedener als bei den Statements der anderen Skalen. Das Item zum Untergang der DDR aufgrund der hohen sozialpolitischen Kosten erzielt die höchste Anzahl nicht festgelegter Antworten, was nahe legt, dass die Schüler nur geringe Kenntnisse von der Sozialpolitik der DDR und der daraus resultierenden finanziellen Belastung haben. Auffällig ist ebenfalls die Unsicherheit der Schüler bei der Bewertung von Solidarität und Nachbarschaftshilfe in der DDR. Obschon gerade dieses Thema immer wieder Teil der öffentlichen Diskussion ist, scheint es im Schulunterricht kein Gesprächsstoff zu sein. Im Vergleich aller Skalenmittelwerte erreicht das Thema Sozialpolitik den für die DDR weitaus besten Wert.

Mehr als zwei von drei Schülern – im Osten sogar etwa sechs von sieben – haben, bezogen auf die Sozialpolitik, ein positives oder unentschiedenes Bild der DDR. Differenzieren wir dieses Ergebnis nach West- und Ost-Herkunft, so erkennen wir dementsprechend ein fast spiegelverkehrtes Bild: Etwa 15% im Westen bejahen die Sozialpolitik gegenüber knapp 40% im Osten – fast ebenso viele westdeutsche Schüler lehnen sie ab, was aber nur knapp 15% im Osten tun. Im Ergebnis lässt sich festhalten, dass etwa 62% der Schüler aus den alten Ländern, aber knapp 85% aus den neuen eine positive oder zumindest unkritische Sicht auf die Sozialpolitik der DDR haben.

b) Die wirtschaftliche Dimension

Die SBZ/-DDR-Wirtschaft hatte von Beginn an an der Hypothek von im Vergleich zur Bundesrepublik hohen Reparationszahlungen und Demontagen zu leiden, aber – was zumeist übersehen wird – auch unter den hohen Kosten der Umgestaltung der Gesellschaft nach 1945. Dazu zählt neben der weitestgehenden Abschaffung des Eigentums an Produktionsmitteln durch Enteignungen und die Vertreibung der Wirtschaftseliten auch die Schaffung neuer Institutionen einschließlich der Sicherheitsorgane. Dass die Industrieproduktion im Jahre 1947 erst etwa 52% des Standes aus dem Jahre 1936 erreichte, ist somit keineswegs allein durch Kriegsfolgeschäden zu erklären.[579]) Die Kosten der Machtsicherung betrugen in den ersten Jahren der DDR bis zu einem Drittel des Volkseinkommens. Gleichzeitig wurden auch Teile des Volksvermögens hierfür eingesetzt. In letzter Konsequenz bedeutete dies die Vorprogrammierung der wirtschaftlichen Schwäche: „Durch die seit 1948 beschleunigte Umgestaltung, d. h. die fortschreitende Zerstörung vorhandener Institutionen und Wissensbasen, wurden dann alle Möglichkeiten verspielt, einen selbsttragenden Wiederaufbau aus eigener Kraft in den 1950er Jahren in Gang zu setzen. Die SBZ/DDR ist vorrangig wegen der Folgen der Zerstörung von Institutionen und der willkürlichen Missachtung von Humankapital auf einen ‚Nullpunkt' zurückgeworfen worden. [...] Die Machtsicherung der Kommunisten durch den Ausbau der Zentralplanwirtschaft und den Aufbau und die Installierung ideologisch standfester, aber wenig kompetenter Führungskader sowie die aktive Ausbreitung des sowjetischen Weltkommunismus in den ersten Jahrzehnten mit Inkaufnahme westlicher Blockaden, und damit dem Verlust des breiten Technologieimports, gewannen als Faktoren des Niedergangs rasch immer mehr Gewicht."[580])

Die Verfügung über die wirtschaftlichen Ressourcen sicherte der SED den Zugang zur sozialen Strukturierung der Gesellschaft. Die Parteiführung bestimmte, wie die Ressourcen verteilt wurden und wer davon mehr oder weniger profitierte. Dem ökonomischen Bereich fiel damit zwangsläufig eine herausragende Bedeutung zu. Die Lenkung der Wirtschaft war in diesem Sinne die Voraussetzung für die Lenkung der gesamten Gesellschaft.

Entgegen landläufiger Meinung vergrößerte sich die Differenz in der Wirtschaftskraft und der Produktivität zwischen den Volkswirtschaften der beiden deutschen Teilstaaten seit Mitte der sechziger Jahre nachhaltig. Verantwortlich für das vergleichsweise schwache Niveau der DDR-Wirtschaft waren sowohl die Ausgangsbedingungen als auch die strukturellen Defizite einer zentralistischen Planwirtschaft, die sich als wenig innovationsfähig erwies. Die von Erich Honecker propagierte „Einheit von Wirtschafts- und Sozialpolitik" tat ein Übriges: Zulasten der Wirtschaft wurden kostenintensive sozialpolitische Leistungen institutionalisiert. Die unmittelbar nach Kriegsende von der sowjetischen Besatzungsmacht verordneten Verstaatlichungen

[579]) Vgl. Ritschl 1995, S. 22 f.
[580]) Schwarzer 1999, S. 123 f.

fanden 1972 mit der letzten Enteignungswelle für kleine und mittlere Betriebe ein Ende, sodass schließlich nur noch eine marginale Zahl von privaten Unternehmen übrig blieb. Damit war eine Wirtschaftsordnung vollendet worden, die die Akteure in ein politisch verordnetes Korsett zwangen: „Das sozialistische Wirtschaftsmodell ersetzte das individuelle Gewinnstreben durch politisches Bewusstsein. In immer neuen Kampagnen wurden Arbeitsleistungen gefordert (‚Mein Arbeitsplatz ist mein Kampfplatz für den Frieden'; ‚So wie wir heute arbeiten, werden wir morgen leben'; ‚Plane mit, arbeite mit, regiere mit!'). Damit konnte die Partei nur kurzfristige und punktuelle Erfolge erzielen. Die Ausschaltung der Privatinitiative lähmte jede wirtschaftliche Entwicklung."[581])

Am Vorabend der Vereinigung lag die Wirtschaftskraft der DDR im Vergleich zur BRD bei etwa 40%, die Produktivität pro Arbeitsstunde bei maximal 20%.[582]) Der schleichende Niedergang der DDR-Wirtschaft in den 1980er Jahren und ihr schließlicher Kollaps führte bei dem für die DDR-Wirtschaft verantwortlichen ZK-Sekretär Günter Mittag zumindest rückblickend zu einer wichtigen Erkenntnis: „Ohne die Wiedervereinigung wäre die DDR einer ökonomischen Katastrophe mit unübersehbaren sozialen Folgen entgegengegangen, weil sie auf Dauer allein nicht überlebensfähig war [...] Man denke nur, angesichts dieser schwierigen Lage in der Sowjetunion, was heute hier los wäre, wenn es die DDR noch gäbe. Unbeschreiblich. Da läuft es mir heiß und kalt über den Rücken. Mord und Totschlag, Elend und Hunger."[583])

Zusammenbruch der DDR aus ökonomischen Gründen

Für den Durchschnittsbürger war die vergleichsweise geringe Leistungskraft der Wirtschaft durch die auch in den achtziger Jahren noch vorhandenen Versorgungsmängel bei Waren des alltäglichen Lebens fortgesetzt erfahrbar. Die Unzufriedenheit vieler DDR-Bewohner hatte insofern auch, wenn nicht sogar vor allem, einen wirtschaftlichen Hintergrund. Indem die Wirtschaft den gewünschten Ausbau sozialstaatlicher Leistungen in den achtziger Jahren nicht mehr hinreichend finanzieren konnte, verstärkte sich dieses Unzufriedenheitspotenzial in den letzten Jahren der DDR noch einmal beträchtlich. Das Statement „Die DDR sei auch deshalb zusammengebrochen, weil sie wirtschaftlich am Ende war", das umgepolt in die Skala eingeht, fragt genau nach diesem Zusammenhang.

Ähnlich wie das Item zu den Folgen einer zu teuren Sozialpolitik sollte mit diesem Item der Zusammenhang von wirtschaftlichem Niedergang und dem Zusammenbruch erfragt werden. Das Wort „auch" stellt dabei klar, dass selbstverständlich auch andere Faktoren eine Rolle gespielt haben.

---

[581]) Wolle 2004, S. 93.
[582]) Vgl. Schwarzer 1999, S. 217 ff.
[583]) Interview mit Günter Mittag im Spiegel 37/1991.

*Schaubild 45: Wirtschaftlicher Zusammenbruch der DDR nach Ländern/Regionen**

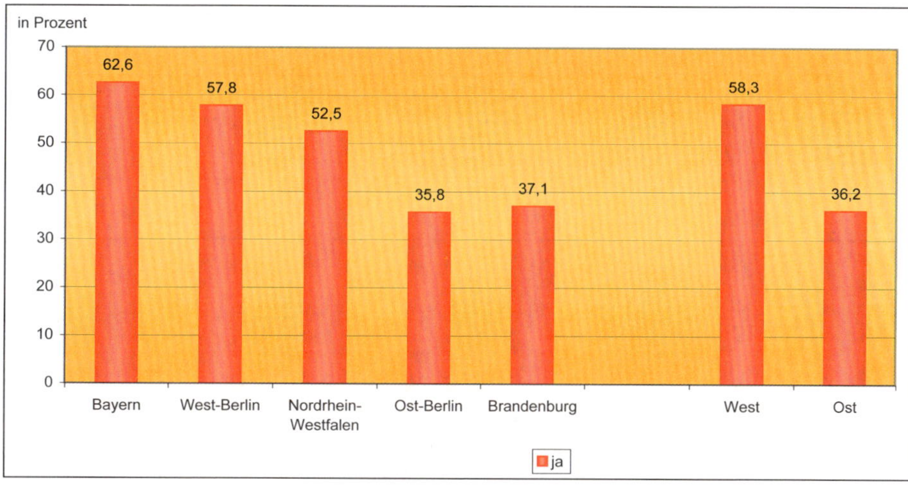

* *Zustimmende Antworten auf die Aussage: „Die DDR war wirtschaftlich am Ende und ist auch deshalb zusammengebrochen."*

Etwa jeder zweite Schüler bejaht die Aussage, knapp jeder vierte lehnt sie ab. Hier sind die herkunftsspezifischen Unterschiede stark ausgeprägt. Während in den alten Ländern gut 58% den im Item beschriebenen Zusammenhang sehen, sind es in den neuen nur gut 36%. Nicht ganz so weit auseinander liegen die Geschlechter: Jungen stimmen häufiger zu, Mädchen enthalten sich mehr. Die alters- und schulspezifischen Unterschiede fallen dagegen signifikant geringer aus.

Neben den Ost-West-Bewertungsdifferenzen sehen wir bei diesem Statement auch ein deutlich anderes Bild in Bayern als in Nordrhein-Westfalen: Die nordrhein-westfälischen Schüler, vor allem die Mädchen, verfügen offensichtlich über weitaus geringere Kenntnis über ökonomische Zusammenhänge als die bayerischen, denn sie bejahen deutlich seltener die vorgestellte These. Allerdings weisen sie diesen Zusammenhang nicht in gleicher Weise wie ihre ostdeutschen Mitschüler zurück.

In den Gesprächen herrschte weitgehend Konsens darüber, dass es um die DDR-Wirtschaft nicht gerade gut bestellt war. Die Meinungen gingen nur insoweit auseinander, als der Grad der Schwäche unterschiedlich beurteilt wurde. Detaillierte Kenntnisse über den Zustand der DDR-Wirtschaft und die immanenten Mechanismen einer zentralistischen Planwirtschaft besaß jedoch kaum ein Schüler.

Staatlich gelenkte Wirtschaft und Wohlstand

Der vergleichsweise bescheidene Wohlstand in der DDR war Resultat der zentralistischen Planwirtschaft. Bei diesem Item geht es um die Beantwortung der Frage, ob eine staatlich gelenkte Wirtschaft den Wohlstand für alle sichert. Mit ihrer Antwort sollten die Schüler einerseits angeben, ob sie einen „Wohlstand für alle" in der DDR sehen, und andererseits, ob sie hierfür eine staatlich gelenkte Wirtschaft für notwendig oder verantwortlich halten.

*Schaubild 46: Wohlstand durch staatlich gelenkte Wirtschaft in der DDR nach Ländern/Regionen**

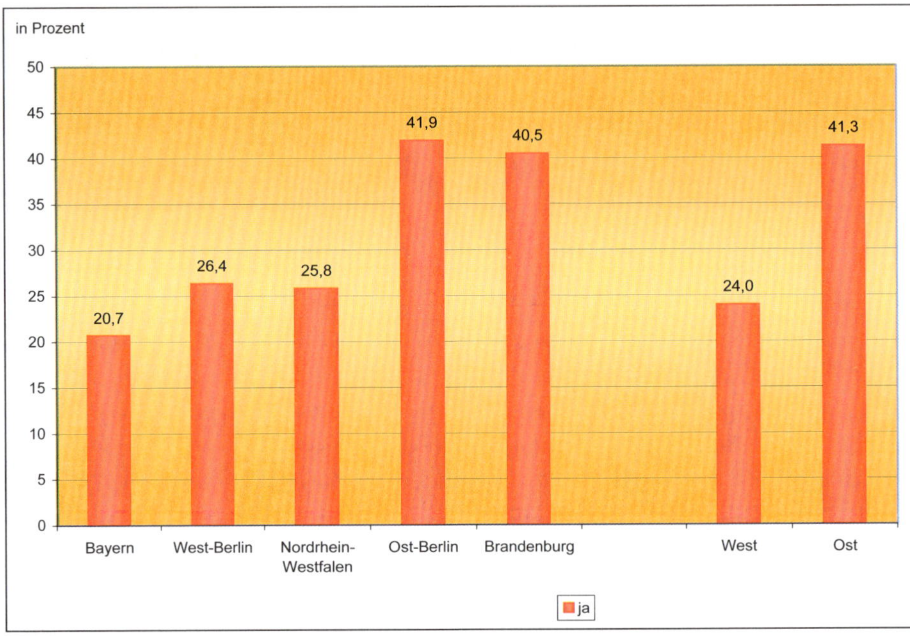

** Zustimmende Antworten auf die Aussage: „In der DDR sicherte die staatlich gelenkte Wirtschaft den Wohlstand für alle."*

Eine relative Mehrheit von 42% lehnt diesen Zusammenhang ab, nur ein knappes Drittel bejaht ihn und weit mehr als ein Viertel der Schüler ist unentschieden. Wiederum konstatieren wir eine fast spiegelverkehrte Ost-West-Sicht. Westdeutsche Schüler lehnen die Aussage zu knapp 50% ab, ostdeutsche bejahen sie zu gut 41%. Etwa jeder vierte Schüler aus dem Westen stimmt der Behauptung zu, knapp 30% aus dem Osten verneinen sie. Wieder haben die bayerischen Schüler höhere Kenntnisse von ökonomischen Zusammenhängen als die Schüler der anderen Länder: Sie sehen stark überdurchschnittlich keine Wohlstandssicherung durch eine staatlich gelenkte Wirtschaft. Allerdings glaubt auch unter ihnen jeder Fünfte, dass ein derartiger Zusammenhang bestand. In allen Regionen äußern sich mehr Mädchen als Jungen zustimmend und deutlich mehr Jungen als Mädchen ablehnend.

Die ausländischen Schüler votieren, in allerdings abgeschwächter Form, ähnlich wie die westdeutschen, die deutschstämmigen in Berlin wie die ostdeutschen Schüler.

Während altersspezifische Unterschiede eher gering ausfallen, beobachten wir wie bei den meisten Items andere Auffassungen vor allem zwischen Gymnasiasten und Gesamtschülern, wobei Erstere DDR-kritischer sind, obgleich auch unter ihnen nicht einmal jeder Zweite diese These, die auf ein Plazet für eine staatlich gelenkte Wirtschaft hinausläuft, ablehnt.

Das Ergebnis zeigt quer durch viele Teilgruppen einen eher neutralen Blick auf die DDR-Wirtschaft, der nur die bayerischen, West-Berliner und die ausländischen Schüler nicht viel zutrauen. Diese Interpretation bestätigte sich in den Gesprächen, in denen vor allem Schüler aus den beiden genannten Westregionen auf den maroden Zustand der DDR-Wirtschaft hinwiesen, während insbesondere Ost-Berliner Schüler die Vorteile einer staatlich vorgegebenen Verteilung, die Ungleichheit verhindere, lobten. Einig waren sich indes alle, dass „Wohlstand" immer gesellschafts- und zeitbezogen ist.

Staat als Lenker der Wirtschaft

Noch stärker als im vorangegangenen Item wird mit dem nachfolgenden Statement abgefragt, ob eine umfassende staatliche Planung und Lenkung generell Voraussetzung für eine gut funktionierende Wirtschaft ist. Dabei wurde bewusst auf eine Bezugnahme auf die DDR verzichtet.

*Schaubild 47: Staatliche Planwirtschaft als Funktionsprinzip nach Ländern/Regionen**

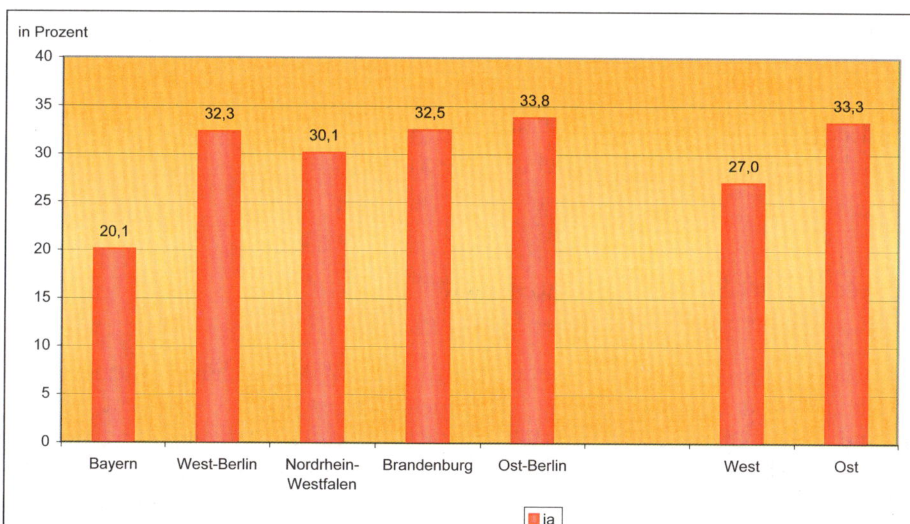

**Zustimmende Antworten auf die Aussage: „Die Wirtschaft kann nur gut funktionieren, wenn der Staat alles plant und lenkt."*

Bei dieser zugespitzten Behauptung liegen die Antworten der ost- und westdeutschen Schüler erstaunlicherweise nicht so weit auseinander wie bei den meisten anderen Fragen. Insgesamt lehnt nur eine relative Mehrheit von 46% – d. h. nicht einmal jeder Zweite – die Aussage ab, 30% stimmen ihr zu und etwa ein Viertel ist unentschieden. Ausländische und vor allem mehr als die Hälfte der deutschstämmigen Schüler optieren ebenso stärker für staatliche Planung und Lenkung wie Mädchen. Nur die bayerischen Schüler fallen aus dem staatsgläubigen Rahmen: Mehr Staat wünscht sich nur jeder fünfte von ihnen, aber immerhin knapp jeder vierte kann oder will sich nicht auf ein Urteil festlegen, darunter überdurchschnittlich viele Hauptschüler. In Berlin fällt das Votum zwischen Ost und West bei dieser Frage erstaunlicherweise ähnlich aus. Anscheinend wünschen sich auch im ehemaligen Westteil der Stadt viele Schüler mehr Staatseinfluss auf die Wirtschaft oder lehnen dies zumindest explizit nicht ab. Gegen eine derartige Wirtschaftspolitik sprechen sich deutlich mehr ältere als jüngere Schüler aus sowie jeder zweite Gymnasiast, aber nur ein Drittel der Gesamtschüler und nicht einmal 30% der Hauptschüler.

Das geringe Maß an Verneinung von nicht einmal der Hälfte der Schüler überrascht doch einigermaßen, da das Thema nicht die Notwendigkeit einzelner staatlicher Eingriffe war, sondern staatliche Eingriffe als notwendige Voraussetzung für eine prosperierende Wirtschaft. Das Beispiel DDR müsste eigentlich zu entgegengesetzten Schlussfolgerungen führen. Das Ergebnis spricht dafür, dass zumindest eine nicht unbeträchtliche Zahl von Schülern vor dem Hintergrund aktueller Diskussionen und nicht mit Blick auf die Erfahrungen in der DDR geantwortet hat, wie einige Gespräche bestätigten. Die meisten Schüler wussten allerdings nicht, was Staatseingriffe überhaupt sind und in welcher Weise und Intensität diese damals in der DDR praktiziert wurden und wie sie heute in Deutschland üblich sind. Wie schon bei dem Ergebnis der standardisierten Befragung klang gesprächsweise die deutliche Skepsis vieler Schüler – nicht nur in Ostdeutschland – gegenüber „der Wirtschaft“ bzw. den Großunternehmen durch.

Auswertung der Skala „Wirtschaftspolitik“

Allen drei Items dieser Skala stimmen etwas über 3% der Schüler zu, nur knapp 15% lehnen alle ab, während eine breite Mehrheit von über 82% erneut teils zustimmend, teils ablehnend antwortet und nicht zu einem eindeutigen Urteil fähig oder bereit ist. Etwa dreimal so viele Schüler aus dem Osten wie aus dem Westen befürworten alle Items. Mit gut 25% bzw. 18% lehnen am meisten bayerische Schüler und Gymnasiasten alle Statements ab, dicht gefolgt von den West-Berliner und den nordrhein-westfälischen Schülern. Die niedrigsten durchgängigen Ablehnungswerte finden sich bei den deutschstämmigen und bei den Gesamtschülern.

*Tabelle 19: Wirtschaftspolitik aus Sicht der Befragten**

		positiv	neutral	negativ
insgesamt		**16,6**	**43,5**	**40,0**
Geschlecht				
	männlich	**14,4**	**38,9**	**46,7**
	weiblich	**18,3**	**47,0**	**34,6**
Länder				
	Bayern	**9,1**	**34,3**	**56,7**
	Berlin	**19,6**	**45,6**	**34,8**
	West-Berlin	13,1	42,0	44,9
	Ost-Berlin	25,7	49,0	25,2
	Brandenburg	**23,8**	**50,7**	**25,5**
	Nordrhein-Westfalen	**12,8**	**44,5**	**42,6**
Region				
	West	**11,5**	**39,7**	**48,8**
	Ost	**24,9**	**49,7**	**25,3**
Herkunft				
	Deutsche	**16,1**	**43,1**	**40,7**
	Ausländer	**20,9**	**46,6**	**32,4**
Alter				
	unter 16 Jahre	**18,2**	**46,5**	**35,3**
	16 Jahre	**15,7**	**43,4**	**40,8**
	17 Jahre und älter	**16,8**	**41,9**	**41,3**
Schulart				
	Gymnasium	**13,7**	**41,7**	**44,5**
	Gesamtschule	**25,2**	**48,5**	**26,4**
	Realschule	**14,9**	**46,8**	**38,3**
	Hauptschule	**19,6**	**41,3**	**39,2**

** Angaben in Prozent.*

Nach der Auswertung aller Antworten der auf die Wirtschaft bezogenen Items befürwortet etwa jeder sechste Schüler die Wirtschaftspolitik der DDR, eine relative Mehrheit von knapp 44% legt sich nicht fest und 40% lehnen sie ab, in Brandenburg mehr als die Hälfte. Zwischen den westdeutschen – insbesondere den bayerischen – und den ostdeutschen – vor allem den Ost-Berliner – Schülern liegen erneut Welten: Nicht einmal jeder zehnte bayerische, aber mehr als jeder vierte Ost-Berliner Schüler lobt die DDR-Wirtschaftspolitik, die umgekehrt nur etwa jeder Vierte aus dem Osten Berlins, aber deutlich mehr als jeder Zweite in Bayern durchgängig ablehnt. Die Schüler aus West-Berlin und Nordrhein-Westfalen zeigen ein ähnliches Entscheidungsmuster und liegen dichter an Bayern als an Ostdeutschland, ihre Ablehnungsrate beträgt jedoch weit weniger als 50%.

Die ausländischen Schüler urteilen zwar weniger eindeutig, zeigen aber auf diesem Politikfeld überdurchschnittlich häufig Sympathie für die DDR und widersprechen mit deutlich geringerem Anteil dem Staatsdirigismus. Ihre deutschstämmigen Mitschüler favorisieren mit über 43% am stärksten von allen Teilgruppen die zentralistische Planwirtschaft der DDR. Jungen äußern sich – mit einer Differenz von etwa 12 Prozentpunkten – deutlich ablehnender als Mädchen, die zustimmender votieren und auch weniger entscheidungsfreudig sind.

Gesamtschüler votieren beinahe deckungsgleich mit den Ost-Berliner Schülern: Fast die Hälfte legt sich nicht fest und jeweils ein gutes Viertel optiert dafür bzw. dagegen. Von den Gymnasiasten dagegen lehnen fast 45% eine sozialistische Wirtschaftspolitik ab und nur knapp jeder siebte stimmt dafür. Ältere Schüler legen sich eher fest als jüngere, bejahen weniger und verneinen häufiger. Insgesamt beeinflussen die regionale Herkunft und die besuchte Schulform das Urteil bei dieser Frage am stärksten.

Die Betrachtung der durchschnittlichen Skalenmittelwerte der Gruppen ergibt größere Unterschiede zwischen den regionalen Werten, vor allem zwischen Bayern (3,62) und Brandenburg (3,03) sowie geringere zwischen Mädchen und Jungen und zwischen Gesamtschülern und Gymnasiasten. Wie bei der vorangegangenen Skala Sozialpolitik stehen auf der eher DDR-freundlichen Seite Ost-Berliner und Brandenburger, deutschstämmige und Gesamtschüler sowie die Mädchen. Auf der eher DDR-kritischen Seite finden sich bayerische und West-Berliner Schüler sowie Jungen und Gymnasiasten. Bezogen auf die politische Einstellung erreichen sich als „links" einordnende Schüler einen sehr DDR-freundlichen Mittelwert und erweisen sich damit der DDR-Wirtschaftspolitik gegenüber zugeneigter als die anderen Schüler, deren Mittelwerte mit Ausnahme der sich als „eher rechts" einstufenden dicht beieinanderliegen.

Bei den einzelnen Items dieser Skala sehen wir unterschiedliche Bewertungskonstellationen, insbesondere bezogen auf die politische Einstellung. Bei dem Item, die DDR sei auch aufgrund ihrer wirtschaftlichen Schwäche zusammengebrochen, liegen die Mittelwerte zwischen 3,30 („links") und 3,64 („eher rechts"), d. h. „linke" Schüler widersprechen dieser Annahme etwas häufiger. Eine ähnliche Entgegensetzung zwischen „linken" und „eher rechten" Schülern sehen wir bei der Frage nach der staatlich gelenkten Wirtschaft als Ursache für einen Wohlstand für alle in der DDR. Hier liegt der durchschnittliche Mittelwert mit 3,20 aber unter dem vorangegangenen (3,46), was darauf hindeutet, dass zwar mehr Schüler einen Zusammenhang zwischen dem Zusammenbruch der DDR und der maroden Wirtschaft erkennen, gleichwohl der staatlich gelenkten Wirtschaft eine Wohlstandsproduktion für alle zutrauen. Bei der generellen Frage, ob eine Wirtschaft nur gut funktioniert, wenn der Staat alles plant und lenkt, votieren die Schüler ähnlich – unabhängig von ihrer politischen Einstellung. Die Differenz zwischen den beiden Polen – der „links" und der „eher rechts" Eingestellten – fällt hier gering aus.

Wir finden bei den Items dieser Skala also keine durchgängigen Bewertungsmuster bezogen auf die jeweilige politische Einstellung. Bei einigen Items sind sich sogar

„linke“ und „rechte“ Schüler in einem eher positiven Votum einig, bei anderen sind sie eher DDR-kritisch oder antworten entgegengesetzt. Der Durchschnittswert aller Befragten liegt bei den drei Items etwas höher als bei denen zur Sozialpolitik, d. h. die staatlich gelenkte Wirtschaft wird kritischer als die Sozialpolitik bewertet. Einen Zusammenhang zwischen beiden Dimensionen sehen viele Schüler nicht.

Bei der Auswertung nach Parteienpräferenz erfährt die Wirtschaftspolitik bei den Anhängern der Linkspartei/PDS mit 2,98 die höchste Zustimmung, gefolgt von den Anhängern der SPD mit 3,22 und denen der NPD mit 3,30. Die Sympathisanten von Union, FDP und Bündnis-Grünen äußern sich im Durchschnitt wesentlich kritischer und kommen auf Mittelwerte um 3,5. Der auf der politischen Bühne zu beobachtende Annäherungsprozess der Bündnis-Grünen und der Union in wirtschaftspolitischen Fragen kann also auch auf der Ebene jüngerer Sympathisanten beobachtet werden.

Die Einstellung der Schüler gegenüber der DDR Wirtschaftspolitik hängt stark von ihren Kenntnissen ab: Diejenigen, die die DDR „zu viel“ in der Schule behandelt haben und die, die ihrer Meinung nach „viel“ wissen, haben eine deutlich kritischere Sicht als die, bei denen die DDR weniger intensiv Thema war. Dagegen spielt das Interesse keine Rolle – im Gegenteil: Desinteresse führt zu einer eher negativen Sichtweise der DDR-Wirtschaftspolitik. Familiengespräche und intensive Gespräche im Freundeskreis sowie die Kenntnis von Filmen lassen dagegen keine signifikanten Einstellungsmuster bei der Beurteilung der DDR-Wirtschaftspolitik erkennen.

Fazit zur wirtschaftlichen Dimension

Wenige Schüler stimmen allen Items dieser Skala zu, aber auch nur knapp 15% widersprechen allen, während sich erneut eine breite Mehrheit von 82% neutral äußert; auffällig wenige Schüler lehnen die Items zu den staatlichen Eingriffen in die Wirtschaft und zur Planwirtschaft ab. Wie unsere Auswertung zeigt, ist diese Einschätzung weitgehend unabhängig von der politischen Einstellung, obschon „linke“ Schüler häufiger Sympathie für „mehr Staat“ in der Wirtschaft äußern.

Einen großen Stellenwert nehmen wiederum die Unterschiede zwischen Ost und West ein, wir sehen aber auch welche zwischen den Schultypen: Ost-Berliner und Gesamtschüler neigen in weit größerem Maße zu einer positiven Bewertung der Wirtschaftspolitik und dazu, sich nicht festzulegen, als bayerische Schüler und Gymnasiasten. Aber auch ausländische Schüler enthalten sich in hohem Maße eines Urteils, während deutschstämmige zu über 40% dem Wirtschaftsmodell der DDR Sympathie entgegenbringen.

In der zusammenfassenden Auswertung zeigt etwa jeder sechste Schüler ein positives Bild der DDR-Wirtschaftspolitik, während sich knapp 44%, die relative Mehrheit, unentschieden und nur 40% negativ äußern. Insgesamt bejaht jeder vierte Ost-

Berliner Schüler – fast doppelt so viele wie West-Berliner und annähernd dreimal so viele wie in Bayern – die Wirtschaftspolitik der DDR. Nur knapp 26% lehnen sie im Ostteil ab, aber knapp 45% West-Berliner und etwa 57% der bayerischen Schüler.

5. Jugend, Familie, Alltag und Schule in der DDR

Die Alltagsrealität für Jugendliche in der DDR umfasste vor allem die Familie, staatliche Institutionen wie Kindergarten, Schule, Jugendorganisation etc. und das Alltagsleben generell. Mit den Antworten auf die Items von zwei Skalen sollten die Schüler ihr Urteil über die verschiedenen Facetten des Alltagslebens im SED-Staat abgeben.

a) Die Dimension Jugend

In weitaus stärkerem Maße als in der Bundesrepublik wurden Kinder und Jugendliche in der DDR in kollektiven Institutionen sozialisiert. Dies schloss auch einen großen Teil der Freizeit einschließlich der Ferienzeit mit ein. Die meisten Kinder verbrachten deutlich weniger Zeit mit ihren Eltern als in vergleichbaren bundesdeutschen Familien. Von klein auf sollten die Menschen im Kollektiv aufgehen, sich ein- und unterordnen.

Der Jugend wurde schon frühzeitig eine „sozialistische Ethik“ vermittelt. Im Jahre 1958 veröffentlichte Walter Ulbricht seine zehn „Gebote der neuen sozialistischen Sittlichkeit“, die konkrete Verhaltensvorschriften enthielten wie:

1. Du sollst dich stets für die internationale Solidarität der Arbeiterklasse und aller Werktätigen sowie für die unverbrüchliche Verbundenheit aller sozialistischen Länder einsetzen.
2. Du sollst dein Vaterland lieben und stets bereit sein, deine ganze Kraft und Fähigkeit für die Verteidigung der Arbeiter-Bauern-Macht einzusetzen.

[...]

4. Du sollst gute Taten für den Sozialismus vollbringen, denn der Sozialismus führt zu einem besseren Leben für alle Werktätigen.

[...]

8. Du sollst deine Kinder im Geiste des Friedens und des Sozialismus zu allseitig gebildeten, charakterfesten und körperlich gestählten Menschen erziehen.
9. Du sollst sauber und anständig leben und deine Familie achten.[584)]

Diese auch in das Parteiprogramm von 1963 aufgenommenen zehn Gebote übernahm die SED in ihrem letzten Parteiprogramm im Jahre 1976 nach sowjetischem Vorbild in das Konzept der „sozialistischen Lebensweise“. Die nun zurückhaltender formulierten sozialistischen Werte und Normen dienten der „allseitigen Entwicklung der Fähigkeiten und Talente der Persönlichkeit zum Wohle des Einzelnen und der ganzen sozialistischen Gesellschaft“. Die Einordnung des Individuums in die Gesellschaft sollte in hohem Maße über Kollektive vermittelt werden, um ein „kollektives

---

584) Zitiert nach: Vorsteher 1996, S. 37.

Denken und Verhalten“ zu begünstigen.[585]) Noch kurz vor Ende der DDR beschworen SED-Ideologen die Erfolge des sozialistischen Staates bei der „Produktion“ des „neuen Menschen“: „Der Sozialismus bringt massenhaft allseitig gebildete, hochbefähigte, talentierte Persönlichkeiten hervor.“[586])

Zur richtigen Einstimmung des sozialistischen Nachwuchses verfasste die FDJ ebenfalls Verhaltensregeln, die sie im Jahre 1959 in ihr Verbandsstatut aufnahm. Das einzelne FDJ-Mitglied hatte nicht nur die Pflicht, ideologisch für den Sieg des Sozialismus zu kämpfen, sondern sollte „sich vormilitärische Kenntnisse aneignen bzw. seine militärischen Kenntnisse und Fähigkeiten erhöhen“. Des Weiteren forderte das Statut von der Staatsjugend, sich von kleinbürgerlichen Wertvorstellungen zu lösen und „die Regeln des Gemeinschaftslebens einzuhalten, saubere und gesunde Beziehungen zwischen Jungen und Mädchen zum Gesetz des eigenen Handelns zu machen. Das Bekenntnis zu der von der SED geführten DDR und zur Freundschaft mit der Sowjetunion wurde 1958 auch in das Gelöbnis zur Jugendweihe aufgenommen.“[587])

Da das ideologisierte Werte- und Normensystem im Lebensalltag faktisch nicht zu erfüllen war, erwuchs der Parteiführung ein weites und willkürlich zu handhabendes Feld zur Disziplinierung der Bevölkerung. Sie definierte jede Abweichung zwischen ideologischer Vorgabe und tatsächlicher Lebenspraxis als ein Problem der „Bewusstseinsbildung“. Nicht Ideologie und Politik hatten sich an der Realität zu orientieren, sondern umgekehrt sollten die Menschen dazu gebracht werden, der verordneten Ideologie zu entsprechen.

In welchem Maße aber die Ideologie der SED, der Marxismus-Leninismus, tatsächlich handlungsanleitend wirkte oder aber zur Leerformel degenerierte, lässt sich kaum nachvollziehen, da die ideologisch konstruierte und die tatsächliche Realität in den Augen der Akteure verschwammen und eine hierdurch bedingte Schizophrenie für viele Teil der Lebenswirklichkeit wurde.

Unabhängig davon versuchte die Partei, die sozialistische Ideologie im Alltagsbewusstsein von Kindern und Jugendlichen zu verankern. Eine wichtige Grundlage bildete die Vermittlung eines „Freund-Feind-Denkens“. Der Einzelne sollte Partei für die Sache des Sozialismus ergreifen, sich dem proletarischen Internationalismus verpflichtet fühlen und gleichzeitig Hass auf den Klassenfeind entwickeln. Ab Mitte der siebziger Jahre hatten große Teile der DDR-Jugend indes andere Sorgen: Sie befanden sich ähnlich wie ihre Altersgenossen im Westen im „Generationenkampf“ um Musikrichtungen, Kleiderordnungen und Verhaltensnormen.

Mit drei Items wurde erkundet, wie Schüler im vereinten Deutschland den staatlich verordneten Umgang mit Jugendlichen in der DDR bewerten.

---

[585]) Vgl. KPW 1988, S. 491/492.
[586]) Vgl. ebd., S. 747.
[587]) Zitiert nach Mählert/Stephan 1996, S. 124 bzw. 128.

Organisierte Freizeit

Kinder und Jugendliche in der DDR verbrachten viel Zeit im kollektiven Miteinander und Gegeneinander in verschiedenen Institutionen – von der Kinderkrippe bis zur FDJ. Partei und Staat versuchten darüber hinaus, auch in der Freizeit die Kinder und Jugendlichen zu erreichen und kollektiv zu sozialisieren. Hierbei kam den Kinder- und Jugendorganisationen eine zentrale Rolle zu. Die Gestaltung der Freizeit verlief in der Bundesrepublik dagegen vielfältiger und individualisierter. Die Schüler sollten nicht nur ihr generelles Urteil über eine organisierte Freizeit abgeben, sondern auch ein persönliches Votum, ob sie diese Form der Freizeitgestaltung auch für die eigene Person favorisieren.

*Schaubild 48: Positives Urteil über organisierte Freizeit in der DDR nach Ländern/Regionen**

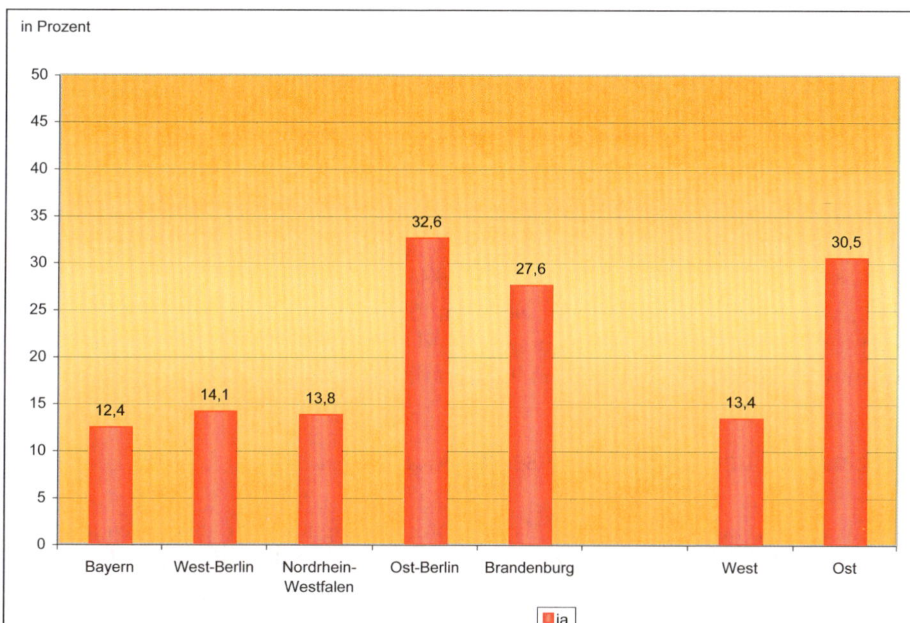

* *Zustimmende Antworten auf die Aussage: „Eine organisierte Freizeit wie in der DDR wäre eine gute Sache und ich würde da gerne mitmachen."*

Eine Mehrheit von knapp 60% spricht sich gegen eine staatliche Organisation der Freizeit aus, ein gutes Fünftel ist unentschieden und ein knappes Fünftel befürwortet das Statement, allerdings nur gut 13% im Westen, aber gut 30% im Osten. Ostdeutsche Schüler sind mit etwa 47% und damit fast 20 Prozentpunkte weniger als westdeutsche gegen eine derartige Freizeitgestaltung eingestellt, außerdem sind sie etwas entscheidungsunsicherer als ihre westdeutschen Mitschüler. Die beiden Pole in der Befürwortung bzw. Ablehnung einer organisierten Freizeit wie in der DDR bilden erneut die bayerischen Schüler mit 12,4% Zustimmung und 67,1% Ablehnung sowie die Ost-Berliner mit 32,6% bzw. 46%. Während die Schüler der beiden anderen Westregionen ähnlich wie die bayerischen votieren, setzen sich die Brandenburger von ihren Ost-Berliner Schülerkollegen ab und zeigen sich kritischer gegenüber der abgefragten Freizeitgestaltung.

Ausländische Schüler legen sich leicht überdurchschnittlich nicht fest, deutschstämmige tun dies sogar zu über 28%. Erstere äußern sich aber ähnlich wenig zustimmend wie die westdeutschen Schüler und zu über 60% ablehnend, während von letzteren ein knappes Viertel für eine organisierte Freizeit votiert. Mädchen – West-Berlinerinnen sogar zu über 70% – lehnen in etwas höherem Maße als Jungen eine organisierte Freizeit ab. Dies tun auch über 60% der Gymnasiasten. Sie votieren zu nicht einmal einem Fünftel, Gesamtschüler dagegen zu einem knappen Viertel für die organisierte Freizeit. Der altersspezifische Blick unterscheidet sich erstaunlicherweise nur wenig. Wir hatten dagegen erwartet, dass die Zustimmung mit dem Alter deutlich abnimmt.

In den Gesprächen begründeten die jüngsten Schüler ihr Votum mit dem Hinweis auf die starke zeitliche Belastung in den Schulen, die dazu führe, dass sie nicht auch noch an einer organisierten und nicht selbst gewählten Freizeit teilnehmen wollten. Nahezu alle Schüler, die an Gesprächen teilnahmen, befürworteten aber ein breiteres Angebot an Freizeiteinrichtungen für Jugendliche – in welcher Form blieb vor allem zwischen Ost- und West-Berliner Schülern kontrovers. Die Forderung Ost-Berliner Schüler nach mehr Jugendclubs wurde von den West-Berlinern nur bedingt geteilt, sie sprachen sich für mehr Schwimmbäder, Sportplätze o. ä. aus. Generell schien uns aber das Fehlen von entsprechenden Einrichtungen in keinem der Länder ein wichtiges Problem für Jugendliche in dieser Altersklasse zu sein.

Gemeinschaft und Persönlichkeitsentwicklung

Das zweite Item zielt noch stärker als das vorangegangene auf die Beurteilung einer Gemeinschaft, in der sich die Individuen – wie von der SED und ihren Ideologen, aber auch von Lehrern und Erziehern gefordert – in ihrer persönlichen Entwicklung einschränken sollten. Die in der DDR offiziell vorgegebene Leitlinie, die eigene Individualität zugunsten der Gemeinschaft bzw. des Kollektiv zurückzustellen, war aus heutiger Sicht zu bewerten.

Die Schüler sollten eine Antwort auf die Frage geben, ob es für sie grundsätzlich wichtiger ist, sich wie in der DDR einer Gemeinschaft oder Gruppe unterzuordnen oder ihre eigene Persönlichkeit zu entwickeln. Hier sind sich alle Schülergruppen in ihrer ablehnenden Haltung auf hohem Niveau weitgehend einig.[588]) Nur knapp 6% bejahen die Aussage und gut 12% wissen nicht, was sie wollen bzw. ob sie die Unter-

[588]) Vgl. Tabelle A56 im Anhang.

ordnung unter eine Gemeinschaft positiv finden. Selbst bayerische und Ost-Berliner Schüler sind sich in ihren einschlägigen Urteilen einig. Bis auf die Ausländerinnen sind alle Mädchen stärker auf die eigene Persönlichkeit bedacht als Jungen, ebenso mehr Gymnasiasten als Gesamt- und insbesondere Hauptschüler, von denen nur jeder zweite ablehnend antwortet.

Den absoluten Vorrang des Individuums vor dem Kollektiv – so der einhellige Tenor der Schüler bei den Gesprächen – möchten sie nicht in Frage gestellt sehen. Unter den Gesprächspartnern fand sich niemand, der eine Unterordnung zulasten der eigenen Person befürwortete, was freilich nichts daran ändert, dass sich realiter viele Jugendliche einer informellen Gemeinschaft mehr oder weniger freiwillig unterordnen. Dies wird jedoch anders als eine vorgegebene und erzwungene Unterordnung nicht in gleicher Weise kritisch gesehen.

Vormilitärische Erziehung in der Schule

Seit 1976 sprach die SED nicht mehr nur von „sozialistischer", sondern von „kommunistischer" Erziehung. Damit einher ging ab dem Schuljahr 1978/79 die obligatorische Einführung des Wehrkundeunterrichts für die Klassen 9 und 10. Diese Lehrplanerweiterung, die vor allem in kirchlichen Kreisen Widerspruch provozierte, markierte den Höhepunkt einer schon Anfang der fünfziger Jahre begonnenen Militarisierung des Erziehungs- und Bildungswesens. Bereits im Frühjahr 1952 hatte das SED-Politbüro mit seinem „Strukturvorschlag zur Gründung der Gesellschaft für Sport und Technik" (GST) den Grundstein für die militärische Ausbildung der gesamten Bevölkerung gelegt. Aufgabe der GST sei u. a., für eine „Entwicklung des Massensports auf dem Gebiet des Schießens, des Fallschirmabsprungs, Kartenkunde und Bewegung auf dem Gelände ..." zu sorgen.[589])

Im Jahre 1962 schuf sich die Partei mit den „Kommissionen für sozialistische Wehrerziehung" eine spezielle Struktur, die über die Bezirke und Kreise bis hinein in die Kommunen, Betriebe und Schulen wehrerzieherische Inhalte transportieren sollte. Nach mehreren Zwischenschritten wurden die gesamtgesellschaftlichen Intentionen der Wehrerziehung im Juni 1968 in einem Beschluss des ZK-Sekretariats festgeschrieben. Dieser sah ein altersspezifisches Stufenprogramm zur Wehrerziehung vom Vorschulalter bis zur Rente vor. Selbst die Kindergärten blieben nicht mehr von wehrpädagogischen Aufgaben verschont; an den Schulen wurden neue Formen der Wehrerziehung wie die sogenannten „Hans-Beimler-Wettkämpfe" oder „Pioniermanöver" eingeführt.[590])

Die Partei ignorierte den passiven Widerstand der Kirchen und setzte den Wehrkundeunterricht durch. Die Schüler sollten von klein auf gedrillt werden, um den Sozialismus notfalls mit Waffengewalt zu verteidigen. Auch in den Schulbüchern,

[589]) Zitiert nach: Sachse 1996, S. 4.
[590]) Vgl. ebd., S. 4 ff.

selbst bei Rechenaufgaben, fanden sich immer wieder Beispiele aus dem Militärleben.

Von den Schülern wollten wir mit diesem Statement („Die vormilitärische Erziehung im Schulunterricht der DDR war für die Stärkung des Sozialismus notwendig") erfahren, wie sie zu dieser Art Erziehung stehen.

Überraschenderweise bejaht knapp jeder Vierte – von den männlichen Schülern sogar fast jeder Dritte – diese Aussage.[591]) Da sich zudem noch etwa 30% neutral äußern, lehnt nur eine relative Mehrheit von knapp 46% explizit das Item ab. West-Berliner und vor allem nordrhein-westfälische Schüler sprechen sich überdurchschnittlich häufig gegen die vormilitärische Erziehung aus, bayerische dagegen, die ansonsten zumeist das Feld der Kritiker von DDR-Verhältnissen anführen, befürworten sogar überdurchschnittlich häufig den Wehrkundeunterricht.

Neben den ausgeprägten geschlechtsspezifischen Differenzen – bei der Zustimmung um etwa 11 Prozentpunkte – sehen wir deutliche altersspezifische: Die Befürwortung steigt mit dem Alter. Den höchsten Zustimmungsgrad erhält diese Form realsozialistischer Erziehung jedoch bei den ausländischen und den Ost-Berliner Jungen, den größten Widerspruch bei den West-Berliner und nordrhein-westfälischen Mädchen. Real- und vor allem Hauptschüler können der vormilitärischen Ausbildung ebenfalls viel abgewinnen und zeichnen sich vor allem durch einen niedrigen Ablehnungsgrad aus; nicht einmal jeder dritte Hauptschüler spricht sich dagegen aus.

Da bei diesem Statement die vormilitärische Erziehung mit der Stärkung des Sozialismus verknüpft wird, könnten einige Schüler, die bestätigend geantwortet haben, der Auffassung sein, die vormilitärische Erziehung sei für die Stärkung des Sozialismus notwendig gewesen, ohne aber selbst diese frühe Form der Militarisierung und den Sozialismus selbst für erstrebenswert zu halten. In Gesprächen äußerten einige Schüler, sie hätten das Item immanent-logisch verstanden und entsprechend beantwortet. Vielen Gesprächen – vor allem in Bayern – entnahmen wir jedoch, dass es den meisten Schülern um die Beurteilung einer vormilitärischen Erziehung im Schulunterricht ging und nicht um ihren Zusammenhang mit der Stärkung des Sozialismus. Wie uns einige Schüler mitteilten, würde ein derartiger Unterricht Ablenkung und „Action" mit sich bringen und sei doch eine positive Ergänzung des ansonsten langweiligen Schulalltags. Dem widersprachen einige pazifistisch eingestellte Schüler, die weder der vormilitärischen Erziehung in der DDR noch dem Wehrdienst heutzutage etwas abgewinnen können.

Auswertung der Skala „Jugend"

Bei dieser Skala stimmen nur wenige Schüler (1,1%) allen Items zu, ein gutes Viertel – und damit deutlich mehr als bei den beiden vorangegangenen Skalen – lehnt alle

[591]) Vgl. Tabelle A57 im Anhang.

mehr oder weniger ab, knapp drei Viertel befürworten einige Items, widersprechen aber anderen. Die Zurückweisung einer überwiegend kollektiv organisierten Freizeitgestaltung einschließlich einer vormilitärischen Ausbildung fällt besonders stark bei West-Berliner und nordrhein-westfälischen Schülern und generell bei Mädchen aus. Einen durch die geringste Ablehnung aller Items sichtbar werdenden wenig kritischen Blick haben Ost-Berliner und vor allem deutschstämmige Schüler.

*Tabelle 20: Jugend und Familie aus Sicht der Befragten**

		positiv	neutral	negativ
insgesamt		5,9	25,6	68,5
Geschlecht				
	männlich	8,1	27,4	64,5
	weiblich	4,1	24,1	71,8
Länder				
	Bayern	4,2	22,7	73,1
	Berlin	6,8	27,4	65,8
	West-Berlin	4,6	21,7	73,7
	Ost-Berlin	9,7	33,2	57,1
	Brandenburg	8,9	32,6	58,5
	Nordrhein-Westfalen	3,5	18,9	77,6
Region				
	West	4,1	21,3	74,5
	Ost	9,3	32,9	57,7
Herkunft				
	Deutsche	6,0	25,4	68,6
	Ausländer	4,7	27,4	67,9
Alter				
	unter 16 Jahre	6,6	27,9	65,5
	16 Jahre	6,5	24,9	68,6
	17 Jahre und älter	4,9	25,2	69,8
Schulart				
	Gymnasium	4,3	22,8	72,8
	Gesamtschule	9,4	32,7	57,9
	Realschule	8,5	24,4	67,2
	Hauptschule	13,3	39,2	47,6

** Angaben in Prozent*

Insgesamt befürworten in der zusammengefassten Auswertung nur knapp 6% der Schüler die abgefragten Aspekte der Jugendpolitik der DDR, knapp 26% legen sich nicht fest, aber über zwei Drittel lehnen sie durchgängig ab.

Vor allem in Berlin beobachten wir konträre Auffassungen, die etwas stärker als im Ost-West-Gegensatz insgesamt ausfallen. Knapp jeder zehnte Ost-Berliner Schüler – mehr als doppelt so viele wie im Westteil Berlins – äußert sich zustimmend, ein gutes Drittel legt sich nicht eindeutig fest und gut 57% votieren hier dagegen. Im Westteil Berlins nehmen mit knapp 74% fast 17 Prozentpunkte mehr Schüler eine ablehnende Haltung und lediglich knapp 22% eine neutrale Position ein. Noch kritischer als die West-Berliner sind die nordrhein-westfälischen Schüler, die der SED-Jugendpolitik wenig abgewinnen können. Fast 68% von ihnen – und damit etwa 20 Prozentpunkte mehr als in Ost-Berlin – widerstrebt diese Art der Jugendpolitik.

Nur knapp 5% – und damit neben den Gymnasiasten die niedrigste Quote in allen Teilgruppen – der ausländischen Schüler votieren für die Jugendpolitik der DDR, knapp 68% dagegen. Deutschstämmige Schüler optieren ähnlich wie die Ost-Berliner, allerdings weniger zustimmend, dafür in höherem Maße neutral. Mehr Mädchen als Jungen äußern sich ablehnend, ebenso weitaus mehr Gymnasiasten als Gesamtschüler. Die höchste Attraktivität erreicht die SED-Jugendpolitik bei den Hauptschülern, von denen nicht einmal jeder zweite eine Gegenposition einnimmt und die gut 13% – mehr als doppelt so viele wie im Gesamtdurchschnitt – befürworten. In allen anderen Teilgruppen optiert eine mehr oder weniger stark ausfallende absolute Mehrheit gegen diese die Jugend reglementierende SED-Politik.

Der unterschiedliche Blick auf die Situation von Jugendlichen in der DDR findet auch in den durchschnittlichen Gruppenergebnissen seinen Niederschlag. Erneut differieren die Werte von Schülern aus dem Westen und dem Osten – allerdings nicht so stark wie bei anderen Skalen. Entsprechende Unterschiede beobachten wir zwischen Gymnasiasten und Hauptschülern sowie abgeschwächt zwischen Mädchen und Jungen.

Die sich als „eher links" einstufenden Schüler sind am skeptischsten und erreichen den höchsten Mittelwert, gefolgt von den „linken" Schülern. „Eher rechte" und Schüler der politischen Mitte haben einen milderen Blick auf den SED-Staat, während die „rechten" Schüler der organisierten Freizeitgestaltung der DDR mit Abstand am meisten abgewinnen. Anscheinend ist unter ihnen der Wunsch nach organisierter Zusammengehörigkeit, Kameradschaft etc. am ausgeprägtesten.

Die Selbsteinschätzung der sich selbst als „rechts" einstufenden Schüler korrespondiert mit dem bei dieser Skala noch niedrigeren und damit DDR-freundlicheren Mittelwert der NPD-Anhänger, gefolgt von den Sympathisanten der Linkspartei. Die potenziellen Wähler der Union und der SPD liegen dicht beieinander im Mittelfeld. Die Freunde der Bündnis-Grünen sind mit einem Skalenmittelwert von 3,99 dieser Politikdimension der DDR gegenüber am kritischsten eingestellt.

Der Grad der Kenntnisse über die DDR und der von Filmen sowie die Intensität der Gespräche haben wenig Einfluss auf die Position gegenüber der Jugendpolitik in der DDR.

Die Durchschnittswerte der einzelnen Items der Skala „Jugend" liegen zum Teil relativ weit auseinander (zwischen 3,35 und 4,39), wobei das Item zur Entfaltung der Persönlichkeit am häufigsten abgelehnt wird. Das Statement zur organisierten

Freizeit wird abgesehen von „rechten" Schülern von den einzelnen politischen Lagern ähnlich gesehen.

Stärker fällt dagegen die Differenz im Urteil über die vormilitärische Erziehung als Instrument der Stärkung des Sozialismus im Schulunterricht aus. Das „rechte" Lager zeigt hier mit Durchschnittswerten von 3,16 mehr Sympathie als „links" und „eher links" Eingestellte (3,49). Der Mittelwert aller Befragten liegt bei diesem Item niedriger als bei den beiden anderen der Skala, d. h. hierbei ist die Zustimmung stärker und die Ablehnung geringer als bei den auf die organisierte Freizeit und die Bewertung einer Gemeinschaft abzielenden Items.

Fazit zur Dimension Jugend

Den Items dieser Skala stehen die meisten Schüler relativ kritisch gegenüber, nur bei der Bewertung der vormilitärischen Erziehung finden wir relativ viele zustimmende oder neutrale Haltungen. Bei den beiden anderen Items ergeben sich erneut deutliche regionale Herkunftsunterschiede. So sprechen sich zum Beispiel im Westteil etwa 67% gegen eine organisierte Freizeitgestaltung aus, im Osten aber nur eine relative Mehrheit von gut 47%. Eine Präferenz für die Unterordnung des Individuums unter die Gemeinschaft äußern dagegen im Osten und Westen nur wenige. Die meisten Schüler bevorzugen Individualität verbunden mit der Freiheit, sich hier oder da zu bewegen oder zu organisieren, gegenüber einer Gruppenidentität oder der verordneten Unterordnung in einem Kollektiv. Nur unter mehr oder weniger „rechts" eingestellten Schülern fällt, allerdings auch auf hohem Niveau, die Ablehnung etwas geringer aus.

b) Die Dimension Schule und Alltag

Die Diskussion darüber, ob die DDR stärker von ihrem Alltag oder von ihrer diktatorischen Seite her beurteilt werden sollte und ob bzw. in welcher Weise der Alltag auch von (tatsächlich und potenziell) repressiven und kontrollierenden Dimensionen bestimmt war, kocht seit dem Untergang des SED-Staates in regelmäßigen Abständen wieder hoch. Zumeist werden dabei jedoch individuelle Erfahrungen vorschnell verallgemeinert und die Anpassungsleistungen, die auch das alltägliche Leben in der DDR erforderten, verdrängt. Abgesehen davon, dass das alltägliche Leben von Systemträgern anders aussah als das von Mitläufern oder von aktiven oder passiven Dissidenten, ist evident, dass die Verfasstheit einer Gesellschaft selbstverständlich auch den Alltag prägt.

Wie ein in der DDR sozialisierter Historiker, der nach der Vereinigung in seinen Beiträgen manch kritischen, aber auch belustigenden Blick auf den DDR-Alltag geworfen hat, zu Recht feststellt: „[…] fallen in der öffentlichen Debatte und der medialen Wahrnehmung die Bilder der Erinnerung noch immer stark auseinander. Auf der einen Seite steht die DDR als Paradies der menschlichen Wärme, der Nachbarschaftshilfe und Kollegialität am Arbeitsplatz, der garantierten Krippenplätze und der ungehinderten Berufstätigkeit der Frau. Auf der anderen Seite steht die publizistische Darstellung von Stasi, Unterdrückung, Mauer und Stacheldraht als die prägenden Faktoren des ostdeutschen Staatswesens. Die historischen Belege sind eindeutig und in der Sache unzweifelhaft. Die Wahrheit liegt hier keineswegs in der oft gerühmten Mitte, sondern in der dialektischen Einheit von Unfreiheit und Idylle. Die sauber geharkten Todesstreifen an der Staatsgrenze und die gepflegten Vorgarten-Siedlungen sind kein Gegensatz, sondern zwei Erscheinungsformen einer totalitär strukturierten Gesellschaft."[592])

Viele ehemalige DDR-Bewohner haben sicherlich ihre Jugend weniger als permanenten Zwang und Kontrolle empfunden, sondern eher als vorgegebene Normalität mit den üblichen Höhen und Tiefen jugendlichen Lebens.

Alltag in der DDR

Jenseits der Kontroverse, ob und in welcher Weise die Bedingungen der Diktatur auch den Alltag der Menschen bestimmt haben, sind sich die Kommentatoren einig, dass die alltägliche Anpassung an die Parteinormen bzw. an die offiziellen Erwartungen im Laufe der Jahrzehnte immer pragmatischer wurde. Der überwiegende Teil der Bevölkerung betrachtete sie als „notwendiges Übel" und versuchte, sich in den Gegebenheiten einzurichten, so weit und so gut es ging. Einschüchterung und Gängelung ließen nach, sodass selbst diejenigen, die sich in nur minimalem Maße anpassten, weitgehend unbelästigt leben konnten. Grundsätzlich änderte sich jedoch im Alltagsleben bis zum Ende der DDR nichts Wesentliches, da der individuellen Freiheit, dem selbstverantwortlichen Leben oder der Kreativität enge Grenzen gesetzt waren. Das Verhalten gegenüber der Obrigkeit blieb bei nahezu allen DDR-Bürgern von einer tief verwurzelten Ängstlichkeit geprägt. Das ständige Pendeln zwischen Zivilcourage und Anpassung, das selbst den Alltag oppositioneller Kreise bestimmte, konnte selten durchbrochen werden. Die fortwährende Furcht davor, auch als „Normalbürger" zum „Staatsfeind" gestempelt zu werden, hielt viele davon ab, der Diktatur offen entgegenzutreten.

Der ehemalige Bausoldat und Redakteur einer Kirchenzeitung, Stefan Berg, beschreibt die „Geschichte der eigenen Angst" in eindrucksvollen Worten: „Die allmächtige Partei brauchte nur noch in Ausnahmefällen – an der Grenze zum Beispiel – die brutalen Herrschaftsinstrumente. Für den Alltag hatte sie ausgesorgt. Denn die Angst hatte sie in den Jahren zuvor tief in die Bevölkerung eingepflanzt. Nun konnte sie Anpassung ernten. Wie eine Erbkrankheit wurde sie von den Eltern an die Kinder weitergegeben. So verinnerlicht waren bestimmte Erfahrungen, dass viele sie erst gar nicht machen mussten, um sich doch so zu verhalten, als hätten sie sie gemacht. Heute werden, auch aus Verärgerung über das eigene angepasste

[592]) Wolle 2004, S. 118.

Verhalten, vielfach die Verhältnisse umgedeutet: Es sei alles gar nicht so schlimm gewesen. So steht jeder besser da, vor allem vor sich selbst."[593]) Gerade in familiären Gesprächen dürfte das von Stefan Berg beschriebene Verhalten üblich sein, zumal Eltern vor ihren Kindern eher selten Schwächen zugeben und die Trennlinien zwischen freiwilliger bzw. notwendiger und erzwungener Anpassung fließend sind.

Das Bild vom DDR-Alltag ist bei den meisten ostdeutschen Schülern stark beeinflusst von familiären Gesprächen. Vor allem bei westdeutschen Schülern, die keine persönlichen Kontakte mit Personen haben, die den Alltag in der DDR bewusst erlebt haben, spiegeln die Antworten Annahmen wider, die sich auch aus Filmen, Gesprächen etc. speisen. Bewusst wurde im Item nicht behauptet, für alle sei der Alltag durch Diktatur und Überwachung geprägt gewesen, sondern nur für „viele", d. h. wer diese Annahme ablehnt, geht davon aus, dass Diktatur und Überwachung für den Alltag keine große Rolle spielte oder wenn ja, nur für wenige.

*Schaubild 49: Diktatur und Überwachung bestimmte DDR-Alltag nach Ländern/Regionen**

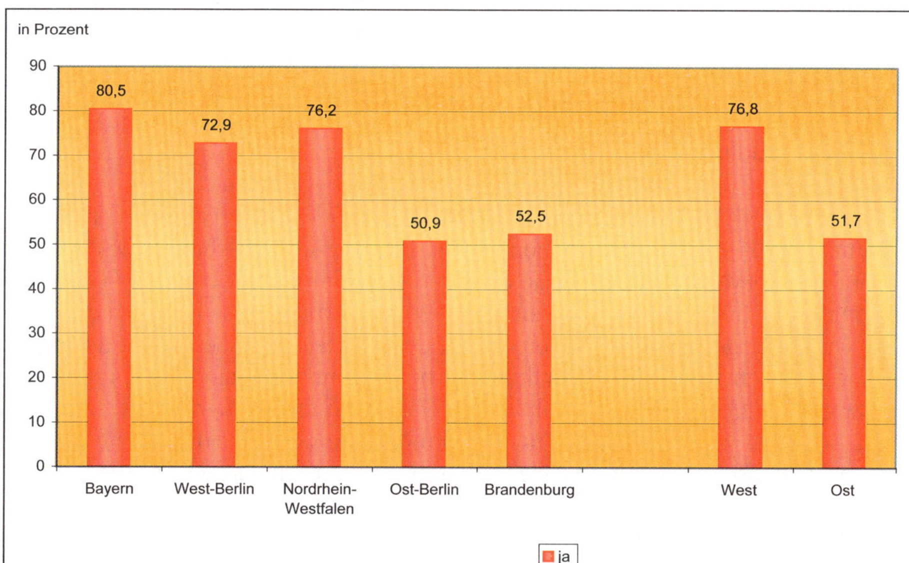

**Zustimmende Antworten auf die Aussage: „In der DDR war der Alltag für viele durch Diktatur und Überwachung geprägt."*

Eine breite Mehrheit von knapp 68% teilt diese Auffassung, aber erschreckende 15% sprechen sich dagegen aus. Hinzu kommen weitere knapp 18%, die sich nicht festlegen. Erneut bestimmt die Herkunft stark die Sicht der Schüler. In den alten Ländern bejahen mehr als drei Viertel der Schüler die Aussage und nicht einmal ein Zehntel widerspricht ihr. Anders in den neuen Ländern: Hier vermutet nur etwa die

[593]) Berg 1996, S. 39.

Hälfte einen Zusammenhang zwischen Diktatur und Alltag für viele DDR-Bewohner, aber gleichzeitig widerspricht dem mehr als ein Viertel. Eine Beeinträchtigung des DDR-Alltags durch Diktatur und Überwachung halten nicht nur mehr West- als Ostdeutsche in der DDR für gegeben, sondern auch mehr Ältere als Jüngere, mehr Gymnasiasten als Gesamt- und Hauptschüler sowie mehr Mädchen als Jungen. Die Bandbreite der Zurückweisung dieses Statements beträgt erneut ein Vielfaches, und zwar knapp 7% in Bayern gegenüber gut 28% in Ost-Berlin. Letztere gehen davon aus, der Alltag sei nicht von Diktatur und Überwachung geprägt gewesen.

In den Gesprächen wurden die zum Teil gegensätzlichen Auffassungen zwischen Ost und West, aber auch zwischen Gymnasiasten und Hauptschülern ebenfalls deutlich. Ostdeutsche Gesamt- und bayerische Hauptschüler argumentierten, anpassen müsse man sich überall und „die da oben", egal, wer sie seien, würden ohnehin bestimmen, was „die da unten" zu tun hätten. Dem widersprachen Gymnasiasten und insbesondere West-Berliner Schüler, die auf die alltäglichen Freiheitsspielräume in der Demokratie gegenüber der Diktatur hinwiesen. Die unterschiedlichen bis gegensätzlichen Meinungen wurden stark von dem jeweiligen Interesse an Politik bestimmt, d. h. wer der Politik einen hohen Stellenwert einräumte, sah auch stärker die Prägung des Alltagslebens durch die Zwänge einer Diktatur.

Abitur und Studium

In den Anfangsjahren der DDR wurden Arbeiterkinder einschließlich der Kinder von Funktionären bei der Delegation auf die Erweiterte Oberschule (EOS) und die Hochschulen bevorzugt. Kindern aus „bürgerlichen Familien" wurde dies unabhängig von ihren schulischen Leistungen verwehrt. Zwar wurde diese Praxis in den siebziger und achtziger Jahren durchbrochen, nun studierte vor allem der Nachwuchs der sogenannten Intelligenz, aber Jugendliche, die christlich eingestellt und engagiert waren und/oder sich den politischen Maßgaben des Systems aktiv entzogen, durften zumeist weiterhin nicht studieren. Jungen, die sich für eine längere Zeit zur NVA meldeten, konnten zum Beispiel trotz schwächerer schulischer Leistungen eher studieren als sogenannte Bausoldaten (Männer, die den aktiven Wehrdienst mit der Waffe bei der NVA verweigerten und in waffenlosen Baueinheiten „dienten"), denen dies in der Regel auch bei guten Schulnoten verwehrt blieb.

Den Besuch einer Hochschule oder Universität regelte eine „Zulassungsordnung", die vom Bewerber neben dem Nachweis der Hochschulreife eine „aktive Mitwirkung an der Gestaltung der sozialistischen Gesellschaft und die Bereitschaft zur aktiven Verteidigung des Sozialismus" forderte. Der Bedarf an Studienplätzen wurde zentral ermittelt, anschließend befand eine Instanz der SED über die Zulassungszahlen. Abgewiesenen Bewerbern wurde der Besuch einer anderen Universität bzw. ein Fachwechsel empfohlen. Allerdings erhielten nicht wenige Abiturienten sofort den gewünschten Studienplatz, da im Vorfeld der Studienbewerbung die Schulen mit künftigen Studenten bereits „Kadergespräche" führten, um „persönliche Interessen" und „gesellschaftliche Notwendigkeiten“ aufeinander abzustimmen. Die Zahl der Studierenden stieg bis Anfang der siebziger Jahre an, um danach zurückzugehen und schließlich konstant zu bleiben. In den achtziger Jahren studierten etwa 11% bis 13% eines Jahrgangs (1970: 18,6%).[594])

Bei diesem Statement wollen oder können sich knapp 28% der Schüler nicht entscheiden, eine relative Mehrheit von knapp 38% vermutet, dass gute Schulleistungen in der DDR ausreichten, um Abitur zu machen und anschließend studieren zu dürfen, gut 34% glauben dies freilich nicht.

*Schaubild 50: Abitur und Studium für jeden in der DDR möglich nach Ländern/Regionen**

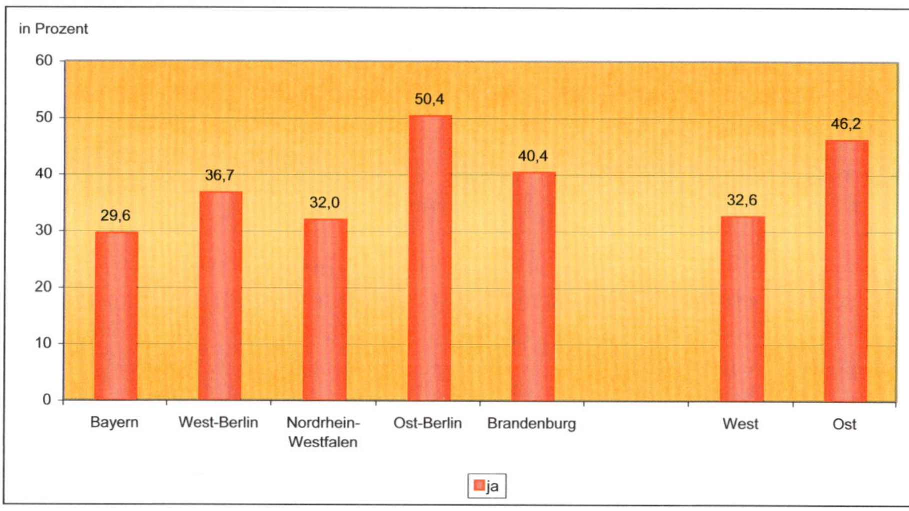

** Zustimmende Antworten auf die Aussage: „Mit entsprechenden schulischen Leistungen konnte jeder in der DDR Abitur machen und anschließend studieren.“*

Auch dieses Thema spaltet vor allem die Schüler in Ost und West. Von den ostdeutschen Schülern nehmen nur wenige – knapp jeder siebte – eine unentschiedene Position ein, knapp die Hälfte stimmt der Aussage zu und lediglich gut 29% lehnen sie ab. Die westdeutschen Schüler legen sich – wahrscheinlich aus Unwissenheit – mit einer relativen Mehrheit von gut 35% nicht fest. Nur knapp jeder Dritte glaubt, dass gute Schulleistungen für die Zulassung zu Abitur und Studium ausreichend waren und ebenfalls nur ein knappes Drittel und damit weniger als im Osten widerspricht der Behauptung. Wir sehen bei dieser Aussage im Gegensatz zu den anderen Statements ein mehrfach gespaltenes Bild: Ost-Berliner und Brandenburger Schüler liegen mit ihren Voten deutlich auseinander, wobei die Schüler aus dem nahen und fernen Umland Berlins diese (falsche) Behauptung seltener bejahen und

594) Vgl. Fischer 1992, S. 69 ff.

häufiger verneinen als die ehemaligen DDR-Hauptstädter. Die West-Berliner Schüler dagegen liegen dichter am ostdeutschen Votum als die nordrhein-westfälischen und bayerischen, die zwar unterdurchschnittlich zustimmen, aber sich auch in deutlich höherem Maße der Stimme enthalten.

In Gesprächen wurde deutlich, dass ein Teil der Schüler davon ausgeht, dass politische Loyalität eine große Rolle bei der Zulassung zur Ober- und Hochschule gespielt hat. Wie diese Selektionsverfahren im Detail abliefen, war ihnen jedoch nicht bekannt. Während sich West-Berliner Schüler auch in den Gesprächen bei diesem Thema eher zurückhielten, polarisierten sich die Standpunkte auf Ost-Berliner Seite. Der Mehrheit, die die schulischen Leistungen als alleinigen Erfolgsmaßstab bezeichneten, stand eine Minderheit gegenüber, die aus dem Familien- oder Verwandtenkreis Gegenteiliges erfahren hatte. Einig war man sich nur darüber, dass diejenigen, die nicht auffielen, mit entsprechenden schulischen Leistungen Abitur machen durften. Bayerische und nordrhein-westfälische Schüler waren kaum über das Selektionsverfahren im DDR-Bildungssystem informiert, gingen aber davon aus, dass es nur wenige Nichtangepasste gab, sodass die Leistung doch einen höheren Stellenwert einnahm. Ihre unterdurchschnittliche Bereitschaft, sich auf ein Urteil festzulegen, resultiert insofern aus der Unkenntnis der näheren Umstände und dem Ausmaß von Restriktionen gegenüber nichtangepassten Schülern oder Studierenden. Unter den Brandenburger Schülern, die mit den höchsten Quoten der Behauptung widersprachen und bei diesem Aspekt einen realistischen Blick auf die DDR werfen, finden wir viele aus Neuruppin und viele Mädchen. In Gesprächen wurde deutlich, dass einige von ihren Eltern erfahren hatten, dass Kinder aus kirchlich gebundenen Elternhäusern Schwierigkeiten bei der Zulassung zur EOS und zum Studium hatten.

Politische Anpassung in der DDR

An einer anderen Stelle des Fragebogens wurden die Schüler gefragt, ob politische Anpassung zum Weiterkommen in der DDR notwendig war. Tatsächlich spielte die politische Grundhaltung von Schülern, ihren Eltern und ihrem Umfeld in der Beurteilung des Einzelnen eine herausragende Rolle. Diejenigen, denen eine entsprechende Haltung attestiert wurde, hatten im schulischen und beruflichen Weiterkommen weniger Widerstände zu überwinden als die, die als renitent oder passiv auffielen. Wer zum Beispiel nicht der FDJ beitrat und später keiner Partei angehörte, hatte es schwer, berufliche Spitzenpositionen zu erreichen. In diese konnte man zumeist nur durch eine Mitgliedschaft in der SED gelangen, für die mittlere Ebene reichte die Zugehörigkeit zu einer Blockpartei.

Die Pädagogik in der DDR stand unter dem Primat der Politik, wobei ihre Methoden im Rahmen der „Kollektiverziehung" darauf zielten, den Einzelnen bis in die „organisierte Freizeitgestaltung" hinein mit autoritären Formen der Unterweisung und Belehrung, aber auch der unmittelbaren praktischen Erfahrung, zu einer „sozialistischen Persönlichkeit“ zu formen. Die politische Erziehung setzte dabei grundsätzlich auf ein aus der „wissenschaftlichen Weltanschauung“ abgeleitetes Freund-Feind-Denken, das den „sozialistischen Patriotismus“ und den „proletarischen Internationalismus“ stärken sollte. Die Parteinahme für „unseren sozialistischen Staat“ sollte mit „Hass und Verachtung gegenüber den westdeutschen Imperialisten und Militaristen“ korrespondieren.[595]) Die politisch-ideologische Erziehung der Schüler erfolgte vor allem durch die Lehrer. Die Partei erwartete von ihnen als „Beauftragte des Arbeiter-und-Bauernstaates“ (Erich Honecker) nur sehr begrenzt eigenverantwortliches pädagogisches Handeln. Ihre „führende Rolle im Unterricht“ bestand in der Umsetzung der Vorgaben und Inhalte von Partei und staatlichen Institutionen. Den meisten Lehrern blieb nur wenig Freiraum zur Entfaltung eigener Vorstellungen. Viele Lehrer und Erzieher kümmerten sich trotz der Einbindung in reglementierende und kontrollierende Programme und Rahmenpläne engagiert um „ihre Kinder“ und waren einer hohen zeitlichen und nervlichen Arbeitsbelastung ausgesetzt. Gleichwohl hatten sie darauf zu achten, dass Schüler politisch-ideologisch nicht auffällig wurden, sondern sich in erforderlicher Weise anpassten. Die Konsequenzen nichtkonformen Verhaltens waren allen Akteuren sehr wohl bekannt, wobei sich die Grenze der Auffälligkeit sicherlich nicht pauschal festlegen lässt.

Die im Statement („Nur wer sich in der Schule oder Ausbildung politisch anpasste, konnte in der DDR weiterkommen“) zum Ausdruck gebrachte Position teilen gut drei Viertel der Schüler, aber knapp 16% möchten sich nicht festlegen und 7,5% entscheiden sich dagegen.[596]) Selbst bei dieser Frage gibt es – wenngleich weniger ausgeprägt – herkunftsmäßige Unterschiede: Lediglich gut 5% der westdeutschen, aber mehr als doppelt so viele ostdeutsche Schüler lehnen die Aussage ab und 8 Prozentpunkte mehr West- als Ostdeutsche stimmen ihr zu. Die Notwendigkeit politischer Anpassung wird am häufigsten in Bayern (81,1%) und am wenigsten in Ost-Berlin (70,2%) gesehen. Ausländische und deutschstämmige Schüler sprechen sich mit gut 10% bzw. knapp 14% gemeinsam mit den ostdeutschen überdurchschnittlich häufig gegen den Zusammenhang von politischer Anpassung und Ausbildungsmöglichkeiten aus und bejahen ihn nur unterdurchschnittlich.

Hingewiesen auf die Positionen zum vorangegangenen Item entgegneten Schüler, dass wahrscheinlich beides notwendig war – politische Anpassung und schulische Leistung. Was „politische Anpassung“ jedoch bedeutete, wurde von den Schülern unterschiedlich gesehen. Vor allem Ost-Berliner Schüler meinten, es hätte genügt, nicht gegen die SED und ihr politisches System eingestellt zu sein, einige West-Berliner dagegen vermuteten, hierzu gehörte auch eine kommunistische Familientradition und ein übermäßiges Engagement in der FDJ. Einig war man sich in allen Regionen nur in der Feststellung, dass diejenigen, die aktiv gegen das SED-Regime argumentierten, keine Chance gehabt hätten.

[595]) Vgl. Autorenkollektiv 1971, S. 122.

[596]) Vgl. Tabelle A60 im Anhang.

Auswertung der Skala „Schule/Alltag"

Bei dieser Skala stimmen erneut nur sehr wenige Schüler (1,6%) allen Items zu, aber auch nur gut jeder fünfte lehnt alle ab und 78% entscheiden sich einmal bejahend, ein anderes Mal verneinend. Deutlich mehr Gymnasiasten und Realschüler als Gesamtschüler sowie mehr ältere als jüngere, aber nur sehr wenige deutschstämmige Schüler widersprechen allen Items. Alle anderen Gruppen unterscheiden sich nur geringfügig voneinander.

*Tabelle 21: Schule und Alltag aus Sicht der Befragten**

		positiv	neutral	negativ
insgesamt		**8,9**	**31,7**	**59,5**
Geschlecht				
	männlich	8,9	32,5	58,6
	weiblich	8,9	31,2	59,9
Länder				
	Bayern	3,2	25,3	71,5
	Berlin	12,1	34,8	53,1
	West-Berlin	6,1	30,5	63,4
	Ost-Berlin	18,0	38,1	43,9
	Brandenburg	13,8	36,5	49,7
	Nordrhein-Westfalen	4,0	28,1	68,0
Region				
	West	4,4	27,8	67,8
	Ost	16,2	37,4	46,4
Herkunft				
	Deutsche	8,7	31,4	59,9
	Ausländer	10,1	35,2	54,7
Alter				
	unter 16 Jahre	10,3	33,8	55,9
	16 Jahre	8,5	31,5	60,0
	17 Jahre und älter	8,6	30,8	60,5
Schulart				
	Gymnasium	7,2	29,5	63,3
	Gesamtschule	14,4	38,4	47,2
	Realschule	5,0	29,4	65,7
	Hauptschule	9,9	34,5	55,6

* *Angaben in Prozent.*

Knapp jeder zehnte Schüler befürwortet in der zusammengefassten Auswertung die Gestaltung von Schule und Alltag in der DDR, fast jeder dritte ist unentschlossen und knapp 60% lehnen sie ab. Bei dieser Skala spielt die Herkunft der Schüler offensichtlich eine noch größere Rolle als bei den vorangegangenen Skalen; die milieuspezifischen Erfahrungen und Erzählungen wirken entsprechend unterschiedlich. Etwa viermal so viele Ost- wie Westdeutsche äußern sich zustimmend; bei der Ablehnung bestehen über 20 Prozentpunkte Differenz. Zwischen den bayerischen und den Ost-Berliner Schülern, die erneut die beiden Extreme bilden, zeigt sich bei der Zustimmung nahezu eine sechsfache Differenz und bei der Verneinung eine von fast 30 Prozentpunkten. Dazwischen bewegen sich die westdeutschen Schüler auf der einen und die Brandenburger auf der anderen Seite.

Jeder zehnte ausländische, aber – mit der höchsten Quote – knapp jeder vierte deutschstämmige Schüler äußert Sympathie für die Gestaltung von Schule und Alltag in der DDR, knapp 55% der ausländischen, aber nur ein gutes Drittel der deutschstämmigen Schüler lehnen sie ab. In allen Teilgruppen aber zeigt zumindest eine starke relative Mehrheit keinerlei Sympathie für Schule und Alltag im SED-Staat. Eine realistische (= schlechtere) Bewertung der DDR wird auf allen Feldern durch irrtümliche Annahmen verhindert.

Bei den Skalenmittelwerten differieren ebenfalls die Werte von Schülern aus dem Westen und dem Osten sowie entsprechend von ausländischen und deutschstämmigen Schülern. Der Vergleich der Mittelwerte nach politischer Einstellung ergibt erstaunlicherweise nur minimale Differenzen; hier mischen sich die Sichtweisen innerhalb der politischen Einstellungsgruppen. Etwas größere Unterschiede sehen wir bei den Sympathisanten der verschiedenen Parteien. Die größte Distanz zur Gestaltung von Schule und Alltag in der DDR haben die Anhänger der Bündnis-Grünen (3,78) gefolgt von denen der Unionsparteien. Im Mittelfeld liegen die Sonstigen und die FDP. Den mit Abstand niedrigsten Mittelwert und damit die positivste Einstellung haben erwartungsgemäß die Anhänger der Linkspartei (3,32), gefolgt von den Nichtwählern und den NPD-Anhängern.

Eine intensive Behandlung der DDR in der Schule und ein hoher Wissensstand korrespondieren mit einer distanzierteren Sicht, während (mangelnde) Neugier und (fehlendes) Interesse keinen Einfluss auf die Bewertung haben. Hier liegen die Mittelwerte vergleichsweise dicht beisammen, während sie bei den Schülern, die nicht wissen, was sie wollen, etwas niedriger ausfallen. Dagegen lassen als angemessen befundene Gespräche im Familien- und Freundeskreis und Filme die Bewertung von Schule und Alltag in der DDR etwas kritischer ausfallen.

Die Mittelwerte der drei Items, von denen zwei umgepolt und eines normal in die Skala eingingen, liegen weit auseinander: Die größte durchschnittliche Zustimmung erfährt mit 2,96 das Statement, dass nur schulische Leistungen für den Schul- und Studienerfolg in der DDR maßgeblich seien. In gewissem Widerspruch hierzu glauben viele Schüler – was (umgepolt) einen entsprechend hohen Mittelwert erzeugt –, dass man in Schule und Ausbildung nur weiterkommen konnte, wenn man politisch angepasst war. Hiervon gehen insbesondere „rechts“ und „links“ eingestellte Schüler am wenigsten aus. Ähnliches gilt für das Statement eines durch Diktatur und Überwachung geprägten Alltags.

Fazit zur Dimension Schule und Alltag

Nur knapp jeder zehnte Schüler kann der Gestaltung von Schule und Alltag in der DDR etwas Positives abgewinnen. Eine absolute Mehrheit von fast 60% äußert sich kritisch zu diesem Aspekt. Bei dieser Skala sehen wir wieder sehr starke Unterschiede zwischen den Schülern aus den alten und den neuen Ländern. Auffällig ist auch der hohe Anteil von Befragten, die eine ambivalente Haltung einnehmen.

Der vergleichsweise moderate Skalenmittelwert West resultiert vornehmlich aus dem Item zum Zusammenhang von Leistung mit Schul- und Studienerfolg, den viele Schüler auch für die DDR sehen. Hier kommt zum Ausdruck, dass viele – vor allem Schüler aus dem Ostteil Berlins und deutschstämmige Schüler – dem in abgeschwächter Form auch bei bayerischen und nordrhein-westfälischen Schülern vorhandenen Vorurteil aufsitzen, das Schulsystem in der DDR sei durchlässiger als das in der Bundesrepublik gewesen, sodass dort weitaus mehr Schüler hätten Abitur machen können. Dem widerspricht, ohne dass es den meisten Schülern auffiel, die hohe Zustimmungsrate zum Zusammenhang von politischer Anpassung und Aufstieg und Erfolg im Leben. Unter dem Strich erhält die Schule bei vielen Schülern bessere Noten als der Alltag in einer Diktatur.

6. Die Dimensionen Diktatur und Repression in der DDR

Mit drei Skalen (Außenpolitik, Diktatur, Repression) wurde die Einordnung verschiedener politischer Dimensionen des SED-Staates erfragt. Während sich die beiden letztgenannten Aspekte relativ einfach operationalisieren ließen, war dies bei der Außenpolitik schwieriger, da sich in den Vorgesprächen herausstellte, dass nahezu alle Schüler wenig Kenntnisse über sie besaßen. Gleichwohl haben wir versucht, mit drei Items einer Einschätzung dieser Politikdimension nahezukommen.

a) Die Außenpolitik der DDR

Obschon sich die DDR offiziell seit Mitte der fünfziger Jahre als souverän bezeichnete, blieb sie Zeit ihrer Existenz bei grundlegenden Entscheidungen, zumal auf außenpolitischem Feld, von ihrer Besatzungsmacht unmittelbar abhängig. Auch die Politik gegenüber der Bundesrepublik, die für die DDR Außenpolitik war, musste sie mit der Sowjetunion eng abstimmen.

Die im Einvernehmen mit der Sowjetunion praktizierte Außenpolitik der DDR zielte bis Anfang der 1970er Jahre einerseits auf internationale Anerkennung und andererseits auf die gemeinsam mit den „Bruderländern" durchgeführte Unterstützung von sogenannten Befreiungsbewegungen. Im Zuge der Entspannungspolitik, die der DDR eine internationale Anerkennungswelle einbrachte, konzentrierte sich die Außenpolitik auf die Herstellung möglichst guter Beziehungen zu vielen Staaten, aber gleichzeitig gemeinsam mit der Sowjetunion und deren anderen Satellitenstaaten auf den „Revolutionsexport", sei es durch militärische Berater oder durch den Aufbau von „Sicherheitsorganen".[597]) In der Außen-, aber vor allem auch in der Entwicklungspolitik fand zudem ein gewisser Wettbewerb mit der Bundesrepublik um die Gunst von Staaten insbesondere in der sogenannten Dritten Welt statt.

Möglichkeiten einer eigenständigen Außenpolitik gab es für den SED-Staat in den ersten Jahrzehnten überhaupt nicht. Erst Mitte der achtziger Jahre versuchte die SED-Führung, sich begrenzte außenpolitische Spielräume zu verschaffen, zum Beispiel beim hartnäckigen Bestreben, den Besuch Honeckers in der Bundesrepublik durchführen zu können. 1984 musste auf erheblichen Druck des Kremls hin eine Visite Honeckers in Bonn abgesagt werden, nachgeholt wurde sie im September 1987. Entgegen der Warnungen aus Moskau setzte die DDR – allerdings aus wirtschaftlichen Gründen – ihre Verschuldung im westlichen Ausland, vor allem in der Bundesrepublik, fort. Gleichwohl: Die Leitlinien der Außenpolitik der DDR wurden bis 1989 letztlich in Moskau und nicht in Ost-Berlin festgelegt.[598])

[597]) Vgl. Staadt u. a. 2002.
[598]) Vgl. zur DDR-Außenpolitik Wentker 2007.

Der Friedensstaat DDR

Die SED bezeichnete ihren Staat gegenüber der Bevölkerung und dem Ausland gerne als „Friedensstaat". Ihre auch militärische Verstrickung in verschiedene Krisenherde, ihre zumindest logistische Beteiligung am Einmarsch der Warschauer-Pakt-Staaten in die CSSR[599]) – die sie offiziell immer als militärischen Beitrag rühmte – sowie die Vorbereitung für eine Invasion in Polen Anfang der achtziger Jahre[600]) wurden dabei nicht erwähnt, von der militaristischen Ausrichtung der Gesellschaft, dem personellen Umfang der Repressions- und Kontrollorgane und den Plänen zur Übernahme West-Berlins ganz zu schweigen. Gleichwohl halten viele ältere Ostdeutsche, die immer noch der DDR nachtrauern, diesen Staat für ein Gemeinwesen, das als oberstes erklärtes Ziel Frieden schaffen wollte.

*Schaubild 51: Die DDR kein Friedensstaat nach Ländern/Regionen**

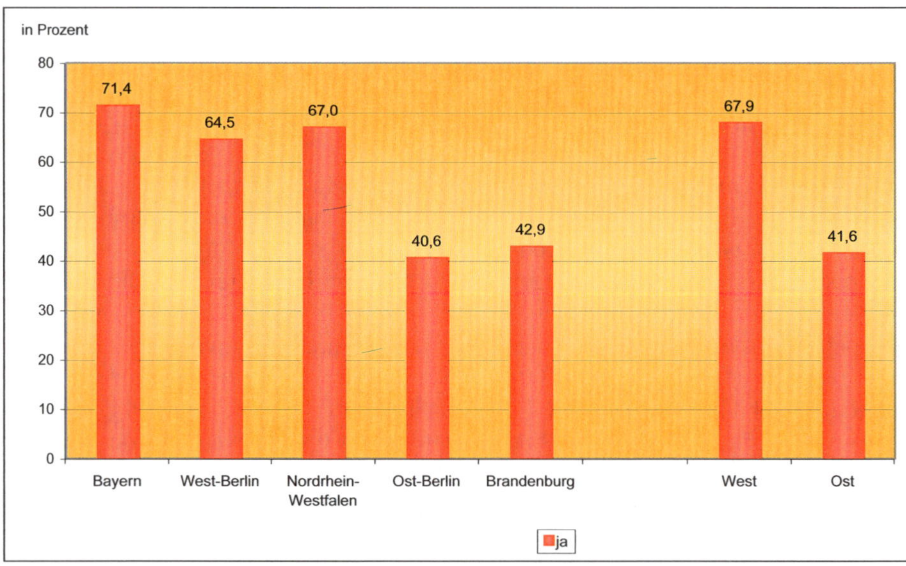

** Zustimmende Antworten auf die Aussage: „Die Selbstbezeichnung der DDR als ‚Friedensstaat' war lediglich Propaganda."*

Deutlich mehr als jeder zweite Schüler hält die Selbstbezeichnung der DDR als „Friedensstaat" für Propaganda, immerhin über 41% lassen jedoch ihre Entscheidung offen oder verneinen das Statement. Der genauere Blick auf die Herkunft der Schüler zeigt, dass in den ostdeutschen Regionen fast 60% entweder entscheidungsunsicher sind oder tatsächlich an den „Friedensstaat" DDR glauben; nur gut 40% sind anderer Meinung. Westdeutsche Schüler halten dagegen zu knapp 68% die Behauptung für Propaganda, knapp 22% enthalten sich und nur etwa jeder

599) Prieß u. a. 1996 sowie Schroeder 1998, S. 183 ff.
600) Kubina/Wilke 1995 sowie Schroeder 1998, S. 250 ff.

zehnte schließt sich der Mär vom „Friedensstaat“ an. Die DDR-kritische Rangliste führt erneut Bayern vor Nordrhein-Westfalen und West-Berlin an – hier liegen die Anteile zur Bejahung des Statements deutlich über der 50%-Marke und die Ablehnungsraten um 10%.

In den Gesprächen zeigten sich die meisten Schüler bei dieser Thematik unsicher, da sie nicht wussten, was „Friedensstaat“ bedeuten sollte. Folgt man der Selbstdarstellung der SED, waren Militarisierung des Alltags und militärische Aufrüstung notwendig, um den Frieden zu sichern. Wer einen derartigen Friedensbegriff teilt, kann dem Statement sicherlich beipflichten. Dem widersprachen insbesondere West-Berliner Schüler und Gymnasiasten, die auf einen Zusammenhang zwischen innerem und äußerem Frieden hinwiesen. Für sie war die DDR alles andere als ein „Friedensstaat“. Einig waren sich die Schüler aus Ost und West allenfalls in der Annahme, dass der Begriff „Friedensstaat“ angesichts der internationalen Lage heutzutage keine aktuelle Bedeutung hat.

Der Antifaschismus in der DDR und das Ausland

Der verordnete Antifaschismus gehörte in der Propaganda und Selbstdarstellung der DDR von Beginn an zu den zentralen Legitimationssäulen. Die SED benutzte die Selbstbezeichnung als antifaschistisch und die Kennzeichnung der Bundesrepublik als nachfaschistisch ausgiebig in ihrer Propaganda. Der von der SED kultivierte Antifaschismus blieb bis zum Untergang der DDR Staatsdoktrin, in einer zugleich eindeutig marxistisch-leninistischen Lesart. Er sollte den diktatorischen Kern der sozialistischen Gesellschaft verhüllen und die kapitalistischen Länder als präfaschistisch diffamieren. Dies erfolgte auf der Grundlage der sogenannten Faschismus-Formel von Georgi Dimitroff, wonach der Faschismus „die offene, terroristische Diktatur der reaktionärsten, chauvinistischsten, am meisten imperialistischen Elemente des Finanzkapitals“ ist. Auf der Basis einer kapitalistischen Wirtschaftsordnung erfolgte hiernach eine Ablösung der einen Staatsform – der bürgerlichen Demokratie – durch eine andere Form – die offene terroristische Diktatur.[601]) Diese Logik fand zum Beispiel zynischen Ausdruck in der Bezeichnung der Mauer als „antifaschistischem Schutzwall“. Für die SED-Ideologen ging Antifaschismus nahtlos in „Antikapitalismus“ bzw. „Antiimperialismus“ über. Gleichwohl blieb die Ideologie des Antifaschismus eine verbindende Klammer auch zwischen loyalen SED-Funktionären und linken Dissidenten.

Jenseits des sowjetischen Machtbereichs relativierte sich dieser propagierte Antifaschismus in den Augen der meisten Beobachter jedoch durch die diktatorischen Verhältnisse. Das Ansehen der Deutschen insgesamt im Ausland hat diese Propaganda sicherlich kaum gefördert, allenfalls genoss die DDR hierdurch einen Imagegewinn in bestimmten linken Kreisen des Westens.

---

[601]) Vgl. Georgi Dimitroff: Der Klassencharakter des Faschismus (1935), in: www.stamokap.org/faschismus.html, 4/5/2008.

*Schaubild 52: Internationales Ansehen durch antifaschistische Politik nach Ländern/Regionen**

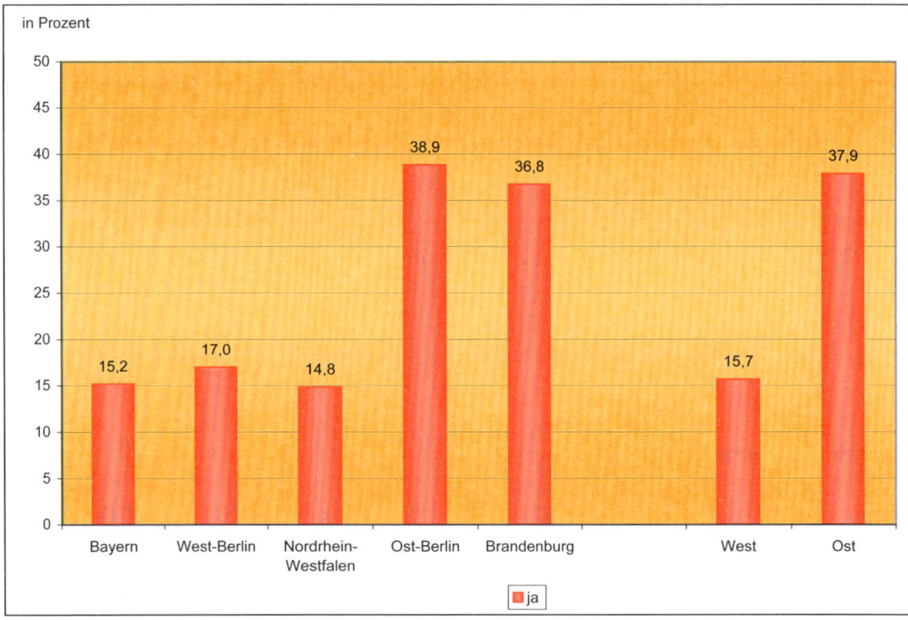

** Zustimmende Antworten auf die Aussage: „Die antifaschistische Politik der DDR hat das Ansehen der Deutschen im Ausland verbessert."*

Nur eine relative Mehrheit von knapp 46% der Schüler lehnt diese Behauptung ab, etwa jeder dritte enthält sich einer Bewertung und fast jeder vierte vermutet eine Verbesserung des deutschen Ansehens durch den Antifaschismus der DDR. Diese Ansicht teilt allerdings nur knapp jeder sechste westdeutsche Schüler, eine absolute Mehrheit spricht sich dagegen aus. Im Osten sehen viele Schüler dies genau umgekehrt: Eine relative Mehrheit von knapp 38% glaubt an eine Verbesserung des deutschen Ansehens durch die antifaschistische Politik der SED, während nicht einmal jeder dritte Schüler dieser These widerspricht. Das gespaltene Bild auf die internationale Wirkung des DDR-Antifaschismus zeigt sich prägnant in dem Ergebnis einer ablehnenden absoluten Mehrheit in allen drei westdeutschen und einer relativen Mehrheit für Zustimmung in den beiden ostdeutschen Regionen.

Die in allen Teilgruppen zu beobachtende große Zahl der unentschiedenen Schüler deutet auf einen hohen Grad an Unsicherheit hin, zumal die Dimensionen des Antifaschismus in der DDR sehr vielen Schülern – vor allem im Westen – nicht bekannt sind. Ob und inwieweit im Ausland gegenüber den Deutschen aus der DDR oder der Bundesrepublik überhaupt differenziert wurde – unabhängig von der jeweiligen Politik –, wussten die meisten Schüler ebenfalls nicht. In den Gesprächen stellte sich heraus, dass die Frage sehr weit entfernt von der Lebenswelt und vom Politikverständnis der Schüler ist. Auch wer sich für Politik interessiert, meint damit vor allem die Innenpolitik.

Die DDR als souveräner Staat

Wie eingangs und in Kapitel VII.3. bereits ausgeführt, erklärte sich die DDR zwar als „souverän", tatsächlich war sie dies aber nicht. Mit dem nachfolgend ausgewerteten Item sollten die Schüler die Rolle der DDR als Staat insgesamt einschätzen und den Grad ihrer Unabhängigkeit bzw. Selbstständigkeit einordnen.

*Schaubild 53: DDR war kein souveräner Staat nach Ländern/Regionen**

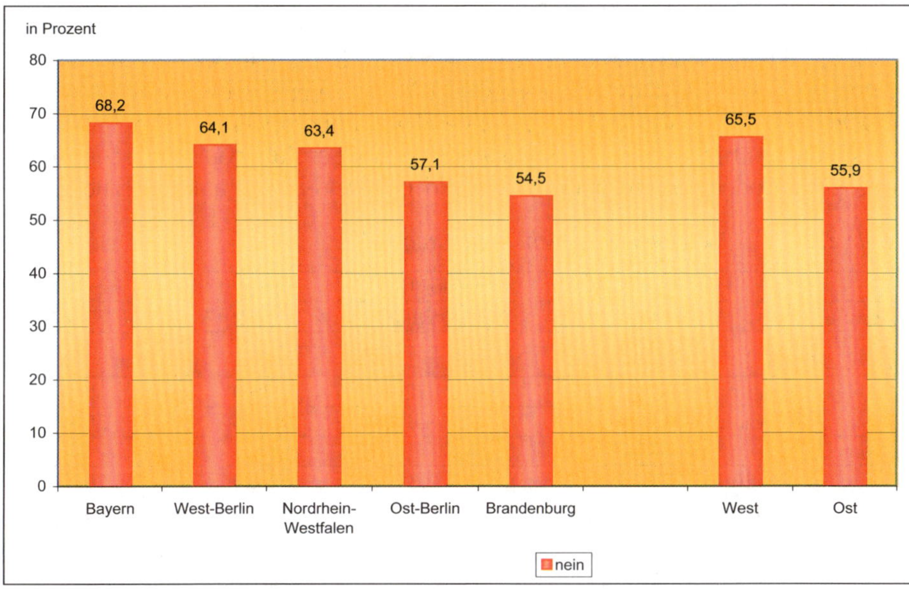

** Ablehnende Antworten auf die Aussage: „Die DDR war ein souveräner Staat wie andere Staaten (souverän = unabhängig, selbstständig)."*

Eine breite Mehrheit der Schüler – etwa 10 Prozentpunkte mehr im Westen als im Osten – hält die DDR nicht für einen eindeutig souveränen Staat. Ein gutes Fünftel ist unentschieden, darunter mehr Mädchen als Jungen. Mehr als jeder sechste Befragte – mit knapp 23% überdurchschnittlich häufig im Osten – unterstützt die Aussage, etwa 62% votieren dagegen. Mit gut 51% lehnen die deutschstämmigen Schüler in Berlin von allen Teilgruppen am wenigsten die Aussage ab, ein knappes Fünftel von ihnen teilt sie und mit der höchsten Quote aller Teilgruppen von über 29% wissen sie nicht, wie sie sich entscheiden sollen. Das fällt bayerischen Schülern leichter: Mehr als zwei Drittel von ihnen betrachten die DDR nicht als souveränen Staat, nur gut 15% schließen sich der gegenteiligen Meinung an. Die Brandenburger Schüler stimmen weitgehend wie die Ost-Berliner. Insgesamt lehnt aber in allen Teilgruppen, abgesehen von den deutschstämmigen Jungen, eine mehr oder weniger ausgeprägte absolute Mehrheit das Statement ab, hält mithin die DDR nicht für einen „normalen" souveränen Staat.

In den Gesprächen bestätigte sich unsere Vermutung, dass nur wenige Schüler mit dem Begriff „Souveränität" etwas anfangen können. Viele haben sich deshalb mit dem Verweis auf die Anwesenheit sowjetischer Truppen eher intuitiv gegen das Statement ausgesprochen. Bei einigen Ost-Berliner Schülern wirkte aber auch nach, dass in Familiengesprächen immer wieder die Rede davon ist, dass die Sowjets bzw. die Russen das Sagen in der DDR hatten, eine Sichtweise, die in West-Berliner Familien noch stärker verbreitet ist.

Auswertung der Skala „Außenpolitik"

Bei dieser Skala pflichten erneut nur relativ wenige Schüler (etwa 2,0%) allen Items bei und erweisen sich damit als besonders DDR-freundlich. Gut jeder Fünfte steht der DDR-Außenpolitik durchgängig ablehnend gegenüber, indem er allen Statements widerspricht, während sich knapp 77% gleichermaßen, aber in unterschiedlicher Weise positiv oder negativ, über dieses Feld der DDR-Politik äußern. Eine starke

*Tabelle 22: Außenpolitik aus Sicht der Befragten**

		positiv	neutral	negativ
insgesamt		9,1	34,9	55,9
Geschlecht				
	männlich	10,2	32,9	56,9
	weiblich	8,4	36,5	55,1
Länder				
	Bayern	3,3	26,0	70,8
	Berlin	11,5	38,0	50,5
	West-Berlin	5,5	31,1	63,4
	Ost-Berlin	17,8	45,4	36,8
	Brandenburg	16,6	46,4	37,0
	Nordrhein-Westfalen	4,8	29,5	65,7
Region				
	West	4,4	28,7	66,9
	Ost	17,3	45,8	36,9
Herkunft				
	Deutsche	9,2	34,7	56,1
	Ausländer	8,8	37,2	54,1
Alter				
	unter 16 Jahre	10,4	38,9	50,6
	16 Jahre	8,7	34,8	56,5
	17 Jahre und älter	9,0	33,2	57,8
Schulart				
	Gymnasium	7,9	32,5	59,7
	Gesamtschule	13,6	42,5	43,9
	Realschule	4,5	32,8	62,7
	Hauptschule	10,0	37,9	52,1

** Angaben in Prozent.*

Ablehnung aller Items findet sich bei West-Berliner und vor allem bei bayerischen (32,6%), eine ausgesprochen geringe bei deutschstämmigen (9,5%) und Ost-Berliner (9,6%) Schülern.

In der zusammengefassten Auswertung dieser Skala sieht fast jeder zehnte Befragte die DDR-Außenpolitik positiv, gut jeder dritte enthält sich einer Bewertung und mehr als die Hälfte der Schüler lehnt sie ab. Wiederum prägt die Herkunft stark die Entscheidungsfindung: Etwa viermal so viele ost- wie westdeutsche Schüler betrachten diese Außenpolitik mit Wohlwollen, etwa 67% der Befragten aus dem Westen, aber nur knapp 37% aus dem Osten sprechen sich gegen sie aus. Außerdem sind Letztere gut 17 Prozentpunkte unentschiedener als ihre Schülerkollegen aus den drei Westregionen. Einzelne Dimensionen der Außenpolitik bejahen sie, andere lehnen sie ab. Ausländische Schüler nehmen bei dieser Thematik eine Mittelposition ein.

Mädchen sind entscheidungsunsicherer als Jungen und äußern sich weniger negativ. Ähnlich sieht der Vergleich der Altersgruppen aus: Jüngere Schüler wollen oder können sich seltener entscheiden und äußern sich entsprechend seltener skeptisch gegenüber der DDR-Außenpolitik. Auch die Gesamtschüler lehnen diese deutlich weniger ab als Gymnasiasten. Realschüler optieren eher wie die Gymnasiasten, die Hauptschüler in allerdings abgeschwächter Form in der Tendenz wie die Gesamtschüler. Der Anteil der Unentschlossenen ist durchweg höher als bei den anderen Skalen zur Politik des SED-Staates. Dies dürfte an dem für viele Schüler eher abstrakten Thema liegen.

Der vergleichende Blick auf die Skalenmittelwerte der einzelnen Gruppen zeigt, dass wiederum die Herkunft Einfluss auf den Grad der Ablehnung der DDR-Außenpolitik nimmt: Die höchsten Werte weisen erwartungsgemäß westdeutsche und ausländische Schüler auf, die niedrigsten Ost-Berliner und deutschstämmige. Die maximale Differenz bei der Betrachtung der vier Regionen liegt bei etwa 0,7. Größere Unterschiede gibt es auch zwischen Gymnasiasten und Gesamtschülern, geringere zwischen Jungen und Mädchen sowie zwischen den Altersgruppen.

„Linke" und „rechte" Schüler bilden bei der DDR-Außenpolitik entgegengesetzte Pole, während „eher linke" und Schüler der politischen Mitte durchschnittliche Werte einnehmen. Auch die „eher rechten" Schüler äußern sich stärker ablehnend, offensichtlich sind sie wie die „ganz rechten" gegen den propagierten Internationalismus und Antifaschismus der SED sowie ihre Anbindung an die Sowjetunion. Entsprechend äußern die Anhänger der Linkspartei mit Abstand die größte Sympathie für die DDR-Außenpolitik (3,11), während die Sympathisanten der Union und der Bündnis-Grünen (3,92) die distanzierteste Position einnehmen. Wie bei anderen Skalen auch votieren erstaunlicherweise die potenziellen Wähler der drei rechtsextremen Parteien nicht einheitlich. Die Anhänger von Republikanern und NPD befürworten mit eher niedrigen Skalenmittelwerten gleich hinter der Linkspartei die DDR-Außenpolitik, die wenigen Anhänger der DVU dagegen äußern sich auf diesem Feld sehr kritisch. Nicht-Wähler sowie Sympathisanten von SPD und FDP liegen in ihrer Bewertung in etwa im Durchschnitt.

Eine intensive Behandlung des Themas im Unterricht und erhöhte Kenntnisse führen zu einer kritischen Sicht, nicht aber Neugierde oder Interesse, denn wer sich für die DDR interessiert, bewertet die Außenpolitik milder als Schüler ohne Interesse. Auch wer nicht in der Familie oder mit Freunden über die DDR spricht, hat eine negativere Sicht als derjenige, der Gespräche führt. Wer das geteilte Deutschland angemessenen thematisiert, hat ebenfalls eine skeptischere Sicht.

Die Mittelwerte der Items liegen zwischen 3,37 und 3,71 und damit relativ dicht beieinander. Zwischen den politischen Lagern sehen wir aber größere Unterschiede. So betrachten „linke" Schüler, aber auch Schüler der politischen Mitte die DDR deutlich eher als „Friedensstaat" als „eher rechte" und „rechte" Schüler. Für die DDR als souveränen Staat votieren erstaunlicherweise am stärksten die Schüler der politischen Mitte, gefolgt von den „linken", während die „rechten" und noch etwas deutlicher die „eher rechten" der DDR die Souveränität absprechen. Erwartungsgemäß meinen „linke" und „eher linke" Schüler überdurchschnittlich häufig, die antifaschistische Politik der DDR habe das Ansehen der Deutschen im Ausland verbessert. Dieser Sicht schließen sich Anhänger der anderen politischen Gruppen nicht an.

Fazit zur Außenpolitik

Bei dieser Skala äußert sich etwa jeder Fünfte allen Items gegenüber ablehnend, knapp 77% sind unentschlossen. Erneut beeinflusst vor allem die Herkunft die Haltung, hier gegenüber der DDR-Außenpolitik. Eine starke Ablehnung aller Items findet sich bei bayerischen und West-Berliner, eine geringe bei deutschstämmigen und Ost-Berliner Schülern. Vergleichsweise viele Schüler fallen bei der zusammenfassenden Auswertung in die neutrale Kategorie. Dies ist vor allem als Resultat der Antworten auf das Item zum Antifaschismus der DDR zurückzuführen, bei dem über 30% der Schüler sich nicht festlegen können oder wollen. In Klassengesprächen nach Abgabe der Fragebögen erfuhren wir, dass besonders Schülern aus dem Westen zwar der Begriff des Antifaschismus in Ansätzen geläufig ist, nicht aber bezogen auf die Fragestellung – das Ansehen der Deutschen im Ausland. Bei den beiden anderen Statements liegt die Zahl der unentschiedenen Schüler zwischen gut 20% und gut 25% und damit etwas niedriger. Vor allem Ost-Berliner und deutschstämmige Schüler, sowie Gesamtschüler, jüngere Schüler und Mädchen, sind auffällig entscheidungsunsicher. Bayerische Schüler votieren als einzige Teilgruppe mit über 70% deutlich gegen die DDR-Außenpolitik. Mit dieser Meinung stimmen nur knapp 37% in Ost-Berlin überein.

b) Die Dimension Diktatur

Die Kennzeichnung der DDR als Diktatur ist unter seriösen Wissenschaftlern nicht mehr umstritten, auch diejenigen, die zu Zeiten der Teilung diese Kennzeichnung mit Rücksicht auf die Entspannungspolitik nicht benutzten, sprechen heute von der DDR als Diktatur.[602]) Gestritten wird indes immer noch über die genaue Kennzeichnung dieser Diktatur, sei es als „Parteidiktatur", „Fürsorgediktatur", „moderne Diktatur" oder als „totalitäre Diktatur". Selbst diejenigen, die über den Verlust ihrer politischen Heimat auch achtzehn Jahre nach der Vereinigung nicht hinweggekommen sind, bezeichnen die DDR als Diktatur, wenngleich als „Diktatur des Proletariats", worunter sie unter Berufung auf Karl Marx die Diktatur einer Mehrheit – der Arbeiterklasse – über die Minderheit – die Bourgeoisie – verstehen. Aus offizieller Sicht war diese Minderheit auf einen Anteil von wenigen Prozentpunkten geschmolzen. Die erste und einzige freie Volkskammerwahl zeigte indes, wie niedrig der Anteil derjenigen war, die an dieser „Volksdemokratie" und damit an der „Diktatur des Proletariats" festhalten wollte. In der rückblickenden Sicht auf die DDR relativieren und verharmlosen jedoch nicht wenige Ostdeutsche substanzielle Elemente dieser Diktatur. Schützenhilfe erhalten sie von Wissenschaftlern, die die realsozialistische Diktatur auf ein „Demokratiedefizit" verkleinern oder behaupten, die DDR ginge nicht in ihrem Diktaturcharakter auf. Mit dieser Skala wollten wir ergründen, ob auch nachfolgende Generationen sich diesem verzerrenden Blick anschließen.

Rolle der SED

Unterhalb der sowjetischen Besatzungsmacht besaß die SED in der DDR eine unbegrenzte Macht. Sie verfügte über alle gesellschaftlichen Ressourcen. Ihre „führende Rolle" schrieb die Partei sogar in der DDR-Verfassung nieder. Alle anderen Parteien und die Massenorganisationen mussten sich ihrem Führungsanspruch unterordnen. Die SED bezeichnete sich in ihrem Status als „die höchste Form der gesellschaftlich-politischen Organisation der Arbeiterklasse, als ihr kampferprobter Vortrupp" sowie als die „führende Kraft der sozialistischen Gesellschaft, aller Organisationen der Arbeiterklasse und der Werktätigen, der staatlichen und gesellschaftlichen Organisationen". Sie legitimierte ihre „Führungsrolle" mit der „historischen Mission", die der Marxismus-Leninismus der „Arbeiterklasse" zuschreibt, sowie dem Selbstverständnis der kommunistischen Partei als Trägerin der „wissenschaftlichen Weltanschauung". Die Arbeiterklasse könne ihre „historische Mission nur erfüllen, wenn sie von einer zielklaren, geschlossenen, kampfgestählten, marxistisch-leninistischen Partei geführt wird, die eng mit den Massen verbunden ist". Ihre Aufgabe definierte die SED als Vollstreckerin geschichtlicher Gesetzmäßigkeiten: Auf der Tagesordnung standen die Überwindung des Kapitalismus, der Aufbau des Sozialismus und der spätere Übergang zum Kommunismus. Da sie den Anspruch erhob, allein über die Einsicht in die weitere historische Entwicklung zu verfügen, hatten sich alle anderen politischen Parteien und gesellschaftlichen Organisationen ihrem Führungsanspruch zu beugen. In ihrem Selbstverständnis verkörperte die SED Wahrheit, Recht und Zukunft. „Die Partei hat immer Recht", Refrainzeile eines häufig benutzten

[602]) Vgl. Kap. V. sowie Schroeder 1999.

Liedes war insoweit für überzeugte Genossen mehr als nur ein propagandistischer Schlachtruf.[603])

Angesichts der in der alten Bundesrepublik und im vereinten Deutschland oftmals beklagten Politik-, Parteien- und Politikerverdrossenheit sollten die Schüler am Beispiel der SED auch ihr Urteil über die „führende Rolle" einer Partei abgeben.

*Schaubild 54: Keine führende Rolle für die SED nach Ländern/Regionen**

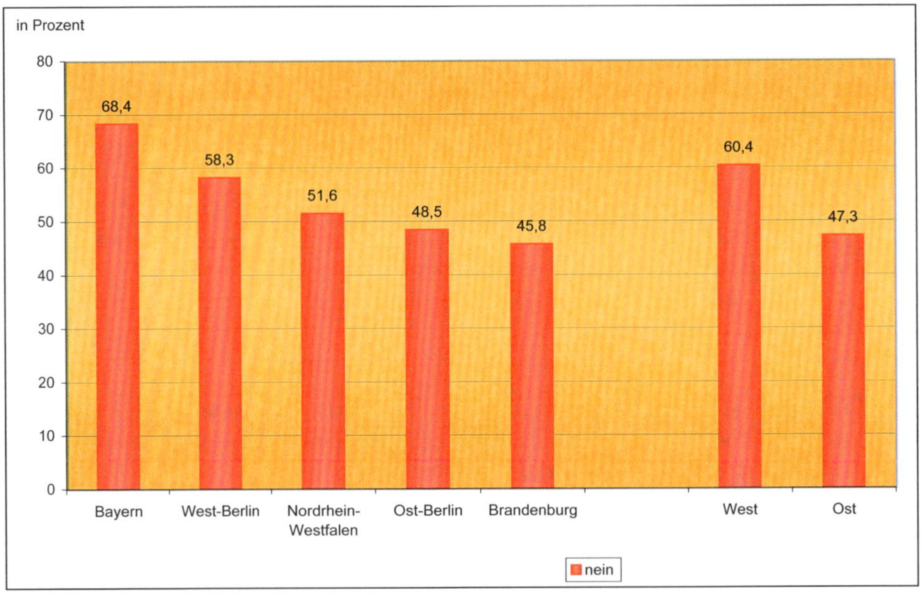

** Ablehnende Antworten auf die Aussage: „Ich finde es gut, dass in der DDR die SED (Sozialistische Einheitspartei Deutschlands) die führende Rolle in der DDR innehatte."*

Zwar kann sich etwas mehr als die Hälfte der Schüler nicht mit der führenden Rolle der SED anfreunden, aber gut 37% sind unentschieden – Schüler im Osten mit knapp 44% noch deutlich häufiger als Westdeutsche. Sowohl in Ost-Berlin als auch in Brandenburg lehnt nicht einmal eine absolute Mehrheit dieses Statement ab. Während bayerische und West-Berliner Schüler mit einer absoluten Mehrheit auf der Seite der SED-Kritiker stehen, ähnelt das Ergebnis in Nordrhein-Westfalen in leicht abgeschwächter Form dem in Ostdeutschland. Den höchsten Zuspruch für ihre „führende Rolle" erfährt die SED erstaunlicherweise von den Haupt- und den ausländischen Schülern. Den geringsten Widerspruch sehen wir bei den Gesamtschülern und den deutschstämmigen Schülern in Berlin. Mädchen, jüngere und vor allem Gesamtschüler legen sich überdurchschnittlich häufig nicht fest, offensichtlich ist ihnen der Begriff „führende Rolle" unbekannt.

603) Vgl. Statut und Programm der SED von 1976 und Schroeder 1998, S. 387 ff.

Dieses Ergebnis weist darauf hin, dass viele Schüler die Fragestellung des Statements nicht ganz verstanden haben oder sich kein Urteil über die führende Rolle einer Partei zutrauten. In den Gesprächen bestätigte sich diese Vermutung. Wenige Schüler begrüßten zwar ausdrücklich die Rolle der SED in der DDR, aber da die meisten nicht wussten, wie weit der Einfluss der SED ging, enthielten sie sich eines Urteils. In der Schule – so die meisten Schüler – blieben die Aussagen der Lehrer, wie weit die Macht der SED reichte, wie sich also die „führende Rolle" konkret darstellte, eher vage. Die Ergebnisse der standardisierten Befragung und der anschließenden Gespräche stimmen gerade bei diesem Statement nachdenklich.

Meinungsfreiheit in der DDR

Wäre die DDR-Verfassung mehr als ihr Papier wert gewesen, hätte es Versammlungs-, Rede- und Pressefreiheit gegeben. Tatsächlich aber durften weder einzelne Personen, Gruppen noch die Medien schreiben oder senden, was sie wollten. Sie mussten sich an die Vorgaben der SED-Instanzen halten. Diese regelten, mitunter auf sehr subtile Weise, die Informationspolitik in der DDR. Nach kommunistischem Selbstverständnis hatten die Massenmedien die Aufgabe, „das Wort der Partei in die Massen zu tragen". Die „politische Überzeugungs- und Erziehungsarbeit" (= Agitation) sollte u. a. durch die „überzeugende Erläuterung der Beschlüsse der SED" und „eine umfassende und aktuelle innen- und außenpolitische Information" bei den Werktätigen „sozialistische Überzeugungen und Haltungen herausbilden".[604]) Presse- und Meinungsfreiheit bedeutete nach dem Verständnis der SED die möglichst geschickt verbreitete Weltsicht der Partei. Wer sich eine eigene Meinung gestattete und diese in gedruckter Form verteilte, konnte sich des repressiven Zugriffs der „Sicherheitsorgane" gewiss sein. Mit dem nachfolgend ausgewerteten Item wollten wir überprüfen, ob die Schüler von der in der DDR-Verfassung garantierten Pressefreiheit überzeugt sind.

Bei diesem für eine demokratische Gesellschaft zentralen Thema sind sich die Schüler weitgehend einig.[605]) Eine breite Mehrheit von rund 85% lehnt diese Aussage ab. Ost-West-Unterschiede sind zwar vorhanden, fallen aber nicht so groß wie sonst aus. Ostdeutsche Schüler äußern sich weniger zustimmend und sind entscheidungsunsicherer als westdeutsche. Nur deutschstämmige, Gesamt- und vor allem Hauptschüler sehen leicht überdurchschnittlich die Meinungsfreiheit in der DDR gewährleistet oder sind entscheidungsunwillig und votieren entsprechend unterdurchschnittlich gegen das Statement. Bei den Gesprächen behauptete kein Schüler, es hätte Meinungsfreiheit in der DDR gegeben. Einer sehr breiten Mehrheit der Befragten war in diesem Punkt der diktatorische Charakter der DDR bewusst. Einige wenige Gesamt- und Hauptschüler bekundeten allerdings explizit, ihnen sei es gleichgültig, ob „Meinungsfreiheit" herrsche oder nicht. Auf Nachfrage konnten sie allerdings nicht erklären, wie sie zu ihrer Auffassung gelangt waren.

---

[604]) Vgl. KPW 1988, S. 17.

[605]) Vgl. Tabelle A65 im Anhang.

Legitimation der DDR

Die SED ebenso wie heute noch von der DDR überzeugte Epigonen gingen bzw. gehen davon aus, dass die DDR ein legitimer und legitimierter Staat war. Dies begründen sie mit dem behaupteten historischen Auftrag der Arbeiterklasse und deren Avantgarde, der antifaschistischen Grundhaltung, aber auch mit dem Verweis auf die hohen Zustimmungsraten bei Wahlen und die plakative Unterstützung bei Versammlungen, Demonstrationen etc.[606]) Tatsächlich wurde die SED-Diktatur nicht von einer Mehrheit der Bevölkerung getragen, diese durfte nicht in freien Wahlen über ihren Staat befinden. Die Legitimation der DDR entpuppt sich daher bei näherem Hinsehen als eine von der SED behauptete, die jedoch zu keiner Zeit durch eine Mehrheit der Bevölkerung gegeben war. Der Wähler stimmte nicht über konkurrierende Parteien oder Kandidaten ab, da die Einheitsliste mit einem gemeinsamen – auf die SED fixierten – Wahlprogramm auftrat und die Verteilung der Mandate auf die Parteien und Massenorganisationen schon vorab festgelegt worden war. Die Wahlen reduzierten sich damit auf die vorbehaltlose Zustimmung zu der von der SED gesteuerten Einheitsliste.[607]) Der erste und einzige Präsident der DDR, Wilhelm Pieck, begründete dieses Demokratieverständnis seiner Partei in Abgrenzung von der Bundesrepublik, indem er die „Einmütigkeit der Parteien und Organisationen" in der DDR lobte, die sich „würdig abhebt von dem traurigen Bild, das der

*Schaubild 55: Keine demokratische Legitimation der DDR nach Ländern/Regionen**

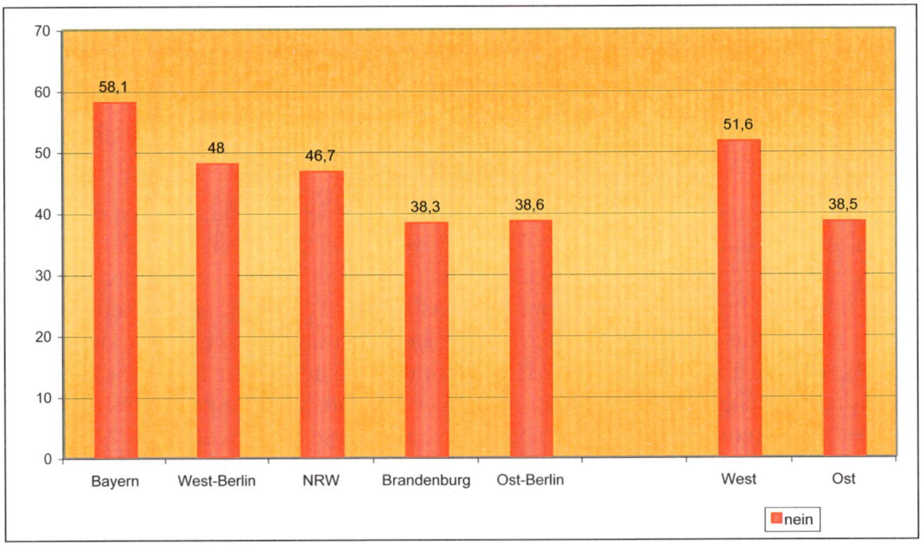

** Ablehnende Antworten auf die Aussage: „Die Regierung der DDR war durch demokratische Wahlen legitimiert."*

606) Vgl. exemplarisch die Beiträge in: Fischer 1999.

607) Vgl. Kloth 2000.

westdeutsche Bundestag und die westdeutsche Bundesregierung in dem hässlichen Widerstreit des Parteiegoismus der bürgerlichen Parteien und der Sozialdemokratie bieten".[608]) Pieck ebenso wie der erste Ministerpräsident der DDR, der ehemalige Sozialdemokrat Otto Grotewohl, wurden demgemäß einstimmig gewählt, der erste Bundeskanzler, Konrad Adenauer, dagegen nur mit einer Stimme Mehrheit.

Immerhin knapp 14% der Schüler stimmen dieser Behauptung zu und nur gut 46% – damit nicht einmal eine absolute Mehrheit – widersprechen ihr, fast genauso viele Schüler enthalten sich der Meinung – die meisten vermutlich aus Unwissenheit. Die noch höhere Zahl an Enthaltungen unter ausländischen und vor allem deutschstämmigen Schülern, aber auch bei Jüngeren, Gesamtschülern und bei Mädchen legt eine derartige Interpretation nahe. Nur unter den bayerischen Schülern und den Gymnasiasten sehen wir eine absolute Mehrheit, die dem Statement widerspricht. In allen anderen Regionen – selbst in West-Berlin – teilt nur eine relative Mehrheit oder sogar, wie in Ost-Berlin und Brandenburg, nur eine Minderheit diese Auffassung. Dies bedeutet, dass über 60% der befragten Schüler in Ost-Berlin und Brandenburg nicht wissen, ob die DDR-Regierung durch demokratische Wahlen legitimiert war oder sind sogar – wie mehr als jeder Sechste in den beiden Ostregionen – von der demokratischen Legitimation überzeugt. Bei diesem Statement, dessen Beantwortung zumindest Grundkenntnisse über Demokratie und Diktatur, Wahlen und politisches System erfordert, sehen wir neben den herkunftsspezifischen auch erhebliche geschlechts-, alters- und schulspezifische Unterschiede. Der ausdrückliche Widerspruch gegenüber der Behauptung einer demokratischen Legitimation der DDR steigt mit dem Alter und der besuchten Schulart. Von den Hauptschülern zum Beispiel hält jeder fünfte die DDR-Regierung für legitimiert, knapp jeder zweite enthält sich eines Urteils und nicht einmal jeder dritte verneint die Behauptung.

Viele – nicht nur ostdeutsche – Schüler konnten mit dem Begriff „legitimiert" nichts anfangen und wiesen darauf hin, dass es doch Wahlen gegeben habe. Über deren demokratischen Charakter hätten sie sich keine Gedanken gemacht. Selbst das Prozedere der Wahlen in der DDR – Einheitsliste, „Zettelfalten" etc. – war nur einer Minderheit bekannt. So zeigt sich – wie schon bei der Bewertung der Rolle der SED – bei diesem Kernelement im Verständnis von Demokratie und Diktatur am Beispiel der deutschen Teilungsgeschichte, wie groß das Ausmaß an Unwissenheit bei vielen Schülern ausfällt, und wie schwer es ihnen fällt, ein Urteil hierüber abzugeben.

Die DDR als Diktatur

Mit dem vierten Item dieser Skala wollten wir die Gesamteinschätzung der DDR als Diktatur erfragen, indem wir die Diktatur auf eine gleiche Stufe mit demokratischen

[608]) Zitiert nach: Wolle 2004, S. 20.

Gesellschaften stellten und nach den gesellschaftlichen Anpassungsleistungen der Menschen fragten.

*Schaubild 56: DDR war eine Diktatur nach Ländern/Regionen**

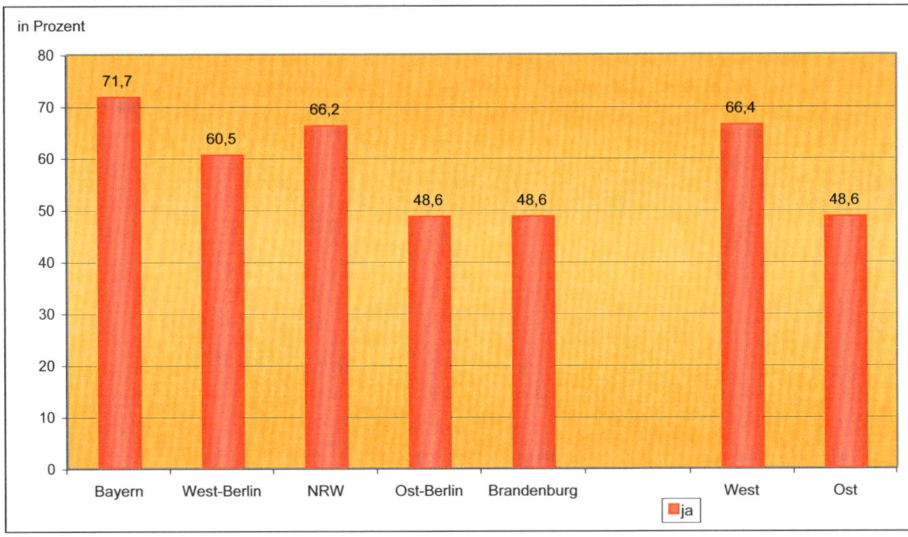

** Verneinende Antworten auf die Aussage: „Die DDR war keine Diktatur – die Menschen mussten sich nur wie überall anpassen." Im Schaubild wurde die Antwort umgepolt.*

Lediglich knapp 60% der Befragten halten die DDR für eine Diktatur, gut ein Fünftel glaubt, dass lediglich Anpassung gefordert war und ein weiteres Fünftel will oder kann sich nicht festlegen.

Noch erschreckender fällt das Ergebnis in Ostdeutschland aus: Hier vermag mehr als die Hälfte der Schüler den Diktaturcharakter der DDR nicht zu erkennen. Im Westen dagegen – erneut mit Bayern an der Spitze – lässt eine breite Mehrheit keinen Zweifel an diesem Diktaturcharakter aufkommen. Warum gerade die West-Berliner Schüler der Behauptung häufiger zustimmen und seltener widersprechen als die bayerischen und nordrhein-westfälischen Schüler, erschließt sich nicht. Möglicherweise wird im Schulunterricht zu wenig über Unterschiede zwischen Diktatur und Demokratie gesprochen, sodass die Schüler nicht befähigt werden, diktatorische Elemente zu erkennen.

Während der geschlechtsspezifische Blick sich kaum unterscheidet, spielt das Alter bei der Urteilsfindung eine gewisse Rolle. Die jüngsten Schüler betrachten am häufigsten die DDR nicht als Diktatur, die ältesten bezeichnen sie dagegen mit dem höchsten Anteil der Altersgruppen als eine solche. Etwas mehr als ein Viertel der Gesamtschüler und sogar fast jeder dritte bayerische Hauptschüler ist – wahrscheinlich aus Unwissenheit, was eine Diktatur kennzeichnet – entscheidungsunfähig; lediglich 44% bzw. gut 42% von ihnen erkennen den diktatorischen Charakter im SED-Regime, aber auch nur knapp zwei Drittel der Gymnasiasten. Von Letzteren beurteilt gut jeder Sechste die DDR als einen normalen Staat und eine annähernd gleiche Zahl enthält sich eines Urteils.

Von ehemaligen Verantwortungsträgern und anderen „Freunden der DDR" werden die Zwänge der Diktatur und das hierdurch geprägte Leben in der DDR als eine „normale Anpassungsleistung", wie sie in allen Gesellschaften üblich sei, gekennzeichnet. Sie behaupten – entgegen ihrem seinerzeitigen Anspruch und ihrer Politik – eine Trennung von politischem System und Gesellschaft/Alltag. Letzterer sei eher positiv als negativ von der Politik beeinflusst worden, denn das alltägliche Leben sei solidarischer und kommunikativer gewesen. In dieser „dialektischen Betrachtung" verwandelt sich die Diktatur gleichsam in eine fürsorgliche, auf das Wohl der Menschen ausgerichtete. Dem zu widersprechen und den fundamentalen Unterschied zwischen Demokratie und Diktatur deutlich werden zu lassen, ist eine der Hauptaufgaben des Geschichts- und Sozialkundeunterrichts in der Schule. Insofern stimmt der sehr hohe Anteil derjenigen, die die Besonderheit der Diktatur nicht kennen (oder kennen wollen), ausgesprochen bedenklich.

Auswertung der Skala „Relativierung/Verharmlosung der Diktatur"

Nur eine Handvoll Schüler (0,2%) befürwortet bei dieser Skala alle Items, aber auch nur gut ein Viertel lehnt alle Items entschieden oder eher ab, drei Viertel antworten je nach Item zustimmend oder ablehnend. Die Unterschiede zwischen Gymnasiasten und Gesamtschülern sowie Hauptschülern fallen deutlicher als bei anderen Skalen aus: Gut 14 bzw. sogar 19 Prozentpunkte mehr Gymnasiasten verneinen alle Items. Zwischen Ost und West liegen fast 13 Prozentpunkte. Dagegen betragen die Ost-West-Differenzen in Berlin nur gut 6 Prozentpunkte. Bei den ausländischen und besonders bei den deutschstämmigen Schülern finden wir eine ausgesprochen hohe Quote von neutralen Antworten. Altersspezifische Unterschiede werden ebenfalls deutlicher als bei anderen Skalen sichtbar: Während nur gut 16% der unter Sechzehnjährigen allen Items widersprechen, sind dies bei den Älteren über 26%.

Gut 5% der Schüler relativieren oder leugnen nach der zusammenfassenden Bewertung die SED-Diktatur, ein gutes Fünftel ist unentschieden, gleichzeitig aber lassen gut 73% keinen Zweifel an dem Diktaturcharakter dieses deutschen Teilstaates – im Westen gut 15 Prozentpunkte mehr Schüler als im Osten. Zwischen Bayern und Brandenburg liegen in der entschiedenen Ablehnung einer verharmlosenden Sicht auf die Diktatur sogar gut 21 Prozentpunkte. Von den drei Westregionen schneidet West-Berlin am DDR-freundlichsten ab. Brandenburg und Ost-Berlin unterscheiden sich in ihrer ablehnenden Haltung kaum, die aber weniger als zwei Drittel der Schüler haben. Deutschstämmige, Gesamt- und Hauptschüler lehnen mit Anteilen

*Tabelle 23: Verharmlosung der Diktatur aus Sicht der Befragten**

		positiv	neutral	negativ
insgesamt		5,1	21,4	73,4
Geschlecht				
	männlich	6,3	19,8	73,9
	weiblich	4,1	22,8	73,1
Länder				
	Bayern	3,8	11,4	84,8
	Berlin	6,1	25,1	68,8
	West-Berlin	4,5	21,1	74,4
	Ost-Berlin	7,3	28,2	64,5
	Brandenburg	6,7	29,8	63,5
	Nordrhein-Westfalen	3,1	18,6	78,4
Region				
	West	3,8	16,7	79,5
	Ost	7,0	28,9	64,1
Herkunft				
	Deutsche	4,8	21,1	74,0
	Ausländer	7,9	24,9	67,2
Alter				
	unter 16 Jahre	6,7	26,3	67,0
	16 Jahre	4,8	20,4	74,8
	17 Jahre und älter	4,6	20,2	75,1
Schulart				
	Gymnasium	3,3	17,5	79,2
	Gesamtschule	9,4	32,8	57,8
	Realschule	6,0	21,4	72,6
	Hauptschule	14,8	28,9	56,3

* *Angaben in Prozent*

unter 60% am wenigsten die Diktatur ab; von ihnen verharmlosen 10% bis 15% den Diktaturcharakter. Gymnasiasten dagegen lehnen erfreulicherweise die Diktatur und ihre verschiedenen Facetten überdurchschnittlich ab und bejahen sie von allen Teilgruppen am wenigsten. Mit dem Alter steigt die eindeutige Bewertung der DDR als Diktatur. Ohne das Item zur Meinungsfreiheit wäre das Ergebnis allerdings erheblich DDR-freundlicher ausgefallen. Durch die nahezu einhellige Ablehnung der Behauptung, jeder hätte in der DDR schreiben und reden können, was er wollte, fallen die Ergebnisse dieser Skala DDR-kritischer aus.

Die Betrachtung der durchschnittlichen Mittelwerte der Gruppen offenbart erneut erhebliche Differenzen zwischen westdeutschen, ausländischen, Ost-Berliner und deutschstämmigen Schülern in ihrer Sicht auf die diktatorischen Verhältnisse in der DDR. Die deutschstämmigen Schüler haben mit Abstand den mildesten Blick auf die Diktatur, gefolgt von den Ost-Berliner und den ausländischen Schülern. Die Extrema der Mittelwerte liegen im regionalen Vergleich zwischen 4,12 in Bayern und 3,54 in Ost-Berlin. Ebenfalls groß ist die Differenz in den Mittelwerten zwischen Gymnasiasten und Gesamtschülern.

Der durchschnittliche Mittelwert der Befragten im Bereich „Diktatur" liegt mit 3,85 an dritter Stelle und knapp unter dem der Skala Jugend und Familie. Dies geht in erster Linie zurück auf den kritischen Blick der politisch „eher links" und in der Mitte angesiedelten Schüler. Mit leicht höheren Anteilen neigen „linke" Schüler zu einer Verharmlosung des Diktaturcharakters. Unter den Sympathisanten von Linkspartei und NPD sehen wir überdurchschnittlich viele Jugendliche mit einem verharmlosenden Blick auf die DDR-Verhältnisse, sodass die durchschnittlichen Mittelwerte dort am niedrigsten liegen (3,63 bzw. 3,64). Im „Mittelfeld" finden wir bei dieser Dimension die Nichtwähler und die (potenziellen) Wähler der SPD. Kritischer zeigen sich mit Werten um 4,10 die Anhänger von Union, FDP und Bündnis-Grünen. Letztere erkennen den Diktaturcharakter der DDR am deutlichsten.

Wiederum bewerten Schüler, die meinen, die DDR würde in der Schule „zu viel" behandelt, und die, die viel wissen, diese Diktatur deutlich kritischer als ihre Mitschüler (mit 4,07 gegenüber 3,52). Dagegen scheinen Neugierde und Interesse für die Ergebnisse keine Rolle zu spielen. Offensichtlich führen Filme sowie als angemessen empfundene Gespräche in der Familie und viele Gespräche im Freundeskreis zu einer kritischen Sicht auf die diktatorischen Verhältnisse.

Die Mittelwerte der einzelnen Items dieser Skala differieren beträchtlich: Die höchste Ablehnung (4,45) erreicht das Statement, in der DDR hätte jeder schreiben und sagen können, was er wollte. Hier haben die „eher rechten" und „eher linken" Schüler den kritischsten, die „linken" Schüler den moderatesten Blick. Das Statement zur führenden Rolle der SED mit dem Mittelwert von 3,79 spaltet vor allem „linke" und „eher rechte" Schüler. „Linke" und „eher rechte" vertreten dagegen fast eine identische Position.

Die niedrigsten Mittelwerte erreichen die Behauptungen, die DDR sei durch demokratische Wahlen legitimiert (3,48) und keine Diktatur gewesen (3,47). Diese Positionen vertreten erstaunlicherweise vor allem neben „linken" Schülern Anhänger der politischen Mitte, während „rechte" Schüler dies am deutlichsten ablehnen, wobei freilich offen bleibt, welche Einstellung sie selber gegenüber einer Diktatur und einer Wahlfarce haben.

Fazit zur Dimension Diktatur

Jedem viertem Schüler, der alle Items ablehnt, stehen mit drei von vier sehr viele gegenüber, die sich nicht festlegen wollen. Insbesondere bei den Fragen zur führenden

Rolle der SED und nach der Legitimation des SED-Staates durch freie Wahlen zeigen sich viele Schüler verunsichert, was sich bei beiden Items in einem hohen Anteil neutraler Antworten niederschlägt. Die Ost-West-Differenzen fallen geringfügiger als bei den anderen Skalen aus. Allerdings finden wir bei ostdeutschen, ausländischen und in großem Maße bei deutschstämmigen Schülern eine ausgesprochen hohe Quote widersprüchlicher Antworten. Offensichtlich sind viele von ihnen aufgrund von Unwissenheit nicht in der Lage, eine klare Trennlinie zwischen Demokratie und Diktatur zu ziehen.

Unterschiede zwischen Gymnasiasten auf der einen sowie Gesamtschülern und Hauptschülern auf der anderen Seite in der zusammenfassenden Bewertung dieser Statements sind deutlich größer als bei anderen Skalen. Auch in den Gesprächen ließen die Schüler erkennen, dass vielen – vor allem Gesamt- und Hauptschülern – etwa der Zusammenhang von Demokratie und freien Wahlen nicht bewusst ist. Insofern waren gerade von ihnen die wenigsten in der Lage, Unterschiede zwischen Demokratie und Diktatur jenseits offensichtlicher Unterdrückung und Repression zu benennen.

Als Ergebnis lässt sich festhalten, dass sich in der zusammenfassenden Bewertung über 70% der befragten Schüler von diktatorischen Verhältnissen distanzieren, sich aber ein gutes Viertel neutral oder sogar positiv äußert.

c) Die Dimension Repression

Die SED konnte ihre Macht über vier Jahrzehnte nur durch die Androhung und Durchsetzung repressiver Maßnahmen erhalten. Die Formen der Repression haben sich in den siebziger Jahren im Zuge der Entspannungspolitik und namentlich der deutsch-deutschen Annäherung modifiziert. So trat an die Stelle offener Repression eine geradezu flächendeckende Überwachung der Bevölkerung und insbesondere vermuteter Oppositioneller. In dem Maße, wie westliche Medien über die Verfolgung Andersdenkender berichteten, nahm die Repression subtilere Züge an, bis hin zu sogenannten „Zersetzungsmethoden". Dabei bezeichnete „Zersetzung" die „Zersplitterung, Lähmung, Desorganisierung und Isolierung feindlich-negativer Kräfte" auf konspirativer Basis. Hierbei kam dem personell noch einmal deutlich ausgebauten Ministerium für Staatssicherheit („Stasi") eine besondere Bedeutung zu, ohne dass dies jedoch allein verantwortlich für Überwachungs- und Unterdrückungsmaßnahmen gewesen wäre. Die Verantwortung lag auch auf diesem Feld in letzter Instanz bei der SED.

Neben dem MfS waren freilich noch andere „Sicherheitsorgane"[609]) und vor allem die „Klassenjustiz" für die Aufrechterhaltung von „Recht und Ordnung" in der DDR

[609]) Vgl. Diedrich/Ehlert/Wenzke 1998.

zuständig. Die Fäden zu Struktur und Einsatz von Sicherheitsorganen liefen in bestimmten, von der SED gegründeten Institutionen zusammen. Der 1960 nach sowjetischem Vorbild eingerichtete „Nationale Verteidigungsrat" (NVR) löste die Sicherheitskommission des Politbüros ab und fungierte als oberste Instanz für einen möglichen inneren und äußeren Einsatz von Sicherheitskräften. Der NVR war das oberste Planungs- und Lenkungs-Gremium im Sicherheits- und Militärbereich der DDR, die letztliche Entscheidungsgewalt verblieb jedoch beim Politbüro.[610]) Die dem Ministerium des Inneren unterstellte Deutsche Volkspolizei war in das flächendeckende Netz der Überwachung der Bevölkerung sowie der Verfolgung politisch Andersdenkender konstitutiv einbezogen. Sie konnte sich auf ein „System von Vertrauenspersonen" stützen. Zum Ende der DDR gab es etwa 175.000 freiwillige „Helfer der Volkspolizei", die auf ehrenamtlicher Basis als Hilfspolizisten fungierten. Zusätzlich versorgten sogenannte Inoffizielle Kriminalpolizeiliche Mitarbeiter und Kriminalpolizeiliche Kontaktpersonen die Volkspolizei mit entsprechenden Informationen. Diese nach dem Vorbild der Inoffiziellen Mitarbeiter des MfS eingesetzten Personen wurden vom Arbeitsgebiet I der Kriminalpolizei angeworben und eingesetzt.[611])

Ihre dem MfS zur Verfügung gestellten Informationen nutzte dieses zur Überwachung und Verfolgung politisch Andersdenkender. Als gewissermaßen direktes Hilfsorgan des MfS wirkten spezielle Politische Abteilungen der Kriminalpolizei. Die Arbeit dieser Kommissariate unterlag der Geheimhaltung, auch waren sie nicht in die normale Hierarchie der Polizei eingebunden.

Am deutlichsten wurde der menschenverachtende Charakter der SED-Diktatur im Grenzregime. Zur Verhinderung der „Abstimmung mit den Füßen", die Millionen Menschen dazu brachte, ihre Heimat Richtung Westen zu verlassen, errichtete die SED im August 1961 eine kaum zu überwindende Grenze zwischen den beiden Teilen Deutschlands. Um Fluchtwillige am Übertritt der Sperranlagen zu hindern, befahl die SED-Führung als letztes Mittel den Einsatz der Schusswaffe. Bei Fluchtversuchen über die innerdeutsche und andere Grenzen kamen nach Schätzungen über eintausend Menschen zu Tode. „Die SED ließ die Mauer zu einem ausgeklügelten Grenzsystem ausbauen. Todesopfer nahm sie als ‚Abschreckung' bewusst in Kauf."[612]) Um die Flucht und insbesondere Fahnenflucht zu unterbinden, setzte die DDR auch Selbstschussanlagen und Minen ein. In einer Dienstanweisung vom 1. Oktober 1973 für spezielle MfS-Einsatzkommandos, die in die Grenztruppen eingeschleust wurden und Grenzdurchbrüche verhindern sollten, heißt es: „Zögern Sie nicht mit der Anwendung der Schusswaffe, auch dann nicht, wenn die Grenzdurch-

610) Vgl. Wagner 2002, S. 179 ff.
611) Vgl. Schroeder 1998, S. 450 ff.
612) Eckert 2007, S. 95; vgl. hierzu auch Schroeder 1998, S. 162 ff. sowie Grafe 2002.

brüche mit Frauen und Kindern erfolgen, was sich die Verräter schon oft zunutze gemacht haben."[613])

Bei einem Fluchtversuch verhaftete Personen wurden zu Gefängnisstrafen verurteilt. Wer vor seiner Flucht mit westdeutschen Personen oder Institutionen Kontakt aufgenommen hatte, erhielt besonders hohe Haftstrafen. Die meisten dieser „politischen Häftlinge" kaufte die Bundesrepublik frei. Zwischen 1964 und 1990 wurden insgesamt knapp 34.000 politische Häftlinge freigekauft. Hierfür erhielt die DDR insgesamt 3,4 Milliarden D-Mark. In den letzten Jahren verlangte die SED ein „Kopfgeld" von etwa 95.000 D-Mark.[614])

Überwachung und Verfolgung in der DDR

Die Überwachung nicht genehmer politischer Äußerungen oder Aktivitäten in der Bevölkerung kennzeichnete den SED-Staat von Beginn an. Durch ein ausgeklügeltes Spitzelsystem, das weit über das MfS hinausreichte, standen politische Oppositionelle jederzeit in Gefahr, erkannt und verhaftet zu werden. „Überall dominierte das lähmende Gefühl, ohnmächtig und hilflos dem allmächtigen und allwissenden Apparat gegenüberzustehen. Man ging davon aus, dass die Staatssicherheit alles durfte, zu allen Unterlagen Zugang hatte, dass es weder ein Post- noch ein Fernmeldegeheimnis gab noch ein Bankgeheimnis, weder eine ärztliche Schweigepflicht noch eine Privatsphäre, keine Unverletzlichkeit der Wohnung und keine Vertraulichkeit bezüglich der Personalunterlagen. Inzwischen ist allgemein bekannt, dass diese Vorstellungen eher unter- als übertrieben waren."[615])

Die Verfolgung, Verhaftung und Verurteilung von Andersdenkenden geschah ohne rechtsstaatliche Grundlage auf der Basis von Gesetzen, die die SED erließ und nahezu beliebig interpretierte. Im politischen Strafrecht gab es mehrere „Gummi-Paragraphen", die entsprechend eingesetzt werden konnten, um immanent Anzeigen und Verurteilungen zu rechtfertigen. Der Einzelne war dem Willkürsystem der SED hilflos ausgeliefert, da es keine (rechtliche) Instanz gab, an die er sich hätte wenden können, um sich gegen die Obrigkeit zu wehren.[616]) Auf den SED-Staat trifft durchaus zu, was Theodor Adorno am 18. April 1966 in einem Vortrag über „Erziehung nach Auschwitz" formuliert hat. Hiernach sei „das Grauen potenziell schon gesetzt", wenn das Recht des Staates über das seiner Angehörigen gestellt werde.[617])

---

[613]) Zitiert nach: http://www.focus.de/politik/deutschland/ddr-grenze_aid_69505.html, 4. Mai 2008 sowie http://spiegel.de/panorama/zeitgeschichte/0,1518,druck-499705,00.html, 4. Mai 2008 und Judt 1998, S. 469.

[614]) Vgl. Schumann 1996 und Rehlinger 1991.

[615]) Wolle 2004, S. 107/108.

[616]) Schroeder 1998, S. 423 ff.

[617]) Zitiert nach: Mohr 2008, S. 68/69.

*Schaubild 57: Politische Überwachung und Willkür nach Regionen**

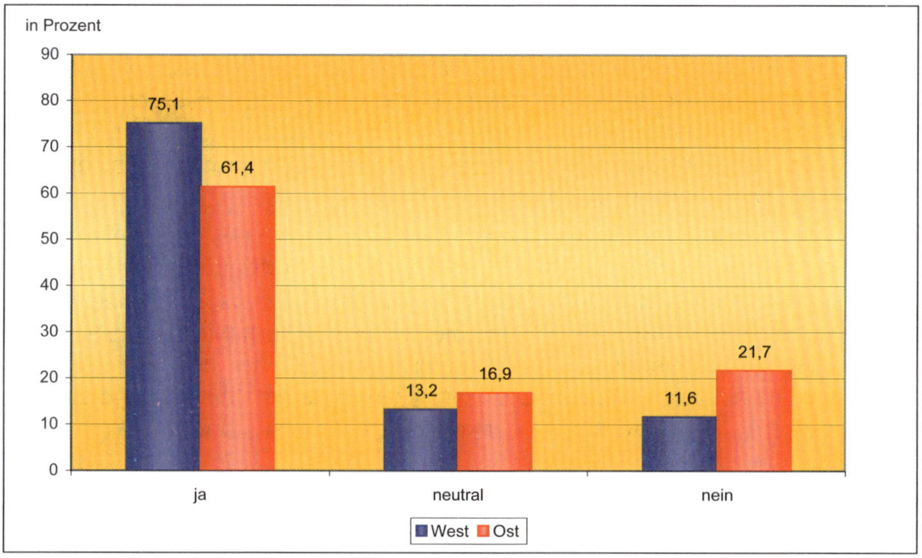

* *Stellungnahmen zu der Aussage: „In der DDR wurde man politisch überwacht und konnte ohne Grund verhaftet werden."*

Eine breite Mehrheit der befragten Schüler von knapp 70% lässt keinen Zweifel an Willkür und politischer Überwachung in der DDR, aber immerhin fast jeder Dritte vermutet dies nicht oder legt sich nicht fest. Betrachten wir die Herkunft der Schüler, so bejahen im Westen gut drei Viertel das Statement, im Osten dagegen etwa 14 Prozentpunkte weniger. In Ost-Berlin und Brandenburg bestätigen also nur etwas über 60% der Schüler die Aussage, die verbleibenden knapp 40% sind vom Willkürcharakter nicht überzeugt. Am zahlreichsten erkennen die bayerischen Schüler – mehr als drei Viertel – den in diesem Item zum Ausdruck kommenden repressiven Charakter der DDR; nur etwa jeder Zehnte lehnt die Feststellung ab. Die bayerische Sicht wird in etwas abgeschwächter Form auch von West-Berliner und nordrhein-westfälischen Schülern geteilt. Während die geschlechtsspezifischen Sichtweisen bei diesem Aspekt ähnlich sind, votieren die jüngsten Schüler gegenüber den älteren deutlich anders. Erstere stimmen der Behauptung weniger zu und lehnen sie mit überdurchschnittlichem Anteil ab. Wie bei nahezu allen Items optieren die Schüler verschiedener Schularten gespalten: Gymnasiasten und Realschüler sind eher DDR-kritisch, Gesamtschüler und Hauptschüler besitzen eine vergleichsweise milde Sicht auch auf Willkür und politische Überwachung in der DDR.

In den Gesprächen beharrten einige ostdeutsche Schüler darauf, dass Verurteilungen in der DDR auf Basis des Rechts erfolgten. Dieses könne man kritisieren, aber nicht in Frage stellen, dass „Recht" gesprochen wurde. Der instrumentelle Charakter des Rechts in der DDR und die Eingriffstiefe politischer Instanzen und Personen in die Justiz war diesen Schülern ebenso wie nahezu allen anderen nicht bekannt.

Einordnung des MfS

Ehemalige MfS-Bedienstete, aber auch viele Ostdeutsche, vornehmlich aus dem Umfeld der Linkspartei/PDS, behaupten weiterhin, das MfS, insbesondere seine Hauptverwaltung Aufklärung (HV A), sei ein Geheimdienst gewesen, der sich von denen in demokratischen Staaten nicht unterschieden und innerhalb der rechtlichen Ordnung der DDR agiert habe.[618])

Tatsächlich nahm das MfS eine Sonderfunktion in der DDR ein. Es war außer der SED keiner Instanz verantwortlich, besaß exekutive Kompetenzen und eigene Haftanstalten. „Seine Zuständigkeiten waren niemals präzise formuliert, und so konnte die Führung der SED ihre Geheimpolizei repressiv nach innen und aggressiv nach außen beinahe beliebig einsetzen. Der politischen Situation entsprechend ging die Geheimpolizei [...] gegen wirkliche oder vermeintliche Gegner brutal vor."[619])

Das MfS war finanziell und personell gut ausgestattet. Vor allem nach dem Abschluss des deutsch-deutschen Grundlagenvertrages 1972 und der darauf folgenden internationalen Anerkennung der DDR, die eine wachsende Zahl westlicher Diplomaten und Besucher mit sich brachte, expandierte die Stasi. Am 23. Oktober 1989, noch vor den ersten Entlassungen, standen 91.015 hauptamtliche Mitarbeiter beim MfS in Lohn und Brot. Sie wurden unterstützt von ca. 174.000 Inoffiziellen Mitarbeitern. Damit kam in der DDR auf etwa 62 Einwohner ein Mitarbeiter des MfS, eine Relation, die weltweit ihresgleichen sucht. Neben 1.262 Dienstobjekten und 1.181 „konspirativen Objekten" nutzte das MfS allein 18.000 Wohnungen. Im Rahmen des „politisch-operativen Zusammenwirkens" (POZW) arbeitete es eng mit anderen staatlichen und wirtschaftsleitenden Organisationen, Betrieben, Kombinaten und Einrichtungen sowie gesellschaftlichen Organisationen zusammen. Besonders perfide waren die Zersetzungsstrategien der Stasi gegenüber bestimmten Personen. Diese Maßnahmen kannten keine Grenzen. Die Betroffenen sollten am Arbeitsplatz und in ihren persönlichen Beziehungen isoliert und diskreditiert, persönlich verunsichert und sogar kriminalisiert werden.[620]) Das MfS stützte sich dabei auf Erkenntnisse der sogenannten „operativen Psychologie". Die hieraus entwickelten Methoden sollten die Persönlichkeitsstruktur der Betroffenen zerstören, indem sie u. a. „Personen des Vertrauens (Familie, Freunde)" als IM zum Einsatz brachten. Die negativen Folgen dieses „Angriffs auf das Herzstück menschlicher Beziehungen, das Vertrauen", wie es Jürgen Fuchs einmal nannte, wirken bei vielen Betroffenen bis heute nach.[621])

---

[618]) Vgl. als ein Beispiel unter vielen hierfür das Interview mit dem letzten HV A-Chef und stellvertretenden Minister des MfS, Werner Großmann, in der Jungen Welt vom 3. Mai 2008.

[619]) Eckert 2007, S. 86.

[620]) Vgl. Suckut 1996, S. 422 ff.

[621]) Vgl. Priebe u. a. 1996.

*Schaubild 58: MfS ein normaler Geheimdienst nach Ländern/Regionen?**

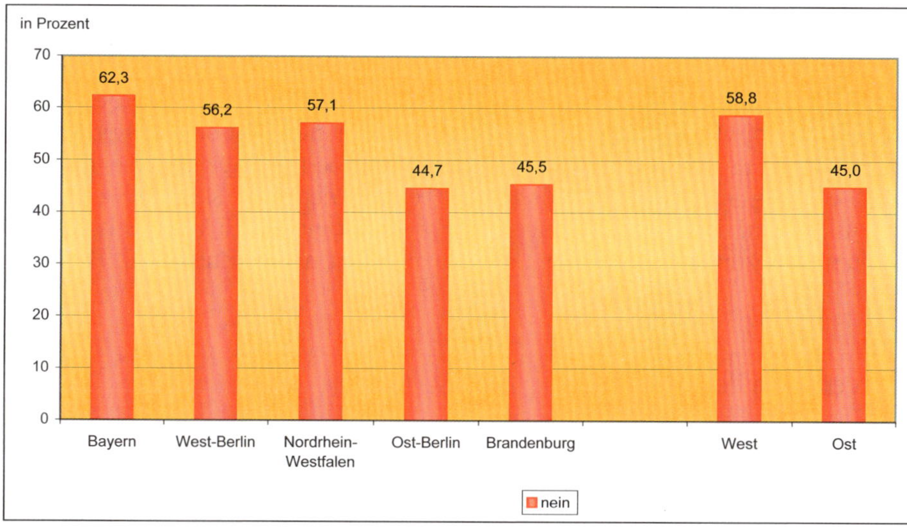

** Ablehnende Antworten auf die Aussage: „Die Stasi (Ministerium für Staatssicherheit der DDR) war ein Geheimdienst, wie ihn jeder Staat hat."*

Das Ergebnis dieses Items bestätigt alle Befürchtungen, die DDR und vor allem das MfS würden von einem Großteil der Bevölkerung verharmlosend betrachtet. Der Meinung ehemaliger MfS-Bediensteter, sie seien ein normaler Geheimdienst gewesen, schließen sich unter den befragten Schülern immerhin gut 28% an, knapp ein Fünftel ist unentschieden und nur etwas mehr als die Hälfte votiert dagegen. Bei dieser Frage hängt die Sichtweise der Schüler wieder stark von der Herkunft ab: In den beiden ostdeutschen Untersuchungsregionen widerspricht – im Gegensatz zu den drei westlichen – nicht einmal jeder Zweite der Behauptung. Mehr als die Hälfte hält das MfS also für einen normalen Geheimdienst oder will dies zumindest nicht ausschließen. Selbst in Bayern, der Region mit dem stärksten Widerspruch gegenüber dieser Behauptung, sehen wir knapp 38%, die sich nicht auf ein Urteil festlegen oder die Stasi ebenfalls für einen gewöhnlichen Geheimdienst, wie ihn jeder Staat hat, halten.

MfS-Veteranen werden sich über die Zustimmungsraten der Gesamt- und Hauptschüler, der ostdeutschen und deutschstämmigen Schüler freuen, die mit Anteilen von knapp unter 40% das MfS als einen Geheimdienst ohne besonderes Profil einstufen. Nur unter den Gymnasiasten und bei den westdeutschen Schülern erreichen die verneinenden Stimmen deutlich mehr als 50%.

In den Klassengesprächen äußerten besonders die Jungen wie auch Gesamt- und Hauptschüler Agentenvorstellungen à la James Bond über die Stasi. Gerade Letztere halten mit einer relativen Mehrheit von über 38% das MfS für einen normalen Geheimdienst, aber selbst knapp jeder vierte Gymnasiast teilt diese Position.

Bei diesem Ergebnis stellt sich doch sehr deutlich die Frage nach der Kenntnis vieler Schüler über die „Staatssicherheit" als Repressionsorgan des SED-Staates. Den Gesprächen konnten wir entnehmen, dass im Schulunterricht das MfS überhaupt nicht oder nur am Rande vorkam. Offensichtlich haben auch einige Spielfilme, die die DDR als Klamaukveranstaltung darstellen, zu dem hier sichtbar werdenden milden Blick auf die Stasi beigetragen. Der preisgekrönte Spielfilm „Das Leben der Anderen" war zum Zeitpunkt der Umfrage in Berlin noch nicht in den Kinos zu sehen.

Verbrechen an der Grenze

Die von der SED errichtete Mauer an der innerdeutschen Grenze war sichtbares Zeichen der Unfreiheit und ein Symbol für die Angst der Herrschenden vor der Bevölkerung. Sie sollte auch gegen ihren Willen weiterhin in der Diktatur leben. Wer – aus welchen Gründen auch immer – die DDR durch Überwindung der Grenze verlassen wollte, musste damit rechnen, verhaftet oder gar erschossen zu werden. Der Schießbefehl an der innerdeutschen Grenze wurde vom SED-Politbüro beschlossen und erst 1989 aufgehoben. Mehr als tausend Menschen ließen ihr Leben bei diesem Versuch, Tausende wurden zum Teil schwer verletzt und Zehntausende wegen versuchter Republikflucht zu längeren Haftstrafen verurteilt. Sogenannte Grenzschützer, die auf Weisung ihrer direkten Vorgesetzten wehrlose Flüchtende erschossen, wurden belobigt und mit Prämien bedacht. Nach den diversen Bestimmungen und Gesetzen zum Schusswaffengebrauch hatte der einzelne Grenzsoldat bzw. sein Vorgesetzter selbst zu entscheiden, ob er für die „zu erreichenden Zwecke" – Grenzdurchbrüche zu verhindern – auf Flüchtlinge schoss oder nicht. So wurde die Verantwortung für tödliche Schüsse von der politischen Ebene auf die Angehörigen der Grenztruppen übertragen. Aufgrund der vorgenommenen Belobigungen von Grenzsoldaten, die von ihrer Schusswaffe tödlichen Gebrauch gemacht hatten, mussten diese freilich annehmen, die Partei- und Staatsführung erwarte diese letzte Konsequenz von ihnen.[622])

Nach dem Bau der Mauer präzisierte Erich Honecker als ZK-Sekretär für Sicherheit, wie die Grenzsoldaten sich bei „Grenzdurchbrüchen" verhalten sollten: „Gegen Verräter und Grenzverletzer ist die Schusswaffe anzuwenden. Es sind solche Maßnahmen zu treffen, dass Verbrecher in der 100-Meter-Sperrzone gestellt werden können. Beobachtungs- und Schussfeld ist in der Sperrzone zu schaffen."[623]) Mit Befehl Nr. 76/61 vom 6. Oktober 1961 wurde der Schusswaffengebrauch für

[622]) Vgl. Filmer/Schwan 1991 und Detjen 2005.
[623]) Zitiert nach: Filmer/Schwan 1991, S. 379.

das „Kommando Grenze“ der Nationalen Volksarmee auch förmlich bestätigt. Er war u. a. vorgeschrieben „zur Festnahme von Personen, die sich in Anordnung der Grenzposten nicht fügen, indem sie auf Anruf ‚Halt – stehen bleiben – Grenzposten‘ oder nach Abgabe eines Warnschusses nicht stehen bleiben, sondern offensichtlich versuchen, die Staatsgrenze der Deutschen Demokratischen Republik zu verletzen und keine anderen Möglichkeit zur Festnahme besteht.“[624]) Die im Befehl genannten Einschränkungen wurden durch die Bestimmung in der Anlage 1 aufgeweicht, in der es unter Punkt 2 und 3 wörtlich heißt: „Die Waffe darf insoweit gebraucht werden, wie es für die zu erreichenden Zwecke erforderlich ist. Die Angehörigen der Nationalen Volksarmee sind jederzeit zum Waffengebrauch berechtigt, wenn sie in Ausübung ihres Dienstes zum Schutz der Deutschen Demokratischen Republik eingesetzt sind.“[625]) Im Mai 1982 regelte schließlich das Gesetz über die Staatsgrenze der Deutschen Demokratischen Republik (Grenzgesetz) das Verhalten der Soldaten an der Grenze („Die Staatsgrenze der DDR zu sichern, Grenzverletzungen nicht zuzulassen sowie die Ausdehnung von Provokationen auf das Hoheitsgebiet der DDR zu verhindern“).[626])

Die „Sicherung der Grenze“ erfolgte bis 1961 durch die Deutsche Grenzpolizei (DGP), die dem Ministerium des Inneren der DDR unterstellt war. Durch Beschluss des NVR vom September 1961 wurden die Grenztruppen in die NVA eingegliedert. Im Jahre 1989 verfügten die Grenztruppen über eine Gesamtstärke von 47.000 Mann.[627])

Für die meisten Schüler – in Ost und West fast gleichermaßen – steht außer Zweifel, dass das Verhalten der DDR-Grenzschützer gegenüber Flüchtenden ein Verbrechen war.[628]) Nur sehr wenige legen sich, abgesehen von den Hauptschülern (17,4%), bei dieser Stellungnahme nicht fest. Lediglich eine kleine Minderheit von nicht einmal 8% widerspricht. Zwischen den verschiedenen Teilgruppen sehen wir nur wenige Unterschiede. So widersprechen der Feststellung des Verbrechenscharakters mehr Jungen als Mädchen und vor allem mehr Real- und Hauptschüler als Gymnasiasten. Der altersspezifische Blick ist ähnlich, der von Deutschen und Ausländern differiert. Letztere bejahen das Statement unterdurchschnittlich und verneinen es überdurchschnittlich häufig.

Das eindeutige Ergebnis deutet auf ein intaktes Unrechtsbewusstsein bei einer sehr breiten Mehrheit der befragten Schüler hin. In den Gesprächen bestätigte sich dieses nahezu einhellige Urteil: Nur einige wenige, vor allem ausländische Schüler erwähnten andere Grenzen, an denen Menschen immer noch zu Tode kommen. Allerdings war ihnen der Unterschied, ob eine Grenze errichtet wird, damit die eigene

[624]) Zitiert nach: Ebd., S. 381.
[625]) Zitiert nach: Koop 1996, S. 120.
[626]) Vgl. hierzu Diedrich/Ehlert/Wenzke 1998, S. 237 ff. und generell zum Grenzregime Lapp 1999.
[627]) Vgl. Diedrich/Ehlert/Wenzke 1998, S. 245.
[628]) Vgl. Tabelle A70 im Anhang.

Bevölkerung das Land nicht verlässt, oder damit Personen aus anderen Ländern nicht illegal in das Land kommen, nicht bewusst. Sie setzten zum Beispiel die US-amerikanische Grenze zu Mexiko mit der innerdeutschen gleich.

Schießbefehl an der innerdeutschen Grenze

Unabhängig davon, dass die meisten Schüler ebenso wie die Gesamtbevölkerung das Schießen auf Menschen an der Grenze für ein Verbrechen halten, geben einige doch den Betroffenen eine (Mit)Schuld.

*Schaubild 59: Keine Schuld bei Schusswaffengebrauch nach Ländern/Regionen**

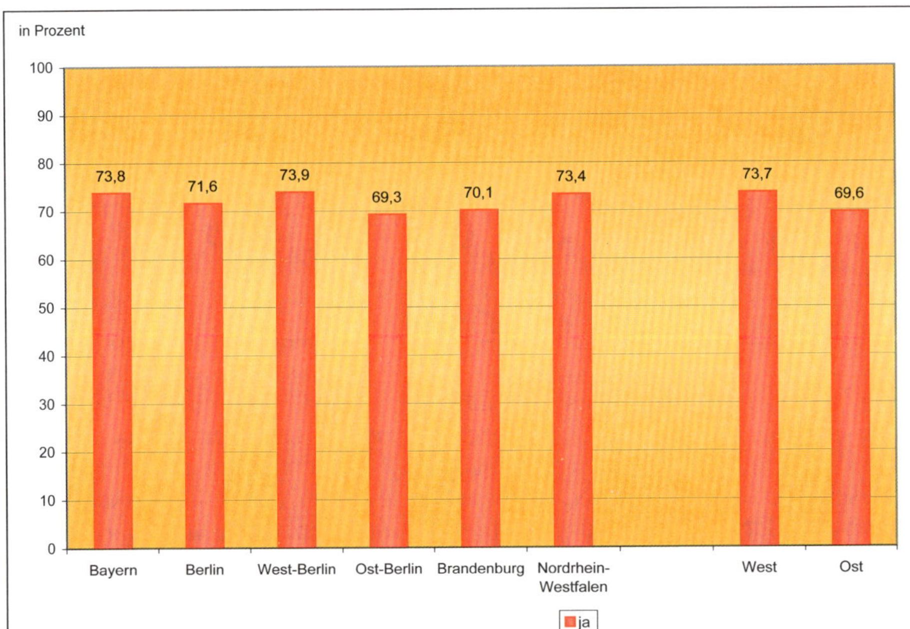

** Zustimmende Antworten auf die Aussage: „Wer die DDR verlassen wollte, hatte keine Schuld, wenn an der Grenze auf ihn geschossen wurde."*

Bei diesem Item fällt das Urteil der Befragten weniger eindeutig als bei dem vorangegangenen aus. Gut 72% der Schüler, die keine Schuld bei den Flüchtenden sehen, steht immerhin knapp jeder Fünfte entgegen, der sehr wohl eine (Mit)Schuld sieht, und noch knapp jeder Zehnte enthält sich bei diesem Item der Stimme.

Selbst bei dieser Fragestellung sehen wir leichte Herkunftsdifferenzen zwischen den Schülern. Während fast 74% der westdeutschen Schüler den Flüchtenden keine Schuld zuschreiben, sind dies bei den ostdeutschen Befragten nur knapp unter 70%

und bei den ausländischen Schülern nur 67%, von den männlichen Schülern in Ost-Berlin sogar nur knapp 64%. Über 21% – sogar gut ein Viertel bei den Jungen – der Ost-Berliner Schüler geben den Flüchtenden eine (Mit-)Schuld. Auch im Westen tun dies knapp 18% sowie etwas über 20% der ausländischen Schüler.

Während vor allem Mädchen in hoher Zahl keine Mitschuld der Opfer sehen, sieht diese fast jeder vierte Junge als gegeben an. Eine in etwa gleich hohe Quote von Gesamtschülern teilt ebenfalls diese Sicht. Darüber hinaus enthält sich noch etwa jeder Zehnte von ihnen der Stimme. Mit diesen Anteilen liegen die Gesamtschüler vor den Gymnasiasten, aber weit unter den Real- und Hauptschülern. Überraschenderweise gibt mehr als jeder dritte Hauptschüler den Flüchtlingen, auf die geschossen wurde, eine Mitschuld und mehr als jeder Vierte äußert keine Meinung. Nur eine knappe relative Mehrheit von gut 38% sieht bei den potenziellen Opfern keine Schuld. Realschüler haben einen ähnlichen Blick auf den Schusswaffengebrauch an der innerdeutschen Grenze, aber zumindest eine absolute Mehrheit unter ihnen verneint das menschenverachtende Statement.

In den Klassengesprächen erklärten die zumeist männlichen „Befürworter" ihre Position mit der „Logik der Sache": Man hätte ja nicht fliehen müssen und wer das getan hätte, hätte um die Folgen gewusst und sei deshalb selber schuld. Insbesondere den Jungen war dabei der Hang zum Agenten- oder Abenteurertum anzumerken: Wenn ihnen erklärt wurde, wie unerträglich für manche das Leben in der DDR gewesen sein muss, dass sie das Risiko der Flucht auf sich nahmen, revidierten viele ihre Position.

Auswertung der Skala „Relativierung/Verharmlosung der Repression"

Von den vier Items gehen das erste und das dritte umgepolt in die Skala ein. Nur sehr wenige Schüler (0,3%) stimmen allen Items mehr oder weniger zu, etwa 30% lehnen alle ab und gut 69% antworten teils zustimmend/teils ablehnend. Bei dieser Skala sehen wir die meisten ablehnenden und die geringste Zahl der neutralen Antworten.

Die Differenzen nach der Herkunft fallen bei diesen Statements in der Zusammenschau deutlicher und weitaus erschreckender als bei anderen Skalen aus: Gut 37% der westdeutschen, aber nur gut 21% der Brandenburger und sogar nur gut 12% der deutschstämmigen Schüler lehnen alle Items ab. Besonders auffällig ist das Urteil der Gesamt- und insbesondere der Hauptschüler. Von ihnen verneinen nur gut 9% bzw. 16% alle Items mehr oder weniger. Realschüler und vor allem Gymnasiasten haben einen wesentlich kritischeren Blick auf diese dunkle Seite der DDR.

Mehr als drei Viertel aller Schüler kommen in der zusammenfassenden Auswertung dieser Skala zu einem negativen Urteil über die DDR. Aber knapp jeder sechste legt

*Tabelle 24: Verharmlosung der Unterdrückung aus Sicht der Befragten**

		positiv	neutral	negativ
insgesamt		5,3	16,1	78,6
Geschlecht				
	männlich	7,3	17,9	74,8
	weiblich	3,6	14,8	81,6
Länder				
	Bayern	4,1	12,1	83,8
	Berlin	6,1	17,5	76,4
	West-Berlin	5,3	14,4	80,4
	Ost-Berlin	7,0	20,9	72,1
	Brandenburg	6,7	20,0	73,3
	Nordrhein-Westfalen	3,6	14,8	81,6
Region				
	West	4,4	13,6	82,0
	Ost	6,9	20,5	72,6
Herkunft				
	Deutsche	5,2	15,9	78,9
	Ausländer	6,0	18,3	75,6
Alter				
	unter 16 Jahre	6,2	18,5	75,3
	16 Jahre	5,3	16,1	78,6
	17 Jahre und älter	4,9	15,0	80,1
Schulart				
	Gymnasium	3,5	12,9	83,6
	Gesamtschule	8,8	24,0	67,2
	Realschule	9,5	19,4	71,1
	Hauptschule	15,4	28,7	55,9

** Angaben in Prozent.*

sich nicht fest und immerhin gut 5% haben eine verharmlosende Sicht auf die Unterdrückung und ihre Methoden. Erneut beeinflussen insbesondere die Herkunft und die besuchte Schule die Entscheidungsfindung. Den über 80% Schülern, die in den drei Westregionen die Unterdrückungsmaßnahmen erkennen und ablehnen, stehen fast 10 Prozentpunkte weniger Schüler im Osten gegenüber.

Mädchen sind gegenüber der Repression deutlich kritischer und entscheidungsfreudiger als Jungen. Einen traurigen Negativrekord verzeichnen wir bei den Hauptschülern: Mit über 15% verharmlosen sie als stärkste Teilgruppe die Repression, mehr als ein Viertel kann oder will sich nicht entscheiden und nur knapp 56%, gegenüber etwa 84% unter den Gymnasiasten, sprechen sich gegen die Unterdrückung aus. Das Alter wirkt sich ebenfalls stark auf das Urteil aus: Je älter die Schüler sind, desto höher ist die Quote derjenigen, die sich durchgängig gegen eine Verharmlosung der Repression in der DDR aussprechen.

Die Skala „Relativierung/Verharmlosung der Diktatur" erreicht mit 3,97 den höchsten Skalenmittelwert aller Skalen, mithin erweisen sich die Schüler mit sehr breiter Mehrheit als Gegner realsozialistischer Verfolgung und Unterdrückung Andersdenkender. Bayerische Schüler, Gymnasiasten und Mädchen zeichnen sich im Mittel stärker als die anderen Gruppen durch eine konsequente Distanzierung von jeglicher Form der Unterdrückung aus. Zwischen Gymnasiasten und Hauptschülern besteht eine Differenz von etwa 0,6, zwischen bayerischen und brandenburgischen Schülern eine von knapp 0,5.

Die Bewertung nach politischer Selbsteinstufung zeigt „rechte" Schüler auf ausgesprochen niedrigem Distanzierungsniveau, selbst „eher rechte" Schüler liegen in ihren Werten höher, während Schüler, die sich „eher links" fühlen, die kritischste Einstellung haben, dicht gefolgt von den „linken" Schülern und denen der politischen Mitte. Offensichtlich haben „rechte" Schüler weniger Einwände gegen Formen der Repression und Verfolgung Andersdenkender, auch wenn sie bei anderen Aspekten der DDR gegenüber kritisch eingestellt sind. Im Vergleich zu den mehr oder weniger „linken" Schülern haben sie einen um etwa 0,6 Punkte niedrigeren und damit die repressiven Verhältnisse verharmlosenderen Mittelwert.

Bezogen auf die Parteipräferenz zeigt sich, dass die weitaus niedrigsten Mittelwerte und damit die positivste Sicht auf die repressiven Elemente des DDR-Systems mit Werten zwischen 3,2 und 3,4 die Anhänger der rechtsextremen Parteien haben, gefolgt von den Sympathisanten der Linkspartei/PDS mit 3,63. Die Anhänger aller anderen Parteien sind deutlich kritischer; an der Spitze stehen die der FDP (4,05) und der Bündnis-Grünen (4,06).

Eine als „gerade richtig" empfundene Behandlung des Themas im Unterricht, viel Wissen sowie Neugier und Interesse, mehr über die DDR erfahren zu wollen, beeinflussen die Distanzierung vom repressiven Charakter der DDR-Diktatur. Allerdings nehmen auch Schüler, die nicht recht wissen, was sie wollen, eine kritischere Sicht ein als Desinteressierte. Als angemessen empfundene Familiengespräche über die DDR und das geteilte Berlin, die Kenntnis von Filmen und – in geringfügigem Maße – Gespräche im Freundeskreis führen ebenso zu einer kritischen Einstellung. Vor allem die nicht an Politik und Geschichte interessierten Schüler sind unfähig, den Unterschied zwischen Demokratie und Diktatur zu erkennen und eine Einordnung der Repressionen vorzunehmen. Der hohe Anteil von Hauptschülern, die einen moderaten Blick auf die Repressionen in der DDR werfen, bestätigt diese Vermutung.

Die Mittelwerte der Items dieser Skala errechnen sich in einer Bandbreite zwischen 3,41 (Stasi) und 4,56 (Verbrechen an der innerdeutschen Grenze). Die verharmlosende Darstellung von ehemaligen MfS-Kadern und „Freunden der DDR" über den Charakter der Stasi findet vor allem unter „rechten" (3,26), aber auch unter „linken" Schülern (3,33) Anhänger.

Ein anderes Bild erkennen wir hinsichtlich der Verurteilung von Verbrechen an der innerdeutschen Grenze: Hier sehen wir erstmals ein die DDR verurteilendes Spektrum von „links" (4,62) über „eher links" (4,60), politische Mitte (4,58), nach „eher rechts" (4,36) und „rechts" (3,96). Hervorzuheben bleibt, dass selbst die „eher rechten" und die „rechten" Schüler diese Verbrechen nur auf hohem Niveau relativieren.

Bei der Unterstellung einer persönlichen Schuld, wenn bei einem Fluchtversuch der Schießbefehl angewendet wurde, zeigen vor allem „rechte" Schüler, aber auch die der „politischen Mitte" weniger Mitgefühl, am DDR-kritischsten äußern sich hier die „linken" Schüler. Das Statement zur politischen Willkür verneinen Schüler der „politischen Mitte" am stärksten, gefolgt von den „linken" und „eher linken" Schülern, während es „rechte" und „eher rechte" deutlicher bejahen, also den Willkürcharakter des SED-Staates eher erkennen.

Deutlicher als bei anderen Skalen werden bei den einzelnen Items Bewertungsunterschiede aufgrund politischer Einstellungen sichtbar, wobei erstaunlicherweise die Bewertungspole – insbesondere zwischen „links"/„eher links" und „rechts"/„eher rechts" – wechseln. Worauf sich diese auffällige Diskrepanz in den Urteilen gründet, konnte von uns in den Gesprächen nicht ermittelt werden, da uns zu diesem Zeitpunkt die Ergebnisse der standardisierten Befragung noch nicht vorlagen.

Fazit zur Dimension Repression

Diese Skala weist die meisten durchgängig ablehnenden und die geringste Zahl der teils zustimmenden, teils ablehnenden Antworten auf. Zu den Statements dieser Skala hatten viele Schüler offensichtlich am ehesten eine gefestigte Meinung und legten sich daher stärker auf ein eindeutiges Urteil fest.

Erneut sehen wir starke Unterschiede zwischen West und Ost sowie zwischen Gymnasiasten und Hauptschülern. Westdeutsche Schüler ebenso wie Mädchen sind gegenüber der Repression des SED-Staates generell deutlich kritischer als ostdeutsche und Jungen. Den 82% Schülern, die im Westen die Unterdrückungsmaßnahmen ablehnen, stehen im Osten knapp 73% gegenüber; letztere votieren auch etwas häufiger zustimmend und gut 20% sind unentschieden (Westen: 13,6%).

Erfreulicherweise betrachten fast 88% der Schüler die von der SED angeordneten Maßnahmen an der innerdeutschen Grenze als Verbrechen. Positiv bleibt zu verzeichnen, dass eine sehr breite Mehrheit der Schüler sehr wohl den repressiven Charakter der DDR erkennt und verurteilt und nur sehr wenige ein verharmlosendes Bild hierüber haben, aber immerhin ist eine nennenswerte Minderheit zu keinem Urteil fähig.

Tabelle 25: Skalenmittelwerte für die Gesamtbefragung

	Äquidistanz	Sozialpolitik	Wirtschaftspolitik	Jugend	Schule und Alltag	Außenpolitik	Dimension der Diktatur	Dimension der Unterdrückung	Gesamtbewertung
insgesamt	3,6918	3,0467	3,3001	3,8136	3,6132	3,5819	3,8531	3,9739	3,6009
Geschlecht									
männlich	3,7532	3,1072	3,4211	3,7230	3,6058	3,5952	3,8748	3,8977	3,6062
weiblich	3,6419	2,9975	3,2016	3,8874	3,6192	3,5711	3,8354	4,0358	3,5966
Länder									
Bayern	3,9249	3,2379	3,6180	3,9059	3,8438	3,8593	4,1156	4,1375	3,8179
Berlin	3,5886	2,9825	3,1867	3,7613	3,5068	3,4863	3,7594	3,9074	3,5176
West-Berlin	3,7806	3,1896	3,3887	3,9227	3,6847	3,7383	3,8814	4,0366	3,6922
Ost-Berlin	3,4042	2,7581	2,9970	3,5793	3,3378	3,2173	3,6661	3,7893	3,3446
Brandenburg	3,4416	2,7781	3,0354	3,6219	3,4546	3,2344	3,6461	3,8002	3,3713
Nordrhein-Westfalen	3,8487	3,1763	3,3699	3,9753	3,7125	3,7470	3,9048	4,0622	3,7066
Region									
West	3,8550	3,2045	3,4718	3,9307	3,7536	3,7873	3,9780	4,0826	3,7446
Ost	3,4201	2,7666	3,0133	3,5973	3,3873	3,2246	3,6576	3,7939	3,3559
Herkunft									
Deutsche	3,6983	3,0442	3,3122	3,8129	3,6198	3,5848	3,8667	3,9830	3,6067
Ausländer	3,6101	3,0711	3,1539	3,7986	3,5437	3,5586	3,7011	3,8647	3,5275
Alter									
unter 16 Jahre	3,6310	3,0140	3,2178	3,7680	3,5514	3,4897	3,7105	3,9000	3,5249
16 Jahre	3,7067	3,0616	3,3243	3,8171	3,6327	3,5978	3,8810	3,9783	3,6167
17 Jahre und älter	3,7050	3,0448	3,3087	3,8274	3,6223	3,6069	3,8900	4,0013	3,6169
Schulart									
Gymnasium	3,7743	3,0899	3,3920	3,8866	3,6766	3,6432	3,9640	4,0941	3,6821
Gesamtschule	3,4459	2,9124	3,0161	3,6292	3,3920	3,3881	3,5479	3,6864	3,3705
Realschule	3,7178	3,0908	3,3035	3,7587	3,7678	3,6791	3,8284	3,7985	3,6005
Hauptschule	3,5683	2,9988	3,2459	3,5000	3,6373	3,5238	3,5522	3,5047	3,4127
Klassenstufe									
9. Klasse	3,5628	3,0042	3,1493	3,5066	3,6637	3,5055	3,5764	3,5015	3,4084
10. Klasse	3,6798	3,0593	3,2562	3,8211	3,5796	3,5528	3,7927	3,9506	3,5774
11. Klasse	3,6492	2,9780	3,2688	3,8002	3,5867	3,5400	3,8654	3,9875	3,5779
12. Klasse	3,4494	2,6295	3,0030	3,6071	3,2738	3,2976	3,6682	3,9940	3,3638
Studierende	3,9455	3,1585	3,6890	3,8516	3,7215	3,5650	4,4736	4,2449	3,8349

7. Die Gesamteinschätzung der DDR nach dem Skalenmodell

Aus der Übersicht der Skalenmittelwerte für die einzelnen Skalen sehen wir die mitunter beträchtlichen Unterschiede zwischen dem Niveau der einzelnen Skalen, aber auch innerhalb der jeweiligen, in einer Skala zusammengefassten Dimension. Die Sozial- und die Wirtschaftspolitik der DDR finden die größte Zustimmung bei den Schülern. Erstaunlicherweise wird der Bereich Jugend und Familie im Schnitt schlechter bewertet als Schule und Alltag sowie die Außenpolitik. Gegenüber den beiden erstgenannten Skalen ergibt sich eine beträchtliche Differenz im Durchschnittswert. Die drei politischen Dimensionen werden ebenfalls abgestuft beurteilt. Während die Außenpolitik noch vergleichsweise milde betrachtet wird, sind sich die meisten Schüler in der Zurückweisung der Verharmlosung der Diktatur und vor allem der der Unterdrückung einig. Hier erreichen die Skalenmittelwerte ein Niveau, das einen deutlich kritischen Blick ausdrückt. Die zusätzlich ermittelte Skala Äquidistanz liegt im Urteil auf mittlerem Niveau, d. h. zwischen der Sozialpolitik und der Verharmlosung der Unterdrückung und geringfügig höher als Schule und Alltag. Dieses Ergebnis spricht dafür, dass – jedenfalls im Durchschnitt – die Schüler einer gleichrangigen Bewertung von Bundesrepublik und DDR kritisch gegenüberstehen.

Die Betrachtung der Durchschnittswerte verstellt jedoch den Blick auf die zum Teil großen Unterschiede zwischen den Teilgruppen. So bewerten zum Beispiel die bayerischen Schüler die DDR-Wirtschaftspolitik in der errechneten Skala von 1 bis 5 mit der gleichen Note wie die Ost-Berliner Schüler die Dimension der Diktatur. Innerhalb der einzelnen Skalen betragen die maximalen Differenzen zwischen etwa 0,4 bis 0,7 Punkte. Den DDR-freundlichsten Wert einer Teilgruppe sehen wir mit 2,75 bei der Bewertung der SED-Sozialpolitik durch die Ost-Berliner Schüler und den DDR-kritischsten Wert mit 4,13 beim Urteil der bayerischen Schüler über die Dimension von Verfolgung und Unterdrückung.

Die 24 Items der sieben Skalen – um das Vorgehen noch einmal zu erläutern – gehen ungewichtet in die Auswertung für die Gesamtskala „Bild der DDR“ ein. Dabei werden die zustimmenden Antworten mit 1 und 2, die ablehnenden mit 4 und 5 und die unentschiedenen mit 3 gezählt. Bei den umgepolten Items wird 4 zu 2, 5 zu 1 usw. Der Skalenwert ergibt sich durch die Addition der Antworten auf die einzelnen Items und das Dividieren durch die Zahl der Items. Je dichter der Skalenwert bei 1 liegt, umso positiver wird die DDR gesehen, je dichter bei 5, umso negativer. Wie nachfolgender Übersicht zu entnehmen ist, fallen die Unterschiede zwischen den einzelnen Gruppen zum Teil recht deutlich aus.

Zwar haben sich die Unterschiede, die bei den einzelnen Items und bei den Skalen sichtbar wurden, in der Gesamtbetrachtung weiter nivelliert, dennoch zeigt die Übersicht nach wie vor deutliche Differenzen zwischen Schülern unterschiedlicher regio-

Tabelle 26: Rangfolge der Skalenmittelwerte für die Gesamtbefragung

		Gesamtbewertung
1.	Deutschstämmige Schüler	3,2807
2.	Ost-Berlin	3,3446
3.	Region Ost	3,3559
4.	12. Klasse	3,3638
5.	Gesamtschule	3,3705
6.	Brandenburg	3,3713
7.	9. Klasse	3,4084
8.	Hauptschule	3,4127
9.	Berlin	3,5176
10.	unter 16 Jahre	3,5249
11.	Ausländer	3,5275
12.	10. Klasse	3,5774
13.	11. Klasse	3,5779
14.	weiblich	3,5966
15.	Realschule	3,6005
16.	insgesamt	3,6009
17.	männlich	3,6062
18.	Deutsche	3,6067
19.	16 Jahre	3,6167
20.	17 Jahre und älter	3,6169
21.	Gymnasium	3,6821
22.	West-Berlin	3,6922
23.	Nordrhein-Westfalen	3,7066
24.	Region West	3,7446
25.	Bayern	3,8179
26.	Studierende	3,8349
27.	St. Ursula	3,9633

naler Herkunft, aber auch zwischen den Jugendlichen der verschiedenen Schularten und Klassenstufen. Die geschlechts- und altersspezifischen Unterschiede fallen dagegen geringer aus. Die deutschstämmigen und die ostdeutschen Schüler sowie die Gesamtschüler haben in der Gesamtbewertung den mildesten, Gymnasiasten und Westdeutsche mit den Bayern an der Spitze den kritischsten Gruppenblick auf die DDR. Die studentische Kontrollgruppe beurteilt im Durchschnitt den SED-Staat in etwa so wie die bayerischen Jugendlichen. Bezogen auf die Schulen bewerten die Schülerinnen des Mädchengymnasiums St. Ursula in Nordrhein-Westfalen die DDR am kritischsten.

*Tabelle 27: Gesamtskala „Bild der DDR" aus Sicht der Befragten**

		positiv	neutral	negativ
insgesamt		**1,9**	**37,3**	**60,8**
Geschlecht				
	männlich	**2,2**	**36,4**	**61,4**
	weiblich	**1,6**	**37,8**	**60,5**
Länder				
	Bayern	**0,7**	**20,7**	**78,7**
	Berlin	**2,4**	**43,3**	**54,2**
	West-Berlin	0,8	30,4	68,7
	Ost-Berlin	4,5	55,3	40,2
	Brandenburg	**3,9**	**55,4**	**40,6**
	Nordrhein-Westfalen	**0,7**	**28,9**	**70,4**
Region				
	West	**0,7**	**26,2**	**73,0**
	Ost	**4,3**	**55,4**	**40,4**
Herkunft				
	Deutsche	**2,0**	**36,6**	**61,4**
	Ausländer	**1,3**	**43,9**	**54,8**
Alter				
	unter 16 Jahre	**2,7**	**42,9**	**54,5**
	16 Jahre	**1,7**	**36,3**	**62,0**
	17 Jahre und älter	**1,8**	**35,7**	**62,5**
Schulart				
	Gymnasium	**1,5**	**30,4**	**68,2**
	Gesamtschule	**3,2**	**56,3**	**40,5**
	Realschule	**1,5**	**35,3**	**63,2**
	Hauptschule	**2,8**	**56,9**	**40,3**
	Studierende	**2,4**	**16,9**	**80,7**

** Angaben in Prozent.*

Anders als bei den Ergebnissen der Einzelskalen gibt es bei der Gesamtskala keinen einzigen befragten Schüler, der alle Items mehr oder weniger bejaht oder verneint hat, d. h. alle haben mehr oder weniger häufig zugestimmt, sich neutral oder ablehnend geäußert.

Die Betrachtung der Skalenmittelwerte für die politischen Lager zeigt nur geringfügige Differenzen. Die politisch „rechts" oder „links" eingestellten Schüler weisen die DDR-freundlichsten Werte auf, die sich „eher rechts" einstufenden die höchsten und damit kritischsten Werte in der Gesamtbewertung der DDR.

Bei der Aufschlüsselung der politischen Selbsteinstufung nach Regionen und den jeweiligen Mittelwerten für die Gesamtbewertung der DDR beobachten wir innerhalb der verschiedenen politischen Lager regionalspezifisch deutliche Unterschiede. So differieren bayerische und Brandenburger „linke" oder Brandenburger und nordrhein-westfälische „rechte" Schüler. Grundsätzlich dominiert die regionale Herkunft die politischen Lager. Wer sich der gleichen politischen Richtung zuordnet, fällt insofern nicht unbedingt das gleiche Urteil, im Gegenteil: Die regionale Herkunft bestimmt stärker als die politische Einordnung das Bild der DDR. Wie Tabelle 28 zeigt, haben „linke" Schüler aus Brandenburg den freundlichsten Blick auf die DDR und „eher linke" bayerische Schüler den kritischsten Blick.

Tabelle 28: Politische Einstellungen und Gesamtbewertung der DDR

	links	eher links	in der Mitte	eher rechts	rechts	Total
GESAMT	3,5253	3,6321	3,5894	3,6300	3,5454	3,5988
Bayern	3,6362	3,8646	3,8316	3,8373	3,4933	3,8234
Berlin	3,5177	3,5536	3,4900	3,5732	3,4740	3,5186
West-Berlin	3,6921	3,7467	3,6519	3,8108	3,6859	3,6992
Ost-Berlin	3,3457	3,3493	3,3495	3,3003	3,2000	3,3443
Brandenburg	3,3393	3,3709	3,3920	3,2428	3,4583	3,3696
Nordrhein-Westfalen	3,6185	3,7828	3,6518	3,7685	3,7114	3,7051
West	3,6271	3,8255	3,7651	3,8054	3,6112	3,7733
Ost	3,4795	3,5096	3,4662	3,4914	3,4716	3,4831

Betrachten wir die Mittelwerte beim Gesamtbild nach Parteipräferenz, ergibt sich ein etwas anderes Bild: Hier liegen die Anhänger der Linkspartei/PDS (3,31), gefolgt von denen der NPD (3,39) an der Spitze der die DDR vergleichsweise freundlich bewertenden Schüler. Das Mittelfeld bestreiten die Anhänger aller anderen Parteien mit Ausnahme der Bündnis-Grünen, deren Sympathisanten mit dem höchsten Skalenmittelwert (3,76) deutlich kritischer eingestellt sind.

Ein analoges Bild bietet die Aufschlüsselung der jeweiligen Parteipräferenz nach Regionen: Auch hier schwanken die Mittelwerte mitunter beträchtlich. So liegen Anhänger der SPD in Bayern und Brandenburg, aber auch die der Union in Bayern und Brandenburg oder bayerische und Brandenburger Bündnis-Grüne in ihrem jeweiligen Gesamturteil weit auseinander. Die Differenz bei den Republikanern mit 3,22 in Berlin und 4,45 in Nordrhein-Westfalen kann vernachlässigt werden, da sich nur wenige Schüler den Republikanern verbunden fühlen. Insofern kann das Ergebnis auch Zufall sein. Ansonsten sehen wir überall Schwankungen um zumindest 0,5 Punkte. Die NPD-Anhänger in Brandenburg beurteilen die DDR am freundlichsten, die bayerischen Bündnis-Grünen und FDP-Anhänger am skeptischsten. Hier gilt jedoch das Gleiche wie bei den politischen Selbsteinstufungen: Die regionale Herkunft dominiert das Urteil über die DDR stärker als die jeweilige Parteipräferenz.

Tabelle 29: Wahlabsichten und die Gesamtbewertung der DDR

	SPD	CDU/ CSU	Bündnis90/ Die Grünen	FDP	Die Links-partei/PDS	DVU	REP	NPD	Sons-tige	Nicht-wähler	Total
GESAMT	3,5547	3,6963	3,7628	3,7193	3,3192	3,6042	3,5702	3,3949	3,6621	3,5192	3,5983
Bayern	3,8128	3,8149	3,9247	3,9526	3,7245	3,6917	3,6764	3,6655	3,8820	3,7006	3,8201
Berlin	3,5016	3,5606	3,7151	3,6017	3,2683	3,5556	3,2227	3,3061	3,5956	3,4471	3,5149
West-Berlin	3,6238	3,6973	3,8167	3,8288	3,5026	3,5556	3,1818	3,7998	3,7491	3,6639	3,6883
Ost-Berlin	3,3633	3,3807	3,5348	3,4446	3,2036	–	3,1042	2,9583	3,4481	3,2894	3,3430
Brandenburg	3,3336	3,4039	3,5219	3,5471	3,2469	3,4583	X	3,1165	3,4039	3,3762	3,3713
Nordrhein-Westfalen	3,6600	3,8208	3,7880	3,6860	3,5235	X	4,4583	3,5500	3,7896	3,6407	3,7069
West	3,7213	3,8166	3,8619	3,8776	3,5865	3,6917	3,7633	3,6028	3,8503	3,6823	3,7715
Ost	3,4682	3,5324	3,6765	3,5916	3,2628	3,5167	3,2227	3,2550	3,5463	3,4221	3,4817

Während sich bei den einzelnen Skalen eine nennenswerte Zahl von Schülern positiv über den jeweils abgefragten Aspekt in der DDR äußert und zumeist sehr viele unentschieden sind, sind es, bezogen auf die Gesamtbewertung der DDR, mit knapp 2% weniger Schüler, die die DDR durchgängig, positiv sehen. Hinzu kommen gut 37% mit einer neutralen Sicht, denen knapp 61% mit einem durchgängig negativen DDR-Bild gegenüberstehen.

Schaubild 60: Gesamtbild der DDR nach Länder/Regionen

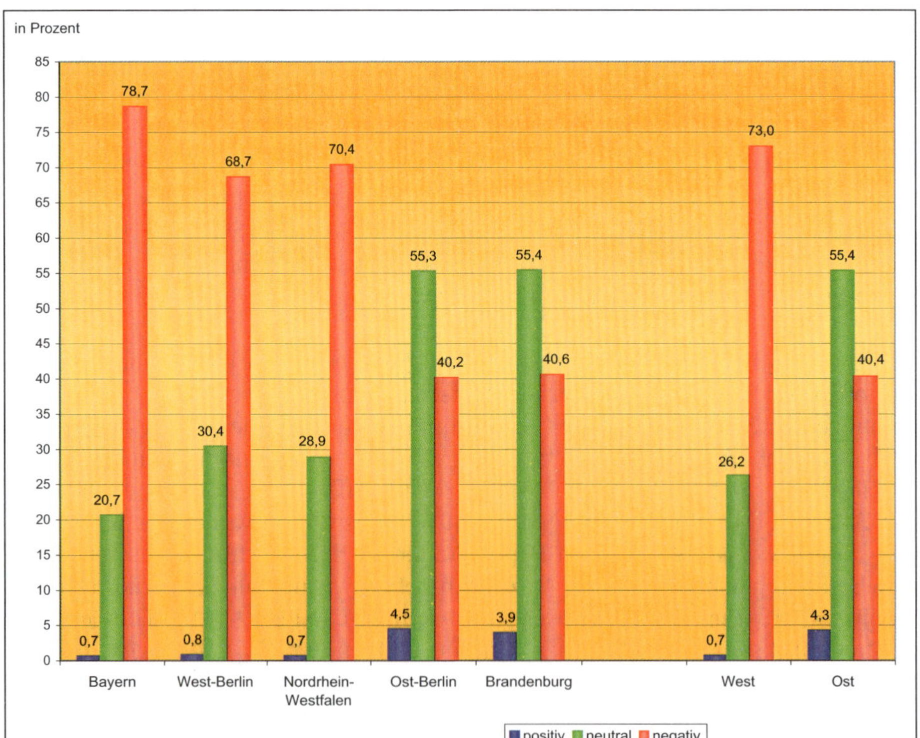

Eine genauere Betrachtung zeigt jedoch wie bei der Betrachtung der Einzelskalen deutliche Unterschiede, die sich insbesondere aus der Herkunft und dem Schultyp der Befragten erklären lassen. Während nur ganz wenige westdeutsche Schüler – unter 1% – ein positives Gesamtbild der DDR haben, sind es im Osten mit 4,3% deutlich mehr. Nur gut 40% – 33 Prozentpunkte weniger als im Westen – bewerten die DDR negativ. Mit gut 55% betrachtet eine absolute Mehrheit der Schüler aus den neuen Ländern die DDR eher neutral, diese Einstellung teilen in den alten Ländern nur gut 26%. Während der geschlechtsspezifische Blick kaum differiert, sind Ausländer und jüngere Schüler weniger kritisch in der Beurteilung der DDR als deutsche und ältere Schüler. Die Urteile der Schüler verschiedener Schultypen klaffen in den beiden Extrema ähnlich auseinander wie die bezogen auf ihre Herkunft. Unter den Gymnasiasten sehen wir mehr als zwei Drittel, die eindeutig negativ votieren, unter den Gesamt- und Hauptschülern nur gut 40%.

Ebenfalls analog zu den meisten Einzelskalen zeigt die Auswertung nach dem Ausmaß der Behandlung der DDR im Schulunterricht und dem subjektiven Wissen der Schüler den kritischsten Blick bei denjenigen, die meinen, die DDR sei zu viel oder gerade richtig (rund 71% im Gegensatz zu 57%, bei denen die DDR kein Unterrichtsthema war) behandelt worden, und bei denen, die meinen, viel zu wissen (68,3% zu 39% ohne Kenntnisse). Dagegen nimmt die Angabe von Neugierde und Interesse keinen Einfluss auf eine Bewertung. Als angemessen empfundene Familiengespräche und Unterhaltungen im Freundeskreis über die DDR beeinflussen bei knapp 62% der Schüler eine kritische Sicht. Ähnliche Bedeutung haben Filme. Knapp 65% der Befragten sind in ihrer negativen Beurteilung bis zu einem gewissen Grad geprägt durch als angemessen empfundene Gespräche in der Familie über das geteilte Deutschland.

Tabelle 30: Gesamtbild der DDR und wechselseitige Ost-West-Vorurteile in der Gesamtbefragung

		Gesamtbewertung der DDR		
		positiv	neutral	negativ
Fühle mich als Ossi und will mit Wessis nichts zu tun haben	Ja (2,6%)	14,9%	55,3%	29,8%
	Nein (97,4%)	1,8%	38,4%	59,8%
Fühle mich als Wessi und möchte mit Ossis nicht zu tun haben	Ja (9,7%)	2,1%	36,7%	61,5%
	Nein (90,3%)	1,8%	36,1%	62,1%

Die zahlenmäßig kleine Gruppe ostdeutscher Schüler, die nichts mit Westdeutschen zu tun haben will, verfügt über ein sehr positives DDR-Bild. Knapp 15% von ihnen sind durchweg DDR-freundlich, mehr als die Hälfte hat ein neutrales Bild und nur knapp 30% bewerten die DDR negativ. Ihre ostdeutschen Landsleute, die keine generellen Vorurteile gegenüber Westdeutschen hegen, kommen zu einer fast gegensätzlichen Bewertung: Nur eine Handvoll befindet sich auf der DDR-positiven, eine Minderheit auf der neutralen und eine breite Mehrheit von knapp 60% auf der negativen Seite.

Die zahlenmäßig größere Gruppe westdeutscher Schüler, die generell nichts mit Ostdeutschen zu tun haben will, kommt dagegen im Vergleich mit der Gesamtheit der westdeutschen Schüler zu einem ähnlichen Urteil. In beiden Gruppen liegt der Anteil der DDR-Kritiker bei über 60%.

In Berlin, wo der Anteil von Schülern, die mit ihren Mitschülern aus dem jeweils anderen Teil der Stadt nichts zu tun haben wollen, am höchsten ist, stellt sich die Situation zugespitzter dar.

*Tabelle 31: Gesamtbild der DDR und wechselseitige Ost-West-Vorurteile in Berlin**

		Gesamtbewertung der DDR		
		positiv	neutral	negativ
Fühle mich als Ossi und will mit Wessis nichts zu tun haben.	Ja (5,7%)	22,7	56,1	21,2
	Nein (94,3%)	1,9	43,6	54,6
Fühle mich als Wessi und will mit Ossis nichts zu tun haben.	Ja (19,3%)	2,6	33,3	64,1
	Nein (80,7%)	2,3	44,0	53,7

** Angaben in Prozent.*

Von der kleinen Gruppe Ost-Berliner Schüler, die sich als „Ossis" fühlen, die mit „Wessis" nichts zu tun haben wollen, sind mehr als 56% unsicher, wie sie die DDR bewerten sollen, knapp 23% haben ein positives Bild von ihr, etwas weniger – gut 21% – sind ablehnend eingestellt. Die vorurteilsfreien „Ossis" sehen, wie die Tabelle ausweist, die DDR seltener positiv und deutlich häufiger negativ. Eine stärker ausgeprägte Ost-Berliner Identität führt also sowohl zu einer größeren Abgrenzung vom Westen als auch zu einer stärkeren positiven Identifizierung mit der DDR.

Umgekehrt betrachten gut 64% des knappen Fünftels West-Berliner Schüler, die sich als „Wessis" fühlen, die mit „Ossis" nichts zu tun haben wollen, die DDR ablehnend, ein gutes Drittel enthält sich eines Votums und nur knapp 3% betrachten die DDR wohlwollend. Die vorurteilsfreien „Wessis" differieren zwar kaum in der positiven Einschätzung der DDR, betrachten sie aber seltener negativ. Sie sind im Gegensatz zu den vorurteilsbelasteten Jugendlichen häufiger nicht auf ein positives oder negatives Gesamturteil festgelegt. Dieses Ergebnis lässt vermuten, dass eine positive Bewertung der DDR durch sich als „Wessis" fühlende Schüler nicht davon abhängt, ob sie Vorurteile gegenüber ihren Ost-Berliner Schülerkollegen haben. Eine negative Einschätzung scheint dagegen für knapp 10 Prozentpunkte mehr Schüler von derartigen Vorurteilen geprägt zu sein.

Trotz des vor allem durch die Herkunft und die jeweilige Schulart stark gespaltenen Blicks auf die DDR kann als Fazit der Auswertung der auf ihre Bewertung zielenden 24 Items festgehalten werden, dass eine absolute Mehrheit der Schüler die DDR kritisch bzw. negativ sieht und nur wenige dieser Diktatur durchgängig Sympathie entgegenbringen, aber immerhin mehr als jeder dritte Befragte im Urteil unschlüssig ist. Das gespaltene Ost-West-Gesamtbild der DDR zeigt sich am deutlichsten bei den Quoten für eine durchgängig negative Betrachtung des SED-Staates. Auf der westdeutschen Seite finden wir hier 73% der befragten Schüler, auf der ostdeutschen nur gut 40%.

Der Blick von Studenten auf die verschiedenen Dimensionen der DDR

Die Beantwortung einiger Items durch die Studierenden ist ebenfalls von der Ost- oder West-Herkunft beeinflusst, allerdings fällt der Kontrast nicht so stark wie bei den Schülern aus. Vor allem bei Fragen nach dem politischen System äußern sich die Studierenden unabhängig von ihrer Herkunft sehr DDR-kritisch. So setzen zum Beispiel kein Student aus dem Westen und auch nur gut 3% aus dem Osten die „Volksdemokratie" in der DDR und die parlamentarische Demokratie in der Bundesrepublik gleich. Hinzu kommen 2% im Westen und knapp 10% im Osten, die sich eines Urteils enthalten. Gleiches gilt für die ähnlich hohe Ablehnung der SED als führender Partei in der DDR und die Einschätzung der Meinungsfreiheit.

Bei anderen Items indes fallen die herkunftsbezogenen Urteile im Grundsatz ebenso unterschiedlich wie bei den von uns befragten Schülern aus. So sympathisieren ostdeutsche Studierende anteilig stärker mit der SED-Sozialpolitik und bewerten die repressiven Seiten der DDR deutlich moderater als ihre westdeutschen Kommilitonen. Dem Item „In der DDR war der Alltag für viele durch Diktatur und Überwachung geprägt" pflichten knapp 67% der aus Westdeutschland stammenden Studierenden, aber nur gut 37% ihrer ostdeutschen Studienkollegen bei. Von Letzteren lehnt diese Auffassung jeder Dritte explizit ab. Die Stasi halten drei Viertel aus dem Westen, aber nicht einmal zwei Drittel aus dem Osten nicht für einen normalen Geheimdienst. Erstaunlicherweise widersprechen deutlich mehr Ostdeutsche (75%) als Westdeutsche (gut 39%) der Behauptung, in der DDR konnte jeder Abitur machen und studieren, der die entsprechenden Leistungen erbrachte. Hier schlägt die westdeutsche Unwissenheit über die realen Verhältnisse durch, während die ostdeutschen Studenten entsprechende Informationen von ihren Eltern oder ihrem Bekanntenkreis erhalten haben. Ostdeutsche Studenten tendieren bei eher konkreten, den Alltag prägenden Dingen zu einer DDR-kritischeren und bei den eher abstrakten, allgemeinen zu einer DDR-freundlicheren Haltung als ihre westdeutschen Kommilitonen.

Bei den auf Gleichrangigkeit zielenden Items wird der gespaltene Ost-West-Blick der Studierenden noch deutlicher sichtbar: Über zwei Drittel der westdeutschen Studenten halten die Bundesrepublik vor 1989 für besser als die DDR, was nicht einmal 39% der ostdeutschen tun. Ein ähnliches Bild zeigt sich bei der unterstellten Gleichrangigkeit von Plan- und Marktwirtschaft. Zwar hält auch eine absolute Mehrheit der Ostdeutschen (56,3%) die Marktwirtschaft für besser, aber deutlich mehr Westdeutsche (80%).

Betrachten wir die Mittelwerte der einzelnen Skalen, geben die ostdeutschen Studierenden, abgesehen von der Dimension „Schule und Alltag", die sie im Durchschnitt genauso wie ihre westdeutschen Kollegen bewerten, ein moderateres Urteil über den SED-Staat ab. Bei der Sozial- und vor allem der Wirtschaftspolitik und bei der Außenpolitik klaffen die Skalenmittelwerte mit etwa 0,4 Punkten deutlicher auseinander als bei den Dimensionen der Diktatur und der Repression, bei denen die Urteile der westdeutschen Studierenden etwas kritischer ausfallen. In der Gesamtbewertung kommen die ostdeutschen Studenten auf einen Mittelwert von 3,68, die westdeutschen auf 3,93 gegenüber 3,35 bei den ostdeutschen und 3,74 bei den westdeutschen Schülern, d. h. die Studenten aus beiden Herkunftsregionen sind DDR-kritischer als die Schüler eingestellt und liegen zudem in ihrem Gesamturteil dichter beisammen.

Ein durchweg freundlicheres Bild der DDR zeichnen Studenten aus dem Proseminar, das sich mit Geschichte und Strukturen der DDR beschäftigt. Die Erstsemester aus dem Proseminar Sozialpolitik geben dagegen ein negativeres Urteil ab. Die höchste Zustimmung erhält die DDR von den Studierenden bei der Skala Sozialpolitik (knapp 22% Zustimmung und knapp 40% Ablehnung), der Wirtschaftspolitik (7,2% Zustimmung und 61,4% Ablehnung) und vor allem bei der Außenpolitik (knapp 11% Zustimmung; knapp 64% Ablehnung).

Die Gesamtbewertung fällt negativer als die der Schüler aus: Den 2,4%, die ein positives Urteil abgeben, stehen 17% Unentschlossene und knapp 81% mit negativem Urteil gegenüber. Den Spitzenwert der Zustimmung erhält die DDR für ihre Sozialpolitik mit gut 34% bei den ostdeutschen Studenten, den negativsten Wert mit 94,1% durch Studierende mit westdeutscher Herkunft bei der Dimension der Diktatur.

Stärker als bei den Schülern schlägt bei den Studierenden die politische Einstellung auf das jeweilige DDR-Bild durch. Studierende, die sich „links" einordnen, zeichnen, abgesehen von der Dimension „Jugend", wo sie von den Studenten der politischen Mitte übertroffen werden, durchweg ein harmloseres Bild der DDR als alle anderen in die Befragung einbezogenen. „Rechte" Studenten stehen, abgesehen von der Skala „Schule/Alltag", bei der sie die DDR überdurchschnittlich positiv bewerten, anders als die Schüler zumeist an der Spitze der DDR-Kritiker.

Erwartungsgemäß führen die Sympathisanten der Linkspartei/PDS bei allen Skalen und der Gesamtbewertung die Liste der DDR-freundlichen Beurteilungen an. Ihr Skalenmittelwert liegt zum Teil mehr als ein 1 Punkt über dem anderer Studierender. Als sehr DDR-kritisch erkennen wir neben den Anhängern der Union die der FDP. Sympathisanten der SPD liegen in etwa zwischen den beiden Polen. Den höchsten Mittelwert für die DDR erreichen Sympathisanten der Linkspartei/PDS mit 2,75 bei der SED-Sozialpolitik, den negativsten FDP-Anhänger mit 4,9 bei der Dimension der Diktatur.

Anders als bei den Schülern scheinen die Faktoren, ob jemand viel oder wenig über die DDR weiß oder sie angemessen oder überhaupt nicht in der Schule behandelt hat, eine nur geringe Rolle bei der Bewertung zu spielen. Allenfalls die Kategorie, es werde „zu viel in der Familie über die DDR gesprochen" oder sie werde „zu viel in der Schule" behandelt, beeinflusst eine positive Sicht auf die DDR. Offensichtlich geben dies vor allem ostdeutsche Studierende an, in deren Familien die DDR häufig Gesprächsthema und das Umfeld nicht gerade DDR-kritisch eingestellt ist.

8. Allgemeine Einschätzungen zur DDR und zur Wiedervereinigung

Zusätzlich zu den persönlichen Angaben, den Items zur vergleichenden Bewertung von Bundesrepublik und DDR und zu den Skalen sowie den Wissensfragen haben wir einige Fragen gestellt, die bei den (Vor)Urteilen vieler Menschen in Ost- und Westdeutschland eine besondere Rolle spielen. Dabei geht es u. a. um das Verhältnis zu Ausländern, die Gleichsetzung von System und Lebenswelt in der DDR, die Beurteilung der Wiedervereinigung und die Bewertung der Idee des Sozialismus.

Ausländer in der DDR

In der DDR lebten nur wenige Ausländer – zuletzt um 1% – gemessen an der Gesamtbevölkerung. Gleichwohl gab es in einigen Gegenden massive Konflikte bis hin zu Gewalttätigkeiten gegen Ausländer. Darüber hinaus bestanden nach Meinung verschiedener Beobachter bereits erhebliche Vorurteile gegenüber Ausländern.[629]) Die seit der Vereinigung in Ostdeutschland deutlich höhere Quote ausländerfeindlich Eingestellter ist auch ein Überbleibsel aus DDR-Zeiten.

Heute wird von vielen, nicht nur von rechtsextrem eingestellten Personen, argumentiert, es sei gut gewesen, dass es in der DDR nicht mehr Ausländer gab. Diese Auffassung stellten wir den Befragten zur Beantwortung, was nicht nur bei ausländischen Schülern einen erheblichen Unwillen hervorrief, da sie der Meinung waren, wir würden diese Auffassung teilen oder wollten sie ihnen unterstellen.

*Schaubild 61: Geringer Ausländeranteil in der DDR nach Ländern/Regionen?**

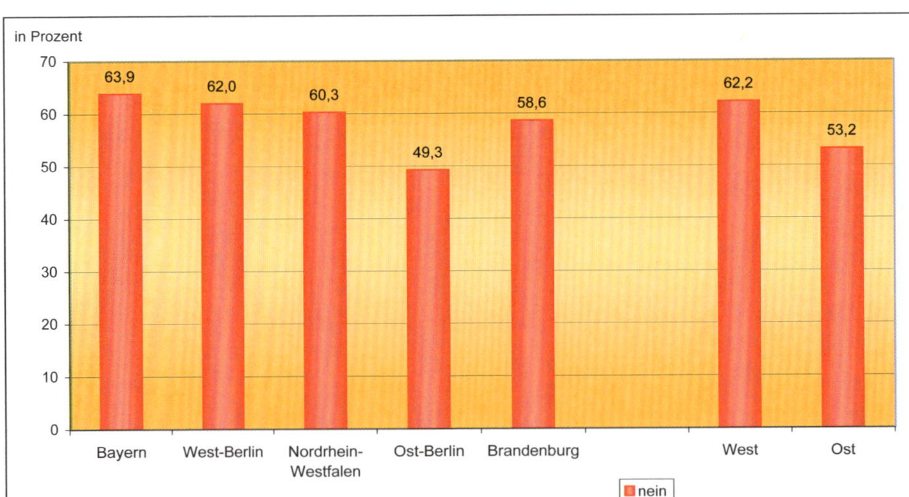

** Ablehnende Antworten auf die Aussage: „An der DDR war gut, dass es nicht so viele Ausländer gab."*

[629]) Vgl. Schroeder 2004, S. 66 ff.

Gut jeder fünfte Schüler stimmt dieser Aussage zu, ein weiteres gutes Fünftel ist unentschieden und deutlich mehr als jeder zweite spricht sich dagegen aus. Auch bei der Beantwortung dieses Items spielen Herkunft der Schüler und besuchte Schulform wiederum eine entscheidende Rolle. Von den ostdeutschen Schülern widerspricht nur etwas mehr als jeder zweite – in Ost-Berlin sogar nicht einmal die Hälfte –, etwa jeder vierte lobt die DDR-Ausländerpolitik und knapp 23% legen sich nicht ausdrücklich fest. In den westlichen Regionen fällt die Ablehnung mit gut 62% zwar wesentlich höher aus, aber auch hier bewertet jeweils etwa knapp jeder Fünfte die Tatsache, dass es in der DDR nur wenige Ausländer gab, positiv oder hält sich im Urteil zurück.

Zwischen Gymnasiasten und den Schülern der anderen drei Schularten sehen wir sogar eine Differenz von über 20 Prozentpunkten in der Ablehnung. Vor allem Real- und Gesamtschüler befürworten die Aussage, während Hauptschüler sich überdurchschnittlich unentschieden äußern.

Naturgemäß votieren etwa zwei Drittel der ausländischen Schüler gegen die Behauptung, allerdings ist erstaunlicherweise ein gutes Fünftel unentschieden und etwa jeder Achte teilt sie sogar. Auf Nachfrage stellte sich heraus, dass manche Schüler glauben, das höhere Gefährdungspotenzial für Ausländer durch Rechtsextreme hätte es auch schon in der DDR gegeben. Insofern waren sie der Meinung, es sei sicherer für Ausländer gewesen, dort nicht zu leben. Sie antworteten also aus dem Blickwinkel eines Ausländers, der abwägt, ob er gerne in der DDR gelebt hätte. Ähnlich argumentierten deutschstämmige Schüler, die sich zu über einem Viertel nicht entscheiden wollen oder können und gut 8 Prozentpunkte weniger als ihre ausländischen Schülerkollegen die Aussage ablehnen.

Jungen votieren in weitaus höherer Zahl für diese Behauptung als Mädchen, die bis auf die Ausländerinnen eine stärker ablehnendere Haltung einnehmen. In Berlin scheint es spezifische Aversionen zwischen männlichen ausländischen und männlichen Ost-Berliner Schülern, aber auch zwischen ausländischen und deutschstämmigen Schülern zu geben. Das berichteten jedenfalls einige Schüler in den Gesprächen mit uns. Einigen Gesprächen konnten wir allerdings auch entnehmen, dass es unter ausländischen Schülern erhebliche Vorbehalte gegen andere Ausländer gibt.

Die Antworten auf dieses Item müssen freilich mit einiger Vorsicht betrachtet werden. Es ist gerade bei dieser Frage nicht auszuschließen, dass einige Schüler „sozial erwünscht" abgestimmt haben. Vor allem in Ost-Berlin scheinen sich Schüler so verhalten zu haben, wie wir Gesprächen entnehmen konnten. Andere Schüler wehrten sich dagegen, wegen einer ausländerkritischen Haltung gleich als Rechtsextreme abgestempelt zu werden. Sie meinten, es gebe sehr wohl Gründe, das Verhalten bestimmter Ausländer kritisch zu sehen. Andere Schüler widersprachen, indem sie den Hinweis auf die ethnische Herkunft bei der Beurteilung von Menschen für nicht relevant, stattdessen die jeweilige soziale Lage für entscheidend hielten. Dass und warum es in der DDR nur so wenige Ausländer gab und wie sie dort behandelt wurden, war nahezu allen Schülern nicht bekannt. In der Schule und bei Familiengesprächen scheint dies kein Thema zu sein.

Anders als ein Teil der Schüler lehnen nahezu alle Studierenden dieses Statement ab, d. h. sie finden es nicht gut, dass es nicht so viele Ausländer in der DDR gab. Ob hier das Votum einiger Studenten durch die Überlegung der erwarteten Antwort geprägt wurde, sei dahingestellt. Gleichwohl – der Anteil der Widersprechenden von 95% spricht für sich.

Ausländeranteil wie in der DDR

Mit einem weiteren Item wurde erfragt, ob die Schüler einen Ausländeranteil in Deutschland auf DDR-Niveau begrüßen würden. Auch wenn etwas mehr als die Hälfte der Schüler das Statement verneint, erstaunt es doch, dass gut 24% der Schüler zustimmen und ein Fünftel – aus welchen Gründen auch immer – eine Festlegung scheut.

*Schaubild 62: Senkung des Ausländeranteils auf DDR-Niveau nach Ländern/Regionen**

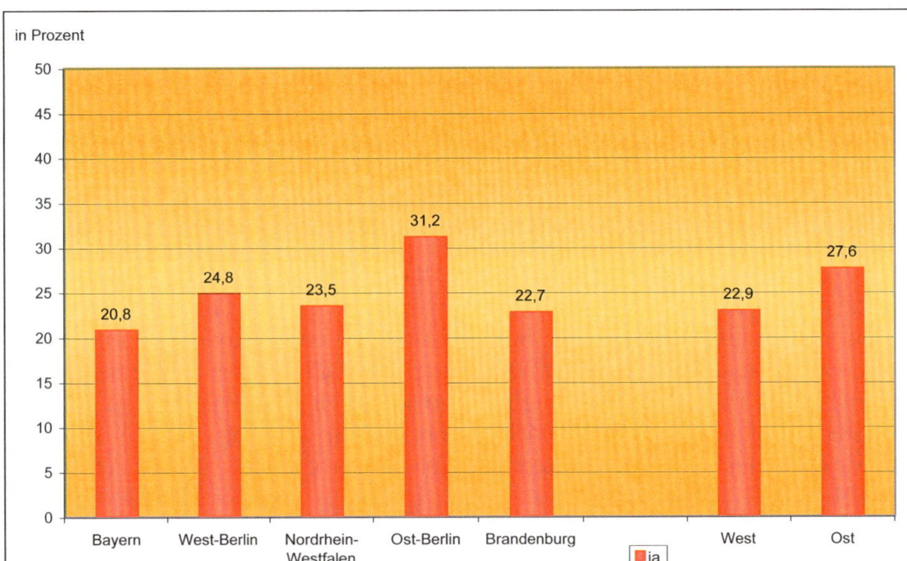

** Zustimmende Antworten auf die Aussage: „Es wäre gut, wenn heute in der Bundesrepublik genauso wenige Ausländer leben würden wie früher in der DDR."*

Im Westen möchten rund 23% der Schüler den Ausländeranteil auf DDR-Niveau senken, im Osten dagegen knapp 28%. Dort widerspricht nur etwa die Hälfte der Forderung, sodass etwa gleich viele die Überlegung, den Anteil der Ausländer entsprechend zu senken, wenn nicht gänzlich teilen, so doch zumindest nicht ausschließen. In den drei westlichen Regionen sprechen sich etwa 58% dagegen aus, sowie gut zwei Drittel der ausländischen Schüler, von denen aber überraschenderweise auch ein knappes Fünftel die Forderung nicht unbedingt ausschließt. 43% der deutschstämmigen Schüler vertreten in Berlin ebenfalls eine derartige Position. Wahrscheinlich reagieren beide Schülergruppen wie schon bei dem vorherigen Item auf ein vermutetes höheres Risiko für Ausländer in der DDR.

Neben dem gespaltenen Ost-West-Blick beobachten wir bei diesem Statement eine etwas differenzierte Sicht in den drei Westregionen. Vor allem in West-Berlin und abgeschwächt in Nordrhein-Westfalen befürworten mehr Schüler als in Bayern ein dramatisches Absenken des Ausländeranteils in Deutschland. Auf der anderen Seite sehen wir dort aber – im Gegensatz zu Ost-Berlin – auch eine breite absolute Mehrheit, die sich dagegen ausspricht.

Mädchen – mit Ausnahme der deutschstämmigen – äußern sich etwas entscheidungsunsicherer und stärker ablehnend als Jungen. Mit knapp 40% liegen die Realschüler an der Spitze aller Teilgruppen, die für eine Senkung des Ausländeranteils auf DDR-Niveau plädieren. Unter ihnen finden wir außerdem fast zwei Drittel, die eine derartige Forderung nicht eindeutig ablehnen. Einen ähnlich hohen Anteil erreichen auch die Ost-Berliner Jungen. Selbst gut jeder fünfte Gymnasiast will den heutigen Ausländeranteil auf DDR-Niveau senken. Dieses Ergebnis macht die Brisanz des Themas offensichtlich. Es beunruhigt nicht zuletzt auch deshalb, weil rechtsextreme Parteien zunehmend die DDR als das bessere Deutschland propagieren, sowohl wegen des praktizierten Sozialismus als auch wegen des geringen Ausländeranteils.

In den Gesprächen erklärten einige West-Berliner und Bochumer Schüler ihre befürwortende Position mit negativen Erfahrungen in Konflikten mit Ausländern. Sie wiesen auf die hohe Gewaltbereitschaft bestimmter Ausländergruppen hin und wussten von Gleichaltrigen, die von Ausländern bestohlen wurden. Dennoch differenzierten sie zwischen den einzelnen Ausländergruppen und klagten nicht pauschalisierend an. Einige Ost-Berliner Schüler begründeten ihre kritische Haltung Ausländern gegenüber mit den schlechten Berufsaussichten für Deutsche, die Vorrang haben müssten. Die meisten Schüler widersprachen jedoch der im Item zum Ausdruck kommenden Position. Ob und inwieweit die Gespräche bei diesem Thema wirklich offen waren, lässt sich bezweifeln, da die Schüler vielleicht annahmen, wir würden ihren Lehrern über ihre Äußerungen berichten, was jedoch selbstverständlich nicht der Fall war.

Wie bei dem vorangegangenen Statement sind sich die Studierenden der Kontrollgruppe im Westen zu 100% und im Osten zu knapp 90% einig: Sie fänden es nicht gut, wenn heute in der Bundesrepublik genauso wenige Ausländer leben würden wie früher in der DDR.

Die DDR und Ostdeutsche schlecht reden

Viele Ostdeutsche vermuten und unterstellen, die Kritik an der DDR von Westdeutschen sei mit dem Ziel initiiert, nicht nur das System, sondern auch die Ostdeutschen schlecht zu reden. Sie fühlen sich durch eine grundsätzliche Kritik an der DDR auch persönlich getroffen. Da die meisten als Systemträger oder Mitläufer in das System eingebunden waren und nur wenige opponierten, findet eine Differenzierung zwischen System und Lebenswelt kaum Gehör.

*Schaubild 63: Instrumentelle Kritik an der DDR nach Ländern/Regionen?**

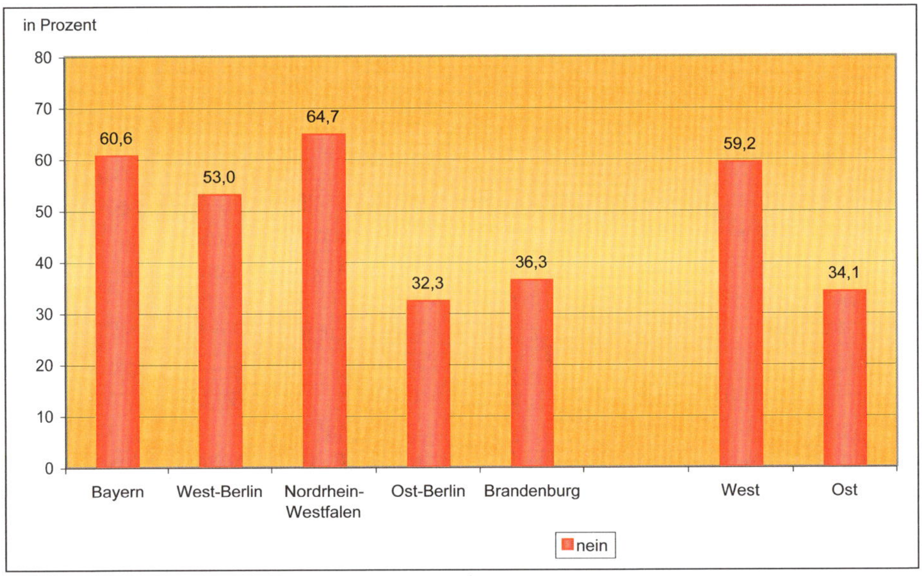

** Ablehnende Antworten auf die Aussage: „Über die DDR wird nur schlecht geredet, um Ostdeutsche schlecht zu machen."*

Erwartungsgemäß fällt die Beantwortung dieses Statements stärker noch als die anderer herkunftsbezogen aus. Eine sehr breite Mehrheit der ostdeutschen Jugendlichen geht von dem unterstellten Zusammenhang aus oder will ihm jedenfalls nicht widersprechen, während eine nahezu ebenso breite Mehrheit der westdeutschen Schüler die Aussage verneint. Die Extrema bilden hier die nordrhein-westfälischen und die Ost-Berliner Schüler. Während von Letzteren gut 46% eine Diskriminierung der Ostdeutschen durch die Systemkritik an der DDR vermuten, sind dies in Nordrhein-Westfalen nur 17%. Hier sehen knapp 65% gegenüber nur gut 32% in Ost-Berlin keinen derartigen Zusammenhang.

Die ausländischen Schüler liegen mit ihrem Votum etwa zwischen Ost und West, sind aber deutlich unentschiedener. Das sind in der Berliner Umfrage auch die deutschstämmigen Schüler, die bei den meisten anderen Themen die Auffassung ihrer Ost-Berliner Mitschüler teilen. Jungen bejahen weitaus häufiger als Mädchen die Aussage; letztere sind entscheidungsunsicherer und sehen in höherer Zahl – insbesondere die Ausländerinnen – keinen derartigen Zusammenhang. Ältere Schüler teilen weniger als jüngere eine derartige Position, sie sind überraschenderweise aber auch auffällig entscheidungsschwach.

Deutlich unterschiedlich antworten die Schüler der verschiedenen Schultypen: Ein knappes Viertel der Gymnasiasten, aber fast 40% der Gesamtschüler schließen sich der Auffassung an; jeweils ein knappes Fünftel bzw. ein gutes Viertel ist unentschieden und nur ein gutes Drittel der Gesamtschüler, aber mehr als die Hälfte der Gymnasiasten votiert dagegen. Eine Diskriminierung Ostdeutscher durch Systemkritik vermuten am häufigsten Ost-Berliner und deutschstämmige Jungen, am wenigsten nordrhein-westfälische und bayerische Schülerinnen.

Die gegensätzlichen Positionen wurden auch in den Gesprächen deutlich. Während westdeutsche Schüler kein Problem darin sahen, die DDR als Diktatur zu kritisieren und die dunklen Seiten dieses Staates herauszustellen, ohne den Einzelnen bzw. die gesamte DDR-Bevölkerung grundsätzlich zu verurteilen, argwöhnten insbesondere Ost-Berliner Schüler, die Kritik an der DDR solle pauschal die dort lebenden Menschen auf die Anklagebank setzen, da jeder mehr oder weniger in das System verstrickt gewesen sei. Sie verwiesen auf die „Normalität" des Alltags und Zwänge des Systems, denen man sich nicht so leicht entziehen konnte. Einige wenige Schüler aus dem Ostteil der Stadt beklagten sich zudem darüber, dass die DDR von Westdeutschen vorschnell in die Nähe des Nationalsozialismus gerückt werde, was sie angesichts der Unterschiede in den Verbrechensdimensionen als eine „Schweinerei" werteten.

Angesichts dieser Schülerpositionen wird vor allem in Berlin – nordrhein-westfälische und bayerische Schüler sahen die Sache gelassener – erkennbar, welchen „Sprengstoff" für die innere Einheit und das Zusammenwachsen die Behandlung der DDR in der Schule in sich bergen kann. Lehrer können diese Folgen der Auseinandersetzung nur verhindern, wenn sie auf den Unterschied zwischen System und Lebenswelt ausdrücklich hinweisen und jede Pauschalisierung vermeiden. Gleichwohl dürfen sie nicht auf eine Behandlung der negativen Seiten der DDR-Diktatur verzichten. Die Verantwortlichen müssen ebenso benannt werden wie die Widerständigen und die „Normalbürger". Gerade am Beispiel der DDR kann den Schülern vermittelt werden, dass Verantwortung keine kollektive, sondern eine individuelle Angelegenheit ist. Das gilt zwar generell, d. h. auch für das Leben in freiheitlichen Demokratien, aber besonders für das Verhalten in Diktaturen, wo sich viele – nicht nur im Nachhinein – hinter dem Kollektiv verstecken. Zahlreichen Schülern waren die Zusammenhänge zwischen System und Lebenswelt nicht bewusst. Sie fanden jedoch die Gespräche über dieses Thema anregend und wünschten sich Entsprechendes im Schulunterricht. Wenn individuelle Verantwortung Rahmenthema wäre, ließe sich den Schülern das Leben in Diktaturen anschaulicher vermitteln.

Bei diesem Item sehen wir erstmals bei der studentischen Kontrollgruppe eine gewisse Ost-West-Differenz, wenn auch auf hohem ablehnenden Niveau. Mehr ost- (knapp 19%) als westdeutsche (gut 4%) Studierende teilen die Einschätzung, die DDR würde nur schlecht geredet, um die Ostdeutschen herabzuwürdigen. Eine breite Mehrheit von 69% bzw. knapp 75% spricht sich jedoch dagegen aus.

Die SED als Vorbild

In Zeiten zunehmender Kritik an Parteien und Politikern wird gelegentlich die Forderung laut, es sei besser, wenn eine einzige starke Partei – oder eine starke Führungspersönlichkeit – die Regierung übernehmen würde. Ob und inwieweit die von uns befragten Schüler eine Partei wie die SED als Vorbild für das vereinte Deutschland betrachten, wollten wir mit nachfolgend ausgewertetem Item erkunden.

*Schaubild 64: SED als Vorbild für eine starke Partei nach Ländern/Regionen?**

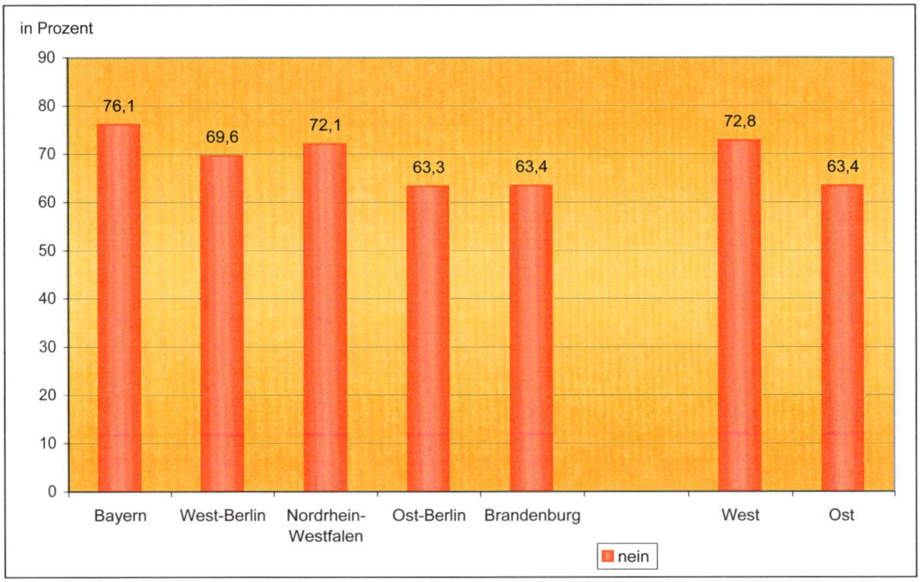

** Ablehnende Antworten auf die Aussage: „Nur eine einzige starke Partei wie die SED in der DDR kann die Interessen aller Gruppen unseres Volkes vertreten."*

Mit einer guten Zweidrittelmehrheit lehnen die Jugendlichen diese Orientierung an der DDR ab, im Osten allerdings mit gut 63% deutlich weniger als im Westen (knapp 73%). Im Osten legen sich zudem überdurchschnittlich viele Schüler nicht auf ein Urteil fest. Die SED als alleinige Interessenvertretung im vereinten Deutschland wünscht sich nur eine kleine Minderheit; auch in Ostdeutschland sind es nur etwa 9%. Erneut haben vor allem die bayerischen Schüler mit sehr breiter Mehrheit keine Präferenz für die SED als Vorbild, aber auch in Nordrhein-Westfalen fällt der Widerspruch überdurchschnittlich hoch aus.

Da die ausländischen Schüler sich bei den meisten Fragen positiv auf die demokratischen Strukturen der Bundesrepublik beziehen, überrascht es, dass knapp 9% von ihnen – deutlich mehr Jungen als Mädchen – für eine einzige starke Partei plädieren. Deutschstämmige tun dies nur unterdurchschnittlich; sie sind knapp zur Hälfte unentschieden bzw. dagegen. Ihr Votum bezieht sich vermutlich weniger auf die

SED als generell auf die Rolle einer kommunistischen Partei, wie sie oder zumindest ihre Eltern sie in ihren Herkunftsländern erlebt haben. Weniger Mädchen als Jungen präferieren eine einzige starke Partei, mit Ausnahme der Ausländerinnen sind sie erneut weniger festgelegt.

Der tiefste Graben in den Auffassungen bei dieser Thematik ist schulspezifischer Natur. Während sich die Gymnasiasten als einzige Teilgruppe mit gut 76% massiv gegen eine einzige starke Partei aussprechen und hier nur zu gut 19% ohne Meinung sind, beziehen über 38% der Gesamtschüler keine eindeutige Position, knapp mehr als die Hälfte spricht sich dagegen aus, aber gut jeder Zehnte votiert für eine einzige starke Partei. Noch stärker fällt der Kontrast zu den Hauptschülern aus: Jeder fünfte von ihnen plädiert für eine starke Partei wie die SED, knapp 40% schließen dies zumindest nicht aus und nur 41% widersprechen – etwa 35 Prozentpunkte weniger als Gymnasiasten. Dieses Ergebnis ist als Indiz zu werten für die Anfälligkeit von Hauptschülern für einfache Antworten auf komplizierte Fragen und für ihren Wunsch nach einer starken Hand in der Politik.

Nicht wenige Schüler äußerten in den Gesprächen Kritik an den heutigen Parteien, die sich mehr um sich selbst als um die Bevölkerung kümmern würden. Zwar sprach sich kein Schüler ausdrücklich für ein Ein-Parteien-System aus, aber es wurde erkennbar, dass sie eine Partei, die sich nachdrücklich für die Interessen der Bevölkerung einsetzt, begrüßen würden. Angesprochen auf die Tatsache, dass es nicht die Bevölkerung gibt, sondern unterschiedliche Bevölkerungsgruppen mit unterschiedlichen Interessen, erwiderten sie, die Politik müsse sich mehr um die Mehrheitsbevölkerung kümmern. Die auch in der Gesamtbevölkerung vorzufindende kritische Haltung gegenüber Parteien und Politikern war unterschwellig in allen Schülergesprächen spürbar.

Die SED kann auch bei den Studierenden nicht punkten. Kein einziger Student wünscht sich eine Monopolpartei nach dem Vorbild der SED zur Interessenvertretung des Volkes, 2% der westdeutschen und knapp 13% der ostdeutschen legen sich nicht fest, die breite Mehrheit aber verneint aber in beiden Gruppen das Statement.

Sozialismus als gute Idee

Viele Ostdeutsche und eine in den letzten Jahren wachsende Zahl von Westdeutschen befürwortet die Auffassung, dass der Sozialismus eine gute Idee sei, die in der DDR allerdings schlecht realisiert wurde. Zwar liegen die zustimmenden Quoten zwischen Ost- und Westdeutschen immer noch auseinander, gleichwohl geht der Trend eher in Richtung der ostdeutschen Mehrheitsmeinung.[630]) In dem Maße, wie in der aktuellen öffentlichen Diskussion etwa Fragen der „sozialen Gerechtigkeit"

[630]) Vgl. Schroeder 2006, S. 751 und Kap. IV.

oder von „Armut und Reichtum" hochmoralisch aufgeladen die Debatte bestimmen, wird sich die Zahl der Befürworter des Sozialismus als Idee aller Voraussicht nach noch erhöhen. Nach der jüngsten Umfrage des Allensbacher Instituts stimmen diesem Statement 57% der Menschen in Ostdeutschland und 45% in Westdeutschland zu; nur 27% im Westen und 19% im Osten lehnen es ab.[631]) Das Desaster, das der Sozialismus nicht nur in der DDR mit sich gebracht hat, gerät dagegen stärker in Vergessenheit.

*Schaubild 65: Sozialismus – eine gute Idee nach Ländern/Regionen?**

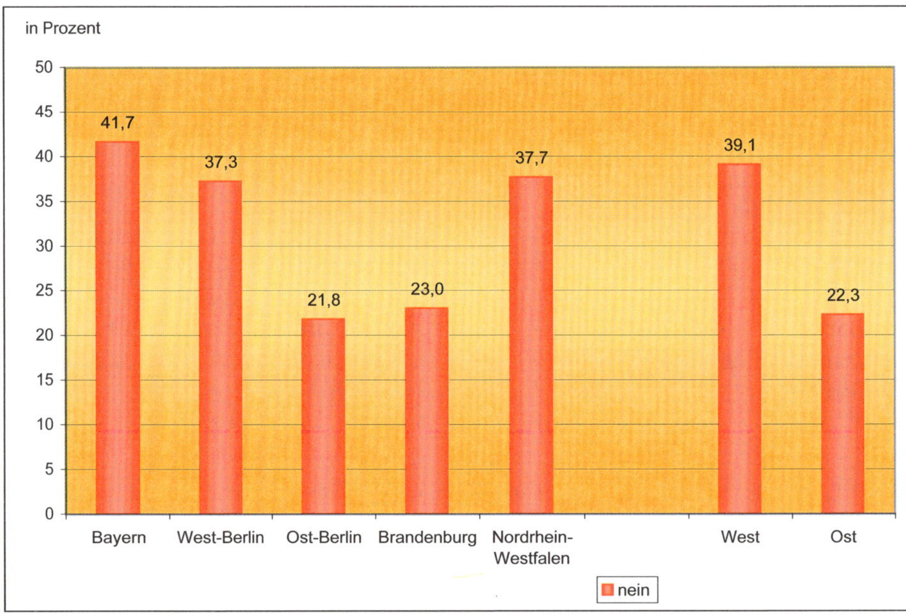

** Ablehnende Antworten auf die Aussage: „Der Sozialismus in der DDR war eine gute Idee, die nur schlecht ausgeführt wurde."*

Anders als in der Allensbach-Umfrage haben wir nicht nach dem Sozialismus als Idee schlechthin gefragt, sondern explizit nach dem Sozialismus in der DDR als Idee. Hierdurch entstand – wie wir einigen Gesprächen entnahmen – für viele Befragte eine Verknüpfung, die zu einem neutralen oder negativen Urteil führte, weil sie sich nicht zu einer Festlegung durchringen wollten oder konnten. Widerspruch erfährt diese Behauptung nur von jedem dritten Schüler. Ein knappes bzw. gutes Drittel ist unentschlossen bzw. bejaht den Sozialismus als gute Idee. Insgesamt erhalten wir also eine breite absolute Mehrheit von zwei Dritteln der Schüler, die sozialistischen Ideen nicht ablehnend gegenüber stehen. In den beiden ostdeutschen Untersuchungsgebieten erhöht sich diese Quote sogar auf fast 80%. In keiner

631) FAZ vom 18. Juli 2007.

Region – selbst nicht in Bayern – optiert eine absolute Mehrheit gegen die Idee des DDR-Sozialismus. In Brandenburg erhält der idealtypische Sozialismus mit knapp 46% die höchste Zustimmung über die Regionen hinaus auch im Vergleich zu allen anderen Teilgruppen.

Für den Sozialismus sind mehr Jungen als Mädchen, mehr Deutsche als Ausländer, mehr Ältere als Jüngere und mehr Gesamtschüler als Schüler der anderen Schultypen. Hauptschüler, gefolgt von Realschülern, halten am wenigsten vom Sozialismus und legen sich zudem überdurchschnittlich häufig nicht auf ein Urteil fest. Dies spricht ebenfalls für die Vermutung, dass Hauptschüler an den Punkten ein Votum für DDR-Verhältnisse abgeben, wo diese auch auf andere Gesellschaftsformen übertragbar sind.

In den Gesprächen erfuhren wir, dass viele – besonders Ost-Berliner – Schüler unter Sozialismus vor allem mehr Gleichheit und mehr staatliche Fürsorge verstehen. Der Sozialismus, der vielen Ländern nicht nur Unfreiheit und Armut gebracht, sondern auch eine gewaltige Blutspur hinterlassen hat, und die Frage, ob diese Realität nicht zwangsläufige Folge der Idee ist, geht nur bei wenigen Schülern in die Bewertung ein.

Mit „Sozialismus" assoziieren die meisten Schüler erstaunlicherweise eher positive als negative Aspekte. Die Idee der Gleichheit findet regen Zuspruch. Dass ihre (vermeintliche) Durchsetzung fast immer gewaltsam erfolgte, wird von den meisten ausgeblendet. Nur wenige, vor allem West-Berliner und bayerische Schüler, verwiesen auf die positiven Aspekte von Ungleichheit als Anreiz für individuelle Leistung. Gerade bei diesem Thema wurde deutlich, wie eindimensional Schüler Gleichheit oder Gerechtigkeit sehen. Vielleicht sollte im Schulunterricht diese Thematik zentrale Bedeutung erhalten: Schließlich handelt es sich bei Gleichheit und Gerechtigkeit um Fragen, die die gesellschaftliche Atmosphäre maßgeblich beeinflussen.

Während bei den vorangegangenen Items die Studierenden sich eher DDR-kritischer als die Schüler geäußert haben, ändert sich das Bild zumindest etwas bei der Frage nach dem Sozialismus als gute Idee. Mehr als jeder dritte der Studierenden mit westdeutscher und knapp jeder zweite mit ostdeutscher Herkunft kann sich hiermit anfreunden und nur knapp 40% aus dem Westen und gut 23% aus dem Osten halten weder vom Sozialismus als Idee noch von seiner Umsetzung etwas.

Die Kosten des „Aufbau Ost"

Bis Ende 2007 summierten sich die Kosten für den „Aufbau Ost" auf brutto gut 1,8 Billionen Euro. Selbst Wiedervereinigungsgegner wie Oskar Lafontaine konnten sich 1990 nicht vorstellen, dass derart gewaltige Transfers nach der Wiedervereinigung notwendig waren. Auch in den nächsten Jahren werden höchstwahrscheinlich weiterhin jeweils etwa 100 Milliarden Euro von West nach Ost fließen müssen.[632]) Da dennoch ein sich selbst tragender Wirtschaftsaufschwung bisher nicht erreicht werden konnte und westliche Kommunen, insbesondere die „armen", unter der Abgabenlast leiden, nimmt die Kritik vor allem im Westen in den letzten Jahren schärfere Züge an. Insbesondere aus Nordrhein-Westfalen, aber auch aus Bayern, waren kritische Stellungnahmen zu hören. Gestritten wird zwischen West und Ost nicht nur über die Notwendigkeit der Transfers, sondern auch über Gründe und Höhe. Während der wirtschaftliche Niedergang der DDR von einer breiten Mehrheit im Westen als Grund angenommen wird, bemängeln viele Ostdeutsche die Arbeit der Treuhand oder generell die Vereinigungspolitik und halten die Ausgangssituation für eher nebensächlich.

*Schaubild 66: Marode DDR-Wirtschaft als Grund für hohe Transfers nach Ländern/Regionen**

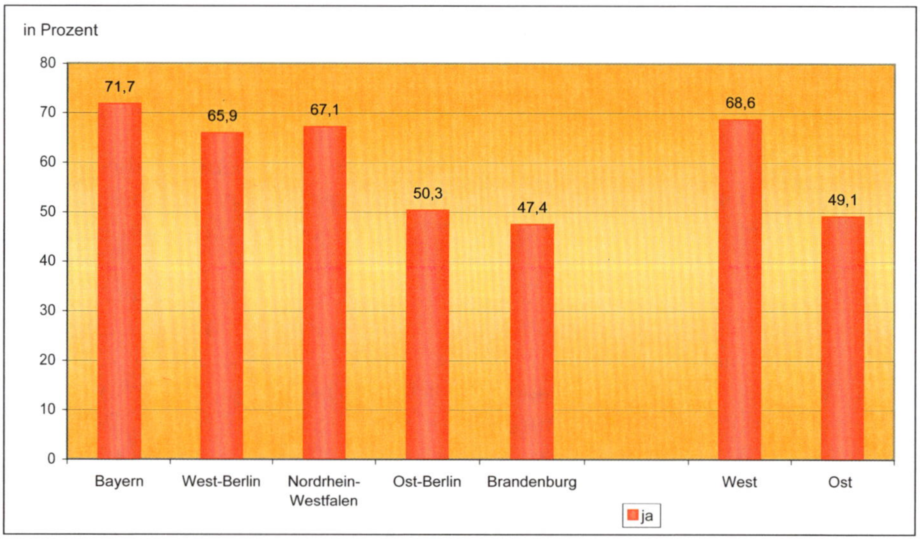

** Zustimmende Antworten auf die Aussage: „Weil die DDR so heruntergewirtschaftet war, sind extrem hohe Summen für den ‚Aufbau Ost' notwendig."*

Dieses Statement wird von vielen Schülern durch die jeweilige ost- bzw. westdeutsche Brille gesehen. Mehr als zwei von drei westdeutschen Schülern sehen sehr wohl den maroden Zustand der DDR-Wirtschaft als Grund für die extrem hohen finanziellen Transfers, die von West nach Ost fließen. Unter den ostdeutschen Schülern teilt dagegen nur knapp jeder zweite diese Auffassung. Eindeutig sprechen sich etwa 9% im Westen und gut 17% im Osten dagegen aus. Unter den Befragten, die sich nicht festlegen, dürften viele sein, die die DDR für nicht heruntergewirtschaftet halten, und

[632]) Vgl. Schroeder 2006, S. 246 ff.

andere, die die Notwendigkeit der Transfers mit unterschiedlichen Belastungen in Ost und West nach Kriegsende begründen. Die Notwendigkeit extrem hoher Transfersummen für den Aufbau Ost aufgrund der maroden DDR-Wirtschaft vermuten weit überdurchschnittlich häufig bayerische Schüler und in etwas abgeschwächter Form auch Jugendliche aus Nordrhein-Westfalen. Brandenburger Schüler, die am häufigsten den Sozialismus als Idee propagieren, führen hier die regionale Rangliste der diesem Statement Widersprechenden an. Mehr als doppelt so viele wie in Bayern verneinen den im Item angeführten Zusammenhang.

Auffällig mehr Jungen als Mädchen bestätigen in allen Teilgruppen das Item. Die altersspezifischen Sichtweisen sind dagegen eher angeglichen, die schulspezifischen wiederum etwas deutlicher ausgeprägt, wobei Gymnasiasten häufiger als Gesamtschüler und vor allem Hauptschüler die Aussage bejahen und entsprechend weniger verneinen.

Dieses Ergebnis deutet darauf hin, dass die Thematik in vielen Familien Gesprächsthema ist, da die Schüler ansonsten wenig Konkretes über den Zustand der DDR-Wirtschaft und die Höhe der Transferzahlungen wissen. Im Schulunterricht jedenfalls – so die übereinstimmenden Aussagen der Schüler aus allen Regionen in den Gesprächen – wurde hierüber nicht gesprochen. Erkennbar war in den Gesprächen aber auch, dass ost- und westdeutsche Schüler die Frage der Transfers gegensätzlich beurteilen. Während die einen nur auf die Notwendigkeit hinwiesen, brachten die anderen die hohen damit verbundenen finanziellen Belastungen ins Gespräch. Einig war man sich schließlich darüber, dass der Osten einschließlich Berlin insgesamt am finanziellen Tropf der anderen – vornehmlich der süddeutschen – Länder hängt. Warum der Aufbau Ost in Berlin unbedingt zu einem Abbau West führen muss(te), fragten freilich einige West-Berliner Schüler, ohne von ihren Ost-Berliner Kollegen eine zufriedenstellende Antwort zu erhalten. Beim Geld hört bekanntlich der Spaß auf – das wurde auch bei den zum Teil erhitzten Schülergesprächen über dieses Thema deutlich.

Mit etwas höheren, auf eine Position festgelegten, Stimmenanteilen, aber ähnlich gespalten zwischen Ost und West beantworten die Studierenden dieses Statement. Knapp drei Viertel der Westdeutschen und etwa die Hälfte der Ostdeutschen pflichten der Annahme bei, die hohen Kosten für den „Aufbau Ost“ seien Folge der maroden DDR-Wirtschaft. Allerdings verneinen mit 12,5% bzw. 38,7% deutlich mehr Befragte der Proseminare diese Feststellung. Generell neigen die Studierenden stärker zu Urteilen als Schüler, sodass die Anteile für neutrale Antworten hier und bei anderen Statements deutlich geringer ausfallen.

Das Ende der DDR

Mit diesem Item wollten wir zwei in der Bevölkerung umstrittene Auffassungen erfragen: zum einen, ob die Schüler das Ende der DDR und die Wiedervereinigung begrüßen, und zum anderen, ob sie eine positive Einstellung zur „friedlichen Revolution“ haben.

Bei diesem Thema sind sich die Schüler der verschiedenen Gruppen weitgehend einig.[633]) Der Aussage stimmen zwei Drittel der Befragten zu, nur gut 12% äußern sich ablehnend, ein sehr gutes Fünftel kann oder will sich nicht entscheiden. Die herkunfts- und altersspezifischen Differenzen fallen äußerst gering aus. Ost-Berliner und bayerische Schüler sind sich zumindest bei der Wertschätzung der „friedlichen Revolution“ weitgehend einig. Vor allem ausländische Schüler – insbesondere über 20% der Mädchen – stehen der friedlichen Revolution ablehnender gegenüber. Jungen votieren stärker bejahend, Mädchen sind entscheidungsunsicherer. Unerwartet deutlich fallen die Bewertungsunterschiede zwischen Gymnasiasten und Real- sowie vor allem Hauptschülern aus. Letztere bilden die einzige Teilgruppe, bei der nicht zumindest eine knappe absolute Mehrheit das Statement begrüßt. Knapp jeder dritte Hauptschüler äußert keine Meinung und knapp jeder fünfte lehnt die Feststellung ab. Unter den Realschülern sehen wir eine ähnliche Tendenz, allerdings befürwortet hier eine knappe absolute Mehrheit das Statement. Dennoch erfährt das Lob der „friedlichen Revolution“, durch die die DDR ein Ende fand, in allen anderen Gruppen eine zustimmende Quote von über 60%, während der Anteil der Neinstimmen nur wenig über 10% liegt.

In den Gesprächen begrüßten die Schüler nahezu einhellig das friedliche Ende der DDR. Die Gewaltlosigkeit im Herbst/Winter 1989 war für sie neben dem Fall der Mauer das herausragende Ereignis in dieser turbulenten Zeit. Dagegen wurde das Ende der DDR nicht von allen Gesprächspartnern als gut eingeschätzt. Einige Ost-Berliner Schüler hätten lieber eine Reform der DDR als die Wiedervereinigung gesehen. Bayerische Hauptschüler dagegen haben weniger gegen die „friedliche Revolution“ als gegen die Wiedervereinigung gestimmt. Für einige von ihnen sind das Ende der DDR und die damit verbundenen Wiedervereinigungskosten nicht gerade begrüßenswert.

Ein Loblied auf die „friedliche Revolution“ stimmen mit etwa 82% (West) und knapp 74% (Ost) auch die Studierenden an. Nur gut jeder Zehnte bekundet, er würde es nicht gut finden, dass die DDR durch eine friedliche Revolution ihr Ende fand. In der anschließenden Diskussion erklärten allerdings einige Studierende mit ostdeutscher Herkunft, die das Proseminar über die DDR besuchten, ihr positives Votum habe nur der Friedfertigkeit des Umsturzes gegolten, aber nicht dem Ende der DDR, der sie eher eine grundlegende Reform gewünscht hätten.

Urteil über Wiedervereinigung

Die meisten der von uns befragten Schüler sind unmittelbar vor oder nach der Wiedervereinigung geboren. Das geteilte Deutschland kennen sie nur aus Erzählungen,

633) Vgl. Tabelle A78 im Anhang.

Filmen oder Büchern. In der Schule wird die Thematik – so jedenfalls einige Schüler im Gespräch – nur kurz oder überhaupt nicht behandelt. Der Geschichtsstoff endet zumeist mit der Teilung Deutschlands nach dem Zweiten Weltkrieg. Wir wollten gerade vor diesem Hintergrund abfragen, ob die Schüler trotz der hohen Kosten positiv zur Wiedervereinigung stehen.

*Schaubild 67: Positives Urteil über Wiedervereinigung nach Ländern/Regionen**

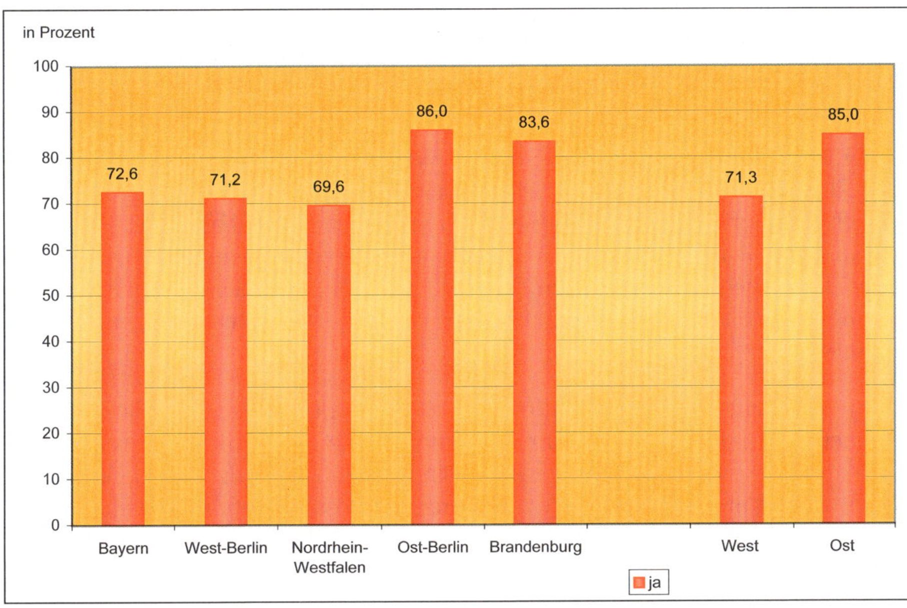

** Zustimmende Antworten auf die Aussage: „Auch wenn der Aufbau Ost viel Geld kostet, bin ich froh, dass Deutschland wieder vereint ist.“*

Die Schüler geben mit einer breiten Mehrheit von über drei Vierteln ein positives Urteil über die Wiedervereinigung ab, obschon die Kosten hoch sind – in Ostdeutschland freuen sich allerdings fast 14 Prozentpunkte mehr Schüler als im Westen; mehr als jeder zehnte ist unentschieden und jeder zehnte äußert sich nicht erfreut über die Wiedervereinigung. Die Ost-West-Differenz ist offensichtlich: Westdeutsche Schüler reagieren bei der Bewertung der Wiedervereinigung etwas zurückhaltender als ihre ostdeutschen Mitschüler. Die höchsten Quoten gegen die Wiedervereinigung sehen wir in West-Berlin und vor allem in Nordrhein-Westfalen. Dort liegt der Anteil der Befürworter unter dem Durchschnitt. Die Ost-Berliner Schüler, die sich ansonsten eher kritisch über das Gesellschaftssystem der Bundesrepublik auslassen, sind erstaunlicherweise die Teilgruppe, die das positivste Urteil über die Wiedervereinigung abgibt. Am wenigsten freuen sich die nordrhein-westfälischen Schüler (knapp 70%).

Mit über 87% sind vor allem die deutschstämmigen Schüler froh über die Wiedervereinigung, die ausländischen Mädchen verhalten sich dagegen skeptischer. In allen anderen Teilgruppen äußern vor allem Mädchen überdurchschnittlich häufig ihre Freude über die Wiedervereinigung, während sie von den Jungen negativer bewertet wird – im Westteil Berlins sogar von einem knappen Fünftel, aber nur von 6,4% der Mädchen. Ein uneinheitliches Bild bieten erneut die Schüler der verschiedenen Schularten. Während die Gymnasiasten mit der überwältigenden Mehrheit von knapp 79% dem Statement zustimmen, hält sich die Begeisterung unter den Haupt- und Realschülern in engeren Grenzen. Hier freut sich zwar auch eine absolute Mehrheit über die Wiedervereinigung trotz der hohen Kosten, aber knapp jeder fünfte Hauptschüler und mehr als jeder vierte Realschüler widersprechen diesem Statement.

Das Urteil über die Wiedervereinigung trennt im wesentlichen West- und Ostdeutsche, die Geschlechter sowie die Schüler der verschiedenen Schularten. Vergleicht man die Antworten der Mädchen und Jungen, werden erhebliche Unterschiede sichtbar, die in dieser Höhe bei kaum einem anderen Item zu verzeichnen sind. Offensichtlich beurteilen Mädchen die Wiedervereinigung eher emotional, ein Teil der Jungen – vor allem der Haupt- und Realschüler – eher unter einem Kosten-Nutzen-Kalkül.

In den Gesprächen berichteten oftmals Schüler aus dem Westteil Berlins und aus Nordrhein-Westfalen vom Frust ihrer Eltern über die hohen Transferleistungen in den Osten. Diese familiären Erfahrungen sind vermutlich in die Entscheidung, die Wiedervereinigung weniger positiv zu sehen, eingeflossen. Gleichwohl befürwortete auch in den Gesprächen eine breite Mehrheit der Schüler die Vereinigung trotz der hohen Kosten.

Im Gegensatz zu den Schülern spricht sich unter den Studierenden ein wesentlich höherer Anteil Westdeutscher (knapp 92%) für die Wiedervereinigung trotz der hohen Kosten aus, was nur gut 74% der Ostdeutschen tun. Unter ihnen sehen wir auch knapp 13% (West: etwa 6%), die mit dem gleichen Argument wie beim vorangegangenen Statement – die DDR hätte eine Reform verdient – widersprechen.

Dankbare Ostdeutsche

Angesichts der hohen Kosten für die West-Ost-Transfers und der finanziellen Einbußen, die die meisten Westdeutschen über den Solidaritätszuschlag hinaus seit 18 Jahren zu tragen haben, erwarten viele von den Ostdeutschen hierfür eine gewisse Dankbarkeit. Diese aber sind in ihrer großen Mehrheit nicht dankbar, sondern betrachten die Transfers als selbstverständlich oder als Ausgleich für ihr Schicksal nach 1945, das sie ungewollt von den Westdeutschen trennte. Trotz der transferbedingten Wohlstandsexplosion nach 1990 äußern sich in Umfragen die meisten

Ostdeutschen unzufrieden, was wiederum viele Westdeutsche in steigendem Maße erbost.[634])

*Schaubild 68: Mehr Dank der Ostdeutschen nach Ländern/Regionen**

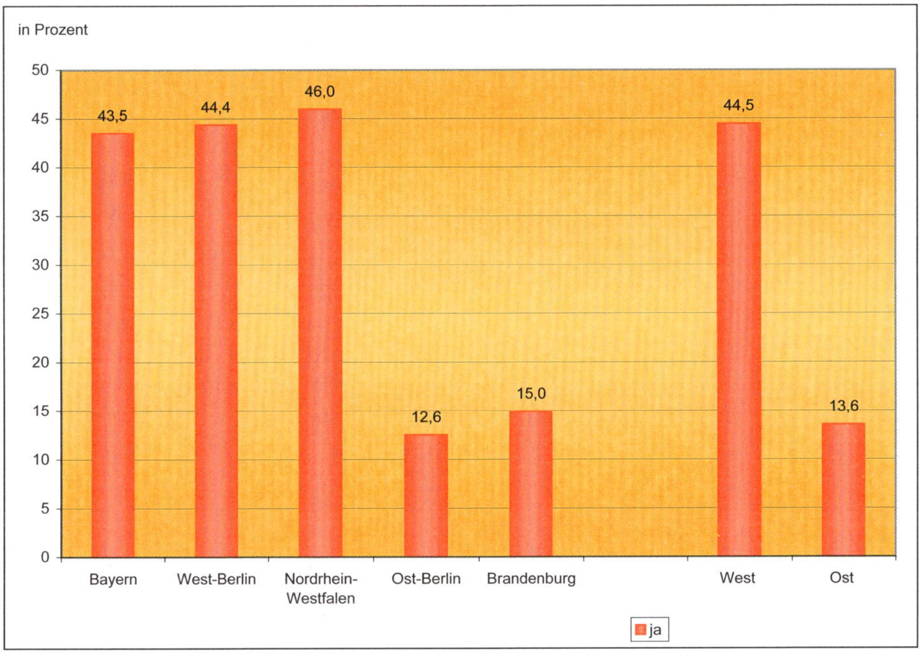

** Zustimmende Antworten auf die Aussage: „Die Ostdeutschen sollten gegenüber den Westdeutschen dankbarer sein, da sie viel Geld vom Westen bekommen."*

Knapp 40% der Schüler lehnen das Postulat nach mehr Dankbarkeit der Ostdeutschen ab, ein gutes Viertel legt sich nicht fest und ein Drittel hält eine dankbare Haltung der Ostdeutschen für angemessen. Erwartungsgemäß unterscheiden sich Ost- und Westdeutsche stark in dieser Frage. Während über 44% der Schüler aus dem Westen Dankbarkeit der Ostdeutschen erwarten, tun dies nur gut 13% der Ostdeutschen. Letztere lehnen diese Erwartung zu knapp 63% ab, was nur gut 26% ihrer westlichen Schülerkollegen tun. Im regionalen Vergleich werden die divergierenden Einschätzungen noch deutlicher sichtbar. So wünschen sich 46% der Schüler aus Nordrhein-Westfalen mehr Dankbarkeit der Ostdeutschen. Damit stimmen jedoch nur knapp 13% der Ost-Berliner überein.

Dankbarkeit fordern in allen Gruppen Jungen erheblich häufiger als Mädchen. In West-Berlin sind es zum Beispiel gut 34% der Schülerinnen, die eine entsprechende Haltung der Ostdeutschen erwarten, aber knapp 55% der Jungen. Hier lässt sich, wie

[634]) Vgl. Schroeder 2006, S. 264 ff. und S. 511 ff.

bei dem vorangegangenen Item, eine stärkere materielle Sicht von Jungen vermuten. Die altersspezifischen Unterschiede fallen dagegen weniger stark ins Gewicht.

In den Gesprächen war die Brisanz dieses Themas mit Händen zu greifen. Während Ost-Berliner und Brandenburger Schüler geradezu vehement Dankbarkeit ablehnten, zeigten West-Berliner und Nordrhein-Westfalen für diese Haltung wenig Verständnis. Schnell entwickelten sich – in Berlin – die Gespräche über dieses Thema zu generellen Diskussionen über Solidarität, Schuld und Dankbarkeit. Zum Missfallen ihrer West-Berliner Mitschüler brachten Ost-Berliner Schüler auch den Einwand ein, schließlich würden die Westdeutschen das Geld für den Aufbau Ost nicht freiwillig, sondern aufgrund von gesetzlichen Bestimmungen zahlen. Von Solidarität und einem entsprechenden Dank könne deshalb keine Rede bzw. Notwendigkeit sein.

Anders als die Schüler aus den westlichen Regionen erwarten nur wenige Studierende aus dem Westen (gut jeder Zehnte) von den Ostdeutschen Dankbarkeit für die gewaltigen Transfersummen aus dem Westen. Eine sehr breite Mehrheit von 75% (Ost: knapp 81%) lehnt dagegen diese Forderung ab. Sie erklärten in den nachfolgenden Gesprächen ihr nahezu einheitliches Votum mit unterschiedlichen Begründungen: Einige Ostdeutsche hielten die Transfers erstens für nicht so hoch wie offiziell angegeben und zweitens für selbstverständlich, weil die SBZ/DDR die Hauptlast des verlorenen Krieges getragen habe. Ihre westdeutschen Kommilitonen meinten, der Westen sei reich genug, um auch diese notwendigen Transfers zu schultern.

Freiheit oder Sicherheit

In allen Umfragen seit 1989/90 unterschied sich bis 2005 eine Mehrheit in Ost- und Westdeutschland in kaum einer Frage so deutlich wie in der nach der – alternativ gesetzten – Priorität von Freiheit oder Gleichheit bzw. sozialer Sicherheit. Die Westdeutschen votierten mit breiter, in den letzten Jahren allerdings sinkender Mehrheit für die Freiheit, die meisten Ostdeutschen dagegen für die Gleichheit.[635]) Im Jahre 2006, in dem die Unzufriedenheit mit der Politik der rot-grünen Koalition manifest wurde, votierten erstmals mehr Westdeutsche (48%) für Gleichheit als für Freiheit (43%). In den neuen Ländern beantworteten in diesem Jahr die Befragten die Alternative mit 59% für Gleichheit und 31% für Freiheit. Im nachfolgenden Jahr sprach sich in Westdeutschland wieder eine Mehrheit für „Freiheit" aus.

Viele Ostdeutsche – und zunehmend mehr Westdeutsche – sehnen sich anscheinend nach einer staatlichen Rundumversorgung wie in der DDR, allerdings nicht auf dem seinerzeitigen, sondern auf einem am westdeutschen Wohlstand orientierten Niveau. Die „Freiheit durch Sozialismus", die die Führer der Partei „Die Linke" fordern, gibt es bisher nirgendwo. In der DDR existierte nicht die Freiheit, es gab nur „die Einsicht in die Notwendigkeit", was bedeutete, den Vorgaben der SED zu folgen.

---

[635]) Vgl. Schroeder 2006, S. 508 ff.

*Schaubild 69: Pro Freiheit nach Ländern/Regionen**

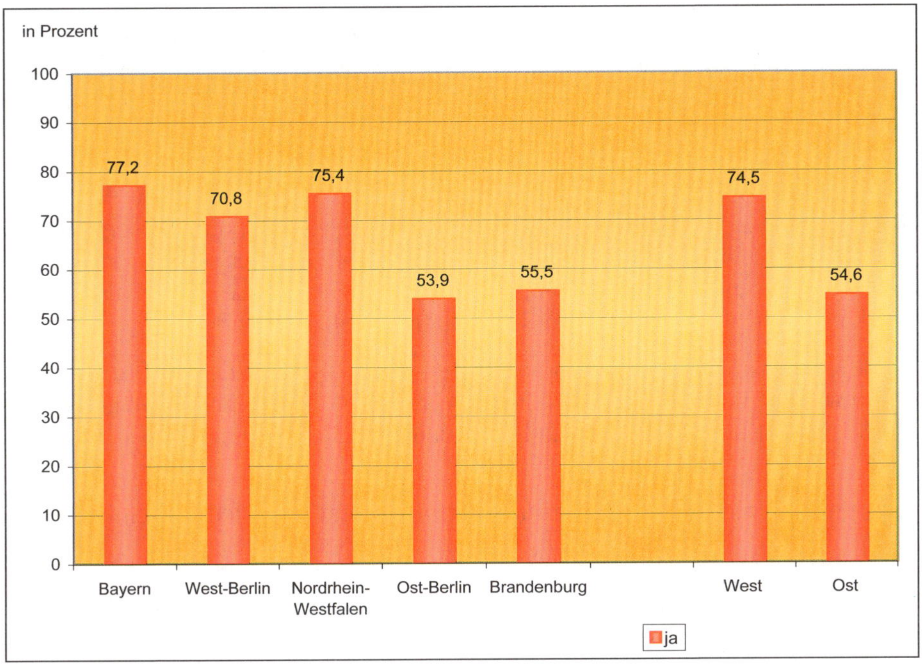

** Zustimmende Antworten auf die Aussage: „Es ist besser, in Freiheit zu leben als – wie in der DDR – vom Staat rundum versorgt zu werden."*

Wie bei vielen anderen Statements stechen auch in der Auswertung dieses Items die Ost-West-Differenzen hervor: Westdeutsche Schüler präferieren mit über 74% die Freiheit, dem schließen sich aber nur gut 54% der Ostdeutschen – und damit deutlich mehr als in der Bevölkerung insgesamt – an. Das stärkste Votum erhält die „Freiheit" mit gut 77% in Bayern, gefolgt von Nordrhein-Westfalen (gut 75%). Für eine staatliche Rundumversorgung sprechen sich etwa 11% aus – knapp 15% in Ostdeutschland.

Auch die unterschiedlichen Voten von Realschülern und Gymnasiasten auf der einen und Gesamt- und Hauptschülern auf der anderen fallen auf. Letztere plädieren zwar mit einer absoluten Mehrheit für Freiheit, wenn sie alternativ zur staatlichen Rundumversorgung gesetzt wird, allerdings schließen sich gut 40% bzw. knapp 50% dieser Auffassung nicht an. Unter den Hauptschülern finden wir die größte Gruppe, die lieber eine staatliche Rundumversorgung als Freiheit hätte.

Dass selbst in Ostdeutschland und auch im Ostteil Berlins eine absolute Mehrheit sich bei dieser Alternative für die Freiheit entscheidet, kann als positives Ergebnis gewertet werden. Der hohe Anteil der unentschlossenen Ost-Berliner Schüler drückt zum Teil den Widerspruch gegen die angebotene Alternative aus.

In den Gesprächen präferierten weitaus mehr Schüler aus dem Osten als aus dem Westen eine staatliche Versorgung zulasten freiheitlicher Aspekte. Nicht wenige meinten, dass ihnen Freiheit ohne Arbeit nichts nütze und es Aufgabe des Staates sei, sich darum zu kümmern bzw. bei Arbeitslosigkeit einzugreifen. Wie bei der Auswertung der standardisierten Befragung vermutet, wollten insbesondere viele Ost-Berliner Schüler Freiheit und garantierte soziale Versorgung durch den Staat miteinander verknüpfen. Die Problematik der Einschränkung von Freiheit als Preis der Rundum-Versorgung in der DDR wollten sie nicht akzeptieren. Ihre West-Berliner Altersgenossen sprachen sich mehrheitlich gegen eine Rundum-Versorgung und für individuelle Freiheit aus, ohne den Staat gänzlich aus der sozialen Verantwortung zu entlassen. Insofern war bei den Gesprächen weniger die Freiheit als Wert an sich kontrovers als Höhe und Intensität staatlicher Sozialpolitik.

Im Gegensatz zu ihren jüngeren Landsleuten geben die ostdeutschen Studierenden genau wie ihre westdeutschen Studienkollegen mit gut 73% ein eindeutiges Votum für die Freiheit und gegen die staatliche Rundumversorgung ab.

Fazit der allgemeinen Einschätzungen zur DDR und zur Wiedervereinigung

Die Schüler sollten in diesem Teil des Fragebogens zu einigen Fragen allgemeinerer Natur über die DDR und die Wiedervereinigung Stellung beziehen, die nicht in die Skalenauswertung eingegangen sind.

Zwei der Statements bezogen sich auf Ausländer in der DDR, die – wie schon erwähnt – im Vorfeld der Umfrage, aber besonders auch in den Klassengesprächen für Unruhe und Empörung sorgten. Vielen, nicht nur ausländischen Schülern war nicht klar, dass die Items nicht unsere Meinung wiedergeben, sondern in öffentlichen wie privaten Diskussionen vorhandene Positionen formulieren, zu denen die Schüler Stellung beziehen sollten. Einige waren aber auch trotz Aufklärung der Meinung, solche Fragen dürften nicht gestellt werden.

Insofern erstaunt das Ergebnis gerade bei der Aussage, die niedrigere Zahl von Ausländern in der DDR sei gut gewesen, der gut jeder Fünfte zustimmt. Addiert man die Zahl der indifferenten Schüler, sieht man knapp 41% der Schüler, die dieser Auffassung zumindest nicht explizit widersprechen. Etwa 38% der west-, aber knapp 47% der ostdeutschen Schüler äußern sich nicht eindeutig gegen diese Meinung. Da aber einige ausländische Schüler die Position teilen, dürfte die Stellungnahme der meisten Schüler durch aktuelle Ereignisse – Angst vor rechtsextremistischen Übergriffen in Ostdeutschland – und vermutlich auch individuelle Erfahrungen – Vorbehalte gegenüber bestimmten anderen Ausländergruppen – beeinflusst sein, die mit der DDR wenig zu tun haben. Entgegen landläufiger Meinung sehen sich „Ausländer“ nicht als eine Gruppe mit einer gemeinsamen Identität, sondern differenzieren sehr wohl zwischen verschiedenen Ausländergruppen. Bei diesem Statement zeigen sich die größten Einstellungsunterschiede zwischen „linken“ und „rechten“ Schülern. Letztere loben die DDR mit einem Mittelwert von 2,45 für ihre Ausländerpolitik, die von den „Linken“ mit 4,24 eindeutig abgelehnt wird. Diese Teilgruppendifferenz von fast zwei Punkten ist die größte unter allen Items.

Auch das zweite Item zu diesem Themenkatalog weist ähnliche Ergebnisse auf: Nur etwas mehr als die Hälfte der Schüler spricht sich gegen die Position aus, den Ausländeranteil in Deutschland auf DDR-Niveau zu senken – wiederum weitaus weniger Schüler im Osten als im Westen. Vorbehalte gegenüber Ausländern äußert vor allem ein relativ hoher Anteil der männlichen Jugendlichen sowie der Real- und Gesamtschüler. Diese Gruppen sind zusammen mit den Hauptschülern gleichzeitig rechtsextremen Parolen und Parteien gegenüber offener und aufgeschlossener, wie unsere Auswertung und Gespräche ergeben haben.[636]) Dies mag mit ein Grund sein, warum „rechts“ eingestellte Jugendliche der DDR eine gewisse Sympathie entgegenbringen. Auch bei unserer Befragung sind es vor allem die mehr oder weniger „rechts“ eingestellten Schüler, die dem Statement beipflichten. Die Befragten aus dem linken Lager dagegen votieren ausdrücklich dagegen.

Bei der Aussage, die DDR würde nur schlecht geredet, um die Ostdeutschen schlecht zu machen, sind die Schüler aus den alten und den neuen Ländern ebenfalls unterschiedlicher Meinung: Nur ein gutes Viertel der westdeutschen, aber eine relative Mehrheit von gut 43% der ostdeutschen Schüler schließt sich dieser Meinung an; eine breite Mehrheit der Schüler aus dem Westen und nur ein gutes Drittel der Schüler aus dem Osten begreift Kritik an der DDR nicht als Diskriminierung Ostdeutscher. Diese Auffassung teilen insbesondere „gemäßigt rechte“ Schüler, während „gemäßigt linke“ sie am stärksten ablehnen.

Auch die Aussagen zu den notwendigen (hohen) Kosten des Aufbaus Ost werden von den Schülern mehrheitlich bejaht, allerdings von über zwei Dritteln im Westen, aber von nur knapp der Hälfte im Osten, wenngleich in den Gesprächen insbesondere von West-Berliner und nordrhein-westfälischen Schülern häufig Kritik geäußert wurde an den ihrer Meinung nach einseitigen Geldtransfers in die Neuen Länder. Insofern erwarten über 44% der West-, aber nur 13% der Ost-Berliner Schüler größere Dankbarkeit von den Ostdeutschen. Diese Auffassung teilen überdurchschnittlich häufig „gemäßigt rechte“ Schüler, während sie vom linken Lager eher abgelehnt wird.

Die Wiedervereinigung werten jedoch trotz aller Kritik etwa drei Viertel der Schüler als positives Ereignis der deutschen Geschichte. Allerdings kommt auch hier die skeptischere Haltung der westdeutschen Schüler zum Tragen, die sich deutlich weniger häufig als ihre ostdeutschen Mitschüler darüber freuen. Ähnlich positiv betrachten etwa zwei Drittel der Schüler – insbesondere Gymnasiasten – das Ende der DDR durch eine friedliche Revolution. Hier stehen sich „linke“ und „rechte“ Schüler in der Bewertung diametral gegenüber. Letztere stimmen am geringsten, erstere am häufigsten zu.

---

[636]) Vgl. hierzu auch die Schülerstudie des Forschungsverbundes SED-Staat zu Rechtsextremismus und Jugendgewalt im Ost-West-Vergleich, Schroeder 2004, S. 251 ff.

In ihrem Urteil über den Sozialismus als gute Idee und schlechte Realität in der DDR sind die Schüler in geringerem Maße gespalten: Ein Drittel – deutlich mehr im Westen als im Osten – spricht sich dagegen aus, aber knapp 35% (Ost: 42,6%; West: 30,9%) befürworten diese Stellungnahme. Erwartungsgemäß schließen sich der Auffassung eher „linke" als „rechte" Schüler an.

Aber auch von den Sympathisanten des Sozialismus sieht nur eine kleine Minderheit die SED als Vorbild für eine wünschenswerte starke Partei, die die Interessen aller Gruppen des Volkes vertritt, darunter etwas häufiger ost- als westdeutsche und vor allem mehr Hauptschüler, die sich freilich zum Teil eine andere „starke Partei" wünschen. Dies bestätigt sich in dem etwas niedrigeren Skalenmittelwert, den „rechte" Schüler gegenüber „gemäßigt linken" Schülern erreichen.

Eine Ost-West-Differenz zeigt sich ebenso bei der Beantwortung des Statements zu Freiheit oder soziale Sicherheit: etwa 68% aller Schüler wollen lieber in Freiheit leben als vom Staat rundum versorgt zu werden – allerdings knapp drei Viertel der Befragten in den alten und nur etwas mehr als die Hälfte in den neuen Ländern. Bei diesem Statement liegen die politischen Lager dichter zusammen als bei den anderen.

Als Ergebnis lässt sich festhalten, dass sich zwar eine breite Mehrheit der befragten Schüler über die Wiedervereinigung freut und ein Votum für Pluralismus und Demokratie abgibt, dennoch eine nennenswerte Minderheit hierzu eine skeptische Haltung einnimmt. Eine mehr oder weniger latente Ablehnung von zu vielen Ausländern in Deutschland wird bei den beiden entsprechenden Items sichtbar. Viele Schüler sympathisieren aus verschiedenen Gründen mit dem Gedanken, den Ausländeranteil im heutigen Deutschland auf DDR-Niveau zu senken. Die alters- und zum Teil auch geschlechtsmäßigen Unterschiede fallen geringer, die schulspezifischen noch stärker aus als in anderen Teilen des Fragebogens. Die herkunftsspezifischen Sichtweisen differieren ebenfalls zum Teil beträchtlich. Generell beurteilen Jungen manche Aspekte aus einer eher materialistischen Sicht, Mädchen eher aus einer gefühlsmäßigen.

Die Gespräche zeigten, dass selbst bei einem gleichen Urteil von ost- und westdeutschen Schülern die Gründe hierfür unterschiedlich sein können. Der Ost-West-Graben schimmert sowohl bei den Ergebnissen der standardisierten Befragung als auch den Gesprächen immer wieder durch. Die unterschiedlichen Milieus zeigen weiterhin Wirkung. Der gespaltene Ost-West-Blick löst sich bei den Studierenden der Kontrollgruppe weitgehend auf: Sie votieren bei den meisten Items übereinstimmender, wissen deutlicher den Wert einer freiheitlichen Gesellschaft zu schätzen, lehnen Ausländer nicht ab und haben nur bei der Frage nach der maroden DDR-Wirtschaft und dem Sozialismus als gute Idee und etwas abgeschwächt bei der Gleichsetzung von System und Lebenswelt durch die DDR-Kritik leicht divergierende Auffassungen. Es spricht also einiges dafür, dass sich mit Beginn des (Politologie-)Studiums Einstellungen und Meinungen von der jeweiligen Herkunft lösen und stärker von anderen Aspekten, zum Beispiel der politischen Grundhaltung sowie Erkenntnisprozessen, bestimmt werden.

9. Das Wissen von Schülern über die DDR

In die Beantwortung der Statements zur vergleichenden Bewertung von Bundesrepublik und DDR und zu den sieben Skalen zum Bild der DDR flossen in unterschiedlicher Weise Kenntnisse der Schüler mit ein. Diese erschließen sich freilich nur indirekt, weil sie von Bewertungen überlagert sind. Daher haben wir gesondert explizite Wissensfragen gestellt. Die Schüler wurden gebeten, hier nur bei „sicherem Wissen" zu antworten, ansonsten sollten sie „weiß nicht" oder „unbekannt" ankreuzen.

Gemeinhin wird angenommen, dass vor allem westdeutsche Schüler geringe Kenntnisse über die DDR haben. Ob dies tatsächlich zutrifft, sollte durch spezielle Wissensfragen ermittelt werden. Dabei ist nicht nur der regionale Vergleich der Ergebnisse von besonderem Interesse, sondern auch der Vergleich der Bewertungen der DDR zwischen denjenigen, die viel und denjenigen, die wenig über sie wissen.

a. Allgemeine Aspekte

Um einschätzen zu können, ob die Schüler intensivere Kenntnisse über die DDR und die Bundesrepublik haben, stellten wir einige Fragen, die bei bestimmten Themen eine Zuordnung zu dem jeweiligen deutschen Teilstaat erfordern. Durch Gespräche mit Lehrern und Schülern erfuhren wir, dass die meisten Aspekte in der Schule nicht behandelt worden sind, und auch die Lehrer erhebliche Wissenslücken haben. Da wir ausdrücklich darum gebeten haben, bei diesem Fragenkomplex bei Unwissenheit „weiß nicht" anzukreuzen, wurde es möglich, den Kreis von Schülern, der über angemessene Kenntnisse verfügt, herauszufiltern. Dieses Vorgehen erschien uns zwingend, da wir erforschen wollten, ob und inwieweit der Wissensgrad über die deutsche Teilungsgeschichte Auswirkungen auf das Bild der DDR hat.

Todesstrafe

In der DDR gab es die Todesstrafe bis zum 17. Juli 1987, als sie auf Beschluss des Staatsrates abgeschafft wurde. Die „Aktuelle Kamera" verkündete am selben Tag, die Todesstrafe hätte abgeschafft werden können, weil die „konsequente Bestrafung von Nazi- und Kriegsverbrechern" nun abgeschlossen sei und in der DDR eine stabile soziale Lage herrsche.[637])

Für die SED war – wie es in einem DDR-Gesetzeskommentar von 1969 hieß – die Todesstrafe ein „Gebot sozialistischer Gerechtigkeit". Zwischen 1949 und 1987 wur-

637) Vgl. Kloth 2007.

de sie in 227 Fällen verhängt und in mindestens 205 Fällen auch vollstreckt.[638]) Dabei handelte es sich keineswegs nur um Kriegsverbrecher oder Nationalsozialisten, sondern in vielen Fällen auch um „Agenten“ oder „Saboteure“, die für die SED-Führung Feinde des Sozialismus waren. Neben den beiden Sachverhalten „NS-Verbrechen“ und „Staatsverbrechen gegen die DDR“ wurde die Todesstrafe auch wegen „schweren Mordes“ ausgesprochen. Die letzte Entscheidung, ob ein Todesurteil getroffen und/oder vollstreckt wurde, behielt sich das Politbüro bzw. der Generalsekretär vor.[639])

Bis 1968 wurden die zum Tode Verurteilten guillotiniert, danach nach sowjetischem Vorbild mit einem „unerwarteten Nahschuss in den Hinterkopf“ getötet. „Beim Betreten des Hinrichtungsraumes trat der Henker unvermittelt von hinten an den Verurteilten heran und gab ihm einen Genickschuss. Dem Opfer wurde so der letzte Rest an Menschenwürde genommen – die Stasi hingegen begrüßte den Methodenwechsel „im Interesse des humanitären Anliegens unseres sozialistischen Strafrechts.“[640])

Zuletzt wurde die Todesstrafe wegen Verrats bei Werner Teske vollstreckt, einem Hauptmann des MfS, der am 26. Juni 1981 durch einen Schuss in den Hinterkopf umgebracht wurde. Seinen Angehörigen wurde die Hinrichtung nicht mitgeteilt. Sie glaubten bis 1990, er würde noch „unter anderem Namen“ am Leben sein. Bei ihm wie bei anderen, so zum Beispiel einem Eisenbahner, der eine Weiche falsch gestellt hatte, oder einem Kraftwerksdirektor, der in den Westen fliehen wollte, wurde der „Nahschuss in das Hinterhaupt“ mit folgenden Worten gerechtfertigt: „Indem die Todesstrafe der Sicherung und dem zuverlässigen Schutz unseres souveränen sozialistischen Staates, der Erhaltung des Friedens und dem Leben der Bürger dient, trägt sie einen humanistischen Charakter.“[641])

Die Todesstrafe wurde in der DDR – soweit bisher bekannt – 52-mal wegen politischer Delikte, 89-mal wegen NS-Verbrechen und 70-mal wegen krimineller Taten vollstreckt. Für Falco Werkentin war dies in allen Fällen Justizmord, da eine Instanz, die weder in der Verfassung noch im Strafrecht dafür vorgesehen war, Urteile und Hinrichtungen angewiesen hat. Bis 1974 ist nachweislich jedes Todesurteil dem Politbüro bzw. dem Generalsekretär zur Entscheidung vorgelegt worden.[642])

Die zweite sogenannte sozialistische Verfassung von 1968 erklärte die Suprematie der SED, bestätigte die Gewalteneinheit und legte als Strukturprinzip den „demokratischen Zentralismus“ fest, was nichts anderes bedeutete als die demokratielose

[638]) Vgl. Sendung des MDR vom 19. September 2006. http://www.mdr.de/doku/archiv/111500.html, 18. Januar 2008.

[639]) Vgl. Wendel 1996.

[640]) Vgl. Kloth 2007.

[641]) Zit. nach: Tagesspiegel vom 15. Juli 2007.

[642]) Vgl. ebd. und Wendel 1996.

Verantwortlichkeit der SED. Gleichzeitig wurde das DDR-Strafrecht neu geschaffen, sah aber weiterhin die Todesstrafe vor. Wie schon zuvor Walter Ulbricht nahm auch Erich Honecker das Privileg in Anspruch, persönlich über die Vollstreckung von Todesurteilen zu befinden. So teilte beispielsweise der Generalstaatsanwalt im Jahr 1972 dem „Ersten Sekretär des ZK der SED“ Erich Honecker mit: „Ich beabsichtige, die Todesstrafe beantragen zu lassen und bitte um Zustimmung“. Honecker setzte seine Unterschrift auf das Schreiben und das Todesurteil wurde beantragt, gefällt und vollstreckt. Auch in der Ära Honecker setzte sich also die von Walter Ulbricht eingeführte Praxis der „rechtswidrigen Mordaufträge“ (Falco Werkentin) fort.[643])

Die Vollstreckungen wurden öffentlich nicht bekannt gegeben, in vielen Fällen notierten die Ärzte auf den Totenscheinen der Hingerichteten als Todesursache „Herzversagen“. „Wie wichtig der DDR-Führung die Verheimlichung der Hinrichtungen war, zeigt auch deren Prozedere. Die zum Tode Verurteilten wurden meist nachts mit einem Gefangenentransport in die Vollzugsanstalt nach Leipzig in der Alfred-Geßner-Straße gebracht. Weder die Anstalt, von der aus der Verurteilte seine letzte Fahrt antrat, noch das Gefängnis in Leipzig wussten von dem Schicksal, das ihn ereilen würde. Dort war lediglich ein enger Personenkreis, zu dem der Anstaltsleiter, sein Stellvertreter und der Haftarzt gehörten, eingeweiht. Damit auch keiner der Mitarbeiter der Leipziger Vollzugsanstalt etwas von der Vollstreckung bemerkte, wurde der Gefangene über einen zweiten Eingang auf der Rückseite des Gebäudes ‚angeliefert‘, der nur den Eingeweihten bekannt war. Der weitere Ablauf war minutiös in der Vollstreckungsordnung geregelt. [...] Damit die Vollstreckung der Urteile geheim blieb, wurde die Anweisung erteilt, dass keine Aufzeichnungen angefertigt werden durften, die auf die Identität des Hingerichteten hätten schließen lassen können.“[644])

Zwischen 1945 und 1949 galt in allen Besatzungszonen Deutschlands die Todesstrafe. In den Westzonen gab es in der Bevölkerung eine eindeutige Mehrheit für die Todesstrafe, die sich auch in Länderverfassungen fand. Dennoch beschloss der Parlamentarische Rat, sie durch das Grundgesetz aufzuheben. In Artikel 102 des Grundgesetzes heißt es: „Die Todesstrafe ist abgeschafft.“

Die breite Mehrzahl der Schüler vermutet, in beiden Staaten hätte es keine Todesstrafe (45,1%) gegeben oder besitzt keine Kenntnis über diese Frage (25,3%). Nur eine Minderheit von knapp 24% beantwortet die Frage richtig – etwa 10 Prozentpunkte mehr west- als ostdeutsche Befragte. Die richtige Antwort geben am häufigsten bayerische Schüler, allerdings auch nur knapp 29% von ihnen. In der studentischen Kontrollgruppe dagegen liegen knapp 42% aus dem Westen und immerhin gut 28%

643) Vgl. Wendel 1996 und Werkentin 1998.
644) Zecher 2004.

*Schaubild 70: Todesstrafe in der DDR nach Ländern/Regionen**

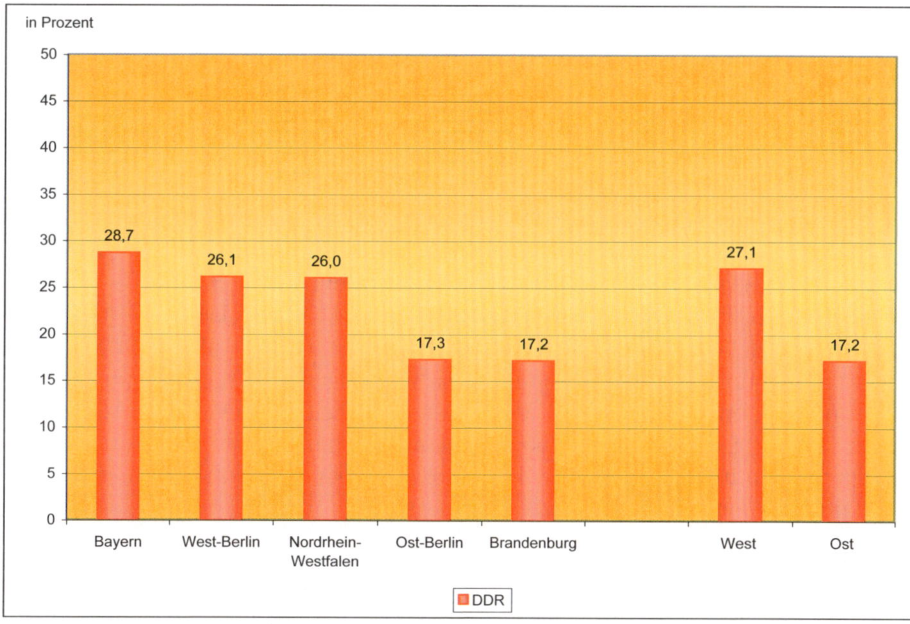

* *Zustimmende Antworten auf die Frage: „Die Todesstrafe gab es in der …"*

aus dem Osten richtig. Aber auch unter ihnen antwortet eine absolute Mehrheit falsch oder besitzt keine Kenntnisse.

Vor allem Ost-Berliner und Brandenburger Schüler, über 17-Jährige und Gymnasiasten glauben, in keinem der Staaten hätte es die Todesstrafe gegeben. Mehr Jungen sowie mehr ausländische und deutschstämmige Schüler entscheiden sich für die DDR. Mädchen – in hohem Maße ausländische und deutschstämmige – scheuen häufiger als Jungen eine Festlegung. Zwischen 12,5% der Ost-Berliner Schülerinnen und 37,5% der deutschstämmigen Jungen können die Todesstrafe nicht zuordnen. Das gilt auch für Haupt- und Realschüler, die gleichwohl mit höheren Anteilen die richtige Antwort ankreuzen, und zwar zu gut 35% bzw. knapp 28%. Der Bundesrepublik traut nur eine Minderheit – mit in etwa gleichen Anteilen in Ost und West – von nicht einmal 6% die Todesstrafe zu. Während sich geschlechts- und schulspezifisch deutliche Wissensunterschiede zeigen, fallen die altersspezifischen erstaunlich gering aus. Selbst die Gymnasiasten haben nur unwesentlich bessere Kenntnisse als die Gesamtschüler und deutlich schlechtere als die Hauptschüler (23,7% zu 35,3%).

Das Ergebnis überrascht nicht zuletzt vor dem Hintergrund der Diskussionen um die Todesstrafe in den USA und anderen Staaten. Ob Lehrer dieses Thema, bezogen auf das geteilte Deutschland, nur selten oder überhaupt nicht ansprechen, wie wir aus Schülergesprächen erfahren haben, weil sie selbst keine Kenntnis hierüber haben – was wir vermuten – oder die DDR nicht in ein zu schlechtes Licht rücken wollen, bleibt offen. Einige Ost-Berliner Lehrer wollten auch nach einem Gespräch mit uns nicht wahrhaben, dass es in der DDR die Todesstrafe gab.

Lebenserwartung

Die durchschnittliche Lebenserwartung für Frauen und Männer lag bis Anfang der siebziger Jahre in den beiden deutschen Teilgesellschaften in etwa auf gleichem Niveau. In den folgenden Jahren bis zur deutschen Wiedervereinigung entwickelte sie sich – gemessen an dem kurzen Zeitraum – geradezu dramatisch auseinander. Zwischen 1986 und 1988 betrug sie in der Bundesrepublik 78,68 Jahre für weibliche und 72,21 Jahre für männliche Neugeborene, in der DDR im gleichen Zeitraum für weibliche Neugeborene 75,74 Jahre und 69,73 Jahre für männliche.[645]) Nach der Wiedervereinigung glichen sich die Lebenserwartungen von Männern und Frauen in den neuen und den alten Ländern in kürzester Zeit weitgehend wieder an, was darauf hindeutet, dass die Lebens- und Umweltverhältnisse in der DDR seit den siebziger Jahren für das Sinken der Lebenserwartung verantwortlich waren.

Schaubild 71: Lebenserwartung in Ost- und Westdeutschland 1956–2005

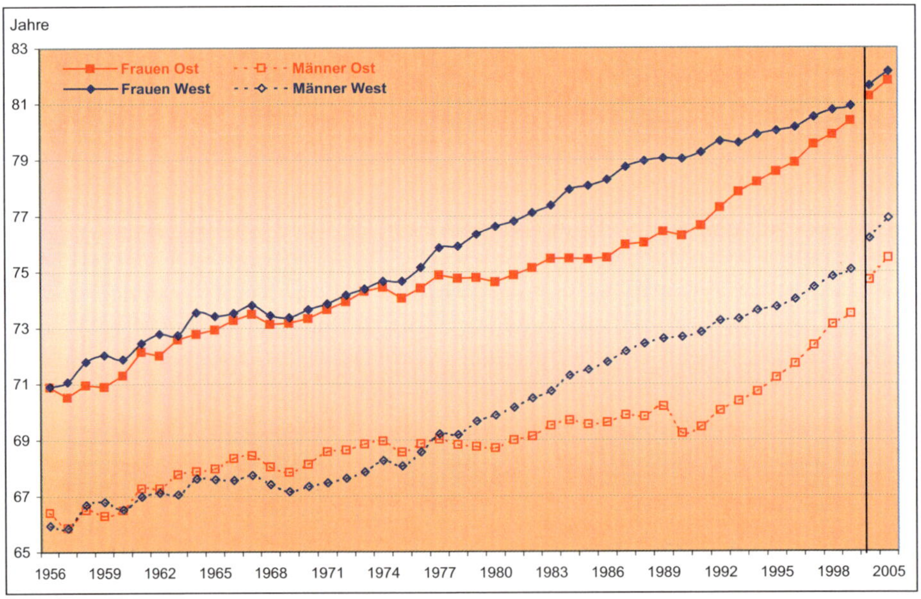

Quelle: Human Mortality Database; University of California, Berkeley und Max Planck Institute for Demographic Research, Statistisches Bundesamt.

West- und ostdeutsche Schüler unterscheiden sich bei der Beantwortung dieser Frage stärker als bei vielen anderen: 26 Prozentpunkte weniger Ost- als Westdeutsche

[645]) Vgl. Statistisches Jahrbuch 1990, S. 82 ff.

votieren für die Bundesrepublik. In den neuen Ländern vermuten etwa gleich viele Befragte eine gleiche Lebenserwartung in den beiden deutschen Teilstaaten (West: knapp 18%). Die bayerischen Schüler geben mit weitem Abstand (67,5%) gegenüber knapp 35% in Brandenburg die richtige Antwort. Für die DDR entscheiden sich mit einem knappen zweistelligen Anteil neben den ostdeutschen nur die Gesamtschüler.

*Schaubild 72: Höhere Lebenserwartung in der Bundesrepublik nach Ländern/Regionen**

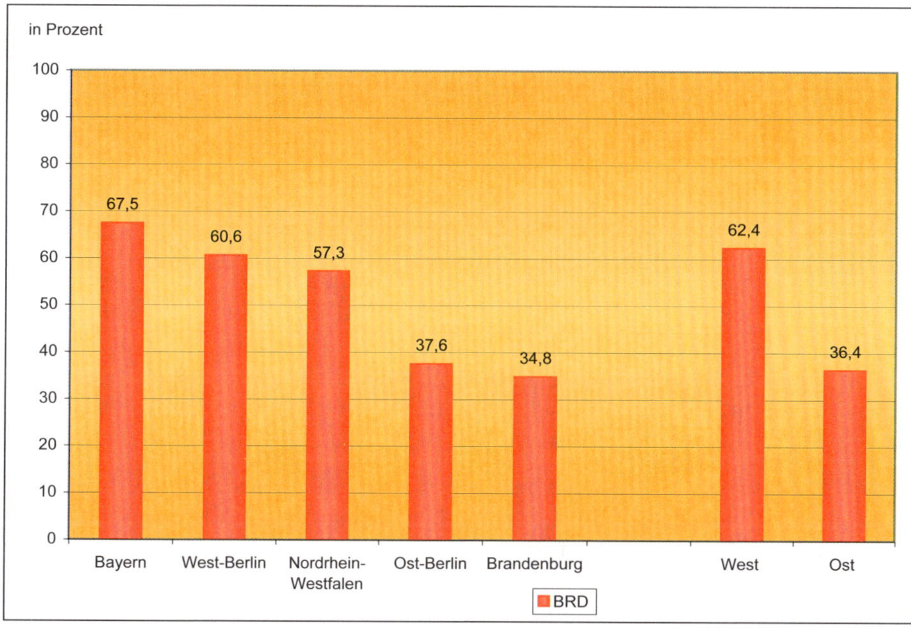

** Zustimmende Antworten auf die Aussage: „Die Lebenserwartung war höher in der ...“*

Auch ausländische Schüler entscheiden sich leicht überdurchschnittlich für die DDR. Mit Ausnahme der ostdeutschen Schüler liegt in allen anderen Teilgruppen der Anteil der richtigen Antworten knapp unter einer absoluten Mehrheit oder darüber. Jungen sowie Haupt- und Realschüler liegen häufiger richtig als Mädchen und Gymnasiasten und vor allem Gesamtschüler.

Das stark gespaltene Ost-West-Bild bestätigt sich auch unter den Studierenden: Hier notieren knapp 55% der Studierenden mit westdeutscher, aber nur gut 38% mit ostdeutscher Herkunft die richtige Antwort. Letztere vermuten sogar häufiger noch als alle Teilgruppen der Schülerbefragung, die Lebenserwartung sei in der DDR höher gewesen. Erneut geben die Studierenden aus dem Proseminar „Sozialstaat“ häufiger eine richtige Antwort als die aus der Veranstaltung über die DDR.

Wie bei der Diskussion über die Todesstrafe sagten alle befragten Schüler und auch alle Studenten, sie hätten im Schulunterricht hierüber nichts erfahren. Wer auf eine höhere Lebenserwartung in der DDR oder auf eine gleich hohe getippt hat, führte als Grund das seiner Meinung nach ruhigere Leben in der DDR an.

Umwelt

Offiziell gab es in der DDR weder Waldsterben noch Luftverschmutzung oder Atommüll.[646]) Bei der Annahme, dass die Umwelt in der DDR sauberer war als die in der BRD, handelt es sich allerdings um einen langlebigen, aber hinreichend widerlegten Mythos: das Gegenteil war der Fall. Für die in der DDR besonders starke Luftverschmutzung mit extrem hohen Schwefeldioxidemissionen und starker Schwebstaubbelastung war vor allem die Verwendung stark schwefelhaltiger Rohbraunkohle verantwortlich. „Das völlige Fehlen entsprechender Filtereinrichtungen führte, bezogen auf alle Energieträger, zum Ausstoß von etwa 5 Mio. Tonnen Schwefeldioxyd und 2,2 Mio. Tonnen Staub pro Jahr. Die drei- bis viermal so große Bundesrepublik schleuderte im Vergleich dazu von ersterem lediglich ein Fünftel in die Luft."[647])

Die Waldschäden waren ebenfalls beträchtlich: Als die DDR von der Landkarte verschwand, war mehr als die Hälfte der Wälder geschädigt, darunter 16,4% in starker oder mittlerer Weise. Gleiches gilt für die Gewässer wegen hoher Belastungen. „Die Beschaffenheit der Hauptwasserläufe der DDR war 1990 dadurch gekennzeichnet, dass von den klassifizierten Flussabschnitten nur 20% für die Trinkwassergewinnung mit normalen Aufbereitungstechnologien nutzbar waren. 35% waren nur mit komplizierten und ökonomisch sehr aufwändigen Technologien aufbereitbar und 45% waren für eine Trinkwassergewinnung nicht mehr nutzbar."[648])

Hinsichtlich der Abwasserentsorgung zeigt sich ein ähnliches Bild: Die Einleitung von weitgehend ungeklärten und unzureichend behandelten Abwässern durch Industrie und Haushalte führte dazu, dass die meisten Fließgewässer in der DDR ökologisch gekippt waren oder kurz davor standen. Die Grundwasserbeschaffenheit verschlechterte sich aufgrund hoher Nitratbelastungen aus der landwirtschaftlichen Produktion zunehmend. Bis zum Jahr 1990 waren nur 36% der Bevölkerung an eine biologische und 57,7% überhaupt an eine Kläranlage angeschlossen. In der Bundesrepublik entsorgten zum gleichen Zeitpunkt über 86% der Bevölkerung ihr Abwasser mittels einer Kläranlage.[649])

Tabelle 32: Vergleich von Umweltkenndaten für das Jahr 1988

	BRD	DDR	BRD = 100%
SO_2-Ausstoß in kg	30	310	1.020
No_x-Ausstoß in kg	43	59	137
CO_2-Ausstoß t	11,7	23,0	196

Quelle: Behrens 2007, S. 9; Angaben pro Kopf

[646]) Vgl. Wolle 1998, S. 210.
[647]) Vgl. ebd., S. 211.
[648]) Vgl. Behrens 2007, S. 3.
[649]) Vgl. ebd., S. 9.

Wie die obige Tabelle zeigt, war die Umweltbelastung in der DDR relativ zur Bevölkerungszahl deutlich höher als in der Bundesrepublik. Der Schwefeldioxidausstoß lag zum Beispiel zehnfach höher. Gemessen an der Umweltbelastung pro Flächeneinheit schneidet die DDR bei einigen Faktoren indes besser ab als die Bundesrepublik, so zum Beispiel bei Stickoxiden und Kohlenwasserstoffen. Generell aber gibt es keinen ernst zu nehmenden Wissenschaftler, der bestreiten würde, dass insgesamt die DDR die Umwelt im Vergleich zur Bundesrepublik deutlich mehr belastet hat.

Umweltprobleme wurden von der SED als Hinterlassenschaft des Imperialismus respektive Kapitalismus bezeichnet. Die Partei verwies darauf, dass die Anstrengungen in der DDR zunächst dem Wiederaufbau gegolten hätten, weshalb die Reinigung der Abgase und des Wassers hätte zurückgestellt werden müssen. Insgesamt war die Umweltbelastung nirgendwo in Europa höher als in der DDR. Gleichwohl propagierte die SED, Raubbau an der Natur sei ein typisches Merkmal des Kapitalismus, im Sozialismus dagegen solle die Natur für den Menschen geschützt werden. Die SED verankerte den Schutz der Umwelt 1968 sogar in der Verfassung – im Artikel 15, 2, in dem es hieß: „Im Interesse des Wohlergehens der Bürger sorgen Staat und Gesellschaft für den Schutz der Natur."[650]) Der offensichtliche Widerspruch zwischen Realität und Anspruch führte in den achtziger Jahren dazu, dass sich ein systemkritisches Potenzial auch über Fragen des Umweltschutzes herausbildete.

*Schaubild 73: Umwelt sauberer in der DDR oder der Bundesrepublik**

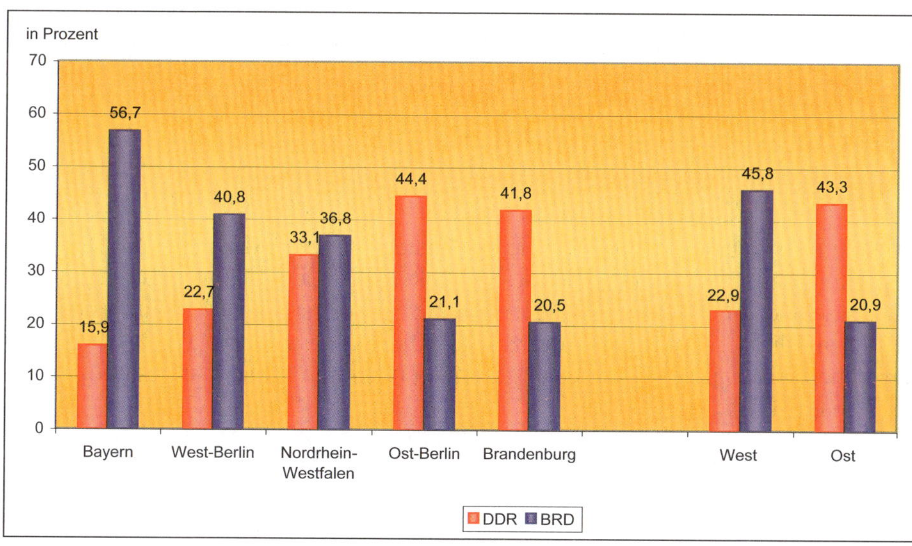

** Antworten auf die Frage: „Die Umwelt war sauberer in der ..."*

[650]) Vgl. Behnen 2002, S. 607.

Nur etwas mehr als jeder dritte Schüler, in Brandenburg sogar nur gut jeder fünfte, gibt die richtige Antwort. Zwar stimmt eine relative Mehrheit von 36,8% für die Bundesrepublik, aber gut 30% entscheiden sich auch für die DDR. Nur in Bayern gibt mehr als die Hälfte der Befragten die richtige Antwort. Ein deutlich gespaltenes Urteil finden wir zwischen Ost und West, aber auch zwischen den Geschlechtern. Westdeutsche Schüler kreuzen zu knapp 46% die Bundesrepublik und zu knapp 21% die DDR an. Die Entscheidung der ostdeutschen Schüler fällt genau spiegelverkehrt: Über 43% stimmen für die DDR, ein gutes Fünftel für die BRD. Mit über 44% glauben die ausländischen Schüler am häufigsten an eine bessere Umwelt in der Bundesrepublik, die deutschstämmigen schließen sich in der Tendenz den ostdeutschen Schülern an. Unter den westlichen Regionen fallen die nordrhein-westfälischen Schüler auf, die überdurchschnittlich häufig für die DDR votieren und mit der Quote richtiger Antworten weit hinter den Bayern und auch den West-Berlinern liegen. Offensichtlich vermutet bei ihnen eine große Zahl von Schülern – insbesondere Mädchen –, die Umweltverschmutzung im Ruhrgebiet sei höher gewesen als in der DDR.

Auffällig ist die Geschlechterdifferenz: Mädchen in allen Teilgruppen entscheiden sich mit bis zu knapp 10 Prozentpunkten häufiger als Jungen für eine sauberere Umwelt in der DDR und entsprechend weniger für die Bundesrepublik. Nicht einmal jedes dritte Mädchen gibt die richtige Antwort.

Einer relativen Mehrheit von knapp 38% Gesamtschülern, die die bessere Umwelt in der DDR vermuten, stehen nur gut 29% der Gymnasiasten und sogar nur 10% der Hauptschüler gegenüber, die sich dieser Auffassung anschließen. Dieses Ergebnis gibt insofern zu denken, als Gymnasiasten in allen vier befragten Regionen in deutlich geringerem Maße als bayerische Haupt- und Realschüler die Umweltsituation im geteilten Deutschland einordnen können. Auch die Gymnasiasten in Bayern haben geringere Kenntnisse über die Umweltverschmutzung in der DDR als ihre Schülerkollegen an Real- und Hauptschulen. Das Thema Umweltverschmutzung ist offensichtlich weder an Gesamtschulen noch an Gymnasien Unterrichtsstoff.

Auch von den Studenten stimmen viele mit ostdeutscher Herkunft für die DDR und nicht einmal die Hälfte für die Bundesrepublik. Dem SED-Staat attestieren gut 28% der Ostdeutschen eine Umwelt, die vermeintlich sauberer als in der Bundesrepublik war. Dem pflichtet nur knapp jeder zehnte Studierende aus dem Westen bei. Letztere gehen zu knapp 63% von einer gesünderen Umwelt in der Bundesrepublik aus (Ost: knapp 47%).

Interessant ist das Gesamtergebnis auch deshalb, weil sich in einigen Klassengesprächen in Berlin und Nordrhein-Westfalen nach Abgabe des Fragebogens andere Ergebnisse andeuteten: In den meisten Klassen im Westteil Berlins entschied sich per Handzeichen eine überwältigende Mehrheit von über 90% für eine sauberere Umwelt in der DDR – meist aus drei Gründen: In der DDR habe es weniger Industrie und weniger Autos, dafür aber einen alles kontrollierenden Staat gegeben, der für Sauberkeit auf den Straßen sorgte. Dagegen stimmte in Ost-Berliner Klassen eine zumeist breite Mehrheit für die Bundesrepublik, in der mehr Umweltschutz praktiziert worden sei. Allerdings gab es auch Schüler, die auf die ordentlichen und sauberen Straßen der DDR verwiesen, sowie auf die Sammlung von Milchflaschen und Müllsortierungen. Weder ein Schüler noch ein Studierender ließ in den anschließenden Gesprächen erkennen, dass dieses Thema in der Schule angemessen behandelt wurde, und wenn, jedenfalls nicht mit vergleichenden empirischen Fakten.

Mauerbau

Viele Schüler verfügen über wenig konkretes Wissen über die deutsche Teilungsgeschichte. Daher haben wir auf das Abfragen von Daten weitgehend verzichtet. Den Mauerbau halten wir jedoch für eine Zäsur, die für die jüngste deutsche Geschichte prägend war. Die Schüler sollten zumindest das Jahr des Mauerbaus kennen. Der Bau der Berliner Mauer wurde am 13. August 1961 begonnen. Die Verantwortung für Pläne und Vorschläge sowie für die konkrete Ausgestaltung der Grenzsicherung trug die SED-Führung, auch wenn Mauerbau und Schusswaffengebrauch an der innerdeutschen Grenze nicht ohne das prinzipielle Einverständnis der Sowjetunion hätten angeordnet werden können.[651])

*Schaubild 74: Jahr des Mauerbaus nach Ländern/Regionen**

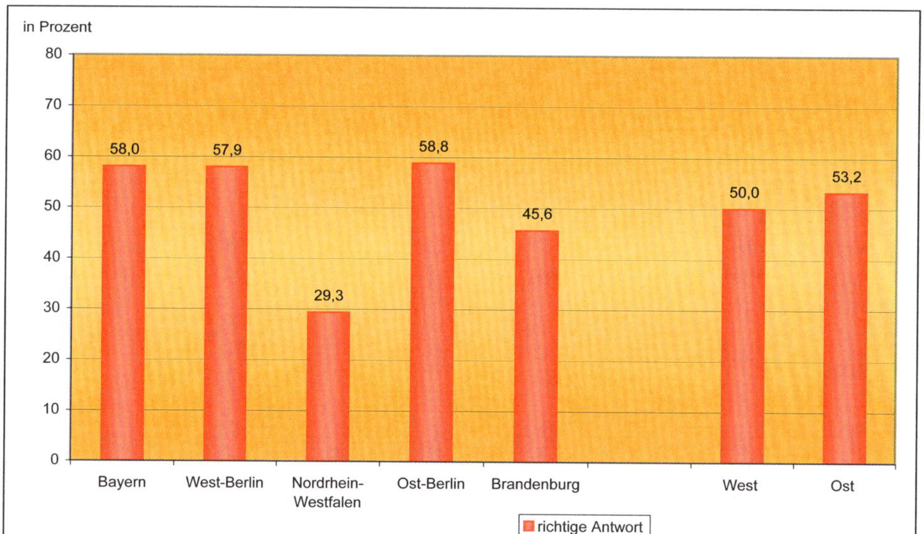

** Richtige Antworten auf die Frage: „Wann wurde die Berliner Mauer errichtet?“*

Knapp die Hälfte der Schüler weiß nicht, in welchem Jahr die Berliner Mauer gebaut wurde, darunter überdurchschnittlich häufig Real- und Gesamtschüler und Bran-

[651]) Vgl. Schroeder 1998, S. 162 ff.

denburger. Unter der anderen Hälfte, die das Jahr des Mauerbaus kennt, finden wir sehr viele bayerische und Berliner, aber erschreckend wenige nordrhein-westfälische Schüler, von denen nicht einmal 30% das Jahr 1961 als richtiges Datum in Erinnerung hatten. Die alters- und herkunftsspezifischen Unterschiede fallen sowohl zwischen Ost und West als auch zwischen Deutschen und Ausländern eher gering aus. Die bayerischen Hauptschüler geben am häufigsten die richtige Antwort, die nordrhein-westfälischen Schüler am häufigsten die falsche.

Die Studierenden kennen zwar mit einer absoluten Mehrheit in beiden Teilgruppen das richtige Jahr, aber immerhin etwa 40% (etwa 38% aus dem Westen und knapp 41% aus dem Osten) liegen auch hier falsch.

Da alle Lehrer, die wir befragten, angaben, das Thema sei im Unterricht behandelt worden, deutet das Ergebnis auf ein erhebliches Desinteresse vieler Schüler an historischen Daten hin. Dieses Ergebnis bestürzt besonders in Berlin, da die Stadt in Ost- und West doch maßgeblich durch den Mauerbau geprägt wurde. Gesprächsweise meinten einige Schüler, es würde doch reichen, wenn Schüler wüssten, dass es die Mauer gegeben hat.

Die neuerliche Diskussion um den „Schießbefehl“ im Sommer 2007 hat öffentlich noch einmal die weit verbreitete Unkenntnis über das DDR-Grenzregime demonstriert. Nur wenige Schüler wussten Genaueres über die Vorgänge an der innerdeutschen Grenze. Zwar war ihnen die Tatsache bekannt, dass dort Menschen erschossen wurden, wenn sie fliehen wollten. Vor welchem Hintergrund und mit welchen Anweisungen aber geschossen wurde, wusste kein Schüler. Ob die meisten Lehrer über dieses Thema mehr wissen, kann bezweifelt werden, zumal einige Ost-Berliner Lehrer äußerten, schließlich gebe es an jeder Grenze auf dieser Welt einen „Schießbefehl“. Die deutliche Differenz im Wissen zwischen Bayern und Nordrhein-Westfalen deutet darauf hin, dass der Vermittlung von Daten und Fakten in bayerischen Schulen ein höherer Stellenwert zukommt als in nordrhein-westfälischen.

Einkommen und Vermögen

Nahezu täglich wird in den Medien über die Verteilung von Einkommen und Vermögen in Deutschland berichtet. Dabei geht der Tenor zumeist in die Richtung, dass die Ungleichheit immer stärker zunehme. Für die DDR vermuten viele Deutsche, gleichermaßen in Ost und West, dagegen eine annähernde Gleichverteilung auf niedrigem Niveau. Die in der DDR nicht zugänglichen Daten zur genauen Verteilung von Einkommen und Vermögen wurden erst nach dem Zusammenbruch des SED-Staates öffentlich. Das hohe Maß an Ungleichheit bei Einkommen und vor allem bei Vermögen erstaunte auch viele westdeutsche Wissenschaftler, die zumeist ein anderes Bild von der DDR gezeichnet hatten, nicht zuletzt weil sie die SED-Propaganda und die offiziellen Verlautbarungen für bare Münze nahmen.

Anders als von der SED propagiert und auch entgegen der Wahrnehmung vieler DDR-Bewohner gab es eine relativ große materielle Ungleichheit in der DDR, wenn diese auch etwas geringer war als in der Bundesrepublik. Ende der achtziger Jahre verfügte das untere Zehntel der Haushalte über 4,1% und das obere Zehntel über 17,6% der gesamten Haushaltseinkommen. Am unteren Ende der Einkommens- und Vermögensskala befanden sich 1989 die meisten der ca. 2,8 Millionen Rentner. Im Schnitt erreichte ein Rentner 1988 nur etwa 30% des Durchschnittsbruttoeinkommens. Altersarmut war insofern keine Ausnahme, sondern die politische gewollte Regel.[652])

Relativ gleiche Einkommensverhältnisse gab es bei vollbeschäftigten Arbeitern und Angestellten, die 1989 etwa 1.300 Mark verdienten, Meister etwa 1.400 Mark und Ingenieure knapp 1.500 Mark. Die Spanne reichte vom Handel mit ca. 1.150 Mark bis zum Verkehrswesen, wo mit ca. 1.400 Mark die höchsten Löhne gezahlt wurden. Deutlich höher waren die Einkommen bei der NVA und dem MfS, deren Angehörige zudem Zugang zu privilegierten Versorgungssystemen hatten und auch eine weit über der üblichen Rente liegende Altersversorgung erwarten durften. Spitzeneinkommen erzielten in der DDR die im Parteiapparat Tätigen, deren Gehalt, je nach ihrer Position, 100% bis 200% über dem Durchschnittseinkommen lag.

Tabelle 33: Spareinlagen in der DDR

DDR-Mark	1964		1984		1989	
	Anteil Konten	Anteil Guthaben	Anteil Konten	Anteil Guthaben	Anteil Konten	Anteil Guthaben
1–5.000	91,65	40,82	71,08	12,92	68,88	10,01
Mehr als 5.000	8,35	59,18	28,92	87,08	31,12	89,99
Mehr als 20.000	0,60	14,54	8,27	48,97	10,57	59,33
Mehr als 50.000	0,06	4,73	1,51	17,05	2,11	23,21

Quelle: Schwarzer 1999 und Sozialreport 1992

Die Einkommen aus Vermögen nahmen sich gegenüber der Bundesrepublik wegen der Enteignungen und Verstaatlichungen, der erzwungenen Kollektivierung und der von der SED systematisch forcierten Entwertung von Immobilienvermögen relativ gering aus. Betrachtet man dagegen die enorm hohen Spareinlagen in der DDR, so werden auch hier erhebliche Vermögensunterschiede deutlich. Knapp 70% der Sparkonten repräsentierten 1989 lediglich 1% der Spareinlagen und gleichzeitig verfügten die 2% der Sparer mit den höchsten Vermögen über einen mehr als doppelt so hohen Anteil.[653]) In der Bundesrepublik kristallisierte sich schon frühzeitig in den fünfziger und sechziger Jahren eine ungleiche Verteilungsstruktur der Einkommen und Vermögen heraus, die freilich unter Schwankungen bis zur Wiedervereinigung

[652]) Vgl. Schroeder 1998, S. 538 ff.
[653]) Vgl. Schroeder 2006, S. 74.

in etwa gleich blieb. Der Gini-Koeffizient der Verteilung der Nettoeinkommen lag 1990 etwas unter dem Niveau Anfang der sechziger Jahre.[654])

Der Vergleich von Bundesrepublik und DDR ist angesichts unterschiedlicher Erhebungsgrundlagen und vorhandener Datensätze schwierig. Eine Annäherung bietet die im nachfolgenden Schaubild versuchte Aufschlüsselung von Szydlik und Schwarzer. Hiernach verfügte das reichste Quintil in der DDR bezogen auf das Sparvermögen Mitte der achtziger Jahre über einen höheren Anteil als die oberen 20% in der Bundesrepublik gemessen am Nettogesamtvermögen.

*Schaubild 75: Vermögensverteilung nach Quintilen in der DDR und BRD**

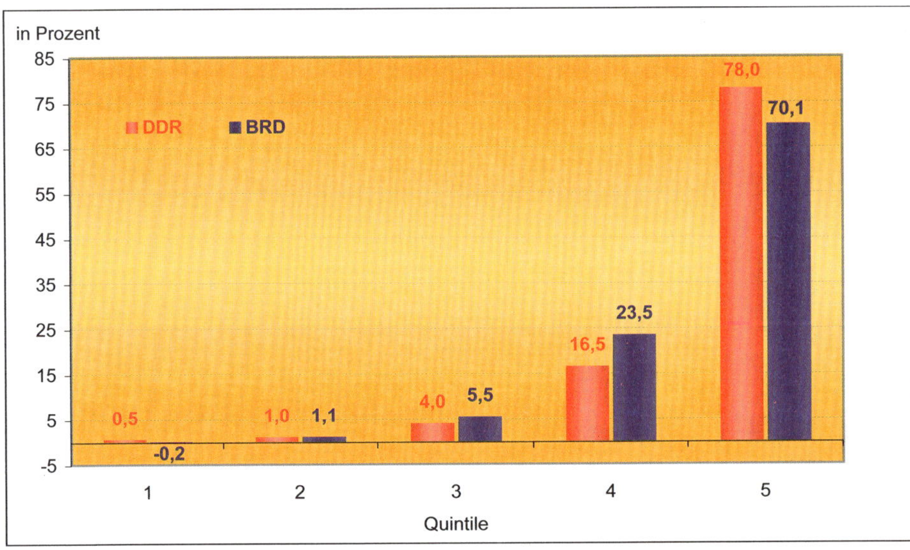

Die Grundlage der Daten für die DDR ist das Sparvermögen 1984. Die Daten für die Bundesrepublik sind auf das Nettogesamtvermögen 1983 bezogen. Angaben in Prozent.
Quelle: Stein, 2002, S. 14; Schwarzer 1999

Einer Mehrheit der Schüler von knapp 50% geht es wie der übrigen Bevölkerung: Sie sitzt dem Fehlurteil auf, Einkommen und Vermögen seien in der DDR weitgehend homogen gewesen. Die Annahme, in der DDR sei es zumindest (in der Verteilung) sozialgerecht zugegangen, wenn auch auf niedrigem Niveau, glaubt fast jeder zweite Schüler, etwas mehr als jeder dritte vermutet das Gegenteil und gut jeder siebte wagt kein Urteil.

654) Vgl. das System sozialer Indikatoren: Schlüsselindikatoren 1950–2005, hrsg. von www.gesis.org.

*Schaubild 76: Gleiche Verteilung von Einkommen und Vermögen in der DDR nach Ländern/Regionen**

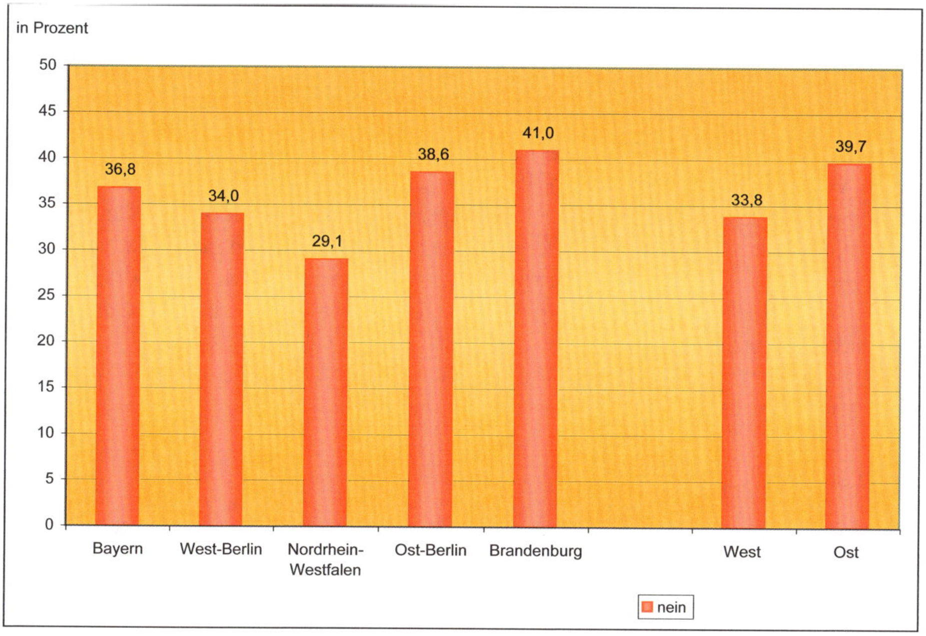

** Ablehnende Antworten auf die Aussage: „In der DDR hatten alle etwa das gleiche Einkommen und Vermögen."*

Ostdeutsche Schüler sind bei diesem Thema etwas besser informiert als ihre Schülerkollegen aus den westlichen Regionen, ausländische und deutschstämmige geben zu jeweils gut einem Fünftel an, nicht informiert zu sein. Der Legende einer gleichen Einkommens- und Vermögensverteilung sitzen besonders häufig bayerische und nordrhein-westfälische Schüler auf. Ihnen folgen mit der zweithöchsten Quote die Gymnasiasten.

Mädchen fallen in allen Gruppen vor allem durch einen vergleichsweise höheren Anteil Nichtwissender auf. Die Realschüler überraschen im Vergleich zu den Gymnasiasten mit deutlich weniger falschen Antworten. Selbst Hauptschüler liegen mit ihren richtigen Antworten noch vor den Gymnasiasten. Viele Gymnasiasten assoziieren offensichtlich „Sozialismus" mit einer nivellierten Einkommens- und Vermögensverteilung.

Unter den Studierenden liegen Ost und West ebenfalls weit auseinander, wobei die westdeutschen mit 44% zu einem höheren Anteil als ihre ostdeutschen Kommilitonen (gut 28%) eine gleiche Einkommens- und Vermögensverteilung in der DDR vermuten. Auf diesem Feld geben offenbar familiäre Gespräche in Ostdeutschland in höherem Maße die tatsächliche Realität in der DDR wieder. Das in Westdeutschland vorhandene Bild vom DDR-Sozialismus stellt zwar das vergleichsweise niedrige

Wohlstandsniveau in den Vordergrund, geht aber von weitgehend nivellierten Verhältnissen aus.

In den Gesprächen mit Schülern, aber auch in denen mit einigen Lehrern, erhielten wir als Begründung den Hinweis, über dieses Thema sei in den gängigen Schulbüchern nichts zu finden. Offensichtlich halten selbst Schulbuchautoren die Verteilung von Einkommen und Vermögen in der DDR für nebensächlich. Außerdem schienen auch einige Lehrer überrascht, dass es ungleiche Einkommen und vor allem Vermögen in der DDR gab. Eine bessere Aufklärung könnte dem Vorurteil entgegenwirken, im Sozialismus gebe es keine Ungleichverteilung von Ressourcen, denn das Gegenteil ist der Fall: Die Eliten in der DDR besaßen neben höheren Einkommen und Vermögen weitere Privilegien, so zum Beispiel im Gesundheitswesen oder in der Altersversorgung. Als Mehrheitsmeinung stellte sich bei den Gesprächen vor allem in den westlichen Regionen ein Bild der DDR heraus, das sich wie folgt charakterisieren lässt: In der DDR gab es einen nur bescheidenen Wohlstand, der aber gerecht verteilt war.

Arbeitslager

In der verklärenden Sicht auf die DDR wird zumeist auf das „Recht auf Arbeit" verwiesen und gleichzeitig – gerade gegenüber Jüngeren – die „Pflicht zur Arbeit" verschwiegen. Dabei konnte, wer sich der zugewiesenen Arbeit verweigerte, sogar strafrechtlich belangt werden. Während es in der Bundesrepublik niemals Arbeitslager gab und auch in den Justizvollzugsanstalten kein Arbeitszwang existierte, bestand in den Haftanstalten der DDR generell Arbeitspflicht. Neben den großen Strafvollzugsanstalten für Frauen (Görlitz, Halle, Stollberg-Hoheneck) und Männer (Rummelsburg, Brandenburg, Bützow-Dreibergen, Cottbus, Leipzig, Naumburg, Torgau, Waldheim) gab es ca. 30 Strafvollzugskommandos, die bis Ende der sechziger Jahre Haftarbeitslager genannt wurden. Jugendhäuser, d. h. Haftanstalten für Jugendliche (Dessau, Gräfentonna, Ichtershausen, Luckau), wurden im Sprachgebrauch der SED ebenso als Arbeitslager bezeichnet wie die Jugendwerkhöfe. Diese waren Spezialheime der „Jugendhilfe" zur Erziehung schwererziehbarer und straffällig gewordener Jugendlicher.[655)]

Besonders erschreckend ist, dass die Politführung der DDR bis zum für sie bitteren Ende die Praxis der Inhaftierung Andersdenkender als probates Mittel zur ideologischen Säuberung aufrechterhielt. Im Zuge der Auflösung des MfS gelang es den Bürgerkomitees, eines der geheimsten Vorhaben der SED und des MfS aufzudecken. Diese hatten in Vorbereitung des Tages X – innere Unruhen, äußerer Spannungsfall – die flächendeckende Inhaftierung politisch Andersdenkender vorbereitet. Auch wenn die Planungen nicht Realität wurden, zeigen sie doch den menschenverachtenden Charakter der SED-Politik.[656)]

---

655) Vgl. Borowski 1998, Korzilius 2005 sowie Zimmermann 2004 und Hertel 2002.
656) Vgl. Schroeder 1998, S. 456 ff., Auerbach 1995 und Selitrenny 1995.

*Schaubild 77: Arbeitslager in der DDR nach Ländern/Regionen**

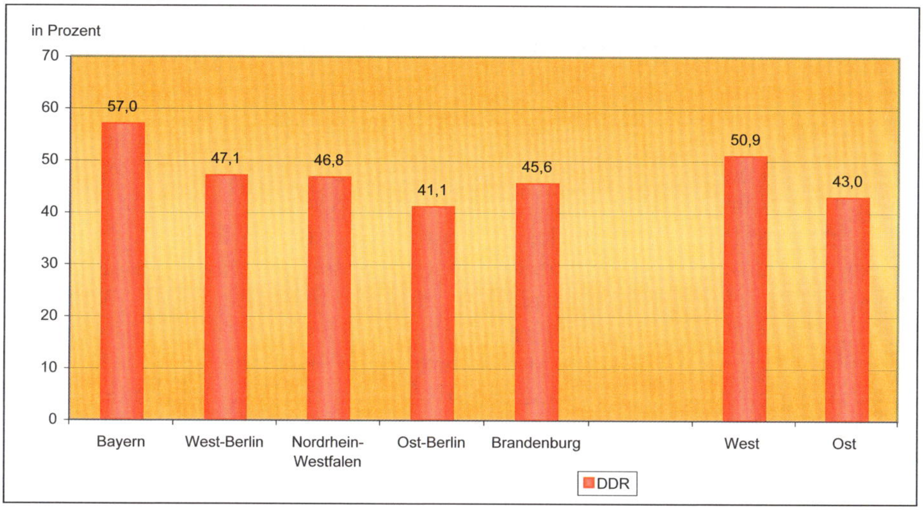

* *Richtige Antworten auf die Frage: „Arbeitslager gab es in der ...“*

Fast jeder zweite Schüler verortet die Arbeitslager in der DDR – weitaus mehr Jungen als Mädchen, die in größerem Maße ihr Unwissen angeben. Für Arbeitslager nur in der BRD entscheidet sich lediglich eine Handvoll Schüler, allerdings etwa jeder achte für beide Staaten, gut 37% haben keine Kenntnisse über Arbeitslager. Dass immerhin fast 15% der Bundesrepublik Arbeitslager zutrauen, ist doch einigermaßen überraschend.

Mit weitem Abstand vermuten bayerische Schüler am häufigsten Arbeitslager in der DDR. Hiervon geht auch eine absolute Mehrheit der Gymnasiasten und insbesondere der Realschüler aus. Die DDR am wenigsten in Verdacht haben Ost-Berliner und Hauptschüler. Unter Letzteren nimmt dies nur jeder Dritte an. Allerdings weiß bei ihnen eine relative Mehrheit ähnlich wie bei den Gesamtschülern und den Ost-Berliner Schülern nicht, ob es überhaupt Arbeitslager in einem der beiden Staaten gegeben hat. Die altersspezifischen Unterschiede fallen gering, die geschlechtsspezifischen etwas deutlicher aus. Der schulspezifische Blick ist erneut stark gespalten: Gymnasiasten votieren 17 Prozentpunkten häufiger als Hauptschüler für die DDR. Etwa jeder Vierte unter Letzteren kann sich auch Arbeitslager in der alten Bundesrepublik vorstellen.

Die Studierenden entscheiden sich zwar insgesamt mit einer knappen Zweidrittelmehrheit für die DDR, allerdings mit einer unterschiedlichen Gewichtung. Gut 71% Westdeutsche stehen knapp 55% Ostdeutschen gegenüber. Detailliertes Wissen über Arbeitslager in der DDR hatten – wie die Gespräche ergaben – aber auch diejenigen nicht, die die DDR angekreuzt haben. Die Existenz von Jugendwerkhöfen war zum Beispiel keinem Studierenden bekannt.

Bei Gesprächen mit Schülern aus allen Regionen wurde deutlich, dass dieses Thema im Unterricht nicht behandelt wurde und die Befragten also wahrscheinlich spekuliert und angesichts der Planwirtschaft und der damit verbundenen zentralen Arbeitskräftelenkung häufiger auf die DDR getippt haben. Einige wenige Schüler verwechselten die Arbeitslager mit den sowjetischen Lagern nach dem Zweiten Weltkrieg. Viele – vor allem ausländische – Schüler gaben an, die DDR angekreuzt zu haben, weil nur der DDR so etwas Schlechtes zuzutrauen sei. Eine Behandlung dieses Themas im Unterricht könnte eingebettet werden in die Darstellung der zentralen Arbeitskräftelenkung und des rigiden Arbeitsregimes in der DDR. Dies würde einigen Schülern die Augen über das vermeintlich so hehre Politikziel „Recht auf Arbeit" öffnen. Wenn nur die Vorteile einer dirigistischen Arbeitspolitik, aber nicht ihre Schattenseiten bekannt sind, entsteht ein schiefes Bild, das insbesondere bei ostdeutschen Schülern der Korrektur bedarf. Einige Ost-Berliner Lehrer hielten es für unverschämt, dass wir die Frage überhaupt gestellt hätten. Die Existenz von „Arbeitslagern" sei ihnen nicht bekannt, offenbar solle die DDR in die Nähe des nationalsozialistischen Regimes gerückt werden.

Mauerbauer

Wie schon erwähnt, haben der Bau der Berliner Mauer und die damit einhergehende Abschottung der gesamten DDR vom Westen für das Leben der Menschen im geteilten Deutschland eine herausragende Rolle gespielt. Die meisten Älteren wissen selbstverständlich, wer wann aus welchen Motiven die Berliner Mauer gebaut hat. Jüngere können dies nur über Bücher, Filme oder in der Schule vermittelt bekommen. Schüler und Lehrer gaben in den Gesprächen übereinstimmend an, dieses Thema sei selbstverständlich mehr oder weniger ausgeprägt im Unterricht behandelt worden.

Abgesehen von einigen Außenseitermeinungen sind sich die meisten Zeithistoriker einig, dass die Idee, eine Mauer zur Teilung Deutschlands zu errichten, von der SED ausging. Die Sowjetunion musste freilich – wie bei allen weitreichenden Entscheidungen der SED-Führung – ihr Einverständnis erklären, was sie unmittelbar zuvor auch tat. Die SED hatte schon Wochen zuvor eine Arbeitsgruppe gebildet, die den Bau der Mauer vorbereitete. „Die Errichtung der Berliner Mauer war jedoch nicht auf Geheiß Moskaus erfolgt. Da das SED-Regime keine andere Möglichkeit zur Stabilisierung der zweiten deutschen Diktatur mehr sah, stimmte die sowjetische Führung vielmehr dem Drängen ihrer ostdeutschen Genossen zu … Der SED-Propaganda gelang es hingegen zu keinem Zeitpunkt, die Legende vom ‚antifaschistischen Schutzwall' glaubhaft zu vertreten, weshalb die Führung der Staatspartei gezwungen war, die Mauer und ihr unmenschliches Grenzregime ständig zu perfektionieren und auszubauen."[657]) Gänzlich unstrittig ist die Anordnung zum Bau der Mauer durch die

[657]) Eckert 2007, S. 94.

SED. Am 12. August 1961 um 16.00 Uhr unterzeichnete der Erste Sekretär des ZK der SED und Staatsratsvorsitzende Ulbricht die Befehle zum Bau der Mauer.[658])

*Schaubild 78: DDR errichtete Berliner Mauer nach Ländern/Regionen**

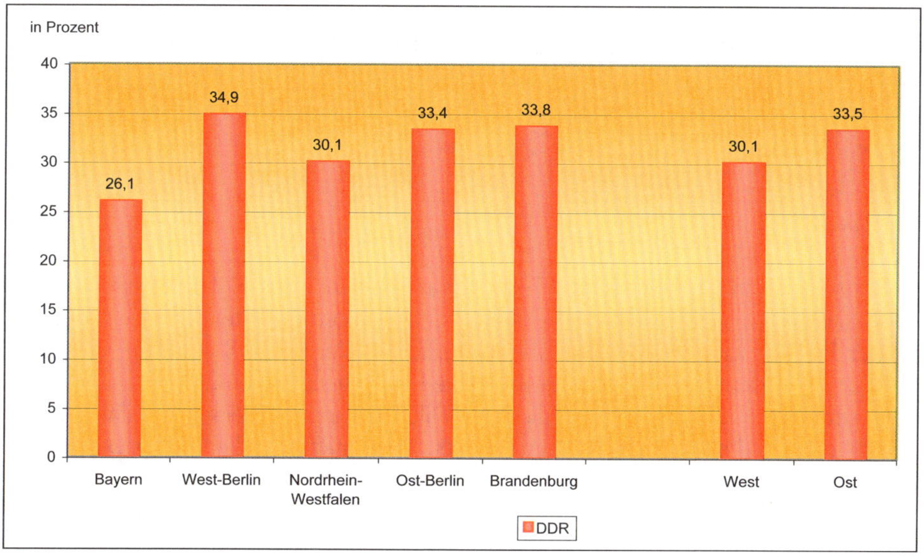

** Richtige Antworten auf die Frage: „Die Berliner Mauer wurde errichtet von …"*

Die richtige Antwort – DDR – kennt nicht einmal jeder dritte von uns befragte Schüler – etwas mehr Schüler im Osten als im Westen. In den meisten Teilgruppen favorisiert eine relative – und in Bayern und bei den Hauptschülern sogar absolute – Mehrheit die Sowjetunion als Errichter der Mauer. Im regionalen Vergleich schneiden bei dieser Frage die Berliner Schüler am besten ab, wobei West-Berliner etwas zahlreicher als Ost-Berliner die DDR ankreuzen. Erstaunlicherweise bezeichnet nur gut jeder vierte bayerische Schüler die DDR als verantwortlich für die Errichtung der Mauer (Hauptschüler sogar nur 17%). Wir sehen zwischen allen Gruppen zum Teil beträchtliche Unterschiede. So votieren mehr Jungen als Mädchen, mehr Ältere als Jüngere und mehr Gymnasiasten als die Schüler der anderen Schularten für die DDR.

Unter den gut 4%, die die Bundesrepublik als „Mauerbauer" betrachten, ragen ausländische und Gesamtschüler mit überdurchschnittlichen Anteilen hervor, wenngleich auch auf niedrigem Niveau (knapp bzw. gut 8%). Eine Minderheit von immerhin gut 12% vermutet, die Alliierten hätten gemeinsam die Mauer errichtet.

Außer bei den deutschstämmigen Schülern in Berlin gibt in keiner Teilgruppe eine relative Mehrheit die richtige Antwort. Woher dieser hohe Grad an Unwissenheit

---

[658]) Vgl. Schroeder 1998, S. 167.

rührt, erschloss sich teilweise in den Gesprächen. Einige Schüler haben zum Bau der Mauer vermutet, dass ähnlich wie bei der Niederschlagung des Volksaufstandes im Juni 1953 die Sowjetunion nicht nur letztlich verantwortlich, sondern auch ausführend war. Andere wiederum betonten, ohne die Zustimmung der Sowjetunion hätte die DDR keine Entscheidung fällen können. Daher hätten sie angenommen, die Sowjetunion habe die Mauer gebaut. Die DDR bzw. die SED wird insofern von einer deutlichen Mehrheit bei dieser für die deutsche Teilungsgeschichte entscheidenden Zäsur politisch und moralisch entlastet, was sicherlich auch zu einem positiveren Bild der DDR beiträgt.

Volksaufstand

Die Unruhen und Proteste im Juni 1953, die am 17. Juni ihren Höhepunkt erreichten, waren, wie die Forschung nach 1990 vielfach belegen konnte, weder ein faschistischer Putsch, wie die SED und ihre Wissenschaftler bis 1989 immer behauptet, noch ein Arbeiteraufstand, wie westdeutsche DDR-Forscher gemutmaßt hatten, sondern ein breiter Aufstand gegen die SED-Diktatur, an dem sich etwa eine Million Menschen in nahezu allen größeren Städten, aber auch auf dem Land, beteiligten. Die Forderungen reichten von sozialen (bessere Arbeitsbedingungen, Rücknahme von Arbeitsnormen etc.) bis hin zu explizit politischen (freie Wahlen, deutsche Einheit) Themen.[659]) Es war ein Aufstand für Freiheit und Demokratie. In der alten Bundesrepublik war dieser Tag als „Tag der deutschen Einheit" ein Feiertag. Seit den siebziger Jahren verblasste die Erinnerung an das eigentliche Ereignis im Westen immer mehr und die meisten Menschen betrachteten diesen Tag als zusätzliche Freizeit und nicht als Gedenktag.[660]) Einen traurigen Höhepunkt erlebte der 17. Juni als Gedenktag am 17. Juni 1987, als der Historiker Fritz Stern in seiner Rede vor dem Bundestag den Deutschen die Wiedervereinigung ausreden wollte oder – so Wolfgang Schuller – sie nur mittelbar zur Sprache brachte.[661])

Nach der Vereinigung wurde der Feiertag zugunsten des formalen Vereinigungstages am 3. Oktober 1990 als neuem Nationalfeiertag aufgehoben.

Durch zahlreiche Veranstaltungen, Veröffentlichungen und Filme anlässlich des 50. Jahrestages der Volkserhebung im Jahr 2003 erhielt dieses Ereignis wieder einen höheren Rang im kollektiven Gedächtnis der Deutschen.

Bei dieser Frage liegt eine sehr breite Mehrheit der Schüler richtig. Über 70% – gleichermaßen in Ost und West – rechnen dieses Ereignis der DDR zu. Werden die Ergebnisse in den einzelnen Regionen stärker in den Fokus gerückt, sehen wir bei den richtigen Antworten eine deutliche Differenz innerhalb der beiden Regionen.

[659]) Vgl. Eisenfeld 2004, Knabe 2003, Eisenfeld/Kowalczuk/Neubert 2004 sowie Engelmann/Kowalczuk 2005.

[660]) Vgl. Schuller 2003, S. 174.

[661]) Vgl. ebd.

Zwischen Bayern mit gut 75% und Nordrhein-Westfalen mit knapp 65% sowie zwischen Ost-Berlin mit gut 77% und Brandenburg mit knapp 64% bestehen doch beträchtliche Unterschiede im Antwortverhalten. Ins Auge springt vor allem der hohe Anteil (jeweils gut 25%) von Schülern in Brandenburg und Nordrhein-Westfalen, die mit dieser Frage überhaupt nichts anfangen können.

Auffälligerweise votieren für die Bundesrepublik – auf allerdings niedrigem Niveau – über 13% der West-Berliner Schüler sowie etwa 13% bzw. 14% der Jüngsten bzw. der Gesamtschüler und immerhin noch knapp jeder zehnte Gymnasiast. Von Letzteren kennen immerhin über 70% die richtige Antwort – von den Realschülern sogar knapp 75% und den Hauptschülern knapp 71% –, während die Gesamtschüler mit knapp 66% etwas darunterliegen. Einen höheren Wissensstand haben Jungen gegenüber Mädchen, von denen gut jede Fünfte das Datum nicht einordnen kann.

Dieses Thema – so die meisten Schüler in den Gesprächen – wurde im Schulunterricht zumindest kurz behandelt. Bilder der Niederschlagung dieses Aufstandes waren den meisten Schülern geläufig. Warum es zu diesem Volksaufstand kam, war jedoch unter den Schülern, aber auch unter den Lehrern, strittig. Während einige den Wunsch nach Wohlstand, Freiheit und deutscher Einheit als Motiv hervorhoben, erklärten andere die Unruhen zu einem sozialen Protest. Die soziale und politische Breite des Volksaufstandes, die die Forschung in den letzten Jahren präzise herausgearbeitet hat, war den meisten Schülern und vielen Lehrern – gleichermaßen in Ost und West – nicht bekannt.

Den meisten Studierenden ist der 17. Juni 1953 als Volksaufstand in der DDR bekannt – knapp 80% im Westen und gut 87% im Osten. In den Gesprächen gaben einige an, im Schulunterricht sei der 17. Juni 1953 nicht als Volks-, sondern als Arbeiteraufstand bezeichnet worden. Dass es bei diesem Aufstand auch um Freiheit, Demokratie und nationale Einheit ging, wurde ihnen nicht vermittelt.

b. Wichtige Politiker im geteilten Deutschland

Abschließend wollten wir von den Schülern wissen, ob sie die wichtigsten Politiker der DDR und der alten Bundesrepublik richtig zuordnen können. Dabei haben wir für die Bundesrepublik mit Ausnahme von Kurt Georg Kiesinger alle Bundeskanzler ausgewählt, die zwischen 1949 und 1990 amtierten, und für die DDR die drei Generalsekretäre (bzw. 1. Sekretäre, wie sie zeitweise hießen) sowie den ersten und einzigen Präsidenten und einen Vorsitzenden des Ministerrates.

Konrad Adenauer (1. Bundeskanzler der Bundesrepublik 1949–1963, CDU)

Konrad Adenauer, der in den Reihen der Union schon vor der Staatsgründung eine zentrale Rolle spielte, und am 15. September 1949 zum ersten Bundeskanzler der Bundesrepublik Deutschland gewählt wurde, integrierte den westdeutschen Teilstaat gradlinig und unbeirrt in die westliche Staatengemeinschaft. Die deutsche Einheit konnte er sich nur als „Einheit in Freiheit" vorstellen. Ein neutrales Deutschland lehnte er entschieden ab.

*Schaubild 79: Einordnung von Konrad Adenauer nach Ländern/Regionen**

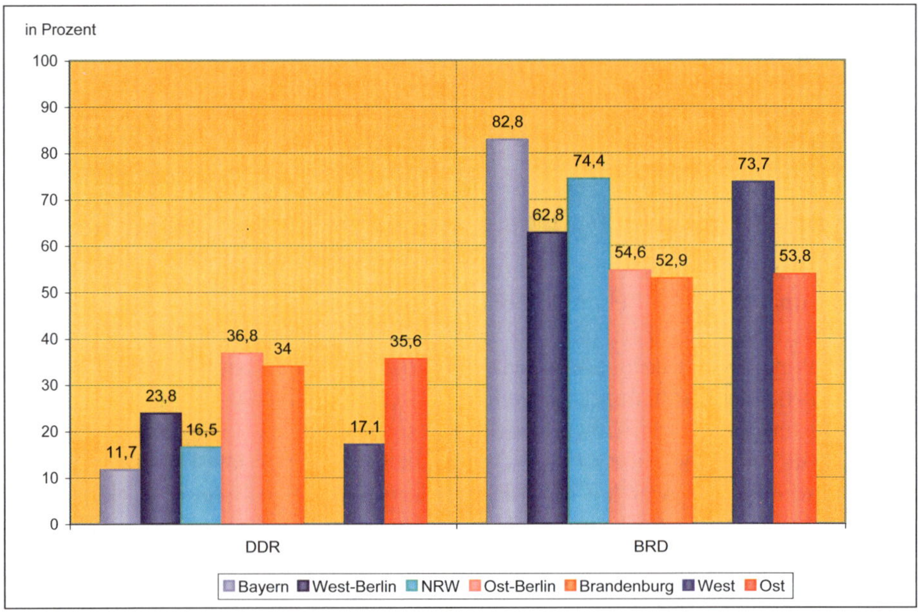

* *Antworten auf die Frage: „Welche Politiker regierten in welchem Land?"*

Gerade einmal knapp 66% der Schüler ordnen Adenauer korrekt der Bundesrepublik zu – immerhin etwa 74% im Westen, aber nur knapp 54% im Osten, knapp 53% der ausländischen und sogar nur gut 45% der deutschstämmigen Schüler. Am bekanntesten ist Adenauer als bundesdeutscher Politiker in Bayern (82,8%), am unbekanntesten in Brandenburg (52,9%). Etwa jeder Vierte – im Osten und unter Gesamtschülern sogar mehr als jeder Dritte – hält Adenauer, der sich angesichts dessen wohl im Grabe umdrehen würde, für einen DDR-Politiker. Den Spitzenwert als DDR-Politiker erreicht er mit knapp 42% bei den Ost-Berliner Schülerinnen. Deutlich mehr Mädchen als Jungen verlegen Adenauer in die DDR oder wissen nicht, wie sie sich entscheiden sollen. Ältere Schüler und vor allem Gymnasiasten und etwas abgeschwächt Realschüler kennen Adenauer als Politiker der Bundesrepublik. Warum weniger nordrhein-westfälische als bayerische Schüler den Rheinländer Adenauer als bundesdeutschen Politiker verorten und ihn sogar häufiger in die DDR verlegen, erschließt sich nicht.

Die Studierenden zeigen sich informierter: Alle Westdeutschen und gut 90% der Ostdeutschen können Konrad Adenauer als bundesdeutschen Politiker einordnen. Aber jeder zehnte ostdeutsche Student hält ihn für einen Politiker des SED-Staates.

Immerhin ist der Name fast allen bekannt, wurde also in der Schule schon einmal erwähnt, was in den Gesprächen bestätigt wurde. Einige Schüler meinten lapidar, es gebe so viele Politiker in der deutschen Nachkriegszeit, sodass es nicht schwer falle, sie dem falschen Staat zuzuordnen. Die von uns befragten Lehrer konnten sich den hohen Anteil falscher Zuordnung gerade von Adenauer nicht erklären. Im Unterricht würde dieser Politiker – ebenso wie Ulbricht für die DDR – als „Gründungsvater" der Bundesrepublik dargestellt.

Ludwig Erhard (2. Bundeskanzler der Bundesrepublik 1963–1966; „Vater des Wirtschaftswunders"; CDU)

Auf Konrad Adenauer, der nur widerwillig sein Amt abgab, folgte Ludwig Erhard, der als Wirtschaftsminister (1949–1963) bereits die ordnungspolitischen Grundlagen für das bundesrepublikanische „Wirtschaftswunder" gelegt hatte. Erhard war kein Parteipolitiker im tradierten Sinne, sondern eher ein populär gewordener Wirtschaftspolitiker und ehemaliger Wirtschaftswissenschaftler. In der eigenen Partei war seine Verankerung nicht sehr stabil. Ob und wann er in die CDU eintrat, ist bis heute strittig. Gleichwohl amtierte er für die Union als Wirtschaftsminister und nachfolgend als Bundeskanzler.

*Schaubild 80: Einordnung von Ludwig Erhard nach Ländern/Regionen**

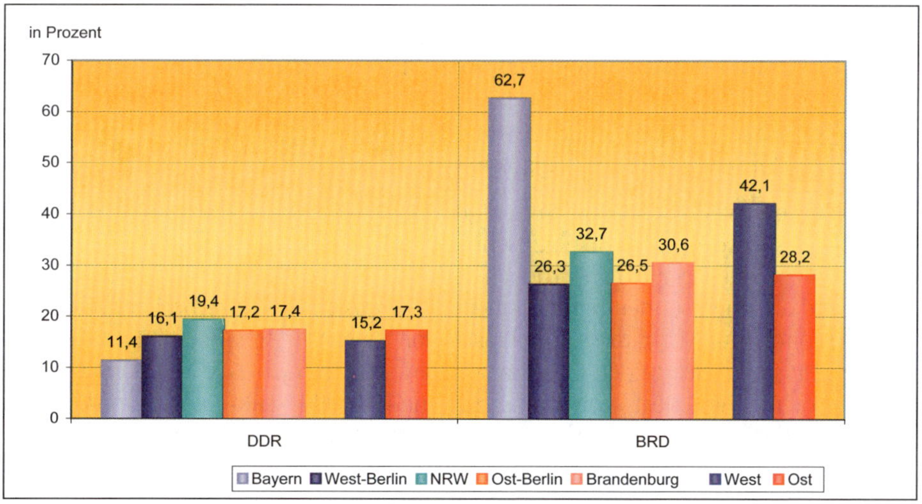

** Antworten auf die Frage: „Welche Politiker regierten in welchem Land?"*

Während Adenauer zumindest einer absoluten Mehrheit als bundesrepublikanischer Staatsmann geläufig ist, kennt den „Dicken mit der Zigarre" nur gut jeder dritte der befragten Schüler als westdeutschen Politiker. Der regionale Graben im Wissensstand ist hier am tiefsten: Während knapp 63% der bayerischen Schüler Ludwig Erhard richtig zur Bundesrepublik zuordnen, tun dies in Berlin nur gut 26% und in

Nordrhein-Westfalen nur knapp 33%. Die Ost-West-Differenz von 42,1% gegenüber 28,2% verdankt sich insofern im Wesentlichen dem höheren Wissensstand der Bayern. Im Vergleich der anderen Teilgruppen zeigen sich Jungen gegenüber Mädchen, deutsche gegenüber ausländischen Schülern, Ältere gegenüber Jüngeren und Gymnasiasten und Hauptschüler gegenüber Gesamt- und Realschülern als informierter. Viele Schüler können zudem schon mit dem Namen überhaupt nichts anfangen (29,7%) und 18% geben an, der Name sei ihnen zwar geläufig, aber eine Zuordnung zu den beiden Teilstaaten sei ihnen nicht möglich.

Für Erhard als DDR-Politiker votiert etwa jeder sechste Schüler – etwas mehr im Osten als im Westen – und selbst gut jeder zehnte in Bayern. Auch wenn es erstaunt, dass nur gut jeder fünfte Gesamtschüler die richtige Antwort kennt und eine relative Mehrheit von knapp 40% den Namen noch nie gehört hat, ist es nahezu bestürzend, dass selbst von den Gymnasiasten nur gut 40% (in Berlin sogar nur gut 28%) Erhard als bundesdeutschen Politiker ausmachen und sogar knapp 15% meinen, er hätte in der DDR agiert. Die Hauptschüler kennen Ludwig Erhard nicht nur am häufigsten, sondern ordnen ihn auch am häufigsten richtig ein. Unter dem Strich bleibt aber eine nur relative Mehrheit, die Ludwig Erhard, der neben Konrad Adenauer und Willy Brandt sicherlich der prägendste Nachkriegspolitiker der Bundesrepublik war, kennt und gleichzeitig richtig einordnet. Dieses Ergebnis überrascht doch einigermaßen, denn schließlich verbindet sich mit der Person Ludwig Erhards die ordnungspolitische Grundlegung des deutschen Wohlstandes und damit auch die wirtschaftliche Überlegenheit der Bundesrepublik gegenüber der DDR.

Unter den Studierenden assoziiert nur eine kleine Minderheit nichts mit dem Namen Ludwig Erhard, mehr als drei Viertel ordnen ihn richtig zu – in Ost und West gleichermaßen. In den Gesprächen wurde deutlich, dass die meisten sich an ihn weniger als Bundeskanzler denn als Wirtschaftsminister erinnern.

Unter unseren Gesprächspartnern befanden sich ebenfalls nur wenige Schüler, die die richtige Antwort gaben. Einige Schüler erinnerten sich jedoch, im Schulunterricht schon einmal über ihn gesprochen zu haben. Ihrer Meinung nach resultiert der hohe Grad an Unwissenheit bei diesem Politiker aus dem weit verbreiteten Desinteresse an Wirtschaft. Erhard sei schließlich vor allem Wirtschaftspolitiker gewesen. Gleichzeitig stellte sich in den Gesprächen heraus, dass nicht alle Schüler, die einen Namen noch nicht gehört hatten, auch „kenne ich nicht“ ankreuzten, sondern den Politiker in den – von ihrer Herkunft aus gesehen – jeweils anderen Staat legten.

Willy Brandt (Erster sozialdemokratischer und 4. Bundeskanzler der Bundesrepublik 1969–1974)

Den Vorgänger von Willy Brandt – Kurt Georg Kiesinger – haben wir in den Fragebogen nicht einbezogen, da ihn schon in der Gesamtbevölkerung kaum noch jemand kennt. Der in Lübeck geborene Willy Brandt war anders als sein Vorgänger ein entschiedener Gegner des Nationalsozialismus und profilierte sich bereits auf Bundesebene während seiner Amtszeit als Regierender Bürgermeister in Berlin (1957–1966). Nach zwei vergeblichen Versuchen, als Spitzenkandidat der SPD in das Kanzleramt zu gelangen, wurde Brandt am 28. September 1969 zum Bundeskanzler gewählt. In der vorangegangenen Großen Koalition agierte er von 1966 bis 1969 als Außenminister. Im Jahre 1972 überstand Brandt ein konstruktives Misstrauensvotum, auch mit Hilfe des MfS, das zumindest einen Abgeordneten „gekauft" hatte. Mit dem Heraufziehen einer nachhaltigen Wirtschaftskrise im Jahre 1974 trat Brandt, nicht zuletzt unter dem Druck des sozialdemokratischen Fraktionsführers Herbert Wehner, vom Amt des Bundeskanzlers zurück. Auslöser war die Enttarnung des DDR-Spions Günter Guillaume, der im Kanzleramt als einer der Mitarbeiter von Willy Brandt Einblicke in geheimste Unterlagen gehabt hatte.

*Schaubild 81: Einordnung von Willy Brandt nach Ländern/Regionen**

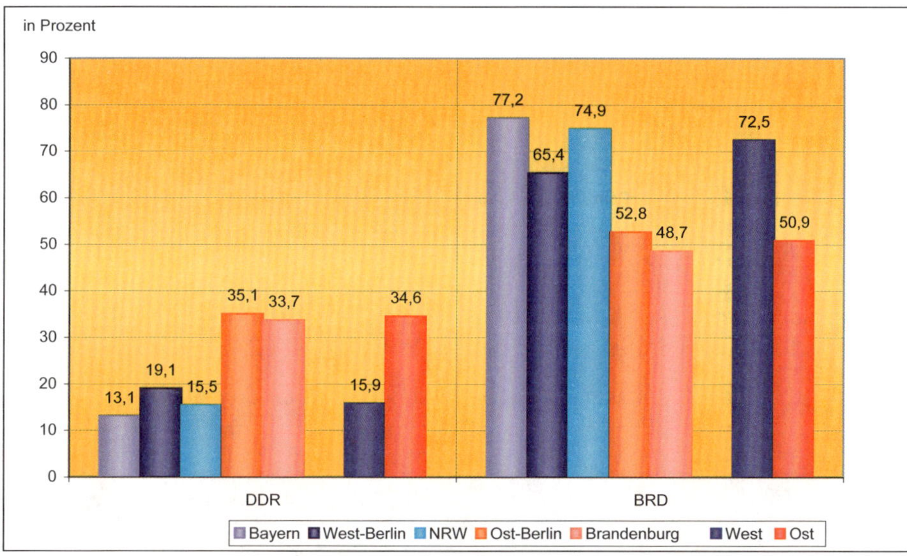

** Antworten auf die Frage: Welche Politiker regierten in welchem Land?"*

Den ersten sozialdemokratischen Nachkriegskanzler meinen fast alle Schüler namentlich zu kennen. Knapp jeder Zehnte kann ihn nicht einordnen, knapp Zwei von Drei verorten ihn zu Recht in der Bundesrepublik, aber immerhin etwa jeder Vierte hält ihn für einen Politiker der DDR. In Ostdeutschland tut dies sogar mehr als jeder Dritte (West: knapp 16%). Im regionalen Vergleich zeigen die bayerischen (77,2%) vor den nordrhein-westfälischen Schülern (74,9%) auch hier die höchsten Kenntnisse. In diesen beiden Ländern wird Brandt auch am wenigsten fälschlich in die DDR verpflanzt. Dass in Berlin – im Osten deutlich stärker als im Westen – nur vergleichsweise wenige Schüler Willy Brandt richtig verorten, überrascht doch einigermaßen, da Brandt die Entwicklung Berlins über lange Jahre entscheidend mitgeprägt hat.

Jungen, Ältere und Gymnasiasten geben häufiger die richtige Antwort als Mädchen, Ausländer, die jüngsten Schüler und die Gesamtschüler. Im Gegensatz zu den Realschülern sind die Hauptschüler informierter. Erstaunlicherweise bilden Schüler aus Brandenburg, wo die Sozialdemokraten ununterbrochen seit 1990 regieren, mit unter 50% richtiger Antworten das Schlusslicht.

Unter den Studierenden verorten nur 8% der westdeutschen und gut 3% der ostdeutschen Befragten Willy Brandt im falschen deutschen Teilstaat, die meisten Studenten antworten zutreffend.

In den Gesprächen mit Studenten ebenso wie mit Schülern war nicht erkennbar, warum so viele Befragte falsche Antworten gaben. Die zu einem Gespräch mit uns bereiten Personen waren jedenfalls über Willy Brandt und seinen politischen Werdegang informiert. Einige Schüler mutmaßten, Willy Brandt sei von anderen für einen DDR-Politiker gehalten worden, weil er als Synonym für eine soziale Politik stehe. Andere wiederum meinten, ein Großteil ihrer Mitschüler würde ohnehin nur raten, woraus sich der hohe Anteil falscher Antworten erklären würde.

Jenseits dessen bleibt festzuhalten, dass mit dem Entspannungspolitiker Willy Brandt die zweite Säule der deutschen Nachkriegspolitik ebenfalls vielen Schülern nicht bekannt ist.

Helmut Schmidt (5. Bundeskanzler der Bundesrepublik 1974–1982, SPD)

Der Nachfolger von Willy Brandt als Bundeskanzler war zuvor in dessen Kabinett erst Verteidigungsminister und anschließend Finanzminister. In der Öffentlichkeit galt Schmidt als energischer und entscheidungsfreudiger Politiker, der seine Fähigkeiten als Hamburger Innensenator bei der Sturmflut 1962 unter Beweis gestellt

*Schaubild 82: Einordnung von Helmut Schmidt nach Ländern/Regionen**

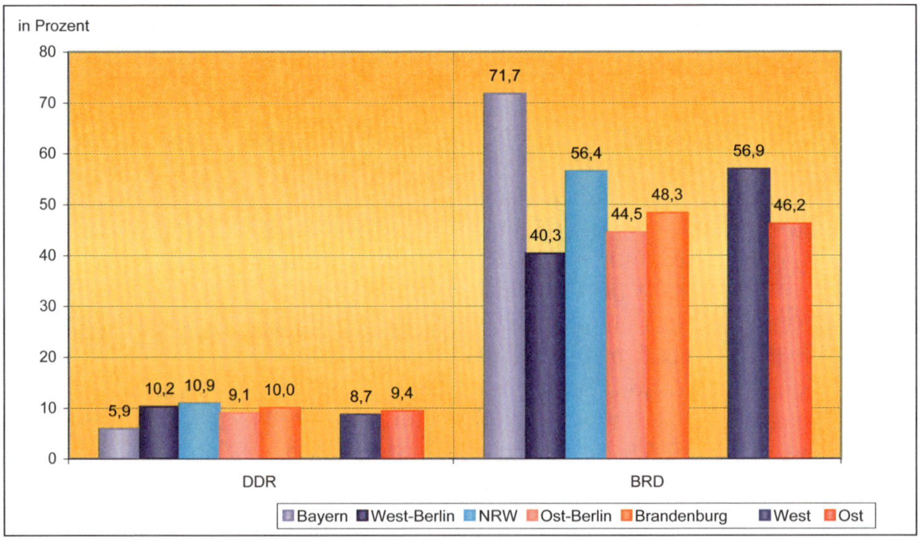

* *Antworten auf die Frage: „Welche Politiker regierten in welchem Land?"*

hatte. Als Bundeskanzler initiierte er den NATO-Doppelbeschluss, führte einen erfolgreichen Kampf gegen die „Rote-Armee-Fraktion“ und war 1975 einer der Initiatoren des Weltwirtschaftsgipfels.

Im Gegensatz zu den drei vorgenannten Politikern lebt Helmut Schmidt noch und äußert sich weiterhin öffentlich zu bestimmten Themen. Daher hatten wir einen hohen Bekanntheitsgrad erwartet, was jedoch nicht der Fall ist. Nur etwa jeder zweite Schüler erkennt in Helmut Schmidt einen bundesrepublikanischen Politiker, jeweils knapp jeder fünfte kann sich an den Namen nicht erinnern oder weiß ihn nicht zuzuordnen und knapp jeder zehnte assoziiert mit seinem Namen einen Politiker der DDR. Mit weitem Abstand liegen die bayerischen Schüler erneut bei den richtigen Antworten vorne. Während von ihnen knapp 72% zutreffend antworten, sind es erstaunlicherweise in West-Berlin nur gut 40%. Wie bei den vorangegangenen Politikern weisen Jungen, westdeutsche, ältere Schüler und Gymnasiasten sowie Hauptschüler einen zum Teil deutlich höheren Anteil an richtigen Antworten auf gegenüber Mädchen, ostdeutschen, Ausländern, jüngeren und Gesamt- und Realschülern. Die falsche Antwort – DDR – kreuzen neben den West-Berlinern überdurchschnittlich häufig Gesamt- und Realschüler sowie nordrhein-westfälische Schüler an, aber im Vergleich mit den vorangegangenen westdeutschen Politikern halten sich die Anteile mit um die 10% in engen Grenzen.

Gut 85% der Studierenden der Vergleichsgruppe kennen Helmut Schmidt als Politiker der Bundesrepublik. Nur wenigen ist er unbekannt (2,5%), ebenfalls wenige vermuten in ihm einen DDR-Politiker (6,2%).

In den Schülergesprächen wurde deutlich, dass Namen für viele „Schall und Rauch“ sind. Man glaubte, den Namen irgendwo gehört zu haben, aber ob es sich um einen Politiker oder einen Fußballspieler aus vergangenen Tagen handelt, wussten einige nicht. Andere bemerkten, der geringe Bekanntheitsgrad ergebe sich wohl aus dem im Vergleich mit Konrad Adenauer und Willy Brandt geringen Nachwirkungsgrad seiner Politik. Studierende dagegen verknüpften Schmidts Namen zumeist mit der Auseinandersetzung um die RAF.

Helmut Kohl (6. Bundeskanzler der Bundesrepublik 1982–1998, CDU)

Nach dem ersten erfolgreichen konstruktiven Misstrauensvotum in der deutschen Nachkriegsgeschichte löste Helmut Kohl im Oktober 1982 Helmut Schmidt als Bundeskanzler ab. Bei der folgenden Neuwahl, die durch eine vorsätzlich verlorene Vertrauensfrage möglich wurde, bestätigten die Wähler die neue christlich-liberale Regierungskoalition. Mit Kohl verbindet sich vor allem die Wiedervereinigung, die er maßgeblich vorangetrieben und vollendet hat, sowie die Vertiefung der europäischen Integration. Kohl weist mit sechzehn Jahren die längste Amtszeit eines Kanzlers der Bundesrepublik auf.

*Schaubild 83: Einordnung von Helmut Kohl nach Ländern/Regionen**

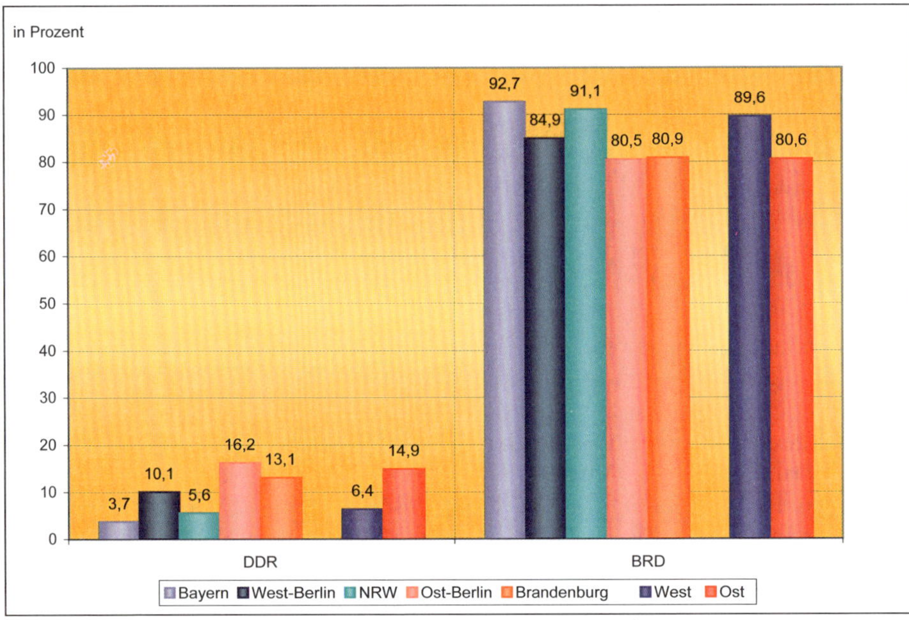

** Antworten auf die Frage: „Welche Politiker regierten in welchem Land?"*

Helmut Kohl hat unter allen abgefragten Politikern erwartungsgemäß den weitaus höchsten Bekanntheitsgrad. Bis auf die ausländischen und die deutschstämmigen Schüler in Berlin kennt ihn nur eine Handvoll Schüler nicht oder kann ihn nicht zuordnen. Eine überwältigende Mehrheit kennzeichnet ihn als Politiker der Bundesrepublik.

Über 85% aller Schüler ordnen Kohl richtig zu; allerdings hält selbst ihn etwa jeder zehnte Befragte für einen DDR-Politiker, im Westen etwa jeder sechzehnte und im Osten sogar jeder siebte, was auch jeder dritte deutschstämmige Junge vermutet.

Im regionalen Vergleich liegen bei Kohl Bayern und Nordrhein-Westfalen mit den höchsten Anteilen richtiger Anteilen dichter beisammen als bei den vorangegangenen Politikern; Ost-Berlin bildet das Schlusslicht, allerdings auf dem hohen Niveau von knapp 81% richtiger Antworten. Erneut kennen mehr Jungen als Mädchen, mehr Deutsche als Ausländer, mehr Ältere als Jüngere die richtige Antwort. In der Rangliste der Schularten führen bei Kohl die Realschüler mit knapp 91% vor den Gymnasiasten mit gut 88%, während die Hauptschüler gerade bei Kohl mit knapp 70% unterdurchschnittlich häufig informiert sind. Offensichtlich endet der Sozialkunde- oder Geschichtsunterricht auch in Bayern in einigen Schulen vor dem Beginn der Amtszeit von Helmut Kohl, sodass die Hauptschüler, die sich ansonsten durch einen vergleichsweise hohen Kenntnisstand auszeichnen, hier unterdurchschnittlich gut vertreten sind.

Erwartungsgemäß kennen fast alle Studierenden Helmut Kohl und wissen auch, dass er Bundeskanzler der Bundesrepublik Deutschland war.

Wilhelm Pieck (Erster und einziger Präsident der DDR 1949 bis 1960, SED)

Pieck gehörte zu den Gründungsmitgliedern der Kommunistischen Partei Deutschlands, zu deren Vorsitzendem er 1935 gewählt wurde. Nach seiner Rückkehr aus dem Moskauer Exil agierte er nach 1945 in der SBZ formal als oberste Führungskraft der KPD und später der SED, faktisch aber blieb er im Schatten von Walter Ulbricht. Unmittelbar nach der Gründung der DDR ernannten ihn die nicht frei gewählte provisorische Volkskammer und die provisorische Länderkammer zum Präsidenten der DDR. In das politische Geschehen griff Pieck bis zu seinem Tod 1960 nur selten aktiv ein.

*Schaubild 84: Einordnung von Wilhelm Pieck nach Ländern/Regionen**

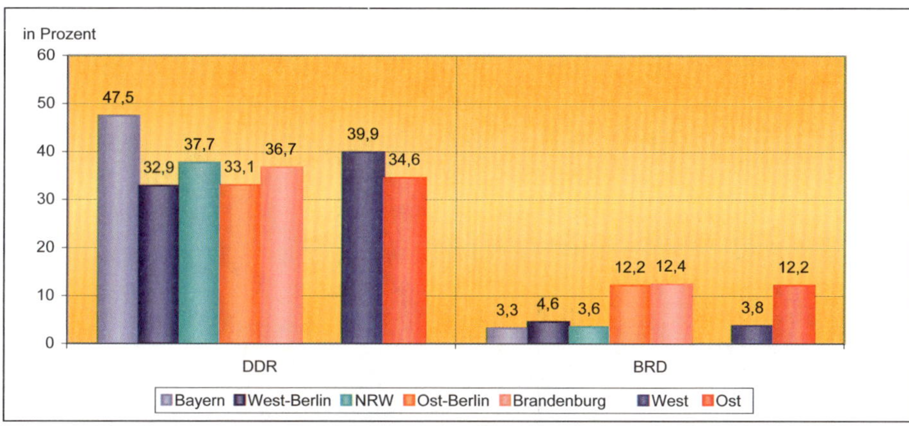

** Antworten auf die Frage: „Welche Politiker regierten in welchem Land?“*

Pieck ist einer relativen Mehrheit der Schüler unbekannt – im Westen erheblich häufiger als im Osten; ein knappes Fünftel kann sich nicht festlegen; nur gut 37% – erstaunlicherweise mehr west- als ostdeutsche Schüler – ordnen ihn richtig der DDR zu. Die bayerischen Schüler sind auch mit der politischen Führungsriege der DDR besser vertraut als ihre westdeutschen und insbesondere ihre ostdeutschen Mitschüler. Während in Bayern knapp 48% den Kommunisten Pieck richtig als DDR-Politiker deuten, sind es in Ost-Berlin nur gut 33%. Wie bei den westdeutschen Politikern auch haben Jungen, westdeutsche, deutsche und ältere einen höheren Kenntnisstand als Mädchen, ostdeutsche, Ausländer und jüngere Schüler. Hauptschüler sind überraschenderweise informierter als die Jugendlichen anderer Schultypen. Von ihnen wissen knapp 46%, wer Pieck war und wo er agierte, von den Gesamtschülern dagegen nur knapp 30%. Immerhin etwa 7%, in den neuen Ländern sogar gut 12%, halten Pieck für einen bundesdeutschen Politiker. Auffälligerweise ordnen aber mehr Schüler – im Osten wie im Westen – Wilhelm Pieck (37,3%) als Ludwig Erhard (36,4%) richtig zu.

Sehr viele Studierende – gut zwei Drittel, deutlich mehr aus dem Osten als aus dem Westen – kennen Wilhelm Pieck, nur knapp jeder Fünfte hat den Namen noch nie gehört.

Walter Ulbricht (1950–1971 Generalsekretär bzw. 1. Sekretär der SED, 1960–1973 Staatsratsvorsitzender)

Walter Ulbricht, der ebenfalls während der Nazi-Zeit im Moskauer Exil gelebt hatte, betrieb nach Kriegsende entscheidend die sozialistische Umgestaltung der SBZ und war bis zu seiner Entmachtung unterhalb der sowjetischen Besatzungsmacht die politische Zentralfigur in der SBZ/DDR und faktisch der innerdeutsche Gegenspieler von Konrad Adenauer.

*Schaubild 85: Einordnung von Walter Ulbricht nach Ländern/Regionen**

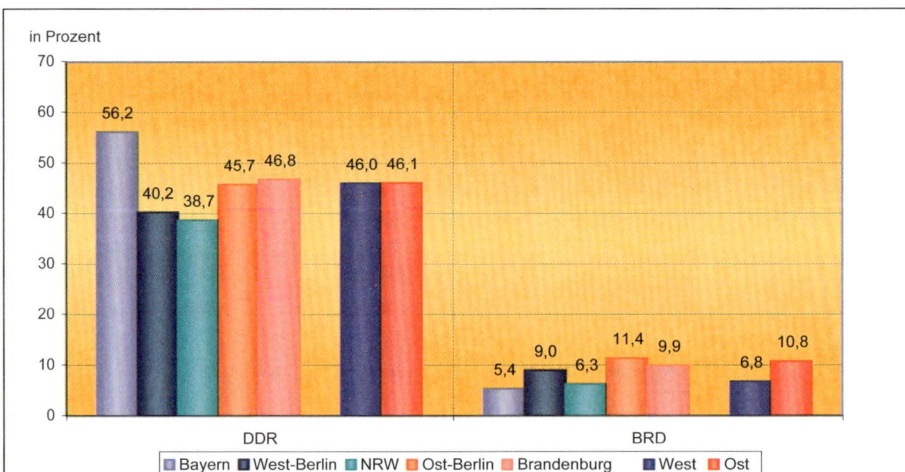

** Antworten auf die Frage: „Welche Politiker regierten in welchem Land?“*

Ulbricht ist zwar 30% der Schüler unbekannt, aber dennoch ordnen ihn mehr als 45% richtig zu – etwa gleich viele aus Ost und West, wobei die bayerischen Schüler erneut den höchsten Kenntnisstand aufweisen. Bei ihnen ist Ulbricht sogar einer absoluten Mehrheit als DDR-Politiker bekannt. Noch weniger nordrhein-westfälische als ostdeutsche Schüler kennen Ulbricht als DDR-Politiker. Zwischen Bayern und Nordrhein-Westfalen beträgt die Differenz im Kenntnisstand bei Walter Ulbricht fast 18 Prozentpunkte.

Bei älteren Schülern ist Ulbricht bekannter als bei jüngeren; sie ordnen ihn auch häufiger richtig zu. Die schulspezifischen Wissensunterschiede werden zum wiederholten Mal deutlich: Fast 50% Gymnasiasten und Hauptschüler, aber nur knapp

33% der Gesamtschüler, halten Ulbricht für einen DDR-Politiker. Eine kleine Minderheit verortet ihn in die Bundesrepublik, darunter 15% Hauptschüler und gut 11% Ost-Berliner Jugendliche.

Im Gegensatz zu den Schülern ist einer sehr breiten Mehrheit der Studierenden von gut 86% der DDR-Politiker Walter Ulbricht geläufig. Nur wenige kennen ihn nicht oder haben Schwierigkeiten, ihn einzuordnen.

Erich Honecker (1971–1989 1. Sekretär bzw. Generalsekretär der SED, 1976–1989 Staatsratsvorsitzender)

Honecker, der als politischer Ziehsohn Ulbrichts galt, entmachtete diesen 1971 mit Zustimmung der Sowjetunion. Bis zu seinem durch Egon Krenz und Günther Schabowski – ebenfalls erst nach Zustimmung von sowjetischer Seite – erfolgten Sturz im Oktober 1989 prägte Honecker gleichsam als Feudalherrscher die Entwicklung der DDR, obschon er wie sein Vorgänger bei grundlegenden Entscheidungen von der sowjetischen Besatzungsmacht abhängig blieb. Noch zu DDR-Zeiten leitete die Staatsanwaltschaft gegen ihn ein Ermittlungsverfahren wegen Amtsmissbrauchs und Hochverrats ein. Nach seiner Flucht in die Sowjetunion, wo er, als er seine Ausweisung fürchtete, schließlich in die Moskauer chilenische Botschaft zog, wurde er schließlich 1992 an die Bundesrepublik ausgeliefert und wegen seiner Verantwortung für die Toten an der innerdeutschen Grenze angeklagt. Das Gerichtsverfahren wurde jedoch wegen seines schlechten Gesundheitszustandes eingestellt. Schon kurze Zeit später, im Januar 1993, flüchtete Honecker nach Chile und starb dort gut ein Jahr später.

*Schaubild 86: Einordnung von Erich Honecker nach Ländern/Regionen**

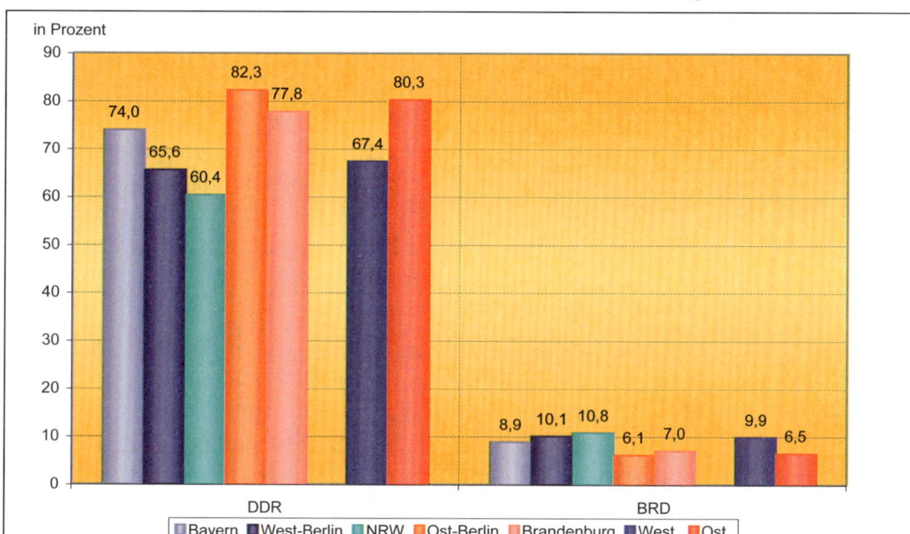

** Antworten auf die Frage: „Welche Politiker regierten in welchem Land?"*

Wie erwartet kennen deutlich mehr Schüler Honecker als Ulbricht und Pieck, auch verorten ihn über 70% – gut 80% im Osten – korrekt in der DDR, am wenigsten ausländische und deutschstämmige Schüler sowie Mädchen und jüngere Schüler, am häufigsten Ost-Berliner und Brandenburger Schüler sowie Gymnasiasten. Die Hauptschüler, die bei anderen Politikern über einen vergleichsweise hohen Kenntnisstand verfügen, liegen bei Honecker ebenso wie die Realschüler am unteren Ende bei den zutreffenden Antworten und verlegen ihn zudem überdurchschnittlich häufig in die Bundesrepublik. Insgesamt tun dies aber nur knapp 9% der befragten Schüler. Eine mitunter deutliche Mehrheit in allen Teilgruppen weiß, dass Honecker im SED-Staat agierte. Interessanterweise wird Helmut Kohl häufiger falsch zugeordnet als Erich Honecker.

Fast alle in die Befragung einbezogenen Studierenden kennen den langjährigen SED-Chef Erich Honecker ebenso wie Helmut Kohl.

Willi Stoph (1953–1989 Mitglied des SED-Politbüros; 1964–1973 Vorsitzender des Ministerrats und stellvertretender Staatsratsvorsitzender; 1973–1976 Staatsratsvorsitzender; 1976–1989 erneut Vorsitzender des Ministerrats)

Stoph war nach seiner Entlassung aus sowjetischer Kriegsgefangenschaft seit 1945 im SED-Staat politisch aktiv. Schnell stieg er in die erste Reihe der SED-Funktionäre auf und übernahm verschiedene Funktionen. Er war maßgeblich am Aufbau des Repressionsapparates beteiligt und gilt westlichen Kommunismusforschern als besonders treuer „Freund der Sowjetunion“. Nach seinem erzwungenen Rücktritt 1989 leitete der Generalstaatsanwalt der DDR gegen ihn ein Verfahren wegen Amtsmissbrauch und Korruption ein. Allerdings wurde er nach nur wenigen Wochen Haft aus gesundheitlichen Gründen entlassen. Wegen seiner Verantwortung für die Toten an der innerdeutschen Grenze wurde er nach der Vereinigung zwar vor Gericht gestellt, das Verfahren gegen ihn wegen Verhandlungsunfähigkeit jedoch bald eingestellt. Durch seine beiden Treffen mit Willy Brandt in Erfurt und Kassel wurde Stoph auch einer breiteren Öffentlichkeit in der Bundesrepublik bekannt, ansonsten agierte er im Schatten von Ulbricht und Honecker.

Bei mehr als der Hälfte der Schüler ist Stoph unbekannt, knapp 17% sind unwissend und nur knapp 24% ordnen ihn richtig zu. Interessanterweise kennen mehr Schüler aus dem Osten als aus dem Westen Stoph nicht bzw. verorten ihn in den falschen Staat. Knapp 38% der bayerischen, aber nur 12% der Ost-Berliner Schüler geben die richtige Antwort. Letztere verpflanzen ihn mit annähernd gleichem Anteil sogar in die Bundesrepublik. Der hohe Grad an Unkenntnis gerade von prominenten DDR-Politikern deutet darauf hin, dass die DDR im Schulunterricht in den neuen Ländern seltener Thema ist als in den alten.

*Schaubild 87: Einordnung von Willi Stoph nach Ländern/Regionen**

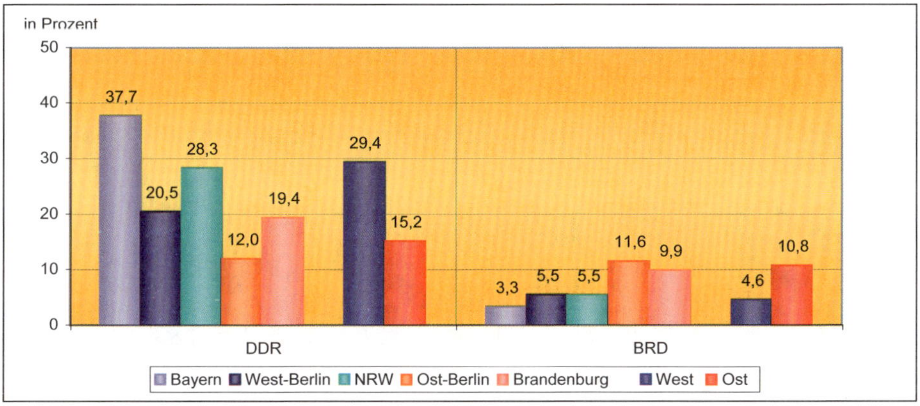

* *Antworten auf die Frage: „Welche Politiker regierten in welchem Land?"*

Von den Studierenden kreuzen immerhin 50% im Westen und knapp 47% im Osten richtigerweise die DDR als Wirkungsstätte von Willi Stoph an. In den westlichen Teilstaat verlegt ihn kaum einer, aber fast jeder Dritte kennt Stoph nicht.

Egon Krenz (1983–1989 Mitglied des SED-Politbüros und ZK-Sekretär für Sicherheitsfragen; Oktober 1989 – Dezember 1989 Generalsekretär der SED)

Der 1937 geborene Egon Krenz ist ein klassischer Berufspolitiker respektive -funktionär, der ebenso wie sein Vorgänger Honecker als FDJ-Kader in der Partei aufgestiegen war. Von 1974 bis 1983 war er 1. Sekretär des FDJ-Zentralrats. Als ZK-Sekretär u. a. für Sicherheitsfragen war er direkt mitverantwortlich für die Repressionen im Lande und an der Grenze zur Bundesrepublik. Seine Rechtfertigung der blutigen Niederschlagung des Studentenaufstandes in Peking 1989 durch die Kommunistische Partei weckte Befürchtungen, die SED könne auf die Proteste im eigenen Land mit den gleichen Mitteln reagieren. Da der Protest schon an Breite gewonnen hatte und die Sowjetunion gleichzeitig signalisierte, sie werde nicht bewaffnet intervenieren, wagte die SED-Führung jedoch keine gewaltsame Lösung der Probleme. In seiner kurzen Amtszeit als Generalsekretär der SED agierte Krenz hilflos, wurde schnell von der eigenen Partei abgesetzt und ausgeschlossen.

1997 verurteilte ihn das Landgericht Berlin wegen seiner Mitverantwortung für die Toten an der innerdeutschen Grenze zu einer Haftstrafe von sechs Jahren und sechs Monaten. Allerdings blieb er tatsächlich nicht ganz vier Jahre im Gefängnis, die meiste Zeit zudem als Freigänger im offenen Vollzug.

*Schaubild 88: Einordnung von Egon Krenz nach Ländern/Regionen**

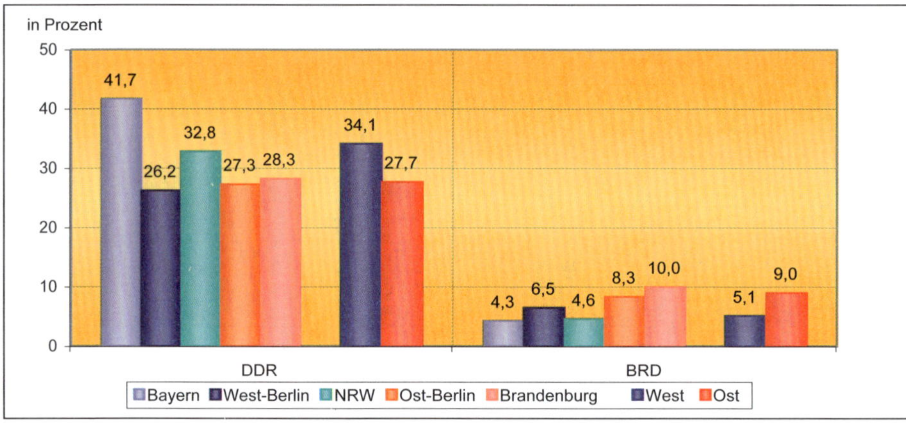

** Antworten auf die Frage: „Welche Politiker regierten in welchem Land?"*

Knapp jeder zweite Schüler kennt Krenz nicht und nicht einmal jeder dritte kann ihn richtig in der DDR platzieren – deutlich mehr west- als ostdeutsche Schüler. Mit 42% erreicht er seinen höchsten Bekanntheitsgrad unter den bayerischen Schülern. In Ost-Berlin liegt der Anteil nur bei gut 27%. Wie bei allen anderen Politikern liegen Jungen und Ältere häufiger richtig als Mädchen und jüngere Schüler. Gesamt- und Realschüler bestätigen erneut ihren geringen Wissensstand. Für einen bundesdeutschen Politiker hält ihn nur eine kleine Minderheit von knapp 7%, darunter aber jeder zehnte Brandenburger Schüler.

Den Studierenden ist Krenz zwar deutlich häufiger bekannt, aber auch nur gut zwei Drittel wissen ihn als DDR-Politiker einzuordnen und mit 8,5% wird er von ihnen sogar häufiger als von den Schülern als bundesdeutscher Politiker bezeichnet.

Fazit zu den Wissensfragen

Bei der Konzeption des Fragebogens gingen wir von einem relativ niedrigen Kenntnis- und Wissensstand der befragten Schüler zum Thema DDR aus. Um diese Annahme zu verifizieren oder gegebenenfalls zu falsifizieren, stellten wir einige „Wissensfragen". Manche Fragen hielten wir für relativ leicht, andere für schwerer.

Leider hat sich unsere Vermutung zu großen Teilen bestätigt: Von sechzehn Fragen wurde nur ein Teil von einer Mehrheit richtig beantwortet. Insofern lässt sich festhalten, dass die Kenntnisse der Schüler über die DDR allgemein gering und ihre Antworten stark von Vorurteilen geprägt sind. Wie in anderen Teilen des Fragebogens auch hängen die Antworten von Geschlecht, Alter und insbesondere von der regionalen Herkunft und dem besuchten Schultyp ab. Dabei erweist sich bei diesem Fragebogenkomplex die Herkunft der Schüler – West oder Ost – als ausschlaggebend für viele Antworten, die – bei nicht vorhandenem Wissen – gleichsam reflexhaft von vielen zugunsten des eigenen Herkunftsgebietes und zulasten des anderen gegeben werden. Beispiel hierfür ist die höhere Lebenserwartung, die nur gut 36% der ost- gegenüber gut 62% der westdeutschen Schüler richtig der Bundesrepublik zurechnen.

Auch bei der Frage nach der saubereren Umwelt zeigt sich die Ost-West-Differenz. Während über 45% der westdeutschen Schüler die Umweltpolitik der Bundesrepublik für leistungsfähiger halten und nicht einmal jeder vierte für die DDR votiert, erhalten wir bei den ostdeutschen einen nahezu entgegengesetzten Befund, indem über 43% die DDR und nur ein gutes Fünftel die Bundesrepublik ankreuzen. Da weder bei den Schülern im Westen noch bei denen im Osten detaillierte Kenntnisse über die Umweltsituation im geteilten Deutschland vorhanden waren, vermuten wir, dass ein Großteil aus prinzipiellen Gründen für den jeweiligen Herkunftsstaat stimmt.

Dieses Ergebnis illustriert auch die Diskrepanz zwischen Gesprächen und empirischer Umfrage, denn nach Abgabe der Fragebögen gab zum Beispiel in West-Berliner Klassen per Handzeichen eine überwältigende Mehrheit von über 90% ihr Votum für eine sauberere Umwelt in der DDR ab. Die Schüler begründeten ihre Entscheidung damit, dass es in der DDR weniger Industrie und weniger Autos gegeben habe, dafür aber einen kontrollierenden Staat, der der Wirtschaft Auflagen erteilen konnte. Die Ost-Berliner und Brandenburger Schüler entschieden sich in den Diskussionen mit ebenfalls großer Mehrheit für die Bundesrepublik, weil sie dort nicht zuletzt aufgrund der Umweltbewegung eine höhere Priorität für den Umweltschutz vermuteten. Offensichtlich schließen sich im Gespräch viele Schüler der geäußerten Meinungsmehrheit an, auch wenn sie sich unmittelbar zuvor schriftlich anders entschieden haben. An diesem Beispiel wird deutlich, wie beeinflussbar Schüler sind, wenn sie nicht über ein konkretes Wissen verfügen.

Während in Berlin viele ausländische Schüler überdurchschnittlich häufig der DDR „Schlechtes“ zutrauen und prinzipiell der Bundesrepublik zugeneigter sind, gilt dies nicht für ihre ausländischen Schülerkollegen in Bayern, Nordrhein-Westfalen und Brandenburg. Dort gilt eine gewisse Grundsympathie der DDR, sodass bei Unwissenheit positive Aspekte der DDR und negative der Bundesrepublik zugetraut werden. Diese Annahme bestätigte sich auf Nachfrage, denn viele Schüler betonten, einige Antworten wie die zum 17. Juni 1953 oder bei der Umwelt einfach nicht gewusst und deshalb nur spekuliert zu haben.

Die Todesstrafe vermuten die meisten Schüler fälschlicherweise in keinem der beiden deutschen Teilstaaten. Die DDR wird am meisten von den Hauptschülern (35,3%) und den ausländischen Schülern (29,7%) richtig genannt. Die falsche Einschätzung einer relativen Mehrheit der Schüler, in der DDR hätten alle das gleiche Einkommen und Vermögen gehabt, ist vielleicht noch nachvollziehbar, angesichts der Tatsache, dass diese Position von vielen in der Bevölkerung geteilt wird und in der öffentlichen Debatte von der PDS/Die Linke immer wieder vorgebracht wird. Allerdings bestreiten dies auch etwas mehr Schüler aus dem Osten als aus dem

Westen. Offensichtlich erfahren einige von ihren Eltern doch etwas über die Privilegien bestimmter Personengruppen in der DDR. Problematischer, um nicht zu sagen erschreckender, scheint uns aber zu sein, dass knapp die Hälfte der befragten Schüler – in Nordrhein-Westfalen sogar knapp 71% – nicht wissen, in welchem Jahr die Berliner Mauer gebaut wurde.

Dass die DDR die Mauer gebaut hat, weiß sogar nicht einmal ein Drittel der Schüler, eine breite relative Mehrheit vermutet, die Sowjetunion sei es gewesen, obschon im Fragebogen ausdrücklich von „Errichtung der Mauer“ und nicht von „Verantwortung für den Mauerbau“ die Rede ist. Der Begriff „Verantwortung“ hätte suggerieren können, die DDR habe ohne die Zustimmung der Sowjetunion – was richtig ist – auch bezüglich der Abriegelung ihrer Grenze zur Bundesrepublik nicht souverän entscheiden können. Da diese unzutreffende Position auch in Bayern und in NRW von einem Großteil der Schüler geteilt wird, sollte im Geschichts- und Politikunterricht größeres Augenmerk auf diesen Teil – das Grenzregime – der deutschen Teilungsgeschichte gelenkt werden, um einer Entlastung und Weichzeichnung von DDR und SED vorzubeugen.

Abgesehen von der Frage nach dem Volksaufstand am 17. Juni 1953 hat ein Großteil der Schüler, bei einigen Fragen deutlich mehr Ost- als Westdeutsche bzw. vor allem Bayern, wenig Kenntnisse über die Zustände in der DDR. Offensichtlich führen Familiengespräche, aber auch ein ausgeprägtes Desinteresse sowie fehlender Schulunterricht zu diesen Themen bei einer Mehrheit der Schüler vor allem in Ostdeutschland zu einem verzerrten bzw. weichgezeichneten DDR-Bild. Ohne konkrete Kenntnisse wird die DDR von vielen nachgerade reflexhaft verteidigt bzw. ihre negativen Aspekte werden ignoriert. Bei einigen Themen scheinen auch vielen Lehrern Kenntnisse zu fehlen. Einige Ost-Berliner, aber auch Brandenburger Lehrer sperren sich allerdings grundsätzlich gegen die Verbreitung negativer Informationen über die DDR. Wie dem entgegengewirkt werden kann, sollte von den Schulverwaltungen in Berlin und Brandenburg diskutiert werden. Vielleicht unterrichten auch an einigen Schulen die „falschen Lehrer“ die für die Behandlung der deutschen Teilungs- und Vereinigungsgeschichte vorgesehenen Fächer.

Die richtige Zuordnung der Politiker zur Bundesrepublik bzw. DDR gelingt zumeist nur einer relativen Mehrheit, bei den bundesdeutschen Politikern manchmal gerade der Hälfte der Schüler. Einige Schüler verfuhren allerdings, wie sie in Gesprächen bereitwillig zugaben, zum Teil nach dem Ausschlussverfahren: Politiker, deren Namen sie nicht kannten, verorteten sie im jeweils anderen Landesteil. Viele Jungen und noch mehr Mädchen gaben aber auch an, sie würden diesen Politiker nicht kennen.

So ordnen nicht einmal zwei Drittel der Schüler Adenauer korrekt der Bundesrepublik zu, von den ostdeutschen sogar nur etwas mehr als jeder zweite. Ludwig Erhard kennt nur ein gutes Drittel der befragten Schüler als westdeutschen Politiker, Helmut Schmidt nur etwas mehr als der Hälfte aller Schüler. Nur Helmut Kohl ist mit über 85% einer breiten Mehrheit als bundesdeutscher Kanzler bzw. Staatsmann bekannt. Dass nur knapp 64% und in Berlin nicht einmal 60% Willy Brandt als bundesdeutschen Politiker nennen und ihn sogar knapp 23% bzw. 27% in die DDR verorten – im Ostteil Berlins sogar gut 35% –, ist ein geradezu peinliches Ergebnis.

Die SED-Politiker Wilhelm Pieck und Walter Ulbricht werden nur von etwa 37% bzw. 45% richtig zugeordnet. Dagegen kennen über 70% Erich Honecker richtigerweise als DDR-Politiker – über 80% im Osten. Willi Stoph und Egon Krenz sind bei etwa der Hälfte der Schüler nicht bekannt und nur knapp 24% bzw. gut 31% ordnen sie richtig der DDR zu.

Dass viele Schüler die DDR-Politiker entweder nicht kennen oder nicht richtig zuordnen, ist für Westdeutschland zumindest nachvollziehbar. Aber auch Politiker der alten Bundesrepublik sind dort ziemlich unbekannt oder werden – wie Brandt und Adenauer – von vielen Schülern fälschlich der DDR zugeordnet. Einen hohen Bekanntheitsgrad unter west- und ostdeutschen Schülern haben nur Helmut Kohl und Erich Honecker, die das politische Bild der beiden Staaten in den achtziger Jahren geprägt haben. Dennoch verorten 9,8% der Schüler Helmut Kohl in der DDR und gut 8% Erich Honecker in der Bundesrepublik. Geradezu grotesk mutet an, dass knapp jeder vierte Schüler – von den ostdeutschen sogar knapp 36%! – Konrad Adenauer für einen DDR-Politiker halten. Auffällig häufiger werden westdeutsche Politiker in die DDR verlegt als umgekehrt DDR-Politiker in die Bundesrepublik.

10. Das Bild der DDR in Abhängigkeit vom Kenntnisstand

Da das jeweilige Bild der DDR nicht zuletzt vom Wissen der Schüler abhängt, haben wir den unterschiedlichen Kenntnisstand der befragten Schüler in fünf Kategorien aggregiert. Wer von den 18 gestellten Wissensfragen mehr als 16 richtige Antworten gibt, fällt in die Kategorie „sehr hohes Wissen", wer 14 bis 16 bzw. 10 bis 13 Fragen richtig beantwortet, dem wird ein hoher bzw. mittlerer Wissensstand attestiert, und wer auf 10 bis 12 bzw. 6 bis 9 richtige Antworten kommt, fällt in die Kategorie „mittleres" bzw. „niedriges Wissen", und schließlich werden Schüler in der Rubrik „sehr niedriges Wissen" zusammengefasst, die nur auf 0 bis 5 richtige Antworten kommen.

*Tabelle 34: Kenntnisstand der befragten Schüler**

	sehr hoch	hoch	mittel	niedrig	sehr niedrig
insgesamt	1,0	9,4	28,9	36,6	24,1
Geschlecht					
männlich	1,6	12,3	32,6	33,7	19,9
weiblich	0,6	7,0	25,9	39,2	27,4
Länder					
Bayern	2,4	18,8	39,8	27,3	11,7
Berlin	0,7	5,6	25,8	40,3	27,7
West-Berlin	1,3	7,0	27,8	38,9	24,9
Ost-Berlin	0,2	4,3	25,7	41,7	28,1
Brandenburg	0,3	6,9	21,0	40,6	31,2
Nordrhein-Westfalen	0,3	8,4	28,8	36,6	25,9
Region					
West	1,5	11,9	32,7	33,8	20,1
Ost	0,2	5,4	23,7	41,2	29,4
Herkunft					
Deutsche	0,9	9,6	29,7	36,8	23,0
Ausländer	1,3	6,9	20,8	35,0	36,1
Alter					
unter 16 Jahre	0,7	7,7	25,2	37,4	29,0
16 Jahre	0,7	9,7	29,6	36,6	23,3
17 Jahre und älter	1,4	9,9	29,9	36,4	22,5
Schultypen					
Gymnasium	1,3	11,1	32,3	35,4	19,9
Gesamtschule	0,3	3,8	17,9	40,7	37,2
Realschule	0,5	10,0	28,9	40,3	20,4
Hauptschule	0,7	9,7	34,7	27,8	27,1

** Angaben in Prozent. Der Kenntnisstand bezieht sich auf 18 gestellte Wissensfragen, dabei bedeutet die Bezeichnung „sehr hoch": › 16 richtige Antworten, „hoch": 14–16, „mittel": 10–13, „niedrig": 6–9 und „sehr niedrig": 0–5 richtige Antworten.*

Wie sich schon bei den einzelnen Fragen abzeichnete, liegen die bayerischen Schüler bezogen auf das von uns explizit abgefragte Wissen deutlich an der Spitze. Zwar verfügt auch hier nur gut jeder Fünfte über hohe oder sehr hohe Kenntnisse, aber in den anderen Regionen liegen die entsprechenden Anteile nur bei 4,5% (Ost-Berlin) bzw. 7,2% (Brandenburg). In Nordrhein-Westfalen betragen sie 8,7%, in West-Berlin 8,3%. Die beiden ostdeutschen Länder führen dagegen die Rangliste der Schü-

*Schaubild 89: Kenntnisstand nach Ländern/Regionen**

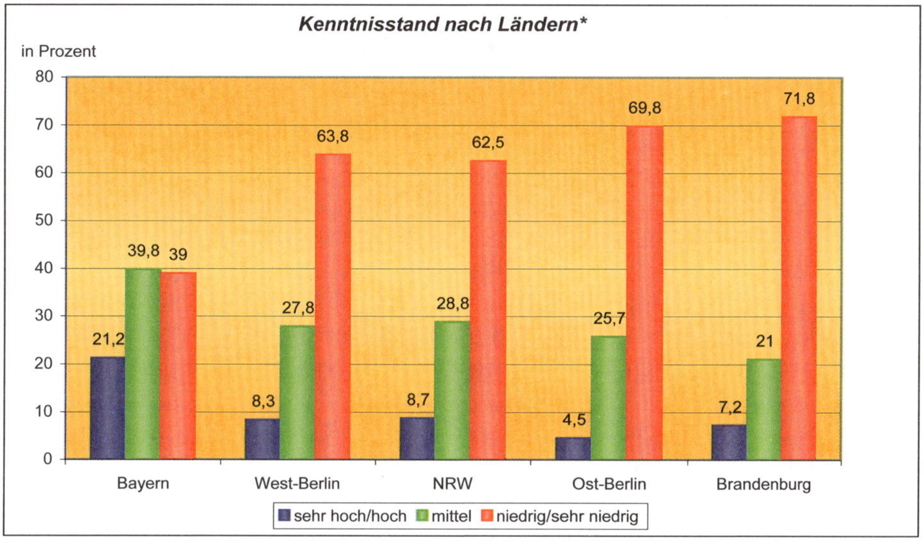

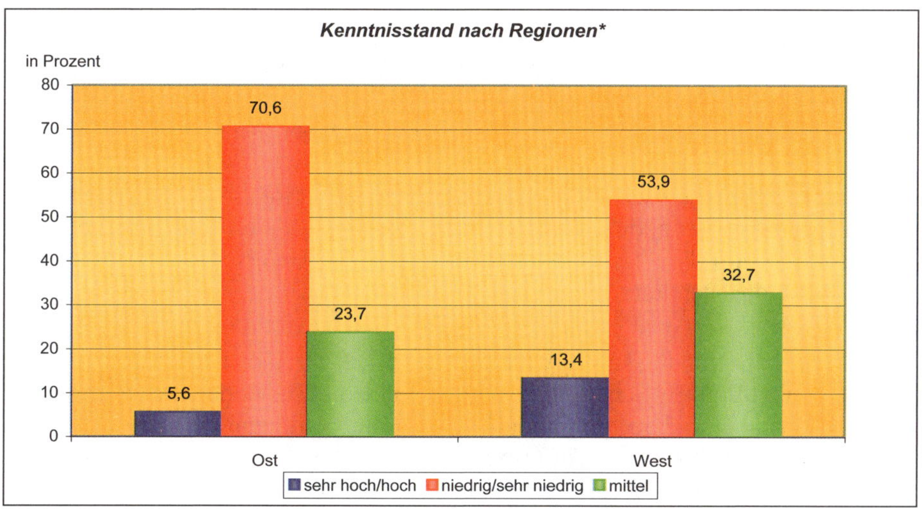

** Antworten auf 18 gestellte Wissensfragen, dabei bedeutet die Bezeichnung „sehr hoch"/„hoch": › 14 richtige Antworten und „niedrig"/„sehr niedrig": 0-9 richtige Antworten.*

ler mit einem sehr niedrigen Wissensstand an. In Brandenburg betrifft dies 31,2% der Schüler, in Ost-Berlin 29,1% gegenüber 11,7% in Bayern. Werden die Schüler mit niedrigem Wissensstand noch miteinbezogen, belegt Brandenburg mit 71,8% den negativen Spitzenplatz knapp vor Ost-Berlin mit 69,8%. Auf der anderen Seite stehen West-Berlin mit 63,8%, Nordrhein-Westfalen mit 62,5% und – mit weitem Abstand – Bayern mit nur 39%.

Neben den herkunftsspezifischen Unterschieden sehen wir auch alters- und geschlechtsspezifische: Jungen und Ältere wissen deutlich mehr als Mädchen und Jüngere. Diesen Trend haben wir auch jenseits der konkreten Wissensfragen in den Gesprächen und bei der Auswertung der anderen Teile des Fragebogens beobachtet. Überraschend fällt allerdings der Blick auf die Einteilung der Schüler nach dem Besuch des jeweiligen Schultyps aus. Zwar liegt der Anteil der Gymnasiasten in den Kategorien „hoch“ und „sehr hoch“ etwas über dem der Schüler der anderen Schultypen, aber in der negativen Rangliste der Gruppen mit „niedrigem“ bzw. „sehr niedrigem“ Kenntnisstand führen Gymnasiasten mit 55,4% vor Hauptschülern mit 54,9%, d. h. bei Hauptschülern gibt es den geringsten Anteil von Schülern, die wenig oder so gut wie nichts wissen. Die geringsten Kenntnisse haben knapp 78% der Gesamtschüler, vornehmlich in Ost-Berlin und Brandenburg. Das ist das schlechteste Ergebnis aller Teilgruppen. Es lässt zweifelsohne Rückschlüsse auf den jeweiligen Schulunterricht zu und scheint abermals unsere These zu bestätigen, dass die DDR in vielen ostdeutschen Schulen im Unterricht nicht oder nur unzureichend, vielleicht sogar irreführend behandelt wird.

Betrachten wir die Ergebnisse in den einzelnen Ländern,[662] so stellt sich die Situation unterschiedlich dar. In Bayern wissen die Gymnasiasten deutlich mehr als die Real- und die Hauptschüler, d. h. die bayerischen Hauptschüler verdanken ihre gute Position in der Gesamtrangliste dem schwachen Wissensstand der Gymnasiasten in den anderen Ländern. Ansonsten sehen wir in abgeschwächter Form auch das in der Gesamtbefragung typische Bild, wonach Jungen mehr als Mädchen und Ältere mehr als Jüngere wissen. Den negativen Spitzenwert der beiden Kategorien „niedriges/sehr niedriges Wissen“ erreichen ausländische und Realschüler, den höchsten Kenntnisgrad (in den addierten Rubriken „sehr hohes/hohes Wissen“) verbuchen Gymnasiasten und die ältesten Schüler. Der regionale Unterschied zwischen Nord und Süd fällt dagegen kaum ins Gewicht.

In der Berliner Befragung sehen wir die Ost-West-Differenz in stark abgeschwächter Form: Die West-Berliner Schüler verfügen über einen etwas höheren Kenntnisstand als die Ost-Berliner und auch unter den Schülern mit niedrigem oder sehr niedrigem Wissen finden wir mehr aus dem Ost- als aus dem Westteil der Stadt. Wie in allen anderen Regionen auch liegen im Wissensstand die Jungen deutlich vor den Mäd-

[662]) Vgl. die Tabellen 41–44.

chen und die Älteren vor den Jüngeren. Zwar wissen die Gymnasiasten auch nicht sehr viel, vor allem im Vergleich zu denen in den anderen Ländern, aber mehr als die Gesamtschüler. Von Letzteren verfügen etwa drei Viertel über „niedriges/sehr niedriges Wissen“ (Gymnasiasten: 62,8%). Unter den ausländischen Schülern beobachten wir immerhin 6,4%, die ein hohes Wissen haben (insgesamt in Berlin: 5,6%), allerdings auch 39,1% (insgesamt: 27,7%), die nur einen sehr niedrigen Wissensstand aufweisen.

Ein ähnliches Bild wie in Ost-Berlin zeigt sich in Brandenburg, wobei hier die Gesamtschüler deutlich schlechter als die Gymnasiasten abschneiden. Während von ihnen nur 4,1% in den Rubriken „sehr hoch“ bzw. „hoch“ zu finden sind, stellen sie mit 42,4% neben den ausländischen Schülern das größte Kontingent in der Kategorie „sehr niedriges Wissen“. Der Vergleich der drei Städte sieht Frankfurt/Oder im Vorteil; hier verzeichnen wir mit 11,5% die höchste Quote für ein hohes oder sehr hohes Wissen und mit 25,5% die niedrigste im unteren Wissenssegment. Auf der anderen Seite stehen die Potsdamer Schüler, die unterdurchschnittliche Anteile in den oberen und überdurchschnittliche in den unteren Wissenskategorien haben. In der Landeshauptstadt gehören nur 4% (insgesamt in Brandenburg: 7,2%) zu den Jugendlichen mit einem hohen oder sehr hohen Kenntnisstand.

In Nordrhein-Westfalen finden wir schul-, alters- und geschlechtsspezifische Differenzen. Gymnasiasten, Jungen und Ältere wissen deutlich mehr als Gesamtschüler, Mädchen und Jüngere. Ohne die Schülerinnen des St. Ursula-Gymnasiums wäre der geschlechtsspezifische Unterschied noch größer ausgefallen. Sie verbessern auch das Ergebnis von Aachen gegenüber Bochum, wo 68,6% der Schüler in die beiden unteren Kategorien fallen (Aachen: 57,4%). Neben den Schülerinnen von St. Ursula weisen die Gymnasiasten und die älteren Schüler den höchsten Kenntnisgrad und – neben den ausländischen Schülern – die Gesamtschüler den niedrigsten auf.

Der jeweilige Kenntnisstand bestimmt in von uns nicht erwarteter Kausalität nicht nur das Gesamtbild der DDR, sondern auch die Urteile über die einzelnen politischen und gesellschaftlichen Facetten des SED-Staates, die wir in Einzelskalen abgefragt haben.

Wie nachstehende Übersicht verdeutlicht, zieht sich der Zusammenhang zwischen steigendem Kenntnisstand und zunehmender negativer Einschätzung der DDR durch alle abgefragten und in Skalen zusammengefassten Bereiche.

*Tabelle 35: Skalen und Gesamtskala in Abhängigkeit vom Kenntnisstand**

	Äquidistanz		
	positiv	neutral	negativ
sehr hoch	0,0	3,8	96,2
hoch	2,0	14,1	83,8
mittel	3,2	21,0	75,8
niedrig	5,4	31,4	63,2
sehr niedrig	6,4	40,3	53,3

	Sozialpolitik		
	positiv	neutral	negativ
sehr hoch	9,6	40,4	50,0
hoch	13,5	45,7	40,8
mittel	21,2	43,8	35,0
niedrig	24,8	47,3	27,8
sehr niedrig	29,2	49,6	21,2

	Wirtschaftspolitik		
	positiv	neutral	negativ
sehr hoch	5,8	11,5	82,7
hoch	6,6	28,3	65,1
mittel	12,3	38,0	49,7
niedrig	18,1	47,8	34,2
sehr niedrig	23,8	50,8	25,5

	Jugend und Familie		
	positiv	neutral	negativ
sehr hoch	5,8	17,3	76,9
hoch	5,3	23,6	71,1
mittel	5,9	24,4	69,7
niedrig	5,7	25,6	68,7
sehr niedrig	6,4	28,3	65,3

	Schule und Alltag		
	positiv	neutral	negativ
sehr hoch	0,0	17,3	82,7
hoch	4,5	19,9	75,6
mittel	6,4	26,9	66,7
niedrig	9,7	33,9	56,4
sehr niedrig	12,7	39,3	48,0

	Außenpolitik		
	positiv	neutral	negativ
sehr hoch	1,9	11,5	86,5
hoch	5,7	23,8	70,5
mittel	7,2	29,2	63,6
niedrig	9,5	37,3	53,1
sehr niedrig	12,6	43,5	43,9

	Verharmlosung der Diktatur		
	positiv	neutral	negativ
sehr hoch	1,9	0,0	98,1
hoch	1,4	7,6	91,0
mittel	3,5	14,6	81,9
niedrig	5,7	22,9	71,4
sehr niedrig	7,8	33,9	58,3

	Verharmlosung der Unterdrückung		
	positiv	neutral	negativ
sehr hoch	3,8	15,4	80,8
hoch	4,7	6,8	88,5
mittel	5,1	12,7	82,2
niedrig	4,8	17,3	77,9
sehr niedrig	6,5	22,3	71,2

	Gesamtbewertung der DDR		
	positiv	neutral	negativ
sehr hoch	0,0	7,7	92,3
hoch	1,4	16,6	82,0
mittel	1,4	27,9	70,7
niedrig	1,9	40,3	57,8
sehr niedrig	2,9	53,1	44,0

** Angaben in Prozent. Der Kenntnisstand bezieht sich auf 18 gestellte Wissensfragen, dabei bedeutet die Bezeichnung „sehr hoch": › 16 richtige Antworten, „hoch": 14–16, „mittel": 10–13, „niedrig": 6–9 und „sehr niedrig": 0–5 richtige Antworten.*

Bei der Skala Sozialpolitik, bei der die DDR ihre höchste Zustimmung erfährt, sieht zum Beispiel nicht einmal jeder Zehnte mit sehr hohem Kenntnisstand diese politische Dimension durchgängig positiv, jeder Zweite aber negativ. Von den Schülern mit sehr niedrigem Kenntnisstand dagegen spricht sich fast jeder dritte für und nur gut jeder fünfte gegen die SED-Sozialpolitik aus. Einen ähnlichen sogar noch etwas zugespitzten Zusammenhang sehen wir bei den Skalen Wirtschaftspolitik,

Schule, Alltag und Außenpolitik. Bei der Skala Jugend liegen zumindest im positiven Bereich die nach Kenntnissen aufgeteilten Teilgruppen dichter beisammen, in der Ablehnung differenzieren sie sich indes wieder nach dem oben beschriebenen Muster. Bei der Skala „Verharmlosung der Diktatur" erkennen fast alle Schüler, die hohe oder sehr hohe Kenntnisse haben, durchgängig die dunklen Seiten der SED-Diktatur und widersprechen nahezu geschlossen einer Verharmlosung des Diktaturcharakters. Hierin folgt ihnen von den Schülern mit sehr niedrigem Kenntnisstand nur gut jeder zweite. In der Zurückweisung des repressiven Charakters der DDR liegen die Schüler wieder etwas dichter beieinander, wenngleich die Ablehnungsrate mit sinkendem Wissensstand fällt.

*Schaubild 90: Gesamtbewertung der DDR in Abhängigkeit vom Kenntnisstand**

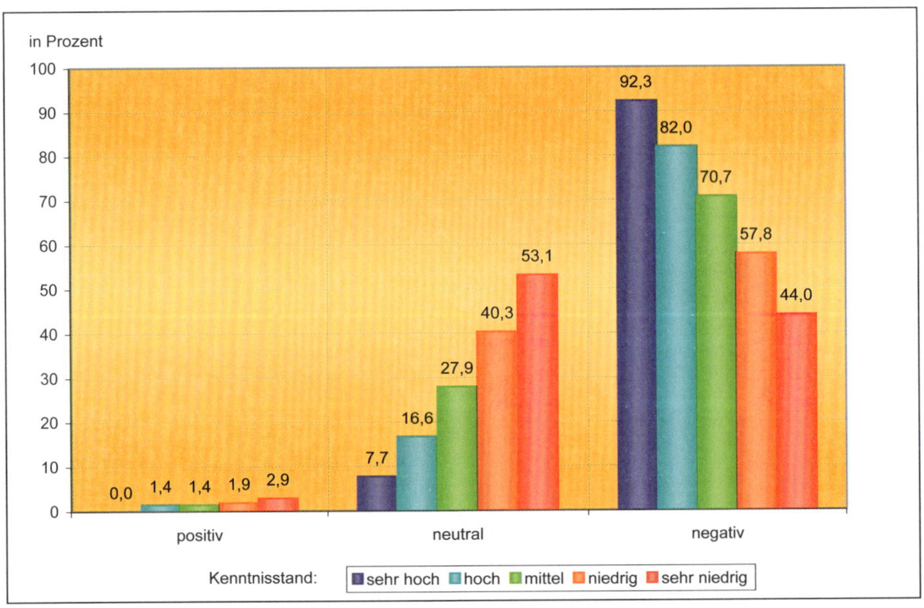

** Angaben in Prozent. Der Kenntnisstand bezieht sich auf 18 gestellte Wissensfragen, dabei bedeutet die Bezeichnung „sehr hoch": › 16 richtige Antworten, „hoch": 14–16, „mittel": 10–13, „niedrig": 6–9 und „sehr niedrig": 0–5 richtige Antworten.*

Wie aus obigem Schaubild zu entnehmen ist, zeigt sich der für die Skalen beschriebene Zusammenhang auch bei der Gesamtbewertung: Je mehr die Schüler über den SED-Staat wissen, desto kritischer wird die DDR beurteilt.

Diesen engen Zusammenhang zwischen Kenntnisgrad und Bewertung der DDR finden wir in allen Regionen bei allen Skalen und insofern auch in Ost- und Westdeutschland. In Brandenburg zum Beispiel sprechen sich alle Schüler, die über einen sehr hohen Wissensstand verfügen, gegen eine Verharmlosung des Diktaturcharakters aus, während sich unter den Schülern mit dem geringsten Kenntnisgrad nur etwa jeder zweite diesem Urteil anschließt. Ein analoges Bild sehen wir bei der Skala „Verharmlosung/Relativierung der Repression“ in Brandenburg und etwas weniger stark ausgeprägt in den anderen drei Ländern. Vergleichen wir die beiden Regionen Ost und West, so liegen die Urteile der Schüler in den neuen Ländern gemessen am Wissensgrad noch weiter auseinander als im Westen.

*Schaubild 91: Negatives Gesamtbild der DDR nach Kenntnisstand in den Ländern**

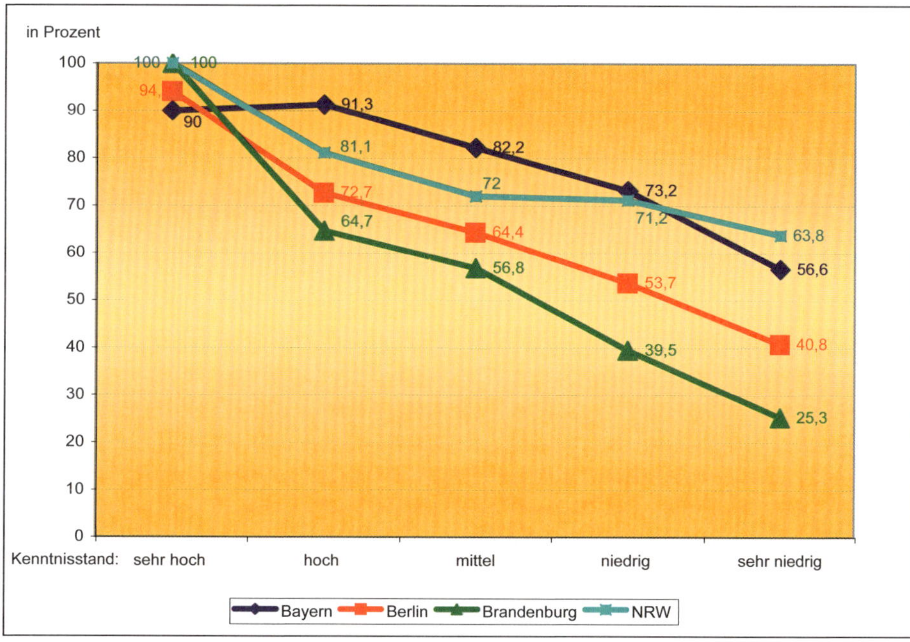

** Angaben in Prozent. Der Kenntnisstand bezieht sich auf 18 gestellte Wissensfragen, dabei bedeutet die Bezeichnung „sehr hoch“: › 16 richtige Antworten, „hoch“: 14–16, „mittel“: 10–13, „niedrig“: 6–9 und „sehr niedrig“: 0–5 richtige Antworten.*

Der beschriebene Zusammenhang wird ebenfalls deutlich, wenn wir das Gesamturteil über die DDR nach Kenntnisstand und Ländern abbilden, wie im obigen Schaubild geschehen. Durchgängig zeigt sich, dass mit sinkendem Wissensstand die negative Bewertung deutlich, in einigen Ländern, zum Beispiel in Brandenburg, sogar drastisch abnimmt. Während ein positives Gesamturteil auch bei Schülern, die wenig über die DDR wissen, nicht sehr hoch ausfällt, steigt die neutrale Bewertung erheblich an. Ein Großteil dieser Schüler ist nicht fähig, ein Urteil über die DDR zu fällen, wieder andere sehen positive und negative Dinge gleichermaßen und können sich deshalb nicht zu einem Urteil durchringen. Dennoch bleibt auffällig, dass es vor allem die Schüler mit wenig Wissen sind, die sich einer Bewertung enthalten.

*Tabelle 36: Skalenmittelwerte nach Kenntnisstand für die Gesamtbefragung**

Kenntnisstand	Äquidistanz	Sozialpolitik	Wirtschaftspolitik	Jugend	Schule und Alltag	Außenpolitik	Verharmlosung d. Diktatur	Verharmlosung d. Unterdrückung	Gesamtbewertung
sehr hoch	4,2276	3,4455	4,1090	3,9263	4,0417	4,1603	4,5192	4,2740	4,0723
hoch	4,0276	3,2466	3,7762	3,8603	3,8911	3,8630	4,2980	4,2437	3,8896
mittel	3,8378	3,1212	3,4680	3,8162	3,7566	3,7139	4,0436	4,1058	3,7228
niedrig	3,6137	3,0064	3,1941	3,8261	3,5459	3,5253	3,7639	3,9201	3,5437
sehr niedrig	3,4781	2,9236	3,0307	3,7610	3,4181	3,3776	3,5517	3,7740	3,4051
Total	*3,6910*	*3,0466*	*3,2980*	*3,8119*	*3,6136*	*3,5827*	*3,8519*	*3,9727*	*3,5998*

** Der Kenntnisstand bezieht sich auf 18 gestellte Wissensfragen, dabei bedeutet die Bezeichnung „sehr hoch": › 16 richtige Antworten, „hoch": 14–16, „mittel": 10–13, „niedrig": 6–9 und „sehr niedrig": 0–5 richtige Antworten.*

Der direkte Zusammenhang von Kenntnisstand und Urteil zeigt sich, abgesehen von einer kleinen Abweichung bei der Skala Jugend, wo die Schüler mit mittlerem und niedrigem Wissensstand in etwa auf gleichem Niveau liegen, auch bei den Durchschnittswerten für die nach Kenntnissen aufgeschlüsselten Teilgruppen. Dabei ist die Differenz zwischen den Schülern mit den meisten und denen mit den geringsten Kenntnissen beim Skalenmittelwert, abgesehen von der Skala Jugend, immer größer als 0,5. Den größten Abstand sehen wir mit etwa einem Punkt Unterschied bei der Verharmlosung der Diktatur und der Skala Wirtschaftspolitik. Bei der Skala Äquidistanz, die in der vorangegangenen Auswertung nicht gesondert erwähnt wurde, beobachten wir ebenfalls eine direkte Abhängigkeit zwischen der Annahme, die beiden Staaten seien zwar anders, aber nicht besser gewesen, und dem Kenntnisgrad. Schüler mit sehr viel Wissen über die DDR lehnen diese gleichrangige Beurteilung von DDR und Bundesrepublik ausdrücklich und durchgängig ab.

Jenseits geringer Abweichungen bei der Skala Jugend zieht sich der beschriebene Zusammenhang bezogen auf die Skalenmittelwerte durch alle vier Länder, wobei, wie bei den Quoten für eine positive/neutrale/negative Bewertung der DDR, die Differenz in Ostdeutschland höher als in Westdeutschland ausfällt. So kommen zum Beispiel in Bayern die Schüler mit sehr hohem Wissensstand auf einen Skalenmittelwert von 4,07, die mit dem niedrigsten auf 3,82, während in Brandenburg die entsprechenden Werte 4,28 und 3,34 betragen. Der Kenntnisstand beeinflusst also in Ostdeutschland noch ausgeprägter das Urteil über die DDR als in Westdeutschland.

Die Studenten verfügen über ein deutlich höheres Wissen über die DDR und die Bundesrepublik als die Schüler, allerdings sehen wir auch bei ihnen erstaunliche herkunftsspezifische Unterschiede. Während 16% der in der alten Bundesrepublik aufgewachsenen Studenten einen sehr hohen Kenntnisstand haben, sind es bei ihren ostdeutschen Kommilitonen nur 6%. Unter denjenigen, die ein niedriges oder sehr niedriges Wissen haben, finden sich etwas mehr ost- als westdeutsche Studenten. Im Vergleich der beiden Proseminare schneiden die Teilnehmer des Kurses über den deutschen Sozialstaat besser als die des Seminars über die DDR ab. Unter

Letzteren weist nur jeder Zehnte ein sehr hohes Wissen auf, unter den Vorgenannten knapp 16%.

*Tabelle 37: Kenntnisstand der befragten Studenten**

	sehr hoch	hoch	mittel	niedrig	sehr niedrig
Insgesamt	12,0	36,1	30,1	16,9	4,8
PS Sozialstaat	15,6	28,1	31,3	15,6	9,4
PS/E DDR	10,0	35,0	30,0	20,0	5,0
Herkunft					
West	16,0	34,0	30,0	14,0	6,0
Ost	6,3	40,6	31,3	18,8	3,1

** Angaben in Prozent*

Anders als bei den Schülern führt bei Studenten ein steigender Kenntnisstand nicht immer zu einer kritischeren Sicht auf die DDR. Zwar beurteilen Studenten mit sehr hohem Wissen überdurchschnittlich häufig (90%) die DDR negativ gegenüber denjenigen, die über ein sehr niedriges Wissen verfügen (25%), aber Seminarteilnehmer mit einem niedrigen Kenntnisstand bewerten den SED-Staat negativer als Kommilitonen mit einem mittleren (92,9% gegenüber 72%). Bei den Skalenmittelwerten lässt sich der Zusammenhang zwischen steigendem Kenntnisstand und kritischerer Bewertung der DDR, abgesehen von einigen Ausnahmen, nahezu durchgängig beobachten. So erreichen Studenten mit einem sehr hohen Wissen einen Mittelwert von 4,16 gegenüber 3,32 bei Seminarteilnehmern mit sehr niedrigem Kenntnisstand. Den höchsten Skalenmittelwert mit 4,65 sehen wir bei Studenten mit sehr hohem Wissen bei ihrem Urteil über den Diktaturcharakter, den niedrigsten bei Studenten mit sehr niedrigem Wissensstand und ihrem Urteil über Schule und Alltag (2,71).

VIII. Das spezielle Bild der DDR

Die Ergebnisse der Befragung und der Gespräche in den einzelnen Ländern wurden Ende 2007/Anfang 2008 in Form von Arbeitspapieren des Forschungsverbundes SED-Staat veröffentlicht.[663]) Aus Platzgründen können hier nur die zentralen Ergebnisse kurz referiert werden. Einige hervorstechende Resultate sind jedoch in die vergleichende Darstellung im Kapitel VII eingeflossen.

1. Das Bild der DDR von bayerischen Schülern

Die standardisierte Befragung in Bayern umfasst 1.231 Schüler. In der Mehrheit sind sie weiblich, leben überwiegend im Norden des Landes und besuchen ein Gymnasium. Nur knapp 12% bzw. gut 16% sind Real- und Hauptschüler. Nicht zuletzt aufgrund des hohen Anteils von Gymnasiasten ist nur jeder zehnte Befragte ausländischer Herkunft. Jeder fünfte Schüler ist unter 16 Jahre alt, 40% sind 16 Jahre bzw. 17 Jahre und älter.[664])

Die bayerischen Schüler betonen, wenig über die DDR zu wissen und viele von ihnen sagen, in der Schule würde dieses Thema kaum oder überhaupt nicht behandelt. Mit gut 73% geben jedoch – im Vergleich zu den befragten Schülern in den andern Ländern – weniger Schüler an, wenig oder nichts über die DDR zu wissen. Mehr als die Hälfte bekundet Interesse an der DDR und möchte mehr über diese auch in der Schule erfahren. Allerdings sagt nur knapp jeder zweite Befragte – wiederum deutlich weniger Schüler als in den anderen Ländern –, die DDR sei selten oder nie Thema im Schulunterricht. Da gleichzeitig in deutlich weniger Familien als in Berlin und Brandenburg über die DDR gesprochen wird, kann vermutet werden, dass das DDR-Bild bayerischer Schüler stärker als in den anderen Untersuchungsregionen vom Schulunterricht beeinflusst ist.

Die von uns befragten Schüler ordnen sich mehrheitlich der politischen Mitte (57,2%) oder dem linken Spektrum (33,4%) zu. Real- und Hauptschüler begreifen sich deutlich häufiger als Gymnasiasten als eindeutig „links“ oder sind häufiger mehr oder weniger „rechts“ eingestellt. Gleichzeitig finden wir unter ihnen aber auch den höchsten Anteil von Schülern, die sich in der politischen Mitte (63,4%) sehen. Abgesehen von den ausländischen Schülern bevorzugen alle Schüler die CSU (29,6%) stärker als die anderen Parteien. SPD und Bündnis-Grüne liegen mit Anteilen knapp unter 20% in etwa auf gleicher Höhe und die Linkspartei erhält

---

663) Deutz-Schroeder/Schroeder 2007a, 2007b, 2007c, 2008.

664) Die detaillierten Ergebnisse der Befragung in Bayern sind veröffentlicht in Deutz-Schroeder/Schroeder 2008.

ebenso wie die drei rechtsextremen Parteien nur wenige Stimmen. Allerdings spielt die politische Orientierung bei der Bewertung der DDR erstaunlicherweise eine geringere Rolle, als wir angenommen haben: „Linke" und „rechte" Schüler sehen manche Aspekte der DDR im Gegensatz zu den anderen Befragten sogar aus gleichem Blickwinkel.

Nur ein geringer Prozentsatz der bayerischen Schüler fühlt sich als „Ossi", obschon ein Teil der Schüler aus den neuen Ländern nach Bayern gezogen ist. Der Integrationsprozess hat zumindest bei ihnen dazu geführt, dass sie sich mehrheitlich zu den Westdeutschen zählen, anders als viele ihrer Eltern, die, auch wenn sie schon etliche Jahre im Westen leben, sich zumeist immer noch als Ostdeutsche fühlen. Erfreulicherweise nimmt auch nur eine Minderheit (11,7%), insbesondere männliche (Haupt-)Schüler, eine prinzipiell ablehnende Haltung gegenüber Ostdeutschen ein. Knapp jeder zweite befragte Schüler zählt Ostdeutsche zu seinem Freundeskreis, etwas über 60% Ausländer und knapp 16% wissen nicht, ob einige ihrer Freunde aus Ost- oder Westdeutschland stammen. Nur eine Minderheit von knapp 16% war noch nie in den neuen Ländern, eine absolute Mehrheit war dort allerdings nur ein- oder zweimal; knapp 30% reisen häufiger dorthin. Unter den Hauptschülern liegt der Anteil derjenigen, die den Boden der ehemaligen DDR noch nie betreten haben, jedoch bei knapp 40%.

*Tabelle 38: Wechselseitige Ablehnungen in Bayern**

Fühle mich als Ostdeutsche/r und will mit den Westdeutschen nichts zu tun haben		
insgesamt Ost		**1,6**
	männlich	*2,1*
	weiblich	*1,3*
Fühle mich als Westdeutsche/r und will mit den Ostdeutschen nichts zu tun haben		
insgesamt West		**11,7**
	männlich	*21,3*
	weiblich	*5,2*

** Angaben in Prozent*

a) Die vergleichende Bewertung des geteilten Deutschlands

In der Gesamtschau haben die Schüler mit breiter Mehrheit ein deutlich positiveres Bild von der Bundesrepublik als von der DDR. Wie in den anderen befragten Ländern verbinden vor allem die ausländischen Schüler bei vielen Fragen negative Assoziationen mit der DDR – und votieren daher unterdurchschnittlich häufig für diese –, weil sie sie oftmals mit dem heutigen Ostdeutschland gleichsetzen. Vielfach resultieren ihre Urteile aus heutiger Furcht vor rechtsextremer Gewalt in Ostdeutschland, aber auch aus diffusen Ängsten angesichts fehlender Ausbildungs- und Arbeitsplatzsicherheiten, die sich durch die Konkurrenz mit ostdeutschen Jugendlichen, die in großer Zahl nach Bayern kommen, noch verstärken könnten. Unter den deutschen Schülern dagegen fanden sich kaum welche, die Ostdeutsche als „Konkurrenten" fürchteten. Noch DDR-kritischer als die ausländischen Schüler sind Hauptschüler, die – allerdings nur bei den Vergleichen mit der Bundesrepublik – nahezu durchgängig unterdurchschnittlich häufig für die DDR votieren.

Fast zwei Drittel der Schüler sehen *Recht und Ordnung* besser in der Bundesrepublik verwirklicht. Deutlich weniger sind es in Südbayern (58,4%), wo gut 22% sogar die DDR favorisieren. Deren Rechts- und Ordnungsverständnis findet am wenigsten Gehör bei ausländischen, nordbayerischen und Hauptschülern. In den Gesprächen mit den Schülern kristallisierte sich heraus, dass die meisten vom Staat die Durchsetzung von Recht und Ordnung in öffentlichen Bereichen erwarten – aber mit rechtsstaatlichen Mitteln. Daher entscheidet sich bei der Frage nach der *Sicherheit im Alltag* eine absolute Mehrheit für die Bundesrepublik, aber immerhin knapp 20% präferieren die DDR und knapp ein Viertel kann oder will sich nicht auf einen der beiden Staaten festlegen. Die beiden Pole unter den Schülern bilden die südbayerischen Mädchen, die überdurchschnittlich häufig der DDR (22,3%), und die ausländischen Jungen, die weit überdurchschnittlich der Bundesrepublik den Vorzug in Sicherheitsfragen geben (67,6%).

Über die Themen *Altersversorgung* und *Rentensystem* ist das Schülerwissen eher allgemeiner Natur. Kenntnisse über die Rentenhöhe sowie über die generelle Altersversorgung in der DDR haben die meisten nicht – ebenso wenig wie über die Verhältnisse in der Bundesrepublik. Insofern entscheiden sie sich in relativer Mehrheit – vermutlich intuitiv und geprägt von ihrer Familienbiografie – für die Bundesrepublik und etwa zu einem Viertel für eine gleich gute Renten- und Altersversorgung in beiden Systemen. Die DDR favorisieren nur etwa 12%, allerdings deutlich mehr Gymnasiasten (13,8%) als Hauptschüler (7,3%). Bei der generellen Altersversorgung erhält die DDR einige Prozentpunkte mehr Zuspruch, aber auch hier stimmen gut 60% für die Bundesrepublik. Die ausgeprägtesten Bewertungsdifferenzen sehen wir zwischen Gymnasiasten und Hauptschülern, wobei Letztere deutlich weniger für die DDR und sehr deutlich häufiger für die Bundesrepublik stimmen.

Eine ausgesprochen positive Sichtweise auf die Bundesrepublik haben bayerische Schüler bei der Beurteilung der *sozialen Gerechtigkeit*. Zwei Drittel halten diese dort für besser verwirklicht, nur eine Minderheit von knapp 18% optiert für die DDR, knapp 16% sehen gleiche Verhältnisse. Insbesondere Haupt- und Realschüler und ausländische Schüler bevorzugen die Bundesrepublik.

Insbesondere die Fragen zur Familie haben die meisten Schüler vor ihrem eigenen persönlichen Hintergrund beantwortet. Wie in den anderen Ländern auch, gaben aber einige an, die Themen „Familiärer Zusammenhalt" und „Hilfsbereitschaft in

*Schaubild 92: Soziale Gerechtigkeit aus Sicht von bayerischen Schülern**

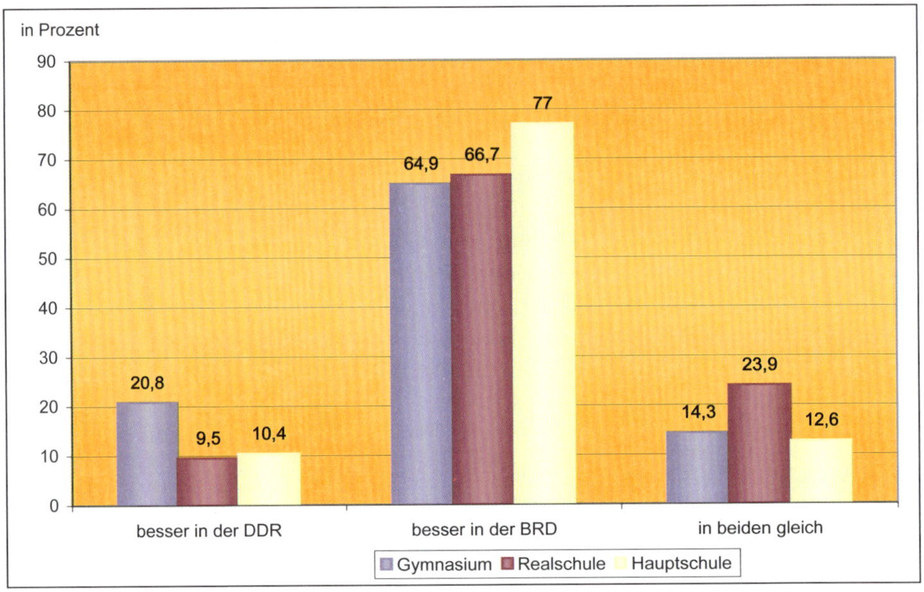

* *Antworten auf die Frage: „Deutschland vor 1989: Was, glauben Sie, war besser oder gleich in der DDR oder in der Bundesrepublik Deutschland ...?"*

der Familie" seien privater Natur und könnten von ihnen nicht pauschal beurteilt werden. Insofern sind die hohen Werte für eine gleichrangige Beurteilung vermutlich weniger einer Gleichsetzung der Systeme als der Entscheidungsunsicherheit geschuldet.

Bei der Frage nach der *Hilfsbereitschaft* spekuliert wie in Nordrhein-Westfalen ein Teil der Schüler, die Menschen in der DDR hätten sich „notgedrungen" gegenseitig mehr helfen müssen als in der Bundesrepublik. Mit knapp 42% entscheiden sich die meisten für eine gleich ausgeprägte Hilfsbereitschaft in beiden Staaten, aber gleichzeitig mehr für die DDR als für die Bundesrepublik. Bei den ausländischen und noch stärker bei den Hauptschülern kommt dagegen ihre Skepsis der DDR gegenüber zum Tragen: Ihr Votum für die DDR fällt deutlich niedriger und das für die Bundesrepublik deutlich höher als beim Durchschnitt aus.

Die Gespaltenheit der Schüler bei der Beurteilung zwischenmenschlichen Verhaltens zeigt sich in überdurchschnittlich hohen Bewertungsdifferenzen. So entscheiden sich knapp 25% der ausländischen, aber knapp 41% der Jungen aus Südbayern für die DDR, für die Bundesrepublik knapp 41% der ausländischen Schülerinnen, aber nur 20% der deutschen. Auch die Schüler der verschiedenen Schularten geben ein deutlich unterschiedliches Urteil über die Hilfsbereitschaft in den beiden deutschen Teilstaaten ab.

*Schaubild 93: Hilfsbereitschaft aus Sicht von bayerischen Schülern**

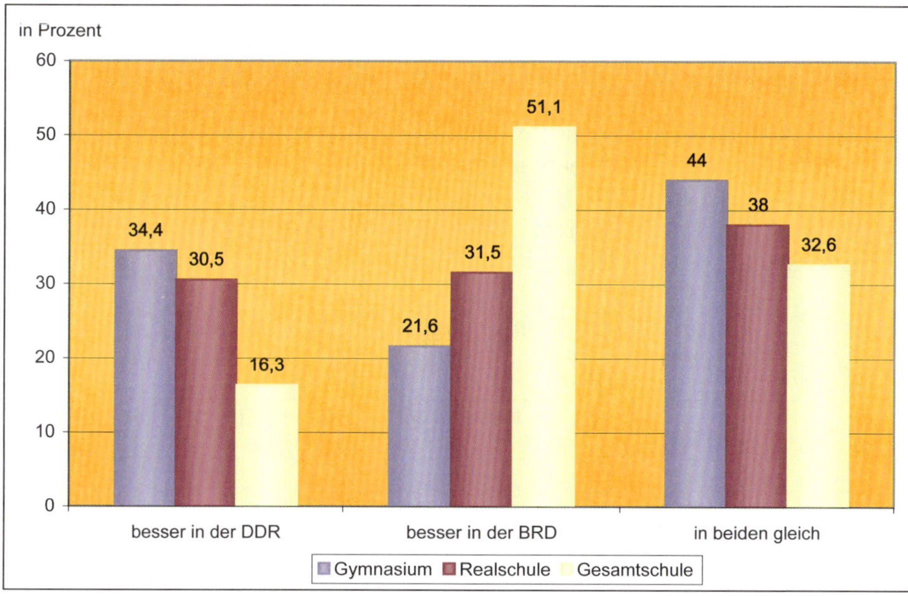

* *Antworten auf die Frage: „Deutschland vor 1989: Was glauben Sie war besser oder gleich in der DDR oder in der Bundesrepublik Deutschland?"*

Ähnlich zwiespältig urteilen die Schüler bei der Frage nach dem *Zusammenhalt in der Familie,* die nach Auffassung einiger in der DDR den einzigen Schutz vor dem diktatorischen Zugriff darstellte. Gut 40% von ihnen glauben an einen besseren familiären Zusammenhalt in der DDR. Da noch etwas mehr Schüler annähernd gleiche Familienverhältnisse vermuten, entfällt auf die Bundesrepublik nur ein geringer Anteil von gut 16%. Die höchste Zustimmung erfährt die DDR-Familie durch die Jungen aus Südbayern (45,9%), die geringste durch deren Geschlechtsgenossen aus dem Norden Bayerns und vor allem von Hauptschülern (22,8%).

Bei der *Gleichberechtigung* wusste eine große Minderheit, mehr Mädchen als Jungen, nicht, was genau gemeint war, und hält sie deshalb in beiden Systemen für gleich. Eine knappe absolute Mehrheit entscheidet sich jedoch für mehr Gleichberechtigung in der Bundesrepublik. Für die DDR sprechen sich nicht einmal jeder zehnte befragte Schüler und sogar weniger Mädchen als Jungen aus. Anscheinend verstehen bayerische Schüler unter „Gleichberechtigung" etwas anderes als nur einen gleichermaßen hohen Beschäftigungsstand von Männern und Frauen. Den höchsten Zuspruch bei dieser Dimension erhält die DDR von männlichen Ausländern (13,7%), den geringsten von Mädchen aus Südbayern (5,4%).

Eine relative Mehrheit von gut 40% der Befragten hält die *Betreuung in Kindergarten und Schule* für besser in der Bundesrepublik, was sich vor allem dem Votum der ausländischen und der Hauptschüler verdankt. Unter den deutschen Mädchen neigt eine relative Mehrheit zur DDR – in Südbayern fast die Hälfte der Schülerinnen. Ein knappes Viertel votiert – wahrscheinlich aufgrund fehlender Kenntnisse – für eine gleich gute Betreuung in beiden Staaten. Die restlichen Schüler – knapp 37% – vermuten in der DDR eine bessere Betreuung in Kindergärten und Schulen. Möglicherweise präferieren besonders die Schüler das DDR-Betreuungssystem, die fehlende Kinderbetreuung als Bedrohung ihrer eigenen Zukunftspläne ansehen. Wie bei vielen anderen politischen und gesellschaftlichen Dimensionen beobachten wir vor allem starke schulspezifische Differenzen. Während Gymnasiasten der DDR mehr soziale Kompetenz zuschreiben, neigen Hauptschüler wesentlich häufiger zur Bundesrepublik.

*Tabelle 39: Betreuung in Kindergarten und Schule aus der Sicht bayerischer Schüler**

		besser in der DDR	besser in der BRD	in beiden gleich
insgesamt		**36,7**	**40,1**	**23,2**
	männlich	*30,8*	*50,5*	*18,7*
	weiblich	*40,5*	*33,2*	*26,3*
Süd		**40,4**	**36,2**	**23,3**
	männlich	*29,3*	*50,4*	*20,3*
	weiblich	*46,1*	*28,3*	*25,6*
Nord		**35,2**	**41,7**	**23,1**
	männlich	*31,3*	*50,5*	*18,1*
	weiblich	*37,9*	*35,5*	*26,6*
Deutsche		**38,2**	**38,7**	**23,1**
	männlich	*31,9*	*48,3*	*19,8*
	weiblich	*42,7*	*31,9*	*25,4*
Ausländer		**21,1**	**54,5**	**24,4**
	männlich	*22,0*	*68,0*	*10,0*
	weiblich	*20,5*	*45,2*	*34,2*
unter 16 Jahre		**25,8**	**48,9**	**25,3**
16 Jahre		**35,7**	**41,4**	**23,0**
17 Jahre und älter		**43,5**	**34,0**	**22,5**
Schultyp				
Gymnasium		**41,7**	**34,8**	**23,5**
Realschule		**30,8**	**45,3**	**23,9**
Hauptschule		**13,3**	**66,7**	**20,0**

** Antworten auf die Frage: „Deutschland vor 1989: Was glauben Sie war besser oder gleich in der DDR oder in der Bundesrepublik Deutschland ...?“ in Prozent.*

Während die *DDR-Schule* im Vergleich mit der bundesrepublikanischen kaum Zuspruch erhält (6,5% gegenüber 79,6%), hält knapp jeder Dritte die *Ausbildungsplätze* dort für besser, wenngleich auch hier eine Mehrheit (48,9%) die Bundesrepublik im

Vorteil sieht. Hierbei fallen die Urteile erneut schulspezifisch stark gespalten aus. Die Gymnasiasten stimmen mit knapp 35% für die DDR, die Hauptschüler nur mit gut 15%. Die höchsten Anteile verbucht die Bundesrepublik bei den Hauptschülern (72,8%), den geringsten bei den deutschen Mädchen (42,1%). Ausländische und Hauptschüler, die vom Lehrstellenmangel in der Regel häufiger als deutsche und Gymnasiasten betroffen sind, stimmen erstaunlicherweise deutlich öfter für die Bundesrepublik. Allerdings haben nicht alle Schüler Qualität und Quantität der Ausbildungsplätze gleichermaßen in ihre Bewertung einbezogen, wie sich aus Gesprächen ergab. Ältere Schüler und Gymnasiasten bevorzugen die DDR, weil es dort mehr Ausbildungsplätze und vor allem eine Ausbildungs- sowie eine Arbeitsplatzgarantie gegeben habe.

Über den *Umgang mit Ausländern* in der DDR haben die bayerischen Schüler recht unterschiedliche Auffassungen. Zwar glaubt eine Mehrheit von etwa 60% quer durch alle Gruppen, der Umgang mit Ausländern sei in der Bundesrepublik besser gewesen, aber eine Minderheit von knapp 14%, unter ihnen leicht überdurchschnittlich viele Ausländer, vermutet, die DDR sei der bessere Aufenthaltsort gewesen, und gut 27% sehen keinen Unterschied zwischen den deutschen Teilstaaten. Erstaunlicherweise votiert nur gut die Hälfte der ausländischen Schülerinnen für die Bundesrepublik, gut 30% glauben an gleiche Verhältnisse und knapp 20% entscheiden sich für die DDR. Wie die befragten Jugendlichen der anderen Länder wussten auch die bayerischen Schüler wenig über das Leben von Ausländern in der DDR und die historische Dimension der Zuwanderung in die Bundesrepublik.

Im zweiten Teil des Fragebogens befassen sich ebenfalls zwei Items mit dem *Thema „Ausländer“*. Nur knapp 64% der Schüler – deutlich mehr Mädchen als Jungen – lehnen die Aussage ab, an der DDR sei der niedrige Ausländeranteil gut gewesen, knapp 21% enthalten sich, aber gut 15% stimmen diesem Statement zu – mehr als doppelt so viele Jungen wie Mädchen. Dieses Ergebnis scheint mit negativen Erfahrungen insbesondere männlicher Jugendlicher auch in Bayern zusammenzuhängen. Das berichteten jedenfalls einige Schüler in den Gesprächen mit uns. Während gut 71% der Gymnasiasten die DDR-Ausländerpolitik ablehnen, tun dies nur etwa 45% der Haupt- und Realschüler.

Das Item, ob die Schüler es begrüßen würden, wenn der Ausländeranteil in Deutschland auf DDR-Niveau gedrückt und die DDR damit in diesem Punkt gleichsam zum Vorbild würde, wird zwar von mehr als der Hälfte – gut 58% – abgelehnt. Dennoch überrascht die relativ hohe Zahl (jeweils knapp 21%) zustimmender und entscheidungsunsicherer Schüler. Nordbayerische Schüler stimmen dem Statement häufiger zu als südbayerische. Außerdem stehen offensichtlich Jungen Ausländern kritischer und ablehnender gegenüber als Mädchen. Wie die nachstehende Tabelle verdeutlicht, fällt das Urteil über die Senkung des Ausländeranteils auf DDR-Niveau auch schulspezifisch gespalten aus.

*Tabelle 40: Senkung des Ausländeranteils auf DDR-Niveau aus Sicht von bayerischen Schülern**

		bestätigend	neutral	ablehnend
insgesamt		**20,8**	**20,9**	**58,3**
	männlich	*28,1*	*18,8*	*53,2*
	weiblich	*15,8*	*22,3*	*61,9*
Süd		**14,4**	**20,8**	**64,8**
	männlich	*19,5*	*15,8*	*64,7*
	weiblich	*11,2*	*23,7*	*65,2*
Nord		**23,4**	**20,9**	**55,6**
	männlich	*31,1*	*19,8*	*49,1*
	weiblich	*17,9*	*21,7*	*60,4*
Deutsche		**22,0**	**20,9**	**57,1**
	männlich	*28,7*	*19,2*	*52,1*
	weiblich	*17,2*	*22,1*	*60,7*
Ausländer		**10,2**	**21,3**	**68,5**
	männlich	*19,6*	*15,7*	*64,7*
	weiblich	*3,9*	*25,0*	*71,1*
unter 16 Jahre		**27,8**	**23,6**	**48,5**
16 Jahre		**19,0**	**20,0**	**61,1**
17 Jahre und älter		**19,2**	**20,5**	**60,3**
Schultyp				
Gymnasium		**15,7**	**18,3**	**66,0**
Realschule		**39,8**	**25,4**	**34,8**
Hauptschule		**25,7**	**30,6**	**43,8**

** Stellungnahmen zu der Aussage: „Es wäre gut, wenn heute in der Bundesrepublik genauso wenige Ausländer leben würden wie früher in der DDR" in Prozent.*

Weit über 80% der bayerischen Schüler präferieren das *politische System* der Bundesrepublik, von den südbayerischen und den älteren sind es sogar fast 90%. Dennoch überrascht es etwas, dass mehr als 13% der Schüler das politische System der DDR nicht ausdrücklich für schlechter als das der Bundesrepublik halten. Den geringsten Zuspruch erhält das freiheitlich-demokratische System der Bundesrepublik von Hauptschülern (75,7%), den höchsten von Gymnasiasten (90%).

Vor diesem Hintergrund verwundert es nicht, dass bayerische Schüler mit einer deutlichen Drei-Viertel-Mehrheit die *SED nicht als Vorbild für eine wünschenswerte starke Partei*, die die Interessen aller Gruppen des Volkes vertritt, sehen; nicht einmal jeder Zwanzigste wünscht sich eine Partei wie die SED im vereinten Deutschland. Allerdings zeigt sich jeder Fünfte indifferent, darunter deutlich mehr im Norden als im Süden und immerhin etwa jeder dritte ausländische Schüler. Aus dem Rahmen fallen die Ergebnisse der Hauptschüler: Gut 20% votieren für eine starke Partei wie die SED, fast 40% haben keine Meinung hierzu und nur 41% widersprechen.

Mehr als drei Viertel der Befragten wollen lieber in *Freiheit leben als umfassend vom Staat versorgt zu werden;* nur eine kleine Minderheit, darunter etwas mehr ausländische Schüler plädiert für eine Rundumversorgung. Der vergleichsweise geringe Anteil der Unentschiedenen deutet darauf hin, dass die Schüler Freiheit und staatliche Rundumversorgung durchaus als Gegensätze sehen, was jedoch keineswegs – wie den Gesprächen zu entnehmen war – eine generelle Ablehnung staatlicher Sozialleistungen bedeutet. Die Differenzen zwischen den verschiedenen Schularten fallen bezüglich der Alternative Freiheit oder staatliche Rundumversorgung noch größer aus als bei anderen Themen. Gymnasiasten präferieren mit großer Mehrheit die Freiheit, während vor allem Hauptschüler deutlich verhaltener abstimmen.

*Schaubild 94: Pro Freiheit aus Sicht von bayerischen Schülern**

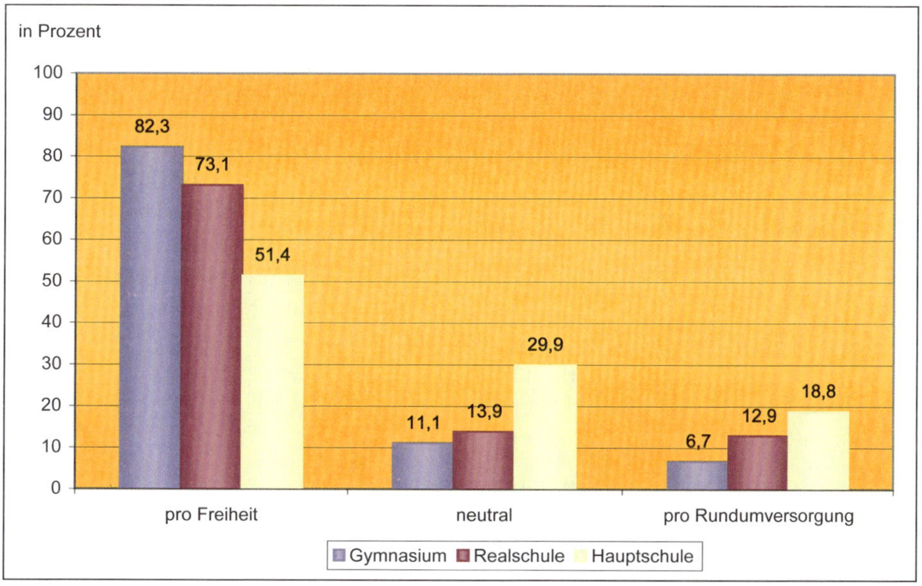

* *Stellungnahmen zu der Aussage: „Es ist besser, in Freiheit zu leben als – wie in der DDR – vom Staat rundum versorgt zu werden."*

Bei den meisten anderen vergleichenden Fragen votieren die Schüler der verschiedenen Teilgruppen ähnlich, so zum Beispiel bei der *wirtschaftlichen Leistungsfähigkeit,* bei der nur zwischen knapp 7% und gut 9% für die DDR bzw. für Gleichrangigkeit stimmen. Selbst Haupt- und Realschüler sehen mit einer Drei-Viertel-Mehrheit die westdeutsche Wirtschaft im Vorteil.

Auch wenn viele Schüler in Bayern nicht über detaillierte Kenntnisse der unterschiedlichen gesellschaftlichen und institutionellen Strukturen von Bundesrepublik und DDR verfügen, sind doch fast allen Unterschiede zwischen Demokratie und Diktatur bekannt und können von ihnen auch benannt werden. Hierzu zählen die Schüler selbstverständlich die *Pressefreiheit,* die eine sehr große Mehrheit nur in der

Bundesrepublik gewährleistet sieht. Unter ausländischen und Hauptschülern gibt es einen knapp zweistelligen Anteil von Schülern, der die Situation der Presse in beiden Systemen gleich einschätzt.

Die Mietpreise (61,0%), die Sportförderung (knapp 45%) und den Familienzusammenhalt (gut 40%) halten die Schüler in der DDR für besser. Für die Bundesrepublik werden die Reisemöglichkeiten (23,6%), das gute Leben (91,2%) und die Pressefreiheit (89,4%) am positivsten vermerkt.

Die „negativen Hits" bei der Bewertung der DDR aus Schülersicht (Reise- bzw. Einkaufsmöglichkeiten und Pressefreiheit mit Anteilen zwischen 0,8% bis 2,1%) sprechen für sich und müssen nicht kommentiert werden. Die Negativliste für die Bundesrepublik führt der Familienzusammenhalt mit nur gut 16% an, es folgen die Mietpreise (22,6%) und die Sportförderung (26,2%). Zwar optieren viele Schüler beim Familienzusammenhalt für beide Systeme, aber diese negative Bewertung des Familienzusammenhalts in der Bundesrepublik überrascht doch einigermaßen. Annähernd „gleich" in beiden Systemen werden die Hilfsbereitschaft und die Gleichberechtigung von Mann und Frau gesehen.

Ins Auge fällt bei dieser Auflistung der überwiegend unpolitische Blick der Schüler: Die Reisemöglichkeiten und ein angemessener Lebensstandard rangieren an erster Stelle bei der Bewertung der Bundesrepublik und an letzter Stelle bei der DDR. Doch auch wenn die Qualität des politischen Systems und seiner Komponenten nicht explizit auf der Liste der ersten drei Favoriten steht, so sind die Bewertungsmaßstäbe, die eine überwältigende Mehrheit an die beiden Gesellschaftssysteme legt, von einer pluralistischen und demokratischen Sichtweise geprägt, die es ihnen ermöglicht, die entscheidenden Differenzen zwischen einer demokratisch verfassten Gesellschaft und einer Diktatur zu erkennen.

Die bayerischen Schüler votieren mit zum Teil breiten Mehrheiten bei 24 politischen oder gesellschaftlichen Dimensionen für die Bundesrepublik und nur bei vier für die DDR. Beim Zusammenhalt in der Familie und bei der Hilfsbereitschaft spricht sich eine relative Mehrheit für gleiche Verhältnisse aus.

Zusammenfassend lässt sich sagen, dass die meisten Schüler in Bayern – jedenfalls in der vergleichenden Bewertung – die DDR überaus kritisch bewerten; die Bundesrepublik wird – erstaunlicherweise gerade auch von ausländischen und Hauptschülern – als Rechtsstaat mit individuellen Freiheiten gesehen, in dem ein individuell gestaltetes Leben in relativ hohem Wohlstand möglich ist.

b) Das Urteil über die DDR

Die besonders in der Bevölkerung der ostdeutschen Länder häufig vertretene Position, beide deutsche Staaten als zwar unterschiedlich, nicht aber den einen als besser und den anderen als schlechter zu bewerten, teilen in Bayern nur knapp 3% der Schüler. Gut 80% sprechen sich explizit gegen eine *äquidistante Haltung* gegenüber der DDR und der Bundesrepublik aus. Knapp 17% der Schüler wollen sich nicht festlegen, vor allem ausländische (29,7%) und Hauptschüler (36,6%). Sie erkennen zwar Unterschiede zwischen beiden Systemen, können oder wollen sich aber nicht eindeutig für die Bundesrepublik oder die DDR entscheiden.

Die Auswertung der Antworten auf das Statement, dass die Bundesrepublik vor 1989 zwar anders, aber auch nicht besser als die DDR gewesen sei, bestätigt die Ablehnung einer Äquidistanz durch eine absolute Mehrheit, die allerdings nicht so breit wie in der zusammenfassenden Auswertung ausfällt. Dies liegt daran, dass vor allem ausländische und Hauptschüler sowie die jüngsten Befragten sich mit Anteilen zwischen knapp 37% und knapp 48% nicht festlegen oder ausdrücklich eine bessere Beurteilung der Bundesrepublik ablehnen. Anderer Meinung sind die Gymnasiasten – sie votieren mit etwa drei Viertel der Stimmen ausdrücklich gegen eine Gleichwertigkeit beider Gesellschaftssysteme.[665]

Bei den Aussagen zur *Sozialpolitik* sind die bayerischen Schüler weitaus unentschiedener und auch der DDR zugewandter als bei den Statements der anderen Skalen.

*Schaubild 95: Für Arbeitsplatzgarantie trotz geringen Lohns/Wohlstands aus der Sicht von bayerischen Schülern**

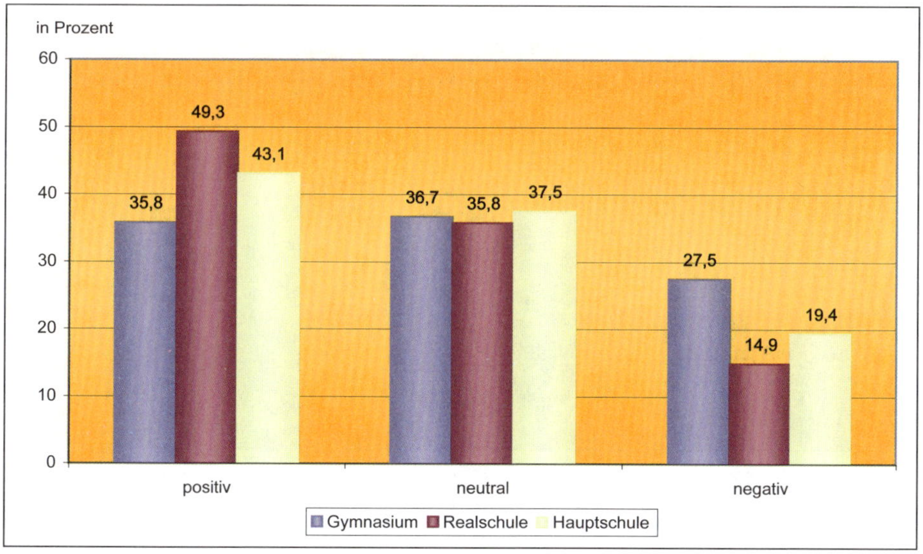

** Stellungnahmen zu der Aussage: „Ich finde es gut, dass in der DDR jeder einen Arbeitsplatz hatte, auch wenn der Staat die Löhne bestimmte und der Wohlstand gering war."*

665) Bei vielen Skalen, die in das Gesamtbild einfließen, sind vor allem schulspezifische Bewertungsdifferenzen zu verzeichnen. Vgl. hierzu das Kapitel VIII.5. „Der geschlechts- und der schulspezifische Blick auf die DDR."

Bei dem Item zum Untergang der DDR aufgrund der hohen sozialpolitischen Kosten registrieren wir die häufigsten Enthaltungen, was nahe legt, dass die Schüler nur geringe Kenntnisse der Sozialpolitik der DDR und der daraus resultierenden finanziellen Belastung haben. Auffällig ist ebenfalls die Unsicherheit bei der Frage nach der Solidarität und der Nachbarschaftshilfe in der DDR, was sich darin äußert, dass sich etwa jeder Dritte des Urteils enthält und knapp jeder Fünfte die Solidarität der DDR herausstreicht. Ein besonderes Lob erhält die DDR von einer Mehrheit der Schüler für die Arbeitsplatzsituation. Vor allem Haupt- und Realschüler und die Jüngsten unter den Befragten finden es gut, dass in der DDR jeder einen Arbeitsplatz hatte, auch wenn der Staat die Löhne bestimmte und der Wohlstand gering war.

Knapp 60% der Schüler haben ein positives oder neutrales Bild der DDR-Sozialpolitik. Das insbesondere in Ostdeutschland häufig vertretene Lob der „sozialistischen Errungenschaften“ scheint also auch unter bayerischen Schülern verbreitet zu sein. Im Vergleich der Skalenmittelwerte erreicht das Thema Sozialpolitik den für die DDR weitaus besten Wert, d. h. in keinem anderen Bereich erfährt die DDR so viel Zustimmung seitens der Schüler, vor allem der Haupt- und Realschüler.

Schaubild 96: Sozialpolitik in der DDR aus Sicht von bayerischen Schülern

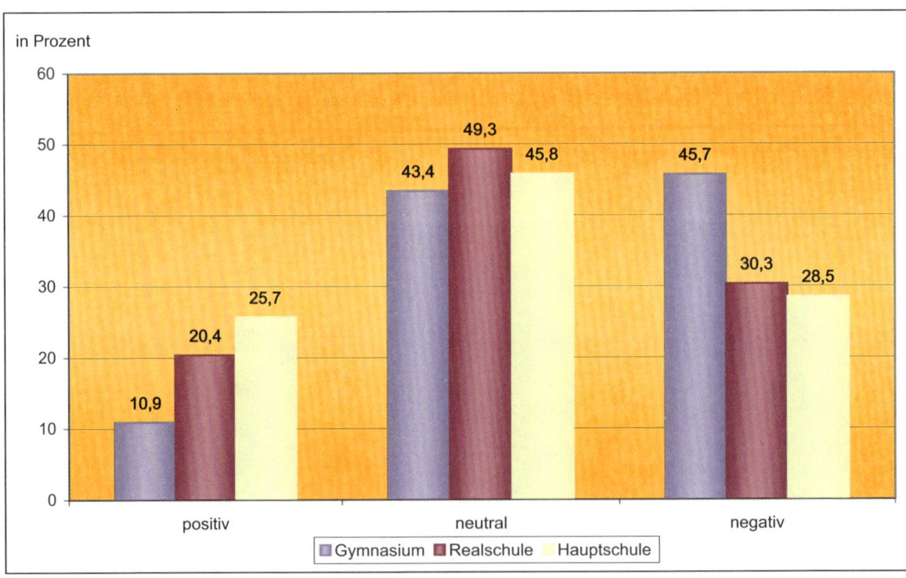

Negativer bewerten die bayerischen Schüler die *Wirtschaftspolitik*, der knapp 57% ablehnend gegenüberstehen. Mehr als die Hälfte widerspricht der These, die Wirtschaft könne nur gut funktionieren, wenn der Staat alles plant und lenkt, wenngleich knapp ein Viertel in dieser Frage unentschieden ist. Unter Haupt- und Realschülern findet die staatliche Planung und Lenkung der Wirtschaft eine beachtliche Zustimmung.

*Schaubild 97: Staatliche Planwirtschaft als Funktionsprinzip aus Sicht von bayerischen Schülern**

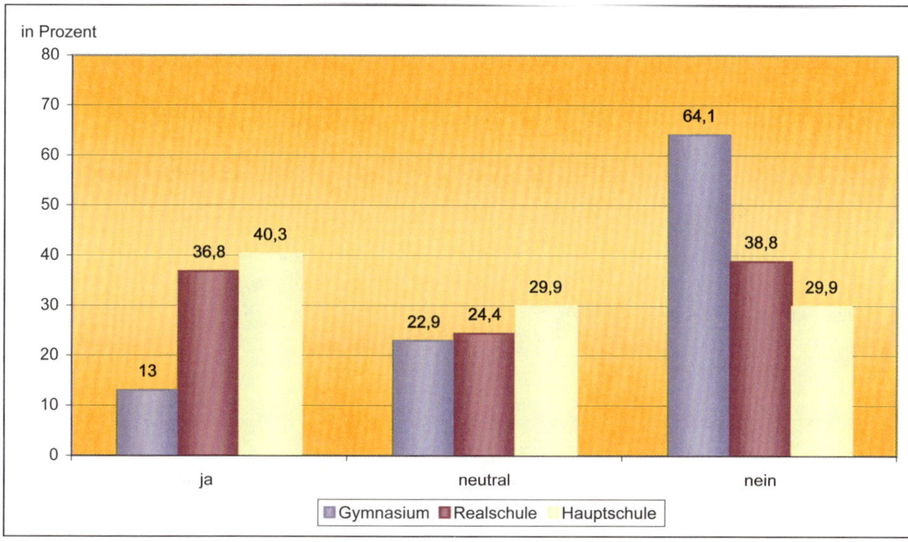

** Stellungnahmen zu der Aussage: „Die Wirtschaft kann nur gut funktionieren, wenn der Staat alles plant und lenkt."*

Eine deutlich ablehnende Position nehmen die bayerischen Schüler zu den Themenbereichen *Jugend und Familie* sowie *Schule und Alltag* ein. Nur eine Handvoll bewertet die entsprechenden Bereiche der DDR-Gesellschaft positiv, ungefähr ein Viertel legt sich nicht fest, aber weit über 70% äußern sich ablehnend, vor allem Mädchen und südbayerische Jugendliche. Erneut neigen mehr Haupt- und Realschüler zur positiven Bewertung der DDR als Gymnasiasten.

In den drei Skalen zur politischen Dimension schneidet die DDR in Bayern durchweg schlecht ab. Die DDR-*Außenpolitik* wird von knapp 71% der Schüler, vor allem in Südbayern, abgelehnt. Ein gutes Viertel ist im Urteil unsicher, was vor allem als Resultat der Antworten auf das Item zum Antifaschismus der DDR zurückzuführen ist, bei dem sich 27% nicht festlegen. Doch auch hier sehen wir in der zusammengefassten Auswertung erhebliche Unterschiede in den Urteilen der Schüler der verschiedenen Schularten.

Bei der Skala zur *Relativierung/Verharmlosung der Diktatur* in der DDR wendet sich eine überwältigende Mehrheit von fast 85% – aber nur etwa 56% der Hauptschüler – gegen jede Form der Verharmlosung diktatorischer Verhältnisse. Nur eine kleine Minderheit kann der Diktatur Positives abgewinnen. Insbesondere bei den Fragen zur führenden Rolle der SED und nach der Legitimation des SED-Staates durch freie Wahlen zeigen sich viele verunsichert, was durch die hohe Zahl der unentschiedenen Angaben belegt wird (gut 25% bzw. knapp 32%). Zwar stimmt nur eine Minderheit beiden Items zu, aber lediglich gut 58% konstatieren die mangelnde Legitimation durch demokratische Wahlen. Besonders erschreckend fallen hier die Antworten der Haupt- und Realschüler aus.

*Schaubild 98: Legitimation der DDR-Regierung durch demokratische Wahlen aus Sicht von bayerischen Schülern**

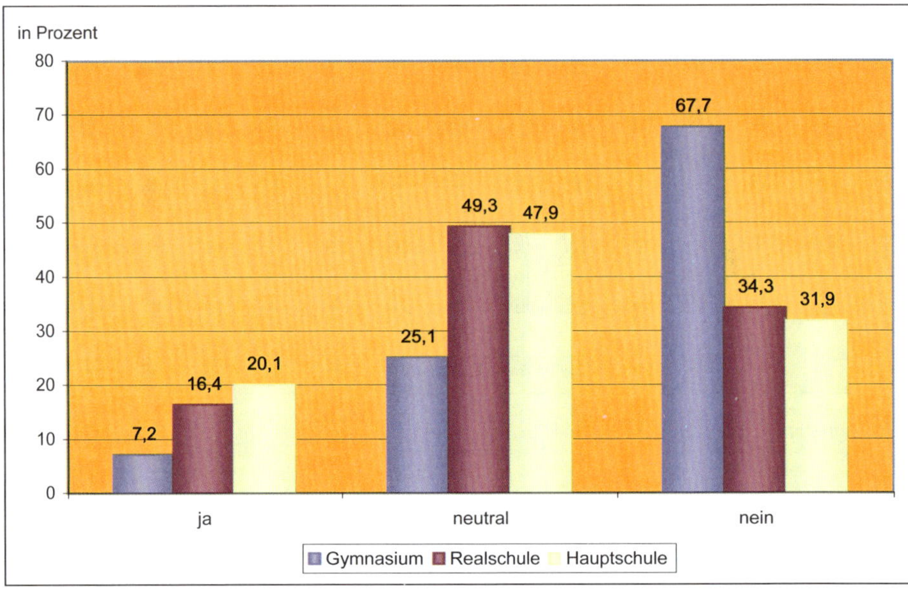

** Stellungnahmen zu der Aussage: „Die Regierung der DDR war durch demokratische Wahlen legitimiert."*

Die explizite Vorgabe, die DDR sei keine Diktatur gewesen, die Menschen hätten sich wie überall anpassen müssen, befürworten zwar nur wenige (11,5%), allerdings 26,4% der Hauptschüler. Eine Einordnung der DDR als Diktatur nehmen insgesamt 72% vor, 78,6% der Gymnasiasten, aber nur 42,4% der Hauptschüler. Den Diktaturcharakter des SED-Staates erkennen die Schüler umso häufiger, je älter sie sind.

Knapp 84% aller Schüler kommen bei der Skala *Relativierung/Verharmlosung der Repression* zu einem negativen Urteil über die DDR, die schulspezifischen Differenzen setzen sich allerdings auch hier fort: 91,2% der Gymnasiasten, aber nur 55,9% der Hauptschüler votieren so. Die von der SED angeordneten Maßnahmen an der innerdeutschen Grenze werden von fast 90% als Verbrechen gewertet, aber immerhin fast ein Fünftel hält das MfS für einen normalen Geheimdienst, wie ihn jeder Staat hat. Diese Auffassung teilen gut 30% der Real- und knapp 35% der Hauptschüler gegenüber knapp 15% der Gymnasiasten. Entsprechend differenziert fällt die Zurückweisung dieses Statements aus (Gymnasiasten: 69,9%; Hauptschüler: 34,7%).

Während sich bei den einzelnen Skalen eine nennenswerte Zahl von Schülern positiv über den jeweils abgefragten Aspekt in der DDR äußert und zumeist sehr viele unentschieden votieren, sind es mit 0,7% nur sehr wenige bayerische Schüler, die die DDR insgesamt positiv sehen; hinzu kommen allerdings gut 20% mit einer neutralen Sicht. Ihnen steht eine überwältigende Mehrheit von knapp 79% gegenüber, die ein durchgängig negatives Bild der DDR haben.

Bei der Auswertung der *Gesamtskala* stoßen wir jedoch wie bei der Betrachtung der Einzelskalen auf deutliche Unterschiede, die sich im Wesentlichen aus der Herkunft – Deutsche oder Ausländer –, dem Alter der befragten Schüler und der besuchten Schulform ergeben. Ausländische sowie Real- und vor allem Hauptschüler haben ein leicht positiveres Gesamtbild der DDR als die anderen Schüler. Diese Gruppen sowie die Jüngsten haben gleichzeitig eine deutlich geringer ausgeprägte negative Sicht auf die DDR und neigen in höherem Maße dazu, sich nicht festzulegen. Zwischen deutschen und ausländischen Schülern klaffen beispielsweise bei der ablehnenden und der neutralen Sicht um die 20 Prozentpunkte Differenz.

Schaubild 99: Gesamtbild der DDR aus Sicht von bayerischen Schülern

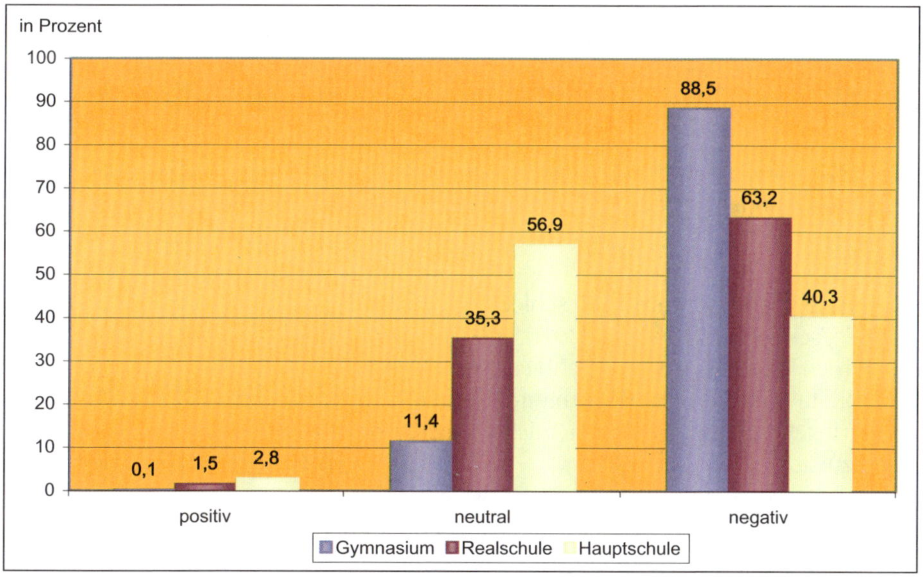

Die Auswertung nach dem jeweiligen Grad der Behandlung der DDR im Schulunterricht zeigt Erstaunliches: Sowohl die Schüler, die meinen, die DDR sei zu viel behandelt worden, als auch die, die angeben, sie sei überhaupt nicht behandelt worden, erreichen – wenn auch auf sehr niedrigem Niveau – den höchsten Anteil positiver Urteile und haben eine etwas geringere negative Sicht. Dieses Ergebnis korrespondiert zum Teil mit dem Wissensgrad über die DDR: Wer überhaupt nichts weiß, lehnt die DDR mit gut 63% deutlich seltener ab als der, der mehr Kenntnisse über den zweiten deutschen Teilstaat besitzt (etwa 79%).

Während das Ausmaß der Gespräche über die DDR im Freundeskreis wahrscheinlich nur geringe Auswirkungen auf die Gesamtbeurteilung hat, spielen Familiengespräche eine stärkere Rolle. Dort, wo nach Meinung der Befragten zu viel über die DDR gesprochen wird, haben nur gut 55% ein negatives Bild von der DDR; von denen, die die geführten Gespräche für ausreichend und gerade richtig halten, sind es dagegen gut 82%. Eine angemessene Behandlung des Themas DDR in der Schule sowie häufigere Familiengespräche scheinen das Urteil der Schüler am stärksten zu beeinflussen.

Erstaunlicherweise fällen diejenigen, die sich als „Wessi“ fühlen und nichts mit „Ossis“ zu tun haben wollen, ein milderes Urteil über die DDR ab als diejenigen, die keine entsprechenden Vorurteile pflegen. Unter Ersteren finden wir mehr „DDR-Freunde“, mehr Unentschiedene und deutlich weniger Fundamentalkritiker.

Trotz des zum Teil gespaltenen Blicks auf die DDR kann als Fazit der Auswertung der auf die Bewertung der DDR zielenden 24 Items festgehalten werden, dass eine sehr breite, wenn nicht überwältigende Mehrheit der bayerischen Schüler die DDR sehr kritisch bzw. negativ sieht und nur eine Handvoll dieser Diktatur Sympathien entgegenbringen.

Auch bei den *Statements zur allgemeinen Einschätzung der DDR und der Wiedervereinigung* finden wir deutliche schulspezifische, aber auch regionale Bewertungsdifferenzen.

Der These, die DDR würde nur schlecht geredet, um die Ostdeutschen schlecht zu machen, schließen sich knapp 20% der Schüler an – nur 15,5% im Süden, aber 21% im Norden Bayerns, wo offensichtlich mehr Familien aus der früheren DDR leben. Eine breite Mehrheit – mit Ausnahme der Haupt- und Realschüler – führt jedoch eine kritische Haltung zur DDR nicht auf eine gewollte Diskriminierung Ostdeutscher zurück.

Einen Zusammenhang zwischen dem schlechten Zustand der DDR-Wirtschaft und den hohen Kosten des „Aufbaus Ost“ sehen über 70% aller Schüler – mehr im Süd- als im Nordteil des Landes –, nur die ausländischen und vor allem die Hauptschüler (47,9%) schließen sich nicht in gleichem Maße dieser Meinung an. Dieses Ergebnis deutet darauf hin, dass über die Thematik in den Familien gesprochen wird, da die Schüler ansonsten wenig Konkretes über den Zustand der DDR-Wirtschaft und die Höhe der Transferzahlungen wissen. Im Schulunterricht jedenfalls – so die übereinstimmenden Aussagen bei den mit uns geführten Gesprächen – wurde auch in Bayern hierüber nicht gesprochen.

Die ostdeutsche Mehrheitsmeinung, Dankbarkeit gegenüber den Westdeutschen sei trotz der hohen Transfers nicht notwendig, teilt nur etwa jeder Vierte, darunter viele Schülerinnen aus Südbayern und Ausländerinnen. Ein knappes Drittel enthält sich eines Votums und gut 43% halten eine dankbare Haltung der Ostdeutschen für angemessen, darunter mehr deutsche als ausländische Schüler. Vor allem die deutschen männlichen Schüler erwarten mit absoluter Mehrheit mehr Dankbarkeit aus dem Osten. Die Wiedervereinigung werten jedoch trotz aller Kritik über 70% der Schüler als positives Ereignis der deutschen Geschichte. Allerdings freuen sich Jungen und nordbayerische sowie Haupt- und Realschüler auffällig weniger als Mädchen, Schüler in Südbayern und die Gymnasiasten.

*Schaubild 100: Bewertung der Wiedervereinigung aus Sicht von bayerischen Schülern**

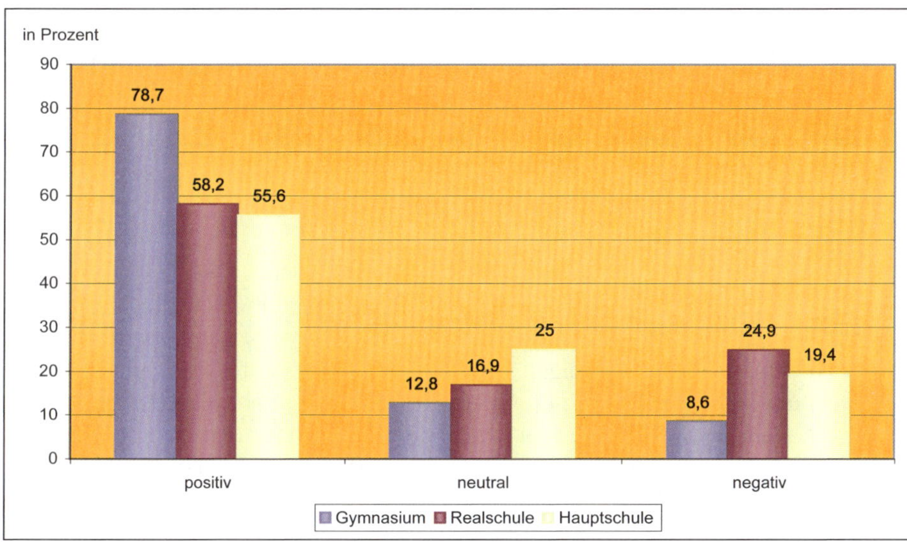

** Stellungnahmen zu der Aussage: „Auch wenn der Aufbau Ost viel Geld kostet, bin ich froh, dass Deutschland wieder vereint ist."*

c) Kenntnisse der Schüler über die DDR

In Bayern hat sich der von uns angenommene relativ niedrige Kenntnisstand der Schüler über die DDR zu großen Teilen bestätigt, wenngleich sie mehr als die befragten Schüler der anderen Länder wissen.

Nur ein Teil der acht Fragen, die den Schülern gestellt wurden, wurde von einer Mehrheit richtig beantwortet. Gut zwei Drittel der Schüler rechnen die *höhere Lebenserwartung* zu Recht der Bundesrepublik und sogar drei Viertel den *Volksauf-*

stand am 17. Juni 1953 korrekt der DDR zu. Mehr als die Hälfte verortet die *Arbeitslager* richtigerweise in der DDR – auf Nachfrage betonte allerdings ein Großteil, dies eigentlich nicht gewusst, sondern nur vermutet zu haben, da nur der DDR so etwas Schlechtes zuzutrauen gewesen sei. Bei der Frage nach der *saubereren Umwelt* entscheidet sich zwar mehr als die Hälfte aller Schüler für die Bundesrepublik, aber in dieser Frage sind sie stark zwischen Nord- und Südbayern gespalten. Im Süden glaubt ein Fünftel an eine sauberere Umwelt in der DDR, deren Umweltverschmutzung tatsächlich aber Spitzenwerte erreichte, im Norden dagegen nur etwa 14%. Erstaunlicherweise halten knapp 17% der Gymnasiasten, aber nur gut 10% der Hauptschüler die DDR für den Staat mit der saubereren Umwelt.

Die *Todesstrafe* wird von den meisten Schülern fälschlicherweise keinem der beiden deutschen Teilstaaten zugetraut. Die falsche Einschätzung einer Mehrheit, in der DDR hätten alle das *gleiche Einkommen und Vermögen* gehabt, ist angesichts der Tatsache, dass diese Position in der öffentlichen Debatte insbesondere von der PDS/ Die Linke immer wieder – zumeist unwidersprochen – vorgebracht wird, dagegen vielleicht noch nachvollziehbar. Erstaunlicherweise gehen deutlich mehr Gymnasiasten als Haupt- und Realschüler von dieser Annahme aus. Von den Mädchen in Südbayern spekulieren sogar knapp 67% auf egalitäre Verhältnisse im „Arbeiter- und Bauernstaat".

Problematischer scheint aber zu sein, dass knapp 40% der befragten bayerischen Schüler – mehr Gymnasiasten (35,1%) als Hauptschüler (29,1%) – nicht wissen, wann die *Berliner Mauer* gebaut wurde. Warum sie gebaut wurde, scheint ebenfalls vielen unklar zu sein, wie sich in einigen Gesprächen herausstellte. Dass die *DDR die Mauer gebaut* hat, weiß nur ein gutes Viertel der Schüler, mehr als jeder zweite – in Südbayern mehr als zwei Drittel – macht die Sowjetunion für den Mauerbau verantwortlich. Einzig die Hauptschüler wissen zu über 60%, dass die DDR den Mauerbau angeordnet hat (Realschüler: 38,7%; Gymnasiasten: 51,4%).

Die richtige Zuordnung der Politiker zur Bundesrepublik bzw. DDR gelingt zwar einer relativen und bei den bundesdeutschen Politikern zumeist einer Zweidrittel bis Drei-Viertel-Mehrheit, allerdings verfuhren die Schüler, wie sie in Gesprächen zugaben, zum Teil nach dem Ausschlussverfahren: Politiker, die ihnen unbekannt erschienen, verorteten sie mitunter in die DDR.

Bayerischen Schülern gelingt die richtige Zuordnung von prominenten Politikern der DDR und der Bundesrepublik häufiger als den Schülern aus den anderen Ländern, dennoch sehen wir auch bei ihnen erhebliche Wissenslücken. Selbst Politiker der alten Bundesrepublik sind vielen unbekannt oder werden – wie Willy Brandt und Ludwig Erhard – von einigen Schülern der DDR zugeordnet. Die bundesdeutschen Politiker haben jedoch unter den Befragten einen vergleichsweise hohen Bekanntheitswert. Dass Wilhelm Pieck und Willi Stoph mehr als einem Drittel bzw. fast der Hälfte der Schüler unbekannt sind und mehr als jeder Zehnte sie nicht zuordnen kann oder will, hatten wir erwartet. Erstaunlich ist aber, dass auch über ein Viertel Walter Ulbricht und immerhin mehr als 8% Erich Honecker nicht kennen – und zusätzlich gut bzw. knapp jeder Zehnte sie keinem der beiden Teilstaaten zuordnet. Mehr als jeder Elfte hält Honecker sogar für einen bundesdeutschen Politiker.

*Schaubild 101: Einordnung von Willy Brandt aus Sicht von bayerischen Schülern**

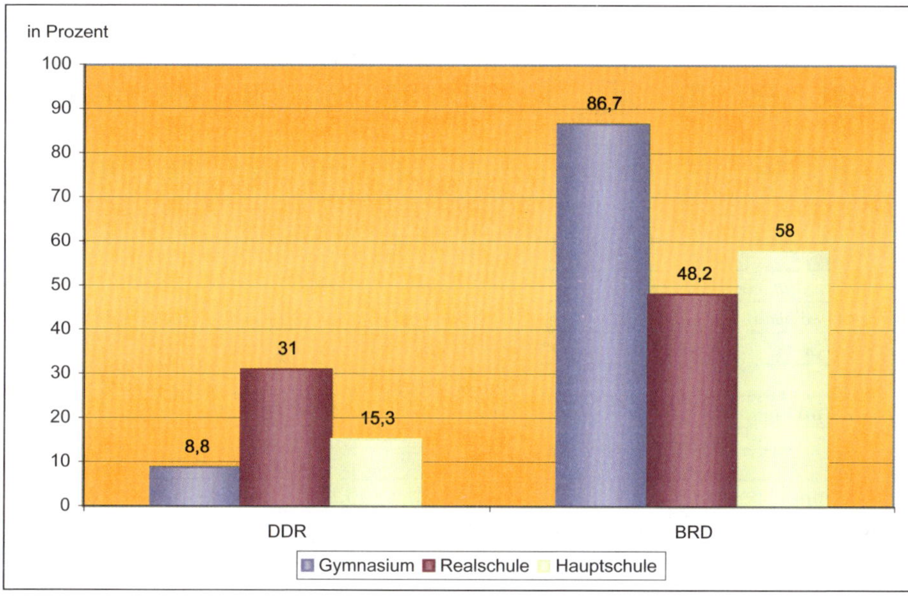

** Antworten auf die Frage: „Welche Politiker regierten in welchem Land?"*

Positiv bleibt anzumerken, dass Real- und besonders Hauptschüler, deren Kenntnisse bezüglich der Items der Skalen geradezu erschreckende Lücken aufweisen, die „Wissensfragen" zu großen Teilen weitaus besser beantwortet haben als die Gymnasiasten.

Verglichen mit ihren Schülerkollegen aus Berlin, Brandenburg und Nordrhein-Westfalen verfügen bayerische Schüler über den höchsten Kenntnisstand. Zwar sehen wir einige regionale und geschlechtsspezifische Unterschiede – Jungen wissen mehr als Mädchen, Nordbayern mehr als Südbayern und Gymnasiasten mehr als Haupt- und Realschüler –, aber die Teilgruppen liegen dichter beieinander als in den anderen Ländern.

*Tabelle 41: Kenntnisstand in Bayern**

	sehr hoch	hoch	mittel	niedrig	sehr niedrig
insgesamt	2,4	18,8	39,8	27,3	11,7
männlich	*3,2*	*23,7*	*38,9*	*23,1*	*11,1*
weiblich	*2,0*	*15,5*	*40,1*	*30,3*	*12,2*
Süd	1,1	19,9	40,9	29,1	9,0
männlich	*1,5*	*24,1*	*39,8*	*27,1*	*7,5*
weiblich	*0,9*	*17,4*	*41,5*	*30,4*	*9,8*
Nord	3,0	18,5	39,1	26,6	12,8
männlich	*3,8*	*23,6*	*38,6*	*21,7*	*12,3*
weiblich	*2,4*	*14,6*	*39,4*	*30,3*	*13,2*
Deutsche	2,2	19,9	40,8	27,0	10,2
männlich	*2,6*	*25,6*	*40,5*	*22,5*	*8,8*
weiblich	*1,9*	*15,8*	*40,9*	*30,3*	*11,1*
Ausländer	4,0	11,1	29,4	30,2	25,4
männlich	*8,0*	*8,0*	*24,0*	*28,0*	*32,0*
weiblich	*1,3*	*13,2*	*32,9*	*31,6*	*21,1*
unter 16 Jahre	0,8	15,2	35,9	28,7	19,4
16 Jahre	1,2	19,4	39,5	28,1	11,8
17 Jahre und älter	4,5	20,2	42,4	25,4	7,4
Schultyp					
Gymnasium	3,2	22,2	43,1	24,3	7,2
Realschule	0,5	10,0	28,9	40,3	20,4
Hauptschule	0,7	9,7	34,7	27,8	27,1

** Angaben in Prozent. Der Kenntnisstand bezieht sich auf 18 gestellte Wissensfragen, dabei bedeutet die Bezeichnung „sehr hoch": › 16 richtige Antworten, „hoch": 14-16, „mittel": 10-13, „niedrig": 6-9 und „sehr niedrig": 0-5 richtige Antworten.*

Zusammenfassendes Ergebnis für Bayern

- Viele Schüler wissen nur wenig über die DDR, da sie im Unterricht zwar umfassender als in den anderen Ländern, aber vielerorts auch nur wenig oder nicht ausreichend behandelt wird und im Freundes- und Familienkreis seltener als in Ostdeutschland Gesprächsthema ist. Angesichts dessen dürfte das Urteil vieler Schüler stärker durch die Schule als durch die Familie beeinflusst sein und stark spekulativen Charakter haben.

- Trotz der bei vielen Schülern vorhandenen Wissenslücken votieren sie eindeutig und erheblich häufiger als in den ostdeutschen Untersuchungsregionen für die (alte) Bundesrepublik und gegen Unfreiheit und Diktatur in der DDR. In dem Maße, wie konkretes Wissen über den SED-Staat vorhanden ist, steigt der Anteil derer, die die Parteidiktatur nachdrücklich ablehnen.

- Während die wenigen Schüler, die ein positives Bild der DDR aufweisen, eher zu vernachlässigen sind, enthält sich eine nennenswerte Minderheit von etwa jedem fünften Befragten eines Urteils über die DDR. Unter ihnen befinden sich auch die, die die fundamentalen Unterschiede zwischen Demokratie und Diktatur nicht kennen.
- Nahezu durchgängig sehen wir sowohl in der vergleichenden Bewertung als auch im Urteil über die politischen und gesellschaftlichen Dimensionen der DDR schwache regionale, etwas stärkere geschlechts- und vor allem schulspezifische Unterschiede. Die Hauptschüler geben zwar bei den Statements, die auf einen Vergleich der beiden Teilstaaten zielen, ein eindeutiges Votum für die Bundesrepublik ab, sehen die DDR aber zumeist in einem milderen Licht als die Gymnasiasten.
- Die Attraktivität, die die DDR bei einer Minderheit bayerischer Schüler genießt, resultiert aus deren vermeintlich „sozialer Seite". Diese Sehnsucht nach einem starken (sozialen) Staat spiegelt sich auch in dem bei vielen Schülern vorhandenen Wunsch nach einem umfassenden staatlichen Einfluss auf die Wirtschaft wieder.
- In der vergleichenden Bewertung der DDR gegenüber der Bundesrepublik zeigt eine sehr breite Mehrheit der befragten bayerischen Schüler aber, dass sie eindeutig hinter dem freiheitlich-demokratischen und pluralen System der Bundesrepublik steht und dessen Werte als Folie für die Einordnung der DDR benutzt.

2. Das Bild der DDR von Berliner Schülern (Ost und West)

An der standardisierten Befragung in Berlin nahmen knapp 2.400 Schüler teil, die in etwa zu gleichen Teilen Ost- bzw. West-Berliner Schulen besuchen, und überwiegend deutscher Herkunft sind. Knapp zwei Drittel gehen auf ein Gymnasium, gut ein Drittel auf eine Gesamtschule. Die leicht höhere Anzahl von Schülerinnen in der Befragung resultiert aus ihrem überdurchschnittlichen Anteil in den Gymnasialklassen. Eine relative Mehrheit der Schüler war zum Zeitpunkt der Befragung 16 Jahre alt, knapp jeder vierte hatte dieses Alter noch nicht erreicht und knapp jeder dritte war 17 Jahre und älter. Weiterhin wurde nach deutschen, ausländischen und deutschstämmigen[666]) Schülern differenziert.[667])

Da in manchen Berliner Bezirken und entsprechend in einigen Schulen Schüler mit Ost- oder West-Berliner Herkunft gemeinsam die Schulbank drücken, wurden zusätzlich zur Aufteilung der Schulorte in Ost und West die Antworten auch nach der jeweiligen Herkunft der Befragten ausgewertet. Dabei zeigte sich, dass die erheblichen Einstellungsdifferenzen zur DDR zwischen Schülern aus dem Ost- bzw. Westteil unabhängig von der Lage der Schule und einem gemeinsamen Schulbesuch existieren.

Schüler aus dem Ost- und dem Westteil Berlins haben, glaubt man ihren Angaben, zumindest drei Dinge gemeinsam: Sie unterscheiden sich nicht in der politischen Selbsteinstufung, über 80% wissen wenig über die DDR und knapp 70% geben an, in der Schule würde dieses Thema kaum oder überhaupt nicht behandelt. Nicht einmal jeder Fünfte sagt, viel über die DDR zu wissen, erstaunlicherweise gleichermaßen in Ost und West. Aber immerhin knapp 60% wünschen sich, mehr über die DDR auch in der Schule zu erfahren.

Etwa zur Hälfte ordnen sich die von uns befragten Schüler politisch der Mitte zu, gut 40% fühlen sich dem linken und nur etwa 8% dem rechten Spektrum mehr oder weniger zugehörig. Allerdings können nicht alle Schüler zwischen „links" und „rechts" im tradierten Sinne differenzieren. In den Parteipräferenzen treten die Ost-West-Unterschiede stark hervor, insbesondere bei den Bündnis-Grünen und der PDS/Die Linkspartei. Im Ostteil der Stadt fällt das Ergebnis für die Bündnis-Grünen, die im Westteil auf über 20% kämen, deutlich niedriger aus. Im Westteil erreicht die PDS/Die Linkspartei weniger als 5%, im Ostteil jedoch 18%. Diesen Zahlen entsprechend unterstützen 58,5% der Schüler im Westteil Berlins ein rot-grünes Regierungsbündnis (Ostteil 46,6%), im Ostteil dagegen 52,3% eine rot-rote Koalition (Westteil 42,6%).

---

[666]) Die Kinder deutschstämmiger Zuwanderer, die deutsche Vorfahren und damit einen Anspruch auf die deutsche Staatsbürgerschaft haben, bezeichnen wir der Einfachheit halber im Text und in den Tabellen als „deutschstämmig".

[667]) Die detaillierten Ergebnisse der Befragung in Berlin sind veröffentlicht in Deutz-Schroeder/Schroeder 2007a.

Das Thema „DDR“ spielt in Berliner Familien eine wichtige Rolle, wird allerdings in den beiden Stadthälften jeweils anders gewichtet. Im Westen geben knapp 55% der Befragten an, in ihrer Familie werde wenig oder überhaupt nicht hierüber gesprochen, unter den Ost-Berliner Schüler sind es dagegen nur gut 30%. Von der knappen absoluten Mehrheit, die meinen, in ihrer Familie werde „gerade richtig“ über die DDR gesprochen, haben sicherlich einige hier ihr Kreuz gesetzt, weil sie intensive Gespräche erleben, aber auch diejenigen, die wenige Gespräche für angemessen halten. So bleibt die Frage von Quantität und Qualität dieser Gespräche in der Auswertung der empirischen Befragung offen. Gleichwohl dürfte insbesondere für Ost-Berliner Schüler das DDR-Bild dadurch stark mitbeeinflusst sein. Ein anderes Ergebnis ergibt sich bei der Kommunikation im Freundeskreis: Nur etwa jeder Zwanzigste – aus Ost und West gleichermaßen – gibt an, es würde dort über die DDR gesprochen. Eine absolute Mehrheit – im Westen deutlich mehr als im Osten – kann sich überhaupt nicht an derartige Gespräche erinnern.

Sehr viele Schüler (knapp 86%) kennen Filme über die DDR, im Ostteil der Stadt etwas mehr als im Westteil, Mädchen etwas häufiger als Jungen. Spielfilme sind bekannter als Dokumentarfilme, zu denen die Schüler allerdings auch kurze Berichte aus Nachrichtensendungen zählen. Der hohe Anteil derjenigen, die Filme über die DDR kennen, deutet darauf hin, dass die Schüler vermutlich – mehr unbewusst als bewusst – vages Wissen über die DDR aus diesen Filmen haben. In den Gesprächen wurde nicht deutlich, welche Informationen über die DDR aus familiären Gesprächen oder aus Filmen stammen. Bei vielen vermischen sich diese Quellen in der Erinnerung.

Erfreulicherweise bestehen insgesamt kaum wechselseitige Animositäten zwischen den Jugendlichen aus dem jeweils anderen Stadtteil. Im Westteil liegt allerdings der Anteil der – vorwiegend männlichen – Schüler, die mit ihren Schülerkollegen im Ostteil nichts zu tun haben wollen, deutlich höher als umgekehrt in Ost-Berlin. Knapp 30% der West-Berliner Jungen wollen prinzipiell mit ihren Kollegen aus dem Ostteil der Stadt nichts zu tun haben.[668])

a) Die vergleichende Bewertung des geteilten Deutschlands

Berliner Schüler haben ein leicht positiveres Bild von der Bundesrepublik als von der DDR. Vor allem die ausländischen Schüler verbinden bei vielen Fragen negative Assoziationen mit der DDR, weil sie diese, wie sich in Gesprächen herausstellte, oftmals mit dem heutigen Ost-Berlin und Ostdeutschland gleichsetzen. Häufig urteilen sie aus Angst vor rechtsextremer Gewalt in Ostdeutschland und ausländerfeindlichen Übergriffen in Ost-Berlin.

---

[668]) Vgl. Tabelle 14.

Bei Fragen, bei denen sie sich nicht ausreichend informiert fühlten, vermieden es viele Schüler, sich auf ein Gesellschaftssystem festzulegen. Sie versuchten, sich einer konkreten Antwort zu entziehen, und votierten für „gleich". Darüber hinaus entschieden sich viele für eine „gleiche" Bewertung, weil es ihnen offenbar an Vorstellungen über bestimmte Verhältnisse in der DDR – oder auch in der Bundesrepublik – mangelte.

Bei den Statements, die einen direkten Bezug zum eigenen Leben haben, gehen bei den Schülern persönliche Erfahrungen und Bedürfnisse in die Antworten mit ein. Dennoch tut sich die Mehrheit der Berliner – insbesondere der Ost-Berliner – Schüler wie auch ihre Kollegen in Brandenburg schwerer mit einer positiven Bewertung der Bundesrepublik als bayerische und nordrhein-westfälische. Auch wenn sie sich in Einzelbereichen mehrheitlich für die Bundesrepublik entscheiden, so ist diese Mehrheit oftmals nur ein relative. Ost-Berliner Schüler neigen zudem in weitaus größerem Maße als West-Berliner dazu, beide Staaten gleich zu beurteilen. Auffällig ist in Berlin außerdem, dass ausländische Schüler meist ein ähnliches Votum wie ihre West-Berliner Schülerkollegen abgeben, während die deutschstämmigen vielfach entscheidungsunsicher und DDR-freundlich eingestellt sind.

Bei der Bewertung von *Recht und Ordnung* in beiden Gesellschaftssystemen sehen wir zwischen West- und Ost-Berliner Schülern in der positiven Einschätzung der Bundesrepublik deutliche Unterschiede. Dies bedeutet umgekehrt nicht nur eine positivere Bewertung der DDR, sondern auch ein höherer Anteil der „in beiden gleich" ankreuzenden Ost-Berliner Schüler. Ausländische schließen sich mit etwa gleicher Prozentzahl den West-Berliner Schülern an; die deutschstämmigen sind relativ entscheidungsunsicher und gegenüber der Bundesrepublik weniger positiv eingestellt als die ausländischen.

Beim Thema *Sicherheit im Alltag* fallen die konträren West-Ost-Einschätzungen noch stärker ins Auge: Fast jeder zweite West-, aber weniger als jeder vierte Ost-Berliner Schüler hält den Alltag in der Bundesrepublik für sicherer. Ein gutes Fünftel der West-Berliner und doppelt so viele Ost-Berliner entscheiden sich für die DDR. Mehr als die Hälfte der ausländischen, aber nur ein gutes Drittel der deutschstämmigen Schüler glaubt an sicherere Verhältnisse in der Bundesrepublik.

Die Ost-West-Unterschiede bei nahezu allen Statements können mit unterschiedlichen Herkunftsmilieus und Erfahrungen erklärt werden. Das überdurchschnittliche Plädoyer der ausländischen Schüler für die Bundesrepublik lässt eine Gleichsetzung zwischen der DDR und dem heutigen Ostdeutschland vermuten, in dem sich ausländische Schüler weniger sicher als in Westdeutschland fühlen.

Die Fragen zur Familie beantworten die meisten Schüler wahrscheinlich vor ihrem eigenen persönlichen Hintergrund. Einige wollten aber – wie in den anderen Ländern auch – die Themen „familiärer Zusammenhalt" und „Hilfsbereitschaft" nicht beurteilen, weil sie zu persönlich seien. Die hohen Werte für „gleich" bedeuten daher

*Schaubild 102: Recht und Ordnung aus Sicht von Berliner Schülern**

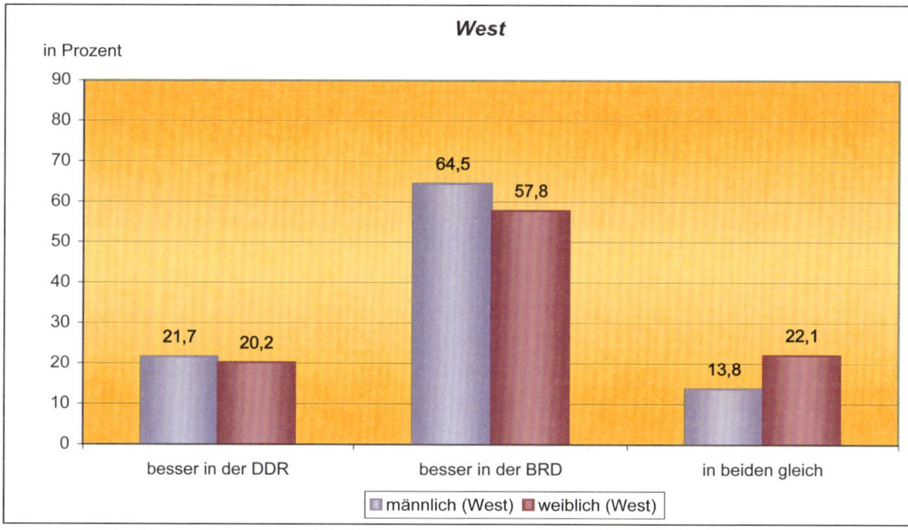

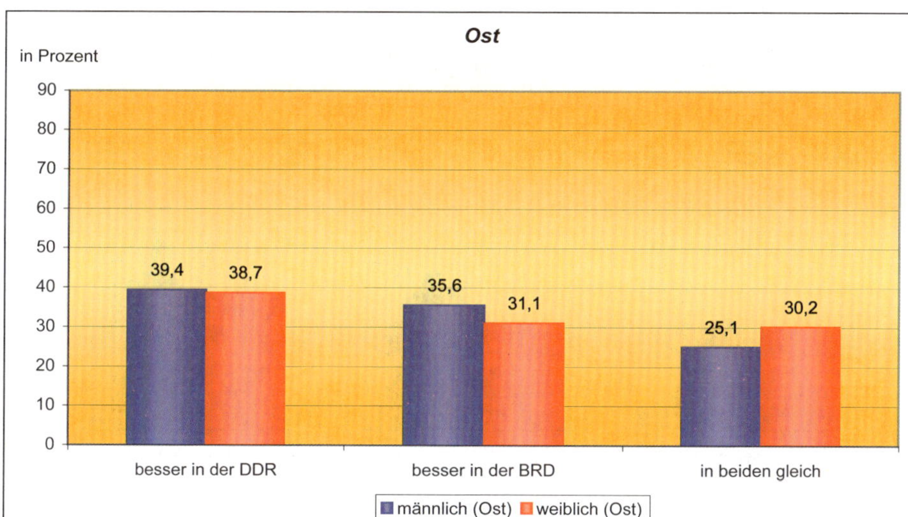

* *Antworten auf die Frage: „Deutschland vor 1989: Was glauben Sie war besser oder gleich in der DDR oder in der Bundesrepublik Deutschland ...?“*

häufig keine Gleichsetzung der Systeme, sondern sind Ausdruck der Entscheidungsunsicherheit vieler Schüler.

Eine zumindest relative Mehrheit der Schüler in nahezu allen Gruppen glaubt an einen besseren *familiären Zusammenhalt* in der DDR. Da zudem fast genauso viele annähernd gleiche Familienverhältnisse vermuten, entfällt auf die Bundesrepublik ein nur geringer Anteil von knapp 12%. Nur gut 17% der West-Berliner und nicht einmal 4% der Ost-Berliner Schüler sehen dort einen besseren Familienzusammenhalt. Auch mehr als die Hälfte der ausländischen und knapp die Hälfte der deutschstämmigen Schüler entscheiden sich bei dieser Frage für die DDR. Ihr Votum für die bundesrepublikanischen Verhältnisse fällt zwar höher als im Durchschnitt der anderen Gruppen aus, bleibt aber auch deutlich unter 20%.

Noch etwas deutlicher ist die Sympathie für die DDR-Verhältnisse bezüglich der *Hilfsbereitschaft:* Eine hohe relative Mehrheit der Schüler sieht diese positiv, knapp 60% im Ost- und sogar ein knappes Drittel im Westteil. In den Gesprächen zeigten sich die Schüler aus dem Westteil der Stadt kritischer bei der Einschätzung der Hilfsbereitschaft in der DDR. Sie haben allerdings generell eine pragmatischere Sichtweise und schreiben die vermeintlich größere Solidarität eher der Mangelgesellschaft zu, während die Schüler aus den Ostbezirken diese für einen generellen Charakterzug der DDR-Bevölkerung halten. Für die heutige Zeit konstatieren die meisten Schüler einen allgemeinen Mangel an Hilfsbereitschaft.

*Schaubild 103: Hilfsbereitschaft aus Sicht von Berliner Schülern**

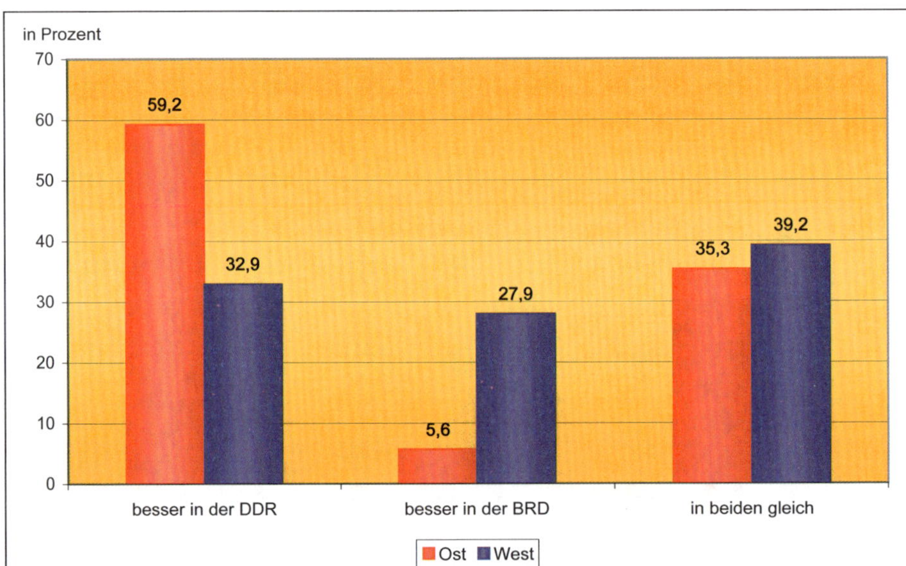

** Antworten auf die Frage: „Deutschland vor 1989: Was glauben Sie war besser oder gleich in der DDR oder in der Bundesrepublik Deutschland?“*

Die Auswertung der Frage nach der *Gleichberechtigung* brachte ein überraschendes Ergebnis: Die DDR schneidet bei den von uns befragten Schülern erstaunlich schlecht, die Bundesrepublik überraschend gut ab. Eine breite relative Mehrheit hält den Stand der Gleichberechtigung in beiden Staaten für gleich gut, nur minimal weniger optieren aber für die Bundesrepublik, im Westteil gut die Hälfte aller Schüler, im Ostteil dagegen deutlich weniger. Gleichwohl sprechen sich auch unter Letzteren nur wenige für die DDR-Gesellschaft aus.

Die Gespräche drehten sich bei dieser Frage weniger um die Berufstätigkeit von Männern und Frauen, die alle für selbstverständlich hielten, sondern um die Arbeitsteilung im Haushalt und bei der Kindererziehung sowie um die Möglichkeiten, beruflich Karriere zu machen.

*Schaubild 104: Gleichberechtigung aus Sicht von Berliner Schülern**

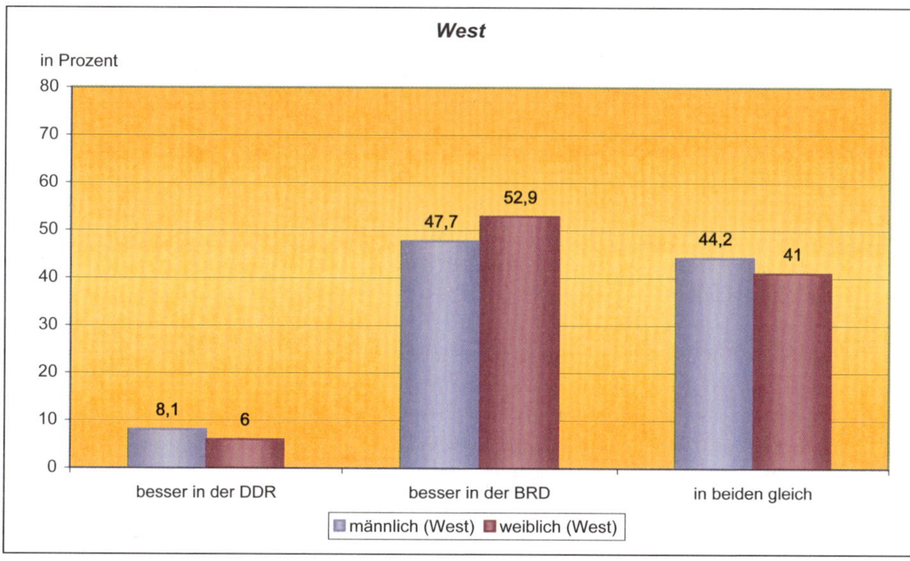

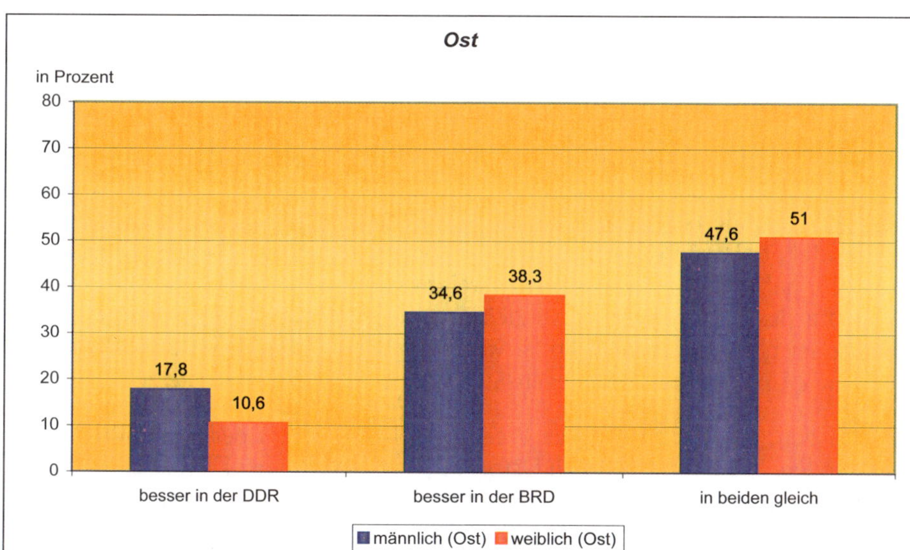

* *Antworten auf die Frage: „Deutschland vor 1989: Was glauben Sie war besser oder gleich in der DDR oder in der Bundesrepublik Deutschland …?“*

Die *Kinderbetreuung* halten gut 63% der Schüler aus dem Ostteil der Stadt und knapp 44% der deutschstämmigen im SED-Staat für besser, aber nur knapp 35% der West-Berliner und der ausländischen Schüler; jeweils gut 40% der West-Berliner und der ausländischen Schüler favorisieren die BRD. Von allen befragten Schülern legt sich ein knappes Viertel nicht fest, aber fast die Hälfte glaubt, die Betreuung sei in der DDR besser gewesen.

Die Annahme, in der DDR seien Kinder besser betreut worden, ist im Wesentlichen ein Votum für die Quantität der Betreuung, wie sich in Gesprächen herausstellte. Die meisten Schüler waren über die flächendeckende Betreuung von Kindern in der DDR informiert, wenige wussten aber, wie die Qualität der Betreuung beschaffen war. Einige – in der Mehrheit West-Berliner – bemängelten eine unpräzise Fragestellung. Es sei nicht klar gewesen, ob wir nach Qualität oder Quantität der Betreuung gefragt hätten. Die Art der Betreuung sei in der Bundesrepublik besser, aber das Angebot an Plätzen in der DDR zahlreicher gewesen. Deshalb hätten sie im Fragebogen „gleich“ angekreuzt.

In unseren Gesprächen erschien die DDR noch in weitaus milderem Licht als im Fragebogen. Die Schüler aus dem Ostteil der Stadt beriefen sich vor allem auf familiäre Erfahrungen. Nahezu alle Jugendlichen verwiesen auf die staatlich garantierten Kindergartenplätze in der DDR, ohne allerdings konkrete Vorstellungen von den Inhalten der Kindererziehung zu haben. Selbst die meisten West-Berliner Schüler sahen in den Gesprächen zumindest quantitative Vorteile für die DDR und erwähnten deutlich seltener häufig die Nachteile einer Sozialisation in kollektiven Institutionen. An eine politische Indoktrination im Kindergarten glaubten sie nicht. Insgesamt interessierte die Schüler eher, ob es die Möglichkeit zur Betreuung in Kindergarten und Schule gab und weniger, wie diese Betreuung aussah.

Wie bei kaum einem anderen gesellschaftlichen Bereich divergieren die Urteile aus Ost- und West-Berlin über die *Schulausbildung*. Knapp die Hälfte aller Schüler glaubt, diese sei in der Bundesrepublik besser gewesen, ein gutes Drittel präferiert die DDR und jeder sechste Schüler sieht keine Unterschiede. Während mehr als zwei Drittel der West-Berliner eine bessere Schulausbildung in der Bundesrepublik vermuten, hält etwas mehr als jeder zweite Ost-Berliner Schüler das DDR-Schulsystem für das bessere. Da nur vergleichsweise wenige Befragte annehmen, beide Systeme seien in etwa gleichwertig gewesen, spricht einiges dafür, dass die meisten annehmen, Unterschiede und Gegensätzlichkeiten der Schulsysteme zu kennen.

Auch in den Gesprächen war die Wertung sehr stark von der Herkunft geprägt. Insbesondere Jugendliche aus den Ostbezirken glauben, in der DDR seien die Ganztagsschulen besser und das Engagement der Lehrer größer gewesen. Bei fast allen ist die Vorstellung verbreitet, dass in der DDR mindestens genauso viele, wenn nicht mehr Schüler als in der heutigen und der damaligen Bundesrepublik Abitur gemacht und studiert haben. Eine Garantie für den gewünschten Studienplatz wird dabei – wie das Recht auf Arbeit – als gegeben angesehen.

West-Berliner Schüler, die zumeist geringe Detailkenntnisse über das Schulsystem der DDR hatten, erklärten uns in den Gesprächen, sie hätten sich für die Bundesrepublik und gegen die DDR ausgesprochen, weil sie politische Indoktrination und autoritären Drill, die sie der Schule in der DDR zusprachen, ablehnen. Andere sprachen sich vehement gegen die DDR-Einheitsschule aus.

*Schaubild 105: Schulausbildung aus Sicht von Berliner Schülern**

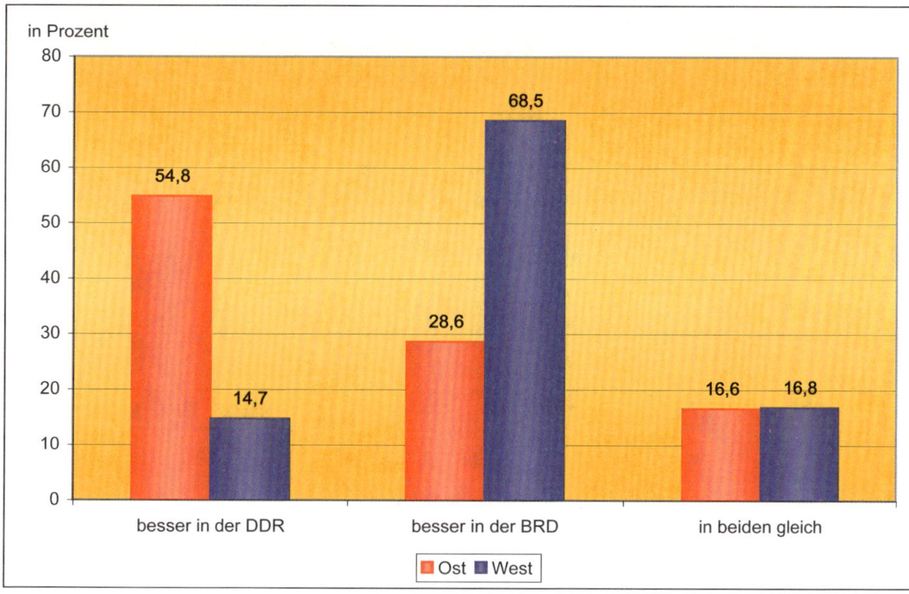

* *Antworten auf die Frage: „Deutschland vor 1989: Was glauben Sie war besser oder gleich in der DDR oder in der Bundesrepublik Deutschland ...?“*

Ebenfalls gespalten zwischen Ost und West fällt die Einschätzung der *Rentensituation* und der *Altersversorgung* aus. Bei den Antworten der Schüler wird deutlich, wie stark das persönliche Umfeld, aber auch die öffentlichen Debatten die Meinung zu bestimmten Fragen beeinflussen. Da die DDR vielerorts pauschal als „sozial“ bewertet wird, vermuten viele Schüler, die sozialen Leistungen dort seien generell besser als im anderen deutschen Teilstaat gewesen.

So verwundert es nicht, dass nur 44% die Rente in der Bundesrepublik für höher halten, knapp 30% die der DDR und mehr als jeder Vierte keinen Unterschied sieht. Betrachten wir die beiden Stadthälften, so sehen wir, dass sich im Westteil 20 Prozentpunkte mehr Schüler – eine absolute Mehrheit von über 53% – für die Bundesrepublik entscheiden, während knapp 40% der Ost-Berliner Schüler für die DDR votieren und noch einmal knapp 28% „gleiche Verhältnisse“ ankreuzen.

In den Gesprächen zeigte sich, dass viele mit der Themenformulierung Schwierigkeiten hatten, weil sie nicht wussten, ob Rentenhöhe, -sicherheit o. ä. gefragt war.

Keiner der Schüler kannte die Höhe der Rente der eigenen Großeltern. Dies sei kein Gesprächsthema in der Familie. Einige Ost-Berliner Schüler erwähnten das damalige Privileg von DDR-Rentnern, in den Westen reisen zu dürfen.

*Schaubild 106: Renten aus Sicht von Berliner Schülern**

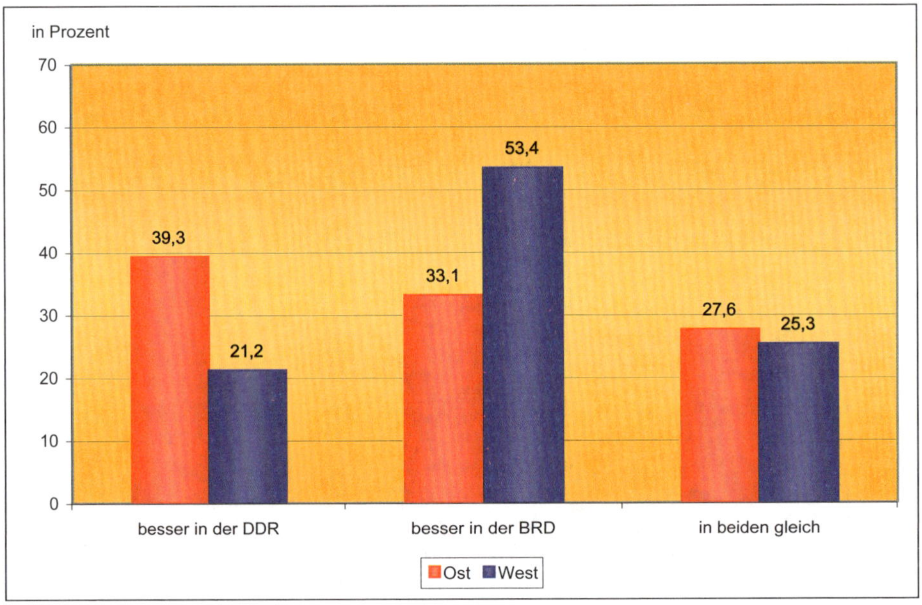

** Antworten auf die Frage: „Deutschland vor 1989: Was glauben Sie war besser oder gleich in der DDR oder in der Bundesrepublik Deutschland …?"*

Für das Thema Altersversorgung gilt das gleiche: Viele Schüler wussten nicht, was gemeint war. Insofern ähneln sich die Zahlenergebnisse, wenngleich hier noch mehr Schüler – knapp 30% – gleiche Bedingungen bei der Altersversorgung annahmen. Wie bei den Renten präferiert jeweils eine Mehrheit aus dem Ost- und dem Westteil die früheren Verhältnisse in der jeweiligen Teilstadt. Die Gespräche zu diesem Thema verliefen ähnlich wie die vorab geschilderten über die Rente. Ein weitergehendes Verständnis von Altersversorgung, das die Unterbringung in Alters- und Pflegeheimen oder medizinische Versorgung miteinschließt, hatten die Schüler nicht. Auch Alterseinkommen jenseits der gesetzlichen Rente wurden nicht thematisiert und sind den meisten ohnehin nicht bekannt.

Eine nahezu diametrale Sicht haben die Schüler bei der Einschätzung der *sozialen Gerechtigkeit*. Nach Meinung einer Mehrheit der Ost-Berliner Schüler war sie in der DDR besser verwirklicht, nach der einer sehr großen Mehrheit der West-Berliner jedoch in der Bundesrepublik. Insgesamt bevorzugt bei dieser Frage eine relative Mehrheit von gut 45% die Bundesrepublik, die restlichen Schüler sind zahlenmäßig fast genau gespalten: Jeweils ein sehr gutes Viertel entscheidet sich für die DDR bzw. für gleiche Verhältnisse in beiden Staaten.

In den Gesprächen tauchten ähnliche Argumente auf wie bei anderen sozialen Themen: In der DDR hätte es Sicherheitsgarantien („von der Wiege bis zur Bahre ...") gegeben – das sei gerechter gewesen. Auf die Frage, ob es nicht den meisten Menschen heute ökonomisch weitaus besser gehe als früher, reagierten fast alle Schüler in beiden Teilen Berlins recht erstaunt, da unter ihnen vor allem die Vorstellung von generell deutlich geringeren Einkommen in den neuen Ländern – auch in Berlin – gegenüber dem Westen verbreitet ist. Dies empfanden insbesondere Ost-Berliner Schüler als Ungerechtigkeit. Der Wohlstandssprung nach 1989 ist ihnen nicht geläufig. Generell wurde in den Gesprächen aber auch deutlich, dass die Schüler unterschiedliche Maßstäbe bei der Bewertung von „sozialer Gerechtigkeit" anlegen. West-Berliner neigten eher dazu, unterschiedliche Leistung als Maßstab für Ansprüche in den Vordergrund zu rücken, Ost-Berliner dagegen präferierten möglichst gleiche Einkommens- und Vermögensverhältnisse unabhängig von der individuellen Leistung.

Wie in Bayern äußern sich die Schüler höchst unterschiedlich über den *Umgang mit Ausländern* in der DDR. Eine absolute Mehrheit entscheidet sich für die Bundesrepublik, nur 15% für die DDR, aber immerhin knapp jeder Dritte glaubt an einen gleichen Umgang mit Ausländern in beiden Staaten, von den Schülern aus dem Ostteil der Stadt sogar knapp 40%. Mehr als zwei Drittel der West-Berliner Schüler sehen einen besseren Umgang mit Ausländern in der Bundesrepublik. Diesem Urteil schließen sich gut zwei Drittel der ausländischen und fast die Hälfte der deutschstämmigen Schüler an. Bei diesen beiden Gruppen dürften heutige und individuelle Alltagserfahrungen die Entscheidung besonders beeinflusst haben. Dagegen vermutet mehr als ein Fünftel der Ost-Berliner Schüler in der DDR einen humaneren Umgang mit Ausländern und nur knapp 39% votieren für die Bundesrepublik – 30 Prozentpunkte weniger als West-Berliner.

In allen Gesprächen zeigten die Befragten große Wissenslücken über das Leben der Ausländer in der DDR. Weder war den meisten der geringe Bevölkerungsanteil von Ausländern in der DDR bekannt, noch waren sie informiert über die Arbeits- und Lebensverhältnisse der sogenannten Vertragsarbeiter. Aber auch die Kenntnisse über die Geschichte der Einwanderung ausländischer Arbeitskräfte in die Bundesrepublik als sogenannte „Gastarbeiter" in den sechziger Jahren hielten sich bei fast allen in engen Grenzen. Erstaunlicherweise hatten viele nicht einmal eine ungefähre Vorstellung vom heutigen Anteil der Immigranten an der Gesamtbevölkerung.

Das Thema „Ausländer" wurde in zwei Items im zweiten Teil des Fragebogens erneut aufgegriffen, ohne allerdings in die Skalenbewertung einzugehen. Beide Statements bezogen sich auf Ausländer in der DDR und sorgten im Vorfeld der Umfrage, aber besonders auch in den Klassengesprächen für ziemliche Unruhe. Vielen, nicht nur ausländischen Schülern war nicht klar, dass die Items nicht unsere Meinung wiedergeben, sondern in der öffentlichen Diskussion vorhandene Positionen formulieren, zu denen die Schüler Stellung beziehen sollten. Einige waren aber auch trotz Aufklärung der Meinung, solche Fragen dürften nicht gestellt werden.

Insofern erstaunt gerade die Bewertung der *Aussage, die niedrigere Zahl von Ausländern in der DDR sei gut gewesen,* der fast ein Viertel aller Befragten zustimmt. Addiert man die Zahl der indifferenten Schüler dazu, kommt man auf knapp 45%, die zumindest keine explizit ablehnende Stellung beziehen. Zwischen West- und Ost-Berliner Schülern existieren freilich deutliche Unterschiede: 38% bzw. knapp 51% sprechen sich nicht eindeutig gegen das Statement aus.

Auch das zweite Item zu diesem Themenkatalog weist ähnliche Ergebnisse auf: Nur etwas mehr als die Hälfte der Schüler lehnt den Vorschlag ab, den *Ausländeranteil in Deutschland auf DDR-Niveau zu senken* – wiederum weitaus mehr im West- als im Ostteil der Stadt. Vorbehalte gegenüber Ausländern äußert vor allem ein relativ hoher Anteil der männlichen Jugendlichen sowie der Gesamtschüler. Diese Gruppen sind gleichzeitig rechtsextremen Parolen und Parteien gegenüber offener und aufgeschlossener, wie unsere Auswertung ergeben hat. Dies mag mit ein Grund sein, warum „rechts“ eingestellte Jugendliche der DDR eine gewisse Sympathie entgegen bringen. Die politische Bildung sollte gerade diese Thematik offensiver aufgreifen und ihr Engagement an Gesamtschulen verstärken.

*Schaubild 107: Senkung des Ausländeranteils auf DDR-Niveau aus Sicht von Berliner Schülern**

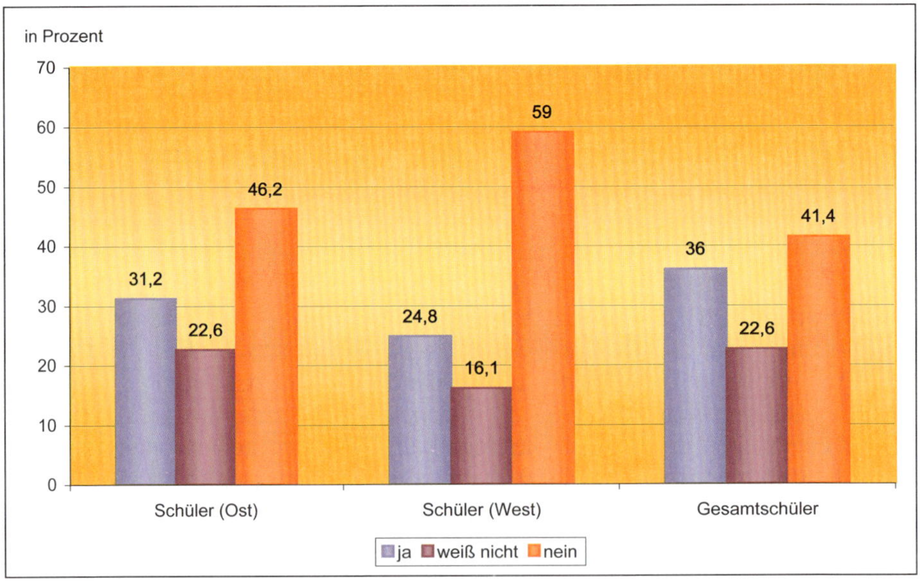

** Stellungnahmen zu der Aussage: „Es wäre gut, wenn heute in der Bundesrepublik genauso wenige Ausländer leben würden wie früher in der DDR.“*

Die konträre Ost-West-Sicht beim Vergleich der beiden deutschen Teilstaaten wird erstaunlicherweise auch bei der Frage nach dem *politischen System* offenkundig. Zwar hält eine knappe absolute Mehrheit der Ost-Berliner Schüler das bundesrepublikanische politische System für besser, aber eine starke Minderheit sieht keinen Unterschied oder präferiert sogar die DDR. Knapp jeder zweite im Ostteil hat demzufolge keinen explizit positiven Bezug zum politischen System der Bundesrepublik. Schüler aus dem Westteil der Stadt votieren dagegen mit einer breiten Mehrheit von knapp 81% für die westdeutschen Verhältnisse. Von ihnen hält nur jeder zwanzigste die SED-Diktatur für das bessere politische System und knapp 14% kreuzen „in beiden gleich" an. Insofern sieht immerhin auch im Westteil ein knappes Fünftel keinen qualitativen Unterschied zwischen beiden Systemen.

*Schaubild 108: Politisches System aus Sicht von Berliner Schülern**

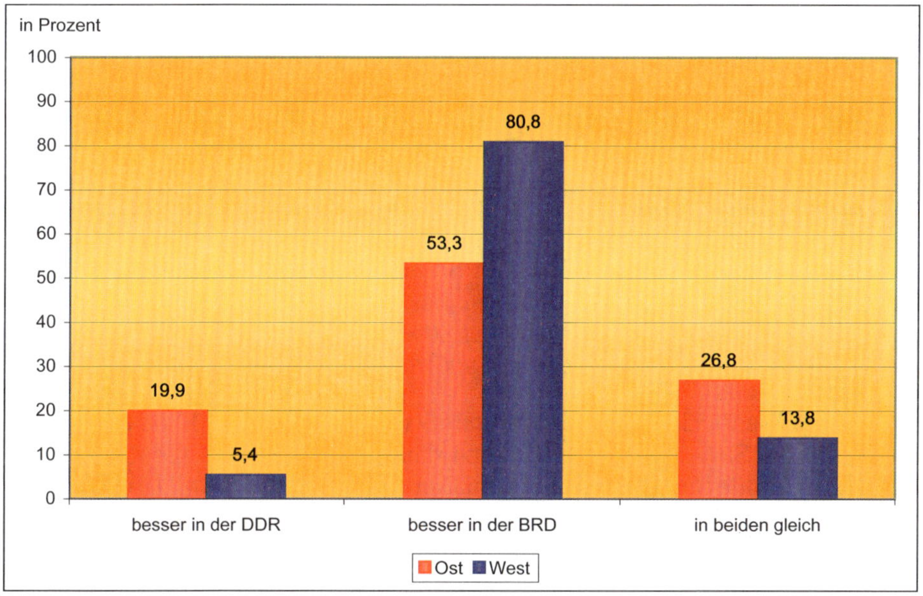

** Antworten auf die Frage: „Deutschland vor 1989: Was glauben Sie war besser oder gleich in der DDR oder in der Bundesrepublik Deutschland …?"*

Sowohl bei den Klassen- als auch bei den gesonderten Gesprächen entstand der Eindruck, dass die wenigsten Schüler etwas mit dem Begriff „politisches System" verbinden, geschweige denn mit ihm differenziert umgehen können. Auf Fragen nach Freiheiten in Demokratien bzw. nach Unterschieden zwischen Demokratie und Diktatur fielen den meisten zwar Meinungsfreiheit und freie Wahlen ein, aber nur wenige hatten konkrete Vorstellungen über die tatsächlichen staatlichen und gesellschaftlichen Strukturen der DDR. Sie waren sich nicht einmal sicher, ob die DDR eine Diktatur oder eine Art Demokratie war.

Dennoch gilt nur einer kleinen Minderheit die *SED als Vorbild* für eine wünschenswerte starke Partei, die die Interessen aller Gruppen des Volkes vertritt, darunter häufiger Ost- als West-Berliner und vor allem mehr ausländische Schüler. Diese Ost-

West-Differenz zeigt sich ebenso bei den Stellungnahmen zum Statement bezüglich *Freiheit oder soziale Sicherheit:* Gut 63% aller Schüler wollen lieber in Freiheit leben als vom Staat rundum versorgt zu werden (knapp 71% der West-Berliner, knapp 54% der Ost-Berliner). In ihrem Urteil über den *Sozialismus als gute Idee und schlechte Realität in der DDR* sind die Schüler in geringerem Maße gespalten: Gut 30% – mehr im West- als im Ostteil der Stadt – sprechen sich dagegen aus, aber knapp 38% – weniger West- als Ost-Berliner Schüler – äußern sich zustimmend.

Aber es gibt auch ähnliche Sichtweisen: Gleichermaßen unstrittig sehen Ost- wie West-Berliner Jugendliche die besseren Einkaufsmöglichkeiten, Reiseangebote, der bessere Straßen- und Wohnungszustand, Discos, Theater/Kinos, ärztliche Versorgung, höhere Leistung der Wirtschaft sowie das „bessere Leben" in der Bundesrepublik, wenngleich bei einzelnen Items größere Bewertungsdivergenzen zu verzeichnen sind. So schätzt immerhin mehr als jeder fünfte Ost-Berliner Schüler die *Wirtschaftsleistungen der DDR* höher ein als die der Bundesrepublik; umgekehrt tun dies aber nur 13% der West-Berliner. Einige Schüler vermuteten, dieses Urteil sei weniger auf die Wirtschaftskraft als auf die Arbeitsplatzsicherheit gemünzt gewesen.

Die DDR kann mit Mietpreisen, Büchern/Schallplatten und der Sportförderung bei Ost- und West-Berliner Schülern punkten. Bezüglich letzterer, bei der die DDR von einer relativen Mehrheit aller Schüler den Zuschlag erhält, beträgt der Unterschied zwischen Ost- und West-Berlinern mehr als 15 Prozentpunkte.

Trotz der Wissenslücken, die viele Berliner Schüler bei den gesellschaftlichen und institutionellen Strukturen der beiden deutschen Staaten zeigen, kennt eine Mehrheit entscheidende Unterschiede zwischen Demokratie und Diktatur. Die Gewährleistung der *Pressefreiheit* beispielsweise sieht eine sehr große Mehrheit (mit Ausnahme der deutschstämmigen Schüler) nur in der Bundesrepublik.

Die häufigsten positiven und negativen Eigenschaften, die den beiden Gesellschaftssystemen zugesprochen werden, beziehen sich auf eher unpolitische Aspekte. Bei der Betrachtung der DDR werden Mietpreise, Ausbildungsplätze sowie die Kindergarten- und Schulbetreuung besonders positiv gewertet, der Bundesrepublik werden die Reise- und Einkaufsmöglichkeiten, das „gute Leben" sowie – als einzige politische Dimension – die Pressefreiheit zugutegehalten. Auf der Negativseite der Bundesrepublik stehen der angeblich mangelhafte Familienzusammenhalt, die Mietpreise und die fehlende Hilfsbereitschaft. Der DDR werden unzureichende Reise- und Einkaufsmöglichkeiten sowie die nicht vorhandene Pressefreiheit angekreidet.

Bei den den unmittelbaren Alltag der Menschen betreffenden Fragen, die die meisten Schüler vermutlich vor ihrem eigenen familiären Hintergrund beantwortet haben, schneidet die DDR in Ost-Berlin sehr gut und im Westteil zumindest besser als die Bundesrepublik ab. Allerdings gründen die Urteile zum Teil auf unterschiedlichen Annahmen.

In der vergleichenden Bewertung von Staat und Gesellschaft sehen wir bei den befragten Schülern ein doppelt gespaltenes Bild der beiden deutschen Staaten. West-Berliner favorisieren auf nahezu allen Feldern die alte Bundesrepublik, Ost-Berliner mehrheitlich die DDR, trennen jedoch zwischen eher allgemeinen politischen Dimensionen, bei denen auch sie mehrheitlich mit allerdings deutlich geringeren Anteilen die Bundesrepublik präferieren, und eher sozialpolitischen und alltäglichen, wo sie der DDR den Vorzug geben.

Festzuhalten bleibt, dass die meisten Berliner Schüler eine kritische Einschätzung der DDR haben. In der Detailbetrachtung der Schülergruppen in beiden Stadthälften sind jedoch enorme Differenzen erkennbar, insbesondere in der Beurteilung vermeintlicher Qualitäten der DDR und der demokratischen Strukturen der Bundesrepublik. Dennoch wird die Bundesrepublik von einem großen Teil der Jugendlichen – vornehmlich West-Berliner und ausländische Schüler – als das rechtsstaatlichere System gesehen, das individuelle Freiheiten garantiert und ein individuell gestaltetes Leben in hohem Wohlstand erlaubt.

Der unterschiedliche Blick Ost- und West-Berliner Schüler auf die beiden deutschen Teilstaaten wird noch deutlicher, wenn man die Zustimmung bei den verschiedenen Aspekten addiert. So sehen West-Berliner mehrheitlich auf 24 Feldern die Bundesrepublik und nur auf vier die DDR vorne. Ost-Berliner Schüler dagegen attestieren den beiden Staaten jeweils 14-mal „bessere Verhältnisse“. Die DDR erreicht bei ihnen sogar auf sieben Feldern eine absolute Mehrheit. Der SED-Staat punktet vor allen Dingen bei sozialen oder Alltagsaspekten, die die Sozialpolitik oder den Alltag betreffen. Bei den explizit politischen und wirtschaftlichen Themen votiert auch in Ost-Berlin eine relative oder absolute Mehrheit für die Bundesrepublik.

b) Das Urteil über die DDR

Viele Ostdeutsche bewerten die beiden deutschen Staaten als gleichrangig, indem sie dem einen Staat diese, dem anderen jene Vorzüge und Nachteile zuordnen. Den Gegensatz von Demokratie und Diktatur ebenso wie den von Freiheit und Unfreiheit heben sie – gleichsam dialektisch – in der Behauptung auf, die beiden Staaten seien zwar anders gewesen, aber keiner könne in der Gesamtschau als besser oder schlechter beurteilt werden. Diese äquidistante Haltung gegenüber der DDR und der Bundesrepublik teilt in Berlin im engeren Sinne nur eine kleine Minderheit von knapp 6% der Befragten, in einem weiteren Sinne aber fast 40%. Hierzu gehören überdurchschnittlich viele Ost-Berliner und Gesamtschüler. In beiden Gruppen liegt die Ablehnung einer gleichwertigen Einordnung von DDR und Bundesrepublik knapp unter 50%. In West-Berlin sind dagegen knapp drei Viertel gegen eine Gleichsetzung der beiden Systeme und votieren damit implizit für die Bundesrepublik. Die große Minderheit der „Neutralen“ – 34% – möchte mit ihrer Haltung offensichtlich ausdrücken, dass sie zwar Unterschiede zwischen den beiden Systemen sieht, aber dennoch ein eindeutiges Votum für die Bundesrepublik oder die DDR verweigert.

Diese Position nehmen im Ostteil der Stadt immerhin knapp 42%, im Westteil gut 25% ein. Die ausdrückliche Frage, ob das politische und gesellschaftliche System der Bundesrepublik besser oder nur anders als das der DDR war, beantworten die Schüler deutlich unterschiedlich. Einer breiten absoluten Mehrheit im Westteil der Stadt, die ein eindeutiges Votum für die Bundesrepublik abgibt, steht eine nicht sehr breite relative Mehrheit Ost-Berliner mit der gleichen Auffassung gegenüber. Etwa jeder Dritte aus dem Ostteil (insgesamt knapp jeder Sechste) verneint die Behauptung ausdrücklich und hält das bundesrepublikanische Gesellschaftssystem nur für anders, aber nicht für besser als das der DDR.

*Schaubild 109: Vor 1989: BRD besser als DDR aus Sicht von Berliner Schülern**

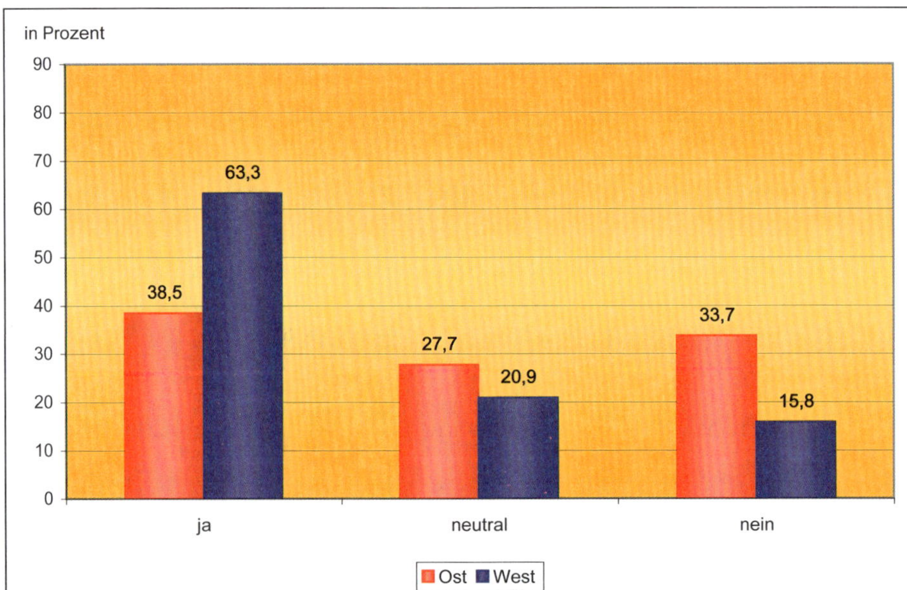

** Stellungnahmen zu der Aussage: „Die Bundesrepublik vor 1989, war zwar anders, aber auch nicht besser als die DDR." Im Schaubild wurden die Antworten umgepolt.*

Die unterschiedliche Bewertung der DDR und ihrer verschiedenen politischen und gesellschaftlichen Dimensionen wird im ehemals geteilten Berlin besonders deutlich, weil die Sozialisation in einem gemeinsamen Staat und in zum Teil gemeinsamen Schulen überlagert wird von der Herkunft der befragten Schüler. Dies zeigt sich bei allen Skalen und nahezu allen Items.

Insbesondere bei der *Sozialpolitik* erreicht die Zustimmung zur DDR hohe Werte, wenngleich sich die Schüler bei den Aussagen zu den entsprechenden Statements weitaus widersprüchlicher äußern als bei den Items anderer Skalen. Besonders selten legen sich die Befragten beim Statement zum Untergang der DDR aufgrund der hohen sozialpolitischen Kosten fest, was vermuten lässt, dass sie nur geringe

Kenntnisse der Sozialpolitik der DDR und der daraus resultierenden finanziellen Belastung haben. Außerdem fällt die Unsicherheit bei der Bewertung von Solidarität und Nachbarschaftshilfe in der DDR auf, die von knapp 50% der West-Berliner, aber nur von knapp 40% der Ost-Berliner Schüler als eine Folge der Mangelgesellschaft angesehen wird.

*Schaubild 110: Für Arbeitsplatzgarantie trotz geringen Lohns/Wohlstands aus Sicht von Berliner Schülern**

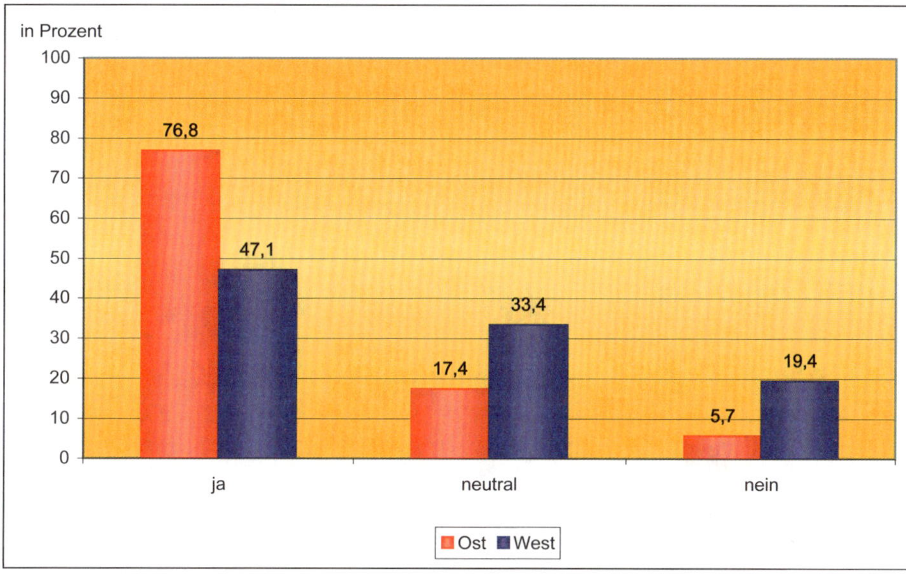

** Stellungnahmen zu der Aussage: „Ich finde es gut, dass in der DDR jeder einen Arbeitsplatz hatte, auch wenn der Staat die Löhne bestimmte und der Wohlstand gering war."*

Eine breite Mehrheit der Ost-Berliner Schüler stimmt dem Statement zu, dass es gut sei, wenn der Staat die Löhne bestimme, auch wenn der Wohlstand für alle geringer ausfalle. Selbst im Westteil freundet sich hiermit knapp jeder Zweite an; strikte Ablehnung bekundet nur jeder Fünfte im Westen und jeder Zwanzigste im Osten. Eine Einschränkung individueller Freiheiten würde jeder dritte Ost-Berliner Schüler in Kauf nehmen, wenn sich der Staat wie in der DDR um alle Bürger kümmert; von den West-Berlinern verneint lediglich eine knappe absolute Mehrheit diese Vorstellung.

Knapp drei Viertel der Schüler – im Ostteil knapp 85%, in West-Berlin knapp zwei Drittel der Befragten – haben ein positives oder unentschiedenes Bild von der DDR-Sozialpolitik.

Daneben kann die DDR in den Augen der Befragten besonders bei der *Wirtschaftspolitik* punkten. Großen Zuspruch erhält die Aussage, in der DDR hätte die staatlich gelenkte Wirtschaft den Wohlstand für alle gesichert. Dies wird nur von einer knappen relativen Mehrheit (fast 39%) abgelehnt, ein gutes Drittel stimmt zu und weit mehr als ein Viertel der Schüler ist unentschieden. Wiederum ist eine fast spiegelverkehrte Ost-West-Sicht zu konstatieren. West-Berliner Schüler sprechen sich zu über 47% gegen diese These aus, knapp 42% der Ost-Berliner bejahen sie. Gut 26% im Westteil stimmen der Behauptung zu, knapp 30% im Ostteil verneinen sie. Eine hohe Anspruchshaltung der Schüler gegenüber dem Staat zieht sich wie ein roter Faden durch ihre Antworten, nicht nur in Ost-Berlin, dort aber besonders ausgeprägt. Dies geht soweit, dass etwa jeder dritte Befragte – gleichermaßen in Ost und West – angibt, die Wirtschaft könne nur gut funktionieren, wenn der Staat alles plant und lenkt und damit faktisch das DDR-Wirtschaftssystem akzeptiert; nicht einmal jeder Zweite widerspricht dieser Auffassung.

*Schaubild 111: Staatliche Planwirtschaft als Funktionsprinzip aus Sicht von Berliner Schülern**

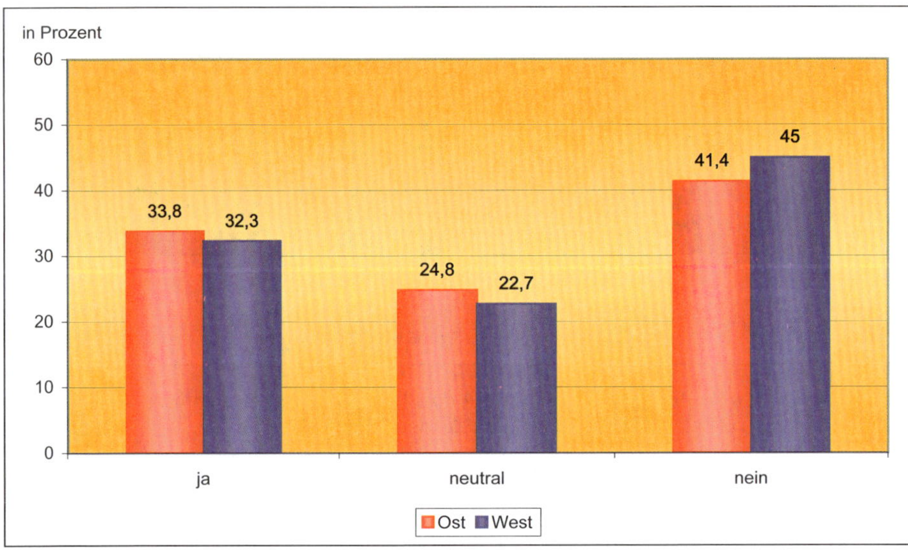

** Stellungnahmen zu der Aussage: „Die Wirtschaft kann nur gut funktionieren, wenn der Staat alles plant und lenkt."*

Insgesamt wird die SED-Wirtschaftspolitik von knapp zwei Dritteln der Schüler (Ost: etwa 75%; West: etwa 55%) zumindest nicht explizit abgelehnt.

Bei der Skala *Jugend und Familie* äußern sich mit knapp 7% nur wenige Schüler zustimmend, gut 27% legen sich nicht fest, knapp zwei Drittel lehnen in der Auswertung der drei Items die abgefragten Aspekte der Jugend- und Familienpolitik ab. Erneut lassen sich große Ost-West-Unterschiede feststellen: Mit knapp 10% bejahen mehr als doppelt so viele Ost- wie West-Berliner Schüler die DDR-Jugend- und Familienpolitik. Letztere äußern sich zudem deutlich ablehnender und weniger neutral.

Nur wenige Befragte plädieren für die Unterordnung des Individuums unter die Gemeinschaft. Die meisten Schüler bevorzugen Individualität verbunden mit der Freiheit, sich frei zu bewegen oder zu organisieren, gegenüber einer Gruppenidentität oder der verordneten Beteiligung an einem Kollektiv. Aber auch hier existieren herkunftsindizierte Bewertungsunterschiede: So sprechen sich zum Beispiel im Westteil 67% gegen eine organisierte Freizeitgestaltung aus, im Osten nur 46%.

Ein etwas anderes Bild zeigen die Ergebnisse zum Komplex *Schule und Alltag*. Eine knappe absolute Mehrheit lehnt das DDR-Modell der Gestaltung von Schule und Alltag ab. Etwa dreimal so viele Ost- wie West-Berliner Schüler werten es aber positiv (18% gegenüber 6,1%). Die immer noch leicht bessere Beurteilung als bei anderen Aspekten verdankt das DDR-Schulsystem der falschen Annahme, es sei durchlässiger als das bundesdeutsche gewesen; deshalb hätten dort mehr Schüler als in der Bundesrepublik Abitur machen und studieren können. Insgesamt lehnt gut jeder zweite Berliner Schüler die Gestaltung von Schule und Alltag in der DDR ab, darunter gut 63% im Westteil und nur knapp 44% im Ostteil der Stadt.

Einen herkunftsspezifisch gespaltenen Blick registrieren wir auch bei der Behauptung, in der DDR sei der Alltag für viele durch Diktatur und Überwachung geprägt gewesen. Dem stimmen fast drei Viertel der West-Berliner, aber nur etwa jeder zweite Ost-Berliner Schüler zu. Unter Letzteren befinden sich gut 28%, die dezidiert widersprechen (West-Berlin: etwa 10%).

38% der Befragten wissen nicht, wie sie die *DDR-Außenpolitik* einschätzen sollen. Dies ist vor allem auf Unsicherheiten beim Thema Antifaschismus zurückzuführen, bei dem sich fast ein Drittel nicht festlegen kann oder will. In Klassengesprächen erfuhren wir, dass besonders Schülern aus dem Westteil der Stadt zwar der Begriff in Ansätzen geläufig ist, nicht aber bezogen auf die Stärkung des Ansehens der Deutschen im Ausland. Gut 63% der West-Berliner, aber nur knapp 37% der Ost-Berliner Schüler lehnen die Außenpolitik der DDR ab, was auch Resultat des Ergebnisses der Frage nach der DDR als Friedensstaat ist.

Viele Ost-Berliner Schüler sind nicht in der Lage, eine klare Trennlinie zwischen Demokratie und Diktatur zu ziehen, wie sich bei der Auswertung der Skala *Relativierung/Verharmlosung der Diktatur* zeigt. So verneint nicht einmal jeder Zweite die Aussage, die DDR sei keine Diktatur gewesen, sondern die Menschen hätten sich nur wie überall anpassen müssen; im Westteil widersprechen immerhin über 60%. Noch erschreckender fallen die Antworten zur Legitimation der DDR-Regierung durch demokratische Wahlen aus. Zwar stimmt dieser Aussage nur eine Minderheit zu, aber viele scheuen eine klare Ablehnung, sodass unter dem Strich nur knapp jeder zweite West-Berliner und nicht einmal 40% der Ost-Berliner Schüler eindeutig eine fehlende Legitimation feststellen.

*Schaubild 112: Legitimation der DDR-Regierung durch demokratische Wahlen aus Sicht von Berliner Schülern**

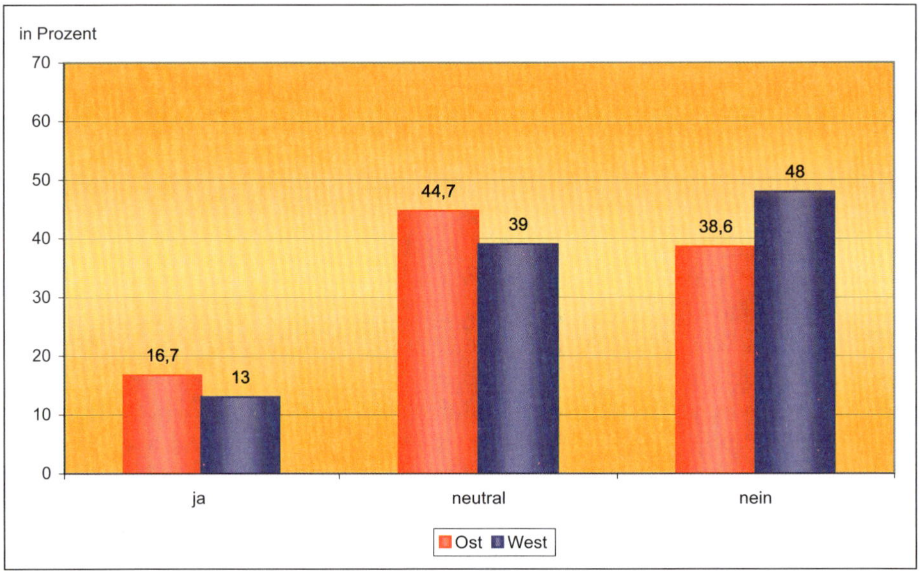

** Stellungnahmen zu der Aussage: „Die Regierung der DDR war durch demokratische Wahlen legitimiert."*

In der zusammenfassenden Auswertung der vier Items dieser Skala widerspricht jedoch eine breite Mehrheit von knapp zwei Dritteln im Ostteil und etwa drei Viertel im Westteil einer Verharmlosung der Diktatur in der DDR.

Bei der Skala *Relativierung/Verharmlosung der Repression* finden wir die meisten durchgängig ablehnenden und die geringsten Anteile der teils zustimmenden/teils ablehnenden Antworten. Zu den Statements dieser Skala hatten die Schüler offensichtlich am ehesten eine gefestigte Meinung und legten sich daher stärker auf ein eindeutiges Urteil fest. Doch selbst hier sehen wir herkunftsspezifische Unterschiede. Den gut 80% Schülern, die im Westteil die Unterdrückungsmaßnahmen ablehnen, stehen acht Prozentpunkte weniger Schüler im Ostteil gegenüber; letztere votieren etwas zustimmender und sind sechs Prozentpunkte unentschiedener. Ehemalige Stasi-Mitarbeiter dürfen sich über ein Teilergebnis freuen: Knapp 40% im Ost- und immerhin noch knapp 25% im Westteil halten das MfS für einen Geheimdienst, wie ihn jeder Staat hat.

Erfreulicherweise betrachten fast 88% der Schüler die von der SED angeordneten Maßnahmen an der innerdeutschen Grenze als Verbrechen. Positiv bleibt zu verzeichnen, dass eine breite Mehrheit sehr wohl den repressiven Charakter der DDR

*Schaubild 113: MfS war normaler Geheimdienst aus Sicht von Berliner Schülern**

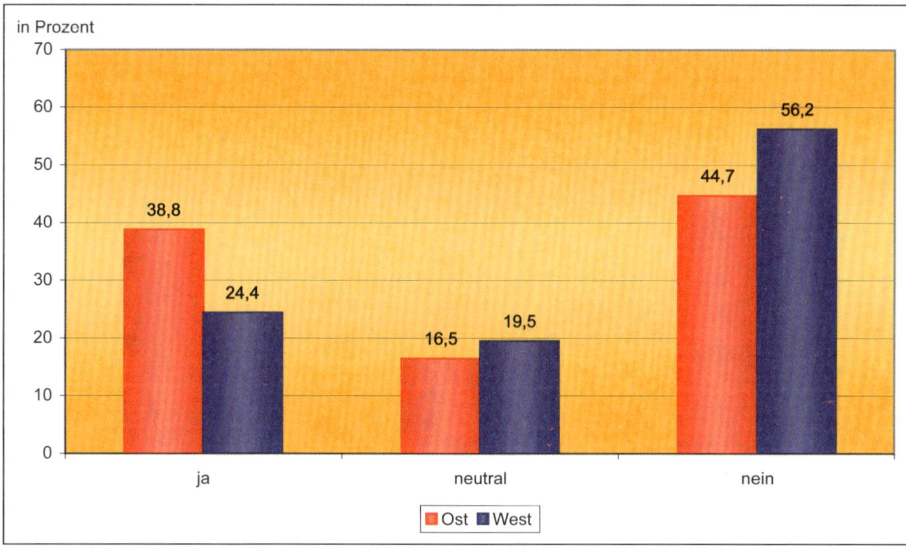

** Stellungnahmen zu der Aussage: „Die Stasi (Ministerium für Staatssicherheit der DDR) war ein Geheimdienst, wie ihn jeder Staat hat."*

erkennt und verurteilt und nur sehr wenige ein verharmlosendes Bild der DDR haben, aber eine nennenswerte Minderheit – mehr im Osten als im Westen – zu keinem Urteil fähig oder bereit ist.

Bei der Auswertung der *Gesamtskala* zum Bild der DDR bei Berliner Schülern stoßen wir wie bei der Betrachtung der Einzelskalen auf deutliche Unterschiede, die sich aus der Herkunft der Befragten herleiten lassen. Während nur ganz wenige West-Berliner Schüler ein positives Gesamtbild der DDR haben, sind es im Ostteil deutlich mehr und nicht einmal jede Zweite bewertet die DDR durchgängig negativ. Eine absolute Mehrheit der Ost-Berliner bewertet die DDR neutral, im Westteil schließt sich nicht einmal jeder Dritte dieser Auffassung an. Die ausländischen Schüler votieren ähnlich wie die West-Berliner, sind aber häufiger nicht festgelegt und urteilen entsprechend seltener negativ. Von den deutschstämmigen legt sich sogar eine breite absolute Mehrheit von knapp 68% nicht fest; nur knapp jeder dritte urteilt negativ.

Bei der Betrachtung der durchschnittlichen Skalenmittelwerte zeigt sich bei den deutschstämmigen und den Ost-Berliner Schülern das positivste und bei den Gymnasiasten und den West-Berliner Schülern das negativste Bild der DDR. Zwischen den vier Teilgruppen liegen in der Bewertung erhebliche Unterschiede.

Schaubild 114: Gesamtbild der DDR aus Sicht von Berliner Schülern

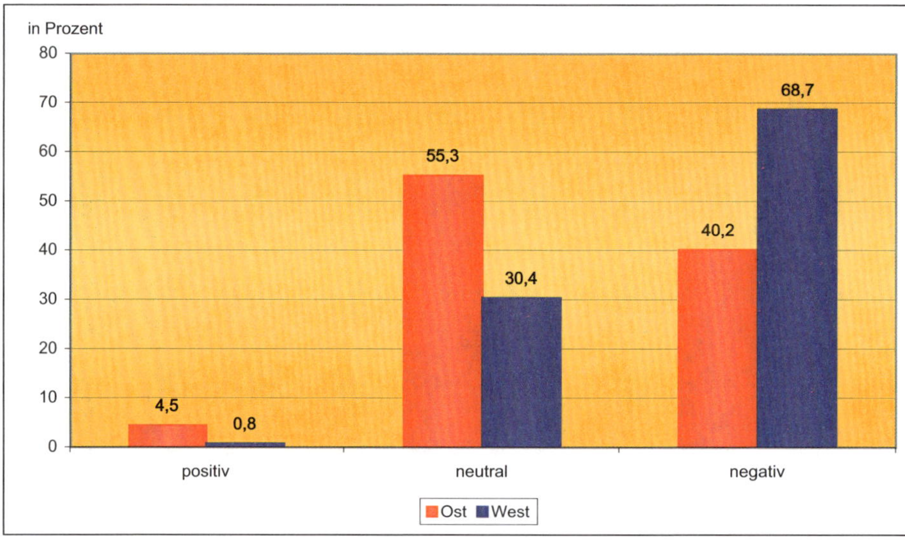

Bei den meisten Skalen und der Gesamteinschätzung zeigt die Auswertung einen Zusammenhang zwischen dem Grad der Behandlung der DDR im Schulunterricht und dem subjektiven Wissen der Schüler auf der einen und der Bewertung der DDR auf der anderen Seite. Schüler, die meinen, viel über den SED-Staat zu wissen und die in der Schule die DDR ausreichend behandelt haben, fällen ein deutlich negativeres Urteil als andere Schüler.

Unsere Vermutung, vorurteilsbeladene Schüler würden die DDR positiver bzw. negativer sehen, hat sich nur zum Teil bestätigt. Wie obiger Tabelle entnommen werden kann, differiert die Gesamtbewertung der DDR bei vorurteilsfreien und -belasteten West-Berliner Schülern weniger als bei den entsprechenden Gruppen im Osten. Gleichwohl sehen die Vorurteilsbelasteten im Westteil die DDR deutlich negativer als andere West-Berliner Schüler, und die Vorurteilsbelasteten im Ostteil die DDR deutlich positiver als andere Ost-Berliner Befragte. In der kleinen Gruppe der überzeugten „Ossis", die „Wessis" prinzipiell ablehnen, hat nur gut jeder Fünfte (gegenüber gut jedem Zweiten in der Gesamtgruppe) ein negatives Bild der DDR.

Der weitgehenden Unterstützung des politischen und gesellschaftlichen Systems der alten Bundesrepublik durch West-Berliner und ausländische Schüler bei gleichzeitiger Ablehnung der meisten gesellschaftlichen und politischen Dimensionen der DDR steht eine eher distanzierte Sicht vieler Ost-Berliner Schüler auf das vereinte Deutschland bei einem gleichzeitig milden Blick auf die DDR gegenüber. Weiterhin korrespondiert auch bei jüngeren Menschen ein positives Bild der Bundesrepublik zumeist mit einem negativen der DDR.[669])

---

[669]) Vgl. Tabelle 31.

Bei den Items, die nicht in die Skalen eingehen, beobachten wir ebenfalls zum Teil erhebliche herkunftsspezifische Bewertungsdifferenzen. Der *Behauptung, die DDR würde nur schlecht geredet,* um die Ostdeutschen schlecht zu machen, stimmt ein knappes Viertel der West-, aber eine relative Mehrheit (46,1%) der Ost-Berliner Schüler zu; eine absolute Mehrheit aus dem West-, aber nur ein knappes Drittel aus dem Ostteil begreift Kritik an der DDR nicht als Diskriminierung Ostdeutscher.

Die Aussagen zu den notwendigen *Kosten des Aufbaus Ost* werden von den Schülern mehrheitlich bejaht (allerdings von fast zwei Dritteln im West-, aber nur gerade der Hälfte im Ostteil der Stadt). In den Gesprächen kritisierten West-Berliner Schüler häufig die ihrer Meinung nach einseitige Geldvergabe an die Neuen Länder. Über 44% der West- gegenüber nur 13% der Ost-Berliner Befragten erwarten größere *Dankbarkeit von den Ostdeutschen.*

Die *Wiedervereinigung* wird jedoch trotz aller Kritik von fast 80% der Schüler als positives Ereignis der deutschen Geschichte gewertet. Allerdings zeigen sich die West-Berliner etwas skeptischer als die Ost-Berliner (West: 71,2%; Ost: 86%). Ähnlich positiv betrachten mehr als zwei Drittel der Schüler im Ostteil ebenso wie im Westteil das Ende der DDR durch eine friedliche Revolution.

c) Kenntnisse Berliner Schüler über die DDR

Wie von uns vermutet, sind die Kenntnisse der Berliner Schüler über die DDR gering: Von den acht Wissensfragen, die wir den Schülern stellten, wurden nur wenige von einer Mehrheit richtig beantwortet. Auch bei diesem Fragebogenkomplex erweist sich die Herkunft der Schüler als ausschlaggebend für ihre Antworten. Die Frage nach der *höheren Lebenserwartung* zum Beispiel beantworten knapp 61% der West-Berliner, aber nur knapp 38% der Ost-Berliner Schüler richtig. Gleiches gilt für die *Todesstrafe,* die eine Mehrheit keinem der beiden deutschen Teilstaaten zutraut. Nur 17% im Ost- und 26% im Westteil geben mit „DDR" die richtige Antwort an.

Bei der Frage nach der *saubereren Umwelt* erhalten wir ein gespiegeltes Ost-West-Bild. West-Berliner Schüler halten zu Recht die Umweltpolitik der Bundesrepublik mehrheitlich für besser, Ost-Berliner fälschlicherweise die der DDR. Überraschenderweise liegt in der Gesamtauswertung die DDR knapp vor der Bundesrepublik, d. h. einer der europaweit führenden Umweltverschmutzer wird von einer relativen Mehrheit der befragten Berliner Schüler als umweltfreundlicherer Staat eingestuft. In den Gesprächen fiel das Votum für die DDR noch positiver aus.

Die falsche Einschätzung einer relativen Mehrheit, in der DDR hätten alle das *gleiche Einkommen und Vermögen* gehabt, ist vielleicht angesichts der Tatsache nach-

*Schaubild 115: Saubere Umwelt aus Sicht von Berliner Schülern**

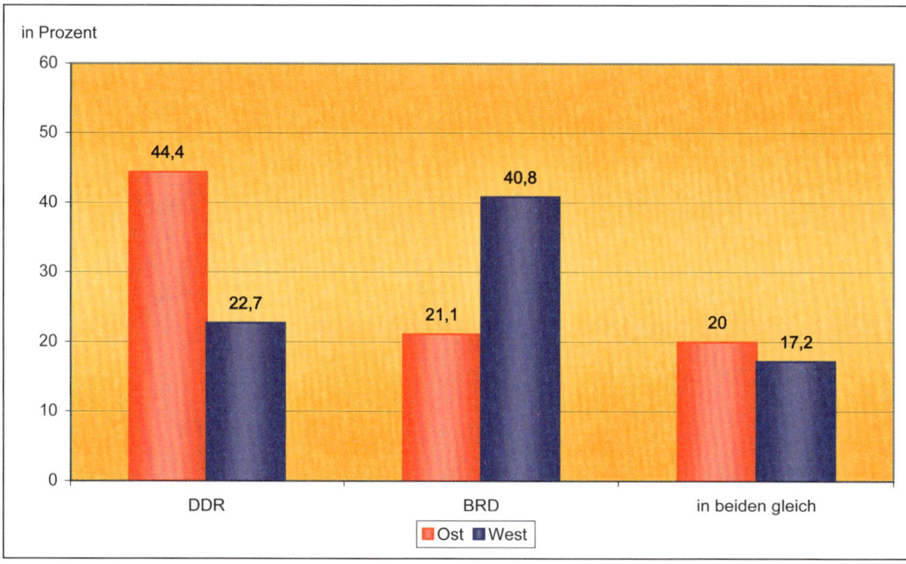

* *Antworten auf die Frage: „Die Umwelt war sauberer in der …"*

vollziehbar, dass dies in der öffentlichen Debatte immer wieder kolportiert wird. Problematisch, um nicht zu sagen erschreckender, erscheint uns aber zu sein, dass über 40% der Befragten nicht einmal wissen, in welchem Jahr die *Berliner Mauer gebaut* wurde und nur ein gutes Drittel, dass die *SED den Bau der Mauer befohlen* hat. Bei den beiden Fragen zu Mauer und innerdeutscher Grenze liegen Schüler aus beiden Teilen Berlins mit etwa gleichen Anteilen falsch.

Während *Konrad Adenauer, Willy Brandt, Erich Honecker* und *Helmut Kohl* wenigstens von einer absoluten Mehrheit dem richtigen Staat zugeordnet werden, sind andere Staatsmänner vielen unbekannt. *Ludwig Erhard* zum Beispiel kennt nur ein gutes Viertel der Befragten als bundesdeutschen Politiker und selbst *Helmut Schmidt,* der bis zum heutigen Tag an öffentlichen Debatten teilnimmt, wird von nicht einmal jedem zweiten befragten Schüler als Politiker der Bundesrepublik richtig zugeordnet. Eine beträchtliche Minderheit verlegt vor allem westdeutsche Staatsmänner in die DDR. So hält fast jeder dritte Befragte *Konrad Adenauer* für einen DDR-Politiker (im Ostteil kommt dies deutlich häufiger als im Westteil vor) und selbst der ehemalige Regierende Bürgermeister und erste sozialdemokratische Kanzler *Willy Brandt* wird von knapp jedem Fünften im Westteil und mehr als jedem Dritten im Ostteil in die DDR „versetzt".

Im Vergleich mit Bayern, Brandenburg und Nordrhein-Westfalen haben die Berliner Schüler den niedrigsten Kenntnisstand. Nur eine Minderheit von gut 6% verfügt über ein sehr hohes oder hohes Wissen, 68% wissen wenig oder sehr wenig. Allerdings ist auch dieses Ergebnis ein nach Ost- bzw. West-Herkunft gespaltenes: Der Kenntnisnisstand der West-Berliner Schüler liegt deutlich höher als der der Ost-Berliner. Die West-Berliner Schüler weisen im Ländervergleich den zweithöchsten Wissenstand auf, während ihre Ost-Berliner Schülerkollegen das Schlusslicht bilden.

*Tabelle 42: Kenntnisstand in Berlin**

	sehr hoch	hoch	mittel	niedrig	sehr niedrig
insgesamt	**0,7**	**5,6**	**25,8**	**40,3**	**27,7**
männlich	*1,3*	*9,2*	*30,2*	*36,5*	*22,9*
weiblich	*0,2*	*2,3*	*21,5*	*44,1*	*32,0*
West	**1,3**	**7,0**	**27,6**	**39,2**	**24,9**
männlich	*2,2*	*11,2*	*33,1*	*35,3*	*18,2*
weiblich	*0,4*	*2,8*	*22,1*	*43,1*	*31,6*
Ost	**0,2**	**4,3**	**25,7**	**41,8**	**28,1**
männlich	*0,4*	*7,4*	*30,9*	*37,1*	*24,2*
weiblich	*0,0*	*1,8*	*21,4*	*45,5*	*31,3*
Deutsche	**0,8**	**5,7**	**26,7**	**40,4**	**26,4**
männlich	*1,4*	*9,4*	*32,1*	*36,1*	*20,9*
weiblich	*0,2*	*2,3*	*21,7*	*44,3*	*31,5*
Ausländer	**0,0**	**6,4**	**16,4**	**38,2**	**39,1**
männlich	*0,0*	*8,5*	*15,3*	*39,0*	*37,3*
weiblich	*0,0*	*3,9*	*17,6*	*37,3*	*41,2*
Deutschstämmige	**1,4**	**2,7**	**20,3**	**37,8**	**37,8**
männlich	*3,1*	*3,1*	*18,8*	*37,5*	*37,5*
weiblich	*0,0*	*2,4*	*21,4*	*38,1*	*38,1*
unter 16 Jahre	**0,7**	**4,6**	**21,6**	**41,8**	**31,2**
16 Jahre	**0,6**	**5,7**	**26,6**	**40,1**	**26,9**
17 Jahre und älter	**0,8**	**6,0**	**27,5**	**39,7**	**26,0**
Schultyp					
Gymnasium	0,8	6,6	29,8	39,3	23,5
Gesamtschule	0,5	3,6	18,4	42,1	35,4

** Angaben in Prozent. Der Kenntnisstand bezieht sich auf 18 gestellte Wissensfragen, dabei bedeutet die Bezeichnung „sehr hoch": › 16 richtige Antworten, „hoch": 14–16, „mittel": 10–13, „niedrig": 6–9 und „sehr niedrig": 0–5 richtige Antworten.*

Zusammenfassendes Ergebnis für Berlin:

- Viele Schüler wissen nur wenig über die DDR und die deutsche Teilungsgeschichte, da diese in der Schule offenbar nur am Rande behandelt wird und im Freundes- und Familienkreis insbesondere im Westteil höchstens sporadisch Gesprächsthema ist. Im Ostteil werden erwartungsgemäß häufiger Gespräche über die DDR geführt, die das Urteil über den SED-Staat stark beeinflussen.

- Die Beurteilung der DDR erfolgt insofern eher assoziativ, wobei vor allem Ost-Berliner Schüler, die bei den von uns abgefragten Themen über geringere Kenntnisse als West-Berliner verfügen, zu einer Ausblendung negativer Bereiche der DDR neigen. Sie heben insbesondere die positive soziale Dimension der DDR hervor und favorisieren generell einen Staat, der die Wirtschaft umfassend lenkt.
- Zwar steht eine Mehrheit der Befragten hinter dem freiheitlich-demokratischen und pluralen System der Bundesrepublik, aber im Ostteil Berlins und unter den deutschstämmigen zugewanderten Schülern gibt nicht einmal die Hälfte ein eindeutiges Votum gegen die DDR und für die Bundesrepublik ab. Wenige Schüler haben ein durchgängig positives DDR-Bild, eine knappe absolute Mehrheit ein eher negatives. Sehr viele sind in ihrem Urteil nicht festgelegt, sehen positive wie negative Aspekte der DDR.
- Die Trennlinien zwischen Demokratie und Diktatur sind vielen Schülern nicht bekannt. In dem Maße aber, wie konkretes Wissen über die DDR vorhanden ist, steigt auch der Anteil derer, die den SED-Staat als Diktatur klassifizieren und sie nachdrücklich ablehnen.
- Das Bild, das Schüler über das geteilte Deutschland – speziell die DDR – haben, gründet weniger auf Wissen denn auf Vermutungen und Vorurteilen. Die unterschiedlichen Milieus wirken in Schule, Familie und Freundeskreis anscheinend stärker als erwartet nach. Ein Annäherungsprozess bei den Geschichtsbildern ist noch nicht zu beobachten. Unter vielen Ost-Berliner Schülern lebt die alte, im Nachhinein idealisierte und auf ihre sozialen Aspekte reduzierte DDR fort, im Westteil wird dieser Staat von einer breiten Mehrheit vor allem als Diktatur mit sozialem Anstrich gesehen.

3. Das Bild der DDR von Brandenburger Schülern

In Brandenburg umfasste die standardisierte Befragung 737 Schüler. Sie sind mehrheitlich weiblich, die meisten leben in Potsdam und besuchen ein Gymnasium. Der Anteil der Gesamtschüler beträgt nur gut 23%. Aufgrund des niedrigen Ausländeranteils in Brandenburg ist nur etwa jeder fünfzehnte Befragte ein ausländischer Schüler, der darüber hinaus zumeist in Frankfurt/Oder lebt. Gut jeder achte Schüler ist unter 16 Jahre alt, ein knappes Viertel ist 16 Jahre und die verbleibenden gut 63% sind 17 Jahre und älter.[670)]

Gut drei Viertel der Brandenburger Schüler sagen, die DDR sei zu wenig oder gar nicht Stoff im Schulunterricht gewesen; entsprechend geben sogar über 80% an, wenig oder gar nichts über sie zu wissen – in Potsdam deutlich mehr als in Frankfurt. Dies ist angesichts der Tatsache, dass Brandenburg Teil der DDR war, ein erstaunliches Ergebnis. Grundsätzlich interessieren sich aber mehr als zwei Drittel der Jugendlichen für die DDR und ihre Geschichte.

In Brandenburger Familien wird häufig über die DDR gesprochen. Über 60% der Schüler sind mit dem Umfang der familiären Gespräche zufrieden; etwas mehr als jeder dritte Befragte wünscht sich indes häufigere Debatten oder beklagt, es würde überhaupt nicht über die DDR gesprochen. Das geteilte Deutschland ist ihrer Meinung nach zu wenig oder gar kein Thema. In ihrem Freundeskreis spielt der SED-Staat keine besonders große Rolle. Fast alle Jugendlichen (knapp 90%) kennen Filme über die DDR – häufiger Spiel- als Dokumentarfilme; nur knapp jeder zehnte Gymnasiast und knapp jeder fünfte Gesamtschüler gibt an, noch nie einen Film über die DDR gesehen zu haben. Da die DDR im Unterricht kaum behandelt wird, dürfte das DDR-Bild der Brandenburger Schüler deutlich vom familiären Einfluss und von bestimmten Filmen geprägt sein.

Die meisten Schüler ordnen sich der politischen Mitte zu (50,3%). Jungen rechnen sich deutlich mehr als Mädchen zum mehr oder weniger rechten (12,5%), aber auch explizit linken Spektrum zu (11,5%). Die größte Präferenz für „links“ finden wir in Potsdam, die kleinste in Neuruppin, wo sich die Schüler überdurchschnittlich der politischen Mitte zuordnen oder als „eher rechts“ bezeichnen. Die SPD wird als Partei mit Anteilen um 30% bevorzugt, aber auch die Bündnis-Grünen (13,2%) liegen in der Gunst der Schüler, vor allem in Potsdam. Die PDS/Die Linkspartei erhält vergleichsweise geringen Zuspruch (11,8%) – am meisten in Frankfurt, am wenigsten in Neuruppin. Rechtsextreme Parteien hätten bei Brandenburger Schülern angeblich keine nennenswerten Chancen, gewählt zu werden – allenfalls die NPD in Neuruppin, wo sie aber ebenfalls unter 5% bliebe. Der Anteil der virtuellen Nichtwähler liegt bei gut 25%.

---

670) Die detaillierten Ergebnisse der Befragung in Brandenburg sind veröffentlicht in Deutz-Schroeder/Schroeder 2007c.

Die meisten Befragten sind recht mobil und fahren häufig in die deutsche Hauptstadt, was sicherlich auch mit den guten Verkehrsverbindungen zwischen allen drei Städten und Berlin zusammenhängt. Erfreulicherweise halten sich Feindbilder und Animositäten gegenüber west- bzw. ostdeutschen Mitschülern in engen Grenzen; nur knapp 4% (Jungen: 7%; Mädchen: 1,9%) fühlen sich als „Ossis", die mit „Wessis" nichts zu tun haben wollen. Die Schüler wählen offenbar ihre Freunde nach Sympathie und nicht nach Ost-West-Zugehörigkeit aus; zumeist gehören gleichermaßen Ost- und Westdeutsche zu ihrem Freundeskreis. Nur die ausländischen Schüler haben auffallend wenig Freunde unter ihren ostdeutschen Mitschülern.

a) Die vergleichende Bewertung des geteilten Deutschlands

Bei den vorliegenden Fragen und Einschätzungen haben in Brandenburg die deutschen Schüler mehrheitlich ein positiveres Bild von der DDR als von der Bundesrepublik. Nur bei Themen wie Reise-, Einkaufs- und Konsummöglichkeiten entscheiden sie sich explizit für die Bundesrepublik. Als einzigen freiheitlichen Wert sieht eine breite Mehrheit – knapp 82% – die Pressefreiheit in der Bundesrepublik als besser verwirklicht an. Bei Fragen nach dem politischen System, wirtschaftlichen Leistungen, Verkehrswesen, Theater/Kino, Discos votieren die Schüler zwar auch mehrheitlich für die Bundesrepublik, aber – im Vergleich zu den Meinungen der Schüler in Nordrhein-Westfalen, Bayern und West-Berlin – fällt diese Mehrheit mit Anteilen von etwa 60% eher niedrig aus; viele entschließen sich lieber für eine gleichrangige Bewertung.

Naturgemäß fließen bei den Befragten ihr eigener familiärer Hintergrund sowie ihre Erfahrungen und Bedürfnisse in die jeweiligen Antworten mit ein, zumindest bei den Fragen, die einen direkten Bezug zum eigenen Leben haben. Wie in (Ost-)Berlin hat in Brandenburg ein Großteil der Schüler Schwierigkeiten mit einer positiven Bewertung der Bundesrepublik. Ein großer Teil legt sich bei Fragen, bei denen sie sich nicht ausreichend informiert fühlen, weder auf das Gesellschaftssystem der Bundesrepublik noch auf das der DDR fest, sondern votiert für „in beiden gleich". Andere – vor allem ältere Schüler und Gymnasiasten – verwiesen in Gesprächen explizit darauf, bei einigen Dimensionen keine Unterschiede zwischen den Gesellschaftssystemen erkennen zu können. Außerdem entscheiden sich viele für eine „gleiche" Bewertung, weil es ihnen an Wissen über bestimmte Verhältnisse in der DDR – beispielsweise im Verkehrswesen – mangelt.

Als Beispiele für die Sicht vieler Brandenburger Schüler können die Bewertung von *Recht und Ordnung* und *Sicherheit im Alltag* in beiden Gesellschaftssystemen gelten. In einer Diktatur lassen sich diese einfacher – auch gegen den Einzelnen – durchsetzen. Auch in Brandenburg messen die meisten Schüler in ihrem Alltagsleben der Sicherheit große Bedeutung zu und wünschen sich vom Staat die Durchsetzung von Recht und Ordnung in öffentlichen Bereichen. Während eine breite Mehrheit von über 63% der ausländischen Schüler glaubt, in der Bundesrepublik seien Recht und Ordnung besser realisiert gewesen, entscheidet sich eine relative Mehrheit von gut 42% der deutschen für die DDR, der auch fast die Hälfte von ihnen die größere Alltagssicherheit zutraut. Knapp 23% bzw. gut 31% der deutschen Schüler legen sich bei beiden Fragen nicht fest oder glauben an „gleiche“ Verhältnisse.

Über die Ausgestaltung von *Altersversorgung* und *Rentensystem* in beiden Staaten wissen die Schüler wie ihre Schülerkollegen in den anderen Ländern recht wenig. Kenntnisse über die Rentenhöhe sowie über die generelle Altersversorgung in der DDR haben die meisten nicht – ebenso wenig wahrscheinlich auch über die Situation in der Bundesrepublik. Insofern fällen sie ihre Entscheidung ohne Wissensgrundlage – also intuitiv – überwiegend für die DDR – Ausländer und Gesamtschüler häufiger als Deutsche und Gymnasiasten.

*Schaubild 116: Renten aus Sicht von Brandenburger Schülern**

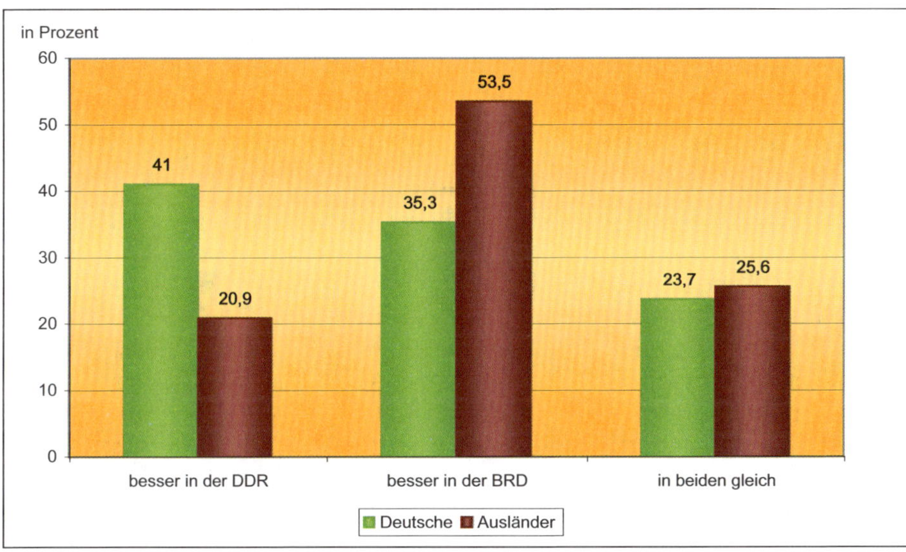

** Antworten auf die Frage: „Deutschland vor 1989: Was glauben Sie war besser oder gleich in der DDR oder der Bundesrepublik Deutschland ...?“*

Bei der *Altersversorgung* im allgemeinen Sinne erhält die DDR sogar noch mehr Zuspruch (41,8%), die Bundesrepublik dagegen noch weniger (31,5%). Abgesehen von den ausländischen und den jüngsten Befragten entscheidet sich in allen anderen Teilgruppen eine relative Mehrheit für den SED-Staat. Vor diesem Hintergrund verwundert nicht, dass knapp 40% der deutschen Schüler generell die *soziale Gerechtigkeit* in der DDR für besser verwirklicht halten. Die Bundesrepublik schätzt nur knapp jeder dritte deutsche, aber fast die Hälfte der ausländischen Schüler als sozial gerechter ein. Erstaunlicherweise unterscheiden sich gerade bei dieser Frage Gymnasiasten und Gesamtschüler, wobei Letztere mit relativer Mehrheit für die Bundesrepublik und ihre Kollegen aus den Gymnasien mit ebenfalls relativer Mehrheit für die DDR votieren. Die irrige Annahme, in der DDR sei es – wenn auch auf niedrigem Niveau – zumindest sozial gerecht im Sinne von weitgehender materieller Gleichheit zugegangen, findet sich bei vielen der von uns Befragten.

Bei den Fragen zur Familie gaben – wie in den anderen Ländern – einige Schüler an, die Themen *„Familiärer Zusammenhalt"* und *„Hilfsbereitschaft in der Familie"* könnten sie nicht pauschal bewerten. Insofern resultieren auch in Brandenburg die hohen Werte für eine gleichrangige Beurteilung vermutlich weniger aus einer Gleichsetzung der Systeme als aus Entscheidungsunsicherheit. Bei der Beantwortung beider Fragen fällt die schlechte Bewertung der Bundesrepublik auf: Nicht einmal jeder Zehnte attestiert den Bundesbürgern eine bessere Hilfsbereitschaft (DDR: knapp 60%) und nur etwa jeder Zwanzigste hält den Zusammenhalt in der Familie in der Bundesrepublik für besser als in der DDR (DDR: gut 56%). Allerdings glauben beim Familienzusammenhalt knapp 38% und bei der Hilfsbereitschaft ein knappes Drittel an „gleiche" Verhältnisse in beiden Staaten. Bei diesen beiden Fragen neigen mehr Gesamtschüler als Gymnasiasten zur DDR und entsprechend weniger vermuten, die Situation sei in beiden Gesellschaften gleich gewesen.

Überraschenderweise hält die *Gleichberechtigung* eine relative Mehrheit von 44% in beiden Systemen für ähnlich stark oder schwach ausgeprägt; knapp 40% bevorzugen die Bundesrepublik und nur gut 16% die DDR. Zwischen den Städten existieren erhebliche Unterschiede: In Neuruppin präferiert knapp ein Viertel der Schüler die DDR, in Potsdam und Frankfurt tun dies elf Prozentpunkte weniger. Dafür sieht mehr als die Hälfte der Frankfurter Schüler „gleiche Verhältnisse", sei es, weil sie das nicht beurteilen können oder weil sie keinen Unterschied in der Situation von Frauen in beiden Staaten sehen. Eine Mehrheit von knapp 60% der ausländischen Schüler entscheidet sich jedoch für die Bundesrepublik. In den Gesprächen erwähnten insbesondere Schüler aus Neuruppin, sie hätten die DDR angegeben, weil sie aus ihrer Familiengeschichte wüssten, dass die Lage für Frauen früher besser gewesen sei, da sie wie die Männer immer einen Arbeitsplatz hatten. Vor allem Potsdamer Schülerinnen hielten dagegen und erwähnten positiv die Frauenbewegung in der alten Bundesrepublik, ohne jedoch Genaueres darüber ausführen zu können.

Wie bei vielen anderen auf einen Vergleich zielenden Fragen sehen wir bei der Bewertung der *Betreuung in Kindergärten und Schulen* vor allem eine unterschiedliche Bewertung zwischen deutschen und ausländischen Schülern. Eine Mehrheit von gut 63% der deutschen hält die Betreuung in der DDR für besser; die Hälfte der ausländischen entscheidet sich dagegen für die Bundesrepublik. Das Votum für die DDR ist im Wesentlichen eine Entscheidung für die Quantität der Betreuung, wie sich in Gesprächen herausstellte. Die meisten Schülerinnen, aber auch viele Schüler, waren über die flächendeckende Betreuung von Kindern in der DDR informiert, wenige wussten aber, wie es um die Qualität der Betreuung bestellt war. Eine kleine Minderheit hielt die Art der Betreuung in der Bundesrepublik für besser, sagte aber auch, das Angebot an Plätzen sei in der DDR zahlreicher gewesen. Deshalb hätten sie im Fragebogen „in beiden gleich" angekreuzt. Gesamtschüler und Gymnasiasten votieren ähnlich, die Alterskohorten dagegen unterschiedlich. Jüngere präferieren deutlich seltener die DDR und dafür häufiger die Bundesrepublik. Die Motive für dieses unterschiedliche Abstimmungsverhalten ließen sich auch in den Gesprächen nicht ergründen.

Die Beurteilung der *Schulausbildung* ist wie in Berlin äußerst kontrovers, sodass das Ergebnis – eine relative Mehrheit von gut 43% für die DDR gegenüber 40,7% für die Bundesrepublik – knapp ausfällt. Die Potsdamer Schüler votieren – anders als ihre Kollegen in Frankfurt und Neuruppin – mit relativer Mehrheit von gut 46% für die Bundesrepublik. Die Begründungen für die jeweilige Auswahl fielen – so das Ergebnis der Gespräche – nahezu entgegengesetzt aus: Dem Lob auf die eher strenge Unterrichtsgestaltung und die Einheitsschule in der DDR standen der freiheitliche Anstrich und die größere Auswahl an Schulen und Fächern in der Bundesrepublik gegenüber. Angesichts dieser beiden relativ großen Blöcke, die sich jeweils auf ein Schulsystem festlegen, bleibt nur ein kleiner Anteil, der hier eine Gleichwertigkeit der Systeme sieht. Während schul- und geschlechtsspezifische Urteile ähnlich ausfallen, stechen die altersspezifischen erneut hervor: Im Gegensatz zu den älteren halten jüngere Schüler die Schulausbildung in der Bundesrepublik für besser. Neben den ausländischen, die fast mit Drei-Viertel-Mehrheit ein Votum für den westdeutschen Staat abgeben, sind sie die einzige Teilgruppe, die mit einer absoluten Mehrheit die Bundesrepublik präferiert.

Außer bei den ausländischen Schülern, die erwartungsgemäß eindeutig für die Bundesrepublik und gegen die DDR votieren, fällt das Ergebnis zum Thema *Ausländer* in der DDR gespalten aus. Eine relative Mehrheit von knapp 43% der deutschen Schüler sieht keinen Unterschied in beiden Staaten. Etwas mehr als ein Drittel glaubt, der Umgang mit Ausländern sei in der Bundesrepublik besser gewesen, aber knapp 23% entscheiden sich für die DDR, besonders die Schüler in Neuruppin. Auch die jüngsten und die Gesamtschüler kreuzen überdurchschnittlich häufig die Bundesrepublik an. In allen anderen Teilgruppen stimmt eine relative Mehrheit für „gleiche Verhältnisse".

Die meisten Befragten fällten ihr Urteil nicht vor dem Hintergrund historischen Wissens, sondern aufgrund der Situation im heutigen Deutschland. Trotz des Bemühens um „politische Korrektheit" in den Gesprächen mit uns wurde zwischen den Zeilen die stark ausländerkritische bis -ablehnende Haltung vieler Schüler – besonders in Neuruppin – sichtbar. Wiederholt wiesen sie darauf hin, dass der „Umgang mit Ausländern" schließlich auch vom Verhalten der Ausländer selbst abhänge.

Die Kenntnisse der Brandenburger Schüler über das Leben von Ausländern in der DDR sind noch geringer als in den anderen Ländern. Dass und warum es in der DDR nur so wenige Ausländer gab und wie diese lebten und arbeiteten, war nahezu allen unbekannt.

Auch zwei Items im zweiten Teil des Fragebogens beschäftigen sich mit der Ausländerproblematik. Nur gut 58% der Schüler – deutlich mehr Mädchen als Jungen – lehnen die Aussage ab, an der *DDR* sei der *niedrige Ausländeranteil* gut gewesen, und knapp 23% enthalten sich. Fast 20% der deutschen Schüler äußern sich zustimmend. Spitzenwerte erreicht dieses Statement unter Jungen in Neuruppin (36,1%) und bei Gesamtschülern (27,7%), ausländische widersprechen wenig überraschend mit überwältigender Mehrheit.

Mehr als die Hälfte der Befragten würde es nicht begrüßen, wenn der *Ausländeranteil in Deutschland auf DDR-Niveau* gedrückt und die DDR damit in diesem Punkt gleichsam zum Vorbild würde. Aber es bestürzt doch, dass fast 23% dieser Idee zustimmen und gut 20% – aus welchen Gründen auch immer – eine Festlegung scheuen. Mehr als doppelt so viele deutsche wie ausländische Schüler wünschen sich einen Ausländeranteil in Deutschland auf DDR-Niveau, gut 77% der ausländischen, aber nur knapp 56% der deutschen sprechen sich dagegen aus. Wiederum sind deutlich mehr Neuruppiner Schüler ausländerfeindlicher oder -ablehnender eingestellt als Potsdamer und Frankfurter, erneut auffällig viele Jungen – in Neuruppin fast jeder Zweite. Im Gespräch äußerten sie mitunter pauschale Vorurteile gegenüber Ausländern, weigerten sich aber fast immer, ihre Meinung näher zu erläutern. Vor allem Gesamtschüler begründeten ihre Haltung u. a. mit den schlechten Berufsaussichten für Deutsche, die generell Vorrang haben müssten. Ob und inwieweit die Gespräche zu diesem Thema wirklich offen waren, lässt sich bezweifeln, da die Schüler vielleicht annahmen, wir würden ihren Lehrern über ihre Äußerungen berichten, was jedoch selbstverständlich nicht der Fall war.

*Schaubild 117: Senkung des Ausländeranteils auf DDR-Niveau aus Sicht von Brandenburger Schülern**

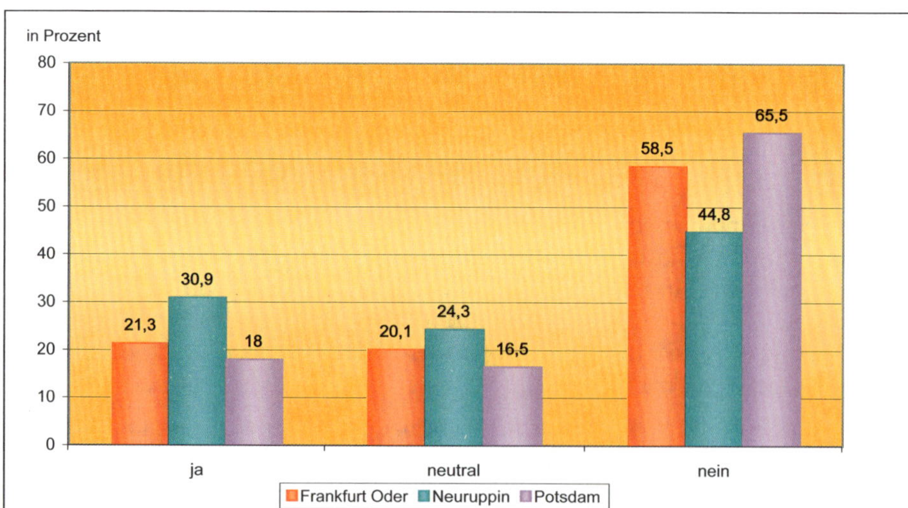

* *Stellungnahmen zu der Aussage: „Es wäre gut, wenn heute in der Bundesrepublik genauso wenige Ausländer leben würden wie früher in der DDR."*

Insgesamt beunruhigt dieses Ergebnis, da rechtsextreme Parteien zunehmend die DDR als das bessere Deutschland propagieren, sowohl aufgrund des praktizierten

Sozialismus (mit der Assoziation: „Volksgemeinschaft") als auch wegen des geringen Ausländeranteils.

Das Urteil der Schüler über das *Politische System* ist nicht so eindeutig wie von uns erwartet und unterscheidet sich von den Ergebnissen in den anderen Ländern. Nur die ausländischen Befragten fällen ein ausdrückliches Votum von knapp 82% für die Bundesrepublik; nicht einmal jeder zehnte von ihnen votiert für die DDR bzw. für eine Gleichwertigkeit. Dagegen präferieren nur gut 60% der deutschen Schüler das politische System der Bundesrepublik, am häufigsten in Frankfurt, am wenigsten in Neuruppin. Etwa jeder fünfte Potsdamer, aber nur jeder zehnte Frankfurter Schüler gibt dem politischen System der DDR – einer Diktatur – den Vorzug. Darüber hinaus glaubt eine nennenswerte Minderheit in allen Teilgruppen an eine Gleichwertigkeit der beiden politischen Systeme, in Neuruppin sogar knapp 30%.

Erschreckenderweise vermuten fast 25% der jüngsten Befragten das bessere politische System in der DDR; ältere votieren stärker für eine Gleichwertigkeit oder für die Bundesrepublik. Das politische System der DDR – die SED-Diktatur – erzielt unter Gesamtschülern, bei Potsdamer Schülerinnen und bei den jüngsten Schülern Spitzenwerte, die freiheitlich-demokratische Ordnung der Bundesrepublik bei den Gesamtschülern und bei den Neuruppiner Schülerinnen einen traurigen Negativrekord. Bei Gesamtschülern liegt das Votum für die Bundesrepublik deutlich unter der absoluten Mehrheit.

*Schaubild 118: Politisches System aus Sicht von Brandenburger Schülern**

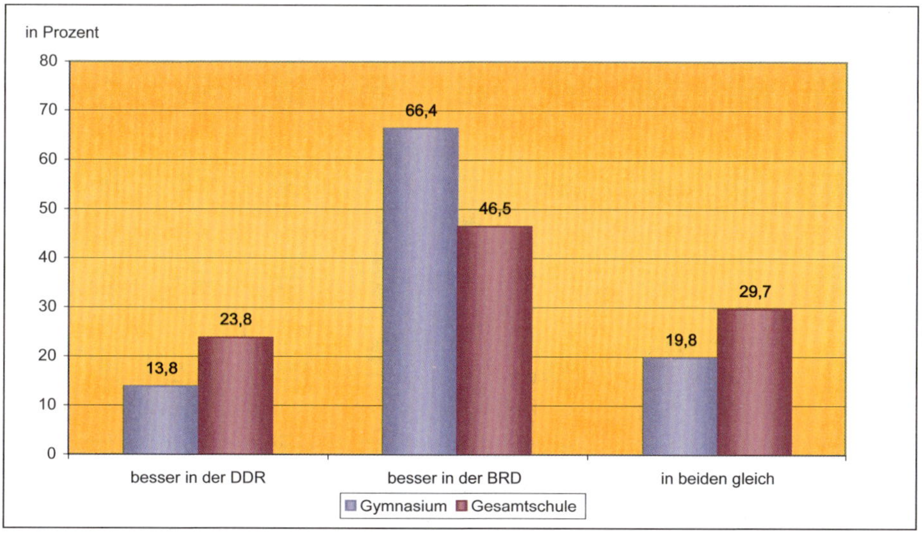

* *Antworten auf die Frage: „Deutschland vor 1989: Was glauben Sie war besser oder gleich in der DDR oder in der Bundesrepublik Deutschland …?"*

Bei den Klassengesprächen drängte sich uns der Eindruck auf, dass die wenigsten Schüler eine Vorstellung von dem Begriff „politisches System" haben, geschweige denn zwischen den verschiedenen Systemen differenzieren können. Auf Fragen nach Freiheiten in Demokratien und Unterschiede zwischen Demokratie und Diktatur fielen den meisten zwar Meinungsfreiheit und freie Wahlen ein, aber die wenigsten hatten konkrete Vorstellungen von den tatsächlichen staatlichen und gesellschaftlichen Strukturen in der DDR. Vor allem jüngere und Gesamtschüler waren sich nicht sicher, ob die DDR eine Diktatur oder eine „Art Demokratie" war. Ältere Schüler, besonders einige Gymnasiasten, ließen aber auch erkennen, dass für sie die DDR über das bessere politische System verfügte.

Insofern sprechen sich in Brandenburg deutlich weniger Schüler als in Bayern und Nordrhein-Westfalen gegen die *SED als Vorbild für eine starke Partei,* die die Interessen aller Gruppen des Volkes vertritt, aus. Gut 63% lehnen diese Orientierung an der DDR ab – deutlich unterdurchschnittlich in Neuruppin (55,1%). Eine starke Einheitspartei wie die SED wünscht sich zwar nur eine kleine Minderheit von nicht einmal jedem Zehnten, aber fast 28% legen sich hier nicht fest.

Nicht wenige äußerten in den Gesprächen Kritik an den heutigen Parteien. Zwar sprach sich kein Schüler ausdrücklich für ein Ein-Parteien-System aus, aber es wurde erkennbar, dass sie Chancen für eine Partei sehen, die sich nachdrücklich für die Interessen der Bevölkerung einsetzt und vor allem um die Menschen in Ostdeutschland kümmert, denen es schließlich lange genug schlecht gegangen sei und die immer noch benachteiligt würden. Auch wenn der Parteienpluralismus von einer deutlichen Mehrheit unterstützt oder zumindest nicht in Frage gestellt wird, sollte sich die politische Bildung in Brandenburg vor allem mehr um Gesamtschüler bemühen, um zunehmenden Einflüssen (rechts-)extremer Strömungen, die die Notwendigkeit einer starken Partei und die Ausschaltung des Pluralismus propagieren, entgegenwirken zu können.

Die Frage nach *Freiheit oder garantierter sozialer Sicherheit* bringt ein Ergebnis, das sich deutlich von dem Votum der ostdeutschen Bevölkerung[671]) – wenn es um die systemübergreifende generelle Alternative von Freiheit oder Sicherheit geht – unterscheidet. Etwas mehr als jeder zweite Schüler präferiert die Freiheit, nur knapp 14% bevorzugen eine staatliche Rundum-Versorgung, aber gut 30% können oder wollen sich nicht festlegen. Am meisten favorisieren ausländische Schüler, aber auch Potsdamer, ältere, Jungen und Gymnasiasten die Freiheit, während Neuruppiner und die jüngsten sowie Gesamtschüler nicht recht wissen, wofür sie sich entscheiden sollen. Gesamtschüler und Gymnasiasten liegen mit ihren Voten dichter beieinander als bei anderen Items. In beiden Gruppen stimmt eine absolute Mehrheit für die Freiheit.

In den Gesprächen meinten viele, dass ihnen Freiheit ohne Arbeit nichts nütze und es Aufgabe des Staates sei, sich darum zu kümmern und bei Arbeitslosigkeit einzugreifen. Viele möchten Freiheit und garantierte soziale Versorgung durch den Staat miteinander verknüpft haben. Dass der Preis der Rundum-Versorgung in der DDR

[671]) Vgl. Schroeder 2006, S. 502 ff.

in der Einschränkung der Freiheit bestand, wollten diese Schüler nicht akzeptieren. Insofern wurde bei den Gesprächen weniger die Freiheit als Wert an sich kontrovers diskutiert als vielmehr die Höhe und Intensität staatlicher Sozialpolitik.

Eine deutliche relative Mehrheit (knapp 44%) der Schüler hält den *Sozialismus in der DDR für eine gute Idee, die nur schlecht realisiert worden ist.* Widerspruch erfährt diese Behauptung von nicht einmal jedem vierten Befragten; ein gutes Drittel ist darüber hinaus unentschlossen, sodass eine breite Drei-Viertel-Mehrheit sozialistischen Ideen zumindest nicht ablehnend gegenübersteht. Der Sozialismus erfreut sich in allen deutschen Teilgruppen einer mehrheitlichen Zustimmung, wobei insbesondere Jungen und Gesamtschüler häufiger zustimmen als Mädchen und Gymnasiasten. Ausländische Schüler sind wesentlich skeptischer eingestellt: Nur gut 36% befürworten den Sozialismus, mehr als 38% lehnen ihn ab. In den Gesprächen erfuhren wir, dass viele Schüler unter Sozialismus vor allem mehr Gleichheit und mehr staatliche Fürsorge verstehen und mit ihm eher positive als negative Aspekte assoziieren.

Bei der Frage nach der *wirtschaftlichen Leistungsfähigkeit* anerkennen zwar knapp 63% der Befragten die höheren Leistungen der Bundesrepublik, aber immerhin knapp 20% – in Neuruppin sogar fast 24% – befürworten die vermeintlichen wirtschaftlichen Errungenschaften des Sozialismus, ohne freilich Genaueres darüber zu wissen. Die der DDR-Ökonomie deutlich überlegene bundesdeutsche Wirtschaft erhält am meisten Zuspruch von den ausländischen und den Potsdamer Jungen. In beiden Gruppen erreicht der Anteil über 70%. Jüngere und Gesamtschüler präferieren – hoffentlich mangels besseren Wissens – überdurchschnittlich häufig die DDR-Wirtschaft. Offensichtlich wird in manchen Elternhäusern die Legende verbreitet, die DDR-Wirtschaft sei leistungsfähiger gewesen, als heute gemeinhin behauptet wird, und erst durch die Politik der Treuhand „platt gemacht" worden. In den Gesprächen war jedenfalls nicht zu ermitteln, warum eine nennenswerte Minderheit die DDR-Wirtschaft im Vorteil sah. Das Votum für die DDR erfolgte offensichtlich aus einer grundsätzlichen Sympathie für diesen Staat. Vereinzelte Stimmen wiesen auf die generellen Vorteile der Planwirtschaft hin, ohne jedoch die Wirtschaftskraft der beiden deutschen Teilstaaten zu kennen.

Insgesamt werden von den Schülern die Mietpreise, die Ausbildungsplätze sowie die Betreuungssituation in der DDR für besser befunden. Dieses Ergebnis deckt sich mit dem aus Ost-Berlin, wenngleich die Zustimmung etwas geringer ausfällt. Für die Bundesrepublik werden die Reisemöglichkeiten, das gute Leben und die Pressefreiheit am stärksten positiv vermerkt.

Die negativen Hits bei der Bewertung der DDR aus Schülersicht (Reisemöglichkeiten, Einkaufsmöglichkeiten und Pressefreiheit) sprechen für sich und müssen nicht näher kommentiert werden. Die Negativliste für die Bundesrepublik führt der Familienzusammenhalt an, es folgen die Hilfsbereitschaft und die Mietpreise. Annähernd gleich werden der Umgang mit Ausländern und die Gleichberechtigung von Mann und Frau gesehen. Da an dritter Stelle der Familienzusammenhalt folgt, relativiert sich dessen negative Beurteilung für die Bundesrepublik auf diesem Feld etwas. Auffällig ist bei dieser Auflistung – wie in den anderen Ländern auch – der, abgesehen von der Pressefreiheit, relativ unpolitische Blick der Schüler: Die Reise- und Einkaufsmöglichkeiten rangieren an erster Stelle bei der Bewertung der Bundesrepublik und an letzter Stelle bei der DDR. Insgesamt sehen die Brandenburger Schüler die DDR auf 14 Feldern im Vorteil, die Bundesrepublik bei 12 und bei zwei Aspekten (Umgang mit Ausländern und Gleichberechtigung von Frauen und Männern) erkennt eine relative Mehrheit keinen Unterschied zwischen den beiden deutschen Staaten.

Leider sind die Bewertungsmaßstäbe, die viele Schüler an die beiden Gesellschaftssysteme anlegen, nur zum Teil von einer pluralistischen und demokratischen Sichtweise geprägt, sodass es ihnen nur ansatzweise gelingt, die entscheidenden Differenzen zwischen einer demokratisch verfassten Gesellschaft und einer Diktatur zu erkennen. Außerdem neigen viele zu einer nostalgisch verklärten Sicht auf die DDR, die insbesondere deren vermeintliche soziale Errungenschaften hervorhebt.

Das Brandenburger Ergebnis fällt bei vielen Items recht gespalten aus. Wir beobachten geschlechts- und altersspezifische, aber vor allem schulspezifische Bewertungsdifferenzen. Sie folgen indes keinem einheitlichen Muster, fallen einmal zugunsten der Bundesrepublik, ein anderes Mal zugunsten der DDR aus. Ins Auge sticht insbesondere der etwas naive und in der Tendenz verharmlosende Blick der jüngsten Schüler auf die DDR. Unter den Gesamtschülern dürfte manches Urteil aufgrund von blanker Unwissenheit noch stärker als bei Gymnasiasten assoziativ erfolgen. Während die nahezu diametrale Sicht von ausländischen und deutschen Schülern zu erwarten war, überrascht das in vielerlei Hinsicht gespaltene Urteil in den drei Städten, wobei auch hier gilt, dass die Motive des jeweiligen Votums für die Bundesrepublik oder die DDR mitunter unterschiedlich sind. So favorisiert eine Minderheit Neuruppiner Schüler die DDR, weil sie Sicherheit und Ordnung garantiert und nicht so viele Ausländer hatte. Einige Potsdamer Schüler präferieren stärker als andere das politische System des SED-Staates.

Zusammenfassend lässt sich für Brandenburg sagen, dass nur ein Teil der Schüler – jedenfalls in der mit der Bundesrepublik vergleichenden Bewertung – eine kritische Einschätzung der DDR hat. Insbesondere ausländische halten die Bundesrepublik für das rechtsstaatlichere System, dessen Vorteil die Gewährung individueller Freiheiten ist; die deutschen Schüler dagegen schätzen – neben der Pressefreiheit – vorwiegend den Wohlstand und die bunte Warenwelt der Bundesrepublik.

b) Das Urteil über die DDR

Die häufig in den ostdeutschen Ländern zu findende *äquidistante Sicht* auf die DDR und die Bundesrepublik ist im engeren Sinne nur bei einer Minderheit von gut 7% der befragten Brandenburger Schüler zu beobachten; über 40% legen sich jedoch nicht fest und bleiben in ihrem Urteil offen. Diese große Gruppe der „Neutralen“

möchte mit ihrer Haltung ausdrücken, dass sie zwar Unterschiede zwischen den beiden Systemen sieht und der DDR (vielleicht) etwas kritischer als der Bundesrepublik gegenüber eingestellt ist, aber dennoch ein eindeutiges Votum für die Bundesrepublik und gegen die DDR scheut. Ausdrücklich abgelehnt wird eine gleichrangige Bewertung der beiden deutschen Teilstaaten nur von gut der Hälfte der Schüler, die das bundesrepublikanische Gesellschaftssystem für das erstrebenswertere halten.

Während eine breite Mehrheit (etwa zwei Drittel) keine Ähnlichkeit zwischen der „Volksdemokratie" in der DDR und der parlamentarischen Demokratie in der Bundesrepublik sehen, widersprechen nur knapp 40% der Behauptung, die Planwirtschaft sei der Marktwirtschaft ebenbürtig. Vor allem die jüngsten und die Schüler aus Neuruppin stellen die beiden Wirtschaftssysteme sogar ausdrücklich auf eine Stufe. Gymnasiasten und Gesamtschüler votieren in etwa ähnlich, Mädchen widersprechen der Gleichsetzung mit knapp 34% deutlich seltener als Jungen (gut 48%). Dies dürfte eher der Unwissenheit darüber, wie Wirtschaftssysteme und -ordnungen funktionieren, geschuldet sein als ein inhaltliches Bekenntnis zur Planwirtschaft bzw. eine Ablehnung der Marktwirtschaft darstellen. Bei der ausdrücklichen Frage, ob das bundesrepublikanische Gesellschaftsmodell besser als das der DDR oder nur anders gewesen sei, präferiert nicht einmal jeder dritte Schüler die freiheitlich-demokratische Grundordnung. Eine relative Mehrheit von knapp 39% – etwas mehr Mädchen als Jungen – hält die Bundesrepublik von vor 1989 explizit für nicht besser als die DDR, zusätzlich enthalten sich knapp 31% eines Urteils. Gesamtschüler setzen in etwas höherem Maße die beiden Systeme gleich.

*Schaubild 119: Vor 1989: BRD nicht besser als DDR aus Sicht von Brandenburger Schülern**

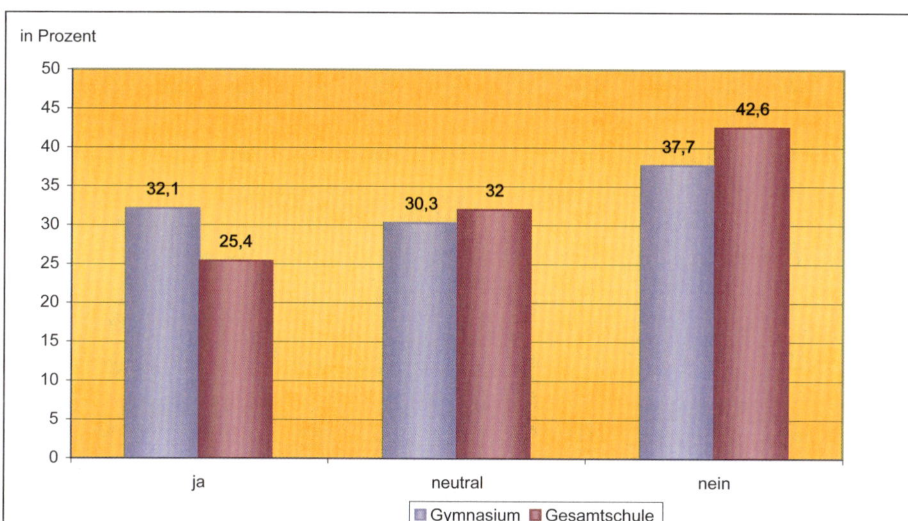

** Stellungnahmen zu der Aussage: „Die Bundesrepublik vor 1989 war zwar anders, aber auch nicht besser als die DDR."*

In den Gesprächen wurde deutlich, dass eine Festlegung auf die Bundesrepublik als besseres System bei vielen Schülern eine gewisse Kränkung hervorrief. Sie werteten eine Bevorzugung der Bundesrepublik als eine Kritik am Leben ihrer Eltern und Großeltern bzw. der gesamten ehemaligen DDR-Bevölkerung. Eine Unterscheidung zwischen System und Lebenswelt nahmen die meisten gesprächsbereiten Schüler nicht vor.

Bei fast allen Items, die der Konstruktion der Einzelskalen und der Gesamtskala dienen, beobachten wir auch in Brandenburg sowohl geschlechts-, alters- und vor allem schulspezifische Bewertungsdifferenzen. Bei den Aussagen zur *Sozialpolitik* können oder wollen sich viele Schüler nicht festlegen. Zur Behauptung, die DDR sei auch aufgrund der hohen sozialpolitischen Kosten untergegangen, äußern sich 43% mit „teils-teils", was nahelegt, dass sie nur geringe Kenntnisse der Sozialpolitik der DDR und der daraus resultierenden finanziellen Belastung haben. Auffällig ist ebenfalls die Unsicherheit der Befragten bei der Frage nach der Solidarität und der Nachbarschaftshilfe in der DDR: Eine relative Mehrheit, vor allem Gesamtschüler und Jungen, begreift sie als Folge der Mangelwirtschaft, aber nur etwas weniger scheuen die Festlegung oder lehnen die These ab, darunter viele Gymnasiasten und Frankfurter Schüler. Die höchste Zustimmung erfährt die DDR bei der Frage nach der Arbeitsplatzsituation. Über 70% der Befragten – insbesondere jüngere und Gesamtschüler – wünschen sich eine Arbeitsplatzgarantie auch unter Inkaufnahme geringeren Wohlstandes. Erneut überlagern schulspezifische Differenzen die geschlechts- und altersspezifischen. Eine gewisse Ausnahme bilden die wenigen

*Schaubild 120: Für Arbeitsplatzgarantie trotz geringen Lohns/Wohlstands aus Sicht von Brandenburger Schülern**

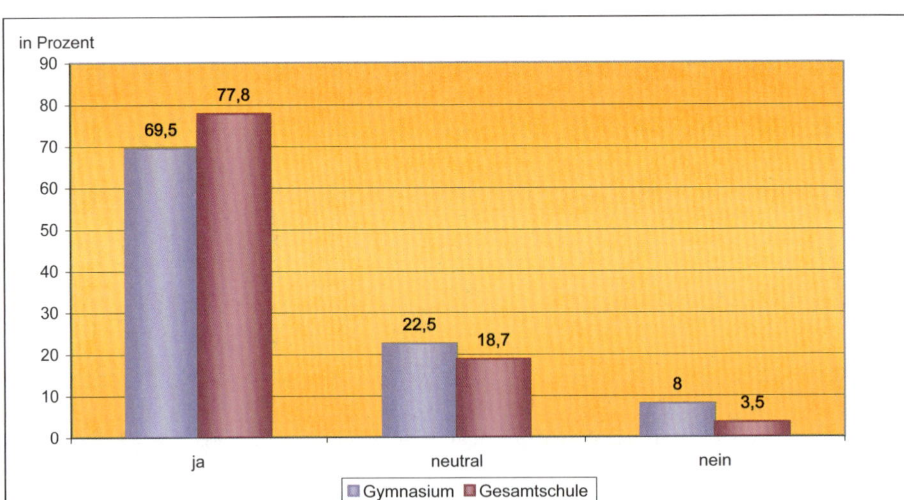

** Stellungnahmen zu der Aussage: „Ich finde es gut, dass in der DDR jeder einen Arbeitsplatz hatte, auch wenn der Staat die Löhne bestimmte und der Wohlstand gering war."*

ausländischen Schüler, die sich nur mit knapper absoluter Mehrheit auf diesem politischen Feld die DDR zurückwünschen.

Knapp 85% der Schüler haben, bezogen auf die abgefragten Aspekte der Sozialpolitik, ein positives oder unentschiedenes Bild der DDR. Das vor allem in Ostdeutschland häufig vertretene Lob der „sozialistischen Errungenschaften" scheint also auch unter Brandenburger Schülern weit verbreitet zu sein.

Auch wenn sich etwa drei Viertel unentschieden oder positiv äußern, sehen die Schüler die *Wirtschaftspolitik* etwas skeptischer. So stimmt knapp ein Drittel der Behauptung zu, die Wirtschaft könne nur gut funktionieren, wenn der Staat alles plane und lenke. Dem widersprechen nur gut 40% und gut 27% geben kein Urteil ab. Überdurchschnittlich häufig wünschen sich vor allem Mädchen, Gesamtschüler und insbesondere die jüngsten Schüler einen umfassenden staatlichen Einfluss auf die Wirtschaft.

*Schaubild 121: Staatliche Planwirtschaft als Funktionsprinzip aus Sicht von Brandenburger Schülern**

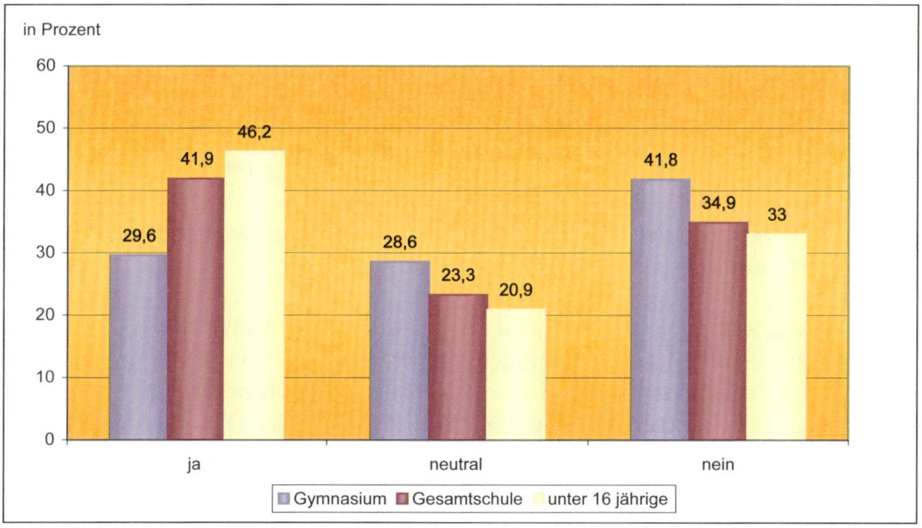

** Stellungnahmen zu der Aussage: „Die Wirtschaft kann nur gut funktionieren, wenn der Staat alles plant und lenkt."*

Wie sich in den Gesprächen herausstellte, befürworten diejenigen, die sich nicht negativ über die Wirtschaftspolitik der DDR äußern, sie aber auch nicht ausdrücklich loben, ebenfalls weniger die seinerzeitige Realität als vielmehr einen höheren Einfluss des Staates auf die Wirtschaft. Die Folie für ihr Urteil bildet insofern ihre Bewertung von Staat und Wirtschaft in der heutigen Zeit. Der Ruf nach mehr Staat findet also bei vielen Brandenburger Jugendlichen nachhaltig Gehör.

Bei der Skala *Jugend und Familie* kann oder will sich etwa ein Drittel der Befragten nicht festlegen; eine absolute Mehrheit von knapp 59% – drei Viertel der ausländischen Schüler – äußert sich ablehnend, nur knapp 9% – noch weniger ausländische Befragte – befürworten die abgefragten Aspekte der Jugend- und Familienpolitik der DDR. Erstaunlicherweise widerspricht nicht einmal jeder Zweite der Aussage, die vormilitärische Erziehung im Schulunterricht sei für die Stärkung des Sozialismus notwendig gewesen, mehr als jeder Vierte – jeder dritte Junge, darunter viele der jüngsten Schüler – bejaht dies sogar ausdrücklich. Offenbar wird in vielen Familien hierüber positiv berichtet.

Mehr als 27% – Gymnasiasten und deutsche häufiger als Gesamt- und ausländische Schüler – favorisieren eine organisierte Freizeit wie in der DDR und würden dabei gerne mitmachen, ein knappes Viertel ist unentschieden, schließt eine derartige Gestaltung der Freizeit also mitnichten aus. Das Item zur Unterordnung unter eine Gruppe oder Gemeinschaft betrachten dagegen knapp 80% recht kritisch. Eine große Mehrheit bevorzugt Individualität verbunden mit der Freiheit, sich ohne Reglementierung zu bewegen und zu organisieren, gegenüber einer Gruppenidentität oder der verordneten Beteiligung an einem Kollektiv. Erneut sind es die jüngsten und die Gesamtschüler, die sich eher als die anderen Teilgruppen einem Kollektiv zulasten der Individualität unterordnen würden.

Ein ebenfalls gespaltenes Bild vermitteln die zusammengefassten Ergebnisse der Skala *Schule und Alltag*. Zwar spricht sich fast eine absolute Mehrheit gegen die Gestaltung von Schule und Alltag in der DDR aus, die andere Hälfte aber präferiert das DDR-Modell oder lehnt es zumindest nicht ausdrücklich ab. Die Bandbreite der unentschiedenen Schüler bewegt sich zwischen gut 30% in Neuruppin und knapp 42% bei den ausländischen Schülern.

Das vergleichsweise gute Abschneiden der DDR bei dieser Dimension resultiert vornehmlich aus dem Item zum Zusammenhang von Leistung mit Schul- und Studienerfolg, den viele Brandenburger Schüler auch für die DDR sehen. Vor allem Potsdamer und ältere Schüler teilen diese Fehleinschätzung des DDR-Bildungssystems. Hier kommt zum Ausdruck, dass sie das von Schülern aus den anderen Ländern vorhandene Vorurteil teilen, das Schulsystem in der DDR sei durchlässiger als das in der Bundesrepublik gewesen und weitaus mehr Schüler hätten dort Abitur machen können.

Die Frage, ob in der DDR der Alltag für viele Menschen durch Diktatur und Überwachung geprägt war, spaltet die Jugendlichen in zwei etwa gleich starke Hälften: Während die eine zustimmt, lehnt die andere diese Behauptung ab oder traut sich kein Urteil zu. Ein eindeutiges Votum geben nur die ausländischen Schüler ab, die zu knapp 80% die Prägung des DDR-Alltags durch diktatorische Rahmenbedingungen sehen. Die jüngsten Schüler vermuten dies mit gut 58% ebenfalls überdurchschnittlich, die deutschen Jungen mit 47,7% nur unterdurchschnittlich.

In den drei Skalen zur politischen Dimension wird die DDR auch von den Brandenburger Schülern negativer bewertet als die Bundesrepublik. Dabei fällt – wie in den anderen Ländern – das Urteil über die *Außenpolitik* noch vergleichsweise moderat aus. Knapp jeder zweite Befragte enthält sich eines Urteils, knapp 17% bewerten die DDR-Außenpolitik positiv und 37% – insbesondere Ausländer, Mädchen und Gymnasiasten – lehnen sie ausdrücklich ab. Vor allem bei den Items zum Antifaschismus und zur DDR als Friedensstaat verweigert ein knappes Drittel eine eindeutige Entscheidung. In den Gesprächen bestätigte sich unsere Vermutung, dass vor allem die jüngeren Schüler mit dem Begriff „Souveränität" nichts anfangen können. Viele sprachen sich deshalb mit dem Verweis auf die Anwesenheit sowjetischer Truppen eher intuitiv gegen das Statement aus. Außerdem wirkt bei vielen nach, dass in familiären Gesprächen häufig die Rede davon ist, dass „die Russen" in der DDR das Sagen hatten.

Bei der Skala zur *Relativierung/Verharmlosung der Diktatur* in der DDR spricht sich eine Mehrheit von gut 63% durchgängig gegen eine Verharmlosung diktatorischer Verhältnisse aus, aber immerhin fast 37% äußern sich unentschieden oder neigen explizit zu einer Verharmlosung der Diktatur. Knapp 13% der Gesamt- und gut 12% der jüngsten Schüler relativieren ausdrücklich die Diktatur, sei es, weil sie sie für besser halten oder weil sie massive Kritik an der Demokratie üben. Dieser Auffassung schließen sich insgesamt aber nur knapp 7% an. Bei den einzelnen Items dieser Skala wurden mitunter beträchtliche Bewertungsdifferenzen zwischen den Teilgruppen sichtbar.

Zwar können sich fast 46% der Schüler nicht mit der führenden Rolle der SED anfreunden, aber fast genauso viele sind unentschieden. Auch wenn nur knapp jeder Zehnte seine Zustimmung zur führenden Rolle der SED bekundet, gibt es zusammen mit den Unentschlossenen weit mehr als 50%, die sich mit dem Führungsanspruch einer Einheitspartei arrangieren können bzw. ihr nicht ausdrücklich widersprechen. Nur etwa jeder dritte Gesamtschüler – gegenüber jedem zweiten Gymnasiasten – verneint die Aussage, dass die führende Rolle der SED gut für die DDR war. Ihnen zur Seite stehen mit ebenfalls geringen Anteilen (37,4%) die jüngsten Schüler.

In den Gesprächen bestätigte sich unsere Vermutung, dass ein Großteil der Befragten die Fragestellung überhaupt nicht verstanden hat, geschweige denn zu einem Urteil über die führende Rolle einer Partei befähigt war. Wenige Schüler begrüßten die Rolle der SED in der DDR, aber da die meisten nicht wussten, wie weit der Einfluss der SED wirklich ging, enthielten sie sich eines Urteils. In der Schule – so die meisten Jugendlichen – blieben die Aussagen der Lehrer über die Macht der SED eher vage. Die Ergebnisse der standardisierten Befragung und der Gespräche stimmen gerade bei dieser Problematik nachdenklich.

*Schaubild 122: Legitimation der DDR-Regierung durch demokratische Wahlen aus Sicht von Brandenburger Schülern**

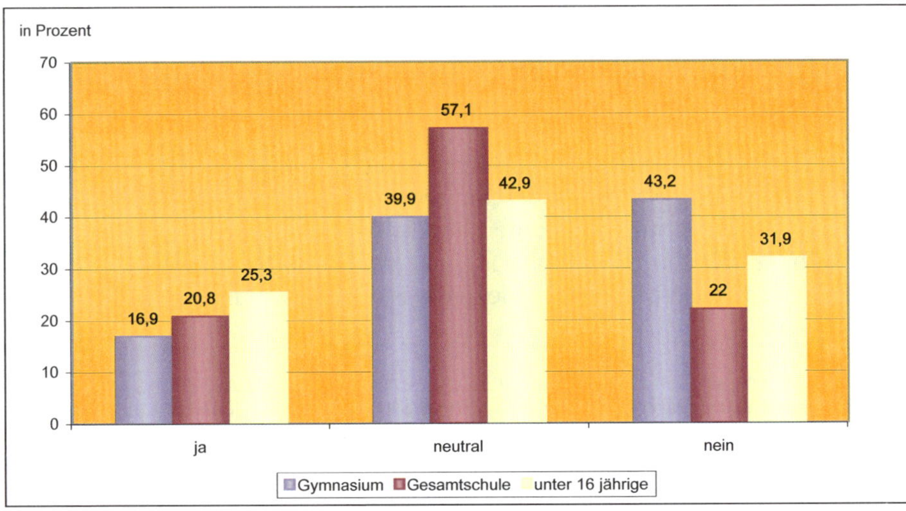

* *Stellungnahmen zu der Aussage: „Die Regierung der DDR war durch demokratische Wahlen legitimiert."*

Erschreckenderweise halten knapp 18% der Brandenburger Schüler die DDR-Regierung für durch demokratische Wahlen legitimiert; nur gut 38% lehnen diese Behauptung ab. Eine relative Mehrheit enthält sich der Meinung – die meisten vermutlich aus Unwissenheit. Als trauriges Ergebnis bleibt, dass nur in zwei Teilgruppen – ausländische und Frankfurter Jungen – eine absolute Mehrheit der Aussage widerspricht. Unter den Gesamtschülern sieht sogar nur jeder fünfte keine demokratische Legitimation der DDR-Regierung.

Die direkte Frage, ob die DDR eine Demokratie war, oder ob sich die Menschen nur wie überall anpassen mussten, bringt ebenfalls ein Ergebnis, das zum Nachdenken einlädt. Gut jeder vierte Brandenburger Schüler hält den SED-Staat nicht für eine Diktatur, in etwa gleich viele geben kein Urteil ab und nicht einmal jeder zweite ist sich über den Diktaturcharakter im Klaren. Erneut unterscheiden sich die ausländischen in ihrem Votum erheblich von den deutschen Schülern, indem sie mit einer sehr großen Mehrheit von knapp 70% den SED-Staat als Diktatur bezeichnen. Diese Einschätzung teilen nicht einmal 40% der Gesamtschüler.

Viele Brandenburger Schüler konnten mit den Begriffen „legitimiert" und „Diktatur" nichts anfangen und wiesen darauf hin, dass es doch Wahlen gegeben habe. Über den Charakter dieser „Wahlen" hätten sie sich keine Gedanken gemacht. Auch das

*Schaubild 123: DDR war eine Diktatur aus Sicht von Brandenburger Schülern**

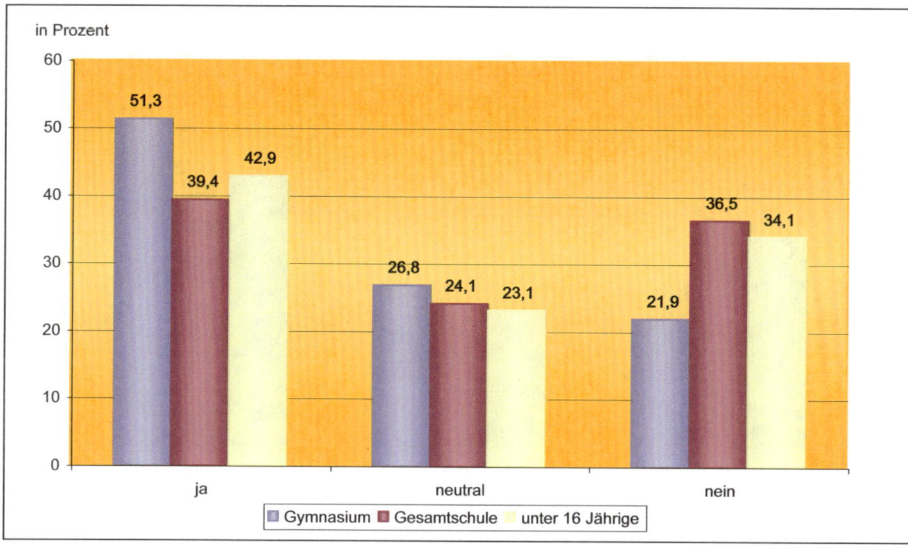

** Stellungnahmen zu der Aussage: „Die DDR war keine Diktatur – die Menschen mussten sich nur wie überall anpassen." Im Schaubild wurden die Antworten umgepolt.*

Procedere – Einheitsliste, „Zettelfalten" etc. – war nur einer Minderheit bekannt. So zeigt sich – wie schon bei der Bewertung der Rolle der SED –, wie groß das Ausmaß der Unwissenheit über zentrale Probleme des politischen Systems bei fast allen Schülern ausfällt, und wie schwer es ihnen fällt, hierüber eindeutige Urteile abzugeben.

Die deutlichste Ablehnung erfährt die DDR auch in Brandenburg bei der *Verharmlosung/Relativierung repressiver Maßnahmen*. Gut 73% aller Befragten, aber nur gut 64% der Gesamtschüler, sind sich der Dimensionen der Unterdrückung sehr wohl bewusst und kommen in der zusammenfassenden Auswertung dieser Skala zu einem negativen Urteil über die DDR. Aber immerhin jeder Fünfte legt sich nicht fest und knapp 7% haben eine eindeutig verharmlosende Sicht. In dieser Skala beeinflusst der Schulort deutlich die Meinung. Den gut 78%, die in Frankfurt die Unterdrückungsmaßnahmen erkennen und ablehnen, stehen fast zehn Prozentpunkte weniger in Neuruppin gegenüber. Mit über 85% erkennen die ausländischen Schüler am deutlichsten die repressiven Seiten des SED-Staates.

Das Ministerium für Staatssicherheit wird – ähnlich wie in Ost-Berlin – von gut 37% der Brandenburger Schüler als ein Geheimdienst eingeordnet, wie ihn jeder Staat hatte, gut 17% verzichten auf eine Bewertung und mehr als 45% widersprechen dieser Behauptung. Damit bestätigen die Brandenburger Schüler alle Befürchtungen, die DDR und vor allem das MfS würden von einem Großteil der Bevölkerung verharmlosend betrachtet.

*Schaubild 124: MfS war normaler Geheimdienst aus Sicht von Brandenburger Schülern**

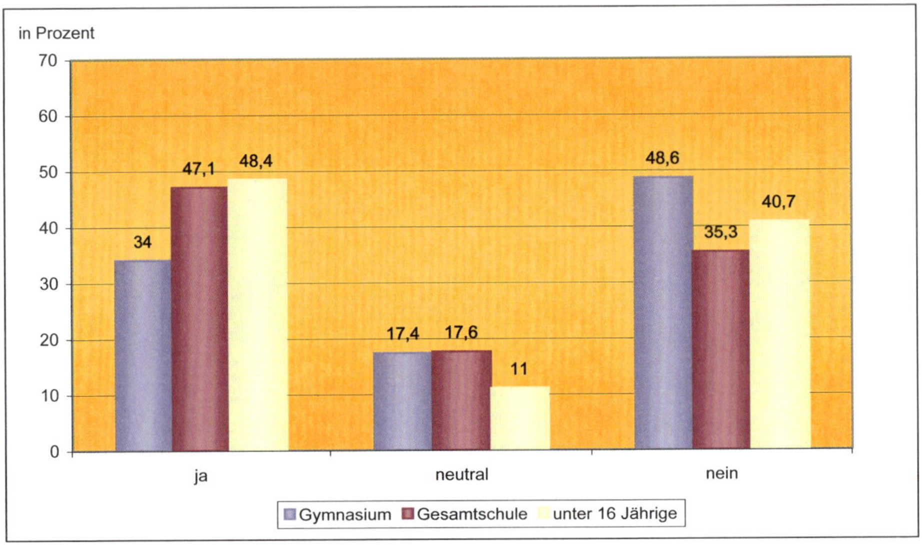

** Stellungnahmen zu der Aussage: „Die Stasi (Ministerium für Staatssicherheit der DDR) war ein Geheimdienst, wie ihn jeder Staat hat."*

Erfreulicherweise verschließen sich nur 14% der Einsicht, es sei ein Verbrechen, dass an der innerdeutschen Grenze Menschen getötet, verletzt oder eingesperrt wurden. Bei diesem Item sehen wir kaum Bewertungsdifferenzen zwischen den Teilgruppen. Allerdings lehnen lediglich 70% die Aussage ab, Personen, die die DDR verlassen wollten, hätten selbst schuld, wenn an der Grenze auf sie geschossen würde. Erschreckenderweise stimmen 20% der Befragten, sogar 26% der Gesamtschüler, der Behauptung zu. In Neuruppin rechtfertigt jeder dritte Junge die Schüsse auf Fliehende mit dieser Argumentation.

Positiv bleibt zu verzeichnen, dass eine sehr breite Mehrheit der Schüler sehr wohl den repressiven Charakter der DDR erkennt und verurteilt und nur wenige hierbei ein verharmlosendes Bild von der DDR haben. Bedauerlicherweise ist aber eine nennenswerte Minderheit selbst bei dieser Dimension der SED-Diktatur zu keinem Urteil fähig und eine kleine Zahl von Schülern sogar auf der Seite der DDR.

Nur knapp 4% der Schüler in Brandenburg sehen die DDR im Gesamturteil positiv, auch wenn bei den einzelnen Skalen eine größere Zahl die jeweils abgefragten Aspekte in der DDR positiv beurteilt und meist sehr viele unentschieden sind. Hinzu kommt aber eine absolute Mehrheit von über 55% mit einer neutralen Sicht, denen nur knapp 41% mit einem durchgängig negativen Bild der DDR gegenüberstehen.

Eine genauere Betrachtung zeigt jedoch wie bei den Einzelskalen deutliche Unterschiede zwischen deutschen und ausländischen Befragten, zwischen älteren und jüngeren, zwischen Mädchen und Jungen, zwischen Gymnasiasten und Gesamtschülern. Die ausländischen Schüler bewerten als einzige Teilgruppe mit absoluter Mehrheit die DDR in Gänze negativ. Sie verzeichnen die niedrigsten positiven (2,0%) und auch die geringsten neutralen Werte (knapp 43%). Auch zwischen den Städten sehen wir Bewertungsunterschiede. Potsdamer Schüler positionieren sich überdurchschnittlich deutlich sowohl zustimmend als auch ablehnend zum SED-Staat. Die Schüler in Neuruppin weisen die niedrigste Quote negativer Urteile auf, haben aber einen geringeren Anteil als die Potsdamer bei den zugleich positiven Stimmen. Die geringsten Anteile an negativen Urteilen geben die jüngsten und die Gesamtschüler ab.

Schaubild 125: Gesamtbild der DDR aus Sicht von Brandenburger Schülern

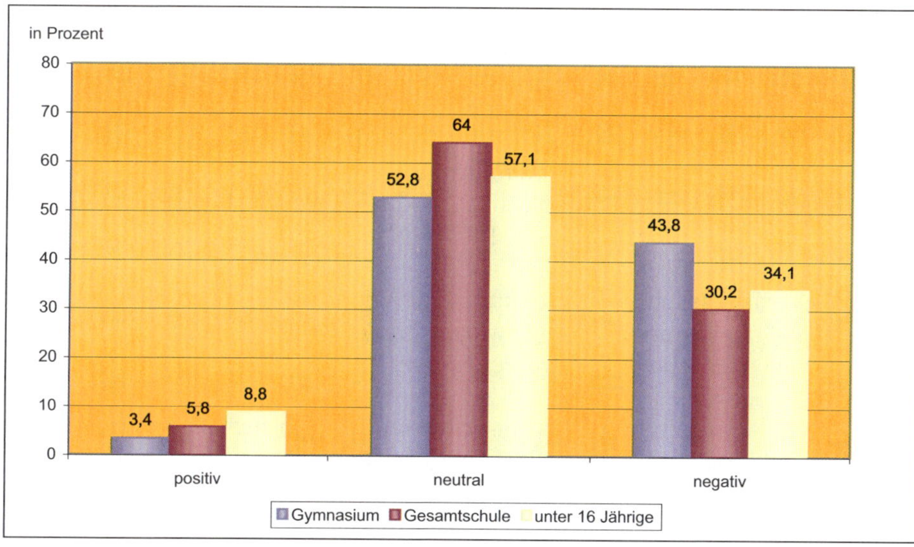

Erwartungsgemäß spielt das subjektiv eingeschätzte Wissen über die DDR die stärkste Rolle bei der Urteilsbildung, da diejenigen, die angeben, überhaupt nichts zu wissen, sich eher eines Urteils enthalten und nur unterdurchschnittlich häufig die DDR negativ sehen. Den kritischsten Blick auf den SED-Staat haben diejenigen, die meinen, in der Schule werde die DDR zu häufig thematisiert, und die, die über ein hohes Wissen verfügen. Dagegen haben Neugierde und Interesse keinen Einfluss auf die Bewertung. Geringere Bedeutung hat die Kenntnis von Filmen. Wer ausgeprägte Vorurteile gegenüber „Wessis" hat, bewertet erwartungsgemäß die DDR mit einer überdurchschnittlichen Quote positiver als vorurteilsfreie Schüler.

Die Ergebnisse der Gesamtskala lassen sich positiv oder negativ interpretieren, je nach Betrachtungsweise. Dabei geht es vor allem um die absolute Mehrheit der befragten Schüler, die sich nicht auf ein Urteil festlegt. Sind sie potenzielle Sympathisanten oder Kritiker des SED-Staates oder lediglich desinteressiert? Aber auch in Brandenburg gibt es nur wenige Schüler, jedoch deutlich mehr als in West-Berlin, Nordrhein-Westfalen und Bayern, die ein durchgängig positives Bild der DDR haben und deren diktatorische Dimensionen nicht negativ beurteilen.

Die meisten Bewertungen der noch nicht erwähnten *Statements zur allgemeinen Einschätzung der DDR* und *der Wiedervereinigung* fallen ebenfalls in und zwischen den Teilgruppen unterschiedlich aus. Die Aussage, die DDR würde nur schlecht geredet, um die Ostdeutschen schlecht zu machen, bejahen knapp 40%; ein knappes Viertel schließt sie zumindest nicht aus und gut 36% sehen keinen derartigen Zusammenhang. Vor allem (männliche) Schüler in Neuruppin und Gesamtschüler (jeweils gut 52%) sind von dieser Meinung überzeugt. In den Gesprächen behaupteten viele der Befragten, die Kritik an der DDR solle pauschal die dort lebenden Menschen auf die Anklagebank setzen. Sie verwiesen auf die Normalität im Alltag und die Zwänge des Systems, denen man sich nicht so leicht entziehen konnte.

Nicht einmal die Hälfte der Schüler erkennt einen Zusammenhang zwischen dem schlechten Zustand der DDR-Wirtschaft und den hohen Kosten des „Aufbaus Ost", ein gutes Drittel schließt ihn immerhin nicht aus und ein knappes Fünftel bestätigt die Behauptung. Vor allem Gesamtschüler und die Schüler in Neuruppin bejahen das Item überdurchschnittlich häufig. Das Ergebnis verweist darauf, dass die Thematik – wie in den anderen Ländern auch – in den Familien besprochen wird, da die Befragten ansonsten wenig Konkretes über den Zustand der DDR-Wirtschaft und die Höhe der Transferzahlungen wissen. Im Schulunterricht jedenfalls – so die übereinstimmenden Aussagen – wurde hierüber nicht gesprochen.

Die in der ostdeutschen Bevölkerung anzutreffende Mehrheitsmeinung, mehr Dankbarkeit gegenüber den Westdeutschen sei trotz der hohen Transfers nicht notwendig, teilen knapp 61% der Schüler. Ein knappes Viertel legt sich nicht fest und nur 15% halten eine dankbarere Haltung der Ostdeutschen für angemessen. Abgesehen von den ausländischen Schülern, die mit einer höheren Quote mehr Dankbarkeit befürworten, fällt das Urteil der deutschen Teilgruppen anders als bei den anderen Items in etwa gleich aus. In den Gesprächen betonten vor allem Neuruppiner Schüler, dass die Westdeutschen das Geld für den Aufbau Ost nicht freiwillig, sondern aufgrund von gesetzlichen Bestimmungen zahlen würden. Von Solidarität könne deshalb keine Rede sein, Dankbarkeit sei daher unnötig.

Trotz der Kritik an den Westdeutschen und allem Lob für die untergegangene DDR ist eine breite Mehrheit der Schüler froh, dass es zur Wiedervereinigung gekommen ist. Fast 84% sehen sie trotz der hohen Kosten positiv. Knapp drei Viertel befürworten im Nachhinein das Ende der DDR durch eine friedliche Revolution. Das Votum für die Freiheit und gegen die staatliche Rundum-Versorgung fällt dagegen deutlich weniger enthusiastisch aus; nur gut jeder Zweite gibt der Freiheit Priorität – von den Jüngsten sind es sogar nur gut 47%. Die Bandbreite der Prozentpunkte für die Freiheit gehen von 49,5% bei den Frankfurter Mädchen bis zu gut 73% bei den ausländischen Jungen.

c) Kenntnisse der Schüler über die DDR

Unsere Annahme eines geringen Wissensgrades über die DDR bestätigte sich auch in Brandenburg: Nur wenige der acht Fragen wurden von einer Mehrheit richtig beantwortet. So kennt mehr als die Hälfte (Gesamtschüler: 64%) nicht das *Datum des Berliner Mauerbaus* und nur knapp 34% (Gesamtschüler: 28,7%) wissen, dass die *DDR die Mauer gebaut* hat. Eine relative Mehrheit von fast 40% vermutet fälschlich eine *gleiche Lebenserwartung* in beiden Staaten. *Die Todesstrafe* trauen der DDR nur gut 17% zu; in Potsdam sind es sogar nur gut 13%.

Bei der Frage nach *gleichen Einkommens- und Vermögensverhältnissen* sind die Schüler zu jeweils etwa 41% nahezu gespalten. Besonders die älteren vermuten mit überdurchschnittlichen Quoten, in der DDR habe Gleichheit geherrscht. In den Gesprächen mit Schülern und einigen Lehrern erhielten wir den Hinweis, über dieses Thema sei in den gängigen Schulbüchern nichts zu finden. Offenbar halten selbst Schulbuchautoren und Wissenschaftler, die der Alltagsbeschreibung der DDR höchste Priorität einräumen, die Verteilung von Einkommen und Vermögen in der DDR für nebensächlich. Als wir darüber informierten, schienen selbst einige Lehrer über das Ausmaß der Ungleichheit bei Einkommen und vor allem bei Vermögen in der DDR überrascht.

Gut 45% der Schüler vermuten die *Arbeitslager* in der DDR, ohne jedoch Konkretes darüber zu wissen. In den Gesprächen wurde deutlich, dass dieses Thema im Unterricht ebenfalls nicht behandelt wurde und die Schüler wahrscheinlich spekuliert und angesichts der Planwirtschaft und der damit verbundenen zentralen Arbeitskräftelenkung häufiger auf die DDR getippt haben. Einige wenige verwechselten die DDR-Arbeitslager auch mit den sowjetischen Lagern nach dem Zweiten Weltkrieg. Ausländische Schüler gaben an, die DDR angekreuzt zu haben, weil nur der DDR so etwas Schlechtes zuzutrauen sei. Vereinzelt erwähnten Schüler Gespräche in der Familie über dieses Thema.

Eine relative Mehrheit von knapp 42% – unter den Gesamtschülern sogar 50% – nimmt sogar an, die *Umwelt in der DDR* sei sauberer als in der Bundesrepublik gewesen. Ob hier die SED-Propaganda nachwirkt oder das familiäre Umfeld falsche Informationen weitergibt oder ob viele Schüler der DDR grundsätzlich nur Gutes unterstellen möchten, bleibt offen. Der hohe Anteil falscher Antworten deutet jedoch darauf hin, dass eine Weichzeichnung der DDR auch Resultat mangelnder Kenntnisse ist.

Die richtige *Zuordnung von Politikern,* die ihren jeweiligen deutschen Teilstaat nachhaltig geprägt haben, gelingt zumeist nur einer relativen Mehrheit. Die bundes-

*Schaubild 126: Die Umwelt war in der DDR sauberer als in der Bundesrepublik aus Sicht von Brandenburger Schülern**

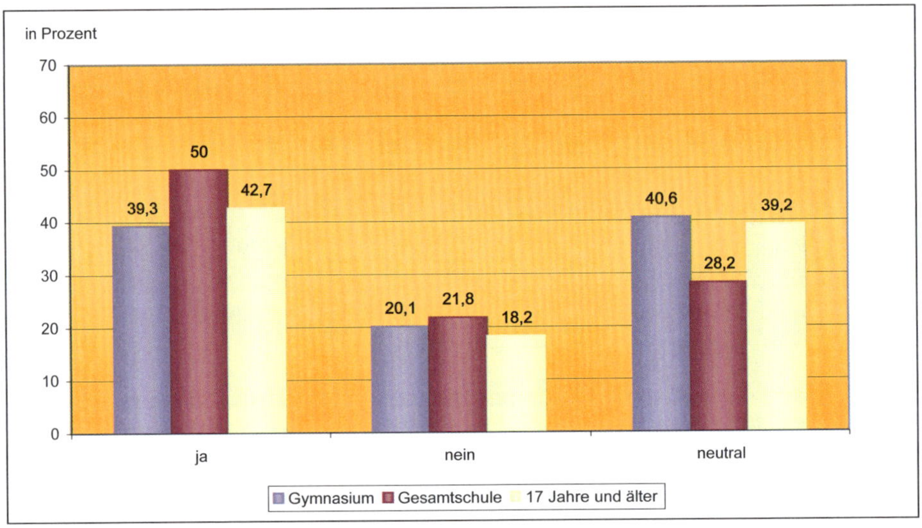

** Antworten auf die Frage: „Die Umwelt war sauberer in der …“*

deutschen Politiker haben überraschenderweise unter den befragten Brandenburger Schülern einen vergleichsweise höheren Bekanntheitsgrad als die Politiker der DDR, werden dafür aber auch häufiger dem falschen Staat zugeordnet. So hält zum Beispiel gut jeder dritte *Konrad Adenauer* für einen DDR-Politiker.

*Schaubild 127: Einordnung von Konrad Adenauer aus Sicht von Brandenburger Schülern**

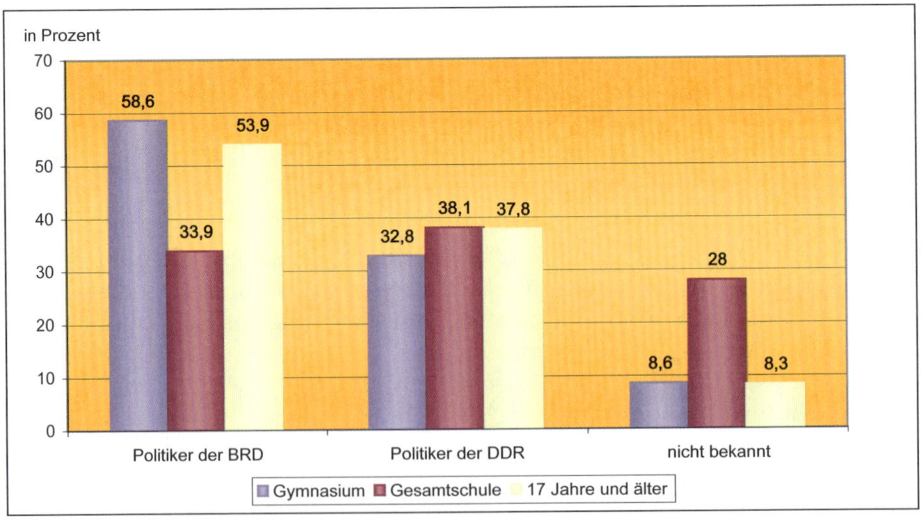

** Antworten auf die Frage: „Welche Politiker regierten in welchem Land?“*

Ähnlich ergeht es *Willy Brandt*, auch ihn hält jeder dritte für einen DDR-Politiker und nur knapp jeder zweite für einen bundesdeutschen. Selbst *Helmut Kohl* wird von gut 13% der Brandenburger Jugendlichen in der DDR verortet. Von den DDR-Politikern wird *Wilhelm Pieck* mit 12,4% am häufigsten in die Bundesrepublik verlagert. Bei *Erich Honecker* vermuten dies nur 7%; er hat neben Helmut Kohl von allen abgefragten Politikern den höchsten Bekanntheitsgrad. Die ausländischen Schüler kennen die Politiker der Bundesrepublik besser als die der DDR.

Im Ländervergleich ist der Kenntnisstand der Brandenburger Schüler sehr niedrig. Er fällt allerdings in den einzelnen Teilgruppen unterschiedlich aus: So wissen Gymnasiasten und Jungen etwas mehr als Gesamtschüler und Mädchen und die Frankfurter Schüler deutlich mehr als die Potsdamer.

*Tabelle 43: Kenntnisstand in Brandenburg**

	sehr hoch	hoch	mittel	niedrig	sehr niedrig
insgesamt	**0,3**	**6,9**	**21,0**	**40,6**	**31,2**
männlich	*0,7*	*8,8*	*26,3*	*39,4*	*24,9*
weiblich	*0,0*	*5,6*	*17,7*	*41,7*	*35,0*
Frankfurt/O.	**1,2**	**10,3**	**23,0**	**40,0**	**25,5**
männlich	*2,9*	*15,7*	*30,0*	*34,3*	*17,1*
weiblich	*0,0*	*6,3*	*17,9*	*44,2*	*31,6*
Neuruppin	**0,0**	**8,6**	**24,9**	**33,9**	**32,6**
männlich	*0,0*	*8,2*	*28,9*	*32,0*	*30,9*
weiblich	*0,0*	*8,8*	*22,1*	*35,3*	*33,8*
Potsdam	**0,0**	**4,0**	**17,7**	**46,0**	**32,3**
männlich	*0,0*	*5,4*	*22,3*	*47,7*	*24,6*
weiblich	*0,0*	*3,0*	*14,6*	*44,9*	*37,4*
Deutsche	**0,3**	**6,9**	**22,2**	**40,6**	**30,0**
männlich	*0,7*	*8,6*	*27,2*	*39,4*	*24,0*
weiblich	*0,0*	*5,8*	*18,6*	*41,5*	*34,2*
Ausländer	**0,0**	**6,1**	**8,2**	**42,9**	**42,9**
männlich	*0,0*	*11,1*	*11,1*	*38,9*	*38,9*
weiblich	*0,0*	*3,2*	*6,5*	*45,2*	*45,2*
unter 16 Jahre	**1,1**	**6,6**	**11,0**	**39,6**	**41,8**
16 Jahre	**0,6**	**9,6**	**24,3**	**41,2**	**24,3**
17 Jahre und älter	**0,0**	**6,0**	**21,8**	**40,6**	**31,5**
Schultyp					
Gymnasium	0,4	7,8	23,2	40,9	27,8
Gesamtschule	0,0	4,1	14,0	39,5	42,4

** Angaben in Prozent. Der Kenntnisstand bezieht sich auf 18 gestellte Wissensfragen, dabei bedeutet die Bezeichnung „sehr hoch": › 16 richtige Antworten, „hoch": 14–16, „mittel": 10–13, „niedrig": 6–9 und „sehr niedrig": 0–5 richtige Antworten.*

Zusammenfassendes Ergebnis für Brandenburg:

- Viele Schüler wissen nur wenig über die DDR und die deutsche Teilungsgeschichte, da sie in der Schule nur am Rand behandelt wird. Dagegen ist das Leben im SED-Staat häufig Thema in der Familie, allerdings werden dort weniger Kenntnisse als Befindlichkeiten von den älteren an die jüngeren Generationen weitergegeben.
- Die Beurteilung der DDR – und implizit der Bundesrepublik – erfolgt insofern eher assoziativ, wobei eine starke Gruppe zu einer Ausblendung negativer Dimensionen des SED-Staates neigt. Diese, aber auch viele andere Schüler, heben insbesondere die vermeintlich positiven sozialen Aspekte der DDR hervor und favorisieren einen Staat, der die Wirtschaft umfassend lenkt.
- Zwar steht eine Mehrheit der befragten Schüler hinter dem freiheitlich-demokratischen und pluralen politischen System der Bundesrepublik, aber fast 40% präferieren die DDR oder halten beide Systeme für gleichwertig.
- Wenige Schüler haben ein durchgängig positives DDR-Bild, aber eine absolute Mehrheit – fast zwei Drittel der Gesamtschüler – ist in ihrem Urteil nicht festgelegt, sieht positive wie negative Aspekte der DDR. Ein mehr oder weniger negatives Urteil über die DDR geben gut 40% ab, von den Gesamtschülern nur gut 30%.
- Die Trennlinien zwischen Demokratie und Diktatur sind vielen Schülern nicht bekannt. Nicht einmal die Hälfte bezeichnet den SED-Staat explizit als Diktatur, gut ein Viertel lehnt diese Kennzeichnung ausdrücklich ab, darunter viele Gesamtschüler.
- Nahezu jeder fünfte Brandenburger Jugendliche glaubt sogar, die DDR-Regierung sei durch demokratische Wahlen legitimiert gewesen, und da knapp 44% hierzu keine Meinung haben, verbleiben lediglich gut 38%, die der behaupteten demokratischen Legitimation der DDR-Regierung widersprechen.
- Unter vielen Brandenburger Schülern lebt die alte, im Nachhinein idealisierte und auf ihre sozialen Aspekte reduzierte DDR fort, deren Diktaturcharakter von einer Mehrheit mehr oder weniger stark ausgeblendet oder verdrängt wird.

4. Das Bild der DDR von Schülern aus Nordrhein-Westfalen

Knapp 900 Schüler in zwei Städten – Aachen und Bochum – nahmen an der standardisierten Befragung in Nordrhein-Westfalen teil. Die Mehrheit der Befragten ist weiblich und besucht überwiegend ein Gymnasium. Die Ergebnisse aus einem von uns in die Untersuchung einbezogenen reinen Mädchengymnasium in Aachen unterscheiden sich stark von denen der anderen Schulen, daher wurden sie gesondert ausgewertet und dargestellt.[672] Nicht einmal jeder zehnte Schüler war unter 16 Jahren, aber knapp die Hälfte 17 Jahre und älter. Angesichts des hohen Anteils von Gymnasiasten liegt der Anteil der Schüler mit ausländischer Herkunft nur bei etwa 10%.

Von den befragten Schülern in allen Ländern geben in Nordrhein-Westfalen am meisten – knapp 90% – an, wenig oder gar nichts über die DDR zu wissen und mehr als 80% von ihnen sagen, in der Schule würde dieses Thema kaum oder überhaupt nicht behandelt. Mehr als die Hälfte – vor allem Mädchen und jüngere Schüler – bekundet Interesse an der DDR und möchte auch in der Schule mehr über sie erfahren. Lediglich im Unterricht der Schülerinnen von St. Ursula scheint die DDR häufiger Thema zu sein.

*Schaubild 128: Behandlung der DDR in der Schule aus Sicht von Schülern aus NRW**

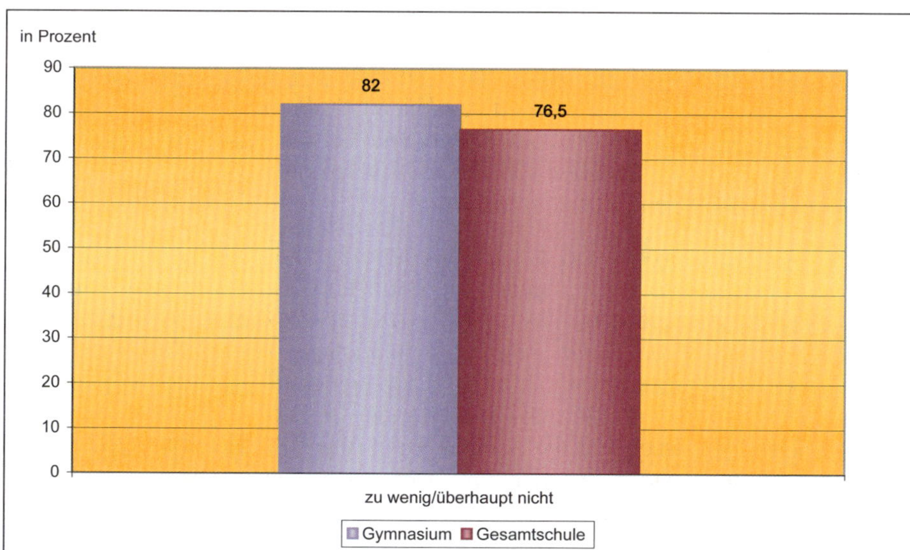

** Antworten auf die Frage: „In der Schule wurde die DDR behandelt …"*

Die befragten Jugendlichen fühlen sich in einer breiten Mehrheit als (Gesamt-)Deutsche mit starkem Bezug zu Westeuropa; die DDR hat in ihrem Alltag sowohl im

[672]) Vgl. Deutz-Schroeder/Schroeder 2007b.

Familien- als auch im Freundeskreis keinen besonderen Stellenwert und nimmt insofern auch nur geringen (20,3%) bis gar keinen (46,9%) Gesprächsraum ein. Ebenso wenig ist das geteilte Deutschland Gesprächsthema in nordrhein-westfälischen Familien, zumal viele Schüler noch nie oder nur selten in Berlin und den neuen Ländern gewesen sind. Anders sieht es wiederum bei den Schülerinnen von St. Ursula aus: Ihr größeres Interesse an der DDR korrespondiert offensichtlich mit einem höheren Diskussionsgrad in der Familie und im Freundeskreis.

Die meisten Schüler in Aachen und Bochum ordnen sich selbst in der „politischen Mitte" oder „links" ein – Mädchen tendieren eher zur Mitte, Jungen eher nach links, Gesamtschüler stärker als Gymnasiasten ebenfalls nach links. Allerdings wurde in Gesprächen deutlich, dass einige – vor allem jüngere und ausländische – Schüler nicht (genau) zwischen „linker" und „rechter" politischer Einstellung differenzieren konnten. Insofern gerät auch die Zuordnung von „links" und „rechts" in Bezug auf das Parteienspektrum mitunter bei einigen Schülern durcheinander. Die Schülerinnen von St. Ursula tendieren nach eigenen Angaben deutlicher als die übrigen Schüler nach „rechts", wobei sie mit „rechts" vor allem die CDU zu verbinden scheinen.

In beiden Städten sind SPD (38,3%) und Bündnis-Grüne (21,2%) die beliebtesten Parteien. Ausländische Schüler bevorzugen überdurchschnittlich die SPD, Gymnasiasten die Bündnis-Grünen, ausländische Mädchen in größerem Maße auch die Linkspartei. Erfreulicherweise finden rechtsextreme Parteien mit etwas unter 2% bei den Schülern nur geringen Zuspruch. Eine Selbsteinstufung als „rechts" oder „eher rechts" verbindet sich nur bei wenigen mit einer Sympathie für rechtsextreme Parteien. Der deutlichste Kontrast zu den anderen Schülern zeigt sich bei der Präferenz für die Union. Die Mädchen von St. Ursula würden die CDU mehr als doppelt so häufig wie die anderen Befragten wählen.

Immerhin 11% der Schüler fühlen sich als Westdeutsche, die mit Ostdeutschen nichts zu tun haben wollen, darunter deutlich mehr Jungen (18,7%) als Mädchen (knapp 5%). Eine vergleichbare geschlechtsspezifische Diskrepanz zeigt sich unter den ausländischen Schülern, von denen jeder vierte männliche, aber nicht einmal jeder zwanzigste weibliche nichts mit Ossis zu tun haben möchte. Bei allen Personengruppen haben männliche Befragte nennenswert mehr Vorbehalte gegen Ostdeutsche als weibliche. Spitzenreiter sind die Bochumer mit über 21% und die ausländischen Schüler mit gut 24%. Gymnasiasten lehnen Ostdeutsche stärker ab als Gesamtschüler. Auch haben die Schülerinnen von St. Ursula mit 7,5% ausgeprägtere Vorbehalte als die übrigen Mädchen (knapp 5%). Woraus diese Ablehnung resultiert, erfuhren wir nicht, da unter den Schülern, die zu einem Gespräch bereit waren, diese Gruppe nicht vertreten war. Bei den ausländischen Schülern vermuten wir Vorbehalte wegen des hohen Anteils rechtsextrem Eingestellter in Ostdeutschland. Über die Gründe, warum aber auch eine nennenswerte Minderheit von Bochumer Jugendlichen diese Auffassung vertritt, kann nur spekuliert werden. Sicherlich spielen die hohen Transferzahlungen an den Osten und die eigene wirtschaftliche und soziale Situation in

Bochum und im Ruhrgebiet hierbei eine entscheidende Rolle. Dennoch haben – um es noch einmal ausdrücklich zu betonen – knapp 90% der Schüler keine Vorurteile gegenüber Ostdeutschen. Der größere Teil differenziert durchaus zwischen einer Ablehnung der DDR als System und den Menschen, vor allem den jungen, die dort aufwuchsen bzw. deren Eltern dort lebten.

a) Die vergleichende Bewertung des geteilten Deutschlands

Wie die bayerischen haben auch die nordrhein-westfälischen Schüler bei den meisten Aspekten mehrheitlich ein deutlich positiveres Bild von der Bundesrepublik als von der DDR. Dabei bleibt offen, in welchem Ausmaß die Schüler wie in den anderen befragten Ländern die DDR mit den heutigen neuen Ländern und der Entwicklung dort gleichsetzen und schon aus diesem Grund zu einem verzerrten Urteil gelangen. Dies betrifft insbesondere viele ausländische Schüler, die – wahrscheinlich wegen der vermehrt aus Ostdeutschland bekannt gewordenen rechtsextrem motivierten Gewalttaten gegen Fremde – auf einen hohen ausländerfeindlichen Anteil in der dortigen Bevölkerung schlossen und daher eher negative Assoziationen mit der DDR verbinden. Aber auch diffuse Ängste vor fehlender Ausbildungs- und Arbeitsplatzsicherheit, die sich wie in Bayern durch die befürchtete Konkurrenz mit ostdeutschen Jugendlichen noch verstärken, dürften eine Rolle spielen. Deutsche Schüler – vor allem in Bochum – deuteten dies in Gesprächen über die besonderen Arbeitsmarktprobleme im Ruhrgebiet an.

Obschon die meisten Schüler, die im Alltagsleben großen Wert auf Sicherheit legen, wissen, dass deren Gewährleistung in Diktaturen einfacher ist, legen sie doch Wert darauf, dass die Durchsetzung von Recht und Ordnung mit rechtsstaatlichen Mitteln geschieht. Gut 55% der deutschen und knapp 65% der ausländischen Befragten sehen deshalb *Recht und Ordnung* besser in der Bundesrepublik verwirklicht; nur ein Fünftel der ausländischen, aber gut 27% der deutschen präferieren die Rechts- und Ordnungsprinzipien der DDR. Am stärksten votieren die Gesamtschüler mit über 30% für die DDR, am wenigsten die Schülerinnen von St. Ursula (13,5%). Letztere sympathisieren zu knapp 80% mit den Rechts- und Ordnungsvorstellungen der Bundesrepublik.

Auch bei der *Sicherheit im Alltag* entscheidet sich eine absolute Mehrheit (54,7%) für die Bundesrepublik, aber immerhin gut 23% wählen die DDR und 22% vermuten bezogen auf die Sicherheit gleiche Verhältnisse in beiden Staaten. Für die DDR entscheiden sich erneut weitaus mehr deutsche als ausländische Schüler, vor allem Jungen.

Über die Themen *Altersversorgung* und *Rentensystem* wissen auch die nordrhein-westfälischen Schüler recht wenig. Über die Rentenhöhe sowie über die generelle Altersversorgung in der DDR haben die meisten ebenso wenig Kenntnisse wie wahrscheinlich über die westdeutsche Situation. Daher entscheiden sie sich – vermutlich mehrheitlich intuitiv – überwiegend für die alte Bundesrepublik. 26% bzw. knapp

28% glauben an gleich hohe Renten und gute Versorgung im Alter in beiden Systemen und gut 17,5% (Rente) bzw. gut 19% (Versorgung im Alter) sogar an die DDR. Die ausländischen Schüler geben erneut häufiger der Bundesrepublik den Vorzug. Mädchen glauben eher an eine bessere Altersversorgung in der DDR, was in den Ergebnissen des Mädchengymnasiums am deutlichsten zu Tage tritt: Hier haben sich nur gut 45% für die Bundesrepublik entschieden, aber etwa 28% für die DDR und fast 27% für „gleich".

*Schaubild 129: Renten aus Sicht von Schülern aus NRW**

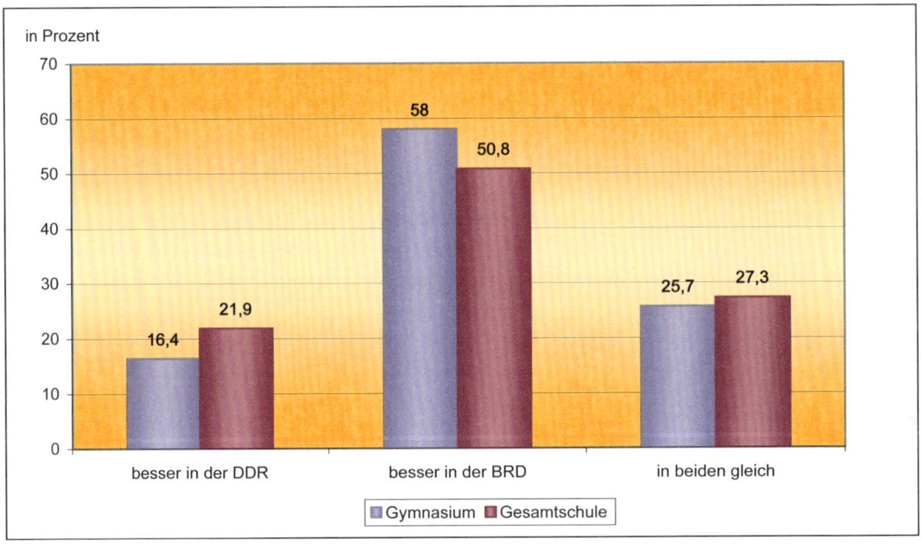

** Antworten auf die Frage: „Vor 1989: Was glauben Sie war besser oder gleich in der DDR oder der Bundesrepublik Deutschland?"*

Obschon eine nennenswerte Minderheit bei den abgefragten sozialen Dimensionen die DDR als besser einschätzt, sind es bei der generellen Frage nach der *sozialen Gerechtigkeit* etwas weniger Schüler: Knapp 19% der Jugendlichen, darunter häufiger Jungen und Gesamtschüler als Mädchen und Gymnasiasten, votieren für die DDR; eine breite Mehrheit von knapp 62% – unter den Ausländern sogar über 70% – halten die Bundesrepublik für sozial gerechter. Den Spitzenwert mit 74% erhält die Bundesrepublik von den Schülerinnen des Mädchengymnasiums in Aachen.

Wie in den anderen Ländern betonten in Nordrhein-Westfalen einige Schüler, die Themen „Familiärer Zusammenhalt" und „Hilfsbereitschaft in der Familie" seien so persönlich, dass sie sie nicht vergleichend beurteilen könnten. Insofern resultieren auch hier die hohen Werte für eine gleichrangige Beurteilung vermutlich aus Entscheidungsunsicherheit.

Bei der Frage nach der *Hilfsbereitschaft* glauben wie in Bayern einige Schüler, die Menschen in der DDR hätten sich gegenseitig mehr helfen müssen als in der Bundesrepublik – so zum Beispiel bei Reparaturen oder beim „Schlange stehen". Mit knapp 40% entscheiden sich die meisten für eine gleich ausgeprägte Hilfsbereitschaft in beiden Staaten, aber gleichzeitig auch knapp 37% für die DDR (Bundesrepublik: etwa 24%). Die ausländischen Schüler und vor allem die Ursulanerinnen optieren am stärksten für die Bundesrepublik – Letztere am wenigsten von allen Teilgruppen für die DDR.

*Schaubild 130: Hilfsbereitschaft aus Sicht von Schülern aus NRW**

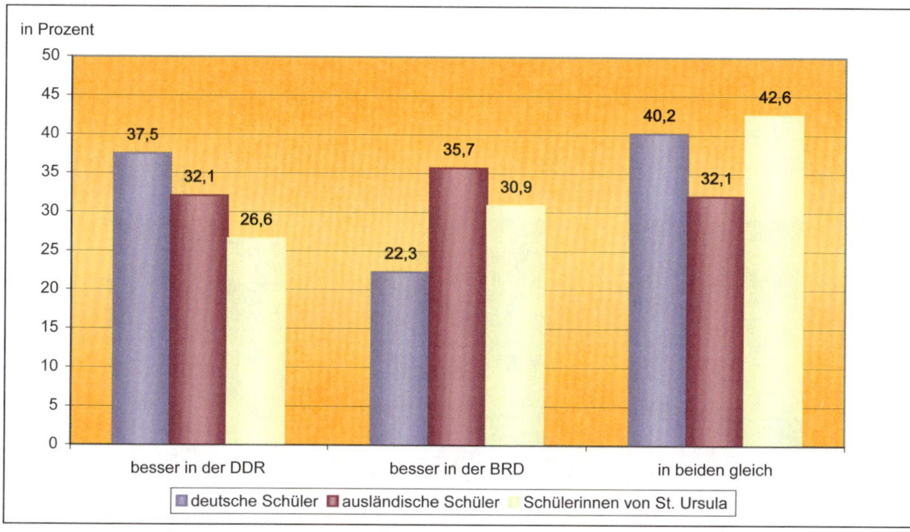

** Antworten auf die Frage: „Vor 1989: Was glauben Sie war besser oder gleich in der DDR oder der Bundesrepublik Deutschland?"*

Gespaltener zeigen sich die Schüler – auch wie in Bayern – bei der Frage nach dem *Zusammenhalt in der Familie*. Knapp 43% von ihnen glauben an einen besseren familiären Zusammenhalt in der DDR. Fast genauso viele vermuten gleiche Familienverhältnisse, sodass nur 16% für die Bundesrepublik votieren.

Vor allem viele Mädchen waren sich bei der *Gleichberechtigung* nicht sicher, was genau gemeint war und bewerten sie deshalb als in beiden Systemen gleich gut bzw. auch „gleich schlecht" verwirklicht (39,9%), wie gerade Schülerinnen in Aachen anmerkten. Eine Mehrheit glaubt jedoch an mehr Gleichberechtigung in der Bundesrepublik (51,4%), nur eine kleine Minderheit (8,7%) an einen höheren Grad ihrer Verwirklichung in der DDR. Erneut werten die ausländischen Schüler DDR-kritischer. Die Urteile der übrigen Teilgruppen fallen anders als bei den meisten anderen Items in etwa gleich aus.

Wie in den anderen Ländern beantworteten die Schüler die Frage nach den besseren Betreuungsverhältnissen von Kindern nach unterschiedlichen Kriterien. Während einige nur die Quantität berücksichtigten, fällten andere ihr Urteil nach qualitativen Gesichtspunkten, wobei kaum einem Schüler die konkrete Situation der Kinderbetreuung in der DDR bekannt war, sodass ein Großteil der Schüler sein Urteil nach Vermutung oder Sympathie gefällt haben dürfte. Eine relative Mehrheit von fast 40% der Befragten hält die *Betreuungsplätze* in der Bundesrepublik für besser. Diese Bewertung verdankt sich vor allem dem Votum der männlichen Schüler, da unter den deutschen Mädchen eine relative Mehrheit zur DDR neigt. Ein gutes Viertel der Befragten votiert für eine gleich gute Betreuung in beiden Staaten. Die restlichen Schüler – gut 35% – vermuten die bessere Betreuung in der DDR. Das höchste Votum für die DDR geben die Schülerinnen des Mädchengymnasiums mit knapp 46% ab. Dieser Bewertung schließt sich indes nicht einmal jedes fünfte ausländische Mädchen an.

*Schaubild 131: Betreuung von Kindern aus Sicht von Schülern aus NRW**

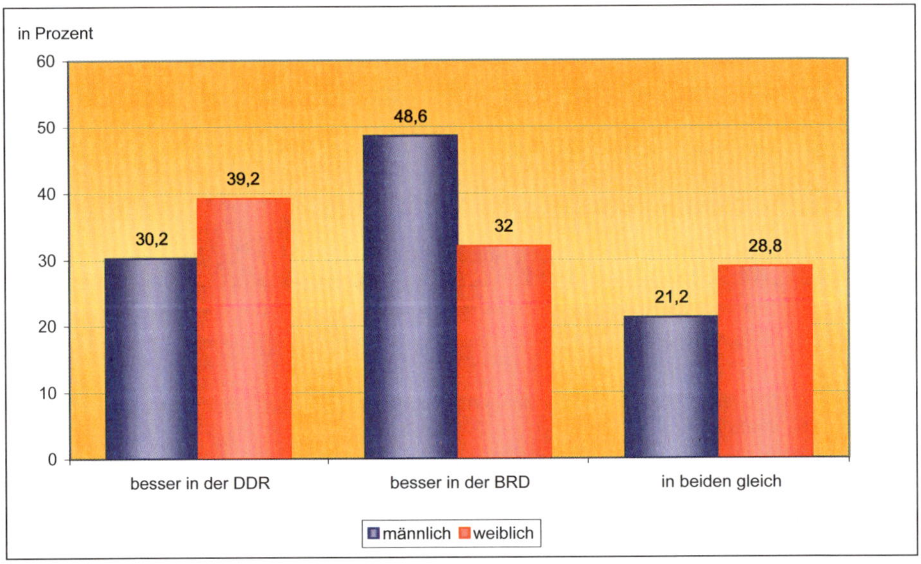

** Antworten auf die Frage: „Deutschland vor 1989: Was glauben Sie war besser oder gleich in der DDR oder in der Bundesrepublik Deutschland …?"*

Die Schule des eigenen Staates erhält von den nordrhein-westfälischen Schülern nahezu durchweg ein hohes Lob. Knapp zwei Drittel der Befragten sind von der besseren *Schulausbildung* in der Bundesrepublik überzeugt – deutlich mehr Jungen als Mädchen, die stärker für „gleiche" Verhältnisse plädieren. Ein knappes Fünftel sieht keine nennenswerten Unterschiede zwischen beiden Staaten und 15% glauben an die bessere Schulausbildung in der DDR – vor allem über 22% der Mädchen in Bochum, jedoch nur knapp 12% der Aachenerinnen. Erstaunlicherweise entscheiden sich mehr Gesamtschüler als Gymnasiasten für die Bundesrepublik. Ein etwas anderes Bild sehen wir bei der Frage nach den *Ausbildungsplätzen,* wo deutlich mehr Schüler (31,6%) für die DDR optieren, darunter mehr Gesamtschüler und ältere als Gymnasiasten und jüngere. Hier schlägt die Annahme vieler Jugendlicher, in der DDR habe es eine Ausbildungsgarantie gegeben, für den SED-Staat positiv zu Buche. Als einzige Teilgruppe entscheiden sich die Ursulanerinnen mit relativer Mehrheit für die DDR. In den Gesprächen wurde deutlich, dass diese Haltung weniger mit der eigenen Zukunftsperspektive als mit der aus ihrer Sicht sozial benachteiligter Jugendlicher zusammenhängt.

Nur eine kleine Gruppe von gut 11% der Schüler vermutet einen besseren Umgang mit *Ausländern* in der DDR, ein gutes Viertel sieht keine Unterschiede und knapp 64% sind von besseren Verhältnissen in der Bundesrepublik überzeugt. Vor allem fast 74% der männlichen ausländischen und knapp 70% der männlichen Bochumer Schüler sind dieser Ansicht. In allen Teilgruppen liegen die Anteile für die Bundesrepublik über 60%, die für die DDR um 10%. Die Mädchen aus St. Ursula sind erneut gegenüber der DDR am kritischsten und gegenüber der Bundesrepublik am freundlichsten eingestellt.

Die meisten Schüler in Nordrhein-Westfalen wussten – wie ihre Schülerkollegen in den anderen befragten Ländern – wenig über den geringen Bevölkerungsanteil der Ausländer in der DDR oder über die Arbeits- und Lebensverhältnisse der sogenannten Vertragsarbeiter, so dass ihre Bewertung wahrscheinlich aus der aktuellen Situation resultiert. Dies wird auch bei den Ergebnissen der Items zum Thema „Ausländer“ deutlich, die im zweiten Teil des Fragebogens stehen. Dem Statement, die *geringe Ausländerzahl in der DDR* sei eine gute Sache gewesen, stimmt mehr als jeder fünfte deutsche Schüler zu, deutlich mehr Jungen als Mädchen, mehr Bochumer als Aachener und mehr ältere als jüngere Schüler. Knapp jeder Fünfte enthält sich eines Urteils und gut 60% – unter ihnen erwartungsgemäß viele Ausländer – verneinen die Behauptung. Allerdings stimmen auch knapp 15% von Letzteren zu, was darauf hindeutet, dass einige von ihnen Ausländer nicht als eine geschlossene Gruppe betrachten. Ins Auge springen bei diesem Item die Unterschiede zwischen Aachen und Bochum, gerade unter Mädchen. In Bochum sind es anteilig fast doppelt so viele, die offensichtlich eine kritische oder ablehnende Haltung gegenüber Ausländern einnehmen und deshalb den geringen Ausländeranteil in der DDR befürworten. Anders als in den anderen Ländern unterscheiden sich Gymnasiasten und Gesamtschüler in ihren Voten nur marginal.

Eine zumindest ausländerkritische Haltung vieler Schüler wird bei dem zweiten Item zum Thema „Ausländer“ deutlich. Gegen das Vorhaben, den *Ausländeranteil in Deutschland auf DDR-Niveau zu drücken* und die DDR ähnlich wie beim Angebot an flächendeckender Kinderbetreuung zum Vorbild zu machen, votieren nur gut 56% – wiederum deutlich mehr Mädchen (61,4%) als Jungen (49,7%). Wie bei der vorigen Stellungnahme sind es vor allem die Bochumer Schüler, die sich mit dieser Vorstellung anfreunden können. Ausländische Schüler stimmen ebenfalls mit gut 13% zu, aber knapp 70% lehnen die Übernahme dieser „sozialistischen Errungenschaft“ ab. Die Unterschiede zwischen Bochum und Aachen setzen sich auch hier fort: Bochumer stimmen deutlich stärker zu als Aachener Schüler. Die Schülerinnen des Mädchen-Gymnasiums liegen in der Bejahung erneut deutlich über dem Niveau ihrer Aachener Geschlechtsgenossinnen. Offensichtlich sind sie Ausländern gegenüber besonders skeptisch eingestellt.

Das *politische System* der Bundesrepublik erfreut sich in Nordrhein-Westfalen hoher Beliebtheit: Über 78% der Schüler – fast 90% der Ursulanerinnen – geben ihm gegenüber der SED-Diktatur den Vorzug. Eine Minderheit von gut 12% sieht gleiche Verhältnisse und lediglich gut 6% bevorzugen die DDR. Nur unter den ausländischen Jungen erhält der SED-Staat über 10% Zustimmung. Die Gesamtschüler stimmen im Vergleich mit den Gymnasiasten etwas häufiger für die DDR und deutlich weniger für die Bundesrepublik und dafür entsprechend stärker für eine Gleichrangigkeit. In den Gesprächen wurde indes deutlich, dass vielen von ihnen die Trennlinien zwischen Demokratie und Diktatur nicht geläufig sind. Am Mädchengymnasium erhält die Bundesrepublik – wie bei den meisten anderen vergleichenden Items auch – mit knapp 90% einen Spitzenwert.

Eine gewisse Unsicherheit bei der Bewertung durch die ausländischen Schüler zeigt sich auch bei der Frage, ob nur eine *einzige starke Partei wie die SED* die Interessen aller Gruppen unseres Volkes vertreten kann. Hier stimmen sie mit dem höchsten Wert (8,5%) zu und enthalten sich mit gut 34% eines Urteils, sodass nur etwa 57%

*Schaubild 132: SED als Vorbild aus Sicht von Schülern aus NRW**

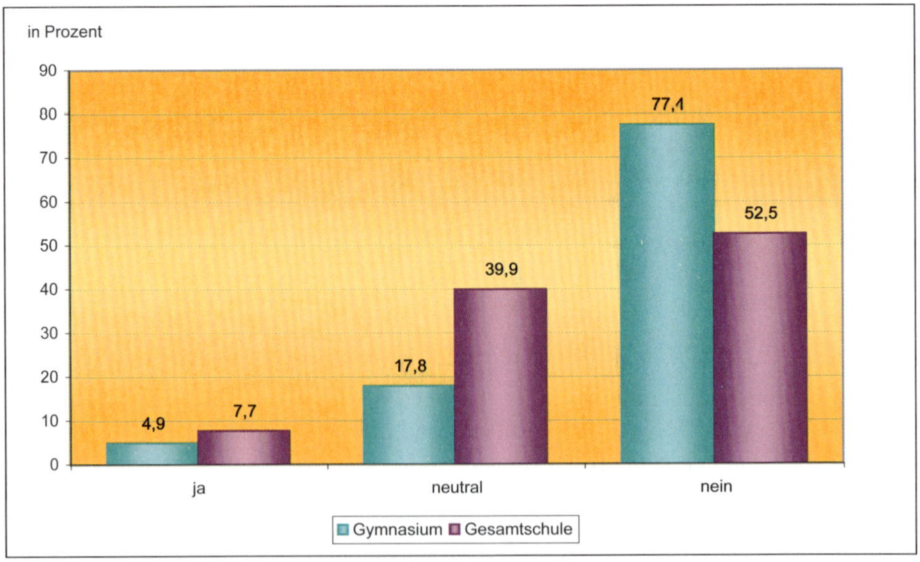

** Stellungnahmen zu der Aussage: „Nur eine einzige starke Partei wie die SED in der DDR kann die Interessen aller Gruppen unseres Volkes vertreten."*

gegenüber gut 72% insgesamt eine Monopolpartei wie die SED ablehnen. Bei diesem Item sehen wir deutliche Bewertungsdifferenzen zwischen Gymnasiasten und Gesamtschülern: Letztere verneinen weniger häufig und legen sich mit einem hohen Anteil nicht fest.

Bei einer weiteren, nicht in die Skalen und den Vergleich eingehenden Frage fällt das Votum der nordrhein-westfälischen Schüler ebenfalls eindeutig aus. Knapp drei Viertel wollen *lieber in Freiheit leben als vom Staat rundum versorgt zu werden;* nur eine kleine Minderheit, darunter etwas überdurchschnittlich Bochumer Schüler, plädiert für eine Rundumversorgung. Unentschieden sind gut 16% – allerdings 25% der ausländischen Jungen und nur gut 5% der Ursulanerinnen. Alters- und geschlechtsspezifische Unterschiede fallen eher gering aus, schulspezifische etwas größer, wobei Gymnasiasten deutlich häufiger für die Freiheit optieren.

*Schaubild 133: Pro Freiheit aus Sicht von Schülern aus NRW**

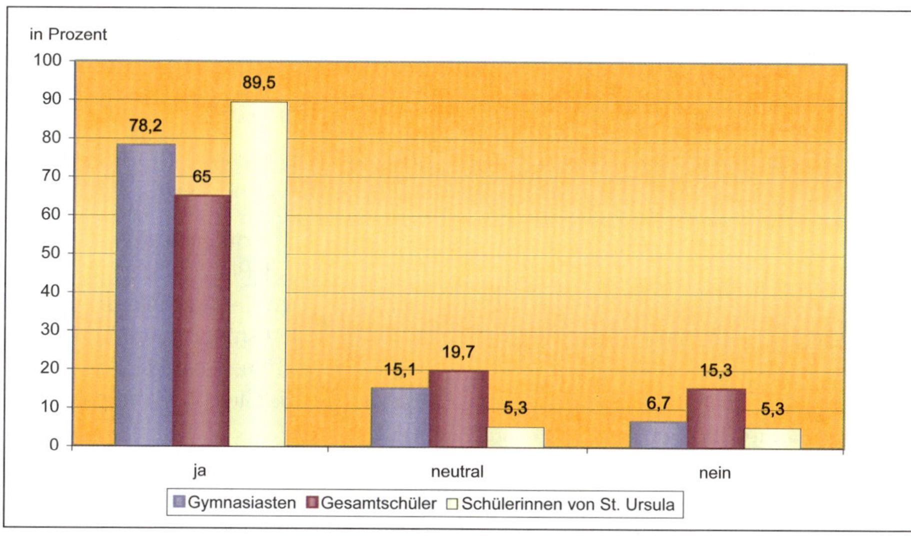

** Stellungnahmen zu der Aussage: „Es ist besser, in Freiheit zu leben als – wie in der DDR – vom Staat rundum versorgt zu werden."*

Das Ergebnis zeigt, dass die Schüler Freiheit und staatliche Rundumversorgung durchaus als Gegensätze sehen, jedoch keineswegs – wie den Gesprächen zu entnehmen war – generell staatliche Sozialleistungen ablehnen.

In den Stellungnahmen zum Item *„Sozialismus als gute Idee und schlechte Realität in der DDR"*, das ebenfalls nicht in die Skalen einging, sehen wir drei mehr oder weniger gleich starke Gruppen: Knapp 38% lehnen das Statement ab, knapp 31% sind unentschieden und knapp 32% stimmen zu. Unter Bochumer Jungen findet der Sozialismus mit knapp 38% der Stimmen den größten Anklang; von Aachener Schülerinnen (gut 43%) und insbesondere den Ursulanerinnen (gut 62%) wird er am stärksten abgelehnt.

Eine breite Drei-Viertel-Mehrheit hält die soziale Marktwirtschaft der Bundesrepublik für leistungsfähiger als die Planwirtschaft der DDR. Immerhin knapp 14%, unter ihnen viele Gesamtschüler und Ursulanerinnen, präferieren aber die DDR-Wirtschaft; gut 11% betrachten die beiden *Wirtschaftssysteme* als *gleichrangig*. Diese Angaben dürften eher aus Unwissenheit denn aus Überzeugung resultieren.

Insgesamt geben die Schüler in Nordrhein-Westfalen auf 23 abgefragten gesellschaftlichen und politischen Feldern ein Votum für die Bundesrepublik ab, zumeist mit absoluter Mehrheit; nur in fünf Bereichen liegt bei ihnen die DDR vorne. Dem SED-Staat gereichen nach Meinung der Befragten die Mietpreise, der Familienzusammenhang und die Sportförderung zum Vorteil, der Bundesrepublik die Reisemöglichkeiten, der Wohlstand und die Pressefreiheit. Am häufigsten als gleichwertig beurteilt werden der Familienzusammenhalt, die Gleichberechtigung und die Sportförderung. Die negative Hitliste der DDR mit Stimmenanteilen von 1,5% bis 2,6% betreffen die Reise- und Einkaufsmöglichkeiten sowie die Discos, die der Bundesrepublik (zwischen 16% und knapp 29%) den Familienzusammenhalt, die Hilfsbereitschaft und die Sportförderung.

Die Ansichten der Schülerinnen von St. Ursula differieren leicht: An zweiter Stelle der Positivliste für die DDR liegt – nach den Mietpreisen – die Betreuung in Kindergarten und Schule, der Familienzusammenhalt erreicht Platz 5. Bezüglich der Bundesrepublik präferieren die Schülerinnen insbesondere die Reisemöglichkeiten (96,9%), die Pressefreiheit (94%) sowie die besseren Einkaufsmöglichkeiten (91,8%). An vierter Stelle folgt mit knapp 90% das politische System der BRD. Als „gleich gut“ in beiden Teilstaaten beurteilen die Schülerinnen die Gleichberechtigung, die Hilfsbereitschaft und den Familienzusammenhalt.

Zusammenfassend lässt sich sagen, dass die meisten Schüler in Nordrhein-Westfalen – jedenfalls in der mit der Bundesrepublik vergleichenden Bewertung – die DDR sehr kritisch einschätzen. Wie in Bayern wird die Bundesrepublik – erstaunlicherweise gerade auch von den ausländischen Schülern – als das rechtsstaatlichere System gesehen, das individuelle Freiheiten gewährt und ein individuell gestaltetes Leben in relativ hohem Wohlstand erlaubt.

b) Das Urteil über die DDR

Eine *äquidistante Position* gegenüber beiden Staaten lehnen mehr als drei Viertel der Befragten in Nordrhein-Westfalen ausdrücklich ab; nur eine sehr kleine Minderheit von 2% schließt sich der These einer Gleichwertigkeit an. Immerhin knapp 20% vermuten zwar Unterschiede zwischen beiden Systemen, können oder wollen sich aber nicht eindeutig auf die Bundesrepublik festlegen.

Während bei den Items zu den Willkürmaßnahmen und zum Alltag sehr breite Mehrheiten von fast 80% eine Gleichrangigkeit der beiden deutschen Teilstaaten ablehnen, liegt der entsprechende Anteil bei den Wirtschaftssystemen nur bei knapp 53%, d. h. knapp die Hälfte, mehr Mädchen als Jungen und vor allem mehr Gesamtschüler als Gymnasiasten, sehen keine Überlegenheit der Marktwirtschaft. Die Ursulanerinnen lehnen eine Gleichsetzung mit dem höchsten (61,9%), die ausländischen Jungen mit dem geringsten (32,4%) Anteil ab.

*Schaubild 134: Planwirtschaft gleich Marktwirtschaft aus Sicht von Schülern aus NRW**

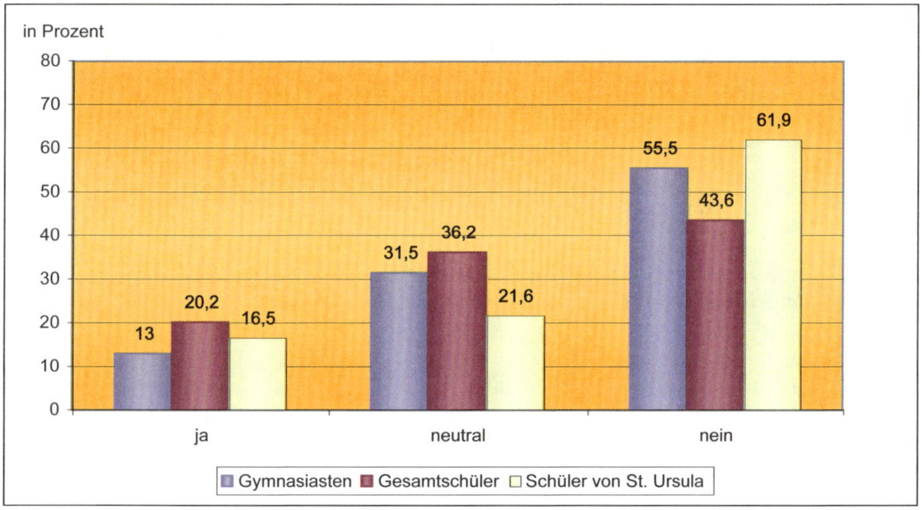

** Stellungnahmen zu der Aussage: „Die Planwirtschaft in der DDR war nicht besser oder schlechter als die Marktwirtschaft in der Bundesrepublik, nur anders."*

Zwar sieht eine breite Drei-Viertel-Mehrheit Unterschiede zwischen der parlamentarischen Demokratie und der „Volksdemokratie", aber nur gut 60% der Gesamtschüler – noch etwas weniger ausländische Schüler. Erneut sticht der hohe Anteil (insgesamt 19,7%; Gesamtschüler: 29,5%) derjenigen ins Auge, der sich eines Urteils enthält und offensichtlich nicht über Kriterien verfügt, die eine Differenzierung zwischen Demokratie und Diktatur ermöglichen.

Bei der ausdrücklichen Frage, ob die Bundesrepublik von 1989 besser als die DDR war, beobachten wir deutliche schul-, alters- und geschlechtsspezifische Bewertungsdifferenzen. Mädchen, ältere und Gesamtschüler verneinen deutlich häufiger als

Jungen, jüngere und Gymnasiasten die Annahme einer besseren Bundesrepublik. Da sich Erstere gleichzeitig häufiger eines Urteils enthalten, fällt ihr Votum für das bundesrepublikanische Gesellschaftsmodell entsprechend niedriger aus.

*Schaubild 135: Vor 1989: BRD besser als DDR aus Sicht von Schülern aus NRW**

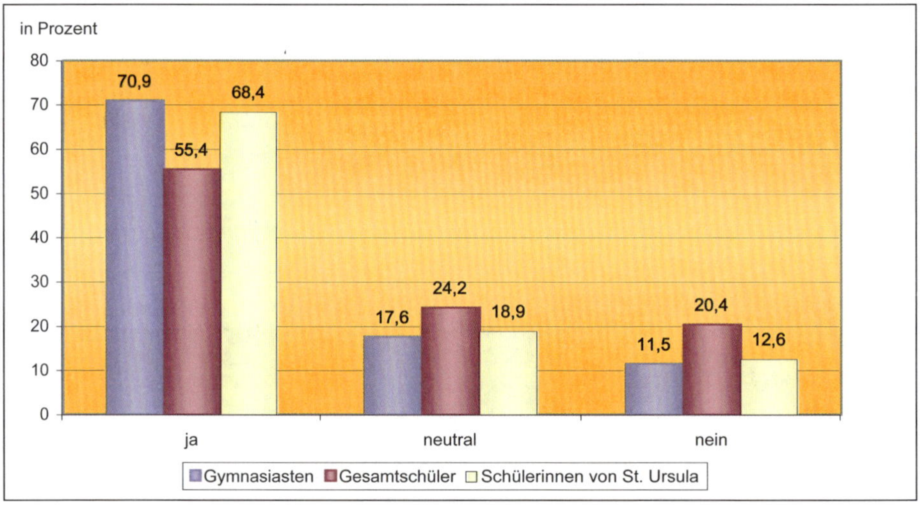

** Stellungnahmen zu der Aussage: „Die Bundesrepublik vor 1989 war zwar anders, aber auch nicht besser als die DDR." Im Schaubild wurden die Antworten umgepolt.*

Bei den Items der einzelnen Skalen gibt es – wie in den anderen Ländern – zum Teil deutliche Urteilsdifferenzen innerhalb und zwischen den Teilgruppen. Erwartungsgemäß punktet auch in Nordrhein-Westfalen die DDR insbesondere bei der *Sozialpolitik*. Eine knappe Zweidrittelmehrheit (Gesamtschüler: 71,1%) hat in der zusammengefassten Auswertung der vier Items ein positives oder unentschiedenes Bild von der DDR. Die vor allem in Ostdeutschland häufig gesungenen Lobeshymnen auf die „sozialistischen Errungenschaften" scheinen also auch unter nordrhein-westfälischen Schülern beliebt zu sein. Im Gegensatz zu den anderen Skalen fallen die Bewertungsunterschiede zwischen den Gruppen hier geringer aus. Wie in den anderen befragten Ländern erreicht die DDR bei der Sozialpolitik den höchsten durchschnittlichen Skalenmittelwert, d. h. in keinem anderen Bereich erfährt sie so viel Zustimmung.

Besonders positiv schätzen viele die Arbeitsplatzsituation in der DDR ein. Etwa die Hälfte der Befragten findet es gut, dass in der DDR jeder einen Arbeitsplatz hatte, auch wenn der Staat die Löhne bestimmte und der Wohlstand gering war. Dem pflichten insbesondere Mädchen, ältere und Gesamtschüler bei. Selbst vom Mädchengymnasium erhält die DDR hier eine absolute Mehrheit (52,6%).

*Schaubild 136: Für Arbeitsplatzgarantie trotz geringen Lohns/Wohlstands aus Sicht von Schülern aus NRW**

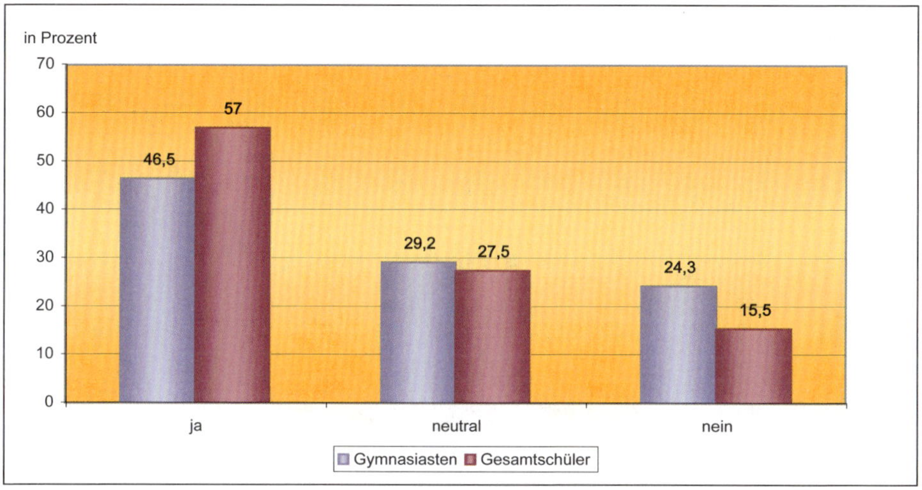

** Stellungnahmen zu der Aussage: „Ich finde es gut, dass in der DDR jeder einen Arbeitsplatz hatte, auch wenn der Staat die Löhne bestimmte und der Wohlstand gering war."*

Nur die Frage, ob es gut sei, dass sich in der DDR der Staat um alle Bürger kümmerte, auch wenn dadurch der Einzelne weniger Freiheit hatte, verneint eine absolute Mehrheit von 60%.

Schon skeptischer betrachten die Schüler die *Wirtschaftspolitik*, wenngleich eine relative Mehrheit von 44,5% sich nicht festlegen möchte, sodass nur eine relative Mehrheit von knapp 43% die zentralistische Planwirtschaft der DDR ablehnt. Dieses Ergebnis verdankt sich nicht zuletzt einer vergleichsweise hohen Zustimmung zu der These, die Wirtschaft könne nur gut funktionieren, wenn der Staat alles plant und lenkt. Diese Staatsgläubigkeit ist vor allem bei weiblichen und ausländischen Schülern weit verbreitet. Insgesamt lehnen nur gut 47% aller Befragten eine solche Haltung ab.

Selbst die Behauptung, in der DDR sicherte die staatlich gelenkte Wirtschaft den Wohlstand für alle, wird nur von gut 45% ausdrücklich abgelehnt. Vor allem Gesamt- (31,3%) und ausländische Schüler (35,4%) sind bei dieser Frage entscheidungsunsicher. Bei den Items zur Wirtschaftspolitik stechen insbesondere die schulspezifischen Unterschiede hervor.

*Schaubild 137: Staatliche Planwirtschaft als Funktionsprinzip aus Sicht von Schülern aus NRW**

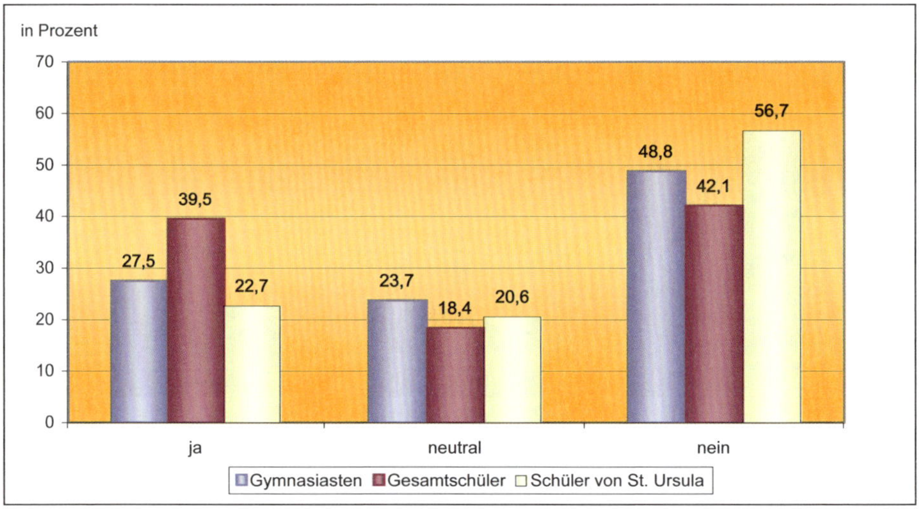

** Stellungnahmen zu der Aussage: „Die Wirtschaft kann nur gut funktionieren, wenn der Staat alles plant und lenkt."*

Ein deutlich anderes, geradezu konträres Bild vermittelt die Skala *Jugend und Familie*. Unter diesem Statement können sich offensichtlich viele Schüler eher etwas vorstellen, während die Fragen zu Politik und Wirtschaft als abstrakt erlebt werden. Sie sprechen sich in der zusammenfassenden Bewertung der drei Items mit großer Mehrheit (77,6%) gegen die überwiegend kollektive Sozialisation in der DDR aus und präferieren demokratische Werte und Individualität gegenüber einer verordneten Gruppenidentität. Eine hohe Ablehnungsrate zieht sich quer durch alle Teilgruppen, wobei die Gesamtschüler und die ausländischen Jugendlichen mit 65,6% bzw. 69,8% mit vergleichsweise niedrigen Anteilen die Gestaltung von Jugend und Familie in der DDR ablehnen.

Am stärksten widersprochen wird der These, es sei wichtiger, sich einer Gemeinschaft oder Gruppe unterzuordnen als die eigene Persönlichkeit zu entwickeln; dies verneinen gut 86%. Etwas anders stehen viele zur vormilitärischen Erziehung im Schulunterricht. Diese hält überraschenderweise fast jeder Fünfte (unter den jüngsten sogar gut jeder Vierte) zur Stärkung des Sozialismus notwendig. In vier Teilgruppen (ausländische, jüngste, älteste und Gesamtschüler) liegt die Ablehnungsrate sogar unter der absoluten Mehrheit.

Ein ähnliches Resultat wie bei der vorangegangenen Skala ergibt sich bei der Beurteilung von *Schule und Alltag* in der DDR. Nur eine kleine Gruppe (4%), unter ihnen erstaunlich viele Ausländer (9,2%), präferiert das Schul- und Alltagsleben. Eine breite Zweidrittelmehrheit jedoch lehnt diese Verhältnisse ab, immerhin gut 28% geben kein Urteil ab bzw. sehen einige Aspekte eher positiv, andere eher negativ. Dieser hohe Anteil ambivalenter Sichtweisen resultiert vor allem aus der auch in Nordrhein-Westfalen vertretenen Annahme, in der DDR hätte allein die Leistung den Schul- und Studienerfolg garantiert. Hier stimmen 32% zu, knapp 28% lehnen die Behauptung ab und eine relative Mehrheit von gut 40% legt sich nicht fest. Warum auch in Nordrhein-Westfalen so viele Schüler annehmen, das Schulsystem der DDR sei durchlässiger und transparenter als das der Bundesrepublik gewesen, dort hätten weitaus mehr junge Leute Abitur machen können und außerschulische Faktoren wie soziale Herkunft und politische Einstellungen keine Rolle gespielt, konnte auch durch Gespräche nicht geklärt werden. Dass die Jugendlichen zumindest vage Vorstellungen haben von den politischen Zwängen, denen die Schule und damit die Schüler in der DDR ausgesetzt waren, zeigt ihre Stellungnahme zu der These, nur wer sich in der Schule oder Ausbildung politisch anpasste, konnte in der DDR weiterkommen. Dem pflichten über 80% bei und nicht einmal jeder Zwanzigste verneint diese Aussage.

Wie in Berlin sind in Nordrhein-Westfalen 30% der Schüler unentschieden in der Bewertung der *Außenpolitik;* etwa zwei Drittel lehnen sie ab. Dies ist wie dort und in Bayern im Wesentlichen dem Item zum „Antifaschismus“ der DDR geschuldet, bei dem sich fast ein Drittel nicht festlegt. Die meisten nordrhein-westfälischen Schüler haben höchstens eine vage Vorstellung von diesem Begriff und seiner Wirkung auf das Ausland. Die Selbstbezeichnung der DDR als „Friedensstaat“ hält eine gute Zweidrittelmehrheit in nahezu allen Teilgruppen für Propaganda; etwas weniger meinen, die DDR sei keineswegs ein souveräner Staat wie andere auch gewesen.

Bei der Skala zur *Relativierung/Verharmlosung der Diktatur* in der DDR äußern sich mehr als drei Viertel gegen jede Form der Verharmlosung diktatorischer Verhältnisse, fast 19% sind jedoch unentschieden bzw. geben ambivalente Urteile zu den vier Items ab. Vor allem ausländische (26,7%) und Gesamtschüler (27,6%) gehören zu letztgenanntem Lager. Insbesondere bei den Fragen zur führenden Rolle der SED und nach der Legitimation der SED-Regierung durch freie Wahlen zeigen sich viele verunsichert, was die hohe Zahl der Enthaltungen – jeweils etwa 42% – belegt. Beiden Items stimmt zwar nur eine Minderheit zu, aber nicht einmal die Hälfte – unter den Gesamtschülern sogar nur etwa jeder dritte – stellt die Legitimation der DDR-Regierung durch demokratische Wahlen in Frage.

*Schaubild 138: Legitimation der DDR-Regierung durch demokratische Wahlen aus Sicht von Schülern aus NRW**

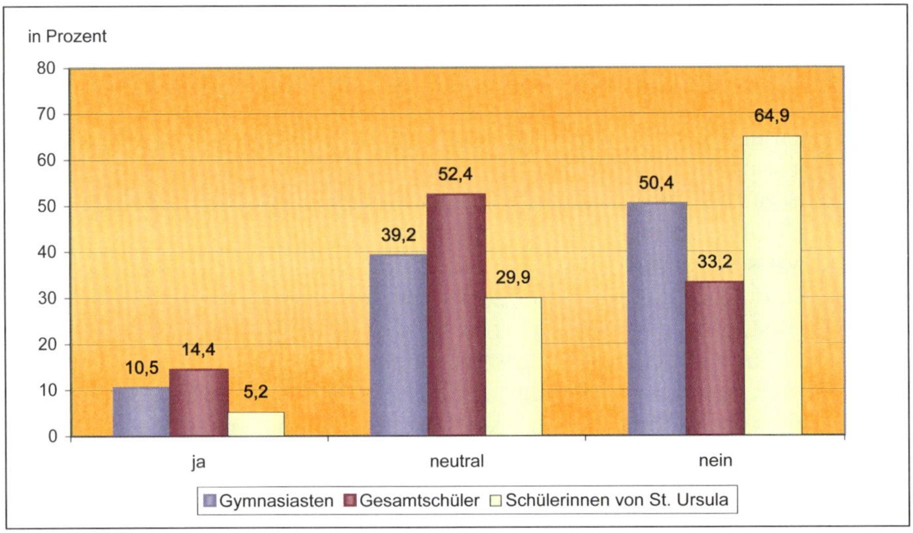

** Stellungnahmen zu der Aussage: „Die Regierung der DDR war durch demokratische Wahlen legitimiert."*

Der Behauptung, die DDR sei keine Diktatur gewesen, die Menschen hätten sich nur wie überall anpassen müssen, stimmt nur eine Minderheit von gut 16% zu. Allerdings

*Schaubild 139: DDR war Diktatur aus Sicht von Schülern aus NRW**

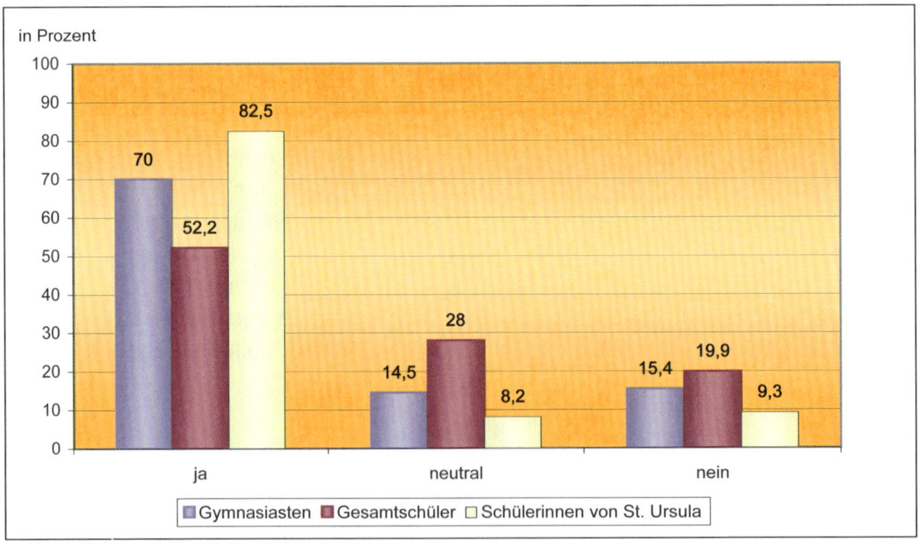

** Stellungnahmen zu der Aussage: „Die DDR war keine Diktatur – die Menschen mussten sich nur wie überall anpassen." Im Schaubild wurden die Antworten umgepolt.*

enthalten sich zusätzlich gut 17% eines Urteils und nur zwei Drittel der Befragten kennzeichnen den SED-Staat explizit als eine Diktatur. Unter den Gesamtschülern schließt sich sogar nur etwa jeder Zweite dieser Auffassung an. Dagegen lassen 82,5% der Ursulanerinnen keinen Zweifel am Diktaturcharakter der DDR aufkommen.

Auch in den Gesprächen zeigten viele Schüler, dass einem größeren Teil von ihnen der Zusammenhang von Demokratie/Mehrparteiensystem und freien Parlamentswahlen nicht bewusst bzw. bekannt ist. Folgerichtig waren viele nicht in der Lage, Unterschiede zwischen Demokratie und Diktatur jenseits offensichtlicher Unterdrückung und Repression zu benennen. Die Ablehnung diktatorischer Verhältnisse mit breiter Mehrheit erfolgte eher intuitiv.

Die deutlichste Ablehnung erfährt die DDR bei der Skala *Verharmlosung/Relativierung repressiver Maßnahmen*. Fast 82% der Befragten sprechen sich gegen eine Verharmlosung aus, nur knapp 15% legen sich nicht durchgängig fest, beantworten die einzelnen Items unterschiedlich. Eine verharmlosende Sicht auf die Unterdrückung in der DDR haben nur knapp 4%, unter den Gesamtschülern sind es allerdings gut 8% und gut 21%, die ambivalent darüber urteilen.

Fast 89% (knapp 96% der Ursulanerinnen) verurteilen die von der SED angeordneten Maßnahmen an der innerdeutschen Grenze, nicht aber 11,5% der Gesamtschüler. Letztere pflichten auch überdurchschnittlich häufig (27,4%) der Aussage bei, wer die DDR verlassen wollte, hatte „selbst Schuld, wenn an der Grenze auf ihn geschossen wurde". Insgesamt aber widersprechen gut 73% der Jugendlichen aus dem bevölkerungsreichsten deutschen Land dieser Behauptung (Gesamtschüler: 58,6%).

Noch unkritischer betrachten auch die nordrhein-westfälischen Schüler das MfS: 25% charakterisieren dieses Unterdrückungsinstrument als einen normalen Geheimdienst, weitere 18% legen sich nicht fest. Die Ablehnungsquote liegt deshalb nur bei etwa 57%, unter den Gesamtschülern sogar nur bei knapp 48%. Wie bei den meisten Items zeigen sich die Mädchen aus dem Gymnasium St. Ursula bei diesem Item der DDR gegenüber am kritischsten eingestellt.

*Schaubild 140: MfS war normaler Geheimdienst aus Sicht von Schülern aus NRW**

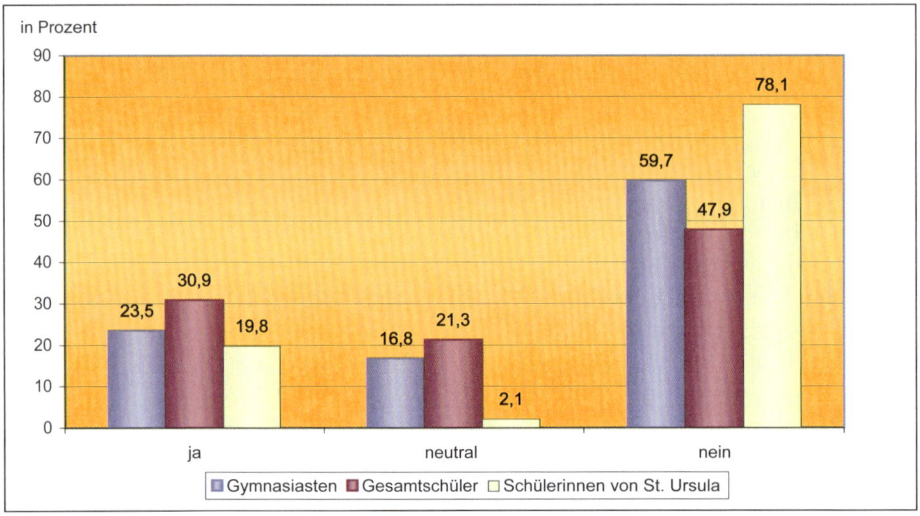

** Stellungnahmen zu der Aussage: „Die Stasi (Ministerium für Staatssicherheit der DDR) war ein Geheimdienst, wie ihn jeder Staat hat."*

Obwohl bei den Einzelskalen eine nennenswerte Zahl von Schülern einige abgefragte Aspekte positiv bewertet und sich viele nicht durchgängig auf ein bestimmtes Urteil festlegen, bewertet nicht einmal 1% der Schüler die DDR insgesamt positiv. Selbst unter den Gesamtschülern sind es nur 2,6%. Eine breite Mehrheit von gut

Schaubild 141: Gesamtbild der DDR aus Sicht von Schülern aus NRW

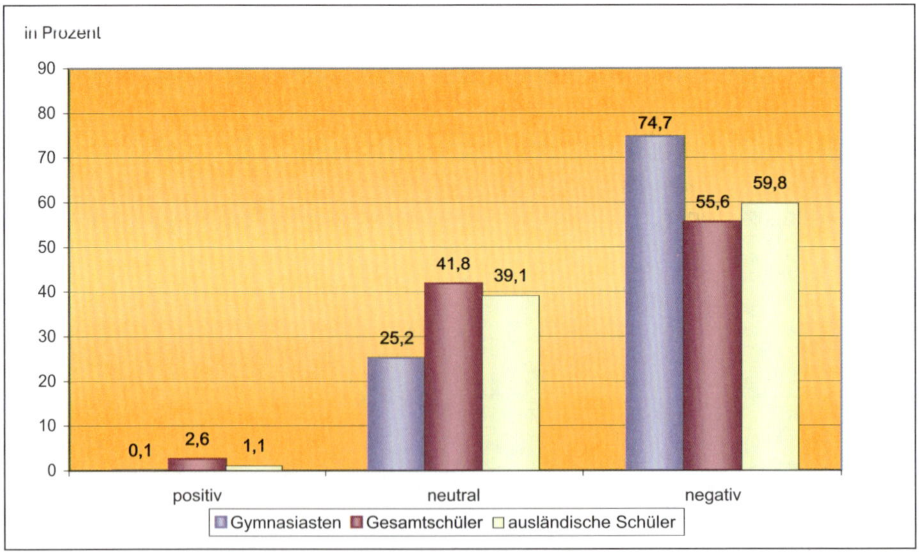

70% sieht die DDR insgesamt negativ. Allerdings haben etwa 29% ein eher diffuses und unklares Bild der DDR, d. h. sie können oder wollen sich bei vielen Items – und damit auch in der Gesamtschau – nicht festlegen. Während die geschlechts- und altersspezifischen Differenzen nur marginal sind, beobachten wir zwischen deutschen und ausländischen Schülern ebenso wie zwischen Gymnasiasten und Gesamtschülern eine stark unterschiedliche Sichtweise, wobei ausländische und Gesamtschüler die DDR weniger kritisch sehen.

Das subjektiv eingeschätzte Wissen der Schüler über die DDR spielt auch in Nordrhein-Westfalen die stärkste Rolle bei den Unterschieden. Diejenigen, die angeben, überhaupt nichts zu wissen, lehnen mit nur knapp 38% die DDR ab; von denjenigen, die viel zu wissen glauben, haben dagegen gut 79% ein negatives Bild. Wer in der Familie und mit Freunden überhaupt nicht über die DDR spricht, hat ein unterdurchschnittlich negatives Bild über die DDR (64,7% bzw. 68,1%); diejenigen, die den Umfang der Gespräche in der Familie als „gerade richtig" einordnen, kommen dagegen auf knapp 82% ablehnende Voten. Während in Ostdeutschland Familiengespräche eher zu einem moderaten oder positiven Bild der DDR führen, sind die Folgen in Nordrhein-Westfalen entgegengesetzt, d. h. sie beeinflussen die Jugendlichen in Richtung einer eher kritischen Betrachtung der DDR. Vor allem in Familien, in denen Eltern oder Verwandte den SED-Staat in Richtung Westen verlassen haben, wird häufiger mit den Kindern über die DDR gesprochen.

Erneut haben die Betrachter von Filmen (vor allem von Dokumentationen) über die DDR einen etwas kritischeren Blick als die anderen Schüler. Überraschenderweise spielen aber generelle Vorurteile gegenüber Ostdeutschen keine Rolle bei der Bewertung des realsozialistischen Systems. Auch hier bestätigt sich, dass eine Ablehnung der DDR nicht mit einer negativen Einstellung gegenüber Ostdeutschen verbunden ist.

Als Fazit der Auswertung der auf die Bewertung der DDR zielenden Items lässt sich festhalten, dass eine sehr breite Mehrheit der nordrhein-westfälischen Schüler die DDR sehr kritisch bzw. negativ sieht, und nur eine Handvoll dieser Diktatur Sympathien entgegenbringt. Eine nennenswerte Minderheit von etwa jedem Fünften nimmt diesem Staat gegenüber jedoch eine ambivalente Position ein.

Auch bei den noch nicht erwähnten *Statements zur allgemeinen Einschätzung der DDR und der Wiedervereinigung* finden wir deutliche Bewertungsdifferenzen zwischen den Teilgruppen. Die Unterstellung, die DDR würde nur schlecht geredet, um die Ostdeutschen schlecht zu machen, teilen zwar nur wenige Schüler, aber deutlich mehr Jungen als Mädchen und vor allem mehr Gesamtschüler als Gymnasiasten. Darüber hinaus steigt die Zustimmung mit dem Alter. Insgesamt jedoch lehnt eine knappe Zweidrittelmehrheit diese Annahme ab und kann sehr wohl zwischen Kritik am System und Kritik an den Menschen differenzieren.

Die hohen anhaltenden *Kosten der Wiedervereinigung* spielen in der öffentlichen Debatte in Nordrhein-Westfalen und in vielen Familien eine gewisse Rolle. So verwundert es nicht, dass etwa zwei Drittel der Schüler einen Zusammenhang zwischen dem schlechten Zustand der DDR-Wirtschaft und den hohen Kosten konstatieren. Nicht einmal jeder zehnte widerspricht ausdrücklich dieser Behauptung. Im Schulunterricht wurde nach übereinstimmender Auskunft aller gesprächsbereiten Schüler über die Wiedervereinigungskosten nicht geredet. Trotz der hohen finanziellen Belastungen erwarten nur 46% der Jugendlichen von den Ostdeutschen mehr Dankbarkeit. Vor allem ausländische und Bochumer Schüler fordern von den *Ostdeutschen mehr Dankbarkeit*, während die Jüngsten und die Gesamtschüler deutlich weniger zustimmen.

Knapp 70% halten die *Wiedervereinigung* für ein positives Ereignis der deutschen Geschichte. Allerdings ist die Freude bei den Aachener Schülern und vor allem bei den Mädchen – gut 86% der Ursulanerinnen – deutlich ausgeprägter als bei den Bochumer Schülern und den Jungen. Unter Letzteren liegt der entsprechende Anteil knapp unter 60%. Damit bestätigt sich in gewisser Weise das auch in anderen Ländern zu beobachtende Indiz, dass Jungen die Wiedervereinigung und damit auch das Verhältnis zwischen Ost- und Westdeutschen stärker als Mädchen unter materiellen Gesichtspunkten beurteilen.

c) Kenntnisse der Schüler über die DDR

Auch in Nordrhein-Westfalen ist der Kenntnisstand über die DDR gering. Nur zwei der Wissensfragen konnte eine Mehrheit der Schüler richtig beantworten. Bei den anderen sechs Fragen gab eine mitunter breite Mehrheit entweder eine falsche oder keine Antwort. Über die Realität der *Todesstrafe* in der DDR und die *Ungleichverteilung von Einkommen und Vermögen*, herrschen nahezu völlige Unwissenheit, was angesichts des geringen Stellenwerts des Themas in der Schule nicht überrascht. Dass aber mehr als 70% der befragten Schüler – darunter mehr Gymnasiasten als Gesamtschüler – nicht wissen, wann die *Berliner Mauer* gebaut wurde und nur gut 27% über die *Verantwortung der DDR für den Mauerbau* Bescheid wissen, erschreckt doch. Angesichts der nahezu permanenten öffentlichen Debatten um Umweltverschmutzung, Klimapolitik o. ä. erstaunt auch die Tatsache, dass nur gut jeder Dritte weiß, in welch katastrophalen Zustand die *Umwelt in der DDR* war.

Ein eindeutiger Zusammenhang zwischen Kenntnisstand und besuchter Schulart ist nicht festzustellen. So nehmen zum Beispiel deutlich mehr Gymnasiasten als Gesamtschüler (43,3% gegenüber 29,8%) an, die *Todesstrafe* hätte es in beiden Staaten nicht gegeben und auch bei der Unterstellung egalitärer *Einkommens- und Vermögensverhältnisse* liegen die Gymnasiasten häufiger als ihre Schülerkollegen daneben (58,8% gegenüber 48,7%). Bei anderen Fragen erhalten wir ein umgekehrtes Ergebnis: Gymnasiasten liegen häufiger richtig als Gesamtschüler.

*Schaubild 142: Bau der Mauer durch die DDR aus Sicht von Schülern aus NRW**

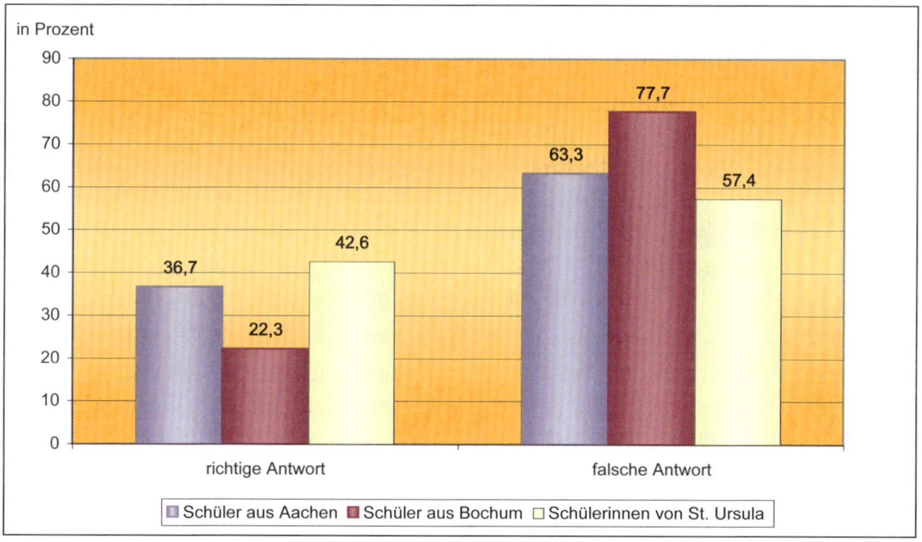

** Antworten auf die Frage: „Wer errichtete die Berliner Mauer?"*

Zwar werden die meisten Politiker von einer relativen Mehrheit (bei den bundesdeutschen Politikern mit Ausnahme von *Ludwig Erhard* sogar von einer absoluten Mehrheit) dem jeweiligen deutschen Teilstaat richtig zugeordnet, aber eine Minderheit versetzt einige Staatsmänner erstaunlicherweise in den anderen Staat und sehr

*Schaubild 143: Einordnung von Konrad Adenauer aus Sicht von Schülern aus NRW**

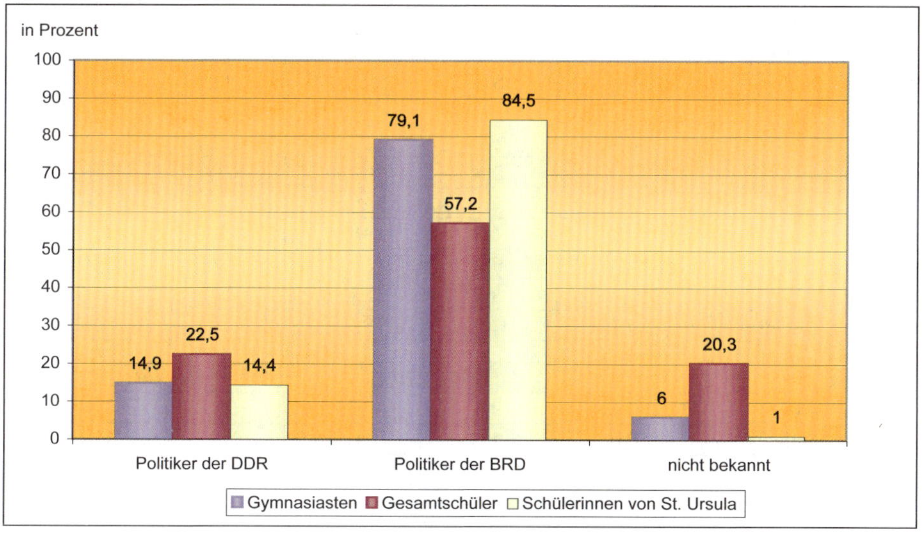

** Antworten auf die Frage: „Welche Politiker regierten in welchem Land?"*

viele kennen nicht einmal die Namen einiger Politiker. Zu unserer Verwunderung kann nur knapp jeder Dritte Ludwig Erhard korrekt der Bundesrepublik zuordnen, während ihn annähernd gleich viele nicht kennen und fast ein Fünftel ihn sogar für einen Politiker der DDR hält. Dass eine nennenswerte Minderheit glaubt, *Willy Brandt* und auch *Konrad Adenauer* seien DDR-Politiker gewesen, gibt darüber hinaus doch stark zu denken. Selbst *Helmut Schmidt,* der bis zum heutigen Tag an öffentlichen Debatten teilnimmt, ist nur gut jedem zweiten Befragten bekannt. Jungen und Gymnasiasten schneiden bei der Zuordnung von Politikern durchweg besser ab als Mädchen und Gesamtschüler. So halten zum Beispiel knapp 28% der Gesamtschüler (gegenüber gut 12% der Gymnasiasten) Willy Brandt für einen DDR-Politiker. Ein ähnliches Bild sehen wir bei der Einordnung von Konrad Adenauer.

Die Kenntnisse der nordrhein-westfälischen Schüler über die DDR sind – im Ländervergleich – auch bei den Wissensfragen eher gering ausgeprägt. Nur im Gymnasium St. Ursula verfügen die Mädchen über ein etwas höheres Wissen und nur gut jede zweite – gegenüber knapp zwei Dritteln insgesamt – hat niedrige und sehr niedrige Kenntnisse.

*Tabelle 44: Kenntnisstand in NRW**

	sehr hoch	hoch	mittel	niedrig	sehr niedrig
insgesamt	**0,3**	**8,4**	**28,8**	**36,6**	**25,9**
männlich	*0,8*	*9,4*	*36,1*	*34,9*	*18,8*
weiblich	*0,0*	*7,6*	*23,1*	*37,7*	*31,5*
Aachen	**0,6**	**9,3**	**32,7**	**32,7**	**24,7**
männlich	*1,4*	*8,1*	*37,8*	*31,6*	*21,1*
weiblich	*0,0*	*10,2*	*28,9*	*33,5*	*27,5*
Bochum	**0,0**	**7,3**	**24,2**	**41,3**	**27,3**
männlich	*0,0*	*10,9*	*34,2*	*38,6*	*16,3*
weiblich	*0,0*	*4,0*	*14,9*	*43,8*	*37,3*
Deutsche	**0,4**	**8,5**	**29,7**	**37,1**	**24,3**
männlich	*0,9*	*9,1*	*37,5*	*34,4*	*18,2*
weiblich	*0,0*	*8,0*	*23,4*	*39,3*	*29,2*
Ausländer	**0,0**	**5,8**	**22,1**	**31,4**	**40,7**
männlich	*0,0*	*7,9*	*26,3*	*39,5*	*26,3*
weiblich	*0,0*	*4,2*	*18,8*	*25,0*	*52,1*
unter 16 Jahre	**0,0**	**6,9**	**34,7**	**30,6**	**27,8**
16 Jahre	**0,5**	**8,1**	**27,8**	**35,9**	**27,6**
17 Jahre und älter	**0,2**	**8,9**	**28,5**	**38,4**	**23,9**
Schultyp					
Gymnasium	0,4	9,5	31,4	36,8	21,8
Gesamtschule	0,0	4,6	19,4	35,7	40,3
St. Ursula	0,0	18,6	39,2	26,8	15,5

** Angaben in Prozent. Der Kenntnisstand bezieht sich auf 18 gestellte Wissensfragen, dabei bedeutet die Bezeichnung „sehr hoch": › 16 richtige Antworten, „hoch": 14–16, „mittel": 10–13, „niedrig": 6–9 und „sehr niedrig": 0–5 richtige Antworten.*

Zusammenfassendes Ergebnis für Nordrhein-Westfalen:

- Die meisten Schüler wissen nur wenig über die DDR, da sie in der Schule kaum behandelt wird und im Freundes- und Familienkreis eher selten Gesprächsthema ist. Die Beurteilung der DDR durch die meisten Schüler erfolgt insofern eher assoziativ.
- Zwar werten nur sehr wenige Politik und Gesellschaft des SED-Staates positiv und eine breite Mehrheit betrachtet diesen zweiten deutschen Teilstaat in der Gesamtschau negativ, aber annähernd ein Drittel besitzt ein indifferentes Bild über die DDR und sieht gleichermaßen Vor- und Nachteile, sodass bei ihnen die Gefahr einer Relativierung des diktatorischen Charakters besteht. Je mehr die Schüler über die DDR wissen, umso skeptischer fällt das Urteil aus, wie insbesondere, aber nicht nur die Ergebnisse des Gymnasiums St. Ursula eindrücklich belegen.
- Ein nennenswerter Anteil der nordrhein-westfälischen Schüler, unter ihnen überdurchschnittliche viele Gesamtschüler, neigt in gewisser Weise zu einer Verklärung der DDR, indem er die sozialen Aspekte überbetont und die diktatorischen untergewichtet oder verkennt.
- Einer starken Minderheit ist die Differenz zwischen Demokratie und Diktatur nicht geläufig. Eine Ausnahme stellen die Schülerinnen des Mädchengymnasiums St. Ursula dar. Sie zeigen einen hohen Reflektionsgrad und Kenntnisstand, sodass sie deutlicher als alle Schülerinnen und Schüler der vier befragten Länder demokratische und gesellschaftspolitische Prozesse erkennen und beurteilen können.
- In der vergleichenden Bewertung der DDR gegenüber der Bundesrepublik stellen sich die nordrhein-westfälischen Schüler – Gymnasiasten häufiger als Gesamtschüler – aber mehrheitlich eindeutig auf die Seite der pluralistisch und freiheitlich-demokratisch verfassten Bundesrepublik und votieren gegen Unfreiheit und Diktatur in der DDR.

5. Der geschlechts- und schulspezifische Blick auf die DDR

Mädchen und Jungen, aber auch die Schüler der jeweiligen Schultypen in allen vier in die Untersuchung einbezogenen Ländern, unterscheiden sich vielfach deutlich in ihren Einschätzungen und Meinungen. Daher sollen im folgenden Kapitel auffällige geschlechts- und schulspezifische Differenzen und Sichtweisen dargestellt und analysiert werden.

a) Der geschlechtsspezifische Blick

Mädchen haben nicht nur in vielen Fragen und Einschätzungen eine andere Sicht als ihre männlichen Mitschüler, sondern legen sich auch seltener fest. Geschlechtsspezifische Unterschiede zeigen sich bereits beim Wahlverhalten: Mädchen (insgesamt gut 17%) nähmen zwischen 1,3 (Brandenburg) und 3 Prozentpunkten (Bayern) weniger als Jungen (insgesamt fast 15%) an einer Wahl teil. In Berlin würden 18,0% der Ost-Berlinerinnen und in Bayern über 25% der ausländischen Schülerinnen nicht wählen.

In allen von uns befragten Ländern ordnen sich die Mädchen (gut 33% bzw. gut 52%) stärker als die Jungen (knapp 28% bzw. knapp 49%) dem „eher linken" Spektrum und der politischen Mitte zu; nach „rechts" tendieren deutlich weniger Schülerinnen als Schüler. Nur in Berlin übertrifft die Anzahl der sich der rechten Szene zuordnenden ausländischen und deutschstämmigen Schülerinnen die ihrer männlichen Mitschüler und in Nordrhein-Westfalen fühlen sich knapp 22% der Schülerinnen von St. Ursula nach eigenen Angaben dem rechten Spektrum zugehörig. Da von letzteren jedoch mit fast 35% überdurchschnittlich viele die CDU wählen würden, steht zu vermuten, dass sie ihre politische Nähe zur CDU als „rechte" Einstellung bezeichnen. In Berlin und in Nordrhein-Westfalen präferieren mehr Mädchen als Jungen die Bündnis-Grünen. Rechtsextreme Parteien haben bei Mädchen kaum Chancen auf einen Wahlerfolg; die Linkspartei punktet dagegen stärker, vor allem bei ausländischen Schülerinnen.

Mädchen (gut 70%) beklagen noch mehr als Jungen (fast 63%), dass die DDR zu wenig oder gar nicht im Schulunterricht behandelt worden sei. Analog hierzu liegt der angegebene Wissensstand der Mädchen über die DDR unter dem der Jungen. In Bayern geben 80%, in Berlin und Brandenburg über 87% und in Nordrhein-Westfalen über 93% der Schülerinnen an, über wenig oder gar kein Wissen zu verfügen. 65% der Schülerinnen – gegenüber gut 47% der Schüler – möchten jedoch gerne mehr über das Leben in der DDR erfahren; sie bekunden stärkeres Interesse an der DDR als die Jungen und artikulieren deutlich weniger als Letztere Desinteresse.

Mädchen kennen etwas mehr als Jungen Filme über die DDR, allerdings eher Spiel- als Dokumentarfilme; sie bedauern mehr als Jungen, in der Familie zu wenig über die Teilung Deutschlands und die DDR zu sprechen; untereinander reden sie seltener als Jungen über die DDR. Sie sind deutlich weniger vorurteilsbezogen gegenüber Personen aus dem jeweils anderen Landesteil. Während über 20% der Jungen – vor allem aus dem Westen – Animositäten hegen, tun dies nur etwas über 5% der Mädchen. Vor allem knapp 30% der West-Berliner Jungen fühlen sich als Wessi und wollen generell mit Ossis nichts zu tun haben.

Die Bewertung der beiden deutschen Teilstaaten

Um das Ergebnis vorweg zu nennen: Schülerinnen in allen vier befragten Ländern haben – bezogen auf die abgefragten Dimensionen im zweiten Teil des Fragebogens – ein durchweg negativeres Bild von der Bundesrepublik und ein positiveres von der DDR als ihre männlichen Mitschüler. Selbst bei Fragen, bei denen sie mehrheitlich für die Bundesrepublik votieren, liegt der Anteil derjenigen, die sich für die DDR entscheiden, fast immer höher als bei den Jungen.

In Brandenburg, wo die Schüler generell einen positiveren Blick auf die DDR haben, punktet die DDR aus weiblicher Sicht auf 14 Feldern. In Berlin entscheiden sich nur bei den Fragen zum Familienzusammenhalt und zur Hilfsbereitschaft, zur Pressefreiheit, zur sozialen Gerechtigkeit, zum Sport und zum Straßenverkehr weniger Mädchen als Jungen für bessere Verhältnisse in der DDR. Bei den anderen Themen bevorzugen sie stärker als Jungen die DDR. Auch in Bayern präferieren die Schülerinnen in fast allen Bereichen – in besonders hohem Maße bei der Kinderbetreuung, der Versorgung im Alter, den Ausbildungsplätzen, den Renten, bei Büchern und Schallplatten, bei Recht und Ordnung, bei Freizeitangeboten und bei der Wirtschaftsleistung – häufiger als Jungen die DDR. In Nordrhein-Westfalen halten mehr Mädchen als Jungen vor allem den Zusammenhalt in der Familie, die Kinderbetreuung, die Sportförderung und die Mietpreise für besser in der DDR.

Aber auch bei Themenbereichen, bei denen sich die Mädchen seltener als die Jungen für die DDR entscheiden wie zum Beispiel bei der Sportförderung (Bayern, Berlin), sozialer Gerechtigkeit (Berlin), dem politischen System (Bayern), der Pressefreiheit (Nordrhein-Westfalen, Brandenburg), Sicherheit im Alltag (Brandenburg) oder Wirtschaftsleistungen (Nordrhein-Westfalen) entfällt kein höherer Prozentanteil auf die Bundesrepublik. Dies liegt – neben der positiveren Einschätzung der DDR – auch daran, dass ein (weitaus) höherer Prozentsatz als bei den männlichen Mitschülern zu einer „gleichen" Bewertung beider Staaten tendiert. Ob dies Ausdruck einer bei den Mädchen stärker ausgeprägten äquidistanten Sicht auf beide deutsche Teilstaaten ist oder einer geringeren Entscheidungsbereitschaft oder geringeren Kenntnissen der Mädchen geschuldet ist, ließ sich von uns auch nicht durch Gespräche aufklären, da diese vor der Auswertung der standardisierten Befragung stattfanden. Die Gespräche und Diskussionen mit den Schülerinnen verliefen dagegen genauso differenziert wie mit den Schülern, wenngleich sich weniger Mädchen als Jungen gesprächsbereit zeigten.

*Schaubild 144: Gleichberechtigung aus geschlechtsspezifischer Sicht**

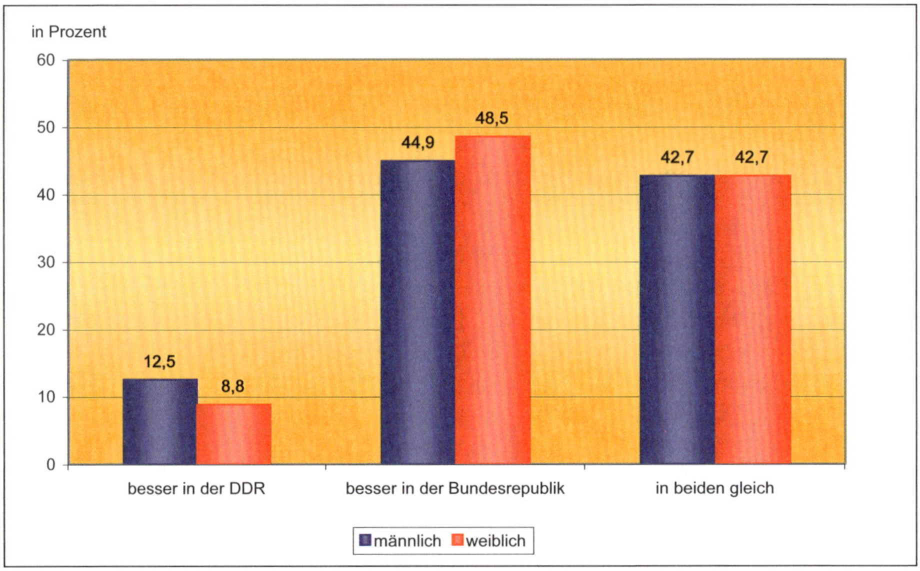

** Antworten auf die Frage: „Deutschland vor 1989: Was glauben Sie war besser oder gleich in der DDR oder in der Bundesrepublik Deutschland ...?"*

Entgegen unseren Erwartungen halten in allen Ländern Mädchen häufiger als Jungen die Gleichberechtigung in der Bundesrepublik für besser realisiert als in der DDR – in Brandenburg sogar knapp 10 Prozentpunkte mehr Mädchen als Jungen.

Allerdings differieren die Bewertungen der Schülerinnen auch innerhalb der Bundesländer stark nach ihrer Herkunft. So präferieren in Bayern nur knapp 49% der Mädchen in Nordbayern gegenüber gut 61% der südbayerischen Schülerinnen die Bundesrepublik. Bis auf Letztere glauben alle anderen Mädchen eher an gleichberechtigte Verhältnisse in beiden deutschen Staaten. In Berlin votieren knapp 53% der West-, aber nur gut 38% der Ost-Berlinerinnen für die Bundesrepublik. In der Diskussion stellte sich heraus, dass die meisten Mädchen die Gleichberechtigung keineswegs für schon erreicht hielten – weder in der DDR, noch in der alten Bundesrepublik, noch heute.

Generell neigen Mädchen stärker zu einer Gleichbewertung der Systeme als Jungen. Selbst bei scheinbar unpolitischen Bereichen wie dem unterschiedlichen Freizeitangebot für Jugendliche in Ost und West oder der Sportförderung haben sie stärker als Jungen eine äquidistante Sicht. Bei der Sportförderung zum Beispiel glaubt ein Drittel der Mädchen, aber nur ein gutes Viertel der Jungen an gleiche Bedingungen. Insgesamt scheinen Mädchen stärker als Jungen Kategorien wie Hilfsbereitschaft und Familienzusammenhalt unabhängig vom Gesellschaftssystem zu sehen.

Bei der Einschätzung der Hilfsbereitschaft favorisieren deutlich weniger Mädchen als Jungen die DDR oder die Bundesrepublik; eine relative Mehrheit von knapp 43% (gegenüber knapp 32%) sieht keine Unterschiede zwischen beiden Staaten. Besonders in Brandenburg bevorzugen dagegen gleich viele Mädchen wie Jungen (um die 59%) die DDR und nur 8% bis 10% die Bundesrepublik. Ein ähnliches Ergebnis sehen wir bei der Frage nach dem Zusammenhalt in Familien.

*Schaubild 145: Hilfsbereitschaft aus geschlechtsspezifischer Sicht**

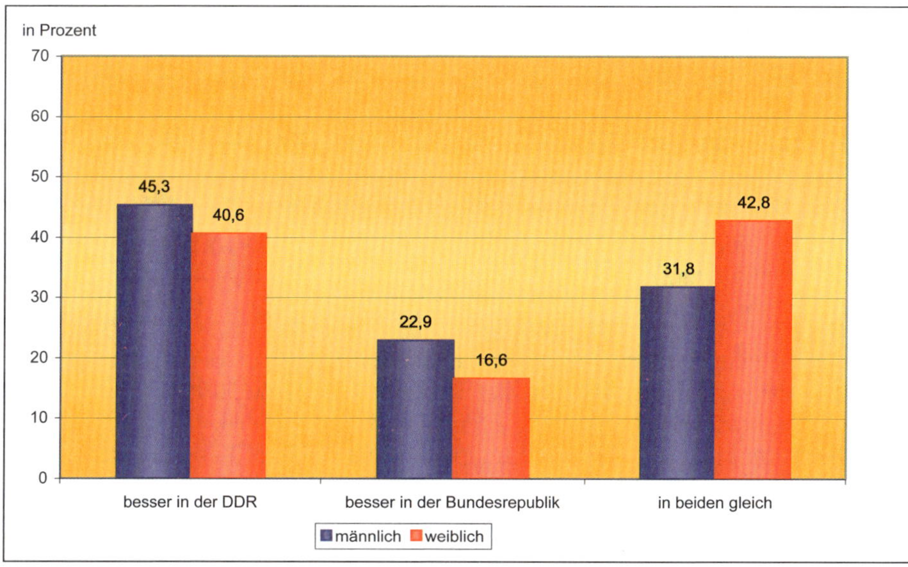

** Antworten auf die Frage: „Deutschland vor 1989: Was glauben Sie war besser oder gleich in der DDR oder in der Bundesrepublik Deutschland?“*

Neben den Freizeitangeboten für Jugendliche und der Kinderbetreuung, die von Schülerinnen deutlich stärker als von den Jungen als „gleich“ bewertet werden, oder der Schulausbildung, die insbesondere die nordrhein-westfälischen Mädchen auffällig häufiger als die Jungen für gleichwertig halten, neigen Schülerinnen dazu, sogenannte „unpolitische“ Bereiche wie ärztliche Versorgung, Einkaufsmöglichkeiten, Reisen und Verkehrsmittel als „gleich“ zu beurteilen.

Bei der Bewertung des Rentensystems und besonders der Altersversorgung gehen deutlich mehr Mädchen als Jungen von systemübergreifend gleichen oder besseren Verhältnissen in der DDR aus. Nur zwischen den ausländischen Schülern, vor allem in Berlin und Brandenburg, finden wir keine geschlechtsspezifisch unterschiedlichen Sichtweisen; sie neigen mit breiter absoluter Mehrheit zur Annahme einer besseren Altersversorgung in der Bundesrepublik.

Auch bei gesellschafts- und wirtschaftspolitischen Fragen vertreten Mädchen und Jungen unterschiedliche Positionen. So bevorzugen zum Beispiel in Bayern nur 62% der Mädchen (Jungen: 71,6%) die Rechts- und Ordnungsprinzipien der Bundesrepublik und knapp 20% vermuten „gleiche" Verhältnisse (Jungen: knapp 14%). In Berlin halten 25% der Schülerinnen Recht und Ordnung in beiden Staaten für gleich gut verwirklicht, aber lediglich knapp 19% der männlichen Schüler schließen sich dieser Meinung an.

Größere Differenzen sehen wir bei der Bewertung der Leistungen der Wirtschaft in beiden deutschen Staaten: Nur knapp 70% der Mädchen gegenüber 77,4% der Jungen sind von der besseren Wirtschaftsleistung in der Bundesrepublik überzeugt; 6 Prozentpunkte mehr Mädchen als Jungen glauben an „gleiche" Wirtschaftsleistungen. Während jedoch in Bayern 81,6% der Schülerinnen bessere Leistungen in der Bundesrepublik und nur 10,6% „gleiche" Leistungen vermuten, glauben knapp doppelt so viele Brandenburgerinnen an „gleiche" Leistungen und nur knapp 60% bewerten die Wirtschaftsleistungen der Bundesrepublik als besser.

An einen in beiden Staaten gleichen Umgang mit Ausländern glauben ebenfalls mehr Mädchen als Jungen. Sie entscheiden sich zudem häufiger als Jungen für die DDR und entsprechend weniger für die Bundesrepublik.

Bei der Beurteilung des politischen Systems zeigen sich in Berlin eklatante geschlechtsspezifische Unterschiede. Zwar ist eine breite Zweidrittelmehrheit aller Schüler vom besseren politischen System der Bundesrepublik überzeugt, jedoch nur gut 60% der Mädchen gegenüber knapp 74% der Jungen. Knapp 15% der Jungen, aber knapp 26% der Mädchen erkennen keine qualitativen Unterschiede zwischen den politischen Systemen der beiden deutschen Staaten. Im Westteil der Stadt beschränkt sich diese äquidistante Sicht auf knapp 19% der Mädchen, im Ostteil ist jedoch ein Drittel der Mädchen von einer Gleichwertigkeit der politischen Systeme überzeugt.

In Brandenburg lassen sich bei diesem Thema dagegen nur minimale geschlechtsspezifische Unterschiede aufzeigen, allerdings deutliche herkunftsspezifische. Während knapp 82% der ausländischen Schüler das politische System der BRD bevorzugen, tun dies lediglich gut 60% der deutschen.

Die Bewertung der DDR

Die geschlechtsspezifische unterschiedliche Sicht auf die DDR setzt sich auch bei der Skalenbefragung für die Ermittlung des DDR-Bildes fort. Mädchen neigen in höherem Maße dazu, sich nicht auf eine Meinung festlegen zu wollen oder zu können.

Bei der Skala Äquidistanz äußern sich die Jungen leicht zustimmender (5,4%) als die Mädchen (4,1%), aber auch deutlich ablehnender (70% zu 64,2%), die Mädchen sind entsprechend zurückhaltender in ihrem Urteil. Die größte Differenz sehen wir in Berlin, wo sich fast 11 Prozentpunkte mehr Mädchen als Jungen neutral äußern.

Über 80% der bayerischen Schülerinnen und Schüler, knapp 76% der nordrhein-westfälischen – 87,6% der Ursulanerinnen – (Jungen gut 81%) und gut 68% der West-Berliner Schülerinnen (Jungen 76%), aber nur knapp 44% der Ost-Berliner und knapp 49% der Brandenburger Mädchen (Jungen knapp 54%) lehnen eine Haltung ab, die beide Staaten und Gesellschaften auf die gleiche Stufe stellt. In diesem Fall überlagern die herkunftsspezifischen Unterschiede die geschlechtsspezifischen, d. h. vor allem ostdeutsche Mädchen halten nicht ausdrücklich die Bundesrepublik für das bessere Gesellschaftssystem.

Mit Ausnahme der Statements zur Einordnung der beiden Staaten und zu den Staatsformen äußern sich die männlichen Schüler in Bayern und Nordrhein-Westfalen zwar eindeutiger, aber auch DDR-freundlicher als ihre Mitschülerinnen. Letztere weisen bei allen Items eine größere neutrale Haltung auf als ihre männlichen Mitschüler. Allerdings sehen wir auch unter den Mädchen unterschiedliche Auffassungen. So halten sich Brandenburger und Ost-Berliner Schülerinnen am häufigsten mit Urteilen zurück, südbayerische sind neben den Ursulanerinnen am entscheidungsfreudigsten. Eindeutige Positionen vertreten am häufigsten die Schülerinnen von St. Ursula, die eine Gleichwertigkeit mit deutlicher Mehrheit ablehnen.

Eine große relative Mehrheit der befragten Schüler fällt ein ambivalentes Urteil über die Sozialpolitik der DDR, sieht einiges positiv, anderes negativ. Dabei finden wir in dieser Gruppe mehr Mädchen als Jungen. Letztere bewerten die Sozialpolitik im SED-Staat weniger positiv als Mädchen (gut 21% gegenüber gut 25%). Noch deutlicher fällt die geschlechtsspezifische Differenz in der generellen Ablehnung aus: Es stehen knapp 34% der Jungen knapp 27% der Mädchen gegenüber.

Während in Bayern, Nordrhein-Westfalen und West-Berlin zwischen knapp 46% und gut 40% der Jungen sowie zwischen gut 38% und 33% der Mädchen die DDR-Sozialpolitik ablehnen, sind dies in Brandenburg und Ost-Berlin nur 17,5% bzw. 20,0% der Jungen und 13% bzw. 10% der Mädchen. Entsprechend befürworten in den drei westlichen Regionen lediglich zwischen 12,5% und 15% der Jungen und Mädchen die Sozialpolitik, aber 33% bzw. 40% der Ost-Berliner und Brandenburger Jungen sowie 45% bzw. gut 40% der Mädchen. Zwar werden die geschlechtsspezifischen Bewertungsdifferenzen von den herkunftsspezifischen überlagert, gleichwohl geben in allen vier Regionen Mädchen ein weniger negatives Urteil über die DDR-Sozialpolitik ab.

Die geringste Urteilsfreude zeigen Mädchen bei der Bewertung der Kosten der Sozialpolitik, wo sich zwischen 43% (Bayern) und gut 53% (West-Berlin) der Mädchen der Antwort entziehen. Beim Statement zur Arbeitsplatzgarantie und staatlicher Lohnpolitik (Item 1) entscheidet sich in Bayern eine relative Mehrheit der Schülerinnen für das Modell der DDR, während eine knappe relative Mehrheit der Jungen für die BRD votiert. Nicht nur über 80% der Mädchen im Ostteil Berlins stehen diesem

Schaubild 146: Sozialpolitik in der DDR aus geschlechtsspezifischer Sicht

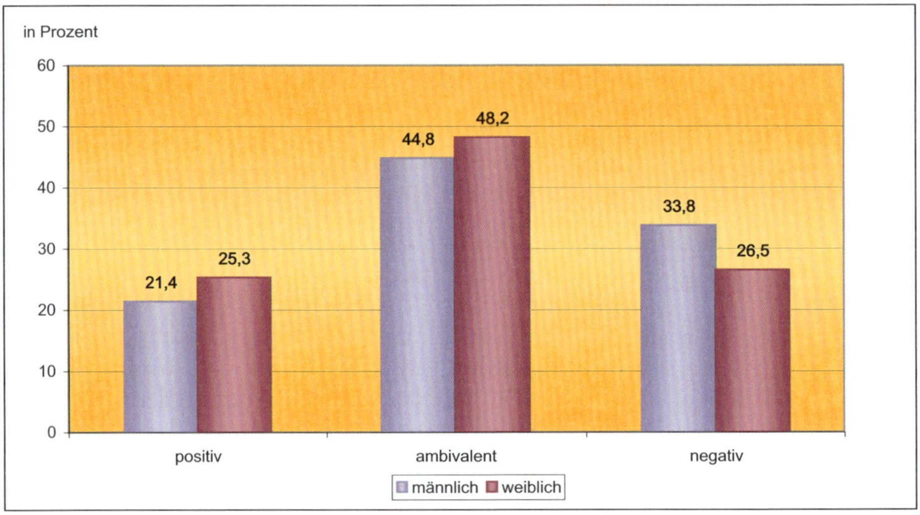

Postulat positiv gegenüber, sondern auch knapp die Hälfte der West-Berliner Schülerinnen. In den Gesprächen ließen alle Mädchen große Ängste vor ihrer beruflichen Zukunft erkennen, d. h. sie bewerten die DDR-Sozialpolitik auch aus der eigenen unsicheren Perspektive.

Bei der Skala Wirtschaftspolitik lassen sich in allen befragten Ländern große geschlechtsspezifische Bewertungsunterschiede feststellen: Mit Ausnahme von Nordrhein-Westfalen stehen mehr Mädchen als Jungen der Wirtschaftspolitik der DDR positiv gegenüber. Zudem äußern sich die Mädchen deutlich ambivalenter und entsprechend weniger ablehnend gegenüber der Planwirtschaft der DDR.

Schaubild 147: Wirtschaftspolitik in der DDR aus geschlechtsspezifischer Sicht

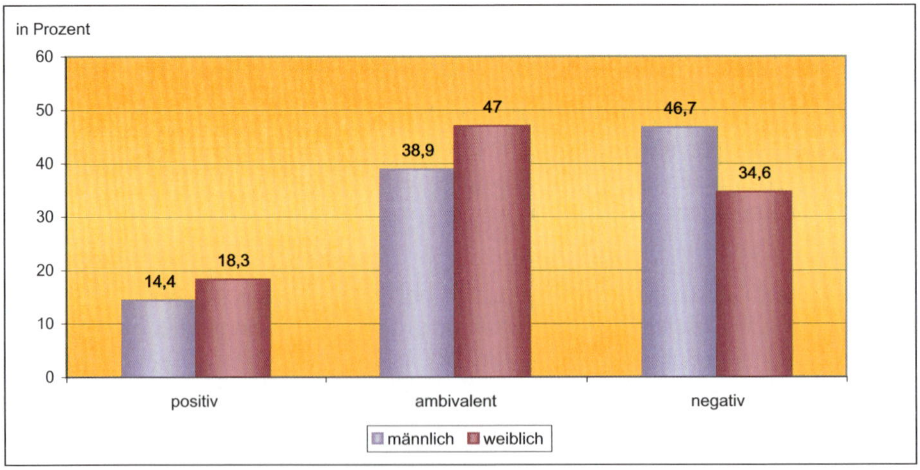

Auffällige geschlechtsspezifische Differenzen bei dem Urteil über dieses Politikfeld ergeben sich in Bayern, Berlin und Nordrhein-Westfalen vor allem durch das Item zum wirtschaftlichen Zusammenbruch der DDR (Item 2), das zwischen 10 (Nordrhein-Westfalen) und gut 13 (Bayern) Prozentpunkte mehr Mädchen als Jungen nicht eindeutig beantworten wollen. Auch die beiden anderen Statements zum Wohlstand durch staatliche Wirtschaftslenkung (Item 4) und zur Planwirtschaft (Item 6) lehnen mit Ausnahme der Brandenburger Schülerinnen deutlich weniger Mädchen als Jungen ab. Entsprechend stehen die Schülerinnen bei diesen Items der DDR positiver als die Jungen gegenüber. Auffällig demonstrieren dies in Nordrhein-Westfalen die Mädchen von St. Ursula, von denen mehr als ein Drittel das Statement zum (vermeintlichen) Wohlstand durch staatliche Wirtschaftslenkung bejaht.

Die geschlechtsspezifischen Differenzen bei der Bewertung der DDR-Außenpolitik fallen nur geringfügig aus; Jungen sind leicht zustimmender, Mädchen leicht zwiespältiger. Um die 71% der bayerischen, knapp zwei Drittel der nordrhein-westfälischen – 83,5% der Ursulanerinnen – Schülerinnen und Schüler sowie gut 60% der West-Berliner Mädchen (Jungen: gut zwei Drittel), aber nur knapp 38% der brandenburgischen (Jungen: gut 35%) und 35,5% der Ost-Berliner Schülerinnen (Jungen: knapp 39%) lehnen die DDR-Außenpolitik ab. Vor allem beim Statement zur Souveränität der DDR (Item 30) führen offenbar Verunsicherung und mangelndes Wissen zu höheren neutralen Antworten bei den Schülerinnen (knapp 17%; Jungen: 23,0%). Die Schülerinnen von St. Ursula zeichnen sich bei allen Items durch die geringste Zahl neutraler Antworten aus und beweisen damit erneut ihre Entscheidungsfreude.

Auch bei der Skala Schule/Alltag differieren die geschlechtsspezifischen Bewertungen im Gesamtergebnis nur geringfügig; die Mädchen äußern sich etwas ablehnender und entscheidungsfreudiger als die Jungen. Im Ländervergleich sind in Bayern und Nordrhein-Westfalen Mädchen (73% bzw. gut 69%) in der Bewertung kritischer als Jungen (69% bzw. gut 66%) und in West-Berlin die Jungen (64,5%) ablehnender als die Mädchen (62%).

Eine wesentlich kritischere Sicht als Jungen haben Schülerinnen bei der Skala Jugend und Familie in der DDR. Fast halb so viele Mädchen wie Jungen befürworten die Jugend- und Familienpolitik der DDR, entsprechend mehr lehnen sie ab (71,8% gegenüber 64,5%). Deutlich skeptischer als Jungen betrachten die Mädchen auch die Situation von Jugendlichen und Familien in der DDR. In allen Untersuchungsregionen sprechen sich die Schülerinnen zum Teil deutlich häufiger als Jungen gegen die bei dieser Skala abgefragten Aspekte aus.

Vor allem das Statement zur vormilitärischen Erziehung im Schulunterricht (Item 28) lehnen auffällig mehr Mädchen als Jungen ab – in Frankfurt klaffen zum Beispiel 24,4 Prozentpunkte Differenz zwischen den Geschlechtern. Auch von einer Organisation der Freizeit (Item 12) halten weniger Mädchen als Jungen etwas; nur in Brandenburg sehen wir ein anderes Bild: Hier äußern sich mehr Mädchen als Jungen befürwortend und weniger als die Hälfte ablehnend. Bei der Frage nach der Unterordnung unter eine Gemeinschaft (Item 17), bei der die Jungen unentschiedener und zustimmender votieren, vertreten alle Schülerinnen häufiger als Jungen eine dezidiert ablehnende Meinung.

Den diktatorischen Aspekten des SED-Staates stehen Mädchen weniger zustimmend, aber – mit Ausnahme der Bayerinnen – auch indifferenter als ihre männlichen Mitschüler gegenüber. Die Anteile der Schülerinnen, die den diktatorischen Charakter der DDR erkennen und sich einer verharmlosenden Sicht verweigern, liegen zwischen gut 62% in den beiden ostdeutschen Untersuchungsregionen und 87% in Bayern. In Ost-Berlin und Brandenburg sind die Jungen DDR-kritischer.

In den einzelnen Ländern fallen die geschlechtsspezifischen Differenzen bei den Items dieser Skala unterschiedlich aus. So halten deutlich mehr bayerische und nordrhein-westfälische Schülerinnen als ihre Mitschüler die DDR für eine Diktatur. Unter Letzteren ragen noch einmal die Ursulanerinnen heraus, die mit 82,5% der DDR das Prädikat „Diktatur" verleihen. Dagegen schließt sich nicht einmal die Hälfte der Ost-Berliner und der (deutschen) Brandenburger Schülerinnen (und Schüler) diesem Urteil an. Gut 28% der Ost-Berliner und gut ein Viertel der Brandenburger Schülerinnen und Schüler sprechen sich sogar dezidiert gegen die Einordnung des SED-Staates als Diktatur aus. In den Gesprächen wurde deutlich, dass viele Ost-Berliner und Brandenburger Schülerinnen (aber auch Schüler) nicht in der Lage sind, zwischen Demokratie und Diktatur zu differenzieren.

Ob die DDR durch demokratische Wahlen (Item 19) legitimiert war, wollen gut 10 Prozentpunkte weniger Mädchen als Jungen bewerten. Nur Südbayerinnen und Ursulanerinnen lehnen zu etwa zwei Dritteln das Statement deutlich überdurchschnittlich ab, in den anderen Ländern fällt die Ablehnung der vermeintlichen Legitimation der DDR durch demokratische Wahlen erheblich geringer aus. So schließt sich zum Beispiel nur jede dritte Ost-Berliner Schülerin dieser Auffassung an.

Bei der Skala Verharmlosung der Unterdrückung äußern sich ebenfalls weniger Mädchen als Jungen zustimmend; aber sie sind teilweise deutlich ablehnender und weniger unentschieden als die Jungen. In allen fünf Untersuchungsregionen widersprechen Mädchen häufiger einer Relativierung oder Verharmlosung der repressiven Seiten des SED-Staates. Die entsprechenden Quoten liegen zwischen 74% in Ost-Berlin und 87,5% in Bayern, die der Jungen zwischen etwa 58% in Brandenburg und 79% in Nordrhein-Westfalen und Bayern.

Die Statements dieser Skala werden zwar überall, von Mädchen ebenso wie von Jungen, in der Tendenz sehr DDR-kritisch beurteilt, allerdings beobachten wir auch unterschiedliche geschlechtsspezifische Sichtweisen. Bei der Bewertung des Schusswaffengebrauchs an der Grenze (Item 26) gehen die Meinungen von Mädchen und Jungen am auffälligsten auseinander: Deutlich mehr Jungen (knapp 24%) als Mädchen (knapp 15%) geben den Flüchtenden eine Mitschuld, weitaus mehr Mädchen

*Schaubild 148: Legitimation der DDR-Regierung durch demokratische Wahlen aus geschlechtsspezifischer Sicht**

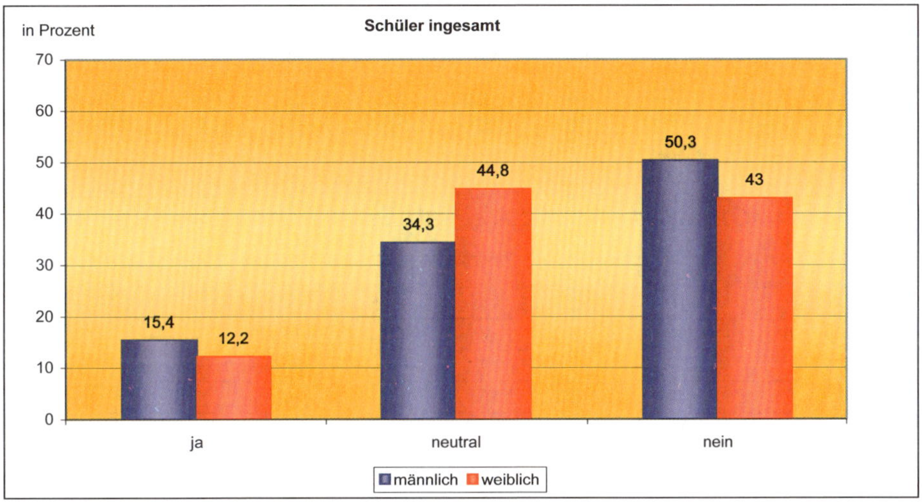

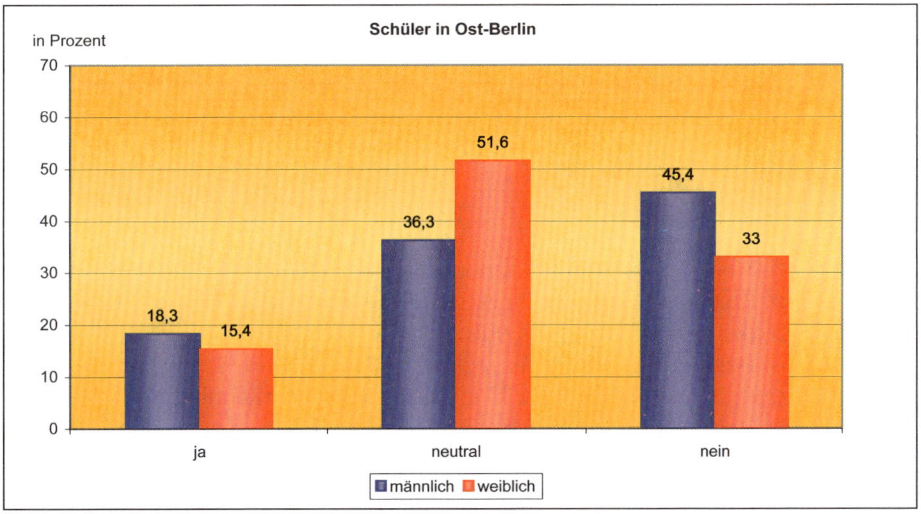

* *Stellungnahmen zu der Aussage: „Die Regierung der DDR war durch demokratische Wahlen legitimiert."*

(gut 77%) als Jungen (gut 66%) sprechen sich dagegen aus. Auch ein knappes Fünftel der Schülerinnen von St. Ursula, die sich zu fast 80% ablehnend äußern, unterstützt diese Position. In Brandenburg werten knapp drei Viertel der Mädchen, aber nur knapp 63% der Jungen den Schießbefehl negativ. Erschreckenderweise geben knapp 30% der Potsdamer und ein Drittel der Neuruppiner Jungen den Flüchtenden eine Mitschuld.

Mädchen halten das MfS weniger häufig als Jungen für einen Geheimdienst (Item 11), wie ihn jeder Staat hat (25,3% gegenüber 31,7%). In den beiden ostdeutschen

Untersuchungsregionen fallen die geschlechtsspezifischen Differenzen geringer als in den westdeutschen aus. In allen Regionen halten sich die Mädchen aber in ihrem Urteil stärker als ihre männlichen Mitschüler zurück.

Bei der Gesamtskala zum DDR-Bild der befragten Schülerinnen und Schüler gleichen sich die in den Einzelskalen vorhandenen unterschiedlichen geschlechtsspezifischen Sichtweisen weitgehend aus: Jungen haben eine leicht positivere und negativere Sicht als Mädchen und sind entsprechend etwas weniger unentschieden.

Tabelle 45: Gesamtbild der DDR aus geschlechtsspezifischer Sicht

	Positiv		Teils/teils		Negativ
St. Ursula	0,0%	*St. Ursula*	15,5%	*St. Ursula*	84,5%
Mädchen W-B	0,2%	Mädchen Bay	17,1%	Mädchen Bay	82,7%
Mädchen Bay	0,3%	Jungen Bay	20,9%	Jungen Bay	78,1%
Mädchen NRW	0,6%	Mädchen NRW	27,4%	Mädchen NRW	72,0%
Jungen NRW	0,8%	Jungen W-B	28,6%	Mädchen W-B	70,1%
Jungen Bay	1,0%	Jungen NRW	30,8%	Jungen NRW	68,4%
Jungen W-B	1,3%	Mädchen W-B	32,4%	Jungen W-B	67,4%
Mädchen insg.	**1,6%**	**Jungen insg.**	**36,7%**	**Jungen insg.**	**61,4%**
Jungen insg.	**2,2%**	**Mädchen insg.**	**37,8%**	**Mädchen insg.**	**60,5%**
Mädchen BB	3,3%	Jungen O-B	50,6%	Jungen O-B	45,0%
Jungen O-B	4,5%	Jungen BB	53,5%	Jungen BB	41,4%
Mädchen O-B	4,6%	Mädchen BB	56,3%	Mädchen BB	40,4%
Jungen BB	5,1%	Mädchen O-B	59,0%	Mädchen O-B	36,4%
Bay = Bayern; BB = Brandenburg; W-B = West-Berlin; O-B = Ost-Berlin; NRW = Nordrhein-Westfalen					

Die Bandbreite bei der wertenden Einordnung der DDR zeigt sich insbesondere bei den unentschiedenen und den negativen Urteilen. Die Anteile der Schüler und Schülerinnen, die sich eines Urteils enthalten, liegen zwischen 15,5% (St. Ursula) und 59% (Ost-Berliner Mädchen), die bei den negativen Urteilen zwischen 84,5% (St. Ursula) und 36,4% (Ost-Berliner Mädchen). Deutlich erkennbar wird die Überlagerung bzw. Verstärkung der geschlechtsspezifischen Differenzen durch die herkunftsspezifischen. Die Schwankungsbreite innerhalb eines Landes fällt zum Teil deutlich geringer aus als die zwischen den Ländern. Eine gewisse Ausnahme bildet Ost-Berlin, wo deutlich mehr Jungen als Mädchen ein negatives Gesamtbild über die DDR haben. Die Gymnasiastinnen von St. Ursula führen in allen drei Bereichen die „Hitliste" an: Sie geben die wenigsten positiven und ambivalenten und die häufigsten negativen Urteile ab. Ähnlich wie sie urteilen die bayerischen und nordrhein-westfälischen Mädchen. Während in den westlichen Ländern die Mädchen ein negativeres Bild der DDR als die Jungen haben, kehrt sich das Verhältnis in Brandenburg und Ost-Berlin um. Hier sind die männlichen Schüler dem SED-Staat gegenüber kritischer eingestellt als die weiblichen. Die Schülerinnen in Ost-Berlin und Brandenburg geben von allen Teilgruppen am wenigsten – mit Anteilen weit unter 50% – ein negatives Urteil über den SED-Staat ab.

Allgemeine Fragen

Auch bei den allgemeinen Fragen zum Verhältnis zu Ausländern, zur Gleichsetzung von System und Lebenswelt in der DDR, zur Beurteilung der Wiedervereinigung und des Sozialismus als Idee oder Vision sehen wir zum Teil stark differierende geschlechtsspezifische Einschätzungen.

Bei den Items zur Ausländerthematik (Items 33 und 40) bejahen weitaus weniger Mädchen (knapp 17% bzw. knapp 20%) als Jungen (gut 25% bzw. knapp 30%) beide Statements, weitaus mehr verneinen sie. Allerdings sehen wir auch auffällige herkunftsspezifische Unterschiede, so dass die geschlechtsspezifischen überlagert werden. In Südbayern stimmen deutlich weniger Schülerinnen und Schüler diesen Items zu als im Norden des Landes und in Nordrhein-Westfalen sind die Jungen entscheidungsunsicherer als die Mädchen. Im Ostteil Berlins befürworten mehr Mädchen als im Westteil beide Aussagen und weitaus weniger sprechen sich gegen die Statements aus. Die Schülerinnen in Brandenburg äußern sich bei der Thematik weitaus ablehnender als die Jungen. Am stärksten befürworten die Ost-Berliner Schülerinnen einen Umgang mit Ausländern nach DDR-Vorbild.

*Schaubild 149: Bewertung der Wiedervereinigung aus geschlechtsspezifischer Sicht**

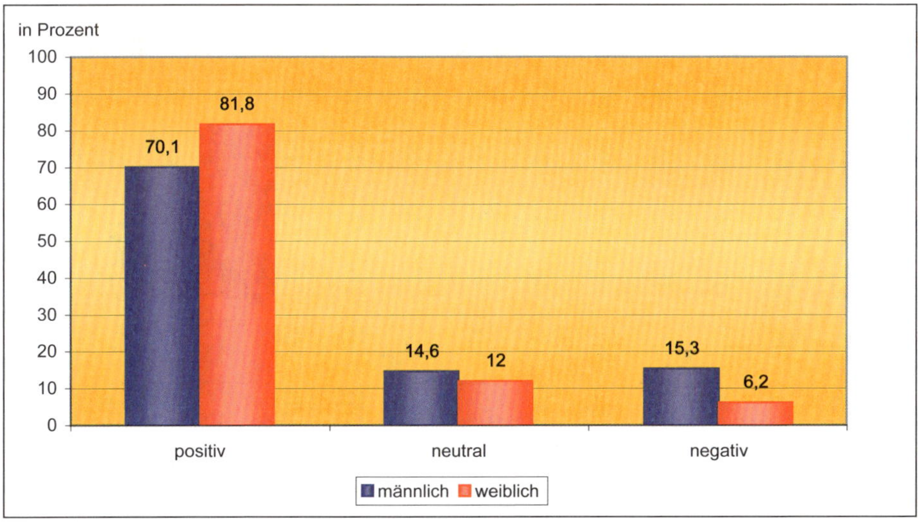

** Stellungnahmen zu der Aussage: „Auch wenn der Aufbau Ost viel Geld kostet, bin ich froh, dass Deutschland wiedervereint ist.*

Der Wiedervereinigung stehen Mädchen deutlich positiver als Jungen gegenüber – vor allem in den westlichen Landesteilen. Die Quoten für die Zustimmung liegen bei den Mädchen zwischen 78% in Nordrhein-Westfalen und knapp 88% in Ost-Berlin, die der Jungen zwischen knapp 60% in Nordrhein-Westfalen und etwa 84% in Ost-Berlin. Dieses Ergebnis deckt sich mit repräsentativen Bevölkerungsumfragen, wo durchweg Ostdeutsche der Wiedervereinigung positiver gegenüberstehen als Westdeutsche.

Bei der Bewertung der friedlichen Revolution, die zum Sturz des SED-Regimes führte, sind bayerische und nordrhein-westfälische Schülerinnen wesentlich entscheidungsunsicherer als Jungen und äußern sich entsprechend weniger zustimmend und weniger ablehnend. Berliner und Brandenburger Mädchen sind bei diesem Thema viel skeptischer als ihre männlichen Mitschüler. Insgesamt halten weniger Mädchen (gut 64%) als Jungen (knapp 70%) die friedliche Revolution für eine gute Sache. Dafür glauben die Schülerinnen in allen befragten Ländern seltener als ihre männlichen Mitschüler an eine instrumentelle Kritik an der DDR, um Ostdeutsche abzuwerten und fordern auch weniger häufig von Ostdeutschen mehr Dankbarkeit gegenüber Westdeutschen.

*Schaubild 150: Dank der Ostdeutschen gegenüber Westdeutschen aus geschlechtsspezifischer Sicht**

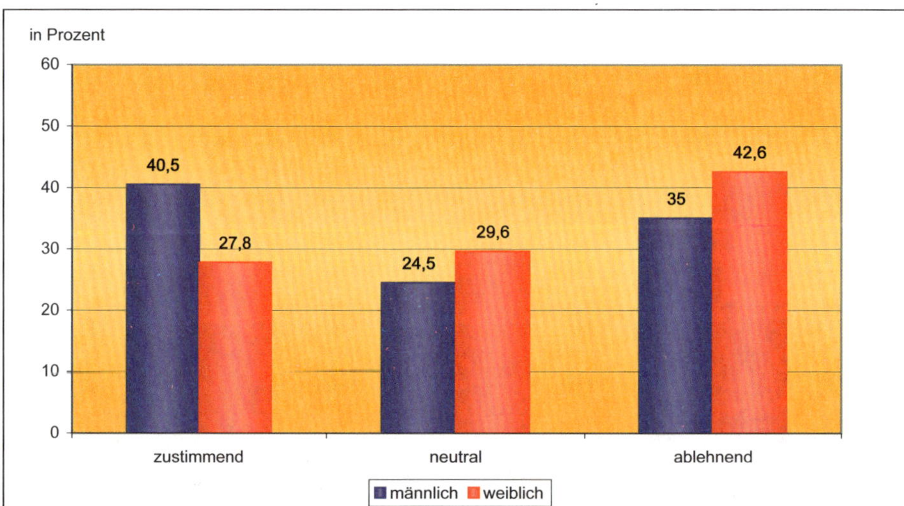

** Stellungnahmen zu der Aussage: „Die Ostdeutschen sollten gegenüber den Westdeutschen dankbarer sein, da sie viel Geld vom Westen bekommen."*

Bei der Frage nach dem Sozialismus in der DDR als guter Idee optieren die Mädchen weitaus seltener als die Jungen zustimmend (31,8% gegenüber 38,5%) und sind entsprechend weniger bereit, sich festzulegen. In Bayern votiert sogar eine relative Mehrheit von knapp 42% der Mädchen gegen die „gute Idee des Sozialismus in der DDR", nur 23% sind dieser Vision gegenüber positiv eingestellt. In Nordrhein-Westfalen lehnen bis auf die Ausländerinnen alle Mädchen diesen Gedanken stärker ab, insbesondere 61,5% der Schülerinnen von St. Ursula. Während diese Schülerinnen nur zu 24% der sozialistischen Idee gegenüber positiv eingestellt sind, sympathisieren mit ihr fast 38% der Jungen in Bochum.

Jungen – vor allem in Nordbayern, Bochum, Ost-Berlin und Frankfurt sowie männliche Ausländer – bevorzugen stärker als Mädchen eine staatliche Rundumversorgung auf Kosten der Freiheit. Ein eindeutiges Votum für die Freiheit geben insbesondere die Schülerinnen von St. Ursula (knapp 90%) und die südbayerischen Mädchen (gut 82%) ab. Ihrem Urteil schließen sich dagegen zum Beispiel nur 52% der Ost-Berliner Jungen an.

Insgesamt fallen bei diesem Fragenkomplex die geschlechtsspezifischen Unterschiede geringer als bei den anderen aus.

Wissensfragen

Bei den expliziten Wissensfragen schneiden die Mädchen signifikant schlechter ab als ihre männlichen Mitschüler. Nur 0,6% der Schülerinnen (gegenüber 1,6% der Schüler) weisen einen sehr hohen Kenntnisstand auf, 27,4% dagegen einen sehr niedrigen (Jungen: 19,9%). Diese geschlechtsspezifische Differenz fällt in Berlin, Brandenburg und Nordrhein-Westfalen deutlich größer aus als in Bayern, wo die Mädchen zudem durchschnittlich mehr wissen als Jungen in den anderen befragten Ländern.

*Schaubild 151: Kenntnisstand aus geschlechtsspezifischer Sicht**

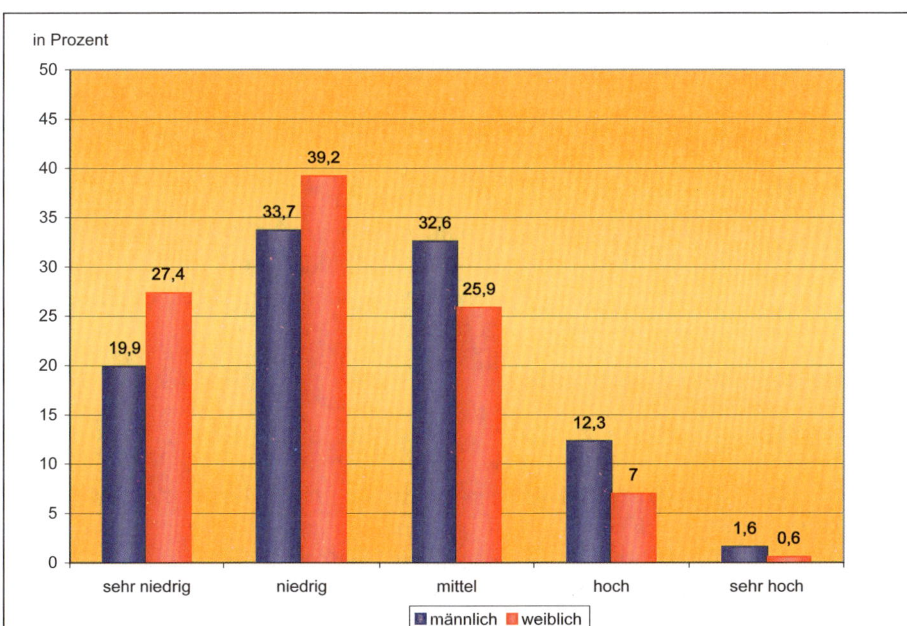

** Der Kenntnisstand bezieht sich auf 18 gestellte Wissensfragen, dabei bedeutet die Bezeichnung „sehr hoch“: › 16 richtige Antworten, hoch: 14–16, „mittel“: 10–13, „niedrig“: 6–9 und „sehr niedrig“: 0–5 richtige Antworten.*

Bei der Zuordnung der Todesstrafe zur DDR irren die Mädchen mit knapp 8 Prozentpunkten häufiger als ihre männlichen Mitschüler. Positiv aus dem Rahmen fallen jedoch die Ursulanerinnen, von denen knapp 44% die richtige Antwort kennen (insgesamt: 23,7%). Bei der Einschätzung der Lebenserwartung zeigt sich ein ähnliches Bild: Bis auf die Mädchen von St. Ursula entscheiden sich nahezu durchgängig weniger Mädchen als Jungen richtig für die Bundesrepublik. Vor allem die ostdeutschen Schülerinnen votieren überdurchschnittlich häufig für die DDR oder eine gleiche Lebenserwartung in den beiden Staaten.

Während eine deutliche relative Mehrheit von gut 43% aller Jungen die Umwelt in der Bundesrepublik für sauberer hält, votiert eine knappe relative Mehrheit der Schülerinnen für die DDR. Erneut geben vor allem die ostdeutschen Mädchen – mit den Ost-Berlinerinnen an der Spitze – ein (falsches) Votum für die DDR ab. In Bayern, dem einzigen Land, in dem eine absolute Mehrheit der Befragten die Bundesrepublik präferiert, sind – auf niedrigem Niveau - die südbayerischen Schülerinnen Spitzenreiterinnen mit falschen Antworten. Von ihnen glauben knapp 21% an eine sauberere Umwelt in der DDR, fast genauso viele an gleiche Verhältnisse. In Nordrhein-Westfalen verfügen die Schülerinnen von St. Ursula über die höchsten Kenntnisse: 40% wissen um die sauberere westdeutsche Umwelt. In Berlin entscheidet sich im Westteil ein knappes Drittel der Schülerinnen für die Bundesrepublik und ein gutes Viertel für die DDR. Im Ostteil votieren gut 45% der Mädchen für die DDR und nur knapp 18% für die Bundesrepublik. Die Brandenburger Schüler präferieren mit einer relativen Mehrheit von knapp 42% die DDR; vor allem die Neuruppinerinnen glauben mit knapp 47% an eine sauberere Umwelt in der DDR.

Der geringere Kenntnisstand von Mädchen zeigt sich auch bei den Fragen nach den Arbeitslagern und dem Volksaufstand 1953. Dabei irren sie nicht nur häufiger, sondern geben auch überdurchschnittlich an, hierüber nicht informiert zu sein. Den Volksaufstand kennen zum Beispiel knapp 22% der Mädchen, aber nur knapp 14% der Jungen nicht. Bei der Frage nach gleichen Einkommens- und Vermögensverhältnissen in der DDR sehen wir, abgesehen von den bayerischen Schülerinnen, die in hoher Zahl dort fälschlich egalitäre Verhältnisse vermuten, nur geringe Differenzen.

Lediglich gut 31% aller Schüler – 36% der Jungen und nur etwa 28% der Mädchen – ist bekannt, dass die DDR die Mauer errichtete; knapp 46% halten die SU für verantwortlich. Viele Mädchen (knapp 16%) tippen sogar auf die Alliierten. In Bayern wissen nur 21,5% der Schülerinnen – sogar nur 14% der Südbayerinnen – die richtige Antwort. Eine falsche Antwort und damit eine politisch-moralische Entlastung der hierfür verantwortlichen Partei SED – geben vor allem die Mädchen aus Bayern und Nordrhein-Westfalen. Sie – wie die Mädchen generell – (knapp 53%) – kennen dagegen häufiger als ihre männlichen Mitschüler (knapp 50%) das Jahr des Mauerbaus. Mit Ausnahme der Schülerinnen im Westteil Berlins wissen in allen Teilgruppen mehr Mädchen als Jungen das korrekte Datum des Mauerbaus – die einzige Frage, die sie häufiger als ihre männlichen Mitschüler richtig beantworten.

In Bayern und Nordrhein-Westfalen geben mehr Mädchen als Jungen an, die abgefragten Politiker nicht zu kennen und ordnen sie in geringerer Zahl korrekt zu. Vor allem bei den DDR-Politikern verfügen sie über geringere Kenntnisse. Eine Ausnahme bilden die Schülerinnen von St. Ursula. Bis auf Helmut Schmidt und Helmut Kohl verorten sie alle Politiker häufiger richtig als die Jungen.

Willy Brandt und Helmut Kohl sind in Berlin die einzigen Politiker, die weniger Mädchen als Jungen nicht kennen: Bei allen abgefragten Politikern liegen sie in der Zuordnung häufiger falsch als Jungen. Allerdings betrifft das nicht alle Mädchen gleichermaßen. Ausländische und vor allem deutschstämmige Schülerinnen liegen bei einigen Politikern richtiger als ihre männlichen Mitschüler, während sich die deutschen Mädchen durchgängig durch weniger korrekte Angaben auszeichnen. In Brandenburg bekunden die Schülerinnen größere Unwissenheit und Unkenntnis als Jungen und sind weniger in der Lage, die Politiker in den richtigen deutschen Teilstaat zuzuordnen. Selbst Helmut Kohl halten 16,6% der Brandenburger und sogar gut 19% der Potsdamer Schülerinnen für einen DDR-Politiker.

Fazit

Im geschlechtsspezifischen Vergleich zeigt sich, dass Mädchen und Jungen viele Bereiche der DDR anders sehen und beurteilen. Diese geschlechtsspezifischen Differenzen werden jedoch überlagert von den herkunftsspezifischen, das heißt bayerische, nordrhein-westfälische und West-Berliner Schülerinnen (und Schüler) haben eine deutlich kritischere Sicht auf die DDR als Brandenburger und Ost-Berliner.

Schülerinnen haben – insgesamt gesehen – nicht nur ein weniger positives, sondern auch ein weniger negatives DDR-Bild als Jungen. Dies liegt vor allem daran, dass sie weniger als Letztere bereit oder fähig sind, sich bei den einzelnen Statements auf eine Position festzulegen.

Verglichen mit ihren Berliner und Brandenburger Mitschülerinnen verfügen bayerische und nordrhein-westfälische Schülerinnen – entgegen ihrer Selbsteinschätzung – allerdings über weitaus höhere Kenntnisse als ihre Mitschülerinnen in Berlin und Brandenburg. Auch sind sie deutlich häufiger als Letztere bereit, ein Urteil abzugeben.

Das nordrhein-westfälische Ergebnis wird leicht beeinflusst durch die Antworten der Schülerinnen von St. Ursula. Diese haben sowohl eine größere Bereitschaft und Fähigkeit, Stellung zu beziehen, als auch weitaus höhere Kenntnisse als andere Schülerinnen und Schüler in Nordrhein-Westfalen. Auch verfügen sie offenbar über einen höheren Reflektionsgrad, der es ihnen erlaubt, demokratische und gesellschaftspolitische Prozesse besser und differenzierter zu erkennen. Ob hierfür ein besserer Schulunterricht und ein spezifisches Schulprogramm ursächlich sind[673]) oder ob die monoedukative Erziehungsform des Gymnasiums den Schülerinnen ermöglicht, ähnlich wie in naturwissenschaftlichen Fächern größeres Interesse an (zeit)geschichtlichen Fragestellungen zu entwickeln, kann hier nicht geklärt werden.

Befürworter einer monoedukativen Erziehung[674]) gehen davon aus, dass in koedukativen Schulen Mädchen von Jungen nicht als gleichwertig wahrgenommen und behandelt werden. Daher würden Mädchen nicht gleichermaßen wie Jungen befähigt werden, sich in sämtlichen Bereichen der Schule und Gesellschaft zu profilieren, also auch in Politik, Naturwissenschaften und Technik. Eine geschlechtsspezifische Erziehung und Didaktik könne dagegen unterschiedliche Interessen, Stärken und Schwächen beider Geschlechter aufgreifen. Sie habe neben der Wissensvermittlung das Ziel, beide Geschlechter ein Selbstbewusstsein entwickeln zu lassen, das ihrem wirklichen Können entspreche, und Jungen nicht aufwerte, indem sie Mädchen abwerteten.

Die Abwesenheit der Jungen befähige die Mädchen, stärker eigene Beiträge einzubringen. So werde das Zutrauen in die eigene Leistungsfähigkeit gestärkt. Außerdem werde die monoedukative Erziehung der unterschiedlichen Entwicklung von Jungen und Mädchen in der Pubertät gerecht. Da bestimmte Schulfächer – insbesondere Naturwissenschaften – als „Jungenfächer“ gälten, sei es für Mädchen in der Pubertät problematisch, dafür Interesse aufzubringen und gute Ergebnisse zu erzielen. Laut Kessels[675]) würden sie dadurch ihre noch ungefestigte weibliche Identität gefährden. Zeigten sie sich dagegen desinteressiert und unmotiviert, Kompetenz zu gewinnen, könnten sie ihre Identität stärken. Gleiches gelte aber auch für Jungen in bestimmten Fächern, zum Beispiel im Deutschunterricht. Insofern sei ein geschlechtergetrennter Unterricht in ausgewählten Fächern sinnvoll, da in monoedukativen Gruppen die eigene Geschlechtsidentität weniger stark aktiviert sei. Forschungsergebnisse bewiesen zudem, dass sich Mädchen in reinen Mädchengruppen generell aktiver und interessierter am Unterricht beteiligten.

Unsere Beobachtungen beim Ausfüllen des Fragebogens und bei den Klassengesprächen entsprachen großenteils diesen Befunden. In vielen Schulklassen hatten wir den Eindruck, dass Mädchen und Jungen bereits verfestigte Rollenklischees erfüllten. Während die Jungen eher lauthals ihre Meinung kundtaten – zum Beispiel

---

[673]) Ziele und Aufgaben der pädagogischen Arbeit von St. Ursula schließen explizit die Förderung von Selbstbewusstsein, Wertebewusstsein, Selbstständigkeit, Sozialkompetenz, Persönlichkeitsbildung, Politikbewusstsein mit ein. Vgl. Schulprogramm, homepage von St. Ursula http://www.st-ursula-aachen.de.

[674]) Vgl. hierzu u. a. ebd.

[675]) Vgl. Kessels 2002.

bei der Frage nach dem MfS als normalem Geheimdienst –, waren die Mädchen zurückhaltender und – vor allem die Jüngeren – mehr am Gespräch untereinander als an der allgemeinen Diskussion interessiert. Auffällig war außerdem, dass gerade in größeren Klassen Mädchen und Jungen in voneinander getrennten Gruppen saßen, die wenig Interaktion zeigten. Andere Eindrücke gewannen wir in Klassen, in denen auffällig mehr Mädchen als Jungen saßen. Dort wirkten die Schülerinnen aufgeschlossener und stärker am Gespräch interessiert.

Insofern stellt sich die Frage, ohne hier weiter auf die Debatte um ko- oder monoedukative Erziehung eingehen zu wollen, ob deren Ergebnisse für die naturwissenschaftlichen Fächer verallgemeinert und beispielsweise auch auf den Geschichts- und Politikunterricht übertragen werden können. Festzustehen scheint jedenfalls, dass Schülerinnen mit größerem Selbstbewusstsein und größerem Zutrauen in die eigenen Fähigkeiten eher in der Lage sind, Positionen und Meinungen zu entwickeln und zu vertreten. Auffällig an den Untersuchungsergebnissen von St. Ursula ist ja nicht nur der höhere Wissenstand dieser Schülerinnen, sondern auch deren größere Bereitschaft und Fähigkeit, eine Meinung zu äußern und engagiert Stellung zu beziehen. Ob dies Resultat ihrer monoedukativen Unterrichtsform und/oder Resultat ihres spezifischen Erziehungsprogramms ist, könnte in weiterführenden Studien erforscht werden.

b) Der schulspezifische Blick

Auch bei den Schülern der verschiedenen Schultypen[676]) sind bereits Unterschiede beim Wahlverhalten sichtbar. Unter den Gesamt- und vor allem den Haupt- und Realschülern finden sich mehr potenzielle Nichtwähler als unter den Gymnasiasten; auffällig groß ist die Diskrepanz zwischen Gymnasiasten (gut 14%) und Real- und Hauptschülern (knapp 26% bzw. gut 31%) in Bayern, während der Unterschied zwischen Gymnasiasten und Gesamtschülern in den anderen Ländern nur um die 3 Prozentpunkte beträgt. Gymnasiasten präferieren doppelt so häufig wie Gesamtschüler (gut 10%) die Bündnis-Grünen und 10 Prozentpunkte weniger als Gesamtschüler (40,5%) die SPD. Dafür bevorzugen sie stärker die CDU und die FDP, aber weniger die Linkspartei (knapp 8%, Gesamtschüler: gut 9%). Die NPD punktet mit 3% bei den Gesamt- und Hauptschülern und mit gut 5% bei den Realschülern.

Bei der politischen Selbsteinschätzung geben Gymnasiasten am häufigsten das „eher linke" Spektrum an, Gesamt-, Real- und vor allem Hauptschüler tendieren stärker zur politischen Mitte und zur gemäßigten Rechten. In einem vereinfachten

[676]) Gesamtschüler wurden in Berlin, Nordrhein-Westfalen und Brandenburg, Haupt- und Realschüler in Bayern befragt.

*Schaubild 152: Politische Einstellungen nach Schultypen**

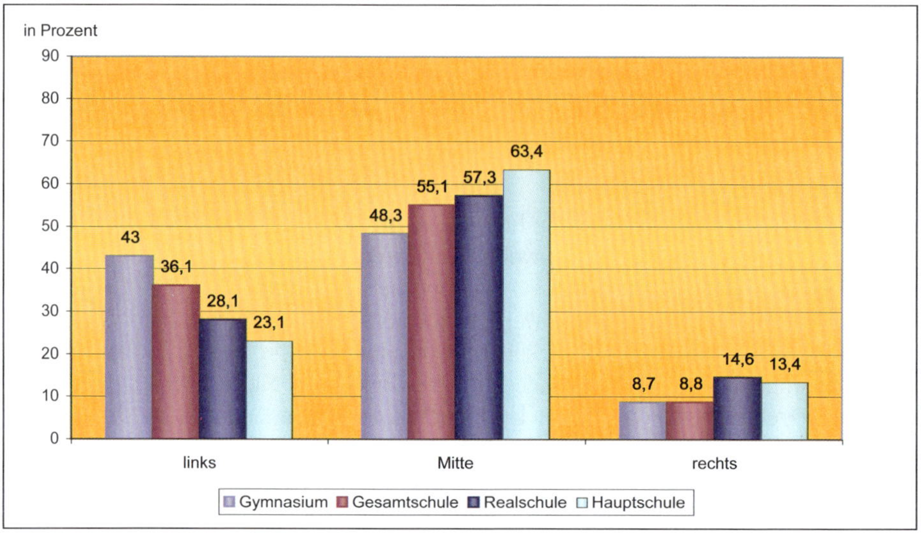

* *Antworten auf die Frage: „Meine politische Einstellung liegt …"*

Links-Mitte-Rechts-Schema sehen wir die stärkere Orientierung von Gymnasiasten und Gesamtschülern zum linken Spektrum und der Haupt- und Realschüler zur politischen Mitte und zum rechten Spektrum.

Gut 66% der Gesamtschüler (Gymnasiasten: gut 76%) geben an, die DDR würde im Schulunterricht zu wenig oder gar nicht behandelt. Erstaunlicherweise haben die bayerischen Hauptschüler eine gegenteilige Wahrnehmung. Sie halten den Grad der Beschäftigung mit dem SED-Staat für „gerade richtig", für ein Viertel von ihnen wird gar „zu viel" darüber gesprochen. Die Antworten auf diese Frage lassen keinen Schluss auf den wirklichen Umfang der Behandlung der DDR als Stoff im Schulunterricht zu, sondern geben die subjektive Sicht der Schüler zu diesem Thema wieder. Wer sich zum Beispiel eine intensivere Beschäftigung mit der DDR in der Schule wünscht, kann selbst bei einer relativ ausführlichen Berücksichtigung „zu wenig" ankreuzen, während umgekehrt derjenige, für den die DDR keine Bedeutung hat, schon ihre beiläufige Erwähnung als „zu viel" empfinden mag. Beleg hierfür sind die Angaben über das „Wissen" über die DDR: Während über 80% der Gymnasiasten und Gesamtschüler nach eigenen Angaben wenige oder gar keine Kenntnisse haben, geben knapp 40% der Hauptschüler an, über ein hohes, und entsprechend nur 60% über ein geringes oder gar kein Wissen zu verfügen. Letztere bekunden zu 40% Desinteresse an der DDR, während gut 58% der Gesamtschüler und Gymnasiasten mehr über die DDR erfahren möchten.

*Schaubild 153: Behandlung der DDR in der Schule nach Schultypen**

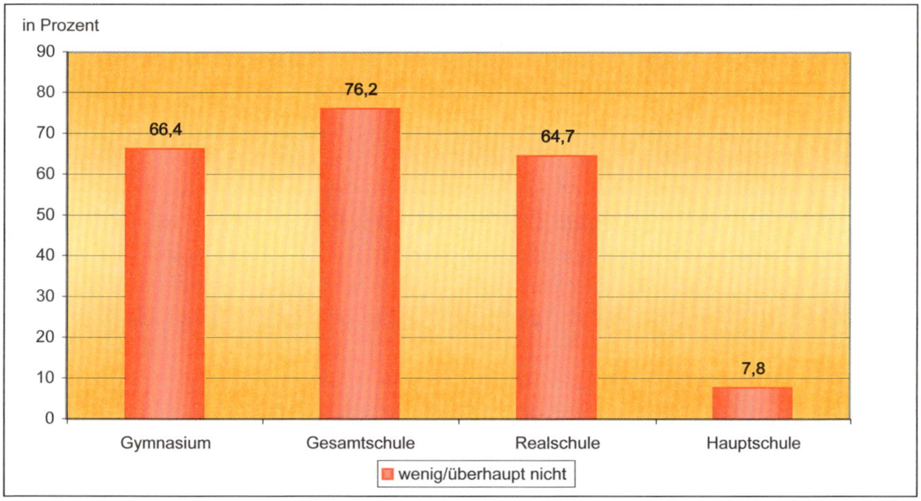

* *Antworten auf die Frage: „In der Schule wurde die DDR behandelt ...“*

Westdeutsche Schüler haben nicht nur deutlich stärkere Vorurteile gegenüber Personen aus dem jeweils anderen Landesteil als ostdeutsche, sondern diese Vorbehalte differieren auch nach Schultyp: Während insgesamt nur 8,5% der Gymnasiasten Vorbehalte hegen, sind es knapp 23% der Real- und knapp 20% der Hauptschüler. In Brandenburg und Nordrhein-Westfalen haben allerdings Gymnasiasten leicht größere Vorbehalte als die Gesamtschüler. Vor allem West-Berliner Jungen (29,7%) legen generell keinen Wert auf Kontakt mit Ostdeutschen.

*Schaubild 154: Generelle Vorbehalte von „Wessis“ gegenüber „Ossis“ nach Schultypen**

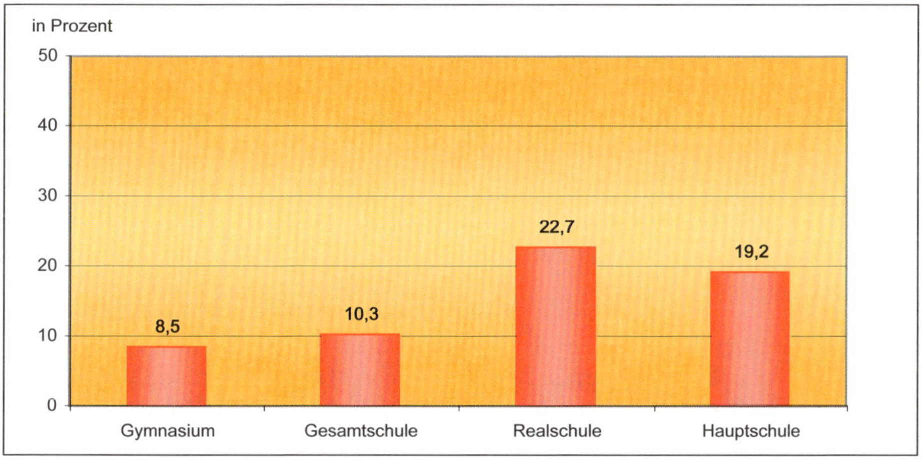

* *Zustimmende Antworten auf die Aussage: „Ich fühle mich als Westdeutscher und will mit Ostdeutschen nichts zu tun haben.“*

Haupt- und Realschüler haben deutlich weniger Interesse an der DDR als Gymnasiasten und Gesamtschüler und eine beträchtliche Minderheit möchte auch nichts über das Leben in der DDR erfahren. Desinteresse an der DDR äußern gut 16% der Gymnasiasten gegenüber knapp 40% der (bayerischen) Hauptschüler. In etwa gleicher Größenordnung fällt die Differenz zwischen diesen Schülergruppen aus, bezogen auf den Wunsch, mehr über das Leben in der DDR zu erfahren.

Erwartungsgemäß wird in den meisten Familien der Hauptschüler wenig oder überhaupt nicht über die DDR geredet (77,9%), bei den Gymnasiasten ist dagegen das Thema erheblich häufiger Gesprächsgegenstand (gut 50%). Realschüler liegen mit ihren Angaben in etwa dazwischen, allerdings gibt von ihnen auch nur gut jeder dritte an, das Thema werde in der Familie „gerade richtig“ behandelt. Ein ähnliches Bild ist bei den Gesprächen im Freundeskreis zu beobachten: Während gut 76% der Hauptschüler mit Freunden/innen nie über diesen deutschen Teilstaat reden, sind es unter Gymnasiasten nur 58%. Noch deutlicher fällt der Unterschied zwischen den Schülern verschiedener Schultypen bei den familiären Gesprächen über das geteilte Deutschland aus. Je höher der besuchte Schultyp, desto seltener wird über diese Zeit überhaupt nicht gesprochen (Hauptschüler: 67,4%; Realschüler: 43,4%; Gesamtschüler: 33,8%; Gymnasiasten: 25,8%).

Die Bewertung der beiden deutschen Teilstaaten

Über die abgefragten Dimensionen im zweiten Teil des Fragebogens, die auf die Bewertung von Bundesrepublik und DDR zielen, haben die Schüler der einzelnen Schultypen ebenfalls nahezu durchgängig unterschiedliche Meinungen. Während die Positionen der Gymnasiasten und der Gesamtschüler – relativ gesehen – dichter beieinanderliegen, klaffen zwischen Gymnasiasten und Real- und Hauptschülern im vergleichenden Urteil zum Teil eklatante Differenzen.

In Brandenburg fallen die Unterschiede im Urteil zwischen Gymnasiasten und Gesamtschülern, obschon die meisten von ihnen schon die gymnasiale Oberstufe besuchen, stärker aus als in Nordrhein-Westfalen und Berlin. So stimmen die Gesamtschüler bei fast allen Fragen – mit Ausnahme der zum politischen System, zur Pressefreiheit, zur Wirtschaft sowie zu Büchern und Mietpreisen – deutlich seltener für die DDR und entsprechend öfter für die Bundesrepublik. Brandenburger Gymnasiasten votieren bei für die DDR offensichtlich negativen Aspekten häufiger für gleiche Verhältnisse.

Die größten Unterschiede sehen wir jedoch in Bayern zwischen Gymnasiasten und Hauptschülern. Letztere äußern sich ausgesprochen DDR-kritisch und votieren nahezu durchgängig stark unterdurchschnittlich für die DDR. Nur bei wenigen Fragen, so zum Beispiel bei der Gleichberechtigung von Mann und Frau oder beim Zustand der Wohnungen, erhält die DDR von ihnen etwas bessere Bewertungen als von den anderen Schülern. Die Realschüler liegen bei den meisten Fragen dicht an der

Antwortstruktur der Hauptschüler, unterscheiden sich aber bei einigen Aspekten deutlich von diesen.

Bei der Bewertung von Recht und Ordnung sowie Sicherheit im Alltag entscheiden sich deutlich mehr Gymnasiasten (gut 54% bzw. gut 43%) als Gesamtschüler (knapp 43% bzw. gut 36%) für die Bundesrepublik. Während ein gutes Drittel der Gesamtschüler die DDR präferiert und zwischen einem knappen Viertel bzw. Drittel für gleiche Verhältnisse votiert, erhält die DDR von den Haupt- und Realschülern nur geringe Zustimmung: Die Hauptschüler wählen mit Anteilen um 70%, die Realschüler mit breiter Mehrheit von jeweils über 50% für die Bundesrepublik.

Beim Familienzusammenhalt und der Hilfsbereitschaft stimmen Gymnasiasten und Gesamtschüler mit relativer Mehrheit für die DDR; viele Real- und Hauptschüler sind offenbar weniger entscheidungsfreudig und plädieren deshalb für „gleiche" Verhältnisse. Dennoch finden wir bei ihnen die meisten Schüler, die sich für die Bundesrepublik entscheiden.

Noch deutlicher wird der Kontrast bei den Fragen nach der Schulausbildung und den Ausbildungsplätzen. Die Schulausbildung halten zwar knapp 58% der Gymnasiasten in der Bundesrepublik für besser, aber immerhin ein knappes Viertel optiert für die DDR. Von den Gesamtschülern entscheiden sich sogar knapp 35% für die DDR und nur gut die Hälfte für den anderen Teilstaat. Dagegen stimmen nur sehr wenige Real- und Hauptschüler für die DDR, aber jeweils über 80% für die Bundesrepublik. Ein ähnliches Bild ergibt die Auswertung des Urteils über die Ausbildungsplätze. Während hier die Gesamtschüler mit absoluter und die Gymnasiasten mit breiter relativer Mehrheit ein Votum für die DDR abgeben, wird diese Auffassung nur von gut 15% der Haupt- und gut 27% der Realschüler geteilt. Sie sehen mit absoluter Mehrheit die Bundesrepublik im Vorteil.

Ähnliche Unterschiede werden bei den Fragen nach den besseren Freizeitangeboten, der Rente und der Altersversorgung sichtbar. Nur eine relative Mehrheit von knapp 45% der Gymnasiasten präferiert die Freizeitangebote der Bundesrepublik, knapp 29% die der DDR. Gesamt-, Real- und Hauptschüler votieren dagegen mit absoluten Mehrheiten für die BRD – die Hauptschüler sogar zu gut 71%.

Gesamtschüler beurteilen häufiger als Gymnasiasten und vor allem als Haupt- und Realschüler Renten und Altersversorgung in der DDR für besser, allerdings erhält die Bundesrepublik in allen Teilgruppen eine zumindest relative Mehrheit. Etwa drei Viertel der Haupt-, aber nur etwa 45% der Gesamtschüler entscheiden sich für bessere Renten in der Bundesrepublik. Ein analoges Ergebnis sehen wir bei der Frage nach der Versorgung im Alter. Warum gut 21% der Gesamtschüler und knapp 13% der Gymnasiasten die DDR-Wirtschaft für leistungsfähiger als die westdeutsche halten, bleibt deren Geheimnis. Nur eine sehr kleine Minderheit von 8% bzw. 6,5% der Haupt- und Realschüler schließt sich dieser Auffassung an. Sie halten mit sehr breiter Mehrheit die westdeutsche Wirtschaft für leistungsfähiger.

Auch die soziale Gerechtigkeit sehen mehr als drei Viertel der Hauptschüler besser in der Bundesrepublik verwirklicht; erstaunlicherweise glauben nur gut 10% von ihnen an die Mär von der sozialen Gerechtigkeit in der DDR, der etwa 26% der Gymnasiasten und Gesamtschüler aufsitzen. Während bei diesem Thema gerade noch gut die Hälfte der Gymnasiasten für die Bundesrepublik votiert, sind es nur knapp 45% der Gesamtschüler, von denen auch noch knapp 30% an gleiche Verhältnisse glauben (Gymnasiasten: 22%).

*Schaubild 155: Soziale Gerechtigkeit nach Schultypen**

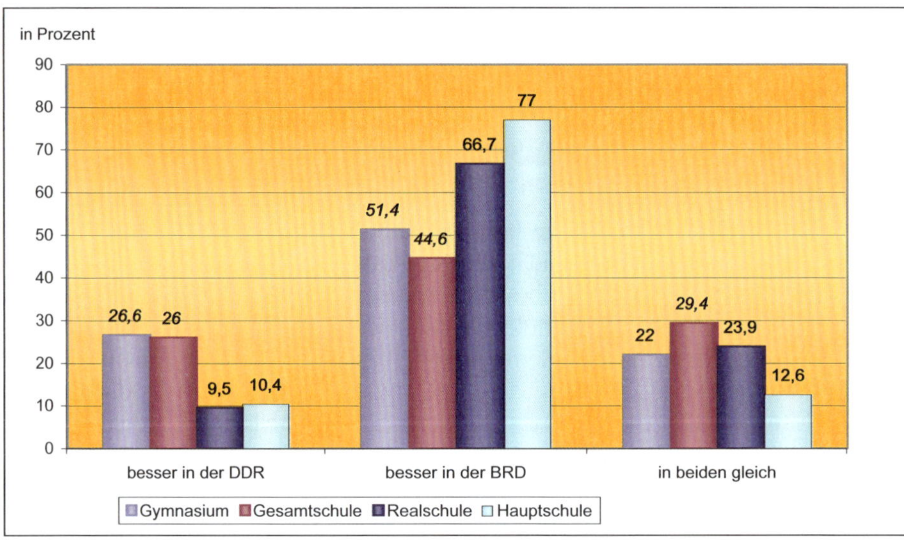

** Antworten auf die Frage: „Deutschland vor 1989: Was glauben Sie war besser oder gleich in der DDR oder in der Bundesrepublik Deutschland …?*

Bei der Frage nach der Kinderbetreuung entscheidet sich eine relative Mehrheit der Gymnasiasten (knapp 48%) und der Gesamtschüler (gut 41%) für die DDR, eine relative Mehrheit der Realschüler (gut 45%) und eine Zweidrittelmehrheit der Hauptschüler (DDR: gut 13%) für die Bundesrepublik. Bei der Bewertung der Sportförderung fällt die Differenz zwischen Gymnasiasten und Hauptschülern noch deutlicher aus: Etwa jeder zweite Gymnasiast, aber nicht einmal jeder sechste Hauptschüler hält die Sportförderung in der DDR für besser, nur etwa jeder fünfte Gymnasiast sieht die Bundesrepublik hier im Vorteil gegenüber gut jedem zweiten Hauptschüler. Erstaunlicherweise vermutet nur gut jeder dritte Gesamtschüler eine bessere Sportförderung in der DDR und etwa gleich viele tippen auf die Bundesrepublik oder auf gleiche Verhältnisse. In den Gesprächen verwiesen einige Gymnasiasten auf die großen Erfolge von DDR-Sportlern, was den meisten Hauptschülern nicht bekannt war. Ob dieses Wissen bzw. Nichtwissen den Ausschlag für das Votum gegeben hat, lässt sich freilich für die Gesamtbefragung nicht beantworten.

Pressefreiheit und Gleichberechtigung sind zwischen den Schülern der Schultypen unstrittige Themen, bei denen sich die Hauptschüler jedoch ebenfalls in höherem Maße als andere Schüler für die Bundesrepublik entscheiden. So halten knapp 63% der Hauptschüler, aber nur knapp 46% der Gymnasiasten die Gleichberechtigung von Frauen und Männern eher in der Bundesrepublik als in der DDR für verwirklicht. Während nur jeder vierte Hauptschüler gleiche Verhältnisse vermutet, sind es in den anderen drei Teilgruppen jeweils etwas über 40%.

*Schaubild 156: Politisches System nach Schultypen**

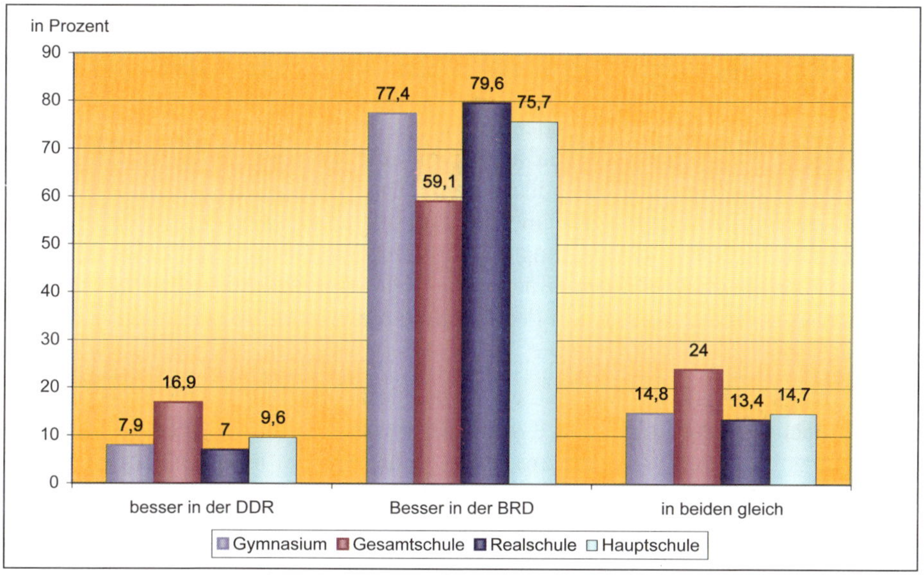

** Antworten auf die Frage: „Deutschland nach 1989: Was glauben Sie war besser oder gleich in der DDR oder in der Bundesrepublik Deutschland ...?“*

Das politische System der Bundesrepublik bewerten – mit Ausnahme der Gesamtschüler – jeweils etwa drei Viertel der Schüler in der Bundesrepublik für besser. Unter Gesamtschülern finden wir sogar etwa 17%, die das politische System des SED-Staates, eine sozialistische Diktatur, favorisieren.

Überraschenderweise gibt es bei der Frage nach dem Umgang mit Ausländern kaum schulspezifische Unterschiede. Eine relativ kleine Gruppe von 13,5% (Realschüler) bis zu 19% (Gesamtschüler) glaubt, in der DDR sei der Umgang mit Ausländern besser gewesen. Dagegen vermuten zwischen 52% (Gesamtschüler) und gut 59% (Hauptschüler) ausländerfreundlichere Bedingungen in der Bundesrepublik. Allerdings wissen die meisten Schüler – gleichermaßen in Ost und West und unabhängig vom Besuch des jeweiligen Schultyps – wenig über die Situation von Ausländern in der DDR, sodass das abgegebene Urteil bei vielen spekulativer Natur ist.

Als Ergebnis lässt sich Zweierlei festhalten: Gymnasiasten bewerten die DDR deutlich kritischer als Gesamtschüler, aber weniger kritisch als Haupt- und auch Realschüler, die beide der DDR in der Tendenz generell ablehnend gegenüberstehen. Die kritische Beurteilung der DDR durch die Haupt- und Realschüler ist aber auch ihrer Herkunft geschuldet: Bayerische Schüler haben insgesamt eine überaus negative Einschätzung der DDR; die Bundesrepublik wird – erstaunlicherweise gerade von Haupt- und Realschülern – als das rechtsstaatlichere und lebensfreundlichere System gesehen.

Die Bewertung der DDR

Die schulspezifisch unterschiedliche Sicht auf die DDR setzt sich bei der Befragung für die Skalen zur Ermittlung des DDR-Bildes fort, wenngleich hier die Herkunft eine dominante, alle anderen Aspekte überlagernde Rolle einnimmt. Darüber hinaus äußern sich Haupt- und Realschüler mitunter DDR-freundlicher, da nun der bewertende Vergleich der beiden deutschen Teilstaaten entfällt und nur bestimmte staatliche und gesellschaftliche Dimensionen abgefragt werden. Das Votum für die DDR resultiert – wie die Auswertung der Gespräche bestätigte – bei vielen Schülern weniger aus einer direkten Sympathie für die DDR als einer Unterstützung des jeweiligen Statements unabhängig von der Zuordnung zu einem System.

Bei der Skala *Äquidistanz* äußern sich Gesamt- und Hauptschüler mehr als doppelt so häufig zustimmend (knapp 8%) wie Gymnasiasten und mit gut 51% bzw. knapp 56% deutlich weniger ablehnend (Gymnasiasten: gut 72%). Außerdem sind sie um 16,5 bzw. gut 12 Prozentpunkte zwiespältiger als diese in ihrer Entscheidung und legen sich nicht fest.

Stärkere Unterschiede sehen wir hier auch innerhalb der Teilgruppen. So sprechen sich knapp 78% der West-Berliner, knapp 83% der nordrhein-westfälischen und 86% der bayerischen, aber nur 54,5% der Ost-Berliner und 52,5% der Brandenburger Gymnasiasten gegen eine äquidistante Haltung aus. Gleiches gilt für Gesamtschüler, von denen in West-Berlin knapp 60%, in Nordrhein-Westfalen knapp 68%, in Ost-Berlin aber nur gut 40% und in Brandenburg gut 44% diese Position teilen. Die bayerischen Haupt- und Realschüler betrachten alles in allem die beiden deutschen Teilstaaten mit knapp 56% bzw. gut 68% nicht als gleichwertig.

Gesamt- und Hauptschüler lehnen vor allem das Item zu den ähnlichen Staatsformen weitaus seltener ab, was umgekehrt bedeutet, dass sie die „Volksdemokratie“ in der DDR und die parlamentarische Demokratie der Bundesrepublik nicht eindeutig für anders halten und vielleicht nicht erkennen, dass die DDR eine Diktatur war. Gut 29% der Gesamtschüler und 34% der Hauptschüler legen sich nicht auf ein Urteil fest. Bei den anderen Items der Skala Äquidistanz liegen die Schüler in ihrem Votum dichter beieinander, wenngleich Haupt- und Gesamtschüler sich nahezu durchgängig in stärkerem Maße eines Urteils enthalten. Auf die zugespitzte Frage, ob die Bundesrepublik vor 1989 besser als die DDR war, antworten nur 43%

der Gesamtschüler und gut 52% der Hauptschüler mit Ja (Gymnasiasten: 59,2%; Realschüler: 61,7%). Eine gute absolute Mehrheit der Gesamt- und eine sehr starke Minderheit der Hauptschüler sehen entweder keinen Unterschied zwischen den beiden Staaten oder möchten sich nicht festlegen.

*Schaubild 157: Planwirtschaft gleich Marktwirtschaft nach Schultypen**

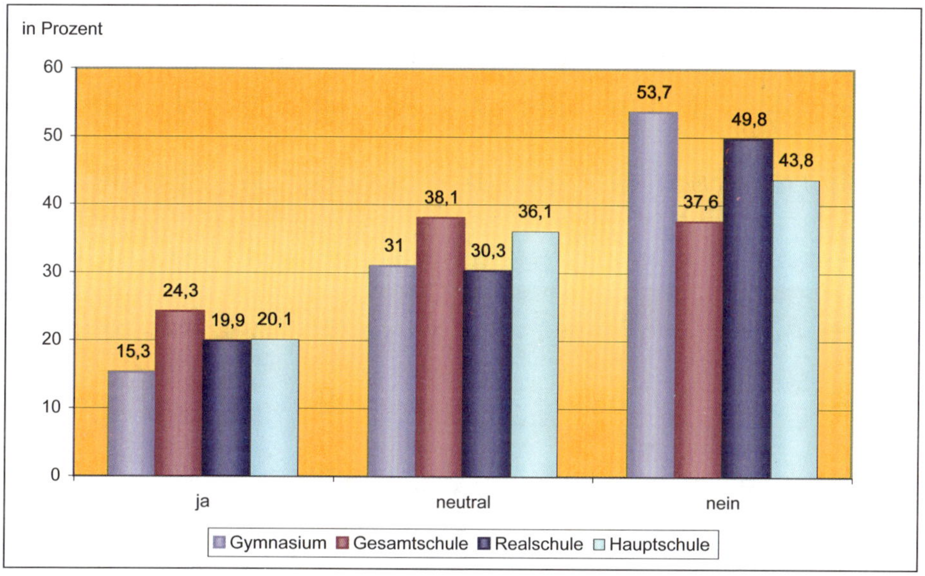

** Stellungnahmen zu der Aussage: „Die Planwirtschaft in der DDR war nicht besser oder schlechter als die Marktwirtschaft in der Bundesrepublik, nur anders."*

Erstaunlicherweise beurteilt etwa jeder vierte Gesamt- und jeder fünfte Hauptschüler die zentralistische Planwirtschaft der DDR und die soziale Marktwirtschaft der Bundesrepublik als gleichwertig. Nur eine absolute Mehrheit der Gymnasiasten verneint das Statement.

Die Aussage, das Alltagsleben in der Bundesrepublik und in der DDR habe sich kaum unterschieden, wird in allen Teilgruppen deutlich abgelehnt, allerdings liegt die Quote der Verneinung bei Hauptschülern nur leicht über 60% gegenüber knapp 78% bei den Gymnasiasten. Gleichwohl wird auch im schulspezifischen Vergleich eine Tendenz sichtbar, die sich gleichsam wie ein roter Faden durch alle abgefragten Dimensionen zieht: Je dichter die Fragen am Alltagsleben liegen, umso stärker fällt die Ablehnung der DDR aus und wird dieser Staat negativer gegenüber der Bundesrepublik bewertet. Umgekehrt ist die Sicht auf die DDR moderater, je abstrakter die Items sind.

Die *DDR-Sozialpolitik* wird am häufigsten von Gesamt- und Hauptschülern befürwortet, aber fast die Hälfte der Schüler legt sich nicht eindeutig fest. Unter den

Gesamtschülern geben mehr Schüler ein positives als ein negatives Urteil ab. In den anderen Teilgruppen überwiegt die Ablehnung.

Erneut sehen wir erhebliche Bewertungsunterschiede zwischen den Gymnasiasten in den verschiedenen Ländern. Während knapp 46% der bayerischen Schüler, die ein Gymnasium besuchen, ein negatives Bild von der DDR-Sozialpolitik haben, sind es nur etwa 16% in Ost-Berlin und Brandenburg. Unter den Gesamtschülern im Osten sinkt diese Quote sogar auf etwa 10%.

Die größten Differenzen zwischen den einzelnen Schultypen sehen wir bei dem Statement zu Staatseingriffen auf Kosten der Freiheit, das von Gymnasiasten und Realschülern entschiedener abgelehnt wird als von Gesamt- und Hauptschülern.

*Schaubild 158: Staatliche Regulierung auf Kosten der Freiheit nach Schultypen**

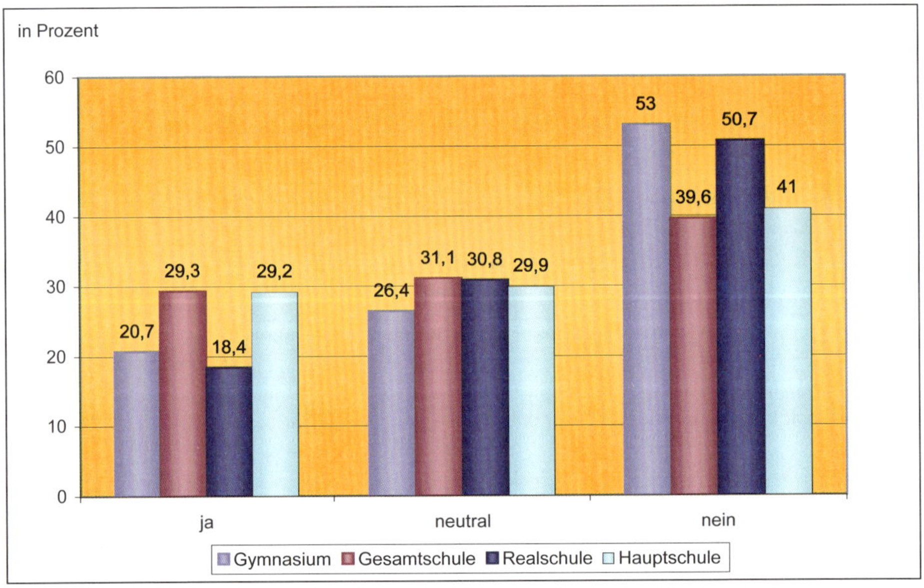

* *Stellungnahmen zu der Aussage: „Ich finde es gut, dass in der DDR sich der Staat um alle Bürger kümmerte, auch wenn dadurch der Einzelne weniger Freiheit hatte."*

Ein eindeutiges Votum für Freiheit geben nur Gymnasiasten und Realschüler ab, wenngleich auch unter ihnen die absolute Mehrheit knapp ausfällt. Unter den Gesamt- und Hauptschülern spricht sich gegen Freiheitseinschränkungen zugunsten einer staatlichen Rundumversorgung wie in der DDR nur eine relative Mehrheit von etwa 40% aus.

Erstaunlicherweise schätzen weniger Hauptschüler als Gymnasiasten die Arbeitsplatzgarantie, verbunden mit Lohnfindung durch den Staat und geringem Wohlstand (52,2% gegenüber 43,1%), positiv ein. Diese Arbeitsplatzgarantie befürworten sogar gut 67% der Gesamtschüler. In keiner Teilgruppe liegt die Quote der Ablehnung über 20%. Die Frage, ob die Solidarität in der DDR auch eine Folge von Mangel und Not gewesen sei, bejahen vor allem etwa 45% der Gymnasiasten und Realschüler. Dem schließt sich nur gut jeder dritte Hauptschüler an. Nur eine Minderheit von knapp 22% (Gymnasiasten) bis zu knapp 28% (Hauptschüler) begreift die Solidarität im SED-Staat nicht als Folge der Mangelgesellschaft.

Die Bewertung der *Wirtschaftspolitik* fällt insbesondere den Gesamtschülern schwer, die sich zu jeweils etwa einem Viertel für bzw. gegen die DDR entscheiden. Die Gymnasiasten sprechen sich mit 44,5% als stärkste Gruppe gegen das realsozialistische Modell aus, aber auch fast 40% der Haupt- und Gesamtschüler lehnen die DDR-Wirtschaftspolitik ab.

Wie bei den vorangegangenen Skalen werden die schulspezifischen Unterschiede auch innerhalb einer Teilgruppe von den herkunftsspezifischen überlagert. So sprechen sich knapp 46% der nordrhein-westfälischen, gut die Hälfte der West-Berliner und knapp 64% der bayerischen Gymnasiasten gegen die zentralistische Planwirtschaft aus. Dem Urteil dieser Schülergruppe schließen sich knapp 29% in Ost-Berlin und lediglich knapp 26% in Brandenburg an. Bei den Gesamtschülern, die generell bei diesem Aspekt DDR-freundlicher votieren, fallen die Differenzen in den Ländern deutlich geringer aus.

*Schaubild 159: Staatliche Planwirtschaft als Funktionsprinzip nach Schultypen**

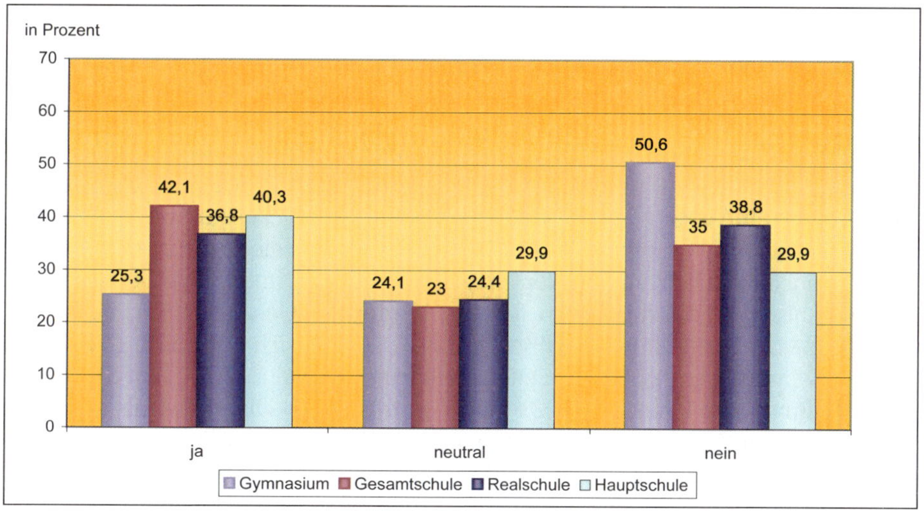

** Stellungnahmen zu der Aussage: „Die Wirtschaft kann nur gut funktionieren, wenn der Staat alles plant und lenkt."*

Während die Items zum wirtschaftlichen Zusammenbruch der DDR und zum Wohlstand durch eine staatlich gelenkte Ökonomie – abgesehen von den Gesamtschülern, die sich DDR-freundlicher zeigen – von allen Schülern in etwa gleich beantwortet werden, fällen die Teilgruppen ein gespaltenes Urteil über die staatliche Planwirtschaft als positives Funktionsprinzip. Eine starke Minderheit von Haupt- und Gesamtschülern stimmt dem Statement zu, dass die Wirtschaft nur gut funktionieren kann, wenn der Staat alles plant und lenkt. Nur bei den Gymnasiasten widerspricht eine knappe absolute Mehrheit dieser Annahme, unter den Hauptschülern sind es nicht einmal 30%. Dieses überraschend eindeutige Votum vieler Schüler für eine umfassend staatlich gelenkte Wirtschaft speist sich sicherlich auch aus dem in den letzten Jahren zunehmenden generellen Misstrauen in der Bevölkerung gegenüber der Marktwirtschaft. Da die ökonomische Bilanz der DDR vielen Schülern im Detail nicht bekannt ist, profitiert der SED-Staat im Nachhinein von dem aktuell negativen Bild der bundesrepublikanischen Wirtschaftsordnung.

Den drei Statements der Skala *Jugend und Familie* stehen in der zusammenfassenden Auswertung knapp 73% der Gymnasiasten ablehnend und nur gut 4% wohlwollend gegenüber. Eine andere Position nehmen die Hauptschüler ein, von denen sich gut 13% zustimmend und nur 48% negativ äußern. Gesamt- und Realschüler liegen mit ihrem Urteil zwischen diesen Bewertungen.

Bei diesem Fragenkomplex liegen Gymnasiasten und Gesamtschüler in den jeweiligen Ländern mit ihren Antworten dichter beieinander als bei den vorangegangenen. Vor allem nordrhein-westfälische (knapp 81%), bayerische (knapp 79%) und West-Berliner (knapp 77%) Gymnasiasten lehnen die abgefragten Items zur Jugend und Familienpolitik der DDR ab, in Ost-Berlin und Brandenburg sind es nur gut 61%. In Nordrhein-Westfalen und West-Berlin teilen etwa zwei Drittel der Gesamtschüler diese Ablehnung, in Ost-Berlin und Brandenburg dagegen nur rund die Hälfte.

Bei allen drei Items sehen wir große Bewertungsunterschiede zwischen den Schülern der einzelnen Schultypen. Während nur wenige Gymnasiasten die Unterordnung unter eine Gemeinschaft befürworten (4,5%), tun dies Gesamtschüler etwa zweimal und Hauptschüler etwa knapp dreimal häufiger. Von Letzteren spricht sich nur gut die Hälfte gegen diese Vorstellung aus – relativ viele sind unentschieden –, während für eine sehr breite Mehrheit der Gymnasiasten die Entwicklung der eigenen Persönlichkeit Vorrang hat vor einer Unterordnung unter eine Gemeinschaft. Eine organisierte Freizeit würden fast ein Viertel der Gesamtschüler, aber nicht einmal 15% der Realschüler begrüßen. Letztere äußern sich mit 65,7% gemeinsam mit den Gymnasiasten (62%) auch stärker ablehnend gegenüber diesem Statement. Diese Haltung teilen nur etwa 52% der Gesamtschüler. Die Notwendigkeit einer vormilitärischen Erziehung zur Stärkung des Sozialismus im Schulunterricht sehen erstaunlich viele Schüler (Gymnasiasten: 24%; Realschüler: 27,9%). Ein noch höherer Anteil hält sich mit einer Bewertung zurück und nicht einmal eine absolute Mehrheit der Gymnasiasten verneint das zur Beantwortung stehende Statement. Nicht einmal jeder dritte Hauptschüler spricht sich dagegen aus, offensichtlich übt für viele Jugendliche, insbesondere Jungen (30,5%), eine vormilitärische Erziehung eine gewisse Faszination aus, die sich schultypübergreifend konstatieren lässt.

Auch bei der Skala *Schule und Alltag* erkennen wir größere Unterschiede zwischen den Schülern der einzelnen Schultypen. Am stärksten sprechen sich mit einer Quote von knapp zwei Dritteln die bayerischen Realschüler gegen die sozialistische Gestaltung von Schule und Alltag aus, am wenigsten die Gesamtschüler (47,2%).

Bei dieser Dimension fallen die Urteile innerhalb der jeweiligen Schülergruppe wieder deutlicher aus. Gut drei Viertel der bayerischen, knapp 70% der nordrhein-westfälischen und gut 67% der West-Berliner, aber nicht einmal die Hälfte der Ost-Berliner (knapp 49%) und gut die Hälfte der Brandenburger Gymnasiasten lehnen die Gestaltung von Schule und Alltag in der DDR durchgängig ab. Erstaunlicherweise votieren die Gesamtschüler in Ost-Berlin und Brandenburg hier unterschiedlich: Während gut 47% der Brandenburger eine negative Haltung einnehmen, sind es in Ost-Berlin nur knapp 36% dieser Schülergruppe. Deutlich höher liegen die entsprechenden Anteile in Nordrhein-Westfalen (63%) und West-Berlin (knapp 55%).

Die zwischen den Schulgruppen differenzierten Sichtweisen ziehen sich durch alle Items dieser Skala. Eine Beeinträchtigung des DDR-Alltags durch Diktatur und Überwachung sehen insbesondere gut 80% der Realschüler, aber nur etwa 57% der Gesamt- und der Hauptschüler. Vor allem Letztere sind in dieser Frage auffällig unentschiedener (28,5%) als die anderen Schüler (Realschüler: gut 10%). An die Mär, in der DDR könne jeder mit entsprechenden schulischen Leistungen Abitur machen und anschließend studieren, glauben vor allem gut 43% der Gesamtschüler und 36,5% der Gymnasiasten, aber nur knapp 30% der Hauptschüler. Erstaunlicherweise widersprechen dieser falschen Behauptung in allen Teilgruppen nur zwischen etwa 30% und 36% der Schüler. Allerdings bejaht eine breite Mehrheit in allen Gruppen die Auffassung, in der DDR konnte nur der weiterkommen, der sich in der Schule oder Ausbildung politisch anpasste. Diese Feststellung verneint auch nur eine kleine Minderheit zwischen 6% und 12% in den jeweiligen Teilgruppen.

Die Bewertung der *DDR-Außenpolitik* war für viele Schüler die schwerste, weil abstrakteste Aufgabe. So haben folgerichtig ein Drittel der Gymnasiasten und der Realschüler sowie knapp 38% bzw. 42,5% der Haupt- und Gesamtschüler Beurteilungsprobleme und enthalten sich der Stimme. Pro-DDR äußern sich nur Minderheiten zwischen gut 4% und knapp 14%, ablehnend dagegen bis zu 63% (Realschüler).

Wie bei der vorangegangenen Skala schwanken die Anteile innerhalb der jeweiligen Gruppe auch hier beträchtlich. In Bayern sprechen sich knapp drei Viertel, in Nordrhein-Westfalen und West-Berlin knapp 68%, in Ost-Berlin und Brandenburg dagegen nur etwa 40% der Gymnasiasten in der zusammenfassenden Bewertung ablehnend gegenüber den abgefragten Items aus. Unter den Gesamtschülern fällt die Differenz noch größer aus. So beurteilen Gesamtschüler in Nordrhein-Westfalen und West-Berlin mit knapp 59% bzw. 54,5% die DDR-Außenpolitik deutlich kritischer als ihre Schülerkollegen in Ost-Berlin (33,5%) und Brandenburg (knapp 28%); erneut überlagern die herkunftsspezifischen die schulspezifischen Differenzen.

Bei dem Item zum „Antifaschismus" als positiver Aspekt der DDR-Außenpolitik sind vor allem Gesamt-, aber auch Hauptschüler mit hohen Anteilen entscheidungsunsicher und äußern sich deutlich weniger ablehnend als Gymnasiasten und Realschüler. Auch bei der Frage nach dem Grad der Souveränität der DDR urteilen Gesamt- und Hauptschüler zurückhaltender als Gymnasiasten und Realschüler. Letztere verneinen mit einer Quote von etwa zwei Dritteln die Behauptung, die DDR sei ein souveräner Staat wie andere auch. Diese Auffassung teilt nur eine knappe absolute Mehrheit der Schüler der beiden anderen Schultypen. Bei der Einschätzung der DDR als „Friedensstaat" wollen sich überdurchschnittlich viele Gesamt- und Hauptschüler nicht festlegen. Im Gegensatz zu Gymnasiasten und Realschülern, die mit breiter Mehrheit diese Selbstbezeichnung für Propaganda halten, vermutet dies nicht einmal jeder Zweite unter den Gesamt- und Hauptschülern.

Die beiden *Skalen zur Verharmlosung der Diktatur und der Unterdrückung* zeigen deutliche andere Tendenzen als die vorherigen. Bei beiden Skalen äußern sich auffällig mehr Hauptschüler (etwa 15%) als Gymnasiasten (gut 3%) zustimmend. Knapp 80% der Gymnasiasten lehnen die diktatorischen Verhältnisse in der DDR ab, aber nur etwa 57% der Gesamt- und Hauptschüler. Noch größer fällt die Diskrepanz zwischen Gymnasiasten (knapp 84%) und Hauptschülern (knapp 56%) bei der negativen Bewertung der Dimensionen der Unterdrückung in der DDR aus. Gut jeder dritte der Hauptschüler verweigert bei dieser Skala eine Festlegung.

*Schaubild 160: Verharmlosung der Diktatur nach Schultypen**

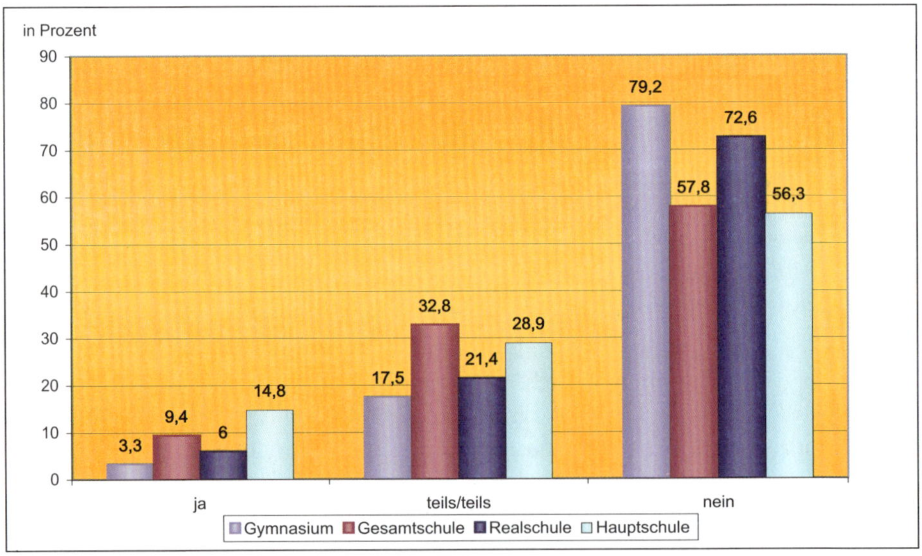

Selbst bei dieser Dimension überlagern die herkunftsspezifischen die schulspezifischen Hintergründe, auch wenn die Bandbreite nicht so groß wie bei anderen Skalen ausfällt. So nehmen bei der Skala zur Verharmlosung der Diktatur gut 92% der bayerischen, knapp 82% der nordrhein-westfälischen und 80% der West-Berliner Gymnasiasten sowie knapp 73% der bayerischen Realschüler eine ablehnende

Haltung ein, aber nur gut 69% der Ost-Berliner und Brandenburger Schüler dieses Schultyps. Analog fällt die Beurteilung der Gesamtschüler aus. Während gut zwei Drittel der Gesamtschüler in Nordrhein-Westfalen und 61,5% in West-Berlin eindeutig Stellung gegen die Diktatur beziehen, sind es in Ost-Berlin nur knapp 57% und in Brandenburg sogar nur knapp 45%. Die bayerischen Hauptschüler liegen mit knapp 57% dichter an den ostdeutschen Gesamtschülern als an den bayerischen Gymnasiasten.

Auch bei den Items, vor allem bei den Fragen nach dem Diktaturcharakter der DDR und der Legitimation durch demokratische Wahlen, unterscheiden sich die Urteile der Schüler aus den verschiedenen Schultypen erheblich. So sagen knapp zwei Drittel der Gymnasiasten ausdrücklich, die DDR sei eine Diktatur gewesen, aber unter Haupt- und Gesamtschülern erhält diese Kennzeichnung keine absolute Mehrheit.

*Schaubild 161: DDR war eine Diktatur nach Schultypen**

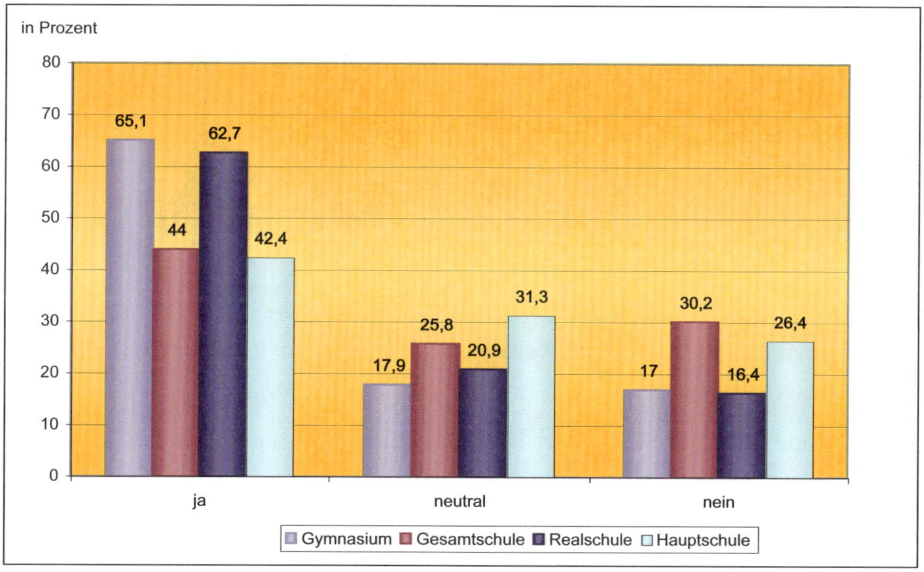

** Stellungnahmen zu der Aussage: „Die DDR war keine Diktatur, die Menschen mussten sich nur wie überall anpassen." Im Schaubild wurden die Antworten umgepolt.*

Fast jeder dritte Gesamtschüler verneint einen Diktaturcharakter des SED-Staates. Diese Auffassung teilen immerhin 17% der Gymnasiasten, wobei sich besonders Ost-Berliner (21%) und Brandenburger Gymnasiasten (21,9%) dieser Auffassung anschließen.

Bei der Frage nach der Legitimierung der Regierung der DDR durch demokratische Wahlen legt sich, abgesehen von den Gymnasiasten, etwa jeder zweite Schüler der anderen Schultypen nicht fest, sei es, weil er die Wahlprozeduren in der DDR nicht kennt oder weil er nicht weiß, was demokratische Wahlen auszeichnet. Nur gut jeder zweite Gymnasiast, knapp jeder dritte Gesamt- und Hauptschüler und gut jeder dritte Realschüler halten das „Zettelfalten“ in der DDR für ausdrücklich undemokratisch. Dieses Ergebnis deckt sich mit unseren Gesprächseindrücken, dass vor allem Gesamt- und Hauptschüler das Wahlsystem der DDR überhaupt nicht kannten.

*Schaubild 162: Legitimation der DDR-Regierung durch demokratische Wahlen nach Schultypen**

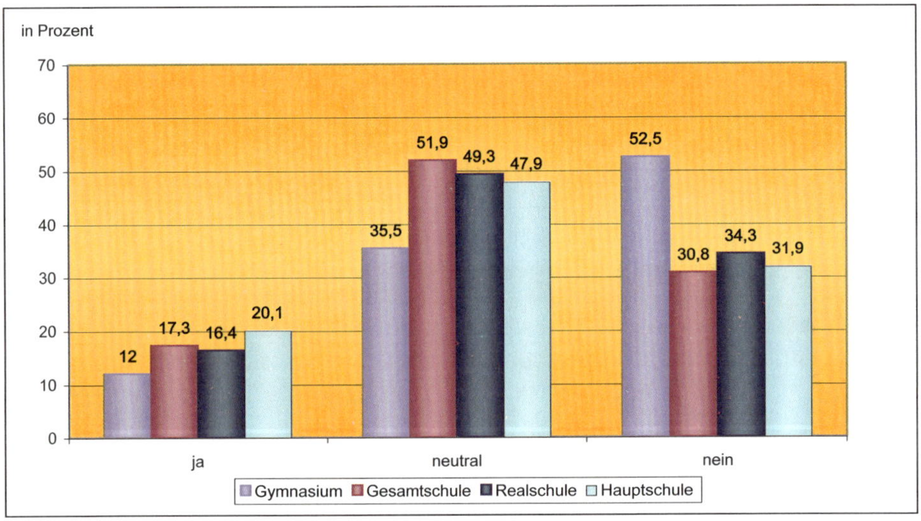

** Stellungnahmen zu der Aussage: „Die Regierung der DDR war durch demokratische Wahlen legitimiert.“*

Die führende Rolle der SED in der DDR bewerten nur 6% der Gymnasiasten, aber gut 18% der Hauptschüler positiv. Erneut sehen wir einen hohen Anteil von Schülern, die sich nicht festlegen wollen. Vor allem Gesamtschüler (48,9%) scheuen ein Urteil über die Rolle der SED. Entsprechend gering (39,5% gegenüber 60,5% bei den Gymnasiasten) fällt bei ihnen die Ablehnung der führenden Rolle der SED aus. Dass in der DDR jeder schreiben und sagen konnte, was er wollte, glaubt nur eine kleine Minderheit zwischen 3,9% (Gymnasiasten) und 11,8% (Hauptschüler).

Zwar urteilen die Schüler der verschiedenen Schultypen auch bei den Dimensionen der Unterdrückung in der DDR mit einer unterschiedlichen Tendenz, aber in allen Teilgruppen votiert eine zum Teil breite absolute Mehrheit gegen die Repression im SED-Staat. Dabei liegen die Quoten zwischen knapp 56% bei den Hauptschülern und knapp 83% bei den Gymnasiasten. Innerhalb der Teilgruppen beobachten wir allerdings ebenfalls unterschiedliche Gewichtungen, die aber geringer als bei den anderen Skalen ausfallen. So sprechen sich gut 91% der Gymnasiasten in Bayern, etwas weniger in Nordrhein-Westfalen und in West-Berlin, aber nur etwa 76% in Ost-Berlin und Brandenburg gegen repressive Maßnahmen im SED-Staat aus. Ihrer Position schließen sich gut 70% der Gesamtschüler in Nordrhein-Westfalen, gut 67% in West-Berlin und um die 65% in Ost-Berlin und Brandenburg an. Am geringsten fällt die Verurteilung der Repression mit knapp 56% bei den Hauptschülern aus.

Schaubild 163: Verharmlosung der Unterdrückung nach Schultypen

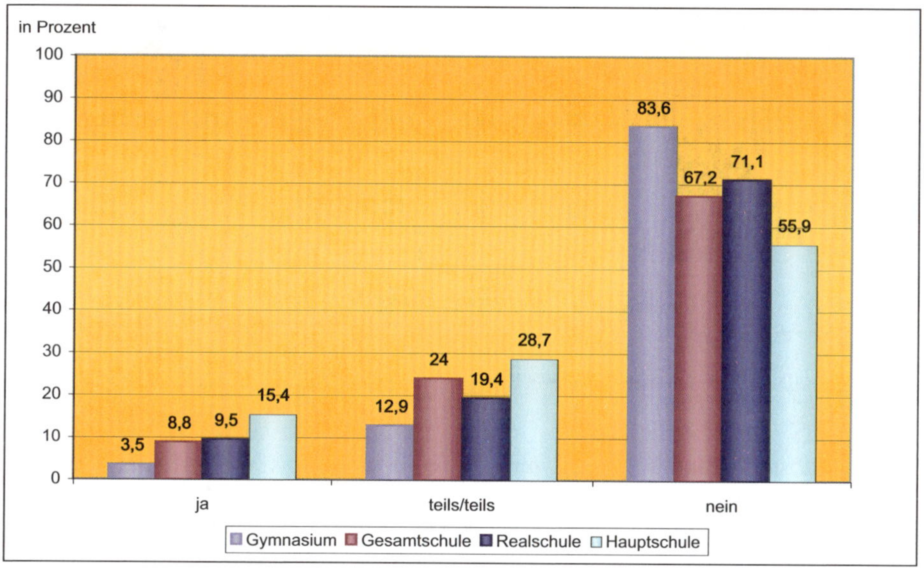

Eine auffällig schulspezifisch differenzierte Bewertung wird bei allen vier Items dieser Skala deutlich. Politische Überwachung und Willkür in der DDR werden von gut 73% der Gymnasiasten, jedoch nur von 59% der Hauptschüler gesehen. Nicht einmal 70% der Hauptschüler werten die Geschehnisse an der DDR-Grenze als Verbrechen, was zwischen 83% und gut 90% der anderen Schüler tun. Eklatant unterschiedlich und zum Teil erschreckend ist die Beurteilung des Schusswaffengebrauchs: Mehr als drei Viertel der Gymnasiasten, gut 62% der Gesamtschüler, knapp 56% der Realschüler, aber nur gut 38% der Hauptschüler widersprechen der Aussage, die Flüchtenden hätten selber Schuld gehabt, wenn sie an der Grenze erschossen wurden. Dieses Statement unterstützen 35% der Haupt- und knapp 31% der Realschüler, immerhin knapp 26% der Gesamtschüler und gut 15% der Gymnasiasten. Zur Erklärung dieser Aussage lässt sich anführen, dass manche die Frage dahingehend verstanden haben, dass jeder, der fliehen wollte, wissen musste, dass an der Grenze auf ihn geschossen werde. Diese Interpretation findet eine Bestätigung in den hohen Quoten bei allen Schultypen (zwischen 69,4% unter Hauptschülern bis zu 90,3% unter Gymnasiasten), die ausdrücklich von einem Verbrechen sprechen, dass an der Grenze der DDR Menschen getötet, verletzt oder eingesperrt wurden.

*Schaubild 164: MfS war normaler Geheimdienst nach Schultypen**

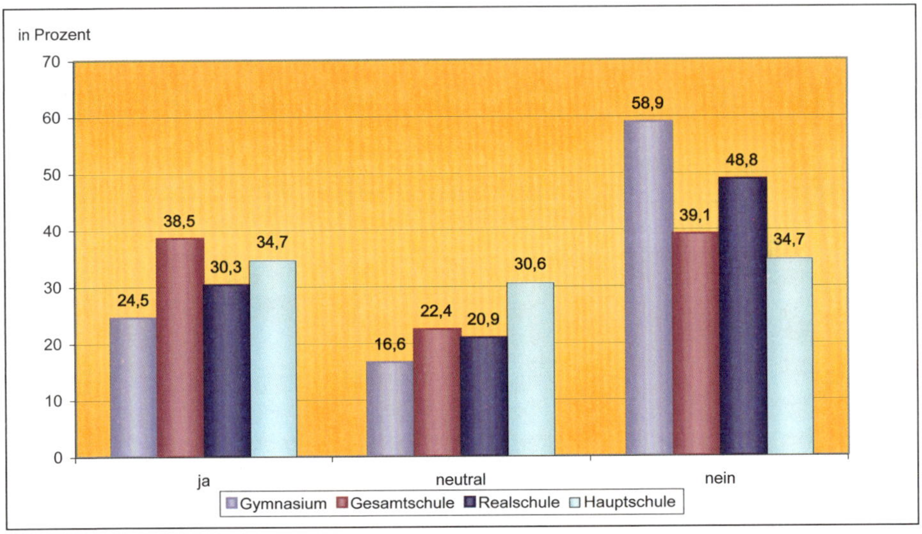

* *Stellungnahmen zu der Aussage: „Die Stasi (Ministerium für Staatssicherheit der DDR) war ein Geheimdienst, wie ihn jeder Staat hat."*

Nur eine absolute Mehrheit der Gymnasiasten beurteilt das MfS nicht als einen normalen Geheimdienst und erkennt seine besondere Rolle in der Unterdrückung der Bevölkerung. Dieser Auffassung schließen sich unter den Gesamtschülern lediglich gut 39% und unter Hauptschülern sogar nur knapp 35% an. Ebenso viele Hauptschüler halten das MfS für einen ganz normalen Geheimdienst, wie ihn jeder – auch ein demokratischer – Staat hat. Unter den Gesamtschülern geben sogar knapp 39% dieses Votum ab.

Die Beurteilungsdifferenzen zwischen den einzelnen Schultypen spiegeln sich auch in der *Gesamtskala zum Bild der DDR*, in die alle Items der verschiedenen Skalen einfließen, wider: Eine sehr breite Mehrheit der Gymnasiasten und Realschüler hat ein deutlich negativeres Bild der DDR als Gesamt- und Hauptschüler, von denen nicht einmal eine absolute Mehrheit diese Wertung teilt. Letztere äußern sich auch fast doppelt so häufig positiv und stehen mit absoluten Mehrheiten in vielen Aspekten der DDR teils zustimmend, teils ablehnend gegenüber.

Die schon bei den Einzelskalen sichtbar werdenden Unterschiede in den Urteilen zwischen den Schultypen zeigen sich auch bei der Gesamteinschätzung der DDR. Das negativste Bild von der DDR haben bayerische Gymnasiasten, gefolgt von den Jugendlichen in West-Berlin und Nordrhein-Westfalen. In Brandenburg hat lediglich eine knappe absolute Mehrheit der Gymnasiasten eine neutrale Sicht auf die DDR und nur knapp 44% weisen ein ablehnendes Bild auf. Jeweils gut 47% der Ost-Berli-

Schaubild 165: Gesamtbild der DDR nach Schultypen

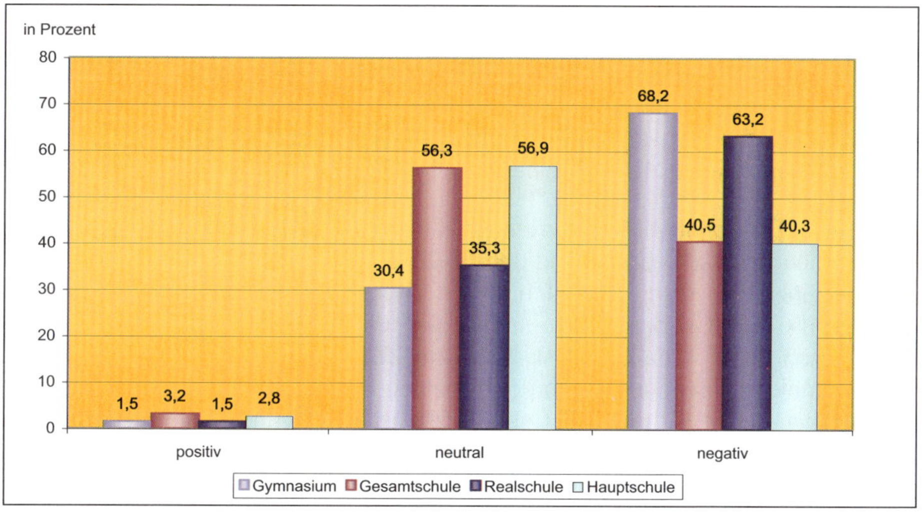

ner Gymnasiasten haben eine neutrale bzw. eine negative Sicht. Zwischen den Gymnasiasten in Brandenburg und Bayern liegt in der negativen Gesamtbewertung der DDR ein schier unglaublicher Graben von über 44 Prozentpunkten, d. h. bayerische und brandenburgische Gymnasiasten beurteilen die DDR nahezu diametral anders. Eine ähnliche Schwankungsbreite ist bei den Gesamtschülern beobachtbar, von denen 56% in Nordrhein-Westfalen und gut 52% in West-Berlin, aber nur gut 30% in Brandenburg und sogar nur knapp 28% in Ost-Berlin eine negative Einschätzung der DDR haben. Die bayerischen Hauptschüler verweigern mit absoluter Mehrheit eine Festlegung und geben ebenso wie die Gesamtschüler nur mit einem Anteil von gut 40% ein insgesamt negatives Urteil über die DDR ab.

Tabelle 46: Gesamtbild der DDR aus schulspezifischer Sicht

	Positiv		Neutral		Negativ
Gym Bay	0,1%	Gym Bay	11,4%	Gym Bay	88,5%
Gym NRW	0,1%	Gym W-B	23,4%	Gym W-B	75,9%
Gym W-B	0,7%	Gym NRW	25,2%	Gym NRW	74,7%
GS W-B	1,2%	RS Bay	35,3%	RS Bay	63,2%
RS Bay	1,5%	GS NRW	41,8%	GS NRW	55,6%
GS NRW	2,6%	GS W-B	46,4%	GS W-B	52,4%
HS Bay	2,8%	Gym O-B	47,9%	Gym O-B	47,6%
Gym BB	**3,4%**	**Gym BB**	**52,8%**	**Gym BB**	**43,8%**
Gym O-B	**4,5%**	**HS Bay**	**56,9%**	**HS Bay**	**40,3%**
GS O-B	**4,5%**	**GS BB**	**64,0%**	**GS BB**	**30,2%**
GS BB	**5,8%**	**GS O-B**	**67,6%**	**GS O-B**	**27,9%**

Gym = Gymnasium; GS = Gesamtschule; RS = Realschule; HS = Hauptschule; Bay = Bayern; W-B = West-Berlin; O-B = Ost-Berlin; BB = Brandenburg; NRW = Nordrhein-Westfalen

Aus Tabelle 46 wird die Überlagerung der schulspezifischen Unterschiede durch die Herkunft deutlich erkennbar. Wiederum haben die Schüler aus den Westregionen – mit den bayerischen Gymnasiasten an der Spitze, aber mit Ausnahme der bayerischen Hauptschüler – die kritischste Sicht auf die DDR. Die Schüler aus den Ostregionen haben nicht nur ein – auf niedrigem Niveau – deutlich positiveres Bild von der DDR, sondern sie sind auch mehrheitlich in ihrem Urteil stark gespalten, wobei nur eine relative Mehrheit einen negativen Blick auf die DDR wirft.

Die enorme Bandbreite bei der wertenden Einordnung der DDR zeigt sich insbesondere bei den unentschiedenen und den negativen Urteilen. Die Anteile der Schüler, die sich einer Bewertung enthalten, liegen zwischen 11,4% (bayerische Gymnasiasten) und 67,6% (Ost-Berliner Gesamtschüler), die bei den negativen Urteilen zwischen 88,5% (bayerische Gymnasiasten) und 27,9% (Ost-Berliner Gesamtschüler). Die Schwankungsbreite innerhalb der einzelnen Länder fällt zwar geringer aus als die zwischen den West- und den Ost-Ländern, ist aber dennoch zum Teil ebenfalls eklatant. In allen Ländern haben die Gymnasiasten nicht nur eine deutlich negativere Sicht auf die DDR als die Schüler der anderen Schultypen; sie sind auch in ihrem Urteil eindeutiger. Am auffälligsten ist diese Diskrepanz in Bayern, wo die Zahl der unentschiedenen Gymnasiasten bei gut 11% liegt, die der Hauptschüler aber bei knapp 57%. Entsprechend haben mit 88,5% mehr als doppelt so viele Gymnasiasten wie Hauptschüler ein negatives Bild von der DDR.

Allgemeine Fragen

Auch bei den allgemeinen Fragen zum Verhältnis zu Ausländern, zur Gleichsetzung von System und Lebenswelt in der DDR, zur Beurteilung der Wiedervereinigung und des Sozialismus als Idee oder Vision zeigen die Schüler der einzelnen Schultypen zum Teil deutlich auseinanderliegende Einschätzungen.

Bei den Items zur Ausländerthematik (Items 33 und 40) bejahen weitaus weniger Gymnasiasten (knapp 17% bzw. gut 20%) als Gesamt- (gut 30% bzw. knapp 34%) und vor allem Realschüler (knapp 32% bzw. knapp 40%) beide Statements, weitaus mehr verneinen sie. Allerdings sehen wir auffällige herkunftsspezifische Unterschiede sowohl bei Gymnasiasten als auch bei Gesamtschülern. So würden in Bayern nur knapp 16% der Gymnasiasten eine Senkung des Ausländeranteils auf DDR-Niveau begrüßen, aber in Nordrhein-Westfalen 23% und in Berlin 22,2%. Deutlich mehr Gesamtschüler in Berlin und Brandenburg (36% bzw. 32%) als in Nordrhein-Westfalen (25,1%) plädieren für eine drastische Senkung des Ausländeranteils auf DDR-Niveau im vereinten Deutschland.

Einer derartigen Reduktion des Ausländeranteils widerspricht nur unter Gymnasiasten eine absolute Mehrheit. In den anderen Teilgruppen votiert eine zum Teil breite absolute Mehrheit für die Senkung bzw. enthält sich der Stimme.

*Schaubild 166: Senkung des Ausländeranteils auf DDR-Niveau nach Schultypen**

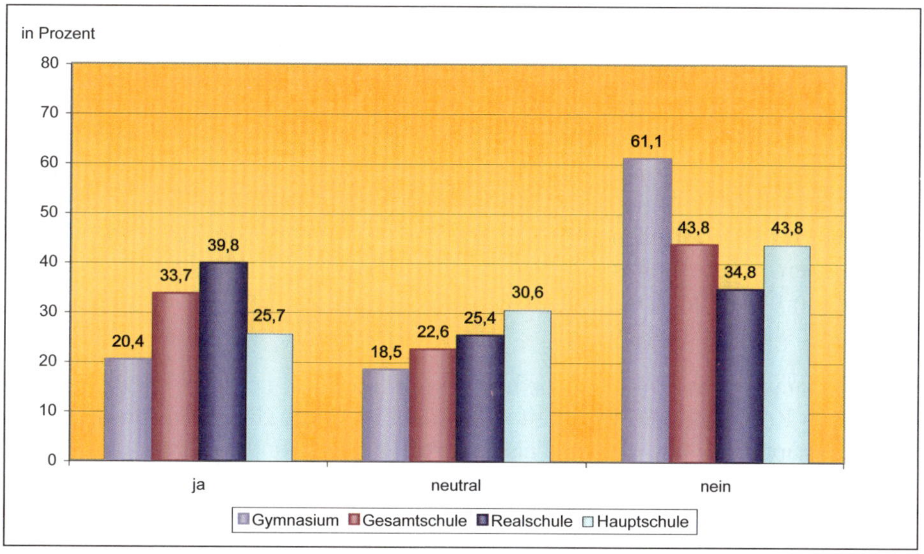

** Stellungnahmen zu der Aussage: „Es wäre gut, wenn heute in der Bundesrepublik genauso wenige Ausländer leben würden wie früher in der DDR."*

Der Wiedervereinigung stehen trotz der hohen Kosten, die ausdrücklich im Statement erwähnt wurden, Gymnasiasten (knapp 79%) und Gesamtschüler (gut 74%) ähnlich positiv gegenüber, während sich Real- und Hauptschüler (knapp 56% bzw. gut 52%) deutlich verhaltener bzw. häufiger ablehnend äußern (knapp 25% bzw. gut 19%). Am meisten freuen sich knapp 85% der Brandenburger, am wenigsten knapp 71% der nordrhein-westfälischen Gymnasiasten. Von den Gesamtschülern spricht sich ebenfalls überall eine breite Mehrheit für die Wiedervereinigung aus, allerdings liegt der Anteil in Brandenburg mit knapp 79% deutlich über dem von Nordrhein-Westfalen (gut 65%) und auch etwas über dem Berliner Niveau (75,6%). Die bayerischen Haupt- und Realschüler betrachten die Wiedervereinigung dagegen schon deutlich skeptischer, verneinen das Statement überdurchschnittlich häufig und stimmen nur mit einer verhaltenen absoluten Mehrheit von etwas über 55% zu.

Bei der Bewertung der friedlichen Revolution, die zum Sturz des SED-Regimes führte, sind Real- und Hauptschüler entscheidungsunsicherer als Gymnasiasten und Gesamtschüler und äußern sich weniger zustimmend, aber stärker ablehnend. Knapp 69% der Gesamtschüler in Brandenburg äußern sich positiv, aber nur knapp die Hälfte der bayerischen Hauptschüler. Ein umgekehrtes Verhältnis sehen wir bei den Gymnasiasten: Knapp drei Viertel der bayerischen, aber nur 63,5% der Brandenburger beurteilen die friedliche Revolution positiv. Letztere legen sich darüber hinaus zu knapp 27% nicht fest.

Vor allem Gesamtschüler in Brandenburg und Berlin (knapp 53% bzw. knapp 40%) glauben an eine instrumentelle Kritik an der DDR, um Ostdeutsche abzuwerten, was Gymnasiasten differenzierter sehen und mehrheitlich bestreiten (insgesamt: knapp 56% gegenüber knapp 35% bei den Gesamtschülern). Ebenfalls widersprechen deutlich weniger Haupt- und Realschüler als Gymnasiasten der Auffassung, die DDR würde nur kritisiert, um Ostdeutschen aktuell zu schaden. Die Frage, ob die Ostdeutschen gegenüber den Westdeutschen dankbarer sein sollten, trennt weniger Gymnasiasten und Gesamtschüler als beide Teilgruppen von den Haupt- und Realschülern, die mit starker relativer Mehrheit (Hauptschüler) bzw. sogar mit absoluter Mehrheit (Realschüler) eine höhere Dankbarkeit der Ostdeutschen erwarten. Erwartungsgemäß teilen vor allem Ostdeutsche – unabhängig davon, welchen Schultyp sie besuchen – diese Auffassung nur in geringem Maße. In Brandenburg erwarten 15% und in Ost-Berlin lediglich 12,6% mehr Dankbarkeit der Ostdeutschen angesichts der hohen Finanztransfers.

Einen Zusammenhang zwischen dem schlechten Zustand der DDR-Wirtschaft und den hohen Kosten des Aufbaus Ost sehen deutlich mehr Gymnasiasten und Realschüler (knapp 64% bzw. gut 62%) als Gesamt- (gut 54%) und vor allem Hauptschüler (knapp 48%). Interessanterweise stimmen in Brandenburg mehr Gesamtschüler (57,5%) als Gymnasiasten (gut 44%) dieser Aussage zu. Letztere lehnen sie auch doppelt so häufig (etwa 20%) wie die Gesamtschüler ab.

Beim Thema Sozialismus in der DDR als gute Idee sind die Gymnasiasten recht zwiespältig in ihrer Entscheidung: Mit etwa gleich großen Anteilen bejahen oder

*Schaubild 167: Sozialismus als gute Idee und schlechte Realität in der DDR nach Schultypen**

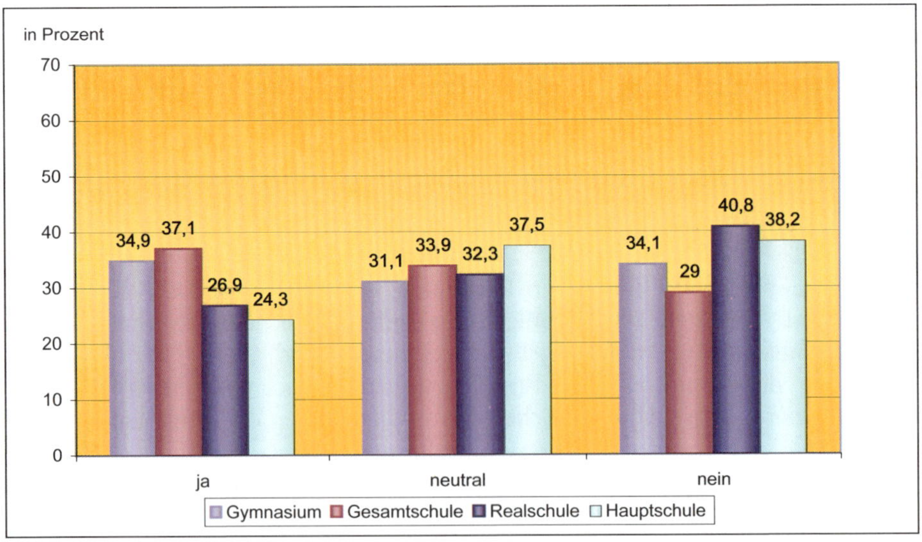

** Stellungnahmen zu der Aussage: „Der Sozialismus in der DDR war eine gute Idee, die nur schlecht ausgeführt wurde.“*

verneinen sie das Statement oder enthalten sich der Stimme. Erneut spielt die Herkunft eine stärkere Rolle als der Schultyp. In Brandenburg entscheiden sich knapp 43% der Gymnasiasten dafür, in Bayern nur knapp 27%. Die Gesamtschüler, die als einzige Teilgruppe mit einer relativen Mehrheit den Sozialismus prinzipiell als eine gute Idee begreifen, geben ebenfalls ein von der Herkunft bestimmtes gespaltenes Urteil ab. In Nordrhein-Westfalen findet der Sozialismus die Zustimmung von etwa jedem dritten Gesamtschüler, in Berlin von gut 36% und in Brandenburg sogar von knapp 47%. Dabei ist zu berücksichtigen, dass die Gesamtschüler in Berlin in der Auswertung nicht nach Ost und West differenziert wurden. Der Zuspruch für den Sozialismus als gute Idee dürfte bei ihnen in Ost-Berlin deutlich höher ausfallen als in West-Berlin.

Überraschend große Differenzen zwischen den Schülern der einzelnen Schultypen sehen wir bei der Frage nach der SED als Vorbild für eine starke Partei. Während mehr als zwei Drittel der Gymnasiasten eine derartige Vorstellung strikt ablehnen, tun dies nur gut die Hälfte der Gesamt- und gar nur 41% der Hauptschüler. Von Letzteren sprechen sich gut 20% (Gesamtschüler: knapp 11%) für eine einzige starke Partei aus, knapp 39% haben keine Meinung hierzu. Betrachten wir die einzelnen Länder, so sehen wir über 85% der bayerischen, aber nur knapp 70% der Brandenburger Gymnasiasten, die sich gegen eine einzige starke Partei aussprechen. Gesamtschüler in allen befragten Ländern zeichnen sich durch recht hohe Meinungsenthaltung aus – zwischen einem guten Viertel in Nordrhein-Westfalen und gut 43% in Brandenburg. Hier machen die „Meinungslosen“ unter den Gesamtschülern sogar die relative Mehrheit dieser Schülergruppe aus, während in Nordrhein-Westfalen und Berlin sich mehr als die Hälfte der Gesamtschüler gegen eine Einheitspartei wie die SED ausspricht.

Befragt nach der Alternative „Freiheit versus staatliche Rundumversorgung“ sehen wir eine größere schulspezifische Differenz im Urteil. Gymnasiasten und Realschüler geben stärker der Freiheit den Vorrang, unter den Gesamt- und Hauptschülern finden sich dagegen viele, die für die staatlich garantierte Versorgung stimmen oder – in noch höherem Maße – sich der Stimme enthalten. Ein eindeutiges Votum für die Freiheit geben insbesondere die bayerischen Gymnasiasten mit gut 82% ab, während ihre Brandenburger Schülerkollegen sich dieser Auffassung nur zu gut 56% anschließen.

*Schaubild 168: Pro Freiheit nach Schultypen**

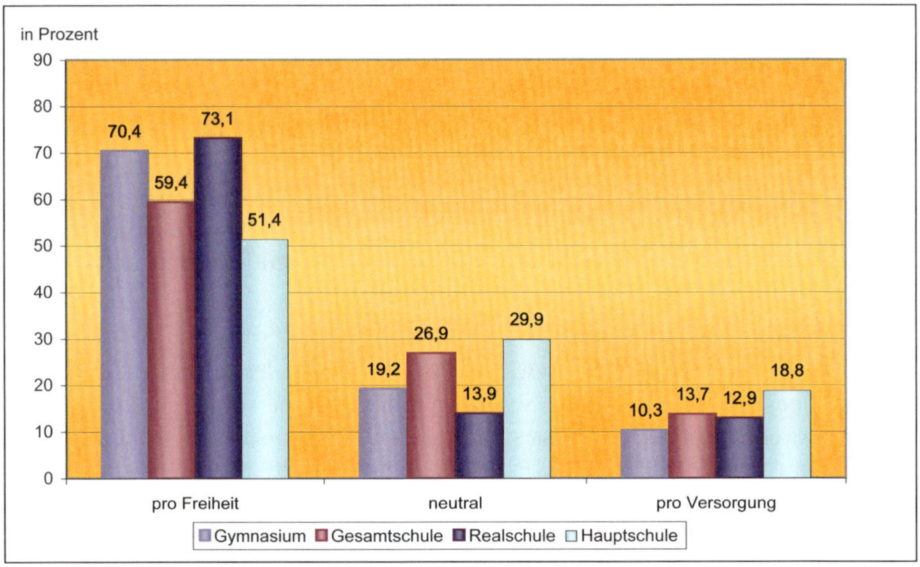

* *Stellungnahmen zu der Aussage: „Es ist besser, in Freiheit zu leben als – wie in der DDR – vom Staat rundum versorgt zu werden."*

Wissensfragen

Bei den expliziten Wissensfragen schneiden die Gesamtschüler signifikant schlechter ab als die Schüler aller anderen Schultypen. Nur 0,3% der Gesamtschüler (gegenüber 1,3% der Gymnasiasten) weisen einen sehr hohen Kenntnisstand auf, 37,2% dagegen einen sehr niedrigen (Gymnasiasten: 19,9%). Auffälligerweise haben die bayerischen Hauptschüler den zweithöchsten (0,7%) sehr hohen und den höchsten mittleren (34,7%) Kenntnisstand.

Bei fast allen Fragen geben die Gesamtschüler am häufigsten falsche Antworten; Real- und Hauptschüler sowie Gymnasiasten verfügen dagegen über ein höheres Wissen. Bei der Zuordnung der Todesstrafe fallen einzig 35% der Hauptschüler positiv aus dem Rahmen und kennen die richtige Antwort. Gymnasiasten nehmen dagegen mehr als doppelt so häufig (47%; Hauptschüler: 22%) gar keine Todesstrafe in beiden Staaten an. Die höhere Lebenserwartung in der Bundesrepublik sehen wiederum mehr Haupt-, aber vor allem auch mehr Realschüler (67% bzw. 71%) als die übrigen Schüler. Ähnlich sieht es bei der sauberen Umwelt aus: Nur Real- und Hauptschüler scheinen über das Ausmaß der Umweltverschmutzung in der DDR informiert zu sein und sehen in breiter Mehrheit (knapp 60%) die Bundesrepublik im

*Schaubild 169: Kenntnisstand nach Schultypen**

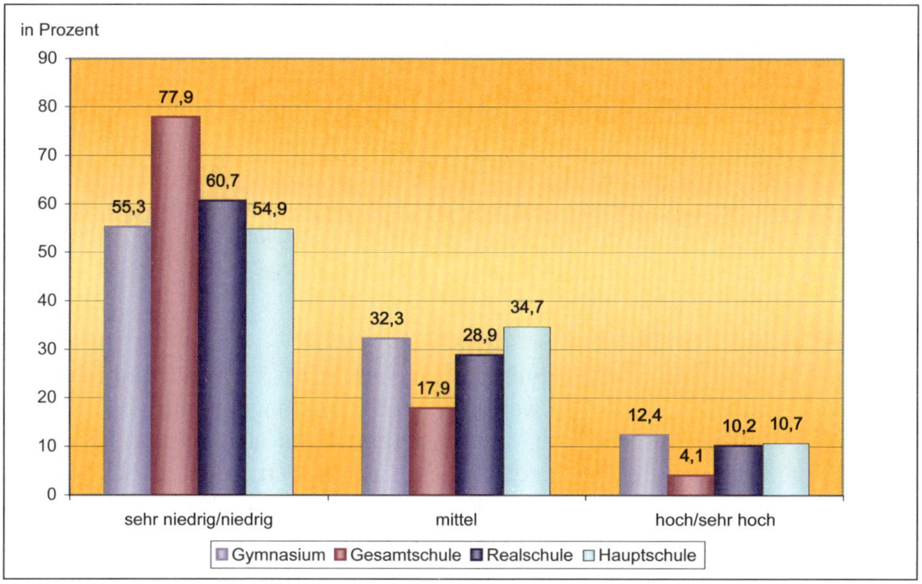

** Der Kenntnisstand bezieht sich auf 18 gestellte Wissensfragen, dabei bedeutet die Bezeichnung „sehr hoch": › 16 richtige Antworten, hoch: 14–16, „mittel": 10–13, „niedrig": 6–9 und „sehr niedrig": 0–5 richtige Antworten.*

Vorteil. Eine relative Mehrheit von 37% der Gesamtschüler – in Brandenburg sogar die Hälfte – votiert dagegen für die DDR, was auch knapp 30% der Gymnasiasten (knapp 40% in Brandenburg) tun.

Der geringere Kenntnisstand von Gesamtschülern zeigt sich ebenfalls bei der Frage nach dem Volksaufstand 1953. Hier liegen sie nicht nur häufiger mit ihren Antworten falsch, sondern geben auch überdurchschnittlich ausdrücklich an, nicht Bescheid zu wissen. Die Arbeitslager verortet eine breite Mehrheit der Realschüler und eine knappe der Gymnasiasten in der DDR, während eine relative Mehrheit der Gesamt- und Hauptschüler keine Kenntnisse hat. Dass in der DDR Einkommen und Vermögen ungleich verteilt waren, nimmt nur eine relative Mehrheit der Realschüler an; mehr als die Hälfte der Gymnasiasten und die relative Mehrheit von Gesamt- und Hauptschülern vermuten dagegen fälschlicherweise annähernd gleiche Einkommens- und Vermögensverhältnisse in der DDR.

Nur einem guten Drittel der Gymnasiasten ist bekannt, dass die DDR die Mauer baute; eine relative Mehrheit der Schüler in allen Schultypen schreibt den Bau der Mauer der Sowjetunion zu (Hauptschüler: knapp 62%). Zwischen gut 11% (Gymnasiasten) und 17,5% (Realschüler) tippen auf die Alliierten und knapp 8% der Gesamtschüler gar auf die Bundesrepublik. Das richtige Datum des Mauerbaus kennen 62,5% der Haupt-, aber nur gut 38% der Realschüler sowie 46,3% der Gymnasiasten und 44,2% der Gesamtschüler.

Mit Ausnahme von Erich Honecker, den gut drei Viertel der Gymnasiasten und knapp 62% der Gesamtschüler richtig in der DDR verorten, werden fast alle Politiker von Gymnasiasten und Hauptschülern am ehesten korrekt zugeordnet. Gesamtschüler geben die meisten falschen Antworten, d. h. viele von ihnen sind nicht in der Lage, ehemalige Bundeskanzler oder SED-Generalsekretäre richtig zuzuordnen. In Brandenburg haben die Politiker der Bundesrepublik einen vergleichsweise höheren Bekanntheitsgrad als die der DDR, wenngleich sie oft dem falschen Teilstaat zugerechnet werden. Erstaunlicherweise kennen bayerische Hauptschüler häufiger DDR-Politiker als ostdeutsche Gesamtschüler und Gymnasiasten.

Fazit

Die Schüler der verschiedenen Schultypen unterscheiden sich signifikant nicht nur im Wissen, sondern auch in der Bewertung der DDR und damit implizit der Bundesrepublik. In allen Ländern haben Gymnasiasten nicht nur eine deutlich negativere Sicht auf die DDR als die Schüler der anderen Schultypen; sie sind auch generell urteilsfreudiger. Sie bewerten sowohl beim Vergleich mit der Bundesrepublik als auch bei den Skalen die DDR deutlich kritischer als Gesamtschüler. Die bayerischen Haupt- und Realschüler fällen zwar bei der vergleichenden Bewertung einzelner staatlicher und gesellschaftlicher Aspekte von Bundesrepublik und DDR ein überwiegend negatives Urteil über den SED-Staat, sehen bei der expliziten Bewertung bei vielen Skalen die DDR dagegen in einem milderen Licht als Gymnasiasten und westdeutsche Gesamtschüler. Wie diese haben auch bayerische Hauptschüler mit absoluter Mehrheit ein ambivalentes Bild der DDR, sehen teils positive, teils negative Momente.

In Brandenburg fallen die Unterschiede im Urteil zwischen Gymnasiasten und Gesamtschülern stärker aus als in Nordrhein-Westfalen und Berlin. Während die Positionen der Gymnasiasten und der Gesamtschüler dennoch – relativ gesehen – dichter beieinanderliegen, klaffen zwischen Gymnasiasten und Real- und Hauptschülern in Bayern in der vergleichenden und der expliziten Bewertung zum Teil eklatante Differenzen. Gesamtschüler in Brandenburg, aber auch in Berlin beurteilen die DDR in vielen Aspekten auffällig milder und sehen in etwa gleich viele gesellschaftliche Dimensionen in der DDR und der Bundesrepublik als besser an.

Deutlich erkennbar wird die Überlagerung und Verstärkung der schulspezifischen Unterschiede durch die herkunftsspezifischen. Wiederum haben die Schüler aus den Westregionen die kritischste Sicht. Die Schüler der Ostregionen haben nicht nur ein wesentlich positiveres Bild von der DDR, sondern fällen mit zumindest relativer, zumeist aber breiter absoluter Mehrheit ein ambivalentes Urteil über den SED-Staat; weder in Ost-Berlin noch in Brandenburg haben Gesamtschüler oder Gymnasiasten mehrheitlich ein durchgängig negatives Bild der DDR.

Bayerische Haupt- und Realschüler haben einen deutlich niedrigeren Kenntnisstand als Gymnasiasten in ihrem Land. Dabei muss jedoch berücksichtigt werden, dass die bayerischen Schüler im Durchschnitt über weitaus höhere Kenntnisse verfügen als die Schüler der anderen befragten Länder. Insofern fallen die innerbayerischen Diskrepanzen im Wissen zwischen den einzelnen Schultypen deutlich größer aus als die Schultypen übergreifenden Unterschiede im Ländervergleich. Der Kenntnisstand der bayerischen Hauptschüler liegt über dem von Gymnasiasten in Brandenburg und Ost-Berlin.

IX. Fazit und Ausblick: Der gespaltene Blick auf die DDR und der geschichtspolitische Diskurs über die deutsche Teilungsgeschichte

Jede Gesellschaft wird durch bestimmte Erfahrungen geprägt und zusammengehalten. Dazu gehört ein Bild der Geschichte, das im Kern von einer breiten Mehrheit getragen wird. Gerade in Deutschland, das nach Jahrzehnten der Teilung seit nunmehr fast neunzehn Jahren wiedervereint ist, kommt der Erinnerung an Gemeinsamkeiten und Unterschiede in diesen Jahrzehnten und dem Willen, sich als zusammengehörig zu betrachten, eine besondere Bedeutung zu. Wer trotz der unterschiedlichen, in vielen Bereichen sogar gegensätzlichen Vergangenheit eine gemeinsame Zukunft gestalten will, muss sich dieser Herausforderung stellen.

Geschichtsbilder entstehen vornehmlich als Konstrukte eigenen Erlebens, übermittelter Erfahrungen und tradierter Überlieferungen sowie durch volkspädagogische und mediale Aufbereitung von Geschichte. Zugleich bieten sie Anknüpfungspunkte für Identitätsfindungsprozesse. Selbstverständlich verändert sich die Deutung der Vergangenheit im Laufe der Zeit, sei es aufgrund von Erfahrungen, die bisherige Interpretationen in einen neuen Bewertungskontext stellen, oder dadurch, dass andere Maßstäbe zur Betrachtung der Vergangenheit angelegt werden. Die DDR – aber auch die Bundesrepublik – werden nach der Wiedervereinigung von vielen aus einer veränderten Perspektive betrachtet, da der Untergang des SED-Staates manifestierte Folge der Unterlegenheit des sozialistisch-diktatorischen gegenüber dem freiheitlichen-demokratischen System war.

Anders als zu Zeiten der Teilung kann in der rückblickenden Betrachtung nicht vom Ergebnis abstrahiert werden. Die Kriterien für die Bewertung ergeben sich aus der Werteordnung einer zivilen bzw. bürgerlichen Gesellschaft. In der Verfassung des vereinten Deutschlands finden sich diese normativen Parameter wieder.

Die Vergangenheit, vor allem die jüngste, ist durch ihre Bedeutung für die Gestaltung von Gegenwart und Zukunft auch Gegenstand geschichtspolitischer Auseinandersetzungen. Mit Hilfe der Geschichtspolitik soll in der Bevölkerung ein Geschichtsbewusstsein verankert werden, das mit bestimmten politischen Vorstellungen und Geschichtsdeutungen korrespondiert. Während in diktatorischen Systemen der Staat oder die allein herrschende Partei über alle Medien ein bestimmtes Geschichtsbild verordnet, bedeutet dies für eine freiheitliche und damit pluralistische Gesellschaft fortgesetzte Kontroversen um die kulturelle Hegemonie über verschiedene Geschichtsbilder. So entzündet sich an der Bewertung der DDR, die implizit immer auch eine Bewertung der Bundesrepublik ist, ein Deutungskampf, der bis in tagespolitische Auseinandersetzungen reicht. Für die einen stellen die DDR bzw. einige Aspekte ihres Systems eine positive Folie dar, andere lehnen jeglichen Bezug auf diese sozialistische Diktatur ab. Umstritten ist besonders, was als charakteristisch für die DDR angesehen wird. Alltag versus Diktatur, Gesellschaft versus Herrschaft,

Freiheit versus Unfreiheit, Sozialpolitik versus Repression, Recht versus Unrecht u. ä. bilden dabei jeweils die Pole.

Der geschichtspolitische Streit um die historische Einordnung der DDR und ihre Bewertung steht immer noch im Schatten des Nationalsozialismus. Angesichts der singularen Dimension des nationalsozialistischen Terrors neigen einige geschichtspolitische Akteure zu einer Marginalisierung des Unrechts in der SED-Diktatur. Inzwischen wird selbst der Diktaturcharakter der DDR in Frage gestellt und statt von Diktatur und Unterdrückung von „Demokratiedefiziten" gesprochen. Es ist eine geschichtspolitische Herausforderung ersten Ranges, im Erinnern an die nationalsozialistische und die sozialistische Diktatur weder der Gefahr einer Relativierung der NS-Verbrechen noch einer Banalisierung des DDR-Unrechts zu erliegen. Die differenzierte Betrachtung und Bewertung dieser beiden deutschen Diktaturen im letzten Jahrhundert muss aus der Perspektive einer freiheitlich-demokratischen Ordnung deren Analogien deutlich machen, ohne die gewaltigen Unterschiede in Ausmaß und Intensität der Verbrechen zu nivellieren.

Das Bild des geteilten Deutschlands wird bei älteren Generationen, die in der ehemaligen DDR und der alten Bundesrepublik (mithin in unterschiedlichen Systemen) gelebt haben, von vergangenen Erfahrungen und Weltbildern geprägt. Ihr ursprüngliches Geschichtsbild wird zum Teil überlagert oder bestätigt von der Situation im wiedervereinten Deutschland. Dies betrifft allerdings mehr die ostdeutsche als die westdeutsche Bevölkerung, denn für erstere haben sich mit dem Sturz der SED-Diktatur und der nachfolgenden Wiedervereinigung die Lebensbedingungen nahezu vollständig verändert. Für jüngere Generationen, die das geteilte Deutschland nur wenige Jahre oder überhaupt nicht erlebt haben, konstituiert sich das Geschichtsbild jenseits persönlicher Erlebnisse und Erfahrungen. Ob und wie sich die gespaltenen Geschichtsbilder in Ost und West bei der heutigen Jugend wiederfinden, war eines der zentralen Untersuchungsziele unserer Studie.

Junge Menschen beziehen ihr Wissen über die DDR aus Erzählungen, Büchern, Filmen oder aus dem Schulunterricht. In Ostdeutschland einschließlich Berlin sind darüber hinaus die Nachwirkungen der deutschen Teilung immer noch unmittelbar erfahrbar und prägen vielerorts das Meinungsklima. Insbesondere in Berlin prallen unterschiedliche Sichtweisen auch bei der jüngeren Generation deutlich stärker aufeinander als innerhalb der ost- bzw. der westdeutschen Länder, in denen es zwar unterschiedliche Bewertungen der DDR gibt, diese aber länderintern weniger kontrovers ausfallen. Letzteres bestätigte sich bei der Befragung von Schülern in Nordrhein-Westfalen und Bayern, aber auch in Brandenburg. Sie blicken mit einer gewissen Distanz oder sympathisierenden Nähe auf die DDR, wissen wenig Konkretes über Geschichte und Strukturen und bilden sich zumeist ein assoziatives Urteil über den SED-Staat. Erst im Vergleich mit der Bundesrepublik gewinnt die realsozialistische Gesellschaft etwas an Gestalt.

Mittels einer standardisierten Befragung, die durch Gespräche mit vielen Schülern und einigen Lehrern ergänzt wurde, haben wir 5.219 Schüler aus vier Bundesländern zu ihrer Meinung über die DDR als Staat und Gesellschaft befragt und sie um eine Bewertung der beiden deutschen Teilstaaten gebeten. Das Ost-West-Verhältnis der befragten Jugendlichen beträgt in etwa 2 : 1; die Mehrzahl von ihnen besuchte ein Gymnasium, fast jeder vierte eine Gesamtschule und zwei kleinere Gruppen eine Real- oder Hauptschule. Da Mädchen inzwischen an Gymnasien die Mehrheit der Schüler stellen, finden sich unter den von uns befragten Schülern entsprechend mehr Schülerinnen. Die Mehrzahl der Schüler war zum Zeitpunkt der Befragung 16 oder 17 Jahre alt.

Die Befragten ordnen sich etwa zur Hälfte politisch der Mitte zu, etwa 40% fühlen sich dem linken und nicht einmal 10% dem rechten Spektrum mehr oder weniger zugehörig. Die politische Mitte wird am häufigsten von bayerischen, am seltensten von nordrhein-westfälischen Schülern favorisiert; entsprechend sind im Gegensatz zu Nordrhein-Westfalen und den anderen Ländern in Bayern die wenigsten Schüler „links" eingestellt. Die altersspezifischen Unterschiede fallen in der politischen Einstellung eher gering aus, die geschlechtsspezifischen etwas größer. Mädchen sind im rechten Lager unterrepräsentiert und in der politischen Mitte und dem gemäßigten linken Lager leicht überdurchschnittlich vertreten. Das linke Spektrum erfreut sich bei Gymnasiasten, das rechte bei Haupt- und Realschülern überdurchschnittlicher Beliebtheit.

Die SPD wird als Partei von allen Schülern am stärksten bevorzugt, die Bündnis-Grünen erhalten virtuell deutlich mehr Zustimmung als im jeweiligen Landesdurchschnitt bei Landtagswahlen, die Linkspartei/PDS bekäme dagegen einige Prozentpunkte weniger. Während die Bündnis-Grünen im Westen deutlich stärker als im Osten sind, gilt dies für die Linkspartei/PDS, deren Potenzial im Westen mit einer Quote von unter 5% eher gering ausfällt, regional umgekehrt. Die Union kommt bei bayerischen Schülern auf vergleichsweise hohe, bei ostdeutschen und Gesamtschülern auf eher niedrige Anteile. Die Bündnis-Grünen erzielen ihr bestes Ergebnis in Nordrhein-Westfalen und unter Gymnasiasten, die Linkspartei in Ost-Berlin und bei Gesamtschülern. Letztere und die ausländischen Schüler bescheren der Sozialdemokratie mit Anteilen über 40% die besten Ergebnisse. Rechtsextreme Parteien spielen bei den von uns befragten Schülern eine nur untergeordnete Rolle. Die NPD käme nur bei Realschülern auf knapp über 5%. In den meisten Teilgruppen liegen die drei rechtsextremen Parteien bei etwas über 2%. Der Anteil der virtuellen Nichtwähler fällt mit steigendem Alter und dem Besuch eines höheren Schultyps.

Nahezu jeder zweite Schüler meint, die DDR sei im Schulunterricht zu wenig behandelt worden, über zwei Drittel sagen sogar, sie hätten in der Schule zu wenig oder gar kein Wissen über den SED-Staat erworben. In Nordrhein-Westfalen gibt fast jeder dritte Schüler an, im Schulunterricht nichts über die DDR zu erfahren, in Bayern dagegen nur gut jeder zehnte. Selbst von den Gymnasiasten behauptet etwa jeder fünfte, das Thema DDR würde im Schulunterricht überhaupt nicht angeboten und knapp jeder zweite beklagt, dass in der Schule kaum über die DDR gesprochen wird. Allerdings bekundet ein Großteil – weitaus mehr Ost- als Westdeutsche und mehr

Mädchen als Jungen – starkes Interesse an der DDR und möchte mehr über sie und das Leben dort erfahren. Ostdeutsche Jugendliche sprechen deutlich häufiger als westdeutsche in der Familie über die DDR. Eine breite Mehrheit von über 80% der Schüler kennt Dokumentar- und/oder Spielfilme über die DDR und bezieht hieraus – mehr oder weniger unbewusst – ihr „Wissen" über diesen deutschen Teilstaat.

Glaubt man den Schülern, wissen sie also wenig über die DDR und das geteilte Deutschland und erfahren auch in der Schule wenig oder überhaupt nichts darüber. In allen Teilgruppen mit Ausnahme der Hauptschüler geben zum Teil weit über 70% an, sie besäßen geringe oder keine Kenntnisse. Die Bandbreite der Anteile von Jugendlichen, die nach subjektivem Ermessen einen hohen Wissensstand aufweisen, liegt zwischen knapp 27% in Bayern und gut 10% in Nordrhein-Westfalen.

Die von vielen Ostdeutschen vermuteten generellen Ressentiments von Westdeutschen und West-Berlinern ihnen gegenüber können wir – mit einer Ausnahme – bei den befragten Schülern ebenso wenig feststellen wie das umgekehrte Stereotyp. Erfreulicherweise bestehen kaum wechselseitige Animositäten zwischen den Schülern aus den alten und den neuen Ländern. Im Westen finden wir allerdings einen deutlich höheren Anteil von vorwiegend männlichen Schülern, die mit ihren Altersgenossen aus Ostdeutschland prinzipiell nichts zu tun haben wollen. Insgesamt hat nur etwa jeder siebte westdeutsche Jugendliche generelle Vorbehalte gegen seine ostdeutschen Landsleute. In West-Berlin liegt der Anteil jedoch deutlich höher. Immerhin knapp jeder Fünfte, unter den Jungen sogar knapp jeder Dritte, lehnt hier einen Kontakt mit Ostdeutschen ab. Ost-Berliner sind ebenso wie Brandenburger Schüler den Westdeutschen gegenüber offener, nur jeder Zwanzigste wünscht keinen Kontakt zu Westdeutschen. Auch hier sind es vor allem Jungen, die so denken.

Die von uns als Vergleichsgruppe in die Befragung einbezogenen Studenten, die auffällig häufiger „links" eingestellt sind und sich bessere Kenntnisse über die Geschichte der DDR und des geteilten Deutschlands zuschreiben, stellen der Schule, bezogen auf die Thematisierung der DDR, ein ähnlich schlechtes Zeugnis wie die Schüler aus.

Die Befragten sollten die DDR einordnen und beurteilen. Daneben wollten wir erforschen, wie die DDR im Vergleich mit der Bundesrepublik bewertet wird. Dabei setzten wir kein detailliertes Wissen voraus und gingen von der Annahme aus, dass auch die Bewertung der DDR bei vielen, wenn nicht sogar den meisten Schülern vor der Vergleichsfolie des bundesrepublikanischen Gesellschaftsmodells erfolgt. Sicherlich fließen in das Ergebnis mangelnde Kenntnisse über die Verhältnisse in beiden deutschen Staaten ein; bei einer Mehrheit der befragten Jugendlichen spielen aber, was sich in den Gesprächen bestätigte, aus familiären Diskussionen, Filmen etc. resultierende Assoziationen und generelle Einschätzungen der beiden Gesellschaftssysteme eine wichtige Rolle. Bei vielen – bei Weitem nicht allen – Schülern haben jedoch auch Vorstellungen von Demokratie und Diktatur, von Plan- und Marktwirtschaft, von Individuum und Kollektiv o. ä. nicht zu unterschätzenden Einfluss auf ihr Urteil.

Schüler, die sich nicht ausreichend informiert sehen und sich keinem der beiden Gesellschaftssysteme verbunden fühlen, entziehen sich überdurchschnittlich häufig einer konkreten Antwort und votieren für „gleiche Verhältnisse". Außerdem entscheiden sich viele für eine gleichrangige Bewertung der Zustände in den beiden deutschen Teilstaaten, weil es ihnen offenbar an Vorstellungen über bestimmte Verhältnisse in dem einen wie dem anderen Staat mangelt. So kennen – beispielsweise bei der Frage nach dem Verkehrswesen – die meisten Schüler die Qualität der öffentlichen Verkehrsmittel und der Straßen der DDR sowie der Transitwege höchstens vom Hörensagen und die wenigsten haben eine klare Vorstellung von deren tatsächlichem maroden bis katastrophalen Zustand. Die Mehrzahl der Befragten aber legt sich bei diesen wie bei anderen Fragen unabhängig vom konkreten Wissen eindeutig fest.

Im Gesamtergebnis haben die Schüler bei den erfragten staatlichen und gesellschaftlichen Dimensionen ein positiveres Bild von der Bundesrepublik als von der DDR. Allerdings sehen wir eine deutliche Ost-West-Differenz: Schüler aus Bayern, Nordrhein-Westfalen und West-Berlin bevorzugen bei fast allen Komplexen die alte Bundesrepublik, ihre Mitschüler aus Ost-Berlin und Brandenburg dagegen zumeist die DDR. Wenn sie sich bei einigen Dimensionen mehrheitlich für die Bundesrepublik entscheiden, so ist diese Mehrheit oftmals nur eine relative im Gegensatz zu einer breiten absoluten in den westlichen Untersuchungsregionen.

Bei Aspekten, die das alltägliche Leben oder soziale Leistungen betreffen, bewerten ostdeutsche Jugendliche immer mit zum Teil breiter Mehrheit die DDR höher, westdeutsche dagegen häufiger die Bundesrepublik. So sehen wir ein von der Herkunft bestimmtes gespaltenes Bild zum Beispiel bei der Schulausbildung, der Kinderbetreuung, bei den Renten, den Ausbildungsplätzen und der sozialen Gerechtigkeit.

Bei Fragen nach politischen und wirtschaftlichen Dimensionen bekommt die Bundesrepublik von allen Teilgruppen eine Mehrheit, in den drei westlichen Untersuchungsregionen eine sehr breite absolute, in den beiden östlichen dagegen nur eine knappe absolute oder relative Mehrheit. So halten zum Beispiel gut 83% der westdeutschen, aber nur knapp 57% der ostdeutschen Jugendlichen im direkten Vergleich das politische System der Bundesrepublik für besser. Bei der Hilfsbereitschaft und dem Zusammenhalt in der Familie bevorzugt dagegen auch eine sehr breite westdeutsche Mehrheit die Verhältnisse in der DDR oder sieht „gleiche Verhältnisse"; das Votum der ostdeutschen Jugendlichen fällt noch weitaus deutlicher aus.

Es gibt allerdings auch „gleiche" Sichtweisen unabhängig von Herkunft, Alter, Geschlecht und besuchtem Schultyp: Unstrittig sind nach Meinung der Schüler die Einkaufsmöglichkeiten und Reiseangebote, der Straßen- und Wohnungszustand, Discos, Theater und Kinos, die ärztliche Versorgung und die Leistung der Wirtschaft besser in der Bundesrepublik, wenngleich bei den einzelnen Items größere Bewertungsdivergenzen zu sehen sind.

Die DDR erhält von den Schülern aus allen fünf Regionen nur einmal eine Zustimmung von über 50%, und zwar mit gut 68% bei den Mietpreisen. In den anderen ihr positiv zugesprochenen Dimensionen liegt sie jeweils einige Prozentpunkte unter der absoluten Mehrheit. Auf ihrer Negativseite stehen erwartungsgemäß die Reise- und Einkaufsmöglichkeiten, die nur eine Handvoll Schüler in der DDR für lobenswert hält. Für die Bundesrepublik werden mit überwältigenden Mehrheiten drei auf den vorhandenen Wohlstand bezogene Aspekte – Reise- und Einkaufsmöglichkeiten und Lebensstandard – positiv beurteilt.

Bezogen auf die Gesamtheit der Befragten geben zwar die meisten Schüler in der vergleichenden Bewertung eine kritische Einschätzung der DDR ab, in der Detailbetrachtung der Schülergruppen aus den beiden ehemaligen Teilen Deutschlands sind jedoch enorme Differenzen festzuhalten, insbesondere bei der Beurteilung vermeintlicher Qualitäten der DDR und demokratischer Strukturen der Bundesrepublik. Gleichwohl: Die (alte) Bundesrepublik wird von einem großen Teil der Schüler – vornehmlich der westdeutschen und erstaunlicherweise gerade auch der ausländischen – als das rechtsstaatlichere System gesehen, dessen Vorteile die Gewährung individueller Freiheiten und ein hohes Wohlstandsniveau waren. Dieser Auffassung schließt sich zwar auch eine Mehrheit in Ost-Berlin und Brandenburg an, aber viele der dortigen Schüler identifizieren sich nicht mit dem politischen und gesellschaftlichen System der alten – und der neuen – Bundesrepublik. Sie bewerten die DDR im Rückblick vor allem bezogen auf das alltägliche Leben und soziale Aspekte positiver als die Bundesrepublik oder zumindest als nicht schlechter. Dieser gespaltene Blick auf beide deutsche Teilstaaten spiegelt sich besonders (auffällig) in Berlin wider, wo sogar Jugendliche, die gemeinsam eine Schule besuchen, in ihrem Urteil nach wie vor häufig von der Herkunft geprägt sind.

In der zusätzlich befragten studentischen Gruppe war der Einfluss der Herkunft nur in stark abgeschwächter Form vorhanden. Insgesamt steht eine sehr breite Mehrheit der Studierenden aus Ost und West hinter dem politischen und gesellschaftlichen System der Bundesrepublik oder hält es zumindest für besser als das der DDR. Darin unterscheiden sich in Ostdeutschland Studenten von Schülern.

Die Auswertung der nicht in die Gesamtskala zum Bild der DDR eingehenden Skala „Äquidistanz", die nach der Gleichwertigkeit von Bundesrepublik und DDR fragt, ergibt ebenfalls ein nicht nur, aber vor allem herkunftsspezifisch gespaltenes Bild. Werden alle sechs eingesetzten Items zusammengefasst betrachtet, sehen weniger als drei Viertel der westdeutschen, aber wenig mehr als 50% der ostdeutschen Jugendlichen eine Gleichwertigkeit der beiden deutschen Teilstaaten und ihrer Gesellschaftsordnungen. Eine ähnlich große Differenz gibt es zwischen Gymnasiasten und Gesamtschülern, wobei Letztere eher zur Gleichwertigkeit bzw. zu einem neutralen Urteil neigen. Über 80% der bayerischen Schüler lehnen eine äquidistante Sicht ab; mehr als die Hälfte der Ost-Berliner hält dagegen beide Staaten für gleich gut oder gleich schlecht.

Die zugespitzte Frage, ob die Bundesrepublik vor 1989 besser als die DDR war, bejaht nur gut jeder Zweite – im Westen etwa zwei von drei, im Osten gut einer von drei Befragten. Eine relative Mehrheit in den beiden Ostregionen – in Brandenburg stärker als in Ost-Berlin – lehnt ausdrücklich eine Höherbewertung der Bundesrepublik ab und sieht keine qualitativen Unterschiede zwischen beiden Systemen. Dieser Auffassung schließt sich in Bayern nur gut jeder zehnte Schüler an. Die Scheu vieler ostdeutscher Jugendlicher vor einer eindeutig positiven Beurteilung der Bundesrepublik ist nicht zu übersehen. Gut jeder vierte ostdeutsche Schüler erkennt keinen Unterschied zwischen Plan- und Marktwirtschaft, zusätzlich entzieht sich mehr als jeder Dritte einer Festlegung. Da auch unter westdeutschen Schülern – wenn auch auf deutlich geringerem Niveau – breite Unsicherheit vorherrscht, welche Wirtschaftsordnung besser ist, verneint insgesamt nur knapp jeder Zweite der Befragten die Gleichsetzung der Wirtschaftssysteme (Ost: 37%; West: 57%). Offen bleibt, wie viele die Planwirtschaft sogar für überlegen halten.

Die unterschiedlichen Ergebnisse der einzelnen Skalen, mit denen wir das Bild der DDR abfragten, bestätigen die Vorgehensweise, nicht nur eine Gesamtskala, sondern mehrere einzelne Skalen zu konstruieren, die die Dimensionen von Gesellschaft und Staat in der DDR abbilden.

Die Schüler loben vor allem die SED-Sozialpolitik in ihren verschiedenen Facetten. Ein negatives Urteil fällt über sie nur gut jeder Dritte in den westlichen und gut jeder Siebte in den östlichen Untersuchungsregionen. Ein ausdrückliches Votum für die DDR-Sozialpolitik geben neben den Ostdeutschen überdurchschnittlich häufig Mädchen und Gesamtschüler ab. Insgesamt beurteilt knapp jeder vierte von uns befragte Jugendliche diese positiv, knapp jeder zweite sieht Vor- und Nachteile und nicht einmal jeder dritte fällt ein negatives Urteil. Vor allem die in der DDR herrschende Arbeitsplatzsicherheit wird von einer absoluten Mehrheit begrüßt. Hierfür würden die Jugendlichen sogar einen geringeren Lohn in Kauf nehmen. In Bayern ist dies eine relative Mehrheit, in Ostdeutschland sehen wir ein überwältigendes positives Votum von knapp drei Vierteln. Gleichzeitig hält nur eine Minderheit die Kosten der Sozialpolitik für eine der Ursachen des DDR-Untergangs. Offensichtlich machen sich viele Jugendliche keine Gedanken darüber, welchen wirtschaftlichen Restriktionen Sozialpolitik generell unterliegt. So verwundert nicht, dass mehr als zwei von drei Schülern – im Osten sogar etwa sechs von sieben – bezogen auf die Sozialpolitik ein positives oder unentschiedenes Bild der DDR haben.

Schon etwas skeptischer betrachten die Jugendlichen die Wirtschaftspolitik, wenngleich sich auch auf diesem Feld eine komfortable absolute Mehrheit unentschieden oder positiv äußert. Etwa jeder vierte ostdeutsche und gut jeder zehnte westdeutsche Schüler beurteilt die erfragten Aspekte der zentralistischen Planwirtschaft durchgängig positiv, und nur etwa jeder vierte ostdeutsche und knapp jeder zweite westdeutsche lehnt sie durchweg ab. Neben den ostdeutschen Jugendlichen neigen vor allem Mädchen, Jüngere und Gesamtschüler sowie Schüler, die sich als eindeutig „links“ oder „rechts“ einordnen, zu einem positiven Urteil über eine indirekte Lenkung der Wirtschaft durch den Staat. Wer sich nicht negativ über die Wirtschaftspolitik der DDR äußert, aber sie auch nicht ausdrücklich lobt, befürwortet weniger die seinerzeitige Realität als vielmehr einen höheren Einfluss des Staates auf die Wirtschaft. Diese Interpretation bestätigt sich nachdrücklich durch die Antworten auf die Behauptung, „die Wirtschaft könne nur gut funktionieren, wenn der Staat alles plant und lenkt“. Dieser für die Kennzeichnung der SED-Wirtschaftspolitik geläufigen Formel widerspricht nicht einmal jeder zweite Befragte, knapp jeder dritte begrüßt sogar solch einen weitgehenden Staatseingriff. Im regionalen Vergleich spricht sich nur in Bayern eine absolute Mehrheit dagegen aus. Ein ähnliches Ergebnis erhalten wir auf die Frage, ob die wirtschaftliche Schwäche der DDR ein Grund für ihren Zusammenbruch war. Vor allem ostdeutsche und Gesamtschüler sehen diesen Zusammenhang nicht. Hiermit korrespondiert die Auffassung einer guten relativen Mehrheit ostdeutscher Jugendlicher, die der Annahme zustimmt, in der DDR habe die staatlich gelenkte Wirtschaft den Wohlstand für alle gesichert. Nur in Bayern sehen wir eine absolute Mehrheit, die dies verneint. Dieses erstaunlich positive Urteil über die SED-Wirtschaftspolitik geben Befragte aller politischen Lager ab, wenngleich „linke“ Schüler etwas häufiger als andere Sympathie für „mehr Staat“ in der Wirtschaft äußern.

Ein etwas anderes, aber immer noch gespaltenes Bild zeigen die Ergebnisse der Skala „Schule und Alltag“. Nur knapp jeder zehnte Schüler – gut 4% im Westen, aber gut 16% im Osten – kann der Gestaltung von Schule und Alltag in der DDR etwas Positives abgewinnen. Eine absolute Mehrheit äußert sich kritisch, aber knapp jeder Dritte gelangt nicht zu einem durchgängigen Urteil, sieht einiges positiv, anderes negativ. Das vergleichsweise milde Urteil über die DDR, das sich in dieser Skala ausdrückt, resultiert im Wesentlichen aus der (falschen) Annahme vieler Schüler – im Osten knapp jeder fünfte, im Westen knapp jeder dritte –, mit entsprechenden schulischen Leistungen hätte jeder in der DDR Abitur machen und anschließend studieren können.

Eine Drei-Viertel-Mehrheit in den drei westlichen Regionen und eine knappe absolute Mehrheit in den zwei östlichen bejahen das Statement, der DDR-Alltag sei für viele durch Diktatur und Überwachung geprägt gewesen. Allerdings widerspricht dem mehr als jeder Vierte in Ost-Berlin und Brandenburg, wo zudem noch gut jeder Fünfte eine Festlegung meidet. Wie sich in den Gesprächen zeigte, profitiert die DDR bei dieser Dimension von der Unwissenheit der meisten Schüler über das gängige Selektionsprinzip an Schulen und Hochschulen. Die allgemein niedrige Zahl von Abiturienten und Studierenden wie auch der im Vergleich zur Bundesrepublik niedrige Anteil von studierenden Arbeiterkindern in den achtziger Jahren war keinem der in ein Gespräch einbezogenen Schüler bekannt.

Deutlich kritischer als bei den vorangegangenen Skalen sehen Jugendliche aller Teilgruppen die verschiedenen Aspekte von Jugend in der DDR. Eine sehr breite Mehrheit möchte den Bedingungen jugendlichen Lebens, wie es in der DDR üblich war, nicht ausgeliefert sein. Selbst in den beiden ostdeutschen Regionen spricht sich eine gute absolute Mehrheit dagegen aus. Ein positives Urteil fällen etwas weniger als jeder Zehnte im Osten und sogar nicht einmal jeder Zwanzigste im Westen. Allein die vormilitärische Erziehung übt – von Bayern bis Ost-Berlin – auf viele männliche Jugendliche einen gewissen Reiz aus.

Erfreulicherweise möchte sich eine sehr breite Mehrheit – gleichermaßen im Osten wie im Westen – nicht einer Gemeinschaft oder Gruppe unterordnen, sondern hält es für wichtiger, die eigene Persönlichkeit zu entwickeln. Eine etwas abgeschwächtere Ablehnung erfährt die in der DDR übliche organisierte Freizeit für Jugendliche. Vor allem eine nennenswerte Minderheit ostdeutscher und sich als „rechts" einstufender Jugendlicher findet hieran Gefallen. Positiv formuliert lässt sich konstatieren, dass die meisten Schüler Individualität verbunden mit Freiheit favorisieren und eine verordnete Ein- und Unterordnung in ein Kollektiv ablehnen.

In den drei Skalen zum politischen System und zu den Herrschaftsverhältnissen schneidet die DDR nur bei der Außenpolitik, die den meisten Schülern eher fremd ist, zumindest im Gesamtergebnis einigermaßen gut ab. Eine knappe Hälfte, unter ihnen überdurchschnittlich viele ostdeutsche, Gesamtschüler und Jüngere, lobt ausdrücklich die Außenpolitik der SED oder nimmt eine neutrale Haltung ein, insbesondere bayerische und Realschüler lehnen sie dagegen durchgängig ab. Einer schlechteren Bewertung entgeht der SED-Staat durch die vergleichsweise hohe Zustimmung oder unentschiedene Haltung zum Antifaschismus, der das Ansehen der Deutschen im Ausland verbessert habe. Was „Antifaschismus" in der DDR bedeutete, war den allermeisten der in die Gespräche einbezogenen Schüler jedoch nicht bekannt, wie sie auch wenig oder überhaupt nichts über das Ansehen der DDR im Ausland wussten. Angesichts dessen stellt sich die Frage, ob es bei einer neuerlichen Befragung nicht sinnvoll wäre, auf dieses Politikfeld zu verzichten.

In den verbleibenden zwei Skalen geht es um die Relativierung der Diktatur und speziell der Repressionen in der DDR. Zwar wendet sich eine satte Mehrheit von fast drei Vierteln der Befragten gegen jede Form der Verharmlosung diktatorischer Verhältnisse, und nur eine kleine Minderheit von etwa jedem Zwanzigsten kann der Diktatur Positives abgewinnen, aber immerhin gut jeder Fünfte äußert sich unentschieden und bei einzelnen Items halten sich viele Schüler in ihrem Urteil zurück.

Die höchste Ablehnung erfährt die Diktatur in Bayern, die niedrigste in Brandenburg. Vor allem Gesamt- und Hauptschüler, aber auch die jüngsten Befragten fallen durch überdurchschnittlich viele positive oder unentschiedene Einschätzungen auf. Insbesondere bei den Fragen zur führenden Rolle der SED und nach der Legitimation des SED-Staates durch freie Wahlen zeigen sich viele Schüler verunsichert, was sich bei beiden Items in hohen Anteilen neutraler Antworten niederschlägt. Unter dem Strich widerspricht nicht einmal jeder Zweite – im Osten und unter Gesamtschülern deutlich weniger als im Westen und unter Gymnasiasten – der Behauptung, die DDR-Regierung sei durch demokratische Wahlen legitimiert gewesen.

Etwa zwei Drittel in den drei westlichen Regionen erkennen den Diktaturcharakter des SED-Staates, aber nicht einmal jeder Zweite in den beiden östlichen, d. h. eine absolute Mehrheit der Brandenburger und Ost-Berliner und immerhin ein Drittel der westdeutschen Schüler bezeichnen die DDR nicht ausdrücklich als eine Diktatur. Offensichtlich sind viele Jugendliche – vor allem Haupt- und Gesamtschüler – nicht in der Lage, eine klare Trennlinie zwischen Demokratie und Diktatur zu ziehen, so dass dieses Ergebnis nicht zuletzt aus dem mangelhaften Wissen vieler Schüler über den Zusammenhang von Demokratie und freien Wahlen resultiert.

Die deutlichste Ablehnung erfährt die DDR bezogen auf die Verharmlosung oder Relativierung repressiver Maßnahmen. Gleichwohl steht der breiten Mehrheit, die die Unterdrückung in der DDR verurteilt, ein knappes Viertel – mit überdurchschnittlichen Anteilen von ostdeutschen sowie Haupt- und Gesamtschülern – gegenüber, das zumindest einige Aspekte von Verfolgung und Unterdrückung Andersdenkender nicht ablehnt oder ihnen sogar zustimmt. Die Quoten für einen durchgängigen Widerspruch zu dieser dunklen Seite des SED-Staates steigen mit dem Alter und der Schulart und liegen bei Mädchen und Westdeutschen höher als bei Jungen und Ostdeutschen. In Bayern lehnen die meisten, in Ost-Berlin die wenigsten Schüler die Unterdrückung ab.

Das geringste Distanzierungsniveau weisen sich selbst als „rechts" einstufende Schüler auf – offensichtlich haben sie weniger Einwände gegen Repression und Verfolgung, auch wenn sie bei anderen Aspekten der DDR gegenüber kritisch eingestellt sind. Anhänger der rechtsextremen Parteien und der Linkspartei/PDS schätzen die repressiven Elemente des DDR-Systems ähnlich ein.

Fast alle Schüler betrachten die von der SED angeordneten Maßnahmen an der innerdeutschen Grenze als Verbrechen, nur unter Hauptschülern schließt sich fast jeder Dritte dieser Auffassung nicht an. Bedenklich stimmt dagegen, dass knapp jeder Fünfte – darunter überdurchschnittliche viele Ost-Berliner sowie Haupt- und Realschüler – die Behauptung bejaht, dass Flüchtende selbst Schuld hatten, wenn an der Grenze auf sie geschossen wurde. Diese Schuldzuweisung an die Opfer eines unerbittlichen Grenzregimes weisen nur gut jeder Dritte bzw. gut jeder Zweite der bayerischen Haupt- bzw. Realschüler zurück. Angesichts dessen liegen die Durchschnittswerte in den fünf Untersuchungsregionen dichter beieinander als bei fast allen anderen Items.

Die Stasi bewerten viele Schüler, vor allem ostdeutsche sowie Haupt- und Gesamtschüler, relativ positiv: Nur etwa jeder Zweite verneint die (falsche) Behauptung, das MfS sei ein Geheimdienst gewesen, wie ihn auch ein demokratischer Staat hat. Dass viele ostdeutsche Schüler MfS-Aktivitäten verharmlosen, überrascht angesichts der Wahlerfolge ehemaliger inoffizieller Mitarbeiter und der mitunter anzutreffenden Gleichgültigkeit gegenüber der Vergangenheit dieses Personenkreises nicht. Warum aber bayerische Hauptschüler zu einer Relativierung dieses „Sicherheitsorgans" neigen, erschließt sich erst auf den zweiten Blick. Diese Schüler assoziieren mit einem

Geheimdienst wohl eher Agentengeschichten à la James Bond als karge Gefängniszellen in Berlin-Hohenschönhausen.

Aus der Auswertung aller Skalen und ihrer Items lässt sich ein Gesamtbild der DDR ermitteln. Zwar sieht eine breite Mehrheit der befragten Jugendlichen die DDR überwiegend negativ, aber immerhin knapp 40% legen sich nicht fest oder haben ein durchgängig positives Bild. Zu denjenigen, die über den SED-Staat ein positives oder neutrales Gesamturteil abgeben, gehören überdurchschnittlich viele ostdeutsche sowie Haupt- und Realschüler. In diesen drei Teilgruppen beträgt der Anteil der negativen Stimmen nur etwa 40%. Bei bayerischen Schülern insgesamt liegt die Quote nahezu doppelt so hoch. Während geschlechtsspezifische Unterschiede nur sehr gering ausfallen, sind die altersspezifischen nicht zu übersehen, da sich vor allem die jüngsten Schüler sehr häufig vor einem Urteil scheuen. Nach den gruppenbezogenen Mittelwerten haben deutschstämmige, ostdeutsche sowie Gesamtschüler den mildesten, Gymnasiasten und westdeutsche Schüler mit den bayerischen und den Schülerinnen von St. Ursula in Nordrhein-Westfalen an der Spitze die kritischste Sicht.

Das positivste Bild der DDR zeigen Anhänger der Linkspartei/PDS und der NPD, das negativste Sympathisanten der Bündnis-Grünen. Zu einem härteren Urteil über diesen deutschen Teilstaat neigen Schüler, die nach eigenem Eindruck viel über die DDR wissen sowie diejenigen, die im Schulunterricht dieses Thema ausführlicher behandelt haben. Erwartungsgemäß haben ostdeutsche Schüler, die „Wessis“ gegenüber generelle Vorbehalte hegen, ein sehr positives DDR-Bild, westdeutsche mit gleichen Vorurteilen gegenüber „Ossis“ betrachten die DDR dagegen ähnlich wie ihre vorurteilsfreien Schülerkollegen. Ihnen ist der SED-Staat offensichtlich gleichgültig.

Trotz des vor allem durch die Herkunft und den besuchten Schultyp stark gespaltenen Blicks kann als Fazit festgehalten werden, dass eine solide absolute Mehrheit der Schüler die DDR kritisch bzw. negativ bewertet, und nur wenige dieser Diktatur durchgängig Sympathie entgegenbringen, aber immerhin deutlich mehr als jeder Dritte sich im Urteil unschlüssig zeigt.

Das DDR-Bild der studentischen Kontrollgruppe fällt negativer als das der Schüler aus: Nur knapp jeder Fünfte gibt eine positive oder neutrale Bewertung ab; dem steht eine sehr breite Mehrheit mit negativem Urteil gegenüber. Stärker als bei den Schülern schlägt bei ihnen die politische Einstellung auf das jeweilige DDR-Bild durch: Sich als „links“ einstufende Studenten sehen die DDR positiver als ihre Kommilitonen. Der Wissensgrad beeinflusst dagegen anders als bei den jüngeren Jugendlichen das Urteil kaum.

Die Auswertung von Statements über die DDR und die Wiedervereinigung, die nicht in die Skalen eingingen, brachte zum Teil ebenfalls überraschende Ergebnisse. So stimmt etwa jeder Fünfte der Aussage zu, die niedrige Zahl von Ausländern in der DDR sei gut gewesen, und fast noch einmal so viele sprechen sich nicht eindeutig dagegen aus. In Ost-Berlin und bei Haupt- und Realschülern sind diese Auffassungen sogar noch stärker vertreten. Eine ausländerkritische oder -ablehnende Haltung bei einem nennenswerten Teil der befragten Schüler lässt sich auch aus der Auswertung der Beurteilung des Statements ableiten, wonach der Ausländeranteil in Deutschland auf DDR-Niveau gesenkt werden solle. Nur etwas mehr als die Hälfte der Schüler verneint diese Position – wiederum weitaus mehr Schüler im Westen als im Osten. Im Länderranking folgen auf Ost-Berlin mit dem geringsten Widerspruch bei dieser Forderung die nordrhein-westfälischen Schüler, während am häufigsten in West-Berlin widersprochen wird.

Das in der Öffentlichkeit, vor allem in Ostdeutschland, vorherrschende (Vor-)Urteil, die DDR würde als System nur schlecht geredet, um die Ostdeutschen auch heute noch herabzuwürdigen, findet vor allem bei ostdeutschen Schülern mehrheitlich Gehör. Im Gegensatz zu einer breiten westdeutschen Mehrheit lehnt im Osten nur etwa jeder Dritte diese Behauptung ab. Während in Ost-Berlin eine große relative Mehrheit (46,1%) eine Instrumentalisierung der Systemkritik sieht, wird diese Haltung nur von deutlich weniger als 20% in Nordrhein-Westfalen geteilt, wo der Unmut über die hohen Transferzahlungen häufig Gegenstand von Familiengesprächen ist. Dort wird nicht zuletzt deshalb mit dem höchsten Anteil mehr Dank von Ostdeutschen für die Transferleistungen aus dem Westen erwartet. Knapp jeder zweite Jugendliche aus Nordrhein-Westfalen, aber nur gut jeder zehnte in Ost-Berlin, schließt sich dieser Forderung an.

Die Wiedervereinigung werten erfreulicherweise – trotz aller Kritik im Detail – über drei Viertel der Schüler als positives Ereignis der deutschen Geschichte. Allerdings kommt auch hier die skeptischere Haltung der westdeutschen Schüler zum Tragen, die sich deutlich weniger als ihre ostdeutschen Mitschüler darüber freuen. Jungen sowie Haupt- und Realschüler beurteilen die Wiedervereinigung angesichts der hohen Kosten zurückhaltender als Mädchen und Gymnasiasten. Ähnlich positiv betrachten etwa zwei Drittel der Schüler – insbesondere Gymnasiasten – das Ende der DDR durch eine friedliche Revolution.

In ihrem Urteil über den Sozialismus als gute Idee und schlechte Realität in der DDR sind die Schüler erneut, vor allem herkunfts- und schulspezifisch, gespalten. Gegen den Sozialismus sprechen sich im Westen nahezu doppelt so viele Schüler wie im Osten aus, wobei wie bei den meisten Items die Ost-Berliner und die bayerischen Schüler die beiden entgegen gesetzten Pole darstellen. Aber auch von den Sympathisanten des Sozialismus sieht nur eine kleine Minderheit die SED als Vorbild für eine wünschenswerte starke Partei, die die Interessen aller Gruppen des Volkes vertritt – darunter etwas häufiger ost- als westdeutsche Schüler und vor allem erheblich mehr Hauptschüler als Gymnasiasten. Mit Ausnahme der Hauptschüler wünscht sich in allen Teilgruppen eine mitunter sehr breite absolute Mehrheit keine Partei, die wie die SED nach Alleinherrschaft strebt.

Bei der Frage nach der Alternative zwischen Freiheit und staatlich garantierter Rundumversorgung wird die bei nahezu allen Items vorhandene Ost-West-Differenz ebenfalls sichtbar. Etwa drei von vier westdeutschen, aber nur gut die Hälfte der ostdeutschen Schüler sprechen sich eindeutig für die Freiheit aus.

Als Ergebnis lässt sich festhalten, dass sich zwar eine breite Mehrheit der befragten Schüler über die Wiedervereinigung freut und ein Votum für Freiheit, Demokratie und Toleranz abgibt, dennoch eine nennenswerte Minderheit hierzu eine skeptische Haltung einnimmt. Sichtbar wird zudem eine mehr oder weniger latente Ablehnung von zu vielen Ausländern in Deutschland. Viele – nicht nur ostdeutsche – Schüler sympathisieren aus verschiedenen Gründen mit dem Gedanken, den Ausländeranteil im heutigen Deutschland auf DDR-Niveau zu senken. Sympathien für den Sozialismus als Idee und eine Geringschätzung von Freiheit finden sich bei nennenswerten Minderheiten, vor allem unter ostdeutschen und unter Hauptschülern.

Insgesamt fallen die alters- und zum Teil auch geschlechtsspezifischen Unterschiede geringer, die schulspezifischen noch stärker aus als in anderen Teilen des Fragebogens. Die herkunftsspezifischen Sichtweisen differieren ebenfalls zum Teil beträchtlich. Generell beurteilen Jungen manche Aspekte aus einer eher materialistischen Sicht, Mädchen eher aus einer emotionalen. Der Ost-West-Graben zeigt sich sowohl bei den Ergebnissen der standardisierten Zusatzbefragung als auch bei den Gesprächen.

Der von uns vermutete geringe Wissensgrad über die DDR hat sich durch die Auswertung des letzten Teils des Fragebogens größtenteils bestätigt: Von den achtzehn Fragen, die wir den Schülern gestellt haben, werden nur wenige von einer Mehrheit richtig beantwortet. Die Kenntnisse der von uns befragten Jugendlichen über die DDR und die maßgeblichen Politiker im geteilten Deutschland sind nur gering, die Antworten stark von Vorurteilen und Vermutungen geprägt. Auch bei diesem Fragenkomplex erweist sich die Herkunft der Schüler als ausschlaggebender für die Antworten als andere Faktoren. Daneben beeinflusst – etwas abgeschwächter – der besuchte Schultyp den Kenntnisstand.

Prägnantes Beispiel für die gespaltene Ost-West-Sicht ist die Frage nach der saubereren Umwelt. Während knapp jeder zweite westdeutsche Schüler im Vergleich der Umweltbedingungen die Bundesrepublik für besser hält, kreuzen über 40% der ostdeutschen die DDR an. Dass auch knapp jeder Dritte aus den drei westlichen Regionen die ostdeutsche Mehrheitsmeinung teilt, deutet darauf hin, dass wenig konkretes Wissen vorhanden ist, was angesichts der breiten aktuellen Diskussion um die Verbesserung des Umweltschutzes einigermaßen verwundert. Die Argumentation vieler ostdeutscher Jugendlicher in den Gesprächen, die Umwelt sei in der DDR sauberer gewesen, da es weniger Straßen und Autos gab und weil der Staat den verstaatlichten Betrieben Umweltschutzauflagen hätte erteilen können, zeigt, mit welch entwaffnender Naivität Schüler Zusammenhänge konstruieren.

Die DDR profitiert vor allem unter ostdeutschen Jugendlichen jedoch nicht nur bei diesem Aspekt von der Unwissenheit der Schüler. Die bis 1987 geltende Todesstrafe traut nicht einmal jeder fünfte Schüler aus Ost-Berlin und Brandenburg dem Staat seiner Eltern zu. Im Westen sind es zwar 10 Prozentpunkte mehr, aber auch hier geht eine Mehrheit davon aus, dass es die Todesstrafe in keinem der beiden Staaten gab. In den Gesprächen bezeichneten nahezu alle Schüler die Todesstrafe als inhuman und verwiesen dabei auf die Situation in den USA. Kein ostdeutscher Schüler hatte in der Schule etwas über die Todesstrafe in der DDR erfahren.

Eine rückblickende politisch-moralische Entlastung erfährt der SED-Staat auch dadurch, dass viele Schüler nicht wissen, dass dort Arbeitslager existierten und dass die SED den Befehl zum Bau der Mauer gab. Die Errichtung der Berliner Mauer spricht eine Mehrheit – stärker im Westen als im Osten – der Sowjetunion zu; nicht einmal jeder Dritte kreuzt bei dieser Frage die DDR an. Zwar gab die Sowjetunion auf Drängen der SED-Führung ihre Zustimmung zur Abriegelung der innerdeutschen Grenze, aber es war zweifelsfrei die SED, die die Mauer bauen ließ. Die von ehemaligen Verantwortungsträgern der DDR vertretene Position, der Kalte Krieg und damit gleichermaßen Ost und West seien verantwortlich für den Mauerbau, wird offensichtlich von vielen Lehrern und Schülern geteilt. Zu diesem Ergebnis passt die geringe Zahl von Schülern, die das Jahr der Errichtung der Mauer angeben konnte: insgesamt etwa jeder zweite, in Nordrhein-Westfalen nicht einmal jeder dritte.

Gleichermaßen in Ost und West weiß eine breite Mehrheit, dass der Volksaufstand am 17. Juni 1953 in der DDR stattfand. Dagegen irrt eine Mehrheit der Jugendlichen bei den von ihnen unterstellten annähernd gleichen Einkommens- und Vermögensverhältnissen. Das tatsächliche Ausmaß der Ungleichheit, das sich nicht wesentlich von dem in der Bundesrepublik unterschied, war den meisten, wenn nicht sogar allen Schülern unbekannt. Die von bestimmten Politikern immer noch verbreitete Legende von der sozial gerechten und solidarischen DDR treibt auch auf diesem Feld seltsame Blüten. Dem kann nur durch die Vermittlung von Kenntnissen entgegen gewirkt werden, was die Schulen bisher jedoch nicht leisten.

Die richtige Zuordnung von einigen Politikern, die ihren Staat nachhaltig geprägt haben, gelingt in vielen Teilgruppen zumeist nur einer relativen Mehrheit, bei westdeutschen Politikern manchmal gerade der Hälfte der Schüler. Westdeutsche Staatsmänner sind bekannter als ostdeutsche, werden allerdings häufig dem falschen Staat zugeordnet. So vermutet etwa jeder Vierte – im Osten sogar mehr als jeder Dritte –, Konrad Adenauer und Willy Brandt hätten in der DDR gewirkt. Selbst Helmut Kohl wird von etwa jedem Zehnten in den SED-Staat verpflanzt. Erstaunlicherweise kennen westdeutsche Jugendliche, mit den bayerischen Schülern an der Spitze, ostdeutsche Politiker wie Wilhelm Pieck, Willy Stoph und Egon Krenz häufiger als ihre Mitschüler aus den neuen Ländern.

Da mit Politikern, wenn sie im Schulunterricht richtig eingeführt werden, immer historische Ereignisse verbunden werden – zum Beispiel mit Adenauer die Westintegration der Bundesrepublik und mit Brandt die Entspannungspolitik –, überrascht der geringe Bekanntheitsgrad von Ludwig Erhard, der symbolisch für den lang anhaltenden Wirtschaftsaufschwung Westdeutschlands nach dem Zweiten Weltkrieg steht. Ihn ordnet nur gut jeder Dritte richtig ein. Dass nur eine Minderheit der Schüler mit dem Namen Egon Krenz etwas anfangen kann, ist angesichts seiner Bedeutungslosigkeit nachvollziehbar. Warum aber nur etwa jeder Zweite Altbundeskanzler Helmut Schmidt kennt, der sich bis zum heutigen Tag öffentlich zu Wort meldet, lässt sich nur durch ein ausgeprägtes Desinteresse an aktueller Politik bei vielen Schülern erklären.

Die meisten Schüler wussten um ihre geringen Kenntnisse über die deutsche Teilungsgeschichte und die DDR. Diese subjektive Einschätzung hat sich bei der Auswertung der Wissensfragen bestätigt. Ein hohes oder sehr hohes Wissen kann nur etwa jedem zehnten befragten Jugendlichen bescheinigt werden, ein niedriges oder sehr niedriges dagegen über 60%. Dabei verfügen westdeutsche Schüler, vor allem die aus Bayern und die Schülerinnen von St. Ursula in Nordrhein-Westfalen, über einen höheren Kenntnisstand als ostdeutsche. Einen traurigen Negativrekord stellen die Gesamtschüler auf, von denen fast 80% nur einen niedrigen Kenntnisstand haben. Zwar wissen jüngere Schüler und Mädchen weniger als ältere und Jungen, aber die Unterschiede fallen nicht so prägnant aus wie die herkunftsspezifischen. So liegen zum Beispiel die bayerischen Hauptschüler mit ihrem Kenntnisstand vor den Brandenburger Gymnasiasten.

Die Studierenden heben sich mit ihrem Wissen deutlich von den Schülern ab: Nur 20% wissen wenig, 40% dagegen viel über die DDR. Ost und West liegen dichter beieinander, wenngleich unter denjenigen, die über einen sehr hohen Kenntnisstand verfügen, die Studenten aus den alten Ländern weit vor denen aus den neuen liegen.

Ein geradezu sensationelles und in der Eindeutigkeit von uns nicht erwartetes Ergebnis brachte der Vergleich von Kenntnisstand und Bewertung der DDR. In allen Ländern und bei nahezu allen Skalen sehen wir einen prägnanten direkten Zusammenhang zwischen dem Kenntnisstand und dem Urteil über die DDR: Je mehr die Schüler über den SED-Staat wissen, desto kritischer beurteilen sie ihn. Weitgehend unabhängig von Herkunft, Geschlecht, Alter und Schultyp bewerten Schüler mit etwa gleichem Kenntnisstand den Staat DDR und dessen Gesellschaft ähnlich: Beispielsweise bestehen zwischen Brandenburger und bayerischen Schülern, die einen hohen oder sehr hohen Kenntnisstand aufweisen, kaum Differenzen im Urteil. Der Zusammenhang zwischen Kenntnisstand und Bild der DDR fällt in Ostdeutschland ausgeprägter als in Westdeutschland aus, d. h. die Bewertungsunterschiede von Schülern mit unterschiedlichem Wissen sind dort erheblich größer. Die herausragende Bedeutung der Vermittlung von Grundkenntnissen über ein Gesellschaftssystem, um Jugendliche zu einem kritischen Urteil zu befähigen, hat sich hiermit eindrucksvoll bestätigt.

Bei den Studenten lässt sich der für die Schüler beschriebene Zusammenhang nur bei Studierenden mit sehr hohem im Vergleich zu denen mit sehr niedrigem Wissen nachweisen. Während erstere nahezu alle die DDR negativ bewerten, folgt ihnen von den fast Unwissenden nur jeder Vierte in der Einschätzung.

Der Vergleich der Ergebnisse unserer Schülerbefragung mit den repräsentativ abgefragten Grundeinstellungen und dem DDR-Bild der Bevölkerung insgesamt zeigt auffällige Parallelen. Nach einer kurzen Phase unmittelbar nach dem Fall der Mauer bis Anfang der neunziger Jahre, in der die ost- und die westdeutsche Bevölkerung gleichermaßen den SED-Staat äußerst negativ bewerteten, drifteten die Urteile über den zweiten deutschen Staat, aber auch über die Gesellschaftsordnung des vereinten Deutschlands, deutlich und im zeitlichen Verlauf sogar noch zunehmend auseinander. So reduzierte sich der Anteil der Ostdeutschen, die im Rückblick die Verhältnisse in der DDR für unerträglich und veränderungsbedürftig hielten, von über 70% im Vereinigungsjahr auf etwas über 40% elf Jahre später. In etwa gleich viele hielten zu diesem Zeitpunkt die Situation in der DDR für ganz erträglich. Anfang der neunziger Jahre dachte nur jeder Fünfte so.

Die Divergenzen zwischen Ost und West entzünden sich nicht nur an einzelnen Aspekten wie der Bewertung der Sozialpolitik, der Rechtssicherheit oder des Diktaturcharakters, sondern auch am Gesamturteil. Eine relative Mehrheit von etwa 40% der Ostdeutschen attestiert ihrem untergegangenen Staat mehr gute als schlechte Seiten, eine Bewertung, der nur etwa 6% der Westdeutschen zustimmen.

Jenseits der weit verbreiteten Floskel, es sei in der DDR nicht alles schlecht gewesen, scheinen sich viele Ostdeutsche geradezu – zumindest bezogen auf die soziale Dimension – die DDR zurück zu wünschen, wiewohl nur wenige sie in Gänze zurückhaben wollen. Erstaunlicherweise kommen einige aktuelle Befragungen wie der Sachsen-Anhalt-Monitor zu dem Ergebnis, dass mehr Ältere als Jüngere die DDR für eine Diktatur halten. Viele Ostdeutsche möchten am liebsten einen Schlussstrich unter die Vergangenheit ziehen und selbst die Stasi-Aktivitäten nicht mehr thematisieren. Diese Auffassung vertraten zur Jahrtausendwende etwa zwei Drittel der Ostdeutschen, wobei zu diesem Zeitpunkt erstmals auch eine absolute Mehrheit im Westen so dachte.

In den politischen Grundeinstellungen ist der Graben zwischen Ost und West ebenfalls nicht zu übersehen: Ostdeutsche schätzen die praktizierte Demokratie, die Wirtschaftsordnung und den Rechtsstaat deutlich weniger als Westdeutsche, wünschen sich dagegen mehrheitlich einen neuen Staat, der in sich (vermeintliche) Vorteile der DDR und der Bundesrepublik vereint. Nicht einmal jeder Dritte äußert sich darüber zufrieden, dass sich bei der Vereinigung das bundesrepublikanische Gesellschaftsmodell durchgesetzt hat. In den alten Ländern sind dagegen knapp zwei Drittel mit dieser Entwicklung einverstanden.

Die ostdeutsche Gesellschaft zeigt auch fast neunzehn Jahre nach dem Fall der Mauer starke postsozialistische Tendenzen, und zwar sowohl in der mentalen Verfassung großer Teile der Bevölkerung als auch im Hinblick auf die Kritik demokratisch-pluralistischer Institutionen. Wie Umfragen zu Wertemustern und persönlicher Situation, zur allgemeinen Bewertung der DDR usw., aber auch die Ergebnisse unserer Studie belegen, wirken die in der DDR erworbenen mentalen Prägungen weiter und werden in den verschiedenen Milieus ebenso wie Fragmente eines Geschichtsbildes an jüngere Generationen weitergegeben.

In familiären Gesprächen wird Jugendlichen ein selektives DDR-Bild vermittelt. Erzählt werden positive Erlebnisse sowie im Nachhinein als lobenswert empfundene Aspekte des SED-Staates. Dabei nehmen die Arbeitsplatzsicherheit – ohne Berücksichtigung ihrer negativen Seiten – und der Zusammenhalt in Betrieb und Wohngebiet eine herausragende Rolle ein. Die diktatorischen Bedingungen und die Mangelwirtschaft werden dagegen ebenso wie die Aktivitäten des MfS nur selten erwähnt. Angesichts dessen kommt der Schule eine besondere Bedeutung zu. Hier sollten Jugendliche gegen diktatorische Verführungen immunisiert und durch Vermittlung konkreten Wissens zu einem kritischen Urteil befähigt werden. Leider kommen viele Schulen, insbesondere im Osten, dieser Aufgabe bisher nicht im erforderlichen Maße nach. Zwar sehen die Lehrpläne in den vier von uns untersuchten Ländern alle die Behandlung der deutschen Teilungsgeschichte und der DDR vor, tatsächlich aber wird dieses Thema nach Angaben der Schüler und vieler Lehrer im Unterricht kaum behandelt. Mehrere Untersuchungen belegen dies und weisen zudem darauf hin, dass die DDR als Unterrichtsgegenstand zumeist nur im Kontext des Kalten Krieges und bezogen auf ihre Anfangs- und Endphase thematisiert wird. Da in den letzten Jahren in vielen Ländern der Politik- und Geschichtsunterricht verkürzt wurde, kann die Argumentation vieler Lehrer jedoch nicht nur als Entschuldigung betrachtet werden. Es wäre Aufgabe der Ministerien, der jüngsten Zeitgeschichte mehr Platz im Unterricht einzuräumen.

In Westdeutschland – vornehmlich in Nordrhein-Westfalen – zeigt sich an den Schulen eine auch in der Bevölkerung vorhandene Tendenz, der DDR und ihrer Geschichte immer weniger Bedeutung beizumessen, da sie nur die Vergangenheit der Ostdeutschen beträfe. Während der Nationalsozialismus gemeinsame Geschichte beider deutscher Staaten sei, müssten sich nur die Ostdeutschen, aber nicht die Westdeutschen mit der DDR befassen.

Die Lehrpläne unterscheiden sich nicht nur in der zeitlichen Dimension, die die deutsche Teilungsgeschichte und die DDR im Unterricht einnehmen soll, sondern auch in der Vorgabe von Bewertungsmaßstäben. Während der Geschichtsunterricht in Berlin und Nordrhein-Westfalen ohne explizite Wertmaßstäbe auskommt, werden in den Brandenburger Lehrplänen zumindest implizit für einige Dimensionen der DDR-Geschichte Wertungen angeführt, die DDR als Ganzes wird jedoch auch hier nicht normativ betrachtet. Nur die bayerische Kultusverwaltung gibt ausdrücklich die Werte einer freiheitlich-demokratischen Gesellschaft zur Beurteilung der DDR vor. Bayern ist auch das einzige unter den von uns untersuchten Ländern, in dem die repressiven Dimensionen der DDR in den Lehrplänen ausdrücklich Erwähnung finden und in den Unterricht einbezogen werden sollen. In den anderen drei Ländern geht die Betrachtung der DDR weitgehend in der des Kalten Krieges auf.

Defizite im Wissen über die deutsche Teilungsgeschichte und die DDR sehen wir dennoch auch bei Schülern, die sich im Schulunterricht mit der jüngsten Zeitgeschichte befasst haben. Dies liegt – wie wir den Gesprächen entnehmen konnten – zum einen an der Gestaltung des Unterrichts durch Lehrer und zum anderen an den eingesetzten Schulbüchern. In vielen Klassen spielten freilich Schulbücher keine oder nur eine untergeordnete Rolle. Ob die alternativ von den Lehrern eingesetzten Materialien sinnvoller sind, entzieht sich einer Überprüfung. Den Gesprächen mit Lehrern entnahmen wir insbesondere in Brandenburg, Ost-Berlin und Nordrhein-Westfalen, dass das Wissen über die DDR bei den Lehrkräften – um es vorsichtig zu formulieren – teilweise äußerst begrenzt ist. Dies ist nachvollziehbar, da – wie eine umfangreiche Studie belegt hat – in der universitären Lehrerausbildung die DDR kaum Thema ist und die Kenntnisse älterer westdeutscher Lehrer zum Teil aus Geschichtsbüchern stammen, die in vielen Ländern der Bundesrepublik vor dem Zusammenbruch der DDR ein eher verharmlosendes Bild dieses Staates gezeichnet haben. Entschuldbar ist dieses Versäumnis jedoch nicht.

Die Ergebnisse mehrerer Studien zur Beschreibung der DDR in neueren Schulbüchern zeichnen ein eher düsteres Bild. Zumeist werden die politische Lenkung und ideologische Durchdringung der Gesellschaft durch die SED kaum thematisiert, so dass unverbundene Details über das Alltagsleben und die geschichtliche Entwicklung für das gesamte DDR-Bild stehen. Die repressive Dimension der DDR – etwa das Wirken des MfS – wird in den meisten Schulbüchern nur am Rande thematisiert. Unterbelichtet bleibt zumeist auch das Ausmaß von Verweigerung, Opposition und Widerstand während der gesamten Existenz der DDR. Erwähnt werden in vielen Büchern nur die Demonstrationen in der Endphase. Breiteren Raum nehmen dagegen der Alltag und die vermeintlichen sozialen Vorzüge der DDR ein.

Selbst wenn die meisten Schulbücher das Thema Teilungsgeschichte und DDR unzureichend und verzerrend behandeln, gibt es doch – wie wir am Beispiel von vier Schulbüchern belegen können – für den Unterricht mehr oder weniger gut geeignete Bücher, die, abgesehen von kleineren inhaltlichen Mängeln, ein fundiertes Grundwissen über die DDR vermitteln. Vor allem das Schulbuch Geschichte Plus versteht es, in prägnanter Weise Fakten und Zusammenhänge darzustellen, ohne auf normative Bezüge zu verzichten. Den Schülern wird darüber hinaus hinreichend Raum zur Bildung einer eigenen Meinung gegeben.

Angesichts des vorhandenen geringen Kenntnisstandes von Lehrern wäre es sinnvoll, geeignete Schulbücher und nicht willkürlich herausgegriffene Materialien im Unterricht zu benutzen. Um zu verhindern, dass ungeeignete Schulbücher eingesetzt werden, müssten die Länder das Zulassungsverfahren sachgerechter gestalten. Offenbar werden bestimmte Bücher von „Experten“ beurteilt, die selbst nur unzureichend über die Thematik informiert sind.

Eine in vielen ostdeutschen Schulen kaum überwindbare Barriere stellen Eltern und Großeltern von Schülern dar, die das von kritischen Lehrern vermittelte DDR-Bild zurückweisen und ihren Kindern ihre eigene nostalgische Sicht gleichsam aufzwingen. Viele Lehrer aus dem Westen, aber auch der ehemaligen Opposition nahestehende ostdeutsche Lehrkräfte, berichten von Widerständen seitens der

Elternschaft, wenn es um die Vermittlung der dunklen Seiten des SED-Staates geht. Hier könnte der Einbezug von Zeitzeugen ein gewisses Gegengewicht bilden. Vielen Schülern fällt auf, dass weitaus häufiger Zeitzeugen zur NS- als zur DDR-Geschichte eingeladen werden. Die Scheu vieler Lehrer, Opfer oder Oppositionelle der DDR zu einem Gespräch einzuladen oder Gedenkstätten zu besuchen, ist nicht zu übersehen. Ohne direkte Anordnungen der Ministerien wird sich in absehbarer Zeit daran auch nichts ändern. Darüber hinaus wäre es sinnvoll, in verstärktem Maße Quellen und Dokumente in den Unterricht einzubeziehen, um die Schüler zum Beispiel über den Zustand der Wirtschaft, die Versorgungsmängel, die Verfolgung Oppositioneller etc. aufzuklären. Damit entfiele das Argument vieler Eltern und Lehrer, nur der Westen würde die DDR schlecht reden. Die Selbstzeugnisse der Diktatur sprechen eine viel offenere Sprache, als die meisten vermuten. Dem Irrglauben vieler Ostdeutscher, sie würden die DDR kennen, weil sie in diesem Staat gelebt haben, ließe sich durch unter Verschluss gehaltene Dokumente zu den genannten Themen oder auch zur Umweltsituation, zur Einkommens- und Lohnstruktur usw. entgegenwirken.

Wie in freiheitlichen Gesellschaften üblich, existiert auch in der Wissenschaft kein einheitliches Bild der DDR. Zwar sind sich, abgesehen von einigen „abgewickelten“ SED-Historikern und ehemaligen westdeutschen DDR-Sympathisanten, im akademischen Milieu nahezu alle ernstzunehmenden Zeitgeschichtler einig, dass die DDR eine Diktatur war. In den letzten Jahren hat sich jedoch eine breite Strömung entwickelt, die mehr oder weniger direkt an die so genannte systemimmanente westdeutsche DDR-Forschung vor 1989 anknüpft und die Darstellung von Gesellschaft und Alltag in den Vordergrund, die diktatorischen Aspekte dagegen in den Hintergrund rückt. In dem Maße, wie diese Wissenschaftsrichtung das Klima an den Universitäten und Weiterbildungseinrichtungen bestimmt, wird erneut Studenten, Lehrern und Schülern ein verharmlosendes Bild des SED-Staates vermittelt. Da Vertreter dieses Ansatzes auch an maßgeblicher Stelle in Institutionen, die sich mit der Aufarbeitung der DDR-Geschichte beschäftigen, tätig sind, wird der deutsche Teilstaat inzwischen wieder von vielen Wissenschaftlern weniger als Diktatur denn als moderne Industriegesellschaft charakterisiert.

Jüngere ostdeutsche Wissenschaftler, die der PDS/Linkspartei oder der SPD nahestehen, verwischen mit ihren Beiträgen gezielt die Trennlinien von Demokratie und Diktatur, sprechen stattdessen von „Demokratiedefiziten“ und loben die Sozialpolitik des SED-Staates. Für viele stehen nicht individuelle, sondern so genannte „soziale Menschenrechte“ im Vordergrund. Die DDR und die Bundesrepublik werden auf gleicher Augenhöhe betrachtet, dem einen Staat die Vernachlässigung sozialer Bereiche, dem anderen die unzureichende Berücksichtigung demokratischer Dimensionen vorgeworfen.

Bei einer umfangreichen Studie zur Behandlung der DDR in der universitären Lehre wurde deutlich, dass die Studierenden hierbei weniger mit dem diktatorischen Kern des SED-Staates als mit eher „weichen Themen“ konfrontiert werden. In den untersuchten Semestern nach der Jahrtausendwende wurden am häufigsten Veranstaltungen zum ostdeutschen Kulturleben, zum politischen System/Verwaltung sowie zu Sozialgeschichte und Alltag angeboten. Das Wirtschaftssystem, Widerstand und Repression, Religion und Kirche, aber auch Ökologie und Umweltpolitik, fanden dagegen kaum Beachtung.

Die von interessierter Seite geäußerte Befürchtung, die DDR werde in der Forschung und in Lehrveranstaltungen mit dem NS-Staat gleichgesetzt oder auch nur gemeinsam behandelt, bestätigte sich nicht. Stattdessen werden zumeist die beiden deutschen Teilstaaten und damit die gesamtdeutsche Geschichte nach 1945 in Seminaren thematisiert.

In der politischen Weiterbildung kommt die DDR ebenfalls nur am Rande vor. Noch stärker als in Lehrplänen und Schulbüchern fehlt es in der universitären Lehre und der Weiterbildung an normativen Bewertungsmaßstäben. Der SED-Staat wird oftmals nicht auf der Basis freiheitlich-demokratischer Werte beurteilt, sondern an seinen eigenen Ansprüchen gemessen, was bezogen auf die Zeit des Nationalsozialismus sicherlich Proteststürme hervorrufen würde. Zeithistoriker aus dem Umfeld des Zentrums für Zeithistorische Forschung Potsdam plädieren für eine Forschung und Lehre, die die „Grenzen der Diktatur“ und die „Rekonstruktion des Alltags“ anstelle des Diktaturcharakters und der durch diesen geprägten Gesellschaft in den Vordergrund stellen. Mit dieser Forderung finden sie selbst unter Wissenschaftlern der Bundesbeauftragten für die Unterlagen des Staatssicherheitsdienstes der ehemaligen Deutschen Demokratischen Republik und Mitarbeitern der Stiftung Aufarbeitung Resonanz.

Die notwendige Delegitimierung der SED-Diktatur stößt insofern nicht nur in der Schule auf enge Grenzen. Diesen unbefriedigenden Zustand zu verändern, ist Aufgabe von Wissenschaftlern, Politikern und Medien, die sich der freiheitlich-demokratischen Ordnung einer zivilen Gesellschaft verpflichtet fühlen. Dabei geht es – um es noch einmal zu wiederholen – nicht um die Delegitimierung ostdeutscher Biografien, sondern um die Delegitimierung einer Diktatur, die den Menschen Unfreiheit und Leid gebracht hat. Einem Bild, auf dem die positiven Impulse der friedlichen Revolution, der Wunsch nach Freiheit, Demokratie und Wohlstand verblassen, während die Erinnerung an das vermeintliche schöne und solidarische Leben in der DDR die dunklen Seiten der sozialistischen Diktatur überlagert, muss durch Aufklärung entgegengewirkt werden.

Die Jahre 2009 und 2010 bieten als Erinnerungsjahre an den Fall der Mauer und die deutsche Vereinigung Raum, sich ausführlich mit der deutschen Teilungsgeschichte und der DDR zu beschäftigen. Es liegt an der Politik, den öffentlichen Weiterbildungseinrichtungen, aber auch den Medien, ein realistisches, die latenten und manifesten repressiven Seiten berücksichtigendes Bild des SED-Staates jüngeren Menschen zu vermitteln. Dass große Teile älterer Generationen, die nachhaltig vom Leben in einem diktatorischen System geprägt sind, noch zu einer selbstkritischen Einsicht fähig sind, kann – wie die Erfahrungen nach 1945 zeigen – bezweifelt werden. Die Möglichkeit, freiheitlich-demokratische Werte bei Jugendlichen zu verankern, um diktatorischen Verführungen jeglicher Art entgegenzuwirken, sollte genutzt werden, auch wenn derzeit zumindest bezogen auf die DDR die nostalgische Verklärung bei Jung und Alt in den neuen Ländern noch überwiegt.

Die zentralen Ergebnisse unserer Studie, in deren Mittelpunkt eine breit angelegte Befragung von Schülern stand, lassen sich in dreizehn Punkten zusammenfassen:

- Die überwiegende Mehrzahl der von uns befragten Schüler in den vier Ländern bzw. fünf Untersuchungsregionen glaubt, wenig über die DDR und das geteilte Deutschland zu wissen und erfährt hierüber in der Schule kaum etwas oder überhaupt nichts. Dabei ist die DDR in den drei westdeutschen Regionen häufiger Unterrichtsgegenstand als in den beiden ostdeutschen. Gleichzeitig äußern viele der von uns befragten Schüler Interesse an der DDR und möchten mehr über das Leben dort erfahren. In ostdeutschen Familien wird die DDR weitaus häufiger thematisiert, allerdings zumeist nur in Bezug auf das Alltagsleben. Westdeutsche Familien, aber auch Lehrer, neigen dazu, die DDR nicht als Teil der gemeinsamen deutschen Geschichte zu werten, sondern nur als Geschichte der Ostdeutschen.
- Laut unseren Berechnungen hat eine breite Mehrheit der Schüler ein überwiegend negatives Gesamtbild der DDR. Immerhin knapp 40% legen sich aber nicht fest oder geben eine positive Bewertung ab. In Ostdeutschland sowie unter Haupt- und Realschülern liegt die Quote der negativen Stimmen sogar deutlich unter der absoluten Mehrheit. Anhänger der PDS/Linkspartei und der NPD urteilen am positivsten, Sympathisanten der Bündnis-Grünen am negativsten über die DDR. Bayerische Schüler und die Schülerinnen von St. Ursula in Nordrhein-Westfalen äußern sich in erheblich höherem Maße kritisch über diesen deutschen Teilstaat als die Schüler aus den anderen Ländern.
- Die Auswertung der standardisierten Befragung ergibt ein vor allem herkunftsspezifisch gespaltenes Bild der DDR. Ostdeutsche Schüler loben mit breiter Mehrheit die sozialen Seiten des SED-Staates und gleichzeitig neigt eine beträchtliche Minderheit unter ihnen zur Ausblendung diktatorischer und repressiver Aspekte. Westdeutsche Schüler einschließlich der bayerischen sprechen – wenn auch in abgeschwächter Form – der DDR bei einigen sozialen Dimensionen des Lebens ebenfalls ein Lob aus, erkennen aber mit sehr breiter Mehrheit den Diktaturcharakter dieses Staates.
- Der Vergleich verschiedener politischer und gesellschaftlicher Dimensionen der beiden deutschen Teilstaaten zeigt ebenfalls eine unterschiedliche, mitunter sogar gegensätzliche Sichtweise. Westdeutsche Jugendliche präferieren auf nahezu allen Feldern die Verhältnisse in der alten Bundesrepublik, ostdeutsche in den sozialen und alltäglichen Bereichen die DDR und bei den politischen Aspekten mit allerdings geringeren Anteilen als ihre westdeutschen Mitschüler die Bundesrepublik. Eine nennenswerte Minderheit vornehmlich ostdeutscher Schüler favorisiert sogar das politische System und vor allem die Wirtschaftsordnung der DDR. Die Trennlinien zwischen Demokratie und Diktatur sind vielen Schü-

lern nicht bekannt. In Ostdeutschland kennzeichnet nicht einmal jeder Zweite, in Westdeutschland immerhin noch jeder Dritte die DDR nicht ausdrücklich als Diktatur. Eine absolute Mehrheit weiß nicht, ob die DDR-Regierung durch demokratische Wahlen legitimiert war.

- Der herkunftsspezifisch gespaltene Blick auf die DDR und das geteilte Deutschland unter den von uns befragten Jugendlichen entspricht dem in der gesamten Bevölkerung. Das Geschichtsbild hat sich auch neunzehn Jahre nach der Vereinigung weder bei Jung noch Alt angenähert, im Gegenteil: Der Graben im Urteil scheint wieder tiefer geworden zu sein.
- Wie die älteren Generationen präferieren junge Westdeutsche stärker als ihre ostdeutschen Altersgenossen individuelle Freiheit statt soziale Rundumversorgung und sind Ausländern gegenüber wesentlich toleranter. Erfreulicherweise wird die Wiedervereinigung nur von wenigen Schülern, im Westen häufiger als im Osten, in Frage gestellt.
- Die große Mehrheit der Jugendlichen konnte die von uns gestellten Wissensfragen nicht richtig beantworten. Außer in Bayern, wo die Hauptschüler durch vergleichsweise hohes Wissen glänzen, haben breite Mehrheiten kaum ausgeprägte Kenntnisse über die DDR. Sie kennen weder die dortige Praxis der Todesstrafe noch die Einkommens- und Vermögensungleichheit, ja eine Mehrheit weiß nicht einmal, wer die Mauer errichtet hat.
- Die Lehrpläne in den vier Ländern, in denen wir Schüler und Lehrer befragt haben, sehen zwar alle die Behandlung der DDR und der deutschen Teilungsgeschichte vor, verzichten aber mit Ausnahme des bayerischen auf die explizite Vorgabe normativer Bewertungsmaßstäbe.
- Viele Schulbücher befassen sich nur am Rande mit der Geschichte der DDR und vermitteln kein realistisches Bild von ihr, insbesondere die diktatorischen und repressiven Aspekte finden keine oder nur geringe Erwähnung. Allerdings gibt es einige ausgezeichnete Schulbücher, die stärkere Berücksichtigung im Unterricht finden sollten.
- Die Beurteilung der DDR durch die Schüler erfolgt weitgehend assoziativ, wobei das Bild ostdeutscher Schüler stärker von Familiengesprächen, das westdeutsche stärker durch den Schulunterricht beeinflusst wird. Bestimmte Filme dürften bei Schülern aus allen Regionen zumindest unbewusst die Einschätzung des SED-Staates mitbestimmt haben.
- Das Bild der DDR wird stark geprägt vom Kenntnisstand: Je mehr Schüler über den SED-Staat wissen, umso kritischer fällt ihr Urteil aus, unabhängig von Herkunft, Geschlecht, Alter und besuchtem Schultyp. Es ist Aufgabe der Schule, dieses Wissensdefizit auszugleichen. Dabei sollte die Delegitimation der sozialistischen Diktatur mit der Vermittlung freiheitlich-demokratischer Werte verknüpft werden.
- Die DDR spielt in der universitären Lehre eine nur untergeordnete Rolle. In einigen Ländern (wie zum Beispiel in Brandenburg) wird in manchen Semestern

an keiner Universität entsprechender Lehrstoff angeboten. Da zudem der Trend in der Forschung wieder in Richtung einer systemimmanenten Betrachtung geht, die sich vor allem der Analyse von Gesellschaft und Alltag widmet, wird hier schon der Boden für eine verharmlosende Darstellung bereitet.

- Die beiden Jubiläumsjahre 2009 und 2010, in denen der friedlichen Revolution und des Falles der Mauer sowie der Gründung der beiden deutschen Staaten und der Wiedervereinigung gedacht wird, sollten von Politik, Weiterbildungsinstitutionen, Medien, Universitäten und Schulen zu einer Aufklärungsoffensive über die Verhältnisse in der SED-Diktatur genutzt werden. Ziel muss die Immunisierung von Jugendlichen gegen jegliche diktatorische Verführung sein.

Verzeichnis der Tabellen im Text

Verzeichnis der Schaubilder im Text

Literaturverzeichnis

Adler 1992 = Frank Adler: Zur Rekonstruktion des DDR-Realsozialismus. Strukturmerkmale, Erosion, Zusammenbruch, in: Michael Thomas (Hg.): Abbruch und Aufbruch. Sozialwissenschaften im Transformationsprozeß, Berlin 1992, S. 36 ff.

Ahrends 2007 = Martin Ahrends: Unentrinnbare Verhältnisse. Jugend in einer Gesellschaft mit beschränkter moralischer Haftung, in: Zeitschrift der deutschen Kinematik, Nr. 1/2007, S. 14 ff.

Akademie 1985 = Akademie für Gesellschaftswissenschaften beim Zentralkomitee der SED u. a. (Hg.): Die Totalitarismusdoktrin im Antikommunismus. Kritik einer Grundkomponente bürgerlicher Ideologie, Ost-Berlin 1985

Alisch 1999 = Steffen Alisch: Rezension zu Engler u. a.: in: ZdF. Zeitschrift des Forschungsverbundes SED-Staat, 7/1999, S. 122 ff.

Anweiler 1988 = Oskar Anweiler: Schulpolitik und Schulsystem in der DDR, Opladen 1988

Arendt 1962 = Hannah Arendt: Elemente und Ursprünge totaler Herrschaft, Frankfurt/Main 1962

Arnswald 2004a = Ulrich Arnswald: Zum Stellenwert der DDR-Geschichte in schulischen Lehrplänen, in: Aus Politik und Zeitgeschichte, Nr. 41–42/2004

Arnswald 2004b = Ulrich Arnswald: Zum Stellenwert des Themas DDR-Geschichte in den Lehrplänen der deutschen Bundesländer. Eine Expertise im Auftrag der Stiftung zur Aufarbeitung der SED-Diktatur, Berlin 2004

Arnswald 2006 = Ulrich Arnswald: Analyse von Geschichtsbüchern für allgemeinbildende Schulen zum Thema „DDR-Geschichte", in: Arnswald u. a. 2006, S. 15 ff.

Arnswald u.a. 2006 = Ulrich Arnswald/Ulrich Bongertmann/Ulrich Mählert (Hg.): DDR-Geschichte im Unterricht. Schulbuchanalyse – Schülerbefragung – Modellcurriculum, Berlin 2006

Assmann 1992 = Jan Assmann: Das kulturelle Gedächtnis. Schrift, Erinnerung und politische Entität in frühen Hochkulturen, München 1992

Assmann 2006 = Aleida Assmann: Der lange Schatten der Vergangenheit. Erinnerungskultur und Geschichtspolitik, München 2006

Auerbach 1995 = Thomas Auerbach: Vorbereitung auf den Tag X. Die geplanten Isolierungslager des MfS, Analysen und Berichte Nr. 1/1995 des Bundesbeauftragten für die Unterlagen des Staatssicherheitsdienstes der ehemaligen Deutschen Demokratischen Republik, Berlin 1995

Autorenkollektiv 1971 = Institut für Theorie und Methodik der sozialistischen Erziehung u. a. (Hg.): Überzeugungsbildung im Staatsbürgerkundeunterricht, Berlin 1971

Bäcker u. a. 2000 = Gerhard Bäcker u. a.: Sozialpolitik und soziale Lage in Deutschland, 2 Bände, Wiesbaden 2000

Baumgärtner 2002 = Ulrich Baumgärtner: Geschichtspolitik und Geschichtsunterricht, in: Ulrich Baumgärtner/Monika Fenn (Hg.): Geschichte zwischen Kunst und Politik, München 2002, S. 185 ff.

Beckmann 2005 = Christopher Beckmann: Der Kommunismus in der deutschen Erinnerungskultur, in: Deutschlandarchiv Nr. 6/2005, S. 1084 ff.

Behnen 2002 = Michael Behnen (Hg.): Lexikon der deutschen Geschichte 1945 bis 1990, Stuttgart 2002

Behrens 2006a = Heidi Behrens/Paul Ciupke/Norbert Reichling: Aufarbeitung, exemplarische Annäherung – und Desinteresse. Das Thema „DDR-Geschichte" in der politischen Erwachsenenbildung, in: Deutschlandarchiv Nr. 6/2006, S. 1060 ff.

Behrens 2006b = Heidi Behrens/Paul Ciupke/Norbert Reichling: Die Auseinandersetzung mit der DDR-Geschichte in der politischen Erwachsenenbildung, Haltern am See/Westfalen 2006

Behrens 2007 = Hermann Behrens: Rückblicke auf den Umweltschutz in der DDR seit 1990, in: Hermann Behrens/Jens Hoffmann (Hg.): Umweltschutz in der DDR. Analysen und Zeitzeugenberichte, Band 1: Rahmenbedingungen, München 2007, S. 1 ff.

Bender 2007 = Peter Bender: Deutschlands Wiederkehr. Eine ungeteilte Nachkriegsgeschichte 1945 bis 1990, Stuttgart 2007

Berg 1996 = Stefan Berg: Die Geschichte der eigenen Angst, in: Eberhard Kuhrt in Verbindung mit Hannsjörg Buch und Günter Holzweißig (Hg.): Am Ende des realen Sozialismus: Beiträge zu einer Bestandsaufnahme der DDR-Wirklichkeit in den 80er Jahren, Band 1: Die SED-Herrschaft und ihr Zusammenbruch, Opladen 1996, S. 38 ff.

Bergsdorf 2007 = Harald Bergsdorf: Die neue NPD. Antidemokraten im Aufwind, München 2007

Bessel/Jessen 1996 = Richard Bessel/Ralph Jessen: Die Grenzen der Diktatur. Staat und Gesellschaft in der DDR, Göttingen 1996

Bezirksamt Friedrichshain-Kreuzberg, Abteilung Stadtentwicklung und Bauen 2006 = Bezirksamt Friedrichshain-Kreuzberg, Abteilung Stadtentwicklung und Bauen (Hg.): Bereichsentwicklungsplanung im Bezirk Friedrichshain-Kreuzberg, Abschlussbericht Mai 2006

Bezirksamt Steglitz-Zehlendorf, Abteilung Soziales 2005 = Bezirksamt Berlin Steglitz-Zehlendorf, Abteilung Soziales (Hg.): Sozialatlas Steglitz-Zehlendorf Basisbericht 2005, Redaktionsschluss August 2005

Biskupek 2002 = Sigrid Biskupek: Transformationsprozesse in der politischen Bildung. Von der Staatsbürgerkunde in der DDR bis zum Politikunterricht in den neuen Ländern, Schwalbach/Ts. 2002

Böhmer 2005 = Robert Böhmer: Der Geist des Kapitalismus und der Aufbau Ost, Dresden 2005

Boll 1999 = Friedhelm Boll: Thesen zur Wahrnehmung der politischen Repression in der SBZ/DDR seit der Wende, in: Friedhelm Boll/Beatrix Bouvier/Patrik von zur Mühlen: Politische Repression in der SBZ/DDR und ihre Wahrnehmung in der Bundesrepublik, Friedrich-Ebert-Stiftung, Bonn 1999

Boll 1997 = Friedhelm Boll (Hg.): Verfolgung und Lebensgeschichte, Berlin 1997

Bongertmann 2006 = Ulrich Bongertmann: DDR-Geschichte im Unterricht, in: Deutschlandarchiv Nr. 6/2006, S. 1053 ff.

Bongertmann 2006a = Ulrich Bongertmann: Didaktische Ansätze zur deutschen Teilungsgeschichte. Eine Sichtung von didaktischen Konzepten zur deutschen Geschichte nach 1945 seit der Wiedervereinigung, in: Kleßmann/Lautzas 2006, S. 38 ff.

Bongertmann/Hammer 2006 = Ulrich Bongertmann/Wolfgang Hammer: Macht und Unterordnung. Zwei Unterrichtsvorschläge zur Legitimation politischer Macht 1945–90, in: Kleßmann/Lautzas 2006, S. 78 ff.

Borowski 1998 = Peter Borowski: Die DDR in den 60er Jahren, in: Informationen zur politischen Bildung (Heft 258), Bonn 1998

Borries 1995 = Bodo von Borries: Das Geschichtsbewusstsein Jugendlicher. Eine repräsentative Untersuchung über Vergangenheitsdeutungen, Gegenwartswahrnehmungen und Zukunftserwartungen von Schülerinnen und Schülern in Ost- und Westdeutschland, Weinheim und München 1995

Borries 2008 = Bodo von Borries: Vergleichendes Gutachten zu zwei empirischen Studien über Kenntnisse und Einstellungen von Jugendlichen zur DDR-Geschichte, Manuskript, Hamburg 2008

Brandt 2005 = Uwe Brandt: Die DDR in der Schule. Zwei Erfahrungsberichte, in: Horch und Guck, Nr. 50, Berlin 2005, S. 26

Brie 1996 = Michael Brie: Staatssozialistische Länder Europas im Vergleich. Alternative Herrschaftsstrategien und divergente Typen, in: Helmut Wiesenthal (Hg.): Einheit als Privileg. Vergleichende Perspektiven auf die Transformation Ostdeutschlands, Frankfurt/Main 1996, S. 39 ff.

Brokmeier 1978 = Peter Brokmeier/Rainer Rilling (Hg.): Beiträge zur Sozialismusanalyse, Köln 1978

Buchheim 1962 = Hans Buchheim: Totalitäre Herrschaft. Wesen und Merkmale, München 1962, S. 127

Buchstab 1999 = Günter Buchstab (Hg.): Geschichte der DDR und deutsche Einheit: Analyse von Lehrplänen und Unterrichtswerken für Geschichte und Sozialkunde, Schwalbach/Ts. 1999

Buchstab 1999a = Günter Buchstab: Die Wahrnehmung der DDR und der deutschen Einheit in aktuellen Unterrichtswerken, in: Buchstab 1999, S. 240 ff.

Buchstein 1994 = Hubertus Buchstein: Die Totalitarismustheorie in der Formierungsphase der Berliner Politikwissenschaft. Unveröffentlichter Beitrag für die Konferenz „Totalitarismustheorie und Modernitätskritik" am Hamburger Institut für Sozialforschung am 8./9. Juli 1994

Butzmann 1986 = Gerhard Butzmann u. a. (Hg.): Berufsausbildung, in: Jugendlexikon a–z, 13. Aufl., Leipzig 1986, S. 94

Cless 1992 = Olaf Cless: Zur Kritik der bürgerlichen DDR-Forschung und ihre gesellschaftstheoretischen Grundlagen, in: Brokmeier 1978, S. 13

Dahn 2005 = Daniela Dahn: Wir wollen doch auch noch leben oder Die Legende vom faulen Ossi, in: Plenzdorf/Dammann 2005, S. 111 ff.

Datenreport 1992 ff. = Statistisches Bundesamt (Hg.): Datenreport 1992 ff., Bonn 1992 ff.

Detjen 2005 = Marion Detjen: Ein Loch in der Mauer. Die Geschichte der Fluchthilfe im geteilten Deutschland 1961–1989, Berlin 2005

Deutz-Schroeder/Schroeder 2007a = Monika Deutz-Schroeder/Klaus Schroeder: Das Bild der DDR von Schülern in Berlin, Arbeitspapier des Forschungsverbundes SED-Staat Nr. 38/2007

Deutz-Schroeder/Schroeder 2007b = Monika Deutz-Schroeder/Klaus Schroeder: Das Bild der DDR von Schülern in Nordrhein-Westfalen, Arbeitspapier des Forschungsverbundes SED-Staat Nr. 39/2007

Deutz-Schroeder/Schroeder 2007c = Monika Deutz-Schroeder/Klaus Schroeder: Das Bild der DDR von Schülern in Brandenburg, Arbeitspapier des Forschungsverbundes SED-Staat Nr. 41/2007

Deutz-Schroeder/Schroeder 2008 = Monika Deutz-Schroeder/Klaus Schroeder: Das Bild der DDR von Schülern in Bayern, Arbeitspapier des Forschungsverbundes SED-Staat Nr. 40/2008

Diedrich/Ehlert/Wenzke 1998 = Torsten Diedrich/Hans Ehlert/Rüdiger Wenzke: Im Dienste der Partei. Handbuch der bewaffneten Organe der DDR, Berlin 1998

Diekmann 1995 = Andreas Diekmann: Empirische Sozialforschung. Grundlagen, Methoden, Anwendungen, Reinbek 1995

Doernberg 1999 = Stefan Doernberg: Das Unikale der antifaschistisch-demokratischen Umwälzung und die Gründung der DDR, in: Fischer 1999, S. 78 ff.

Eckert 2007 = Rainer Eckert: Was stimmt? DDR. Die wichtigsten Antworten, Freiburg/Brsg. 2007

Eckert 2008 = Rainer Eckert: Schuld und Zeitgeschichte. Zwölf Thesen zur Auseinandersetzung mit den deutschen Diktaturen, in: Deutschlandarchiv Nr. 1/2008, S. 114 ff.

Eisenfeld 2004 = Bernd Eisenfeld: Gründe und Motive von Flüchtlingen und Ausreiseantragstellern aus der DDR, in: Deutschland Archiv Nr. 1/2004

Eisenfeld/Kowalczuk/Neubert 2004 = Bernd Eisenfeld/Ilko-Sascha Kowalczuk/Ehrhart Neubert: Die verdrängte Revolution. Der Platz des 17. Juni 1953 in der deutschen Geschichte, Bremen 2004

Elias 1983 = Norbert Elias. Engagement und Distanzierung, Frankfurt/Main 1983, S. 23 ff.

Elsner 2000 = Steffen Elsner: Das Eingabewesen als Element des Krisenmanagements in der DDR, in: ZdF, Zeitschrift des Forschungsverbundes SED-Staat Nr. 8/2000, S. 116 ff.

Engelberg 1999 = Ernst Engelberg: Zum Geleit, in: Fischer 1999, S. 11 f.

Engelhardt 2006 = Kerstin Engelhardt: Die DDR als Randnotiz deutscher Geschichte? Eine Chance auch für Schule: DDR-Geschichte und ihre Vermittlung aus der Perspektive der außerschulischen politischen Bildung, in: Horch und Guck, Nr. 56, Berlin 2006

Engelmann/Janowitz 2006 = Roger Engelmann/Axel Janowitz: Die DDR-Staatssicherheit als Problem einer integrierten deutschen Nachkriegsgeschichte, in: Kleßmann/Lautzas 2006, S. 245 ff.

Engelmann/Kowalczuk 2005 = Roger Engelmann/Ilko-Sascha Kowalczuk: Volkserhebung gegen den SED-Staat. Eine Bestandsaufnahme zum 17. Juni 1953, Göttingen 2005

Engler 1992 = Wolfgang Engler: Die zivilisatorische Lücke, Frankfurt/Main 1992

Engler 1995 = Wolfgang Engler: Die ungewollte Moderne, Frankfurt/Main 1995

Engler 1999 = Wolfgang Engler: Die Ostdeutschen. Kunde von einem verlorenen Land, Berlin 1999

Eppelmann u. a. 1996 = Rainer Eppelmann u. a. (Hg.): Lexikon des DDR-Sozialismus. Das Staats- und Gesellschaftssystem der Deutschen Demokratischen Republik, Paderborn u .a. 1996

Erbe 1979 = Günter Erbe u. a.: Politik, Wirtschaft und Gesellschaft in der DDR. Studientexte für die politische Bildung, Opladen 1979

Erker 1993 = Paul Erker: Zeitgeschichte als Sozialgeschichte. Forschungsstand und Forschungsdefizite, in: Geschichte und Gesellschaft Heft 2/1993, S. 202 ff.

Erler/Laude/Wilke 1994 = Peter Erler/Horst Laude/Manfred Wilke (Hg.): Nach Hitler kommen wir. Dokumente zur Programmatik der Moskauer KPD-Führung 1944/45 für Nachkriegsdeutschland, Berlin 1994

Fenner 1991 = Christian Fenner: Das Ende des „realen Sozialismus" und die Aporien vergleichender Politikwissenschaft, in: Uwe Backes/Eckart Jesse (Hg.): Jahrbuch Extremismus und Demokratie, Bonn 1991, S. 33 ff.

Fieberg 2006 = Klaus Fieberg: Die innerdeutsche Grenze als Thema des Geschichtsunterrichts, in: Kleßmann/Lautzas 2006, S. 113 ff.

Filmer/Schwan 1991 = Werner Filmer/Heribert Schwan: Opfer der Mauer. Die geheimen Protokolle des Todes, München 1991

Fischer 1992 = Andreas Fischer: Das Bildungssystem der DDR. Entwicklung, Umbruch und Neugestaltung seit 1989, Darmstadt 1992

Fischer 1999 = Gerhard Fischer/Hans-Joachim Krusch/Hans Modrow/Wolfgang Richter/Robert Steigerwald (Hg.): Gegen den Zeitgeist. Zwei deutsche Staaten in der Geschichte, Schkeuditz 1999

Forschungsgruppe Wahlen 2005 = Forschungsgruppe Wahlen: Deutsche Geschichte. Ergebnisse einer repräsentativen Bevölkerungsumfrage vom März 2005

Friedrich 1994 = Wolfgang-Uwe Friedrich: Bürokratischer Totalitarismus – zur Typologie des SED-Regimes, in: ders.: Totalitäre Herrschaft – totalitäres Erbe. Sonderausgabe der German Studies Review, Tempe 1994, S. 1 ff.

Friedrich/Brzezinski 1957 = Carl Joachim Friedrich unter Mitarbeit von Zbigniew Brzezinsk: Totalitäre Diktatur, Stuttgart 1957

Fulbrook 1996 = Mary Fulbrook: Methodologische Überlegungen zu einer Gesellschaftsgeschichte, in: Bessel/Jessen 1996, S. 282/283

Fulbrook 2004 = Mary Fulbrook: Ein „ganz normales Leben"? Neue Forschungen zur Sozialgeschichte in der DDR, in: Heiner Timmermann (Hg.): Das war die DDR, Münster 2004, S. 115 ff.

Funke 1988 = Manfred Funke: Erfahrung und Aktualität des Totalitarismus – zur definitorischen Sicherung eines umstrittenen Begriffs moderner Herrschaftslehre, in: Konrad Löw: Totalitarismus kontra Freiheit. Begriff und Realität, München 1988, S. 46

Gabriel 2005 = Oscar W. Gabriel: Wächst zusammen, was zusammengehört? In: Oscar W. Gabriel/Jürgen W. Falter/Hans Rattinger (Hg.): Wächst zusammen, was zusammengehört? Stabilität und Wandel politischer Einstellungen im wiedervereinten Deutschland, Baden-Baden 2005

Gauger/Margedant 1999 = Jörg-Dieter Gauger/Udo Margedant: Die Inhalte der Lehrpläne: DDR – Deutsche Frage – Einheit, in: Buchstab 1999, S. 45 ff.

Gebhardt 1994 = Birgitt Gebhardt: Die Illusion von der Formbarkeit des Menschen. Staatliche Ganztagserziehung in der DDR und ihr Nachwirken, in: Berliner Debatte, Nr. 1/1994, S. 113 ff.

Geisler 1996 = Hans Geisler: Gesundheitswesen, in: Eppelmann u. a. 1996, S. 255 ff.

Geißler 1992 = Rainer Geißler: Die Sozialstruktur Deutschlands. Ein Studienbuch zur Entwicklung im geteilten und vereinten Deutschland, Opladen 1992

Geißler 1994 = Rainer Geißler (Hg.): Soziale Schichtung und Lebenschancen in Deutschland, Stuttgart 1994

Glaeßner 1982 = Gert Joachim Glaeßner: Sozialistische Systeme. Einführung in den Kommunismus und DDR-Forschung, Opladen 1982

Glaeßner 1988 = Gert Joachim Glaeßner: Die Mühen der Ebene – DDR-Forschung in der Bundesrepublik, in: ders. (Hg.): Die DDR in der Ära Honecker. Politik – Kultur – Gesellschaft, Opladen 1988

Glaeßner 1989 = Gert Joachim Glaeßner: Die andere deutsche Republik. Gesellschaft und Politik in der DDR. Opladen 1989

Grafe 2002 = Roman Grafe: Die Grenze durch Deutschland. Eine Chronik von 1945 bis 1990, Berlin 2002

Greven 1991 = Michael Greven: ‚Macht in der Demokratie' – Anathema in Politikwissenschaft als Demokratiewissenschaft und empirischer Politikforschung, in: Michael Greven (Hg.): Macht in der Demokratie, Baden-Baden 1991, S. 132

Habermas 1995 = Jürgen Habermas: Die Bedeutung der Aufarbeitung der Geschichte der beiden deutschen Diktaturen für den Bestand der Demokratie in Deutschland und Europa, in: Materialien 1995, Band IX, S. 690

Hacker 1992 = Jens Hacker: Deutsche Irrtümer. Schönfärber und Helfershelfer der SED-Diktatur im Westen, Frankfurt/Main 1992

Hacker/Kepplinger/Czaplicki 1994 = Jens Hacker/Hans Matthias Kepplinger/Andreas Czaplicki: „Das DDR-Bild". Einschätzungen und Wahrnehmungen in Politik und Medien, Konrad-Adenauer-Stiftung „Interne Studien Nr. 103/1994", Sankt Augustin 1994

Handwörterbuch der deutschen Gegenwartssprache = Akademie der Wissenschaften der DDR, Zentralinstitut für Sprachwissenschaft, Handwörterbuch der deutschen Gegenwartssprache, Berlin 1977

Hartmann 2007 = Ralph Hartmann: Die DDR intern, Hannover 2007

Hettling 1998 = Manfred Hettling: Umschreiben notwendig? Die Historiker und das Jahr 1989, in: Arnd Bauerkämper/Martin Sabrow/Bernd Stöver (Hg): Doppelte Zeitgeschichte. Deutsch-deutsche Beziehungen 1945–1990, Bonn 1998, S. 391 ff.

Heinemann/Schubarth 1992 = Karl-Heinz Heinemann/Wilfried Schubarth (Hg.): Der antifaschistische Staat entlässt seine Kinder. Jugend und Rechtsextremismus in Ostdeutschland, Köln 1992

Heller 1983 = Agnes Heller u. a.: Der sowjetische Weg. Bedürfnisdiktatur und entfremdeter Alltag, Hamburg 1983

Herbert 1998 = Ulrich Herbert: Drei deutsche Vergangenheiten. Über den Umgang mit der deutschen Zeitgeschichte, in: Arnd Bauerkämper/Martin Sabrow/Bernd Stöver (Hg): Doppelte Zeitgeschichte. Deutsch-deutsche Beziehungen 1945–1990, Bonn 1998, S. 376 ff.

Hertel 2002 = Manfred Hertel: Verflucht, gehasst und abgeschoben: Eine Jugend in DDR-Heimen, Berlin 2002

Hertle/Wolle 2006 = Hans-Hermann Hertle/Stefan Wolle: Damals in der DDR. Der Alltag im Arbeiter- und Bauernstaat, München 2006

Hirsch 2003 = Helga Hirsch, Kollektive Erinnerung im Wandel Beitrag, Beitrag in: APuZ 40–41/2003

Höck/Reifarth 2004 = Dorothea Höck/Jürgen Reifarth: Die DDR: Geschichte, Politik, Kultur, Alltag. Ein Projektbuch, Mülheim a. d. Ruhr 2004

Hockerts 1998 = Hans Günter Hockerts: Drei Wege deutscher Sozialstaatlichkeit. NS-Diktatur, Bundesrepublik und DDR im Vergleich, München 1998

Hockerts 2001 = Hans Günter Hockerts: Zugänge zur Zeitgeschichte: Primärerfahrung, Erinnerungskultur, Geschichtswissenschaft, in: APuZ Nr. 28/2001, S. 15 ff.

Hofmann 2001 = Jürgen Hofmann: Identifikation und Distanz, in: Heiner Timmermann: Deutsche Fragen von der Teilung zur Einheit, Berlin 2001

Hornung 1993 = Klaus Hornung: Das totalitäre Zeitalter, Berlin/Frankfurt/Main 1993

Hörz 1999 = Helga E. Hörz: Frauenrechte sind Menschenrechte. Zur gesellschaftlichen Stellung der Frau in Deutschland, in: Fischer 1999, S. 224 ff.

Hurwitz 1997 = Harold Hurwitz: Die Stalinisierung der SED. Zum Verlust von Freiräumen und sozialdemokratischer Identität in den Vorständen 1946–1949, Opladen 1997

Hüttmann 2004a = Jens Hüttmann: Die „gelehrte DDR“ und ihre Akteure. Inhalte, Motivationen, Strategien: Die DDR als Gegenstand von Lehre und Forschung an deutschen Universitäten, Wittenberg 2004

Hüttmann 2004b = Jens Hüttmann: Deutungskonflikte über DDR-Geschichte aus Akteursperspektive, in: Hüttmann/Mählert/Pasternack 2004

Hüttmann 2007 = Jens Hüttmann: „De-De-Errologie“. Im Kreuzfeuer der Kritik. Die Kontroversen um die „alte“ bundesdeutsche DDR-Forschung vor und nach 1989, in: Deutschlandarchiv Nr. 4/2007, S. 671 ff.

Hüttmann/Mählert/Pasternack 2004 = Jens Hüttmann/Ulrich Mählert/Peer Pasternack: DDR-Geschichte vermitteln. Ansätze und Erfahrungen in Unterricht, Hochschullehre und politischer Bildung, Berlin 2004

Ihme-Tuchel 2002 = Beate Ihme-Tuchel: Die DDR, Darmstadt 2002

Jacobmeyer 1999 = Wolfgang Jacobmeyer: Die Geschichte der DDR und das Problem von Diktaturen in den heutigen Schulbüchern, in: Enquete-Kommission „Überwindung der Folgen der SED-Diktatur im Prozess der deutschen Einheit“ (Hg.): Bildung, Wissenschaft, Kultur, Band IV, 1, Frankfurt/Main 1999, S. 773 ff.

Jacobmeyer 1998 = Wolfgang Jacobmeyer: DDR-Geschichte im Hauptschulbuch der Bundesrepublik, in: Arnd Bauerkämper/Martin Sabrow/Bernd Stöver (Hg): Doppelte Zeitgeschichte. Deutsch-deutsche Beziehungen 1945–1990, Bonn 1998, S. 168 ff.

Jäger 1994 = Manfred Jäger: Kultur und Politik in der DDR 1945–1990, Köln 1994

Jarausch 1998 = Konrad Jarausch: Die Provokation des „anderen“. Amerikanische Perspektiven auf die deutsche Vergangenheitsbewältigung, in: Arnd Bauerkämper/Martin Sabrow/Bernd Stöver (Hg): Doppelte Zeitgeschichte. Deutsch-deutsche Beziehungen 1945–1990, Bonn 1998, S. 432 ff.

Jarausch 1998a = Konrad Jarausch: Realer Sozialismus als Fürsorgediktatur. Zur begrifflichen Einordnung der DDR, in: Aus Politik und Zeitgeschichte B 20/1998, S. 433 ff.

Jarausch 2004 = Konrad Jarausch: Die Zukunft der ostdeutschen Vergangenheit – Was wird aus der DDR-Geschichte? In: Hüttmann/Mählert/Pasternack 2004, S. 81 ff.

Jesse 1992 = Eckhard Jesse: Die politikwissenschaftliche DDR-Forschung in der Bundesrepublik Deutschland in: Peter Eisenmann/Gerhard Hirscher (Hg.): Dem Zeitgeist geopfert. Die DDR in Wissenschaft, Publizistik und politischer Bildung, Mainz und München 1992, S. 29 ff.

Jesse 1996 = Eckart Jesse (Hg.): Totalitarismus im 20. Jahrhundert – eine Bilanz der internationalen Forschung, Bonn 1996

Jessen 1995 = Ralph Jessen: Die Gesellschaft im Staatssozialismus. Probleme einer Sozialgeschichte der DDR, in: Geschichte und Gesellschaft, Heft 1/1995, S. 96 ff.

Joseph 1999 = Detlef Joseph: Zur Rechtsordnung der DDR, in: Fischer 1999, S. 183 ff.

Judt 1998 = Matthias Judt (Hg.): DDR-Geschichte in Dokumenten. Beschlüsse, Berichte, Interne Materialien und Alltagszeugnisse, Berlin 1998

Jugend 1992 = Jugendwerk der Deutschen Shell (Hg.): Jugend '92. Lebenslagen, Orientierungen und Entwicklungsperspektiven im vereinigten Deutschland, 4 Bände, Opladen 1992

Jugend 2006 = Shell-Deutschland Holding (Hg.): Jugend 2006. Eine pragmatische Generation unter Druck, Frankfurt/Main 2006

Kaelble/Kocka/Zwahr 1994 = Hartmut Kaelble/Jürgen Kocka/Hartmut Zwahr: Sozialgeschichte der DDR, Stuttgart 1994

Kallabis 1999 = Heinz Kallabis: Die Veränderungen der Sozialstruktur und der sozialpolitischen Situation im Osten Deutschlands als Folge der kapitalistischen Restauration, in: Fischer 1999, S. 376 ff.

Karl 1999 = Heinz Karl: Die DDR – Versuch einer sozialistischen Alternative oder Sackgasse von Anfang an? In: Fischer 1999, S. 309 ff.

Kailitz 1997 = Steffen Kailitz: Der Streit um den Totalitarismusbegriff, in: Eckart Jesse/Steffen Kailitz: Prägekräfte des 20. Jahrhunderts. Demokratie, Extremismus, Totalitarismus, München 1997

Keim/Steffens 2000 = Helmut Keim/Heiko Steffens (Hg.): Wirtschaft Deutschland, Köln 2000

Kessels 2002 = Ursula Kessels: Undoing Gender in der Schule, Eine empirische Studie über Koedukation und Geschlechtsidentität im Physikunterricht, Weinheim 2002

Kielmannsegg 1978 = Peter Graf Kielmannsegg: Krise der Totalitarismustheorie? In: Manfred Funke (Hg.): Totalitarismus. Ein Studien-Reader zur Herrschaftsanalyse moderner Diktaturen, Düsseldorf 1978, S. 61 ff.

Klein 1993 = Manfred Klein: Verantwortung für den Hörfunk – Versuche und Versagen, in: Spielhagen 1993, S. 83–91

Kleßman/Lautzas 2006 = Christoph Kleßmann/Peter Lautzas (Hg.): Teilung und Integration. Die doppelte deutsche Nachkriegsgeschichte als wissenschaftliches und didaktisches Problem, Schwalbach 2006

Kleßmann/Sabrow 1996 = Christoph Kleßmann/Martin Sabrow: Zeitgeschichte in Deutschland nach 1989, in: Aus Politik und Zeitgeschichte, 39/1996, S. 3 ff.

Kleßmann 1988 = Christoph Kleßmann: Zwei Staaten, eine Nation. Deutsche Geschichte 1955 bis 1970, Bonn 1988

Kleßmann 2001 = Christoph Kleßmann: Der schwierige gesamtdeutsche Umgang mit der DDR-Geschichte, in: APuZ Nr. 30–31/2001, online-Version

Kleßmann 2006 = Christoph Kleßmann: Spaltung und Verflechtung – ein Konzept zur integrierten Nachkriegsgeschichte 1945–1990, in: Kleßmann/Lautzas 2006, S. 20 ff.

Klinger 1992 = Fred Klinger: Die Wirtschaft der DDR aus der Sicht der Bundesrepublik Deutschland, in: Peter Eisenmann/Gerhard Hirscher (Hg.): Dem Zeitgeist geopfert. Die DDR in Wissenschaft, Publizistik und politischer Bildung, München 1992

Kloth 2000 = Hans-Michael Kloth: Vom „Zettelfalten" zum freien Wählen. Die Demokratisierung der DDR 1989/90 und die „Wahlfrage", Berlin 2000

Kloth 2007 = Hans-Michael Kloth: Der Henker kam von hinten, in: Spiegel online vom 13. 7. 2007

Knabe 2003 = Hubertus Knabe: 17. Juni 53. Ein deutscher Aufstand, München 2003

Köcher 2004 = Renate Köcher: 15 Jahre nach dem Fall der Mauer – die Entwicklung der Zeitschriftennutzung in den neuen Ländern, Allensbach 2004

Kocka 1994 = Jürgen Kocka: Eine durchherrschte Gesellschaft, in: Kaelble/Kocka/Zwahr 1994

Koenen 1998 = Gert Koenen: Utopie der Säuberung. Was war der Kommunismus? Berlin 1998

Kohnert 1999 = Monika Kohnert: Pflege und Umgang mit Behinderten in der DDR, in: Enquete-Kommission „Überwindung der Folgen der SED-Diktatur im Prozess der deutschen Einheit" (Hg.): Wirtschafts-, Sozial- und Umweltpolitik, Band III, 2, S. 1726 ff.

Koop 1996 = Volker Koop: „Den Gegner vernichten". Die Grenzsicherung der DDR, Bonn 1996

Korzilius 2005 = Sven Korzilius: „Asoziale“ und „Parasiten“ im Recht der SBZ/DDR. Randgruppen im Sozialismus zwischen Repression und Ausgrenzung, Köln u. a. 2005

Korzilius/Rabbata 2006 = Heike Korzilius/Samir Rabbata: Gemeindeschwestern: Geheimwaffe gegen Überlastung und Unterversorgung, Deutsches Ärzteblatt 103, Ausgabe 44, 2006

KPW 1988 = Gertrud Schütz u. a. (Hg.): Kleines politisches Wörterbuch, Ost-Berlin 1988

Kube 1999 = Horst Kube: Anspruch und Wirklichkeit der Arbeits- und Sozialpolitik in der DDR, in: Enquete-Kommission „Überwindung der Folgen der SED-Diktatur im Prozess der deutschen Einheit“ (Hg.): Wirtschafts-, Sozial- und Umweltpolitik, Band III, 1, S. 290 ff.

Kubina/Wilke 1995 = Michael Kubina/Manfred Wilke (Hg.): „Hart und kompromisslos durchgreifen“: Die SED contra Polen 1980/81. Geheimakten der SED-Führung über die Unterdrückung der polnischen Demokratiebewegung, Berlin 1995

Kühnl 1972 = Reinhard Kühnl: Zur politischen Funktion der Totalitarismustheorien in der BRD in: Martin Greiffenhagen u. a.: Totalitarismus. Zur Problematik eines politischen Begriffs, München 1972, S. 7 ff.

Lammers 1999 = Karl Christian Lammers: Totalitäre Diktatur, moderne Diktatur oder Erziehungsdiktatur? Probleme einer historischen und begrifflichen Einordnung der DDR. Karl Lamprecht – Vortrag 1998, Leipzig 1999

Lampert 1997 = Heinz Lampert: Die Wirtschafts- und Sozialordnung der Bundesrepublik Deutschland, München u. a. 1997

Lapp 1999 = Peter Joachim Lapp: Gefechtsdienst im Frieden. Das Grenzregime der DDR 1945–1990, Bonn 1999

Lau 2007 = Mariam Lau: Neuerfindung und Gedenken, in: Zeitschrift der deutschen Kinematik, Nr. 1/2007, S. 22 ff.

Lehmann-Waffenschmidt/Böhmer 2003: Marco Lehmann-Waffenschmidt/Robert Böhmer: Mentality Matters – Thorstein Veblens „Regime of Status“ und Max Webers „Protestantische Ethik“ aus der Sicht des (radikalen) Konstruktivismus. Eine Anwendung auf die ökonomischen Probleme des deutschen Wiedervereinigungsprozesses, Langfassung, Dresden Discussion Paper in Economics, No. 17/03, Dresden 2003

Leo 2000 = Annette Leo: Das Bild der DDR und des realen Sozialismus, in: Bernd Faulenbach/Annette Leo/Klaus Wewerskirch: Zweierlei Geschichte. Lebensgeschichte und Geschichtsbewusstsein von Arbeitnehmern in West- und Ostdeutschland, Essen 2000, S. 260 ff.

Lepp u. a. 1999 = Nicola Lepp/Martin Roth/Klaus Vogel: Der Neue Mensch, Ostfildern 1999

Lindenberger 2003 = Thomas Lindenberger: In den Grenzen der Diktatur. Die DDR als Gegenstand von „Gesellschaftsgeschichte", in: Rainer Eppelmann u. a. (Hg.): Bilanz und Perspektiven der DDR-Forschung, Paderborn u. a. 2003

Linz 1996 = Juan Linz: Typen politischer Regime und die Achtung der Menschenrechte: Historische und länderübergreifende Perspektiven, in: Jesse 1996, S. 485 ff.

Linz 2000 = Juan Linz: Totalitäre und autoritäre Regime, Berlin 2000

Lubk 1999 = Rainer Lubk: Anspruch und Wirklichkeit der Arbeits- und Sozialpolitik in der DDR, in: Enquete-Kommission „Überwindung der Folgen der SED-Diktatur im Prozess der deutschen Einheit" (Hg.): Wirtschaft und soziale Umweltpolitik, Band III. 1, S. 281 ff.

Ludz 1968 = Peter Christian Ludz: Parteielite im Wandel. Funktionsaufbau, Sozialstruktur und Ideologie der SED-Führung. Eine empirisch-systematische Untersuchung, Köln/Opladen 1968

Lutz 2000 = Felix Philipp Lutz: Das Geschichtsbewusstsein der Deutschen. Grundlagen der politischen Kultur in Ost und West, Köln u. a. 2000

Lutz 2002 = Felix Philipp Lutz: Geschichtsbewusstsein in Deutschland: Kontinuität und Wandel, in: Robert-Bosch-Stiftung/Stiftung Haus der Geschichte der Bundesrepublik Deutschland: Geschichtsbewusstsein und Geschichtsvermittlung in den neuen Bundesländern, Stuttgart 2002, S. 44 ff.

Mählert/Stephan 1996 = Ulrich Mählert/Gerd-Rüdiger Stephan: Blaue Hemden, rote Fahnen. Die Geschichte der Freien Deutschen Jugend, Opladen 1996

Mählert/Wilke 2004 = Ulrich Mählert/Manfred Wilke: Die DDR-Forschung – ein Auslaufmodell? In: Deutschlandarchiv Nr. 3/2004, S. 465 ff.

Maier 1996 = Hans Maier (Hg.): Totalitarismus und politische Religionen. Konzepte des Diktaturvergleichs, Paderborn 1996

Manz 1992 = Günter Manz: Armut in der „DDR"-Bevölkerung. Lebensstandard und Konsumtionsniveau vor und nach der Wende, Augsburg 1992

Marquardt 1991 = Bernhard Marquardt: Der Totalitarismus – ein gescheitertes Herrschaftssystem. Eine Analyse der Sowjetunion und anderer Staaten Ost-Mitteleuropas, Bochum 1991,

März 2007 = Peter März: Von Potsdam bis zum Zeughaus. Betrachtungen zur Berliner Geschichtspolitik, in: ZdF, Zeitschrift des Forschungsverbundes SED-Staat, Nr. 21/2007, S. 148 ff.

Maser 1999 = Peter Maser: Die Gesellschaft der DDR im Spiegelbild aktueller Schulbücher, in: Buchstab 1999, S. 122 ff.

Materialien 1995 = Materialien der Enquete-Kommission „Aufarbeitung von Geschichte und Folgen der SED-Diktatur in Deutschland" (12. Wahlperiode des Deutschen Bundestages), hrsg. vom Deutschen Bundestag, Baden-Baden 1995

Mätzing 1999 = Heike Christina Mätzing: Die sozialistische Vergangenheit in deutschen Schulbüchern – zum Umgang mit einem schwierigen Thema, in: Isabelle de Keghel/Robert Maier (Hg.): Auf den Kehrrichthaufen der Geschichte? Der Umgang mit der sozialistischen Vergangenheit, Hannover 1995, S. 35 ff.

Mätzing 2005 = Heike Christina Mätzing: Die Geschichte der DDR in deutschen Schulbüchern seit 1990; in: Helmut Bleiber/Wolfgang Küttler: Revolution und Reform in Deutschland im 19. und 20. Jahrhundert, 2. Halbband: Ideen und Reflexionen. Zum 75. Geburtstag von Walter Schmidt, Berlin 2005, S. 239 ff.

Mätzing 2007 = Heike Christina Mätzing: Zirkel im Ehrenkranz. Die Darstellung der DDR in aktuellen Schulbüchern, in: Angela Borgstedt/Siegfried Frech/Michael Stolle (Hg.): Lange Schatten. Bewältigung von Diktaturen, Schwalbach/Ts., S. 185 ff.

Mätzing 2007a = Heike Christina Mätzing: „Lückentexte". Das Ministerium für Staatssicherheit in aktuellen Schulbüchern, in: Die politische Meinung, Nr. 3/2007, S. 53 ff.

Mätzing 2007b = Heike Christina Mätzing: Das Ministerium für Staatssicherheit (MfS) in aktuellen Geschichts- und Politikschulbüchern. Expertise im Auftrag des Ministeriums für Bildung, Jugend und Sport des Landes Brandenburg, Braunschweig 2007

Merkel/Wahl 1991 = Wilma Merkel/Stefanie Wahl: Das geplünderte Deutschland. Die wirtschaftliche Entwicklung im östlichen Teil Deutschlands von 1949 bis 1989, Bonn 1991

Merrett 2008 = Gary Merrett: Marktwirtschaft in Schulbüchern, in: PositionLiberal, hg. vom liberalen Institut der Friedrich-Naumann-Stiftung für die Freiheit, Potsdam 2008

Mertes 2000 = Michael Mertes: Die Gegenwart der Vergangenheit, in: Internationale Politik Nr. 9/2000, S. 1 ff.

Meuschel 1993 = Sigrid Meuschel: Überlegungen zu einer Herrschafts- und Gesellschaftsgeschichte der DDR, in: Geschichte und Gesellschaft, Heft 19/1993, S. 5 ff.

Mickel 2000 = Wolfgang W. Mickel: Streit um die Nation. Die deutsche Frage in der politischen Bildung, in: APuZ Nr. 25/2000

Mindt 2003 = Felix R. Mindt: Die Wahrheit über den armen Osten. Die Soli-Abzocke, Frankfurt/Main 2003

Modrow 1999 = Hans Modrow: Die politische Wende in der DDR 1989/90 und ihr Anschluss an die BRD, in: Fischer 1999, S. 293 ff.

Mohr 2008 = Reinhard Mohr: Der diskrete Charme der Rebellion, Berlin 2008

Moller 2006 = Sabine Moller: Wie Schüler die DDR sehen und was Erwachsene dabei oft nicht sehen, in: Horch und Guck Nr. 56, Berlin 2006

Mommsen 1979 = Wolfgang Mommsen: „Wir sind wieder wer". Wandlung im politischen Selbstverständnis der Deutschen, in: Jürgen Habermas (Hg.): Stichworte zur „geistigen Situation der Zeit", Band 1: Nation und Republik, Frankfurt/Main 1979

Mühlberg 1999 = Dietrich Mühlberg: Nachrichten über die kulturelle Verfassung der Ostdeutschen, in: Berliner Debatte Initial 10 (1999), S. 2 ff.

Mühlberg 2004 = Felix Mühlberg: Bürger, Bitten und Behörden. Geschichte der Eingabe in der DDR, Berlin 2004

Naumann 1999 = Gerhard Naumann: Etappen des Weges zum sozialistischen Eigentum in der DDR, in: Fischer 1999, S. 135 ff.

Neller 2005 = Katja Neller: „Auferstanden aus Ruinen?" Das Phänomen „DDR-Nostalgie 2, in: Oskar Gabriel/Jürgen Falter/Hans Rattinger (Hg.): Wächst zusammen, was zusammengehört? Stabilität und Wandel politischer Einstellungen im vereinigten Deutschland, Baden-Baden 2005, S. 339 ff.

Neller 2006 = Katja Neller: DDR-Nostalgie. Dimensionen der Orientierungen der Ostdeutschen gegenüber der ehemaligen DDR, ihre Ursachen und politischen Konnotationen, Wiesbaden 2006

Neuner 2000a = Gerhart Neuner: Objektivität in Geschichtslehrbüchern? DDR-Geschichte in Lehrwerken der neuen Generation, in: UTOPIE kreativ, Sonderheft 2000, S. 67 ff.

Neuner 2000b = Gerhard Neuner: Ein neues Verhältnis zu Geschichte? Das DDR-Bild in Geschichtsbüchern der späten neunziger Jahre, in: Internationale Schulbuchforschung, Heft 4, Hannover 2000. S. 431 ff.

Noelle-Neumann 1991 = Elisabeth Noelle-Neumann: Demoskopische Geschichtsstunde. Vom Wartesaal der Geschichte zur Deutschen Einheit, Zürich 1991

Otto 2006 = Wilfriede Otto: Die politischen Systeme, in: Clemens Burrichter/Detlef Nakath/Gerd-Rüdiger Stephan (Hg.): Deutsche Zeitgeschichte von 1945 bis 2000. Gesellschaft – Staat – Politik, Berlin 2006, S. 270 ff.

Pasternack 2001 = Peer Pasternack: Gelehrte DDR. Die DDR als Gegenstand der Lehre an deutschen Universitäten 1990–2000, Wittenberg 2001

Pasternack 2004 = Peer Pasternack: Wozu die DDR lehren? In: Hüttmann/Mählert/Pasternack 2004, S. 163 ff.

Petzold 2000 = Joachim Petzold unter Mitarbeit von Waltraud Petzold: Parteinahme wofür? DDR-Historiker im Spannungsfeld von Politik und Wissenschaft, Potsdam 2000

Pfahl-Traughber 1999 = Armin Pfahl-Traughber: Rechtsextremismus in der Bundesrepublik, München 1999

Picaper 1982 = Jean Paul Picaper: DDR-Bild im Wandel, Berlin 1982

Plenzdorf/Dammann 2005 = Ulrich Plenzdorf/Rüdiger Dammann (Hg.): Ein Land genannt die DDR, Frankfurt/Main 2005

Pollack 1994 = Detlef Pollack: Kirche in der Organisationsgesellschaft: Zum Wandel der gesellschaftlichen Lage der evangelischen Kirchen in der DDR, Stuttgart 1994

Poppe 2007 = Ulrike Poppe: Recht oder Almosen? Erfahrungen mit der Sozialpolitik der DDR, in: ZdF Nr. 22/2007, S. 145 ff.

Priebe u. a. 1996 = Stefan Priebe/Doris Denis/Michael Bauer (Hg.): Eingesperrt und nie mehr frei. Psychisches Leiden nach politischer Haft in der DDR, Darmstadt 1996

Prieß 1995 = Lutz Prieß: Die Kreisleitungen der SED im politischen Herrschaftssystem der DDR – ihre Strukturen und Aufgaben. Ein Überblick, in: Materialien 1995, S. 2464 ff.

Prieß u. a. 1996 = Lutz Prieß/Václav Kural/Manfred Wilke: Die SED und der „Prager Frühling“ 1968: Politik gegen einen „Sozialismus mit menschlichem Antlitz“, Berlin 1996

Radkau 1990 = Joachim Radkau: Revoltierten die Produktivkräfte gegen den real existierenden Sozialismus? In: 1999, Heft 4/1990, S. 16

Rehlinger 1991 = Ludwig Rehlinger: Freikauf: Die Geschäfte der DDR mit politisch Verfolgten 1961–1989, Frankfurt/Main 1991

Ritschl 1995 = Andreas Ritschl: Aufstieg und Niedergang der Wirtschaft der DDR: Ein Zahlenbild 1945–1989, in: Jahrbuch für Wirtschaftsgeschichte 1995/2, S. 11 ff.

Roethe 1999 = Thomas Roethe: Arbeiten wie bei Honecker, leben wie bei Kohl. Ein Plädoyer für das Ende der Schonfrist, Frankfurt/Main 1999

Rühmkorf 1997 = Peter Rühmkorf: Tabu I. Tagebücher 1989–1991, Reinbek 1997

Sabrow 1997 = Martin Sabrow: Geschichtskultur und Herrschaftslegitimation. Der Fall DDR, in: Martin Sabrow (Hg.): Verwaltete Vergangenheit. Geschichtskultur und Herrschaftslegitimation in der DDR, Leipzig 1997, S. 10

Sabrow 1999 = Martin Sabrow: Der Konkurs der Konsensdiktatur. Überlegungen zum inneren Zerfall aus kulturgeschichtlicher Perspektive, in: Konrad Jarausch/ Martin Sabrow (Hg.): Weg in den Untergang. Der innere Zerfall der DDR, Göttingen 1999, S. 83 ff.

Sabrow 2001a = Martin Sabrow: Die DDR in der deutschen Geschichte, in: Ulrich Pfeil (Hg.): Die DDR und der Westen, Transnationale Beziehungen 1949–1989, Berlin 2001

Sabrow 2001b = Martin Sabrow: Pathos der Einmütigkeit. Werte, Denkstrukturen und Leitbilder – Überlegungen zur Diskursordnung der SED-Diktatur, in: Frankfurter Rundschau vom 7. 8. 2001

Sabrow 2004 = Martin Sabrow: Die Diktatur des Paradoxons. Fragen an die Geschichte der DDR, in: Günter Hockerts (Hg.): Koordinaten deutscher Geschichte in der Epoche des Ost-West-Konflikts, München 2004

Sabrow 2006 = Martin Sabrow: Herrschaftslegitimation im geteilten Deutschland, in: Kleßmann/Lautzas 2006, S. 58 ff.

Sabrow 2007a = Martin Sabrow u. a. (Hg.): Wohin treibt die DDR-Erinnerung? Dokumentation einer Debatte, Göttingen 2007

Sabrow 2007b = Martin Sabrow: Die DDR in der Geschichte des 20. Jahrhunderts. Einleitungsvortrag zur Tagung der Deutschlandforscher „Die DDR in der Geschichte des 20. Jahrhunderts", Wittenberg, 8.–10. 11. 2007

Sachse 1996 = Christian Sachse: Sozialistische Wehrerziehung in der DDR und die kommunistische Tradition, in: ZdF Nr. 2/1996, S. 3 ff.

Sachse 2000 = Christian Sachse: Aktive Jugend, wohlerzogen und diszipliniert. Wehrerziehung in der DDR als Sozialisations- und Herrschaftsinstrument (1960–1973), Münster u. a. 2000

Sachsen-Anhalt-Monitor 2007 = Ossip Fürnberg/Everhard Holtmann/Tobias Jaeck: Sachsen-Anhalt-Monitor 2007. Politische Einstellungen zwischen Gegenwart und Vergangenheit, Halle-Wittenberg 2007

Sardei-Biermann 2005 = Sabine Sardei-Biermann/Martina Gell/Wolfgang Gaiser/ Johann de Rijke: Jugend in Ost und West. Deutsch-deutsche Verbundenheiten, gegenseitige Wahrnehmung und politische Einstellungen, in: Deutschlandarchiv Nr. 6/2005, S. 980 ff.

Scharrer 2002 = Manfred Scharrer: Freiheit ist immer ... Die Legende von Rosa & Karl, Berlin 2002

Schiller 1991 = Theo Schiller: Machtprobleme in einigen Ansätzen der neueren Demokratietheorie, in: Michael Greven (Hg.): Macht in der Demokratie. Denkanstöße zur Wiederbelebung einer klassischen Frage in der zeitgenössischen Politischen Theorie, Baden-Baden 1991, S. 28

Schmid 2005 = Harald Schmid: Systemwechsel und Geschichtsbild. Zur Debatte um die „doppelte Vergangenheitsbewältigung" von NS- und SED-Vergangenheit, in: Deutschlandarchiv Nr. 2/2005, S. 290 ff.

Schmidt 1994 = Karl-Heinz Schmidt: Als Stalin starb. Die Reaktion des SED-Regimes und der Bevölkerung im Spiegel interner Berichte, in: Klaus Schroeder (Hg.): Geschichte und Transformation des SED-Staates, Berlin 1994, S. 85 ff.

Schmidt 1999 = Manfred G. Schmidt: Grundzüge der Sozialpolitik in der DDR. ZeS-Arbeitspapier Nr. 1/1999, Bremen 1999

Schmidt 2004 = Manfred G. Schmidt: Sozialpolitik der DDR, Wiesbaden 2004

Schmidt 2005 = Manfred G. Schmidt: Sozialpolitik in Deutschland. Historische Entwicklung und internationaler Vergleich, Wiesbaden 2005

Schmidt 2007 = Manfred G. Schmidt: Das politische System Deutschlands, München 2007

Schröder 2004 = Carsten Schröder: Die Darstellung der friedlichen Revolution in der DDR im Schulbuch. Eine Expertise, erarbeitet für die Stiftung zur Aufarbeitung der SED-Diktatur, Berlin 2004

Schroeder 1994 = Klaus Schroeder: Totalitarismustheorien. Begründung und Kritik. Arbeitspapiere des Forschungsverbundes Nr. 10, Berlin 1994

Schroeder 1996 = Klaus Schroeder: Der Kampf um den Sozialstaat, in: Politische Bildung, Heft 4/1996

Schroeder 1998 = Klaus Schroeder: Der SED-Staat. Partei, Staat und Gesellschaft 1949–1990, München 1998

Schroeder 1999 = Klaus Schroeder: Die DDR-Forschung vor und nach 1989/90, in: Enquete-Kommission „Überwindung der Folgen der SED-Diktatur im Prozess der deutschen Einheit", hrsg. Deutscher Bundestag, Frankfurt/Main 1999, Band IV/2, S. 1522 ff.

Schroeder 2000 = Der Preis der Einheit. Eine Bilanz, München 2000

Schroeder 2003 = Klaus Schroeder: Totalitäre Diktatur oder sozialistische Industriegesellschaft, in: Peter März: Geschichtsdeutungen im internationalen Vergleich, München 2003

Schroeder 2004 = Rechtsextremismus und Jugendgewalt in Deutschland. Ein Ost-West-Vergleich, Paderborn 2004

Schroeder 2006 = Klaus Schroeder: Die veränderte Republik. Deutschland nach der Wiedervereinigung, Stamsried 2006

Schroeder/Staadt 1993 = Klaus Schroeder/Jochen Staadt: Der diskrete Charme des Status quo. DDR-Forschung in der Ära der Entspannungspolitik, in: Leviathan Nr. 1/1993, S. 26 ff.

Schroeder/Staadt 2007 = Klaus Schroeder/Jochen Staadt: Linkes Standbein sucht Halt. Reanimationsbemühungen für die „systemimmanente DDR-Forschung", in: ZdF, Ausgabe Nr. 22/2007, S. 152 ff.

Schroeder/Staadt 2007a = Klaus Schroeder/Jochen Staadt: Geschichtsbegradigung. Die „systemimmanente DDR-Forschung" soll besser gewesen sein als ihr Ruf. Zu Jens Hüttmanns Eloge auf die „De-De-Errologie", in: Deutschlandarchiv Nr. 5/2007, 890 ff.

Schubarth 1991 = Wilfried Schubarth/Ronald Pschierer/Thomas Schmidt: Verordneter Antifaschismus und die Folgen. Das Dilemma antifaschistischer Erziehung am Ende der DDR, in: APuZ B 9/1991, S. 3 ff.

Schulbuch Begegnungen 9. Geschichte-Sozialkunde-Erdkunde, Oldenbourg/München 1999

Schulbuch Geschichte Plus, Ausgabe Berlin, Volk + Wissen, Berlin 2002

Schulbuch Geschichte und Geschehen, Ausgabe für NRW und Mecklenburg-Vorpommern Schöningh, Paderborn 2004

Schulbuch Zeiten und Menschen, Band 4, Schöningh-Verlag, Paderborn 2002

Schuller 1998 = Wolfgang Schuller: Modern und fürsorglich? In: Frankfurter Allgemeine Zeitung vom 13. 5. 1998

Schuller 2003 = Wolfgang Schuller: Westdeutsche DDR-Bilder, in: Jürgen Arends/Günter Buchstab/Jörg-Dieter Gauger (Hg.): Geschichtsbilder: Weichenstellungen deutscher Geschichte nach 1945, Freiburg 2003, S. 169 ff.

Schulze 2005 = Christiane Schulze: Vom Umgang mit Eltern – Erfahrungen im Geschichtsunterricht. Eine Beobachtung an einem Gymnasium im Stadtbezirk Mitte, in: Horch und Guck Nr. 50, Berlin 2005

Schumann 1996 = Karl Schumann u. a.: Private Wege der Wiedervereinigung, Weinheim 1996

Schürer 1998 = Gerhard Schürer u. a.: Analyse der ökonomischen Lage in der DDR mit Schlussfolgerungen. Vorlage für das Politbüro des ZK der SED vom 30. 10. 1989, abgedruckt in: Deutschlandarchiv, Nr. 10/1992, S. 1112 ff.

Schwartz 2005 = Michael Schwartz: Emanzipation zur sozialen Nützlichkeit: Bedingungen und Grenzen von Frauenpolitik in der DDR, in: Dierk Hoffmann/Michael Schwartz: Sozialstaatlichkeit in der DDR, Sondernummer Schriftenreihe der Vierteljahreshefte für Zeitgeschichte, München 2005, S. 47 ff.

Schwarz 1993 = Hans-Peter Schwarz: Mit gestopften Trompeten. Die Wiedervereinigung Deutschlands aus der Sicht westdeutscher Historiker, in: Geschichte in Wissenschaft und Unterricht, 44 (1993), S. 683 ff.

Schwarz 2006 = Hans-Peter Schwarz: Wo steht die Geschichtsschreibung über die Bundesrepublik? Ist ein Paradigmenwechsel angezeigt? In: Archiv für christlich-demokratische Politik Nr. 13/2006, S. 1 ff.

Schwarzer 1999 = Oskar Schwarzer: Sozialistische Zentralplanwirtschaft in der SBZ/DDR. Ergebnisse eines ordnungspolitischen Experiments (1945–1989), Stuttgart 1999

Schwartz/Wentger 2006 = Michael Schwartz/Hermann Wentker: Kein Konsens über die „Konsensdiktatur". Zur Reaktion Martin Sabrows auf unsere Kritik an seinem Aufarbeitungskonzept, in: Deutschlandarchiv Nr. 6/2006, S. 1080 ff.

Seidel/Jenkner 1968 = Bruno Seidel/Siegfried Jenkner (Hg.): Wege der Totalitarismusforschung, Darmstadt 1968

Selbmann 1999 = Erich Selbmann: Tat und Ziel. Nachdenken über den Antifaschismus in beiden deutschen Staaten, in: Fischer 1999, S. 147 ff.

Selitrenny 1995 = Rita Selitrenny: Die Verantwortung der SED für die Isolierungslager, Arbeitspapiere des Forschungsverbundes SED-Staat der Freien Universität Berlin Nr. 17/1995, Berlin 1995

Senatsverwaltung für Gesundheit, Soziales und Verbraucherschutz 2004 = Senatsverwaltung für Gesundheit, Soziales und Verbraucherschutz (Hg.): Sozialstrukturatlas, Berlin 2004

Sozialrecht 2005 = Bundesministerium für Gesundheit und soziale Sicherung (Hg.): Übersicht über das Sozialrecht, Nürnberg 2005

Sozialreport 1990 ff. = Gunnar Winkler (Hg.): Sozialreport 1990 ff., Berlin 1990 ff.

Spielhagen 1993 = Edith Spielhagen (Hg.): So durften wir glauben zu kämpfen. Erfahrungen mit DDR-Medien, Berlin 1993

Spinelli 2002 = Barbara Spinelli: Der Gebrauch der Erinnerung. Europa und das Erbe des Totalitarismus, München 2002

Spitzer 2000 = Giselher Spitzer: Doping in der DDR: Ein historischer Überblick zu einer konspirativen Praxis. Genese – Verantwortung – Gefahren, Köln 2000

Sruba 1991 = Ilja Sruba: War der reale Sozialismus modern? Versuch einer strukturellen Bestimmung, in: Kölner Zeitschrift für Soziologie und Sozialpsychologie, Heft 3/1991, S. 427

Staadt 1996 = Jochen Staadt: Eingaben. Die institutionalisierte Meckerkultur in der DDR. Arbeitspapiere des Forschungsverbundes SED-Staat der Freien Universität Berlin Nr. 94/1996

Staadt u. a. 2002 = Gerhard Ehlert/Jochen Staadt/Tobias Voigt: Die Zusammenarbeit zwischen dem Ministerium für Staatssicherheit der DDR und dem Ministerium des Inneren Kubas, Arbeitspapiere des Forschungsverbundes SED-Staat Nr. 33/2002

Statistisches Bundesamt 1990 = Statistisches Bundesamt: Statistik der Jugendhilfe, Teil III: Einrichtungen und tätige Personen in der Jugendhilfe am 31. 12. 1990, Früheres Bundesgebiet

Statistisches Jahrbuch 1990 ff. = Statistisches Bundesamt (Hg.): Statistisches Jahrbuch 1990 ff., Wiesbaden 1990 ff.

Statistisches Jahrbuch der DDR 1988 = Staatliche Zentralverwaltung für Statistik (Hg.): Statistisches Jahrbuch 1988 der Deutschen Demokratischen Republik, Ost-Berlin 1988

Statistisches Landesamt Berlin, Regionaldirektion der Bundesagentur für Arbeit – 542 Statistik

Stein 2002 = Holger Stein: Die Entwicklung des aggregierten Privatvermögens und seine Verteilung in Deutschland seit 1970, Frankfurt/Main 2002

Suckut 1996 = Siegfried Suckut (Hg.): Das Wörterbuch der Staatssicherheit. Definitionen zur „politisch-operativen Arbeit", Berlin 1996

Suckut/Süß 1997 = Siegfried Suckut/Walter Süß (Hg.): Staatspartei und Staatssicherheit, Berlin 1997

Thüringen-Monitor 2006 = Michael Edinger/Andreas Hallermann/Karl Schmitt: Politische Kultur im Freistaat Thüringen. Thüringens Zukunft aus Bürgersicht: Erwartungen, Herausforderungen, Gestaltungsmöglichkeiten, Jena 2006

Timmermann 1996 = Heiner Timmermann (Hg.): Diktaturen im Europa des 20. Jahrhunderts – Der Fall DDR, Berlin 1996

Vollmer 1999 = Uwe Vollmer: Anspruch und Wirklichkeit der Arbeits- und Sozialpolitik in der DDR, in: Enquete-Kommission „Überwindung der Folgen der SED-Diktatur im Prozess der deutschen Einheit" (Hg.): Wirtschafts-, Sozial- und Umweltpolitik, Band III. 1, Frankfurt/Main 1999, S. 276 ff.

Von Beyme 1975 = Klaus von Beyme: Ökonomie und Politik im Sozialismus. Ein Vergleich der Entwicklung in sozialistischen Ländern, München 1975

Vorsteher 1996 = Dieter Vorsteher (Hg.): Parteiauftrag: Ein neues Deutschland. Bilder, Rituale und Symbole der frühen DDR, Berlin 1996

Wagner 1998 = Bernd Wagner: Rechtsextremismus und kulturelle Subversion in den neuen Ländern, Berlin 1998

Wagner 2002 = Matthias Wagner: Das Kadernomenklatursystem der SED und anderer Parteien und gesellschaftlicher Organisationen, in: Andreas Herbst u. a.: Die Parteien und Organisationen der DDR. Ein Handbuch, Berlin 2002, S. 181 ff.

Walser 1998 = Martin Walser: Dank. Erfahrungen beim Verfassen einer Sonntagsrede, Rede anlässlich des Friedenspreises des deutschen Buchhandels, 1998

Weber 1972 = Max Weber: Wirtschaft und Gesellschaft, Tübingen 1972

Weber 1985 = Hermann Weber: Geschichte der DDR, München 1985

Weber 1993 = Hermann Weber: Die DDR 1945 bis 1990, München 1993

Wehler 2000 = Hans-Ulrich Wehler: Umbruch und Kontinuität, München 2000, S. 115

Wendel 1996 = Eberhard Wendel: Ulbricht als Richter und Henker – stalinistische Justiz im Parteiauftrag, Berlin 1996

Wentker 2007 = Hermann Wentker: Außenpolitik in engen Grenzen: Die DDR im internationalen System 1949–1989, München 2007

Werkentin 1998 = Falco Werkentin: Recht und Justiz im SED-Staat, Bonn 1998

Wettig 1999 = Gerhard Wettig: Bereitschaft zur Einheit in Freiheit? Die sowjetische Deutschlandpolitik 1945 bis 1955, München 1999

Wettig 2007 = Gerhard Wettig: Stalin and the Cold War in Europe: The Emergence and Development of East-West-Conflict, 1939–1953, Landham 2007

Weyrauch 2004 = Martina Weyrauch: Die DDR ist im Geiste immer dabei. Ansätze und Konzepte politischer Bildung in Brandenburg, in: Hüttmann/Mählert/Pasternack 2004, S. 303 ff.

Winkler 2000 = Heinrich August Winkler: Der lange Weg nach Westen, München 2000, S. 183

Winkler 2004 = Heinrich August Winkler: Einleitung, in: Heinrich August Winkler (Hg.): Griff nach der Deutungsmacht. Zur Geschichte der Geschichtspolitik in Deutschland, Göttingen 2004

Wolff 2006 = Friedrich Wolff: Unsere Feindbilder, ihre Feindbilder. Wie die beiden deutschen Staaten einander sahen, in: Junge Welt vom 17. 7. 2006

Wolfrum 1999 = Edgar Wolfrum: Geschichtspolitik in der Bundesrepublik Deutschland. Der Weg zur bundesrepublikanischen Erinnerung 1948–1990, Darmstadt 1999

Wolfrum 2002 = Edgar Wolfrum: Geschichte als Waffe. Vom Kaiserreich bis zur Wiedervereinigung, Göttingen 2002

Wolfrum 2004 = Edgar Wolfrum: Geteilte Vergangenheit: Geschichtspolitik zwischen Ost und West, in: ders: Die Deutschen im 20. Jahrhundert, Darmstadt 2004

Wolle 1998 = Stefan Wolle: Die heile Welt der Diktatur. Alltag und Herrschaft in der DDR 1971–1989, Berlin 1998

Wolle 2004 = Stefan Wolle: DDR, Frankfurt/Main 2004

Zahlenspiegel 1988 = Bundesministerium für innerdeutsche Beziehungen (Hg.): Zahlenspiegel. Bundesrepublik Deutschland/Deutsche Demokratische Republik. Ein Vergleich, Bonn 1988

Zecher 2004 = Franziska Zecher: Die Todesstrafe im sozialistischen Einheitsstaat, in: Die Gazette 2004, hier: http://www.gazette.de/Archiv/Gazette-AUG03-JAN04/Zecher.html

Zimmermann 2004 = Verena Zimmermann: „Den neuen Menschen schaffen". Die Umerziehung von schwererziehbaren und straffälligen Jugendlichen in der DDR (1945–1990), Köln u. a. 2004

Anhang

1. Verzeichnis der Tabellen im Anhang

Tabellen im Anhang

*Tabelle A1: Politische Einstellung**

		links	eher links	in der Mitte	eher rechts	rechts
insgesamt		9,6	30,7	50,6	7,6	1,4
Geschlecht						
	männlich	10,3	27,7	48,9	11,3	1,9
	weiblich	9,1	33,2	52,3	4,5	0,9
Länder						
	Bayern	6,4	27,0	57,2	7,9	1,5
	Berlin	11,4	31,1	49,2	7,0	1,2
	West-Berlin	10,9	32,2	48,1	7,7	1,2
	Ost-Berlin	11,3	32,2	49,3	6,2	1,0
	Brandenburg	10,1	31,6	50,3	7,4	0,7
	Nordrhein-Westfalen	9,0	33,7	45,7	9,3	2,4
Region						
	West	8,7	30,6	50,9	8,2	1,6
	Ost	10,7	31,9	49,6	6,8	0,9
Herkunft						
	Deutsche	9,4	31,5	50,1	7,8	1,2
	Ausländer	12,2	21,1	58,1	5,5	3,2
Alter						
	unter 16 Jahre	9,8	31,1	52,3	5,5	1,2
	16 Jahre	8,7	31,8	50,0	8,3	1,2
	17 Jahre und älter	10,5	29,4	50,6	7,8	1,8
Schulart						
	Gymnasium	8,6	34,4	48,3	7,6	1,1
	Gesamtschule	12,6	23,5	55,1	6,8	2,0
	Realschule	9,7	18,4	57,3	11,4	3,2
	Hauptschule	10,4	12,7	63,4	11,2	2,2

* Antworten auf die Frage: „Meine politische Einstellung liegt …" in Prozent.

*Tabelle A2: Wahlabsichten**

	SPD	CDU/CSU	Bü90/Die Grünen	FDP	Die Linkspartei/PDS	DVU	REP	NPD	Sonstige	Nichtwähler
insgesamt	32,3	16,7	17,1	4,3	7,8	0,2	0,3	1,8	3,5	16,0
Geschlecht										
männlich	32,5	17,4	15,2	5,2	7,9	0,3	0,4	2,7	3,8	14,6
weiblich	32,0	16,2	18,8	3,6	7,7	0,1	0,3	0,9	3,2	17,2
Länder										
Bayern	19,3	29,6	18,8	6,1	1,8	0,4	0,7	1,4	3,9	18,1
Berlin	37,1	12,6	16,0	4,3	10,4	0,1	0,2	1,7	3,6	14,2
West-Berlin	37,9	15,5	20,6	4,1	4,7	0,3	0,2	1,5	3,3	11,8
Ost-Berlin	34,3	9,1	12,3	4,2	18,0	0,0	0,2	2,1	4,2	15,7
Brandenburg	30,5	9,2	13,2	3,2	11,8	0,3	0,1	2,0	4,1	25,6
Nordrhein-Westfalen	38,3	16,3	21,2	3,2	5,4	0,0	0,1	2,2	2,7	10,6
Region										
West	31,1	21,0	20,1	4,6	3,8	0,3	0,4	1,7	3,4	13,8
Ost	32,7	9,2	12,6	3,7	15,4	0,1	0,2	2,1	4,1	19,8
Herkunft										
Deutsche	31,4	16,7	18,0	4,3	8,2	0,2	0,3	1,8	3,6	15,5
Ausländer	42,4	17,0	7,9	4,6	3,8	0,0	0,2	0,5	2,4	21,1
Alter										
unter 16 Jahre	31,1	17,1	17,0	4,7	8,2	0,3	0,1	1,0	2,8	17,6
16 Jahre	32,3	16,7	17,6	4,3	7,8	0,1	0,2	1,9	3,3	15,7
17 Jahre und älter	32,7	16,4	16,6	4,3	7,6	0,2	0,4	1,9	4,0	15,8
Schulart										
Gymnasium	30,5	17,2	20,2	4,7	7,8	0,2	0,2	1,1	3,7	14,4
Gesamtschule	40,5	11,9	10,3	3,7	9,2	0,1	0,4	3,0	3,4	17,5
Realschule	23,3	27,5	8,5	2,1	3,2	0,0	1,1	5,3	3,2	25,9
Hauptschule	22,1	28,2	6,9	3,8	0,0	2,3	0,0	3,1	2,3	31,3

* Antworten auf die Frage „Wenn morgen Bundestagswahl wäre und ich wählen könnte, würde ich wählen …" in Prozent.

*Tabelle A3: Zweitstimmenanteile bei den Wahlen zum Bundestag 2005 in der Bundesrepublik**

	SPD	CDU/ CSU	Bü90/Die Grünen	FDP	Linkspar-tei/ PDS	REP	NPD	sons-tige	Wahlbe-teiligung
insgesamt	34,2	35,2	8,1	9,8	8,7	0,6	1,6	1,8	77,7
Früheres Bundesgebiet und Berlin-West	35,1	37,5	8,8	10,2	4,9	0,6	1,1	1,8	78,5
Neue Länder und Berlin-Ost	30,4	25,3	5,2	8,0	25,3	0,4	3,6	1,8	74,3
18–25 Jährige**	36,9	26,4	10,9	11,1	7,8	0,8	3,8	3,3	70,0

* Angaben in Prozent.

** 18–25-Jährige aus der repräsentativen Wahlstatistik. Die Wahlbeteiligung bezieht sich auf die Gruppe der 18–21-Jährigen. Bei den 21–25-Jährigen beträgt die Wahlbeteiligung 66,5 Prozent.

Quelle: Bundeswahlleiter

*Tabelle A4: Behandlung der DDR in der Schule**

		zu viel	zu wenig	gerade richtig	überhaupt nicht
insgesamt		3,0	46,1	30,0	20,9
Geschlecht					
	männlich	4,5	42,0	32,9	20,6
	weiblich	1,8	49,5	27,6	21,1
Länder					
	Bayern	6,5	38,0	44,3	11,2
	Berlin	1,8	46,6	29,8	21,8
	West-Berlin	2,4	44,2	29,5	23,9
	Ost-Berlin	1,1	49,7	30,1	19,1
	Brandenburg	2,6	54,5	21,7	21,2
	Nordrhein-Westfalen	1,7	49,1	17,5	31,7
Region					
	West	3,8	43,2	31,8	21,2
	Ost	1,8	51,7	26,6	20,0
Herkunft					
	Deutsche	2,5	46,8	29,4	21,3
	Ausländer	7,4	39,5	36,5	16,5
Alter					
	unter 16 Jahre	2,7	33,5	29,0	34,8
	16 Jahre	3,0	44,6	31,7	20,7
	17 Jahre und älter	3,1	53,3	28,5	15,1
Schulart					
	Gymnasium	2,6	46,1	30,9	20,3
	Gesamtschule	1,3	52,3	22,5	23,9
	Realschule	4,5	38,4	30,8	26,3
	Hauptschule	25,0	5,7	67,1	2,1

* Antworten auf die Frage „In der Schule wurde die DDR behandelt …" in Prozent.

*Tabelle A5: Wissen über die DDR**

		viel	wenig	gar nichts
insgesamt		18,1	78,4	3,5
Geschlecht				
	männlich	23,8	73,0	3,1
	weiblich	13,4	82,8	3,7
Länder				
	Bayern	26,9	70,6	2,5
	Berlin	16,5	79,6	3,9
	West-Berlin	15,6	78,6	5,8
	Ost-Berlin	17,9	80,7	1,4
	Brandenburg	17,9	79,6	2,5
	Nordrhein-Westfalen	10,5	84,8	4,6
Region				
	West	18,6	77,3	4,2
	Ost	17,9	80,2	1,9
Herkunft				
	Deutsche	18,2	78,7	3,1
	Ausländer	16,8	75,6	7,6
Alter				
	unter 16 Jahre	17,8	78,4	3,8
	16 Jahre	18,3	77,9	3,7
	17 Jahre und älter	18,0	78,9	3,1
Schulart				
	Gymnasium	18,9	78,7	2,5
	Gesamtschule	13,0	80,8	6,1
	Realschule	20,4	73,5	6,1
	Hauptschule	39,2	57,3	3,5

* Antworten auf die Aussage „Über die DDR weiß ich ..." in Prozent.

*Tabelle A6: Mehr über Leben in der DDR erfahren**

		ja	nein	weiß nicht
insgesamt		**56,9**	**18,8**	**24,3**
Geschlecht				
	männlich	**47,1**	**29,1**	**23,9**
	weiblich	**65,0**	**10,3**	**24,7**
Länder				
	Bayern	**48,9**	**25,4**	**25,7**
	Berlin	**59,2**	**16,3**	**24,4**
	West-Berlin	54,3	19,0	26,7
	Ost-Berlin	66,4	12,4	21,2
	Brandenburg	**65,6**	**13,5**	**20,9**
	Nordrhein-Westfalen	**54,3**	**20,8**	**24,9**
Region				
	West	**52,2**	**22,0**	**25,8**
	Ost	**66,0**	**12,9**	**21,1**
Herkunft				
	Deutsche	**58,0**	**18,2**	**23,8**
	Ausländer	**47,5**	**22,9**	**29,6**
Alter				
	unter 16 Jahre	**59,2**	**17,2**	**23,5**
	16 Jahre	**57,9**	**18,6**	**23,5**
	17 Jahre und älter	**55,0**	**19,7**	**25,4**
Schulart				
	Gymnasium	**58,2**	**17,6**	**24,2**
	Gesamtschule	**58,4**	**17,5**	**24,1**
	Realschule	**42,6**	**34,7**	**22,6**
	Hauptschule	**28,6**	**40,5**	**31,0**

* Antworten auf die Aussage „Ich würde gerne mehr über das Leben der Menschen in der DDR erfahren …" in Prozent.

*Tabelle A7: Interesse an der DDR**

		ja	nein	weiß nicht
insgesamt		58,6	18,2	23,2
Geschlecht				
	männlich	52,2	28,0	19,7
	weiblich	64,0	9,9	26,1
Länder				
	Bayern	53,8	22,5	23,7
	Berlin	59,4	16,5	24,1
	West-Berlin	52,0	20,2	27,8
	Ost-Berlin	69,9	10,9	19,3
	Brandenburg	68,9	12,3	18,8
	Nordrhein-Westfalen	54,6	21,6	23,8
Region				
	West	53,3	21,6	25,1
	Ost	69,5	11,5	19,1
Herkunft				
	Deutsche	60,0	17,2	22,9
	Ausländer	46,4	27,3	26,3
Alter				
	unter 16 Jahre	59,0	16,8	24,2
	16 Jahre	58,5	18,5	23,1
	17 Jahre und älter	58,7	18,5	22,8
Schulart				
	Gymnasium	61,4	16,3	22,4
	Gesamtschule	56,6	19,0	24,4
	Realschule	39,1	33,5	27,4
	Hauptschule	31,2	39,7	29,1

* Antworten auf die Frage „Die DDR interessiert mich …“ in Prozent.

*Tabelle A8: Gespräche in der Familie über die DDR**

		zu viel	zu wenig	gerade richtig	überhaupt nicht
insgesamt		2,5	18,9	46,6	32,0
Geschlecht					
	männlich	2,9	15,7	47,1	34,3
	weiblich	2,2	21,5	46,3	30,0
Länder					
	Bayern	0,7	15,9	41,0	42,4
	Berlin	3,7	19,1	51,0	26,2
	West-Berlin	2,2	18,3	43,1	36,4
	Ost-Berlin	5,7	20,1	64,0	10,1
	Brandenburg	3,4	21,5	60,5	14,5
	Nordrhein-Westfalen	1,3	20,3	31,6	46,9
Region					
	West	1,4	18,0	39,0	41,7
	Ost	4,8	20,7	62,5	12,0
Herkunft					
	Deutsche	2,6	19,3	49,1	28,9
	Ausländer	0,7	14,4	20,8	64,2
Alter					
	unter 16 Jahre	2,4	20,8	45,9	30,9
	16 Jahre	2,5	18,9	46,8	31,8
	17 Jahre und älter	2,6	18,1	46,9	32,5
Schulart					
	Gymnasium	2,3	19,6	49,1	29,1
	Gesamtschule	3,7	19,2	43,6	33,5
	Realschule	1,5	15,9	35,8	46,8
	Hauptschule	0,7	3,6	21,4	74,3

* Antworten auf die Frage: „In meiner Familie wird über die DDR gesprochen ..." in Prozent.

*Tabelle A9: Gespräche mit Freunden/innen über die DDR**

		viel	wenig	gar nicht
insgesamt		3,6	35,5	60,9
Geschlecht				
	männlich	5,1	37,9	57,1
	weiblich	2,4	33,5	64,0
Länder				
	Bayern	3,4	31,4	65,2
	Berlin	4,7	38,7	56,5
	West-Berlin	4,8	34,4	60,8
	Ost-Berlin	5,7	46,5	47,8
	Brandenburg	3,4	44,4	52,2
	Nordrhein-Westfalen	1,2	25,0	73,9
Region				
	West	3,2	30,7	66,1
	Ost	4,7	45,6	49,6
Herkunft				
	Deutsche	3,7	37,0	59,3
	Ausländer	2,3	20,5	77,2
Alter				
	unter 16 Jahre	3,4	32,1	64,4
	16 Jahre	3,5	35,1	61,3
	17 Jahre und älter	3,8	37,3	58,9
Schulart				
	Gymnasium	4,1	37,9	58,0
	Gesamtschule	2,6	31,1	66,4
	Realschule	2,0	27,5	70,5
	Hauptschule	2,1	21,8	76,1

* Antworten auf die Frage: „Ich rede mit Freunden/innen über die DDR …“ in Prozent.

*Tabelle A10: Kenntnis von Filmen über die DDR**

		ja	nein
insgesamt		**86,5**	**13,5**
Geschlecht			
	männlich	**85,3**	**14,7**
	weiblich	**87,6**	**12,4**
Länder			
	Bayern	**87,7**	**12,3**
	Berlin	**85,8**	**14,2**
	West-Berlin	84,4	15,6
	Ost-Berlin	89,9	10,1
	Brandenburg	**88,2**	**11,8**
	Nordrhein-Westfalen	**85,3**	**14,7**
Region			
	West	**85,9**	**14,1**
	Ost	**89,3**	**10,7**
Herkunft			
	Deutsche	**87,7**	**12,3**
	Ausländer	**74,4**	**25,6**
Alter			
	unter 16 Jahre	**83,9**	**16,1**
	16 Jahre	**86,3**	**13,7**
	17 Jahre und älter	**88,1**	**11,9**
Schulart			
	Gymnasium	**88,2**	**11,8**
	Gesamtschule	**83,0**	**17,0**
	Realschule	**82,9**	**17,1**
	Hauptschule	**77,9**	**22,1**

* Antworten auf die Frage: „Ich kenne Filme über die DDR …“ in Prozent.

*Tabelle A11: Gespräche in der Familie über geteiltes Deutschland**

		zu viel	zu wenig	gerade richtig	überhaupt nicht
insgesamt		2,4	20,2	48,0	29,4
Geschlecht					
	männlich	2,3	17,3	48,2	32,2
	weiblich	2,4	22,8	47,8	27,1
Länder					
	Bayern	0,9	18,2	43,9	36,9
	Berlin	3,4	20,5	51,7	24,3
	West-Berlin	2,2	19,9	53,9	24,0
	Ost-Berlin	5,2	19,9	54,5	20,5
	Brandenburg	3,3	20,8	55,3	20,5
	Nordrhein-Westfalen	0,7	21,4	37,2	40,7
Region					
	West	1,3	19,7	45,5	33,6
	Ost	4,4	20,2	54,9	20,5
Herkunft					
	Deutsche	2,5	19,7	50,2	27,6
	Ausländer	0,7	26,5	24,1	48,7
Alter					
	unter 16 Jahre	2,2	21,3	47,5	29,1
	16 Jahre	2,5	20,8	47,9	28,8
	17 Jahre und älter	2,3	19,1	48,5	30,0
Schulart					
	Gymnasium	2,3	20,5	51,3	25,8
	Gesamtschule	3,0	20,1	43,1	33,8
	Realschule	0,5	18,9	37,2	43,4
	Hauptschule	1,4	13,8	17,4	67,4

* Antworten auf die Frage: „In meiner Familie wird über das geteilte Deutschland gesprochen …“ in Prozent.

*Tabelle A12: Freundeskreis**

		West-Berliner/ Westdeutsche	Ost-Berliner/Ostdeutsche	Ausländer	ich weiß oft nicht, ob sie Wessi oder Ossi sind
insgesamt		72,9	55,7	61,2	19,8
Geschlecht					
	männlich	76,6	56,3	63,2	18,0
	weiblich	70,0	55,4	59,4	21,2
Länder					
	Bayern	84,7	43,9	61,7	15,9
	Berlin	67,0	61,3	57,8	22,6
	West-Berlin	84,8	43,9	69,2	20,3
	Ost-Berlin	49,3	82,6	42,0	24,4
	Brandenburg	58,5	86,1	52,9	18,4
	Nordrhein-Westfalen	84,6	31,5	76,9	18,8
Region					
	West	84,7	40,4	68,5	18,2
	Ost	53,2	84,1	46,6	21,8
Herkunft					
	Deutsche	74,2	57,4	59,1	19,5
	Ausländer	60,0	38,5	83,4	22,8
Alter					
	unter 16 Jahre	69,8	53,0	56,7	21,1
	16 Jahre	72,4	54,5	60,1	20,5
	17 Jahre und älter	75,0	58,4	64,1	18,4
Schulart					
	Gymnasium	76,6	55,7	61,5	19,3
	Gesamtschule	60,8	60,0	57,5	21,6
	Realschule	91,9	56,1	71,7	12,6
	Hauptschule	52,8	20,4	70,4	26,1

* Antworten auf die Frage: „Zu meinen Freunden/innen gehören …" in Prozent (Mehrfachnennungen möglich).

*Tabelle A13: Animositäten zwischen west- und ostdeutschen Jugendlichen**

		fühle mich als Ossi, will nichts mit Wessis zu tun haben		fühle mich als Wessi, will nichts mit Ossis zu tun haben	
		ja	nein	ja	nein
insgesamt		2,5	97,5	9,8	90,2
Geschlecht					
	männlich	4,0	96,0	16,4	83,6
	weiblich	1,3	98,7	4,2	95,8
Länder					
	Bayern	1,6	98,4	11,7	88,3
	Berlin	3,0	97,0	10,5	89,5
	West-Berlin	0,7	99,3	19,3	80,7
	Ost-Berlin	5,7	94,3	1,2	98,8
	Brandenburg	3,9	96,1	1,2	98,8
	Nordrhein-Westfalen	0,7	99,3	11,2	88,8
Region					
	West	1,0	99,0	14,3	85,7
	Ost	5,0	95,0	1,2	98,8
Herkunft					
	Deutsche	2,6	97,4	9,7	90,3
	Ausländer	1,3	98,7	8,7	91,3
Alter					
	unter 16 Jahre	2,8	97,2	10,3	89,7
	16 Jahre	2,8	97,2	9,1	90,9
	17 Jahre und älter	2,0	98,0	10,2	89,8
Schulart					
	Gymnasium	1,8	98,2	8,5	91,5
	Gesamtschule	4,4	95,6	10,3	89,7
	Realschule	3,0	97,0	22,7	77,3
	Hauptschule	2,6	97,4	19,2	80,8

* Antworten auf die Aussagen „Ich fühle mich als Ostdeutsche/r und will mit Westdeutschen nichts zu tun haben“ und „Ich fühle mich als Westdeutsche/r und will mit Ostdeutschen nichts zu tun haben“ in Prozent.

*Tabelle A14: Ärztliche Versorgung**

		besser in der DDR	besser in der Bundesrepublik	in beiden gleich
insgesamt		7,7	70,5	21,8
Geschlecht				
	männlich	7,7	72,6	19,7
	weiblich	7,7	68,9	23,4
Länder				
	Bayern	3,2	80,3	16,5
	Berlin	9,0	66,8	24,2
	West-Berlin	5,2	74,5	20,3
	Ost-Berlin	13,6	57,1	29,3
	Brandenburg	14,3	60,7	25,1
	Nordrhein-Westfalen	5,1	75,1	19,8
Region				
	West	4,4	76,9	18,7
	Ost	13,8	58,6	27,6
Herkunft				
	Deutsche	7,9	69,7	22,4
	Ausländer	5,3	79,8	14,9
Alter				
	unter 16 Jahre	6,9	72,3	20,8
	16 Jahre	7,6	71,3	21,1
	17 Jahre und älter	8,1	69,0	22,9
Schulart				
	Gymnasium	7,8	69,3	22,9
	Gesamtschule	8,7	69,6	21,7
	Realschule	3,0	84,3	12,6
	Hauptschule	2,2	90,6	7,2

* Antworten auf die Frage: „Deutschland vor 1989: Was glauben Sie war besser oder gleich in der DDR oder in der Bundesrepublik Deutschland …?“ in Prozent.

*Tabelle A15: Schulausbildung**

		besser in der DDR	besser in der Bundesrepublik	in beiden gleich
insgesamt		25,8	57,9	16,3
Geschlecht				
	männlich	26,2	60,6	13,3
	weiblich	25,6	55,7	18,7
Länder				
	Bayern	6,5	79,6	13,9
	Berlin	34,5	49,0	16,5
	West-Berlin	14,7	68,5	16,8
	Ost-Berlin	54,8	28,6	16,6
	Brandenburg	43,1	40,7	16,2
	Nordrhein-Westfalen	15,0	65,9	19,1
Region				
	West	11,6	72,1	16,3
	Ost	49,8	33,8	16,4
Herkunft				
	Deutsche	25,9	57,6	16,5
	Ausländer	26,2	60,7	13,1
Alter				
	unter 16 Jahre	23,3	60,6	16,1
	16 Jahre	25,8	57,4	16,8
	17 Jahre und älter	27,0	57,1	15,9
Schulart				
	Gymnasium	24,6	57,8	17,5
	Gesamtschule	34,6	51,1	14,3
	Realschule	10,0	81,5	8,5
	Hauptschule	5,8	82,6	11,6

* Antworten auf die Frage: „Deutschland vor 1989: Was glauben Sie war besser oder gleich in der DDR oder in der Bundesrepublik Deutschland …?“ in Prozent.

*Tabelle A16: Betreuung in Kindergarten und Schule**

		besser in der DDR	besser in der Bundesrepublik	in beiden gleich
insgesamt		44,8	32,6	22,6
Geschlecht				
	männlich	42,6	37,8	19,6
	weiblich	46,5	28,5	25,0
Länder				
	Bayern	36,7	40,1	23,2
	Berlin	47,2	29,8	22,9
	West-Berlin	34,6	40,7	24,7
	Ost-Berlin	63,3	16,4	20,3
	Brandenburg	61,5	20,9	17,7
	Nordrhein-Westfalen	35,2	39,5	25,3
Region				
	West	35,5	40,2	24,2
	Ost	62,5	18,3	19,2
Herkunft				
	Deutsche	46,1	31,4	22,5
	Ausländer	30,3	45,6	24,1
Alter				
	unter 16 Jahre	37,1	38,5	24,4
	16 Jahre	43,2	32,9	23,9
	17 Jahre und älter	50,0	29,6	20,4
Schulart				
	Gymnasium	47,8	30,1	22,1
	Gesamtschule	41,4	34,3	24,3
	Realschule	30,8	45,3	23,9
	Hauptschule	13,3	66,7	20,0

* Antworten auf die Frage: „Deutschland vor 1989: Was glauben Sie war besser oder gleich in der DDR oder in der Bundesrepublik Deutschland …?“ in Prozent.

*Tabelle A17: Recht und Ordnung**

		besser in der DDR	besser in der Bundesrepublik	in beiden gleich
insgesamt		27,8	52,0	20,2
Geschlecht				
	männlich	27,9	54,7	17,4
	weiblich	27,6	50,0	22,3
Länder				
	Bayern	17,1	65,8	17,2
	Berlin	29,6	48,1	22,3
	West-Berlin	20,9	61,2	17,9
	Ost-Berlin	39,0	33,1	27,9
	Brandenburg	41,1	36,1	22,7
	Nordrhein-Westfalen	26,7	56,4	16,9
Region				
	West	21,0	61,6	17,4
	Ost	39,8	34,4	25,8
Herkunft				
	Deutsche	28,3	51,2	20,4
	Ausländer	21,6	61,4	17,0
Alter				
	unter 16 Jahre	28,6	51,4	20,0
	16 Jahre	26,8	53,3	19,9
	17 Jahre und älter	28,7	50,9	20,5
Schulart				
	Gymnasium	26,7	54,1	19,3
	Gesamtschule	34,2	42,9	22,9
	Realschule	18,5	57,0	24,5
	Hauptschule	15,3	69,3	15,3

* Antworten auf die Frage: „Deutschland vor 1989: Was glauben Sie war besser oder gleich in der DDR oder in der Bundesrepublik Deutschland ...?“ in Prozent.

*Tabelle A18: Leistungen der Wirtschaft**

		besser in der DDR	besser in der Bundesrepublik	in beiden gleich
insgesamt		14,2	73,2	12,6
Geschlecht				
	männlich	13,3	77,4	9,3
	weiblich	15,0	69,8	15,3
Länder				
	Bayern	6,9	84,5	8,6
	Berlin	16,6	69,8	13,7
	West-Berlin	13,0	73,4	13,6
	Ost-Berlin	20,5	65,8	13,7
	Brandenburg	19,7	62,9	17,4
	Nordrhein-Westfalen	13,5	75,4	11,1
Region				
	West	10,8	78,3	10,9
	Ost	20,2	64,5	15,2
Herkunft				
	Deutsche	14,5	73,1	12,4
	Ausländer	11,7	74,9	13,3
Alter				
	unter 16 Jahre	16,8	70,0	13,2
	16 Jahre	13,2	74,7	12,1
	17 Jahre und älter	14,1	73,2	12,6
Schulart				
	Gymnasium	12,6	76,1	11,4
	Gesamtschule	21,2	63,2	15,6
	Realschule	8,0	75,9	16,1
	Hauptschule	6,5	79,7	13,8

* Antworten auf die Frage: „Deutschland vor 1989: Was glauben Sie war besser oder gleich in der DDR oder in der Bundesrepublik Deutschland ...?" in Prozent.

*Tabelle A19: Sicherheit im Alltag**

		besser in der DDR	besser in der Bundesrepublik	in beiden gleich
insgesamt		29,3	42,8	27,9
Geschlecht				
	männlich	30,8	43,7	25,5
	weiblich	28,1	42,0	30,0
Länder				
	Bayern	18,4	57,0	24,5
	Berlin	31,7	37,3	31,1
	West-Berlin	21,8	49,0	29,2
	Ost-Berlin	42,8	22,4	34,8
	Brandenburg	46,9	22,7	30,4
	Nordrhein-Westfalen	23,3	54,7	22,0
Region				
	West	20,9	53,8	25,4
	Ost	44,5	22,7	32,8
Herkunft				
	Deutsche	30,3	41,4	28,3
	Ausländer	19,6	56,4	24,0
Alter				
	unter 16 Jahre	23,4	45,7	30,9
	16 Jahre	27,6	44,2	28,2
	17 Jahre und älter	33,9	39,9	26,2
Schulart				
	Gymnasium	29,5	43,2	27,3
	Gesamtschule	33,4	36,2	30,3
	Realschule	15,4	53,7	30,8
	Hauptschule	8,6	71,2	20,1

* Antworten auf die Frage: „Deutschland vor 1989: Was glauben Sie war besser oder gleich in der DDR oder in der Bundesrepublik Deutschland ...?" in Prozent.

*Tabelle A20: Freizeitangebot für Jugendliche**

		besser in der DDR	besser in der Bundesrepublik	in beiden gleich
insgesamt		27,6	47,5	24,8
Geschlecht				
	männlich	27,5	52,2	20,3
	weiblich	27,8	43,7	28,5
Länder				
	Bayern	21,2	53,7	25,1
	Berlin	29,4	44,9	25,7
	West-Berlin	21,5	51,0	27,5
	Ost-Berlin	39,6	36,3	24,1
	Brandenburg	40,6	35,8	23,7
	Nordrhein-Westfalen	20,9	55,8	23,3
Region				
	West	21,2	53,3	25,5
	Ost	40,0	36,1	23,9
Herkunft				
	Deutsche	28,5	46,3	25,2
	Ausländer	18,3	61,1	20,6
Alter				
	unter 16 Jahre	20,6	53,1	26,3
	16 Jahre	28,0	46,8	25,2
	17 Jahre und älter	30,4	45,6	23,9
Schulart				
	Gymnasium	28,9	44,6	26,5
	Gesamtschule	26,8	52,1	21,1
	Realschule	21,9	57,7	20,4
	Hauptschule	10,1	71,2	18,7

* Antworten auf die Frage: „Deutschland vor 1989: Was glauben Sie war besser oder gleich in der DDR oder in der Bundesrepublik Deutschland ...?“ in Prozent.

*Tabelle A21: Zusammenhalt in der Familie**

		besser in der DDR	besser in der Bundesrepublik	in beiden gleich
insgesamt		45,1	12,7	42,2
Geschlecht				
	männlich	46,5	15,7	37,8
	weiblich	44,3	10,1	45,6
Länder				
	Bayern	40,2	16,3	43,5
	Berlin	45,1	11,6	43,3
	West-Berlin	36,9	17,4	45,7
	Ost-Berlin	53,9	3,6	42,5
	Brandenburg	56,2	6,2	37,7
	Nordrhein-Westfalen	42,8	16,0	41,3
Region				
	West	39,8	16,5	43,7
	Ost	54,8	4,8	40,4
Herkunft				
	Deutsche	45,4	11,9	42,6
	Ausländer	44,1	19,5	36,4
Alter				
	unter 16 Jahre	42,1	15,8	42,1
	16 Jahre	45,5	12,6	42,0
	17 Jahre und älter	46,3	11,1	42,5
Schulart				
	Gymnasium	45,9	11,8	42,3
	Gesamtschule	45,8	12,0	42,2
	Realschule	43,0	18,0	39,0
	Hauptschule	22,8	33,8	43,4

* Antworten auf die Frage: „Deutschland vor 1989: Was glauben Sie war besser oder gleich in der DDR oder in der Bundesrepublik Deutschland …?“ in Prozent.

*Tabelle A22: Hilfsbereitschaft**

		besser in der DDR	besser in der Bundesrepublik	in beiden gleich
insgesamt		42,7	19,5	37,9
Geschlecht				
	männlich	45,3	22,9	31,8
	weiblich	40,6	16,6	42,8
Länder				
	Bayern	31,8	26,5	41,7
	Berlin	45,4	17,5	37,1
	West-Berlin	32,9	27,9	39,2
	Ost-Berlin	59,2	5,6	35,3
	Brandenburg	59,1	9,1	31,8
	Nordrhein-Westfalen	36,7	23,7	39,6
Region				
	West	33,5	26,2	40,3
	Ost	59,1	7,1	33,8
Herkunft				
	Deutsche	43,4	18,4	38,3
	Ausländer	36,0	31,1	32,9
Alter				
	unter 16 Jahre	37,5	22,1	40,3
	16 Jahre	43,1	20,3	36,5
	17 Jahre und älter	44,7	17,3	38,0
Schulart				
	Gymnasium	43,4	18,0	38,6
	Gesamtschule	45,5	18,4	36,1
	Realschule	30,5	31,5	38,0
	Hauptschule	16,3	51,1	32,6

* Antworten auf die Frage: „Deutschland vor 1989: Was glauben Sie war besser oder gleich in der DDR oder in der Bundesrepublik Deutschland ...?" in Prozent.

*Tabelle A23: Umgang mit Ausländern**

		besser in der DDR	besser in der Bundesrepublik	in beiden gleich
insgesamt		15,1	54,6	30,3
Geschlecht				
	männlich	13,7	57,8	28,5
	weiblich	16,2	51,8	32,0
Länder				
	Bayern	13,8	59,1	27,1
	Berlin	15,0	54,4	30,6
	West-Berlin	8,2	68,8	23,0
	Ost-Berlin	21,6	38,7	39,7
	Brandenburg	22,4	36,7	40,9
	Nordrhein-Westfalen	11,1	63,6	25,3
Region				
	West	11,1	63,6	25,2
	Ost	21,9	38,0	40,1
Herkunft				
	Deutsche	15,2	53,8	31,0
	Ausländer	14,4	62,1	23,5
Alter				
	unter 16 Jahre	15,7	57,7	26,6
	16 Jahre	15,3	55,0	29,7
	17 Jahre und älter	14,7	52,6	32,7
Schulart				
	Gymnasium	13,9	55,1	31,0
	Gesamtschule	19,0	52,0	29,0
	Realschule	13,5	57,0	29,5
	Hauptschule	16,1	59,1	24,8

* Antworten auf die Frage: „Deutschland vor 1989: Was glauben Sie war besser oder gleich in der DDR oder in der Bundesrepublik Deutschland ...?" in Prozent.

*Tabelle A24: Zustand der Straßen**

		besser in der DDR	besser in der Bundesrepublik	in beiden gleich
insgesamt		9,0	73,9	17,1
Geschlecht				
	männlich	7,7	77,5	14,8
	weiblich	10,1	70,9	19,0
Länder				
	Bayern	5,5	85,1	9,4
	Berlin	10,5	69,4	20,2
	West-Berlin	10,0	75,2	14,8
	Ost-Berlin	10,3	64,1	25,7
	Brandenburg	8,2	73,2	18,5
	Nordrhein-Westfalen	10,3	71,2	18,5
Region				
	West	8,3	77,9	13,7
	Ost	9,4	68,0	22,6
Herkunft				
	Deutsche	8,9	74,1	17,1
	Ausländer	10,5	71,6	17,8
Alter				
	unter 16 Jahre	9,8	72,9	17,3
	16 Jahre	10,0	72,7	17,3
	17 Jahre und älter	7,6	75,6	16,8
Schulart				
	Gymnasium	7,7	75,7	16,6
	Gesamtschule	12,4	66,8	20,8
	Realschule	11,9	80,1	8,0
	Hauptschule	7,2	78,3	14,5

* Antworten auf die Frage: „Deutschland vor 1989: Was glauben Sie war besser oder gleich in der DDR oder in der Bundesrepublik Deutschland …?“ in Prozent.

*Tabelle A25: Reiseangebot und Reisemöglichkeiten**

		besser in der DDR	besser in der Bundesrepublik	in beiden gleich
insgesamt		1,4	93,7	5,0
Geschlecht				
	männlich	1,6	94,1	4,3
	weiblich	1,2	93,4	5,4
Länder				
	Bayern	0,8	93,6	5,6
	Berlin	1,8	93,7	4,5
	West-Berlin	2,5	92,4	5,1
	Ost-Berlin	0,8	95,6	3,5
	Brandenburg	0,8	95,2	4,0
	Nordrhein-Westfalen	1,5	92,3	6,2
Region				
	West	1,6	92,9	5,6
	Ost	0,8	95,5	3,7
Herkunft				
	Deutsche	1,3	94,0	4,7
	Ausländer	1,1	91,3	7,6
Alter				
	unter 16 Jahre	1,4	93,6	5,0
	16 Jahre	1,7	92,6	5,7
	17 Jahre und älter	1,0	94,9	4,1
Schulart				
	Gymnasium	1,2	94,8	4,0
	Gesamtschule	1,9	91,5	6,6
	Realschule	1,0	88,6	10,4
	Hauptschule	2,2	88,4	9,4

* Antworten auf die Frage: „Deutschland vor 1989: Was glauben Sie war besser oder gleich in der DDR oder in der Bundesrepublik Deutschland ...?" in Prozent.

*Tabelle A26: Gleichberechtigung von Frauen und Männern**

		besser in der DDR	besser in der Bundesrepublik	in beiden gleich
insgesamt		**10,4**	**46,9**	**42,7**
Geschlecht				
	männlich	**12,5**	**44,9**	**42,7**
	weiblich	**8,8**	**48,5**	**42,7**
Länder				
	Bayern	**9,5**	**52,3**	**38,2**
	Berlin	**9,7**	**44,7**	**45,6**
	West-Berlin	7,1	50,3	42,6
	Ost-Berlin	13,8	36,7	49,5
	Brandenburg	**16,4**	**39,6**	**44,0**
	Nordrhein-Westfalen	**8,7**	**51,4**	**39,9**
Region				
	West	**8,5**	**51,3**	**40,2**
	Ost	**14,9**	**38,0**	**47,1**
Herkunft				
	Deutsche	**10,7**	**46,0**	**43,3**
	Ausländer	**7,0**	**56,4**	**36,6**
Alter				
	unter 16 Jahre	**8,9**	**52,0**	**39,1**
	16 Jahre	**9,6**	**45,7**	**44,7**
	17 Jahre und älter	**12,2**	**45,6**	**42,2**
Schulart				
	Gymnasium	**10,9**	**45,7**	**43,4**
	Gesamtschule	**9,3**	**47,7**	**43,0**
	Realschule	**7,0**	**52,5**	**40,5**
	Hauptschule	**12,1**	**62,9**	**25,0**

* Antworten auf die Frage: „Deutschland vor 1989: Was glauben Sie war besser oder gleich in der DDR oder in der Bundesrepublik Deutschland …?" in Prozent.

*Tabelle A27: Pressefreiheit**

	besser in der DDR	besser in der Bundesrepublik	in beiden gleich
insgesamt	**2,8**	**83,4**	**13,8**
Geschlecht			
männlich	**3,2**	**85,3**	**11,6**
weiblich	**2,5**	**81,8**	**15,7**
Länder			
Bayern	**1,5**	**89,4**	**9,2**
Berlin	**3,2**	**80,2**	**16,5**
West-Berlin	1,9	83,5	14,6
Ost-Berlin	4,0	78,7	17,3
Brandenburg	**3,2**	**81,9**	**15,0**
Nordrhein-Westfalen	**3,1**	**84,9**	**12,0**
Region			
West	**2,1**	**86,2**	**11,7**
Ost	**3,7**	**80,1**	**16,2**
Herkunft			
Deutsche	**2,7**	**83,8**	**13,5**
Ausländer	**3,7**	**78,8**	**17,5**
Alter			
unter 16 Jahre	**3,3**	**79,4**	**17,3**
16 Jahre	**3,0**	**82,8**	**14,2**
17 Jahre und älter	**2,3**	**85,8**	**11,9**
Schulart			
Gymnasium	**2,2**	**86,6**	**11,2**
Gesamtschule	**4,7**	**74,9**	**20,5**
Realschule	**1,5**	**77,0**	**21,5**
Hauptschule	**2,9**	**82,5**	**14,6**

* Antworten auf die Frage: „Deutschland vor 1989: Was glauben Sie war besser oder gleich in der DDR oder in der Bundesrepublik Deutschland …?“ in Prozent.

*Tabelle A28: Renten**

		besser in der DDR	besser in der Bundesrepublik	in beiden gleich
insgesamt		25,0	49,9	25,2
Geschlecht				
	männlich	23,1	53,3	23,6
	weiblich	26,3	47,2	26,4
Länder				
	Bayern	12,1	64,5	23,4
	Berlin	29,8	44,0	26,2
	West-Berlin	21,2	53,4	25,3
	Ost-Berlin	39,3	33,1	27,6
	Brandenburg	40,0	36,3	23,7
	Nordrhein-Westfalen	17,5	56,4	26,0
Region				
	West	16,6	58,6	24,8
	Ost	39,7	34,4	25,9
Herkunft				
	Deutsche	25,4	49,1	25,4
	Ausländer	19,0	58,6	22,5
Alter				
	unter 16 Jahre	23,2	49,7	27,1
	16 Jahre	24,0	50,9	25,1
	17 Jahre und älter	26,8	48,9	24,2
Schulart				
	Gymnasium	24,3	49,8	25,9
	Gesamtschule	32,0	45,1	22,9
	Realschule	8,0	63,0	29,0
	Hauptschule	7,3	74,5	18,2

* Antworten auf die Frage: „Deutschland vor 1989: Was glauben Sie war besser oder gleich in der DDR oder in der Bundesrepublik Deutschland …?" in Prozent.

*Tabelle A29: Versorgung im Alter**

		besser in der DDR	besser in der Bundesrepublik	in beiden gleich
insgesamt		26,7	46,2	27,1
Geschlecht				
	männlich	24,2	51,5	24,3
	weiblich	28,6	41,9	29,5
Länder				
	Bayern	16,6	60,3	23,1
	Berlin	30,1	40,7	29,1
	West-Berlin	20,9	50,0	29,0
	Ost-Berlin	40,7	28,7	30,6
	Brandenburg	41,8	31,5	26,7
	Nordrhein-Westfalen	19,1	53,1	27,8
Region				
	West	18,7	54,9	26,4
	Ost	41,2	30,0	28,9
Herkunft				
	Deutsche	27,6	45,0	27,5
	Ausländer	16,7	59,6	23,7
Alter				
	unter 16 Jahre	23,1	47,9	29,0
	16 Jahre	26,0	47,0	27,0
	17 Jahre und älter	29,2	44,5	26,3
Schulart				
	Gymnasium	26,5	45,7	27,8
	Gesamtschule	31,7	41,5	26,8
	Realschule	13,9	63,7	22,4
	Hauptschule	8,0	72,5	19,6

* Antworten auf die Frage: „Deutschland vor 1989: Was glauben Sie war besser oder gleich in der DDR oder in der Bundesrepublik Deutschland …?“ in Prozent.

*Tabelle A30: Öffentliche Verkehrsmittel**

		besser in der DDR	besser in der Bundesrepublik	in beiden gleich
insgesamt		9,4	65,2	25,4
Geschlecht				
	männlich	11,7	65,2	23,0
	weiblich	7,5	65,2	27,3
Länder				
	Bayern	7,5	66,9	25,5
	Berlin	9,6	65,2	25,2
	West-Berlin	5,7	71,6	22,7
	Ost-Berlin	14,2	57,5	28,3
	Brandenburg	12,3	62,8	24,8
	Nordrhein-Westfalen	8,9	64,8	26,4
Region				
	West	7,3	68,0	24,8
	Ost	13,4	59,8	26,8
Herkunft				
	Deutsche	9,4	65,0	25,6
	Ausländer	9,6	67,7	22,7
Alter				
	unter 16 Jahre	8,4	68,8	22,8
	16 Jahre	9,1	65,3	25,6
	17 Jahre und älter	10,1	63,6	26,3
Schulart				
	Gymnasium	9,7	63,7	26,6
	Gesamtschule	9,6	68,0	22,4
	Realschule	5,5	71,1	23,4
	Hauptschule	5,0	72,9	22,1

* Antworten auf die Frage: „Deutschland vor 1989: Was glauben Sie war besser oder gleich in der DDR oder in der Bundesrepublik Deutschland …?“ in Prozent.

*Tabelle A31: Einkaufsmöglichkeiten**

		besser in der DDR	besser in der Bundesrepublik	in beiden gleich
insgesamt		2,6	85,7	11,8
Geschlecht				
	männlich	2,4	86,9	10,7
	weiblich	2,7	84,7	12,6
Länder				
	Bayern	2,1	85,4	12,5
	Berlin	2,6	85,9	11,5
	West-Berlin	2,6	83,6	13,7
	Ost-Berlin	2,4	88,8	8,8
	Brandenburg	3,2	88,6	8,2
	Nordrhein-Westfalen	2,5	83,0	14,4
Region				
	West	2,4	84,1	13,5
	Ost	2,7	88,8	8,5
Herkunft				
	Deutsche	2,5	86,0	11,5
	Ausländer	3,5	81,6	15,0
Alter				
	unter 16 Jahre	2,9	82,6	14,5
	16 Jahre	2,9	85,3	11,7
	17 Jahre und älter	2,1	87,4	10,5
Schulart				
	Gymnasium	2,3	87,0	10,7
	Gesamtschule	3,3	83,3	13,4
	Realschule	2,5	80,0	17,5
	Hauptschule	4,3	77,9	17,9

* Antworten auf die Frage: „Deutschland vor 1989: Was glauben Sie war besser oder gleich in der DDR oder in der Bundesrepublik Deutschland …?“ in Prozent.

*Tabelle A32: Sportförderung**

		besser in der DDR	besser in der Bundesrepublik	in beiden gleich
insgesamt		44,9	25,3	29,7
Geschlecht				
	männlich	47,9	26,3	25,8
	weiblich	42,6	24,4	33,0
Länder				
	Bayern	44,8	26,2	28,9
	Berlin	44,8	25,3	29,9
	West-Berlin	38,7	29,3	32,0
	Ost-Berlin	54,1	18,1	27,8
	Brandenburg	53,0	19,5	27,5
	Nordrhein-Westfalen	38,7	28,9	32,4
Region				
	West	41,0	28,0	31,0
	Ost	53,5	18,9	27,6
Herkunft				
	Deutsche	46,3	24,1	29,6
	Ausländer	31,3	37,1	31,6
Alter				
	unter 16 Jahre	36,6	32,5	30,9
	16 Jahre	43,1	25,2	31,7
	17 Jahre und älter	50,8	21,8	27,4
Schulart				
	Gymnasium	49,7	20,9	29,5
	Gesamtschule	35,7	33,7	30,6
	Realschule	33,2	38,7	28,1
	Hauptschule	15,1	52,5	32,4

* Antworten auf die Frage: „Deutschland vor 1989: Was glauben Sie war besser oder gleich in der DDR oder in der Bundesrepublik Deutschland …?“ in Prozent.

*Tabelle A33: Zustand der Wohnungen**

		besser in der DDR	besser in der Bundesrepublik	in beiden gleich
insgesamt		5,4	79,5	15,1
Geschlecht				
	männlich	5,1	81,2	13,7
	weiblich	5,6	78,1	16,3
Länder				
	Bayern	2,7	89,2	8,1
	Berlin	5,8	75,4	18,8
	West-Berlin	4,2	82,2	13,6
	Ost-Berlin	7,2	68,9	23,9
	Brandenburg	6,7	75,1	18,2
	Nordrhein-Westfalen	6,6	80,8	12,5
Region				
	West	4,3	84,5	11,2
	Ost	7,0	71,6	21,5
Herkunft				
	Deutsche	5,2	79,6	15,2
	Ausländer	7,1	77,9	15,0
Alter				
	unter 16 Jahre	6,5	77,9	15,6
	16 Jahre	5,3	79,2	15,5
	17 Jahre und älter	5,0	80,5	14,5
Schulart				
	Gymnasium	5,0	80,3	14,7
	Gesamtschule	6,9	75,6	17,6
	Realschule	4,0	84,5	11,5
	Hauptschule	4,3	85,5	10,1

* Antworten auf die Frage: „Deutschland vor 1989: Was glauben Sie war besser oder gleich in der DDR oder in der Bundesrepublik Deutschland …?“ in Prozent.

*Tabelle A34: Politisches System**

		besser in der DDR	besser in der Bundesrepublik	in beiden gleich
insgesamt		9,9	73,2	16,8
Geschlecht				
	männlich	9,7	76,9	13,4
	weiblich	10,1	70,2	19,7
Länder				
	Bayern	3,3	86,7	10,0
	Berlin	12,8	66,8	20,5
	West-Berlin	5,4	80,8	13,8
	Ost-Berlin	19,9	53,3	26,8
	Brandenburg	16,2	61,6	22,2
	Nordrhein-Westfalen	6,3	81,5	12,1
Region				
	West	4,8	83,3	11,9
	Ost	18,4	56,8	24,8
Herkunft				
	Deutsche	10,0	73,3	16,7
	Ausländer	8,6	73,1	18,3
Alter				
	unter 16 Jahre	10,7	70,9	18,3
	16 Jahre	9,2	73,8	17,0
	17 Jahre und älter	10,4	73,6	16,0
Schulart				
	Gymnasium	7,9	77,4	14,8
	Gesamtschule	16,9	59,1	24,0
	Realschule	7,0	79,6	13,4
	Hauptschule	9,6	75,7	14,7

* Antworten auf die Frage: „Deutschland vor 1989: Was glauben Sie war besser oder gleich in der DDR oder in der Bundesrepublik Deutschland …?“ in Prozent.

*Tabelle A35: Ausbildungsplätze**

		besser in der DDR	besser in der Bundesrepublik	in beiden gleich
insgesamt		44,9	34,8	20,4
Geschlecht				
	männlich	44,1	36,9	19,0
	weiblich	45,4	33,1	21,5
Länder				
	Bayern	31,4	48,9	19,7
	Berlin	51,4	27,6	21,1
	West-Berlin	35,0	38,9	26,1
	Ost-Berlin	69,5	14,3	16,2
	Brandenburg	62,1	20,7	17,2
	Nordrhein-Westfalen	31,6	46,2	22,2
Region				
	West	32,6	44,8	22,5
	Ost	66,5	17,0	16,6
Herkunft				
	Deutsche	45,8	33,6	20,6
	Ausländer	34,1	47,3	18,6
Alter				
	unter 16 Jahre	42,6	37,3	20,2
	16 Jahre	44,5	34,7	20,8
	17 Jahre und älter	46,3	33,6	20,1
Schulart				
	Gymnasium	43,7	34,4	22,0
	Gesamtschule	54,9	28,8	16,4
	Realschule	27,5	51,5	21,0
	Hauptschule	15,4	72,8	11,8

* Antworten auf die Frage: „Deutschland vor 1989: Was glauben Sie war besser oder gleich in der DDR oder in der Bundesrepublik Deutschland ...?“ in Prozent.

*Tabelle A36: Soziale Gerechtigkeit**

		besser in der DDR	besser in der Bundesrepublik	in beiden gleich
insgesamt		25,4	51,1	23,5
Geschlecht				
	männlich	28,5	51,2	20,2
	weiblich	22,7	51,1	26,3
Länder				
	Bayern	17,7	66,6	15,7
	Berlin	27,7	45,1	27,2
	West-Berlin	17,2	60,7	22,1
	Ost-Berlin	40,5	26,7	32,8
	Brandenburg	38,3	31,8	29,9
	Nordrhein-Westfalen	18,8	61,9	19,3
Region				
	West	17,9	63,3	18,8
	Ost	39,5	29,0	31,5
Herkunft				
	Deutsche	26,1	50,3	23,6
	Ausländer	16,3	59,9	23,8
Alter				
	unter 16 Jahre	22,3	52,4	25,3
	16 Jahre	24,2	51,9	23,9
	17 Jahre und älter	28,1	49,4	22,5
Schulart				
	Gymnasium	26,6	51,4	22,0
	Gesamtschule	26,0	44,6	29,4
	Realschule	9,5	66,7	23,9
	Hauptschule	10,4	77,0	12,6

* Antworten auf die Frage: „Deutschland vor 1989: Was glauben Sie war besser oder gleich in der DDR oder in der Bundesrepublik Deutschland …?“ in Prozent.

*Tabelle A37: Gut leben/sich etwas gönnen**

		besser in der DDR	besser in der Bundesrepublik	in beiden gleich
insgesamt		5,5	83,8	10,7
Geschlecht				
	männlich	5,1	85,0	9,9
	weiblich	5,7	83,0	11,3
Länder				
	Bayern	3,2	91,2	5,6
	Berlin	6,6	80,4	13,0
	West-Berlin	4,9	86,5	8,6
	Ost-Berlin	7,6	75,4	17,0
	Brandenburg	7,0	77,0	16,0
	Nordrhein-Westfalen	4,2	88,6	7,3
Region				
	West	4,0	88,9	7,1
	Ost	7,3	76,1	16,6
Herkunft				
	Deutsche	5,4	84,1	10,4
	Ausländer	5,5	81,7	12,8
Alter				
	unter 16 Jahre	7,1	82,9	10,1
	16 Jahre	5,5	83,0	11,4
	17 Jahre und älter	4,6	85,1	10,2
Schulart				
	Gymnasium	4,0	86,3	9,7
	Gesamtschule	9,8	75,4	14,7
	Realschule	6,0	86,6	7,5
	Hauptschule	5,8	86,3	7,9

* Antworten auf die Frage: „Deutschland vor 1989: Was glauben Sie war besser oder gleich in der DDR oder in der Bundesrepublik Deutschland …?“ in Prozent.

*Tabelle A38: Theater und Kino**

		besser in der DDR	besser in der Bundesrepublik	in beiden gleich
insgesamt		4,9	74,5	20,6
Geschlecht				
	männlich	4,5	77,3	18,2
	weiblich	5,2	72,2	22,5
Länder				
	Bayern	3,1	79,6	17,3
	Berlin	5,7	72,6	21,7
	West-Berlin	3,4	78,2	18,4
	Ost-Berlin	7,6	65,8	26,7
	Brandenburg	6,0	69,6	24,3
	Nordrhein-Westfalen	4,3	76,6	19,1
Region				
	West	3,5	78,4	18,1
	Ost	7,0	67,3	25,7
Herkunft				
	Deutsche	4,9	74,7	20,4
	Ausländer	4,4	72,7	22,9
Alter				
	unter 16 Jahre	5,6	74,2	20,3
	16 Jahre	5,0	74,5	20,5
	17 Jahre und älter	4,5	74,8	20,8
Schulart				
	Gymnasium	4,4	74,7	20,9
	Gesamtschule	6,7	72,3	20,9
	Realschule	4,0	80,9	15,1
	Hauptschule	3,6	78,4	18,0

* Antworten auf die Frage: „Deutschland vor 1989: Was glauben Sie war besser oder gleich in der DDR oder in der Bundesrepublik Deutschland …?“ in Prozent.

*Tabelle A39: Discos**

		besser in der DDR	besser in der Bundesrepublik	in beiden gleich
insgesamt		5,1	71,5	23,4
Geschlecht				
	männlich	4,5	75,6	19,9
	weiblich	5,5	68,2	26,4
Länder				
	Bayern	2,9	77,2	19,9
	Berlin	5,9	69,4	24,7
	West-Berlin	2,8	78,6	18,6
	Ost-Berlin	8,1	58,5	33,4
	Brandenburg	9,0	60,1	31,0
	Nordrhein-Westfalen	2,6	78,9	18,4
Region				
	West	2,8	78,2	19,0
	Ost	8,5	59,2	32,3
Herkunft				
	Deutsche	5,0	71,2	23,8
	Ausländer	5,3	75,2	19,5
Alter				
	unter 16 Jahre	5,1	72,1	22,8
	16 Jahre	4,9	71,8	23,3
	17 Jahre und älter	5,2	71,1	23,7
Schulart				
	Gymnasium	4,8	71,0	24,2
	Gesamtschule	6,3	70,5	23,2
	Realschule	4,5	79,0	16,5
	Hauptschule	2,9	82,0	15,1

* Antworten auf die Frage: „Deutschland vor 1989: Was glauben Sie war besser oder gleich in der DDR oder in der Bundesrepublik Deutschland …?" in Prozent.

*Tabelle A40: Mietpreise**

		besser in der DDR	besser in der Bundesrepublik	in beiden gleich
insgesamt		68,3	16,7	15,0
Geschlecht				
	männlich	67,6	18,1	14,3
	weiblich	68,9	15,5	15,6
Länder				
	Bayern	61,0	22,6	16,4
	Berlin	71,6	14,0	14,4
	West-Berlin	66,0	18,8	15,1
	Ost-Berlin	79,5	7,0	13,5
	Brandenburg	77,8	10,5	11,7
	Nordrhein-Westfalen	61,7	20,5	17,7
Region				
	West	62,9	20,8	16,3
	Ost	78,8	8,4	12,8
Herkunft				
	Deutsche	69,6	15,5	14,9
	Ausländer	54,5	28,8	16,7
Alter				
	unter 16 Jahre	63,4	20,4	16,2
	16 Jahre	67,8	16,4	15,9
	17 Jahre und älter	71,4	15,0	13,6
Schulart				
	Gymnasium	70,2	14,9	14,9
	Gesamtschule	68,7	16,7	14,5
	Realschule	52,2	29,9	17,9
	Hauptschule	38,7	43,8	17,5

* Antworten auf die Frage: „Deutschland vor 1989: Was glauben Sie war besser oder gleich in der DDR oder in der Bundesrepublik Deutschland …?“ in Prozent.

*Tabelle A41: Preiswerte Bücher und Schallplatten**

		besser in der DDR	besser in der Bundesrepublik	in beiden gleich
insgesamt		40,7	39,2	20,2
Geschlecht				
	männlich	36,1	43,6	20,3
	weiblich	44,4	35,6	19,9
Länder				
	Bayern	30,9	51,4	17,8
	Berlin	43,9	35,6	20,5
	West-Berlin	40,1	40,1	19,8
	Ost-Berlin	47,3	31,9	20,8
	Brandenburg	48,8	32,3	19,0
	Nordrhein-Westfalen	38,8	37,6	23,6
Region				
	West	36,2	43,8	20,0
	Ost	47,9	32,0	20,1
Herkunft				
	Deutsche	41,3	39,1	19,6
	Ausländer	34,6	39,5	25,9
Alter				
	unter 16 Jahre	43,6	36,1	20,3
	16 Jahre	40,4	38,2	21,4
	17 Jahre und älter	39,5	41,7	18,8
Schulart				
	Gymnasium	39,8	40,5	19,7
	Gesamtschule	47,0	32,1	20,9
	Realschule	34,7	41,2	24,1
	Hauptschule	18,2	62,0	19,7

* Antworten auf die Frage: „Deutschland vor 1989: Was glauben Sie war besser oder gleich in der DDR oder in der Bundesrepublik Deutschland ...?" in Prozent.

*Tabelle A42: Gleiche Abhängigkeit von Führungsmacht**

		zustimmend	neutral	ablehnend
insgesamt		37,8	29,3	33,0
Geschlecht				
	männlich	41,6	22,8	35,6
	weiblich	34,7	34,5	30,8
Länder				
	Bayern	35,7	29,2	35,0
	Berlin	41,9	27,2	30,9
	West-Berlin	41,2	27,4	31,4
	Ost-Berlin	42,3	25,7	32,0
	Brandenburg	35,7	29,3	35,0
	Nordrhein-Westfalen	31,2	35,0	33,8
Region				
	West	36,3	30,3	33,4
	Ost	39,4	27,3	33,3
Herkunft				
	Deutsche	37,8	29,1	33,1
	Ausländer	38,2	30,7	31,1
Alter				
	unter 16 Jahre	34,9	31,5	33,5
	16 Jahre	38,5	30,0	31,4
	17 Jahre und älter	38,2	27,6	34,2
Schulart				
	Gymnasium	37,1	28,3	34,7
	Gesamtschule	39,6	31,4	29,0
	Realschule	41,3	29,4	29,4
	Hauptschule	35,4	37,5	27,1

* Stellungnahmen zu der Aussage: „Die DDR war genauso abhängig von der Sowjetunion wie die Bundesrepublik von den USA" in Prozent.

*Tabelle A43: BRD vor 1989 nicht besser als DDR**

		zustimmend	neutral	ablehnend
insgesamt		21,8	22,8	55,4
Geschlecht				
	männlich	19,3	18,8	62,0
	weiblich	23,9	26,1	50,1
Länder				
	Bayern	12,0	18,4	69,6
	Berlin	24,7	24,2	51,1
	West-Berlin	15,8	20,9	63,3
	Ost-Berlin	33,7	27,7	38,5
	Brandenburg	38,8	30,7	30,5
	Nordrhein-Westfalen	13,4	19,0	67,6
Region				
	West	13,6	19,4	67,0
	Ost	35,9	28,9	35,1
Herkunft				
	Deutsche	21,7	22,8	55,4
	Ausländer	23,0	22,1	54,9
Alter				
	unter 16 Jahre	22,6	25,2	52,2
	16 Jahre	21,4	21,7	56,9
	17 Jahre und älter	21,9	22,8	55,4
Schulart				
	Gymnasium	19,8	21,1	59,2
	Gesamtschule	29,1	27,9	43,0
	Realschule	16,9	21,4	61,7
	Hauptschule	20,1	27,8	52,1

* Stellungnahmen zu der Aussage: „Die Bundesrepublik vor 1989 war zwar anders, aber auch nicht besser als die DDR" in Prozent.

*Tabelle A44: Ähnliche Staatsformen in DDR und BRD**

		zustimmend	neutral	ablehnend
insgesamt		5,4	21,5	73,1
Geschlecht				
	männlich	5,5	17,7	76,7
	weiblich	5,3	24,5	70,3
Länder				
	Bayern	3,7	16,7	79,6
	Berlin	6,3	22,9	70,8
	West-Berlin	5,8	18,2	76,0
	Ost-Berlin	6,5	26,5	67,0
	Brandenburg	6,5	27,1	66,4
	Nordrhein-Westfalen	4,4	19,7	75,9
Region				
	West	4,6	18,0	77,5
	Ost	6,5	26,7	66,8
Herkunft				
	Deutsche	5,1	20,8	74,1
	Ausländer	8,7	28,0	63,3
Alter				
	unter 16 Jahre	6,7	23,0	70,3
	16 Jahre	4,6	21,3	74,0
	17 Jahre und älter	5,4	20,9	73,7
Schulart				
	Gymnasium	3,8	18,4	77,8
	Gesamtschule	9,5	29,3	61,2
	Realschule	4,5	23,4	72,1
	Hauptschule	12,5	34,0	53,5

* Stellungnahmen zu der Aussage: ‚Die „Volksdemokratie‘ in der DDR und die parlamentarische Demokratie in der Bundesrepublik Deutschland vor 1989 unterschieden sich kaum" in Prozent.

*Tabelle A45: Planwirtschaft in der DDR gleich Marktwirtschaft in der BRD**

		zustimmend	neutral	ablehnend
insgesamt		**17,7**	**32,7**	**49,6**
Geschlecht				
	männlich	**17,2**	**28,3**	**54,5**
	weiblich	**17,9**	**36,3**	**45,7**
Länder				
	Bayern	**11,5**	**24,4**	**64,1**
	Berlin	**20,1**	**36,0**	**43,9**
	West-Berlin	13,9	34,5	51,5
	Ost-Berlin	26,7	37,0	36,3
	Brandenburg	**23,9**	**36,8**	**39,3**
	Nordrhein-Westfalen	**14,6**	**32,5**	**52,9**
Region				
	West	**13,2**	**30,0**	**56,9**
	Ost	**25,6**	**36,9**	**37,5**
Herkunft				
	Deutsche	**17,6**	**32,3**	**50,1**
	Ausländer	**18,3**	**36,4**	**45,3**
Alter				
	unter 16 Jahre	**20,1**	**35,2**	**44,7**
	16 Jahre	**16,8**	**31,9**	**51,3**
	17 Jahre und älter	**17,3**	**32,6**	**50,1**
Schulart				
	Gymnasium	**15,3**	**31,0**	**53,7**
	Gesamtschule	**24,3**	**38,1**	**37,6**
	Realschule	**19,9**	**30,3**	**49,8**
	Hauptschule	**20,1**	**36,1**	**43,8**

* Stellungnahmen zu der Aussage: „Die Planwirtschaft in der DDR war nicht besser oder schlechter als die Marktwirtschaft in der Bundesrepublik, nur anders" in Prozent.

*Tabelle A46: Gleiches Alltagsleben in der DDR und der BRD vor 1989**

		zustimmend	neutral	ablehnend
insgesamt		9,5	16,3	74,2
Geschlecht				
	männlich	10,0	15,5	74,5
	weiblich	9,0	17,0	74,0
Länder				
	Bayern	6,6	14,5	78,9
	Berlin	10,9	17,2	71,9
	West-Berlin	6,9	13,8	79,4
	Ost-Berlin	14,8	20,9	64,3
	Brandenburg	13,3	20,1	66,6
	Nordrhein-Westfalen	6,7	13,5	79,7
Region				
	West	6,8	14,0	79,3
	Ost	14,2	20,5	65,3
Herkunft				
	Deutsche	9,4	16,1	74,4
	Ausländer	9,2	18,2	72,5
Alter				
	unter 16 Jahre	10,8	18,5	70,7
	16 Jahre	9,1	16,3	74,6
	17 Jahre und älter	9,1	15,3	75,6
Schulart				
	Gymnasium	8,1	14,1	77,8
	Gesamtschule	13,3	21,6	65,1
	Realschule	11,4	19,4	69,2
	Hauptschule	11,8	26,4	61,8

* Stellungnahmen zu der Aussage: „In der DDR konnten die Menschen im Alltag genauso leben wie in der Bundesrepublik Deutschland vor 1989“ in Prozent.

*Tabelle A47: Willkürmaßnahmen in der DDR und der Bundesrepublik**

		zustimmend	neutral	ablehnend
insgesamt		**9,6**	**18,1**	**72,3**
Geschlecht				
	männlich	**10,9**	**16,3**	**72,7**
	weiblich	**8,6**	**19,5**	**71,9**
Länder				
	Bayern	**6,6**	**12,3**	**81,1**
	Berlin	**11,5**	**20,5**	**68,0**
	West-Berlin	7,3	17,7	75,0
	Ost-Berlin	16,6	21,4	62,0
	Brandenburg	**13,9**	**23,7**	**62,4**
	Nordrhein-Westfalen	**5,1**	**15,3**	**79,6**
Region				
	West	**6,4**	**14,9**	**78,6**
	Ost	**15,4**	**22,3**	**62,3**
Herkunft				
	Deutsche	**9,7**	**17,7**	**72,6**
	Ausländer	**8,6**	**22,5**	**69,0**
Alter				
	unter 16 Jahre	**11,2**	**19,9**	**68,9**
	16 Jahre	**9,9**	**18,3**	**71,8**
	17 Jahre und älter	**8,7**	**16,9**	**74,4**
Schulart				
	Gymnasium	**7,7**	**15,2**	**77,1**
	Gesamtschule	**14,9**	**26,7**	**58,4**
	Realschule	**9,0**	**16,4**	**74,6**
	Hauptschule	**16,0**	**24,3**	**59,7**

* Stellungnahmen zu der Aussage: „Wie in der Bundesrepublik Deutschland wurde auch in der DDR niemand willkürlich eingesperrt" in Prozent.

*Tabelle A48: Einschätzung der Arbeitsplatzsituation in der DDR**

		zustimmend	neutral	ablehnend
insgesamt		**55,3**	**28,3**	**16,4**
Geschlecht				
	männlich	**52,0**	**26,7**	**21,2**
	weiblich	**57,9**	**29,5**	**12,6**
Länder				
	Bayern	**38,8**	**36,6**	**24,5**
	Berlin	**61,3**	**25,8**	**13,0**
	West-Berlin	47,1	33,4	19,4
	Ost-Berlin	76,8	17,4	5,7
	Brandenburg	**71,4**	**21,6**	**6,9**
	Nordrhein-Westfalen	**48,8**	**28,8**	**22,4**
Region				
	West	**44,4**	**33,4**	**22,2**
	Ost	**74,5**	**19,2**	**6,3**
Herkunft				
	Deutsche	**55,8**	**28,1**	**16,1**
	Ausländer	**49,7**	**31,1**	**19,2**
Alter				
	unter 16 Jahre	**57,3**	**26,3**	**16,5**
	16 Jahre	**55,5**	**29,2**	**15,3**
	17 Jahre und älter	**54,1**	**28,4**	**17,5**
Schulart				
	Gymnasium	**52,2**	**29,3**	**18,5**
	Gesamtschule	**67,2**	**22,7**	**10,1**
	Realschule	**49,3**	**35,8**	**14,9**
	Hauptschule	**43,1**	**37,5**	**19,4**

* Stellungnahmen zu der Aussage: „Ich finde es gut, dass in der DDR jeder einen Arbeitsplatz hatte, auch wenn der Staat die Löhne bestimmte und der Wohlstand gering war" in Prozent.

*Tabelle A49: Staatliche Regulierung auf Kosten der Freiheit**

		zustimmend	neutral	ablehnend
insgesamt		22,8	27,7	49,5
Geschlecht				
	männlich	23,9	26,6	49,5
	weiblich	21,9	28,6	49,5
Länder				
	Bayern	14,9	24,5	60,7
	Berlin	26,4	29,1	44,5
	West-Berlin	17,2	27,8	55,0
	Ost-Berlin	36,3	30,8	32,9
	Brandenburg	31,6	34,2	34,1
	Nordrhein-Westfalen	16,8	23,2	60,0
Region				
	West	16,2	25,2	58,6
	Ost	34,3	32,3	33,4
Herkunft				
	Deutsche	23,0	27,7	49,3
	Ausländer	20,4	28,1	51,5
Alter				
	unter 16 Jahre	24,5	30,6	44,9
	16 Jahre	21,5	27,9	50,5
	17 Jahre und älter	23,3	26,3	50,5
Schulart				
	Gymnasium	20,7	26,4	53,0
	Gesamtschule	29,3	31,1	39,6
	Realschule	18,4	30,8	50,7
	Hauptschule	29,2	29,9	41,0

* Stellungnahmen zu der Aussage: „Ich finde es gut, dass in der DDR sich der Staat um alle Bürger kümmerte, auch wenn dadurch der Einzelne weniger Freiheit hatte" in Prozent.

*Tabelle A50: Kosten der Sozialpolitik als eine Ursache des DDR-Untergangs**

		zustimmend	neutral	ablehnend
insgesamt		29,5	43,1	27,4
Geschlecht				
	männlich	34,9	37,6	27,5
	weiblich	25,1	47,5	27,3
Länder				
	Bayern	29,8	41,0	29,2
	Berlin	29,8	44,5	25,6
	West-Berlin	32,1	45,4	22,5
	Ost-Berlin	26,8	44,3	28,9
	Brandenburg	26,6	43,0	30,4
	Nordrhein-Westfalen	30,7	42,4	26,9
Region				
	West	30,8	42,9	26,3
	Ost	26,8	43,7	29,5
Herkunft				
	Deutsche	29,8	42,9	27,2
	Ausländer	26,5	44,9	28,6
Alter				
	unter 16 Jahre	28,3	45,5	26,2
	16 Jahre	29,3	44,0	26,8
	17 Jahre und älter	30,2	41,3	28,5
Schulart				
	Gymnasium	28,7	42,4	28,9
	Gesamtschule	32,3	44,8	22,9
	Realschule	29,4	44,8	25,9
	Hauptschule	27,8	45,8	26,4

* Stellungnahmen zu der Aussage: „Auch weil die Sozialpolitik zu viel Geld kostete, ist die DDR untergegangen" in Prozent.

*Tabelle A51: Solidarität in der DDR als Folge von Mangel und Not**

		zustimmend	neutral	ablehnend
insgesamt		44,3	33,1	22,5
Geschlecht				
	männlich	47,5	30,7	21,8
	weiblich	41,6	35,2	23,2
Länder				
	Bayern	50,1	30,5	19,3
	Berlin	43,7	32,8	23,5
	West-Berlin	48,0	34,2	17,8
	Ost-Berlin	39,8	30,3	29,8
	Brandenburg	35,2	34,5	30,2
	Nordrhein-Westfalen	45,3	36,7	18,0
Region				
	West	48,2	33,4	18,4
	Ost	38,0	32,1	29,9
Herkunft				
	Deutsche	44,7	32,7	22,6
	Ausländer	39,8	37,9	22,3
Alter				
	unter 16 Jahre	43,5	34,4	22,0
	16 Jahre	45,7	33,1	21,2
	17 Jahre und älter	43,2	32,7	24,2
Schulart				
	Gymnasium	46,2	32,0	21,8
	Gesamtschule	39,9	36,4	23,7
	Realschule	42,3	33,3	24,4
	Hauptschule	36,1	36,1	27,8

* Stellungnahmen zu der Aussage: „Solidarität und Nachbarschaftshilfe in der DDR waren vor allem Folge von Mangel und Not“ in Prozent.

*Tabelle A52: Wirtschaftlicher Zusammenbruch der DDR**

		zustimmend	neutral	ablehnend
insgesamt		50,1	27,3	22,6
Geschlecht				
	männlich	57,1	21,1	21,8
	weiblich	44,6	32,3	23,1
Länder				
	Bayern	62,6	22,3	15,0
	Berlin	46,8	28,7	24,6
	West-Berlin	57,8	25,5	16,7
	Ost-Berlin	35,8	30,8	33,4
	Brandenburg	37,1	30,8	32,2
	Nordrhein-Westfalen	52,5	27,6	19,9
Region				
	West	58,3	24,8	16,9
	Ost	36,2	30,8	33,0
Herkunft				
	Deutsche	50,6	26,9	22,5
	Ausländer	46,2	30,7	23,1
Alter				
	unter 16 Jahre	48,9	28,2	22,9
	16 Jahre	51,5	27,7	20,7
	17 Jahre und älter	49,4	26,2	24,4
Schulart				
	Gymnasium	52,2	25,1	22,7
	Gesamtschule	41,6	34,4	24,0
	Realschule	58,7	25,9	15,4
	Hauptschule	56,9	25,0	18,1

* Stellungnahmen zu der Aussage: „Die DDR war wirtschaftlich am Ende und ist auch deshalb zusammengebrochen" in Prozent.

*Tabelle A53: Wohlstand durch staatlich gelenkte Wirtschaft in der DDR**

		zustimmend	neutral	ablehnend
insgesamt		30,4	27,6	42,0
Geschlecht				
	männlich	28,6	24,9	46,5
	weiblich	31,8	29,6	38,6
Länder				
	Bayern	20,7	25,3	53,9
	Berlin	34,1	27,0	38,9
	West-Berlin	26,4	26,0	47,6
	Ost-Berlin	41,9	28,2	29,9
	Brandenburg	40,5	31,9	27,6
	Nordrhein-Westfalen	25,8	28,7	45,5
Region				
	West	24,0	26,5	49,5
	Ost	41,3	29,8	28,9
Herkunft				
	Deutsche	30,5	27,1	42,4
	Ausländer	28,0	31,7	40,3
Alter				
	unter 16 Jahre	29,2	27,0	43,8
	16 Jahre	29,2	28,2	42,5
	17 Jahre und älter	32,1	27,1	40,8
Schulart				
	Gymnasium	28,1	25,7	46,2
	Gesamtschule	38,7	31,7	29,6
	Realschule	27,4	29,9	42,8
	Hauptschule	25,7	37,5	36,8

* Stellungnahmen zu der Aussage: „In der DDR sicherte die staatlich gelenkte Wirtschaft den Wohlstand für alle“ in Prozent.

*Tabelle A54: Staatliche Planwirtschaft als Funktionsprinzip**

		zustimmend	neutral	ablehnend
insgesamt		**30,0**	**24,0**	**46,0**
Geschlecht				
	männlich	**27,6**	**21,7**	**50,6**
	weiblich	**31,8**	**25,7**	**42,4**
Länder				
	Bayern	**20,1**	**24,0**	**56,0**
	Berlin	**34,4**	**23,5**	**42,1**
	West-Berlin	32,3	22,7	45,0
	Ost-Berlin	33,8	24,8	41,4
	Brandenburg	**32,5**	**27,3**	**40,2**
	Nordrhein-Westfalen	**30,1**	**22,6**	**47,3**
Region				
	West	**27,0**	**23,1**	**49,9**
	Ost	**33,3**	**25,9**	**40,8**
Herkunft				
	Deutsche	**29,0**	**23,8**	**47,2**
	Ausländer	**40,7**	**25,5**	**33,8**
Alter				
	unter 16 Jahre	**36,9**	**25,1**	**38,0**
	16 Jahre	**30,2**	**23,7**	**46,0**
	17 Jahre und älter	**26,7**	**23,7**	**49,6**
Schulart				
	Gymnasium	**25,3**	**24,1**	**50,6**
	Gesamtschule	**42,1**	**23,0**	**35,0**
	Realschule	**36,8**	**24,4**	**38,8**
	Hauptschule	**40,3**	**29,9**	**29,9**

* Stellungnahmen zu der Aussage: „Die Wirtschaft kann nur gut funktionieren, wenn der Staat alles plant und lenkt" in Prozent.

*Tabelle A55: Organisierte Freizeit in der DDR – eine gute Sache**

		zustimmend	neutral	ablehnend
insgesamt		**19,3**	**21,0**	**59,7**
Geschlecht				
	männlich	**19,8**	**20,8**	**59,3**
	weiblich	**18,8**	**21,1**	**60,2**
Länder				
	Bayern	**12,4**	**20,5**	**67,1**
	Berlin	**22,4**	**20,8**	**56,8**
	West-Berlin	14,1	18,9	67,0
	Ost-Berlin	32,6	21,5	46,0
	Brandenburg	**27,6**	**23,6**	**48,8**
	Nordrhein-Westfalen	**13,8**	**19,8**	**66,4**
Region				
	West	**13,4**	**19,8**	**66,9**
	Ost	**30,5**	**22,4**	**47,1**
Herkunft				
	Deutsche	**19,6**	**20,9**	**59,6**
	Ausländer	**15,8**	**22,4**	**61,8**
Alter				
	unter 16 Jahre	**19,9**	**20,5**	**59,6**
	16 Jahre	**19,5**	**19,9**	**60,5**
	17 Jahre und älter	**18,9**	**22,1**	**59,0**
Schulart				
	Gymnasium	**17,8**	**20,1**	**62,0**
	Gesamtschule	**24,2**	**23,7**	**52,1**
	Realschule	**14,4**	**19,9**	**65,7**
	Hauptschule	**22,2**	**21,5**	**56,3**

* Stellungnahmen zu der Aussage: „Eine organisierte Freizeit wie in der DDR wäre eine gute Sache und ich würde da gerne mitmachen" in Prozent.

*Tabelle A56: Unterordnung in einer Gemeinschaft**

		zustimmend	neutral	ablehnend
insgesamt		5,6	12,2	82,2
Geschlecht				
	männlich	7,0	14,9	78,1
	weiblich	4,4	9,9	85,7
Länder				
	Bayern	5,5	12,2	82,3
	Berlin	5,9	12,4	81,7
	West-Berlin	5,5	11,4	83,0
	Ost-Berlin	7,3	12,2	80,5
	Brandenburg	6,3	14,6	79,1
	Nordrhein-Westfalen	4,3	9,4	86,3
Region				
	West	5,2	11,2	83,6
	Ost	6,9	13,2	79,9
Herkunft				
	Deutsche	5,6	11,8	82,6
	Ausländer	5,0	16,0	78,9
Alter				
	unter 16 Jahre	7,2	15,0	77,7
	16 Jahre	5,7	11,8	82,5
	17 Jahre und älter	4,7	11,1	84,2
Schulart				
	Gymnasium	4,5	8,4	87,1
	Gesamtschule	8,0	19,4	72,6
	Realschule	6,5	20,4	73,1
	Hauptschule	13,2	36,1	50,7

* Stellungnahmen zu der Aussage: „Sich einer Gemeinschaft oder Gruppe unterzuordnen wie in der DDR, ist für mich grundsätzlich wichtiger, als meine eigene Persönlichkeit zu entwickeln“ in Prozent.

*Tabelle A57: Vormilitärische Erziehung im Schulunterricht für Sozialismus notwendig**

		zustimmend	neutral	ablehnend
insgesamt		24,4	29,7	45,9
Geschlecht				
	männlich	30,5	27,5	42,1
	weiblich	19,4	31,6	49,0
Länder				
	Bayern	25,8	28,4	45,9
	Berlin	25,1	30,5	44,4
	West-Berlin	24,4	26,9	48,7
	Ost-Berlin	26,1	32,6	41,3
	Brandenburg	26,2	31,2	42,6
	Nordrhein-Westfalen	19,2	28,2	52,5
Region				
	West	23,5	27,8	48,6
	Ost	26,2	31,9	41,9
Herkunft				
	Deutsche	24,2	29,4	46,4
	Ausländer	26,2	33,6	40,3
Alter				
	unter 16 Jahre	22,0	33,0	45,0
	16 Jahre	23,7	30,4	45,8
	17 Jahre und älter	26,3	27,4	46,3
Schulart				
	Gymnasium	24,0	27,6	48,4
	Gesamtschule	24,9	34,9	40,2
	Realschule	27,9	28,9	43,3
	Hauptschule	27,8	41,0	31,3

* Stellungnahmen zu der Aussage: „Die vormilitärische Erziehung im Schulunterricht der DDR war für die Stärkung des Sozialismus notwendig“ in Prozent.

*Tabelle A58: DDR-Alltag bestimmt von Diktatur und Überwachung**

		zustimmend	neutral	ablehnend
insgesamt		**67,5**	**17,6**	**14,9**
Geschlecht				
	männlich	65,4	19,2	15,4
	weiblich	69,3	16,1	14,6
Länder				
	Bayern	80,5	12,6	6,9
	Berlin	62,1	19,4	18,4
	West-Berlin	72,9	16,9	10,2
	Ost-Berlin	50,9	20,7	28,3
	Brandenburg	52,5	23,0	24,5
	Nordrhein-Westfalen	76,2	15,0	8,8
Region				
	West	76,8	14,7	8,5
	Ost	51,7	21,7	26,7
Herkunft				
	Deutsche	67,7	17,1	15,2
	Ausländer	65,1	22,6	12,3
Alter				
	unter 16 Jahre	63,8	18,2	18,1
	16 Jahre	68,6	17,4	14,1
	17 Jahre und älter	68,3	17,4	14,3
Schulart				
	Gymnasium	70,7	15,9	13,4
	Gesamtschule	56,8	22,7	20,6
	Realschule	80,6	10,4	9,0
	Hauptschule	57,6	28,5	13,9

* Stellungnahmen zu der Aussage: „In der DDR war der Alltag für viele durch Diktatur und Überwachung geprägt" in Prozent.

*Tabelle A59: Abitur und Studium für jeden in der DDR möglich**

		zustimmend	neutral	ablehnend
insgesamt		**37,7**	**27,9**	**34,4**
Geschlecht				
	männlich	**38,4**	**27,3**	**34,3**
	weiblich	**37,1**	**28,3**	**34,6**
Länder				
	Bayern	**29,6**	**35,2**	**35,3**
	Berlin	**43,4**	**22,4**	**34,2**
	West-Berlin	36,7	30,7	32,6
	Ost-Berlin	50,4	12,9	36,8
	Brandenburg	**40,4**	**18,2**	**41,5**
	Nordrhein-Westfalen	**32,0**	**40,2**	**27,8**
Region				
	West	**32,6**	**35,1**	**32,3**
	Ost	**46,2**	**15,1**	**38,7**
Herkunft				
	Deutsche	**37,5**	**27,7**	**34,9**
	Ausländer	**40,9**	**29,0**	**30,1**
Alter				
	unter 16 Jahre	**36,6**	**28,5**	**34,9**
	16 Jahre	**36,9**	**27,8**	**35,2**
	17 Jahre und älter	**39,0**	**27,5**	**33,5**
Schulart				
	Gymnasium	**36,5**	**27,7**	**35,8**
	Gesamtschule	**43,2**	**26,6**	**30,2**
	Realschule	**33,8**	**29,9**	**36,3**
	Hauptschule	**29,9**	**38,9**	**31,3**

* Stellungnahmen zu der Aussage: „Mit entsprechenden schulischen Leistungen konnte jeder in der DDR Abitur machen und anschließend studieren“ in Prozent.

*Tabelle A60: Politische Anpassung als Voraussetzung für das Weiterkommen in der DDR**

		zustimmend	neutral	ablehnend
insgesamt		**76,8**	**15,8**	**7,5**
Geschlecht				
	männlich	79,4	13,6	7,0
	weiblich	74,5	17,6	7,9
Länder				
	Bayern	81,1	14,1	4,8
	Berlin	73,8	15,9	10,2
	West-Berlin	79,0	14,7	6,3
	Ost-Berlin	70,2	16,6	13,2
	Brandenburg	74,6	18,4	7,0
	Nordrhein-Westfalen	80,5	15,3	4,2
Region				
	West	80,2	14,7	5,1
	Ost	72,2	17,3	10,5
Herkunft				
	Deutsche	77,2	15,5	7,3
	Ausländer	71,3	18,4	10,3
Alter				
	unter 16 Jahre	73,4	18,1	8,5
	16 Jahre	76,5	15,6	7,9
	17 Jahre und älter	78,4	15,1	6,5
Schulart				
	Gymnasium	80,2	13,8	6,0
	Gesamtschule	67,8	20,6	11,6
	Realschule	76,1	17,4	6,5
	Hauptschule	64,6	22,9	12,5

* Stellungnahmen zu der Aussage: „Nur wer sich in der Schule oder Ausbildung politisch anpasste, konnte in der DDR weiterkommen" in Prozent.

*Tabelle A61: Die DDR als Friedensstaat**

		zustimmend	neutral	ablehnend
insgesamt		58,5	25,3	16,3
Geschlecht				
	männlich	59,2	24,0	16,7
	weiblich	57,8	26,2	16,0
Länder				
	Bayern	71,4	18,5	10,1
	Berlin	53,4	26,9	19,7
	West-Berlin	64,5	23,8	11,7
	Ost-Berlin	40,6	31,1	28,3
	Brandenburg	42,9	32,2	24,8
	Nordrhein-Westfalen	67,0	24,4	8,6
Region				
	West	67,9	21,9	10,2
	Ost	41,6	31,6	26,8
Herkunft				
	Deutsche	58,5	25,2	16,3
	Ausländer	58,1	26,0	15,9
Alter				
	unter 16 Jahre	54,6	27,2	18,2
	16 Jahre	60,8	23,4	15,8
	17 Jahre und älter	57,8	26,3	15,8
Schulart				
	Gymnasium	61,7	23,4	14,9
	Gesamtschule	48,3	30,9	20,8
	Realschule	66,7	17,4	15,9
	Hauptschule	48,6	36,8	14,6

* Stellungnahmen zu der Aussage: „Die Selbstbezeichnung der DDR als ‚Friedensstaat' war lediglich Propaganda" in Prozent.

*Tabelle A62: Internationale Folgen der antifaschistischen Politik der DDR**

		zustimmend	neutral	ablehnend
insgesamt		23,7	30,5	45,7
Geschlecht				
	männlich	27,0	28,9	44,1
	weiblich	21,3	31,7	47,0
Länder				
	Bayern	15,2	27,0	57,8
	Berlin	27,5	31,0	41,4
	West-Berlin	17,0	31,3	51,7
	Ost-Berlin	38,9	29,9	31,2
	Brandenburg	36,8	32,9	30,4
	Nordrhein-Westfalen	14,8	32,3	52,9
Region				
	West	15,7	29,9	54,4
	Ost	37,9	31,1	30,9
Herkunft				
	Deutsche	23,5	30,3	46,1
	Ausländer	27,3	31,2	41,5
Alter				
	unter 16 Jahre	24,8	31,4	43,8
	16 Jahre	23,9	31,1	45,0
	17 Jahre und älter	23,3	29,5	47,2
Schulart				
	Gymnasium	22,2	29,5	48,4
	Gesamtschule	28,3	34,7	37,1
	Realschule	24,4	24,4	51,2
	Hauptschule	25,7	31,9	42,4

* Stellungnahmen zu der Aussage: „Die antifaschistische Politik der DDR hat das Ansehen der Deutschen im Ausland verbessert" in Prozent.

*Tabelle A63: Souveräner Staat DDR**

		zustimmend	neutral	ablehnend
insgesamt		17,9	20,3	61,9
Geschlecht				
	männlich	17,2	16,9	65,9
	weiblich	18,4	23,0	58,7
Länder				
	Bayern	15,1	16,7	68,2
	Berlin	18,4	21,4	60,2
	West-Berlin	13,6	22,4	64,1
	Ost-Berlin	23,5	19,4	57,1
	Brandenburg	22,0	23,5	54,5
	Nordrhein-Westfalen	16,8	19,8	63,4
Region				
	West	15,1	19,4	65,5
	Ost	22,9	21,1	55,9
Herkunft				
	Deutsche	17,8	19,8	62,4
	Ausländer	17,8	24,8	57,4
Alter				
	unter 16 Jahre	18,5	23,6	57,9
	16 Jahre	18,9	20,5	60,6
	17 Jahre und älter	16,4	18,6	65,0
Schulart				
	Gymnasium	17,1	18,8	64,2
	Gesamtschule	20,0	25,1	54,9
	Realschule	18,9	14,4	66,7
	Hauptschule	18,8	27,8	53,5

* Stellungnahmen zu der Aussage: „Die DDR war ein souveräner Staat wie andere Staaten (souverän = unabhängig, selbstständig)" in Prozent.

*Tabelle A64: SED als führende Kraft in der DDR war gut**

		zustimmend	neutral	ablehnend
insgesamt		7,8	37,2	55,0
Geschlecht				
	männlich	9,0	32,8	58,2
	weiblich	6,8	40,8	52,4
Länder				
	Bayern	6,5	25,1	68,4
	Berlin	8,4	39,6	52,0
	West-Berlin	7,1	34,7	58,3
	Ost-Berlin	8,5	43,0	48,5
	Brandenburg	9,3	45,0	45,8
	Nordrhein-Westfalen	7,1	41,3	51,6
Region				
	West	6,8	32,8	60,4
	Ost	8,8	43,9	47,3
Herkunft				
	Deutsche	7,4	36,7	55,9
	Ausländer	12,4	42,4	45,2
Alter				
	unter 16 Jahre	10,4	41,4	48,2
	16 Jahre	7,2	35,9	56,9
	17 Jahre und älter	7,3	36,6	56,0
Schulart				
	Gymnasium	6,0	33,5	60,5
	Gesamtschule	11,6	48,9	39,5
	Realschule	10,9	35,8	53,2
	Hauptschule	18,1	36,8	45,1

* Stellungnahmen zu der Aussage: „Ich finde es gut, dass die SED (Sozialistische Einheitspartei Deutschlands) die führende Rolle in der DDR innehatte" in Prozent.

*Tabelle A65: Meinungsfreiheit in der DDR**

		zustimmend	neutral	ablehnend
insgesamt		5,0	9,4	85,7
Geschlecht				
	männlich	5,2	8,7	86,1
	weiblich	4,8	9,9	85,3
Länder				
	Bayern	4,0	7,6	88,4
	Berlin	5,2	10,6	84,1
	West-Berlin	5,0	8,9	86,1
	Ost-Berlin	5,2	11,9	82,8
	Brandenburg	6,7	10,3	83,0
	Nordrhein-Westfalen	4,1	7,7	88,2
Region				
	West	4,3	8,1	87,6
	Ost	5,8	11,2	83,0
Herkunft				
	Deutsche	4,8	9,0	86,2
	Ausländer	6,4	13,7	80,0
Alter				
	unter 16 Jahre	6,7	11,9	81,3
	16 Jahre	4,3	8,8	87,0
	17 Jahre und älter	4,7	8,7	86,6
Schulart				
	Gymnasium	3,9	7,4	88,7
	Gesamtschule	7,5	13,1	79,4
	Realschule	5,0	13,4	81,6
	Hauptschule	11,8	22,2	66,0

* Stellungnahmen zu der Aussage: „In der DDR konnte jeder schreiben und sagen, was er wollte“ in Prozent.

*Tabelle A66: Legitimation der DDR-Regierung durch demokratische Wahlen**

		zustimmend	neutral	ablehnend
insgesamt		13,6	40,1	46,3
Geschlecht				
	männlich	15,4	34,3	50,3
	weiblich	12,2	44,8	43,0
Länder				
	Bayern	10,2	31,7	58,1
	Berlin	15,0	42,6	42,4
	West-Berlin	13,0	39,0	48,0
	Ost-Berlin	16,7	44,7	38,6
	Brandenburg	17,8	43,9	38,3
	Nordrhein-Westfalen	11,3	42,0	46,7
Region				
	West	11,5	37,0	51,6
	Ost	17,1	44,4	38,5
Herkunft				
	Deutsche	13,3	39,5	47,2
	Ausländer	16,5	46,7	36,7
Alter				
	unter 16 Jahre	15,3	44,8	39,8
	16 Jahre	12,9	40,3	46,7
	17 Jahre und älter	13,4	37,7	48,9
Schulart				
	Gymnasium	12,0	35,5	52,5
	Gesamtschule	17,3	51,9	30,8
	Realschule	16,4	49,3	34,3
	Hauptschule	20,1	47,9	31,9

* Stellungnahmen zu der Aussage: „Die Regierung der DDR war durch demokratische Wahlen legitimiert" in Prozent.

*Tabelle A67: DDR war keine Diktatur**

		zustimmend	neutral	ablehnend
insgesamt		20,2	20,2	59,6
Geschlecht				
	männlich	21,8	19,4	58,8
	weiblich	18,7	20,7	60,6
Länder				
	Bayern	11,5	16,7	71,7
	Berlin	24,6	21,3	54,1
	West-Berlin	21,1	18,4	60,5
	Ost-Berlin	28,1	23,2	48,6
	Brandenburg	25,3	26,1	48,6
	Nordrhein-Westfalen	16,4	17,4	66,2
Region				
	West	16,1	17,5	66,4
	Ost	27,1	24,4	48,5
Herkunft				
	Deutsche	20,1	19,8	60,1
	Ausländer	21,1	23,1	55,8
Alter				
	unter 16 Jahre	24,6	20,9	54,5
	16 Jahre	19,7	19,9	60,4
	17 Jahre und älter	18,7	20,2	61,1
Schulart				
	Gymnasium	17,0	17,9	65,1
	Gesamtschule	30,2	25,8	44,0
	Realschule	16,4	20,9	62,7
	Hauptschule	26,4	31,3	42,4

* Stellungnahmen zu der Aussage: „Die DDR war keine Diktatur – die Menschen mussten sich nur wie überall anpassen" in Prozent.

*Tabelle A68: Politische Überwachung und Willkür in der DDR**

		zustimmend	neutral	ablehnend
insgesamt		69,8	14,7	15,5
Geschlecht				
	männlich	73,2	13,1	13,6
	weiblich	67,0	16,0	17,0
Länder				
	Bayern	76,6	12,3	11,0
	Berlin	67,2	15,3	17,6
	West-Berlin	73,7	13,3	13,0
	Ost-Berlin	61,6	16,6	21,8
	Brandenburg	61,0	17,4	21,6
	Nordrhein-Westfalen	74,6	14,6	10,8
Region				
	West	75,1	13,2	11,6
	Ost	61,4	16,9	21,7
Herkunft				
	Deutsche	70,2	14,3	15,5
	Ausländer	65,4	18,9	15,7
Alter				
	unter 16 Jahre	64,5	16,0	19,5
	16 Jahre	70,2	15,1	14,7
	17 Jahre und älter	71,8	13,8	14,4
Schulart				
	Gymnasium	73,1	13,9	13,0
	Gesamtschule	61,0	16,2	22,8
	Realschule	69,2	16,4	14,4
	Hauptschule	59,0	21,5	19,4

* Stellungnahmen zu der Aussage: „In der DDR wurde man politisch überwacht und konnte ohne Grund verhaftet werden" in Prozent.

*Tabelle A69: Stasi – Geheimdienst, wie ihn jeder Staat hat**

		zustimmend	neutral	ablehnend
insgesamt		28,2	18,5	53,3
Geschlecht				
	männlich	31,7	15,7	52,6
	weiblich	25,3	20,7	54,0
Länder				
	Bayern	19,7	18,0	62,3
	Berlin	31,1	19,3	49,6
	West-Berlin	24,4	19,5	56,2
	Ost-Berlin	38,8	16,5	44,7
	Brandenburg	37,1	17,5	45,5
	Nordrhein-Westfalen	25,1	17,8	57,1
Region				
	West	22,8	18,4	58,8
	Ost	38,0	17,0	45,0
Herkunft				
	Deutsche	28,5	17,3	54,2
	Ausländer	26,2	30,1	43,8
Alter				
	unter 16 Jahre	30,5	18,5	51,0
	16 Jahre	28,3	19,3	52,5
	17 Jahre und älter	27,2	17,5	55,3
Schulart				
	Gymnasium	24,5	16,6	58,9
	Gesamtschule	38,5	22,4	39,1
	Realschule	30,3	20,9	48,8
	Hauptschule	34,7	30,6	34,7

* Stellungnahmen zu der Aussage: „Die Stasi (Ministerium für Staatssicherheit der DDR) war ein Geheimdienst, wie ihn jeder Staat hat" in Prozent.

*Tabelle A70: Verbrechen an der DDR-Grenze**

		zustimmend	neutral	ablehnend
insgesamt		**87,9**	**4,6**	**7,5**
Geschlecht				
	männlich	85,6	5,2	9,2
	weiblich	89,9	4,1	6,1
Länder				
	Bayern	88,8	4,5	6,7
	Berlin	87,6	4,8	7,6
	West-Berlin	87,8	4,8	7,4
	Ost-Berlin	88,2	4,6	7,2
	Brandenburg	86,0	4,7	9,3
	Nordrhein-Westfalen	88,8	4,5	6,8
Region				
	West	88,5	4,6	7,0
	Ost	87,2	4,6	8,2
Herkunft				
	Deutsche	88,6	4,2	7,2
	Ausländer	82,2	8,2	9,6
Alter				
	unter 16 Jahre	87,9	6,1	6,0
	16 Jahre	88,9	4,3	6,9
	17 Jahre und älter	87,0	4,2	8,8
Schulart				
	Gymnasium	90,3	3,3	6,4
	Gesamtschule	83,0	7,3	9,7
	Realschule	85,6	3,5	10,9
	Hauptschule	69,4	17,4	13,2

* Stellungnahmen zu der Aussage: „Es ist ein Verbrechen, dass an der Grenze der DDR Menschen getötet, verletzt oder eingesperrt wurden" in Prozent.

*Tabelle A71: Schusswaffengebrauch**

		zustimmend	neutral	ablehnend
insgesamt		18,8	9,0	72,3
Geschlecht				
	männlich	23,7	10,2	66,1
	weiblich	14,7	7,9	77,4
Länder				
	Bayern	16,2	10,0	73,8
	Berlin	19,7	8,6	71,6
	West-Berlin	18,3	7,7	73,9
	Ost-Berlin	21,4	9,3	69,3
	Brandenburg	19,6	10,3	70,1
	Nordrhein-Westfalen	19,2	7,4	73,4
Region				
	West	17,8	8,5	73,7
	Ost	20,6	9,8	69,6
Herkunft				
	Deutsche	18,6	8,6	72,9
	Ausländer	20,4	12,8	66,8
Alter				
	unter 16 Jahre	18,8	11,7	69,5
	16 Jahre	19,1	8,4	72,5
	17 Jahre und älter	18,4	8,3	73,3
Schulart				
	Gymnasium	15,2	7,1	77,7
	Gesamtschule	25,7	11,9	62,4
	Realschule	30,8	13,4	55,7
	Hauptschule	35,4	26,4	38,2

* Stellungnahmen zu der Aussage: „Wer die DDR verlassen wollte, hatte selbst Schuld, wenn an der Grenze auf ihn geschossen wurde“ in Prozent.

*Tabelle A72: Wenige Ausländer in der DDR – eine gute Sache**

		zustimmend	neutral	ablehnend
insgesamt		20,7	20,2	59,1
Geschlecht				
	männlich	25,3	21,1	53,5
	weiblich	16,8	19,5	63,7
Länder				
	Bayern	15,4	20,8	63,9
	Berlin	23,9	19,8	56,3
	West-Berlin	21,1	16,9	62,0
	Ost-Berlin	28,2	22,6	49,3
	Brandenburg	18,7	22,7	58,6
	Nordrhein-Westfalen	21,2	18,5	60,3
Region				
	West	19,0	18,8	62,2
	Ost	24,1	22,7	53,2
Herkunft				
	Deutsche	21,4	20,1	58,5
	Ausländer	12,4	21,6	66,1
Alter				
	unter 16 Jahre	20,5	20,8	58,7
	16 Jahre	22,0	19,9	58,1
	17 Jahre und älter	19,5	20,3	60,2
Schulart				
	Gymnasium	16,9	18,1	65,0
	Gesamtschule	30,3	24,6	45,0
	Realschule	31,8	23,4	44,8
	Hauptschule	22,2	32,6	45,1

* Stellungnahmen zu der Aussage: „An der DDR war gut, dass es nicht so viele Ausländer gab" in Prozent.

*Tabelle A73: Senkung des Ausländeranteils auf DDR-Niveau**

		zustimmend	neutral	ablehnend
insgesamt		24,3	20,0	55,6
Geschlecht				
	männlich	29,8	19,0	51,1
	weiblich	19,9	20,7	59,3
Länder				
	Bayern	20,8	20,9	58,3
	Berlin	27,0	19,4	53,5
	West-Berlin	24,8	16,1	59,0
	Ost-Berlin	31,2	22,6	46,2
	Brandenburg	22,7	20,1	57,1
	Nordrhein-Westfalen	23,5	20,4	56,1
Region				
	West	22,9	19,2	57,9
	Ost	27,6	21,6	50,8
Herkunft				
	Deutsche	25,4	20,0	54,6
	Ausländer	13,1	19,5	67,4
Alter				
	unter 16 Jahre	26,1	19,1	54,8
	16 Jahre	24,6	20,9	54,5
	17 Jahre und älter	23,5	19,6	56,9
Schulart				
	Gymnasium	20,4	18,5	61,1
	Gesamtschule	33,7	22,6	43,8
	Realschule	39,8	25,4	34,8
	Hauptschule	25,7	30,6	43,8

* Stellungnahmen zu der Aussage: „Es wäre gut, wenn heute in der Bundesrepublik genauso wenige Ausländer leben würden wie früher in der DDR" in Prozent.

*Tabelle A74: Kritik an der DDR und den Ostdeutschen**

		zustimmend	neutral	ablehnend
insgesamt		28,6	21,5	50,0
Geschlecht				
	männlich	31,8	20,9	47,3
	weiblich	26,1	21,8	52,1
Länder				
	Bayern	19,4	20,0	60,6
	Berlin	34,3	22,6	43,1
	West-Berlin	24,3	22,7	53,0
	Ost-Berlin	46,1	21,6	32,3
	Brandenburg	39,7	24,0	36,3
	Nordrhein-Westfalen	17,0	18,3	64,7
Region				
	West	20,4	20,4	59,2
	Ost	43,4	22,6	34,1
Herkunft				
	Deutsche	28,7	20,7	50,6
	Ausländer	27,3	29,6	43,1
Alter				
	unter 16 Jahre	31,3	20,8	47,9
	16 Jahre	29,1	19,9	51,0
	17 Jahre und älter	26,8	23,3	49,9
Schulart				
	Gymnasium	24,9	19,2	55,8
	Gesamtschule	38,9	26,2	34,9
	Realschule	34,8	24,4	40,8
	Hauptschule	28,5	35,4	36,1

* Stellungnahmen zu der Aussage: „Über die DDR wird nur schlecht geredet, um Ostdeutsche schlecht zu machen" in Prozent.

*Tabelle A75: SED als Vorbild für eine starke Partei**

		zustimmend	neutral	ablehnend
insgesamt		6,5	24,7	68,9
Geschlecht				
	männlich	8,1	22,1	69,8
	weiblich	5,2	26,7	68,1
Länder				
	Bayern	4,5	19,3	76,1
	Berlin	7,1	27,4	65,5
	West-Berlin	5,7	24,7	69,6
	Ost-Berlin	8,4	28,3	63,3
	Brandenburg	9,0	27,5	63,4
	Nordrhein-Westfalen	5,5	22,5	72,1
Region				
	West	5,2	22,1	72,8
	Ost	8,6	28,0	63,4
Herkunft				
	Deutsche	6,3	23,8	69,9
	Ausländer	8,8	33,6	57,5
Alter				
	unter 16 Jahre	7,6	28,7	63,7
	16 Jahre	6,4	24,7	68,9
	17 Jahre und älter	5,9	22,7	71,3
Schulart				
	Gymnasium	4,5	19,2	76,3
	Gesamtschule	10,9	38,4	50,7
	Realschule	6,5	33,8	59,7
	Hauptschule	20,1	38,9	41,0

* Stellungnahmen zu der Aussage: „Nur eine einzige starke Partei wie die SED in der DDR kann die Interessen aller Gruppen unseres Volkes vertreten" in Prozent.

*Tabelle A76: Sozialismus als gute Idee und schlechte Realität in der DDR**

		zustimmend	neutral	ablehnend
insgesamt		34,8	31,9	33,3
Geschlecht				
	männlich	38,5	27,9	33,6
	weiblich	31,8	35,2	33,0
Länder				
	Bayern	26,4	31,9	41,7
	Berlin	37,6	32,0	30,4
	West-Berlin	35,4	27,4	37,3
	Ost-Berlin	41,9	36,3	21,8
	Brandenburg	43,6	33,4	23,0
	Nordrhein-Westfalen	31,6	30,7	37,7
Region				
	West	30,9	30,1	39,1
	Ost	42,6	35,0	22,3
Herkunft				
	Deutsche	35,4	31,7	32,9
	Ausländer	28,4	33,8	37,8
Alter				
	unter 16 Jahre	34,5	32,4	33,1
	16 Jahre	32,9	33,7	33,4
	17 Jahre und älter	36,8	29,9	33,3
Schulart				
	Gymnasium	34,9	31,1	34,1
	Gesamtschule	37,1	33,9	29,0
	Realschule	26,9	32,3	40,8
	Hauptschule	24,3	37,5	38,2

* Stellungnahmen zu der Aussage: „Der Sozialismus in der DDR war eine gute Idee, die nur schlecht ausgeführt wurde" in Prozent.

*Tabelle A77: Die DDR-Wirtschaft als Grund für hohe Transfers**

		zustimmend	neutral	ablehnend
insgesamt		61,2	26,5	12,3
Geschlecht				
	männlich	65,1	21,8	13,0
	weiblich	58,1	30,3	11,6
Länder				
	Bayern	71,7	19,7	8,5
	Berlin	57,7	28,8	13,6
	West-Berlin	65,9	24,0	10,1
	Ost-Berlin	50,3	32,9	16,8
	Brandenburg	47,4	34,4	18,1
	Nordrhein-Westfalen	67,1	23,7	9,2
Region				
	West	68,6	22,2	9,2
	Ost	49,1	33,5	17,4
Herkunft				
	Deutsche	61,9	26,1	12,0
	Ausländer	54,9	31,3	13,9
Alter				
	unter 16 Jahre	58,6	29,3	12,1
	16 Jahre	61,9	26,9	11,2
	17 Jahre und älter	61,5	25,0	13,4
Schulart				
	Gymnasium	63,9	24,9	11,1
	Gesamtschule	54,1	31,7	14,2
	Realschule	62,2	22,4	15,4
	Hauptschule	47,9	31,3	20,8

* Stellungnahmen zu der Aussage: „Weil die DDR so heruntergewirtschaftet war, sind extrem hohe Summen für den ‚Aufbau Ost' notwendig" in Prozent.

*Tabelle A78: Friedliche Revolution in der DDR eine gute Sache**

		zustimmend	neutral	ablehnend
insgesamt		66,5	21,3	12,2
Geschlecht				
	männlich	69,4	17,9	12,7
	weiblich	64,3	23,9	11,8
Länder				
	Bayern	68,0	20,1	11,9
	Berlin	66,1	21,7	12,2
	West-Berlin	65,2	22,2	12,6
	Ost-Berlin	66,8	21,9	11,2
	Brandenburg	64,7	25,0	10,3
	Nordrhein-Westfalen	66,7	18,9	14,4
Region				
	West	66,6	20,5	12,8
	Ost	66,0	23,2	10,9
Herkunft				
	Deutsche	67,1	21,1	11,8
	Ausländer	61,5	22,8	15,6
Alter				
	unter 16 Jahre	65,1	22,2	12,7
	16 Jahre	66,5	22,0	11,5
	17 Jahre und älter	66,9	20,1	12,9
Schulart				
	Gymnasium	68,9	20,1	11,0
	Gesamtschule	63,1	22,6	14,3
	Realschule	54,2	28,4	17,4
	Hauptschule	49,3	31,3	19,4

* Stellungnahmen zu der Aussage: „Ich finde es gut, dass die DDR durch eine friedliche Revolution ihr Ende fand" in Prozent.

*Tabelle A79: Bewertung der Wiedervereinigung**

		zustimmend	neutral	ablehnend
insgesamt		76,4	13,3	10,3
Geschlecht				
	männlich	70,1	14,6	15,3
	weiblich	81,8	12,0	6,2
Länder				
	Bayern	72,6	14,9	12,5
	Berlin	78,7	12,6	8,6
	West-Berlin	71,2	15,7	13,1
	Ost-Berlin	86,0	10,0	4,0
	Brandenburg	83,6	10,5	5,9
	Nordrhein-Westfalen	69,6	15,3	15,1
Region				
	West	71,3	15,4	13,4
	Ost	85,0	10,2	4,8
Herkunft				
	Deutsche	76,7	13,3	10,0
	Ausländer	75,5	12,0	12,5
Alter				
	unter 16 Jahre	75,3	14,3	10,4
	16 Jahre	77,9	12,7	9,4
	17 Jahre und älter	75,5	13,4	11,1
Schulart				
	Gymnasium	78,9	12,5	8,6
	Gesamtschule	74,4	13,7	11,9
	Realschule	58,2	16,9	24,9
	Hauptschule	55,6	25,0	19,4

* Stellungnahmen zu der Aussage: „Auch wenn der Aufbau Ost viel Geld kostet, bin ich froh, dass Deutschland wieder vereint ist" in Prozent.

*Tabelle A80: Dank der Ostdeutschen gegenüber Westdeutschen**

		zustimmend	neutral	ablehnend
insgesamt		33,5	27,3	39,2
Geschlecht				
	männlich	40,5	24,5	35,0
	weiblich	27,8	29,6	42,6
Länder				
	Bayern	43,5	31,3	25,2
	Berlin	29,3	26,2	44,5
	West-Berlin	44,4	27,9	27,7
	Ost-Berlin	12,6	23,3	64,2
	Brandenburg	15,0	24,1	60,9
	Nordrhein-Westfalen	46,0	27,4	26,6
Region				
	West	44,5	29,1	26,3
	Ost	13,6	23,6	62,8
Herkunft				
	Deutsche	33,1	27,0	39,9
	Ausländer	37,5	30,1	32,4
Alter				
	unter 16 Jahre	34,3	29,6	36,1
	16 Jahre	33,5	28,0	38,5
	17 Jahre und älter	32,9	25,5	41,6
Schulart				
	Gymnasium	33,0	26,6	40,4
	Gesamtschule	30,0	29,1	40,9
	Realschule	54,2	25,4	20,4
	Hauptschule	44,4	34,0	21,5

* Stellungnahmen zu der Aussage: „Die Ostdeutschen sollten gegenüber den Westdeutschen dankbarer sein, da sie viel Geld vom Westen bekommen" in Prozent.

*Tabelle A81: Freiheit und staatlich garantierte Versorgung**

		zustimmend	neutral	ablehnend
insgesamt		67,5	21,0	11,4
Geschlecht				
	männlich	67,2	20,4	12,4
	weiblich	67,9	21,5	10,6
Länder				
	Bayern	77,2	13,7	9,1
	Berlin	63,2	23,8	13,0
	West-Berlin	70,8	18,1	11,1
	Ost-Berlin	53,9	30,9	15,2
	Brandenburg	55,5	30,6	13,9
	Nordrhein-Westfalen	75,4	16,1	8,5
Region				
	West	74,5	15,9	9,6
	Ost	54,6	30,7	14,7
Herkunft				
	Deutsche	67,6	21,0	11,3
	Ausländer	67,4	21,0	11,7
Alter				
	unter 16 Jahre	63,2	24,6	12,2
	16 Jahre	68,4	20,3	11,3
	17 Jahre und älter	68,5	20,3	11,2
Schulart				
	Gymnasium	70,4	19,2	10,3
	Gesamtschule	59,4	26,9	13,7
	Realschule	73,1	13,9	12,9
	Hauptschule	51,4	29,9	18,8

* Stellungnahmen zu der Aussage: „Es ist besser, in Freiheit zu leben als – wie in der DDR – vom Staat rundum versorgt zu werden" in Prozent.

*Tabelle A82: Todesstrafe bis 1987**

	DDR	BRD	DDR und BRD	keiner von beiden	weiß nicht
insgesamt	23,7	2,3	3,6	45,1	25,3
Geschlecht					
männlich	28,0	2,4	3,1	45,8	20,8
weiblich	20,3	2,2	4,0	44,5	28,9
Länder					
Bayern	28,7	1,8	4,9	40,1	24,5
Berlin	22,2	2,8	3,3	47,7	24,0
West-Berlin	26,1	2,3	3,5	45,9	22,1
Ost-Berlin	17,3	3,5	3,0	52,3	23,9
Brandenburg	17,2	1,8	3,2	50,9	27,0
Nordrhein-Westfalen	26,0	2,1	2,9	40,3	28,8
Region					
West	27,1	2,0	3,8	42,1	24,9
Ost	17,2	2,8	3,1	51,7	25,1
Herkunft					
Deutsche	23,2	2,3	3,5	46,7	24,4
Ausländer	29,7	2,5	4,4	29,0	34,3
Alter					
unter 16 Jahre	23,9	2,5	4,3	41,7	27,6
16 Jahre	23,8	2,5	3,7	43,8	26,2
17 Jahre und älter	23,7	2,1	3,1	47,8	23,4
Schulart					
Gymnasium	23,7	2,0	3,3	47,4	23,6
Gesamtschule	21,7	3,5	4,1	42,0	28,7
Realschule	27,8	1,5	4,0	36,4	30,3
Hauptschule	35,3	2,2	5,0	22,3	35,3

* Antworten auf die Frage: „Die Todesstrafe gab es bis 1987 in der …" in Prozent.

*Tabelle A83: Höhere Lebenserwartung**

		DDR	BRD	sie war gleich	weiß nicht
insgesamt		8,5	53,5	23,7	14,3
Geschlecht					
	männlich	8,1	57,0	22,6	12,3
	weiblich	8,8	50,7	24,7	15,9
Länder					
	Bayern	4,9	67,5	15,7	11,9
	Berlin	10,3	50,6	23,9	15,2
	West-Berlin	6,3	60,6	17,7	15,4
	Ost-Berlin	14,3	37,6	33,3	14,8
	Brandenburg	10,6	34,8	39,5	15,0
	Nordrhein-Westfalen	7,0	57,3	21,3	14,4
Region					
	West	6,0	62,4	17,9	13,7
	Ost	12,7	36,4	36,0	14,9
Herkunft					
	Deutsche	8,4	52,6	24,9	14,1
	Ausländer	9,7	62,7	12,2	15,4
Alter					
	unter 16 Jahre	9,6	57,2	18,3	14,9
	16 Jahre	8,3	54,6	23,2	14,0
	17 Jahre und älter	8,3	50,6	26,7	14,4
Schulart					
	Gymnasium	7,4	53,6	25,0	14,1
	Gesamtschule	12,8	48,6	23,6	15,0
	Realschule	4,5	71,2	14,1	10,1
	Hauptschule	7,1	67,1	6,4	19,3

* Antworten auf die Frage: „Die Lebenserwartung war höher in der ..." in Prozent.

*Tabelle A84: Saubere Umwelt**

		DDR	BRD	sie war gleich	weiß nicht
insgesamt		**30,1**	**36,8**	**16,3**	**16,9**
Geschlecht					
	männlich	**26,9**	**43,1**	**15,6**	**14,3**
	weiblich	**32,7**	**31,7**	**16,7**	**18,9**
Länder					
	Bayern	**15,9**	**56,7**	**12,4**	**15,0**
	Berlin	**32,6**	**31,5**	**18,7**	**17,1**
	West-Berlin	22,7	40,8	17,2	19,3
	Ost-Berlin	44,4	21,1	20,0	14,5
	Brandenburg	**41,8**	**20,5**	**20,1**	**17,6**
	Nordrhein-Westfalen	**33,1**	**36,8**	**11,8**	**18,2**
Region					
	West	**22,9**	**45,8**	**13,9**	**17,4**
	Ost	**43,3**	**20,9**	**20,0**	**15,9**
Herkunft					
	Deutsche	**30,8**	**36,1**	**16,3**	**16,8**
	Ausländer	**22,9**	**44,4**	**16,0**	**16,7**
Alter					
	unter 16 Jahre	**28,0**	**38,9**	**15,6**	**17,5**
	16 Jahre	**31,0**	**36,2**	**16,0**	**16,9**
	17 Jahre und älter	**30,2**	**36,4**	**16,9**	**16,6**
Schulart					
	Gymnasium	**29,1**	**37,4**	**16,6**	**16,9**
	Gesamtschule	**37,6**	**28,5**	**16,5**	**17,4**
	Realschule	**17,1**	**59,3**	**11,1**	**12,6**
	Hauptschule	**10,1**	**59,4**	**11,6**	**18,8**

* Antworten auf die Frage: „Die Umwelt war sauberer in der ..." in Prozent.

*Tabelle A85: Jahr der Errichtung der Berliner Mauer**

		richtige Angabe	falsche Angabe
insgesamt		51,2	48,8
Geschlecht			
	männlich	49,5	50,5
	weiblich	52,6	47,4
Länder			
	Bayern	58,0	42,0
	Berlin	57,6	42,4
	West-Berlin	57,9	42,1
	Ost-Berlin	58,8	41,2
	Brandenburg	45,6	54,4
	Nordrhein-Westfalen	29,3	70,7
Region			
	West	50,0	50,0
	Ost	53,2	46,8
Herkunft			
	Deutsche	51,5	48,5
	Ausländer	48,5	51,5
Alter			
	unter 16 Jahre	50,4	49,6
	16 Jahre	51,6	48,4
	17 Jahre und älter	51,0	49,0
Schulart			
	Gymnasium	53,7	46,3
	Gesamtschule	44,2	55,8
	Realschule	38,3	61,7
	Hauptschule	62,5	37,5

* Richtige und falsche Antworten auf die Frage: „Wann wurde die Berliner Mauer errichtet?" in Prozent.

*Tabelle A86: Verteilung der Einkommen und Vermögen in der DDR**

		ja	nein	weiß nicht
insgesamt		**49,5**	**35,9**	**14,7**
Geschlecht				
	männlich	**48,8**	**37,7**	**13,5**
	weiblich	**50,1**	**34,3**	**15,6**
Länder				
	Bayern	**53,2**	**36,8**	**10,0**
	Berlin	**47,5**	**36,3**	**16,3**
	West-Berlin	49,9	34,0	16,2
	Ost-Berlin	46,3	38,6	15,1
	Brandenburg	**41,3**	**41,0**	**17,8**
	Nordrhein-Westfalen	**56,6**	**29,1**	**14,3**
Region				
	West	**53,0**	**33,8**	**13,3**
	Ost	**44,1**	**39,7**	**16,2**
Herkunft				
	Deutsche	**49,9**	**36,3**	**13,8**
	Ausländer	**45,1**	**31,9**	**23,0**
Alter				
	unter 16 Jahre	**47,3**	**36,8**	**15,9**
	16 Jahre	**50,2**	**35,1**	**14,7**
	17 Jahre und älter	**49,7**	**36,2**	**14,1**
Schulart				
	Gymnasium	**51,9**	**35,3**	**12,8**
	Gesamtschule	**44,9**	**35,4**	**19,7**
	Realschule	**35,7**	**47,2**	**17,1**
	Hauptschule	**44,2**	**37,7**	**18,1**

* Antworten auf die Frage: „In der DDR hatten alle etwa das gleiche Einkommen und Vermögen" in Prozent.

*Tabelle A87: Arbeitslager**

	DDR	BRD	DDR und BRD	weiß nicht
insgesamt	48,1	2,9	11,8	37,3
Geschlecht				
männlich	51,9	3,6	10,8	33,6
weiblich	44,9	2,3	12,6	40,3
Länder				
Bayern	57,0	3,4	11,6	28,1
Berlin	44,7	3,1	11,4	40,9
West-Berlin	47,1	3,2	10,4	39,4
Ost-Berlin	41,1	2,6	13,0	43,3
Brandenburg	45,6	1,8	11,5	41,1
Nordrhein-Westfalen	46,8	2,9	13,1	37,2
Region				
West	50,9	3,2	11,6	34,3
Ost	43,0	2,3	12,3	42,4
Herkunft				
Deutsche	48,5	2,7	11,6	37,1
Ausländer	41,8	4,9	14,1	39,2
Alter				
unter 16 Jahre	48,3	3,4	11,1	37,2
16 Jahre	47,9	3,3	11,4	37,4
17 Jahre und älter	48,2	2,2	12,3	37,3
Schulart				
Gymnasium	50,8	1,9	10,9	36,5
Gesamtschule	39,8	4,4	14,8	41,0
Realschule	57,4	4,6	11,2	26,9
Hauptschule	33,8	14,7	9,6	41,9

* Antworten auf die Frage: „Arbeitslager gab es in der …" in Prozent.

*Tabelle A88: Wer errichtete die Berliner Mauer?**

	mehrere falsche Angaben	Alliierten	USA	Sowjetunion	BRD	DDR	Sowjetunion + DDR	BRD + DDR
insgesamt	1,3	12,3	1,4	45,7	4,2	31,4	3,5	0,2
Geschlecht								
männlich	1,2	8,0	1,3	46,2	2,7	36,0	4,5	0,1
weiblich	1,5	15,8	1,5	45,3	5,4	27,8	2,5	0,2
Länder								
Bayern	4,3	7,5	1,0	50,5	2,5	26,1	8,1	0,0
Berlin	0,0	13,6	1,9	46,0	4,5	34,1	0,0	0,0
West-Berlin	0,0	12,4	1,6	47,2	3,9	34,9	0,0	0,0
Ost-Berlin	0,0	14,3	2,2	44,8	5,3	33,4	0,0	0,0
Brandenburg	0,0	15,8	1,2	35,1	5,7	33,8	7,6	0,9
Nordrhein-Westfalen	1,9	12,8	0,9	46,5	4,7	30,1	2,7	0,4
Region								
West	2,2	10,6	1,2	48,3	3,6	30,1	3,9	0,1
Ost	0,0	15,0	1,8	40,8	5,4	33,5	3,1	0,4
Herkunft								
Deutsche	1,3	12,2	1,5	45,9	3,9	31,6	3,5	0,2
Ausländer	1,5	13,0	0,5	43,5	7,4	31,0	2,7	0,5
Alter								
unter 16 Jahre	1,5	14,4	2,0	46,3	5,2	28,5	2,0	0,1
16 Jahre	1,5	11,7	1,5	46,9	3,6	31,8	3,0	0,1
17 Jahre und älter	1,1	12,0	1,1	44,3	4,3	32,3	4,6	0,3
Schulart								
Gymnasium	1,3	11,3	1,1	45,9	3,0	33,5	3,8	0,1
Gesamtschule	0,4	15,3	2,4	44,2	7,8	28,6	1,0	0,5
Realschule	5,2	17,5	1,0	38,7	5,7	21,6	10,3	0,0
Hauptschule	6,0	5,3	2,3	61,7	3,8	16,5	4,5	0,0

* Antworten auf die Frage: „Die Berliner Mauer wurde errichtet von …“ in Prozent.

*Tabelle A89: Volksaufstand am 17. Juni 1953**

	DDR	BRD	weiß nicht
insgesamt	71,0	10,7	18,3
Geschlecht			
männlich	76,1	10,1	13,8
weiblich	67,0	11,2	21,8
Länder			
Bayern	75,3	8,1	16,6
Berlin	73,5	11,7	14,8
West-Berlin	70,6	13,5	16,0
Ost-Berlin	77,4	10,0	12,6
Brandenburg	63,6	12,0	24,5
Nordrhein-Westfalen	64,5	10,7	24,8
Region			
West	70,7	10,7	18,6
Ost	71,5	10,9	17,6
Herkunft			
Deutsche	71,1	10,8	18,0
Ausländer	70,5	9,1	20,4
Alter			
unter 16 Jahre	66,2	12,8	21,0
16 Jahre	73,0	9,9	17,1
17 Jahre und älter	71,1	10,8	18,2
Schulart			
Gymnasium	72,6	9,9	17,5
Gesamtschule	65,5	13,5	21,0
Realschule	74,5	8,7	16,8
Hauptschule	70,7	11,3	18,0

* Antworten auf die Frage: „Am 17. Juni 1953 gab es einen Volksaufstand in der …“ in Prozent.

*Tabelle A90: Konrad Adenauer**

	DDR	BRD	weiß nicht	kenne ich nicht
insgesamt	24,0	65,8	7,3	2,9
Geschlecht				
männlich	20,3	70,4	5,8	3,5
weiblich	27,1	62,0	8,5	2,5
Länder				
Bayern	11,7	82,8	4,3	1,2
Berlin	30,1	57,7	8,5	3,7
West-Berlin	23,8	62,8	9,6	3,8
Ost-Berlin	36,8	54,6	6,7	2,0
Brandenburg	34,0	52,9	9,2	3,9
Nordrhein-Westfalen	16,5	74,4	6,7	2,4
Region				
West	17,1	73,7	6,8	2,4
Ost	35,6	53,8	7,9	2,8
Herkunft				
Deutsche	23,9	66,9	6,8	2,3
Ausländer	25,6	52,7	11,9	9,8
Alter				
unter 16 Jahre	26,0	58,2	10,8	5,0
16 Jahre	23,3	66,3	7,6	2,7
17 Jahre und älter	23,9	68,5	5,4	2,1
Schulart				
Gymnasium	20,7	72,2	5,5	1,7
Gesamtschule	35,3	46,3	11,8	6,7
Realschule	22,4	68,7	7,5	1,5
Hauptschule	19,4	56,7	18,7	5,2

* Antworten auf die Frage: „Welche Politiker regierten in welchem Land?“ in Prozent.

*Tabelle A91: Ludwig Erhard**

		DDR	BRD	weiß nicht	kenne ich nicht
insgesamt		15,8	36,4	18,0	29,7
Geschlecht					
	männlich	16,4	39,8	15,7	28,1
	weiblich	15,4	33,7	20,0	31,0
Länder					
	Bayern	11,4	62,7	11,9	14,1
	Berlin	16,3	26,1	21,3	36,3
	West-Berlin	16,1	26,3	21,1	36,6
	Ost-Berlin	17,2	26,5	21,8	34,5
	Brandenburg	17,4	30,6	18,3	33,7
	Nordrhein-Westfalen	19,4	32,7	17,6	30,3
Region					
	West	15,2	42,1	16,6	26,1
	Ost	17,3	28,2	20,3	34,2
Herkunft					
	Deutsche	16,2	36,7	17,8	29,2
	Ausländer	11,8	33,2	20,1	34,8
Alter					
	unter 16 Jahre	16,5	31,0	18,6	34,0
	16 Jahre	15,4	35,7	18,5	30,3
	17 Jahre und älter	15,9	39,7	17,3	27,1
Schulart					
	Gymnasium	14,8	40,5	17,3	27,4
	Gesamtschule	19,0	22,6	19,7	38,6
	Realschule	12,7	37,6	19,3	30,5
	Hauptschule	21,1	43,6	20,3	15,0

* Antworten auf die Frage: „Welche Politiker regierten in welchem Land?" in Prozent.

*Tabelle A92: Willy Brandt**

		DDR	BRD	weiß nicht	kenne ich nicht
insgesamt		22,7	63,9	9,6	3,8
Geschlecht					
	männlich	20,1	67,5	8,2	4,2
	weiblich	24,8	61,0	10,8	3,4
Länder					
	Bayern	13,1	77,2	6,8	2,8
	Berlin	26,9	57,7	11,3	4,1
	West-Berlin	19,1	65,4	11,8	3,8
	Ost-Berlin	35,1	52,8	9,3	2,8
	Brandenburg	33,7	48,7	11,9	5,7
	Nordrhein-Westfalen	15,5	74,9	7,1	2,5
Region					
	West	15,9	72,5	8,6	3,1
	Ost	34,6	50,9	10,5	4,1
Herkunft					
	Deutsche	23,0	64,8	9,1	3,0
	Ausländer	19,4	54,2	14,7	11,7
Alter					
	unter 16 Jahre	23,4	58,0	12,7	5,9
	16 Jahre	21,6	64,3	10,7	3,3
	17 Jahre und älter	23,6	66,1	7,2	3,2
Schulart					
	Gymnasium	19,8	70,6	7,4	2,2
	Gesamtschule	31,2	46,4	14,9	7,6
	Realschule	31,0	48,2	13,7	7,1
	Hauptschule	15,3	58,0	18,3	8,4

* Antworten auf die Frage: „Welche Politiker regierten in welchem Land?“ in Prozent.

*Tabelle A93: Helmut Schmidt**

		DDR	BRD	weiß nicht	kenne ich nicht
insgesamt		9,1	52,2	19,1	19,7
Geschlecht					
	männlich	9,3	55,3	16,5	18,8
	weiblich	8,9	49,5	21,2	20,3
Länder					
	Bayern	5,9	71,7	11,4	11,0
	Berlin	9,8	41,6	23,2	25,4
	West-Berlin	10,2	40,3	23,6	25,8
	Ost-Berlin	9,1	44,5	22,1	24,3
	Brandenburg	10,0	48,3	21,4	20,2
	Nordrhein-Westfalen	10,9	56,4	16,8	15,9
Region					
	West	8,7	56,9	17,0	17,3
	Ost	9,4	46,2	21,8	22,6
Herkunft					
	Deutsche	9,1	53,0	18,8	19,1
	Ausländer	9,0	43,1	22,4	25,5
Alter					
	unter 16 Jahre	9,4	46,8	22,6	21,1
	16 Jahre	8,5	51,9	19,2	20,3
	17 Jahre und älter	9,5	54,7	17,5	18,3
Schulart					
	Gymnasium	8,2	56,1	17,6	18,1
	Gesamtschule	12,2	40,3	23,3	24,1
	Realschule	11,1	48,5	16,7	23,7
	Hauptschule	3,8	54,1	25,6	16,5

* Antworten auf die Frage: „Welche Politiker regierten in welchem Land?“ in Prozent.

*Tabelle A94: Helmut Kohl**

		DDR	BRD	weiß nicht	kenne ich nicht
insgesamt		9,8	85,7	3,6	0,9
Geschlecht					
	männlich	8,9	86,9	3,0	1,2
	weiblich	10,5	84,8	4,0	0,7
Länder					
	Bayern	3,7	92,7	2,9	0,7
	Berlin	13,5	81,6	3,9	1,0
	West-Berlin	10,1	84,9	4,2	0,8
	Ost-Berlin	16,2	80,5	2,9	0,4
	Brandenburg	13,1	80,9	4,8	1,2
	Nordrhein-Westfalen	5,6	91,1	2,6	0,8
Region					
	West	6,4	89,6	3,3	0,7
	Ost	14,9	80,6	3,7	0,8
Herkunft					
	Deutsche	9,6	86,8	3,0	0,6
	Ausländer	11,5	74,5	9,1	4,9
Alter					
	unter 16 Jahre	12,6	81,3	5,4	0,8
	16 Jahre	9,4	86,0	3,6	1,0
	17 Jahre und älter	9,0	87,5	2,7	0,8
Schulart					
	Gymnasium	8,4	88,4	2,5	0,6
	Gesamtschule	14,9	78,1	5,4	1,6
	Realschule	4,5	90,9	4,0	0,5
	Hauptschule	10,5	69,9	15,0	4,5

* Antworten auf die Frage: „Welche Politiker regierten in welchem Land?" in Prozent.

*Tabelle A95: Wilhelm Pieck**

		DDR	BRD	weiß nicht	kenne ich nicht
insgesamt		37,3	6,8	17,6	38,3
Geschlecht					
	männlich	41,2	7,0	16,0	35,8
	weiblich	33,9	6,8	18,8	40,5
Länder					
	Bayern	47,5	3,3	13,4	35,8
	Berlin	32,0	8,1	19,5	40,4
	West-Berlin	32,9	4,6	18,2	44,3
	Ost-Berlin	33,1	12,2	20,8	34,0
	Brandenburg	36,7	12,4	20,8	30,0
	Nordrhein-Westfalen	37,7	3,6	15,4	43,3
Region					
	West	39,9	3,8	15,6	40,7
	Ost	34,6	12,2	20,9	32,2
Herkunft					
	Deutsche	37,8	7,1	17,2	38,0
	Ausländer	30,7	5,0	20,4	43,9
Alter					
	unter 16 Jahre	33,2	7,8	16,8	42,2
	16 Jahre	37,9	6,0	17,7	38,3
	17 Jahre und älter	38,6	7,2	17,6	36,5
Schulart					
	Gymnasium	39,2	5,7	16,9	38,2
	Gesamtschule	29,5	10,4	18,9	41,2
	Realschule	41,2	6,7	19,1	33,0
	Hauptschule	45,8	7,6	22,9	23,7

* Antworten auf die Frage: „Welche Politiker regierten in welchem Land?“ in Prozent.

*Tabelle A96: Walter Ulbricht**

	DDR	BRD	weiß nicht	kenne ich nicht
insgesamt	45,3	8,3	16,5	30,0
Geschlecht				
männlich	50,3	8,6	13,7	27,4
weiblich	41,2	8,0	18,8	32,1
Länder				
Bayern	56,2	5,4	12,7	25,8
Berlin	41,6	10,0	18,0	30,4
West-Berlin	40,2	9,0	18,3	32,5
Ost-Berlin	45,7	11,4	17,1	25,7
Brandenburg	46,8	9,9	20,2	23,1
Nordrhein-Westfalen	38,7	6,3	14,4	40,6
Region				
West	46,0	6,8	15,1	32,1
Ost	46,1	10,8	18,5	24,6
Herkunft				
Deutsche	46,2	8,3	16,3	29,2
Ausländer	34,9	7,7	18,2	39,2
Alter				
unter 16 Jahre	37,3	9,1	19,7	34,0
16 Jahre	44,1	7,8	16,8	31,4
17 Jahre und älter	50,1	8,5	14,7	26,7
Schulart				
Gymnasium	49,6	7,2	15,6	27,7
Gesamtschule	32,8	11,3	18,4	37,5
Realschule	37,8	6,6	20,4	35,2
Hauptschule	47,4	15,0	18,0	19,5

* Antworten auf die Frage: „Welche Politiker regierten in welchem Land?" in Prozent.

*Tabelle A97: Erich Honecker**

		DDR	BRD	weiß nicht	kenne ich nicht
insgesamt		71,0	8,6	10,5	9,8
Geschlecht					
	männlich	74,3	8,5	7,9	9,3
	weiblich	68,4	8,6	12,7	10,3
Länder					
	Bayern	74,0	8,9	8,7	8,5
	Berlin	71,2	8,2	11,2	9,4
	West-Berlin	65,6	10,1	13,2	11,1
	Ost-Berlin	82,3	6,1	7,4	4,2
	Brandenburg	77,8	7,0	9,1	6,1
	Nordrhein-Westfalen	60,4	10,8	12,5	16,3
Region					
	West	67,4	9,9	11,3	11,5
	Ost	80,3	6,5	8,2	5,0
Herkunft					
	Deutsche	73,1	8,4	10,0	8,5
	Ausländer	48,7	10,1	16,1	25,2
Alter					
	unter 16 Jahre	66,6	9,5	12,0	11,8
	16 Jahre	69,8	7,9	11,5	10,8
	17 Jahre und älter	74,5	8,8	8,9	7,8
Schulart					
	Gymnasium	75,4	7,6	9,1	7,8
	Gesamtschule	61,8	10,1	13,2	14,8
	Realschule	54,8	15,7	14,7	14,7
	Hauptschule	55,7	12,2	18,3	13,7

* Antworten auf die Frage: „Welche Politiker regierten in welchem Land?" in Prozent.

*Tabelle A98: Willi Stoph**

	DDR	BRD	weiß nicht	kenne ich nicht
insgesamt	23,8	6,8	16,6	52,8
Geschlecht				
männlich	27,2	7,5	15,8	49,4
weiblich	21,0	6,2	17,2	55,6
Länder				
Bayern	37,7	3,3	13,6	45,4
Berlin	16,3	8,1	18,1	57,5
West-Berlin	20,5	5,5	19,2	54,8
Ost-Berlin	12,0	11,6	16,8	59,7
Brandenburg	19,4	9,9	20,0	50,6
Nordrhein-Westfalen	28,3	5,5	14,0	52,3
Region				
West	29,4	4,6	15,6	50,4
Ost	15,2	10,8	18,1	55,8
Herkunft				
Deutsche	23,9	6,9	16,2	52,9
Ausländer	21,1	6,0	19,9	53,0
Alter				
unter 16 Jahre	21,3	7,0	17,0	54,7
16 Jahre	24,0	6,2	16,7	53,0
17 Jahre und älter	24,8	7,3	16,2	51,7
Schulart				
Gymnasium	24,9	5,7	16,0	53,3
Gesamtschule	18,4	10,1	17,1	54,3
Realschule	27,4	5,1	19,8	47,7
Hauptschule	34,4	9,2	24,4	32,1

* Antworten auf die Frage: „Welche Politiker regierten in welchem Land?" in Prozent.

*Tabelle A99: Egon Krenz**

		DDR	BRD	weiß nicht	kenne ich nicht
insgesamt		31,3	6,6	16,9	45,2
Geschlecht					
	männlich	37,6	7,6	14,8	39,9
	weiblich	26,1	5,8	18,5	49,6
Länder					
	Bayern	41,7	4,3	12,9	41,1
	Berlin	26,3	7,5	19,5	46,7
	West-Berlin	26,2	6,5	19,3	48,0
	Ost-Berlin	27,3	8,3	20,4	44,0
	Brandenburg	28,3	10,0	16,1	45,7
	Nordrhein-Westfalen	32,8	4,6	16,0	46,7
Region					
	West	34,1	5,1	15,9	44,9
	Ost	27,7	9,0	18,6	44,8
Herkunft					
	Deutsche	31,7	6,6	16,7	44,9
	Ausländer	25,8	6,0	18,1	50,1
Alter					
	unter 16 Jahre	29,3	7,0	16,7	46,9
	16 Jahre	30,3	6,5	17,7	45,5
	17 Jahre und älter	33,3	6,5	16,1	44,1
Schulart					
	Gymnasium	32,9	5,6	16,6	44,9
	Gesamtschule	26,7	9,2	17,0	47,0
	Realschule	25,1	6,5	18,1	50,3
	Hauptschule	36,6	11,2	20,1	32,1

* Antworten auf die Frage: „Welche Politiker regierten in welchem Land?" in Prozent.

Freie Universität Berlin

Schülerumfrage zum Bild der DDR

2006/7

Bitte beantworten Sie zunächst einige persönliche Fragen:

Bitte so markieren: ☒
NICHT so: ☐✓ ☐✓
Bei falscher Markierung: ■ ☒
Bei nicht Zutreffen bitte nicht ausfüllen

Geschlecht: ☐ männlich ☐ weiblich

Alter: ☐ unter 16 Jahre ☐ 16 Jahre ☐ 17 Jahre
☐ 18 Jahre ☐ 19 Jahre ☐ über 19 Jahre

Geburtsort: ______________________ (bitte angeben)

Bundesland: ______________________ (bitte angeben)

anderes Land: ______________________ (bitte angeben)

Ich wohne in: ______________________ (bitte angeben)

Staatsangehörigkeit: ☐ deutsch ☐ andere ______________________ (bitte angeben)

Meine politische Einstellung liegt ☐ links ☐ eher links ☐ in der Mitte ☐ eher rechts ☐ rechts

Wenn morgen Bundestagswahl wäre und ich wählen könnte, würde ich wählen (bitte nur einmal ankreuzen):

☐ SPD ☐ FDP ☐ Bü90/Die Grünen ☐ DVU ☐ REP ☐ NPD
☐ CDU ☐ Die Linkspartei / PDS ☐ gar nicht ☐ sonstige

In der Schule wurde die DDR behandelt: ☐ zu viel ☐ zu wenig ☐ gerade richtig ☐ überhaupt nicht

Über die DDR weiß ich ☐ viel ☐ wenig ☐ gar nichts

Ich würde gerne mehr über das Leben der Menschen in der DDR erfahren ☐ ja ☐ nein ☐ weiß nicht

Die DDR interessiert mich ☐ ja ☐ nein ☐ weiß nicht

In meiner Familie wird über die DDR gesprochen ☐ zu viel ☐ zu wenig ☐ gerade richtig ☐ überhaupt nicht

Ich rede mit Freunden/innen über die DDR ☐ viel ☐ wenig ☐ gar nicht

Ich kenne Filme über die DDR ☐ nein ☐ ja → **wenn ja:** ☐ Dokumentarfilme ☐ Spielfilme

In meiner Familie wird über das geteilte Deutschland gesprochen ☐ zu viel ☐ zu wenig ☐ gerade richtig ☐ überhaupt nicht

Ich war bereits **in Ost-Berlin** ☐ häufig ☐ selten ☐ nie
in West-Berlin ☐ häufig ☐ selten ☐ nie

Ich war bereits **in den Neuen* Bundesländern** ☐ häufig ☐ selten ☐ nie

Zu meinen Freunden/innen gehören (Mehrfachnennungen möglich): ☐ Westdeutsche ☐ Ostdeutsche ☐ Ausländer
☐ ich weiß oft nicht, ob sie Westdeutsche oder Ostdeutsche sind

Ich fühle mich als Ostdeutsche/r und will mit Westdeutschen nichts zu tun haben ☐ ja ☐ nein

Ich fühle mich als Westdeutsche/r und will mit Ostdeutschen nichts zu tun haben ☐ ja ☐ nein

* (bzw. bei der Befragung von ostdeutschen Schülern in den Alten)

48365

Deutschland vor 1989:

Was glauben Sie war besser oder gleich in der DDR oder in der Bundesrepublik Deutschland?

	besser in der DDR	besser in der Bundesrepublik	in beiden gleich
Ärztliche Versorgung	☐	☐	☐
Schulausbildung	☐	☐	☐
Betreuung in Kindergarten und Schule	☐	☐	☐
Recht und Ordnung	☐	☐	☐
Leistungen der Wirtschaft	☐	☐	☐
Sicherheit im Alltag	☐	☐	☐
Freizeitangebot für Jugendliche	☐	☐	☐
Zusammenhalt in der Familie	☐	☐	☐
Hilfsbereitschaft	☐	☐	☐
Umgang mit Ausländern	☐	☐	☐
Zustand der Straßen	☐	☐	☐
Reiseangebot und Reisemöglichkeiten	☐	☐	☐
Gleichberechtigung von Frauen und Männern	☐	☐	☐
Pressefreiheit	☐	☐	☐
Renten	☐	☐	☐
Versorgung im Alter	☐	☐	☐
Öffentliche Verkehrsmittel	☐	☐	☐
Einkaufsmöglichkeiten	☐	☐	☐
Sportförderung	☐	☐	☐
Zustand der Wohnungen	☐	☐	☐
Politisches System	☐	☐	☐
Ausbildungsplätze	☐	☐	☐
Soziale Gerechtigkeit	☐	☐	☐
Gut leben / sich etwas gönnen	☐	☐	☐
Theater und Kino	☐	☐	☐
Discos	☐	☐	☐
Mietpreise	☐	☐	☐
Preiswerte Bücher und Schallplatten	☐	☐	☐

Bitte nehmen Sie zu den folgenden Aussagen Stellung:

	Stimme voll zu				*Stimme überhaupt nicht zu*
1. Ich finde es gut, dass in der DDR jeder einen Arbeitsplatz hatte, auch wenn der Staat die Löhne bestimmte und der Wohlstand gering war.	☐	☐	☐	☐	☐
2. Die DDR war wirtschaftlich am Ende und ist auch deshalb zusammengebrochen.	☐	☐	☐	☐	☐
3. Die "Volksdemokratie" in der DDR und die parlamentarische Demokratie in der Bundesrepublik Deutschland vor 1989 unterschieden sich kaum.	☐	☐	☐	☐	☐
4. In der DDR sicherte die staatlich gelenkte Wirtschaft den Wohlstand für alle.	☐	☐	☐	☐	☐
5. In der DDR wurde man politisch überwacht und konnte ohne Grund verhaftet werden.	☐	☐	☐	☐	☐
6. Die Wirtschaft kann nur gut funktionieren, wenn der Staat alles plant und lenkt.	☐	☐	☐	☐	☐
7. Die DDR war genauso abhängig von der Sowjetunion wie die Bundesrepublik von den USA.	☐	☐	☐	☐	☐
8. Die Selbstbezeichnung der DDR als "Friedensstaat" war lediglich Propaganda.	☐	☐	☐	☐	☐
9. In der DDR war der Alltag für viele durch Diktatur und Überwachung geprägt.	☐	☐	☐	☐	☐
10. Mit entsprechenden schulischen Leistungen konnte jeder in der DDR Abitur machen und anschließend studieren.	☐	☐	☐	☐	☐
11. Die Stasi (Ministerium für Staatssicherheit der DDR) war ein Geheimdienst, wie ihn jeder Staat hat.	☐	☐	☐	☐	☐
12. Eine organisierte Freizeit wie in der DDR wäre eine gute Sache und ich würde da gerne mitmachen.	☐	☐	☐	☐	☐
13. Ich finde es gut, dass die SED (Sozialistische Einheitspartei Deutschlands) die führende Rolle in der DDR innehatte.	☐	☐	☐	☐	☐
14. Die Bundesrepublik vor 1989 war zwar anders, aber auch nicht besser als die DDR.	☐	☐	☐	☐	☐
15. In der DDR konnte jeder schreiben und sagen, was er wollte.	☐	☐	☐	☐	☐
16. Ich finde es gut, dass in der DDR sich der Staat um alle Bürger kümmerte, auch wenn dadurch der Einzelne weniger Freiheit hatte.	☐	☐	☐	☐	☐
17. Sich einer Gemeinschaft oder Gruppe unterzuordnen wie in der DDR, ist für mich grundsätzlich wichtiger, als meine eigene Persönlichkeit zu entwickeln.	☐	☐	☐	☐	☐
18. Es ist ein Verbrechen, dass an der Grenze der DDR Menschen getötet, verletzt oder eingesperrt wurden.	☐	☐	☐	☐	☐
19. Die Regierung der DDR war durch demokratische Wahlen legitimiert (von [lat.] lex = das Gesetz; legitim = gesetzlich, rechtmäßig).	☐	☐	☐	☐	☐
20. Die Planwirtschaft in der DDR war nicht besser oder schlechter als die Marktwirtschaft in der Bundesrepublik, nur anders.	☐	☐	☐	☐	☐

48365

	Stimme voll zu				Stimme überhaupt nicht zu
21. Nur wer sich in der Schule oder Ausbildung politisch anpasste, konnte in der DDR weiterkommen.	□	□	□	□	□
22. Nur die Politik Gorbatschows hat die deutsche Vereinigung möglich gemacht.	□	□	□	□	□
23. Die DDR war keine Diktatur - die Menschen mussten sich nur wie überall anpassen.	□	□	□	□	□
24. Auch weil die Sozialpolitik zu viel Geld kostete, ist die DDR untergegangen.	□	□	□	□	□
25. Die antifaschistische Politik der DDR hat das Ansehen der Deutschen im Ausland verbessert.	□	□	□	□	□
26. Wer die DDR verlassen wollte, hatte selbst Schuld, wenn an der Grenze auf ihn geschossen wurde.	□	□	□	□	□
27. In der DDR konnten die Menschen im Alltag genauso leben wie in der Bundesrepublik Deutschland vor 1989.	□	□	□	□	□
28. Die vor-militärische Erziehung im Schulunterricht der DDR war für die Stärkung des Sozialismus notwendig.	□	□	□	□	□
29. Wie in der Bundesrepublik Deutschland wurde auch in der DDR niemand willkürlich eingesperrt.	□	□	□	□	□
30. Die DDR war ein souveräner Staat wie andere Staaten (souverän = unabhängig, selbstständig).	□	□	□	□	□
31. Ich finde es gut, dass die DDR durch eine friedliche Revolution ihr Ende fand.	□	□	□	□	□
32. Solidarität und Nachbarschaftshilfe in der DDR waren vor allem Folge von Mangel und Not.	□	□	□	□	□
33. An der DDR war gut, dass es nicht so viele Ausländer gab.	□	□	□	□	□
34. Über die DDR wird nur schlecht geredet, um Ostdeutsche schlecht zu machen.	□	□	□	□	□
35. Nur eine einzige starke Partei wie die SED in der DDR kann die Interessen aller Gruppen unseres Volkes vertreten.	□	□	□	□	□
36. Der Sozialismus in der DDR war eine gute Idee, die nur schlecht ausgeführt wurde.	□	□	□	□	□
37. Weil die DDR so heruntergewirtschaftet war, sind extrem hohe Summen für den "Aufbau Ost" notwendig.	□	□	□	□	□
38. Auch wenn der Aufbau Ost viel Geld kostet, bin ich froh, dass Deutschland wieder vereint ist.	□	□	□	□	□
39. Die Ostdeutschen sollten gegenüber den Westdeutschen dankbarer sein, da sie viel Geld vom Westen bekommen.	□	□	□	□	□
40. Es wäre gut, wenn heute in der Bundesrepublik genauso wenige Ausländer leben würden wie früher in der DDR.	□	□	□	□	□
41. Es ist besser, in Freiheit zu leben als - wie in der DDR - vom Staat rundum versorgt zu werden.	□	□	□	□	□

48365

Bitte wählen Sie aus den vorgegebenen Antworten aus:

Die Todesstrafe gab es bis 1987 in der

☐ DDR ☐ Bundesrepublik Deutschland ☐ DDR und Bundesrepublik Deutschland
☐ keiner von beiden ☐ weiß nicht

Die Lebenserwartung war höher in der

☐ DDR ☐ Bundesrepublik Deutschland
☐ sie war gleich ☐ weiß nicht

Die Umwelt war sauberer in der

☐ DDR ☐ Bundesrepublik Deutschland
☐ sie war gleich ☐ weiß nicht

Wann wurde die Berliner Mauer errichtet?

Nennen Sie das Jahr: |_|_|_|_|

In der DDR hatten alle etwa das gleiche Einkommen und Vermögen.

☐ ja ☐ nein ☐ weiß nicht

Arbeitslager gab es in der

☐ DDR ☐ Bundesrepublik Deutschland
☐ DDR und Bundesrepublik Deutschland ☐ weiß nicht

Die Berliner Mauer wurde errichtet von

☐ Alliierten ☐ USA ☐ Sowjetunion
☐ DDR ☐ Bundesrepublik Deutschland

Am 17. Juni gab es einen Volksaufstand in der

☐ DDR ☐ Bundesrepublik Deutschland ☐ weiß nicht

Welche Politiker regierten in welchem Land?

	Deutsche Demokratische Republik	Bundes-republik Deutschland	Weiß nicht	Kenne ich nicht
Konrad Adenauer	☐	☐	☐	☐
Willy Brandt	☐	☐	☐	☐
Helmut Kohl	☐	☐	☐	☐
Wilhelm Pieck	☐	☐	☐	☐
Walter Ulbricht	☐	☐	☐	☐
Erich Honecker	☐	☐	☐	☐
Helmut Schmidt	☐	☐	☐	☐
Willi Stoph	☐	☐	☐	☐
Egon Krenz	☐	☐	☐	☐
Ludwig Erhard	☐	☐	☐	☐

48365

3. Post aus Ostdeutschland

Abschrift

Absender: N.N.

Prof. Klaus Schroeder
Freie Universität Berlin
Koserstraße 21
Berlin
14195

Unser Zeichen: N.N. N.N., den 17. 06. 2008

Ihre Interpretation zum Thema Schule in der DDR am 16. 02. 2008 im ARD Fernsehen

Sehr geehrter Herr Prof. Schröder,

aufgrund des harten Existenz- und Konkurrenzkampfes, dem ich mich in diesem Lande als studierter Ingenieur täglich zu stellen habe, habe ich im Prinzip keine Zeit dafür, zu den ständig andauernden und alltäglichen Diffamierungen und Unwahrheiten über das damalige gesellschaftliche Leben in der Deutsche Demokratische Republik schriftlich Stellung zunehmen.

Dennoch möchte ich zu den gestern von Ihnen angesprochenen Themen gern aus der Erfahrung eines gebürtigen und gelernten DDR Bürgers Stellung nehmen. Sie werden mir sicherlich einräumen das ich gegenüber Ihnen im Vorteil bin, was die Kenntnisse über das wahre Leben im DDR-Staat betrifft, da ich gut 25 Jahre meiner Kindheit und Jugend in der DDR verbracht, in der DDR zum Ingenieur ausgebildet wurde, einem Beruf den ich heute noch ausübe und nunmehr gut 18 Jahre lang unter dem politischen und wirtschaftlichen System der BRD lebe.

Daher kenne ich nunmehr das wahre Wesen beider Systeme und da ich politisch recht gut geschult bin, kann ich den Vergleich beider Gesellschaftssysteme besser führen als Sie, da Sie eben nur ein Vertreter des bürgerlichen Systems sind, nie etwas anderes als das bürgerliche System kennen gelernt haben und es für Sie keine anderen Werte, als die bürgerlichen gibt.

Und da wären wir auch schon beim Thema. Der einzig wahre Wert des Systems in dem wir heute leben ist das Geld. Dem wird alles untergeordnet. Für Geld werden völkerrechtswidrige Kriege vom Zaume gebrochen welche massenhaft sinnlose Menschenleben kosten. Für Geld wird schamlos belogen auch in den Massenmedien, betrogen, beraubt, ausgebeutet, gemobbt, genötigt, erpresst, sowie kriminelle und betrügerische Wirtschaftsfunktionäre vor der Justiz freigesprochen.

Jene Menschen hingegen, welche tatsächlich mit Rückgrat noch wirkliche menschliche und gesellschaftliche Qualitäten vertreten, werden unter dem politischen System der BRD zunächst Ihrer wirtschaftlichen Basis beraubt, in die Arbeitslosigkeit und Perspektivlosigkeit geführt, an den Rand der Gesellschaft gedrängt, mit Lügen und an den Haaren herbeigezogenen Verunglimpfungen bedacht, mit bürokratischen Unfug überhäuft und damit Stück für Stück mundtot und kraftlos gemacht. Dass ist die Gesellschaftsordnung für die Sie einstehen Herr Professor. So kam es zumindest klipp und klar aus dem von Ihnen gesagten zum Ausdruck.

Sie haben sich in Wirklichkeit niemals die Mühe gemacht tatsächlich über das gesellschaftliche Wertesystem und die Errungenschaften im DDR-Staat nachzudenken, welche denen Ihres kapitalistischen Systems weit, ja teilweise haushoch überlegen waren.

Und da Sie sich diese Mühe noch nie gemacht haben, werde ich das für Sie übernehmen und Sie in einem kurzen Abriss darüber belehren welche Werte die DDR hatte. Einige davon werden ja heutzutage nur mit anderem Namen wieder einführt und damit das eigene Versagen der kapitalistischen BRD Gesellschaft eingestanden.

Tabelle 1: Vergleich

Bezeichnung zu DDR-Zeiten	Bezeichnung zu BRD-Zeiten
1. Abschnittsbevollmächtigter	1. Bürgerpolizist
2. Schulhort	2. Ganztagsschule
3. 10 klassige Polytechnische Oberschule	3. Gemeinschaftsschule (wird kommen)
4. Erweiterte Oberschule (EOS)	4. Turbo-Abitur
5. Polyklinik	5. Ärztehaus
6. Der Arzt als Angestellter in der Polykinik mit Monatsgehalt	6. Der Arzt als Geschäftsmann mit den ausreichend bekannten Problemen
7. Gemeindeschwester	7. Gemeindeschwester
8. Sozialistische Einheitspartei Deutschlands	8. Partei Die Linke
9. Staatsbürger	9. Steuerzahler

Sie sehen wie Unverholen die guten DDR Erfindungen in Ihrem abgewirtschafteten Gesellschaftssystem nach und nach wieder eingeführt werden, weil die gesellschaftlichen Probleme dieses Systems die Politik einfach dazu zwingen.

Das Fahrrad wird einfach noch mal neu erfunden, den Dingen ein anderer Name verpasst, das ganze als neue BRD-Erfindung ausgegeben und schon ist altbewährtes aus DDR-Zeiten wieder eingeführt.

Und ich bin sicher das wird so weiter gehen Herr Professor. Auch wenn Sie sich noch so sehr dagegen stemmen und im Fernsehen das Image des ehemaligen DDR Staates abtakeln.

Nachdem Sie erst unser Land zum Schlechteren verändert haben, unsere Staatsbürger, die nur eine sichere Existenz und Perspektive kannten, in die Armut und Lebenssinnlosigkeit gestürzt haben, werden wir nunmehr Stück für Stück ihr Gesellschaftssystem verändern. Und das das schon im Gange ist, wissen Sie.

Es wird wieder dazu kommen, dass die Gewinne aller Firmen des Landes gesetzlich zum Nationaleinkommen erklärt werden und fortan allen Menschen im Lande zugute kommen. Es wird zu einer strengen Kontrolle der Firmenvorstände kommen und zum Einsatz von Staatlichen Leitern in den Konzerspitzen. Es ist bloß noch eine Frage der Zeit bis es soweit ist.

Hier profitieren ja nur Privilegierte wie Vorstände, Inhaber, Beamte, Politiker, Juristen, Journalisten und natürlich auch Professoren die auf systemtreuer Linie fahren.

Solche Professoren wie Sie Herr Professor.

Wieviel hat Ihnen denn die ARD für Ihr abendliches Statement gezahlt?

Einen Monat können Sie doch bestimmt von der Gage gut leben.

Aber Spaß beiseite.

Das unterschwellige Gefühl welches die Schüler in Ihren Statements zum Ausdruck brachten ist völlig ehrlich und wahr gewesen.

Aus Ihren Worten sprach vielmehr Wahrheit, Ehrlichkeit und Rechtschaffenheit als aus Ihren Herr Professor.

Deren Eltern haben die Kinder also folgerichtig und korrekt darüber aufgeklärt, das es zu DDR Zeiten viele gesellschaftliche Errungenschaften gab, die dem Gesellschaftssystem BRD bei Weitem überlegen waren.

Sie würden das natürlich niemals einräumen Herr Professor. Das ist mit klar!

Aber gegen diese Wahrheiten anzukämpfen, dazu sind Sie auch als Professor zu schwach.

Die Wirklichkeit wird Sie Stück für Stück auseinandernehmen, so wie sich zum Beispiel die Kirche mit Ihrer völlig verdrehten Wirklichkeit, Bibel-Märchengeschichten und Halbwahrheiten derzeit selbst auseinander nimmt.

Warten Sie ab Herr Professor, wer die lachenden 3. sein werden.

Denken Sie an 1,5 Milliarden Chinesen die der Sozialismus dazu berufen hat die Weltmacht USA aus den Angeln zu hebeln.

Denken Sie an die Russen, von denen wir Deutsche mehr und mehr abhängig sind, die uns zukünftig lachend in der Hand halten werden.

Denken Sie dran wie die Russen mit den Ukrainern umgesprungen sind, als die die Energielieferungen nicht mehr bezahlen konnten.

Denken Sie an Südamerika. Venezuela, Bolivien, Kuba, Chile, Ekuador, Nikaragua Vietnam.

Das sind die Länder in denen sich die Zukunft des 20. Jahrhunderts gerade entwickelt.

Sie täten gut daran Herr Professor diese Fakten zu akzeptieren und eine Entwicklung zu unterstützen, die nicht mehr aufzuhalten ist.

Der Kapitalismus ist überlebt und wird zu Gunsten einer weltweiten sozialen Revolution die Flagge streichen müssen.

Ich denke spätestens in 100 Jahren wird diese Gesellschaftsordnung, in der wir derzeit noch leben, mit der stattfindenden Ausbeutung der Arbeitskraft der großen Masse durch einige vererbte Großschnauzen, in die Geschichte eingegangen sein.

Abschließend möchte ich noch zum Ausdruck bringen, dass ich froh bin keiner von Ihren Studenten sein zu müssen.

Mein DDR-Wissen und Ihr vermeintliches DDR-Wissen sind so unterschiedlich wie Feuer und Wasser, um es mal mit den Worten von Erich Honecker zu sagen.

Mich von Ihnen benoten zu lassen wäre für mich eine unerträgliche Erniedrigung.

mit freundlichen Grüßen

N.N.

(Grammatik, Rechtschreibung und Zeichensetzung wie in der Vorlage)

4. Die Autoren:

Monika Deutz-Schroeder, *geboren in Aachen, ist Diplompolitologin und arbeitet als Wissenschaftliche Mitarbeiterin im Forschungsverbund SED-Staat an der FU Berlin. Ihre Schwerpunkte sind Rechtsextremismus, Soziologische Jugendforschung und Erinnerungskultur.*

Ausgewählte (Buch-)Veröffentlichungen:

Teurer Genosse! Briefe an Erich Honecker (Mitautorin), Berlin 1994; Rechtsextremismus und Jugendgewalt in Deutschland: Ein Ost-West-Vergleich (Mitautorin), Paderborn u. a. 2004

Klaus Schroeder, *geboren in Lübeck-Travemünde, ist promovierter Soziologe und habilitierter Politikwissenschaftler, leitet an der FU Berlin neben dem Forschungsverbund SED-Staat die Arbeitsstelle Politik und Technik und arbeitet als Professor am Otto-Suhr-Institut der FU Berlin.*

Ausgewählte (Buch-)Veröffentlichungen:

Der Weg in die Stagnation. Eine empirische Studie zur Konjunkturentwicklung und Konjunkturpolitik in der Bundesrepublik von 1967 bis 1982 (Autor), Opladen 1984; Wozu noch Soziologie? (Mitherausgeber), Bielefeld 1985; Technik und Zukunft. Neue Technologien und ihre Bedeutung für die Gesellschaft (Mitherausgeber), Opladen 1988; Wissens- und Technologietransfer. Bedeutung und Perspektiven einer regionalen technologiepolitischen Strategie am Beispiel Berlins (Mitautor), Berlin 1991; Geschichte und Transformation des SED-Staates (Herausgeber), Berlin 1994; Transformationsprozesse in ostdeutschen Unternehmen. Akteursbezogene Studien zur ökonomischen und sozialen Entwicklung in den neuen Bundesländern (Mitautor), Berlin 1995; Land in Sicht. Die Fusion von Berlin und Brandenburg (Mitautor), Berlin 1996; Der SED-Staat. Geschichte und Strukturen der DDR (Autor), München 1998; Der Preis der Einheit. Eine Bilanz (Autor), München 2000; Rechtsextremismus und Jugendgewalt in Deutschland: Ein Ost-West-Vergleich (Autor), Paderborn u. a. 2004; Die veränderte Republik. Deutschland nach der Wiedervereinigung (Autor), München/Stamsried 2006

Bisher in der Reihe erschienen:

Berlin & München
Studien zu Politik und Geschichte Band 1

Der Erste Weltkrieg Peter März

Deutschland zwischen dem langen 19. Jahrhundert und dem kurzen 20. Jahrhundert

Im Buch „Der Erste Weltkrieg. Deutschland zwischen dem langen 19. Jahrhundert und dem kurzen 20. Jahrhundert" entsteht durch die Gesamtkomposition von vielfach farbigen Bildern, Landkarten und Karikaturen mit einem die Entwicklung differenzierenden Text ein neues Gesamtbild. Der Titel vermeidet die so häufige Konzentration auf entweder militärische bzw. politische oder sozialgeschichtliche Abläufe. Das Buch zeigt den Stellenwert der Diskussion um die Parlamentarisierung in Deutschland vor allem ab 1916 ebenso wie Intentionen und Ergebnisse der strategischen Planungen und der sich anschließenden Feldzüge. Der Autor nimmt sowohl die Perspektive von Kommandohöhen politischer und militärischer Führungen wie die der Soldaten in den Schützengräben und der Hunger leidenden Zivilbevölkerungen ein. Obwohl, was insbesondere die innenpolitischen Entwicklungen anlangt, Deutschland im Vordergrund steht, wird doch zugleich ein Panorama des Konflikts aus Sicht und Interessenlage aller anderen Beteiligten entwickelt. Damit wird zugleich deutlich, dass der Erste Weltkrieg für Balkan, Italien, Nahen Osten, darüber hinaus koloniale Imperien und das sich revolutionär verändernde Russland eine weltgeschichtliche Zäsur mit prägenden Wirkungen darstellte.

ISBN 978-3-89650-193-6, 1. Auflage 2004
308 Seiten, 16,5 x 23,5 cm, laminierter Pappband, Preis: 28,– €

Berlin & München
Studien zu Politik und Geschichte Band 4

Die veränderte Republik Klaus Schroeder

Deutschland nach der Wiedervereinigung

Das Buch basiert auf Ergebnissen verschiedener Forschungsprojekte zum geteilten Deutschland, zur Wiedervereinigung, zum Rechtsextremismus in Ost und West sowie zu den ökonomischen, sozialen, politischen und kulturellen Dimensionen des Transformationsprozesses im wiedervereinten Deutschland.

16 Jahre nach der Vereinigung wird deutlich, dass auch die alte Bundesrepublik mittlerweile Geschichte geworden ist und sich Politik und Gesellschaft im wiedervereinten Deutschland grundlegend verändert haben. Wertewandel und materieller Angleichungsprozess laufen schon seit mehreren Jahren nicht mehr einseitig von Ost nach West, sondern auf vielen Feldern inzwischen von West nach Ost. Im Ergebnis steht eine **veränderte Republik**.

Der Autor befasst sich ausführlich mit den verschiedenen Dimensionen der Wohlstandsexplosion in Ostdeutschland und der Diskrepanz zwischen Stimmung und Lage, mit den Kosten der Einheit und ihrer wachstumshemmenden Finanzierung, den Wurzeln des Rechtsextremismus in der DDR und seiner Ausbreitung im wiedervereinten Deutschland, dem gespaltenen Umgang mit zwei Diktaturen und den unterschiedlichen Geschichtsbildern sowie mit der politischen und mentalen Spaltung Deutschlands 16 Jahre nach der Wiedervereinigung. Die Auswertung der Selbst- und Fremdwahrnehmung verdeutlicht, dass sich die Deutschen in Ost und West immer noch weitgehend fremd geblieben sind. Ausführlich setzt sich Schroeder mit der erfolgreichen Interessenpolitik Ostdeutschlands und der Bewertung der Vereinigung durch Wissenschaftler und Politiker auseinander und fragt in seinem Fazit, ob Deutschland immer noch ein Staat mit zwei Gesellschaften ist. Abschließend beantwortet er die Fragen: Wer sind wir? Was wollen wir?

ISBN 978-3-89650-231-5, 1. Auflage 2006
767 Seiten, 16,5 x 23,5 cm, laminierter Pappband, Preis: 68,– €

Druck+Verlag Ernst Vögel GmbH

Kalvarienbergstraße 22 · 93491 Stamsried · Telefon 09466/9400-0 · Telefax 09466/1276
http://www.verlag-voegel.de · http://www.voegel.com · E-Mail: voegel@voegel.com